INVENTAIRE SOMMAIRE
DES
ARCHIVES DÉPARTEMENTALES
antérieures à 1790

par M. BLIGNY-BONDURAND
ARCHIVISTE

GARD

ARCHIVES CIVILES. — Série E. Tome cinquième

Additions aux seigneuries et aux familles.

NIMES

IMPRIMERIE A. CHASTANIER

12 — rue Pradier — 12

1906

INVENTAIRE SOMMAIRE

DES

ARCHIVES DÉPARTEMENTALES

ANTÉRIEURES A 1790

Fol L⁴³₁₂

INVENTAIRE SOMMAIRE
DES
ARCHIVES DÉPARTEMENTALES
antérieures à 1790

par M. BLIGNY-BONDURAND
ARCHIVISTE

GARD

ARCHIVES CIVILES. — Série E. Tome cinquième

Additions aux seigneuries et aux familles.

NIMES

IMPRIMERIE A. CHASTANIER

12 — rue Pradier — 12

1926

INTRODUCTION

Le présent volume, qui est le cinquième de la série E, comprend des additions aux fonds des seigneuries et des familles.

Pendant l'impression des volumes précédents, le dépôt s'est enrichi notablement par dons, et par l'effet de la loi de séparation.

En ce qui regarde les dons, il y en avait deux que j'avais particulièrement à cœur de classer, d'inventorier et de faire connaître par une prochaine publication.

En juin 1898, j'avais reçu de M. Paul Meyer, Directeur de l'École des Chartes, le fonds considérable de la famille de Laudun. Le dernier comte de Laudun, lié avec M. Quicherat, Directeur de l'École des Chartes, lui avait donné ses documents de famille, pour l'École. Il vint un moment où M. P. Meyer se trouva embarrassé par des titres qui ne servaient pas. Il m'écrivit pour me demander si je pouvais les recevoir, en manifestant un vif désir de me voir, dans l'affirmative, classer ce fonds. J'acceptai avec empressement, et ne perdis jamais de vue son vœu. Deux fois il vint me voir. Je ne manquai pas de lui montrer comment j'avais installé provisoirement le don de l'École des Chartes, en attendant mieux. Mais, engagé dans d'autres réalisations, et retardé par la guerre, après la réorganisation du dépôt dans un local nouveau, ce n'est qu'aujourd'hui que j'ai pu achever ce que nous souhaitions tous deux.

Peu d'années après, en 1902, le Cardinal de Cabrières, né à Nîmes, enrichit de son côté les Archives du Gard par le don de ses documents de famille. Sa spirituelle bonté ne me demanda rien en retour, mais je considérai comme un devoir de mettre le plus tôt possible en lumière deux fonds aussi précieux que le fonds de Cabrières et le fonds de Laudun, et je mis en chantier le présent volume, dès l'achèvement d'un volume de Suppléments à des séries anciennes, en 1916.

On trouvera, dans l'Index analytique placé à la fin du volume, la charpente du recueil, sa consistance en gros, et quelques précisions saillantes.

Dans cette Introduction, qui sera très courte, je ne puis parler de tout. Mais je voudrais donner quelque idée, à la volée, du mouvement, de la couleur, de l'esprit et du charme que l'on rencontre dans certaines correspondances.

Il faut considérer une introduction et un index analytique comme des moyens de pénétrer dans les analyses du texte de l'ouvrage ; et ces analyses, comme de simples indications pour arriver aux documents originaux, qui, seuls, renferment l'intégralité de la vie du passé.

Je reviens aux correspondances.

Écrivant à l'abbé de Cabrières, seigneur de Poulx, M. de Gondin Darcy végète à Saint-Chapte dans le besoin. Il aimerait que le P. Ferrier lui obtînt une charge en province, ou quelque bénéfice pour un de ses enfants. Gondin est pressé, car il est impossible de faire le croquant. Il ne faut paraître ni gueux ni riche.

Claude de Cabrières écrit à son frère l'abbé, à Paris, que le conseiller d'Aiglun a grondé Rousset de ce qu'on avait scellé la maison du prieur de Cabrières. Or, sans les scellés, le chanoine d'Aiglun aurait peut-être fait piller la maison, et aurait pour le moins accusé les Cabrières d'en être cause.

La marquise de Damian écrit à sa sœur la marquise de Cabrières, de Paris, qu'elle va beaucoup chez « la bergère », parce que sa maison lui plaît. Mais elle la déteste toujours davantage.

On dit que la belle Madame Rourani va épouser un comte de Bourbon, distingué par un autre nom, réellement Bourbon et point bâtard.

Le jeune fils de Mme de Cabrières sera l'un des quatre pages de la chambre du comte d'Artois. On a fait venir ces enfants trois mois avant de les prendre, pour avoir le temps de faire broder leurs habits.

Mme de Cabrières étant souffrante, l'idée que ce sont des vapeurs ne satisfait point Mme de Damian, car les médecins donnent ce nom aux maux qu'ils ne connaissent pas.

M. Cordier de Caudey (pages 40-41) répond à M. de Cabrières, dont le fils ne veut plus de l'état ecclésiastique, et pour lequel son père ne veut pas de l'état militaire : Qu'en voulez-vous donc faire ? Si l'état de capucin pouvait lui convenir, on trouverait sans doute des protections pour l'y faire recevoir.

Un anonyme (page 41) écrit « à sa belle demoiselle » qu'il trouve Avignon bien laid en comparaison de Maubec. L'actrice charmante de la troupe a épousé, dans la sacristie de Saint-Agricol, le premier acteur. Elle augmentera le nombre des jolies femmes destinées à de vilains maris.

Avec les correspondants de Daniel de Bargeton, avocat au parlement de Paris, on pénètre dans un milieu de haute tenue et de grand savoir.

Machault d'Arnouville, après avoir pressé Bargeton d'achever un mémoire, lui écrit, au sujet des biens d'Église, qu'il y a trouvé tous les vrais principes de la matière. Ce travail doit faire grande impression.

D'Aguesseau, conseiller d'État, ou son père, chancelier de France, sollicitent les lumières de Bargeton sur des questions difficiles et causant de la diversité dans la jurisprudence. Cet échange d'observations et de vues, dans les plus hautes sphères juridiques, pour travailler à l'unification du droit français, fait également honneur à Bargeton et à ses illustres correspondants.

M. de Génas, baron de Vauvert, écrivant à son gendre Maurice Reinaud de Génas, estime qu'un seigneur est toujours lésé quand ses gens d'affaires sont de sa terre.

Dans les lettres de Fuzet, secrétaire de l'ordre de Malte, ancêtre de Mgr Fuzet, mort archevêque de Rouen, on trouve déjà la finesse, la vivacité du trait dont le prélat était coutumier. Écrivant à M. de Génas, il esquisse la psychologie du grand prieur de Saint-Gilles, M. de Gaillard, dont la résidence était en Arles depuis les troubles religieux du xvie siècle. Le fait de prendre, avec talent, les intérêts du grand prieuré, ne diminuait en rien la clairvoyance de Fuzet. Il constate que M. de Gaillard est un esprit difficile à manier. Il ne se conduit que sur le conseil de son ordre et l'avis des commissaires. Il est aussi vif qu'à l'âge de vingt-cinq ans, et inquiet de l'accroc donné, à Malte, à sa « donnaison » de la commanderie d'Avignon en faveur de M. du Rastit.

Les pièces réunies par Rouvière, sénéchal ducal d'Uzès, comme intéressant les ducs d'Uzès, contiennent quelques indications sur l'ancien mobilier du duché. Des tapisseries représentaient les histoires de Nabuchodonosor, Josias, Joseph, Hercule au berceau.

Pour trouver des correspondances aussi brillantes que celles du fonds de Cabrières, il faut aller au vaste fonds laissé par la famille de Laudun, vers les temps où, fortifiée par de belles alliances, elle a mené sa vie la plus aristocratique.

L'abbé Leblanc, sous-doyen de Tarascon, qui fréquente beaucoup de monde à Versailles, écrit de Paris à Étienne II de Laudun : « On n'entre chez les grands qu'avec une clé d'or. » Observateur plus avisé que désintéressé, il traite avec une amusante dextérité des moyens de faire réussir un pot de vin, à l'occasion du conflit avec le seigneur d'Aramon. La personne qui s'emploie est dans le bureau du cardinal de Fleury, très estimée de l'Éminence, et au courant de toutes choses.

Joseph-François II de Laudun, voyageant en Bourgogne, informe son père de façon pittoresque. Il a déjà causé, dans le carrosse, avec un trésorier de France de Dijon, au sujet de M⁰ᵉ de La Ramière. Son compagnon la lui a donnée pour une bonne imbécile, avec deux grandes filles de même acabit. Or, après connaissance faite, Laudun n'est pas de cet avis.

Les lettres de M. de Mirabeau, conseiller au parlement d'Aix, sont cordiales et spirituelles. Mais son fils aîné lui cause de grands chagrins. Son tort est de l'avoir marié et d'avoir compté sur sa probité.

Après la mort du pauvre conseiller, ce fils aîné, qui bâtit beaucoup, annonce à Laudun, son beau-frère, qu'il lui est très difficile d'acquitter un billet. Il vit à la campagne, en philosophe, et n'a pas un moment à lui. Il est de mauvaise humeur parce que son courrier va au marquis de Mirabeau fils, à Manosque (le futur tribun).

Quant à Mirabeau cadet, frère du conseiller bâtisseur, la grande paresse que lui connaît Laudun, et un procès, l'ont empêché de lui écrire.

Mᵐᵉ de Mirabeau, la femme du conseiller, témoigne aux Laudun sa tendre reconnaissance pour toutes leurs bontés.

En somme, les Boydier de Curiol de Mirabeau sont des gens fort aimables, quoique trop dépensiers. Le désordre de leurs affaires n'empêche pas Félicité, fille de Mirabeau aîné, d'épouser le fils du comte de Castellane-Grimaud.

C'est un exemple de l'égalité naturelle qui subsiste, à travers des obstacles matériels, entre des personnes qui se conviennent par l'éducation, le milieu, les traditions, le raffinement de la culture.

Les lettres du marquis de Fournès sont empreintes de la plus courtoise obligeance, à l'occasion des recherches généalogiques des Laudun. Mais il ne sait pas lire les anciens titres de son château de Saint-Privat. Il recommande à M. de Laudun le feudiste Roussel. Celui-ci accepte la mission qui lui est confiée. Ses lettres témoignent de son expérience et de son savoir.

La Révolution arriva avant que la très vieille famille des Laudun pût monter dans les carrosses du roi.

Les Laudun d'Aramon paraissent représenter une branche cadette de la famille illustrée par Guillaume de Laudun, archevêque de Toulouse au xɪvᵉ siècle.

Dans une de ses lettres, Roussel mentionne un échange de 1200 entre les comtes de Toulouse et les Laudun.

Comme il n'y a pas de médaille sans revers, la société aristocratique, malgré la séduction de ses manières et de sa culture, était minée par la hantise des privilèges.

Elle y aspirait pour maintenir sa situation, mais le nombre des aspirants était trop élevé pour qu'ils pussent avoir tous satisfaction.

Dans le Midi surtout, pays de droit écrit, les consuls des communautés veillaient avec une persévérance infatigable à ce que l'exemption d'impôt des biens nobles ne s'étendît pas trop vite, les roturiers payant déjà beaucoup trop à la place du Clergé et de la Noblesse.

Les parlements, dans tout le royaume, avaient trop de sens juridique et politique pour ne pas voir l'écroulement de l'Ancien Régime au bout de tous les abus auxquels la monarchie absolue se laissait trop facilement aller. Depuis 1614, on ne réunissait plus les États Généraux, devenus importuns à l'omnipotence de la Cour.

C'est pourquoi M. de Concoyt, écrivant de Paris à M. de Lautun au sujet d'une affaire de nobilité de biens qui leur était commune, lui disait : « Les murs de ce palais (du Parlement) ne respirent que noture. Dans le fond, on a raison » (Page 371).

Suivant la parole de François Guizot, les bienfaits du despotisme sont courts, et dès que son heure est passée, éclatent les vices de sa nature.

Donc, la noblesse était accablée de dettes, pendant que le peuple portait le fardeau de sa misère.

Le favoritisme, le luxe d'un petit nombre, épuisaient les finances publiques, et le sort d'un Turgot éloignait les réformateurs.

C'est par les finances, par le déficit, que l'ensemble du système craqua et périt.

L'absence de justice distributive, le mépris de la liberté de conscience, proscrite si longtemps, et si cruellement, avaient empoisonné le corps social.

A Nîmes, tombée dans une morne décadence après deux siècles de luttes religieuses, il y eut des moments où la population sembla se ressaisir et entrevoir un avenir meilleur.

C'est dans le livre de raison d'Etienne Borelli qu'on trouve le souvenir d'une de ces heures de relèvement, à l'occasion de l'entrevue de Jean Cavalier avec le maréchal de Villars. Borelli note que le héros camisard circulait dans la ville suivi de tout le peuple, comme s'il eût été un des plus grands seigneurs du royaume, escorté de gardes de sa troupe et de la troupe du roi.

La correspondance, les consultations, les décisions qui émanent du monde judiciaire forment, dans un temps où l'on abusait des procédures, un ensemble remarquable par la science et la sagesse.

Néanmoins, par le vice du système général, il y avait beaucoup trop de juridictions et de gens vivant de la chicane.

C'était une formidable exploitation de la passion des plaideurs, qu'attendait infailliblement la ruine, par l'arbitraire des évocations et l'impossibilité de terminer les procès.

La magistrature menait à la noblesse par un chemin plus sévère que certains services de cour. Mais, si la faveur royale était plus enviée, à cause de son éclat extérieur, la renommée d'un Siméon, d'un Portalis, est restée plus belle et plus respectée. On trouvera plus d'une fois la trace de leurs travaux dans ce volume, et c'est toujours avec joie que j'ai rencontré les signatures des grands juristes qui ont soutenu la marche morale de la France par leur élévation d'esprit et leur caractère.

Je ne crois pas nécessaire de prolonger cette entrée en matière, et je me permets de compter sur la persévérance des érudits qui auront à consulter ce volume, pour trouver tout ce qu'il renferme de renseignements à leur convenance.

Le présent volume est le septième qu'il m'a été donné de consacrer à l'inventaire sommaire des archives départementales du Gard.

Quand je les ai quittées, en mars 1923, j'avais presque entièrement terminé la copie, et l'impression était plus d'à moitié faite. J'exprimai à M. H. Chobaut, mon distingué successeur et ami, mon désir d'achever une publication aussi avancée. Avec une affectueuse obligeance, il voulut bien transmettre à la Direction des Archives le vœu que la bienveillance de la Direction me permet de réaliser aujourd'hui.

J'adresse l'hommage de ma vive gratitude à M. Chobaut.

Nîmes, 1er Avril 1926. Ed. BONDURAND.

Département du Gard

INVENTAIRE SOMMAIRE

DES

ARCHIVES DÉPARTEMENTALES ANTÉRIEURES A 1790

SÉRIE E

3ᵉ Volume

(Féodalité, communes, bourgeoisie et familles. — Titres féodaux, Titres de familles, Notaires et tabellions, Communes et municipalités, Corporations d'arts et métiers, Confréries et sociétés laïques).

ADDITION AUX SEIGNEURIES [1]

SEIGNEURIES D'AIGREMONT, ALAIS, BAGNOLS, BRISIS.

E. 1121. (Liasse.) — 2 pièces, parchemin : 3 pièces, papier.

1346-XVIIᵉ siècle. — *Seigneuries d'Aigremont, Alais, Bagnols, Brisis.*

1. *Seigneurie d'Aigremont.* Reconnaissance féodale faite par Bernard de Lézan, du lieu de Canaules, paroisse de Saint-Nazaire des Gardies, à Pierre d'Alayrac, chevalier, seigneur d'Aigremont (*Acrimontis*) et de sa baronnie, pour ses terres ayant dépendu du Mas de Candillargues ou Peloyne, situé près du Mas de Reboul, sous la consive d'une quarte d'orge, une émine d'avoine et la moitié d'une poule. Acte passé à Canaules, chez Guillaume Rovayrol. Témoins : Raimond de Pausson, vicaire perpétuel de Saint-Nazaire, Guillaume Rovayrol, Pierre Monnier, Pierre Sabatier. Notaire : Jean Calvet, dit de Sorres (5 novembre 1495). Après la mort de Calvet, Jean Gibelin, clerc juré et substitué de Durant du Moulin, son successeur, autorisé par le sénéchal, extrait la présente grosse, qui porte le seing de Durant. — 2-3. *Seigneurie d'Alais.* — 2. Extrait en forme d'un hommage et dénombrement fait au roi le 1ᵉʳ (nom du mois omis) 1485, par Bertrand de Bordetz, gouverneur du comté d'Alais, procureur de Charles de Beaufort, comte d'Alais, marquis de Canillac, vicomte de La Motte, seigneur d'Anduze, l'Anduzenque, Saint-Étienne de Vallée-Française, Saint-Jean-du-Gard, la baronnie de Bagnols, Verfeuil, Salazac, Cornillon, Saint-Laurent de Carnols. L'hommage porte sur les ville, château, tour et forteresse d'Alais, pour la moitié indivise avec les successeurs de Bernard Pelet, qui tiennent du comte l'autre moitié, et sur d'autres juridictions communes entre eux ; les fiefs que tiennent du comte les successeurs de Guillaume de Vierne dans les vigueries d'Alais et d'Anduzenque, le château de Vézénobre « et autres » ; les juridictions de

(1) Cf. le tome 1ᵉʳ de l'Inventaire de la série E, Nîmes, 1884.

Montmoiras, de Pin, d'Arènes, Saint-Christol, le Mas-Dieu ; des « mas » à Saint-Florent, Saint-Julien de Valgalgues, Sainte-Cécile d'Andorge, Mandajors, Saint-Paul de La Coste, Soustelle, Laval, Saint-Andéol de Trouillas, La Melouze, Saint-Jean des Chambons ; des feux à Valvalère, partie de la juridiction d'Auzon, la moitié de la ville d'Anduze et de l'Anduzenque, la juridiction étant indivise avec l'évêque du Puy. Suivent en grand nombre d'autres droits. Parmi les fiefs de la baronnie de Bagnols, on trouve des droits ayant appartenu à Bertrand de Bagnols, écuyer ; Pierre de Béziers, Pierre d'Urfé, Lucie Locaryd et Lucie Bran ; le logis appelé « La libère de Beaufort », à Villeneuve-lès-Avignon. Les feudataires du marquisat de Canillac sont Jean de Nogaret, écuyer, prieur de La Canourgue; Raimond Fradimor, professeur ès-lois, doyen de la collégiale de Marvéjols, Bernard et Pierre Cambarels, de Pomoyrols ; noble Arnaud de La Roche, commandeur de Saint-Jean du Puy, nobles Bérenguier Pluel, Louis Rompard et Amans de Nogaret. Parmi les feudataires de La Canourgue figurent les successeurs de Bernard de Montferrand et de Guy de Montesquiou. Mention des châteaux de Fraissinet et de Saint-Amans. Château de Nogaret indivis avec le roi. Château de Chirac. Mention du cahier original des dits hommage et dénombrement, reçus par feu Jean Papard, notaire royal de Nimes, commis et garde des archives du roi. Sa note fut expédiée par Colin Vincens, notaire apostolique, subrogé ou commis aux notes de Papard. Un extrait, pris à Nimes, fut remis aux archives « de la » comté d'Alais. En 1611, les notaires alaisiens Jacques Amalric et Benjamin Corniret en ont tiré le présent extrait, certifié par Abram des Hours, vi-bailli en la comté d'Alais (1er septembre 1611). — 3. Croquis original donnant une sorte de plan cavalier des châteaux des barons et des comtes d'Alais, tels qu'ils étaient au XVIIe siècle. Ce croquis, trouvé dans le dossier d'un procès entre les capucins et le baron d'Alais, a été reproduit à la fin des *Recherches historiques sur la Ville d'Alais*, publiées à Alais en 1860. Vers 1688, les châteaux firent place à la citadelle construite par Louis XIV contre les protestants, et qui domine encore la ville. — 4. *Seigneurie de Bagnols.* Extrait en forme d'un hommage et dénombrement fait au roi le 22 février 1531, à Bagnols, logis de l'Ange. Pierre Robert, viguier de Nimes, et Antoine Bordin, capitaine et viguier de Sommière, représentent le roi, Jean Petit, docteur régent du comte de Canillac, coseigneur de Bagnols, et Pierre Ruffi, notaire, sont les procureurs de Jacques de Beaufort, chevalier, comte d'Alais, marquis de Canillac, vicomte de La Motte et de Valterne, baron de Montboissier, Boissonnelles et Averoisson, coseigneur de Bagnols, seigneur de Caraittan, Verfeuil, Salazac et Saint-Laurent de Carnols. Le dénombrement porte sur les fiefs possédés à Bagnols et à Villeneuve-lès-Avignon : château de Bagnols, langues des bœufs ou vaches qui se tuent à la boucherie, leude du mercredi avant la fête de Noël, cinq parts de six faisans, etc. Conjointement avec les officiers du roi, le comte a le droit de nommer les syndics le jour de la Purification de Notre-Dame. Les mesures et poids de la ville portent ses armes, avec celles du roi. Les nombreuses prérogatives du comte sont conformes à un arrêt du parlement de Toulouse dont la date n'est pas donnée. L'arrêt lui attribue une maison de Bagnols « où se soulait tenir bourdeau ouvert ». La plupart des droits du comte lui sont communs avec le roi. Fiefs à Salazac, Saint-Laurent de Carnols, Cornillon. Mention du bateau du moulin Bès, sur la Cèze. Fiefs à Verfeuil et Villeneuve-lès-Avignon. Mention de la livrée de Beaufort à Villeneuve. L'extrait est tiré du livre des reconnaissances et hommages de Bagnols, (f° 101, conservé aux archives de la Trésorerie de Nimes, par Ginhoux, greffier du bureau du domaine du roi à Nimes, et certifié, le 8 mai 1611, par André de Poyremalo, sieur de Diousse, lieutenant particulier au sénéchal et présidial. — 5. *Seigneurie de Brisis.* Trois actes réunis sur le même parchemin. — 1° Vente consentie, le 19 novembre 1346, par Bernard Broche, de Brin, et son fils Guillaume, à Guillaume de Rodon, *de Rotunda*, damoiseau, de Montseigues, *de Montecalico*, d'une châtaigneraie sise à Brin, et dont le lods est fait par Guillaume Hérail (1), d... oiseau. L'acte est passé à Ponteils, au presbyt..., *in claustro*, en présence de Jean Ruffi, Raimond Borrelli, P. Laurens et Raimond Alhard, notaire institué par le seigneur du Tournel. Après la mort d'Alhard, Jean de Chauffresenques, notaire et substitué de Pierre de Chabotes, notaire, a tiré le présent extrait des cartulaires d'Alhard. Seing de Pierre de Chabotes. — 2° Vente faite, le 27 février 1346 v. s., par Pierre Chabert, de Mon

(1) Les Hérail, *Heracli*, étaient seigneurs de Brisis depuis le XIIe siècle au moins.

gros, et sa femme, à Guillaume Brin et Guillaume Chabert, du Brisis, de Heezicio, de leurs biens et droits à Brisis. Noble Jean Hérail, damoiseau, fait le lods. L'acte est passé dans le proxoir, la torculari, de Pontoils. Témoins : Guillaume Hérail, damoiseau, Bernard Brache, Guillaume Clément, Guillaume de Brin, clerc. Mêmes notaires. — 5° Vente faite, le vendredi d'avant la Noël de 1346 (22 décembre), par Pierre Chabert, de Mongros, paroisse de Pontoils, et sa femme Guillemette, à Guillaume de Brin et Guillaume Chabert, habitants de Brisis, castri de Heezicio, des biens et droits de Guillemette à Brisis. Le lods appartient à noble Jean Hérail, damoiseau. Mention du sénatus-consulte Velléien, de l'authentique Si qua mulier et de la loi Julia de fundo dotali. L'acte est passé à Chabotes. Témoins : Jean de Mongros, Jean Alhard, Jean de La Chare, Pierre Alhard, clerc, et le notaire Raimond Alhard. Extrait fait par les mêmes, après la mort d'Alhard.

FONDS DE CABRIÈRES (. SEIGNEURIES DE CABRIÈRES, ÉGUILLES, BEAUVOISIN, MONTFERRIER, VAUVERT.

E. 1311. (Portefeuille.) — 11 pièces, parchemin ; 64 pièces, papier ; 1 sceau.

1311-XVIIIe siècle. — *Fonds de Cabrières.* — *Seigneurie de Cabrières.* — 1er volume. Avant les pièces anciennes sont une liste des documents et une généalogie de la maison de Rovérié de Cabrières, dressées par M. Prosper Falgairolle au XIXe siècle. — 1-7. Tableaux et notes généalogiques relatives à la maison de Rovérié de Cabrières. — 8. Adjudication publique de la seigneurie de Cabrières. Le 13 mars 1510 v. s., sur la requête présentée au présidial par nobles Guillaume et Jean d'Aramon, père et fils, seigneurs de Lédenon, diocèse de Nîmes, de mettre en vente la seigneurie de Cabrières, comme la moins dommageable de la succession de Lionard d'Aramon, père de Guillaume ; après enquête et autorisation du présidial, les proclamations et enchères ordonnées par le sénéchal préalablement faites (l'acte en donne le détail), les dits seigneurs de Lédenon vendent à Gabriel Rovérié, de Nîmes, licencié en l'un et l'autre droit, la moitié des lieu et juridiction de Cabrières, moyennant le prix de 225 l. t., chaque livre valant vingt sols tournois. Le prix est payé à l'acte, qui est passé à Nîmes, chez l'acquéreur. Témoins : Jean de Cadulet, licencié ; Grégoire Toulouze, marchand ; Bertrand Barbat, de Redilhan, Jean Ducamp, boucher. Le notaire est Antoine Martin, dont le soing termine la grosse, en trois peaux de parchemin. Dans le courant de l'acte, mention de Bertrand d'Armagnac, sergent royal et crieur public de Nîmes, de l'official Guillaume Malipilli, des Arcs de la Trésorerie, du puits de la Fruiterie, sur la place du même nom, d'un premier encan de 400 l. t. offertes par Rovérié pour l'ensemble de la seigneurie, domnationis, de Cabrières, le 10 février 1510 v. s., du canton (1) appelé vulgairement « du Me Pasquel », de la maison de noble Jean Pavés, de Pierre Bonhomme, curé. On a fait à Nîmes trois enchères sans trouver personne qui dépassât les 400 l. t. offertes par Rovérié. Mention de Pons Vitalis, sergent royal de Bezouce, qui a fait les enchères à Cabrières, de Jean Febre, lieutenant de viguier de Bezouce. Après le détail des trois enchères à Nîmes et à Cabrières, où Rovérié demeure le dernier enchérisseur, l'acte expose que, sans préjudice d'un procès pendant en matière de nullité de testament, Antoine de Saurel, professeur de droit, a été commis pour distribuer le prix de la vente de la seigneurie de Cabrières, dès qu'il serait compté réellement, et facta reali numeratione. Voilà pourquoi Rovérié, annoncé, dans la première partie de ce long acte, comme acquéreur de toute la seigneurie de Cabrières, n'aboutit, à la fin de l'acte, qu'à l'acquisition de la moitié. L'acte suivant complétera la situation de l'acquéreur. — 9. Vente de l'autre moitié de la seigneurie de Cabrières, faite le 22 août 1511, à Gabriel Rovérié, par Guillaume et Jean d'Aramon, moyennant le prix de 225 l. t., payées à l'acte, tant en or qu'en petite monnaie. Témoins : Jacques de La Croix, Donis Quovers, laboureurs de Collas, noble Antoine Guiraud, dit Savaric, Jean Signlen, teinturier, de Nîmes. Le notaire est Antoine Martin. L'acte est passé chez l'acquéreur. Comme celui du 13 mars 1511, il indique l'échec d'une tentative préalable d'adjudication publique des fruits de la seigneurie de Cabrières. — 10. Copie, faite au XVIe siècle, et non en forme des deux actes précédents. Elle est assez peu cor-

(1) Don fait en 1202 par Mgr. de Cabrières, évêque de Montpellier, depuis cardinal. Cf. P. Falgairolle : *Notes sur la famille de Rovérié de Cabrières*, Montpellier, 1890.

(1) Cantonum = carrefour.

roote. Éq. : immoraffone pour numeraffone. — 11 Copie, faite au XVIII° siècle, et non en forme, de la fin de l'acte du 12 mars 1510 v. s. et de l'acte du 22 août 1511, portant vente successivement des deux moitiés de la seigneurie de Cabrières. La date du premier acte est donnée fautivement : 13 juin au lieu de 13 mars. — 12. Prise de possession de la seigneurie de Cabrières par Gabriel Rovérié, bachelier en l'un et l'autre droit, avocat public, conseiller au présidial de Nîmes, le 6 août 1511. A l'entrée de la porte de Cabrières, par-devant Jean Dominique, notaire de Nîmes, Rovérié notifie son acquisition de la seigneurie à Pierre Maurissargues et Antoine Audemar, consuls, syndics ou procureurs. En leur présence, il prend possession en entrant et en sortant par le portail de l'enceinte. Il les requiert ensuite de lui remettre les clés du portail. Les consuls répondent qu'ils ignoraient que Rovérié fût leur seigneur. Celui-ci invoque ses actes publics d'acquisition et d'investiture. Les consuls répliquent qu'ils iront parler de cette affaire avec le seigneur de Lédenon. Peu après arrive noble Guillaume d'Aramon, baron de Lédenon, qui fait connaître la vérité et offre de mettre Rovérié en possession. Il le fait en le prenant par le bras et en entrant et sortant par le portail avec lui, lui déclarant qu'il lui a tout vendu, et exhortant les consuls à lui obéir comme à leur seigneur. Les consuls demandent jour pour répondre et réunir leur conseil. De Lédenon et Rovérié leur déclarent qu'ils agissent en violation d'une transaction passée entre le seigneur de Lédenon et les consuls de Cabrières. Gabriel Malisonis, curé de Cabrières, assiste à ce débat comme témoin. On finit par s'entendre, la cire, la clé et la barre du portail, « ceram, vectus et clavem » sont livrées et rendues, quoique il n'y ait point de porte de bois, et tout se passe régulièrement. — 13. Quittance de 40 l. t. faite par Guillaume d'Aramon, seigneur de Lédenon, à Gabriel Rovérié (Nîmes, 21 mars 1510 v. s.). Sur le même parchemin, à la suite, quittance de 20 l. t. faite par d'Aramon à Rovérié (21 mars). — 14. Lods (extrait en forme) de l'acquisition de la seigneurie de Cabrières. Le 21 juillet 1511, au bureau de la Trésorerie royale de Nîmes, par-devant Bernard Nicolay, lieutenant général clerc du sénéchal de Beaucaire et Nîmes, en présence d'Antoine Boileau, trésorier, Vitalis de Nîmes, avocat, et Antoine Arlier, procureur du Roi, Gabriel Rovérié demande approbation de son acquisition, offrant l'hommage et serment accoutumés. Le lieutenant fait le lods. Rovérié, à genoux, prête, sur les Évangiles, serment de fidélité. Témoins : Pierre Pavée, Pierre Nicot, Jean Debers, huissier, *hustiarius*, de la cour présidiale. Le notaire est *Firmin Duprat*. Après sa mort, son fils, le notaire Antoine Duprat, tire de ses notes le présent extrait, en vertu de lettres de Charles de Crussol, sénéchal, attestant que les notes à la part du roi du défunt ont été adjugées à son fils, sous les arcs de la Trésorerie. Ces lettres sont du 20 décembre 1527. Le parchemin porte le seing d'Antoine Duprat, sans date de l'extrait. — 15. Extrait en forme des registres de la cour ordinaire de Cabrières, pour Antoine Rovérié contre le seigneur de Lédenon et les consuls de Cabrières. Il s'agit d'une procédure où est impliqué Clieleo Gaudouloux, pour avoir fait dépaître ses chèvres dans le devois de La Bastide. L'extrait porte sur les audiences tenues du 8 janvier au 14 février 1512 v. s. Elles ont lieu sur la place publique. Le baile est Antoine Moynier. Le viguier est noble Bernard de Bourgjuif, *de Burgo Judeo*. — 16-17. Acapte passé par Gabriel Rovérié, seigneur de Cabrières, à Jean Baguel, de diverses terres, moyennant une censive de 1 sol par salmée. L'acapte est suivi d'une reconnaissance féodale. Copies en forme (23 août 1512). — 18. Quittance générale donnée par Guillaume d'Aramon et son fils Jean à Gabriel Rovérié, pour la vente de la seigneurie de Cabrières (Nîmes, 8 juin 1513). — 19. Licence donnée par Gabriel Rovérié à Jean Prat, au sujet d'un creux, *crosum*, à établir contre sa maison, hors de l'enceinte du village, sur le chemin de La Bastide (4 février 1515 v. s.). — 20. Cession du devois de La Bastide, faite par Rovérié à Guillaume d'Aramon, en vertu d'un pacte de réméré (1er avril 1510). — 21. Vente faite par les frères Audemar et Maurissargues, en vertu d'un pacte de réméré, à Gabriel Rovérié, des trois quarts du devois de La Bastide, au terroir de Cabrières, moyennant 120 l. t. Copie non en forme (5 novembre 1512). — 22-23. Ratification de la vente de la seigneurie de Cabrières, faite par noble Jean d'Aramon, fils de Guillaume et héritier universel de noble Léonard d'Aramon, seigneur de Lédenon. L'acte est passé à Nîmes, chez Rovérié. Noble Paul de *Cadris*, seigneur du Pin, est témoin. Le notaire est Antoine Martin (11 septembre 1523). — 24. Réception, comme habitants de Cabrières, d'Antoine Ardoin, et de Jean Maynaud, de Collias, ensemble leurs pariers. C'est noble Gabriel Rovérié, seigneur de Cabrières, qui les reçoit, sur la preuve de l'achat de la succession de Jean Fabre, de Cotias, propriétaire à Cabrières, fait par eux et par leurs parfans Louis Gay, Jean et Jeanne Baudoin. Ils devront résider, par eux-mêmes ou par leurs serviteurs, *familiers*, à Cabrières, et contribuer à toutes les charges locales, comme les autres habitants. La réception a lieu moyennant 10 l. t. L'acte est passé à Nîmes, dans la première cour de la maison de Rovérié. Le notaire est Antoine Balester. Extrait en forme (30 janvier 1530 v. s.). — 23. Loda fait par noble Gabriel Rovérié à Guiraud Provayrac, affanater, de Nîmes, pour achat d'une maison de la rue des Bourgadettes, au faubourg des Prêcheurs, à Nîmes (17 janvier 1531 v. s.). — 26. Réception, faite par noble Gabriel Rovérié, de Claude Reboul, Antoine Prat et leurs parfans, comme habitants de Cabrières (Nîmes, 19 février 1530 v. s.). — 27. Reconnaissance féodale de Vincent Reballer, de Cabrières, à Gabriel Rovérié, seigneur de Cabrières. Le notaire est Jean Merle, de Marguerittes (Cabrières, dans le château, 2 juillet 1532). — 28. Reconnaissances féodales de Pierre Viannés, Vincent Reballer, Claude Roux (1532-1533). Elles sont faites au château de Cabrières. Le notaire est Jean Mercier, de Nîmes. — 29. Échange entre Gabriel Rovérié, seigneur de Cabrières, et Jean Valentin, de deux olivettes. Le but de Rovérié est d'amener l'eau de la fontaine de La Bastide d'Albe à un pré. L'échange lui donne un passage pour l'eau (Cabrières, 9 septembre 1535). Le notaire est Jacques Ursi, de Nîmes. — 30. Acapte fait par Rovérié à Jean Tabout, de Cabrières (Château de Cabrières, 25 octobre 1535). — 31. Acapte fait à Pierre Desplans (3 avril 1536). — 32. Autre acapte fait au même (25 avril 1536). — 33. Acapte fait à Antoine Hugon (26 avril 1536). — 34-35. Dénombrement des rentes, censives et émoluments de la seigneurie de Cabrières, baillé par noble Gabriel Rovérié, suivant l'ordonnance du sénéchal en date du 19 mai 1536, en vue de la réception des ban et arrière-ban. Cabrières avait appartenu successivement aux seigneurs d'Uzès et de Lédenon. Le changement des tenanciers fait que les héritiers refusent de payer les censives et sont en procès avec Rovérié. Extraits d'un dénombrement du 19 mai 1536, collationnés sur l'original des archives royales de Nîmes, liasse 5 des dénombrements des nobles de Nîmes, les 17 et 24 octobre 1663. — 36. Acapte fait par Antoine Rovérié, licencié ès-lois,

fils de Gabriel, seigneur de Cabrières, au nom de son père, à Pierre et Jacques Viannés, père et fils (Château de Cabrières, 11 décembre 1535). — 37. Arrentement du mas de Requescurle, passé par Gabriel Rovérié à Catherine Brémond, de Poulx, à mi-fruits (1er octobre 1537). — 38. Acapte fait à Jean Prat (21 mai 1538). — 39. Testament de Gabriel de Rovérié, copie non en forme et très abrégée, tirée des minutes du notaire Ursy. Mis en danger par une hémorragie nasale, le testateur élit pour sa sépulture l'église des Jacobins, où est le tombeau de ses parents. Il consacre 50 l. à son âme. Legs de 25 l. à Louise des Iles, et de tout à Marthe Rovérié. Legs à noble Hiéronyme de Brueil, sa femme, de provisions en nature sa vie durant, et de 60 sous d'argent, si elle ne peut demeurer avec les héritiers, ensemble la chambre du testateur et tout le bien de la maison. Legs de 15 s. à Antoine Lacoste, en chaudrière. Pour les autres biens, ses héritiers particuliers sont Baudilc Rovérié et Antoine Rovérié, ses fils. Son héritier universel est Jean Rovérié, docteur, son fils (25 janvier 1538 v. s.). — 40. Note ancienne indiquant la date de la mort de Gabriel Rovérié. C'est le 9 mai 1539. — 41. Cession faite par noble Hiéronyme de Brueil, veuve de Gabriel Rovérié, à son fils Jean Rovérié, docteur ès droits. Baudilc Rovérié, licencié ès droits, a intenté un procès à sa mère et à son frère Jean. C'est pour éviter la désunion entre les deux frères qu'elle se dessaisit, entre les mains de Jean, de tous les biens, droits et actions qu'il avait donnés à sa mère (23 mai 1539). — 42. Transaction entre Jean et Antoine Rovérié, seigneurs de Cabrières et de La Bastide d'Albes, au sujet de la succession des biens de leur père Gabriel Rovérié. Antoine se contentera de la part à lui laissée par le dernier testament paternel, reçu par le notaire Jacques Ursy, à Nîmes, en janvier 1538 v. s. (21 juin 1539). Extrait en forme des 17 mars-2 avril 1773. — 43-44. Extraits, dont un seul en forme, du dénombrement des fiefs et biens nobles tenus par Jean Rovérié, docteur ès droits. fils et héritier universel de Gabriel Rovérié, défunt seigneur de Cabrières (24 février 1539 v. s.). — 45. Dénombrement baillé par Jean « de La Rovière », docteur ès droits, seigneur de Cabrières, lieutenant établi par le roi pour son visiteur général des gabelles à sel en Languedoc, au siège de Nîmes, sans préjudice de sa noblesse, seulement pour obvier aux « molestes » (embarras, oppositions) que, sous couleur de la cotisation à faire au sujet des francs fiefs, on pourrait lui nuire contre le droit et le devoir. La date de ce document n'est pas donnée. La suscription porte : 13 juin 1554. La signature : « De la rovière » est soule de la main de Jean. — 46-47. Extraits, dont un seul est signé, du dénombrement de la seigneurie de Cabrières fait par Jean de Rovérié, et contenant, comme la pièce 45, la notification royale de l'hommage fait par Gabriel de Rovérié. Cette notification est datée d'Avignon, 9 février 1515 v. s. Ce dénombrement portait au dos la date du 11 juillet 1548, et le n° 30 de la liasse des nobles de Nîmes, archibanc du Total. Son texte peut être considéré comme la mise au point de la pièce 45, dont la date serait alors la même ou peu antérieure. La copie signée : « Dupin » est faite sur un extrait collationné par Lagorce, garde des archives du roi en la sénéchaussée de Nîmes, le 5 avril 1688. — 48. Mémoire non daté ni signé pour Antoine Rovérié contre son frère Jean Rovérié, au sujet de la succession paternelle (XVIe siècle). — 49. Libelle appellatoire que Robert Aymes, écuyer, appelant du juge des Conventions royaux de Nîmes, remet devant le sénéchal, contre Jean Rovérié, seigneur de Cabrières (s. d.). — 50. Assignation, donnée à l'instance du seigneur de Cabrières, aux hoirs de Claude Ortolan (13 juin 1558). — 51. — Ordonnance du sénéchal enjoignant aux emphitéotes du seigneur de Cabrières de lui dénombrer et reconnaître les objets emphitéotéculaires, ensemble de lui payer les redevances dues (Nîmes, 11 mai 1558). — 52. Transaction entre Jean Rovérié, seigneur de Cabrières, et sa femme Claude Pelous, d'une part, et Mérand de « Boliou », écuyer, seigneur de « Jariyou », bailli d'Annonay, d'autre part. Les parties, conciliées par Jean d'Albenas, seigneur de Collias, lieutenant principal en la sénéchaussée, et Pierre Rozel, avocat au présidial, décident que de Boniieu sera tenu d'acheter à Mme de Cabrières sa maison d'Annonay et un jardin hors la ville, etc. (Nîmes, 4 février 1559 v. s.). — 53. Extrait en forme d'un compromis passé entre Laurent de « Boliou », chevalier de Saint-Jean de Jérusalem, fils et procureur de noble Mérand de « Boliou », seigneur de « Germou » ou « Gerniou », bailli d'Annonay, d'une part, et Jean Rovérié et sa femme Claude Pelous, d'autre part. Les arbitres nommés sont Jean d'Albenas, Pierre Rozel et Baudile Rovérié, avocats à Nîmes, qui sont chargés de terminer les différends des parties. L'acte est passé à Nîmes, chez le seigneur de Collias. Le prêtre Robert Dumas, Guillaume de Cussonel, sont témoins. Le notaire est Antoine Sabatier (2 novembre 1559). — 54. Réponse faite par Jean Rovérié sur les articles bailiés par ses frères Baudile et Antoine (XVIe siècle). Il signe : « Rovérié ». — 55. Inventaire des meubles de la maison de Baudile Rovérié, fait par Pierre de Varia, viguier de Nîmes, à la requête de Baudile. Le 28 mars 1562 v. s., étant allé à la Cour pour les affaires du roi, avec un paquet de Mgr. de Joyeuse, lieutenant général du roi en Languedoc, (1) il avait laissé sa maison de Nîmes bien meublée et approvisionnée, avec son valet et sa chambrière pour la garder. Mais ceux de la nouvelle secte et religion les ont « chargés de gendarmerie » et d'autres habitants de la ville, emportant de force les meubles et les denrées, battant et maltraitant le valet et la chambrière, les contraignant d'abandonner la maison. Antoine Aller, dit La Ramée, s'est emparé de la maison et s'y est installé avec sa famille jusqu'au 15 du présent mois (novembre 1563). Alors, averti que Rovérié avait présenté requête à Mgr. de Damville, gouverneur et lieutenant général en Languedoc, (2) pour être réintégré dans son bien, La Ramée a remis la clé de la maison à Alaysette Nouvel, chambrière de M. Richier. Baudile n'a pas voulu rentrer chez lui sans un inventaire préalable de ce qui s'y trouvera, pour pouvoir exercer son droit de suite sur les objets volés. Pour cela, il s'est adressé à M.M. d'Alzon et de Laurclergie, conseillers au parlement de Toulouse, députés par Damville, qui ont chargé le viguier de l'inventaire, lequel est nécessairement fort pauvre (10 novembre 1563). — 56. Comptes de Baudile Rovérié, syndic du pays en la sénéchaussée de Beaucaire, élu en cette qualité à la place de Robert Le Blanc en décembre 1562. Suivant délibération des États de Languedoc assemblés à Carcassonne, il fut porté chargé de la somme de 100 l. Il rend compte de l'emploi de cette somme, et, en décembre 1563, les auditeurs des comptes députés par les États, assemblés à Narbonne, arrêtent sa dépense à 161 l. 7 s. Il lui est donc dû par la bourse du pays 61 l. 7 s. Suivant les signatures des auditeurs. Dans le détail des dépenses, on voit que les hôteliers prenaient 20 s. des gens à cheval et 10 s. des gens de pied. Rovérié présente requête à Mgr. de Joyeuse pour

(1) Guillaume, vicomte de Joyeuse. (2) Henri 1er de Montmorency, seigneur de Damville.

faire modérer ces tarifs à 10 s. et 8 s. La requête fut renvoyée au juge mage de Carcassonne pour y pourvoir, les consuls de la ville appelés. — 57. Copie en forme, mais du XVIe siècle, contenant une ordonnance du sénéchal (Nimes, 15 février 1569) en faveur de Jean Rovérié, seigneur de Cabrières. Après le décès de Baudile Rovérié, frère de Jean, son autre frère Antoine a contrevenu au testament paternel et aux accords passés par lui avec Jean, au sujet des biens de Baudile, sujets à restitution par droit de substitution. Suit un exploit de saisie du 27 mars 1569. — 58. Lettre de Montmorency-Damville aux consuls, syndic et diocésains de Nimes. Les soldats employés à la garde du château de La Motte, sur le passage du Rhône, reçoivent peu de vivres du diocèse. Or, aucune place n'est plus importante sur le Rhône. Les destinataires de la lettre devront pourvoir à leur nourriture et entretien, sous peine d'être responsables des inconvénients qui pourraient advenir, de ce chef, à la place (Toulouse, 23 mars 1570. — 59. Procès-verbal de la vente mobilière de Baudile Rovérié, sieur de Cabrières, décédé subitement à Paris, Place Maubert. Cette vente est faite sur requête de Julien Crémolin, archer de la compagnie de Scipion Villemarca, chevalier de l'ordre du roi et capitaine de cinquante hommes d'armes. Il avait prêté au défunt, pour subvenir à ses affaires pendant son séjour à Paris, 59 l. 6 s. t. La requête, adressée au prévôt de Paris ou à son lieutenant civil, est présentée à Urbain Girard, sergent royal au Châtelet, prévôté et vicomté de Paris, par Michel Le Tellier, commissaire et examinateur pour le roi au Châtelet. Les objets à vendre sont un petit mulet, un cheval et quelques hardes, et sont en la possession d'Eustache Le Menu, marchand tapissier de la Place Maubert, à l'enseigne de la *Cloche percée*. Les objets sont vendus aux enchères au lieu accoutumé, à « la port » de Paris, près le Grand Châtelet. La vente produit 108 l. 11 s. t. (16 juin 1568). — 60. Lettre de Claude Peloux à son mari, M. de Cabrières, à Paris. Leur fille et elle sont « grandement esbays » de ne pas recevoir plus souvent de ses nouvelles. Mention du conseiller Ruffi. Elle a été vainement à Beaucaire pour recouvrer un compte, « partie ». Elle ne peut être payée des habitants de Cabrières parce qu'ils n'ont pas permission d'imposer. La pauvre Mademoiselle de Colias est allée « en paradis » depuis quinze jours. Elle lui transmet une lettre de M. de Mons, à présenter au maréchal de Damville. Elle a reçu, en lui écrivant, une lettre de son mari, lui apprenant qu'il ne pouvait recouvrer les papiers de Baudile. Elle a parlé sans retard de cette affaire à Me Robert Restaurand. Leur fille Suzanne le prie de lui apporter un demi-cent de « vermelles » (1). Mention de sa sœur « du Pelloux » et de la commère « Suberane » (Souleyran), qui est à la poursuite de son procès (Nimes, 23 mai 1571). Reprise de la lettre, parce qu'elle a reçu une autre lettre de son mari. Elle prévoit qu'à Nimes on sera encore en grand point et bruit, car tous les jours on a des alarmes, sans savoir qui les donne. Elles se retireront dans deux jours à Cabrières. C'est tout ce qu'elle peut mander (27 mai). — 61. Lettre de M. de Lageret à M. de Cabrières, à Cabrières, écrite de Nimes, 19 février 1575. Mme de Lageret avait dernièrement envoyé à Cabrières deux hommes, pour en rapporter quelques effets de lingerie ou de lainage expédiés à Cabrières au commencement des présents troubles. Mais des habitants du village leur ont enlevé ces effets pour les faire examiner par M. de Cabrières. Lageret est heureux de les savoir en bonnes mains, mais il en a besoin et les demande. Il regrette que sa maison ne soit plus comme il l'avait laissée. M. de Cabrières s'en fût mieux accommodé. C'est la faute des consuls et autres qui ont laissé entrer la compagnie pour détruire la maison de Cabrières et celles des autres habitants, ce qui n'était jamais arrivé. Lageret offre ses services à M. de Cabrières, en dépit de sa pauvreté. — 62. Saisie, faite au nom des hoirs de Baudile de Rovérié, sur la tête des hoirs de Pierre d'Aramon, baron de Lédenon, du domaine de La Bastide, et notification, dans les villages voisins, de sa prochaine vente aux enchères (26 juin-12 août 1584). — 63. Copie d'une requête adressée au sénéchal par Suzanne de Rovérié, veuve de Jean de Rodier, seigneur de La Tronchère, décédé par suite d'une blessure reçue au siège de Colias. Ils se sont mariés le 7 novembre 1586, à Nimes, par-devant le prêtre François Bohet, en la maison de Suzanne. Pour servir à l'enfant posthume dont elle est enceinte, Suzanne demande une vérification de son mariage par un conseiller de la cour (6 décembre 1586, au dos de l'acte, où le mariage est qualifié de « prétendu ». — 64. Extrait en forme du contrat de mariage entre noble *Louis de Gui-*

(1) Gemmes de couleur rouge et orangée.

bert, capitaine de la ville de Tarascon, fils de défunts Conrad de Guibert et Marquèse de Privat, d'une part, et Suzanne de Rovérié, dame de Cabrières, fille de défunts Jean de Rovérié et Claude de Peloux, sieurs de Cabrières. Suzanne se réserve sur son bien 500 écus pour Antoinette de Rodier, sa fille, qu'elle a eue de son défunt mari. Louis de Guibert apporte en la maison de Suzanne 800 écus sol. L'acte est passé au château de Cabrières, en présence de Jean Bompard, vicaire de Saint-Gervasy, Louis Bompard, baile de Cabrières, Léonard Allier, consul, noble Pierre Maurice, etc. Le notaire est Nicolas Raide (28 septembre 1589). L'extrait est du 30 décembre 1610. — 65. Autre copie du même acte où on le date du 23 septembre. — 66. Copie d'une donation faite par Suzanne de Rovérié, dame de Cabrières, veuve de noble Louis de Guibert, à son fils Marc de Guibert. Elle lui donne les trois-quarts de ses biens. L'acte est passé à Vers, chez le notaire, Pierre Longuet, le 25 avril 1615. Il est insinué le 23 juin suivant, en l'audience du lieutenant principal tenant la cour, M. Rozel. — 67. Extrait de la dite donation, collationné sur le registre des insinuations le 24 octobre 1653. — 68. Extrait des registres de la Chambre de l'Édit de Castres, portant clausion pour André Tourton, notaire de Boulieu, contre Suzanne de Rovérié, dame de Cabrières (12 septembre 1607). — 69. Extrait en forme de l'inventaire des meubles de feu Suzanne de Cabrières, fait à la requête de nobles Pierre Pierre, Marie et Gabrielle de Guibert, ses enfants, par Claude Agior, baile de Cabrières. Il se rend au château accompagné de Jean Bompard, Pierre Valette et Balthazar Lhermet, qui prêtent serment chacun suivant la forme de sa religion. Ils trouvent au château Marc de Guibert, sieur de Cabrières, autre fils de Suzanne, lequel, après serment, montre les objets. Il ne prétend pas se porter héritier de sa mère, se contentant de la donation des trois-quarts de ses biens qu'elle lui a faite, et répudiant le surplus de l'héritage. Parmi les meubles, il y en a qui appartiennent à Marc, comme achetés de son argent propre depuis son mariage avec Marguerite de Gimel, dont les habillements ne sont pas inventoriés. A noter dix livres d'étain ouvré en pintes, plats, écuelles et assiettes. Pierre de Guibert et ses sœurs acceptent l'héritage maternel sous bénéfice d'inventaire (6 mars 1614). — 70. Extrait en forme d'un certificat de Jean Armand, curé de Cabrières, établissant que Suzanne de Rovérié, dame de Cabrières, est décédée à Cabrières le 14 mars 1614, et a été inhumée le lendemain en l'église paroissiale, chapelle de Notre-Dame, après vêpres, en présence de bon nombre de prêtres des environs (17 mars 1614). — 71. Attestation de Bonaventure Bastide, viguier d'Uzès, donnée à la requête de noble Pierre de Guibert, seigneur de Cabrières, et portant qu'une enquête par témoins a établi la cohabitation, comme mari et femme, il y a environ 54 ans, de Jean de Rodier, sieur de La Tronchère, et de Suzanne de Rovérié, dame de Cabrières, soit à Cabrières, soit à Uzès, où mourut le mari d'une blessure reçue au siège de Colias, et où sa veuve le fit inhumer, recevant les visites de condoléances de toutes les personnes de condition de la ville. Sceau de la viguerie royale d'Uzès et signatures des témoins de l'enquête (14 mars 1644). — 72. Lettres royaux adressées au parlement de Toulouse. Vidal Descours a exposé au Conseil qu'à raison de la succession de Jean Boyer, fils d'Antoinette Rodier, il y a procès au dit parlement entre Descours et Pierre Guibert, se disant frère utérin de ladite Rodier, et prétendant succéder ab intestat à Jean Boyer. L'exposant a montré qu'Antoinette était fille naturelle de Suzanne de Rovérié, mère de Guibert, et qu'ainsi Guibert ne pouvait invoquer la qualité d'oncle de Boyer. Un arrêt de la cour a maintenu Descours dans les biens de Boyer, à l'exclusion de Guibert. Mais ce dernier invoque un certificat supposé des épousailles de Suzanne de Rovérié avec Rodier de La Tronchère. La cour a ordonné une expertise du certificat. Or, celui-ci fût-il véritable, Guibert serait incapable de succession, comme né d'une « conjonction » réprimée par le droit, son père Louis Guibert ayant été condamné à mort par le juge royal ordinaire de Beaucaire, le 25 juin 1585, pour meurtre, et son mariage avec Suzanne étant postérieur. Descours voudrait être reçu à demander le relaxe définitif des fins et conclusions de Guibert. Accordé par le Conseil (Toulouse, 8 février 1645).

B. 1222. (Portefeuille.) — 2 pièces, parchemin; 39 pièces papier; 1 sceau.

1538-1576. — *Fonds de Cabrières.* — *Seigneurie de Cabrières.* — 2ᵐᵉ *volume, relatif à Antoine de Rovérié, cosigneur de Cabrières. Avant les pièces anciennes est une liste des documents, dressée par M. Prosper Falgairolle.* — 1. Acapte passé par Antoine Rovérié, licencié ès lois, comme fils et procureur de son père Gabriel Rovérié, seigneur de Cabrières, à Étienne Altier, de Cabrières (30 novembre 1539). — 2. Extrait en forme de la transaction passée le 21 juin 1539 entre Jean et Antoine Rovérié (Cf. la pièce 49 de l'article E. 1222). — 3. Copie non en forme, faite au XVIe siècle, et portant la signature d'Antoine Rovérié, d'un arrêt du parlement de Toulouse, rendu le 12 février 1543 v. s., et homologuant la transaction entre Jean et Antoine Rovérié, en date du 21 juin 1539. — 4. Dénombrement des biens nobles d'Antoine Rovérié, coseigneur de Cabrières. A noter le terroir de La Bastide d'Albes (XVIe siècle). — 5. Assignation donnée par les arbitres, sur la requête de Jean Rovérié, à Antoine et Baudile Rovérié (16 juillet 1539). — 6. Extrait des audiences ou « diètes » du sénéchal de Nimes, tenues depuis le 3 octobre 1539 jusqu'au 6 février 1540, et où il est question d'une procédure concernant l'observation de la transaction entre Antoine et Jean Rovérié. — 7. Mandement du sénéchal de Beaucaire et Nimes, pour Antoine contre Jean Rovérié, en cause possessoire. Antoine sera mis en possession des biens auxquels il a été ressaisi par le sénéchal. Les armes et fleurs de lys du roi seront plantées dans l'un des lieux contentieux pour tous les autres (Nimes, 8 décembre 1539). Sceau du sénéchal. — 8. Acapte fait par Jean Rovérié à son frère Antoine, de son tiers d'un mas indivis entre les trois frères Rovérié. Il s'agit du mas de Banc-Real ou Roquecourbe, au terroir de Marguerittes (27 décembre 1539). — 9. Bref memento de quatre actes des XVe et XVIe siècles : en 1477, arrentement passé à Raimond Rovérié, de Branoux, de biens situés à Soustelle ; en 1534, achat pour Bernard Rovérié, cuiratier ; reconnaissance du même au luminaire de Notre-Dame, à Cabrières ; en 1540, mariage d'Antoine Rovérié. — 10. Copie en forme de lettres d'ordonnance du sénéchal, pour Antoine Rovérié contre le seigneur de Lédenon et les consuls de Cabrières (Nimes, 23 octobre 1542). Cette pièce se rapporte à l'exécution du ressaisiment prononcé en faveur d'Antoine contre son frère Jean. Pour leur désobéissance audit ressaisiment, Jean est condamné à 50 s. d'amende envers le roi, à autant envers Antoine à titre de dommages et intérêts ; Jean Prat, baile, Jean du Vray, juge, Jean Merle, greffier de Cabrières, sont condamnés solidairement à 50 s. d'amende envers le roi. — 11. Copie non en forme du compromis passé entre Antoine et Jean Rovérié

le 27 décembre 1544, avec une partie de la procédure pour la vérification de l'étendue de la juridiction de La Bastide. Il y a une enquête par témoins. — 12. Extrait en forme d'un arrentement passé par Antoine Rovérié, seigneur en partie de Cabrières, à Simon Boncarut, d'immeubles à Cabrières (29 juillet 1544). — 13. Inventaire non signé des biens meubles existant dans la maison d'Antoine Rovérié à Lédenon, fait par ou en présence de quatre habitants de Lédenon et d'un habitant de Redessan. A noter une pinte d'étain de trois feuillettes (XVIe s.). — 14. Mémoire d'avocat, non daté ni signé, sur les actes qui ont servi dans le règlement, entre les trois frères Rovérié, de la succession paternelle (XVIe s.). — 15. Arrentement, passé par Antoine Rovérié, à Grégoire Ponteau, d'immeubles à Cabrières (20 janvier 1547 v. s.). — 16. Mémoire pour Antoine Rovérié contre Jean Rovérié (XVIe s.). — 17. Requête adressée au sénéchal par Antoine contre Jean (XVIe s.). — 18. Conclusions présentées par Antoine Rovérié, avocat de Nimes, seigneur de Cabrières, devant le juge de la cour des Conventions royaux, pour faire casser l'exécution des lettres de clameur impétrées par Antoinette Raimond contre son débiteur Michel Malian (16 juin 1557). — 19. Articles pour Antoine Rovérié contre Michel Malian, présentés devant les officiers ordinaires de Lédenon (XVIe s.). — 20. Reconnaissance féodale faite par Étienne Baget, de Cabrières, à Antoine Rovérié (3 avril 1557). — 21. Copie d'une quittance de 35 l. faite par Michel Malian à Antoine Rovérié (12 février 1556 v. s.). — 22. Extrait en forme de la vente d'une maison, faite par Françoise Bruchet ou Bouchet, dame de Saint-Côme, à Jean du Cailar, précenteur en la cathédrale de Nimes. La venderesse a besoin d'argent pour payer la seigneurie « d'Ardezan », acquise pour elle par son mari Nicolas Calvière, de Jean de Louet de Murat, baron de Calvisson. La maison vendue est sise à Nimes, rue du Camp-Neuf ou Dorée, confrontant le jardin de Jacques de Rochemore, lieutenant particulier, et la maison de Jean d'Albenas, lieutenant général en la sénéchaussée. Jean Grégoire, notaire et secrétaire de l'évêque ; le chanoine Antoine Nicolas, prieur de Liouc, sont témoins. Le notaire est Jean Ménard (4 août 1557). — 23. Extrait en forme d'un échange fait entre le précenteur Jean du Cailar et Antoine Rovérié, avocat au présidial. La maison de la rue Dorée passe à Rovérié, en échange de sa maison de la rue de la Roserie, confrontant la

Grand'Rue et l'Agau (4 août 1557). — 24. Copie de déclaration au sujet d'une vente d'immeuble faite par Guillaume Rolland à Antoine Rovérié (22 janvier 1558 v. s.). — 25. Ajournement de Michel Mallan et consorts devant le présidial (10 février 1563 v. s.). — 26. Copie des dires des parties dans une procédure entre Antoine Rovérié, demandeur, et Michel Mallan et consorts (31 mars 1563 v. s.). — 27. Défense faite à Mallan et consorts, de troubler Rovérié en ses possessions (16-24 octobre 1563 v. s.). — 28. Copie en forme d'une cession de taxats faite par Baudile Rovérié à son frère Antoine Rovérié. L'acte est passé à Nîmes, chez Jean Rovérié, en présence de Pierre d'Arumon, baron de Lédenon. Le notaire est Jean Paulet (1er février 1565). — 29. Memento d'actes relatifs à des directes et consives à Cabrières, Poulx ou Laval, et cédées ou confirmées par des prévôts du chapitre cathédral de Nîmes à Antoine de Rovérié (29 janvier 1569), Jean-Louis de Rovérié, seigneur de Poulx (7 septembre 1570), etc. — 30. Copie intégrale de l'acte du 29 janvier 1569, mentionné ci-dessus. — 31. Mandement du sénéchal commettant « Pierre Milo », notaire royal de Rochefort, diocèse d'Avignon, pour fournir à Antoine Rovérié des extraits des actes de Pierre Velhayre, notaire de Montfrin, diocèse d'Uzès, actes dont il a la garde (Nîmes, 6 juillet 1567). — 32. Rôle des actes de Velhayre dont Antoine Rovérié demande des extraits à « Milo » (10 juillet 1567). — 33. Opposition (projet) des consuls de Cabrières aux extraits demandés, qui sont destinés, par Antoine Rovérié, à servir au procès qu'il a contre eux, sous prétexte que le registre de Velhayre n'est pas en forme suffisante. (Il est probable qu'il n'y a que des notes brèves). Ce projet ou cette note est sans date ni signature. — 34. Extrait en forme d'une procuration donnée par Antoine Rovérié à Antoine Roque, dit Teissier, pour requérir du notaire « Antoine Ville », garde des notes de Velhayre, les extraits demandés (13 juillet 1567). — 35. Procès-verbal de la réquisition faite par le procureur de Rovérié à « Pierre Vire », garde des notes de Velhayre, et de l'opposition des consuls de Cabrières. Le notaire commissaire passe outre et fait les extraits. Il signe : « P. Vire » (15 juillet 1567). — 36. Bref memento de reconnaissances (XVIe siècle). — 37. Extrait en forme d'un achat fait par Antoine Rovérié, sieur de Cabrières, des immeubles de Catherine Bompar à Cabrières. Le notaire est Jacques Capdur (Nîmes, 16 février 1569).

— 38. Extrait en forme du testament d'Antoine Rovérié, seigneur de Cabrières. Legs aux pauvres de l'hôpital de Nîmes, à sa fille Hiéronyme, femme de Jean Fornier, seigneur de Beauregard ; à ses filles Louise, Catherine et Diane ; à sa nièce Suzanne, fille de Jean Rovérié. Son héritière universelle est Catherine de Paradès, sa femme. Après elle, l'héritage reviendra à leur fils Jean. L'acte est passé à Nîmes, chez le président Guillaume Calvière. Louis Bosquier, Philibert de Burine, docteurs en droits ; Jean Fantchier, docteur en médecine ; Firmin Dufour, chirurgien, sont témoins. Le notaire est Jean Ménard (15 novembre 1569). — 39. Plaidoyer ou mémoire en latin, écrit « in facto proprio » et signé : « Rovérié », pour être présenté au présidial, en la cause pendante entre Jean Rovérié, docteur en droits, fils et héritier universel de Gabriel Rovérié, seigneur de Cabrières, d'une part ; et Baudile Rovérié, impétrant de lettres de maintenue, Antoine Rovérié, frères, et noble Hiéronyme de Brunel, mère commune desdits frères, adhérents et demandeurs, d'autre part. Ce texte ne contient pas moins de 17 grandes pages d'écriture serrée. Il conclut à la validité du testament, Il est donc de Jean Rovérié, plaidant « pro domo ». — 40. Extrait en forme de l'inventaire des biens meubles d'Antoine de Rovérié, sieur de Cabrières, fait pardevant Mathieu Campagnan, lieutenant de juge royal de Nîmes, le 20 décembre 1570. Catherine de Paradès, veuve d'Antoine, expose qu'aux derniers troubles religieux advenus à Nîmes, la ville fut surprise par les Réformés en novembre 1569, son mari tué et sa maison saccagée par les soldats, comme elle l'a déclaré à M. de Saint-Roman, alors commandant à Nîmes pour les princes de Navarre et de Condé. Elle lui a demandé justice, et de pourvoir à ses meubles et à sa maison, en prenant pitié de ses cinq enfants : Jean, « Cherenisco », Louise, Catherine et Diane. Comme mère, elle est tenue de faire inventaire, M. de Saint-Roman commit le notaire François de Passebois, greffier commissionnel au siège de la ville, dont elle exhibe l'inventaire, daté du 22 novembre 1569. La grande presse des soldats baillés à Mme de Rovérié par ceux de la Religion, car elle est de religion contraire, dura plusieurs mois et amena un grand désordre. Les soldats pillèrent les meubles, répandirent le vin par terre, emportèrent du blé, endommagèrent les portes et fenêtres, comme on peut encore le voir. Mme de Rovérié dut se réfugier à

Beaucaire avec ses enfants. Elle n'est revenue dans sa maison qu'à présent, par le bénéfice de la paix, et requiert inventaire. A noter 12 plats et 12 asalettes, 6 écuelles à oreilles, une cassole, 4 pots moyans, 2 « chimauzes », une aiguière et 2 salières en étain ; un grand coffre de noyer ouvré à l'antique, sans serrure, contenant quatre pièces de tapisserie de l'histoire de Suzanne. On trouve dans les coffres les « accoustrements » de M⁰ᵉ de Cabrières et les « menus acoustremens » de ses filles. Dans l'étude, la porte est rompue, quelques sacs du greffe et des Conventions gisent à terre, éventrés pour la plupart, avec leurs papiers mêlés et déchirés. Ces papiers n'ont pu, dès lors, être inventoriés par le menu. Les soldats, en présence de M⁰ᵉ de Cabrières, en avaient mis au feu, disant que c'étaient des inquisitions contre eux. On trouve des livres « en loys » (de droit) ayant appartenu au défunt. — 41. Délivrance, faite à Catherine des Paradès, après vente aux enchères, par les officiers royaux ordinaires de Nimes, d'une petite maison de la rue Dorée, menaçant ruine, moyennant 300 l. (16 mai 1576). Sceau de la cour ordinaire.

E. 1121. (Portefeuille) — 8 pièces, parchemin ; et pièces, papier ; 4 sceaux ou cachets.

1583-1675. — *Fonds de Cabrières.* — *Seigneurie de Cabrières.* — 3ᵉ *volume, relatif principalement à Jean II de Rovérié, seigneur de Cabrières. Avant les pièces anciennes est une liste des documents, dressée par M. P. Falgairolle.* — 1. Extrait en forme des pactes de mariage accordés entre Jean Galepin, avocat du roi au présidial de Nimes, au nom de Marie de Galepin, sa fille, et Jean de Rovérié, avocat audit siège, seigneur de Cabrières. La dot est de 6000 l. Raimond Cavalesi, évêque de Nimes ; Philippe Eyroux, second archidiacre, noble Louis d'Arbaud, François Turgis, sont témoins. L'acte est passé à Nimes, chez le conseiller Saurin, par les notaires P. Michel et Restaurand (14 juin 1583). — 2. Autre copie du même acte. — 3. Jugement du présidial condamnant Théophile Sarrazin, secrétaire du prince de Condé, à reconnaitre à Jean de Rovérié, seigneur de Cabrières, un mas au terroir de Nimes, sous la censive d'une charge de touzelle (5 novembre 1585). — 4. Extrait des registres du présidial, se rapportant à une audience où a plaidé de Rovérié pour Jacques Saussine (18 mai 159). — 5. Copie moderne des actes de baptême de Jean-Antoine de Rovérié (25 mai 1506), et de Pierre de Rovérié (20 mars 1601), fils de Jean de Rovérié. — 6. Appel de Guillaume Deidier, garde aux salins de Peccais, fait à la Chambre de l'Édit de Castres, d'un jugement du présidial de Nimes, du 9 mai 1596, rendu en faveur de Jean de Rovérié, sieur de Cabrières (Castres, 18 septembre 1602). — 7. Appointement de la chambre de l'Édit portant que les parties produiront dans trois jours (Castres, 11 février 1603). C'est ce qu'on appelait, dans les interminables procédures de l'ancien droit, une « clausion », nom décevant, mais bien trouvé pour ranimer le zèle des plaideurs. — 8. Procuration donnée par Honoré de Rovérié, « escollier », natif et habitant de Nimes, demeurant à présent en Avignon, pourvu de deux rectories et chapelles fondées en l'église paroissiale Saint-Jean-Baptiste, à Cabrières, l'une appelée de Thomassi de Lacour, l'autre de Montrazon, sous le titre de Saint-Jean-Baptiste, à Raimond de Galepin, clerc tonsuré, docteur en droits, pour administrer lesdites rectories. L'acte est passé en Avignon par le notaire Christophe Morini (2 novembre 1603). — 9-10. Contrat d'association, entre Jean et Suzanne de Rovérié, cousins germains, désirant terminer les différends qui ont divisé jadis leurs pères Antoine et Jean de Rovérié, à l'occasion de la transaction du 21 juin 1589. Ils s'associent par moitié dans la seigneurie de Cabrières. Jean baille à Suzanne 3.500 l. Ce contrat ne pourra préjudicier à la transaction passée entre Suzanne et les consuls et habitants de Cabrières. Les 2 francs d'or de censive annuelle dus par les consuls appartiendront entièrement à Suzanne. L'acte est passé à Nimes, dans la salle haute de la maison de Jean. Le notaire est Arnaud Pugnière (30 avril 1605). — 11. Dénombrement fait par Jean de Rovérié, seigneur de Cabrières, par-devant le sénéchal, au bureau du domaine du roi, suivant les hommages et serments de fidélité de Gabriel de Rovérié, son grand père, et d'Antoine et Jean de Rovérié, ses père et oncle. On y voit que le château de Cabrières est ruiné (par les guerres religieuses). — 12. Appel au Grand Conseil, fait par Honoré de Rovérié, chanoine de la cathédrale de Nimes, contre Pierre Lansard, conseiller au présidial, commissaire députe par le Grand Conseil à la poursuite de Georges Qeyras, avec assignation à l'un et à l'autre (Fontainebleau, 13 juin-Nimes, 7 août 1607). — 13. Lettre écrite à M. de Cabrières par « Marguerites ». Protestations de dévouement (Tarascon, 20 octobre 1608). — 14-15. Lettres signées

« Montpezat », écrites au même. Il se réjouit de la nouvelle de retour de Paris. Il parle de sa pauvre mère, de son désastre, du danger couru pour sa vie et son honneur. Il le remercie et l'assure de son dévouement (« Nîmes », 21 décembre 15..). La seconde lettre, de même ton, est sans date. — 16. Procuration en blanc donnée par Jean de Calvière, seigneur de Manoguier, habitant de Nîmes, pour déclarer au Conseil privé qu'il n'a aucun intérêt au procès criminel entre Jean de Rovérié, sieur de Cabrières, et Pierre de La Croix (31 janvier 15..). — 17. Requête de Jean de Rovérié au Conseil du roi. Il poursuit Pierre de La Croix, ci-devant prévôt de la cathédrale de Nîmes, devant le parlement de Toulouse pour le rapt par lui commis de Catherine de Rovérié, fille du suppliant. Il demande l'autorisation de faire exécuter le décret de prise de corps contre La Croix et de le faire emprisonner au Fort-L'Évêque (vers 15..). — 18. Mémoire contre La Croix (s. d.). — 19. Copie en forme des faits et articles baillés par de La Croix, chanoine et prévôt de la cathédrale de Nîmes, par-devant Pierre de Baumefort, seigneur de Brissac, conseiller au présidial, commissaire député pour plus ample vérification des causes de soupçon et récusation contre Marc de Calvière et autres conseillers au parlement de Toulouse, parents et alliés de Jean de Calvière, sieur de Manoguier, et Jean de Rovérié et sa fille Catherine (s. d.). — 20. Verbal du 11 mai 15.., contenant plainte de François de Rovérié, au nom de son père Jean de Rovérié, contre les consuls de Cabrières, qui ont fait saisir du blé lui appartenant, sous prétexte de tailles qui leur seraient dues depuis 1572 et 1574. Paul Pélissier, notaire de Lédenon, commissaire député par les officiers royaux de Nîmes, ordonne que le séquestre rendra le blé à M. de Cabrières, moyennant caution fournie par ce dernier. — 21. Lettre d'Abdias de Chaumont, sieur de Bertichères, à M. de Cabrières. Laval a fait emprisonner le capitaine Peleti, comme caution de 37 l. prêtées à Bertichères, l'année précédente. « Il le faut tirer de là », écrit le capitaine protestant (Saint-Gilles, 21 mai 15..). — 22. Donation faite par Diane de Rovérié, fille de Jean de Rovérié, seigneur de Cabrières, et de Marie de Galepin, mariés, à sa sœur Gabrielle, en faveur de son prochain mariage avec Claude de Banne, sieur de Cabiac, conseiller au présidial de Nîmes, du legs de Jean Chaissi, leur grand oncle maternel. Il s'agit d'une maison dont Marie de Galepin abandonne l'usufruit au profit de Gabrielle. L'acte est passé à Nîmes, chez Jean de Rovérié. Le notaire est Pierre Rossel (17 avril 16..). — 23. Lettre de M. de Lageret à M. de Cabrières (1). Il le remercie de sa bonne intention de lui faire rendre les meubles qu'on lui a pris et dont on ne veut pas se dessaisir. Il insiste pour leur recouvrement, dont il aura une reconnaissance éternelle. S'il y avait eu, au marché, du poisson frais ou salé, il lui en aurait fait parvenir par le porteur (Nîmes, maison de Cabrières, 15 avril 1575). — 24. Promesse faite par Catherine de Paradès, mère de Jean de Rovérié, à Jean de Galepin, père de Marie de Galepin, de lui faire quittance de ... écus, en déduction de la dot de Marie (9 ... écus, comme si elle ou son fils Jean les avait reçus (Nîmes, 14 juin 1589). Cf. la pièce 1 du présent article. — 25. Extrait en forme d'un remboursement de 573 écus sol fait par Pierre de Valernod, évêque de Nîmes, à Jean de Rovérié, seigneur de Cabrières. Ce dernier avait acquis pour ce prix, de feu Raimond Cavalési, évêque de Nîmes, le domaine de la Tour de l'Évêque, au terroir de Nîmes. Cette opération avait permis à Cavalési de payer sa quotité de la vente du temporel, et remontait au 25 avril 1531. Moyennant ce remboursement, de Rovérié revend à l'évêque le domaine en question. L'acte est passé à Nîmes chez François de Rozel, lieutenant principal en la sénéchaussée. Jean Platel, avocat de Villeneuve de Berc ; Antoine Donfa, marchand de soie ; Dominique Roman, docteur en médecine de Gimond, en Gascogne, sont témoins. Le notaire est François Ménard (8 février 159.). — 26. Promesse faite par M. de Galepin à M. de Cabrières, son beau-frère, de ne rien lui demander des fruits et rentes du prieuré de Saint-Geniès pour l'année 15.. (14 mai 1591). — 27. Ordonnance de Pierre de Barthélemy, conseiller au parlement de Toulouse, rendue entre Jean de Rovérié, sieur de Cabrières, d'une part, Suzanne de Rovérié et Marc Guibert, mère et fils, défendeurs, d'autre part. L'incident sera joint à l'instance principale d'appel (Toulouse, 30 mai 1613). — 28. Appointement des officiers ordinaires de Cabrières pour Jean de Rovérié, seigneur du lieu, concernant la discussion générale des biens d'Antoine Bernard (6 juin 1619). — 29. Donation faite par Marie de Galepin, femme de Jean de Rovérié, seigneur de

<hr>

(1) Il s'agit ici de Jean D. de Rovérié. Cf. la pièce 61 de l'article E 122.

Cabrières, à leur fille Gabrielle, en faveur de son mariage avec Claude de Banne, seigneur de Cablac, de 3.000 l. de dot. L'acte est passé à Nîmes, chez Jean de Baudan. Louis de « Montcamp » ou Montcalm, sieur de Candiac, Pierre de Valescure, sont témoins. Le notaire est Jean Frat (17 avril 1610. — 30. Lettre de « Dauphine » de Montcalm à M. de Cabrières. Elle se réjouit du mariage de son fils avec Gabrielle de Rovérié (s.-d.). — 31-32. Extraits en forme du contrat de mariage de Claude de Banne, seigneur de Cablac, conseiller au présidial, et Gabrielle de Rovérié. Claude est fils de feu noble Claude de Banne, baron d'Avéjan, et de Delphine de Montcalm. Il est assisté de sa mère, de M. de Saint-Véran, son oncle, et de M. Torris, son frère. Les parents de Gabrielle lui donnent 13.000 l. de dot. L'acte est passé à Nîmes, chez M. de Cablac. Jacques d'Auteville, conseiller à la chambre des comptes de Montpellier, Jean de Galopin, Jean de Baudan, Louis de Montcalm, conseillers au présidial de Nîmes, Jacques de Baudan, seigneur de Vestric, Raimond de Galopin, avocat, sont témoins. Le notaire est Pierre de Rossel (28 avril 1610. — 33. Vente faite, par André Tourton, notaire de « Banllou » en Haut-Vivarais, à noble Jean de Rovérié, seigneur de Cabrières, de la moitié de la juridiction de Cabrières ayant appartenu à Suzanne de Rovérié, dame de Cabrières, part indivise avec l'acquéreur. Le vendeur a obtenu les droits vendus, par décret du juge des Conventions royaux de Nîmes, descendant de cause jugée contre Suzanne le 21 septembre 1610. Le prix est de 1.662 l., contenant la somme principale, ensemble les dépens et apports liquidés par le décret. Noble Imbert de Baronnat, sieur de La Mure, est témoin. Le notaire est Pierre de Rossel (Nîmes, 10 novembre 1610. — 34-35. Ordonnances du sénéchal maintenant Jean de Rovérié dans l'entière moitié de la seigneurie de Cabrières (15 janvier-15 juillet 1611. — 36. Appointement du parlement de Toulouse, rendu entre Suzanne de Rovérié, appelante d'une sentence du sénéchal de Nîmes (20 novembre 1611), et son fils Marc Guibert, adhérant à l'appel, d'une part ; et Jean de Rovérié, sieur de Cabrières, appelé, d'autre. Le procès par écrit est reçu, pour juger s'il a été bien ou mal appelé (Toulouse, 21 décembre 1612). — 37. Requête de Jean de Rovérié au sénéchal, contre les entreprises de Suzanne de Rovérié et son fils Marc Guibert. En dépit de l'ordonnance du 4 février, se déclarant jouissant du décret obtenu

de la moitié de la seigneurie de Cabrières contre Suzanne, elle et son fils s'efforcent de déposséder Jean par violence, assemblant des soldats et gens armés contre lui (s. d. — 38. Ordonnance du sénéchal prescrivant d'empêcher contre les entreprises de Suzanne et de son fils (27 mars 1613) et signifiée le lendemain. — 39. Lettre écrite à M. de Cabrières par son cousin A. Thomas. M. Saunier est disposé à s'accommoder, mais il faut venir à Saint-Gilles pour s'entendre avec lui (Saint-Gilles, 20 janvier 1614. — 40. Permission, donnée par le connétable de Montmorency à Jean de Rovérié, de porter le pistolet pour la défense de sa personne, à la charge de n'en pas abuser (La Grange des Prés, lès-Pézenas, 31 mars 1614. — 41. Ordonnance du sénéchal, rendue entre Marc de Guibert, conseigneur de Cabrières et Marguerite de Ginel, mariés, relevant l'instance d'appel de feu Suzanne de Rovérié, mère de Guibert, d'une part, et Jean de Rovérié, seigneur de Cabrières, ayant droit d'André Tourton, notaire royal, d'autre. Tourton ne sera pas empêché de poursuivre son exécution par devant le juge des Conventions, qui a bien ordonné et jugé Nîmes, 16 mai 1614. Cachet. Commandement d'obéir du 20 juin. — 42. Testament olographe de Jean de Rovérié, seigneur de Cabrières, avocat au présidial. Legs de 10 l. à sa fille Catherine, et révocation d'une donation de 5.000 l. à elle faite en son premier mariage avec le conseiller de Fabrègue, pour cause d'ingratitude. Legs à son fils Honoré, enfoui en l'église collégiale de Saint-Gilles ; à son fils François, avocat au présidial ; à sa fille Gabrielle, femme du conseiller de Cablac ; à sa fille Diane, qui entrera en religion. Son héritier universel est son fils Jean, avocat au présidial Nîmes, 18 juin 1615. — 43-44. Copies en forme dudit testament. — 45-48. Lettres de M. de Cabrières adressées à son fils, à Toulouse. Ce sont des instructions relatives à des procédures (Cabrières ou Nîmes, 8 janvier-20 mars 1616). — 49. Exemption du logement des gens de guerre pendant quinze jours en faveur du lieu de Cabrières, signée par le duc de Montmorency-Damville, gouverneur en Languedoc (Beaucaire, 25 mai 1616). Cachet. — 50. Arrêt du parlement de Toulouse, rendu entre le curateur aux causes de Marc de Guibert, sieur de Cabrières, appelant d'une sentence du sénéchal de Nîmes en date du 26 novembre 1611, et d'une autre du 12 juillet, pour être maintenu définitivement aux biens à lui donnés par feu sa mère

Suzanne de Rovérié, d'une part ; et Jean de Rovérié, avocat au présidial, appelé et défendeur, d'autre. L'appel est mis à néant (6 juillet 1616). — 51.
Copie en forme du même arrêt. — 52. Estimation
amiable des fruits des biens ayant appartenu à
Suzanne de Rovérié et saisis par Pierre de Guibert.
Les arbitres ont été choisis par Jean de Rovérié et
Pierre de Guibert. La fin de l'estimation et les
signatures manquent (s. d.). — 53. Copie en forme
d'une ordonnance du sénéchal rendue entre Marc
de Guibert, sieur de Cabrières, et Marguerite de
Ginet, mariés, et Pierre de Guibert, frère de Marc,
d'une part, et Jean de Rovérié, d'autre. Les de Guibert demandaient la récusation de Louis de Roche-
mure, président du présidial ; François de Roche-
mure, sieur de Saint-Laurent, juge-mage ; Danie
de Cabrière, juge criminel ; François du Rozel,
lieutenant principal ; André de Pérrenaut, lieutenant particulier ; dix-neuf conseillers ; Honoré de
Girardan, avocat pour le roi, et Pierre de Valette,
procureur pour le roi, dans toutes les procédures
engagées contre eux par Jean de Rovérié, avocat ;
son fils Honoré, chanoine de Saint-Gilles, et autres ses enfants et serviteurs. Le sénéchal, de
l'avis d'un nombre suffisant d'avocats de la cour
non récusés, accorde les récusations demandées
(11 octobre 1616). — 54. Lettre autographe signée
du duc de Montmorency-Damville à M. de Cabrières. Le baron de Pérant la lui remettra et l'assu-
rera de son affection (Meziers, 30 mars 1619). Deux
petits cachets de cire rouge armoriés, avec lacs de
soie flèche. — 55. Conventions entre Jean de Rovérié, sieur de Cabrières, et Marie de Galepin, touchant la nourriture et l'entretien de Marie pour
l'avenir, afin d'éviter les discussions et les procès
(Nimes, 22 octobre 1650). Signatures de Marie, de
Raimond de Galepin, de Jean de Sautin et d'Alphonse, prêtre. — 56-57. Lettres d'Henri de Pérant
à M. de Cabrières. Ses affaires l'ont tellement
pressé qu'il est parti sans le revoir. Il pense qu'il
verra demain les ennemis. Si après le combat il
avait quelques jours de repos, il irait voir son père
et X. Il le supplie de prendre soin de toutes ses
affaires s'il lui arrivait quelque changement, car il
ne se fie qu'à lui. — Il lui envoie M. de La Condu-
mine, qui le servira comme il voudra. Il faut le faire
agir vigoureusement pour sortir de cette affaire,
et l'avertir par exprès si elle tourne mal, afin qu'il
soit prévenu avant d'aller à la cour. Galepin l'a
bien désobligé. C'est un malicieux. Ces deux lettres

sont sans date et d'une orthographe déconcertante.
— 58. Billet de sauvegarde signé par Châtillon (1)
priant les capitaines et autres officiers conduisant
les gens de guerre de ne pas loger au lieu de
Cabrières (Marjac, 21 avril 1627). — 59. Lettre de
Montmorency-Damville à M. de Cabrières. Il ne
doute pas de la part qu'il a prise à sa maladie (2).
Il l'assure de son affection et le remercie des nouvelles de ce qui se passe « de delà » (Carcassonne,
30 décembre 1621). — 60. Lettre de M. de Brison (3)
à M. de Cabrières. S'il désire se retirer à Cabrières,
il y sera en sûreté pour ce qui le regarde et pour
ceux qui sont sous son commandement. Il lui a de
l'obligation, et sera toujours bien aise de la reconnaître par toutes les consolations qu'il lui sera possible (s. d.). — 61-63. Lettres de M. de Blauzac à
son cousin M. de Cabrières, à Beaucaire et à
Cabrières. Il lui rend compte de ce qui s'est passé
pendant l'occupation de Cabrières. Les « sujets » de
de M. Cabrières ayant refusé d'entretenir les soldats que M. de Blauzac avait mis dans sa maison
pour la préserver des troubles qui la menaçaient,
ce dernier prit les ordres de M. de Châtillon pour
se mettre à couvert et protéger la maison. Le danger passé, il se retira, après avoir fait compte avec
les habitants de la dépense, à raison de 13 sols, ce
qui est bon marché. Il fait les mêmes conditions a
trente soldats qu'il a ici. M. de Cabrières trouvera
bon que ses sujets les paient, car c'est aussi bien
un excès de les vouloir trop soulager que de les
vouloir trop molester. Le pillage que M. d'Aubussargues a fait faire à Cabanes a tellement occupé
M. de Blauzac qu'il n'a pu penser à lui ni à ses
amis (s. d.). — Les lettres de M. de Cabrières à
MM. de Restichères et de Briquemand n'ont pas
servi, car M. de Blauzac avait déjà obtenu commission de M. de Châtillon. Il a regretté que son fils
ait dû quitter la maison de Cabrières, à cause de la
famine, et des menaces des ennemis de M. Cabriè-

(1) Gaspard de Coligny, comte de Châtillon, petit-fils de
l'amiral et chef des religionnaires du Bas-Languedoc.

(2) Henri II, duc de Montmorency et de Damville, fut
atteint d'une fièvre maligne vers le 20 octobre et faillit en
mourir à Rabastens. Hors de danger, il arriva à Carcassonne le 1; décembre 1621, pour s'avancer contre le duc de
Rohan.

(3) Joachim de Beaumont, baron de Brison, fut gouverneur de Nimes pour les religionnaires en 1621. Le duc de
Rohan le destitua le 21 mai 1622, pour intrigues contre lui.

res. Si celui-ci veut se servir de M. du Blauzac. Il doit le mettre à couvert par une même commission du duc de Montmorency, car sa maison n'est pas en état de défense. M. d'Aubussargues a fait piller Poulx et Cabanes, et emmener le bétail à Sainte-Anastasie (Mauzac, 16 juillet). — Il n'approuve pas sa retraite, à moins que M. de Cabrières n'ait appré-hendé la fuite de M. de Blauzac à propos d'une condamnation. Il aurait préféré lui voir prendre sa maison, comme il mande prendre celle de M. de Cabrières par son fils. Il le prie de demander à M. de Pérault un soldat de la compagnie de son fils fait prisonnier à Marguerittes et nommé Jacques Audibert. Il ne faut pas espérer de rançon de lui, car il est comme Blus (s. d.). — 64. Requête au sénéchal faite par Jean de Rovérié, sieur de Cabriè-res, au sujet de la mort d'Antoine de Rovérié, son père, tué à Nimes, le 16 novembre 1525, par les religionnaires qui surprirent la ville. Antoine était juge des Conventions royaux et ordinaires, et ses biens furent pillés. Lors des troubles de 1620 et 1621, Jean dut se retirer à Cabrières, défendant à grand frais sa maison et château, qui a servi de refuge à plusieurs catholiques chassés de Nimes. En représailles, les rebelles ont ruiné sa belle mai-son de Nimes, valant 1.400 écus, et sa belle métai-rie de Raquecouche, à Marguerittes. Jean demande une information, en vue d'obtenir un dédommage-ment (8 avril 1622). Copie. — 65. Déposition de Pierre Journet, chanoine. Copie. — 66. Enquête de François de Rozel, lieutenant principal en la séné-chaussée, pour Jean de Rovérié. Dépositions de Pierre Journet, chanoine de la cathédrale de Nimes, réfugié à Beaucaire ; de Jean Amadric, bourgeois de Nimes ; de Jaufre André, capitaine ; de Louis Amalric, bourgeois ; de Pierre Cazais, ménager, de Saint-Gervasy ; de Guillaume Boissière, praticien, de Nimes, réfugié à Beaucaire. Elles confirment les plaintes de Jean de Rovérié (Beaucaire, 24 avril 1622). — 67. Rôle des dégâts faits dans le château de M. de Cabrières par « les messieurs de la reli-gion » de Nimes. La suscription porte que, le ven-dredi 27 mai 1622, les huguenots de Nimes, sous la conduite de MM. de La Cassagne et de Caissargues, ont pris et pillé le château de Cabrières. — 68. Diplôme de bachelier en droits cononique et civil, délivré à Honoré de Rovérié, précenteur de l'église collégiale de Saint-Gilles, par l'université de droit d'Avignon (6 juin 1623). Le sceau manque. — 69. Extrait en forme d'une déclaration de Marie de Ga-lepin, veuve de Jean de Rovérié, seigneur de Ca-brières, contenant révocation de deux donations fai-tes par elle à sa fille Gabrielle, femme de M. de Cabiac, les 17 avril 1610 et 21 janvier 1621. Par de nouvelles dispositions, elle donne à son fils Jean de Rovérié tous les biens provenant de son frère Jean de Galepin, conseiller au présidial, s'en réservant l'usufruit et une somme de... tout. L'acte est passé à Nimes, en la maison de Jean de Rudan, conseiller au présidial, maison louée par Marguerite de Saint-Bonnet de Toiras, veuve de M. de Brignon. Le notaire est Étienne Mathieu, exer...ant à Bauzalran (15 février 1624). — 70. Lettre adressée à M. Des-cours, procureur juridictionnel à Lédenon, et si-gnée : de Rovérié. Il est urgent d'aller à Uzès, Montfrin et Meynes pour des vérifications de signa-tures au seing de 1625 et années suivantes. Il faut faire vérifier aussi les registres de baptêmes de Lédenon s. d. — 71-73. Copies modernes, faites par l'abbé Arnoux, curé de Sanilhac, en 1873, des actes suivants : 1° Donation de Gabrielle de Rové-rié, héritière sous bénéfice d'inventaire de son mari Claude de Baume de Cabiac, conseiller au prési-dial, à Jean Coulon, prieur de Sanilhac. Le notaire est Jacques Froment, de Sanilhac (4 novembre 16..). — 2° Extrait d'un inventaire de titres de la métairie de M. de Cascaras, mentionnant une décla-ration de Pierre de Baume de Montgros en faveur de Pierre de Baume de Cabiac (10 janvier 1655) ; une reconnaissance féodale, faite par Pierre de Baume de Cabiac à Jean de La Croix, seigneur de Meyrannes et Codina, le 16 novembre 1635 ; etc. — 3° Extrait dudit inventaire, mentionnant une quit-tance donnée par François Vernet, prieur de Sani-lhac, à Jeanne de Baume de Cabiac, femme de François de George, baron de Lédenon, fille de Pierre de Baume de Cabiac (23 janvier 1700) ; etc. — 4° Reconnaissance féodale faite par Gabrielle de Rovérié de Cabrières à Jean de La Croix (17 février 16..) ; — 5° Texte intégral de la quittance du 23 jan-vier 1700, mentionnée ci-dessus, et portant sur un legs de 3011 fait par Gabrielle au prieuré de Sani-lhac. — 74. Extrait en forme d'une transaction pas-sée entre Claude de Baume, seigneur de Cabiac, conseiller au présidial ; sa femme Gabrielle de Rovérié, ayant droit de Marie de Galepin, sa mère ; Jean de Saurin, docteur ès droits, fils d'autre Marie de Galepin ; Madeleine de Galepin et hoirs de Jeanne de Galepin, d'une part ; et Raimond de Galepin, conseiller au présidial ; Catherine de

Vivier, veuve de Jean de Gatepin, conseiller au présidial, d'autre. Il s'agit du règlement très compliqué de successions testamentaires remontant à Jean Chalcit vieux, testateur du 27 juin 1555 (Nîmes, 21 décembre 1621). — 77. Sommaire notarié de ladite transaction. — 78. Extrait en forme du contrat de mariage passé entre Jean « Anastasi », écuyer, fils de feu Antoine et de Louise Viralte, d'une part, et Diane de Rovérié, fille de feu noble Jean de Rovérié, sieur de Cabrières, et Marie de Gatepin, de Nîmes. L'acte est passé à Saint-Laurent (12 août 1601). — 79. Copies modernes de l'acte de sépulture de Marie de Gatepin, veuve de Jean de Rovérié de Cabrières (..., 6 septembre 1633); de l'acte de baptême de Jean-François de Rovérié, fils de François et de Marie de Ménard (Nîmes, 30 juin 1635); et de l'acte de baptême de Henri de Rovérié, fils des mêmes (Nîmes, 25 juillet 1637). — 80. Inventaire des meubles de Jeanne Clauss, de qui est cohéritière Catherine de Rovérié (17 octobre 1625). — 81. Lettre d' « Anastasi », de Saint-Laurent des Arbres, à M. de Cabrières, lui annonçant le décès de sa sœur (3 mars 1613). — 82-84. Copies modernes des actes de sépulture de François de Rovérié, avocat au présidial (Nîmes, 23 décembre 1657); Claude de Ikanc de Cabioc, époux de Gabrielle de Rovérié (Nîmes, 2 juin 1658); et Gabrielle de Rovérié, sa veuve (Nîmes, 17 mai 1675). — 85-87. Lettres de Diane d'Albenas à M. de Cabrières. Elle avait résolu d'aller le voir au reçu de sa lettre. Mais elle a chez elle sa belle-fille de Meyrargues, qu'elle n'ose, ni laisser seule, ni mener à Nîmes. Elles sont glosées, « glaussées », en leurs actions, et il ne faut donner ombrage à personne. Les sentinelles ne cherchent qu'à tout gâter, et M. de Cabrières en a de bons témoignages. Cependant, s'il veut qu'elle vienne, elle laissera toute considération, laissant toutes choses à sa prudence (s. d.). — D'une heure à l'autre il survient de nombreux incidents. Les paysans d'Aubussargues ont saisi, « gagé », dans sa terre de Massargues le bétail qu'elle y avait mandé chercher des charges de bois, et au lieu de lui faire raison, ils ont fait battre Valette par ses prisonniers d'Aubussargues. Les enfants de Diane sont résolus à tirer raison de cette querelle, et son fils de Meyrargues a déjà fait le nécessaire. Diane a fait informer contre les paysans par ses ordinaires. Alarmes de Diane (s. d.). — Elle le félicite d'être revenu chez lui. Son fils de Robiac l'a assu-

rés du contentement de M. de Cabrières. Elle est retenue à Nérac par un procès contre Mme de Poirc et M. de Plohoron. Elle n'attend que le capitaine Valette, qui doit apporter quelques papiers nécessaires au procès des prisonniers. Elle espère que l'innocence de ces Messieurs sera reconnue, mais la grande longueur de la procédure ne la rassure pas. Mention du chancelier et du capitaine Saurin. Les « parties » ou adversaires, pour influencer les juges, prétendent que le roi, sachant la vérité, n'a point voulu donner de grâce. Si elle avait quitté Nérac, c'eût été un fort grand préjudice à ces gens. La conservation de la situation de son fils est la grande préoccupation. Elle sollicite de M. de Cabrières un mot de recommandation auprès de M. de La Porte (Nérac, 1er février). — 88-90. Lettres de Mme de Montpezat (fille de Diane d'Albenas) à M. de Cabrières. Il l'accuse de perfidie, bien injustement. Elle lui a donné de ses nouvelles par l'homme que sa mère lui a mandé, car il lui était impossible de rester plus longtemps sans avoir de ses lettres, tandis qu'il demeurait des quinze jours sans entendre parler d'elle (s. d.). — Elle pense qu'il a reçu une lettre d'elle par M. de Saint-Côme. Elle ne manquera pas de lui écrire, puisqu'il y trouve de la consolation. Sa mère va bien. Elle le remercie du soin qu'il prend des affaires de son frère (s. d.). — Il doit avoir appris le malheur qui leur est arrivé, le funeste combat entre le baron de Poire et son frère de Montpezat. Elle le prie d'écrire à sa mère pour la consoler. Elle le conjure de prier M. de Bertichères de ménager son frère en parlant de ses affaires (s. d.). — 91. Lettre de Diane de Montpezat (autre fille de Diane d'Albenas), à M. de Cabrières. Elle lui demande assistance dans une affaire concernant une pauvre fille, leur nourrice, « engrossée » à Arpaillargues par un nommé Coulomb (s. d.). — 92. Lettre de M. de La Mosson à M. de Cabrières. L'amitié de M. de Cabrières pour tous ceux de la maison de Montpezat l'engage à l'entretenir de « certain excès » survenu à sa nièce de Bon. Il le prie de lui envoyer une copie des informations (Montpellier, 19 janvier). — 93. Lettre s. d. écrite à M. de Cabrières par une femme dont la signature est engagée dans la reliure. Sa sœur de Peyrieu lui fait savoir que, suivant le bruit public en Arles, un certain Montaren, prévenu du meurtre de M. Peyrieu, est prisonnier. Cela étant, elle voudrait le poursuivre, avec le conseil de M. de Cabrières.

E 145, (Liasse.) — 8 pièces, papier, 6 sceaux.

1599-1714. — *Fonds de Cabrières.* — *Seigneurie de Cabrières.* — 5ᵉ colonne, concernant principalement Jean II de Rovérié, seigneur de Cabrières. Avant les pièces anciennes est une liste des documents, dressée par M. P. Falgairolle. — 1. Diplôme de bachelier en droit canonique délivré à Jean de Rovérié par François de Laboau, primicier et recteur de l'université d'Avignon, Jean des Laurents, professeur de droit canonique, et Ronzon, secrétaire. Avignon, 18 octobre 1599. — 2. Extrait des registres du greffe des insinuations du diocèse de Nîmes. Le roi, désirant reconnaître les services que lui a rendus Jean-Antoine de Rovérié, lui accorde, avec l'avis de la reine régente, sa mère, la première chanoinie et prébende qui viendra à vaquer en l'église Notre-Dame de Nîmes, 15 février 1614. — 3. Lettre de M. de Cabrières à son père, avocat à Nîmes, au sujet d'un procès. Toulouse, 7 mai 1616. — 4. Mémoire sur les affaires de M. de Cabrières (3 septembre 1616). Il s'agit d'utiliser le brevet du roi relatif à la première chanoinie vacante de la cathédrale de Nîmes. Or, la chanoinie de Jean Bouchard vaquera par l'acceptation qu'il a faite de la trésorerie de la cathédrale, dont Charles Lozeran, titulaire, est démissionnaire. Bouchard tient sa procédure secrète, afin d'obtenir par surprise un brevet du roi au préjudice des brevets accordés à M. de Cabrières. — 5. Procuration de Jean de Rovérié de Cabrières, prieur de Saint-Géniès de Malgoires, pour résigner son prieuré en faveur de son frère François, prieur de Saint-Jean de Maruéjols, sous la réserve d'une pension de 300 l. Nîmes, 1ᵉʳ décembre 1618. — 6-7. Lettres de M. de Cabrières à son père, au sujet d'une chienne couchante confiée à Vers, entre les mains du capitaine Riluos, de Montpellier, qui y commande, et était l'un des appointés de la compagnie de M. de Laruac. On lit sur la seconde lettre la date d'octobre 1621. — 8. Extrait d'une procuration de Jean de Rovérié, seigneur de Cabrières, fils et héritier d'autre Jean, pour obtenir paiement de ce qui lui est dû par les consuls d'Istres, en Provence (13 juin 1623). Sceau du sénéchal. — 9-10. Extraits du contrat de mariage de Jean de Rovérié et de Marguerite de Saint-Bonnet de Toiras, veuve de Guillaume, seigneur de Brignon et de Sanilhac. Château de Sanilhac, 24 octobre 1623. — 11. Petit cahier de 14 feuillets, fortement rongé, et où M. de Cabrières a consigné des comptes et des créances de famille. Mention de Valette, prieur de Cruviers (1613), en mars 1613. Mention de la mort de Jean de Saint-Bonnet de Toiras, maréchal de France, tué le 14 juin 1636 devant le château de Fontanes, en Milanais (fᵒ 11). Achat fait le 14 août 1624, d'un parchemin du 16 mars 1623, contenant six reconnaissances féodales faites à M. de Brignon à Valence et à Saint-Hézery, pour le prix de 8 l. 15 s. — 12. Lettre de Chambon à M. de Cabrières, au sujet de l'instance de Pierre Moilan (Castres, 31 mars 1626). — 13. Copie moderne des actes de baptême de Charles de Rovérié et de Marguerite de Rovérié, enfants de Jean de Rovérié et de sa femme Marguerite de Toiras (30 septembre 1628). — 14. Requête de Jean de Rovérié, seigneur de Cabrières, à Henri II de Bourbon, prince de Condé, contre les mauvais procédés de Pierre de Guibert. Au pied de la requête, le prince, attendu que le suppliant a négocié et communiqué avec les rebelles, portant les troubles, sur l'ordre du duc de Montmorency, fait défense à Guibert et à tous autres de s'attacher ou d' aucassiers ou tel traitement qu'il pourrait avoir fait faire à l'encontre de Jean de Rovérié (Pézenas, 12 juin 1628). — 15. Copie d'une exemption, du logement des gens de guerre accordée par le duc de Montmorency et de Damville à Jean de Rovérié (Beaucaire, 5 juillet 1628). — 16. Requête de Jean Rovérié, dit ce cuer, aux officiers ordinaires de Générac, pour obtenir la publication du testament de son père, attestant que la contestation touchant à Cabrières pourrait faire périr les témoins. De Rovérié, juge, consent le demande et le lieutenant de barbe et a dit lecture. — 17. Procuration de Marie de Galepin, veuve de Jean de Rovérié, pour la représenter au sujet de l'exécution du testament de son père, Isnard de Galepin, sieur de Varanalet, juge royal d'Uzès (11 janvier 1636). — 18. Arrêt du parlement de Toulouse entre Jean de Rovérié et Pierre de Guibert, portant renouvellement de délai (10 mars 1635). — 19. Achat d'immeuble fait par Jean de Rovérié au terroir de Cabrières (4 août 1634). — 20. Sommation de Pierre de Guibert, sieur de Cabrières, à François de Rovérié, avocat (5 décembre 1641). — 21. Quittance de 50 l. faite par Marie de Galepin à son fils Jean de Rovérié, pour un reste d'arrérages de sa pension (25 août 1642). — 22. Lettre de Charles La Croix à Jean de Rovérié, en faveur du rétablissement de l'accord entre leurs deux maisœurs désunies (s. d.). — 23. Lettre de Martinon à M. de Cabrières. Il s'excuse de l'exécution d'un ordre qui choque ses sentiments d'amitié (Nîmes, 18 janvier 1635). — 24. Lettre de François de Rovérié à son frère. Les consuls n'ont aucun désir de lui donner son argent. Il faudra les faire assigner. Le premier consul veut employer les 300 l. voulées pour son voyage de Paris (Nîmes, 2 juin 1635). — 25-26. Copies modernes des actes de baptême de Jean-François de Rovérié (20 juin 1635) et de Henri de Rovérié (25 juillet 1635), enfants de François de Rovérié et de Marie de Ménard. — 27-29. Lettres de Madeleine de Brignon à sa mère, Mme de Cabrières. — Elle a reçu la dentelle d'argent par le laquais de M. de Janquières. M. de Nîmes (1) et elle iront bientôt à Pézénas, et de là à Béziers, voir la maréchale. Elle ne croit pas aller à Toulouse avant l'hiver. (S'il y a une date, elle est prise dans la reliure). — Bastien a été assez sot pour ne lui apporter sa lettre qu'à onze heures du soir. (Lettre s. d., cachetée aux armes de l'évêque de Nîmes). — M. de Nîmes est encore à la campagne (s. d.). — 30-31. Lettres de la même à M. de Cabrières, son beau-père. — Elle le prie d'envoyer leur mulet à Montpellier pour lui apporter ses capes. Son père et elle seront demain matin à Nîmes (Marsillargues, samedi matin). — Elle le remercie de lui avoir envoyé la lettre de son frère de La Baume. Elle apprend que M. de Saint-Germain n'était pas à Paris, et elle demande une minute de procuration (s. d.). — 32-33. Lettres de Mme de Lézignan à sa tante Mme de Cabrières. — Elle implore son assistance pour retirer, à n'importe quel prix, une transaction passée entre Mme de Murviel et son fils quelques jours avant son mariage avec Mme d'Assas, qui eut lieu le 28 décembre 1631 (Pézénas, 23 mai 1638). — Addition à la lettre précédente, envoyée en même temps. Les pactes de mariage de M. de Murviel sont du 8 décembre 1631. — 34. Lettre de M. de Lapeyre à M. de Cabrières, au sujet de 1000 l. restant dues sur la dot de Mme de Cabrières par M. de Restinclières (Paris, 25 juin 1638). — 35-50. Lettres d'Isabeau de Toiras, dame de Lézignan, à sa sœur, Mme de Cabrières, ou à son beau-frère, M. de

Cabrières. — 35. Sa fille a la fièvre quarte, elle craint qu'elle n'en ait pour tout l'hiver. C'est un contre-temps pour le voyage de Toulouse, si nécessaire. Elles expérimentent à leur dam ce que peut la présence de sa belle-mère, qui a fait casser par ses ordinaires et ses chicanes un arrêt provisionnel. Elle espère la « débotter » avec l'aide de Dieu et de sa nièce (4 octobre [1638]). — 36. Sa fille et elle dépêchent à Mme de Cabrières un laquais avec des tuiles. Mme de Murviel continue ses chicanes, et leur fait désirer d'être bientôt à la Saint-Martin pour gagner Toulouse (21 octobre 1638). — 37. Sa fille a fait une chute qui lui a contusionné le bras. Elle aimerait beaucoup la visite de sa nièce, qui promet depuis des années à sa cousine de la venir voir (s. d.). — 38. Elle a été très heureuse de voir son neveu. Mais sa fille de Cazouls continue d'être malade (s. d.). — 39. Elle a été désolée du départ de sa sœur. Elle lui demande de l'assister dans son affaire contre M. d'Antraigues. Elle a appris de M. de Nîmes que les papiers sont entre les mains du conseiller Fabre (18 juillet). — 40. Elle est heureuse d'apprendre par M. de Nîmes que sa sœur est rétablie. Mention de son neveu de La Baume, qu'elle aime tendrement (s. d.). — 41. Elle recommande à sa sœur d'appuyer le sieur Serres auprès de M. de Fontfrède. Elle a reçu à Narbonne, par un laquais de M. de Saint-Aunès, une lettre d'un « de vos » Messieurs de Nîmes, sans avoir su lire « le sein » (la signature), de sorte qu'elle ne sait à qui répondre. Son correspondant serait-il M. de Fabre, cousin de sa sœur ? L'évêque est revenu de Toulouse en bonne santé, et fort glorieux d'avoir emporté la victoire sur Mme de Murviel (25 février 1634). — 42. Sa sœur a dû avoir des nouvelles de M. de La Forest, leur frère, par M. Le Gentil. Elle lui envoie un mémoire sur l'état de la maison d'Antraigues. « Votre » nièce de Cazouls est encore à Narbonne (20 mai 1639). — 43. Elle se plaint à son beau-frère de manquer de ses nouvelles et de celles de sa sœur. M. Bouisson, le seul marchand de Nîmes qu'elle connaisse, l'a informée qu'ils allaient bien, et que sa nièce de Brignon était allée aux eaux. Au sujet du billet que son fils doit à M. de Grillé pour commencer son équipage en vue de son voyage de Piémont, elle prie M. de Cabrières de la tirer de cette affaire (19 septembre 1642). — 44. Elle demande à sa sœur de faire obtenir au sieur Serres, par M. de Fontfrède, la charge de procu-

<hr>

(1) Claude II de Saint-Bonnet de Toiras, évêque de Nîmes (1625-1633), entra dans la révolte du duc d'Orléans en 1632, ce qui lui fit perdre son évêché.

reur « À la sel » qu'avait auparavant M. de Marseillan. M. de Nîmes, leur frère, fait des miracles pour les affaires de « votre » nièce de Cazouls. Depuis la Saint-Martin, il a obtenu deux arrêts (Narbonne, le 17. — 43. Elle doit 850 l. à Louet-marchand de Pézénas, et prie M. de Cabrières de lui donner les moyens de la payer (6 avril 1663. — 44. Elle est pressée de divers côtés et surtout par Louet. En quel temps sera prête la partie qu'il suit ! (Pézénas, 10 mars 1648). — 47. Elle envoie à son beau-frère deux minutes dressées par les conseils de ses filles et le prie de lui donner son avis. Les 15 000 l. qu'elle doit à sa fille de Saint-Agnès provenant de 12.000 l. que le maréchal de Toiras donna pour son mariage, et des intérêts de la somme (27 mai 1653. — 48. Vœux de bonne année. Elle s'ennuie extrêmement où elle est, retenue par le mauvais temps (1er janvier 1646. — 49. Pressée d'un rhume, elle ne peut aller le voir, et lui demande de lui prêter 200 l. sur ce qu'il sait (s. d.. M. de Cabrières a noté sur la souscription avoir fait le prêt le 23 janvier 1646. — 50. Elle est malheureuse de n'avoir pas de leurs nouvelles. Elle est accablée de peines. M. de Cabrières ne les connaît pas entièrement. Son malheur s'est accru depuis le départ de son fils. Elle les prie de l'aider à se remettre en repos. Elle ne mérite pas d'aigreur, car elle est innocente (s. d.. — 51-52. Lettres de M. des Gardies à M. de Cabrières, son cousin. — Il le remercie du soin qu'il prend de ses affaires. M. de Mauchant a dit à son fils qu'il passerait en se rendant à la Cour (Montpeyroux, 16 janvier 1639. — Il lui demande de l'assister dans ses affaires. Mention de l'affaire avec le conseiller Cassagne (Montpeyroux, février 1639. — 53-54. Lettres d'Anne de Ribes à sa sœur M. de Cabrières. Son neveu de Bézis lui remettra sa lettre. Elle a donné son bien aux enfants de M. de Cabrières pour l'amour d'elle et à sa sollicitation. Elle réclame ce qui lui est dû par eux. Elle en écrit à M. de La Baume et compte que sa sœur lui fera donner satisfaction (Pézénas, 19 juin 1639. — Elle réclame ses reçus, remis à M. de Nîmes lors de son départ (s. d.. — 55. Lettre de M. de Lézignan à sa tante M. de Cabrières. Elle lui exprime toute sa reconnaissance (Pézénas, 21 septembre 1639. — 56. Lettre de M. de Cabrières aux consuls de Cabrières. Il les engage à faire un présent de chasse et de « poulaille » à M. le cadet de La Baume, consul de Nîmes. Il est de leurs

amis, et leur intérêt se confond avec leur obligation (Nîmes, 27 décembre 1639). Au dos, M. de Cabrières a noté : deux paires de perdrix, un levrant et deux chevreaux. — 57-58. Original et copie du testament de Marguerite de Saint-Bonnet de Toiras, veuve de noble Guillaume de Reymond de Brignon, seigneur de Brignon et de Sanilhac, femme de noble Jean de Rovérié, seigneur de Cabrières. Legs aux pauvres de Cabrières, Brignon et Sanilhac, à la confrérie des dames de la Miséricorde de Nîmes, à son mari, à ses enfants Henri, Charles et Madeleine de Reymond de Brignon, Jean, Louis et Louise de Rovérié. Son héritier universel est Claude de Rovérié, l'aîné des enfants de Cabrières (Nîmes, 8 avril 1649. — 59. Analyse des testaments de Marguerite de Toiras, femme de Claude de Rovérié, en date du 8 avril 1649, et publié le 15 mai 1649 ; de Jean Ier de Rovérié, en date du 1er juin 1615, et publié le 30 mai 1633 ; de Jean II de Rovérié, en date du 11 décembre 1653 ; de François de Rovérié, fils de Jean Ier, en date du 19 avril 1649, et publié le 8 janvier 1658. — 60. Extrait en forme d'une transaction passée entre Jean et François de Rovérié, d'une part ; et Vidal Descours, d'autre 1er juin 1649. — 61. Note pour l'estimation des juridictions de Cabrières (XVIIe s.. — 62. Lettre de Maigron à M. de Cabrières, au sujet de la malevolte des fruits du prieur de Sauzet et de ses voisins, comme aussi du présage des biens ruraux du prieur et vicaire de Saint-Geniès, avec un mémoire des biens nobles, le tout pour servir d'exemple à M. de Cabrières (S.-Geniès-de-Malzoires, 30 juin 1649. — 63. Extrait des registres consulaires de Nîmes, portant que M. de Cabrières fut admis à la première échelle du consulat le 5 décembre 1633 et que noble Jean de Rovérié, seigneur de Cabrières, a prêté serment, en 1644, comme premier consul (certificat des 16 mars — 2 avril 1779. — 64. Quittance signée : De Rovérié, faite à Jean de Rovérié, seigneur de Cabrières, frère du signataire, et intéressant Clément « Anastais », son neveu et pupille 22 avril 1645. — 65. Lettre écrite par M. de Saint-Chapte à M. de Cabrières. Il le félicite de l'accueil qu'il a reçu à la Cour. Il faut maintenant accorder au roi, aux États prochains, ce qui lui est nécessaire (S. Chapte, 5 novembre 1655. — 65. Lettre de M. de M. de Cabrières à son frère de Rovérié. Les brouilleries de Béziers, où le maréchal et M. Balthazar sont allés aujourd'hui, empêchent le maréchal d'aller à Beaucaire, pour le canal, jusqu'après les États. M. de Nîmes agit fortement (Pézénas, 17 janvier 1640). Il entend que Claude demeure à Nîmes, étudie et aille aux audiences. — 67. Diplôme de docteur en l'un et l'autre droit, décerné à noble Jean-Louis de Rovérié de Cabrières par Charles-Jacques de Loberon, évêque de Valence et de Die, chancelier de l'université de Valence, en l'absence du vice-chancelier (Valence, 4 décembre 1646). Sceau en boîte de l'évêque. — 68. Lettre de de Brignon, prévôt de la cathédrale de Montpellier, à M. Euzet, chez M. Soubeyran, rue du Coq, en face les Pères de l'Oratoire, à Paris. Il s'agit du règlement de compte, compliqué par des malentendus, de dentelles envoyées à une « damoiselle » habitant le logis du prévôt, à l'insu de ce dernier (Montpellier, 21 janvier 1647). — 69. Lettre de de Trimons, prieur de Cabrières, à M. de Cabrières. Il lui donne des nouvelles de ses affaires et de ses récoltes. Pour la mort de la personne dont il lui avait parlé, l'heure n'en est pas encore venue. Elle est fort gaillarde. Ses poires sont bien mûres, mais sa part sera petite. Elles s'éclipsent tous les jours, car il a affaire à un corsaire (s. d.). — 70. Projet d'une transaction entre Claude de Baume, sieur de Cabiac, et Gabrielle de Rovérié, mariés, d'une part ; noble Jean de Rovérié, seigneur de Cabrières, et François de Rovérié, docteur et avocat, d'autre part. On a mis au dos la date du 15 mars 1649. M. de Cabrières paiera 1 500 l. à M. de Cabiac et à sa femme. — 71. Collation du prieuré de Saint-Geniès de Malgoirès, faite par Jules de Calvisson, abbé de Saint-Gilles, à Jean-Louis de Rovérié de Cabrières (Nîmes, 23 mars 1650). Sceau de l'abbé. — 72. Extrait en forme du contrat de mariage entre noble Pierre de Forton, conseiller au présidial de Nîmes et au parlement d'Orange, fils de feu Antoine, conseiller aux dites cours, et d'Anne de Roys, d'une part ; et Louise de Rovérié de Cabrières, fille de noble Jean de Rovérié, seigneur de Cabrières, et de feu Marguerite de Saint-Bonnet de Toiras, d'autre. Le mari est assisté de son beau-frère noble Firmin de Chabaud, sieur des Iles, conseiller aux cours de Nîmes, et de [sa] sœur Tiphène de Forton, femme de M. des Iles. L'épouse est assistée par son père, noble Henri de Reymond de Brignon, seigneur de Brignon et de Sauilhac ; Charles de Reymond de Brignon, sieur de La Baume, prévôt de la cathédrale de Montpellier, et noble Jean-Louis de Rovérié de Cabrières,

sieur de Trimons, son frère. La dot est de 12,000 l. (Nîmes, 19 décembre 1650). — 73. Copie moderne de l'acte de mariage de Pierre de Forton et de Louise de Cabrières (Nîmes, 19 décembre 1650). — 74-75. Lettres du frère récollet Alexis « Anastasy » à son oncle M. de Cabrières. Il le prie de payer le legs fait par lui-même à leur couvent d'Avignon, entre les mains de M. Cremoilano, bourgeois d'Avignon, s'il ne l'a point payé encore (Montfavet, 1er juin 1651). — Il le prie de faire la charité à un jeune homme qui a eu place dans son testament. Cette fois il signe « Anastais » (Montfavet, 9 avril 1652). — 76. Placard imprimé contenant le « despartement » des chambres du parlement de Toulouse, commencé le 13 novembre 1652 et finissant le même jour de 1653. — 77. Quittance de 9831 l. 3 s. donnée en blanc par Jean de Rovérié de Cabrières. Il s'agit d'un quartier échu d'une rente de 9,103 l. 13 s. 1 d., constituée à Philippe de Coulanges par les commissaires du roi, et assignée sur les droits de huitième et de vingtième du vin entrant à Paris, puis rétrocédée à M. de Cabrières par noble Denis de Bruéys, sieur de Saint-Chapte (Nîmes, 3 juin 1652). — 78-79. Extraits en forme de l'achat de partie de la seigneurie de Cabrières, fait à Marguerite de Guibert, veuve d'Antoine de Fabro, seigneur de Montcamp, habitant Bagnols, par Jean de Rovérié, seigneur de Cabrières. La venderesse est aux droits de son frère Alexandre de Guibert, en tant que son héritière, comme aux droits de son père Marc de Guibert et de sa mère Suzanne de Rovérié. Le prix est de 6,000 l. L'acte est passé à Uzès, au logis de Jacques Eymard, où pend l'enseigne de la Croix Blanche. Le notaire est Jacques Froment, de Sauilhac (17 août 1652). — 80. Extrait sommaire du précédent achat. — 81. Extrait en forme du don fait par le roi à M. de Cabrières du droit de lods pour ledit achat (Compiègne, 16 septembre 1652. — Montpellier, 5 mai 1653). — 82. Mandement du présidial d'intimer un jugement aux consuls de Poulx, à l'instance de Jean de Rovérié (22 avril 1653). Sceau. — 83. Jugement intimé, rendu entre M. de Cabrières et les consuls de Poulx, qui devront exhiber leurs vieux cadastres, afin que M. de Cabrières puisse en faire tirer des extraits (16 mars 1653). — 84. Lettres royaux pour M. de Cabrières contre de Guibert. M. de Cabrières s'oppose à ce que Pierre de Guibert prenne la qualité de seigneur de Cabrières. Il est reçu en ses conclusions (Toulouse, 31 mars 1653). Sceau sur queue. — 85. Mandement du présidial d'intimer un jugement à Jean Gaignety et consorts, de Pouls (2 mai 1653). Sceau. — 81. Jugement intimé à Jean Gaignety et consorts, à l'instance de M. de Cabrières, et ordonnant vérification d'une pièce de terre (21 avril 1653). — 87. Procuration donnée par Jean de Rovérié à Claude de Rovérié, son fils, pour le représenter au sujet de la rente de 3.812 l. 13 s. faisant partie d'une rente de 9.103 l. 13 s. 4 d. constituée à Philippe de Coulanges, et rétrocédée à Jean par Denis de Bruoys, sieur de Saint-Chapte (Nîmes, 22 septembre 1653). — 88. Extrait en forme d'une déclaration de Charles de Trémons, prieur de Cabrières, pour Jean de Rovérié, seigneur de Cabrières, contre Pierre de Guibert. Il s'agit de fixer la manière dont Claude de Rovérié, fils aîné du requérant, prit possession de l'ancien château de Cabrières et des biens en dépendant, à la suite de l'achat de la part de seigneurie de Marguerite de Guibert, le 28 août 1652. La déclaration a lieu devant la cour royale et ordinaire de la viguerie de Nîmes, le 27 septembre 1653. — 89. Copie du verbal d'Étienne Sauze, huissier et garde du Palais au présidial, commissaire exécuteur de l'arrêt du parlement de Toulouse du 30 août 1653, touchant l'ancien château de Cabrières (7 octobre 1653). — 90. Verbal contenant déclaration de M. de Trémons, prieur de Cabrières, et de Jean Cluion, notaire et lieutenant de viguier en la baronie de Remoulins, habitant Sernhac. Ces déclarations ont lieu devant la cour royale et ordinaire de Nîmes, le 14 octobre 1653. Extrait en forme du 16 octobre. Il s'agit toujours de la prise de possession de l'ancien château de Cabrières, mais cette fois tentée le 7 octobre 1653 par Pierre de Guibert, en vertu de l'arrêt du 30 août 1653, par le ministère de l'huissier Sauze. — 91. Copie ou minute très raturée de la déclaration de la pièce 88. — 92. Lettre de de Brignon, prieur, à M. de Cabrières. Il lui indique le sieur André, à Paris, pour la levée de ses rentes, moyennant une indemnité modeste (Montpellier, 29 octobre 1653). — 93. Lettre de François de Rovérié à M. de Cabrières, son frère. Sa nièce de Cabrières lui a envoyé de Cabrières l'assignation de Guibert en reprise de l'instance de Descours. Il faut éluder cette affaire jusqu'au jugement de celle de M. de Cabrières (Nîmes, 29 novembre 1653). — 94. Acte pour Jean et François de Rovérié, signifié à Vidal « Descours », habitant de Ledenon, mêlé au procès contre Pierre de Guibert (Nîmes, 14 février 1654). — 95. Transaction entre Jean et François de Rovérié frères et Vidal Descours, qui paiera 4 tournois à François (30 octobre 1654). — 96. Mandement du sénéchal pour ajourner devant sa cour, à la requête de Jeanne Boucarut, Jean et François de Rovérié seigneurs de Cabrières, et consorts (13 mai 1655). Sceau. — 97. Lettre de François de Rovérié à son frère Jean. Ils sont logés, à Pézénas, dans le quartier d'André, qui a été domestique de M. de Toiras, à raison de 50 l. par mois, ayant une salle, une chambre tapissées, et une chambre en haut pour les valets. Mme de Lézignan les a très bien logés, et est venue les voir de la campagne. Démêlés entre le comte du Roure et M. de Toulouse pour savoir qui des deux visitera l'autre le premier. L'archevêque est président des États, l'autre lieutenant du roi. On croit qu'on les accordera là-dessus. Il n'y a jamais eu plus de contestations que cette année, pour l'entrée aux États, par ceux du Tiers-État. Ils sont plus de vingt prétendants (30 octobre 1655). — 98. Achat d'immeuble à Cabrières par François de Rovérié, avocat à Nîmes (21 novembre 1656). — 98 bis-101. Lettres de M. de Rochemore à M. de Cabrières, écrites de Grenoble. — Il le remercie de l'arrêt envoyé, qui aura fort surpris « nos » gouverneurs. On est à la veille des fêtes, et les juges sont à la campagne. Il faudrait travailler à un syndicat, et qu'il fût signé par le plus grand nombre d'habitants possible, surtout de la religion (30 mars 1654). — Il a reçu le désaveu, pièce importante dans son affaire. Ses « parties » sont en prison depuis jours, et ont répondu sur ses enquêtes. Les coquins sont bien étonnés, et ne parlent plus si haut. Il le prie de disposer les témoins, afin qu'ils se mettent en chemin à la première réquisition (mai 1654). — Il a reçu l'information, et l'arrêt portant cassation de l'évocation. Il aurait bien désiré un plus grand nombre de témoins. Le parquet lui est favorable, car il se trouve qu'il a été à Paris au collège avec le procureur général, qui est très galant homme. M. de Cabrières ferait bien de faire changer « la dresse » de la grâce de son fils en ce parlement, qui est très indulgent pour les affaires de cette nature. En outre, suivant le style de la cour, on ne fait assigner les parties qu'après avoir présenté sa grâce (15 mai 1654). — 102. Acte de Jean-Louis de Rovérié de Trémons, procureur de Jean de Rovérié de Cabrières, à Pierre de Guibert, qui voulait faire des réparations à l'ancien château de Cabrières (19 juillet-1er août 1657). — 103. Lettre de Vérol à M. de Cabrières, pour demander des nouvelles de M. de Nimes et du consulat (Bérais, 27 novembre 1658). — 104-105. Lettres de Maltret à M. de Cabrières. — Il lui enverra une douzaine de peignes. Il paraît que la réconciliation générale a commencé par celle de M. de Nimes et de M. des Vignoles. En parlant de cornes, M. de Cabrières ne craint-il pas le courroux des femmes? (Narbonne, 2 décembre 1658). — Il n'a pas trouvé d'assez beaux peignes à Narbonne, et a prié le député de Carcassonne de lui en faire venir. Une lettre de leur syndic à l'assemblée lui a appris que M. de Nimes a la nomination des premier et troisième consuls, et que le nouveau consulat, avec celui de M. Maltret, fera le conseil politique, quatre personnes étant réservées par l'abolition, une de la religion et trois catholiques. Mais M. de Nimes ne lui en marque rien dans sa dernière lettre (Narbonne, 9 décembre 1658). — 106. Lettre de Marguerite de Guibert à M. de Cabrières. Elle le remercie de ses démarches auprès de M. de Boisset et lui demande de parler pour elle à M. de Fraust, neveu de l'évêque de Nimes (14 janvier 1659). — 107. Lettre de M. de Cabrières à Duchon, procureur au parlement de Grenoble, au sujet de son procès. M. P. et sa fille, qu'il croit la meilleure pièce de son sac, sont partis avant-hier pour Grenoble. Le fils de M. de Cabrières y accompagnera bientôt M. de Rochemore Ses « parties » tâchent de « faire des habitudes » à Grenoble (14 janvier 1659). — 108. Rémission faite par Jean de Rovérié à Pierre de Forton, conseiller au présidial, mari de Louise de Rovérié, son créancier pour 8 000 l., reste de la dot constituée à sa fille Louise, moyennant le transfert à son gendre d'une créance de pareille somme sur Jean-Félix de Brueys, baron de Saint-Chapte et seigneur de Sieure. L'acte est passé à Nimes, chez M. de Forton, par le notaire Étienne Borrelli (5 mars 1659). — 109. Lettre de M. de Cabrières à son fils, ou en son absence au procureur Duchon, à Grenoble. Il lui envoie la lettre de M. de Frezals au président Pourroy, qui lui sera très utile. Qu'il tâche d'avoir un rapporteur honnête, capable et non sujet à l'amour des femmes (Nimes, 1er avril 1659). — 110. Lettre du même à Duchon. Son fils aurait mieux fait de pousser son affaire à Grenoble pendant les « férials », car leurs adversaires sont sans honneur. Il lui annonce une dépêche importante de M. Avon, juge royal d'Uzès (16 avril 1659). — 111. Mémoire sur l'état de l'ancien château de Cabrières lors du décès de Marc de Guibert (s. d.). — 112. Rapport des experts Jacques Boissière et autres sur les réparations faites au vieux château de Cabrières, où habite M. de Guibert (20 juin 1659). — 113. Délai accordé par Jacques Reboul, bourgeois d'Uzès, aux hoirs de François de Rovérié, avocat à Nimes, pour le paiement d'une dette de 292 l. 10 s. (4 novembre 1659). — 114. Obligation de 11.813 l. faite par Jean de Rovérié, seigneur de Cabrières, syndic du corps des catholiques de Nimes, en vertu d'une délibération de ce corps du 1er juin 1659, à Pierre de Trémolet, seigneur de Robiac et de Collas, comme syndic du diocèse de Nimes, pour pareille somme due au diocèse par Claude Maltret, avocat, ci-devant syndic du diocèse, comme reliquat de son compte. L'acte est passé à Nimes, dans la maison consulaire. Jacques Novy, aumônier de l'évêque, et Raimond Tinollis sont témoins (7 septembre 1659). — 115-116. Testament de Jean de Rovérié, seigneur de Cabrières, en deux originaux, daté de Nimes, 8 mai 1600. Legs aux pauvres catholiques de Nimes et de Cabrières ; à son second fils Jean-Louis, à sa fille Louise. Son héritier universel est Claude, son fils aîné. — 117. Copie du dit testament, paraissant faite à la fin du XVIIIe siècle. — 118. Quittance de 3 l. faite à M. de Cabrières, comme syndic des catholiques de Nimes, par le notaire Borrelly (12 février 1660). — 119. Quittance de 10 s. faite au même, ès qualité, par Gaillard, pour une copie des informations relatives au siège d'Orange (1), contenant la déposition de quatre témoins (18 mars 1660). — 120. Minute de transaction entre Jean de Rovérié et Vidal Descours (1660). — 121. Copie d'un édit sur les duels, donné à Fontainebleau le 11 novembre 1661. — 122. Quittance de 300 l. donnée à M. de Cabrières par de Brignon, comme héritier de son frère Charles de Reimond, prévôt de la cathédrale de Montpellier (Nimes, 12 janvier 1663). — 123. — Extrait en forme d'un autre testament de Jean de Rovérié, seigneur de Cabrières, fait le 11 décembre 1653 Legs à l'hôpital catholique de Nimes, aux pauvres catholiques de Cabrières, à son second fils Jean-Louis, à sa fille Louise. Son héritier universel est Claude, son fils aîné. Le notaire est Étienne Borrelly. — 124. Sommaire des testaments de Jean Ier (18 juin 1615) et de Jean II de Rovérié (11 décembre 1663). — 125. Lettre de M. de

(1) Le 27 mars 1660 Louis XIV en personne se fit remettre le château d'Orange, dont les fortifications furent démolies.

Cabrières à son frère l'abbé de Cabrières, chez Ducasse, procureur à Toulouse. Il lui envoie un mémoire sur l'affaire de M. de Meyrangues, avec une copie de la transaction de 1440 entre le vicomte d'Uzès et les consuls de Collias. Pour l'affaire des horbages contre ces consuls, il lui envoie copie de la transaction de 1406, avec une procuration de Le Genre, chanoine de Saint-Gilles et procureur de son neveu, qui est prieur de Saint-Étienne de Laval. Il prie l'abbé de tâcher d'obtenir que M. de Frezals demeure le rapporteur de cette affaire. Le bureau de l'hôpital de Nimes désire savoir l'état de son procès contre les hoirs de Ferron. Il faut recommander au procureur Lasalle de chicaner toujours le prétendu « ladre » (léproux) Rozier. En parler au premier président et au procureur général. On attend des lettres patentes du roi pour unir la léproserie à l'hôpital de Nimes. La léproserie est occupée par Rozier, qui en gouverne les biens, n'est point « ladre », mais est huguenot deux ou trois fois relaps (Nimes, 20 juin 1664). — 126-131. Lettres de de Trémons, prieur de Saint-Geniès, à son père ou à son frère. — *A son père.* Il est accroché pour longtemps, et l'affaire ne se peut juger. (Toulouse, 2 janvier 1664). — *A son frère.* Il ne doit pas manquer un seul courrier pour « nous » écrire, et « nous » de même, quand il s'agit d'affaires (Toulouse, 29 octobre 1664). — *A son père.* Il a reçu, par M. de Laval, les gants que sa sœur lui a envoyés. Il le conjure d'user de diligence dans cette affaire, où Ducasse a manqué plus d'une fois. C'est par sa faute qu'il est contraint de rester à Toulouse encore un mois (3 janvier 1665). — Il lui envoie deux étuis et un couteau, souhaite que les dames à qui son père les destine les trouvent à leur gré (7 janvier. — Il partira dès qu'il aura reçu la procédure demandée (8 janvier). — Il le prie de le tirer de Toulouse en lui envoyant l'information et les pièces demandées. Mention de Mme de Toiras (11 janvier). — 132. Reçu de 300 l. fait par de Brignon, comme héritier de son frère le prévôt, à M. de Cabrières (3 mars 1665). — 133. Lettre datée de Saint-Chapte, 16 février 1608, écrite à M. de Cabrières par un de ses cousins qui ne se nomme pas. Une note au crayon l'attribue à Gondin Darcy. Il y est question de l'affaire de M. de Saint-Chapte. — 134. Copie d'un mandement du juge des Conventions royaux de Nimes, ordonnant signification d'appointement en la qualité devant lui pendante entre Jean de Rovérié de Cabrières et Marguerite de Saint-Bonnet de Toiras, mariés, demandant l'exécution de lettres de clameur pour 1.000 l., d'une part; et Jacques de Saint-Bonnet de Toiras, seigneur de Rostinclières et de Montferrier, fils et héritier d'Aimar, assigné et défaillant, d'autre, le 4 octobre 1619 (Nimes, 8 mars 1619). — 135. Mémoire sur l'héritage du maréchal de Toiras, de la main de M. de Cabrières (s. d.). — 136. Lettre de M. d'Amboise, marquise de Toiras, à l'abbé de Cabrières, à Nimes. En l'absence de son mari, elle fera faire les inhibitions au domicile de l'abbé à Montpellier. Ils seront à Toulouse en mars ou avril prochain (Sauveterre, 12 novembre 1633). — 137-138. Lettres de M. de Toiras à son cousin l'abbé de Cabrières. — Il le remercie de ses démarches. Il lui envoie la procuration de M. de Nogaret. Pour celle des consuls de Calvisson, il envoie encore à Marsillargues. Il y a peu de régularité en ce pays-là (Montpellier, 27 décembre). — Il lui retourne une seconde minute de transaction, que M. du Vidal a trouvée bien, à peu de chose près (29 janvier). — 139. Déclaration faite par M. de Trémons, prieur de Saint-Geniès, à M. Maltret, au sujet des juridictions de Poulx et de La Calmette (Nimes, 21 janvier 1665). — 140. Signification faite par Jean-Louis de Rovérié, prieur de Saint-Geniès de Malgoirès, seigneur de Poulx, aux consuls de Poulx, au sujet de son acquisition de la juridiction de ce lieu (23 janvier 1666). — 141. Mémoire à consulter pour une requête en interprétation dans l'affaire de Grenoble. Par arrêt du 31 août 1654, la donation du 25 avril 1626, des trois-quarts des biens de Suzanne de Rovérié à Marc de Guibert, fut réduite à la moitié des dits biens, et la légitime telle que de droit fut adjugée à Marie de Guibert. En l'exécution de l'arrêt, M. de Guibert a soulevé diverses questions dont s'occupe le mémoire (s. d.). — 142. Dire de Jacques Pons, demandeur, contre Pierre de Guibert, défendeur, par-devant Jean de Papus, conseiller au parlement de Toulouse (s. d.). — 143. Inventaire des pièces produites devant le parlement par Marc de Guibert, sieur de Cabrières, appelant du sénéchal de Beaucaire et Nimes contre Jean de Rovérié (2 janvier 1616). — 144. Mémoire à consulter au sujet de l'affaire de Guibert (s. d.). — 145. Copie moderne de l'acte de sépulture de noble Jean de Cabrières, décédé le 26 juin 1671. — 146. Lettre de M. de Saint-Chapte à M. de Trimons, à Nimes. M. de Brignon est négligent dans toutes ces affaires. Il priera M. de Cabrières de s'en occuper (s. d.). — *147-152: Lettres* de Gondin Darcy à l'abbé de Cabrières, seigneur de Poulx. — 147. Mention de l'honneur qu'il a reçu du roi quand il lui a fait la révérence. Le comte du Roure a été ravi que le roi ait su sa parenté avec Gondin. Rage de M. de Taraut, qui a dit à la femme de Gondin : « Il fera comme Blauzac, il se catholicisera, et, en récompense, il mangera son bien ». Il le prie de mener « son Gondin » à M. d'Uzès pour le tonsurer le plus tôt possible, ne pouvant rien faire sans cela. S'il sait quelque chose qui l'accommode, prière de le lui mander. Il ne lui dit rien de M. de Saint-Chapte, qui souffre que deux coquins poussent ses valets, la chose dépendant de lui, ou son fils en étant cause (Paris, 27 février 1673). — 148. Il ira le voir de Saint-Chapte au sujet des manœuvres d'une femme que pousse M. de Flaux (s. d.). — 149. Il a vu hier le P. Ferrier, qui lui a promis de l'appuyer auprès du roi. Il lui faudrait une charge pour lui en province, ou quelque bénéfice pour un de ses enfants. Ici le P. Ferrier peut beaucoup, tous les placets passant par ses mains. Il a trop d'amis pour n'attendre pas une bonne issue de son voyage. Il doit demain faire la révérence au roi. C'est le duc de Noailles ou le coadjuteur d'Arles qui le présenteront. Il verra ce qui peut lui être le plus avantageux. Il est pressé, car il est impossible de faire le croquant. Il ne faut paraître ni gueux ni riche. Il conjure l'abbé de lui tenir parole, car tout son établissement dépend de là. François serait mort sans les soins du chevalier de Calvisson. Nouvelles politiques (Paris, 1er février 1673). — 150. Ne pouvant éviter de retourner à Paris pour terminer ses affaires, ses amis l'ont engagé à faire un voyage au pays, pour bien des raisons qu'il ne peut écrire. Il a trouvé à Paris « un second vous-même » qui peut, plus aisément que l'abbé, lui faire le plaisir de la bourse. Le prompt départ du roi a rompu ses mesures. Mais, le jour de son départ, le roi lui a promis de se souvenir de lui. Il serait presque impossible qu'il n'obtînt pas quelque chose, ayant autant de protecteurs. L'illustre M. Picon l'a mis dans la confusion par ses honnêtetés, et l'éloge de sa famille devant MM. de Rozel. Cet ami est l'admiration de la Cour (Paris, 12 mai 1673). — 151. Il le prie, de Saint-Chapte, de lui accorder un rendez-vous, pour une affaire importante. Autrefois, il n'eût pas douté de l'obtenir, mais à présent il ne peut rien se promettre, car il est malheureux (25 [janvier] 1674). — 152. Il part demain matin pour Montpellier et lui demande le prêt d'un cheval. A son retour il

le verra, devant bientôt aller à Paris. M. de Flaux lui a promis les reconnaissances de Poulx (18 février 1674). — 153. Quittance de 30 l. faite à noble Jean-Louis de Rovérié, seigneur de Poulx, par le commis à la recette des sommes provenant de la commutation du service du ban et arrière ban (Nîmes, 27 mars 1675). — 154. Copie moderne de l'acte de sépulture de Pierre de Forton, conseiller au présidial (25 juin 1675). — 155 Lettre de M. de Mérez à l'abbé de Trémons de Cabrières, hôtel Dauphin, rue des Profielles, à Paris. Il le prie de lui acheter deux perruques, d'accord avec son cousin de Courtois. Il faut que les perruques soient proportionnées à la taille des gens. Il ne veut y mettre que 10 écus pour chacune, ou pour le plus 3 louis d'or. Il comptait bien se pourvoir à Nîmes, mais c'est une fantaisie de sa femme, qui croit que c'est une grande épargne d'avoir des perruques de Paris, parce qu'elles durent davantage. Son cousin de Courtois loge au Grand César, rue Saint-Louis, proche le Palais (Nîmes, 7 avril 1689). — 156. Minute ou projet d'une transaction passée entre Jean-Louis de Rovérié de Trémons de Cabrières, prieur de Saint-Geniès de Malgoirès, seigneur de Poulx, représenté par son frère Claude de Rovérié, seigneur de Cabrières, d'une part, et les procureurs fondés des consuls de Poulx, d'autre, au sujet des pacages désignés dans un acte de la veille des nones d'avril 1301. La pleine propriété en est reconnue aux habitants, sous la censive d'un denier gros d'argent, payable à la Saint-Michel, et réglé à 10 sols de monnaie courante (Mai 1686). — 157. Minute d'une requête du seigneur de Poulx au sénéchal, au sujet de son différend avec la communauté (Postérieure à 1683). — 158. Extrait d'une convention entre le chapitre de Saint-Nicolas de Campagnac, représenté par Paul de Laparre, prieur commendataire, Jacques de Cambronne, prieur claustral, François Poillier, sous-prieur, et Joseph Godefroi, syndic, chanoines réguliers de Saint-Augustin, congrégation de France, d'une part ; et Jean-Louis de Rovérié de Trémons de Cabrières, prieur de Saint-Geniès de Malgoirès et seigneur de Poulx, d'autre, au sujet de l'inféodation, passée à M. de Poulx par de Laparre, des droits seigneuriaux du chapitre dans la juridiction de Poulx, sous l'albergue annuelle de 25 l. L'albergue est réduite à 18 l. (Saint-Nicolas, 19 septembre 1694). — Lettre de Mme de Cabrières de Mérez, à l'abbé de La Fare, à Bagnols. Dès que son frère le chanoine aura fait prendre possession du bénéfice de Saint-Geniès, résigné par son oncle, il répondra à M. de Gaujac, au sujet de l'affaire avec l'abbé de La Fare, pour se rencontrer à Alais et régler toutes choses. Mme de Mérez, après avoir remercié l'abbé de son honnêteté, l'exhorte à être coulant. Quelle plus grande charité que d'aider une famille de qualité qui se trouve à l'étroit! (Nîmes, 17 juillet 1701). — 160. Lettre de l'abbé de Trémons de Cabrières à Mme de Mérez, sa nièce, au sujet de l'affaire « Joussaud » (Cabrières, juillet 1707). — 161. Lettre de Mme de Cabrières de Mérez au procureur Guitton, à Nîmes, au sujet de l'affaire Joussaud (Saint-Vincent, 6 octobre 1707). — 162. Copie moderne de l'acte de sépulture de noble Jean-Louis de Rovérié de Trimond (ou de Trémons), ancien prieur de Saint-Geniès (25 août 1708). — 163. Copie moderne de l'acte de sépulture de Louise de Cabrières, veuve de Forton (16 janvier 1714).

E. 1226. (Portefeuille.) — 6 pièces, parchemin ; 83 pièces, papier ; 4 sceaux.

1626-1738. — *Fonds de Cabrières. — Seigneurie de Cabrières. — 5me volume, concernant principalement Claude de Rovérié, seigneur de Cabrières. Avant les pièces anciennes est une liste des documents, dressée par M. P. Falgairolle.* — 1. Copie moderne de l'acte de baptême de Claude de Rovérié, fils de Jean et de Marguerite de Toiras (30 septembre 1626). — 2. « Signature de Rome » pour Claude de Rovérié de Cabrières. Cette pièce, émanée de la chancellerie du Vatican, est datée du 24 octobre 1636, d'une écriture très menue, et se rapporte à la résignation du prieuré de Saint-Geniès de Malgoirès par Pierre-Scipion de La Croix, en même temps qu'à la demande de Claude de Rovérié de Cabrières de lui succéder. Claude n'a que douze ans, et a besoin d'une dispense d'âge. — 3. Lettres de *forma dignum* accordées par l'évêque d'Uzès à Claude de Rovérié de Cabrières, clerc du diocèse de Nîmes, bachelier en droit canonique, pourvu de la signature apostolique de provision du prieuré de Saint-Geniès de Malgoirès, par résignation de Pierre-Scipion de La Croix en sa faveur (22 janvier 1637). Sceau de l'évêque. — 4. Extrait en forme de l'attestation du greffier de la maison consulaire et du diocèse de Nîmes, portant que, le 5 août 1652, Claude

de Rovérié de Cabrières a été député à la Cour pour la poursuite des affaires que le diocèse et le corps des catholiques ont au Conseil contre le corps de ceux de la religion prétendue réformée de Nîmes (7 novembre 1653). — 5. Procuration de Jean-Louis de Nogaret, marquis de Calvisson, baron de Manduel, seigneur de Marsillargues, maréchal de camp, gouverneur des fort et salins de Peccais, donnée à noble Simon de Guiraud, pour le représenter au contrat de mariage entre noble Claude de Rovérié de Cabrières et Gabrielle de Brueys de Saint-Chapte, nièce du constituant (Marsillargues, 13 avril 1652). — 6-7. Contrat de mariage entre Claude de Rovérié, seigneur de Cabrières, fils de Jean et de feu Marguerite de Saint-Bonnet de Toiras, et Gabrielle de Brueys, fille de feu Denis de Brueys de Saint-Chapte et de feu Victoire de Calvisson. Claude est assisté de son père, de son oncle François de Rovérié, de ses frères Henri et Charles de Reymond de Brignon et Jean-Louis de Rovérié, de ses oncles Raimond de Galopin et Claude de Banne de Cablac; de ses cousins Jean de Saurin, Pierre de Banne de Cablac et Charles de Galopin de Varangles. Gabrielle est assistée de ses oncles le marquis de Calvisson et Annibal de Nogaret de Calvisson, seigneur de Jonquières ; de sa sœur Marguerite de Brueys de Saint-Chapte, femme de M. de Brignon, etc. Sa tante Gabrielle de Brueys de Saint-Chapte, veuve de M. d'Auriolles, lui constitue en dot 2.000 l. L'acte est passé à Nîmes, chez François de Rochemore, président et juge mage en la sénéchaussée, cousin de la fiancée par sa femme Marguerite de Nogaret de Calvisson. Le notaire est Séguret (21 avril 1652). — 9. Copie moderne de l'acte de mariage de Claude et de Gabrielle (22 avril 1652). — 10. Lettre de M. de Cabrières à son père, à Toulouse. Il lui envoie une lettre de M. de La Vrillière. Il envoie à M. de Varie des lettres de faveur de MM. de Calvisson et de Rochemore. On parle encore à Paris du parlement de Nîmes, mais fort secrètement. Son père peut en dire un mot à quelques-uns des conseillers du parlement de Toulouse. Ils lui en auraient obligation. Victoire du maréchal d'Hocquincourt sur les Espagnols. Affaire du comte d'Harcourt. Les membres du parlement se sont enfin résolus à voir le cardinal. On parle de faire le procès à M. le Prince, raser ses maisons et dégrader ses bois. « Nous venons » d'avoir une bonne et longue audience du cardinal, où M. de Rochemore a parfaitement bien harangué. Il envoie à sa cousine de La Tour des

monches que son frère lui rendra et qui sont du
bon faiseur (Paris, 16 décembre 1689). — 11. Copie
moderne de l'acte de baptême de Jean-Louis de
Rovérié, fils de Claude (30 septembre 1654). — 12.
Demande de Claude de Rovérié, comme mari de Gabrielle de Bruoys de Saint-Chapte, contre Jean-Félix
de Bruoys, seigneur de Saint-Chapte, faite par-devant le commissaire subrogé de Pierre de Caumels,
conseiller au parlement de Toulouse (Nimes, 24 mars
1658). — 13. Copie moderne de l'acte de baptême de
François de Rovérié, fils de Claude (24 avril 1656).
— 14. Extrait en forme d'une transaction entre
Claude de Rovérié et Jean-Félix de Bruoys, baron
de Saint-Chapte, qui devra payer à M. de Cabrières
et à sa femme 12.383 l. (Nimes, 8 août 1658). — 15.
Copie moderne de l'acte de baptême de Louise de
Rovérié, fille de Claude (19 septembre 1655). —
16-21. Lettres et journal de voyage de Claude. — 16.
A son père. Il a appris avec joie le consulat de MM.
Maltrot et Borrelli (s. d.). — 17. Au même, de Grenoble. Il est tous les jours sollicité de faire un accommodement. En ce parlement, on prend mauvaise
opinion de ceux qui s'y refusent. Programme de
mesures à prendre pour se dérober adroitement à
un accommodement (4 février 1659). — 18. Au procureur Duchon, à Grenoble, au sujet de l'affaire
contre les de Guibert, personnes intraitables (Nimes, 20 avril 1659). — 19. Journal du voyage de
Grenoble de 1659. Le 14 janvier 1651, il fait marché
avec un voiturier de Nimes, moyennant 22 écus 1 s.
Parti le 15, il arrive le 19. Le 20, il loue une chambre au mois pour 15 l. Une paire de souliers lui
coûte 3 l. ; un quintal 12 livres de « chanvre [1]
de St-Joire », 38 l. ; un livre intitulé : *Mercurialis
Merlini de Legibus*, 6 l. ; une once de tablettes de
sucre rosat, 6 s. ; des étrennes aux porteurs de
l'abbé de Saint-Firmin, pour trois ou quatre courses,
1 l. 10 s. Le 14 mars il va dîner chez dame Marie, à
l'Estoile. Le 3 avril, il baille à Périer, marchand,
13 l. 13 s. pour une paire de canons de soie gris
perle ou pour un chapeau. A son chirurgien, pour
une saignée, un lavement et deux ou trois visites,
3 l. Au libraire Chericis, pour le *Merlinus*. *De pi-
gnoribus et hypothecis*, 7 l. ; pour trois tomes des
Panégyriques des Saints, du P. Senault, 5 l. ; à
Mme de Croze, 5 l. qu'elle lui a gagnées. Aux bate-
liers pour le porter à Beaucaire, 45 l. Le 8 avril,
pour étrennes chez dame Marie ou pour la provi-

alon du bateau, 5 l. Il paie son passage à la femme
de Banastier, maître-batelier, et en sa présence. A
Banastier, pour un péage de l'Isère, 10 s. Pour sa
couchée de Romans, le 9 avril, un chapeau rouge,
3 l. A Valence, pour les provisions du bateau, 1 l.
10 s. Pour la douane du « chanvre », 10 s. 6 d. Pour
sa couchée à Roquemaure, 4 l. 19 s. — 20. Lettre à
son père. Il est ravi d'apprendre le départ de M. de
Nimes [1], et la nomination du prince de Conti
comme gouverneur [de Languedoc]. Pour les Guibert, on ne peut les amener à la raison que par la
force. On assure que M. de Rochemore aura son
arrêt demain. Claude a reçu le testament de Marie
de Guibert, où l'on remarque la malice de toute
cette race, par les substitutions qu'elle y fait, et la
défense d'aliéner à d'autres qu'aux descendants de
son frère, pour une légitime « galouse » de 600 l.
(Grenoble, 2 mars 1659). — 21. Au même. C'est le
bon marché qui lui a fait acheter le chanvre,
qu'on vendrait à Nimes plus du double. Pas d'accommodement avec les Guibert (Grenoble, 30 mars
1659). — 22. Lettre de Cohon, évêque de Nimes, à
M. de Cabrières, premier consul de Nimes. Il le
conjure d'accueillir avec tendresse ses religieuses
hospitalières, si elles arrivent à Nimes en son absence. Il ordonne à son maître d'hôtel de leur offrir
toutes choses de sa maison pour leur subsistance,
jusqu'à ce qu'elles soient établies. Le P. Annat lui
écrit l'arrivée du prince de Conti et celle de M. de
Bezons, l'assurant hautement du succès de toutes
leurs affaires (Alais, 15 mai 1659). (2) — 23-24.
Lettres du jésuite Meynier à M. de Cabrières fils.
— 23. Le syndic de la province prendra fait et cause
pour les gens de Sanilhac et de Sumène que l'on a
attaqués. L'avocat général de Montpellier s'effor-
cera d'obtenir un bon arrêt mettant fin à ces chicanes. Meynier tâchera, quand il sera à Albi, de
porter les États à prendre le fait et cause de ces
nouveaux catholiques. Il demande les noms et sur-
noms de ceux de Sanilhac. Il faut parler de cette
affaire à l'évêque de Nimes, parce que de nouveaux
catholiques de Sumène y sont intéressés (Pézénas,
23 octobre [1652]). — 24. Il lui envoie l'arrêt tant
désiré qui confirme le procédé de la cour de Montpellier, et décharge les nouveaux catholiques de la
cotisation pour le paiement des dettes des Prétendus

(1) Chanvre.

(1) Anthime-Denis Cohon, nommé une seconde fois évêque
de Nimes (1655-1670).

(2) Cf. l'article O. 1501 pour les autres lettres ou manus
crits de Cohon appartenant aux Archives du Gard.

Réformés. Il demande l'arrêt de bannissement de Roussel, ministre à Anduze. Il a été imprimé. Il demande aussi une autre copie imprimée de l'arrêt condamnant la délibération du synode des Cévennes (Tournon, 26 août [1663]). — 25. Lettre de M. de Cabrières à son frère l'abbé, chez Ducasse, procureur à Toulouse. Il lui a envoyé un plein sac des actes demandés (Nimes, 11 juillet 1651). — 26. Ordonnance d'ajournement sur requête de Claude de Rovérié (Toulouse, 8 octobre 1663). — 27. Requête visée par la précédente ordonnance. Claude de Rovérié, sieur de Cabrières, a obtenu des lettres de grâce, abolition et pardon, à raison du meurtre du nommé Darènes, de Connaux, et en vertu desquelles les héritiers ont été assignés pour les voir présenter. Mais les greffiers du sénéchal de Nimes ont refusé de remettre les procédures sur le fait dudit meurtre (Date de la remise: 8 octobre 1663). — 28. Extrait en forme de l'émancipation de Claude de Rovérié par son père (Nimes, 5 septembre 1627). — 29. Copie d'une quittance de 663 l. 3 s. faite en blanc par Claude et envoyée à Paris pour le quartier de janvier 1628 de la rente de Philippe de Coulanges (29 novembre 1627). — 30. Autre exemplaire, daté du 27 décembre 1627, de cette quittance. — 31. Mémoire d'actes à chercher (s. d.). — 32. « Mémoire pour mon frère » (s. d.). — 33. Mémoire d'actes reçus par divers notaires (XVIe-XVIIe s.). — 34. Notes sur l'exploration des archives du corps des notaires de Nimes et des registres de Jean Urst (XVIIIe s.). — 35. Assignation donnée par-devant l'intendant à Jean de Rovérié, pour représenter les titres en nature en vertu desquels il a pris la qualité énoncée dans un contrat du 16 octobre 1658 (Nimes, 6 octobre 1686). — 36. Jugement de Claude Bazin, seigneur de Bezons, intendant de Languedoc, déclarant Jean, Claude, et Jean-Louis, père et fils; autre Jean-Louis et François de Rovérié, filsdudit Claude, nobles et issus de noble race et lignée (Montpellier, 19 novembre 1686). Sceau de l'intendant. — 37. Lettre de Claude de Rovérié de Cabrières à un destinataire non désigné, au sujet d'un arriéré de 1.000 l. sur la dot de sa mère, plus les intérêts. Mme de Toiras est intéressée dans cette affaire (Nimes, 9 mars 1669). — 38. Procuration donnée par Claude à son frère Jean-Louis, sieur de Trémons et de Poulx, en vue de traiter à l'amiable avec le marquis de Toiras, au sujet des 1.000 l. à lui dues pour reste de la constitution dotale faite à sa feue mère, Marguerite de Saint-Bonnet de Toiras (16 mai 1669). — 39.

Extrait en forme d'une transaction entre Marie de Ménard, veuve et héritière de François de Rovérié, avocat au présidial, d'une part, et Claude de Rovérié, seigneur de Cabrières, fils émancipé et cessionnaire universel de Jean, à raison de la succession de François (Nimes, 21 novembre 1670). — 40. Lettre de M. de Cabrières à un destinataire non désigné. Il parle de son frère de Brignon et d'actes envoyés de Brignon. Il désire un habit pour Lison, corps ou manteau, suivant la mode. Il préférerait un corps, comme formant mieux la taille aux jeunes filles. Mention du chevalier de Calvisson. M. de la Croisette, revenu en poste de Paris, a dit qu'on faisait encore des levées pour 20.000 hommes de pied et 5.000 chevaux (Nimes, 2 avril 1672). — 41. Minute ou projet de protestation à signifier, par le syndic des habitants de Laval, à noble Jean de Lacroix, seigneur de Meyrargues, Collias et Laval, à l'occasion d'une ordonnance du sénéchal d'Uzès, du 31 octobre 1634, condamnant des particuliers à passer de nouvelles reconnaissances du ténement de Laval-Saint-Étienne, pour des droits d'usage (juin 1672). — 42. Extrait d'une quittance de 642 l. faite par les Ursulines de Tarascon à noble François Rostain d'Eymini, sieur du Mas-Blanc, payant des deniers de M. de Cabrières, à l'occasion de la réception de sa sœur Marthe d'Eymini (15 août 1673). — 43. Facture pour M. de Cabrières. Il s'agit de fournitures pour les vêtements de Mme de Cabrières, sa fille et Mlle Margot. Au bas, Gabrielle de Saint-Chapte déclare devoir 10 l. 19 s. à M. « Denean » (Docamp). La pièce est du 3 septembre 1673. — 44. Transaction entre Jean-Louis de Rovérié de « Trémont », seigneur de Poulx, prieur de Saint-Geniès de Malgoirès, et son frère Claude, au sujet de la légitime paternelle du premier (2 mars 1675). — 45. Contrainte décernée par le juge des Conventions royaux, à la requête du syndic du diocèse de Nimes, contre M. de Cabrières, afin qu'il lui paie 11.813 l. dues par Jean de Rovérié, syndic du corps des catholiques de Nimes, comme obligé en ses biens envers le diocèse (9 octobre 1677). — 46. Déclaration de Pierre Condamine, syndic des habitants de la R. P. R. de Nimes, aux consuls de la dite ville, au sujet des ressources à affecter au paiement des dettes communales (6 décembre 1679). — 47. Lettre de M. de Cabrières à l'abbé de La Fare, à Bagnols. Les difficultés qu'il éprouve à sortir de son affaire avec l'abbé le rendent plus à plaindre qu'à blâmer. Il est à Montpellier, se donnant une peine infinie pour le satisfaire (23 mars 1681). — 48. Inventaire des productions remises devant le sénéchal par Antime-Denis Cahon, prévôt de la cathédrale de Nîmes, contre les consuls de Poulx (27 février 1680). — 49. Consultation des avocats Nouel et A. Le Vaillant, sur la question de savoir si le roi, collateur alternatif des canonicats avec le chapitre et l'évêque de Nîmes, a conféré à son tour, à Rovérié de Cabrières, le canonicat vacant par la mort d'Aubert, et dont le chapitre a pourvu de Rozel, qui en a pris possession (Paris, 27 avril 1681). — 50. Lettre de Châteauneuf à M. de Cabrières, le remerciant de sa sympathie à l'occasion de la mort de son père (Versailles, 25 mai 1681). — 51. Extrait d'une promesse de payer 5.300 l. à Marie-Françoise de Raimand de Brignon, épouse et procuratrice générale de Jean d'Audibert, comte de Lussan, baron de Valerose, premier gentilhomme du duc d'Enguien. La promesse est faite par Claude de Rovérié (Nîmes, 25 septembre 1682). Au pied, attestation de M. de Rochemore, juge mage, concernant la signature du notaire Borrelli. Sceau du sénéchal, portant la date de 1670. — 52. Lettre de M. de Cabrières à M. Jonvhomme, procureur à Nîmes. Il lui demande d'occuper dans une affaire de la communauté de Cabrières. Le prieur a commencé de donner des remèdes (Cabrières, 28 septembre 1681). — 53. Collation, faite par le roi à Jean-Louis de Rovérié de Cabrières, de la chanoinie vacante, en la cathédrale de Nîmes, par la translation de Pierre Causse à la dignité d'archidiacre et à une autre chanoinie. Elle est adressée à l'évêque et au chapitre et scellée du grand sceau (Fontainebleau, 13 novembre 1682). — 54. Lettres de sous-diacre en faveur de Jean-Louis de Rovérié de Cabrières. Signature et sceau de l'évêque de Nîmes (3 mars 1683). — 55. Lettre de d'Aguesseau, intendant de Languedoc, à M. de Cabrières. Sur 3** gentilshommes dont il avait envoyé les noms à M. de Seignelay, le roi n'en a choisi que 70 pour être gardes de la Marine. Il lui envoie les noms de sa liste retenus par le roi, avec des instructions pour le voyage des jeunes gens à Montpellier, et les renseignements nécessaires sur chacun d'eux, moyennant quoi l'intendant leur donnera un certificat pour être reçus à Toulon (Montpellier, 5 novembre 1683). — 56. Copie d'une requête de M. de Cabrières à un personnage non désigné, pour obtenir, après le délai de l'ordonnance, la révocation d'un arrêt obtenu par M. de Meyrargues, seigneur de Saint-Etienne de Laval, avec la collusion du syndic de quelques particuliers (Nîmes, 14 juin 1684). — 57. Lettre non signée de Claude de Rovérié à son frère Jean-Louis, non désigné nommément. Il lui tarde d'apprendre qu'il a salué le duc de Noailles et rendu la lettre de sa nièce au chevalier d'Aunay. Il faudrait, par M. du Mans, faire connaître les agissements du Languedoc chez l'archevêque de Paris. Mention du « cheval de bronze » du Pont-Neuf, à Paris, du P. de La Chaise, du P. Bernard, du P. Mourgues. Sa sœur a écrit à M** de Montréal (Nîmes, 18 janvier 1685). — 58. Extrait du contrat de mariage entre Antoine de Mérez, conseiller au présidial, et Louise de Rovérié de Cabrières, fille de Claude (21 janvier 1685). — 59. Copie moderne de l'acte de mariage d'Antoine de Mérez et de Louise de Rovérié (11 février 1685). — 60. Procuration donnée par Jean-Louis de Rovérié, chanoine de la cathédrale de Nîmes, pour défendre contre François de George, seigneur de Lédenon (30 mars 1685). — 61. Inventaire de production baillé par le chanoine devant le sénéchal (30 mars). — 62. Extrait d'une procuration de Jean d'Audibert, comte de Lussan, mari de Marie-Françoise de Raimand de Brignon, pour, conjointement avec Claude, Jean-Louis et Louise de Rovérié, frères et sœur, recouvrer du duc de Mazarin une somme de 1.100 l. (Lussan, 17 août 1685). — 63-64. Lettres de Claude à son frère l'abbé de Cabrières, à l'hôtel Dauphin, rue des Proucaires, à Paris. — 63 On dit toujours que Laugnac partira après les États, pour être à Paris avant la distribution des bénéfices que le roi doit donner au jour de l'an. Ayant fort caressé M. Cheiron (1), et le voyant à Montpellier dans le dessein d'écrire à l'archevêque de Paris et au P. de La Chaise, il se chargea de leur envoyer ses lettres, où il l'obligea de mettre qu'il avait beaucoup contribué à la conversion de « cette ville » (Nîmes), conversion à laquelle le moindre soldat des régiments de La Fère ou de Provence a eu plus de part que lui. Cheiron est en peine de savoir si ses lettres sont arrivées à destination. Il est très bon catholique et fait des miracles pour la sincère conversion des autres. Le duc de Noailles et l'intendant ne pouvaient mieux choisir pour le consulat. Cet emploi lui servira à faire de bons catholiques et l'engage à faire paraître son zèle pour la religion. Les

(1) Élie Cheiron, ancien ministre protestant, dont le roi ne laissa pas sans récompense l'abjuration, lors de la révocation de l'Édit de Nantes.

autres convertis sont merveilleusement touchés de voir que d'abord on va prendre des consuls parmi eux. Mention du prochain passage du P. de Chavigny. Mort du prieur de Cabrières à Versailles (Nîmes, 2 décembre 1685). — 64. Le conseiller d'Aiglun est parti ce matin, après avoir grondé Rousset de ce qu'on avait scellé la maison du prieur de Cabrières). Mais, sans les scellés, son frère le chanoine aurait peut-être fait piller la maison, et « nous » aurait pour le moins accusés d'en être cause (Nîmes, 11 décembre 1685). — 65-66. Factures pour M. de Cabrières contre M. de Lézignan (s. d.). — 67. Assignation de M. de Cabrières devant la cour des aides de Montpellier, au sujet de l'exécution d'une délibération de l'assiette du diocèse de Nîmes, prise le 31 mai 1685, et donnant pouvoir à Pierre de Rovérié de Cabrières, alors syndic du diocèse, d'emprunter jusqu'à 1100 l. pour les réparations du grand chemin de Nîmes à Uzès (Montpellier, 6 février 1686; Nîmes, 23 juin 1687. — 68-69. Lettres de Claude de Rovérié à son frère l'abbé. — 68. Un missionnaire, l'abbé « d'Antecour », a écrit en faveur de Langnac au procureur général du grand conseil. L'abbé de Telbellet, chanoine d'Autun et docteur de Sorbonne, a remis à Claude une lettre pour un autre docteur, qui n'est pas un homme « de grande considération », mais qui a tout pouvoir chez ledit procureur général. Claude est heureux de l'entrevue de son frère avec M. de Langnac, en vue d'un accommodement, à propos d'une chanoinie. La conversion des huguenots du diocèse va augmenter les charges du chapitre de huit ou dix mille livres par an, parce que, presque en tous les bénéfices de la mense, il faut doubler ou tripler le service. On ne trouverait de fermier général qu'à un rabais considérable (Nîmes, 15 février 1686). — 69. Il est heureux d'apprendre que le P. de La Chaise « nous » a mis hors d'affaire, quoique la pension soit un peu forte, à cause de la diminution de revenu des chanoines. Rovérié et lui envoient à l'abbé leurs mesures pour des perruques, dont ils ont grand besoin. La sincère conversion va lentement en ce pays. On vient de prendre huit hommes qui étaient allés, à minuit, dans un vallon, à la garrigue, chanter les psaumes et faire la cène. Ils avaient un livre de la préparation à la cène, un pain de 2 liards et du vin. M. de La Baume a commencé de leur faire le procès, par ordre de l'intendant. On a mené, de Saint-Jean de Gardonnenque à la citadelle de Montpellier, sept ou huit hommes ou femmes, pour avoir fait la cène avec un ministre qu'on ne connaît pas encore. M. de La Fare, lieutenant-colonel du régiment de La Fère, est allé trouver à Montpellier M. de La Trousse, à la suite de l'affaire de Lasalle. Sur l'avis d'une assemblée pour chanter des psaumes, on détacha un lieutenant et 15 soldats du régiment de Tournaisis pour la dissiper et faire des prisonniers. L'assemblée se trouva composée de près de mille personnes. Il y a eu des deux côtés des tués et des blessés (Nîmes, 27 février 1686). — 70. Lettre de Crozat, écrite de Paris au marquis de Tobias, maître de camp du régiment de cavalerie de Condé, à Nîmes, au sujet de procès dans ces l'abbé de Cabrières est intéressé (4 novembre 1688. — 71. Lettre de Favier à M. de Cabrières. Ce dernier n'avait pas le soin de la recommandation de l'abbé Gausse auprès de Favier (juillet 1688. — 72. Quittance de 30 l. faite à noble Jean-Louis de Rovérié, sieur de Cabrières, chanoine de la cathédrale de Nîmes, par le commis au recouvrement des taxes sur les gentilshommes (Nîmes, 6 mai 1688. — 73. Billet de 30 l. souscrit par M. de Cabrières à la veuve de Jacques Combier (Nîmes, 27 septembre 1688. — 74. Reçu de 150 l. fait à M. de Cabrières par Mme de Maschane, qui signe: V. de Cabrières (Nîmes, 16 novembre 1688. — 75. Lettre de la même au même. Elle prie son cousin de lui donner son consentement écrit pour le retrait des capitaux qu'elle a sur la ville (Tarascon, 6 novembre 1689. — 76. Lettre de Fabry de Montcault de Cabrières à son cousin de Cabrières. Il le remercie de sa sympathie à l'occasion de la mort de sa mère (Citadelle de Besançon, 30 mars 1691. — 77. Copie moderne de l'acte de sépulture de Claude de Rovérié, seigneur de Cabrières (15 juillet 1691). — 78. Obligation de 3000 l. faite par Gabrielle de Braoys de Saint-Chapte, veuve de Claude de Rovérié de Cabrières, à Jean Bergeron, bourgeois de Nîmes (17 mai 1692. — 79. Obligation solidaire de 245 l. faite par Jean-Louis de Rovérié de Trémoms de Cabrières, prieur de Saint-Geniès, et autre Jean-Louis de Rovérié, chanoine en la cathédrale de Nîmes, à Françoise de Favier, veuve de Daniel Guiran, docteur et avocat (17 novembre 1680). — 80. Certificat de Lab..e, banquier expéditionnaire en cour de Rome et légation d'Avignon, demeurant à Aix-en-Provence, au sujet de l'expédition de la signature de la provision du prieuré de Saint-Geniès de Malgoirès, au diocèse d'Uzès (Aix, 20 mai 1699). Cachet du greffe des insinuations ecclésiastiques du diocèse d'Uzès. — 81. Collation du prieuré de Saint-Geniès faite par l'évêque d'Uzès à Jean-Louis de Rovérié de Cabrières, à la suite de la résignation d'autre Jean-Louis de Rovérié de Cabrières (22 juillet 1701). Sceau épiscopal en papier. — 82. Analyse du testament de Gabrielle de Brueys de Saint-Chapte, veuve de Claude de Rovérié de Cabrières, avec un codicille (31 mai 1708). — 83. Copie moderne de l'acte de sépulture de Gabrielle (10 juillet 1708). — 84. Copie d'une quittance de 300 l. faite par Olympe du Chateaud de Izael, mère des dames de la Miséricorde de Nîmes, et Louise de Malian, trésorière de la congrégation, à Jacques de Mérez, payant pour l'huile de Mme de Cabrières, son aïeule (1er juillet 1718). — 85. Copie moderne de l'acte de sépulture de Jean-Louis de Rovérié, chanoine de la cathédrale de Nîmes (25 mars 1739). — 86. Copie moderne de l'acte de sépulture de Louise de Rovérié de Cabrières, veuve d'Antoine de Mérez, conseiller (30 octobre 1738). — 87. Lettre de Marguerite de Saint-Chapte à M. de Cabrières, au sujet des intentions de son frère. Mention de son oncle de Poulx (s. d.). — 88. Mémoire sur les affaires de Claude de Rovérié (XVIIIe s.). — 89. Copie d'une transaction entre François Jacques de Bernaud du Caylar, marquis de Toiras, mestre de camp du régiment de cavalerie de Conti, se portant fort pour Charles de Raymond du Cailar de Toiras, chevalier de Saint-Jean de Jérusalem, son frère, d'une part, et Jean de Rovérié de Trémons de Cabrières, prieur de Saint-Geniès, se faisant fort de son frère Claude de Rovérié, seigneur de Cabrières, héritier universel de Marguerite de Saint-Bonnet de Toiras (Paris, au Palais-Royal, en l'appartement de l'évêque du Mans, 16 mars 1686).

E 1227. (Portefeuille.) — 1 pièce parchemin, 105 pièces papier; 2 sceaux.

1655-1789. — *Fonds de Cabrières.* — *Seigneurie de Cabrières.* — *6e volume, concernant principalement François Ier de Rovérié et ses enfants. Avant les pièces anciennes est une liste des documents dressée par M. P. Falgairolle.* — 1. Extrait en forme de l'acte de baptême de François de Rovérié, fils de Claude, sieur de Cabrières, et de Gabrielle de Brueys, de Saint-Chapte (28 avril 1655). L'extrait est signé de Jacomon, curé de la cathédrale de Nîmes, le 12 juillet 1770. Sceau épiscopal. — 2. Copie d'une déclaration du roi concernant le délai de l'enregistrement des substitutions et de l'insinuation des donations (Versailles, 27 novembre 1686). — 3. Lettre de M. de Meirargues à M. de Cabrières, au sujet d'un délit de chasse des paysans de ce dernier (Calvas, 24 mars 1826). — 4. Copie d'une donation entre vifs faite par Jean-Louis de Rovérié de "Trémont" de Cabrières, prieur de Saint-Geniès de Malgoirès, seigneur de Poulx, à François de Rovérié, seigneur de Cabrières, son neveu (Château de Cabrières, 13 avril 1694). — 5. Extrait en forme d'une cession de la juridiction de Cabrières, et autres biens des fidéicommis de la maison, faite par Jean-Louis de Rovérié de Cabrières, chanoine de la cathédrale de Nîmes, à son frère François de Rovérié de Cabrières, seigneur de Poulx, son état ecclésiastique l'empêchant de s'occuper de la liquidation des dits fidéicommis, à lui remis par son père Claude de Rovérié, seigneur de Cabrières, le 7 juillet 1683 (Nîmes, 13 avril 1694). — 6. Cautionnement baillé par François de Rovérié, seigneur de Cabrières, pour son oncle le prieur de Saint-Geniès, au recevour des tailles du diocèse de Nîmes (4 juillet 1683). — 7. Rémission faite par Mme de Forton à M. de Cabrières, son neveu (6 juillet 1683). — 8. Extrait en forme de l'Armorial général de la Bibliothèque nationale, Généralité de Montpellier, Bureau de Nîmes, n° 195, constatant que François de Rovérié, seigneur de Cabrières et de Poulx, porte « d'or à un lévrier courant en bande de gueules et une bordure composée de sable, écartelé d'argent à un lion de gueules, et, sur le tout, d'azur à un chêne arraché d'or, englanté de même » (Paris, 8 septembre 1697). Armoiries peintes annexées à la pièce. — 9. Requête de François à l'intendant de Languedoc, en décharge de l'assignation d'un traitant pour rapporter ses titres de noblesse. Au pied, décharge de l'intendant (Montpellier, 6 octobre 1697). — 10-12. Lettres de Favier, procureur au parlement de Toulouse. La première concerne l'affaire entre le fermier Tempier et M. de Trémons de Cabrières, prévôt (22 février 1688). Elle est adressée à Lacoste, bourgeois à Nîmes. La seconde, adressée à Demissols, procureur à Nîmes, accuse réception de l'assignation donnée au prévôt par M. de Rovérié, pour l'abonnement de Poulx (10 avril 1696). La troisième, adressée à Lacoste, est relative à l'affaire de Tempier, à celle contre M. de Cabrières, et à celle des 3 l. de rente contre le seigneur de Vauvert (24 juin

1686). — 13. Convention entre François de Rovérié, seigneur de Cabrières, et sa sœur Louise de Cabrières, veuve d'Antoine de Méros, conseiller au présidial. Elle règle à 10.000 l. les prétentions de Louise sur les biens de son père Claude de Rovérié et de sa mère Gabrielle de Brueys de Saint Chapte (Nîmes, 18 mars 1686. — 14-15. Mandements des maire et consuls de Cabrières, à leur collecteur Pandevigne, de payer à Barthélemy Noguier, leur gardeterre, 10 l. 5 s. pour un quartier (ou trimestre) de ses gages. Signatures de M. de Cabrières, maire (28 avril et 13 octobre 1700. — 16. Promesse solidaire de 365 l. faite à l'huissier Pandevigne, ancien collecteur, par de Trémons de Cabrières, Gabrielle de Saint-Chapte de Cabrières et François de Rovérié de Cabrières (Nîmes, 21 mai 1707). — 17. Extrait d'une donation faite par Jean-Louis de Rovérié, chanoine de la cathédrale de Nîmes, prieur de Saint-Genès de Malgoirès, à son frère François de Rovérié, seigneur de Cabrières et Poulx (2 octobre 1709). — 18. Déclaration contenant donation, faite par le chanoine à son frère François (16 novembre 1712. — 19. Quittance de 12 l. faite par la sœur Marthe-Joseph de Marthaud, supérieure du monastère de la Visitation de Sainte-Marie de Tarascon, aux hoirs de Claude de Rovérié de Cabrières, pour arrérages d'une pension viagère léguée par Jeanne de Guibert, veuve de Rostaing d'Eyminy, coseigneur du Mas-Blanc, à sa fille la sœur visitandine Jeanne-Françoise d'Eyminy (15 novembre 1711. — 20. État des biens de la maison de Cabrières (XVIIIe siècle. — 21-23. Copies d'actes de "dénonce" au mariage de M. de Cabrières avec Marianne de Fressier, de Beaucaire, faits à la requête de M. de Fabry de Caubert, comte d'Autray, colonel du régiment de la Sarre-Infanterie (3 septembre - 21 octobre 1718. — 24. Copie d'une mémoire du comte d'Autray en vue de la substitution de la terre de Cabrières (s. d.. — 25. Rôle anonyme de déboursés pour le comte d'Autray à raison de la substitution de la terre de Cabrières (s. d. — 26. Mémoire anonyme à ajouter à ceux du comte d'Autray concernant la substitution de Cabrières (s. d.. — 27. Notes sur la substitution de Montcaud et mémoire tiré d'un registre plumitif du sénéchal de 1627, sur la tutelle d'Alexandre de Guibert, fils de Marc. — 28. Contrat de mariage entre François de Rovérié, seigneur de Cabrières et Poulx, et Catherine Huguet, fille de feu Charles, marchand bourgeois, et de Madeleine de Ginhoux. Le notaire est Pierre Roque (6 octobre 1718. — 29. Analyse du dit contrat. — 30. Acte de mariage de François et de Catherine (22 octobre 1718. — 31. Convention par laquelle Jean-Louis de Rovérié, prieur de Saint-Genès, et son frère François de Rovérié, seigneur de Cabrières, se reconnaissent débiteurs de 17.187 l. envers Lucrèce de Rovérié, veuve d'Antoine de Méros, et Jacques de Méros, mère et fils (24 décembre 1718. — 32. Lettres de Mme Ginhoux d'Huguet à sa fille Mme de Cabrières. Elle a été chez "les Mathieurs" et chez Boudon et Chabaud pour voir des damas rases. Chabaud en demande 22 l. les aunes. MM. de Saint-Jean, de Gur et de Castries ... ont dû se procurer l'habit [illegible] et argent, [illegible] (s. d. — 33. Signification, laissée à M. de Cabrières, d'une saisie des biens de feu Claude de Rovérié avec dépôt d'un de [illegible] (avril 1717. — 34. Autre qualité de la convention du 24 décembre 1718. Voir plus [illegible] 31. — 35. Copie moderne de l'acte de baptême de Jean-Louis de Rovérié [illegible], fils de François et de Catherine. — 36. Lettre de M. de Cabrières, prieur de Saint-Genès, à Escatier [illegible], à Sauve [illegible], lui promettant paiement en janvier pour Louis, pour Lucrèce et son frère Cabrières, le décembre 1724 [illegible]. — 37. Acte de baptême de Louis de Rovérié, fils de François et de Catherine (21 février 1721. — 38. Acte de baptême de Marie-Gabrielle de Rovérié, fille des précédents, née le 30 mai 1722. — 39. Quittance de [illegible] faite par Philippe Robert, prévôt de la cathédrale de Nîmes, à François de Rovérié de Cabrières, pour directes et censives de Poulx et de Saint-Étienne de Laval (28 novembre 1722. — 40. Copie moderne de l'acte de baptême de Marie-Gabrielle de Rovérié, fille de François et de Catherine (1er février 1724. — 41. Copie moderne de l'acte de baptême de Claude de Rovérié, fils des précédents (11 février 1725. — 42-43. Extraits en forme du testament de noble François de Rovérié, seigneur de Cabrières et Poulx (20 janvier 1730. — 44. Copie moderne de l'acte de sépulture de François, décédé le 23 janvier 1730. — 45. Déclaration de Catherine d'Huguet, veuve de François de Rovérié de Cabrières. Par son dernier testament, il a institué Jean-Louis de Rovérié, leur fils, son héritier universel, et nommé Catherine tutrice, la déchargeant de payer le reliquat du compte de son administration tutélaire. Elle renonce à la dite décharge (4 mai 1730. — 46. Bail en paiement passé par Mme de Cabrières à son frère le chanoine Huguet, créancier de François, qui n'a

laissé que des biens fonds (31 août 1731). — 47.
Convention entre Mme de Cabrières et les emphytéotes
Clément Seguin et Claude Reynier, pour le renouvellement du livre terrier des droits seigneuriaux qu'elle
possède ou doit posséder à Cabrières, Poulx, Laval,
Nimes et autres lieux, en faisant passer nouvelle
reconnaissance à ses emphytéotes, comme tenanciers des biens relevant de sa directe (15 octobre
1731). — 48-49. Quittances de 144 l. faites à Mme de
Cabrières par la sœur du Saint-Esprit de Chazel,
supérieure du premier monastère de Sainte-Ursule
de Nimes, pour six mois de pension de chacune de
ses filles (17 décembre 1731-21 juillet 1735. — 50-52.
Quittances de la sœur de Saint-Denis de Rouvière,
supérieure dudit monastère, faites à Mme de Cabrières. La première est de 361 l. pour trois mois de
pension de sa fille (5 janvier 1737), la seconde est
de 111 l. pour neuf mois et dix jours de pension de
ses filles (10 septembre 1737). La troisième est de
75 l. pour six mois de pension de la sœur de Saint-
Germain, sa fille (25 novembre 1738. — 53. Constitution de rente faite par le chapitre cathédral de
Nimes au profit de Catherine Huguet, veuve de
François de Rovérié, et de Jean-Antoine Borrelly,
chanoine de la cathédrale. Moyennant le sort principal de 5 000 l., dont 2,000 l. versées par Catherine
et 3 000 l. versées par le chanoine, la rente de Catherine sera de 100 l., et celle du chanoine de 150 l.
(21 octobre 1735. — 54. Convention entre Charles
Huguet, chanoine de la cathédrale de Nimes, prieur
de Saint-Geniès, et le premier monastère de Sainte-
Ursule de Nimes, représenté par les dames de Saint-
Denis de Rouvière, supérieure ; de Saint-Jean de
Chazel, assistante ; de Saint-Gabriel de Rochemore, zélatrice ; de Saint-Louis de Mérez, dépositaire ;
de La Croix de Barbut, discrète ; de Saint-Paul de
Devez, Saint-Laurent de Graverol, Saint-Félix de
Gaujac, Saint-Just de Rodier, Saint-Victor de la
Reyranglade, Saint-Augustin de Serveran, Saint
Bernard Igonnet, religieuses ; au sujet de l'entrée
en religion de Marie de Rovérié de Cabrières de
Poulx, nièce du chanoine. Il lui constitue 3 000 l.,
payables quand elle fera sa profession, au plus
tard deux années après son entrée au noviciat. De
plus, il promet une pension viagère de 50 l. à partir
du jour de la profession, pension personnelle et
non au profit de la communauté. Signatures des religieuses et du chanoine (23 novembre 1737. — 55.
Copie moderne de l'acte de profession religieuse
et de prononciation de vœux de Marie-Gabrielle de

Rovérié de Cabrières, fille de François et de Catherine, appelée en religion sœur de Saint-Germain
(30 novembre 1739). — 56. Procuration en blanc
donnée par Catherine « d'Huguet », pour transiger
sur son procès au sénéchal contre Madeleine Ginhoux, veuve de Charles Huguet, le chanoine Charles Huguet et Jean-Louis de Rovérié, seigneur de
Cabrières, au sujet de la liquidation des sommes
dues par les hoirs de François de Rovérié, de
Claude de Rovérié, de Jean-Louis de Rovérié, chanoine, et autres (10 juillet 1760). — 57. Inventaire de
production remis devant le sénéchal par Jean-Louis
de Rovérié, seigneur de Cabrières, demandeur,
contre Catherine «d'Huguet», sa mère, défenderesse
(Requête du mai 1730). — 58. Requête incidente (23 novembre 1741. — 59. Dire par écrit pour M. de Cabrières contre sa mère (23 février 1742. — 60. Continuation d'inventaire pour M. de Cabrières contre
sa mère (Reçue le 1er mars 1742. — 61. Impugnations au compte particulier, remises devant le sénéchal par Madeleine Ginhoux, veuve de Charles Huguet, et le chanoine Charles Huguet, contre Catherine
« d'Huguet » de Cabrières (7 mai 1742. — 62. Copie
de dire par écrit de M. de Cabrières contre Madeleine Ginhoux, son aïeule maternelle, Charles Huguet, son oncle maternel, les nommés Nicolas Morle
et Louche, séquestres, le nommé Brunet, prétendu
bailliste, et le fermier Jean Hours, d.). — 63. Copie
de dire par écrit de M. de Cabrières, intimé, contre
Guillaume-Pierre de Trémolet de Bucelly de Montpezat, marquis de Roblac, baron de Colias (s. d.,
postérieur à 1741. — 64. Inventaire de production
remis devant le sénéchal par Madeleine Ginhoux,
veuve de Charles Huguet, et Charles Huguet, chanoine de la cathédrale de Nimes, demandeurs, contre Catherine « d'Huguet », veuve de François de
de Rovérié, et son fils Jean-Louis de Rovérié, défendeurs (reçu le 12 décembre 1750), suivi de mémoires
dont le dernier fut reçu le 7 mai 1742. Copie. — 65.
Dire par écrit du baron de Colias, seigneur foncier
du mas de Laval, appelant, contre M. de Cabrières,
intimé, signifié le 13 mars 1743 à Casseirol, procureur de la dame « d'Huguet ». — 66. Cession, faite
par Catherine Huguet, veuve de François de Rovérié, seigneur de Cabrières, à Madeleine de Ginhoux,
veuve de Charles Huguet, sa mère, de 2.000 l. à
elle dues à constitution de rente par le chapitre de
Nimes, sous la rente de 100 l. (13 mai 1743).— 67.
Transaction entre Jean-Louis de Rovérié, seigneur
de Cabrières, fils de François, d'une part ; et Charles

Huguet, chanoine de Nimes, prieur de Saint-Génès, faisant pour lui et pour ses neveux et nièces François, Claude, Louise, Madeleine et Bernardine de Rovérié, ensemble, pour Madeleine de Ginhoux veuve de Charles Huguet, et pour Catherine Huguot, veuve de François de Rovérié, d'autre part (Toulouse, 23 juillet 1745). — 68. Extrait d'une présentation « ad resignandum », faite par le chanoine Charles Huguet, en faveur de son neveu, Claude de Rovérié de Cabrières, clerc tonsuré, actuellement au séminaire de Saint-Sulpice. Il s'agit de son canonicat (3 décembre 1748). — 69-71. Certificats délivrés à Claude par ses maîtres de théologie en Sorbonne (1er août 1748-23 juillet 1750). — 72. Attestation de signature concernant la pension de l'once t, imputée sur les revenus du canonicat de Charles Hugu. (février-mars 1750). — 73-74. Certificats délivrés à Claude par ses maîtres de théologie en Sorbonne (1er août 1748-1er août 1750). — 75. Extrait de l'installation dans son canonicat de l'abbé de Cabrières (23 mars 1749). — 76. Signification, faite au syndic du chapitre, de la bulle de la pension réservée, en faveur de Charles Huguet, sur le canonicat résigné à son neveu (29 mars 1749). — 77. Prise de possession de son canonicat par l'abbé de Cabrières (1er avril 1749). — 78. Bail à mi-fruits de son domaine de Laval, consenti par Madeleine-Bernardine de Rovérié de Tremons de Cabrières à Jean Broche (Cabrières, 25 janvier 1751) — 79. Testament de M. Ginhoux d'Huguet, veuve et héritière du marchand Huguet. Legs à son fils le chanoine Charles Huguet. Son héritière universelle est sa fille aînée Catherine d'Huguet de Cabrières (13 avril 1751). — 80. Extrait de la reconnaissance féodale faite à Pierre-Guillaume de Tremolet de Montpezat de Barelly de Tertullis, marquis de Montpezat, par le procureur fondé de Claude de Rovérié de Tremons, chanoine de Nimes, François de Rovérié de Cabrières, capitaine au régiment d'Auvergne, Louise et Madeleine-Bernardine de Rovérié de Cabrières, frères et sœurs, pour leurs immeubles de Laval (24 mars 1752). — 81. Copie moderne de l'acte de mariage de Jacques-André de Folchery, capitaine au régiment de Royal-Comtois, avec Louise de Rovérié de Cabrières (21 avril 1755). — 82. Copie moderne de l'acte de sépulture de Catherine d'Huguet, veuve de François de Rovérié, seigneur de Cabrières et de Pouls (8 mai 1757). — 83. Extrait du testament de Madeleine Ginhoux, veuve de Charles Huguet, marchand de Nimes. Legs à Jean-Louis

de Rovérié, son petit-fils, ou à son défaut à Charles de Rovérié, son arrière petit-fils, etc. Son héritier universel est l'ancien chanoine Charles Huguet, son fils unique (30 juin 1757). — 84. Procuration de Charles Huguet, ancien chanoine de Nimes, retiré à Cabrières, à sa nièce Madeleine-Bernardine de Rovérié, pour transiger avec son neveu Jean-Louis de Rovérié de Cabrières (16 janvier 1759). — 85. Ouverture et enregistrement du testament mystique de Louise de Rovérié de Cabrières, épouse de Jacques-André de Folchery, décédée à Uzès (30-31 août 1758). — 86. Collation, faite par l'évêque de Nimes à Claude de Rovérié de Cabrières, prêtre et chanoine, sur la présentation des consuls de Cabrières, de la chapellenie de Notre-Dame (12 décembre 1751). Sceau de l'évêque. — 87. Prise de possession de ladite chapelle (17 décembre). — 88. Contrainte et commandement de payer fait à Jean-Ignace Peyre, curé de Bézieux, à la requête de Madeleine-Bernardine de Rovérié de Cabrières. Il s'agit de 37 l. 10 s. (1er-8 juin 1763). — 89. Requête de joint pour le chanoine Claude de Rovérié et sa sœur Bernardine, contre Charles de Rovérié (19 décembre 1764). — 90. Inventaire de production de Claude et Bernardine, contre Charles, signifié le 22 mai 1765. — 91. Discours prononcé au second monastère de Sainte-Ursule pour le renouvellement des vœux (28 août 1752). Attribué au chanoine Claude de Rovérié. — 92. Requête de joint des chanoine Claude de Rovérié contre Jean-Louis et Charles de Rovérié père et fils, signifié le 4 juin 1765. — 93. Lettre de Charles Prudent de Becdelièvre, évêque de Nimes, au chanoine de Rovérié, pour lui offrir le premier archidiaconé de son église. Dans les discussions qu'il a eu la douleur d'essuyer de la part de son chapitre, le chanoine a cru devoir épouser la façon de penser de quelques membres de la compagnie, mais l'évêque aime à se persuader qu'il a désapprouvé la note outrageante pour sa personne que deux chanoines ont osé vouloir laisser à la postérité, en la consignant dans un registre public (28 octobre 1776). — 94. Extrait de la réception et de l'installation de Claude comme premier archidiacre (30 octobre 1776). — 95. Prise de possession par Claude du premier archidiaconé (30 octobre). — 96. Compte de Seguin, notaire de Nimes et secrétaire du chapitre, à l'occasion de l'installation du grand archidiacre (30 octobre). — 97. Minute de mémoire judiciaire pour l'abbé de Cabrières (s. d.). — 98. Consistance des biens libres de François II de Rovérié; distractions sur les biens libres de Jean-Louis, autre Jean-Louis et François II de Rovérié; consistance des biens de Gabrielle de Brueys de Saint-Chapte, épouse de Claude de Rovérié; distractions à faire sur ces biens (s. d.). — 99. Copie d'un mémoire de Marguerite de Maltret, fille de Claude Maltret, avocat, femme de Guillaume de Tinellis, sieur de Castellot, coseigneur de la Calmette, contre le baron de Cabrières, succédant à son père Claude de Rovérié, seigneur de Cabrières, et à son oncle Jean-Louis de Rovérié, abbé de Trémons, seigneur de Poulx (s. d.). — 100. Lettre d'affaires de Lecointe à son cousin (1ᵉʳ août 1742). — 101. Lettre de M. de Méron à son cousin M. de Cabrières. L'évêque d'Uzès est ravi de la perspective de la visite de l'évêque de Nimes. Ce dernier voudra bien venir « en temps qu'on mange de la viande et non du poisson » (Uzès, 7 août 1658). La date de l'année est partiellement emportée par une déchirure due au cachet de cire, et douteuse par suite de la pâleur de l'encre. Si c'est bien 1658, date qui s'accorde bien avec l'écriture, l'évêque de Nimes était Cohon, et celui d'Uzès Nicolas de Grillé. — 102. Lettre de Mme Ginhoux d'Huguet à Cassan, prieur de Cabrières, à propos de menues affaires (s. d.). — 103. Lettre du chanoine de Cabrières, prieur de Saint-Geniès, à son frère, à Cabrières. Il faut vendre l'huile pour faire de l'argent, et penser sérieusement aux affaires qui le pressent (s. d.). — 104. Lettre du curé de Saint-Geniès au chanoine de Cabrières, prieur de Saint-Geniès. Il sollicite une libéralité pour la croix de mission (10 ou 16 janvier 1763). Signature illisible et surchargée, ressemblant à « Rousselière ». — 105. Copie moderne de l'acte de sépulture de Madeleine Bernardine de Rovérié de Trémons de Cabrières (24 août 1789). — 106. Consistance des biens laissés par Jean de Rovérié, « premier auteur de la substitution » (XVIIIᵉ siècle).

E. 1228. (Portefeuille.) — 3 pièces, parchemin; 119 pièces, papier; 2 sceaux.

1727-1791. — *Fonds de Cabrières.* — *Seigneurie de Cabrières.* — 7ᵐᵉ *volume, concernant principalement François II de Rovérié. Avant les pièces anciennes est une liste des documents dressée par M. P. Falgairolle.* — 1. Extrait en forme de l'acte de baptême de François de Rovérié (9 janvier 1727). Sceau épiscopal apposé le 1ᵉʳ avril 1773. — 2. Note sur les états de service de François II (1743-1789). — 3. Lettre, signé d'Argenson, à M. Rovérié de Cabrières, dont le nom est estropié en « Rocade de Cadrière », lui annonçant que, en considération de la façon dont il s'est comporté dans l'affaire du village « d'Offus », le roi lui accorde une gratification de 200 livres sur le quatrième denier (Versailles, 20 septembre 1746). — 4. Commission de capitaine d'une compagnie de nouvelle levée dans le régiment d'infanterie d'Auvergne pour M. de Cabrières, contresignée par de Voyer d'Argenson (Fontainebleau, 21 octobre 1746). — 5. Ordre du roi à M. de Beaupoil, son lieutenant au gouvernement de Nimes, de recevoir et faire loger à Nimes la compagnie de M. de Cabrières (Fontainebleau, 4 novembre 1746). — 6. Cession de sa part indivise sur la justice de Cabrières et de Poulx, faite par Louise de Rovérié de Cabrières à son frère François, capitaine au régiment d'Auvergne, moyennant 5.000 l. (Nimes, 29 mars 1755). — 7. Mémoire concernant la réunion, sur la tête de François, des biens de Cabrières, de Poulx et de Laval (s. d.). — 8. Requête au sénéchal, ou à son lieutenant criminel, de Philippon Malien, prieur-curé de Cabrières, et Jacques Cavalier, maire et lieutenant du juge dudit lieu, contre François et Madeleine-Bernardine de Rovérié, frère et sœur, soi-disant seigneurs de Cabrières, ensemble Charles Huguet, ancien chanoine, prieur de Saint-Geniès, signifiée le 31 décembre 1756. — 9. Minute de transaction entre Jean-Louis de Rovérié, seigneur de Cabrières, fils et héritier de François, d'une part, et Charles Huguet et consorts, d'autre part (5 janvier 1759). — 10. Accord entre François, Claude, Bernardine de Rovérié et Charles Huguet, d'une part; et Jean-Louis de Rovérié de Cabrières, d'autre part (23 janvier 1759). — 11-12. Contrat de mariage entre François, capitaine au régiment d'Auvergne, et Élisabeth-Angélique de Royer, fille de François, seigneur de Châteauneuf-lès-Moustiers et des Hermitans (2 janvier 1760). — 13. État des pensions données par le contrat de mariage à Mme de Cabrières (s. d.). — 14. Convention entre François et sa sœur Madeleine-Bernardine de Rovérié de Trémons (8 janvier 1763). — 15. Mémoire à consulter pour Charles de Rovérié, seigneur de Cabrières (s. d.). — 16. Consultation de Ricard, avocat de Toulouse, touchant la substitution des biens (17 janvier 1764). — 17. Consultation de Lavaisse, avocat de Toulouse, sur le même objet (7 février 1764). — 18. Assignation en ouverture de substitution, de Charles contre Jean-Louis de Rovérié (20 février 1764). — 19. Procuration donnée par François à sa sœur Bernardine, pour recouvrer ce qui lui est dû par M. de Folchery à raison de la dot de feu sa sœur, Mme de Folchery (17 février 1764). — 20. Note s. d. ni signature adressée à l'abbé de Cabrières, à Nîmes. Elle est de Bernardine, et parle de la procuration à elle adressée par son frère pour retirer les intérêts de M. de Folchery. — 21. Inventaire de production remis au sénéchal par Charles de Rovérié, seigneur de Cabrières, capitaine réformé au régiment d'Auvergne, contre Jean-Louis de Rovérié et consorts, signifié le 13 mars 1764. — 22. Dire par écrit pour François de Rovérié, seigneur de Cabrières, contre Jean-Louis et Charles de Rovérié, père et fils, signifié le 22 mai 1764. — 23. Copie moderne de l'acte de baptême de François-Félix-Amédée, fils de François de Rovérié et d'Elisabeth-Angélique de Châteauneuf (12 novembre 1764). — 24. Réponse pour François contre Jean-Louis et Charles de Rovérié, signifiée le 18 décembre 1764. — 25. Inventaire de production pour François contre Jean-Louis et Charles, signifié le 19 décembre 1764. — 26. Lettre du chanoine de Cabrières à M. de Cabrières, son frère. Il plaint le sort de son frère, et il se plaint lui-même d'avoir à lutter contre lui. Mais son honneur et celui de son oncle l'exigent. — 27. Instruction imprimée pour François de Rovérié, seigneur de Cabrières et de Poulx, capitaine au régiment d'Auvergne, chevalier de Saint-Louis, défendeur et demandeur en garantie, contre Charles de Rovérié, demandeur, et Jean-Louis de Rovérié, son père, défendeur, signifiée le 22 février 1765. — 28. Requête de joint pour François contre Charles et Jean-Louis, signifiée le 23 février. — 29. Instruction imprimée pour Jean-Louis de Rovérié, défendeur, contre Charles de Rovérié, demandeur en ouverture de substitution, François de Rovérié, capitaine, Claude et Bernardine de Rovérié, demandeurs en garantie, signifiée le 3 avril 1765. — 30. Inventaire de production remis par Charles, demandeur, contre Jean-Louis, défendeur; Claude, François, Bernardine, frères et sœur, M. de Mérez, et M. Teissier, seigneur de Marguerittes, assignés en assistance de cause et défendeurs comme les concerne, signifié le 1ᵉʳ mai 1765. — 31. Réponse imprimée pour François contre Charles et Jean-Louis, signifiée le 22 mai 1765. — 32. Sentance du sénéchal rendue entre Charles de Rovérié, seigneur de Cabrières, capitaine réformé au régiment d'Auvergne, fils unique émancipé de Jean-Louis, demandeur, d'une part; et ses adversaires François, Claude, Bernardine, Jean-Louis de Rovérié, M. de Mérez et M. de Marguerittes, d'autres. Charles est maintenu en tous les biens et droits dépendants de la substitution apposée au testament de Jean I de Rovérié, du 18 juin 1615. François, Claude et Bernardine devront remettre par-devant le notaire Marignan tous les titres de la famille concernant les biens de la substitution, pour y rester pendant trois mois, etc. (Nîmes, 5 juin 1765). — 33. Lettres royaux pour Charles contre François (Toulouse, 10 juillet 1765). — 34. Transaction entre Jean-Louis et Charles, père et fils, d'une part; et François, d'autre part (13 juillet 1767). — 35. Bail à mi-fruits du domaine de Laval, passé par François à Jean Louche (Cabrières, 16 septembre 1767). — 36. Extrait du registre des décès de la paroisse de Maubec, fait en 1783. Il contient l'acte de décès, en latin, de François de Châteauneuf et des Hermitans, veuf de Jeanne-Françoise de Tonduty de Blouvac, à l'âge de 75 ans, le 28 septembre 1769. — 37. Lettre de M. de Cabrières, en minute, à un destinataire qualifié de « Monseigneur » pour l'informer que le roi l'a nommé à la survivance de sa lieutenance à Avesnes (Dunkerque, 17 juin 1772). — 38. Extrait du testament d'Elisabeth-Angélique de Royer de Châteauneuf, femme de François de Rovérié, seigneur de Cabrières, ancien major dans le régiment d'Auvergne Infanterie, lieutenant de roi d'Avesnes en Hainaut, testament fait à Maubec le 7 octobre 1773. Sceau de Joseph Martin, lieutenant de chancelier de la juridiction ordinaire de Robion, au Comtat-Venaissin, qui certifie la signature de François Roche, notaire de Robion ayant expédié l'extrait (7 mai 1778). — 39-48. *Lettres de la marquise de Damian à sa sœur la marquise de Cabrières.* — 39. Elle a reçu de Lyon des nouvelles du voyage de retour de Mme de Cabrières. Quelle folie de s'exposer la nuit, par des chemins affreux, à toute sorte de danger ! Elle soupe ce soir chez la baronne (Paris, 26 septembre 1772). — 40. Fort occupée de ce « maudit procès », elle approuve sa sœur d'avoir consulté un avocat à Nîmes, mais il faut aller au plus habile conseil, et s'adresser à Patery et à Siméon, à Aix. Ils sont d'ailleurs plus à portée de suivre l'affaire. Le coup de pied de l'âne lui a été donné par la dame de Baumont. Elle a donné les trois habits à teindre aux Gobelins, « au gaubellin », la plus belle teinturerie. Il en coûtera 52 l. pour les deux couleur d'écarlate, c'est à dire 8 l. la livre pesant. Le noir coûte 15 l. Elle n'est pas en état de faire des avances pour longtemps, car on ne lui envoie presque pas d'argent de chez elle, et ses débiteurs ne lui en donnent pas. Mention de Mme de Mérez et du chevalier Darricau. Elle donne à Mme de Cabrières la manière de lui envoyer ses papiers. Il faut cacheter la première enveloppe avec du pain « enchanté », comme la seconde. La troisième sera cachetée avec de la cire, à l'adresse de M. Potier, premier commis de la Marine, à Versailles. Quand il sera question de nommer la maison du comte d'Artois, elle reparlera à la baronne de l'appui à demander à M. de La Vrillière. Ses affaires vont à pas de tortue. Silhouette de « la bergère ». Son « Didi » la traite avec une extrême rigueur et n'y va presque pas. Malgré cela elle l'aime « dans toute sa nation ». Elle accable un borgne d'amitiés parce qu'il est Suisse. Mme de Damian y va beaucoup parce que sa maison lui plaît, mais elle la déteste toujours davantage. Mme de Damian voit « le plaintif » presque tous les jours. Il l'aime à la folie. Elle ne sait ce qui en arrivera. Mme d'Aigremont est assez allante. Elle se lie tant qu'elle peut avec Mme Boucaud. Cette belle est en haute faveur. On veut absolument la « déboutonner » pour la faire dame de compagnie de la comtesse d'Artois. On dit qu'elle va épouser un comte de Bourbon, distingué par un autre nom, réellement Bourbon et point bâtard. On va le faire duc, et naturellement sa femme sera duchesse (Paris, 9 avril 1773). — 41. Heureuse arrivée à Paris du jeune fils de Mme de Cabrières. Il a été très bien reçu par Mme de L'Hospital et par M. de Maillet. Ils seront quatre pages de la chambre, pour lesquels il y aura un gouverneur, un sous-gouverneur, un ecclésiastique et un domestique. Ils auront cinq maîtres, sans compter l'académie. On a été obligé de faire venir ces enfants trois mois avant de les prendre, pour avoir le temps de faire broder leurs habits. On va prendre les mesures de chaque page, et la maison du comte d'Artois ne sera faite qu'à la fin de novembre. Le mieux est de mettre l'enfant dans une pension jusque-là, comme on a fait pour ses camarades. Nombreux et intéressants renseignements (6 septembre 1773). — 42. Mme de Damian est surprise que sa sœur lui demande des nouvelles de son fils, dans la circonstance des fêtes et du tumulte de Versailles, car elle lui avait fait écrire par Careffe, n'ayant pu le faire elle-même. De

plus, elle lui a écrit quelques jours après le mariage (du Dauphin). Isidore est gentil et le plus jeune. Son gouverneur et lui sont contents l'un de l'autre. Sa tante ne l'a pas vu depuis qu'il est à Versailles. Une indisposition l'a empêchée d'aller au bal paré et à l'opéra de *Bellérophon*, pour lesquels elle avait une loge. Détails sur le régime des pages. Leur service consiste à aller, au lever, donner les pantoufles, de deux jours l'un, toujours avec quelqu'un. Même service le soir. Mme de Damian presse sa sœur d'envoyer en cour l'argent qu'elle doit. Il ne faut pas dire : « Je suis misérable cette année » : il faut faire comme les autres. Rien ne sonne plus mal que de rester en arrière. Si elle avait eu de l'argent, elle aurait avancé ce qu'il faut payer, mais cela lui a été impossible. Le comte d'Erlach et l'abbé de Sade, qui viennent l'interrompre, la prient de faire leurs compliments à Mme de Cabrières. Le premier va toujours chez « la bergère », l'autre n'y va plus du tout. Les fêtes du mariage sont comme les autres. Il y a eu banquet, bal paré à la salle de spectacle, bal masqué dans les appartements, feux d'artifice où elle n'a pas eu envie d'aller se mettre aux genoux des Suisses, ensuite opéra. La ville n'a point fait de feu. Elle a marié des filles. L'adresse de M. Deleau, gouverneur des pages de la chambre du comte d'Artois, est rue des Bourdonnais, à Versailles. A la fin de la lettre est un état de dépenses pour le jeune de Cabrières : 1282 l. 6 s., sur quoi il n'a été payé que 300 l. par Mme de Cabrières (Paris, 28 novembre 1773). — 43. La petite aventure arrivée à son neveu (Elle y fait simplement allusion dans la lettre précédente, en rappelant « l'histoire de la bourse » et des « 6 l. », dont Careffe avait envoyé le détail à Mme de Cabrières) a été très heureuse, et a fait connaître l'enfant, dès le premier jour, au comte d'Artois, qui, presque aussi jeune que lui, lui tire les oreilles et joue, pour ainsi dire, avec lui, toute la journée. Le comte d'Erlach fut témoin que le prince, en rentrant pour se coucher, demanda son petit page. On lui dit qu'il attendait dans l'antichambre. L'y trouvant endormi, le prince lui fit un « camouflet » qui l'éveilla. L'enfant se mit à courir, poursuivi par le prince dans tous les appartements. Tous les jours c'est quelque chose de pareil. La comtesse a beaucoup ri de cette scène, et en augure très bien. Dans le dessein de voir Isidore et son gouverneur, Mme de Damian est allée à Versailles un jour d'opéra pour atteindre deux buts. Mais, arrivée tard, elle n'a pu que gagner sa loge à grand'peine, à cause de la toute. Elle gronde sa sœur de ne pas envoyer d'argent. Le gouverneur est fort surpris que Mme de Cabrières ne lui en dise pas un mot dans sa dernière lettre. Il y a de quoi mourir de honte. De son côté, Vatrin n'est pas payé. Mme de Damian est fort intimement avec le « pauvre plaintif ». Il lui conte ses doléances presque tous les jours (20 décembre 1773). — 44. Note de M. Chassanis, informant Mme de Damian qu'il n'a reçu aucun avis de compter 600 l. (8 janvier 1774). Cette note contredit une allégation de Mme de Cabrières, que lui rappelle sa sœur dans la lettre précédente, et lui est envoyée avec la lettre suivante. — 45. Explications financières. Il en résulte que, sans tenir compte des malentendus de la distance, Mme de Cabrières est quitte avec tout le monde à Paris, ce qui soulage infiniment sa sœur. Embarras causés par la terre de Châteauneuf. Le chef du conseil du prince de Condé est toujours exilé, et le prince n'a pas le sol (Paris, 14 janvier 1774. — 46, Difficultés d'argent. Le secrétaire du duc d'Estissac lui a manqué de parole pour son paiement. Mme de Damian comptait partir à la fin du mois, tant pour leur affaires de Provence que pour empêcher le dépérissement total de leur petit patrimoine. Mais la mort du roi a suspendu tout travail pour un temps indéterminé. Elle doit voir aujourd'hui les ministres, qui n'ont pu se présenter de neuf jours, parce qu'ils avaient été chez Louis XV pendant sa maladie. On avait fait espérer que le travail recommencerait bientôt, mais un nouveau malheur va vraisemblablement tout suspendre, la petite vérole de Madame Adélaïde. On craint beaucoup pour Madame Sophie, malade aussi. La cour et la ville sont consternées. Ces dames se sont sacrifiées à l'amour de leur père. Madame Victoire, très effrayée, est restée à Choisy, où la cour avait été après la mort du roi, ne voulant pas la suivre à La Muette « La Meute », tant pour ne pas quitter ses sœurs que pour éviter d'être avec les princes, dont aucun n'a eu la petite vérole. Mme d'Aigremont envoie à son mari, par chaque courrier, une espèce de gazette de tout ce qu'il y a de sûr. Si l'on voulait écrire tout ce qui se dit, une main de papier ne suffirait pas. Il faut se méfier des nouvelles qui courent les rues. Madame Louise n'est point sortie. Sa santé est très atteinte par le chagrin. A ce qu'on dit, la famille royale n'est partie pour « La Meute » que trois heures après la mort du roi ; mais Mme du Barry est véritablement sortie du château le troisième ou quatrième jour de la maladie.

C'est le roi lui-même qui lui annonça qu'il fallait partir, qu'il chargeait M. d'Aiguillon de la recevoir à Rueil et d'avoir soin d'elle. Elle est à Pont-aux-Dames. « Junon » est demeurée à Versailles jusqu'après la mort. Elle y était allée au commencement de la maladie. Le maréchal n'a pas quitté le roi, qui, peu de temps avant d'expirer, lui serra la main en lui disant, d'une voix forte et touchante : « Adieu, Soubise ». Le maréchal se trouva mal et a été fort incommodé. Malgré cela, il fut attendre le convoi à Saint-Denis. Il n'a pas vu Louis XVI, par la même raison que tous ceux qui avaient entouré son aïeul. Louis XVI marque la plus grande bonté pour tous les honnêtes gens qui étaient attachés à Louis XV. La baronne est très absorbée, et sa porte presque toujours fermée. « La bergère » paraît trouver merveilleux de répondre après dix-huit mois. « Didi » est à Paris. Il est marié en Suisse. Il faut une procuration de M. de Cabrières pour vendre la terre de Châteauneuf (Paris, 19 mai 1774. — 47. Après avoir fait au moins vingt voyages chez le notaire ou chez le secrétaire du duc d'Estissac, Mme de Damian a été payée des 1.200 l. de M. de Bondoir. Elle en félicite sa sœur. Il s'agit maintenant de les lui faire passer. On pourra le faire par une rescription des fermes. Il a fallu payer 10 louis au baron d'Istarch. Ils seront en moins. Quoiqu'elle ait été à toute sorte d'heures chez M. d'Hozier, elle n'a pu le rencontrer. Elle lui a écrit, et envoie à sa sœur sa réponse écrite. Ses affaires, totalement suspendues par la mort du roi, ont repris leur cours. Le roi, les deux princes et la comtesse d'Artois ont été inoculés samedi. Toute la France fait des vœux pour leur conservation. Le roi n'a pas discontinué son travail. On est inondé de chansons, d'odes et de vers. « Junon » a renoncé absolument à la cour. Elle n'a pas encore été faire sa révérence. La baronne y a été seule. Son crédit est bien déchu. « La bergère » est à sa nouvelle maison, superbe à l'intérieur (Paris, 20 juin 1774. — 48. Elle est inquiète d'apprendre que Mme de Cabrières est malade. L'idée que ce sont des vapeurs ne la satisfait point, car les médecins donnent ce nom aux maux qu'ils ne connaissent pas. On juge définitivement mardi son procès contre les feudistes de Pamiers. Elle partira ensuite pour la Provence. Son neveu va bien et est charmant. Le domestique des pages lui en a dit le plus grand bien. Il n'a pas bougé de Versailles dans les différents voyages de la cour. Les pages de la chambre des princes ne vont pas même à Compiègne. Le voyage ne sera que de trois semaines. Le « catafalque » de Louis XV aura lieu le 27, mais les ducs d'Orléans et de Chartres n'y assisteront pas. Ils ne vont pas à la cour depuis quelques jours. « Junon » et sa cousine sont rarement chez elles. Lasalle part le 4 avec M. de Caraman pour visiter le canal de Languedoc, et verra Mᵐᵉ de Cabrières en octobre. Compliments du chevalier de Cambis (Paris, 24 juillet 1774). — 49. Lettre non signée à la marquise de Cabrières. Il l'informe que Mᵐᵉ de Damian rend compte aujourd'hui à M. de Vallongue de la réponse de M. Nardot. Si l'affaire est portée au Conseil, il offre de mettre au service de M. de Vallongue son expérience en matière d'aliénations de domaines. Héros en amitié, un peu coquin en amour, telle est l'opinion qu'ont de lui Mᵐᵉ de Damian et Mᵐᵉ de Cabrières. Isidore est page, du moins la comtesse de l'Hospital en a-t-elle obtenu l'agrément. Les pages ne sont pas à la nomination du duc de La Vrillière, mais à celle du premier écuyer ou du premier gentilhomme de la chambre. La comtesse a chargé le petit duc d'arranger la chose. « Il faut que cela soit », lui a-t-elle dit. Cela a été, car l'autre jour, dès que « Colombelle » entra chez « la bergère », « le beau » d'aujourd'hui, le successeur de « Mentor », lui fit son compliment, et « la pupille » en donna l'explication sous le sceau du secret, la comtesse voulant annoncer la première la bonne nouvelle à Mᵐᵉ de Cabrières. Il reste à savoir si les preuves sont faites. M. d'Hozier est un homme presque inaccessible, aussi la chère Colombelle a-t-elle pris le parti de lui écrire. Il a fait le billet. M. d'Hozier vient de répondre qu'il lui manque deux contrats. Le contrat de mariage entre Claude de Rovérié et Marie de Galepin a été brûlé pendant les troubles de Languedoc (Paris, 13 mai 1773). — 50. Lettre non signée, à une « chère amie » qui est certainement Mᵐᵉ de Cabrières. Elle est écrite de Forli, le 2 août 1773, par une femme. Il serait doux d'échanger des portraits, mais il n'y a pas de peintre à Forli. Bons souvenirs du temps passé ensemble au pied du Lubéron. Nouvelles des jésuites. Les cardinaux légats des provinces de Ferrare, de Bologne et de Romagne, ainsi que le président d'Urbin, ont reçu l'ordre de leur intimer une visite apostolique, après les avoir suspendus de leurs fonctions spituelles et temporelles. Curieux détails sur le traitement subi par eux, différent d'une province à l'autre. — 51. Lettre de M. de Folchery à M. de Cabrières, capitaine des grenadiers au régiment d'Auvergne, rue Dorée, à Nîmes, au sujet du remboursement de la dot de sa première femme (Uzès, 5 février 1774). — 52. Copie d'un accord entre M. de Cabrières et sa sœur Madeleine-Bernardine de Rovérié de Trémons (2 janvier 1763), suivie d'une assignation en aveu et reconnaissance de seing, donnée à M. de Cabrières à la requête de sa dite sœur (2 mars 1774). — 53. Copie d'appointement d'aveu et assignation pour Mᵉˡˡᵉ de Trémons contre M. de Cabrières (5-18 mars 1774). — 54. Lettre de M. de Folchery à Mᵐᵉ de Cabrières. Il lui envoie la note des quittances à lui faites pour intérêts (Uzès, 27 mars 1774). — 55. Défenses pour François de Cabrières, défendeur contre Mᵉˡˡᵉ de Trémons, demanderesse (15 avril 1774). — 56. Lettre de d'Hozier, le président, [à la marquise de Damian]. Il est bien fâché qu'elle soit venue chez lui inutilement. Il ne peut lui rendre les papiers de sa sœur, les preuves de son neveu n'étant pas encore faites. Pour ne pas retarder son entrée, il lui a donner un certificat préliminaire. Les preuves se feront dans le cours de l'année. Il est très pressé en ce moment, car c'est le temps des entrées des pages du roi (Paris, 18 juin 1774). — 57. Inventaire sommaire que remet devant le sénéchal Mᵉˡˡᵉ de Trémons contre François de Rovérié, seigneur de Cabrières (30 juin 1774). — 58. Copie de la pièce précédente. — 59. Inventaire sommaire pour M. de Cabrières contre Mᵉˡˡᵉ de Trémons (s. d.). — 60. Lettre non signée à la marquise de Cabrières. Même écriture que celle de la pièce 49. Il semble que le diable soit après l'affaire de M. de Bondoir. La chère Colombelle a fini par trouver l'homme d'affaires du duc d'Estissac. Le notaire du duc lui dit qu'il n'avait aucun fonds à M. d'Estissac, qu'il était même en avances, et qu'il ne pouvait en faire davantage. Le baron d'Isrbach est venu prendre congé de Colombelle, et lui a fait entendre qu'il désire être payé de ses 12 louis, non remis par M. de Loyval. La pauvre Colombelle a pris cet argent sur son mince pécule, sauf à se rembourser sur les 50 louis de M. d'Estissac, ou de M. de Leyval. La baronne est invisible pour tout le monde, et indivisible d'avec quelqu'un. Elle ne parait presque plus chez la bergère, malgré la belle maison, point du tout chez colombelle, qui ne la trouve jamais non plus à l'hôtel de l'H[ospital]. Il n'y a pas de brouille, mais un oubli total. La comtesse n'ira plus à la cour, excepté dans certaines occasions très rares. Son grand ami est cependant vu de bon œil. Il est le seul de toute cette ancienne clique. Le petit page se porte bien, et on est content de lui (Paris, 7 juin 1774). — 61. Projet de convention entre François et sa sœur de Trémons (1775). — 62. Convention entre eux deux (4 mars 1775). — 63. Partage entre Marie-Françoise de Royer de Châteauneuf, dame de la comté de Foix, veuve de François-Laurent de Damian, chevalier, de Salon en Provence, et Élisabeth-Angélique de Royer de Châteauneuf, épouse de François de Rovérié, chevalier, seigneur de Cabrières et Poulx, chevalier de Saint-Louis, commandant de bataillon dans le régiment d'Auvergne Infanterie, gouverneur en survivance de la ville d'Avesnes en Hainaut. Il s'agit de la succession de leur père François de Royer, seigneur de Châteauneuf, du lieu de Maubec (7 octobre 1775). — 64. Partage des dettes de la succession paternelle entre les deux sœurs (9 octobre 1775). — 65. Quittance de 300 l. faite par M™ de Trémons à son frère M. de Cabrières (2 janvier 1777). — 66. Lettre de la marquise de Damian à l'abbé de Cabrières, grand archidiacre de Nîmes, son cousin. Elle a été et se trouve encore souffrante. Elle est abîmée d'un chagrin qui augmente avec la certitude de son malheur. Les lettres de l'abbé lui sont une consolation. Elle voudrait être près de lui et partager ses soins pour les pauvres enfants. Elle lui demande de ses nouvelles, et de celles de cette pauvre La Tour, qu'ils ne doivent jamais oublier. Cabrières est impardonnable de ne pas écrire. Elle ne sait s'il lui aura apporté une malle et une caisse que sa sœur avait chez elle. Paris est un pays si odieux pour elle, qu'elle n'y remettra plus les pieds et qu'elle voudrait en retirer tout ce qui peut lui appartenir (Salon, 18 septembre 1777). — 67. État des propriétés échues à M™ de Cabrières par le partage du 7 octobre 1775. — 68. Notes des actes concernant M. de Cabrières et contenues dans les registres de M. Espérandieu (1768-1778). — 69. État des biens jouis en commun par M™ de Cabrières et M™ de Damian. — 70. Vente faite par François, comte de Monteynard, brigadier des armées du roi, lieutenant général de la province de Bourgogne, demeurant en son château de Montfrin, à François de Rovérié, seigneur de Cabrières et de Poulx, de la métairie de Saint-Privat, sise à Cabrières, moyennant le prix de 13.500 l. (Château de Montfrin, 12 février 1778). — 71. Lettre de M. de Bassompierre au marquis de Cabrières. Il a reçu l'extrait de baptême de son fils, en vue du brevet désiré pour lui. Comme il sera sans appointements, il estime suffisante une pension de 5 louis par mois, quand il sera au régiment (Paris, 15 avril 1778). — 72. Sommation de recevoir 477 l. 3 s. 9 d. faite à Estalle, prieur de Poulx, à la requête de M. de Cabrières. Il s'agit de l'exécutoire d'un jugement des requêtes du palais dont M. de Cabrières est appelant au parlement de Toulouse (8 octobre 1779). — 73. Note généalogique sur les de Royer de Châteauneuf. — 74. Vente faite par Louis Bompard, bourgeois de Cabrières, à M. de Cabrières, d'un jardin au quartier de la Rieyre, avec olivette au quartier de Palay, moyennant le prix de 1.000 l. (26 novembre 1781). — 75. Convention entre le lieutenant de roi, le major et l'aide-major de la ville d'Avesnes, en Hainaut, pour déterminer la part de chacun d'eux dans les droits immobiliers et mobiliers attachés à leurs fonctions. Signatures de MM. de Cabrières, Gausson, Dumas et Simon (19 juin 1782). — 76. Lettre du chevalier de Claris de Florian à M. de Cabrières, à Avesnes. Il lui propose un arrangement financier et l'assure de son dévouement (Durfort, 17 février 1783). Timbre postal de Sauve. — 77. Lettre du chevalier de Florian (fils du précédent) à M. de Cabrières. Il a appris par M. de Cabrières que son père était son débiteur, et le remercie des égards qu'il lui a marqués. Il écrit à son père pour l'engager à prendre un arrangement pouvant le satisfaire. C'est tout ce qu'il est en son pouvoir de faire, ne jouissant d'aucun bien en Languedoc et n'étant point émancipé. Si sa fortune était plus considérable, il se ferait un devoir et un plaisir de liquider les dettes de sa famille. Il lui exprime son attachement inviolable (Paris, 21 février 1783). — 78. Lettre non signée (de M™ de Damian) à l'abbé (de Cabrières). L'attente de M. Espérandieu, que l'abbé lui annonce depuis longtemps, l'empêche de bouger de Salon. Elle est assaillie de lettres des consuls et du notaire de Châteauneuf. L'abbé est-il content de son fils? Isidore est-il parti? (Salon, 14 mai 1783). — 79. Arrentement de la bastide de Maubec, terroir de Châteauneuf, passé par Jacques Espérandieu, notaire de Saint-Gervasy, diocèse de Nîmes, au nom de M. de Cabrières, agissant comme héritier usufruitier de feu Angélique de Royer, son épouse, et comme père et administrateur de son fils Isidore, héritier de sa mère; ensemble au nom de Marie-Françoise de Royer, veuve du marquis de Damian, comte de Pamiers. Le bail est consenti à deux habitants de

Châteauneuf, père et fils, pour huit années, moyennant 230 l. de rente (Moustiers, 1er juin 1784). — 80. Lettre de Vercel à un destinataire non désigné, probablement M. de Cabrières. Il a reçu ses plaintes contre le maire [d'Avesnes]. Il ne peut solliciter pour lui auprès du ministre de la guerre, ne voulant pas s'exposer à recevoir un accueil comme celui qu'il éprouva de M. de Ségur, lorsqu'il lui porta les plaintes de feu M. de Gaussen, au sujet du flambeau que le maire d'Avesnes avait refusé de lui présenter pour allumer un feu de joie. Dès les premiers mots, M. de Ségur le planta là, en disant qu'aucune ordonnance ne donnait au lieutenant de roi le droit d'allumer le premier un feu de joie quelconque (Paris, 4 janvier 1784). — 81. Copie d'un mémoire, suggéré par l'archevêque de Narbonne, à l'évêque d'Autun, à la cour, au sujet des deux enfants de M. de Cabrières, l'un âgé de vingt et un ans, sous-lieutenant au régiment de Royal Picardie Cavalerie, l'autre, âgé de vingt ans, abbé au séminaire de Saint-Magloire, à Paris. M. de Cabrières et Mme de Mérez, sa sœur, descendent de Mme de Toiras, sœur du maréchal de France. Leur alliée, la duchesse de La Rochefoucauld, avait pris sous sa protection ceux des enfants de M. de Cabrières et de Mme de Mérez qui, par leur âge, étaient le plus susceptibles de grâces. M. de Cabrières a aussi un neveu qui a fait les deux dernières guerres en Europe et en Amérique. Ces trois enfants ont perdu un grand appui par la mort de leur oncle, premier archidiacre, prieur d'un bénéfice simple qui était dans la maison depuis plus d'un siècle, et jouissant de 15,000 l. de revenu (s. d.). — 82. Projet d'un mémoire de M. de Cabrières à l'évêque d'Autun, en faveur de son fils le séminariste, qui allait bénéficier d'un prieuré de 4,000 l., par la résignation de son oncle (s. d.). — 83. Projet de supplique de M. de Cabrières à un destinataire qualifié de « Monseigneur ». Même objet (s. d.). — 84. Minute d'une lettre à la duchesse [d'Estissac] et d'une autre lettre au duc, écrites par M. de Cabrières (s. d.). Même objet. — 85-86. Quittance et ampliation de quittance faite par François de Rovérié, seigneur de Cabrières, qui signe: « Cabrières fils », pour 30 l. de rente 3 0/0 reçues du receveur des tailles du diocèse de Nîmes, exercice 1785 (s. d.). — 87. Verbal d'enregistrement d'une procuration donnée par M. de Cabrières à son fils aîné Claude-François-Joseph-Ignace-Eugène-Isidore (27 mars 1786). — 88. Lettre de V. Esterhazy à M. de Cabrières, pour le remercier de la part qu'il prend à la grâce que le roi vient de lui accorder (Paris, 28 décembre 1786). — 89. Lettre de M. de Montmorency, prince de Robecq, à M. de Cabrières. Il le remercie de ses vœux de nouvel an (Paris 9 janvier 1787). — 90. Offres de services de M. de Beauregard, banquier, rue Mâcon-Saint-Séverin n° 10, receveur particulier du domaine de la ville de Paris, au gouverneur d'Avesnes, en Hainaut (Paris, 14 janvier 1787). — 91. Lettre de M. de Montmorency-Robecq à M. de Cabrières. Il le remercie de lui avoir adressé le jugement d'admission à la grâce du retour volontaire rendu par le conseil du régiment de Touraine à l'égard d'un chasseur audit régiment (Paris, 2 février 1787). — 92. Lettre écrite à M. de Cabrières par sa cousine Pontie de Biguvac. Il s'agit du sort d'une lettre destinée à son fils le séminariste. Elle avait été jetée au feu par un domestique maladroit, et la cousine en renvoie les débris. Il est inutile de mettre une double enveloppe. La poste est très bien servie en Avignon (Avignon, 25 février 1787). — 93. Lettre de V. Esterhazy au marquis de Cabrières. Il a reçu l'état de situation avec le tableau des casernes de la ville où il commande (Paris, 11 mars 1787). — 94. Lettre de M. de Génas. Il est plus affligé que surpris des variations du jeune abbé de Cabrières. Son dégoût pour l'état ecclésiastique alterne avec son dégoût pour le service militaire et son but est de ne rien faire. M. de Génas exhorte M. de Cabrières à obliger son fils à prendre un état (Nîmes, 9 avril 1787). — 95. Lettre de Roux, supérieur du séminaire Saint-Charles, vicaire général, à M. de Cabrières, au sujet de l'absence de vocation ecclésiastique chez son fils. Il vaut mieux pour lui demeurer dans l'état laïque (Avignon, 12 avril 1787). — 96. Lettre non signée à Mme de Cabrières, à Cabrières. Son fils écrit de l'envoyer chercher. Ci-joint sa lettre. Le prieur dira ce qu'il y a à faire. Il faut obliger le jeune homme à rester au moins jusqu'aux vacances. Le grand vicaire a dit qu'aux vacances il lui ferait donner la tonsure. Cela s'appelle faire naufrage au port. Tout ira de mal en pis si Dieu n'y met la main. — 97. Lettre de M. Cordier de Caudry à M. de Cabrières. Il lui répond à la place de M. de Villevicentio d'Hautcour. D'après M. de Cabrières, son fils ne veut plus de l'état ecclésiastique. De son côté, il ne veut pas de l'état militaire pour son fils. Qu'en veut-il donc faire ? Si celui de capucin pouvait lui convenir, on trouverait sans doute des protections pour l'y faire recevoir. A propos d'un mariage projeté, il semble que M. de Cabrières ne marchandait la demoiselle que pour les bénéfices qui peuvent en revenir à ses enfants. Cela n'est pas galant, et quoiqu'elle n'ait pas une fortune considérable, elle mérite par ses bonnes qualités l'attachement qu'il paraissait lui vouer d'abord (Caudry, 21 avril 1787). — 98. Lettre de V. Esterhazy. Il lui transmet un ordre concernant l'escorte d'un convoi de grains pour la subsistance des troupes (Valenciennes, 11 octobre 1789). — 99. Inventaire des effets mobiliers de Mᵐᵉ de Cabrières de Trémons, dressé par le notaire Charles Marignan (Nîmes, 15 octobre 1789). — 100. Lettre de M. Waubert de Genlis à M. de Cabrières. Le convoi de grains qu'il devait recevoir aujourd'hui a été retenu hier à Cambrai par la force majeure du peuple. En prévenir immédiatement les commandants de Rocroy et de Mézières, destinataires du convoi (Landrecies, 16 octobre 1789). — 101. Transaction entre Jean-Louis et François de Rovérié de Cabrières, frères, au sujet de la succession de leur sœur Madeleine Bernardine de Trémons, décédée à Cabrières en août dernier (Nîmes, 8 janvier 1790). — 102. Répudiation de la succession de Mᵐᵉ de Trémons par François, son frère (8 janvier 1790). — 103-104. Comparution de François devant un notaire d'Avesnes, au sujet de la répudiation de la succession de sa sœur, qu'il ratifie (Avesnes, 1ᵉʳ février 1790). — 105. Congé de quatre mois, signé : La Tour du Pin (¹), accordé à M. de Cabrières, lieutenant de roi d'Avesnes (Paris, 10 avril 1790). — 106. Certificat de domicile à Avesnes délivré au marquis de Cabrières par les officiers municipaux, avec prière de le laisser librement passer et repasser. Sceau de la ville d'Avesnes (25 avril 1790). — 107. Copie d'une lettre du comte de La Tour du Pin adressée à M. de Montmorency, prince de Robecq, et certifiée par ce dernier. Les commandants des places frontières ne doivent plus donner de passeports aux Français qui se présentent à eux en déclarant qu'ils sortent des régiments au service de la maison d'Autriche, s'ils ont déserté précédemment des troupes de France, et qu'ils ne soient pas dans le cas de jouir de l'amnistie du 17 décembre 1784 (Paris, 14 mai 1790). — 108. Lettre d'envoi de la précédente copie, signée de M. de Montmorency-Robecq (Paris, 15 mai 1790). — 109-111. Lettres signées de M. de La Tour

du Pinet relatives à une prolongation de congé pour M. de Cabrières (Paris, 13 août 1790). Elles sont respectivement adressées à ce dernier, à M. de Sainte-Aldegonde, député à l'Assemblée nationale, et à M. d'Esterhazy, maréchal de camp, à Aubenil. — 112. Lettre de Sainte-Aldegonde à M. de Cabrières, lui transmettant sa prolongation de congé (Paris, 16 août 1790). — 113. Lettre de M. du Bois Bralle à M. de Cabrières. Orthographe très négligée. Il lui donne des nouvelles du service de la place : arrivée de M. de Rochambeau, accompagné du comte de Scrlabous, de deux adjudants généraux, de Gilbet-Dion, commissaire ordonnateur, et du marquis « Ductchepo », membre du département. Le médecin de M. Damas lui a joué le tour de mourir pendant sa maladie (Avesnes, 31 janvier 1791). — 114. Lettre des officiers municipaux d'Avesnes à leurs « confrères » de Nîmes, les priant de faire parvenir à M. de Cabrières la copie jointe d'une délibération du conseil général de leur commune (Avesnes, chef-lieu de district du département du Nord, 25 janvier 1791). — 115. Minute de la réponse de M. de Cabrières aux officiers municipaux d'Avesnes. Il s'agit de la propriété de la maison destinée depuis très longtemps aux lieutenants de roi d'Avesnes (s. d.). — 116. Lettre signée de M. de Vimeur-Rochambeau, informant M. de Cabrières qu'il vient de demander pour lui au ministre une prolongation de congé (Paris, 6 février 1791). — 117. Prolongation de congé signée : Duportail, et transmise à M. de Cabrières par Rochambeau (Paris, 10 février 1791). — 118. Lettre de Rochambeau à M. de Cabrières. Il vient d'écrire au directoire du département du Nord, en le priant d'examiner s'il ne serait pas plus convenable d'attendre la suppression des états-majors des places que de dépouiller un homme de son vivant (Paris, 19 février 1791). — 119. Note relative au testament olographe que M. de Cabrières, lieutenant de roi, rapporte de son ascendant Jean de Rovérié (s. d.). — 130. Lettre non signée à « sa belle demoiselle ». Il trouve Avignon bien laid en comparaison de Maulce, et il préfère l'astre du Lubéron au soleil de son pays. Ils ont encore [à Avignon] leurs comédiens. Leur actrice charmante a épousé hier, dans la sacristie de Saint-Agricol, le premier acteur de la troupe. Elle augmentera le nombre des jolies femmes destinées à de vilains maris. Après le départ de cette troupe on aura des bouffons italiens. Ils sont quarante et ont un aumônier. M. de Villars arrive samedi et repart lundi.

Les comédiens donnerent un bal dimanche. Nouvelles de la guerre. Après la bataille gagnée par M. de Soubise, M. de Chevreuse a été surpris et battu. Sa retraite a été protégée par M. de Mauvin à la tête de son régiment. Le maréchal de Contades a pris de sages dispositions pour prévenir les suites de cet échec. Victoire du Maréchal Daun sur le roi de Prusse. Ces faits permettent d'assigner à la lettre, non datée, la date de 1757. — 121. Billet non signé paraissant destiné à M. de Cabrières. Il assure le marquis de Ségur qu'il est nécessaire d'avoir de la cavalerie pour venir au secours des habitants d'Avesnes, cette ville n'ayant aucun commerce (s. l. n. d. — 122. Acte de décès de François de Rovérié de Cabrières, lieutenant de roi d'Avesnes, mort à la métairie de Bsch, territoire de Vauvert, le 10 octobre 1844.

E. 1329 (Portefeuille.) — 104 pièces, papier; 7 pièces, parchemin, 3 sceaux.

1764-1841. — Fonds de Cabrières. — Seigneurie de Cabrières. — 8e volume, concernant principalement Isidore de Rovérié, seigneur de Cabrières; et 9e volume, concernant Eugène de Rovérié, marquis de Cabrières. Avant les pièces formant chaque colonne, est une liste des documents dressée par M. P. Falgairolle.

1-81. Huitième volume. — 1. Acte de naissance de Claude-François-Joseph-Ignace Eugène-Isidore, fils de François de Rovérié, seigneur de Cabrières et de Poulx, et d'Angélique-Élisabeth de Châteauneuf (30 décembre 1763). Extrait du 30 novembre 1831. — 2. Extrait de l'acte de baptême de Pierre-Madeleine-Sophie de Génas, fille de Jean-Jacques Maurice de Génas et de Louise-Antoinette de Génas, baronne de Vauvert (29 juin 1767). — 3. Mémoire des titres qui sont encore nécessaires pour les preuves de la noblesse de M. de Rovérié de Cabrières (s. d.). — 4. Minute de la réponse aux demandes de M. d'Hozier (s. d.). — 5. Ordre royal, contresigné par le prince de Montbarey, adressé à Isidore de Cabrières, page de la chambre du comte d'Artois, sous-lieutenant de cavalerie, de se rendre à son régiment Royal-Picardie de Cavalerie (Versailles, 1er janvier 1779). — 6. Ordre donné à Isidore par M. de Saint-Paul, au nom du prince de Montbarey, de faire, à la suite du régiment de Lescure-Dragons, en quartier à Tournon, un service de deux mois (Versailles, 11 juillet 1780). — 7. Certificat d'un service de trois mois fait par M. de Cabrières au régiment de Lescure-Dragons, signé du marquis de Puifferrat, major (Tournon, 22 octobre 1786. Sceau du régiment. — 8. Certificat signé du secrétaire général de la cavalerie, de l'ordre du marquis de Béthune, portant que M. de Cabrières, nommé par brevet du 1er janvier 1779, s'est présenté pour prendre son attache, laquelle sera remplie en marge de son brevet, qu'il représentera le plus tôt qu'il pourra (Paris, 1er juillet 1783). — 9. Attache, signée du marquis d'Harcourt, mestre de camp général de la cavalerie, et scellée de ses armes, donnée à M. de Cabrières, à l'effet d'être reconnu en sa qualité (Paris, 10 juillet 1783). — 10. Brevet du roi nommant Isidore à une sous-lieutenance en la compagnie de Roquefort, dans le régiment Royal-Picardie de Cavalerie, vacante par la démission de M. Micaudel (Versailles, 25 novembre 1783). — 11-12. Contrat de mariage entre Isidore de Rovérié de Cabrières et Pierre-Madeleine-Sophie de Génas, fille de Jean-Jacques-Maurice Reinaud de Génas et de feu Louise-Gabrielle-Antoinette de Génas, barons de Vauvert. Isidore est assisté de son père, et Sophie de son père et de son aïeul paternel Jean-Maurice de Reinaud, ancien président, juge mage, lieutenant général en la sénéchaussée et siège présidial de Nîmes. La dot de la future est de 45.000 l. (13 décembre 1785. — 13. Copie moderne de l'acte de mariage d'Isidore (13 décembre 1785. — 14. Lettre de M. de Génas de Vauvert au marquis de Cabrières, officier au régiment de Royal-Picardie, à Nîmes. Il le félicite de l'heureux accouchement de Sophie. Il lui tarde beaucoup de voir ce petit neveu. Il lui demande quels sont ses projets pour le service. Si les croix sont « mises » à vingt ans, il ferait une grande sottise de ne pas atteindre la sienne. Le nouveau colonel de M. de Génas est un petit homme bossu devant et derrière. Il est très caché et parle fort peu. On parle d'un camp à Richemont, de 32 bataillons et 40 escadrons, composé des garnisons de Metz, Thionville, Sarrelouis, Verdun, Sedan, Mézières, Longwy, Montmédy et Nancy. Le roi doit y venir avec trois voitures seulement, ce qui donnera l'exemple du retranchement du luxe (7 juin 1787). — 15. Timbre postal de Stenay, peu lisible. — 15. Lettre du marquis de Cabrières à Féraud, notaire à Robion, Comtat. Il a enfin reçu l'argent envoyé il y a six semaines. Il n'est pas juste que ses débiteurs gardont toujours entre les mains une année échue. Il désire savoir de qui vient l'argent reçu (Nîmes, 9 février 1788). — 16. Copie moderne de l'acte de baptême de François-Louis-Henri-Eugène, fils d'Isidore de Rovérié de Cabrières et de Sophie de Génas (6 juin 1788). — 17. Lettre de Cabanne à M. de Cabrières, son neveu. Il le félicite de l'heureux accouchement de Sophie. Les bagues sont faites. On vient de les lui apporter à son retour de la campagne. Il les lui fera passer avec la croix de son père (Paris, 11 juin 1788). — 18. Présentation donnée par Isidore à sa femme absente (Saint Gervasy, 8 juillet 1788). — 19. Certificat, signé du comte de Bourbon-Busset, constatant qu'Isidore de Rovérié de Cabrières a servi le comte d'Artois, comme page de sa chambre, du 15 décembre 1773 au 30 décembre 1778 (Versailles, 12 avril 1789. Sceau du comte). — 20. Échange de pièces de terre entre M. de Cabrières et Jean Bompar, de Cabrières (19 avril 1789). — 21. Répudiation par Isidore de l'hérédité de sa tante Madeleine-Bernardine de Rovérié de Cabrières de Trémons (25 août 1789). — 22. Lettre non signée, attribuée à M. de Damian, à son neveu Isidore. Il lui fait son compliment sur la mort de Mme de Trémons, sa tante, et lui demande le détail de ses dispositions testamentaires. Renseignements sur le bien de Châteauneuf-Salon, 2 septembre 1789. — 23. Quittance de 15,000 l. donnée par M. de Cabrières à son beau-père M. de Génas, sur la dot de sa femme (8 janvier 1790). — 24. Présage des biens d'Isidore de Rovérié de Cabrières, tiré des états de sections de la commune de Cabrières (s. d.). — 25. Contenance des biens d'Isidore dans cette commune, en l'an X de la République française, ou le 1er juillet 1802. — 26. Attestation, faite par le notaire Féraud, de Robion, de la vente immobilière faite par Mme de Damian et son neveu Isidore de Rovérié à Dammas, de Châteauneuf-lez-Moustiers, le 4 juin 1790. — 27. Extrait de la vente des biens-fonds dépendant du prieuré de Cabrières. M. de Cabrières figure parmi les acquéreurs (Nîmes, 5 février 1791). — 28-32. Bordereaux des paiements effectués par M. de Cabrières entre les mains du receveur-trésorier du district de Nîmes, pour son acquisition d'une terre dépendant du ci-devant prieuré de Cabrières (20 mars 1791 — 10 pluviôse an III) (1). — 33-34. Quittance dotale de 39,000 l. faite

par M. de Cabrières à M. Reinaud, grand-père de Sophie, et déclaration de paiement des intérêts, annexée à la quittance du capital (25 janvier 1792). — 35-36. Lettres de M. de Cabrières à Féraud, son notaire d'Oppède (Cabrières, 18-23 août 1792). Le scripteur a ajouté à tort, à la seconde date, « an second de la République française », car il s'agit de l'an 1er. — 37. Extrait du registre d'écrou de la de la maison d'arrêt, ci-devant [couvent des] Capucins de Nîmes, (2) contenant le mandat d'arrêt de vingt-neuf citoyens nommément désignés, entre autres « Cabrière, rentier à Génas », impliqués dans la contre-révolution de mai, juin et juillet (24 prairial an II) 3. Isidore « Rovérie » ou Rovérié est écroué, avec d'autres prévenus, le 1er messidor an II. L'extrait est signé de Jacques Masse, gardien. Parmi les prisonniers, figure Cobonh fils aîné, général de brigade à l'armée de la Moselle. — 38. Requête de Sophie Génas à Perrin, représentant du peuple délégué dans le Gard. Son père et son frère ont été victimes du tribunal révolutionnaire. Son mari, son beau-frère sont encore détenus. Elle réclame leur délivrance s. d.). — 39. Extrait des registre et verbaux du comité révolutionnaire, signé du président, Gilly jeune. Du 1 thermidor, 5 sur les pétitions de Génas Rovérié, belle-fille et belle-sœur de François Rovérié, détenu par mandat d'arrêt pour être ci-devant noble, n'ayant jamais donné aucune preuve de civisme. — 40. Copie d'un arrêté du conseil général de la commune de Cabrières, en faveur des citoyens François Rovérié et de ses fils Isidore et Amédée (30 thermidor an II) 6. — 41-42. Extraits de l'ordre de mettre en liberté Isidore Rovérié, en exécution de l'arrêté du représentant du peuple Perrin, daté du 1 jour des sans-culottides an II. — 43. Extrait de la vérification des scellés au domicile de Jacques Scipion Reinaud, élargi de la maison d'arrêt dite des Capucins, en vertu d'un arrêté de Perrin (15 fructidor an II) 7. Sceau du juge de de paix du 1er arrondissement de Nîmes. — 44. Option de Reinaud, agissant pour sa nièce Henriette Génas et Isidore Rovérié, mari de Sophie Génas,

(1) 29 janvier 1793.

(2) Aujourd'hui la Manutention militaire.
(4) 16 juin 1794.
(5) 19 juin 1794.
(5) 22 juillet 1794.
(6) 17 août 1794.
(7) 1er septembre 1794.

les dites Génas héritières de Reinaud-Génas, leur père. Il préfère laisser au citoyen Bourdy, fermier de leur domaine à Milhau, la moitié des fruits de ce domaine (12 messidor an III) (1). — 45. Pétition d'Isidore au directoire du district de Nimes au sujet de la déclaration de son revenu, et avis de la municipalité de Nimes en faveur de sa sincérité (13-16 vendémiaire an III) (2). — 46. Signification faite à la requête de Jacques-Scipion Reinaud, poursuivant le partage des biens délaissés par son père (24 pluviôse an III) (3). — 47. Lettre d'Isidore à Féraud, son notaire d'Oppède. Il le prévient qu'il a tiré sur lui, conformément à son invitation, une lettre de change de 1.885 f. (Nimes, 28 brumaire an III, ou 18 novembre 1794). — 48-49. Convention entre Jacques-Scipion Reinaud, d'une part, Sophie Génas, épouse libre en biens d'Isidore Rovérié, et Henriette Génas sœurs, d'autre part, sur les droits légitimaires du premier (23 floréal an IV, ou 12 mai 1796). — 50. Accord entre Scipion Reinaud et les sœurs Génas au sujet du domaine de La Boutte (27 nivôse an IV, ou 17 janvier 1796), accompagné d'une note sur l'acte de propriété du domaine. — 51. Achat, par Isidore Rovérié Cabrières, du domaine de La Bastide d'Albe, moyennant 10.000 fr. (25 pluviôse an V, ou 14 février 1797). — 52. Projet de règlement d'intérêts entre les deux sœurs Génas (s. d.). — 53. Mémoire pour les dames Génas de Cabrières et Lisleroi sœurs, de Nimes (3 fructidor an X, ou 21 août 1802). — 54. Copie d'une vente faite par Mᵉ Damian, tante d'Isidore Rovérié et son procureur fondé, d'immeubles situés dans le département de Vaucluse (Maubec, 5 prairial an VIII, ou 25 mai 1800). — 55. Convention par laquelle les deux sœurs de Génas, Mᵐᵉ de Cabrières et Mᵐᵉ de Lisleroi, voulant éviter le démembrement de leurs propriétés indivises, en fixent la valeur à 164.000 fr. Les biens appartiendront à celle des deux que désignera le sort, moyennant le paiement à l'autre de la moitié de la valeur fixée. Le sort attribue les biens à Sophie de Génas de Cabrières (21 pluviôse an XI, ou 9 février 1803), qui paie à sa sœur 82.000 fr. (10 décembre 1816). — 56. Nomination, par le premier consul Bonaparte, du citoyen Charles Rovérié-Cabrières-(4) Génas, comme président de l'assemblée du canton

de Nimes, 1ᵉʳ arrondissement (Paris, 15 pluviôse an XII, ou 5 février 1804). Signatures de Bonaparte, de Chaptal, ministre de l'Intérieur, et de Hugues Maret, secrétaire d'État. Petit sceau de l'État. — 57. Convocation de l'empereur, contresignée par Maret, adressée à M. Rovérié Génas, président du canton de Nimes, pour assister le 11 frimaire prochain, à la cérémonie du sacre et du couronnement. Il devra se trouver à Paris avant le 7 frimaire et y faire connaître son arrivée au grand maître des cérémonies (Saint-Cloud, 4 brumaire an XIII, ou 31 octobre 1804). — 58. Vente faite par Isidore Rovérié de Cabrières à Françoise-Eugénie Surville, veuve de Gabriel-François Brueys d'Aigalliers, d'une maison avec cour et jardin, située à Nimes, rue du Camp-Neuf ou de l'Évêché et rue Dorée, moyennant 28.000 fr., en numéraire métallique (27 septembre 1805). Sceau du notaire Marignan. — 59-60. Convocation de l'Assemblée du canton de Nimes pour le 1ᵉʳ prairial, lettre et arrêté signés de Bonaparte, de Chaptal et de Maret (15 pluviôse an XII, ou 5 février 1804). Petit sceau de l'État. — 61. Nomination par l'Empereur d'Isidore Cabrières-Génas, comme président de l'Assemblée du canton de Nimes (Bayonne, 17 juillet 1808). — 62-63. Convocation de l'Assemblée du canton de Nimes, décret et lettre (Rambouillet, 19 mai 1811). — 64. Transaction contenant liquidation et prorogation entre Isidore et Amédée de Rovérié de Cabrières, frères (4 avril 1807). — 65. Procuration en blanc de Mᵐᵉ de Damian, épouse de Louis Villard (16 mai 1807). — 66. Reçu de 1.155 f. fait à Mᵐᵉ de Damian, épouse Villard, par le receveur des Domaines en Avignon (29 septembre 1807). — 67. Projet de police pour les réparations et constructions du moulin à eau de La Bastide (s. d.). — 68. Avis, signé de Guizot, secrétaire général du ministère de l'Intérieur, annonçant à M. de Cabrières-Génas, ancien officier de cavalerie, député de la ville de Nimes, que le roi l'a décoré de la fleur de lys d'argent le 16 ct. (Paris, 28 juillet 1815). — 69. Avis, signé du duc de Maillé, annonçant au marquis de Cabrières que Monsieur lui a accordé la croix de la Légion d'honneur (Nimes, 14 octobre 1814). Pièce paraphée par Cavalier, maire de Nimes, le 18 novembre 1830. — 70. Note des services d'Isidore et Rovérié de Cabrières, en vue d'obtenir la croix de Saint Louis (1815). — 71. Lettre du comte du Chassan, collée à la note précédente. Elle est adressée au marquis de Cabrières, qu'il remercie de lui avoir communiqué le mariage de son fils (Saint-Flour, 10 août 1817). — 72. Brouillon d'état de services (s. d.). — 73. Quittance de M. Villard-Montfort à Isidore de Cabrières, pour 5.000 fr. (Montpellier, 22 avril 1822). — 74. Avis de Macdonald, grand chancelier de l'ordre royal de la Légion d'honneur, au marquis de Cabrières, lui réclamant son acte de naissance, en vue de l'obtention de son nouveau brevet (Paris, 25 juin 1820). — 75. Circulaire du grand chancelier aux membres de l'ordre (s. d.). — 76. Brevet de chevalier de la Légion d'honneur pour Isidore Rovérié, marquis de Cabrières (Château des Tuileries, 25 septembre 1823. Sceau du grand chancelier. — 77. Avis d'envoi du brevet, signé de Macdonald (22 janvier 1821). — 78. Circulaire du ministre de l'Intérieur annonçant au marquis de Cabrières, député de la bonne ville de Nîmes, l'envoi de la médaille frappée par les soins de son ministère à l'occasion de la naissance du duc de Bordeaux, de son baptême et de la réunion à Paris des députés des bonnes villes pour célébrer cet heureux événement (16 mai 1821). — 79. Acte de décès d'Isidore de Rovérié, marquis de Cabrières (21 février 1820). — 80-81. Acte de décès et sépulture de Sophie de Génas, veuve d'Isidore de Cabrières, en copies modernes (Nîmes, 8 février - Cabrières, 9 février 1841). — 82-III : *Neuvième volume.* — 82. Acte de naissance de François-Henri-Louis-Eugène, fils d'Isidore de Rovérié de Cabrières et de Sophie de Génas (26 mai 1788). — 83. Nomination par le roi d'Eugène de Cabrières, chevau-léger dans la compagnie de la garde, au grade de lieutenant de cavalerie. Signature du duc de Feltre, ministre de la Guerre, et sceau du ministère de la Guerre (Paris, 5 juillet 1814). — 84. Lettre de M. de Lahondès du Roure, chef d'état major du lieutenant général comte Merle, à M. de Cabrières, chevau-léger de la maison du roi, l'informant que le comte Merle l'a nommé officier de son état-major avec son grade de lieutenant (Nîmes, 16 mars 1815). — 85. Pages 39 à 42 d'un périodique dont le titre n'est pas indiqué. Le format est in-4° à deux colonnes. Ce fragment contient : 1° un article de la *Quotidienne*, daté du 26 août [1815], contre les calomnies dont est victime une partie de la France qui s'est distinguée par sa fidélité active, par sa résistance énergique au joug de la tyrannie ; 2° une chronique datée de Nîmes, 25 août 1815, relatant les événements de Ners (24-25 août) entre bonapartistes et royalistes, où fut blessé M. de Cabrières, lieutenant des chasseurs royaux du régiment du marquis de Calvières-Vézénobre ; 3° un arrêté du Préfet du Gard, en date du 25 août, concernant des mesures de haute police et de sûreté générale. — 86. Certificat des membres du conseil d'administration de la compagnie des Chevau-Légers, portant que M. de Cabrières (Eugène), chevau-léger surnuméraire 1re brigade (lieutenant), a cessé d'être porté sur les revues de la compagnie à dater du 31 décembre 1815, jour de sa suppression (Paris, 31 décembre 1815). — 87. Nomination du comte de Cabrières, chevau-léger de la garde du roi, à un emploi d'adjudant-major au régiment des Chasseurs du Gard, en garnison à Nîmes. Avis du ministre de la Guerre, duc de Feltre (4 mai 1816). — 88. Permission de mariage avec Mlle du Vivier, donnée à M. de Cabrières par le maréchal duc de Feltre (30 juin 1817). — 89. Copie d'une autorisation du ministre de la guerre pour faire reconnaître M. de Cabrières, lieutenant adjudant-major aux Chasseurs du Gard, dans le grade de capitaine (11 avril 1818). — 90. Lettre du comte de Bracys au baron Jules de Calvière, à Nîmes. La manière distinguée dont le fils du marquis de Cabrières s'est conduit, depuis qu'il est entré au service du roi, a ajouté aux regrets de Monsieur de ne pouvoir l'employer auprès de sa personne. Assurances de dévouement (Paris, 10 juillet 1819). — 91. Lettre du marquis de Latour-Maubourg, ministre de la guerre, annonçant à M. de Cabrières que le roi a accueilli sa demande d'être mis en non-activité sans traitement (4 septembre 1821). — 92. Lettre du comte Villatte, lieutenant général, autorisant M. de Cabrières, capitaine adjudant-major au régiment de Chasseurs du Gard, à se rendre à Nancy pour des affaires majeures (Metz, 1er septembre 1820). — 93. Lettre du comte de Séran au comte de Cabrières. Elle accompagne l'envoi d'une décision ministérielle attendue depuis longtemps (11 septembre 1820). — 94. Lettre du préfet du Gard au marquis de Cabrières au sujet du mémoire de MMmes de Cabrières et de Lisleroi, appelantes d'un jugement intervenu le 3 juillet 1822 entre elles et la commune de Vauvert (10 janvier 1824). — 95. Lettre du baron de Damas, ministre de la guerre, portant que M. de Cabrières, ex-capitaine adjudant-major aux chasseurs du Gard, n'est pas encore admissible dans l'ordre de la Légion d'Honneur (28 mai 1824). — 96. Copie d'une ordonnance royale nommant Eugène de Rovérié de Cabrières adjoint à la mairie de Nîmes en remplacement de M. Foulc-Floutier, démissionnaire (Saint-Cloud, 22 septembre 1824. — 97. Lettre du ministre de l'Intérieur à M. de Cabrières, l'informant de sa nomination comme chevalier de la Légion d'Honneur (22 mai 1825). — 98. Avis du grand chancelier de l'ordre, informant M. de Cabrières qu'il délègue le marquis Planelli de Lavalette, préfet du Gard, pour procéder à sa réception comme chevalier (17 juin 1825). — 99. Circulaire du grand chancelier aux membres de l'ordre (s. d.). — 100. Brevet de chevalier de la Légion d'Honneur pour le comte Eugène de Cabrières (22 mars 1826). — 101. Extrait d'une quittance de 17,000 fr. faite par Amédée de Rovérié de Cabrières à son neveu le comte de Cabrières, qui se trouve ainsi définitivement quitte d'une somme intégrale de 52,000 fr. envers son oncle (17 avril 1826). — 102. Copie moderne de l'acte de naissance de François-Marie-Artus, fils d'Eugène de Rovérié de Cabrières et de Marie-Yvonne du Vivier (12 octobre 1818). — 103. Acte de naissance de François-Sophie-Charles-Marie-Humbert, fils d'Eugène et d'Yvonne (28 août 1820). — 104. Acte de naissance de François-Marie-Gustave-Raimond, fils d'Eugène et d'Yvonne (14 décembre 1821). — 105. Copie du contrat de mariage entre le vicomte Humbert de Cabrières, lieutenant d'État-Major, et Marie-Olympe-Gasparine de Vahier de By, fille du comte de Vahier et de la comtesse Augustine-Marie-Sophie du Vivier (Voreppe, château du comte de Vahier, 11 avril 1847). — 106. Certificat du maire de Périgueux, portant que Mlle Clémentine de Boysseulh, fille du marquis de Boysseulh, appartient à une famille honorable, et aura en mariage une dot de cent-mille francs comptant, non compris le trousseau (11 août 1853). — 107. Lettre du major-général de la Marine au colonel du 2e régiment de marine à Rochefort. Le préfet maritime lui renvoie le dossier du sous-lieutenant Raimond de Cabrières et ne peut donner suite à la demande de mariage formulée par cet officier, avant d'avoir des renseignements précis, sur la fortune de M. de Cabrières (Rochefort, 16 août 1853). — 108. Certificat du maire de Nîmes portant que le marquis de Cabrières est dans l'intention d'assurer à son fils Raimond, sous-lieutenant d'Infanterie de marine, une rente de 3,000 fr. en faveur de son mariage (21 août 1853). — 109. Extrait du projet de contrat de mariage entre Raimond de Cabrières et Clémentine de Boysseulh. La légalisation de la signature du notaire de Périgueux est du 11 août 1853. — 110. Copie de l'acte de naissance de François-Marie-Anatole, fils du marquis Eugène de Cabrières et de Mme Yvonne du Vivier (30 août 1830). C'est le futur cardinal de Cabrières, évêque de Montpellier, donateur du fonds. — 111. Copie de l'acte de naissance d'Antoine-François-Marie-Charles, fils d'Artus de Cabrières et d'Olympe d'Agoult (7 avril 1851).

E. 1234. (Portefeuille.) — 64 pièces, papier.

1710-1801. — *Fonds de Cabrières. — Seigneurie de Cabrières. — Dixième volume, concernant principalement Jean-Louis et Charles de Rovérié, coseigneurs de Cabrières. Avant les pièces est une liste des documents dressée par M. P. Falgairolle.*

1. Extrait de l'acte de baptême de Jean-Louis de Rovérié, fils de François de Rovérié, seigneur de Cabrières, et de Catherine Huguet (Cabrières, 27 août 1719). — 2. Requête en plainte adressée aux officiers ordinaires de Caissargues par Marguerite Reynaud, veuve de Jacques de Gardies, bourgeois de Nîmes. Le dimanche précédent, elle envoya à sa métairie de Caissargues, pour donner de la semence aux semeurs et rapporter des raisins, ses filles Anne et Antonie, avec Jeanne Jacab, sa servante. Elle vient d'apprendre que M. de Cabrières y est allé ce matin, avant le jour, avec une chaise, et lui a enlevé sa fille aînée, Anne de Gardies, sans qu'elle ait pu savoir où ils sont passés (15 septembre 1789). — 3. Assignation aux témoins de la métairie (16 septembre 1789). — 4. Information faite par-devant le juge de Caissargues (16-17 septembre). — 5. Inventaire des pièces de la procédure de Mme de Gardies contre M. de Cabrières (s. d.). — 6. Déclaration (copie) de Thomas-Jean Pen, vicaire général, vice-gérant de l'officialité et curé de Nîmes. Il n'a jamais fait aucune publication de bans ni donné aucune dispense pour le prétendu mariage entre Jean-Louis de Rovérié, seigneur de Cabrières, ancien catholique, et Anne-Marguerite de Gardies, protestante, demeurant tous deux dans sa paroisse. S'étant informé, auprès de la mère et du frère de la jeune fille, de la cohabitation de celle-ci avec M. de Cabrières, il les trouva rassurés, sur le fondement d'une prétendue bénédiction nuptiale faite en l'église de Saint-Julien-La-Crémade, diocèse d'Uzès, par un moine bénédictin mitigé appelé Jean-Antoine Badaroux, lequel n'est ni curé, ni secondaire, ni commis par le curé du lieu. L'attestation en feuille volante, sur timbre,

exhibée par la mère et le frère, ne lui parut pas avoir été tirée d'aucun registre (Nîmes, 25 février 1740). — 7. Demande en adjudication de provision alimentaire pour Jean-Louis de Rovérié, seigneur de Cabrières, contre Catherine d'Huguet, sa mère (Reçue le 2 avril 1740). — 8. Défenses à la demande en provision, pour Catherine d'Huguet, veuve de François de Rovérié, contre son fils Jean-Louis (27 avril 1740). — 9. Requête incidente pour Jean-Louis contre sa mère (25 avril). — 10. Impugnations à compte de Jean-Louis contre sa mère (25 avril). — 11. Extrait d'une requête en plainte adressée par Bertrand, official vicaire gérant, promoteur à l'évêché d'Uzès, à l'official général d'Uzès. Il est informé que M. de Cabrières, du diocèse de Nîmes, ayant enlevé la fille de feu M. Gardies, nouvelle convertie, la mena en Avignon, d'où il la conduisit chez le seigneur de Saint-Julien de Cassagnas, oncle de la demoiselle. Là, profitant de l'absence de M. Castanet, prieur-curé de la paroisse, ils ont suborné Jean-Antoine Badaroux, ancien prieur d'Arlende, au diocèse d'Uzès, lequel moyennant 4 louis d'or, a béni le mariage des deux jeunes gens, sans autre formalité que leur consentement, en présence de quelques témoins trompés sur la validité des pouvoirs et l'observation des formalités requises, M. de Cabrières et Mⁱˡᵉ Gardies ont alors cohabité à Saint-Julien, au grand scandale du public. Bertrand demande une enquête contre Badaroux (26 avril 1740). — 12. Copie de l'information contre Badaroux. Elle a lieu le 28 avril 1740, à Saint-Ambroix, chez Jean-René de Séguier, sieur de Roussas, viguier de la ville. Déposition du curé de Saint-Julien. Les deux amoureux avaient tenté de faire bénir leur mariage en Avignon. Dépositions de Jean Pic, dit Saint-Jean, maçon ; Jean et Pierre Brahic, père et fils. — 13. Extrait de la réponse personnelle de Badaroux. C'est dans la geôle des prisons de l'évêché d'Uzès que Pierre Bertrand, prieur d'Orgnac, interroge le bénédictin, né à Malons, et âgé de 83 ans. On lui a remis un certificat du curé de Cabrières, portant permission aux intéressés de se marier devant le premier prêtre requis. C'est M. Castanet, frère du prieur de Saint-Julien, qui lui a remis le certificat, en lui disant qu'il n'avait rien à craindre. Badaroux n'a reçu que 3 louis d'or 1/2, des mains de Castanet, (30 avril 1740). — 14. Extrait des conclusions sur la forme de procéder contre Badaroux (6 mai 1740). — 15. Extrait d'assignation à témoins (9 mai). — 16. Extrait de continuation d'information contre Badaroux. Elle reprend le 10 mai, dans la geôle (10 mai). — 17. Extrait de récolement de témoins (10 mai). — 18. Extrait de dictum de sentence sur la forme de procéder contre Badaroux (7 mai). — 19. Confrontation du prieur de Saint-Julien avec Badaroux (10 mai). — 20. Conclusion définitive du promoteur. Badaroux doit être déclaré atteint et convaincu d'avoir célébré à prix d'argent un mariage clandestin, condamné à une suspension des saints ordres pendant un an, à se retirer dans un couvent de son ordre et à y finir ses jours dans l'exercice d'une pénitence canonique et rigoureuse (21 mai 1740). — 21. Dictum de sentence définitive. Badaroux est condamné à 6 mois de suspension, à 8 ans de retraite dans un couvent de son ordre. Pendant la première année, il jeûnera le vendredi de chaque semaine, récitant à genoux les sept psaumes pénitentiaux. Il demeurera en prison jusqu'à ce que son supérieur régulier lui ait indiqué une maison. Il est condamné en outre aux dépens, liquidés à 88 l. 0 s. 7 d. Les juges sont : Bertrand, official vice-gérant ; Briquet, curé, assesseur ; Trinquelague, assesseur (Uzès, 21 mai 1740). — 22. Extrait du dernier interrogatoire de Badaroux. Il comparait devant ses juges, en la chambre du conseil de l'officialité. Il a fait sa profession entre les mains du curé de Lirac, qui l'a reçu de l'autorité de l'abbé de Monteau, abbé de Saint-André de Villeneuve-lès-Avignon, son supérieur (21 mai 1740). — 23. Inventaire général de la procédure faite en l'officialité d'Uzès, à l'instance du promoteur, contre Badaroux. — 24. Requête présentée au sénéchal par Jean-Louis de Rovérié, seigneur de Cabrières, contre Madeleine Ginhoux et Charles Huguet, mère et fils (25 juillet 1740). — 25. Extrait baptistaire de Charles, fils naturel de Jean-Louis de Cabrières et d'Anne de Gardies. Le parrain est Charles Huguet, chanoine ; la marraine est Marguerite « Reneau » de Gardies (10 janvier 1741). Certificat de Jacomon, curé de Nîmes (30 mai 1705). — 26. Défenses à la demande en liquidation de Madeleine Ginhoux, veuve de Charles Huguet, pour Jean-Louis de Rovérié contre ladite dame (3 mai 1741). — 27. Défenses à la demande en liquidation de Charles Huguet, chanoine, prieur de Saint-Geniès de Malgoirès, pour Jean-Louis contre ledit Huguet (20 mai). — 28. Soutènements de la demande en liquidation de sommes, pour le chanoine Huguet contre Jean-Louis (27 novembre 1741). — 29. Requête de contrainte pour Mᵐᵉ Ginhoux et le chanoine contre le procureur de Jean-Louis (9 février 1742). — 30. Requête de joint de M. de Cabrières contre Mme d'Huguet, sa mère (23 février 1742). — 31. Réponse pour Jean-Louis contre le chanoine Huguet (23 février). — 32. Dire par écrit de Jean-Louis de Rovérié, seigneur de Cabrières, contre Madeleine Ginhoux, le chanoine Charles Huguet, Catherine d'Huguet, Louise et Madeleine de Rovérié (1er mars 1742). — 33. Réponse pour Jean-Louis de Rovérié, défendeur aux soutènements fournis par Mme Ginhoux, veuve de Charles Huguet, demanderesse (2 mars 1742). — 34. Inventaire de production remis devant le sénéchal par Jean-Louis de Rovérié contre Madeleine Ginhoux, veuve Huguet, le chanoine Charles Huguet, Catherine d'Huguet, veuve de François de Rovérié, Claude, François, Louise et Madeleine-Bernardine de Rovérié (5 mars 1742). — 35. Requête remonstrative pour Madeleine Ginhoux et le chanoine contre Jean-Louis (7 mai 1742). — 36. Réplique à la réponse aux soutènements de la demande en liquidation, pour le chanoine contre Jean-Louis (7 mai). — 37. Réplique à la réponse aux soutènements de la demande en liquidation, pour Madeleine Ginhoux contre Jean-Louis (7 mai). — 38. Dénonciation faite par Catherine d'Huguet, veuve de François de Rovérié, seigneur de Cabrières et de Poulx, pour être signifiée à Isaac Teissonnier, curé de Nimes, contre Jean-Louis, son fils aîné, et « la nommée » Gardies, qui doivent faire baptiser l'enfant né de leur « criminel commerce ». Cette violente diatribe est signifiée au curé le 17 mai 1743. — 39. Dire par écrit pour M. de Cabrières, appelant, contre Madeleine Ginhoux, le chanoine Huguet, Catherine d'Huguet, Claude, François, Louise et Madeleine-Bernardine de Rovérié, intimés. On est devant le parlement de Toulouse (21 janvier 1744. — 40. Instruction pour Catherine d'Huguet contre Jean-Louis (28 juillet 1744). — 41. Sommation de Catherine d'Huguet à Hébert, curé de Nimes, de ne point baptiser l'enfant né du commerce de Jean-Louis et de « la nommée » Gardies, sinon en qualité de bâtard (5 janvier 1747). — 42. Copie de l'acte de baptême de Françoise, fille de Jean-Louis et d'Anne Gardies. Parrain : François de Catto. Marraine : Françoise Darguier de Barbega, veuve de Guillaume de Génas, seigneur de Pierredont (9 janvier 1747). — 43. Contrat de mariage entre Jean-Louis de Rovérié et Anne « des Gardies ». La dot de la future est de 10.000 l. (11 septembre 1740. — 44. Copie de l'acte de mariage de Jean-Louis et d'Anne « de Gardies ». Le curé Jacomon déclare n'avoir reçu d'autre opposition à ce nouveau mariage que celle de la mère du fiancé, remontant à dix mois. Un arrêt du parlement de Toulouse du 12 mai 1750 a débouté l'opposante et renvoyé les parties devant Jacomon pour réhabiliter leur premier mariage, déclaré invalide. Les deux enfants nés du mariage nul, Charles et Françoise, sont légitimés par le second mariage (3 juin 1750. — 45. Copie de l'acte de baptême d'Anne, fille de Jean-Louis et d'Anne de Gardies (14 avril 1751). — 46. Lettre royale au marquis de Chastellux, l'invitant à faire recevoir Charles de Rovérié de Cabrières en la charge d'enseigne en la compagnie colonelle du régiment d'infanterie d'Auvergne, qu'il commande (Versailles, 13 novembre 1755). — 47. Extrait du testament de Madeleine Ginhoux ou Gignoux, veuve de Charles Huguet, marchand de Nimes. Elle est dans un âge fort avancé. Son héritier universel est son fils Charles Huguet, ancien chanoine (30 juin 1757. — 48. Autre copie dudit testament, contenant en outre une donation entre vifs et un inventaire de production. — 49. Extrait d'une donation entre vifs faite par Charles Huguet, ancien chanoine, à Jean-Louis de Rovérié, seigneur de Cabrières (30 août 1757. — 50. Émancipation de Charles de Rovérié, capitaine au régiment d'Auvergne, faite par son père Jean-Louis de Rovérié de Cabrières, premier consul de Nimes (23 décembre 1763. — 51. Consultation signée de Ricard, après avoir vu un mémoire de Charles de Rovérié, seigneur de Cabrières, le testament de Jean de Rovérié, seigneur de Cabrières, en date du 18 juin 1615, et un acte du 23 janvier 1750 (Toulouse, 17 janvier 1764). — 52-53. Mémoires à consulter (s. d.. — 54-55. Assignation de Charles contre Bernardine de Rovérié de Trémons de Cabrières et le chanoine Claude de Rovérié de Cabrières (20 février 1764. — 56. Instruction imprimée pour François de Rovérié, seigneur de Cabrières et de Poulx, capitaine au régiment d'Auvergne, contre Charles de Rovérié et Jean-Louis de Rovérié, son père (signifiée le 22 février 1765. — 57. Instruction imprimée pour Jean-Louis de Rovérié, défendeur, contre Charles de Rovérié, demandeur en ouverture de substitution ; François de Rovérié, capitaine; Claude et Bernardine de Rovérié, demandeurs en garantie (signifiée le 3 avril 1765. — 58. Verbal d'opposition de scellé, contenant inventaire des meubles et effets substitués par Marie-Bernardine de Mérez, veuve d'André de

Brueys de Saint-Chapte, en faveur de Jean-Louis de Rovérié de Cabrières, son cousin germain (9, 18 et 19 février 1773). — 59. Instruction pour Jean-Louis de Rovérié de Cabrières et Anne « des Gardies », mariés, assignés et défendeurs, contre Maurice Deleuze, fabricant de bas de Nimes, fils d'autre Maurice et d'Antoinette « de Gardies », demandeur et suppliant (signifiée le 8 juin 1782). — 60. Convention entre Jean-Louis et François de Cabrières, frères, co-successeurs de leur sœur Madeleine-Bernardine de Rovérié de Trémons (Nimes, 8 janvier 1790). — 61. Note de l'acte de mariage de Charles Rovérié, ancien lieutenant-colonel d'infanterie, fils de feu Jean-Louis et de feu Anne de Gardies, avec Jacques-Marie-Julie Surville, fille de François, homme de loi, et de Marie Fornier (15 avril 1793. — 62. Note de l'acte de baptême de Julie Surville (3 septembre 1770). — 63. Note de l'acte de naissance de Louise-Charlotte-Agracie, fille de Charles Rovérié et de Julie Surville (14 brumaire an VII, ou 4 novembre 1798). — 64. Copie d'un jugement du tribunal d'appel de Nimes, rendu contre Marie Camus, femme libre en ses biens d'Antoine Fesquet, demanderesse en requête civile, d'une part ; Rovérié Cabrières, Beaulieu, Moureau, d'autre part. Le tribunal, sans avoir égard à la fin de non recevoir proposée par Rovérié Cabrières et l'en démettant, disant à la requête civile de Marie Camus envers le jugement de dernier ressort du tribunal de district de Beaucaire, en date du 24 thermidor an III (ou 11 août 1795), rescinde ledit jugement, remet les parties en même état et condamne Rovérié Cabrières aux dépens (Nimes, 6 pluviôse an X, ou 26 janvier 1802).

E. 1231. (Portefeuille.) — 3 pièces, parchemin ; 23 pièces, papier.

1257-1839. — *Fonds de Cabrières.* — *Seigneurie de Cabrières.* — *Volume 10 bis, composé de pièces complémentaires, précédées d'une liste des documents.*

1. Extrait en forme de la vente du quart du bois d'Albes, (1) faite par Bernard Albiac et son frère Raimond, fils de Pons de Vérédène, de Cabrières,

à Pons Alasand, consul de Cabrières, agissant pour la communauté. Ce quart confronte le bois de la fille de Bertrand de Clausonne, et le bois acquis du seigneur Eléazar, Gui, mari de Bérengère, fille de feu Pons Vérédène, vend au consul la cinquième partie dudit quart. La vente est faite moyennant 115 sols tournois, sur lesquels Gui a 15 sols, et les frères Bernard et Raimond ont le reste. Gaillard de Montclus, prieur de Cabrières, est un des témoins. Le notaire est Bertrand Fesquet (11 des calendes d'avril 1256 v. s., ou 22 mars 1257). — 2. Traduction en français, faite au XVIIe siècle, d'une transaction en latin du 4 mai 1406, vidimée le 17 avril 1477 par Arnaud du Roure, viguier, et Antoine Aimeric, juge royal d'Uzès. Il y avait procès, en la cour du sénéchal, entre les consuls de Collias, d'une part, les frères Delafont et consort, d'autre, au sujet de la vente d'herbages de Collias à un habitant de Cabrières. La sentence des arbitres nommés par les parties sauvegarde les droits de dépaissance des plaignants, même en cas de vente de pâturages à des étrangers. L'acte est passé à Uzès, et récité publiquement à Collias, dans la maison de Bernard Alziou, seigneur de Collias. Le notaire est Firmin Estadard. — 3. Extrait d'une reconnaissance féodale de Pierre Frédol, damoiseau, seigneur de Lédenon et de la Bastide « d'Alpes », (2) ensemble des châteaux de Clausonne et de Laugnac, faite à noble Henri Lambert, damoiseau, viguier de Nimes, et à Imbert Aysselin, notaire royal, représentant le roi (28 septembre 1344). L'extrait est tiré d'un registre de reconnaissances de 1344, coté n° 1 du premier paquet de l'armoire E de Nimes, aux archives du roi de la sénéchaussée. La collation est de La Gorce, garde des dites archives, et du 8 août 1682. Copie de Duserre. — 4. Copie de Duserre contenant 1° une procuration donnée par « Phise » Frésol (ou Frédol), baronne de Lédenon, à Guillaume Rayse, de Nimes, pour dénombrer ses fiefs devant le sénéchal (1er juin 1397) ; 2° le dénombrement des fiefs de « Fize » Frésol fait par son procureur (3 juin 1397). L'original est dans les petites archives du roi de la sénéchaussée de Nimes, au petit sac coté 6. Collation de La Gorce, du 28 mai 1683. — 5. Copie de Duserre, contenant le dénombrement fait au roi par Bernard Guers, damoiseau, seigneur de Castel-

_____

(1) Ms. : *de Albis.*

(2) Ms. : *De Alpibus.* Il s'agit de la métairie d'Albes, nom à graphies variables : *de Albis*, d'Aubas, etc.

nau, diocèse d'Agde, époux et procureur de Marthe de Narbonne, dame de Lédenon, diocèse de Nimes (6 mars 1407 v. s.). Original aux archives du roi, collationné par La Gorce le 7 août 1682. — 6. Copie de Duserre continuant le dénombrement de Jacques Sapor, dit d'Aramon, seigneur de Lédenon et autres lieux. Le lieutenant du sénéchal fixe le terme de l'hommage dans un an (28 avril 1448). Original au bureau du domaine du roi, collationné par La Gorce le 4 mars 1682. — 7. Copie de Duserre contenant la vente de la juridiction de la bastide « d'Aubes », faite par Jean d'Aramon à Jeanne de Saint-Michel et à son fils Jean de Mézerac, moyennant 700 l. t. L'acte est passé à Nimes, dans la cour de la maison des acquéreurs. Jeanne de Saint-Michel est veuve de Guillaume d'Aramon, seigneur de Lédenon (11 janvier 1524 v. s.). — 8. Extrait des registres de la Cour tenant les grands jours. Arrêt rendu entre Jean Rovérié, docteur en droits, et Antoine Rovérié, docteur en droits. Jean est appelant du sénéchal de Beaucaire, Antoine est appelé. Le premier dit que les procédures et le ressaisiment faits au profit de l'appelé par le sénéchal sont contraires au testament du père commun des parties, aux pactes accordés entre elles et à l'arrêt intervenu en la matière. La cour déclare que Jean ne faut à recevoir comme appelant et le condamne aux dépens de la cause d'appel, à l'amende et à des dommages et intérêts envers Antoine (Le Puy, 16 octobre 1548). — 9. Achat pour Baudile Rovérié, licencié en droits, contre Jean Rovérié, docteur habitant de Nimes, seigneur de Cabrières, qui lui vend sa part du mas de Roquecourbe, sis aux terroirs de Marguerittes, Poulx et Nimes, moyennant 350 l. t. L'acte est tiré des minutes de Jean Ursi, notaire de Nimes (6 octobre 1552). Il est suivi d'un pacte de rachat de même date, d'une quittance du 13 novembre 1552, et d'une autre définitive du 13 novembre 1553. La grosse contenant tous ces actes est du notaire Jean Mombel. — 10. Ordonnance du juge mage en la sénéchaussée, vacante par le décès de Charles de Crussol, rendue entre Antoine Rovérié, licencié en droits, seigneur en partie de Cabrières, demandeur en qualité possessoire, et Jean Rovérié, docteur en droits, défendeur, et ressaisissant Antoine en possession de se dire seigneur de la bastide d'Aubes, jusqu'à plus ample informé. Provisoirement, Pierre Peladan, co-fermier de la cour, ou autre premier notaire juré, mettra Antoine en possession des biens sous la main du roi, par affixion des armes et fleurs de lys du roi (29 juillet 1548). — 11. Fragment d'une enquête sur l'émeute du 25 juin 1657 à Nimes. (1) Il n'en subsiste que les feuillets 11 à 20 et 22 à 23, feuillets final. — F⁰ 11. Fin d'une déposition. Les premiers qui tirèrent contre le président de Rochemore et le premier consul Maltret furent le capitaine Reboul et son fils, proches parents de Bimard et de Combes, greffier consulaire. Un des coups de pistolet de Reboul blessa grièvement au gosier M. de La Calmette-Recolin. Girard reçut trois coups. Sur le bruit qu'on assassinait M. de Rochemore, sept à huit personnes de qualité vinrent à son secours et le firent rentrer, non sans grand péril, dans sa maison toute proche, l'émeute grossissant toujours. Valentin, quatrième consul, arriva, d'une part, avec plus de cent hommes armés. Le marchand Ginhoux-Laroque vint de son côté avec une troupe au moins aussi nombreuse. Ils voulurent enfoncer la maison du président, mirent des corps de garde à trois portes, et soixante hommes bloquèrent la porte du jardin, derrière la maison. Le déposant reconnut parmi eux le maçon qui prit autrefois l'entreprise de la démolition de la cathédrale. Depuis, trente ou quarante hommes armés ont fait des patrouilles la nuit et mis des corps de garde aux portes de la ville. — F⁰⁰ 12-14. Déposition de Pierre Aubert, écuyer, professant la R. P. R. Il était, le 25 juin, dans la boutique d'Estrevin, qui vend de la glace et de la limonade, avec M. de La Calmette-Recolin et le receveur Daunant, vers 1 heure après-midi, quand on cria qu'on assassinait le président de Rochemore. Ils sortirent et virent une grande foule de peuple armé environnant le président. Boschier, sur la porte de la maison de ville, criait : « Aux armes ! Tue ! Tue ! » Ils allèrent au secours du président et désarmèrent deux agresseurs. Survinrent MM. de Brignon, de Rozel, de Cabrières fils, Cade, Daunant, MMᵐᵉˢ de Rochemore, ses belles-sœurs, de Forton, fille de M. de Cabrières, MM. Maltret et Borelli, premier et troisième consuls. Le peuple armé fit une décharge de vingt-cinq à trente coups de pistolet contre M. de Rochemore et ses amis. Les dames en reçurent sur leurs jupes et leurs cheveux. Mᵐᵉ de Forton eut une « moustache » (2) brûlée et emportée. — F⁰⁰ 14-16. Déposition de Catherine Alègre, veuve de Louis

(1) L'historien Ménard n'en dit rien dans son *Histoire de Nimes*. Cf. les articles E. 1233, pièces 34 à 38, 40 à 50, et E. 1235, pièces 1 à 12.

(2) Mèche ou boucle de cheveux.

Bosc, boulanger. Le 25 juin, en sortant de chez elle, elle entendit et vit un grand tumulte vers la place publique. Boschier et Valentin, second et quatrième consuls, à la tête de plus de cent hommes armés, faisaient fermer les boutiques et criaient aux armes parce qu'on voulait raser les temples et emp[rison]ner les dits consuls, qui firent fermer toutes les portes de la ville et en prirent les clés vers sept heures du matin. Suit le récit des événements de l'après-midi. — F⁰ˢ 16-18. Déposition de Dauphine Cappon, femme de Pons Ferrand, greffier catholique de la maison consulaire de Nîmes. Le 25 juin, à 1 heure de l'après-midi, elle entendit un grand bruit dans la rue et une décharge de « porterespects », fusils ou pistolets. — F⁰ˢ 18-20. Déposition de Robert Bonnel, maître-cadissier, catholique. — F⁰ˢ 20-23. Déposition de Léon Maistral, maître-teinturier. Par suite d'une erreur ancienne, de numérotation des feuillets, on passe du f⁰ 20 au f⁰ 22 sans qu'il y ait de lacune ([27]-28 juin 1657). — 12. Extrait d'un cahier de production ou registre du présidial, fait par le notaire Simon Alesii, et exhibé par Claude de Rovérié, seigneur de Cabrières, le 7 avril 1688. Il s'agit de la suite d'un procès au présidial, entre Jean de Mézerac et Gabriel de Rovérié, seigneur de Cabrières. L'extrait donne le texte d'une ordonnance du sénéchal, en date du 23 avril 1529, rendue sur la plainte de Jean de Mézerac, seigneur de La Bastide d'Aubes, et mandant de citer Gabriel de Rovérié devant le présidial, avec défense, à peine de 25, 50 et 100 marcs d'argent d'amende applicable au roi, de causer préjudice à Mézerac, pendant le cours du procès, par des démolitions ou des attroupements illicites contre la maison et le fief de La Bastide. — 13. Extrait d'une requête remonstrative de François de George d'Aramon, baron de Lédenon, contre les habitants de Cabrières, de Lédenon et autres. Il s'agit de la juridiction dont dépend La Bastide d'Albe. Elle est du territoire de Lédenon, et non du territoire de Cabrières. Le baron demande la cassation du bornage qui l'incorpore à Cabrières (signifié le 17 février 1685). — 14. Inventaire des productions que remet devant le sénéchal Claude de Rovérié, seigneur de Cabrières, défendeur, contre François de George, seigneur de Lédenon demandeur en requête et ultérieurement de certaines lettres royaux tendantes en cassation de transaction et à être maintenu en la justice haute, moyenne et basse de sa métairie dite : Bastide d'Albes (Minutes s. d.). — 15. Autre continuation d'inventaire de François de George de Taraud d'Aramon, baron de Lédenon, pour servir de réponse à la continuation d'inventaire de Claude de Rovérié père, communiquée le 16 septembre 1685 (signifiée le 17 décembre 1685). — 16. Cinquième continuation d'inventaire de Claude de Rovérié, seigneur de Cabrières, défendeur, contre François de George, seigneur de Lédenon, demandeur (communiquée en 1688). — 17. Cinquième continuation d'inventaire de François de George d'Aramon, baron de Lédenon, pour répondre à la dernière production de Claude de Rovérié père, seigneur de Cabrières, communiquée le 8 avril 1688 (signifiée le 17 avril 1688). — 18. Minute de continuation d'inventaire des consuls de Cabrières contre M. de Lédenon, communiquée le 26 avril 1688. — 19. Mémoire pour répondre au sixième inventaire de M. de Lédenon (s. d.). — 20. Mémoire pour répondre à la production du seigneur de Lédenon et établir le droit du seigneur de Cabrières sur la justice de la métairie et du devois de La Bastide d'Albes, qui n'a jamais été une juridiction séparée de celle de Cabrières (s. d.). — 21-22. Factums pour Claude de Rovérié, seigneur de Cabrières contre le seigneur de Lédenon, au sujet de la justice de La Bastide (s. d.). — 23. Verbal d'enregistrement de la procuration donnée par M. de Cabrières, lieutenant de roi de la ville d'Avesnes, à son fils aîné Isidore (27 mars 1786). — 24. Copie d'un acte passé, le 30 janvier 1818, devant le notaire Boissier, par Sophie de Génas, épouse d'Isidore de Cabrières, et sa sœur Henriette de Génas, épouse de Luc Vanel de Lisleroi, d'une part ; et le représentant de Maurice de Gondon, ancien capitaine de dragons, domicilié à Castres, seul héritier de ses père et mère Jean-Cyr de Gondon et la dame de Génas, au sujet d'un dernier paiement de 15.000 livres sur les 107.246 l. dues à M. de Gondon par le frère des sœurs de Génas, Jean-Louis-Auguste. — 25. Quittance de 5.000 fr. faite à Isidore de Cabrières par Louis Villard-Montfort, héritier de son fils, seul enfant et héritier de sa mère Alonse de Damian (29 avril 1824). — 26. Reçu de 330 fr. 35 pour droits d'enregistrement d'un legs de 6.000 fr. fait à Mᵐᵉ de Cabrières, née de Génas, par sa cousine de Gondon, décédée à Castres (17 décembre 1839).

B. 1732. (Portefeuille.) — 11 pièces, parchemin; 40 pièces, papier; 1 sceau.

1253-1820. — *Fonds de Cabrières.* — *Seigneurie de Cabrières.* — *Douzième volume.* — *Documents divers. Avant les pièces, liste des documents dressée par M. P. Falgairolle.*

1. Extrait en forme, signé par François de Rochemore de Grillé, seigneur de Nages et Solorgues, président, juge mage et lieutenant général en la sénéchaussée et siège présidial de Nîmes, de trois extraits de diètes en latin, tenues devant le sénéchal, entre le seigneur de Cabrières et les consuls de Lédenon, les 15 janvier 1482 v. s. et 9 mai 1483. — *Diètes du 15 janvier 1482.* Philippe Gervais, professeur de l'un et l'autre droit, tient sa cour comme lieutenant du sénéchal. Comparaissent : Jean Soleyrols, procureur du seigneur de Cabrières, d'une part ; Jean de La Croix, avec Antoine Catelan et Michel Roux, consuls de Lédenon, et l'instrument de leur consulat. Jean de La Croix produit vingt-un instruments sur parchemin et deux lettres, dont une sur parchemin. — *Acte du 16 des calendes de janvier 1252, ou 17 décembre 1252 :* Elzéar, (1) seigneur d'Uzès et de Cabrières concède à Michel Fiquelin, consul de Cabrières, assisté de Pierre Teissier, Guillaume Altor et Guillaume Sonilhac, habitants de Cabrières, stipulant pour leur communauté, divers privilèges de dépaissance et de lignerage, moyennant 15 l. t. payées à l'acte. Témoins : Costier Sardus, Raimond Concol, chevaliers ; Gaillard, prieur de Cabrières, Huemnon du Four, S. Catalan, Pierre Estaux, Étienne Blanchier, Guillaume de La Font. Le notaire est Bertrand Fresquet. — *Acte du 4 des nones de mars 1253, ou 4 mars 1254 :* Elzéar, seigneur d'Uzès et de Cabrières, confirme à Pierre Teissier et à Pons Albertas, consuls de Cabrières, les privilèges de dépaissance concédés à Michel [Fiquelin] et Durant Asan, alors consuls de Cabrières. — *Diète du 9 mai 1483.* Elle a lieu sous les arcs de la Trésorerie, par-devant Pierre de Brueys, lieutenant du sénéchal. Guillaume Galtier, demandeur pour les consuls de Cabrières, produit certains instruments. — *Acte des nones de septembre 1279, ou 5 septembre 1279 :* Bertrand Raynaud, consul de Cabrières, assisté de Raimond Bolège, Jean Barron, Guillaume-Jean Courtefaim. Guillaume Delouze et Pierre Lalcor, supplient Guillaume Frédol, seigneur de Lavérune, tuteur de Ramon, sei-

(1) Ms. : *Elziarius.*

gneur d'Uzès et de Cabrières, au nom de leur communauté, de lui rendre la possession des dépaissances de Cabrières, comme au temps d'Elzéar et de son frère Ramon, fils de feu Ramon, seigneur d'Uzès. Frédol exauce leur prière. L'acte est passé à Uzès. Le notaire est Bertrand Bérenger, notaire de feu noble Gaucelme. L'extrait des diètes est donné à Nîmes, le 15 mai 1666, et scellé du sceau du sénéchal. — 2. Copie non en forme des actes précédents. — 3. Extrait d'un acte du 14 des calendes de juillet (ou 18 juin 1308,) contenant échange, passé entre Bertrand Allier, consul de Cabrières, représentant sa communauté, et Raimond Gaucelme, seigneur d'Uzès et de Cabrières. Le consul cède au seigneur des pâturages sis au quartier du Vallon-Nicolas, et partant du carrefour de la Bastide d'Albes, en échange de son bois ou devois de la fontaine d'Albes. L'acte est passé à La Bastide d'Albes. Sont témoins : Raimond Alasand, prêtre de Cabrières ; Guillaume Lézan, diacre d'Uzès ; le frère Bertrand Gatauba, de l'ordre de frères mineurs ; Raimond des Bouziges. Le notaire est Guillaume des Jardins, notaire de Raimond Gaucelme, baron d'Uzès. — 4-5. Traductions françaises du précédent extrait. — 6. Copie non en forme d'un dénombrement fait au roi par Jacques Sapor, dit d'Aramon, seigneur de Lédenon. La Bastide d'Albes y figure, ainsi que Lédenon, Cabrières, Poulx, Clausonne, Laugnac, Meynes, Sernhac, Montfrin, Bezouce, Saint-Gervasy, Saint-Bonnet. Le lieutenant du sénéchal donne, pour l'hommage, un délai d'un an à partir du 28 avril 1448. De La Gorce, garde des archives du roi et greffier au bureau de son domaine, a fait la collation sur l'original le 4 mars 1661. — 7-18 : *Vingt-quatre reconnaissances féodales sur parchemin, chaque parchemin en contenant deux.* — 7. Reconnaissances faites à André Pellegrin, de Cabrières, viguier et procureur de Phize Frézole, dame de Lédenon et de Cabrières, ainsi que de la baronnie de Lédenon, par Jacques Ferréol, de Cabrières, et Andriève Colette, veuve, de Cabrières. Témoin : Jean de Brizis, prêtre de Cabrières (10 mars 1393 v. s.). — 8. Reconnaissances d'Alasacie Bouisse, femme de Jean Fassac, et de Baudile...(13-14 mars). — 9. Reconnaissances de Bernard Audemar, prêtre de Cabrières, et d'Étienne Audubert (13-14 mars). — 10. Reconnaissances de Bertrand Boyer (2) et de Guillaume Trouchaud (14-15 mars. — 11.

(2) Témoin : Jean Coste, prêtre de Saint-Gervasy.

Reconnaissances de Guiraude de Saint-Martin, veuve de Pierre Aybert, et de Pierre Trouchaud (14 mars). — 12. Reconnaissances de Guillaume Dupuy et de Guillaume Trouchaud (15 mars). — 13. Reconnaissances de Firmin Bonpar(1) et de Guillemette Audemar, veuve de Jean de Bonpar (15 mars). — 14. Reconnaissance de Marquise Alban, veuve de Bertrand Bolègue, au nom de son fils Guiraud, et de Jean Baret, au nom de sa femme Alasacie Bolègue (23 mars). — 15. Reconnaissances de Michelle Colin, femme d'Étienne Audubert, et de Jean Maurussargues (23-24 mars). — 16. Reconnaissances de Jean Bormond et de Pascal Toron (24 mars). — 17. Reconnaissances de Baudile Pellegrin et de Jacobe Arnulphe, épouse de Guillaume Dastari (23 mars 1393 v. s.-3 avril 1394.) — 18. Reconnaissances de Déodat Audemar et d'Aigline Alpemione, veuve de Guillaume Gaillard (3 avril 1394). Toutes ces reconnaissances sont faites, par des habitants de Cabrières, à André Pellegrin, viguier de Phize Frézole, baronne de Lédenon, dame de Cabrières. Le notaire est Pierre Blanc, Albi. — 19. Reconnaissance féodale faite par Jean Maurissargues et Pierre Chauce, cousins, de Cabrières, à Raimond de Mallabane, procureur de Pierre Viguier, prévôt de Nimes. Le notaire est Alexis Audemar (1er juillet 1361). Une note d'Antoine Rovérié, seigneur en partie de Cabrières, porte qu'il a en son pouvoir le livre grossoyé en parchemin d'où est tiré le présent extrait (10 juin 1521). — 20. Reconnaissance de Firmin Audemar, de Cabrières, au procureur du prévôt de Nimes (2 juillet 1461). Note analogue d'Antoine de Rovérié (10 juin 1526). — 21. Extrait d'un hommage fait au roi par Léonard d'Aramon, écuyer, seigneur de Lédenon et de Cabrières (13 novembre 1472). Tiré d'un original en parchemin conservé dans un sac du bureau, malle des petites archives. Collation de La Gorce, garde des archives du roi en la sénéchaussée (20 mars 1688). — 22. Reconnaissance de Vitalis Sabatier, de Cabrières, faite à Pierre Richard, procureur de Jacques Falcon, prévôt de la cathédrale de Nimes. Le notaire est Pierre Veillaire, *Vigilatoris*, de Montfrin (10 mars 1491 v. s.). Note d'Antoine de Rovérié du 10 juin 1506). — 23. Reconnaissance de Pierre Maurissargues, de Cabrières, au procureur de Jacques Falcon, prévôt de Nimes. Même notaire (27 mars 1492 v. s.) Note d'Antoine de Rovérié (10 juin 1506. — 24. Reconnaissance de Bernard Audemar, faite à Guillaume Baron, prieur de Bizac(2), diocèse de Nimes, neveu et procureur de Baron, prévôt de la cathédrale. Copie inachevée (4 novembre 1512). Note d'Antoine de Rovérié (10 juin 1506). — 25. Extrait d'une transaction passée entre Jean d'Aramon, tant pour lui que pour son père, Guillaume, et les habitants de Cabrières, dont les consuls sont Antoine Audemar et Jean Virgile, au sujet du bornage de territoires contentieux, où figure le devois de La Bastide (20 avril [1523]. La date de l'année est emportée sur l'original, mais connue par ailleurs. Collations successives des notaires Daudé et Ferrand, et du conseiller Jossaud. Note de François de George d'Aramon, baron de Lédenon, en mai 1688. — 26. Extrait d'une transaction passée entre Guillaume et Jean d'Aramon, père et fils, seigneurs de Lédenon et de La Bastide, d'une part; les consuls et habitants de Cabrières d'autre part. Il s'agit du devois de La Bastide, de la fontaine de la Bastide d' « Aubes », et du terroir du Bois d' « Aubes ». On fixe le bornage des lieux contentieux (20 avril 1523). — 27-28. Extraits sommaires de la recherche et mensuration du terroir de Cabrières, pour Claude de Rovérié, seigneur de Cabrières, contre François de George, seigneur de Lédenon 3 juillet 1549. Les extraits sont faits le 21 mars 1685. — 29. Extrait sommaire des registres de la cour ordinaire de Cabrières, contenant les actes de serment des consuls de Cabrières des 25 avril 1611 et 1612. — 30. Décret de prise de corps émanant des officiers ordinaires de Cabrières, pour Jean de Rovérié, seigneur dudit lieu, à la requête de Jean Ravissac, maître d'école, contre Alias (ou Élias) Boyer, avec ajournement de Jean Bonpar et consorts (19 août 1616). 31. Taxe des habitants de Cabrières pour leur part de l'imposition mise par les commissaires du duc de Rohan, chef et général des églises réformées du royaume, sur la viguerie de Nimes. Cabrières paiera 103 l. 13 s. 7 d. pour octroi, crue et augmentation de solde et ustensiles; 106 l. 2 s. 10 d. pour armes et munitions de guerre, gratification au duc, frais d'assiette et gages du receveur (Nimes, en l'assiette de la viguerie, 3 février 1628). — 32. Délibération des habitants de Cabrières, assemblés le 1er septembre 1630 par devant le baile André Bonpar. Les consuls Pourtal et Codouloux, suivant les pouvoirs à eux donnés par une précédente délibération, ont été à Nimes faire publier le bail de la taille. M. de Gibert est appelant au parlement de Toulouse

(1) *Boniparis.*

(2) Ms. : *Bizaco.*

d'une ordonnance du sénéchal, rendue entre les habitants. Il y a encore un autre acte fait par le procureur de M. de Saint-Privat. On fera un livre de la taille, qui sera baillée aux meilleures conditions. On ne décide rien sur les actes de MM. de Gibert et de Saint-Privat. — 33. Quittance de 218 l. faite par Louis Puech, consul de Cabrières, aux séquestres des fruits des biens de feu Henri de Farel, seigneur de Saint-Privat (15 juin 1649). — 34. Mémoire à consulter pour le seigneur de Cabrières au sujet des droits de lignerage et de dépaissance dans la juridiction de Cabrières (s. d.). — 35. Interrogatoire et réponses de François d'Aubes, premier consul de Cabrières, par-devant Jean de Fontfroide, trésorier du domaine du roi en la sénéchaussée de Beaucaire et Nimes, commissaire pour la confection du papier terrier dudit domaine en Languedoc et ressort de la cour des aides de Montpellier (5 septembre 1688). — 36. Extrait d'un accord contenant plantation de bornes entre les communautés de Cabrières et de Lédenon (18 août 1672). L'extrait est du 15 thermidor an X, ou 3 août 1802. — 37. Autre extrait du même accord, daté du 11 juin 1790. — 38. Collation de la chapelle Notre-Dame de Cabrières, faite par Jacques Séguier, évêque de Nimes, à Jean-Joseph de Rozel. Cette chapellenie, à la présentation des consuls de Cabrières, est vacante par la démission de Pierre de Rozel. (Nimes, 27 septembre 1678. Sceau de l'évêque. — 39. Projet destiné à Basville, intendant de Languedoc, sur la garde et l'armement des anciens catholiques de Poulx, Cabrières, Lédenon, Saint-Bonnet, Sernhac, Bezouce, Saint-Gervazy et Marguerittes. Indication, pour chacune de ces communautés, du nombre d'hommes en état de porter les armes ou d'y être exercés, et du nombre de fusils manquants avec leurs accessoires : baïonnettes, gibecières, etc. Bois et passages du Gardon. Près du Pont-du-Gard, il 'y a un bateau duquel les domestiques de M. de Saint-Privat peuvent répondre (s. d.). — 40. État des biens nobles de la communauté de Cabrières, d'après un original des archives « de Nimes » (23 septembre 1711). — 41. Copie d'une délibération consulaire de Cabrières, en date du 30 juin 1743. Les consuls sont Jacques Maurissargues et Jean Nicolas. Claude Cadaniel, notaire de Meynes et arpenteur, est nommé expert pour procéder au bornage du devois du seigneur de Lédenon d'avec le territoire de Cabrières, conformément à la transaction du 20 avril 1523. — 42. Copie d'une délibération consulaire de Cabriè-

res, en date du 30 août 1772. Jean Aberlen et Étienne Riau sont consuls. Il s'agit de la juridiction du devois de la Bastide d'Aubes. On veut faire casser la nomination de Cadaniel. On empruntera pour une reprise d'instance contre le seigneur de Lédenon, le seigneur de Cabrières et les consuls de Lédenon. — 43. Compliment fait par Aberlen, capitaine de la garde nationale, au comte et à la comtesse de Cabrières, à leur arrivée à Cabrières, après leur mariage (s. d.). — 44. Projet de lettre du maire de Cabrières au préfet du Gard, pour obtenir de l'administration forestière, en raison de la perte des oliviers causée par le froid, la permission de dépaissance dans les bois taillis (12 juin 1820). — 45. Avération de Jean de Rovérié, coseigneur de Cabrières, de François de Rovérié, avocat, et de plusieurs autres propriétaires de Cabrières (s. d.). — 46. Pièces joules par M. de Cabrières sans tenet sur le compoix (s. d.). — 47. Présage du domaine de Cabrières (vers 1777). — 48. Extrait du compoix de Cabrières (12 février 1788). — 49. Autre extrait de compoix contenant 355 numéros (XVIIIe siècle). — 50. Autre présage de biens contenant diverses avérations. Extrait du compoix de Cabrières fait le 12 février 1788. — 51. Fragment original du destrement et estimation faits à Cabrières par Gabriel Sabatier et autres « destraires » et prud'hommes étrangers. Les limites et la fertilité ou infertilité des terres sont montrées par des prud'hommes de Cabrières. Les quartiers sont appelés : terradours. Français mêlé de provençal. Date emportée par les rongeurs. (Fin du XVIIe siècle).

E. 1233. (Portefeuille.) — 3 pièces. parchemin; 85 pièces, papier; 4 sceaux.

1268-1792. — *Fonds de Cabrières. — Seigneurie de Cabrières. — Treizième volume. — Documents divers. — Avant les pièces, liste des documents dressée par M. P. Falgairolle.*

1. Lods ou confirmation, donné par Philippe de Salice *Bernardi*, chevalier, sénéchal de Beaucaire et Nimes pour le roi, aux syndics de Marguerittes, le chevalier Chosoard, Bermond Malbose et Guillaume Gaffori, d'une vente à eux faite par Raimond de Poulx et son frère Bertrand, du droit de dépaissance, de lignerage et de chasse sur les coteaux, garrigues et bois de Poulx, suivant acte reçu par le notaire Bertrand Falquet, sous réserve du droit, pour les seigneurs du fief, d'y instituer des cultures. Le prix du lods fait aux habitants de Marguerittes

est de 20 l. t. L'acte est passé à Nimes, en la cour du roi, en présence des témoins Bernard, archidiacre; Bernard, official ; Bernard de Codols, chanoine; Guiraud d'Aguissel. Philippe de Solon, Rostaing d'Or. Pierre Fresquet, consuls de Nimes, Bertrand Imbert, jurisconsulte. Le notaire est Pierre de Melun (4 des nones de juillet, ou 4 juillet 1268). Copie ou plutôt analyse non en forme, suivie d'une note indiquant l'original : un vieux parchemin en bonne forme, visiblement escamoté des archives du roi, et baillé à Barrière par Dupré, ci-devant clerc de feu M. de Digoine, procureur du roi. L'acte n'a jamais été exécuté à l'égard des habitants de Margueritles, ajoute la note. Le roi était seigneur de Poulx à la date du lods. Gaillard de Guiran, conseiller au présidial de Nimes, cite, dans ses *Recherches sur la suite des sénéchaux de Beaucaire et Nimes* (1625), page 25, un hommage des hommes du château de Margueritles, coté CC en l'inventaire du roi, de même date que le lods. — 2. Extrait sommaire en forme, d'une reconnaissance féodale de Rostaing de Margueritles au roi, représenté par le même sénéchal, du quart de la seigneurie de Poulx. L'acte est passé à Nimes, en la cour du roi, en présence des témoins Guillaume de Castelnau et Raimond Gilles, notaires de Calvisson ; Pierre de Quart et Guillaume d'Albannac, notaires (4 des calendes de mars 1270, ou 26 février 1271. L'extrait est tiré du livre d'hommages de « 1210 » (1270, n° 1, armoire D de la sénéchaussée, f° 7, v°. — Note d'une reconnaissance de Pons de Poulx pour une moitié indivise [de la seigneurie de Poulx], au f° 9 dudit livre. — Reconnaissance de Marie, fille de feu Raimond de Poulx, femme de Pierre Arnaud, faite au même sénéchal pour le roi, du quart indivis de la seigneurie de Poulx. L'acte est passé au château de Sommière en présence des témoins Pierre de Garrigue, notaire, Bertrand Augier, jurisconsulte, Jacques de Ganges et Pierre Anier, viguier de Sommière (3 des calendes de mars 1270, ou 4 février 1271). L'extrait concernant ces trois reconnaissances est tiré par de La Gorce, garde des archives du roi, le 22 septembre 1684, du registre d'hommage de « 1210 » (1270), coté n° 1, armoire D de la sénéchaussée. — 3. Extrait d'une reconnaissance féodale du 25 novembre 1352, faite en présence d'Arnaud de Ledra, avocat du roi en la sénéchaussée, lieutenant de Guillaume Roland, chevalier, seigneur de Montfaucon, sénéchal, et d'Étienne Gautier, clerc du roi, garde des archives du roi en

la sénéchaussée. Leur commission est reproduite à l'acte, et datée du 30 septembre précédent. Brémond de Boissac, de Bossiacis, damoiseau, comme procureur de noble Jeanne de Bossiacis, dame de Monte Vasono, tutrice de Marquise, fille de Jeanne et de son défunt mari Pierre Frédol, damoiseau, exhibe sa procuration, datée du 15 novembre précédent. En outre, sa dame est aux droits de Tiburge et d'Ermossendo, ses filles, mortes en minorité. Marquise et Jeanne reconnaissent au roi les lieux ou châteaux de Lédenon, Cabrières, Laugnac et Clausonne. L'acte est passé sous le portique de la trésorerie de Nimes, en présence des témoins Raimond Rodier, prêtre, Théolin Scatisse, Raimond Bérenger et Pierre Bérlat, notaire. Le notaire est Raimond Roux. Collation de Parades, d'après les registres des archives du roi de la sénéchaussée, en présence du procureur du roi. Parades est commis à la garde des dites archives et greffier du domaine royal. — 4. Autre extrait de l'acte précédent fait par La Gorce, le 9 mai 1629. — 5. Copie d'un dénombrement fait devant Pons Guiraudel, lieutenant de Guillaume d'Estanc, viguier royal de Nimes, par Pierre Salelle, procureur de Phise « Frézole » ou Frédol, baronne de Lédenon. Le lieutenant de viguier fait sceller cette reconnaissance du sceau de la cour royale ordinaire de Nimes (28 juillet 1390). D'après une collation de La Gorce du 31 mai 1683. — 6. Copie non en forme d'une réduction (à cens) de terres de la directe d'Arfaud du Périer, prévôt de la cathédrale de Nimes, et restées pour la plupart incultes depuis trente ans. Jaufre Audemar, prêtre, du lieu de Poulx, habitant Cabrières, les tient, en partie de son chef, en partie du chef de feu Bernard Audemar, prêtre. Le procureur du prévôt les baille en acapte ou emphytéose à Jaufre Audemar (Poulx, 30 mai 1410). Copie faite pour M. de Cabrières. — 7. Copie non en forme de deux reconnaissances d'habitants de Poulx à Pierre de Brueys, avocat du roi à Nimes, seigneur de Poulx (31 mai-13 juillet 1477). — 8. Extrait en forme d'une procuration donnée par Léonard d'Aramon, seigneur de Lédenon, Clausonne, Laugnac et Cabrières, à des avocats au parlement de Toulouse. L'acte est passé à l'hôtellerie de *la Couronne*, à Nimes, dans la cour. Guillaume Trentecôtes, prieur de Saint-Thomas de Nimes, est un des témoins. Le notaire est Falquet Barnier (15 novembre 1488). — 9. Acapte passé par le procureur du prieur de Saint-Étienne de Laval, diocèse d'Uzès, à Jean

Daudé, de Laval. Acte passé à Uzès, chez le notaire Sauveur André, procureur du prieur, en présence de deux coiffeurs d'Uzès. Le notaire est Guillaume Grandel. Le nom du prieur est emporté, ainsi que la date de l'année (9 janvier). Fin du XVe siècle. — 10. Copie non en forme d'une reconnaissance faite par Antoine Julian, dit Thoumayne, laboureur de Pouls, à Pierre de Bruoys, seigneur dudit lieu (4 mars 1494 v. s.). — 11. Copie non en forme du testament de Jean Polet, écuyer, seigneur de Chal, habitant d'Annonay; Annonaci, diocèse de Vienne. L'acte est passé chez le testateur. Robert du Chambon, collégial en l'église de Notre Dame d'Annonay, Mathieu du Rieu, Jean Boutilhou, prêtres; frère André d'Entremons, cordelier du couvent des frères mineurs d'Annonay, figurent parmi les témoins. Le notaire Gilbert Fabre extrait le texte des notes de feu Antoine Brovac (2 mai 1509). — 12. Extrait en forme du testament d'Andrieu de Mérez et de sa femme Jeanne Boissier, habitants de Saint-Péray, mandement de Crussol, diocèse de Valence. L'acte est passé chez les testateurs. Louis Jovinhac, vicaire de Saint-Péray, Antoine du Mazel, prêtre; frère Jacques, prieur de Saint-Étienne de Mont-Crussol, figurent parmi les témoins. Le notaire est Jean du Mazel, dit Reyro (16 janvier 1544 v. s.). Collation de Louis Bergier, notaire de Valence, faite à la requête de Pierre de Mérez, [de Nimes, le 4 août 1688. Attestation de sa signature par Jean de La Boisse, agrégé et doyen en l'université de Valence, lieutenant en la sénéchaussée (4 août). Sceau royal de la sénéchaussée de Valence. — 13. Autre extrait en forme dudit testament, collationné et vidimé sur un original exhibé par Jeanne des Isles, veuve de noble Salamon de Mérez, conseiller à la chambre des comptes de Dauphiné. Collation de Neyremand, doyen des conseillers du présidial de Valence, commissaire subdégué de l'intendant de Dauphiné (20 novembre 1670). — 14. Mandement de François Pavée, seigneur de Servas, receveur particulier de la somme de 4.133 écus 1/3 imposée par le diocèse de Nimes, payable le 1er janvier, et à lui baillée à lever pour se rembourser de ce qui lui reste dû par le diocèse, adressé à Antoine Auquier, seigneur des Baux, habitant d'Anduze, pour lever, sur les vigueries d'Anduze, d'Alais et de Sauve, les parts de cette somme leur afférant (19 janvier 1579. — 15. Bail d'une vigne en arrentement perpétuel, passé par Jean Chaissi, prieur de Saint-Geniès de Malgoirès, diocèse d'Uzès, comme

procureur du chapelain de la chapelle Saint-Antonin dudit Saint-Geniès, à cinq habitants du lieu. Le notaire est Antonin Peladan (24 janvier 1580). — 16. Codicille (copie non en forme) de Tanequin de Brignon, écuyer, seigneur de Brignon et de Sanilhac, maître des requêtes de la reine-mère, juge mage et lieutenant général en la sénéchaussée d'Uzès, et de Jeanne d'Aubert, sa femme, pour réparer une omission de leur testament du 18 octobre 1583 (Château de Brignon, 13 avril 1586). — 17. Testament original de Jeanne de Deaux, femme de Pierre de Trémoulet, écuyer, seigneur de Blauzac. Legs à l'église réformée de Blauzac (bassin des pauvres); à ses filles Espérance, Jeanne et Madeleine, à ses fils Jean-Pierre, Pierre et Antoine. Son héritier universel est son mari. Mention de feu Jean de Deaux, sieur de Blauzac, père de la testatrice. Après le dispositif du testament, quelques lignes de la main de Jeanne nous apprennent qu'elle l'a fait écrire par Siméon d'Albignac, sieur de Triadon, son intime et confident ami, selon le « dictamen » fait par elle, et pour la soulager. L'acte est fait à « Peyroseau » (1), maison de Pierre Balmaguier, le 14 septembre 1600. Mme de Blauzac signe « Jane de Deus ». A sa prière, M. de Triadon signe également. Au dos du testament, déclaration de Jean Aigouy, notaire royal du village de « Bozus » ou Bozouls, faite à Peyroleau, en Rouergue, dans la maison de Pierre « Balmoguier ». Mme de Blauzac lui a remis son testament, en expliquant dans quelles conditions il a été écrit. Il était cacheté du cachet « volant » de la testatrice, lequel a disparu à l'ouverture. Signatures du notaire et des témoins (14 septembre). — 18. Mandement du présidial de Nimes d'intimer un jugement à Jacques Peschier (19 mars 1621). Sceau royal du sénéchal, portant la date de 1619. — 19. Jugement du présidial, rendu entre Jacques Peschier, greffier, et frère Nicolas Garsin, curé de Lédonon, assigné et défendeur. Peschier est débouté de sa requête (19 mars. — 20. Extrait en forme du testament de Louise de « Buis », dame de Valérargues, habitant Nimes. Son héritière universelle est sa fille aînée, Marguerite d'Albenas, veuve de Tristan de Bruoys, seigneur de Saint-Chaple. Legs à sa petite-fille Louise d'Albenas, fille d'Antoine d'Albenas, seigneur de Valérargues, Serviers et Saint-Christol, et de Marie de Tubières de Verfeuil. Legs à sa fille Diane d'Albenas, femme de Gabriel de Bérard, sei-

(1) Peyreleau (Aveyron).

gneur de Meyranes, veuve de Jacques de Narjac, seigneur de Bouquet. Le notaire est Chrétien Guiran (4 septembre 1626). — 21. Extrait en forme de lettres de grâce accordées par le roi à Jean Blanc, baile de Collias, et à son fils Claude, condamnés à mort par le sénéchal pour avoir, dans une querelle, tué à coups d'épée Pierre Fantanel, faisant profession de la R. P. R., qui tirait de la pierre trop près de l'église paroissiale de Collias. Le 14 mars 1626, sur l'ordre de Mme de Montpezat, dame de Collias, et assisté de François d'Arènes, religieux de l'ordre de Saint-Augustin, prieur du lieu, le baile somma Fontanel de cesser l'extraction de la pierre. Une discussion survint, qui tourna vite au tragique (Paris, décembre 1626). — 22. Lettre signée « Antony » à M. de Calopin, conseiller au présidial. Il le supplie de faire prendre garde au château de Saint-Geniès. Il compte sur sa prudence pour bien pourvoir à tout. On est en un misérable siècle, où l'on ne sait à qui se fier, tant les volontés sont diverses et cachées. Il ne lui mande point de nouvelles, car il ne faut rien dire actuellement, de pour de se méprendre. La reine mère est à Angoulême, visitée de force noblesse de ces contrées. Si les affaires « iront aux armes », il désire recouvrer 500 arquebusiers de la région de Nimes. Il prie M. de Calopin, s'il a des amis voulant prendre parti, de les tenir en bonne résolution de passer les Cévennes. Il lui enverra Marcel, pour l'entretenir plus au long (30 mars 1619). Nom de lieu emporté. — 23. Lettre signée : « Henry de Rohan » aux consuls de Saint-Geniès. Il a vu depuis peu M. de La Roche au sujet de ses différends avec eux. Il lui a ordonné de se rendre à Saint-Geniès pour y attendre sa décision, espérant y passer dans peu de jours. Il entendra les consuls. En attendant, il les prie de laisser les affaires en l'état (Nimes, 14 janvier 1622). — 24. Lettre de Montferrier à Mme de Brignon, sa sœur. Il lui mande, à la hâte, que ses frères et lui sont contraires au paiement, par les sujets de Mme de Brignon, de ce qui leur est demandé par ordonnance du duc de Rohan. La paix est publiée, et il n'existe plus que les ordonnances du roi. Son frère en parlera au duc de Rohan (Montpellier, 21 octobre 1622). — 25. Lettre signée : « Devilas », aux consuls de Saint-Geniès. Il les prie de remettre au porteur, le sergent Gilly, l'argent, avancé par lui des frais du séjour fait à Saint-Geniès par lui et ses compagnons, séjour commandé par « Monseigneur » (1)

(1) Sans doute le duc de Rohan.

(Uzès, dimanche). — 26. Lettre de M. de La Mosson, qui signe : « Lamausson », à sa nièce Mme de Bon à Nimes. Il s'agit d'une affaire qu'il faut éclaircir. Si M. de Bon, mari de sa nièce, ne lui fait pas justice, il le croira l'auteur du méfait. Il est d'avis que sa nièce en fasse plainte à son mari, sans passer les limites du respect qu'elle lui doit (Montpellier, 19 janvier). — 27. Exemption accordée par le duc de Rohan, en ce qui concerne le logement des gens de guerre, à Jean Olivier, bailli d'Anduze, faisant profession de la religion réformée (Le Vigan, 5 octobre 1627). Signature et sceau du duc. — 28. Copie d'un brevet et de lettres patentes du roi conférant à Cohon, évêque de Nimes, et à ses successeurs, la direction du collège de Nimes, ci-devant usurpée par les consuls au préjudice du roi. L'évêque instituera ou destituera le principal et les régents, choisissant même la moitié assignée à ceux de la R. P. R. (Saint-Germain en Laye, 31 décembre 1633-octobre 1635). Enregistrement au parlement de Toulouse du 31 juillet 1637. — 29. Extrait en forme du testament de Marc d'Ardoin, seigneur de La Calmette. Legs aux pauvres de Nimes faisant profession de la R. P. R. ; à ses enfants Philippe, Henriette, Marie et Jeanne ; à Madeleine de Fabrique, sa femme, qui est en outre son héritière universelle (Montpellier, 22 septembre 1637). — 30. Lettres royaux (copie) sur appel de Pierre de Fontfroide, conseiller exacteur des gabelles à sel au grenier de Nimes, contre Daniel Hilaire, marchand de Nimes. La cour des comptes de Provence met l'appel à néant et ordonne que la sentence des prévôts des marchands de Toulouse sera exécutée, condamnant de Fontfroide aux dépens (Aix, 17 décembre 1647). Le 20 avril 1648, saisie-arrêt, à Cabrières, des sommes qui peuvent être dues à M. de Fontfroide. — 31. Analyse d'un acte du 21 avril 1301, relatif aux pâturages de Poulx. — 32. Mémoire sur la transaction entre les habitants et le seigneur de Poulx d'après l'acte de 1301. — 33. Extrait des registres de la maison consulaire de Nimes et du livre de la police, faisant connaître la visite aux consuls, des jardiniers de la ville, conduits par leur capitaine, leur lieutenant et leur enseigne. En commémoration de leur privilège d'arroser plusieurs jardins avec l'eau de la Fontaine de Nimes, ils ont « ouvert le bondoux », l'ont fait porter devant leur troupe, tambour battant, et le remettent, comme de coutume, devant la maison consulaire. Les consuls donnent acte, et les jardiniers passant, enseigne déployée, en faisant la révérence, ainsi qu'aux assistants (17 juillet 1656). — 34-50 : *Conflit entre les catholiques et les protestants de Nîmes pour les élections consulaires.* — 34. Extrait en forme des délibérations des trois corps des habitants catholiques de Nîmes. L'assemblée a lieu, le dimanche 28 novembre 1655, dans la salle haute du chapitre de la Cathédrale, le matin, à l'issue du sermon. M. de Rochemore, président et juge mage, rappelle que, depuis quelques années, les religionnaires se sont rendus les maîtres absolus de l'Hôtel de Ville. Ils ont acquis le pouvoir par des intelligences avec des catholiques, leur promettant de les faire arriver au consulat, et comptotant d'appeler des étrangers pour remplir la première échelle, ce qui est un préjudice à la religion et une injure aux gentilshommes de Nîmes. Un arrêt du Conseil d'en haut, du 18 novembre 1655, ordonne qu'à la prochaine élection des consuls, devant avoir lieu le 4 décembre, on n'admettra à la première échelle que les principaux gentilshommes domiciliés à Nîmes et contribuables aux tailles, avec extension du principe aux autres échelles. Les consuls nommés seront tenus de renouveler leur conseil et d'en faire sortir les conseillers ayant exercé leur charge pendant trois ans. L'assemblée décide la stricte exécution de l'arrêt. Dans une assemblée du 5 décembre 1655, M. de Rochemore expose qu'il a été satisfait au premier chef de l'arrêt, concernant l'exclusion des étrangers. Mais il reste à éliminer les conseillers politiques ayant trois ans de charge. On décide de poursuivre l'exécution de l'arrêt. On écrira à Messieurs de Nîmes (l'évêque), de La Vrillière et de Boucherat pour les remercier de leur protection, ainsi qu'à l'archevêque de Toulouse pour remercier les États de Languedoc. — 35. Copie d'un arrêt du parlement de Toulouse, rendu sur la requête des second et quatrième consuls de Nîmes, pour les consuls de la R. P. R. contre les catholiques. La cour renvoie les parties en jugement pour être ordonné ce qu'il appartiendra. En attendant, les anciens conseillers politiques continueront à exercer leur charges, avec défense à MM. de Maitret, Bourrelly, de Beauchamp et Chalas, de leur donner aucun trouble (13 janvier 1657). — 36. Copie d'un arrêt du Conseil d'État, révoquant les évocations accordées aux consuls, conseillers politiques et autres officiers de la maison de ville de Nîmes et renvoyant tous leurs différends par-devant le sénéchal et présidial (Paris, 27 février 1657). — 37. Extrait d'un arrêt du parlement de Toulouse, ordonnant que les consuls de Nîmes seront créés conformément aux usages de la ville, que M. de Bezons remettra au greffe de la cour sa commission, et lui faisant, par provision, défense de prendre la qualité d'intendant de la justice et police dans le ressort du parlement (29 novembre 1657). — 38. Verbal de Dusaul, huissier ordinaire du roi en sa grande chancellerie de France, venu à Castres pour l'exécution d'un arrêt du conseil d'État du 20 septembre 1657, arrêt scellé du grand sceau de cire jaune et obtenu par Claude Maitret, Claude Borrelly, premier et troisième consuls de Nîmes, et consorts. L'huissier se rend en l'hôtel de M. de Marmiesse, premier président de la chambre de l'Édit, pour lui faire connaître l'objet de sa commission. M. de Marmiesse ne fait pas d'opposition, et l'huissier va faire sa signification au procureur général (23 octobre 1657). Note de M. de Cabrières, syndic des catholiques de Nîmes, indiquant qu'il a exhibé l'original de l'extrait. — 39. Extrait du contrat de mariage passé entre François de Gondin, seigneur d'Arcy et de Saint-Quentin, fils de feu Henri et d'Éléonore de Reynaud de La Bastie, et Charlotte de Brueys, fille de Louis, seigneur de Poulx, et de Françoise du Rieu. Les futurs époux appartiennent à la R. P. R. L'acte est passé au château de Saint-Quentin, en présence de.... Brunier, ministre, du viguier de Saint-Quentin pour Mᵐᵉ d'Arcy, etc. Le notaire est Élie Favet (16 juin 1658). — 40. Copie des articles qui seront exécutés par autorité du roi sur l'action commise à Nîmes le 31 décembre 1657. Les portes de la ville seront abattues et ne pourront être relevées que par l'ordre du roi. Envoi de troupes. Continuation de l'information commencée par M. de Bezons. Les consuls seront déchaperonnés et remplacés par d'autres, nommés par le roi. MM. de Vignoles, de Mirman et de Vestric seront exilés de Nîmes. Après le rétablissement des consuls, les habitants de l'une et l'autre religion iront implorer l'oubli du comte de Bieule, de l'évêque et de l'intendant, etc. — 41. Enquête du 20 avril 1658 (Copie). — 42. Verbal sommaire (copie) d'une assemblée consulaire. Les consuls sont MM. de Gatigues, Deyron, Bonson et Dodon. Malgré leur désir de reprendre le chaperon consulaire, il n'en est pas encore temps. A l'arrivée d'un régiment de cavalerie, sur le soir, les consuls ont été en faire le contrôle à la porte de la Couronne. Les logements ont été donnés hors la ville et dans les faubourgs. L'intérieur de la ville n'a reçu que quelques officiers (1er juin 1658). — 43. Extrait sommaire d'une délibération du conseil politique ordinaire, sur la nécessité de se compléter. M. de Gatigues dit qu'il doit arriver le soir deux régiments de cavalerie. De peur qu'ils ne se saisissent des portes et n'établissent pour consuls MM. de Mérez et ses collègues, il faut les loger hors de l'enceinte de Nîmes, et avertir le major Pascal et les capitaines de quartier de se tenir prêts à faire prendre les armes pour éviter que les troupes ne se saisissent de la personne des consuls. M. de Gatigues ne peut laisser dire que MM. de Cabrières, Borrelly, Marchand et Ferrand, se sont partagé tout l'argent de la maison consulaire. On a parlé d'accommodement pour le consulat, mais il ne faut laisser changer aucun des conseillers politiques, parce que si l'on en mettait d'autres de contraire parti, ils seraient les maîtres. Il faut se tenir fermes et unis. Décision conforme (1er juin 1658). — 44. Courte chronique des événements En trois mois, on a vu à Nîmes trois duels et deux enlèvements. Détails (10 juin). — 45. Extrait sommaire d'une lettre de MM. de Mirmand, Vignoles et Gardies, écrite de Lyon, le 27 novembre 1658, aux « prétendus » consuls de Nîmes. Elle est de la main de M. de Mirmand. Quoique M. de Nîmes (l'évêque) fût parti avant eux, ils sont arrivés à Lyon deux jours avant lui, ce qui le surprit et l'émut fort. M. de Vignoles, rencontré chez M. d'Arpajon, a bien changé depuis, sans doute à la suite d'une lettre qu'il a reçue du cardinal [de Mazarin]. Mention de l'affaire de Nîmes. Il est certain que, par une autre lettre, le cardinal lui a défendu d'en parler au roi. Cela fait espérer une issue favorable. Le chancelier ne viendra pas à Lyon, et c'est cela seul qui était à craindre. Ils ont fait leur cour à MM. d'Arpajon, de Villeroi, Le Tellier, à l'archevêque de Toulouse, à MM. de Romigny, de Bezons, au fils de M. La Vrillière. Ils n'ont été maltraités à la cour que par Philipeaux. M. de Bezons s'emploie pour eux et leur promet merveille. Ils prient les consuls de leur envoyer en poste M. de Gatigues, afin de les aider à faire grand bruit à Lyon. Il faut également en faire à Nîmes. Son Éminence détestant le bruit par-dessus tout. Si les affaires traînent en longueur, ils enverront aux consuls deux d'entre eux pour les aider. Il faut en finir avant le jour du consulat, le cardinal voulant tout faire décider par ces quatre juges : MM. de Villeroy, Le Tellier, l'archevêque de Tou-

louse et de Bezons. — 46. Extrait sommaire de la délibération de la maison consulaire de Nîmes du 7 décembre 1658. Honson, le troisième consul, informe l'assemblée de la signification d'une ordonnance de l'intendant de Bezons, en date du 27 novembre 1658, interdisant toute assemblée au conseil politique et toute élection consulaire jusqu'à nouvel ordre du roi. Leurs députés, MM. de Vignoles, de Mirmand et d'Escudier, ont fait tous leurs efforts, mais ont constamment trouvé l'évêque de Nîmes contre eux. A la seconde réunion, MM. Le Tellier et le marquis de Castres ont été [plus modérés. Il faut déférer à l'ordonnance de l'intendant. M. de Gatigues a écrit à M. de Vestric-Favier qu'il est arrivé à Lyon, que MM. de Vignoles, de Mirmand et Escudier lui ont sauté au cou, mais que les affaires sont à recommencer. M. de Sauzet parle pendant deux heures, « en grande cholère », pour qu'on fasse l'élection. M. de Vestric demande qu'on attende le retour des députés. Décision conforme. — 47. Mémoire des catholiques de Nîmes contre l'action des protestants à la maison de ville, par leur liaison avec certains catholiques, tels MM. de Vignoles, de Vestric, de Mirmand, avec un historique des événements, des délibérations et arrêts. La conclusion est de s'opposer à la « faction » régnante et de rétablir à Nîmes le service du roi (s. d.). — 48. Autre mémoire des catholiques de Nîmes contre les protestants (s. d.). — 49-50. Expédients de paix entre les catholiques et les protestants pour l'élection des consuls et des conseillers politiques de Nîmes (1659). — 51. Délibération de l'assiette du diocèse de Nîmes, au sujet du paiement de 16.000 l. dues à Aiguisier, de Marseille (28 mai 1661). — 52. Vente de pension faite par Jean de Rozel, seigneur de Sauzet, maréchal de bataille aux armées du roi, syndic du diocèse de Nîmes, à Jacques de Mérez, chanoine et official de la cathédrale de Nîmes. Il s'agit d'une pension au dernier seize de 812 l. 10 s., moyennant le prix et sort capital de 13.000 l. (31 décembre 1661). — 53. Quittance de 20.000 l. faite au syndic du diocèse de Nîmes par Félix de Juvenel écuyer, de Pézénas (6 janvier 1662). — 54. Délibérations de l'assiette du diocèse de Nîmes, approuvant ce qui a été fait par le syndic en ce qui concerne M. de Juvenel (18 avril 1662). — 55. Extrait de l'état des paiements à faire par André Deidier, receveur des tailles et deniers extraordinaires du diocèse de Nîmes, concernant le chanoine Jacques de Mérez, subrogé à Philippe de Juvenel, de Pézénas, en conséquence de la constitution de pension du 31 décembre 1681 (20 avril 1682). — 56. État de certaines sommes dues par le diocèse de Nîmes à des ordanciers d'Aix et de Marseille (Pézénas, 20 avril 1682). — 57. Arrêt imprimé du Grand Conseil du roi, rendu entre Aimé Bonnaure, curé ou vicaire perpétuel du prieuré de Sainte Agathe, vulgairement Saint-Chapte (1), diocèse d'Uzès, et Jacques de Brueys, son prieur (Paris, 12 juin 1683). Cet imprimé est orné d'un bois très naïf, représentant le départ de Diane pour la chasse. — 58. Tableau généalogique, avec l'indication des preuves, concernant la filiation entre Henri de Reimond, seigneur de Brignon et de Sanilhac, son père Guillaume et son aïeul Tannequin (1530-1647). — 59. Mémoire destiné à l'Intendant sur la noblesse d'Henri de Reimond, seigneur de Brignon (XVIIe siècle). — 60-62. Mémoires des actes remis par la famille de Brueys pour établir sa noblesse (1481-1608). — 63. Copie de la publication des testaments de Balthazar de Peyremale, lieutenant particulier, époux d'Hélix de Carlot, faite à la requête d'Antoine de Peyremale, sieur de Dieusse, lieutenant particulier, frère de Balthazar(15 septembre 1672-17 novembre 1672). Publication du 20 novembre. — 64. Extrait du certificat de sépulture de Jacques de Cabrières, âgé de quelques mois, fils de Jean et de Marie Martin. « Durront » ou Durand, curé de Saint-Geniès, a été quérir le corps à la métairie de M. Faucher (14 août 1674). — 65. Extrait d'une convention entre Jacques de Cambronne, chanoine régulier de Saint-Augustin, prieur claustral du monastère de Saint-Nicolas de Campagnac, diocèse d'Uzès, et Paul Laparre, bachelier en théologie, prieur et seigneur dudit Saint-Nicolas. Cambronne a recouvré plusieurs livres de reconnaissances féodales concernant le prieuré : 1° un livre de 80 feuillets, parchemin, du notaire Massoli ; 2° un livre de 16 feuillets, de Philippi, notaire de Saint-Geniès (1484); 3° un livre de 103 feuillets, du notaire Monety (1401) ; 4° un livre de 62 feuillets du notaire Estacard (1401) ; 5° un livre de 96 feuillets, parchemin, du notaire Peyronne (1508) ; 6° un livre de 356 feuillets, du notaire Colomb; 7° des rouleaux de parchemin énumérés dans un état ou inventaire du P. de Cambronne, contenant 8 feuillets. Pour la liquidation des arrérages des censives, Cambronne

(1) *Sancta Agatha*, *Santa Catta*, *Saint-Chapte*, curieuse évolution du latin au français par le provençal.

sera tenu de délivrer ces documents à Louis Fraissinet, viguier de Sanilhac, et à Jean Amalry, notaire et viguier de Sainte-Anastasie, à première réquisition. En dédommagement de ses débours, le prieur cède à Cambronne la moitié des arrérages des censives et droits de lods qui seront liquidés par Fraissinet et Amalry (Saint-Nicolas, 16 février 1677). — 66. Copie d'un arrêt du Conseil d'État et d'une ordonnance de l'Intendant contre les protestants de Nîmes. L'arrêt ordonne que les habitants de la R. P. R. remettront, un mois après signification, par-devant l'Intendant d'Aguesseau, un état de leurs dettes avec les pièces justificatives, ensemble leurs impositions à partir de 1629, avec les comptes qui en ont été rendus (Saint-Germain-en-Laye, 18 novembre 1679). L'intendant ordonne l'exécution de l'arrêt (Pézénas, 4 décembre 1679). — 67. Copie d'extraits tirés des délibérations du consistoire de Nîmes. Le 20 novembre 1679, assemblée au Temple. Le ministre Icard conduit l'action. Sont présents les ministres Cheyron, Paulhan et Pérola ; les diacres de Faure, de Mirmand, Toissier, Atoissier; les anciens Bouet, de Possac, Bourguet, Genoxy, Raffin, Noguier et Pellet. Les commissaires précédemment nommés pour s'assembler avec les magistrats et administrateurs des affaires politiques de la religion, au sujet de l'arrêt du Conseil et de l'ordonnance de l'Intendant sur les maîtres d'école protestants, rapportent qu'après examen des capacités, bonne vie et mœurs de chacun d'eux, on a choisi MM. Valette, Bonneval, Randon et Rouquette, pour tenir école provisionnellement et par tour. La compagnie, approuvant la délibération de l'assemblée de trois corps, fait entrer les précepteurs et les exhorte. — Le 28 février 1680, les commissaires des écoles sont chargés d'installer Gal Bonneval à la place de Valette. — Le 27 mars 1680, en raison des inconvénients de l'établissement alternatif des maîtres d'école (différente méthode de chacun, changement de caractère), les anciens commissaires jugent à propos de n'employer, après cette année, qu'un seul précepteur. On le choisira parmi les autres, comparaison faite des services de tous. Le consistoire approuve. — Suite de la copie de l'ordonnance de l'Intendant, en date du 27 mars 1680, et relative au choix d'un seul maître d'école de ceux de la R. P. R. Le greffier du consistoire sera tenu de délivrer au suppliant une expédition en forme de sa nomination, au premier commandement, ou d'exhiber son registre, si l'acte y estséré, et en ce cas d'en faire un extrait. — Copie de l'exploit signifié le 8 avril 1680 au notaire Pellet, secrétaire et garde des registres du consistoire. — Copie de l'ordonnance de l'Intendant intimée à Valette, maître-écrivain, le 8 novembre 1679, touchant son interdiction. Sur la plainte du syndic du clergé du diocèse de Nimes, le nombre des maîtres d'école de ceux de la R. P. R. à Nimes, sera réduit à un seul, conformément à l'arrêt du Conseil d'État du 4 décembre 1671. — 68. Signification faite à Pierre de Rozel, chanoine et syndic en l'église cathédrale de Nimes, à la requête de Guillaume Valette, précepteur de la jeunesse, de la nomination de ce dernier, par les habitants de Nimes faisant profession de la R. P. R., pour tenir en seul l'école publique des enfants de ladite religion, conformément à l'ordonnance de l'Intendant (27 février 1680). — 69. Copie des sujets de plainte présentés à l'Intendant par les habitants de Nimes professant la R. P. R. Les consuls leur cachent la connaissance des affaires publiques, ne les regardant plus comme leurs concitoyens. Il y a treize chefs de plainte. Au dos, on lit que ce document émane des consuls de 1678 contre ceux de 1679. — 70. Protestation de Condamine, procureur et syndic des habitants de Nimes faisant profession de la R. P. R., signifié à Maigron, premier consul, contre la mauvaise volonté des consuls catholiques (16 mars 1680. — 71. Requête de Condamine à l'Intendant, contre les consuls de Nimes. Soit communiqué de l'Intendant du 15 mars 1689. Signification du 16 mars. — 72. Copie d'une transaction du 18 octobre 1697, entre Guillaume Ignace de Mérez, chanoine de Nimes, vicaire général de l'évêque d'Alais ; Louise de Rovérié de Cabrières, veuve d'Antoine de Mérez, conseiller au présidial, faisant tant pour elle que pour Jacques et Marie-Bernardine, ses enfants mineurs ; Joseph-Marie de Mérez, assisté de son curateur ; le curateur de François, Gaspard, Madeleine et Jeanne de Mérez, assisté de Gaspard de George, abbé de Laugnac, et de Jules-François de George de La Bastide, trésorier en la cathédrale (18 octobre 1697). — 73. Projet de règlement pour le chapitre de Nimes (s. d.). — 74. Inventaire de la production baillée devant le parlement de Toulouse par Madeleine Ginhoux, veuve de Charles Huguet, suppliante, contre Pierre Huguot, tuteur donné aux enfants de la produisante, et les parents qui l'ont nommé. Signification du 1er juillet 1704. — 75. Copie de conventions passées entre Jean-Louis de Rové-rié, chanoine en la cathédrale de Nimes, prieur de Saint-Geniès de Malgoirès, son frère François de Rovérié, seigneur de Cabrières et de Poulx, d'une part ; Louise de Rovérié, veuve d'Antoine de Mérez, et Jacques de Mérez son fils, d'autre part (23 décembre 1718). — 76. Éloge anonyme de Guillaume-Ignace de Mérez, chanoine de la cathédrale de Nimes, ensuite prévôt de celle d'Alais, et en dernier lieu abbé de Sauve, mort le 3 janvier 1721 dans sa 68e année. — 77. Lettre de M. de Joubert, syndic général de Languedoc, à M. de Mérez-Cabrières, rue Dorée, à Nimes, au sujet des titres de noblesse de la famille de Mérez. Ils lui paraissent suffisants pour satisfaire à la preuve que les règlements des États exigent de ceux qui doivent entrer dans cette assemblée en qualité d'envoyés des barons. Cependant, si les États étaient informés de lettres de réhabilitation obtenues par quelques personnes de la famille, cela ferait un très mauvais effet, et M. de Mérez ne serait pas reçu. M. de Joubert ne trahira point là-dessus son secret. Y a-t-il un jugement de noblesse de M. de Bâville ? (Montpellier, 19 septembre 1732). — 78. Copie de la vente de la métairie de Roquecourbe, terroir de Marguerittes, faite par Jacques de Mérez à Antoine Teissier, seigneur de Marguerittes, Lagarne et Colomes, moyennant le prix de 7.300 l. (7 mars 1730). — 79-83 : *Rente viagère de Mme de Saint-Chapte sur l'hôpital Saint-Joseph de la Grave de Toulouse.* — 79. Certificat de vie délivré par Jean-Maurice Reinaud, président, juge mage, lieutenant général en la sénéchaussée, à Marie-Bernardine de Mérez, veuve de Joseph de Brueys, chevalier de Saint-Chapte, née à Nimes le 12 décembre 1688 (15 avril 1745). — 80-81. Délibération du bureau de direction de l'hôpital Saint-Joseph de la Grave de Toulouse, établissant, en faveur de Marie-Bernardine de Mérez, une pension viagère de 300 l. au denier dix, suivant le tarif, moyennant 3.000 l. à fonds perdu (18 avril 1747. — 82-83. Reçu de 3.000 l. fait par le trésorier de l'hôpital à Mme de Saint-Chapte (Toulouse, 19 avril 1747. — 84. Modèle imprimé de procuration pour Mme de Saint-Chapte. — 85. Liquidation à 150 l. de la rente viagère de 300 l. de Mme de Saint-Chapte, faite par les commissaires généraux du Conseil, députés par le roi, pour liquider les dettes de l'hôpital Saint-Joseph de la Grave de Toulouse. Cette rente, diminuée de moitié, sera payée sur les 300.000 l. de rentes viagères constituées par le roi au profit des créanciers de l'hôpital (Paris, 10 jan-

vier 1767). — 86. Déclaration par laquelle M. Teissier de Marguerittes s'engage, s'il acquiert le fief
du grand archidiacre de Nîmes à Marguerittes, à
supporter tous les frais de l'aliénation, offrant dès
aujourd'hui à l'archidiacre une albergue annuelle
de 50 l., etc. (Nîmes, 25 octobre 1774). — 87. Vente
d'immeubles sis à Cabrières, faite par Suzanne-
Madeleine de Massip, veuve de François Decray,
avocat en parlement (16 février 1785). — 88. Liquidation de 29 ans de présage à 1 sol 6 d. pour une
terre jouie par M. de Rovérié de Cabrières, sans
tenef sur le compoix (Cabrières, 22 juillet 1792).

E. 1234. (Liasse.) — 6 pièces, parchemin ; 20 pièces, papier ;
1 sceau.

1445-1653. — *Fonds de Cabrières. — Seigneurie
de Cabrières. — Documents divers.*

*1-5 : Prieurés de Saint-Geniès de Malgoirès, de
Cabrières et de Lédenon.* — 1. Bulle originale
d'Étienne IV, fortement rongée aux plis, adressée
à l'official de Maguelone. Jean Claret, moine bénédictin du monastère de Nant, diocèse de Vabres, a
informé le pape de la vacance du prieuré de Saint-
Geniès de Malgoirès, de l'ordre de Saint-Benoît,
diocèse d'Uzès, par suite du décès, *extra r[oma-
nam cu]riam*, du prieur Raimond Giroland. L'université de Montpellier, diocèse de Maguelone, affirme que, pour cette fois, lui appartient la nomination d'une personne idoine au dit prieuré, et que,
dans le délai de droit, elle a désigné ledit Jean, l'un
de ses étudiants, à Antoine, abbé du monastère de
Saint-Gilles, de l'ordre de Saint-Benoît, dont dépend
le prieuré de Saint-Geniès, pour ce dernier prieuré.
Cependant l'abbé Antoine a refusé d'en pourvoir
Jean. Traduit pour ce refus au parlement de Toulouse, il a fait collation du prieuré vacant à Louis
Bosquet, soi-disant moine du monastère de Saint-
Gilles. Il en est résulté, au parlement de Toulouse,
des litiges successifs entre Jean et Louis, puis
avec Jean de Montlaur, se donnant pour moine du
monastère de Psalmodi, ordre de Saint-Benoît.
L'affaire est pendante. Le pape ordonne à l'official
de Maguelone de convoquer Louis et Jean de
Montlaur, ainsi que tous ceux qu'il sera utile d'entendre, d'examiner si la nomination de Jean Claret
est canonique et ne lèse aucun droit, puis, s'il la
juge telle, de faire, en son nom, la collation à Cla-

ret. Donné à Rome, à Saint-Pierre, le 17 des calendes d'avril, ou 16 mars 1445, 15e année du pontificat. La bulle de plomb manque. — 2. Résignation
du prieuré régulier de Saint-Geniès de Malgoirès,
faite par Antoine « Engeiras », prieur commendataire, en faveur de Jean « Chayssi, » clerc de
Nîmes. Le notaire est Pierre de Fabrique (Nîmes, 6
mars 1528 v. s.). — 3. Collation, faite par Dominique Fazendier, prieur de Saint-Sébastien de Mont-
p[ezat], vicaire général de Jean « Chaissi », prieur
de Saint-Geniès de Malgoirès, à Claude Angeiras,
clerc de Viviers, d'une chapellenie ou legs pie,
sous le titre de Saint-Antoine, fondée en l'église
paroissiale de Saint-Geniès par le frère Jean Claret,
alors prieur, sour la réserve du droit de patronat
et de présentation appartenant à Raimond Claret,
seigneur de Saint-Félix de Pallière, frère du fondateur. La chapellenie est vacante par l'intrusion et
l'incapacité de Pierre de Valfons, son dernier possesseur (Nîmes, 12 juin 1548). Sceau pendant en
papier, représentant un écu parti, avec la légende :
Poterunt nec morte dissolvi. — 4. Supplique adressée au pape par Robert du Mas, clerc du diocèse
de Nîmes, pour obtenir l'église paroissiale du prieuré de Saint-Jean de Cabrières, Accordé (XVIe
siècle). — 5. Supplique adressée au pape par Antoine
Sarrazin, prêtre de Nice, pour obtenir la vicairie
perpétuelle de l'église paroissiale des Saints Cirice
et Julitte, occupée induement par Nicolas Garcin,
soi-disant prêtre, incapable. Accordé (Fin du XVIe
siècle). — 6. Inventaire des livres de Jean de Rovérié, sieur de Cabrières. On y voit une bible en latin
et une en français, des ouvrges de théologie, de
philosophie, d'histoire, de littérature ancienne et
moderne. Rien de saillant (Avril 1589). — 7. Fin
d'une lettre de M. de Cabrières à son fils, se trouvant à Toulouse. Il lui envoie de l'argent par Mme de
Ribaute, partie pour Castres. Elle le lui fera passer
par un exprès. Il lui recommande leurs affaires
(16 avril 1616). — 8. Expédition d'un jugement du
présidial, condamnant Marguerite de Murot, abbesse
de Saint-Sauveur de La Font de Nîmes, à payer à
Nicolas Garcin, défendu par de Rovérié, 200 L, six
cannes d'huile et 18 livres argent pour « les lumai-
res » servant à l'église paroissiale de Lédenon (1er
février 1619). — 9. Copie d'une requête adressée au
sénéchal par Jean de Rovérié, seigneur de Cabrières, premier et plus ancien avocat au présidial
et à la cour ordinaire des Conventions de Nîmes,
afin d'être commis à l'exercice de l'office de juge

ordinaire, s'il y a lieu (s. d.). — 10. Procuration donné par Marguerite de Saint-Bonnet de Toiras, veuve de Guillaume de Brignon, sieur de Sanilhac, à François de Rovérié, avocat (Nîmes, 15 octobre 1623). — 11. Compte de la dépense pour faire un présent à l'évêque de Nîmes. Il y figure du gibier et du vin pour 12 l. 11 s. Attestation de deux ouvriers et carreyriers de la ville de Nîmes (25 mai 1630). — 12. Arrêt du parlement de Toulouse, rendu entre Pierre de Guibert, sieur de Cabrières, et Jean de Rovérié, avocat. Une enquête est reçue jointe (13 décembre 1630). — 13. Arrêt de renouvellement de délai, rendu entre Jean de Rovérié, sieur de Cabrières, et Pierre de Guibert (Toulouse, 7 février 1631). — 14. Lettre d'Achard à M. de Cabrières. Inertie de M. de La Roche, qui est à présent du côté de Lyon. Allard est logé chez Mme de Salagosse (Montpellier, 26 avril 1632). — 15. Copie d'une déclaration de Marguerite de Saint-Bonnet de Toiras, femme de Jean de Rovérié, seigneur de Cabrières, sœur et cohéritière par bénéfice d'inventaire de feu Jean de Saint-Bonnet de Toiras, maréchal de France. Elle et les autres héritiers bénéficiaires du maréchal sont d'accord avec Claude de Saint-Bonnet de Toiras, évêque de Nîmes, frère du maréchal et l'un de ses héritiers bénéficiaires, pour reconnaître ses droits nonobstant sa renonciation des 17 et 20 août 1638. Le notaire est Mathieu Liboud (Château de Caissargues, 8 octobre 1638). — 16. Projet de quittance dotale de Jean Anastays, époux de Diane de Rovérié (Nîmes, 8 juillet 1641). — 17. Procuration donnée par Jean de Rovérié, seigneur de Cabrières, à sa femme Marguerite de Saint-Bonnet de Toiras, pour procéder, avec ses frères et sœur, au partage de la succession du maréchal (28 octobre 1641). — 18. Copie d'une transaction entre Claude de Saint-Bonnet de Toiras, ancien évêque de Nîmes, abbé de Saint-Gilles; Simon de Saint-Bonnet de Toiras, baron de Châteauneuf; Isabeau de Saint-Bonnet de Toiras, veuve de M. de Lézignan; Marguerite de Saint-Bonnet de Toiras, femme de M. de Cabrières, et Jacques de Saint-Bonnet de Toiras, seigneur de Restinclières, au sujet de la succession du maréchal leur frère (Montpellier, 25 novembre 1641). — 19. État des sommes reçues par M. Gautier pour le diocèse de Nîmes (1644 et 1645). — 20. Rôle des hardes de Melle de Cabrières (12 janvier 1648). — 21. Lettre de M. de Cabrières à M. Euzet, chez M. Soubeiran, avocat au Conseil, rue du Coq, à Paris. Il le prie de payer, à huit jours de vue, 150 l. à M. Soubeiran, contre le présent billet et son reçu (Nîmes, 20 octobre 1648). — 22. Lettre d'Alézieu à M. de Cabrières. M. d'Ortomas ne monte plus au Palais et se contente de servir ses amis chez lui. Consuls de Cabrières (Montpellier, 4 août 1650). — 23. Modèle de bail à ferme pour Jean de Rovérié (1652). — 24. Mémoire des procès baillés à M. de Cabrières contre de Guibert (XVIIe s.). — 25-26. Requête au parlement de Jacques et Jean Pons, rentiers de M. de Cabrières pour des biens ayant appartenu à Marguerite de Guibert, avec ajournement de Pierre de Guibert (25 octobre 1653).

E. 1233. (Liasse.) — 29 pièces, papier.

1657-1729. — *Fonds de Cabrières. — Seigneurie de Cabrières. — Documents divers.*

1-12 : Lettres écrites de Grenoble par M. de Missols à M. de Cabrières, sauf une au président de Rochemore (pièce 4) [1]. — 1. Malgré les vents, les pluies, les neiges, les débordements des eaux et la violence de son rhume, M. de Missols est arrivé le 7 février 1657 à Grenoble. Il court pour les affaires de l'aube à la nuit close, et ne peut se passer de quelqu'un pour l'aider. Il prie M. de Cabrières d'en dire un mot au président [de Rochemore]. Le maître du bureau de poste de Grenoble est catholique. Dire à la présidente [de Rochemore] qu'il a rendu sa lettre au P. Besson (10 février 1657). — 2. Il est fort surpris de la nouvelle de l'enlèvement de leurs provisions. Pour y obvier, il a dû choisir l'adresse de M. Genti, maître du bureau de poste de Bagnols. Il vaut mieux avoir une adresse partout ailleurs qu'à Nîmes, parce que les religionnaires peuvent tenter d'ouvrir toutes les lettres venant de Nîmes pour découvrir « les nôtres » et en connaître les secrets. Combes, qui s'était tenu caché, se promène à présent dans Grenoble. M. de Missols ne peut le faire mettre dedans sans un *pareatis*, impossible à obtenir avant la rentrée de la chambre de l'Édit. Les décrets portant permission au sénéchal de Nîmes de procéder à l'instruction jusqu'à saisie définitive serviront bien pour

(1) Cf., sur les conflits entre catholiques et protestants de Nîmes vers 1657, les articles E. 1231, pièce 11, et E. 1233, pièces 34 à 38, 40 à 50.

répondre à la requête des prévenus demandant leur élargissement. Les prévenus se fient au crédit de ceux de leur parti, et ils ne parlent de cette affaire que comme d'une affaire de religion. M. Duchon est d'avis de faire informer de l'enlèvement du parquet. Si Kneville continue ses extravagances, M. de Missols en fera aussi informer (12 février 1657). — 3. M. de Cabrières verra tout ce dont M. de Missols devait l'informer, dans sa lettre au président [de Rochemore]. Le style de Dauphiné est qu'on informe à la charge et à la décharge des prévenus, mais que pourtant on peut continuer l'information jusqu'au jugement du procès (5 mars 1657). — 4. Lettre au président de Rochemore, lieutenant général au sénéchal de Nîmes. M. de Missols a été heureux d'apprendre que le président est en état de venir à Grenoble, car sa présence imprimera une tonte autre marche aux affaires. Combes en a été averti, mais M. de Missols l'a persuadé du contraire. Le dessein de Combes est de prendre à partie tout le corps du président, et il n'y a rien qu'il ne fasse pour le détruire. Il a fait agir à Grenoble M. de Villeneuve auprès du président de Caulet et de l'avocat général des Pins. A Grenoble, on ne prend pas la peine de lire les lettres de M. de Rochemore, et c'est du temps de perdu que de les rendre à leurs destinataires. Les adversaires ont fait beaucoup de bruit de la rencontre de M. de Rochemore avec M. de Vignoles, et plus encore d'un appel en combat singulier prêté à M. de Coursoules au nom du chevalier de Calvisson. Ils ne savent qu'inventer (5 mars). — 5. M. de Rochemore n'est pas encore arrivé à Grenoble. MM. de Montclar et de Beaufain s'intéressent à lui et tâchent de désabuser les juges de la R. P. R., à qui les prévenus avaient donné de mauvaises impressions. MM. Barnier et Guiran contribuent beaucoup à découvrir la vérité. Les quelques officiers du parlement de Toulouse qui sont à Grenoble sont prévenus d'une très mauvaise opinion contre M. de Rochemore. Les adversaires parlent encore de deux appels en combat singulier adressés à MM. de Vignoles et de Vestric par le chevalier de Calvisson et M. de Rochemore de Montredon (13 mars 1657). — 6. M. de Rochemore va bientôt retourner à Nîmes. Toute la noblesse témoigne de l'affection et du zèle, mais le parlement est extrêmement favorable aux prévenus (19 mars). — 7. Au début du séjour de M. de Rochemore à Grenoble, c'était presque résolu « d'interdire » ce parlement. L'intérêt que lui témoigna la noblesse modifia un peu son sentiment. Il faut qu'il aille jusqu'au bout à Grenoble. On lui fit parler d'accommodement par son avocat, qui en avait été prié pas M. Dise, ministre. M. de Missols s'y est opposé, et a été approuvé. M. de Dieusse a écrit trois ou quatre fois, mais les adversaires ne sauront jamais le secret de « nos » procédures (26 mars). — 8-9. L'honneur même engageait M. de Rochemore à subir la juridiction de la cour de Grenoble, après y avoir paru (31 mars-10 avril 1657). — 10. M. de Cheurières, président, n'est pas encore de retour de la campagne. M. de Missols s'en afflige, car c'est un de nos meilleurs amis (17 avril). — 11. M. de Rochemore est revenu à Grenoble. Requête a été présentée pour demander que les prévenus se remettent effectivement prisonniers, attendu la remise des procédures. M. de Rochemore a reçu de toute la noblesse de Grenoble, assemblée chez M. de Pascal; l'accueil le plus affectueux et le plus civil (27 avril). — 12. En vertu de sa commission, M. de Cabrières peut faire vérifier la maison de Combes, celle de son voisin Bonnal, le trou qu'on y fit pour sortir les effets de Combes, ainsi que les provisions du prétendu sergent Périer (30 avril 1657). — 13. Ordonnance du sénéchal de Nîmes, rendue entre Suzanne de Rovérié, dame de Cabrières, et les consuls de Colias. Les parties seront plus amplement ouïes. En attendant, le sénéchal remet Mme de Cabrières en possession de droits d'usage à Colias (17 novembre 1663). Sceau de la sénéchaussée. — 14. Extrait en forme d'une fondation de Pierre de Forton, conseiller au présidial de Nîmes et au parlement d'Orange, et de Louise de Rovérié de Cabrières, sa femme. Il s'agit de vingt messes annuelles en l'honneur de l'Immaculée Conception de la Vierge Marie, qui seront dites, sous le bon plaisir de l'Évêque, à l'autel de Notre-Dame Major de l'église des jésuites de Nîmes (24 novembre 1664). — 15. Lettre de Gondin Darcy à M. de Trémons, seigneur de Poulx, à Nîmes. Protestations de loyauté. Le vicaire [de Saint-Chapte] est parti. Allusion à « l'insulte » du prieur de Saint-Chapte. Style confus (Saint-Chapte, 20 février 1668). — 16. Lettre à M. de Cabrières lui annonçant l'envoi de la copie du committimus que Mme de Toiras lui a fait signifier. Signature illisible (Montpellier, 9 décembre 1669). — 17. Quittance de 300 l. faite par Charlotte de Brueys, fille et héritière de Louis, seigneur de Poulx, à Jean-Louis de Rovérié, seigneur de Poulx, prieur de Saint-Geniès de Malgoirès (Saint-Chapte, 10 septembre 1672). — 18. Mémoire pour M. de Trémons, frère de M. de Cabrières. Il s'agit d'une rente sur les droits du huitième et du vingtième des vins se vendant à Paris. M. de Cabrières était dans l'intention de la vendre. M. de Trémons, en arrivant à Paris, verra M. Alexandre, bourgeois de Paris, rue du Mouton, place de Grève, qui a la procuration de M. de Cabrières et lève ses rentes (Vers 1672). — 19. Quittance de 159 l. 3 s. 2 d., faite au prieur et vicaire de Saint-Geniès de Malgoirès, par Tardon, receveur des décimes (Uzès, 12 octobre 1674). — 20. Lettre de Gondin Darcy à l'abbé de Trémons, seigneur de Poulx, à Paris. Il l'exhorte à se servir de l'argent d'un ami, et à dire au P. La Chaise qu'il est un gentilhomme nouveau converti, d'une famille assez illustre par ses emplois, comme le gouvernement d'Aigues-Mortes, d'Uzès, et autres. Il a l'honneur d'appartenir au duc maréchal de Créquy, au duc de Noailles. Son neveu a épousé la petite-fille du marquis de Montfrin. Malheureusement sa famille a été huguenote, et son oncle le colonel était lieutenant général de M. de Rohan pendant les guerres de religion. Sa conversion au catholicisme lui a mis à dos tous les huguenots du pays, qui n'oublient rien pour le détruire. Ses frères et lui ont mangé leur bien au service du roi. Sa femme est restée huguenote et résiste à la conversion. Le P. Ferrier, qui fut, avec Mgr de Grignan, cause de la conversion de Gondin, lui avait fait espérer quelque chose pour ses enfants et avait mis son fils « dans le sac » de ceux appelés à des bénéfices. Le roi lui fit bon accueil, mais Gondin n'eut pas de quoi attendre son retour de Hollande. Aujourd'hui, le P. La Chaise peut remédier à tout en plaçant un de ses fils, ce qui pourra opérer la conversion de la mère et du reste de la famille. Le P. Meynier connaît la famille et sait que le P. Ferrier avait promis son assistance (Saint-Chapte, 4 avril 1680). — 21. Confirmation, par le prévôt de la cathédrale de Nîmes, à Jean-Louis de Rovérié de Trémons de Cabrières, seigneur de Poulx, de l'inféodation des directes et censives de Saint-Étienne de Laval, diocèse d'Uzès, moyennant une pension de 12 l., qui pourra être éteinte par un versement de 300 l. de capital. Copie (Nîmes, 3 juillet 1680). — 22. Copie d'un arrêt du Conseil d'État portant défense aux maîtres et gardes des marchands et maîtres-ouvriers en draps d'or, d'argent et de soie de Lyon, de recevoir aucun apprenti de la R. P. R. (27 mai 1681). — 23. Lettre de Gondin Darcy à l'abbé de Trémons, seigneur de Poulx, à Cabrières. Il n'a point de bonnes nouvelles de Paris touchant la pension qu'il avait plu au roi d'accorder à ses enfants. Il aurait besoin de deux lettres du P. La Chaise, l'une pour l'intendant, l'autre pour l'évêque d'Uzès. Tout son avenir dépend de son affaire avec M. de Perrotat, devenu très dur pour Gondin depuis la conversion de sa femme et du reste de sa famille. Gondin supplie l'abbé de Trémons de ne pas l'abandonner (Saint-Chapte, 28 décembre 1681). — 24. État des sommes dues par les hoirs de Jacques de Saint-Bonnet de Toiras, seigneur de Restinclières, à Jean et Claude de Rovérié, seigneurs de Cabrières, père et fils (s. d.). — 25. Certificat de M. de Robiac portant qu'un habitant de Sernhac a servi de lieutenant dans le régiment de Montpezat (Colias, 24 août 1682?). — 26. Deux quittances de l'abbé de Trémons de Cabrières, prieur de Saint-Geniès, en faveur de Rey et Grolier, marchands de bestiaux et de laines (avril 1690). — 27. Lettre de M. de Cabrières à M. de Trinquère, juge mage à Montpellier, sollicitant un *pareatis* (s. d.). — 28. Extrait d'une déclaration de Jacques de Mérez à sa sœur Marie-Bernardine, veuve d'André-Joseph de Brueys, chevalier de Saint-Chapte (Nîmes, 10 septembre 1728). — 29. Sommaire d'un acte passé entre M. de Mérez, trésorier du chapitre de Nîmes, et M. de La Reyranglade fils (31 mars 1729).

E. 1236. (Liasse.) (1) — 31 pièces, papier.

1824-1913. — *Fonds de Cabrières.* — *Eugène de Rovérié, comte, puis marquis de Cabrières, premier adjoint à la mairie de Nîmes entre 1821 et 1830.*

1-3. Lettre du 27 février 1913, note de février 1913 et lettre du 21 mars 1913, adressées à l'archiviste départemental par le cardinal de Cabrières, évêque de Montpellier, au sujet du don de nouveaux documents concernant l'administration de la ville de Nîmes par son père, sous la Restauration. — 4. Lettre signée : Vallongue, adressée aux adminis-

(1) Les articles E. 1236 à 1238 sont un don supplémentaire fait en février et mars 1913 par le cardinal de Cabrières, évêque de Montpellier.

trateurs du bureau de bienfaisance, au sujet de la rigueur excessive du receveur du bureau en ce qui touche le droit des pauvres. Il a « arrêté » les recettes du directeur du théâtre (3 novembre 1824). — 5. Minute non signée d'une lettre au préfet. Elle est du maire de Nîmes, président né du bureau de bienfaisance. Le receveur du bureau résiste à lever la saisie de fonds outrepassant ce qui était dû. Le maire ignore s'il faut exiger le dépôt des fonds du bureau dans la caisse du receveur municipal. Il demande au préfet l'autorisation de saisir de tous ces incidents le conseil municipal (19 novembre 1824. — 6. Minute d'instructions pour le commissaire de police de service, sur l'exécution de l'arrêté concernant le « spectacle » (18 avril 1825). — 7. Lettre de M. de Brigaud, secrétaire général de la préfecture, au comte de Cabrières, adjoint faisant fonctions de maire. Il le remercie de ses renseignements sur deux affaires importantes qu'il voit, avec beaucoup de plaisir, marcher avec rapidité. Il conviendra de se mettre en mesure pour les fêtes du sacre. Il serait peut-être bon que la ville donnât un un banquet ce jour-là. Il a vu la supérieure des dames de Saint-Vincent de Paule au sujet de la délibération du bureau de bienfaisance dont lui parle M. de Cabrières, et lui a donné l'assurance qu'il ne l'approuverait point (11 mai 1825). — 8. Invitation imprimée adressée à M. Eugène de Cabrières par le premier adjoint, en l'absence du maire, pour assister au bal donné par la ville, le 29 mai 1825, à l'occasion du sacre et du couronnement de Charles X (24 mai). — 9. Mercuriale de la viande de boucherie du 1er juin 1824 au 31 mai 1825. — 10. Note des affaires à traiter dans la séance du conseil municipal du 13 juin 1825. — 11. Procès-verbal imprimé de l'installation de M. Chastellier, comme maire de Nîmes, par le marquis Planelli de Lavalette, préfet du Gard (11 juillet 1825). — 12. Note des travaux de la session ordinaire de mai 1826. — 13. Résultat du compte définitif de l'exercice 1826. — 14. Note des votes du collège d'arrondissement [de Nîmes] (11 novembre 1827). — 15. Note d'affaires municipales (vers 1827). — 16. Notes sur le compte de 1827. — *17-31 : Lettres et notes envoyées de Paris à M. de Cabrières par M. de Chastellier, maire de Nîmes.* — 17. Les affaires administratives de Nîmes sont en retard à Paris. Le plan de M. Charles pour les salles de l'hôpital lui a été remis par Tardieu. Mont-de-Piété, caisse d'épargne, marché aux grains. Il demande à M. de Cabrières

quelques détails sur les travaux publics (salle de spectacle et fontaines). Lavoir du quai de Roussy. Constructions de la Salamandre, de la place Batore. M. Charles surveillera les alignements, dont on a trop de tendance à s'écarter. M. de Lavalette est bien aise qu'on se concerte avec lui dans son cabinet sur les affaires d'administration. C'est souvent le moyen de les faire marcher. Polices d'assurances de la salle de spectacle. Dire à M. Charles que la largeur des banquettes du parterre de l'Odéon est de 10 pouces seulement, et l'intervalle moyen entre les bancs de 11 pouces. Il faudrait se fixer à 1 pied d'intervalle. Il remercie M. de Cabrières pour la peine et les occupations dont le surcharge son absence (Rue du Colombier, n° 12, 18 février 1828). — 18. Il a en vain cherché à lui procurer quelques règlements sur les marchés aux grains. Le samedi saint, il a assisté au marché d'Étampes, où s'approvisionne Paris. Là encore, tout est réglé par l'usage, et les règlements sont inconnus. Il ne connaissait pas le rapport de M. Guérin sur les archives. L'autorité de ses lumières et de sa probité est d'un grand poids, mais M. de Montmaur n'aura pas à se plaindre, s'il parvient à rétablir l'ordre : 3.000 fr. sont une somme bien considérable pour un pareil travail. — Sigalon promet que son tableau pour Nîmes sera fait dans trois ou quatre mois. M. de Ch. l'a cependant trouvé dans son atelier travaillant sur un sujet commandé par M. de Chabrol. — Dispositions à adopter pour l'entrée du théâtre de Nîmes. Question de l'agrandissement du pensionnat des Dames de Saint-Maur. Le marché aux grains doit se tenir sur la place des Arènes, et avoir pour abri, en cas de mauvais temps, quelques arceaux de l'amphithéâtre que le préfet a fait garnir de grilles munies de serrures (10 avril 1828). — 19. Église de Courbessac. Le plan de M. Charles ressemble beaucoup à celui d'une église nouvellement construite dans les environs de Paris, et qui fait très bien. M. Tardieu promet que le plan de l'hôpital sortira sous peu de ses mains pour retourner au ministère de l'Intérieur. Charles Dupin lui demande souvent des nouvelles du cours de géométrie élémentaire de Nîmes. Le directeur du spectacle lui a envoyé son prospectus et crie toujours misère, en raison de ses fortes avances de fonds. Le conseil et le préfet voudraient-ils porter l'indemnité à 8.000 fr., au lieu de 6.000 ? Le préfet, à qui le vicomte Siméon ne veut pas accorder tout ce qu'il demande pour les monuments antiques, s'est adressé à M. de Cabrières pour les frais des démolitions à faire encore près de la Maison Carrée. M. de Chastellier s'est efforcé plusieurs fois de persuader à Siméon que les monuments de Nimes appartiennent à la France entière, et que le Gouvernement doit subvenir à leur entretien et à leur restauration. Il répond toujours que la ville et le département doivent voter des fonds pour cet objet. Dire à M. de Lavalette que M. Communau a reçu le plan du palais. La ville est intéressée à ce que la place de la Maison Carrée soit achevée d'après le plan adopté. Penser aux petits reculs de maisons à l'alignement partout où l'on pourra les favoriser. Assainissement des quartiers trop resserrés (3 mai 1830). — 20. M. Siméon, chargé des monuments antiques, montre un grand zèle en paroles; mais, quand il s'agit d'argent, il s'arrête tout court. C'est ainsi qu'il n'a plus de fonds pour l'envoi d'un tableau au musée de Nimes. — L'homme du drapeau tricolore sera sans doute bientôt jugé et puni. Mais il est regrettable qu'il se passe des scènes indécentes près de la maison des missionnaires de Saint-Charles. Les « bourgadiers » (habitants des faubourgs) n'étant pas endurants, si ces scènes se répétaient, il y aurait nécessairement des voies de fait. — On avait dit d'abord que la duchesse de Berry suivrait irrévocablement l'itinéraire indiqué dans les journaux. On dit à présent que rien n'est fixé pour le retour. Le vif intérêt qu'a témoigné la princesse pour les monuments de Nimes, la conduira dans la région une autre année (15 juin 1828). — 21. M. de Chastellier a reçu la lettre que M. de Cabrières lui a écrites conjointement avec ses collègues d'Aldebert et Vidal, ainsi que leur note pour les journaux. D'après des personnes sages et l'avis du ministre de l'Intérieur, il vaut mieux s'en tenir à la simple assurance que la ville de Nimes jouit de la paix et de la tranquillité. D'ailleurs *La Quotidienne* a parlé dans un sens contraire à celui du *Courrier*, ce qui a fait plus que rétablir l'équilibre, car elle y a mis une chaleur qui a blessé beaucoup de gens, et qui attirent une foule de questions sur la situation de Nimes. On doit savoir gré à *La Quotidienne* d'avoir rendu justice à M. de Cabrières, mais il faut souhaiter que le *Courrier* et elle veuillent bien oublier les administrateurs de Nimes. — La longue session [de la chambre] s'avance enfin, et M. de Chastellier espère bientôt décharger M. de Cabrières des pénibles travaux que son absence lui a imposés. A Paris tout est parfaitement tranquille. C'est vainement qu'on essaie d'agiter l'esprit public au sujet des ordonnances. Il règne de l'irritation dans quelques salons, mais elle ne sort pas de là. Les plaintes des salons ne touchent pas plus que celles de l'opposition, criant qu'on n'a pas de garanties et que la contre-révolution va nous dévorer (12 juillet 1828). — 22. Il lui recommande M. Despériers, ancien officier des gardes du Corps et ancien député, qui désire visiter Nimes et ses monuments. Il lui annonce la mise au roulage d'une caisse contenant dix volumes des *Mémoires de l'Institut*, destinés à la bibliothèque de Nimes (25 juillet 1828). — 23. Affaires du cimetière. Il a appris avec regret la marche pénible du théâtre. Il doute fort que le spectacle réussisse jamais à Nimes pendant la belle saison. Il faudra pousser Caruel pour que le public puisse jouir dans les Arènes de quelques amusements. Ce directeur y paraît peu porté. D'ailleurs presque tous les théâtres sont en décadence financièrement, et l'on ne pourra empêcher la ruine de tous qu'en réduisant le nombre. La rigueur de la saison a dû ajouter à la misère causée par la stagnation des fabriques nimoises. M. Foule a-t-il commencé sa bâtisse? Les nouveaux réverbères sont-ils tous et, place (Rue Saint-Germain des Prés, 5, 23 février 1829). — 24. Travaux au théâtre. Achat de tableaux. M. de Cabrières recevra bientôt les soumissions par lesquelles MM. Sigalon et Barbier s'engagent à nous céder, l'un sa *Locuste*, l'autre son *Paul Emile*. L'école de dessin ne pouvant se passer, vu l'augmentation du nombre des élèves, d'un aide à ses deux professeur, il conviendra de porter l'allocation pour cette école à 6.000 fr. A propos de la réduction de l'indemnité de M. Charles, qui a dirigé les travaux de la salle de spectacle, le maire trouve qu'on engage ainsi les architectes à s'occuper davantage de travaux pour les particuliers. Cette parcimonie diminue l'intérêt qu'ont les architectes à la bonne exécution des constructions publiques. Constructions des hospices (15 avril 1829. — 25. Plaintes contre Caruel. M. de Cabrières rendrait service au public s'il pouvait l'amener à une résiliation. Pallière, le nouveau prétendant, offre un cautionnement. — Sigalon demande 5.000 fr. de sa *Locuste*. Proposer cette affaire au conseil, après avoir un peu marchandé sur le prix. Sigalon prétend que M. Laffite lui en offrait 6.000 fr. il y a peu d'années (30 avril 1829. — 26. Il envoie la soumission de M. Barbier, qui consent à remettre son *Paul

Émile pour 1.500 fr., montant de ses débourés (5 mai 1829). — 27. Il avait déjà prévenu M. Caruel que Rosine craignait pour la sûreté de son engagement. Si le directeur du théâtre ne présente pas au 1er juillet l'état des sujets engagés, on sera encore à temps de lui substituer M. Pallières, qui conserverait Rosine et d'autres liés avec Caruel, sans parler de son cautionnement. — Il a averti Sigalon de la décision du conseil pour l'acquisition de son tableau. — Provoquer l'examen, par la chambre de commerce de Nîmes, de l'effet possible de l'abaissement des droits de douane sur les soies importées, en ce qui concerne le prix des soies de nos contrées (12 juin 1829). — 28. Difficulté de trouver des artistes pour le théâtre de Nîmes (25 juin 1829). — 29. Après de longues négociations, M. Caruel consent à remettre la direction du théâtre à M. Nicolo Isouard, qui passe pour un des meilleurs acteurs qu'il y ait en France, dans l'emploi des Philippe. Sa femme, qui a déjà réussi à Nîmes comme première chanteuse, y retournera en septembre. On travaille à former le reste de la troupe (9 juillet 1829). — 30. Notes sur les articles du budget (s. d.). — 31. Note pour M. de Cabrières. Programme de travaux (s. d.).

E 1237. (Liasse.) — 35 pièces, papier.

1828-1829. — *Fonds de Cabrières.* — *Eugène de Rovérié, comte, puis marquis de Cabrières, premier adjoint à la mairie de Nîmes de 1824 à 1830.*
1. Lettre du préfet au maire de Nîmes sur les ventes publiques par enchères (28 janvier 1828). — 2. Lettre de Mme Vve Vignaud au comte de Cabrières, remplissant les fonctions de maire, au sujet du second paiement pour les tableaux vendus par elle à la ville (4 février 1828). — 3. Lettre des commissaires du conseil municipal de Nîmes pour la surveillance des chemins vicinaux au maire de Nîmes (20 février 1828). — 4. Lettre de Mme de Vallongue, née Boscali di Reale, présidente de l'association de charité des dames de Miséricorde, au comte de Cabrières, maire par intérim. Réunies depuis 1815 pour le soulagement des pauvres honteux, ces dames ont pu former une maison d'éducation gratuite de jeunes orphelines, avec l'aide du Conseil général et du Conseil municipal. Elles demandent, pour pouvoir continuer, le maintien de la subvention de 2.000 fr. accordée par la ville pendant plusieurs années (9 mai 1828). — 5. Programme des séances du conseil des 28 et 31 mai 1828. — 6. Minute d'un rapport au conseil municipal pour la session de mai 1828. — 7. Programme de la séance du 9 mai 1828. — 8. Copie de la correspondance administrative des années 1825-8. Minutes. — 9. Lettre de M. Surville, receveur général des finances, au maire, à propos du paiement de la barrière de l'impasse dite des Quatre-Jambes (8 juillet 1828). — 10. Lettre du sous-intendant militaire adjoint au sujet du séjour à Nîmes pendant un jour d'une compagnie du 4e régiment suisse (23 juillet 1828). — 11-12. Notes financières. — 13. Programme de séance. — 14. Minute de rapport au conseil pour la session de 1828. — 15. Note des affaires de la session. — 16. Lettre des commissaires du concert projeté au profit des pauvres. Ils informent le maire qu'une portion distincte de la société nîmoise a refusé sa coopération, a rendu dès lors inutile la bonne volonté de l'autre, et impossible l'accomplissement de leur mission (12 février 1829) (1). — 17. Lettre du préfet au maire, l'avertissant des expédients financiers de Caruel, directeur du spectacle, dépourvu de toute espèce de ressources particulières (21 avril 1829). — 18-35. Notes financières et administratives (1829).

E. 1238. (Liasse.) — 43 pièces, papier.

1830-1836. — *Fonds de Cabrières.* — *Eugène de Rovérié, marquis de Cabrières, premier adjoint, maire de Nîmes par intérim, puis conseiller municipal après 1830.*
1. Lettre du chevalier Drujon, commandant des pompiers, au sujet de la confection de leurs vestes et uniformes (8 mars 1830). — 2-4. Notes financières et administratives (1830). — 5-6. Notes [de M. de Chastellier] pour M. de Cabrières concernant le budget de 1830. — 7. Lettre de M. Girard, maire de Nîmes, à M. de Cabrières, conseiller municipal, lui demandant la rédaction de son rapport, en partie verbal, concernant l'affaire Sauquaire Souligné (31 décembre 1835) (2). — 8. Note sur l'éclairage au gaz (1835). — 9. Cahier de notes d'administration

(1) La réponse probable est la pièce 41 de l'article E. 1238, s. d.
(2) Cf. la pièce 13.

municipale 1833-1835). — 10-11. Affiche du concours pour la construction d'une église dans la paroisse Saint-Paul de Nîmes (27 juillet 1835), et copie délivrée par le maire d'un arrêté préfectoral désignant les membres du jury : MM. de Soynes, de Cabrières, conseillers municipaux ; Chambaud, architecte de la ville ; Colin directeur de l'académie de dessin et Didion, ingénieur des Ponts et Chaussées (12 décembre 1835). — 12. Note de la séance du jury du 5 janvier 1836, continuée le 6. On arrête la liste des projets admis à l'examen, celle des projets à revoir et celle des projets éliminés. Les opérations du jury devaient aboutir à l'adoption du projet Questel. — 13. Lettre du marquis de Cabrières au maire de Nîmes, au sujet de son rapport, en grande partie verbal, sur l'affaire Sauquaire Souligné. Il lui en donne le sommaire (2 janvier 1836). — 14. Notes et questions pour le conseil municipal (1836). — 15. Lettre au marquis de Cabrières, paraissant signée : « Br de la Barthe », et lui recommandant la requête d'une vieille demoiselle « qui désire se faire recrépir et blanchir, et qui en a grand besoin » (4 mai. La date de l'année manque. Comme il s'agit d'une autorisation du maire, elle ne peut être postérieure à 1830). — 16. Note sur les commissaires « iliens » ou de quartier du bureau de charité, avec projet d'arrêté (s. d.). — 17. Fin d'une note sur un puits artésien (s. d.). — 18. Note sur une requête des dames de la Miséricorde (s. d.). — 19-20. Notes [de M. de Chastellier] sur l'état financier de divers théâtres (s. d.). — 21. Liste de souscriptions pour la caisse d'épargne et de prévoyance (s. d). — 22. Minute d'arrêté concernant les jeux (s. d.). — 23. Minute de lettre, à un personnage non désigné, rapporteur du projet d'établissement d'une caisse d'épargne à Nîmes (s. d. — 24. Minute de lettre à un commandant. Il s'agit de l'autorisation, accordée par M. Vidal au commandant du 27e de ligne, de placer ses prisonniers au violon. Un malentendu dans l'exécution des mesures à prendre avait compromis un instant l'ordre et la régularité du service (s. d.). — 25. Minute de lettre au préfet au sujet de l'achat d'un terrain pour le cimetière (s. d.) — 26. Note sur l'école de dessin (s. d.). — 27-28. Notes administratives (s. d.). 29-30. Projet d'affiche pour la propagation de la vaccine (s. d.). — 31-35. Notes administratives (s. d.). — 36. Minutes de dénonciation, par le maire de Nîmes, au procureur du roi, de Belfort-Delvaux, directeur du théâtre, comme coupable d'escroquerie et de banqueroute frauduleuse (s. d.). — 37. Projets de changements au budget (s. d.). — 38. Note de travaux publics (s. d.). — 39. Note sur des questions d'octroi pour la séance du 13 juin (s. d. d'année). — 40. Projet d'arrêté pour le spectacle (s. d.). — 41. Minute de réponse aux commissaires du concert de bienfaisance qui n'a pu aboutir (s. d.). — 42. Liste d'affaires administratives (s. d.). — 43. Fin de l'examen critique d'un arrêté relatif aux garrigues ou vaines pâtures du territoire de Nîmes. (s. d.)

E 1239. (Portefeuille.) — 23 pièces, parchemin ; 36 pièces, papier : 11 sceaux.

1260-1497. — *Fonds de Cabrières.* — *Les Génas de Valence.* — *Premier volume, concernant principalement François de Génas. Avant les documents est une liste des pièces.*
1. Mémoire anonyme sur les anciens Génas. Écriture du XVIe siècle. Jean de Génas, coseigneur de Génas en Viennois, « pour quelque occasion de gens » à Génas, se retira à Valence, alors terre d'Empire. Viennent ensuite Huguenet de Génas, mort en 1350 ; Guillaume de Génas, mort en 1361 ; Jean II de Génas, mort en 1413 ; Jean III de Génas, mort en 1439 v. s. ; Louis de Génas ; François de Génas, mort en 1504 ; Jean IV de Génas. — 2. Mémoire généalogique sur la maison de Génas. Il met la date de 1260 en regard du nom de Jean Ier de Génas. Ce mémoire paraît plutôt un brouillon. Ratures et surcharges. — 3. Copie non en forme du testament de Jean de Génas (10 janvier 1439 v. s.). — 4. Extrait en forme du même testament d'après un extrait appartenant au chapitre de la cathédrale de Valence. — 5-6. Tableaux généalogiques. — 7. Note sur les Génas. — 8. Tableau généalogique. — 9. Reconnaissance féodale, avec dénombrement et hommage, faite à Jean de Poitiers, évêque et comte de Valentinois et Diois, par « Damin » Sexteur, archidiacre d'Aix et prévôt de Valence, tuteur de noble François de Génas. L'acte est passé dans la chambre de l'évêque, en présence de Charles de Poitiers, seigneur de Saint-Vallier (Valence, 27 juin 1441). — 10. Copie non en forme d'un hommage fait au représentant du dauphin de Viennois par le procureur de François de Génas, ce dernier en âge de puberté,

avec le consentement de son curateur « Damien » Sexteur (Crest-Arnaud, 9 décembre 1450). — 11. Expédition originale de l'hommage précédent, avec sceau sur queue du lieutenant de Jean, bâtard d'Armagnac, chambellan du dauphin de Viennois, sénéchal de Vienne. Le nom du curateur est bien Damien. — 12. Procuration donnée par François de Génas, en vertu de l'autorisation de son curateur Damien Sexteur ou Sestre, à Jean, autre Jean et Antoine Sestre et consorts, pour divers actes d'administration, entre autres les reconnaissances féodales et les hommages (Monteil, 7 décembre 1450). — 13. Extrait en forme du contrat de mariage de noble François de Génas, de Valence, avec Béatrix, fille de feu noble Perrin Galian et d'Antonine, mariés, citoyens d'Avignon (Avignon, 7 février 1454). — 14. Grosse sur parchemin du même contrat.— 15. Copie non en forme d'une ordonnance du gouverneur de Dauphiné, rendue entre les consuls et syndics de Valence, d'une part, et un certain nombre de nobles vivant noblement, et se disant affranchies des charges communes de la cité, d'autre part. Les requêtes des deux parties ayant été soumises au parlement de Dauphiné, le gouverneur prescrit de faire contribuer les nobles aux subsides et aux tailles visés dans les requêtes. En cas d'opposition, ils seront ajournés devant le parlement pour exposer leurs motifs (Grenoble, en parlement, 19 septembre 1463). A la suite de l'ordonnance est mentionnée la sentence de la chambre des comptes, condamnant tous les nobles affranchis à contribuer aux subsides de Dauphiné, à l'exception seulement de François de Génas et d'Alexandre Sestre (Grenoble, 22 décembre 1463). Pour le gouverneur, à la relation de la cour, Pradelle. Mention du sceau de cire rouge. — 16. Hommage fait par noble François de Génas, bourgeois de Valence, à Antoine de Balzac, évêque de Valence et de Die, comte et prince de Soyons, Sabdionis. L'acte est passé in aula paramenti de la maison épiscopale de Valence (2 mai 1475). — 17. Nomination, faite par Louis XI, dauphin de Viennois, comte de Valentinois et de Diois, de François de Génas en qualité de son conseiller (Lyon, 19 mai 1476). Par le roi dauphin, les sieurs d'Argenton, du Bouchage et autres présents : M. Picot. Enregistré à la chambre des comptes de Dauphiné. Grand sceau de cire rouge, écartelé de France et de Dauphiné sur les deux faces. — 18. Commission donnée par le roi à l'évêque d'Albi, son cousin ; François de Génas, général de ses finances ; (blanc) (1), seigneur de Joyeuse ; François « de Estz », son gouverneur de Montpellier ; et autres, pour assister et présider à l'assemblée des trois états de Languedoc, convoquée à Montpellier pour le 25 mai prochain (Les Forges, près Chinon, 16 janvier 1468 v. s.). Grand sceau sur queue, en gaine. — 19. Commission avec instructions détaillées données par le roi aux mêmes personnages (Même date). Grand sceau sur queue, en gaine. — 20-21. Copies non en forme des deux actes 18 et 19. — 22. Ordonnance de Jean de Daillon, chevalier, seigneur du Lude, gouverneur de Dauphiné, attestant l'entérinement, au parlement de Dauphiné, des lettres patentes du roi dauphin, scellées du sceau de cire rouge sur queue simple, et concernant noble François de Génas, président de la chambre des comptes de Dauphiné (Grenoble, 18 janvier 1469 v. s.). Sceau disparu. — 23. Mandement de « Nicolas Tilhard », commis au fait de la distribution des finances du pays de Dauphiné, au trésorier dudit pays, pour payer à François de Génas ses gages de président et droits depuis le 2 novembre, date où il fut pourvu de l'office de général des finances, jusqu'au 22 janvier 1478 v. s. (1er janvier 1479 v. s.). Traces du « signet » en cire rouge. — 24. Lettres patentes de Louis XI aux gouverneur, gens du parlement et des comptes de Dauphiné, ainsi qu'à « Nicole Tilhart », commis au fait de la distribution des finances dudit pays. En pourvoyant François de Génas de l'office de général des finances, le 2 novembre 1478, le roi lui a réservé l'office de président de ses comptes en Dauphiné, pour en jouir avec les gages, voyages, chevauchées et droits appartenant à ces deux offices (Candé, 7 décembre 1479). Grand sceau de cire rouge sur queue. Par le roi dauphin : G. de Marie. — 25. Mandement de Jean de Daillon du Lude, gouverneur de Dauphiné, au trésorier général de Dauphiné, pour l'exécution des lettres du roi dauphin exhibées par François de Génas, président de la chambre des comptes dauphinois, aux fins d'entérinement (Grenoble, 15 mars 1479 v. s.). Sceau du gouvernement de Dauphiné. — 26. Mandement de Nicole Tilhart, commis au fait de la distribution des finances de Dauphiné, au sujet des lettres patentes du roi réservant à François de Génas, général de ses finances, l'office de président des comptes de Dauphiné. Tilhart, consentant à leur

(1) Tannoguy.

entérinement et à leur accomplissement, en ce qui dépend de lui, mande au trésorier général de Dauphiné de payer les gages de François de Génas (10 février 1479 v. s.). Traces du « signet » en cire rouge. — 27. Lettres patentes de Louis XI aux gouverneur de Dauphiné, gens de son parlement et de ses comptes, ainsi qu'à Nicole Tilhart, réservant à François de Génas, général des finances, l'office de président des comptes en Dauphiné (Les Forges, [22 janvier] 1478 v. s.). Date très effacée. Sceau disparu. Par le roi dauphin : Picot. Enregistré à la chambre des comptes de Dauphiné. — 28. Commission donnée par François de Génas, conseiller du roi, général sur le fait et gouvernement de ses finances, et Guillaume de Neve, conseiller du roi, trésorier et receveur général de ses finances en Languedoc, à maître Barthélemy Vennes, greffier de Montpellier, d'aller dans les meilleures villes de diocèse de Saint-Pons de Thomières, et d'obtenir promptement, des habitants les plus aisés, de gré ou de force, le prêt rapide par eux, ou l'avance par le receveur du diocèse, d'une somme allant jusqu'à 510 l. t., pour partie de 8,000 écus d'or contenue en leur commission (Pas de date de lieu, 2 mars 1478 v. s.). Signatures et « signets » des conseillers de Génas et Neve. — 29. Publication, par François d'Este, marquis de Ferrare, gouverneur des ville et baronnie de Montpellier, de lettres royaux écrites sur parchemin et scellées du grand sceau de cire jaune, données au Plessis du Parc le 9 février 1478 v. s. et signées de Picot. Elles sont adressées à François de Génas, général des finances, et à Guillaume de Neve, trésorier des finances en Languedoc, Lyonnais, Forez et Beaujolais, les chargeant de recouvrer 8,000 écus, par manière d'emprunt, sur les habitants les plus aisés des villes des diocèses de Languedoc. Le « transcript » ou vidimus notarié fait par les soins du gouverneur portait le sceau royal de la cour présidiale de Montpellier, sceau disparu (8 mars 1478 v. s.). — 30. Lettres patentes de Christophe Botin, docteur ès lois, juge ordinaire de la cour temporelle d'Avignon pour le pape, adressée au roi de France et à tous les juges ecclésiastiques ou séculiers. Elles attestent que, le 21 octobre 1480, a comparu devant lui noble Jean de Génas, fils de François de Génas, conseiller du roi de France, président de la chambre des comptes de Dauphiné, général des finances dudit roi. Il s'agit d'un procès pendant, en la cour temporelle, entre les coseigneurs ou copropriétaires du péage du sel transporté par le Rhône vers les pays d'amont, d'une part, et certains marchands, voituriers ou fermiers du sel, d'autre part. Le roi choisit, pour le représenter en la cause, François de Génas et Guillaume de « Nevers », trésorier général de Languedoc, François de Génas fut prié par les parties d'arbitrer le procès. Après enquête, il rendit une sentence qu'approuvèrent les intéressés. Mais il apprit qu'on répandait le bruit que sa décision favorisait, moyennant finance, les copropriétaires du péage aux dépens des marchands ou voituriers. Les copropriétaires lui auraient payé sa sentence 300 écus d'or. Pour se laver de cette calomnie, François de Génas demanda au juge d'Avignon une enquête approfondie. Botin commit à cet effet le notaire Jacques Girard, « vice-scribe » de sa cour. Girard interrogea Pierre Albert, prévôt de l'église d'Avignon; Arnaud Bang, doyen de l'église Saint-Agricol; Hugues Bertholon, précenteur de l'église Saint-Pierre; Othon Siguet, chanoine de l'église Saint-Didier; Barthélemy de *Riquetis*, prieur du couvent des prêcheurs des églises d'Avignon; Jean d'Amperagier, procureur de la chartreuse de Villeneuve; Thomas Basafli et Jean Raoul, trésoriers des copropriétaires du péage. Ils déclarèrent tous, sous la foi du serment, que François de Génas rendit sa sentence, du consentement des deux parties, sur la quantité de sel à payer à raison du péage. Il ne reçut jamais 300 écus d'or des copropriétaires du péage. Bien plus, ses travaux à Montpellier, à Pont-Saint-Esprit et à Aramon représentaient plus d'argent qu'il n'en reçut. La modique récompense que lui offrirent les copropriétaires du péage ou leur trésorier, n'eut d'autre but que de favoriser les églises, qui pour la plupart possèdent une part du péage. En foi de quoi le juge Botin a signé sa déclaration et l'a fait sceller de la bulle de plomb de sa cour (22 octobre 1480). Bulle de plomb, avec la tiare d'un côté, les clés de saint Pierre de l'autre. Légende : *Bulla curie domini nostri pape domini civitatis Avenionis*, commençant autour de la tiare et se terminant autour des clés. Pontificat de Sixte IV. — 31. Lettres patentes de Louis XI adressées à Jean de Ferrières, son lieutenant; François de Génas, général de ses finances en Languedoc et en Languedoil, et Michel Le Teinturier, son trésorier général, au sujet d'un nouveau bail de la ferme de l'équivalent en Languedoc (Le Plessis du Parc, 20 mars 1482 v. s.). Sceau disparu. — 32. Lettres du chapitre de l'église du Latran, attestant que Philibert, cardinal de Mâcon, procureur général et orateur du roi de France à la cour de Rome, et François Sextour ou Sestre, envoyé expressément par le même roi, ont apporté au chapitre du Latran un calice d'or, avec patène d'or du poids de 51 marcs, 1 once et 21 deniers d'or par. Les envoyés de Louis XI ont placé le don royal sur le grand autel de l'église, et les chanoines l'ont inscrit et rangé avec les dons précédents du roi. En foi de quoi le chapitre a fait sceller ses lettres de son sceau (Rome, au Latran, 23 février 1483 v. s.). Sceau du chapitre en cire rouge et en boîte. Légende : *S. capituli sac. Lateranen. ecclie.* — 33. Copie non en forme de la fin de la pièce précédente. — 34. Copie non en forme d'une lettre du cardinal de Mâcon à Louis XI, où il lui rend compte de la remise au Latran du calice d'or (6 mars 1483 v. s.); d'une lettre du même à François de Génas, général de Languedoc, au sujet du calice d'or (6 mars 1483 v. s.); enfin du texte de la pièce 32. — 35. Copie non en forme de la pièce 32 et des deux lettres du cardinal de Mâcon. — 36. Lettres exécutoires des généraux des finances pour faire payer 1.300 l. t. par an à François de Génas (8 avril 1480). Traces de deux signets. — 37. Lettres patentes de Louis XI accordant à François de Génas, général des finances, 1.300 l. par an, outre ses gages et chevauchées de son office de général et autres gages et bienfaits qu'il a et pourra avoir du roi (Le Plessis du Parc, 4 avril 1483). Pièce signée : Loys. Par le roi : Erlaut. Grand sceau disparu. — 38. Lettres exécutoires des généraux des finances pour faire payer 400 l. t. par an à François de Génas (18 novembre 1491). Traces de 2 signets. — 39. Lettres patentes de Charles VIII accordant à François de Génas, son conseiller et maître d'hôtel ordinaire, 400 l. par an (Laval, 9 novembre 1491). Par le roi, les sires d'Aubigny, de Grimault et autres présents : Primaudaye. Grand sceau de cire jaune sur double queue. — 40. Lettres patentes de Charles VIII, retenant François de Génas en l'office de son conseiller et maître d'hôtel ordinaire (Laval, 3 novembre 1491). Par le roi, les sires de Miolans, de L'Isle, de Grimault, sénéchal de Beaucaire et autres présents : Bourdin. Grand sceau disparu. — 41. Lettres de Jacques Decierges et Denis Maucourt, notaires jurés sous les contrats de la seigneurie de Saint-Germain d'Arce, en la châtellenie de Château en Anjou, certifiant que noble Antoine Vallory, seigneur de La Perrière et de La Roche-audeboeuf, en Anjou, a déclaré, devant l'église paroissiale de Saint-Germain, à Laurent de La Vallée, se disant procureur de François de Génas, alors général de Languedoc, avoir reçu 1.000 écus d'or dudit de Génas, par le commandement de Louis XI, vers 1482, pour un voyage en Catalogne et à Valence (1). Il s'agissait d'en rapporter des petits chiens. M. de Génas, n'ayant pas alors assez d'argent, lui bailla 400 écus. Pour le surplus, il lui bailla une cédule en son privé nom. Le roi, ayant juré qu'il ne sortirait point du navire sans avoir les mille écus d'or, fit payer peu de temps après La Perrière, des 600 écus restants, par Guillaume de Génas, fils de François. La cédule recouvrée, Vallory bailla son argent à François de Génas, pour servir à son trésorier en vue de rendre (2) ses comptes. M. de La Perrière Vallory a vu payer 500 fr. à Jean de La Pommeraie par une cédule ou lettre de change adressée à Valence. La somme fut payée par un banquier ou un marchand de Valence. La lettre de change fut remise par François de Génas à La Pommeraie dans Valence. Les 500 fr. servirent à la dépense de Vallory et de ses gens pour amener les chiens au roi. Le certificat était scellé des sceaux établis aux contrats de la cour de Saint-Germain. Ils manquent. Signatures des deux notaires (27 août 1494). — 42. Lettres de Macé Testu et Gatien Pipou, notaires jurés des contrats royaux de Tours, attestant la déposition sous serment de Jean [La] Pommeraie, de Tours. En 1482, par commission du feu roi Louis, [La] Pommeraie se rendit de Tours à Valence, en « Casteloigne ». Au moyen d'une lettre de change à lui remise à Tours par François de Génas, alors général de Languedoc, il toucha 500 l. t. à la banque des Florentins de Valence. Cette somme était destinée à l'achat nourriture et dépense des chiens qu'Antoine Vallory alors valet de chambre du feu roi Louis, fit venir de Valence à Tours sur l'ordre du roi. [La] Pommeraie donna quittance des 500 l. à François de Génas, pour servir à l'acquit du trésorier de de Languedoc en la reddition de ses comptes. En 1482, c'est en présence de [La] Pommeraie qu'Antoine Vallory reçut de François de Génas 1.000 écus d'or, donnés par le roi Louis pour aller chercher les dits chiens en Catalogne, à savoir : 400 écus

(1) Ms. : *Casteloynne, Vallence la grant.*
(2) Ms. : *réduction.*

d'or comptant, et 600 écus, pour le « parfait » de la somme, en une cédule (20 août 1494). Signatures des deux notaires. — 43. Original d'une procédure d'entérinement et d'exécution de lettres royaux obtenues de la chancellerie de Toulouse, alors à Nimes, par François de Génas, maître d'hôtel ordinaire du roi, contre Jean Maurin et consorts. Jean Roux, sergent royal de Nimes, est député à ces fins. Le 21 septembre 1497, Guillaume de Génas, fils de François, lui exhibe les lettres royaux, et les lettres de placet du sénéchal de Beaucaire et Nimes à elles attachées. Il s'agit de l'occupation délictueuse, par Jean Maurin, Arnaud Millon, Guillaume de La Croix, Étienne de Nove, Étienne de Andrea, Guillaume et Jean Teinturier, et autres leurs complices, d'un salin nouvellement établi par François de Génas à Peccais et lui appartenant légitimement. Le sergent, le notaire Andronis et Guillaume de Génas vont ensemble à Montpellier pour y faire les exploits nécessaires. Le 22 septembre, à Montpellier, au logis où pend l'enseigne des Trois rois, en une chambre haute appelée la chambre du roi, de Génas requiert le sergent d'aller insinuer les lettres au juge ordinaire de Montpellier pour avoir exécutoire d'y exploiter. Cela fait, on retourne avec deux notaires en la chambre du roi, où se poursuit la procédure. Ensuite le sergent de Nimes, accompagné d'un sergent de Montpellier et du notaire Andronis, va chez le trésorier des guerres, Guillaume de La Croix, l'une des parties adverses de M. de Génas. Il ne le trouve pas, mais trouve son fils, Étienne de La Croix, président de la cour des généraux de Montpellier, et fait défense, en sa personne, à son père et à tous autres propriétaires des salins de Peccais nommés en sa commission, sous peine de 100 marcs d'argent, de toucher aux salins appartenant à M. de Génas. Même inhibition chez tous les autres adversaires. Le 28 septembre, en la grande salle de l'évêché de Nimes, inhibition semblable à Pierre Chaffoye, autre partie adverse. A la fin de l'acte, signatures de Jean Roux et d'Andronis. — 44. Lettres de placet du sénéchal, qui étaient attachées aux lettres royaux obtenues par M. de Génas (Nimes, 21 septembre 1497). Trace de sceau. — 45. Lettres royaux impétrées de la chancellerie de Toulouse par François de Génas, au sujet des attentats commis contre ses salins de Peccais (Nimes, 30 septembre 1497). Grand sceau enveloppé. Par le Conseil : Ponchon. — 46. Extrait non en forme d'un arrêt de la cour des aides de Paris, sur le règlement des charges de général des finances de Languedoc et de visiteur général des gabelles de la même province (11 octobre 1503). A la suite, extrait non en forme de l'établissement de la cour des aides à Montpellier en 1467. — 47-48. Extraits non en forme de mémoires sur Louis XI ou de la correspondance de ce roi. — 49. Extrait non en forme d'une ordonnance de la chambre des comptes du roi, mentionnant Jean de Génas et un don de 1,200 écus d'or à l'autel de Sainte-Marthe. — 50. Feuillet contenant des extraits de la correspondance de Louis XI avec François de Génas. Écriture de la fin du XVe ou du commencement du XVIe siècle. Mention du général des finances de Cerisay, d'Honorat de « Borne », de Pierre de Varye, du roi de Sicile, (1) de l'évêque de Marseille, d'Honorat de « Berre », de M. de Falcon, de sa part de la ferme du tirage de l'Empire, de M. de Lorraine, (2) qui veut se faire duc d'Anjou, comte de Provence, et lui ôter son droit du duché de Bar; du maire de Bordeaux, envoyé « pratiquer » avec le roi de Sicile ; de la menace de destruction du Languedoc à cause de la Provence ; de Guillaume Gagnon. L'argent demandé au général destinataire des lettres doit-être prêt à la fin du mois en Avignon. Ces lettres sont datées de Régny, 31 janvier; Saint-Épain, 19 janvier; « Sobmos », 8 septembre. — 51. Copie non en forme d'une lettre de Louis XI à François de Génas, président en la chambre des comptes de Dauphiné. Poncet de Rivière veut fuir hors du royaume déguisé en cordelier. Faire surveiller tous les passages (Noyon, 30 janvier). — 52. Deux feuillets de même écriture et de même époque que la pièce 50, contenant des extraits de la correspondance de Louis XI avec François de Génas, général des finances. Mention de son oncle le roi de Sicile, de l'évêque de Marseille et d'Honorat de Berre, commis de son oncle ; de M. de Falcon, de l'hommage du Château-sur-« Mezelles », du roi de Castille, qui fait une fort grosse armée par mer ; du capitaine du château de Porpignan, qui demande des réparations ; du comte de Cast[r]es, du danger du Roussillon, du capitaine Charlot, qui a été « retranché » de ce que le roi lui

<hr>

(1) Charles III, comte d'Anjou et du Maine, héritier du roi René, comte de Provence et roi de Naples.

(2) René II, duc de Lorraine, petit-fils du roi René par sa mère Yolande.

donne : lui et ses compagnons du château doivent être bien payés. Les lettres du roi sont datées de « Solomes », 17 avril ; Pluvier, 3 mai ; La Motte d'« Esquoy », 24 juin ; Le Plessis du Parc-lès-Tours, 14 mars. — Parmi les lettres du roi sont une lettre de l'évêque d'Albi, datée de Beaune en Gâtinais le 15 juillet et une lettre de Jacques Hurault, datée de Blois, 21 juillet. Les lettres de Louis XI transcrites dans les pièces 50 et 52 sont contresignées par Parent, Courtin, Picot, Marle, ou « Doyac ». — 53. Copie non en forme de deux lettres de Louis XI à François de Génas, datée de « La Motte d'Esgoy », 12 juillet, et de Boutigny, 26 mai. Elles sont contresignées par « Doyat » ou Le Maréchal. — 54. Extrait non en forme d'une lettre de Louis XI à François de Génas, datée de « Solomes », 8 septembre « 1478 », et contresignée par Picot. — 55. Extrait non en forme de quatre lettres de Louis XI à François de Génas. Elles sont datées de « Solomes », 8 septembre « 1479 », de Boutigny, 13 mai ; des « Montilz », 26 juin, et contresignées par Picot, Le Maréchal ou Le Moine. — 56. Extrait en forme de trois lettres de Louis XI à François de Génas. Elles sont datées de « Solomes », 8 septembre 1479 ; Saint-Denis, 16 juin 1479, et Villenotte, (1) 23 juin 1460. Contreseings de Picot et de Le Bourcier. — 57. Copie non en forme de lettres adressées à François de Génas, général de Languedoc, par Louis XI (« Solomes », 8 septembre 1479) ; Régny, 16 janvier 1478 ; Saint-Épain, 19 janvier ; « Solomes », 17 janvier ; Pluvier, 3 mai ; La Motte d'Esgoy, 24 juin 1479 ; Le Plessis du Parc-lès-Tours, 14 mars), l'évêque d'Albi (Moaux, 15 juillet), et Jacques Hurault (Villeroi, 21 juillet 1479). Les lettres du roi sont contresignées par Picot, Parent, Courtin, Marle, ou Doyac. — 58. Copie non en forme, mais de la fin du XVe ou du commencement du XVIe siècle, d'une lettre sans signature, écrite au roi Louis XI, et attribuée, avec certitude, à François de Génas. Elle est datée d'Aix-en-Provence, juin. La principale affaire traitée est la négociation laborieuse de l'hommage du Château sur « Mezelles ». Arrivé le vendredi 26 mai à Aix-en-Provence pour « besogner » avec le roi de Sicile à cause dudit hommage, de Génas lui « fit la révérence » le même jour et lui fit présenter les lettres de Louis XI par le chevaucheur de l'écurie royale. Ce fut Jean de Vaulx qui

les lut à Charles. De Génas exposa sa mission. Le samedi suivant, assemblée de MM. de La Jaille, de Marseille, de Berre et de Vaulx. De Génas leur tint le même langage qu'au roi de Sicile. Le dimanche, assemblée des précédents avec d'autres membres du conseil de Charles. De Génas trouva singulière leur façon de travailler. Guillaume de Lessart, un des gens de M. de Lorraine, avait sans doute apporté des lettres à des destinataires mystérieux, et faisait « bien du fier ». Le roi étant allé à sa bastide, on ne put travailler. Le lundi, de Génas montra les contrats à lui envoyés par Louis XI. Les Provençaux dirent que jamais ils ne les avaient accordés tels, trouvèrent à redire sur tous, et refusèrent de passer outre sans consulter le roi de Sicile, qui tomba malade le jour même, en sorte qu'on ne put travailler jusqu'au samedi, malgré des réunions quotidiennes. Quand de Génas requit la ratification et la vente, avec signature de deux notaires apostoliques sur les lettres patentes qu'en ferait le roi de Sicile, et insertion du contrat fait à Tours par l'évêque de Marseille et Honorat de Berre, le roi de Sicile et ses gens refusèrent, leurs lettres leur paraissant suffisantes sans les dits notaires. Alors on admit le concours de quatre notaires apostoliques, deux de France et deux de Provence. On renonça à l'insertion du contrat fait à Tours par les ambassadeurs de Louis XI, pour éviter l'insertion d'une obligation de 50.000 l. t. de ce monarque. Grande méfiance chez les Provençaux. Quand il s'agit de la quittance générale à faire à Louis XI de tout ce qu'il pourrait devoir à Charles, ils donnèrent à entendre à ce dernier que Louis XI cherchait à retenir à lui le château d'Angers et le duché de Bar, par la formule : « et généralement toutes autres choses », qu'il fallut abandonner. Pour éviter d'autres questions soulevées, de Génas leur promit d'écrire à Louis XI au sujet de certains compulsoires contre des gens qui auraient pris de l'argent à la monnaie d'Angers. Il en fut parlé quand on fit l'arrentement de Bar. Nicole Tilhart et Guillaume de Cerisay sont au courant. Question des termes du paiement des 50.000 l. t. que les fermiers du tirage doivent effectuer en cinq années. Question de la révocation demandée de lettres de Louis XI au parlement de Dauphiné sur des abus concernant le sel de Berre. De Génas a trouvé très fâcheux que M. de Faucon ne soit pas venu, à cause de sa compétence. Toutefois, il a compris que Louis XI tâchait d'avoir l'hommage en bonne

(1) Ms. : Villenesse.

sûreté, et il s'y est employé, avec conseil de clercs. Si Louis XI a l'intention d'obtenir autre chose du roi de Sicile, il doit s'en occuper maintenant. Ce pays de Provence est un bon pays. Quand le roi de France voudra y tenir la main, tout lui obéira, et il sera seigneur de la mer. (1) De Génas lui annonce l'envoi de diverses pièces. À son retour de La [Sainte-] Baume, il ira à Montpellier tenir les États de Languedoc. — 59. Extrait non en forme d'une lettre de Louis XI à François de Génas, datée de Cléry, 17 juin 1479 et contresignée Brissonnet ; de l'ordonnancement de 18 l. t., en faveur de Jean de Génas, par la chambre des comptes de Paris, pour un voyage à Valence et à Montpellier à l'occasion d'une offrande de 1.500 écus d'or faite par Louis XI à l'autel de Sainte-Marthe de Tarascon, en septembre 1481 (23 mai 1483); d'une plainte des États de Languedoc, tenus à Montpellier en mai 1483, au sujet d'une lieue de terre donnée par Louis XI à l'église Sainte-Marthe de Tarascon, pour en prendre les fruits et revenus. La dite église en a maintenant plus de deux lieues, ce qui porte grand dommage au peuple du pays circonvoisin. Des habitants des diocèses de Nîmes et d'Uzès vont maintenant s'établir dans les terres de Sainte-Marthe. — À la suite, extrait non en forme de lettres de Louis XI déjà analysées plus haut. — 60. Extrait non en forme d'une lettre de Charles d'Anjou, roi de Naples, à Louis XI. Le porteur de sa lettre est un de ses procureurs de Provence. Il s'agit de la « compagnie » ou société de sel qui existe depuis longtemps entre le roi de France et les comtes de Provence pour le tirage du sel remontant le Rhône. À la poursuite de certains fermiers des gabelles dudit sel, il a été fait des nominations au grand préjudice des gabelles de Berre et autres salins de Provence. Il s'agit encore de certains traités entre le marquis de Saluces et Charles d'Anjou au sujet du sel de Provence (Aix, 16 janvier 1479 v. s.). À la suite, extrait non en forme d'une lettre de la reine Jeanne de Sicile, duchesse d'Anjou, à François de Génas, président à la chambre des comptes de Grenoble. Elle recommande à son « cher et bon ami » sa demande aux gens du parlement de Grenoble, de laisser tirer 500 salmées d'avoine pour son écurie (Tarascon, 11 septembre 1479). — 61. Extrait non

(1) En décembre 1481, Louis XI parvint à se faire instituer héritier universel de Charles, mais ce fut Charles VIII qui annexa la Provence à sa couronne, en octobre 1486.

en forme d'une lettre de Louis XI à François de Génas, concernant le paiement de 15.000 l. t. au roi de Sicile sur les finances de Languedoc (Saint-Denis, 10 juin 1479). Contreseing de Picot. À la suite, extrait non en forme d'une lettre de Louis XI aux généraux et trésorier général de ses finances en Languedoc, au sujet de l'assignation de 10.000 l. pour la pension du roi de Sicile. Les généraux auraient répondu aux gens de ce dernier, à propos du retranchement de 6.000 l. qui en fut fait l'année dernière, que cette somme n'était pas couchée en leur état. Louis XI est « fort émerveillé » de la maladresse de cette réponse. Ne comprennent-ils pas les embarras de sa guerre, sa nécessité de s'aider de tout l'argent de Languedoc et d'ailleurs, son obligation d'entretenir (1) le roi de Sicile et plusieurs autres seigneurs ! Il ne peut y réussir sans « faire passer le temps » jusques au commencement de l'année prochaine. Ils doivent donc faire assigner le roi de Sicile, de façon à le contenter, et le faire payer le plustôt possible de ce qui est couché en leur état. Il aura le reste sur l'année commençant le 1er septembre prochain (Bois de Vincennes, 17 juin 1479). Contreseing de Picot. — 62. Extrait non forme des cédules remises par le général de Languedoc à son serviteur Claude Lambert, pour porter au trésorier de Languedoc (13 septembre). — Déclaration par Michel Teinturier, trésorier général de Languedoc, des cédules et quittances reçues par lui de Jean de Génas, agissant au nom de son père François de Génas, général de Languedoc. — Déclaration des quittances remises à Robert Goïas, procureur en la chambre des comptes du roi, par Jean de Génas, fils de François, naguère général des finances en Languedoc, pour servir aux comptes de Michel Teinturier, naguère trésorier et receveur général des finances en Languedoc.

E. 1240. (Portefeuille). — 10 pièces, parchemin ; 11 pièces, papier ; 3 sceaux.

1451-1520. — *Fonds de Cabrières. — Les Génas fils de François et seigneur d'Éguilles. — Deuxième volume. Avant les documents est une liste des pièces.*
1. Lettres d'entérinement et d'exécution de lettres patentes du dauphin, produites par Alexandre Sex-

(1) Satisfaire en paroles.

teur ou Sestre, argentier du dauphin. Elles émanent de Louis de Laval, seigneur de Castilton, gouverneur de Dauphiné, et enjoignent aux officiers de justice de faire ou laisser jouir ledit Alexandre, pendant trois années, des revenus de la châtellenie d'Étoile, sauf le péage (*Burgondi* ou Bourgoin, 22 décembre 1451). Contreseing de Botut. Sceau du gouvernement de Dauphiné. Traces d'un autre sceau. Les lettres du gouverneur sont attachées aux lettres patentes du dauphin : — 2. Lettres patentes de Louis aîné, fils du roi de France, dauphin de Viennois, comte de Valentinois et de Diois, donnant à Alexandre Sestre, son argentier, déjà pourvu de l'office de capitaine et châtelain des château, ville et châtellenie d'*Estelle* ou d'Étoile, les revenus de la dite châtellenie, sauf le péage, pendant trois années commençant à la Saint-Jean prochaine (Alexain, 5 juin 1451). Contreseing de Périn. Sceau du dauphin en cire rouge, sur double queue. — 3. Lettres d'Antoine Roillard, garde de la prévôté d'Orléans, faisant savoir que Michel de Génas, bachelier en droits canonique et civil, protonotaire du Saint-Siège apostolique, abbé commendataire de Saint-Jacques de Provins et prieur de Cunault, a donné pouvoir à Jean Byo de payer à noble Charles de Borne, seigneur de « Soulope », 20 écus d'or, pour l'amortissement d'une rente du prieuré de Cunault appelée la Perrine, mouvant des fiefs dudit seigneur (26 juin 1485). Sceau des contrats de la prévôté d'Orléans, sur queue simple. — 4. Lettres d'Antoine de Jean de Saint-Moris, protonotaire apostolique, prévôt de la cathédrale de Valence, abbé de l'église collégiale Saint-Pierre du Bourg de Valence, recteur de l'université dolphinale de Valence, attestant que noble Michel de Génas, bachelier en décrets, protonotaire apostolique, abbé du monastère de Saint-Jacques de Provins, de l'ordre de Saint-Augustin, au diocèse de Sens, chanoine des cathédrales de Vienne, Valence et Viviers, ainsi que de l'église Saint-Pierre du Bourg de Valence, a reçu le grade de bachelier à la faculté de droit de Valence (5 décembre 1485). Le grand sceau de l'université a disparu. — 5. Extrait en forme d'une transaction entre nobles Jean et Guillaume de Génas, habitants de Valence. Il s'agit de la succession de François de Génas, leur père (Valence, 3 mars 1504 v. s.). L'extrait est du 2 juillet 1688. — 6. Extrait de partie du testament de *Guillaume de Génas*, fils de François. Tout le début manque (s. d.). — 7. Extrait en forme dudit testament (11 mars 1513 v. s.). — 8.

Règlement du prix de vente de la seigneurie d'Éguilles, vente faite par Philippe de Stainville, en son nom et au nom de Louis de Stainville, sénéchal de Barrois, et d'Antoine, ses frères, fils de Philibert et d'Isabeau Spinola, à noble François Mayault, de Valence, moyennant 6.000 écus d'or au soleil. La vente avait été passée à Aix-en-Provence, le 16 janvier 1505 v. s., par les notaires Borrilli oncle et neveu. Le 25 janvier suivant, les vendeurs déclarent que, nonobstant leur déclaration d'avoir reçu de Mahault le prix total de 6.000 écus d'or, ils n'ont reçu de lui que 3.000 écus d'or. Mahault promet de leur payer le reste à Lyon, en l'hôtel de Jean Bellion, marchand, demeurant près l'église Saint-Paul, du 15 février prochain en un an, moyennant la ratification des frères de Philippe en bonne forme. L'acte est passé en Avignon, chez Mayault. Il a été revêtu postérieurement des ratifications nécessaires. — 9. Lettres patentes de François 1er octroyant à François de Génas, docteur en l'un et l'autre droit, l'office de conseiller au parlement de Provence, tenu par Antoine de Albis et vacant par sa résignation au profit de François, et au survivant des deux, pour ledit office exercer par de Albis et de Génas, l'un en l'absence de l'autre et par le survivant d'eux deux (Lyon, 20 octobre 1537). Sceau royal. — 10. Lettres du roi, comte de Provence, aux gens du parlement de Provence, données à la prière de François de Génas. Antoine de Albis est décédé. Le roi leur mande de recevoir François en son office de conseiller (Paris, 14 mars 1538 v. s.). Le sceau manque. — 11. Extrait en forme du testament de François de Génas, seigneur d'Éguilles, citoyen et habitant d'Avignon, et parfois de Valence (17 septembre 1555). L'acte est passé au couvent des Carmes d'Avignon, en la grande chambre appelée des hôtes, en présence des religieux François Rostain, prieur, Antoine Goyet, sousprieur, Marc Albert, sacristain, Pierre Baturel, clavaire. Le notaire est Jean Roque. L'extrait est signé par Claude d'Albenas, capitaine viguier en la cour royale ordinaire de Nimes, le 26 mars 1661. Traces du sceau de la cour. — 12. Extrait tiré de l'*Histoire de Provence* de César Nostradamus, et concernant François de Génas et ses frères. — 13. Extrait tiré de l'*Histoire de Provence* de Pitton, concernant François de Génas, seigneur d'Éguilles, l'un des principaux religionnaires de Provence, mort à Nimes en 1587. Il était entré au parlement d'Aix en 1543. Tumulte causé par les bouchers d'Aix à l'occasion du jardin et du pin magnifique de François, abri du culte protestant. — 14. Grosse du testament de Françoise de « Mayaud », dame d'Éguilles, veuve de François de Génas (Avignon, 5 mars 1569). François de Galliens, seigneur des Issarts, est témoin. Le notaire est Esprit Amphos. — 15. Lettres patentes d'Henri III octroyant à François de Génas, sieur d'Éguilles, l'un des quatre offices de conseillers au parlement de Provence et chambre de l'Édit (Paris, 4 mai 1580). Signé : « Henry ». Le sceau manque. — 16. Exploit d'assignation donné par Claude Reboul, sergent royal de Tarascon, à la requête de François de Génas, à Henri de Génas, sieur de Cheyssan, citoyen d'Avignon, pour comparoir par-devant le lieutenant général au siège d'Aix. Le sergent affiche une copie de l'exploit au « pal » (1) du port de Châteaurenard sur la Durance, du côté de Provence, suivant la coutume, attendu le refus des officiers d'Avignon. Il fait ensuite commandement à Pierre Chabert de la Grilhe, pontanier du port, de faire tenir ladite copie à M. de Cheyssan (2 novembre 1582). — 17. Ordonnance de surseoir à l'exécution des lettres royaux émanées de la cour de la chancellerie d'Aix, impétrées par François contre Henri de Génas. L'ordonnance est du juge ordinaire de la cour temporelle d'Avignon (12 novembre 1582). — 18. Lettres royaux datées d'Aix, 15 octobre 1582, à l'occasion du procès de François de Génas contre son frère Henri. Elles enjoignent au sénéchal de Provence de recevoir François à poursuivre son procès, malgré le laps de temps, écoulé, par suite des troubles, de la contagion ou d'accords. — 19. Extrait en forme du testament de François de Génas, seigneur d'Éguilles, ci-devant conseiller au parlement d'Aix, fils de François et de Françoise de Mayault (Nimes, 2 juin 1587). L'acte est passé chez l'avocat Jean Bosquier, dans la chambre contiguë à la salle où demeure M. d'Éguilles. Damien Baussan, de Saint-Cannat, ministre de la parole de Dieu, résidant à Nimes, est témoin. Le notaire est Crozet. Collation de Cabanemagre en 1650, avec signatures de Jean d'Albenas, viguier de Nimes. Traces de son sceau. — 20. Extrait en forme du testament d'Henri de Génas, sieur de Cheyssan, citoyen d'Avignon (23 juillet 1589). L'acte est passé dans la chambre du testateur, donnant sur la rue des Ormes. Firmin

Girard, religieux du couvent des Augustins, Philippe de Guilhon, docteur en médecine, sont témoins. Le notaire est François Magnati, greffier ès cours spirituelle et temporelle d'Avignon. — 21. Extrait en forme du testament de Françoise de Claretz, veuve d'Henri de Génas, sieur de Cheyssan (Avignon, 12 juillet 1590). Le notaire est François Magnati.

B. 1741. (Portefeuille.) — 9 pièces, parchemin ; 50 pièces, papier ; 6 sceaux.

1617-1792. — *Fonds de Cabrières.* — *Les Génas de Beauvoisin.* — *Troisième volume des Génas.* — *Avant les documents est une liste des pièces.* 1. Analyse du testament olographe de Melchior de Génas, souscrit par Jean Dumas, notaire de Castres, le 30 août 1617. — 2. Extrait en forme des registres du présidial de Nimes, portant jugement du 23 janvier 1618, rendu entre noble Melchior de Génas, sieur de Beauvoisin, demandeur en féodale, et Jacques Finor, défendeur. — 3. Extrait en forme du testament de François de Génas, seigneur de Beauvoisin, fait au château de Beauvoisin, dans la salle basse où git testateur malade. Salomon Cobellier, ministre de l'église réformée de Vauvert ; Jacques Soubeyran, médecin ordinaire du roi, François de Génas, seigneur de Puechredon (1), Jacques Olivier, praticien de Nimes, Isaac Vallat, chirurgien de Vauvert, François Tinelly, greffier de Beauvoisin, Jacques Robert, apothicaire d'Aigues-Mortes, sont témoins. Le notaire est Jean Bringuier, de Vauvert (23 mai 1629). — 4. Extrait en forme de la publication du testament de Pierre de Génas, sieur d'Éguilles et de Beauvoisin, faite au cours d'une instance pendante au sénéchal entre Jean de Génas, seigneur de Beauvoisin, demandeur en ouverture dudit testament, d'une part ; Louis de Génas, sieur de Payredon, oncle ; Claire, Gabrielle et Blanche de Génas, sœurs ; Anne de Villages, veuve de « Nathanel » Chabaud, assignés et défendeurs, d'autre part. Le testament reproduit est daté du 29 août 1629. Il mentionne la contagion qui règne dans le pays. Il est fait dans le château de Générac. Le testateur l'a fait écrire par François Ménard, avocat au présidial. Gérard de Fabry, doyen de la

<hr>

(1) Pal, poteau.

(1) Ou *Puyredon.*

collégiale de Saint-Gilles, est un des témoins. Le notaire est Jean Bruguier, de Vauvert. La publication a lieu à Caissargues, à cause de la contagion, le 30 janvier 1630. L'extrait est signé par M. de Rochemore, lieutenant général du sénéchal, et l'original était scellé du sceau royal de la sénéchaussée. — 5. Quittance de lods faite par M. de Calvisson à M. de Beauvoisin, pour l'acquisition que son frère François de Génas avait faite du président de Rochemore comme relevant de sa directe, ensemble toute la juridiction de Beauvoisin-Marsillargues, 3 juin 1630). — 6. Première partie du journal de Jean de Génas, seigneur de Beauvoisin. Recommandations morales à ses enfants. En 1632, Jean dépense 35.000 l. à la reconstruction du château de Beauvoisin. Ses créances sur la communauté de Saint-Gilles et M. de La Barben. En 1631, il épouse Rose de Favier, fille de Jacob, conseiller au présidial, avec 13 000 l. de dot. Le 8 février 1633, il obtient de la chambre de l'Édit de Castres un arrêt contre les habitants de Beauvoisin. — 7. Seconde partie dudit journal. Mémoire pour la seigneurie de Beauvoisin et d'autres affaires de la succession de Louise de Villages, mère de Jean. — Le 20 août 1651, sermon prêché par M. d'Arvieu, ministre de Nimes, à Générac, chez le capitaine Mourgues, par décission de Messieurs du consistoire de Nimes. « Dieu, par sa grâce, veuille entièrement rétablir cette pauvre église et la combler de ses bénédictions. ». — Naissances des enfants de Jean. — Mariage de son fils Jacob avec Suzanne de Nogarède, fille de Louis, baron de Durfort, le 7 septembre 1655. — Naissances des petits-enfants de Jean. La dernière inscrite est de 1661. — 8. Contrat de mariage (extrait en forme) entre Scipion de Blacas, fils d'André et de Blanche de Pontevès, dame de Redortier, et Marguerite de Génas de Beauvoisin, fille de Melchior et de Louise de Villages. L'acte est passé à Marseille chez les nouveaux mariés. François-Pierre de Tornier, chevalier de Saint-Jean de Jérusalem, lieutenant sur la galère réale, et Antoine Ripert, docteur en médecine, sont témoins. Au bas, attestation de la signature du notaire qui a fait l'extrait, par Léon de Valbelle, lieutenant général civil et criminel en l'amirauté de Marseille. Sceau royal avec la légende: *Sigillum curie regie prefecti maris orientis* (10 mars 1634). L'attestation de signature est du 16 mars 1660. — 9. Contrat de mariage entre Jacob de Favier, conseiller et garde-sceau au présidial, et Marie de Rossel. L'acte est passé à Nimes chez M. de Vic. Céphas de Favier, sieur de Vestric, Gabriel Froment, chanoine infirmier de la cathédrale d'Uzès ; Jean Deyrolle de Courbessac, premier consul d'Alais, sont témoins. Le notaire est Paul Arnaud, qui délivre la grosse (1er mai 1635). Mention de l'insinuation au sénéchal signée de M. de Rochemore (25 mai). — 10. Appointement de M. Descorbiac, conseiller à la chambre de l'Édit de Castres, pour Jean de Génas, sieur de Beauvoisin, contre Pierre Roure (5 mai 1636). — 11. Extrait des registres de la chambre de l'Édit de Castres, contenant requête de décret sur les biens de la succession de Claude Blisson, situés à Vauvert (17 mars 1636). — 12. Inventaire des titres de noblesse baillés par Jean de Génas, seigneur de Beauvoisin et Éguilles, devant les commissaires royaux pour la taxe et liquidation des droits de confirmation des francs-fiefs de Languedoc (16 janvier 1642). — 13. Copie en forme du testament de Jean de Laval, seigneur du Sault, fils émancipé de Nicolas et de Pierre de Nogaret (16 décembre 1488). — 14. Codicille (extrait en forme) de Blanche de Génas de Beauvoisin, femme de Jean d'Albenas, ancien viguier de Nimes. L'acte est passé à Aimargues, chez la testatrice. Le notaire est Simon Peyronnet (7 décembre 1600). — 15. Rémission d'héritage pour Jacob de Génas, seigneur de Beauvoisin. Il s'agit de l'héritage de Jacob de Favier, conseiller au présidial. Jean de Génas et sa femme Rose de Favier le remettent, suivant la volonté du défunt, à leur fils émancipé Jacob (Château de Beauvoisin, 15 décembre 1660). Extrait en forme fait par le notaire Jacques Bonnaud, le 1er août 1766, des minutes de Jacques Marignan, avec attestation de la signature de Bonnaud par le juge mage Reinaud. Sceau de la sénéchaussée de Nimes. — 16. Conclusions du procureur du roi en faveur de la noblesse de Jean de Génas et de son exemption du droit de francs-fiefs (Montpellier, 20 décembre 1658). — 17. Dire de Jean de Génas, sieur de Beauvoisin, assigné pour la vérification de sa noblesse devant les intendants de Languedoc (s. d.). Il n'y a eu deux intendants en Languedoc que dans la première moitié du XVIIe siècle. — 18. Inventaire des titres de noblesse que baille Jean de Génas devant les commissaires royaux pour la taxe des droits de confirmation de francs-fiefs, contre le traitant desdits francs-fiefs, assigné (s. d.). — 19. Copie d'une transaction entre Marie de Génas et son frère Jacob, au sujet de la succession paternelle (Château de Beauvoisin, 2 janvier 1652). — 20. Codicille de Marie de Génas de Beauvoisin, habitant Marseille. Extrait en forme (2 avril 1661). — 21. Extrait en forme du testament de Marie de Génas de Beauvoisin (Marseille, 7 avril 1663). Melchion Meiffren, prêtre bénéficier de la cathédrale de La Major, est un des témoins. Le notaire est Jugo. — 22. Extrait en forme du contrat de mariage d'Antoine Rovérié, avocat au présidial de Nîmes, avec Marie de Génas, fille de Jean de Génas, seigneur de Beauvoisin, et de Rose de Favier (Château de Beauvoisin, 2 janvier 1663). Jacques Marignan, notaire de Milhau, reçoit l'acte. — 23. Minute du testament de Jacob de Génas, seigneur de Beauvoisin, et de sa femme Suzanne de Nogarède (Janvier 1688). — 24. Extrait en forme du testament réciproque de Jacob et de Suzanne, les mariés ci-dessus. Ils font profession de la R. P. R. (Château de Beauvoisin, 24 janvier 1663). Gilly Marchant, ministre, est un des témoins. Le notaire est Jacques Marignan. — 25. Arrêt du parlement de Toulouse rendu entre Claire de Beauvoisin de Génas, prenant fait et cause pour Jacob de Génas, sieur de Beauvoisin, son frère, appelant d'un jugement des requêtes du palais, d'une part, et le syndic de l'hôpital Saint-Jacques de Villegondon de Castres, appelé et défendeur, d'autre (8 mai 1670). — 26. Extrait en forme d'un codicille de Marie de Génas de Beauvoisin (Marseille, 10 juillet 1679. — 27. Contrat de mariage (extrait en forme) de Louis de Gautier et de Claire de Génas de Beauvoisin. L'acte est passé chez Jacques de Guorie, ancien capitoul de Toulouse (14 janvier 1674). Le notaire est Dominique Faure, à Toulouse. — 28. Lettre du chevalier Colbert, général des galères de Malte, à M. de Génas. Avant son départ de Paris, il a parlé à M. de Croissy du démêlé de M. de Génas avec l'intendant. Celui-ci n'a rien écrit contre M. de Génas (Marseille, 13 février 1682). — 29. Extrait en forme du contrat de mariage de Louis de Génas, seigneur de Durfort, baron de Saint-Étienne, fils émancipé de Jacob de Génas, seigneur de Beauvoisin, et de Suzanne de Nogarède de Gautier, dame de Durfort, Fressac et Saint-Étienne, d'une part, avec Olympe de Boisson. Ils appartiennent à l'église réformée. L'acte est passé au château de Beauvoisin. Louis de Baschi, marquis d'Aubais ; Claude d'Albenas, viguier royal de Nîmes, sont témoins. Le notaire est Robert Seguin, à Générac (27 mai 1682). Attestation de signature par Reinaud, juge mage, le 26 août 1766. Sceau de la sénéchaussée. —

30. Extrait en forme d'une procuration donnée, par Jean-Jacques de Reynaud, de Nîmes, capitaine au régiment de Torsay, au service de la Hollande, et mari de Marguerite de Rozel, à Jacob de Génas, seigneur de Beauvoisin, pour autoriser sa femme à transiger avec M. de Rozel, beau-frère de Reynaud (La Haye, 30 novembre 1685). Le notaire est Samuel Favon, à La Haye. — 31. Copie, signée par M. de Beauvoisin, d'une convention entre Gabrielle de Génas de Durfort, fille de Jacob et de Suzanne, veuve de Pierre de Roquier, gentilhomme en la grande fauconnerie du roi, et habitant le château de Durfort, d'une part, et Louis de Génas, seigneur de Durfort et Beauvoisin, son frère, d'autre (Château de Durfort, 20 mai 1690). — 32. Donation de 17.000 l. faite par Gabrielle à son frère Louis (Château de Durfort, 20 mai 1690). — 33. Ordonnance du maréchal de Montrevel, commandant général en Languedoc, imposant à la communauté de Beauvoisin de fournir, pour la garde du château seigneurial, où il se retirera, dix hommes et un sergent. La communauté paiera quotidiennement 5 s. à chaque homme et 8 s. au sergent (Nîmes, 15 mars 1703). Signature et cachet armorié du maréchal. — 34. Rémission (minute incomplète) faite par Olympe de Boisson, veuve de Louis de Génas, seigneur de Beauvoisin, Durfort et Fressac, baron de Saint-Étienne de Valfrancesque ou Vallée-Française, à leur fils Louis, mineur de 25 ans, de l'héritage paternel, sous trois conditions (9 mars 1712). — 35. Vente d'immeuble faite par Pierre Daudet, de Vauvert, à Louis de Génas, marquis de Vauvert, baron de Vauvert et Beauvoisin (Vauvert, 10 août 1718). 36. Mémoire sur les aliénations faites par le marquis de Durfort (XVIIIe siècle). — 37. Testament d'Isabeau de Génas, fille de Jacob de Génas, seigneur de Beauvoisin, et de Suzanne de Nogarède, dame de Durfort. Legs aux pauvres de l'hôpital de Vevey, à la bourse française des pauvres réfugiés de Vevey, à sa servante Honorée-Blanche Guichard, à sa sœur Gabrielle de Génas, femme de Philippe d'Hauteville, baron de Vauvert ; à Suzanne de Vauvert d'Hauteville, sa nièce ; à sa belle-sœur Olympe de Beauvoisin. Son héritier universel est son neveu Louis de Génas, seigneur de Beauvoisin. Gratien Fatio, bourgeois de Vevey, Jean-Louis Robin, citoyen de Lausanne, régent au collège de Vevey, sont témoins, et priés de tenir le testament secret. Le notaire est de Palézieux, dit Dalconnet, à Vevey, Suisse (23 décembre 1713). Homologation

du testament le 11 mars 1716. Sceau du lieutenant baillival et châtelain de Vevey. — 38. Contrat de mariage entre Louis de Génas, seigneur de Beauvoisin, baron de Durfort et Fressac, fils de Louis et d'Olympe de Boisson, d'une part, et Suzanne d'Hauteville, fille de Philippe, baron de Vauvert, et de Gabrielle de Génas (Château de Vauvert, 4 janvier 1723). Jean-Louis de Jossaud, seigneur de Vestric, est un des témoins. Tempié, notaire. Attestation de signature et sceau de la sénéchaussée 18 août 1780). — 39. Procuration donnée par Olympe de Boisson, veuve de Louis de Génas, baron de Beauvoisin et Durfort, à François Tempié, viguier de Vauvert, pour la représenter au contrat de vente de la baronnie de Durfort et Fressac, qui doit être passé par Louis de Génas, son fils, marquis de Durfort, seigneur de Vauvert, au profit de Louis Saunier, procureur général à la cour des aides de Montpellier, et recevoir 20 000 l. pour Olympe, en paiement des arrérages d'une pension de 1.500 l. par elle réservée dans le contrat de mariage de Louis avec Suzanne d'Hauteville (Château de Vauvert, 19 décembre 1725). — 40. Commission de capitaine d'une compagnie de nouvelle levée dans le régiment d'infanterie du prince de Pons, pour le capitaine de Vauvert, lieutenant audit régiment: Fontainebleau, 10 novembre 1733). — 41. Vente de la seigneurie de Marguerittes (copie) passée par Joseph de Gévaudan à Antoine Teissier, secrétaire du roi, maison et couronne de France près la chancellerie de Montpellier, moyennant 92.500 l. (Nimes, 2 mars 1738). François Tempié, notaire. — 42. Promesse de vente, faite par Pierre de Génas de Vauvert, capitaine au régiment de Pons infanterie, à Lahondès, conseiller au présidial, et portant sur une maison de la calade du temple, estimée 13.500 l. Cet acte, sous seing privé, ne donne, ni le lieu de la situation de l'immeuble, ni celui où il est passé. — 43. Extrait en forme de l'acte de baptême de Marie-Gabrielle-Louise Antoinette, fille de Pierre de Génas, baron de Vauvert, et de Louise Allier (Vauvert, 9 janvier 1748). — 44. Projet de substitution, par acte entre vifs, de Louis de Génas, marquis de Durfort, en faveur des enfants de son gendre Louis de Solas, grand voyer, trésorier de France à Montpellier, et de feu Charlotte de Génas, au cas où son fils Pierre de Génas décéderait sans enfants (1749). — 45. Enregistrement des pactes de mariage de Pierre de Génas, baron de Vauvert, et de Louise Allier, sa femme, et du consentement de Louis de Génas, père de Pierre, donné à ce mariage. Le notaire est Antoine Tempié (Vauvert, 11 avril 1739). — 46. Contrat de mariage. Louis-Pierre de Génas, baron de Vauvert, fils émancipé de Louis, marquis de Durfort, et sa femme Louise Allier, d'une part ; Jean-Joseph-Marie-Auguste-Christophe Teissier, seigneur de Marguerittes, Lagarne et Roquecourbe, et sa femme Marie Salles, d'autre part, s'obligent réciproquement à faire marier Jean-Antoine Teissier de Marguerittes, fils unique, encore pupille, actuellement à Paris pour faire ses « exercices » ou études, avec Louise-Gabrielle-(Antoinette) de Génas, aussi pupille, quand les futurs conjoints auront atteint l'âge de puberté, ou au plus tard dans cinq ans. L'acte est passé à Nimes, dans l'hôtel de M. de Marguerittes (9 février 1756). Extrait en forme. Les notaires sont Darlhac et Boissier. — 47. Minute de la déclaration de Pierre de Génas, baron de Vauvert, de ses possessions à Vauvert, pour satisfaire à l'édit de mai 1749 et à une ordonnance de l'intendant de 1750 (s. d.). — 48. Déclaration du baron de Vauvert de ses possessions à Vauvert, pour satisfaire à la déclaration des États (de Languedoc) du 9 décembre 1755 et aux instructions arrêtées en conséquence par la commission établie suivant l'arrêt du Conseil du 20 novembre, pour connaître de tout ce qui a rapport à la levée du prix de l'abonnement des deux vingtièmes, faite par la province. Au bas, les commissaires ordinaires du diocèse de Nimes estiment, d'après les renseignement pris sur les faits mentionnés dans la déclaration du baron de Vauvert, que le revenu net de ses fonds nobles s'élève annuellement à 4.000 l. (2 mai 1739). Signatures de l'évêque de Nimes, de Reinaud, lieutenant général, d'Alison et du procureur fiscal, commissaires. — 49. Déclaration de Louise-Antoinette de Génas, fille de Louis-Pierre, baron de Vauvert, résidant au premier monastère de Sainte-Ursule de Nimes, au sujet de son mariage projeté par ses parents avec le fils de M. de Marguerittes (Cf. pièce 46). Elle ne peut vaincre l'éloignement qu'elle a pour ce mariage, ni accomplir une promesse qu'elle n'a jamais faite. Elle supplie respectueusement son père de consulter sa tendresse paternelle, de ne pas la contraindre à remplir un engagement nul par défaut de consentement des parties, et de la pourvoir ailleurs. L'acte est passé dans l'un des parloirs du monastère. Le notaire est J.-B. Vidal (24 janvier 1760). Signification du 25 janvier au au père. — 50. Sommaire du contrat de mariage de Jean-Maurice Reinaud avec Louise de Génas. Le baron de Vauvert donne à sa fille la terre de Vauvert. Réserves. M. Reinaud paiera à M. Teissier 54.000 l. L'apport du jeune homme est de 211.000 l. (4 février 1780). — 51. Donation entre vifs faite par Pierre-Louis de Génas, baron de Vauvert, à son gendre Jean-Jacques-Maurice Reinaud de Génas, de son droit, comme substitué aux biens de Melchior de Génas, de reprendre la seigneurie de Beauvoisin (Nimes, 13 juillet 1780). Extrait en forme. — 52. Extrait en forme de l'acte de sépulture de Louis de Génas, marquis de Durfort, ancien baron de Vauvert et seigneur de Beauvoisin, âgé de 77 ans (Vauvert, 7 mai 1767). — 53. Copie de la convention entre le baron de Vauvert et son gendre Reinaud de Génas, au sujet des matos et « attraits de ménagerie » (1) délaissés par M. de Durfort à sa métairie de Blisson (28 mai 1767). — 54. Extrait en forme de l'acte de sépulture de Gabrielle-Louise-Marie-Antoinette de Génas, épouse de Jean-Jacques-Maurice Reinaud de Génas, âgée de 32 ans, décédée à Nimes le 16 février 1779, et inhumée le 18 dans le caveau seigneurial de l'église de Vauvert. — 55. Verbal d'enregistrement du testament olographe d'Antoinette de Génas, baronne de Vauvert. Legs à ses filles Pierre-Madeleine-Sophie et Louise-Henriette. Son héritier universel est son fils aîné Jean-Louis-Auguste (Nimes, 18 septembre 1778). L'enregistrement a lieu le 9 mars 1779, à la requête de M. Reinaud de Génas. Le notaire est Charles Marignan. — 56. Contrat de mariage entre Jean-René-Marie de Solas, conseiller à la cour des aides de Montpellier, fils de Louis de Solas, président, trésorier de France, seigneur de Grabels, et de Gabrielle-Charlotte de Génas, d'une part ; et Marguerite de Génas de Vauvert, fille du baron de Vauvert, d'autre part (Château de Vauvert, 2 juillet 1779). Copie. — 57. Extrait en forme de l'acte de sépulture de Pierre-Louis de Génas, baron de Vauvert, âgé de 65 ans (Vauvert, 21 janvier 1780). — 58. Certificat de lieutenant en second pour Jean-Louis-Auguste de Génas, nommé le 25 juillet 1787, en cette qualité, dans le régiment de Hainaut Infanterie. Signature du secrétaire d'État au département de la guerre, Brienne (1er mai 1788). — 59. Brevet de capitaine pour Jean-Louis-Auguste de Génas, nommé dans le 50e régiment d'infanterie

(1) Charrettes, harnais, outils agricoles, mobilier de ferme.

(Paris, 6 juillet 1709). Signature : Louis, Griffe de Lajard.

E. 1217. (Portefeuille.) — 11 pièces, parchemin ; 10 pièces, papier ; à sceaux.

1450-1739. — *Fonds de Cabrières.* — *Les Génas de Beaulieu et de Puyredon.* — *Quatrième volume des Génas.* — *Avant les documents est une liste des pièces*

1. Copie du testament d'Alexandre de Génas, habitant sa maison de Choyasan, au mandement de Châteauneuf-d'Isère, en Valentinois (6 octobre 1574). — 2. Requête adressée par Pierre et Paul de Génas, oncle et neveu, aux président, lieutenant et conseillers élus en l'élection de Valence, contre les consuls et péréquateurs de Valence, procédant à la cotisation de la taille royale, et voulant y comprendre les suppliants pour leurs biens d'avant 1628. Signatures : Génas et Beaulieu. Au pied, ordonnance de soit montré au syndic des communautés villageoises de Dauphiné, signée du président. A la suite, avis du syndic, favorable à la requête ; avis favorable des consuls de Valence, et du procureur du roi (13-19 août 1637). — 3. Copie d'un acte du 7 décembre 1450, par lequel François de Génas, citoyen de Valence, autorisé par son curateur Damien Soytre, prévôt de l'église de Valence et archidiacre d'Aix, donne procuration générale à Jean, autre Jean et Antoine Soytre, de Monteil-Adhémar ; Claude et Jean Peldi frères, Jérôme de Génas, ses cousins, Claude de Janta et Dominique Sirot, notaires de Valence. L'acte est passé à Monteil-Adhémar, dans la grande cour de la maison des Soytre. Le notaire est « Antoine Taquinet. » L'expédition originale de cet acte a été analysée plus haut, ainsi que celles des trois pièces suivantes. — 4. Copie d'un acte du 13 juillet 1497, contenant le testament de François de Génas, fait à Valence, dans la maison des hoirs d'André Martin de *Besseis*, chanoine de Valence, où habite Jacques Bochon, docteur ès-droits, lecteur à l'université de Valence. Le notaire est Théobald Herbert, de Valence. — 5. Copie d'un acte du 2 mai 1475, où François de Génas reconnaît à Antoine de Balsac, évêque de Valence et de Die, des censives à Monteils. — 6. Copie d'un acte du 21 novembre 1528 contenant le testament de Jean de Génas,

bourgeois de Valence. — 7. Copie, intercalée par erreur dans l'acte précédent, d'un acte du 9 décembre 1450, passé à Crest-Arnaud, et dans lequel Jean, bâtard d'Armagnac, seigneur de Tournon et Gourdon, chambellan du dauphin de Viennois, sénéchal de Dauphiné et des comtés de Valence et de Die, atteste que Claude de Janta, procureur de François de Génas, pubère, et avec l'autorisation de son curateur Damion Seytre, prévôt de Valence et archidiacre d'Aix, comme il conste de lettres testimoniales reçues par le notaire « Andache Tanquet », a fait, devant son lieutenant général, reconnaissance et hommage au dauphin pour des consives à Charpey, Marches et Roche de Cline (1). — 8. Copie d'une requête de Romanet et Pierre de Marori à de Sève, intendant de Dauphiné, juge souverain pour l'exécution du règlement royal entre les ordres du pays (26-27 juin 1641). — 9. Extrait d'une procuration donnée par les consuls de Puy-Saint-Martin à un procureur au présidial de Valence pour les représenter contre divers prétendus nobles, à la suite d'une ordonnance des intendants de Dauphiné, de Chaze et de Sève, commissaires royaux pour la révision des feux et l'arrêt entre les trois ordres (16 juillet 1641). — 10. Copie d'une déclaration des consuls de Cléon d'Audran. Ils ont fait appeler noble Paul de Génas, sieur de Beaulieu, pour obéir à l'ordonnance des intendants. En nommant leur procureur, ils ont déclaré n'avoir aucun contredit à la qualité de noblesse de M. de Beaulieu (s. d.). — 11. Procuration (copie) donnée par l'un des consuls de Cléon d'Audran à un procureur de Valence. Même but que dans la procuration précédente (21 juillet 1641). — 12. Sommation faite par le procureur de Paul de Génas, sieur de Beaulieu, aux consuls de Valence, de Bourg, et de Châteauneuf d'Isère, de déclarer s'ils prétendent contredire sa qualité de noble (Valence, 21 janvier 1642). — 13. Règlement entre les procureurs des consuls de Valence, Bourg-lès-Valence, Châteauneuf d'Isère, Puy-Saint-Martin, Cléon d'Audran, et noble Paul de Génas, sieur de Beaulieu (s. d.). — 14. Autre copie de la procuration des consuls de Puy-Saint-Martin donnée à un procureur de Valence contre divers prétendus nobles (16 juillet 1641). — 15. Extrait des registres du bureau de l'élection de Valentinois, Diois et baronnies séant à Montélimar, portant une sentence maintenant Paul de Génas, sieur de Beaulieu, demandeur, en sa qualité d'an-

(1) Cf. E. 1829 pour les pièces 3 à 7.

cien noble, et faisant défense aux consuls de Cléon d'Audran et de Puy-Saint-Martin, joint à eux le procureur du roi, défendeurs, de le comprendre dans les impositions des tailles, sinon pour ses biens roturiers, acquis après le 1er janvier 1628 (5 septembre 1637). — 16. Autre copie du règlement de la pièce 13. — 17. Copie de l'ordonnance des intendants visée dans les pièces 9 et 10. Très mauvais état. A la suite, intimation de l'ordonnance aux hoirs de Blaise de Génas, sieur de Beaulieu. L'ordonnance est datée de Grenoble, 12 avril [1641]. L'intimation est du 22 mai suivant. — 18-20. Autres copies de l'ordonnance des intendants. — 21. Extrait en forme du contrat de mariage de Paul de Génas, sieur de Beaulieu, fils de Blaise et de Marguerite du Sault, d'une part, et d'Alexandrine Estezet, fille de Pierre, bourgeois de Valence, et de Judith [....]. (Valence, 30 juillet 1641). — 22. Supplique de Pierre de Génas au roi, pour obtenir de quoi aider à son entretien. Il est âgé de 70 ans, et a dépensé librement son bien pour le service des rois précédents, sous lesquels il commanda des compagnies de gens de pied en divers régiments. Il posséda même la charge de major, et d'autres charges honorables dans la cavalerie. Son voyage de Dauphiné à Paris, pour apporter à la défunte reine des avis importants, lui valut l'inimitié d'un grand personnage. Sur quoi la reine lui fit donner les dépêches qu'il désirait, sans toutefois pourvoir en rien en son voyage. Quand les habitants de Privas assiégèrent leur dame dans le château, le premier président de Grenoble, en l'absence des gouverneur et lieutenant pour le roi en Languedoc, l'envoya leur faire poser les armes. Il y réussit le jour même de son arrivée. Son embuscade contre des rebelles traversant le Rhône, la veille du jour où le « prince » (1) vint assiéger Soyons. Affaire des mille livres de rançon d'un prisonnier, accordées, puis retirées à de Génas (s. d.). — 23. Mémoire sur les preuves de noblesse de Christophe et René de Génas, oncle et neveu (s. d.). — 24. Copie d'un jugement de Bazin de Bezons, intendant de Languedoc, déclarant François de Génas, sieur de Puyredon, et Jacob de Génas, sieur de Beauvoisin, nobles et issus de noble race (Montpellier, 2 décembre 1668). — 25. Copie d'un arrêt du parlement de Grenoble ordonnant que divers affranchis contribueront aux subsi-

(1) Le duc de Montmorency se rendit devant Soyons fin avril 1629.

des de Dauphiné, à l'exception de François de Génas et d'Alexandre Soytre (Grenoble, 22 décembre 1484 [2]). — 26. Extrait d'un certificat de noblesse, délivré par François Dugué, Intendant de Lyonnais, Forez, Beaujolais et Dauphiné, à René de Génas (Vienne, 12 août 1658). — 27. Requête de Pierre de Génas à l'intendant de Dauphiné, pour faire entrer à Valence le vin de ses vignes de Vivarais (s. d.). — 28. Minute d'une requête de René de Génas, sieur de Beaulieu, lieutenant d'une compagnie de cavalerie au Régiment Royal, au parlement, dans le même but (s. d.). — 29. Certificat de noblesse délivré par François Dugué, intendant de Dauphiné, à Madeleine Leben, veuve et héritière de Pierre de Génas (Vienne, 4 septembre 1658). — 30. Certificat de noblesse délivré par l'intendant de Dauphiné à Cristophe et René de Génas oncle et neveu (Vienne 4 septembre 1658). — 31. Brevet de lieutenant au gouvernement de Valence, donné à M. de Génas, ci-devant lieutenant au régiment du Roi-Cavalerie, par Louis XIV, dauphin de Viennois, comte de Valentinois et Diois (Versailles, 7 novembre 1677). Grand sceau du roi dauphin en cire rouge, sur simple queue, et d'une très belle conservation. Le roi est à cheval passant à droite, casqué et revêtu d'une armure complète. Il tient une épée et un bouclier écartelé de France et de Dauphiné. La housse du cheval, est deux fois décorée du même blason. Légende : *Sigillum Ludovici, [Dei gratiâ] Francorum regis [et delphini Viennensis], 1653.* Contre-scel écartelé de France et de Dauphiné. — 32. Ordonnance de Camille Dautun de La Tivollière, comte de Tallard, lieutenant général pour le roi en Dauphiné, enjoignant aux consuls de Valence de rendre les honneurs accoutumés à M. de Génas, lieutenant de roi de Valence (visite en chaperon). Les autres corps de la ville lui rendront aussi les honneurs habituels, et M. de Génas pourra faire prendre les armes aux bourgeois à sa réception. Le major le reconnaîtra en sa qualité. Les consuls lui paieront son logement comme à ses prédécesseurs (Grenoble, 14 mars 1678). Sceau de M. de Tallard. — 33. Mémoire sur les démêlés de M. de Génas avec les membres de la sénéchaussée et du présidial au sujet des droits honorifiques de sa charge (préséances) (s. d.). — 34. Copie d'un arrêt du Conseil d'État, du 7 mars 1647, portant règlement entre l'évêque de Valence et les officiers de

(1 Cl. G. 123).

la sénéchaussée, présidial et maréchaussée de Valence pour l'exercice de leurs offices. — 35. Minute d'un mémoire pour M. de Génas, lieutenant de roi de Valence, contre le présidial de la ville (s. d.). 36-37. Extrait des registres du Conseil privé et du Conseil d'État, et intimation d'un arrêt du Conseil d'État du 10 septembre 1678, obtenu par René de Génas, sieur de Beaulieu, lieutenant de roi de Valence, contre le présidial de Valence, au sujet de ses droits honorifiques et préséances (30 décembre 1678. — 38. Minute du mémoire de M. de Génas pour avoir avis (s. d.). — 39. Extrait d'une ordonnance royale datée de Versailles, 11 février 1682, et réglant la préséance du gouverneur, du présidial et des consuls de Valence aux feux de joie. — 40. Copie de la notification aux consuls de Valence d'avoir à faire faire un feu de joie pour la prise de Gand, avec le détail de leurs devoirs à rendre à M. de Génas (8 avril 1678). — 41. Arrêt du Conseil d'État ordonnant que M. de Génas et ses successeurs en la charge de lieutenant de roi au gouvernement de Valence jouiront des mêmes honneurs et prérogatives que les lieutenants de roi de Bourg, Angers et Saumur (Fontainebleau, 16 septembre 1679). Signature : Tellier. — 42. Lettres exécutoires du roi dauphin à Lesdiguières, gouverneur de Dauphiné. Elles concernent l'arrêt précédent (16 septembre). Grand sceau rouge. — 43. Lettre de Louvois aux officiers du présidial de Valence. Le roi est mécontent de leur opposition à l'exécution de l'arrêt du Conseil du 16 septembre 1678. Louvois leur conseille de prévenir des mesures fâcheuses pour eux en se soumettant (Saint-Germain-en-Laye, 6 février 1679). — 44. Arrêt du Conseil d'État prorogeant encore pour trois années l'évocation accordée à M. de Génas, par l'arrêt du 3 avril 1682, de tous ses procès et différends, et les renvoyant au parlement de Grenoble (Versailles, 14 juin 1685). Signature : Colbert. — 45. Lettres exécutoires du précédent arrêt (14 juin). Grand sceau rouge. — 46. Lettres exécutoires de l'arrêt du Conseil qui suit (Marly, 1er mai 1690). Grand sceau rouge. — 47. Arrêt du Conseil d'État évoquant de nouveau à soi, pour trois années seulement, les procès de Génas et les renvoyant au parlement de Grenoble (Marly, 1er mai. — 48. Lettre de M. de Génas à son cousin [de Génas de Puyredon, à Nîmes]. Difficulté d'avoir des nouvelles de Mme de La Meynerie, qui habite les montagnes d'Auvergne et avec qui on n'a commerce que par des messagers exprès.

Mention de son cousin de Beauvoisin. On tourmente et fait par des taxes la noblesse non prouvée depuis 1600, que tous les nobles de Valence y sont compris, sauf M. de Génas et trois ou quatre autres. On ne parle que de cela dans toutes les compagnies, et on le trouve bien heureux d'être d'une famille aussi ancienne et aussi illustre qu'est la leur. Comme il faut les testaments et les mariages, pour justifier de sa filiation, il demande à son cousin des copies de divers actes des XVe et XVIe siècles (Valence, 16 janvier 1688). — 49. Réponse de M. de Génas (de Puyredon). La maladie l'a empêché de répondre plus tôt à son cousin de Valence. Il lui annonce des copies d'actes. Mention de leur cousin de Génas, prieur de Charpey, et d'une lettre originale de Louis XI à François de Génas au sujet de Saint-François de Paule. Le roi lui demandait des citrons et des poires muscadelles pour le saint homme, qui ne mange ni chair ni poisson. On fit venir ces fruits du fond de la Calabre. M. de Puyredon, qui avait communiqué cette lettre au prieur, n'a jamais pu la ravoir. Le prieur disait l'avoir baillée aux Minimes de Valence. M. de Beaulieu est prié de s'occuper de la rentrée du document dans la famille (Nîmes, 26 juillet 1688). — 50. Lettre de René de Génas, lieutenant du roi, à son cousin Louis de Génas, marquis de Durfort. Il a testé, instituant héritier son neveu à la mode de Bretagne, de Génas de Crest, avec substitution du fils Pierre de son cousin Louis de Génas, Pierre, baron de Vauvert, qui « tombera sûrement entre les mains » de son correspondant, en raison du grand âge du testateur (92 ans). De Génas de Crest ne voulant absolument pas se marier, la maison des Génas finira, si M. de Génas ne la fait perpétuer par un prompt mariage de son fils. Le testateur a fait un inventaire de ses meubles de Valence et du château de Génas, où il a huit chambres meublées et un grand nombre de médailles et de livres de prix. Des vapeurs le fatiguent et ne lui permettent pas d'écrire plus longuement. Il le prie d'assurer la comtesse de La Fare-Alais, son adorable et si méritante sœur, qui demeure à Beauvoisin, de ses respects (Génas, 23 août 1739). — 51. Lettre du maréchal de Midavy à M. de Génas, commandant pour le roi à Valence. Il le remercie de la part qu'il prend à la dignité dont le roi vient de l'honorer (Grenoble, 15 février 1724). Cachet armorié. — 52. Extrait en forme du testament de René de Génas, lieutenant de roi de Valence. Son héritier universel est Christophe de Génas, fils de Jean, son neveu à la mode de Bretagne, avec substitution de Pierre de Génas, baron de Vauvert, fils de Louis de Génas, seigneur de Durfort et de Beauvoisin (Valence, 1er mai 1739). — 53. Commission donnée par Louis XIII à M. de Génas pour lever une des dix compagnies de cent hommes devant former le régiment de gens de guerre à pied français dont le comte de Tournon aura la charge et conduite. M. de Génas les conduira et exploitera sous l'autorité du duc d'Épernon (Mèze, 12 août 1622). Signé : Louis. Le grand sceau manque. — 54. Extrait en forme du testament de Louis de Génas, seigneur de Puyredon, fils de François, seigneur d'Éguilles, conseiller au parlement de Provence, et de Claire de Radulfe. Il appartient à la R. P. R. Legs à ses filles Suzanne, Anne et Claire, à sa femme Marie de Pavée. Son héritier universel est son fils François (Nîmes, 16 septembre 1639). Le notaire est Jean Cabanemagre. — 55. Copie du testament de Marie de Pavée, veuve de Louis de Génas, seigneur du Puyredon. Son héritier universel est son fils François, seigneur de Puyredon, contrôleur général du taillon en Languedoc. Elle appartient à la religion réformée. Jean de Génas, seigneur de Beauvoisin, est témoin (Nîmes, 13 février 1639). — 56. Contrat de mariage entre François de Génas, sieur de Puyredon, contrôleur général du taillon en la généralité de Montpellier, et Gervaise de Roy, fille de feu Salomon Roy, conseiller et correcteur à la cour des aides de Montpellier. François est assisté de Jean de Génas de Beauvoisin, de Jean d'Albenas, viguier de Nîmes, et de Guillaume d'Eyguerran. Gervaise est assistée de son frère Jean, conseiller et correcteur à la cour des aides, et de Philippe de Noyater, baron de Fourques. Les futurs époux appartiennent à la R. P. R. (Montpellier, 12 mars 1642). — 57. Délibération des gentilshommes de la R. P. R. de Nîmes au sujet de leurs bancs du Grand Temple, qu'on a, sans leur consentement, et en les rendant très incommodes, rétrécis et reculés. Ils décident d'obtenir, par toutes les voies de droit, le rétablissement de l'ordre de choses primitif. La première des vingt-huit signatures du document est celle de M. de Génas (8 novembre 1659). — 58. Requête (minute) adressée par François de Génas, sieur de Puyredon, au prince de Conti, gouverneur et lieutenant général pour le roi en Languedoc. Par son ordonnance du 20 février 1660, le prince a permis aux gentilshommes de nom et d'armes de porter l'épée en tous lieux, et des pistolets d'arçon quand ils vont à la campagne, à condition de justifier de leur qualité. François expose les titres des Génas et en demande la vérification (s. d.). — 59. Copie d'un codicille de Claire de Génas de Puyredon, femme d'Henri de Montolieu, coseigneur de Cavoirac, habitant Mus (30 novembre 1671). — 60. Seconde production de François de Génas, seigneur de Puyredon, et de Jacob de Génas, seigneur de Beauvoisin, remise devant M. de Rozans, intendant de Languedoc, chargé par le roi de la vérification des titres de noblesse de la province (s. d.). — 61. Extrait en forme de l'enquête faite par Jean de Poitiers, évêque et comte de Valence et de Die, sur la noblesse de François de Génas. Sur une requête sans date de François, l'évêque charge Cunfrid de Montcanut, professeur de décrets, doyen et comte de Lyon, avec Guichard Rastier, docteur ès-lois, de l'enquête demandée (17 mars 1510 v. s.). Cette commission est scellée du sceau rond de l'évêque. L'enquête close et scellée sur parchemin est remise par Montcanut, l'un des commissaires, en l'absence de l'autre, à Jean Perrin, du diocèse de Poitiers, chanoine de Valence, notaire apostolique et impérial, secrétaire de l'évêque pour une transcription authentique, scellée du sceau de l'évêque. Ont déposé successivement : noble Pierre de Gandille, de la paroisse de Génas ; Louis Prévot, sous-maître de chœur de l'église de Lyon ; noble Pierre Malhet, écuyer, de Génas ; Jean du Ruis, dit Pelas, curé de Saint-Romain de Lyon. Ensuite Claude de Janta, notaire de Valence, procureur de François de Génas, a produit divers actes, dont le plus ancien est un acte scellé de trois sceaux, daté du vendredi avant la Noël de 1299, et où les Génas sont qualifiés de feudataires du seigneur de Saint-Laurent en Viennois. Le 19 mai 1511, en la maison épiscopale de Valence, a eu lieu, devant l'évêque, et en présence du procureur de François de Génas, la publication et l'ouverture des attestations, en suite de quoi l'évêque déclare noble François de Génas. — 62-63. Inventaires des actes servant à vérifier la noblesse de François de Génas, sieur de Puyredon. — 64. Contredits d'Alexandre Belleguise, chargé par le roi de la recherche des usurpateurs des titres de noblesse (s. d.). — 65-67. Inventaires des actes de noblesse de François de Génas, sieur de Puyredon. — 68-71. Réponse de François et Jacob de Génas aux contredits de Belleguise. — 72. Articles convenus entre les commissaires présidant pour le roi aux États de Languedoc et les commissaires députés par les États pour être observés dans la recherche des faux nobles (30 février 1668, Montpellier). — 73. Extrait des rôles des montres faites par les prédécesseurs de François de Génas, sieur de Puyredon, en l'arrière-ban de Valentinois et Diois (1474-1513). — 74. Mémoire généalogique pour prouver que Jean de Génas, sieur de Puyredon, est un des véritables successeurs aux biens de Léonard et de Jean Teissier frères (s. d.). — 75. Tableau et mémoire généalogique pour Jean de Génas de Puyredon (s. d.). — 76. Lettre de M. de Génas à un cousin non désigné. Il le prie d'employer son ami de Malte à faire entrer son fils dans l'ordre de Malte. Le frère de son bisaïeul, Jacques de Génas, était chevalier de Rhodes. En 1524, il devint commandeur de Saint-Vincent de Valence en Dauphiné. Gédéon de Génas, neveu de Jacques, fut aussi chevalier en 1595. On pourrait objecter à M. de Génas que sa femme n'était pas noble. Cependant M. de Possac, son beau-frère, a été anobli par le roi en raison de ses services. On dit qu'on favorise l'entrée des nouveaux catholiques dans l'ordre de Malte. M. de Bosville, intendant de Languedoc, a persuadé à plusieurs gentilshommes de faire recevoir leurs fils chevaliers de Malte, entre autres à M. du Cailar, frère du baron d'Aubais, qui est de la maison de Haschi, sortie de Florence, quoique la mère de M. du Cailar n'ait pas été de maison noble. On dit que la plupart des gentilshommes qui sont à Arles se sont mésalliés. S'étant ainsi fermé la porte de Malte et voulant y entrer, ils ont demandé au roi d'engager le grand maître et les grands commandeurs à ne s'attacher qu'à la descendance paternelle (s. d.). — 77. Mémoire pour Guillaume de Génas, sieur de Puyredon, qui désire être reçu parmi les chevaliers de Malte (s. d.). — 78. Arbre généalogique débutant à François de Génas et aboutissant à Guillaume, aspirant (s. d.). — 79. Tableau généalogique de la maison de Génas (s. d.).

E. 1244. (Portefeuille) — 2 pièces, parchemin ; 115 pièces, papier, 4 sceaux.

1746-1867. — *Fonds de Cabrières. — Les Reinaud de Génas. — Cinquième volume des Génas.— Avant les documents est une liste des pièces.*
1. Expédition du contrat de mariage de Jean-Jacques-Maurice Reinaud, conseiller au présidial de

Nîmes, fils de Jean-Maurice, juge mage et lieutenant général en la sénéchaussée, et de feu Jeanne de Pugel, d'une part ; avec Louise-Antoinette de Génas de Vauvert, fille de Louis-Pierre de Génas, baron de Vauvert, fils émancipé et donataire de Louis de Génas, marquis de Durfort, et de Louise Allier, d'autre part. Le futur reçoit de son père 200.000 l., comptées à l'acte, qui est passé au château de Vauvert. La totalité des biens des deux futurs époux monte à 500.000 l. (4 février 1760). — 2. Ordonnance du sénéchal permettant à M. Reinaud de Génas, dont le contrat de mariage a été lu et publié à l'audience du 27 février, de se mettre en possession des biens compris au dit contrat (Nîmes, 7 mars 1760). — 3. Projet d'acte par lequel le baron de Vauvert cède à son gendre Reinaud de Génas, tous ses droits en qualité d'héritier grevé de feu Rond de Génas, lieutenant de roi de Valence (s. d.). — 4. Extrait en forme de l'acte de baptême de Jean-Louis-Auguste de Génas, fils de Maurice et d'Antoinette, baronne de Vauvert (Nîmes, 17 mars 1760). Sceau de la sénéchaussée. — 5. Extrait en forme de l'acte de baptême de Pierre-Madeleine-Sophie de Génas, fille des précédents (Nîmes, 29 juin 1767). — 6. Extrait en forme de l'acte de baptême de Scipion-Jacques-Marguerite-Hippolyte de Génas, fils des précédents (Nîmes, 3 avril 1769). — 7. Extrait en forme de l'acte de baptême d'Alexandrine-Marguerite-Pierrette de Génas, fille des précédents (Nîmes, 24 juillet 1759). 8. Relation des réjouissances faites à Vauvert à l'occasion de la nomination de M. Reinaud à un office de président au Conseil supérieur de Nîmes, et de M. de Génas, seigneur de Vauvert, à un office de conseiller au dit Conseil supérieur (17 novembre 1771). — 9. Chanson nouvelle en provençal, imprimée, à l'occasion de l'arrivée du président Reinaud. Elle est [suivie d'une addition provençale par la jeunesse. — 10. Chanson de réjouissance, en provençal, à l'occasion de la fête donnée à Vauvert en l'honneur du président Reinaud et de son fils, le conseiller de Génas. Elle est suivie d'une autre chanson imprimée, en provençal. — 11. Chanson française imprimée, en l'honneur de M. de Génas, seigneur de Vauvert, conseiller en la « Cour souveraine » de Nîmes. — 12-14. Lettres du comte de Marsane-Saint-Geniès fils, écrites de Montélimar à M. de Génas, baron de Vauvert, conseiller au « Conseil souverain » de Nîmes. Il s'agit du renouvellement du terrier de sa terre de Céan. Lefèvre et Charvin, commissaires à terrier, ont dressé, ensuite, la reconnaissance des biens-fonds et de la maison que M. de Génas possède dans cette paroisse. M. de Marsane demande à M. de Génas, dans chacune de ces trois lettres, de lui faire passer reconnaissance de ces immeubles le plus tôt possible (13-25 novembre 1771-27 janvier 1772). — 15. Lettre de Ronaud, ingénieur géographe du roi pour la carte de France. Il a reçu son graphomètre. Il travaille assidûment à déterminer géométriquement le territoire de Vauvert, comme son destinataire [M. de Génas] le demande (Château de Bech, 16 mars 1772). — 16. Lettre de Mme Tardieu de La Pérouse, prieure de Nyons, à M. de Génas, pour lui réclamer cinq annualités de la pension qu'il sert à son monastère (4 octobre 1773). — 17. Examen des questions qui divisent le baron de Vauvert et M. de Génas, dans le but de les régler à l'amiable (s. d.). — 18. Mémoire indiquant les directives générales de la solution de leurs différends. — 19. Précisions supplémentaires. — 20. Réponse au mémoire communiqué de la part du baron de Vauvert à M. de Génas. — 21. Analyse du traité passé entre M. de Vauvert et M. de Génas (s. d.). — 22. Réponse aux articles qui précèdent les propositions insérées dans le mémoire remis en janvier 1765. Cette réponse non signée est de M. de Génas. Il supplie M. Alison de terminer les prétentions respectives des mémoires, afin que les raisons d'intérêt ne puissent pas affaiblir l'union qu'il désire entretenir avec M. de Vauvert, et que chacun soit exactement instruit de ce qui lui appartient (25 novembre 1765). — 23. Réponse au mémoire communiqué en décembre 1765. Elle n'est pas signée, mais émane de M. de Génas. Il prie de nouveau M. Alison de répondre à la juste confiance de M. de Vauvert et de lui-même. Il imagine que M. de Vauvert, qui lui a ouvert cette voie, ne s'en écartera pas. Si le contraire pouvait arriver, il aurait la satisfaction d'avoir fait tout ce que son respect et son attachement pour son beau-père lui ont inspiré (Nîmes, 30 décembre 1765). — 24. Minute de lettre non signée, paraissant écrite par M. Reinaud à M. de Vauvert, qu'il qualifie de frère. Le P. Alexandre lui a remis sa lettre et son mémoire. Affecté de la situation de M. [de Vauvert], le malheureux procès qu'ils essuient ne lui permet pas de l'arranger. Il a pris des engagements immenses qu'il ne veut ni ne peut multiplier. Il lui proposera d'autres moyens incessamment. En attendant, il a la parole de Lachat de suspendre tout acte d'hostilité. Quelle que soit la cause des dettes de M. [de Vauvert], il ne connaît aucune obligation d'état et de représentation dispensant de régler sa dépense sur son revenu, si médiocre qu'il soit. D'ailleurs, il ne croit pas fondées ses prétentions contre le fils du scripteur. M. de Durfort, père de M. [de Vauvert], a planté dans les garrigues des vignes faisant partie du domaine de Bllason, car il n'a fait ces défrichements et ces plantations qu'en qualité d'habitant de Vauvert et de propriétaire de cette métairie. Le scripteur fera toujours son possible pour entretenir l'amitié qui doit régner entre leurs enfants (15 septembre 1775). — 25. Copie de l'acte de baptême de Louise-Augustine-Henriette, fille de Jean-Jacques-Maurice de Génas, baron de Vauvert, et de Louise-Gabrielle-Antoinette de Génas, dame de Vauvert. Le parrain est Jean-Louis-Auguste de Génas, son frère. Mention des signatures de MM. de Génas, de Génas fils et Reinaud, entre autres (Nimes, 11 novembre 1774). — 26-29. Copies d'une lettre écrite, le 26 septembre 1775, par M. de Génas, baron de Vauvert, au P. Alexandre, de Saint-Maximin, vicaire capucin, prédicateur. Il lui écrit pour tâcher de finir une affaire qui lui tient à cœur. Très sensible à la noble façon d'agir de M. Reinaud, il aurait cependant préféré un revenu annuel de 200 fr. sur sa pension à la gêne d'imposer une somme sur le petit revenu destiné à échoir à sa seconde fille, sans fortune et sans établissement. Les décrets de la Providence le chargent de l'iniquité de ses devanciers. Il sortira nu de ce monde, comme un autre Job. Suit un état de tout ce qu'il peut céder, le reste lui étant nécessaire, ensemble un état de ses demandes, qui sont bien peu de chose. — 29. Lettre écrite à M. de Génas, en son château de Bech, par le frère Alexandre, capucin. Il lui envoie la quittance finale de M. Bargeton. Les 336 l. données à ce dernier de la part de M. de Génas ont été prêtées au religieux par M. Dubois, qui a reçu le chocolat de Cadix envoyé par son fils. Il en a cédé dix livres pour M. de Génas. Le prix est de 3 l. 4 s. la livre, qui est d'environ 17 à 18 onces. Il lui tarde de voir bientôt à Nimes M. de Génas pour lui faire sa visite « gardienale », à laquelle le P. Alexandre aura plus de part que le gardien (Nimes, 17 novembre 1775). — 30-31. Lettres de M. de Vauvert à son père, le marquis de Durfort, au château de Vauvert. Elles sont sans date. La première est relative aux défrichements de Bllason, la seconde à M. de Solas, son beau-frère, âme vénale et vindicative. Il part pour Bech, où il compte déployer un peu de zèle pour nourrir des valets. — 32-36. Lettres de M. de Génas, baron de Vauvert, à son gendre le baron de Génas et de Vauvert, qu'il appelle son fils. — 32. Il lui renvoie des brochures bien écrites et touchantes. Il le remercie de l'élégant thermomètre fait de ses mains. Il faut faire cause commune pour se bien défendre, et resserrer de plus en plus une union que la mort seule peut rompre. Il lui envoie des matériaux qui peuvent servir. Il est charmé que « Vauverte » soit contente et que le petit Génas l'aime un peu (Lettre du 3 mars, adressée au château de Bech. — 33. Lettre adressée à Nimes, comme les quatre suivantes. Elle est relative aux précautions à prendre pour le rétablissement de leur « chère malade » (10 janvier 1776). — 34. Lettre montrant que la malade est la fille du scripteur. Le lait leur est un poison à elle et à son père. Il croit même que c'est le lait qui a redonné la fièvre à sa fille (23 [janvier au soir]). — 35. M. de Graille lui a fait part de l'état de sa fille, qui l'a extrêmement affecté, et du conflit entre les médecins et la personne qui la traite (Jeudi soir). — 36. Il a vu avec peine que la toux persiste. C'est là le plus grand mal. Conduire sa fille à Lyon en plein hiver lui paraît bien dangereux (21 décembre 1779). — 37. Lettre de Mme Allier de Vauvert au baron de Génas et de Vauvert, à Nimes. Elle le remercie de ses vœux. Demain on fera une ponction à son mari (Vauvert, 2 janvier. — 38-39. Lettres de Selliers, curé de Vauvert, à M. de Génas, baron de Vauvert, à Nimes. — Il le prie de venir demain au château de Vauvert, pour sceller l'arrangement qu'il lui a ménagé avec Mme de Vauvert. Il a commencé une nouvelle négociation avec M. de Solas, et il espère que tout ira bien (Dimanche [6 février 1780]). — Il a fait part des dispositions de M. de Génas à Mme de Vauvert, qui demande, en plus, une cave et 90 l. pour ses habits de deuil (5 février 1780. — 40. Lettre de M. Hostalier de Saint-Jean à M. Dadre père, avocat, à Saint-Hippolyte, au sujet d'un projet d'arrangement avec M. de Génas (Saint-Jean du Gard, 3 mai 1776). — 41. Lettre de M. Dadre à M. de Génas, ancien conseiller au Conseil supérieur, à Nimes. Il l'invite à venir terminer chez lui son affaire avec M. de Saint-Jean, car il ne peut pas recevoir d'acte à Nimes (Saint-Hippolyte,

20 mai 1770). — 42. Copie d'une lettre de M. Dadre, datée de Saint-Hippolyte, 10 mars 1776, et de la réponse de M. de Génas, datée de Toulouse, 25 mars, au sujet du traité avec M. de Saint-Jean. — 43. Lettre de M. de Goudon à M. de Génas, son neveu. Ni M. de Solas ni lui ne voulent que le bien devant revenir à leurs femmes, mais ils le veulent fermement. Il importe de terminer au plus tôt cette affaire (Castres, 18 janvier 1769). — 44-45. Lettres de M. Boissier, datées de Vauvert, et concernant l'ouverture de la succession de M. de Vauvert. — Mme de Vauvert est dans l'intention de demander sa dot. Il ne conseille pas au destinataire (M. de Génas) de venir au château, car il n'y verrait et n'y entendrait que des choses désagréables. Le jour de l'enterrement de M. de Vauvert quelques « camestriers » assemblés firent une fusillade dans l'église. Un fusil se trouvant chargé blessa quelques personnes, mais non grièvement. Il y eut des murmures et des désordres dans l'église, puis tout s'apaisa (30 janvier 1780). — Hier on a commencé l'inventaire du mobilier de M. de Vauvert. Aujourd'hui on a procédé à l'ouverture de son testament. Il confirme, en faveur de Maurice-Louis de Génas, de Sophie et d'Henriette de Génas, ses petits-enfants, représentants de leur mère Louise-Antoinette-Gabrielle de Génas, sa fille aînée, la donation à elle faite de la baronnie de Vauvert en son contrat de mariage. Il ratifie en faveur de Marguerite de Génas, sa seconde fille, mariée à M. de Solas, conseiller à la cour des aides de Montpellier, la donation à elle faite en son contrat de mariage. Il institue pour son héritière universelle sa femme, Louise Allier, mais Mme de Vauvert a l'intention de répudier cette hérédité, si elle ne l'a déjà fait. M. de Goudon dit tout haut qu'ils vont aller à Nimes pour faire assigner le destinataire en paiement de l'année de viduité, des habits de deuil, de la pension alimentaire, en restitution de la dot, etc. Peut-être diront-ils pour excuse qu'il n'a pas donné signe de vie à Mme de Vauvert (1er février 1780). — 46. Quittance donnée par M. Daubert, notaire de Toulouse, à M. de Génas, de Nimes, de 279 l. pour les frais d'une quittance de 92. 246 l. 15 s. consentie à M. de Génas par M. et Mme de Goudon (Toulouse, 28 décembre 1787). C'est M. Cames qui a représenté M. de Génas. — 47-50. Lettres de M. Cames datées de Toulouse et adressées à M. de Génas de Vauvert, à Nimes. Elles concernent les règlements des affaires avec M. et Mme de Gou-

don (10 décembre-22 décembre 1787-13 mai 1788-20 mai 1787). — 51. Copie d'exploit de mainlevée de M. Lacadou, créancier de M. de Goudon, pour M. de Génas (Toulouse, 11 mai 1789). — 52. Quittance d'intérêts donnée par M. de Goudon à M. Reinaud de Génas (Castres, 18 mai 1788). — 53-55. Lettres de M. de Solas écrites de Grobels à M. de Génas, conseiller au sénéchal à Nimes, au sujet du règlement de leurs affaires et de celles de M. de Goudon (1er, 6 et 13 juillet 1788). — 56-57. Lettres de M. Boissier, écrites de Vauvert à M. de Génas, baron de Vauvert, à Nimes. — Hier M. de Solas arriva, et ce matin il a requis Boissier de recevoir son contrat de fiançailles avec Mme de Vauvert. C'est en faveur de ce contrat que M. de Vauvert a émancipé sa fille et lui a donné sa légitime sur tous ses biens. Mme de Vauvert se constitue en dot le tiers de sa légitime, et nomme en qualité de son procureur son futur époux, à l'effet d'exiger le paiement ou l'expédition de sa légitime sur les biens ci-devant donnés à sa sœur aînée, et cela dès l'accomplissement du mariage. Boissier craint que ce mariage ne rende plus difficile encore un accommodement. Une nouvelle vérification de la terre a été ordonnée aux dépens de M. de Génas (2 juillet 1770). — Le traité de trêve et la quittance ont été signés par M. et Mme de Solas. Le curé est chargé de les envoyer à M. de Génas. Il lui envoie l'extrait de l'opposition de scellé, de l'inventaire des meubles de M. Vauvert et du mariage de M. de Solas (27 mars 1780). — 58-59. Lettres écrites de Montpellier, par M. de Solas [père] à M. Reinaud, ancien juge mage, à Nimes. — Ayant appris le gain de son procès contre Mme de Goudon, il s'est procuré l'arrêt, et a vu avec surprise que lui-même avait touché beaucoup moins que ce qui lui revenait. Il lui offre de traiter à l'amiable pour les compensations qu'il estime lui être dues (26 octobre 1787). — Quoique gentilhomme et issu d'une race distinguée, il n'a jamais méprisé la roture ou la noblesse de fraîche date, car tout honnête homme a la noblesse. Il s'honore de son alliance avec la maison de Génas, commencée par son père. M. Reinaud dit que l'amertume de sa vie est cette alliance : que ne fait-il promptement quitter ce nom de Génas à son fils, à qui il l'a fait prendre ? Qu'il n'attende pas qu'on l'y contraigne légalement (7 novembre 1787). — 60. Minute d'une quittance finale de 57.200 l., faite par Jean-René-Marie de Solas, conseiller à la cour des aides de Montpellier et sa femme Marguerite de Génas à

Jean-Jacques-Maurice Reinaud de Génas, pour règlement de la légitime de Mme de Solas, moyennant quoi les parties renoncent au procès pendant aux requêtes du palais [18 décembre 1781]. — 61. Convention entre M. et Mme de Solas et M. de Génas, fixant la manière de régler les distractions sur le patrimoine du défunt baron de Vauvert (Vauvert, 8 avril 1781). — 62. Extrait d'une transaction entre M. de Solas, agissant pour lui et son fils mineur, et M. Reinaud de Génas, baron de Vauvert (Château de Vauvert, 7 décembre 1782). — 63. Coût « du jugement » (s. d.). — 64. Lettre de M. Nouguier à M. de Génas, à Nîmes, au sujet d'un arrangement amiable avec Mme de Solas (Montpellier, 26 février 1784). — 65. Lettre de M. Favier à M. de Génas, lui conseillant sans hésiter de choisir comme avocat M. Griolet, sur les trois noms envoyés par lui. M. Griolet est l'ami de Favier, qui connaît sa capacité (1). Il concourra à terminer l'affaire qui dure depuis trop longtemps entre M. de Solas et M. de Génas (Montpellier, 13 avril 1789). — 66. État des papiers remis par M. de Génas au secrétaire de Me Valadier, pour le règlement de l'affaire de Solas (s. d.). — 67. Lettre de Nouguier à M. de Génas, au sujet d'un arrangement avec Mme de Solas. M. de de Solas fait monter le patrimoine de M. de Vauvert à 787.000 l., pour la terre de Vauvert 630.000 l., pour le domaine de Blisson 80.000 l., pour « l'ouverture » ou défrichement des garrigues 57.000 l. Ne pourrait-on pas trouver un moyen de finir sans avocats ? (Montpellier, 7 mars 1789). — 68. Extrait d'une transaction entre M. et Mme de Solas et M. Reinaud de Génas, représenté par François Crouzet, secrétaire du parquet de la sénéchaussée de Nîmes (Château de Grabels, diocèse de Montpellier, 16 novembre 1789). — 69. Extrait d'une quittance de 1.164 l. faite par M. et Mme de Solas à MM. de Génas père et fils, représentés par le notaire Alicot (Château de Grabels, 16 décembre 1789). — 70. Lettre d'Alicot, notaire de Montpellier, contenant la note des frais de la quittance de M. et Mme de Solas (8 septembre 1790). — 71. Projet ou minute d'acte de notoriété demandé par Jean-Louis-Auguste de Génas, officier au régiment de Hainaut, et ses sœurs Pierre-Madeleine-Sophie et Louise-Augustine-Henriette. Il s'agit d'établir, au moyen d'une enquête par témoins, que feu Louis de Génas,

marquis de Durfort, leur bisaïeul maternel, est mort en mai 1767, sans laisser d'autre enfant mâle que Pierre-Louis de Génas, baron de Vauvert, leur aïeul maternel, et que celui-ci est décédé en janvier 1780, sans laisser d'enfant mâle (s. d.). — 72. Convention entre Jean-Jacques-Maurice Reinaud de Génas, baron de Vauvert, et son frère Félix-Alexandre Reinaud de Bagnon, chevalier de Saint-Louis, commissaire des guerres, au sujet de deux rentes viagères de 600 l. chacune, constituées par M. de Bagnon, l'une sur la tête de Jean-Louis-Auguste de Génas, son neveu, et l'autre sur la tête de Pierre-Madeleine-Sophie de Génas, sa nièce (Nîmes, 24 août 1785). — 73. Testament mystique de Jean-Louis-Auguste de Génas, sous-lieutenant au régiment d'infanterie de Hainaut. Son héritier universel est son père Jean-Jacques-Maurice Reinaud de Génas (Nîmes, 10 avril 1786). — 74. Procuration donnée à son père par Auguste de Génas, émancipé (9 septembre 1786). — 75. Extrait de l'émancipation de Jean-Jacques-Maurice Reinaud de Génas par son père Jean-Maurice Reinaud, ancien président juge mage, lieutenant général en la sénéchaussée (15 décembre 1788). — 76-81. *Lettres écrites de Vauvert par P. Mingaud à M. de Génas, à Nîmes, en 1790.* — 76. Il le félicite de n'avoir pas hésité à partir à la tête de sa légion. La journée du lundi (1) fut terrible pour Mingaud. Un massacre inouï, apprenant que M. de Génas était blessé, sans savoir ni comment ni pourquoi, et sans pouvoir pénétrer pour le secourir ! Mingaud est patriote, et flétrit « l'infâme conspiration contre les bons citoyens de votre cité nîmoise ». Chute du fils de Mingaud : la foule le pressa et le fit tomber, la tête la première, du haut d'un mur élevé de deux toises. (1) Passage à Vauvert du colonel de la légion de Montpellier, qui fut content des honnêtetés de la légion de Vauvert (19 juin). — 77. Mingaud raconte avec enthousiasme la célébration de la fête civique du 14 juillet à Vauvert. Il est heureux de représenter M. de Génas dans l'administration de sa terre de Vauvert. Ce matin 15 juillet, la légion a été poser un arc de triomphe à la porte du curé et un autre à la porte de M. Rame, pasteur protestant. Ensuite, farandole de plus de 200 personnes. En tête se trouvaient le maire, le curé, son vicaire et M. Rame. La farandole

(1) Ce jugement favorable était justifié, car Griolet, devenu en 1790 procureur général syndic du directoire du Gard, fut un administrateur de grand talent.

(1) Voir, pour les détails de la sanglante « Bagarre » de Nîmes, en juin 1790, F. Rouvière, *Histoire de la Révolution française dans le Gard*, t. 1er, pages 75 à 191. Le lundi en question fut le 14 juin.

était « des deux sexes ». Il y avait, entre autres, Mme Rame, la sœur du maire, et Mme Dorthe. La compagnie de grenadiers a invité à souper, avec un fricot d'escargots et autre chose, devant la porte de l'église, le curé et le pasteur (15 juillet). — 78. Lettre d'affaires agricoles. M. de Génas fait faire des creux pour planter des arbres dans le bois : c'est de l'argent perdu. Par les expériences précédentes, Mingaud est assuré de la non réussite (6 septembre). — 79. Incident entre Mingaud et Masson et Beau. Mingaud présente sa défense (9 septembre). — 80. Mme de Vauvert a fait dire avant-hier à Mingaud de boucher ou de raser les « merlets » ou créneaux du château, pour éviter une insurrection. M. Rame, consulté sur cette question, répondit qu'il ne croyait pas à des troubles, et que l'affaire était, non du ressort de la légion, mais du ressort de la municipalité, chargée de l'exécution des décrets de l'Assemblée nationale. Même avis du major de la légion, consulté aussi. Quant aux armoiries du château de Boch, recouvertes de mortier, mais non détruites, il fit part d'une rumeur, interprétant cette dernière mesure comme une feinte de M. Génas, et une preuve qu'il demeure attaché à la contre-révolution. Son avis fut qu'il était prudent de détruire les armoiries au ciseau. Propos du major sur la question de la démission de M. de Génas comme colonel de la légion, et sur l'opposition qui se forme contre lui, déjà traité d'aristocrate. La combinaison de M. Boissier pour créer un club à Vauvert n'a pas été du goût de tout le monde, comme excluant la famille de Génas, celle de Mingaud et d'autres (30 septembre). — 81. Lettre d'affaires (9 décembre). — 82. Testament olographe de Jean-Jacques-Maurice Reinaud de Génas, dûment émancipé. Legs à Pierre-Madeleine-Sophie de Génas [sa fille aînée], femme de M. Cabrières; à Louise-Auguste-Henriette de Génas, sa seconde fille. Son héritier universel est son fils Jean-Louis-Auguste de Génas (Nîmes, 8 octobre 1791). — 83-84. Pétitions de Jean-Jacques-Maurice Reinaud-Génas aux administrateurs du directoire du district de Nîmes en liquidation de créances, suivies des décisions du directoire (11-12 mai 1792). — 85. Copie d'un accord entre Jean-Jacques-Maurice Reinaud-Génas et son frère Jacques-Scipion Reinaud-La Bonne. Le notaire est Marignan (Nîmes, 11 août 1792). — 86. Certificat de la municipalité de Nîmes, portant qu'une arme peut être confiée, sans aucun danger, au citoyen Louis-Auguste Génas, garde national (9 février 1793). —

87. Réquisition des maire et officiers municipaux de Nîmes, «au citoyen Génas fils, de livrer ses habit, veste et culotte uniformes, pour l'habillement des citoyens appelés à la défense de la Patrie (15 avril 1793). — 88. Certificat du secrétaire-greffier de la commune de Nîmes, portant que les citoyens Maurice Reinaud-Génas et Auguste Reinaud-Génas, père et fils, lui ont remis, en exécution du décret du 17 juillet 1793, plusieurs registres et liasses de papiers ou parchemins relatifs aux directes qu'ils possédaient (24 septembre 1793, an II de la République). Sceau de la municipalité en cire rouge. — 89. Déclaration des revenus de Jean-Jacques-Maurice Reinaud-Génas (Nîmes, 20 ventôse an II, ou 10 mars 1794). — 90. Déclaration du même, pour ce qu'il possède dans la section de l'Amphithéâtre romain de Nîmes (s. d.). — 91. Extrait des minutes du greffe de la justice de paix du premier arrondissement de Nîmes. Le 27 frimaire an II, ou 17 décembre 1793, à 8 heures du soir, le juge de paix Louis Nicolas, en conséquence du mandat d'arrêt décerné contre le citoyen Reinaud-Génas par le comité de surveillance du département, se rend dans sa maison, située sur le Cours. Au premier étage, il trouve Reinaud et plusieurs gardes nationaux. Reinaud lui fait visiter toutes les pièces de sa maison, où le juge appose les scellés. Le 8 nivôse an II, ou 28 décembre 1793, à 9 heures du matin, en conséquence d'un arrêté du comité de surveillance, rendu sur la pétition de Reinaud-Génas, détenu comme suspect à la maison d'arrêt, le juge de paix, en présence du frère et de la fille du détenu, lève les scellés, ne trouve aucun papier suspect, remet les clés des secrétaires au citoyen Reinaud-La Bonne, et laisse à sa disposition tous les papiers qu'ils renferment. Sceau du juge de paix. — 92. Extrait de l'inventaire estimatif des effets mobiliers de la maison des citoyens Reinaud-Génas et Jacques-Scipion Reinaud, dressé par le juge de paix. L'ensemble est estimé à 16.120 l. La bibliothèque se compose surtout de livres de droit et d'histoire. Parmi les autres, on note l'*Encyclopédie*, l'*Histoire de l'Académie des Inscriptions et Belles-Lettres*, l'*Histoire générale des voyages*, beaucoup de journaux et d'almanachs (4 ventôse an III, ou 22 février 1795). Deux feuillets de formats différents. — 93. Arrêté imprimé du corps municipal de Nîmes, fixant à 3 l. le prix de la journée due à chaque citoyen composant la force armée qui garde les gens suspects, imposant aux détenus comme sus-

pocts de remettre la déclaration du revenu net de leurs biens, en vue du règlement de leur part contributive au paiement desdits frais. Suit l'approbation de Borie, représentant du peuple. La délibération est du 14 pluviôse an II, ou 2 février 1794. Elle est signifiée au citoyen Génas père, détenu à la maison d'arrêt, le 16 ventôse an II, ou 6 mars 1794. — 94. Cahier imprimé des charges et conditions de l'adjudication des baux des biens nationaux ayant appartenu à Reinaud-Génas condamné. Il y sera procédé le 12 vendémiaire, ou 3 octobre, par-devant le directoire du district, à la diligence de l'agent national (Nimes, 10-28 thermidor an II, ou 28 juillet-15 août 1794). — 95. Expédition du procès-verbal d'adjudication de la ferme de trois années du domaine ayant appartenu à Reinaud-Génas, condamné, domaine situé dans le terroir de Milhau. Étienne Bourdic est adjudicataire moyennant 6,100 l. par an (12 vendémiaire an III ou 3 octobre 1794). — 96. Extrait des minutes du greffe de la justice de paix du 1er arrondissement de Nimes. Le 13 frimaire an III, ou 3 décembre 1794, comparaissent devant Louis Nicolas, juge de paix, Pierre-Madeleine-Sophie Génas, femme Rovérié, et Louise-Augustine-Henriette Génas, disant que leur frère Jean-Louis-Auguste Génas fut immolé à des haines particulières par le tribunal de sang qui s'est joué de la vie, de la liberté et de la fortune des citoyens. Il leur importe d'établir que, lors de son jugement, ce tribunal refusa d'entendre les témoins à décharge produits par l'accusé, et elles requièrent le juge de prendre la déclaration du citoyen Gisquet, huissier de ce tribunal. Gisquet déclare que Bertrand, accusateur public, lui ordonna d'aller traduire, de la maison d'arrêt des ci-devant Capucins, devant le tribunal révolutionnaire, le citoyen Génas fils, ce qu'il fit. Une fois assis devant le tribunal, Génas remit à Gisquet une liste des témoins qu'il voulait faire assigner à sa décharge. Gisquet ayant obtenu de Bertrand la permission de les faire assigner, Giret, l'un des juges, demanda de quoi il s'agissait, et sur la réponse de Gisquet, lui arracha la liste des mains et la déchira en cent morceaux. Sceau du juge de paix. — 97. Extrait des registres des arrêtés du directoire du département du Gard. Sur la pétition des citoyens Pierre-Madeleine-Sophie Génas et Isidore Rovérié, mariés, et Louise-Augustine-Henriette Génas, assistée de Jacques-Scipion Reinaud, son curateur, pour obtenir la main-levée des biens saisis à Jean-Jacques-Maurice

Reinaud-Génas, leur père, mort victime du ci-devant tribunal révolutionnaire, le directoire, considérant que leur père a été condamné à mort par le tribunal révolutionnaire, et postérieurement au 10 mars 1793, et que ses biens ne sont pas dans le cas des exceptions de la loi du 21 prairial dernier, arrête que les pétitionnaires seront réintégrés dans les biens meubles et immeubles encore en nature qui avaient été confisqués sur leur père et beau-père (Nimes, 8 messidor an III, ou 26 juin 1795). — 98. Réquisition de Guisquet, faite au citoyen Génas pour l'administration du département, de délivrer ses barillons propres à charger du foin (Nimes, 16 frimaire an III, ou 6 décembre 1794). — 99. Extrait de l'adjudication d'une coupe de bois de 90 arpents, faisant partie du domaine de Bech, ayant appartenu à Reinaud-Génas, condamné. L'adjudication a lieu en faveur de Louis Dumas, moyennant 101,000 l. (Nimes, 19 pluviôse an III, ou 7 février 1795. — 100. Pétition de Sophie Génas, de son mari Isidore Rovérié, et d'Henriette Génas, assistée de Scipion Reinaud, son curateur, au directoire du district de Nimes, pour rentrer dans les biens de leur père et beau-père, avec avis favorable du district et du directeur de l'enregistrement (6-8 messidor an III, ou 24-26 juin 1795). — 101-103. Copies pour les citoyennes Génas, signifiées à la requête de François Serre, propriétaire foncier de Nimes, qui désire se libérer d'une pension foncière et leur fait des offres réelles, avec citation desdites citoyennes devant le bureau de paix et conciliation du tribunal du district (15 messidor-3 thermidor an III, ou 3-21 juillet 1795. — 104. Pétition de Sophie Génas, femme d'Isidore Rovérié, et d'Henriette Génas, assistée de Jacques-Scipion Reinaud, son oncle et curateur, aux administrateurs du district de Nimes. Héritières de Jean-Jacques-Maurice Reinaud Génas, elles demandent que les impositions des biens à elles rendus, situés en différentes communes du district, impositions exigibles pendant la durée de la jouissance de la Nation, ne soient point à leur charge, et qu'elles ne soient tenues que des impositions arriérées avant le séquestre, et de celles courant depuis le 14 floréal (ou 3 mai) dernier. Avis favorable du receveur des domaines nationaux, du « 7e jour complémentaire » an III (lire 6e), ou 22 septembre 1795. — 105. Délibération du directoire du district, émettant l'avis que les contributions assises sur les biens de feu Reinaud-Génas sont à la charge de la République pendant tout le temps qu'elle en a joui (7 vendémiaire an IV, ou 29 septembre 1795). — 106. Note de la paille requise aux héritiers de Reinaud-Génas et versée au magasin militaire à Nîmes (s. d.). — 107. Citation des citoyens Isidore-Rovérié-Cabrières, sa femme Sophie Génas, et Henriette Génas, à la requête d'Étienne Bourdic, agriculteur de Milhau (6 vendémiaire an IV, ou 27 septembre 1795). — 108. Notification aux précédents, faite à la requête d'Étienne Bourdic, de ce qu'il est appelant du jugement rendu entre les parties par le tribunal de district de Nîmes le 29 vendémiaire (ou 20 octobre) dernier (20 brumaire an IV, ou 11 novembre 1795). — 109. Convention entre Sophie et Henriette Génas, assistées, la première de son mari, la seconde de son oncle, d'une part ; Étienne Bourdic, fermier de leur domaine de Milhau, et sa caution Pierre Bourdic, d'autre part. Bourdic paie en assignats 164.313 l., pour la dernière annuité du bail à lui adjugé par le district de Nîmes (Nîmes, 10 germinal an IV, ou 30 mars 1796). — 110. Extrait des minutes du greffe de la justice de paix du 4me arrondissement de Nîmes. Le 15 messidor an V, ou 3 juillet 1797) Isidore Rovérié-Cabrières, en l'absence de tout verbal d'exécution de Jean-Jacques-Maurice Reinaud-Génas, et de Jean-Louis-Auguste Reinaud Génas, père et fils, ses beau-père et beau-frère, condamnés à mort par le tribunal révolutionnaire de Nîmes, demande au juge de paix de prendre la déclaration des habitants qu'il amène. Pierre Pellerin, gendarme ; Pierre Vésinet, huissier au tribunal civil ; Alexandre et César Reydon, affirment qu'il est à leur connaissance que Jean-Louis-Auguste Reinaud-Génas fils fut jugé le 27 messidor an II, ou 15 juillet 1794, et Jean-Jacques-Maurice Reinaud-Génas, son père, le fut le 1er thermidor, ou 19 juillet suivant. Condamnés tous deux à la peine de mort, ils furent exécutés le même jour sur l'Esplanade de Nîmes. Collation du 13 ventôse an VIII, ou 4 mars 1800. — 111. Copie du contrat de mariage de Marie-Joseph-Gabriel-Luc Vanel-Lisleroy, propriétaire foncier, né à Uzès, habitant Saint-Quentin, et de Louise-Augustine-Henriette Génas, fille de feu Jacques-Maurice Reinaud-Génas et de Louise-Antoinette Génas. La future se constitue 100.000 l. en fonds de terre. Les notaires sont Jacques Bonnaud, de Nîmes, et Pierre Dufour, d'Uzès (Nîmes, 25 nivôse an V, ou 14 janvier 1797). — 112. État de dépense et recette de 1795. La recette est de 340.463 l. et la dépense de 337.744 l. — 113. État raisonné des inscriptions de tiers consolidé appartenant aux sœurs Génas et provenant de la succession de leur père (s. d.). — 114. Note des contrats [de rentes] appartenant à Reinaud-Génas, dont les titres ont été envoyés à Paris. Ils représentent 6.928 l. de rentes. A la suite, note des contrats expédiés à Jacques-Scipion. Ils représentent 4.568 l. de rentes (s. d.). — 115. Note des contrats [de rentes] entre les mains de feu Ménissier, procureur fondé, suivie d'une note des contrats à différents particuliers « sous la confiance de M. Reinaud » (s. d.). — 116. Copie de l'acte de décès de Louise-Augustine-Henriette de Génas, veuve de Marie-Joseph-Luc Vanel, baron de Lisleroi, âgée de 92 ans (Nîmes, 17 juin 1887). — 117. Rubrique des actes passés par Jean et Jean-François Boissier, notaires de Vauvert, actes auxquels Louis-Pierre de Génas, et après lui Jean-Jacques-Maurice Reinaud de Génas sont parties (1746-1792).

E. 1244. (Portefeuille). — 14 pièces, parchemin ; 91 pièces, papier ; 7 sceaux.

1546-1714. — *Fonds de Cabrières.* — *Les d'Hauteville, seigneurs de Montferrier et barons de Vauvert, 1er volume.* — *Sixième volume des Génas.* — *Avant les documents est une liste des pièces.* 1. Mémoire sur la famille d'Auteville ou d'Hauteville, originaire du Bas-Vivarais. Le plus ancien acte connu est le mariage de Jacques d'Hauteville, avec Marthe Burgata, passé devant Duchamp, notaire de Vivarais, le 18 « mai 1545 ». Suit un tableau généalogique (1778). — 2. Description des armoiries des d'Hauteville (XVIIIe s.). — 3. Mémoire imprimé pour servir à la généalogie de la maison d'Hauteville, et à consulter ses substitutions. On écrit indifféremment d'Auteville, de Hauteville et d'Hauteville. Ce mémoire est l'œuvre de Grangier, procureur (XVIIIe s.). — 4. Contrat de mariage entre noble Jacques d'Hauteville et Marthe Burgata. L'acte est passé à Saint-Apollinaire, chez Jean Burgata, père de l'épousée, dans la chambre appelée « l'ostal neuf », le 18 janvier 1545 v. s., par Philippe Duchamp, notaire. Jacques est fils de noble Louis d'Hauteville, du lieu d'Hauteville, paroisse et mandement de « Glayran » diocèse de Viviers. Les Burgata sont aussi de « Glayran », qu'il faut lire : Gluiras. — 5. Testament de noble Louis d' « Alteville » ou d'Hauteville, paroisse de Saint-Apollinaire de Gluiras, en Bas-Vivarais. Son héritier universel est son fils Jacques d'Hauteville. L'acte est passé à Hauteville, chez le testateur. Le notaire est Jean Roche (25 janvier 1500.). — 6. Extrait du contrat de mariage de Claude d'Hauteville, fils de Jacques, avec Marie Audemar, fille de feu Jean, de Charliou, paroisse de Saint Christol. L'acte est passé à Charliou. Pierre Comballon, ministre de la parole de Dieu ; noble Antoine d'Hauteville, frère de Jacques, sont présents. Le notaire est Jean Roche (1er mai 1570). — Ordre signé d'Alphonse d'Ornano, capitaine de cinquante hommes d'armes des ordonnances du roi, colonel général des compagnies corses et italiennes, et commandant aux diocèses de Nîmes et d'Uzès, de laisser passer et séjourner M. d'Hauteville, avec ses serviteurs, chevaux et armes, allant à Avignon, Tarascon, Arles, Narbonne et autres villes (Pont-Saint-Esprit, 27 décembre 1585). Sceau plaqué, en papier. — 8. Ordre du roi, signé « Henry », de laisser passer Jacques d'Hauteville et de lui fournir des chevaux de poste et des guides en payant raisonnablement (Camp de Beaugency, 17 juin 1589). Sceau. — 9. Lettre du duc de Ventadour (1) à M. d'Hauteville, au sujet de l'assignation à poursuivre pour son état et appointement de lieutenant pour le roi en Languedoc, ainsi que de sa pension de 2 000 écus, à lui accordée par le roi. Tous les conseillers au conseil privé ont été assignés de leurs états, mais lui n'a rien retiré de cette charge. Il prie d'Hauteville de lui faire assigner ses gages : 666 écus 2/3. De Ventadour a appris par sa femme (2) la promesse à elle donnée par le connétable [de Montmorency] (3) de le faire nommer au gouvernement de Limousin, qui serait refusé à d'Épernon. S'il en est ainsi, d'Hauteville doit en faire expédier un brevet de survivance, en cas de vacance par la mort de Mme d'Angoulème (4). Suivent trois lignes d'écriture chiffrée. Mme de Ventadour lui a encore écrit que le connétable le ferait

(1) Anne de Lévis, duc de Ventadour, neveu et gendre du duc de Montmorency, lieutenant général en Languedoc.

(2) Marguerite de Montmorency, fille du connétable et de Marguerite de La Mark.

(3) Henri 1er de Montmorency, seigneur de Damville, mort le 2 avril 1614, après avoir gouverné le Languedoc pendant 51 ans.

(4) Charlotte de Montmorency, fille aînée du duc, femme de Charles de Valois, fils naturel de Charles IX, comte d'Angoulème, d'Auvergne, et grand prieur de France.

payer de ce que le roi lui doit, savoir le comté de Pézénas pour engagement, et 3.666 écus de pension sur l'ordinaire des tailles de Limousin. Nombreux objets financiers traités dans cette longue lettre. De Ventadour écrit au roi et au connétable sur la dépense qu'il est contraint de faire journellement et inopinément, tant en espions en Espagne et en Italie, qu'en plusieurs messageries dans la province. Mention de l'abbaye de La Grasse et du cardinal de Joyeuse. (1) Mme de Ventadour avait reçu en don du roi, 10.000 écus sur les arriérés et restes des tailles de Languedoc, mais « Messieurs des comptes » ont refusé de vérifier ce don. Il faudra en obtenir quelque jussion. Le corps de la lettre est écrit par un secrétaire. M. de Ventadour y ajoute quelques lignes de sa main, où il prie d'Hauteville de se servir de la faveur du connétable pour satisfaire à ses instructions. Il devra guider Mme de Ventadour sur la manière d'écrire pour l'avancement des affaires du duc (Agde, 12 juillet). L'année n'est pas indiquée, mais ce doit être 1610, après l'assassinat de Henri IV, au cours de la visite du duc de Ventadour aux places fortes de la province, et de ses mesures pour mettre la côte hors d'insulte des galères espagnoles. — 10. Provisions de l'office de conseiller et auditeur en la chambre des comptes de Languedoc, établie à Montpellier, pour Jacques d'Hauteville. Henri IV mande aux gens de la chambre, après qu'il leur sera apparu des bonnes vie, mœurs et religion catholique de Jacques, de le mettre en possession (Mantes, 5 juillet 1594). — 11. Nomination de M. d'Hauteville à une place de gendarme en la compagnie de cent hommes d'armes du duc de Ventadour, compagnie qu'il a contribué à lui faire obtenir (La Voulte, 5 septembre 1594). Signature du duc. — 12. Provisions de l'office de conseiller et maître ordinaire en la chambre des comptes de Montpellier pour Jacques d'Hauteville. Il n'y a plus lieu d'informer de ses vie, mœurs et religion, attendu l'enquête déjà faite lors de sa réception d'auditeur (Lyon, 17 juillet 1600). — 13. Extrait des provisions de l'office de conseiller maître ordinaire et général en la cour des comptes, aides et finances de Montpellier, que tenait Jacques d'Hauteville, en faveur de son fils Pierre d'Hauteville (Montpellier, 27 septembre 1632). Ces lettres étaient scellées du grand

(1) François de Joyeuse, archevêque de Toulouse, fils de Guillaume.

sceau en cire jaune sur double queue. — 14. Deux extraits de la pièce 10, où Nantes est lu « Meaux » et « Maux ». — 15-17. Extraits de la pièce 12. — 18. Autorisation donnée à M. d'Hauteville par le duc de Ventadour, pair de France, lieutenant général en Languedoc et baron de Vauvert, à M. d'Hauteville, de faire construire un four en sa maison et métairie de Bech, située dans la baronnie de Vauvert, en considération des services rendus à son père et à lui-même depuis son jeune âge (Château de Vauvert, 9 juin 1644). — 19. Contrat de mariage entre Jacques d'Hauteville, conseiller et maître ordinaire en la chambre des comptes de Languedoc, fils de feu Jacques et de Marthe de Bargata, et Anne de Blancard, fille de Pierre, baron de Meissac, conseiller au présidial de Montpellier, et de Violande de Bocaud (Montpellier, 15 septembre 1608). — 20. Publication du testament de noble Nicolas « de Reymond », écuyer, de Vauvert. Son héritier universel est son fils Louis. Le testament est daté de Vauvert, 15 février 1616. La publication a lieu par devant le juge de la baronnie de Vauvert, le 14 janvier 1619. Écriture effacée par suite d'un mouillage excessif du parchemin par le relieur. — 21. Copie du dénombrement baillé au sénéchal par noble Madeleine de Bourdic, veuve de noble Étienne « Raymond », agissant pour elle et comme aïeule et tutrice des enfants de feu noble Tanaquin Raymond, son fils. Elle est représentée par noble Charles de Coursac, aux termes d'une procuration à lui donnée le 5 mars 1589. Le dénombrement est baillé le 7 m[ars] 1589. Copie faite d'après un extrait de La Gorce, commis à la garde des archives de la sénéchaussée. — 22. Extrait du testament de Jacques d'Hauteville, seigneur de Montferrier [1], maître ordinaire en la chambre des comptes de Montpellier. Son héritière universelle est sa femme Anne de Blancard. L'acte est passé à Vauvert le 8 décembre 1624. Le notaire est Jean Tempié. — 23. Extrait du testament de noble Claude d'Hauteville, du lieu d'Hauteville, paroisse et mandement de Gluiras. Son héritier universel est son frère Jacques d'Hauteville, conseiller et maître en la chambre des comptes de Montpellier (19 juillet 1630). — 24. Provisions de l'office de conseiller maître ordinaire et général à la cour des aides de Montpellier pour Pierre d'Hauteville, qui y succède à son père, Jacques d'Hauteville (Montpellier, 27

[1] Montferrier est une commune du 3e canton de Montpellier.

septembre 1632). — 25-26. Extraits des dites provisions. — 27. Autorisation donnée par Louis XIII, et signée de sa main, à M. d'Hauteville, conseiller en sa cour des comptes, aides et finances de Montpellier, d'aller en Italie pour ses affaires particulières (Saint-Germain en Laye, 28 décembre, 1638). Contreseing de M. de Loménie, conseiller d'État. — 28. Pactes de mariage entre noble Pierre d'Hauteville, seigneur de Montferrier, conseiller à la cour des aides, et Louise de Baudan, fille de noble Jean de Baudan, conseiller au présidial de Nîmes, et de Marthe de Montcalm (Montpellier, 1er mars 1639). Suit une addition de même date où se retrouvent à peu près les mêmes signatures. — 29. Extrait d'une ratification de donation faite par Marthe de Montcalm en faveur de sa fille Louise de Baudan, (Nîmes, 3 mars 1639). — 30. Extrait du contrat de mariage entre Pierre d'Hauteville et Louise de Baudan, mariés le 30 avril (Vauvert, 3 juin 1639). — 31. Extrait du testament de noble Gabriel d'Hauteville, seigneur de Saint-Clément et du Fesc, capitaine d'une compagnie de cavalerie au régiment du comte de Mérinville, fils de Jacques d'Hauteville et d'Anne de Blancard. Ses héritiers universels sont sa mère et et son frère Pierre. L'acte est passé à Anduze, dans le logis où pend l'enseigne des *Trois Rois*, en présence de plusieurs cavaliers de la compagnie. Le notaire est David Flamand (25 août 1640). — 32. Extrait du contrat de mariage entre Jean de Brun, seigneur de Roussas, conseiller maître général à la cour des aides de Montpellier, et Suzanne d'Hauteville, fille de Jacques (11 août 1641). — 33. Extrait du testament de Pierre d'Hauteville, conseiller à la cour des aides, baron de Vauvert, seigneur de Montferrier. Son héritière universelle est sa femme Louise de Baudan (Mende 1er septembre 1643). — 34. Rémission, faite par Anne de Blancard, veuve de Jacques d'Hauteville, à son fils Pierre d'Hauteville, baron de Vauvert, Montferrier et Saint-Clément, de tout l'héritage de son mari, et de sa moitié de l'héritage de son autre fils Gabriel d'Hauteville, moyennant certaines conditions (Château de Montferrier, 17 mars 1643). — 35. Ordonnance de François Bosquet, intendant de Languedoc, rendue entre Philibert Chacquoneau, traitant des domaines du roi dans la province, et M. d'Hauteville, baron de Vauvert, conseiller à la cour des aides de Montpellier. Chacqueneau est démis de sa requête, tendant à faire condamner d'Hauteville au paiement du droit seigneurial de quint et requint dû au roi pour l'acquisition de la seigneurie de Vauvert. En effet, les officiers de la cour des aides de Montpellier jouissent des mêmes immunités que ceux de la chambre des comptes de Paris (Montpellier, 25 juin 1643). — 36. Ordonnance de l'intendant, rendue entre les mêmes parties, qui devront produire dans quinzaine. Cette ordonnance de clausion est antérieure à la pièce 35 (Montpellier, 20 mai 1643). — 37. Dire par écrit de d'Hauteville contre Chacquenoau (s. d.). — 38. Signification d'exploit de forclusion et de remise de pièces pour d'Hauteville contre Chacquenoau (12 juin 1643). — 39. Extrait d'un arrêt du parlement de Toulouse, du 13 septembre 1638, déchargeant Jean Soller, conseiller et maître ordinaire en la chambre des comptes de Montpellier, d'une demande de droit de lods et vente à lui faite par le sous-fermier des lods et ventes du roi à Saint-Thibéry. Ce texte est suivi de l'extrait d'un édit donné à Saint-Germain en Laye au mois d'avril 1633 et enregistré le 11 mai suivant à la cour des aides de Montpellier. Il donne aux officiers de cette cour les mêmes immunités qu'aux officiers de la chambre des comptes de Paris. — 40. Copie de requête et assignation devant l'intendant, Chacquenoau contre d'Hauteville (Montpellier, 18-19 mai 1643). — 41-45. Extraits d'édits ou de lettres patentes de François Ier (Blois, avril 1519 et Lyon, janvier 1537); Henri IV (Paris, mai 1594); et Louis XIII (Paris, 30 septembre 1610 et 1630) (1), accordant aux officiers de la chambre des comptes, puis de la cour des comptes, aides et finances de Montpellier, décharge du droit de quint et requint, et les mêmes privilèges qu'aux officiers de la chambre des comptes de Paris. — 46. Lettre de Riquet à d'Hauteville, conseiller à la cour des aides. Il n'a pu obtenir réponse de M. Saint-Véran qui, méfiant, a écrit au duc, (2) à Paris. Le duc vient de donner pouvoir à Riquet de clore, sans plus attendre, le marché avec celui des deux qu'il avisera, à 100.000 l. comptant ou payables peu après. (3) Tout dépend maintenant de la diligence que fera d'Hauteville. Riquet lui demande de lui indiquer, par le prompt retour du porteur, le jour de son passage à Saint-Vallier, afin de pouvoir l'attendre à Saint-Rambert, chez Barbier, maître de la poste qui est au-dessus de Saint-Vallier (Annonay, 11 juillet 1642). — 47. Lettre adressée à l'abbé de Moymac par son frère, dont les cachets armoriés sont timbrés d'une couronne comte-duc. M. de Montferrier, fils de feu M. d'Hauteville, qui a servi toute sa vie leur maison, va écrire au syndic de la vente de Vauvert. Il conjure son frère de lui procurer la préférence (29 juillet 1643). Cette lettre est du comte de Tournon, lieutenant général de la province de Languedoc en 1642. — 48. Lettre de M. Delmas à M. d'Hauteville, baron de Vauvert. Il a reçu de « Madame » (la duchesse de Ventadour, veuve d'Anne de Lévis, mort en décembre 1622) ordre de lui montrer et de lui proposer d'accepter un contrat de cession des 5.000 l. de rente qu'il doit au duc (de Ventadour, son fils, (1) à cause de l'acquisition de Vauvert. Un mal au pied l'empêchant de voyager, il s'excuse d'envoyer le contrat par son fils au lieu de l'apporter lui-même (s. d.). — 49-55 : Lettres ou pièces signées du duc de Ventadour, et se rapportant au paiement du prix de la vente de la baronnie de Vauvert, faite à M. d'Hauteville. — 49. Il prie M. d'Hauteville de payer à Gaspard Demande, ci-devant son maître d'hôtel, 507 l. qu'il lui doit (Paris, 12 avril 1645. Acquit de Demande fait à Vauvert le 2 août 1645, au pied du dit mandement. — 50. Mandement de payer 35 l. à M. de Murles, pour fruits et huiles envoyés de Languedoc à Paris, le carême dernier (Ussel, 1er août 1646. Au dos, acquit de M. de Murles, daté de Murles, 15 octobre 1646. — 51. Mandement de payer 1.700 l. à André Astorgues, résidant à La Voulte, en Vivarais (Ussel, 12 octobre 1646). Au dos, acquit d'Astorgue (Montpellier, 22 mai 1647). — 52. Mandement de payer aux hoirs de Messes, bourgeois de Pézénas, argentier du feu duc de Ventadour, père du duc actuel, 1889 l., plus les frais d'un mandement tiré sur Esquion, ci-devant fermier des gabelles de Languedoc, qui a refusé de l'accepter et de l'acquitter malgré trois actes de sommation, ce qui porte à 2.122 l. la somme à payer aux dits hoirs (Ussel, 26 octobre 1646). Acceptation de M. d'Hauteville (Montpellier, 30 novembre 1646. — 53. Quittance notariée de 2.122 l. faite par François Messes, fils et héritier de Jean Messes, bourgeois de Pézénas, au duc de Ventadour, pair et maréchal de France, gouverneur et lieutenant général pour le roi en Limousin, payant par les mains et deniers de Pierre

---

(1) Ici manque la fin de l'édit, contenant la date, que la suscription n'a conservé que pour l'année.

(2) C'est le duc de Ventadour.

(3) Il s'agit de l'acquisition de Vauvert.

(1) Charles de Lévis, lieutenant général au gouvernement de Languedoc, sénéchal de Limousin, marquis d'Annonay, comte de La Voulte, duc de Ventadour depuis l'entrée de son frère Henri dans les ordres (1631).

d'Hauteville, baron de Vauvert, seigneur de Montferrier, conseiller à la cour des comptes (Montpellier, 5 novembre 1647). — 54. Le duc compte être bientôt à Toulouse, pour un procès qui lui importe extrêmement. Il y envoie, en attendant, son intendant Chevinie, à qui il a donné une rescription sur M. d'Hauteville des 800 l. que ce dernier reste lui devoir du terme échu à la Noël, en sus de ce qu'il a payé par autre rescription au sieur Astorgue, de La Voulte (Brives, 15 mars 1647). — 55. Le duc a tiré hier une lettre de change, sur M. d'Hauteville, de 2.822 l. payables à huit jours de vue à M. Coulsel, trésorier général de la bourse du pays de Languedoc (Paris, 14 janvier 1648). — 56. Lettre de Mme de La Guiche (duchesse de Ventadour). Elle désire une prompte réponse à sa dernière lettre, que M. de Marles a remise à Mme d'Hauteville, et demande l'argent dû de l'acquisition de Vauvert, pour l'employer ainsi qu'elle l'a dit à M. d'Hauteville (Paris, 10 septembre 1649). — 57. Lettre de du Rier-Lurey. M. Piquet a vu M. d'Hauteville de la part de la duchesse de Ventadour. Les rentes qu'elle veut racheter sont rachetables en un seul paiement, qu'elle peut faire aussitôt que l'argent de M. d'Hauteville sera à Paris. Ce rachat dépend donc de sa diligence (Paris, 15 octobre 1649). — 58. Lettre du même. Si d'Hauteville lui avait fait savoir que son argent est prêt, il aurait trouvé à Paris des personnes solvables qui l'auraient fait prendre là et rendu à Paris moyennant quelque somme pour le change (Paris, 12 novembre 1649). — 59. Minute de réponse de d'Hauteville. Il fait tous les efforts imaginables pour faire venir son argent « de delà ». Ne trouvant point d'autre voie que celle de la voiture, il partira dès la séparation des États, parcequ'alors il pourra profiter de la compagnie de beaucoup de personnes allant à Paris. Il faut faire travailler à cette affaire et donner les actes nécessaires (Montpellier, 11 novembre 1649). — 60. Lettre de du Rier-Lurey. Il attendra de savoir quand d'Hauteville pourra se rendre à Paris et passer à Roanne, pour se joindre à lui et l'accompagner à Paris (Lyon, 11 décembre 1649). — 61. Lettre de Piquet. Il a trouvé à Annonay des lettres de la duchesse de Ventadour lui annonçant qu'elle ira en Normandie peu après son retour à Paris, où elle espère voir M. d'Hauteville pour terminer leurs affaires. Il le prie d'aviser la duchesse, ou du Ryer, du moment où il sera prêt à faire partir son argent. Ils auront disposé les créanciers à le recevoir, avant l'arrivée de l'argent à Paris (Annonay, 14 décembre 1649). — 62. Lettre de du Ryer-Lurey. Dès que la duchesse (de Ventadour) apprendra le départ de M. d'Hauteville pour Paris, on va de la payer, elle quittera Sainte-Marie pour Paris. Comme c'est un voyage de cinq jours, elle arrivera avant M. d'Hauteville. Ce dernier trouvera à Paris tous les papiers qu'il désire, et il ne tient qu'à lui de sortir d'affaire en toute sûreté (Lurey-sur-Loire, 17 janvier 1650). — 63. Extrait d'une déclaration notariée faite par Anne de Blancard, veuve de Jacques d'Hauteville, seigneur de Montferrier, à son fils Pierre d'Hauteville, baron de Vauvert (1er octobre 1649). — 64. Extrait du testament d'Anne de Blancard, appartenant à la R. P. R. Lègue à ses filles Marie, femme d'Henri de Mariotte, président à la cour des aides, et Suzanne, femme de Jean de Brun, sieur de Russas, conseiller à la dite cour. Son héritier universel est son fils Pierre, baron de Vauvert (18 juillet 1649). — 65. Déclaration notariée d'Antoine de Marc, seigneur de La Calmette et de Saint-Clément, à Pierre d'Hauteville, baron de Vauvert (21 août 1651). — 66. Testament de Pierre d'Hauteville, appartenant à la religion réformée. Lègue à ses filles Anne, Marie et Catherine, à Pierre, fils naturel de son frère de Saint-Clément, né en Biscaye; à sa mère Anne de Blancard. Il institue sa femme Louise de Raudan pour son héritière universelle, sous le bon plaisir de sa mère, à la charge de remettre l'héritage à Gabriel d'Hauteville, leur fils aîné, quand bon lui semblera, avec l'assentiment de sa mère et de son ami M. Tandon, avocat à la cour des comptes. En cas de mort, il substitue successivement à Gabriel ses fils Jacques, Maurice, puis ses filles (17 mars 1653). — 67-71: *Affaire du prieur de Vauvert.* — 67. Lettre de Hallay (1) prévôt de la cathédrale de Nîmes, prieur de Vauvert, à M. d'Hauteville. M. de Montjuif, son procureur à Toulouse, lui a remis sa lettre. Inutilité des arrêts du parlement de Toulouse, que le Conseil casse d'abord, comme n'étant qu'une suite de la chaleur des derniers mouvements de « contraste » ou d'hostilité entre le parlement, les États et la cour des comptes. L'arrêt hostile auquel il s'attend lui donnera jour à une cassation, puisque la communauté [de Vauvert] le poursuit au préjudice d'un arrêt du Conseil qui lui a été signifié, ce qui est un pur attentat à l'autorité du roi. Son malheur est sin-

(1) Nicolas Hallay, frère du jésuite Hallay, cousin de l'évêque Cohon (Cf. Prosper Falgairolle, *Lettres intimes de Mgr. Cohon*, Nîmes, 1891, in-8° de 64 pages).

quitter dans cette province, où ses paroissiens, pour lesquels il n'a jamais eu que des tendresses sans exemple de la part des autres prieurs, prennent à tâche de blesser son amour, et de dissoudre sa bonne volonté dans leur aigreur comme la perle dans le vinaigre de Cléopâtre (Toulouse, 31 décembre 1654). — 66. Autre lettre du même au même. Il n'omettra rien dans leur commune querelle. Il va quitter Toulouse pour terminer au plus tôt les différends de Mgr de Dol, (1) se rendre ensuite en bas Languedoc, et de là, où d'Hauteville jugera à propos. Il lui importe de recevoir ses avis de ce qu'il pourra procurer à Paris (Toulouse, 3 février 1655). — 67. Autre lettre du même au même. Les quatre dernières lettres de d'Hauteville lui sont arrivées à la fois, après avoir été, avec trente-deux autres lettres, dirigées par erreur sur Borne-Combe, en Rouergue, prise pour l'abbaye de « Flaran » (2), parce que toutes deux étaient à feu M. de Valence. Il a obtenu des lettres et commission en règlement de juges. Il est éloigné de deux fortes journées de Toulouse. Il n'y a aucun ordinaire dans toutes ces villes de Gascogne, notamment à Condom, où il fait sa plus commune résidence. Il lui faut envoyer exprès à Toulouse un laquais, lequel ne peut y aller que tous les quinze jours. Le plus court est d'adresser sa correspondance à M. de Montjuif, qui la remet aux gens du prieur en mains propres. Les intérêts de Mgr de Dol lui font essuyer toutes les fatigues et misères de Gascogne. Malgré la résistance et les artifices de la marquise d'Ambres, il espère porter l'abbaye de Flaran de 1.800 l. de rente à 5.000 l., car il a mis la main sur les titres et vérifié des usurpations qui ont duré pendant les 90 ans que l'abbaye a reposé par titre ou « confidence » dans sa maison. Mgr de Dol a donc intérêt à le soutenir à Paris, et il ne s'y épargne pas (Valence, près Flaran, « en Armagnac de Gascogne », 17 avril 1655. — 70. Signification, faite à d'Hauteville, baron de Vauvert, de lettres d'assignation au parlement de Toulouse, données à la

requête de Nicolas Haltay. Il s'agit de l'exécution d'une transaction de 1574 au sujet du terroir de La Jonquière. Les parties étaient le prieur de Vauvert, le baron de Vauvert et le baron du Caylar. En 1640 le baron d'Aubais, comme baron du Caylar, avait prétendu que les pacages de La Jonquière lui appartenaient comme biens vacants. D'accord avec les habitants du Caylar et de Vauvert, il avait obtenu de la chambre de l'Édit de Castres l'adjudication de cette terre. A son exemple, M. d'Hauteville, baron de Vauvert, a fait évoquer le procès en la chambre de l'Édit de Grenoble. Mais le parlement de Toulouse est seul compétent, car il s'agit d'un bien d'église (Toulouse, 28 novembre 1654-Vauvert, 17 décembre 1654. — 71. Lettre de Neyrac à d'Hauteville. Le sujet principal est l'affaire du prieur de Vauvert (Paris, février 1655. — 72. Copie d'un codicille d'Anne de Blancard, veuve et héritière de Jacques d'Hauteville, seigneur de Montferrier (Montpellier, 18 septembre 1655. — 73. Attestation signée par Hardouin de Péréfixe, archevêque de Paris, portant que noble Gabriel d'Hauteville, baron de Vauvert, a abjuré l'hérésie de Calvin par-devant lui, en la chapelle de son palais archiépiscopal, et embrassé la foi catholique (Paris, 20 juillet 1654. Les témoins sont de Lévis de Ventadour, chanoine de Paris, (1) Jacques de Sainte-Beuve, docteur de Sorbonne, et autres. Sceau de l'archevêque. — 74. Extrait d'une transaction entre Antoine Dumarc, seigneur de La Calmette et de Saint-Clément, et Louise de Baudan, veuve et héritière fiduciaire de Pierre d'Hauteville, baron de Vauvert (Nîmes, 3 avril 1695. — 75. Ordre signé du roi et contresigné Le Tellier, adressé à La Rigce, commissaire ordinaire des guerres, ayant la conduite du régiment des gardes-françaises, pour établir M. de Vauvert en la charge de sous-lieutenant en la compagnie de M. de Congis, au dit régiment Saint-Germain en Laye, 28 mai 1655. — 76. Extrait d'un jugement de la cour du sénéchal de Montpellier, au criminel, rendu entre le procureur du roi, demandeur en cas d'excès et contravention aux édits des duels, trois prévenus contumax et défaillants, un curateur à la mémoire de Jacques d'Hauteville de Montferrier, et Gabriel d'Hauteville, baron de Vauvert, demandeur en réparation du meurtre commis sur M. de Montferrier, son frère. Les trois prévenus

---

(1) Anthyme-Denis Cohon, évêque de Nîmes de 1634 à 1644, puis de Dol de 1644 à 1655, puis de Nîmes encore de 1655 à 1670. Il ne fut préconisé qu'en 1657, après de longues difficultés que lui suscita le cardinal de Retz, mécontent des ordinations effectuées par Cohon à Notre-Dame de Paris, pendant l'exil du célèbre archevêque (Cf. F. Duine, Cohon évêque de Nîmes et de Dol, Rennes, 1902, in-8 de 72 pages).

(2) Flaran, abbaye du diocèse d'Auch, comté de Fézenzac, ordre de Citeaux.

(1) Henri de Lévis, ex-duc de Ventadour, ex-lieutenant général en Languedoc, ex-comte de La Voulte, qui remit ses titres et charges à son frère Charles.

sont condamnés à être pendus devant la maison consulaire de Montpellier, avec confiscation de leurs biens. Ils seront exécutés « figurativement ». Un tableau attaché à la potence contiendra leur « représentation, » leurs noms et la cause de leur condamnation. Jacques d'Hauteville est déclaré coupable d'avoir contrevenu aux édits contre les duels, sa mémoire est condamnée et ses biens acquis au baron de Vauvert, son frère (13 juillet 1658). Sceau du sénéchal. — 77. Mandement de la chambre de l'Édit de Castres, sur la requête de Gabriel d'Hauteville, commettant le lieutenant criminel au sénéchal de Montpellier pour procéder à l'exécution figurative des trois prévenus (24 juillet). — 78. Procès-verbal de leur exécution figurative (11 août 1658). Sceau du sénéchal. — 79. Déclaration imprimée du roi contre les duels (Paris, mai 1683), enregistrée en parlement le 28 juillet 1634. — 80. Inventaire des actes produits devant M. de Bezons, intendant de Languedoc, commissaire du roi pour juger souverainement des usurpations de titres de noblesse en la province, par noble Maurice d'Hauteville, de Montpellier, troisième fils de la maison, assigné (15 septembre 1668). — 81. Généalogie de Maurice. — 82. Inventaire des actes remis devant l'intendant par noble Philippe d'Hauteville, assigné (s. d.). — 83. Assignation donnée à Philippe d'Hauteville, fils de Pierre, baron de Vauvert, pour comparoir par-devant l'intendant (13 août 1669). — 84. Assignation donnée à Maurice d'Hauteville, fils de Pierre, dans le même but (13 août). — 85. Conclusions du procureur du roi en la commission. Vu leurs productions, Il n'empêche que Maurice et Philippe soient déclarés nobles et inscrits dans le catalogue des nobles de la province, comme petits-fils et fils de conseillers et maîtres en la cour des comptes, aides et finances de Montpellier (16 octobre 1668). — 86. Copie d'actes et assignation données, à la requête d'Antoine de Marc, seigneur de La Calmette et de Saint-Clément, à Louise de Baudan, veuve de Pierre d'Hauteville, baron de Vauvert (29 juin 1584-31 janvier 1670). — 87. Extrait du testament de Gabriel d'Hauteville, baron de Vauvert et de Montferrier. Il part pour la région de Castres. Il appartient à la religion catholique. Legs à ses sœurs Anne (femme de M. de La Crozette), Marie et Catherine. Ses héritiers universels sont ses frères Maurice et Philippe (Château de Vauvert 13 juin 1671). — 88. Extrait du testament de Maurice d'Hauteville, fils de Pierre, baron de Vauvert. Il appartient à la religion réformée. Son héritière universelle est sa mère Louise de Baudan, Il lui substitue éventuellement ses frères Gabriel et Philippe (Vergèze, 13 juin 1672). — 89. Commission de capitaine d'une compagnie dans le régiment de cavalerie d'Arnolfini pour M. de Vauvert. Signatures du roi, de Le Tellier, du comte d'Auvergne (Saint-Germain en Laye, 29 avril 1678). Restes du sceau. — 90. Ordre signé par Balthazar de La Cardonnière, lieutenant général, mestre de camp général de la cavalerie de France, de reconnaître M. de Vauvert comme capitaine d'une compagnie de « chevaux légers » au régiment d'Arnolfini, conformément aux lettres patentes du roi et à l'attache du comte d'Auvergne, colonel général de la cavalerie (Paris, 30 avril 1678). — 91. Copie sommaire du testament de F. Hippo d'Hauteville, capitaine de chevau-légers dans le régiment de Sauze. Legs aux réformés de Vauvert. Son héritière universelle est sa mère Louise de Baudan, (30 octobre 1680) ; et du testament de Maurice d'Hauteville, seigneur de Montferrier. Legs aux réformés de Vauvert. Son héritière universelle est sa mère Louise de Baudan, baronne de Vauvert (20 octobre 1680). — 92. Certificat médical signé de Siméon Chabaud, docteur en médecine de l'université de Montpellier, et portant que noble Gabriel d'Hauteville, baron de Vauvert, est attaqué, depuis très longtemps, de plusieurs maladies. Description très curieuse des effets des grandes vapeurs s'élevant du bas-ventre au cerveau du malade, qui ne peut, sans danger pour sa vie, entreprendre aucun voyage (Vauvert, 21 septembre 1680). — 93. Lettre du roi informant M. de Vauvert qu'il l'a choisi pour faire la levée de l'une des compagnies dont il a résolu d'augmenter ses troupes de cavalerie. Il en prendra le commandement en vertu de son ancienne commission de capitaine, et sera obéi sans difficulté des officiers et chevau-légers qui la composeront (Versailles, 7 mai 1682). — 94. Commission de capitaine d'une compagnie de chevau-légers dans le régiment de Florensac, pour M. de Vauvert (Chambord, 8 octobre 1682). — 95. Extrait d'un codicille de Louise de Baudan, veuve de Pierre d'Hauteville, baron de Vauvert, en faveur de Philippe d'Hauteville, son plus jeune fils, capitaine de chevau-légers au régiment du marquis de Florensac, à cause des grandes dépenses qu'il a dû faire à la guerre pour soutenir son emploi. L'acte est passé dans une métairie du Vistre appartenant à Louise (11 mars

1683. — 96. Ordre du roi pour M. de Vauvert, capitaine réformé du régiment de cavalerie de Florensac, de se rendre à la suite de la compagnie mestre de camp du régiment de cavalerie de Condé, pour y servir (Fontainebleau, 20 octobre 1683). — 97. Codicille de Maurice d'Hauteville de Montfercier en faveur de ses sœurs Marie et Catherine (Vauvert, 10 juillet 1680). — 98. Remise de l'héritage de Maurice d'Hauteville, faite par Louise de Baudan à Philippe d'Hauteville (Château de Vauvert, 30 janvier 1647). — 99. Rémission de ses droits sur l'héritage de Pierre d'Hauteville, baron de Vauvert, faite par sa veuve, Louise de Baudan, à leur fils Philippe (Château de Vauvert, 9 mars 1647). — 100. Lettre du roi au duc de Roquelaure, pair de France, mestre de camp d'un régiment de cavalerie, pour qu'il ait à recevoir M. de Vauvert dans son régiment, comme capitaine de la compagnie vacante par la mort de M. de Lestolle (Versailles, 5 juillet 1687). — 101. Commission de capitaine de cavalerie légère donnée à M. d'Ornaison, exempt en l'une des compagnies de gardes du corps (Versailles, 20 août 1688). Sceau royal. — 102. Ordre du duc de Genevois et de Nemours, pair de France, de laisser passer MM. d'Hauteville et de Madesy, s'en allant à Tours et à Paris, chacun avec un homme et deux chevaux (Lyon, 11 janvier 1568). Sceau du duc. — •103. Contrat de mariage entre Philippe d'Hauteville, baron de Vauvert, fils de Pierre et de Louise de Baudan, et Gabrielle de Génas, veuve en premières noces de Pierre de Roques, fille émancipée de Jacob de Génas, seigneur de Beauvoisin, et de Suzanne de Nogarède, dame de Beauvoisin et de Durfort (Château de Durfort, 2 septembre 1693). — 104. Arrêt imprimé du Conseil d'État, commettant Charles de La Cour de Beauval pour l'exécution de la déclaration royale contre les usurpateurs de noblesse (4 septembre 1696). A la suite, assignation à comparoir devant l'intendant, donnée à Philippe d'Hauteville (12 juin 1697). — 105. Requête en décharge de la dite assignation, présentée à l'intendant par Philippe. Au pied, dire contraire du procureur de M. de Beauval (20 juin 1697) et réplique de Philippe. — 106. Jugement de Nicolas de Lamoignon, intendant de Languedoc, déclarant noble et issu de noble race et lignée Philippe d'Hauteville, baron de Vauvert, attendu qu'il est issu de père et d'aïeul conseillers en la cour des comptes, aides et finances de Montpellier (1er juillet 1697). — 107. Pactes de mariage entre Louis de Génas, seigneur de Beauvoisin, baron de Durfort et de Saint-Étienne, et Suzanne d'Hauteville, fille de Philippe d'Hauteville, baron de Vauvert, et de Gabrielle de Génas (Vauvert, 18 septembre 1718). Signatures de « Suson de Vauvert » et de « Catin de Vauvert ». — 108. Compte entre Mme de Vauvert et Mme d'Ornaison, belles-sœurs, à partir d'octobre 1712, et quittance finale de 110 l. faite par la seconde à la première (Vauvert, 4 avril 1714).

E. 1145. (Portefeuille.) — 2 pièces, parchemin; 44 pièces, papier.

1620-1672. — *Fonds de Cabrières. — Les d'Hauteville, 2me volume. Pièces relatives à l'admission du baron de Vauvert aux États de Languedoc. — Septième volume des archives des Génas. — Avant les documents est une liste des pièces.*

1-2. Mémoire contenant un historique. Le père du baron de Vauvert acheta la baronnie de Vauvert, le 22 août 1642, à M. de Ventadour. On fit difficulté de recevoir M. d'Hauteville aux États de Languedoc parce qu'il était officier du roi (conseiller à la cour des aides de Montpellier). Assigné au Conseil, le syndic général de la province n'y comparut pas, et un arrêt par forclusion, de juillet 1644, maintint M. d'Hauteville en possession du droit d'entrer aux États. Mais l'arrêt ne fit point cesser les résistances, et l'on convint, par l'entremise du maréchal de Schomberg, que M. de Vauvert donnerait la baronnie à son fils aîné, alors en bas âge, qu'on admit par procureur. Après la mort de son père (1648) le baron de Vauvert est devenu catholique. Il est enseigne au régiment des gardes et véritablement noble. — 3. Extrait de la décision des États, du 25 novembre 1663, au sujet de M. de Moncaud, se présentant à l'assemblée comme porteur de procuration de Gabriel d'Hauteville, baron de Vauvert. — 4. Mémoire sur l'opposition des barons des États à l'entrée de M. de Vauvert, postérieur à 1621. — 5. Instructions pour l'affaire de l'entrée aux États du baron de Vauvert. — 6. Copie d'une requête de Gabriel d'Hauteville aux États. — 7. Minute de sa requête au roi. — 8-12. Requêtes de Gabriel au roi. — 13. Requête au roi de Philippe d'Hauteville, baron de Vauvert, capitaine au régiment de cavalerie de Roquelaure. — 14. Lettre du 4 décembre [1665] écrite de Nîmes, par M. d'Escudier, à M. de

« Trémond » ou Trémons, sur le contre temps de la délibération prise à Béziers. — 15. Lettre signée de Charles d'Anglure de Bourlemont, archevêque de Toulouse, félicitant M. d'Hauteville du bon chemin que prend son affaire (Toulouse, 2 août 1664). — 16. Copie de la lettre envoyée par l'archevêque à M. de La Vrillière, au sujet d'une expédition de la délibération des États du 11 avril 1669. — 17. Copie d'une lettre du grand vicaire de l'évêque de Mende, entrant pour lui aux États, à son frère le conseiller de Benilhac, sur le succès de l'affaire du baron de Vauvert (6 janvier 1644). Il raconte un incident de séance assez vif, entre le comte de Clermont et l'évêque de Viviers, président, dont le neveu, baron d'Agrain, consul du Puy, est monté « sur le théâtre » en mettant la main sur la garde de son épée. — 18. Copie d'une lettre de M. de Coulondres au sujet de l'injustice faite à M. de Vauvert, au commencement des États, par les barons. En 1645, les États avaient décidé de recevoir le baron de Vauvert quand il aurait l'âge, à condition qu'il fît, auparavant, profession de la religion catholique et des armes. Depuis lors, on avait reçu les envoyés du baron sur la procuration de son père, quoique huguenot. Récemment, sans prétexte, on a pris une délibération pour ne pas recevoir la procuration du baron de Vauvert, ni sa personne, avant qu'il n'ait fait ses preuves. L'injustice était si grande, que les prélats ont voulu la réparer et ont fait remettre l'affaire en délibération. La faculté de bailler procuration a été rétablie. Dans une quinzaine d'années, le baron de Vauvert se trouvera dans la condition de cent années de noblesse exigée par les statuts de 1655 (Vers 1677). — 19. Certificat de Deguerre, chirurgien et barbier ordinaire du corps du duc d'Orléans, portant que, le 15 juin 1681, il a soigné Gabriel d'Hauteville, baron de Vauvert, officier aux Gardes, pour deux plaies, l'une dans la région hypogastrique, droite, l'autre en haut de la cuisse droite, paraissant dues à des coups d'épée (Paris, 16 juin 1689). — 20. Certificat médical de Charles Barbeyrac, docteur en médecine, assisté d'un maître-chirurgien juré et d'un maître-apothicaire juré, portant que le baron de Vauvert est malade depuis trois mois d'une fièvre lente (Montpellier, 14 février 1672). — 21. Extrait des pièces servant à l'instruction du procès du baron de Vauvert contre Montanègre (1642-1659). — 22. Extrait des registres des procurations des députés aux États de Languedoc (1645-1669). — 23.

27. Extraits des délibérations des dits États (1er décembre 1614-5 janvier 1616-18 janvier 1618-5 décembre 1620-28 novembre 1688). Il s'agit de l'entrée aux États. — 28. Extrait d'un arrêt du Conseil privé du roi, maintenant M. d'Hauteville, baron de Vauvert, en la possession et jouissance où étaient les seigneurs de Vauvert, d'avoir entrée, séance et voix délibérative aux États de Languedoc (Paris, 5 juillet 1644). — 29. Extrait de la déclaration du roi, portant que ses officiers en la chambre des comptes de Paris sont nobles (Paris, janvier 1645). — 30. Extrait de la délibération des États de Languedoc portant que M. d'Hauteville fils, donataire de la baronnie de Vauvert, sera reçu aux États quand il sera en âge, moyennant profession préalable des armes et de la religion catholique (Narbonne, 1er février 1645). — 31-32. Extraits, dont un imprimé, d'une délibération semblable du 3 février 1645. L'entrée aux États est interdite à toute personne de la R. P. R. — 33-35. Extraits des délibérations des États des 25 novembre 1655, 8 et 11 janvier 1651, portant qu'on nommera un gentilhomme de la qualité requise pour remplir la place de la terre de Vauvert, que M. de Montcalm sera reconnu comme véritable envoyé du baron de Vauvert, et que le baron de Vauvert sera reçu en personne quand il se présentera en faisant ses preuves de noblesse. — 36. Copie d'un arrêt du Conseil d'État, réservant au roi en son Conseil la connaissance des oppositions à la réception des nouveaux possesseurs d'anciennes baronnies en Languedoc (Saint-Germain en Laye, 11 octobre 1677). — 37. Extrait d'une délibération des États portant que M. de Vauvert y sera reçu sans faire d'autres preuves de sa noblesse (Pézenas, 11 avril 1669). — 38. Copie d'un acte d'opposition de même date fait par les barons des États à la précédente délibération, avec signification du 12 avril faite à M. de Guilleminet, secrétaire et greffier des États, trouvé devant le logis de l'archevêque de Toulouse. — 39-40. Extraits d'arrêts du Conseil d'État datés de Saint-Germain en Laye, 15 juillet et 23 août 1669, ordonnant l'assignation au Conseil, des barons opposants, en la personne de l'un d'eux, et renvoyant aux États de Languedoc l'affaire du baron de Vauvert, pour y être jugée avec connaissance de cause. — 41. Extrait de délibérations des États, des 20 et 30 décembre 1669, portant qu'il sera nommé des commissaires des trois ordres pour recevoir et examiner les preuves que le baron de Vauvert doit faire de sa noblesse et

autres qualités requises pour sa réception aux États. — 42. Copie imprimée d'un arrêt du Conseil se rapportant au litige entre Gabriel d'Hauteville, baron de Vauvert, et M. de Montanègre, prétendant que le roi lui a fait don du droit d'entrée aux États de Languedoc attaché à la baronnie de Vauvert, pour être affecté à l'une de ses terres, par brevet du 20 décembre 1670, au cas où le propriétaire de la baronnie ne pourrait prouver sa noblesse (1673). — 43. Extrait d'une délibération des États, datée de Montpellier, 20 janvier 1671, et portant que les titres d'acquisition, par le marquis de Montanègre, de la baronnie de Serviers, seront enregistrés en leur greffe, pour permettre au marquis de jouir de leur effet, quand il aura satisfait au règlement et prouvé sa noblesse, en exécution de la délibération du 16 décembre 1670. — 44. Extrait d'une délibération des États, datée de Montpellier, 23 janvier 1671, et portant que les titres de l'échange de la terre de Chaussy, au diocèse de Viviers, appartenant à Scipion de Grimoard de Beauvoir, comte du Roure et de Grizac, lieutenant général en Languedoc, contre la baronnie de Vauvert, une des vingt-deux qui ont entrée aux États, appartenant à Gabriel d'Hauteville, baron de Vauvert, sous-lieutenant dans le régiment des Gardes françaises, représenté au contrat d'échange par sa mère Louise de Baudan, veuve de Pierre d'Hauteville, baron de Vauvert, conseiller à la cour des aides de Montpellier; portant que les titres de cet échange seront enregistrés au greffe des États, pour permettre au comte du Roure de jouir de leur effet. Le comte demeure reçu comme baron de Vauvert, sans avoir à faire de nouvelles preuves de noblesse, car il a déjà été reçu comme baron de Florac. — 45. Extrait du contrat d'échange de la baronnie de Chaussy, paroisse de Ruoms, diocèse de Viviers, contre la baronnie de Vauvert. L'acte est passé à Montpellier, en la maison où loge le comte du Roure (23 janvier 1671). Ratification, le 9 février 1671, par le ci-devant baron de Vauvert, Gabriel d'Hauteville, demeurant à Paris, rue des Deux-Écus, en la maison du Puits-Couronné, paroisse Saint-Eustache. — 46. Extrait d'un arrêt du Conseil d'État. Le roi, sans avoir égard au contrat de vente de la terre de Vauvert au comte du Roure, ordonne que M. d'Hauteville sera tenu de produire, aux prochains États de Languedoc, les titres concernant la preuve de sa noblesse (Saint-Germain en Laye, 16 octobre 1671). — 47. Extrait d'un arrêt du Conseil privé, rendu sur la requête de Gabriel d'Hauteville, obligé d'exécuter son contrat avec le comte du Roure, qui ne peut être troublé davantage par M. de Montanègre en la jouissance du droit d'entrée aux États de Languedoc. Le roi ordonne que les parties seront sommairement ouïes par-devant le commissaire à ce député, toutes choses demeurant en état (Saint-Germain en Laye, 9 décembre 1671). — 48. Lettres exécutoires dudit arrêt, portant signification et assignation (10 décembre). — 49. Signification des pièces 47 et 48 à Gabriel d'Hauteville (Montpellier, 1er janvier 1672). — 50. Copie d'un arrêt du Conseil d'État, ordonnant que toutes lettres nécessaires seront expédiées à M. de Montanègre pour l'entrée aux États de Languedoc (Saint-Germain, 11 janvier 1672).

E. 1715 (Portefeuille). — 8 pièces, parchemin; 43 pièces, papier; 14 sceaux.

1571-1773. — *Fonds de Cabrières. — Les Fauquier et les Guiraud. — Huitième volume des archives des Gidas. — Avant les documents est une liste des pièces.*

1. Extrait du contrat de mariage d'Antoine Fauquier fils de feu Jean, de Bernis, diocèse de Nimes, et d'Isabeau de Falguerolles, fille de feu Hippolyte, du mas de Falgueyrolles, paroisse de Monoblet (11 juin 1571). — 2. Extrait du contrat de mariage de Maurice Fauquier, bourgeois, fils d'Antoine et d'Isabeau de Falguerolles, habitant Nimes, avec Isabeau Le Bon, fille de feu Jean et de feu Catherine Sellier, bourgeois de Nimes (15 janvier 1657). — 3. Extrait d'un précédent contrat de mariage entre les mêmes, daté du 4 janvier 1657, et suivi d'une quittance de dot pour Jean Le Bon, frère d'Isabeau (2 août 1657). — 4. Extrait de l'acte de baptême de Pierre, fils de Maurice Fauquier, né le 4 août 1616. De la main de Cheiron, ministre de la R. P. R., à Nimes. — 5. Extrait de l'acte de baptême de Marguerite, fille de Robert Mingaud et de Marade Roux (4 octobre 1615). Olivier, ministre. — 6. Publication du testament de Marcelin Reboul, bourgeois de Nimes, appartenant à la religion réformée. Son héritière universelle est Suzanne Mingaud, sa femme. Le testament est du 12 mars 1664, l'acte de suscription du 25 mars, et la procédure d'ouverture, publication et enregistrement au sénéchal est du 14 novembre suivant. — 7. Inventaire des biens meubles de Mar-

colin Reboul (17 novembre 1684). — 8. Testament des sœurs Toinette ou Antoinette et Marguerite Fauquier, filles de feu Maurice et de feu Isabeau Leban, appartenant à la R. P. R. A cause de leur affection mutuelle, elles s'instituent héritières l'une de l'autre. Le testament est écrit par Jean Donzel, praticien. Toinette seule a su signer (Nimes, 7 janvier 1689). — 9. Testament de Marguerite Fauquier, instituant sa sœur héritière (Nimes, 27 juillet 1685). — 10. Testament d'Antoinette Fauquier, instituant pour son héritier universel son frère Pierre Fauquier, bourgeois (Nimes, 10 août 1687). — 11. Contrat de mariage entre Jean Fauquier, fils de Pierre et de Marguerite Mingaud, et Marguerite Guiraud, fille de Samuel et de Sarah Gaillard. Ce sont des bourgeois appartenant à la R. P. R. (Nimes, 20 janvier 1680). — 12. État des biens meubles et immeubles délaissés par Antoinette et Marguerite Fauquier, avec l'estimation des experts nommés par Pierre et Jean Fauquier frères (signifié le 24 mars 1688). — 13. Extrait de l'acte de baptême de Marianne Fauquier, fille de Jean et de Marguerite Guiraud, baptisée le 4 mai 1685 par le ministre Paulhan. C'est Teissonnier, curé perpétuel de la paroisse Saint-Castor, qui délivre cet extrait des registres baptistaires des « prétendus réformés » de Nimes, le 15 février 1745. — 14. Congé délivré à Jean-Maurice de Fauquier, grand mousquetaire de l'électeur de Brandebourg. Il est signé par le général major et commandant des grands mousquetaires (Vesell, 7 novembre 1697). Sceau du commandant. — 15. Congé signé de Manassé, comte de Dorthes, colonel d'infanterie au service de l'électeur de Brandebourg, et délivré à noble Jean-Maurice de Fauquier, officier grand mousquetaire demeuré, pendant un an et six mois, à la suite de la compagnie franche de Dorthes, où il a toujours donné des marques de bonne conduite et de valeur. Sceau du colonel (Berlin, 20 juin 1699). — 16. Billet en allemand très incorrect, mêlé de hollandais et de français défiguré, signé de Maritz Lewenhaupt, lieutenant-colonel des Grands mousquetaires du roi de Pologne. Il demande à l'officier destinataire, non dénommé, de faire livrer à son serviteur, avec la permission de M. La Haye, le cheval de ce dernier (Varsovie, 24 mars 1701). Sceau. — 17. Passeport délivré par Hoheron, colonel de dragons, envoyé extraordinaire du roi de France au roi de Pologne, à Fauquier, ci-devant sous-brigadier des mousquetaires du roi de Pologne, qui retourne en France, où il doit faire profession de la religion catholique, s'il ne l'a déjà faite dans la chapelle de l'un des ministre du roi de France en Allemagne (Varsovie, 29 juillet 1701). Sceau. — 18. Congé absolu délivré par Charles-Gustave Lewenhaupt, comte de Falkeinstein, conseiller d'État, lieutenant général de cavalerie et colonel des grands mousquetaires du roi de Pologne, électeur de Saxe, à M. de Fauquier, sous-brigadier de la 8e compagnie des grands mousquetaires (Varsovie, 16 juillet 1701). Sceau. — 19. Billet en mauvais allemand, signé de Maritz Lewenhaupt, priant l'officier de garde des grands mousquetaires de lui faire remettre le cheval de la 1re compagnie qu'il a déjà monté, et qui était affecté à un jeune blessé (Varsovie, 19 mai 1701). Sceau. — 20. Ordre du comte de Chamilly, ambassadeur extraordinaire du roi de France en Danemark, donné au capitaine français commandant le navire devant toucher à Elseneur, en provenance de Kœnigsberg pour Le Havre, d'embarquer MM. d'Assas de Peyrogrosse, Maurice Fauquier et La Bruyère, officiers français retournant de Pologne en France. Leur subsistance lui sera remboursée par l'intendant du port où il abordera (Copenhague, 25 octobre 1701). Sceau. — 21. Passeport délivré par le comte de Chamilly à MM. Jean-Maurice Fauquier, Louis de La Bruyère et François d'Assas de Peyrogrosse, ci-devant officiers français, depuis sous-brigadiers des grands-mousquetaires du roi de Pologne, congédiés de son service ; le premier de la R. P. R., dont il a promis de faire abjuration au premier port où il débarquera ; le second, catholique, et le troisième ayant fait à Varsovie abjuration de la R. P. R., tous trois retournant en France (Copenhague, 30 septembre 1701). Sceau. — 22. Billet en mauvais allemand, signé de Maritz Lewenhaupt, informant l'officier destinataire, non dénommé, d'un ordre de l'inspecteur pour lui remplacer sans délai un cheval de sous-lieutenant d'artillerie par un cheval équivalent (Varsovie, 15 mai 1701). Sceau. — 23. Certificat du P. Brossamin, jésuite, portant que, le 12 janvier 1702, et par autorisation du cardinal de Noailles, archevêque de Paris, il a reçu l'abjuration de l'hérésie de Calvin faite par Jean-Maurice Fauquier, du diocèse de Nimes. Il lui a donné l'absolution et l'a reçu dans la communion de la religion catholique, en laquelle il a juré vouloir vivre et mourir (Paris, en la chapelle de la maison professe de la Compagnie de Jésus). — 24. Copie de l'état de vérification et estimation des biens de feu Pierre Fauquier, tels qu'ils furent baillés à feu Marguerite Ningaud, sa femme, et à Marguerite Guiraud, sa belle-fille, en paiement de leurs dots, par acte du 12 février 1691. La commission des deux vérificateurs et estimateurs, bourgeois de Nimes, était du 17 août 1707. — 25. Extrait d'une quittance de 1050 l. faite par le marquis d'Aubignan, fils de Catherine de Calvière, à Marguerite Fauquier, veuve de Jacques Reinaud, avocat de Nimes (Marguerittes, 19 juin 1717). — 26. Partage entre Catherine de La Baume, veuve de noble Henri de Gévaudan, conseiller au présidial, seigneur de Marguerittes, et Marguerite Fauquier, veuve de Jacques Reinaud, avocat. Il s'agit de biens acquis de Louis de Passis de Seguin, marquis d'Aubignan, seigneur de Loriol, héritier de sa mère Catherine de Calvière, le 23 juillet 1714 (Château de Marguerittes, 26 avril 1717). — 27. Acte de notoriété et sommaire « aprinse » ou information, par-devant un juge du présidial, pour la mort de Jean Fauquier, bourgeois (Nimes, 24 avril 1752). — 28. Deux extraits du registre de police de la maison consulaire de Nimes, fortement rongés à droite et à gauche en haut. Le premier est une permission de faire inhumer Marianne Fauquier, tante de noble Jean-Maurice Reinaud, avocat, à qui la sépulture ecclésiastique n'est pas accordée. L'autorisation est donnée au neveu par le juge mage, lieutenant général de police et maire (Nimes, 25 avril 1757). Le second est une autorisation de faire inhumer Marguerite Fauquier, veuve de Scipion Reinaud, avocat, et mère de Jean-Maurice Reinaud, avocat, privée de la sépulture ecclésiastique (12 août 1756). — 29. État des baux à locaterie perpétuelle passés par Marguerite Fauquier, veuve de Jean-Jacques Reinaud, et Marianne Fauquier, sa sœur, d'une terre à Nimes, quartier de Saint-Laurent, faubourg de la Madeleine (1744-1754). — 30. Sept feuillets provenant d'un petit cahier et contenant les naissances des enfants de David Guiraud, apothicaire de Nimes (4 juin 1593-29 janvier 1612). — 31. Neuf feuillets contenant les naissances des seize enfants de Samuel Guiraud (16 mars 1633-5 novembre 1672). — 32. Quatre feuillets contenant les naissances des enfants de Pierre Guiraud (16 février 1684-2 mai 1690). — 33. Testament olographe de Sarah Gaillard, appartenant à la religion réformée. Son héritier universel est son mari, Samuel Guiraud, apothicaire, qui rendra son héritage à Pierre Guiraud, leur fils aîné, lorsqu'il aura 25 ans (Nimes, 30 décembre 1670). — 34. Extrait du contrat de mariage entre Jacques Brouas, maître cordonnier, du diocèse de Viviers, et Anne Valadier, de Nimes (Nimes, 7 février 1696). — 35. Certificat de Jacques Gourgas, maître arpenteur de Nimes, portant la contenance d'une olivette de l'apothicaire Samuel Guiraud (1er mai 1659). — 36. Extrait du testament de Jacques Brouas, cordonnier de Nimes. Son héritière universelle est sa femme Anne Valadier (3 mai 1670). — 37. Verbal pour les consuls catholiques de Nimes, recteurs de l'hôpital, contre Anne Valadier. Il s'agit d'extraits de reconnaissances pour l'hôpital (20 mars 1673). — 38. Extrait du testament d'Anne Valadier, veuve de Jacques Brouas, appartenant à la religion réformée. Son héritier universel est l'avocat Pierre Guiraud, fils de Samuel, apothicaire (Nimes, 15 juillet 1677). — 39. État des biens du cordonnier Jacques Brouas (1684-1687). — 40. Extrait de l'acte de mariage de Pierre Guiraud, docteur et avocat, et de Jacquette Rouvière, mariage béal par le ministre Cheiron le 2 avril 1683. L'extrait est délivré, le 10 octobre 1769, par le vicaire Bragouze, et certifié le même jour par le juge mage. Sceau de la sénéchaussée. — 41. Extrait de l'acte de baptême de Marie-Madeleine Guiraud, fille de Pierre, avocat, et de Jacquette Rouvière (6 mai 1690). Collation de Bragouze et attestation de sa signature par le juge mage (10 octobre 1769). Sceau. — 42. Extrait d'un arrêt du parlement de Toulouse, rendu entre Pierre Guiraud, avocat, d'une part, et Jean Theuloy et consorts. La cour pourvoit de curateur les hérédités vacantes de Suzanne de Rozel et de Madeleine de Rulman (4 juillet 1695). — 43. Pactes de mariage entre noble Jacques Fléchier, de Pernes, au Comtat-Venaissin, et Marguerite Guiraud, fille de l'avocat Pierre Guiraud (Nimes, 21 décembre 1714). — 44. Contrat de mariage des mêmes (14 janvier 1715). — 45. Extrait de la procuration donnée par Jacques Fléchier à Marguerite Guiraud, sa femme (7 juillet 1721). — 46. Extrait du contrat de mariage de Jean Blau, ancien capitaine dans le régiment de Vivarais, et d'Henriette Guiraud, fille de Pierre (14 mai 1729). — 47. Testament de Pierre Guiraud, avocat de Nimes. Legs à ses filles Henriette et Madeleine. Son héritière universelle est Marguerite, sa fille aînée (14 janvier 1733). — 48. Autre testament du même (Nimes, 1er novembre 1733). — 49. Enveloppe épinglée au précédent testament, et expliquant que le testateur avait chargé son frère de remettre l'acte à Mme de Fléchier. Celle-ci a prié le frère de le garder. — 50. Extrait du dépôt d'une procuration générale donnée par Pierre Guiraud à sa fille Marguerite, femme de noble Jacques Fléchier (Nimes, 38 février 1739). — 51. Extrait de l'enregistrement du testament olographe de Pierre Guiraud, en date du « 15 » janvier 1733 (Nimes, 6 juillet 1741). L'acte porte que Pierre est décédé le 11 mars 1741. — 52-53. Quittances de legs faites par Henriette Guiraud, veuve de Jean Blau, ancien capitaine, et Marie-Madeleine Guiraud, à leur sœur Marguerite, épouse Fléchier (Nimes, 6 juillet 1741). — 54-56. Certificat et états de frais de l'enregistrement, fait à Nimes et à la chambre des comptes et au bureau des finances de Montpellier, du testament en faveur de Mme de Fléchier (Nimes, 6 juillet ; Montpellier, 16-20 septembre 1741). — 57. Brevet de la permission accordée par le roi à Henriette Guiraud, veuve Blau, et à sa sœur Madeleine, d'aller à Genève pour quatre mois, avec un domestique. Elles y sont obligés pour des affaires particulières. Elles sont issues de parents nouveaux convertis. L'autorisation leur est accordée moyennant bonne caution de leur retour et de celui de leur domestique. Le brevet les relève des déclarations portant défense aux nouveaux convertis de sortir du royaume (Versailles, 20 juin 1742). — 58. Certificat de l'abbé Causse, prévôt de la cathédrale de Nimes, attestant que le brevet précédent, daté du 20 juin, n'est arrivé à Nimes que le 22 juillet 1742, et qu'il n'a pu le remettre à Mme Blau et à Mlle Guiraud que le 23. Ces dames lui ont fourni le cautionnement de M. Reinaud, avocat (23 juillet 1742). Au-dessous, attestation de Gérard de Champeaux, résident français à Genève, portant que ces dames ne sont arrivées à Genève que le 6 août. Elles ne s'y sont occupées que de leurs affaires, tenant une conduite convenable, et sont retournées en France dès que le soin de leurs intérêts le leur a permis (Genève, 28 janvier 1743). Sceau. — 59. Prolongation de séjour à Genève accordée par le roi aux dames Blau et Guiraud sœurs, ainsi qu'à leur domestique (Versailles, 16 octobre 1742). — 60. Quittance donnée par Mme Blau et sa sœur Madeleine à Marguerite, leur sœur ainée, pour partie de leurs droits maternels, suivant leur convention du 1er juillet 1741 (Nimes, 25 octobre 1746). — 61. Déclaration faite par Henri Guiraud à sa nièce Mme Fléchier, qui lui a payé la pension léguée par son frère jusqu'au 1er juillet dernier (Nimes, 25 octobre 1746). — 62. Extrait du registre de police de la maison consulaire de Nimes.

M. de Joubert, lieutenant de maire, en l'absence de M. de Dions, président, juge-mage, lieutenant général de police et maire perpétuel, permet aux sœurs Henriette et Madeleine Guiraud de faire inhumer leur sœur Marguerite, épouse de Jacques Fléchier, décédé la veille à l'âge de 63 ans, et à qui la sépulture ecclésiastique n'est pas accordée (5 avril 1747). — 63. Extrait d'une quittance de 3.000 l. donnée par les syndics et le receveur et directeur de l'hôpital général de Nimes aux sœurs Henriette et Madeleine Guiraud, pour legs de leur père Pierre Guiraud et de leur sœur Marguerite (11 avril 1747). — 64. Quittance faite par le receveur des domaines du roi aux dites sœurs, héritières de leur sœur Marguerite, décédée ab intestat et sans enfants. Les droits payés sont de 600 l., y compris les 4 sols pour le centième denier des immeubles, évalués à 50.000 l. (Nimes, 13 avril 1747). — 65. Transaction entre Jacques Fléchier et ses belles-sœurs Henriette et Madeleine Guiraud (21 avril 1747). — 66. Acte de notoriété, établi par sommaire aprise par-devant le lieutenant principal en la sénéchaussée, en l'absence du président, portant que Marguerite Guiraud, épouse de Jacques Fléchier, est décédée ab intestat, ne laissant pour héritières que ses sœurs Henriette et Madeleine (16 janvier 1748). — 67. Quittance faite par Mme Guiraud de Trimond à Vania, notaire à Paris, pour six mois de rente tontine (73 l. 18 s.) dus à Henri Guiraud, dont elle est héritière, et non exigés par la négligence du clerc principal (Nimes, 28 octobre 1754). — 68. Quittance de notaire pour les deux sœurs Guiraud (12 février 1757). — 69. Permission de faire inhumer Henriette Guiraud, décédée la veille, âgée de 70 ans, accordée par le président, juge mage et lieutenant général en la sénéchaussée, lieutenant général de police et maire de Nimes, à Madeleine Guiraud, sœur de la défunte, à qui la sépulture ecclésiastique est refusée (12 mars 1758). — 70. Acte de notoriété établissant que Henriette Guiraud, veuve Blau, est décédée ab intestat, laissant pour unique héritière sa sœur Madeleine (27 septembre 1758). — 71-73. Quittances faites à Madeleine Guiraud (18-28 mars 1758; 1er juillet 1759). — 74. Acte de notoriété établissant les successions ab intestat de Marguerite et d'Henriette Guiraud, pour leur sœur Madeleine (21 juillet 1766). — 75. Testament olographe de Madeleine Guiraud. Legs de 3.000 l. à l'Hôtel-Dieu et d'autant à l'Hôpital général. Legs d'une pension viagère de 300 l. à Marion Roux, son « ancien » domestique, plus la jouissance d'un jardin et des meubles. Legs à sa seconde fille de service; à Anne Robaud, « ancien » domestique de M. Reinaud; à sa cousine Mme de Trimond, et à divers cousins, parmi lesquel M. Reinaud de Génas reçoit les métairies de Grézan et de Courbessac, le moulin à huile des Arènes et la maison. Sa fille Sophie de Génas a 10.000 l. Son héritier est M. Reinaud, président, son cousin (Nîmes, 18 avril 1772). — 76. Testament de Madeleine Guiraud (15 septembre 1763). — 77. Testament de la même (14 septembre 1763). — 78. Testament de la même (12 mai 1758). — 79. Testament de la même (1er septembre 1763). — 80. Testament de la même (3 janvier 1772). — 81. Mémoire signé : Doutremont, et délibéré à Paris le 4 décembre 1768, pour Madeleine Guiraud, au sujet d'un legs de 1.200 livres sterling fait par Marie de Jourgniac, veuve de Jean de Rouvière, aux trois nièces de son mari, avec accroissement et substitution de l'une à l'autre sur les fonds publics qu'elle et son mari avaient en Angleterre. Madeleine, fille de Pierre Guiraud et de Jacquette de Rouvière, celle-ci sœur de Jean de Rouvière, est la propre nièce de feu M. de Rouvière, né à Nîmes, qui devint colonel des troupes du roi de Prusse, et épousa en ce pays Marie de Jourgniac, originaire de Guienne. — 82. Extraits du testament de Joël de Cournuaud, lieutenant général de l'infanterie du roi de Prusse, signé de lui et cacheté à Berlin, le 14 janvier 1718 : et de la transaction, passée à l'occasion de sa succession, entre Étienne de Cournuaud, major au régiment d'Arnheim, et Marie de Jourgniac, à Berlin, le 26 août 1718, en présence de M. de La Forcade, général major et commandant de Berlin ; Forestier, lieutenant-colonel, et Jean du Clos, conseiller de la justice supérieure française, leurs amis communs, qui signent avec eux. Les extraits se suivent et sont de la main de Daniel-Louis Darrest, notaire de Berlin (9 avril 1768). Sceau. — 83. Extrait du procès-verbal de l'ouverture du testament mutuel de Jean de Rouvière et de sa femme Marie de Jourgniac, fait à Berlin le 30 mars 1745, et remis par les deux cotestateurs, le 6 avril suivant, au directeur et conseiller de la justice supérieure française, venu avec son greffier dans leur domicile, sur leur réquisition. Le 10 février 1748, le testament, jusqu'alors clos et déposé aux Actes de la justice supérieure française, est ouvert et publié à la requête de la veuve de Rouvière, Marie de Jourgniac, en sa présence et dans son logement, par le conseiller Achard et le greffier Bourguet. L'expédition du procès-verbal, contenant la teneur du testament, est faite sous le petit sceau de la dite justice et la signature dudit greffier (Berlin, 5 janvier 1768). — 84. Extrait des registres mortuaires de l'église française de Berlin, portant que, le 4 février 1748, est mort de vieillesse le colonel Jean de Rouvière, à 82 ans, né à Nîmes. Il a été enterré le 7 au cimetière de Dorothéestadt. Le 10 mai 1767, est morte d'une fluxion de poitrine Marie de Jourgniac, à 99 ans. Elle a été enterrée le 19 au même cimetière. De la main de M. de Paleville, ancien et secrétaire ad hoc. Sceau de l'église française de Berlin (22 décembre 1767). — 85. Lettre de Mme de Rouvière, née de Jourgniac, à Mme Blau, née Guiraud. Timbre de Masoyck. Elle envoie à ses chères nièces, par cette poste, la copie du testament de feu leur cher oncle, car elle est de santé chancelante et ne compte pas vivre encore de longues années. De la sorte, après sa mort, elles sauront à qui s'adresser pour leurs 1.200 pièces ou livres sterling. Elle a fait aussi son testament, pour leur confirmer cette somme. Son mari a toujours voulu la laisser en Angleterre, malgré le modique intérêt, pour pouvoir la leur donner, ce qu'il n'aurait pu faire s'il l'avait transportée à Berlin. Leur tante a maintenant l'esprit fort en repos. Elle les supplie de lui accuser promptement réception de ce paquet, et de lui donner de leurs nouvelles. Que ferait-elle sans leurs bontés ! (Berlin, 13 juillet 1751). — 86. Expédition, sous le petit sceau de la justice supérieure française et la signature du greffier, de l'acte de suscription (6 avril 1745) et du testament de M. et Mme de Rouvière (Berlin, 30 mars 1745), ensemble son ouverture et publication (10 février 1748), faite à Berlin, le 7 juillet 1751. Sceau. — 87. Extrait de l'acte de suscription (14 décembre 1763) et du testament de Marie de Jourgniac, veuve du colonel Jean de Rouvière, faits à Berlin le même jour, ensemble l'acte d'ouverture dudit testament (16 mai 1767), délivré par le greffier de la justice ordinaire française de Berlin le 4 janvier 1768. Sceau. — 88. Extraction compulsoire et collationnement des deux actes mortuaires de l'église française de Berlin concernant le colonel Jean de Rouvière et sa femme Marie de Jourgniac, faits, à la requête de Madeleine Guiraud, par-devant Jean-Maurice Reinaud, président juge mage (Nîmes, 2 janvier 1769). Sceaux de Madeleine Guiraud et de la sénéchaussée. — 89. Lettre de M. Soustelle à M. de Végobre, avocat à Genève, au sujet d'une prétendue caution de 200 rixdalers. Il écrit en même temps à M. Reinaud pour lui résumer la situation du procès, les moyens de défense de M. de Courauaud et les circonstances de la prétendue caution. Il lui transmet la réponse du professeur Formey (Berlin, 23 janvier 1770). — 90. Lettre de Soustelle [à M. Reinaud], au sujet du procès de M⁰ᵉ Guiraud contre le major de Courauaud, en exécution du testament de M⁰ᵉ de Reuvière. Soustelle est avocat et notaire royal à Berlin (23 janvier 1770). — 91. Autre lettre de Soustelle à M. Reinaud, président, juge mage et lieutenant général en la sénéchaussée de Nimes. Il a le chagrin de lui apprendre la perte du procès de M⁰ᵉ Guiraud (Berlin, 7 mai 1770). — 92. Copie de la sentence déboutant M⁰ᵉ Guiraud. La demanderesse, pour jouir du legs à elle fait par la défunte, aurait dû venir s'établir dans le pays, avant l'échéance de deux années, et y professer la religion réformée (Berlin, 30 avril 1770).

E. 1247. (Portefeuille.) — 44 pièces, papier ; 8 sceaux.

1624-1718. — *Fonds de Cabrières. — Les Reinaud, premier volume. — Neuvième volume des archives des Génas. — Avant les documents est une liste des pièces.*

1. Note sur l'origine des Reinaud. Sortis de Provence et de Bourgogne pour s'établir en Languedoc, ils avaient embrassé la religion réformée. A Aix en Provence, on fit brûler par la main du bourreau des paraphrases sur les psaumes dues à un oncle de Louis Reinaud, médecin. Louis Reinaud vint demeurer à Nimes et persévéra dans la religion réformée. Suit une exhortation d'inspiration protestante (XVIIIᵉ siècle). — 2. Même note, sans l'exhortation (XVIIIᵉ s.). — 3. Tableau de la descendance de Louis Reinaud, qui teste le 8 décembre 1617. — 4. Tableau de la descendance de Guillaume de Boulogne, écuyer. La date de 1556 est inscrite en regard du nom de son fils Jean. — 5. Copie du contrat de mariage entre Laurent Reinaud, bourgeois de Nimes, et Madeleine de Peyremale, fille de noble Isaac, seigneur de Peyremale et de Robiac (25 avril 1624). — 6. Copie du testament de Hugonne Cabanès, veuve de Louis Reinaud. Elle appartient à la religion réformée. Legs à ses filles Anne, Marie, Jeanne et Suzanne. Son héritier universel est son

fils Laurent (26 février 1627). — 7. Extrait du testament de Laurent Reinaud, bourgeois de Nimes, appartenant à la religion réformée. Son héritière universelle est Madeleine de Peyremale, sa femme, qui remettra l'héritage à Pierre, leur fils aîné, lorsqu'il aura 25 aus (4 février 1642). — 8. Extrait du testament de Madeleine de Peyremale de Robiac, femme de Laurent Reinaud. Legs à ses filles Louise, Marie et Anne. Ses héritiers universels sont ses fils Pierre, Jacques et Mathieu. Son mari jouira des fruits (12 avril 1657). — 9. Extrait du testament de Marie Villaret, appartenant à la religion réformée. Son héritière universelle est Rose de Favier, femme de Jean de Génas, seigneur de Beauvoisin (Nimes 1ᵉʳ janvier 1661). — 10-11. Extraits d'une rémission d'héritage faite par Laurent Reinaud, alité depuis trois ou quatre ans et ne pouvant vaquer à ses affaires, compromises d'ailleurs par le malheur des temps, à son fils émancipé Jacques. Il s'agit des biens de Louis, père de Laurent (14 août 1663). — 12. Contrat de mariage entre Antoine Villaret, bourgeois de Sumène, dont le père est régent en la justice ordinaire de Sumène, et Louise Reinaud, fille de feu Laurent et de Madeleine de Peyremale de Robiac. Ils appartiennent à la religion réformée (Nimes, 5 avril 1664). — 13. Extrait d'une vente à l'encan de partie des meubles délaissés par feu Laurent Reinaud, faite à la requête de ses filles Marie et Anne (26 septembre 1664). — 14. État général des sommes dues par la substitution de Louis Reinaud, payées par Pierre Reinaud en vertu d'une ordonnance du 9 février 1652. — 15. Extrait d'une quittance de 1.500 l. faite par Louise Reinaud à Jean Charrier, ensemble 2.500 l. reçues de son cousin Laurent Olivet, soit 4.000 l. (Nimes, 5 avril 1664). — 16. Extrait d'un accord entre Pierre Reinaud, agissant pour lui et ses frères et sœurs, et Honoré Serres, prieur de Dions, au sujet de l'acquisition d'une partie de maison faite à Aix, par Gaspard Serres, de Laurent Reinaud, en novembre 1633 (Nimes, 3 septembre 1666) — 17. Quittance de 2.000 l. faite par Jean Guillaumet, avocat en la cour des aides de Montpellier, à Pierre Reinaud, bourgeois de Nimes, son beau-frère (Nimes, 31 août 1666). — 18. Déclaration de Jean Guillaumet, faite à Pierre Reinaud, son beau-frère, au sujet du paiement de 5.500 l. (31 août 1685). — 19. Extrait du contrat de mariage de Jean Guillaumet avec Anne Reinaud, sœur de Pierre Reinaud. Élie Cheiron, pasteur de l'église réformée de Nimes, assiste à l'acte (31 août 1668). — 20. Déclaration faite par Jean Guillaumet, à la requête de Pierre Reinaud, en présence de Balthazar de Peyremale, lieutenant particulier en la sénéchaussée; Claude d'Albenas, viguier de Nimes; et Honoré de Trimond, conseiller au présidial, parents et ami des parties, au sujet de la constitution dotale de sa femme (Nimes, 24 septembre 1668). — 21. Extrait d'une obligation de 251 l. consentie par Marie Reinaud, procureur de Pierre Reinaud, à Jean de Rozel, seigneur de Sauxel. Cette somme descend de la grande imposition, faite en 1680, sur les habitants de la R. P. R. de Nimes (14 octobre 1668). L'obligation est acquittée par Pierre Reinaud le 5 octobre 1682. — 22. Déclaration faite par Marie Reinaud à son frère Pierre, au sujet d'une somme de 1.000 l. (9 juillet 1670). — 23. Quittance de 300 l. faite par Marie Reinaud à son frère Pierre (9 juillet 1670). — 24. Extrait du contrat de mariage entre François Bargeton, marchand bourgeois de Nimes, et Marie Reinaud (Suméne, 10 septembre 1671). — 25. Procuration en italien, donnée par David de Leuzière, (1) négociant français à Livourne, à sa sœur Suzanne de Leuzière, (1) pour faire une donation entre vifs à sa nièce Louise Reinaud (Livourne, 20 décembre 1695). Le notaire est Antoine-Joseph Lacca. Sa signature est attestée en latin par l'ancien de Livourne, en son palais, le 1er décembre 1705. Sceau de la ville, avec la légende : *Cosmus III, magnus dux Etruriæ. Liburnensis civitas.* — 26. Testament, en italien, de David de Leuzière (1). Il désire être inhumé dans l'endroit où l'on a coutume d'enterrer les Anglais, hors les murs, et veut mourir dans la religion protestante, que toujours il a professée et professera. Legs de la taxe habituelle pour l'œuvre de Sainte-Marie *del Fiore*, de Florence, en vue de la validité de son testament. Il laisse la jouissance de tous ses immeubles de France à sa sœur Marguerite de Leuzière. Legs à Jacques, fils de Pierre Reinaud. Legs à sa sœur Suzanne, mère de son héritier. Ratification d'une donation à Louise Reinaud, fille de Pierre. Son héritier universel est Scipion Reinaud, fils de Pierre (Livourne, 12 septembre 1696). La signature du notaire Lacca est attestée par le consul de France ès-mers de Toscane, résidant à Livourne, le 4 mars 1697. Sceau royal du consulat de Livourne, de beau style. — 27. Certificat d'Esprit Fléchier, évêque de Nimes,

(1) Ms. : *Lausier.*

attestant que Jacques Reinaud, avocat de Nimes, nouveau converti, fait toutes les fonctions de catholique apostolique romain, assistant assiduement et avec édification à la messe et aux autres offices divins, fréquentant les sacrements et donnant d'ailleurs de bons exemples pour la religion (Nimes, 18 mai 1700). Sceau épiscopal. — 28. Pactes de mariage entre Charles Jacquemin, de la ville d'Aigle, dépendant du canton de Berne, et Louise Reinaud, de Nimes, réfugiée à Berne (Berne, 3 novembre 1702). — 29-32. Certificats d'études délivrés à Jacques Reinaud par les professeurs de droit et le secrétaire de l'université d'Avignon (12 janvier-21 avril 1700). Trois sceaux de l'université. — 33. Attestation de Pierre-François de Pertuis, docteur « aux droits », chanoine de l'église d'Avignon, grand vicaire et official de l'archevêque de la dite ville, portant que Jacques Reinaud a accompli, à l'université d'Avignon, comme étudiant « aux droits », le temps d'étude prescrit par les règlements du roi (21 avril 1700). Sceau archiépiscopal. — 34. Certificat de Basville, intendant de Languedoc, attestant qu'il a permis à Jacques Reinaud, avocat de Nimes, sur la connaissance qu'il est bon catholique, d'aller à Rome pour des affaires particulières, priant de le laisser librement passer (Uzès, 9 octobre 1704). Sceau. — 35. Pactes de mariage entre Jacques-Scipion Reinaud, docteur et avocat, et Marguerite Fauquier (Nimes, 17 octobre 1703). — 36. Extrait du contrat de mariage des précédents. J.-S. Reinaud est fils de Pierre et de Suzanne de Leuzière; Marguerite Fauquier est fille de Jean, ci-devant capitaine, et de Marguerite Guiraud (Nimes, 9 avril 1705). — 37. Déclaration du notaire Lacca. Il a reçu, le 12 septembre 1696, le testament de David de Leuzière. En outre, il a donné 1,000 pièces de 8 réaux à Louise Reinaud, fille de Pierre et de Suzanne de Leuzière, en vertu d'une procuration du 20 décembre 1695 (Livourne, novembre 1705). — 38. Copie du testament de Marguerite de Leuzière. Elle professe la religion catholique depuis sa conversion, et désire être inhumée au cimetière de la Couronne, dans le tombeau de M. Guiraud. Son héritier universel est Jacques-Scipion Reinaud, son neveu L'acte est passé dans la maison des demoiselles Blanc, près la rue de la Coquille, et dans la chambre où elle gît malade (Montpellier, 26 avril 1709). — 39. Testament de Jacques Reinaud, avocat. Il rappelle ses fréquentes maladies et sa maladie présente. Il veut mourir dans la religion catholique, qu'il a toujours professée. Son héritière universelle est sa femme, Marguerite Fauquier. Elle remettra son héritage à leur fils Jean-Maurice Reinaud, lorsqu'il aura 25 ans, ou plus tôt, si elle le juge à propos, sans rendre aucun compte des fruits (Nîmes, 25 février 1715). — 40. Copie d'un codicille de Jacques-Scipion Reinaud (Nîmes, 7 juillet 1715). — 41. État général des meubles que Jacques-Scipion Reinaud a donnés à sa femme, par codicille du 7 juillet 1715. Cet état est dicté par lui-même et signé de lui le même jour 7 juillet. — 42. Extrait de l'acte de séputure de Jacques-Scipion Reinaud, âgé de 89 ans, décédé le 10 juillet 1715. — 43. Ouverture, publication et enregistrement de son testament, par-devant le juge mage et lieutenant général (19 juillet 1715). — 44. Copie d'une ratification de vente contenant quittance, faite par Louis de Passis, marquis d'Aubignan, à Joseph de Gévaudan, conseiller au présidial, seigneur de Marguerittes, ayant droit de sa mère Catherine de La Baume, veuve d'Henri de Gévaudan (Château d'Aubignan, 19 octobre 1718).

E. 1246. (Portefeuille.) — 6 pièces, parchemin ; 82 pièces, papier ; 7 sceaux.

1706-An X. — Fonds de Cabrières. — Les Reinaud, second volume, concernant principalement Jean-Maurice, juge mage. — Dixième volume des archives des Génas. — Avant les documents est une liste des pièces.

1. Extrait de l'acte de baptême de Jean-Maurice Reinaud, fils de Jacques et de Marguerite Fauquier (19 avril 1706). — 2. Extrait d'un certificat d'études de droit, faites par Jean-Maurice à l'université de Montpellier, émané du recteur (12 juin 1724); d'un diplôme de l'évêque de Montpellier, chancelier et juge de l'université, accordant au jeune licencié le droit d'enseigner le droit civil et canonique (14 juin 1725); et d'un certificat de Pierre Ugla, professeur en droit français, attestant le succès de l'examen public subi par Jean-Maurice sur la jurisprudence française, dans la grande salle de l'université (18 juin 1725). Collation de Richard de Vendargues. — 3. Original du certificat de Pierre Ugla (18 juin). Sceau du professeur. — 4. Extrait de la prestation de serment de Jean-Maurice, comme avocat postulant au présidial de Nîmes (6 juillet 1725). — 5-6. Originaux des pactes de mariage passés entre Jean-Maurice Reinaud, avocat, du consentement de Marguerite Fauquier, sa mère, et Suzanne Puget, fille de Pierre et de Louise Viala (Nîmes, 7 mars 1726). — 7. Extrait du contrat de mariage passé entre Jean-Maurice et Suzanne (16 août 1726). — 8. Note de la main de Jean-Maurice sur la naissance, et, le cas échéant, la mort de ses enfants Pierre, Jean-Jacques-Maurice, Jacques-Scipion, Pierre-César, Félix-Alexandre, Marguerite-Émilie, et Louis-Auguste, nés du 21 juin 1728 au 3 février 1740. — 9. Quittance de 6.199 l. faite par M. de La Baume à Reinaud, pour prix de la vente de son office de conseiller au présidial (Nîmes, 6 janvier 1727). — 10. Certificat de François Massip, premier avocat du roi au présidial, attestant que Reinaud, avocat au dit siège, n'y a aucun parent au degré porté par l'ordonnance (Nîmes, 9 juillet 1731). — 11. Sommaire aprise du décès de Pierre Puget, marchand de soie de Nîmes, survenu le 27 novembre 1733. — 12. Procès-verbal d'ouverture, publication et enregistrement du testament de Pierre Puget, daté du 7 février 1728. Lèga à ses filles Suzanne et Louise. Son héritière universelle est sa femme Louise Viala (12 février 1734). — 13. Extrait du testament de Suzanne Puget, femme de Jean-Maurice Reinaud, avocat au présidial. Son héritier universel est son mari. Le notaire est Louis Marignan (29 décembre 1739). — 14. Extrait d'une autorisation de M. de Dions, juge mage, maire perpétuel de Nîmes, accordée à Reinaud pour faire inhumer sa femme, décédée la veille à 33 ans, et à qui la sépulture ecclésiastique n'est pas accordée (4 août 1740). — 15. Extrait en sumptum de la teneur des provisions de l'office de juge mage et lieutenant général pour Pierre de Rouvière de Dions, conseiller au présidial, office vacant par la mort de Henri François de Vivet de Montcalm de Montclus (Paris, 28 septembre 1739), et des pièces accessoires. Collation du greffier Domergue, dont la signature est attestée par Raimond Novy, seigneur de Caveirac, lieutenant principal en la sénéchaussée (15 avril 1758). Sceau. — 16-17. Extraits de la vente de l'office de juge mage lieutenant général en la sénéchaussée et siège présidial de Nîmes, consentie par Pierre de Rouvière de Dions de Montpezat à noble Jean-Maurice Reinaud, avocat, moyennant 66.000 l. (11 avril 1758). M. de Montpezat n'a pu signer à cause d'une attaque de paralysie. A la suite du premier extrait, collation d'une quittance de M. de Montpezal pour l'entier paiement des 66.000 l. stipulées.

(8 août 1758). A la suite du second extrait, attestation de signature par M. de Caveirac. Sceau. — 18. Extrait de l'acte de baptême de Jean-Maurice Reinaud, avec attestation de la signature du curé Jacomon par M. de Caveirac. Sceau de la sénéchaussée (15 avril 1758). — 19. Certificat du procureur du roi et de l'avocat du roi, portant que Reinaud, avocat, n'a aucun parent ou allié parmi les officiers de la sénéchaussée, à l'exception de son fils Jean-Jacques-Maurice, conseiller au présidial (Nimes, 15 avril 1758). — 20-21. Certificats de catholicité délivrés par le curé Jacomon à noble Jean-Maurice Reinaud (14-15 avril 1758) et attestations de sa signature par M. de Caveirac, Sceau. — 22. Extrait de deux reçus faits à Jean-Maurice Reinaud, l'un de 2.200 l. par le trésorier des revenus casuels (Paris, 29 avril 1758); l'autre de 864 l. par le trésorier général du marc d'or des ordres du roi (Paris, 6 mai 1758). — 23. Requête de Reinaud adressée au parlement de Toulouse pour l'enregistrement de ses provisions et lettres de dispense de parenté, avec avis favorable de Riquet de Bonrepos, procureur général (10 juin 1758). — 24. Arrêt du parlement de Toulouse ordonnant le « registre » ou enregistrement des provisions de conseiller du roi juge mage lieutenant général en la sénéchaussée et siège présidial de Beaucaire et Nimes pour Reinaud (12 juin 1758). — 25. Nomination de témoins par le procureur général en vue de l'enquête de bonne vie et mœurs et de religion catholique de Reinaud (16 juin 1758). — 26. Enquête de bonne vie et mœurs et de religion catholique de Reinaud. Elle est favorable (17-19 juin 1758). — 27. Mémoire et quittance des frais faits au Bureau des finances pour l'enregistrement des provisions de Reinaud, juge mage (Montpellier, 16 octobre 1758). — 28. Ordonnance du parlement de Toulouse pour l'installation de Reinaud en son office par Novy de Caveirac lieutenant principal au sénéchal de Nimes (23 juin 1758). — 29. Convention entre M. de La Boissière, lieutenant criminel au sénéchal, et M. Reinaud, juge mage, au sujet des deux charges de président du présidial de Nimes (2 août 1758). — 30. Autorisation de faire assigner devant le parlement de Toulouse, à la requête de Jean-Maurice Reinaud, juge mage, les maires et consuls de Nimes, à l'effet de le voir maintenir, lui ou l'officier qui le représentera, au droit d'allumer le feu de joie conjointement avec le commandant de la place, les maires et consuls en la manière accoutumée ; aussi aux droits de publier la paix, le cas échéant, et d'assister aux conseils généraux et particuliers, comme ses prédécesseurs (Toulouse, 17 février 1762). — 31. Copie des provisions de l'office de président du Conseil supérieur de Nimes, créé par l'édit d'août 1771, accordées par le roi à Reinaud, juge mage à Nimes (Versailles, 28 septembre 1771). — 32. Vente faite par Reinaud, président du Conseil supérieur, à Pierre Périllier, avocat, de son office de juge mage lieutenant général en la sénéchaussée, moyennant 63.000 l. (Nimes, 13 décembre 1771). — 33. Extrait de l'enregistrement de l'acte privé précédent (Nimes, 24 mars 1772). — 34. Testament olographe de Jean-Maurice Reinaud, ancien président, demeurant sur le Cours, paroisse Saint-Castor. Ratification de paiement et donation, legs à Jacques-Scipion Reinaud de La Bonne, son fils puîné, et à Félix-Alexandre Reinaud de Bagnon, son troisième fils, commissaire des guerres à Alais ; legs à Louis-Auguste de Génas, son petit-fils. Son héritier universel est Jean-Jacques-Maurice Reinaud de Génas, son fils aîné (Nimes, 20 juin 1777). — 35. Attestation de six témoins, âgés de plus de cinquante ans, portant que Jean-Maurice Reinaud, ancien juge mage, demeurant en son hôtel sis sur le Grand-Cours, est le même qui était capitoul à Toulouse. Le notaire est Mercier (Nimes, 18 août 1782). — 36. Testament olographe de Jean-Maurice Reinaud, ci-devant président juge mage, lieutenant général en la sénéchaussée. Il confirme ses paiements à son fils puîné Jacques-Scipion Reinaud de La Bonne, lieutenant des maréchaux de France à Nimes, et lui fait des legs. Il fait de même pour son troisième fils Félix-Alexandre Reinaud de Bagnon, commissaire des guerres. Legs à ses petites-filles Sophie et Henriette de Génas, ainsi qu'à son petits-fils Louis-Auguste de Génas, officier au régiment de Hainaut. Son héritier universel est son fils aîné Jean-Jacques-Maurice Reinaud de Génas (Nimes, 6 juillet 1789). — 37. Extrait d'une donation faite par Jean-Maurice Reinaud, ancien président juge mage, à son petit-fils Jean-Louis-Auguste de Génas de Vauvert (18 janvier 1791). — 38. Extrait d'une donation faite par le même à sa petite-fille Louise-Augustine-Henriette de Génas (18 janvier 1791). — 39-40. Extraits de l'acte de sépulture de Jean-Maurice Reinaud, ancien président, décédé la veille à 86 ans, et inhumé dans le caveau de la paroisse Saint-Denis, ci-devant Capucins, le 30 janvier 1792 ; d'après un registre de la paroisse épiscopale Saint-Castor, déposé au secrétariat de la commune en

verta de la loi du 20 septembre 1792. Attestation de la signature du secrétaire greffier par Courbis, maire de Nimes, le 5 germinal an II, ou 25 mars 1794. Sceau de la municipalité. — 41. État et consistance des biens délaissés par Jean-Maurice Reinaud, pour Jacques-Scipion Reinaud La Ronne, son fils cadet, demandeur. Communiqué au directoire du district de Nimes le 25 germinal an III, ou 14 avril 1795. — 42. Lettre de Tabonreau Desréaux, successeur de Dufour de Villeneuve, qui ne lui a pas laissé ignorer son estime pour Reinaud et tous les officiers de son siège (Paris, 6 janvier 1761). — 43. Lettre de Villeneuve. Il voit, par l'état, que Reinaud lui a transmis, des jugements rendus par la commission, combien elle a été utile au public (Paris, 14 novembre 1760). — 44. Autre lettre du même. Il a eu connaissance de l'arrêt du Conseil ordonnant le rétablissement des séances dans le Gévaudan. Le chancelier a décidé qu'elles devaient avoir lieu cette année. Il félicite Reinaud de préférer, à une légère prérogative de préséance, l'avantage que la justice retirera de ses lumières (Paris, 3 septembre 1760). — 45-51. *Lettres de M. de Saint-Priest, intendant de Languedoc, à Reinaud.* — 45-46. Affaire Vermale. Il s'agit d'éclaircissements sur l'emploi d'une somme de 7.000 l. Vermale, marchand de Lunel dont la distribution de biens se poursuit devant Reinaud. dit l'avoir donnée à l'Intendance pour finir deux affaires qu'il y avait (Montpellier, 10 avril-16 mars 1764). — 47. Informé par un anonyme qu'on a découvert un trésor de plusieurs millions dans le caveau de la Maison-Carrée, (1) occupée aujourd'hui par les augustins de Nimes, l'intendant a reçu quelques éclaircissements de son subdélégué. On a trouvé la fermeture du caveau, au dehors à droite du perron, fraichement levée. Des voisins ont entendu, la nuit, du bruit à l'entrée du caveau, du côté du jardinet, sans qu'on ait enterré aucun religieux. Reinaud est prié de faire une descente à l'entrée de la nuit dans le caveau, en évitant tout éclat, pour savoir s'il a été récemment ouvert. Il pourra se faire accompagner de cavaliers déguisés, et même d'ouvriers (16 mars 1764). — 48. Il remercie Reinaud de la prudence et de l'intelligence avec lesquelles il a conduit son opération. Il informe du tout le comte de Saint-Florentin et lui demande ses ordres. Reinaud a très

(1) Temple d'Agrippa, dédié, l'an 1er de l'ère chrétienne, à Caïus et à Lucius César, princes de la Jeunesse.

bien fait d'ordonner aux religieux de suspendre toute œuvre d'excavation. Il faut beaucoup de précautions dans ces travaux, pour que l'édifice n'en souffre pas. Ce n'est point assez de s'en rapporter à eux en pareil cas, et il faut la présence d'une personne de l'art dont on soit sûr (23 mars). — 49. Il a reçu la lettre de Reinaud, l'informant qu'on a dû lever le scellé apposé à l'ouverture du caveau, pour l'inhumation d'un habitant qui avait droit d'y être enterré. Il le remercie des précautions prises dans cette circonstance (30 avril). — 50. Le père de l'intendant a reçu la réponse de M. de Saint-Florentin, qui approuve tout ce qu'a fait Reinaud (16 avril). — 51. Il a reçu le procès-verbal de la nouvelle descente de Reinaud. Il n'entre pas encore dans la discussion des droits des augustins et du particulier qui a tant de confiance dans sa baguette magnétique pour trouver le prétendu trésor. L'essentiel est de préserver le monument de tout risque (28 mars 1764). — 52. Lettre du duc de Choiseul, au sujet des procédures portées par appel devant la sénéchaussée par Mazoyer, procureur, contre Théron, sous-aide major du régiment d'Aquitaine, à l'occasion d'une dispute. Il remercie Reinaud des soins qu'il a pris pour assoupir cette affaire (Fontainebleau, 20 novembre 1765). — 53. Lettre de M. de Maupeou. Il remercie Reinaud d'être parvenu, par ses sages conseils, à terminer les contestations survenues entre M. Dormes et Mme de Brancas (Versailles, 27 octobre 1765). — 54-58. *Lettres de Riquet de Bonrepos, procureur général au parlement de Toulouse, sauf la lettre 56.* — 54. Réponse à Reinaud, juge mage, au sujet de l'envoi, fait à son siège, d'un arrêt de la cour des aides du 25 février. Principe de la subordination sans partage que doivent les sénéchaux à l'autorité du parlement. Les membres de la cour des aides n'improuveront pas, intérieurement, la conduite de Reinaud, refusant d'enregistrer leurs arrêts pour obéir à ceux du parlement (8 avril 1761). — 55. Il remercie Reinaud de ses éclaircissements, et de la copie de sa lettre de l'année dernière au chancelier. On reconnaît au style de cette lettre que Reinaud est véritablement magistral. Question sur la charge de juge de l'équivalent et sur le juge des conventions ou viguier à Nimes (15 avril). — 56. Lettre de M. Niquet. Le parlement ne doute pas de l'empressement de Reinaud à se conformer à ses vues (18 janvier 1764). — 57. Au sujet de l'affichage d'un arrêt du Conseil cassant un arrêt du parlement de

Toulouse, M. de Maurepas s'excuse d'avoir cru que c'est Reinaud qui l'a fait afficher. C'était un « radotage complet » de sa part, dû au tourbillon et à l'espèce des affaires qui l'accablent depuis six mois (7 mars 1764). — 58. La question pendante à juger devant Reinaud, entre le nommé Lombard et la nommée Brunel, peut tirer à de grandes conséquences. Il l'approuve d'avoir mis en usage tous les moyens dont il dispose pour que l'affaire n'eût aucune suite, mais les parties sont obstinées, et il paraît bien difficile de les détacher de leurs prétentions, surtout si la Brunel a abandonné le calvinisme pour embrasser la vraie religion (10 février 1767). — 59. Lettre de M. de Parasa. Il a déjà parlé plus d'une fois des services rendus par Reinaud, et compte entamer bientôt le règlement général, dans lequel celui-ci ne pourra que gagner. Compliments à son fils (Paris, hôtel de Luynes, rue du Colombier, 29 juin 1768). — 60. Lettre du même. Il ne croit pas violer un secret d'une absolue nécessité pour le succès du grand projet concernant les sénéchaussées du Languedoc, en disant à Reinaud qu'un des moyens qui ont paru les plus propres à les rétablir, est d'attribuer à tous les offices qui les composent, des gages sur le pied de 4 0/0 de leur finance. Il lui demande ses vues sur la fixation de cette finance, ainsi que l'histoire de son office et de ses différents prix et gages (Paris, 11 août 1768). — 61-68. Lettres du marquis de Montferrier. — 61. Il a reçu les observations de Reinaud pour servir aux représentations à faire dans le cahier en faveur des présidiaux, et pourra en faire usage. On a coutume de n'entrer dans aucun détail pour ce qui est traité par le cahier. On n'y emploie que des généralités pour exciter l'attention du roi, et l'on se rapporte, sur les moyens, à sa haute sagesse (Paris, 10 mai 1768). — 62. Il a lu avec grand plaisir ses observations sur les moyens de concourir aux vues des États pour le rétablissement des tribunaux de justice. Il apprécie les lumières supérieures et le zèle de Reinaud pour le bien public. A l'égard du règlement sur l'exercice de la police, les règlements qui existent semblent très suffisants, et il n'y aurait qu'à les remettre en vigueur. Mais il est impossible actuellement d'obtenir des décisions sur des affaires de moindre importance qui traînent depuis longtemps, et ce serait peine perdue que d'en entamer d'une grande considération (19 mars 1768). — 63. La délibération des États chargeant les députés de faire au roi des représentations pour la restaura-

tion des tribunaux inférieurs de la province, lui fournira l'occasion d'entamer la matière. Il se propose de le faire par un article du cahier. Il transcrit la délibération, très laconique, et demande à Reinaud ses observations, « dans ce goût » (20 avril 1768). — 64. Au sujet de la nouvelle fixation de la finance et des gages. Il ignore les moyens qu'on emploiera pour le dédommagement, tel que celui que Reinaud a lieu d'attendre avec justice (30 août 1768). — 65. M. de Parasa, bon ami de M. Faure, juge mage, cherche à le favoriser dans le nouvel arrangement auquel il travaille, mais le marquis ignore si c'est aux dépens du ressort de Reinaud. Il n'a pas grande influence dans les opérations qu'on fait chez M. d'Aguesseau au gré de M. de Parasa (15 septembre 1768). — 66. Il pense, comme Reinaud, que le projet de M. de Parasa sur le rétablissement des sénéchaussées et sièges présidiaux de Languedoc est très imparfait, mais l'auteur est enthousiasmé de son plan, et principalement attaché à obtenir un édit quelconque. Le marquis n'a pas envie de le traverser, mais dans ses observations entreront celles de Reinaud, sans compromettre ce dernier (5 juillet 1768). — 67. Lettre de Lenoir à Reinaud. Le Conseil du roi s'occupera probablement de l'administration de la justice dans les sièges inférieurs de Languedoc, dès l'arrivée de M. de Parasa. Lenoir proposera les sages réflexions de Reinaud (Paris, 23 mars 1768). — 68. Lettre du marquis de Montferrier. M. de Parasa arrivera bientôt. Projet de déclaration sur les biens abandonnés et incultes de Languedoc. Il cherche à découvrir entre les mains de qui sont les mémoires et projets remis sur cette affaire. On le renvoie d'un bureau à l'autre. On trouve à Paris tant d'obstacles et une si grande lenteur dans l'expédition des moindres choses, qu'avec tout le zèle possible on ne peut se promettre aucun succès (Paris, 16 juin 1768). — 69. Lettre de M. de Lamoignon à Reinaud, au sujet de l'édit de février 1769, révoquant celui que la cour des aides de Montpellier a enregistré et lui a envoyé. Ainsi l'enregistrement de la cour des aides et son envoi dans les sénéchaussées de la province deviennent inutiles (Paris, 5 avril 1769). — 70. Avis non signé, daté de Toulouse, 14 septembre 1763, annonçant l'envoi de 80 exemplaires d'une déclaration du roi du 24 avril 1763, et d'un édit du même mois, que le duc de Fitz-James a fait enregistrer au parlement. — 71. Lettre du duc de Fitz-James, pour veiller à l'enregistrement des édit et déclaration du mois d'avril dernier dans tous les sièges du ressort du parlement de Toulouse (Toulouse, 23 septembre 1763). — 72. Lettre du prince de Beauvau. Il remercie Reinaud de l'avoir instruit de l'affaire intéressante portée à son tribunal. Il ne paraît pas y avoir de difficulté à laisser subsister le mariage, car le parlement de Paris en a ainsi jugé à l'occasion du mariage d'un juif. Il désire être informé de la suite de l'affaire, et s'emploie de tout son pouvoir pour un arrangement prévenant à l'avenir ces sortes de difficultés. On ne peut mieux faire, en attendant, que de s'en remettre à des juges sages et éclairés comme Reinaud (Versailles, 26 mai 1763). — 73. Minute d'une lettre de Reinaud au prince de Beauvau, gouverneur du Languedoc, en réponse à sa lettre du 26 mai, sur la suite de l'affaire de la nommée Brunel avec Lombard (Cf. la pièce 58). La Brunel a demandé une provision pendant procès. Reinaud a joint cette demande incidente au principal, ce qui vaut un refus. Il s'est déterminé sur le principe que, ne prétendant pas être la femme de Lombard, mais avouant avoir vécu avec lui pendant neuf ans, elle ne mérite aucune faveur. Il remercie le prince de lui avoir communiqué l'arrêt du parlement de Paris confirmant un mariage entre Juifs. Il n'est rien de si conforme aux véritables règles, le mariage étant du droit des gens. Le mariage des protestants et le baptême conféré à leurs enfants par leurs ministres est valable. Mais les difficultés viennent de ce que, par les ordonnances, tout le monde est censé catholique, et qu'il est défendu à tous les sujets du roi de se marier hors la présence de leur curé. Ceux qui se marient au désert sont coupables, de même que leurs ministres. Cette infraction à des lois rigoureuses les engage à ne pas produire leurs actes de célébration. La justice n'y saurait d'ailleurs aucun égard, les ministres étant à ses yeux de simples particuliers proscrits, et leurs actes rejetés. Le prince rendrait au royaume, et au Languedoc en particulier, un service bien important, s'il déterminait le ministère à prendre de justes mesures pour remédier à un si grand mal (1) (Nîmes, 9 juin 1763). — 74. Minute du discours de rentrée prononcé par Reinaud sur *la gravité et la décence des magistrats* (2 septembre 1759). — 75. Minute de son discours de rentrée sur *l'étude des lois* (s. d.). — 76. Minute de son discours de rentrée sur *l'amour de leur*

(1) Ces généreuses paroles durent attendre leur réalisation jusqu'à l'édit de novembre 1787 sur les non catholiques.

diat chez les magistrats (1759). — 77. Minute de son discours de rentrée sur l'étude qui convient à des magistrats (16 novembre 1759). — 78. Extrait de l'acte de baptême de Jean-Jacques-Maurice, fils de Jean-Maurice Reinaud, avocat, et de Suzanne Puget (3 avril 1736). Collation du 26 avril 1794, an II de la République française. Sceau de la municipalité. — 79. Extrait de l'acte de naissance de Félix-Alexandre Reinaud de Ragnon, fils de Jean-Maurice, ancien président juge mage, et de Suzanne Puget, né le 4 avril 1735, baptisé le 7 avril (Nîmes, 6 mars 1782). Collation du curé Jacoman. — 80. Reconnaissance de la déclaration de Reinaud de Ragnon, commissaire des guerres, chevalier de Saint-Louis, pour la contribution patriotique. Il habite sur le Cours, maison Phéline, et paiera 600 l., en trois termes (31 décembre 1789). — 81-82. Quittances de 800 l. faite à Reinaud de Ragnon pour les second et troisième termes de sa contribution patriotique (30 août 1791-12 septembre 1792). Sceau de la municipalité sur la première. — 83. Extrait de l'acte de sépulture de Reinaud de Ragnon, commissaire des guerres, inhumé au cimetière de la paroisse Saint-Jean-Baptiste d'Alais le 4 avril 1792 par le curé Gaultier. Expédition du 28 janvier 1793, an II, visée par deux membres du directoire du district d'Alais. — 84. Certificat de civisme accordé au citoyen Jacques-Scipion Reinaud, ancien militaire, par le conseil général de la commune de Nîmes, en permanence (26 brumaire an III, ou 16 novembre 1794). — 85. Pétition de Jacques-Scipion Reinaud aux administrateurs du district de Nîmes. Il demande à la Nation le paiement des arrérages échus d'une pension viagère de 2.400 l., à lui constituée, le 24 novembre 1763, par Jean-Jacques-Maurice Reinaud-Génas, et dont le paiement est suspendu depuis l'incarcération de ce dernier (1er janvier 1794, vieux style), depuis condamné. Avis favorable du directoire du district et du directeur de l'Enregistrement (6 ventôse an III, ou 24 février 1795, et 9 floréal an III, ou 28 avril suivant). — 86. Pétition de Jacques-Scipion Reinaud au district de Nîmes. Son père, mort le 29 janvier 1792, avait institué, par son testament du 2 janvier 1791, Jean-Jacques-Maurice Reinaud-Génas, son fils aîné, pour son héritier. Réduit à sa légitime, Jacques-Scipion traita avec son frère et la régla par une transaction du 11 août 1792. Mais le décret du 17 nivôse ayant appelé les héritiers naturels au partage égal des successions ouvertes depuis le 14 juillet 1789, il allait demander à son frère l'expédition de sa moitié, quand Reinaud-Génas fut arrêté, puis guillotiné, et ses biens confisqués. Le pétitionnaire demande à rentrer dans la moitié des biens de son père. A la suite, avis du District portant qu'il y a lieu d'autoriser l'agent national à nommer deux arbitres pour, conjointement avec ceux du pétitionnaire, former le tribunal de famille qui statuera sur sa demande en partage (21 nivôse an III, ou 10 janvier 1795). A la suite, renvoi au District de Nîmes par le directoire du département, pour procéder conformément à la loi (25 nivôse). A la suite, nomination de deux arbitres par le directoire de district (8 pluviôse an III, ou 27 janvier 1795). — 87. Extrait d'une délibération du directoire du département, arrêtant qu'il sera payé au pétitionnaire, sur les revenus des biens de son père, 3.600 l. pour arrérages courus ou à courir, et que ladite pension viagère continuera de lui être payée de trois en trois mois d'avance jusqu'au remboursement effectif (12 floréal an III, ou 1er mai 1795). — 88. Compte de recettes et dépenses concernant les affaires de Jacques-Scipion Reinaud de La Bonne, et faites par Bergeron, rue du Four-Saint-Germain, à Paris. Bergeron est en débet de 62 l. Sophie Génas-Cabrières et Henriette Génas-L'Islerol, héritières, chacune pour moitié, de Jacques-Scipion, reconnaissent la validité du compte et donnent quittance du solde à Bergeron, qui l'a remis au citoyen Ménissier, leur fondé de pouvoir. Ni date ni signatures (An X).

E. 124. (Portefeuille). — 2 pièces, parchemin ; 14 pièces, papier, dont 1 registre de 66 feuillets écrits ; 1 sceau

1668-1790. — *Fonds de Cabrières. — Les Reinaud, treizième volume, concernant des titres pour Jean-Maurice, juge mage. — Onzième volume des archives des Génas.*

1. Bail à pension ou locaterie perpétuelle passé par Jean-Maurice Reinaud, avocat, d'une vigne olivette du quartier du Puech-des-Fées ou Combe de Torton, à Pierre Joubert, fabricant de bas, moyennant 10 l. de rente (Nîmes, 19 août 1737). — 2. Bail à rente foncière perp...elle passé par Reinaud de sa maison de la rue de la Roserie, moyennant 30 l. de rente (5 juin 1737). — 3. Contrat de mariage de François Nicolas, jardinier, et d'Anne Lombard, (24 avril 1759), en deux parties séparées par la sus-cription. — 4-5. Bail à locaterie perpétuelle d'une olivette au Creux de Cadols (28 novembre 1757). — 6. Bail à locaterie perpétuelle d'un emplacement pour construire, au faubourg Saint-Antoine, sur le chemin de La Bastide à l'ancienne Porte-Couverte, (1) passé par Jean-Maurice Reinaud, juge mage, à Pierre Fontane, fleur de soie, moyennant une rente de 14 l. 11 s. 9 d. pour 110 cannes 7 pans carrés (8 janvier 1759). — 7. Déclaration de Jacques Gasquet, maire, et Antoine Pouzol, consulteur de Marguerittes, au sujet de la jouissance de fonds ayant appartenu à Charles Garay (Nîmes, 29 septembre 1758). — 8. Achat, fait à Marguerite Julian, veuve Paulet, d'une petite maison avec cour au faubourg appelé jadis des Prêcheurs (4 avril 1731). — 9. Bail à ferme de 2 salmées de terre au quartier de Laudisson, sur le chemin de Rodilhan (15 août 1761). — 10-11. Accord avec Pierre-Félix Boschier, ancien officier de cavalerie, au sujet d'une compensation de tailles (24 novembre 1763). — 12. Bail à ferme du logement du moulin de Génézi, passé à Antoine Marienne, de Bezouce, à l'exception des pièces occupées par le meunier, ensemble un petit jardin et deux champs, moyennant 150 l. de rente (Marguerittes, 6 octobre 1764). — 13. Convention avec Boschier, propriétaire d'un pré situé au-dessus de l'écluse du moulin de Génézi (Nîmes, 8 juin 1765). — 14. Arrentement passé à Pierre Guérin, de Rodilhan, d'un jardin à coue sis à Marguerittes, près du moulin de Génézi, ensemble les bâtiments en dépendant, sauf les pièces du meunier, moyennant 150 l. de rente (Nîmes, 15 décembre 1765). — 15. Quittance de 157 l. faite par François Paulet, maître taffetassier (27 octobre 1765). — 16. Mémoire à consulter, pour Reinaud, propriétaire du moulin de Génézi, contre Boschier, prétendant que l'élévation de l'écluse du moulin inonde son pré. Croquis-plan des lieux (1er août 1765). — 17-20. Mémoires à consulter sur la trop grande élévation de l'écluse du moulin de Génézi, avec un croquis-plan des lieux (Toulouse, 3 mai-20 septembre 1765). — 21. Extrait du préisage de M. de Rochemore, à présent M. Boschier (s. d.). — 22. Consultation de Désirat sur l'état du moulin de Génézi. Suivant la jurisprudence constante de la chambre souveraine des Eaux et Forêts, M. Reinaud ne peut pas se dispenser d'exécuter les règlements sur la police des rivières et des moulins. Aucune possession, aucune prescrip-

(1) *Porta Hispanensis* de l'enceinte romaine de Nîmes.

tion ne pourront être alléguées (Toulouse, 29 août 1764). — 23. Extrait d'une transaction entre les hoirs de François Horte, vivant ministre à Anduze, et ayant disposé de ses biens par testament du 18 août 1632. Parmi ces hoirs figurent Marguerite et Suzanne de Leuzière, filles de David de Leuzière et de feu Isabeau Horte, ainsi que leur frère, dont le prénom est en blanc (Anduze, 13 octobre 1653). Se reporter à l'article E. 1247, n° 25, 26, 36 à 38. — 24. Quittance d'un droit de treizain faite à Reinaud (Nimes, 8 octobre 1769). — 25. Achat d'une maison de la rue de la Ferrage moyennant 1.600 l. (Nimes, 29 janvier 1771). — 26. Quittance du prix de l'achat précédent (21 mars 1771). — 27. Convention entre Reinaud et Jacob de Monteil, marchand juif de Nimes, en exécution du traité fait entre les créanciers d'Étienne Domergue, jardinier de Nimes (18 juin 1773). — 28. Samptum ou extrait sommaire d'un bail emphytéotique passé par Reinaud à Jean Eyroux, de Brignon (« 7 » octobre 1773). — 29. Extrait du dit bail emphytéotique ou acapte, concernant la métairie de Brignon (17 octobre, à Marguerittes). — 30. Bail à ferme du jardin du moulin de Génézi, moyennant 100 l. de rente (1er janvier 1774). — 31. Extrait d'une obligation de 600 l. faite par Jean Mourier, fabricant de bas de Marguerittes, à Reinaud, ancien président (Marguerittes, maison de noble de La Bonne, appartenant à Reinaud, 2 août 1775). — 32. Extrait de la vente d'un terrain sis à Marguerittes, consentie à Antoine Gras, dudit lieu, par Paul-Ange de La Baume, seigneur de Saint-Denis de Vendargues, colonel de cavalerie, habitant à Nimes, en son hôtel (Saint-Gervasy, 6 mai 1776). — 33. Ordonnance de quarantaine et d'allocation, rendue par le juge des Conventions royaux de Nimes, entre Marguerite de La Fare, marquise de Péraut, créancière faisant poursuivre la discussion des biens de Louis André, d'une part ; et les autres créanciers, d'autre part (21 avril 1646). Significations par sergent royal des 27 et 28 avril. Sceau. — 34. Obligation de 540 l. faite par Françoise Goudet, veuve Condé, et son fils Pierre Condé, au président Reinaud, avec quittance de 1.080 l. faite aux dits mère et fils par M. de La Baume (Nimes, 21 décembre 1777). — 35. Extrait du livre des expéditions de baux de la cour des Conventions royaux de Nimes. Bail de David de Leuzière, marchand de Nimes, en la discussion des biens de Louis André, ménager. Le juge des Conventions adjuge à David, ayant droit cédé de la marquise de Péraut, les

biens saisis, pour le prix de 100 l. de sa « surdite » (11 juillet 1646). — 36. Extrait de la vente faite par Reinaud, ancien président, à Jean-Antoine Tessier, baron de Marguerittes, fils, d'une maison et jardin sis à Marguerittes, moyennant 1.560 l. (30 janvier 1770). — 37-38. Contraintes signifiées pour Reinaud (21-31 décembre 1781). — 39. Cession faite par Charles Raphel, fournier, à Reinaud, décrétiste de la métairie de Brignon, terroir de Marguerittes, vendue précédemment par lui à Eyroux, de ses droits et hypothèques sur les biens d'Eyroux père et fils (4 août 1784). — 40. Quittance de 251 l. faite à Reinaud, décrétiste principal d'Eyroux père et fils, par le procureur de Jean-Baptiste Eyroux de Pradon, négociant de Saint-Marcel « de Pierre Bernis » (15 décembre 1784). — 41. Bail à ferme de sa métairie de Brignon, passé par Reinaud, ancien président, à Jean Lafuite, à mi-fruits (Marguerittes, 29 août 1784). — 42. Extrait d'une cession faite à Reinaud, moyennant 3.000 l., par Marie-Madeleine de Barts du Molard, épouse libre en ses biens d'Honoré Eyroux, bourgeois de Nimes, de ses allocations dans la sentence d'ordre rendue dans la distribution des biens Eyroux (14 décembre 1781). — 43. Vente faite par Reinaud, traitant pour son fils Reinaud de Génas, de tous les agrès, outils et « nitraits » de son moulin à huile près la porte de Saint-Gilles, moyennant 1.600 l. (Nimes, 24 mai 1785). — 44. Appointement et commandement pour Reinaud contre Boucairan, jardinier de Marguerittes (7-13 décembre 1787). — 45. Arpentement d'une terre de la métairie de Coutelle, fait par Jean Accariés pour Reinaud (Nimes, 22 novembre 1789). — 46. Cahier ou registre de reconnaissances féodales, de baux emphytéotiques, de ventes contenant reconnaissances, et de rétrocessions, le tout passé par des censitaires de la baronnie de Marguerittes à Jean-Maurice Reinaud, ancien président. — F° 1-64. Extraits notariés des actes, allant du 23 août 1779 au 22 septembre 1790. — F° 65-425. Table des noms des censitaires, au nombre de 78, et dont le plus notable est Henri Fabre, maître-chirurgien de Marguerittes.

E. 1156. (Portefeuille.) — 4 pièces, parchemin ; 111 pièces, papier ; 7 sceaux.

1701-1755. — *Fonds de Cabrières. — Les Barjeton. — Douzième volume des archives des Génas,*

concernant principalement Daniel Bargeton, avocat au parlement de Paris. — *Avant les documents, liste sommaire par groupes.*

1. Extrait de l'acte de baptême de Claudine-Anne-Antoinette, fille de Jean Dufaux, conseiller du magistrat de Belfort (5 mars 1701). Collation de Fournier, chanoine et curé (12 janvier 1745). Attestation de sa probité par l'évêque de Philadelphie, suffragant et vicaire général de Besançon (16 janvier). Sceau d'Antoine-Pierre de Grammont, archevêque de Besançon, prince du Saint Empire Romain. — 2. Certificat de catholicité délivré à Daniel Bargeton, avocat à Toulouse, par Jean Ruby, archidiacre, vicaire général de l'archevêque (1 novembre 1708). Sceau de Jean-Baptiste-Michel Colbert, archevêque de Toulouse. — 3. Certificat d'assiduité et de mérite professionnel, délivré à Daniel Bargeton, reçu avocat au parlement de Toulouse le 16 janvier 1708, par Lemasuyer, procureur général (Parquet de Toulouse, 30 mars 1715). Sceau du parquet du parlement. — 4. Extrait de l'acte de baptême de Louise-Antoinette, fille de noble Mathieu-Denis de Bargeton, capitaine au régiment de Santerre-Infanterie et d'Anne-Antoinette Dufaux (Belfort, 29 décembre 1730). — 5. Copie de l'acte de baptême de Jacques-Charles-Denis, fils de Denis de Bargeton (4 novembre 1736). — 6. Copie de l'acte de baptême de Daniel, fils de Mathieu-Denis de Bargeton, major de la place de Maubeuge, et de Claudine-Antoinette Dufaux (14 octobre 1739). — 7. Extrait de l'acte de baptême de Jacques-Charles-Denis, fils de Denis de Bargeton (Belfort, 4 novembre 1736). Sceau archiépiscopal de Besançon (16 janvier 1745). — 8. Brevet du roi accordant à Louise-Antoinette de Bargeton une des 250 places de la maison royale de Saint-Louis, établie à Saint-Cyr (Versailles, 30 novembre 1745). — 9. Provisions de la charge de l'un des gens du conseil du duc d'Orléans, en faveur de Bargeton, avocat au parlement, signées : Louis d'Orléans (Paris, 22 juin 1745). Sceau du duc, en cire rouge sur double queue. — 10. Provisions de la charge de l'un des gens du conseil du duc d'Orléans, en faveur de Daniel Bargeton, avocat consultant au parlement de Paris, ci-devant pourvu de la même charge par le père du duc (Palais-Royal, à Paris, 18 mars 1752). Sceau du duc. — 11-12. *Lettres de Chauvelin* (1) à Bargeton, qui lui avait

recommandé Astruc pour la chaire de professeur de droit français à l'université de Toulouse. D'abord, il accueille avec beaucoup de bonne grâce la prière de Bargeton ; ensuite, il reçoit avec plaisir ses compliments au sujet d'Astruc, ravi de lui avoir procuré une marque de distinction (Versailles, 21 décembre 1733-7 février 1734). — 13. *Lettre du cardinal de Fleury.* Il a été fort aise de procurer au parent de Bargeton la majorité de Maubeuge (Versailles, 21 février 1738. — 14-21 : *Lettres de Machault d'Arnouville* (1), à Bargeton. — 14. Inquiet de ne pas entendre parler de Bargeton, le temps le presse à un tel point qu'il ne peut plus attendre, et il le prie instamment de finir l'ouvrage commencé (Versailles, 17 avril 1750). — 15. Il a reçu ce matin une partie du mémoire de Bargeton. Il lui demande avec instance de l'achever le plus promptement possible (18 avril). — 16. Il arrive de Choisy, où il a travaillé avec le roi, qui a gardé le mémoire de Bargeton pour le lire. Il voudrait fort que sa lecture ne fût pas interrompue. Il lui demande instamment l'achèvement de son mémoire (Mardi, 21 avril). — 17. Il a reçu la seconde partie du mémoire, dont la fin lui est promise pour demain ou lundi. Il remettra demain au roi cette seconde partie. Machault a trouvé, dans la première et la seconde partie, tous les vrais principes de la matière, et l'analyse des faits principaux qui se sont passés. Ils doivent faire grande impression. Si Bargeton avait eu plus de temps, il lui aurait demandé de réduire un peu son travail afin d'épargner au roi quelque temps de lecture : mais c'est toujours un très bon ouvrage (25 avril 1750). — 18. On lui a remis, depuis qu'il n'a vu Bargeton, les remontrances du clergé sur l'établissement du cinquantième, et une réponse qui y fait suite. Il lui communique ces pièces et lui en fera passer d'autres. Il y en a dans les preuves des libertés [de l'église gallicane], dans les preuves de l'histoire des démêlés de Philippe le Bel avec Boniface VIII. Le Vayer, dans son traité de l'autorité du roi, va jusqu'à dire qu'en cas de nécessité, le roi peut ordonner l'aliénation des biens d'Église (18 mars 1750). — 19. Il lui communique encore quelques mémoires, lui demandant toujours de s'occuper de préférence de cet important travail (20 mars). — 20. Les tristes soins dont il a été occupé depuis douze jours l'ont empêché de lui répondre plus tôt. Il a été fort content du dernier cahier

(1) Germain-Louis de Chauvelin, garde des sceaux en 1727, secrétaire d'État aux Affaires étrangères jusqu'en 1737.

(1) Contrôleur général des finances de 1745 à 1754, garde des sceaux de 1750 à 1757.

reçu. Cet ouvrage lui sera fort utile, et il le remercie de tout son cœur d'avoir bien voulu y donner son temps. Il le prie de venir le voir demain matin avec les mémoires et autres papiers communiqués (Paris, 14 mai). — 21. Il lui envoie une ordonnance au porteur de 3,000 l., don du roi. Il n'a qu'à la faire présenter au trésor royal sans quittance ni endossement (Versailles, 19 mai). — 22. Souscription ayant recouvert une déclaration et quittance de Bargeton « suisse » (Jean), constatant le paiement d'une pension de 500 l. léguée par feu Bargeton, jusqu'en 1783. — 23-49 : *Lettres de d'Aguesseau, conseiller d'État, ou de son père, chancelier de France, sur les substitutions, sauf les pièces 27, 29, 30 et 49. Elles sont adressées à Daniel Bargeton.* — 23. Il a rendu compte à son père (1) des observations de Bargeton. La plupart ont été approuvées par le chancelier, qui est charmé du témoignage rendu sur les lumières et le zèle de Bargeton. Suivant la proposition de ce dernier, il joindra toutes les questions concernant les élections aux questions sur la légitime et la « Trébellianique » (2). Cela formera comme une seconde partie qu'il n'enverra dans les provinces que lorsqu'on y aura reçu la première, concernant les substitutions fidéicommissaires. Prière à Bargeton de recueillir les questions sur la matière des élections, en se bornant à celles qui sont vraiment difficiles et causent de la diversité dans la jurisprudence. Il désire que ces recueils de questions puissent être envoyés incessamment à tous les parlements. Catalogue des auteurs qui ont écrit sur la jurisprudence des pays de droit écrit, et où l'on peut trouver des questions utiles à résoudre et des usages singuliers. Il a la avec plaisir le savant mémoire de Bargeton sur les tutelles, et désire l'en entretenir, aussi bien que du mémoire sur la subornation des filles. Le parlement de Paris juge à l'audience presque toutes les matières de rapt et de mariage, par les principes d'une sorte de tradition qui passe successivement à tous officiers du parquet, ce qui a donné à d'Aguesseau l'occasion de s'en instruire (Mardi 14 mars 1730). — 24. Le chancelier voudrait incessamment une nouvelle liste de questions où il y a diversité de jurisprudence. Il lui en envoie une liste et le prie de voir s'il n'y a pas de question omise. La matière de l'insinuation et de la publication des substitutions est réglée par la déclaration de 1719. Voir s'il y a quelque point méritant d'être mis au nombre des questions (24 mars 1731). — 25. Adresse : rue Hautefeuille, à Paris. Il est très fâché de l'incommodité de Bargeton et lui propose d'aller le voir, s'il ne reçoit pas ses observations par écrit, afin de lui éviter la fatigue d'un travail trop précipité pour les mouvements de fièvre (7 avril 1731). — 26. Il lui envoie le projet d'ordonnance sur les testaments, avec les premières observations de Bargeton sur les articles examinés, pour transcrire à la suite les observations nouvelles. Renvoyer à M. Freteau le projet avec les observations, pour qu'il les remette au chancelier. Discussion sur quelques articles (Paris, 24 septembre 1733). — 27. Lettre de Freteau demandant à Bargeton son travail sur les testaments dès qu'il l'aura achevé, le chancelier désirant profiter de la saison présente, qui lui laisse plus de loisir que toute autre, pour mettre la dernière main à la conciliation des diverses jurisprudences des cours du royaume (Fontainebleau, 24 octobre 1733). — 28. La déclaration sur les décrets et criées de Languedoc a été dressée par l'avis de Bargeton, enregistrée à Toulouse et à la cour des aides de Montpellier. Mais le silence gardé sur le droit d'offrir a donné lieu à une lettre communiquée à Bargeton. Le chancelier lui fait demander des éclaircissements sur la matière (6 avril 1736). — 29. Extrait d'une lettre de l'avocat général de la cour des aides de Montpellier au chancelier, sur l'absence, dans la déclaration, d'un article parlant du créancier perdant qui peut se trouver dans une distribution, et l'autorisant dans ses offres (s. d.). — 30. Décrets et criées de Languedoc. Questions sur le droit d'offrir. — 31. Bargeton a demandé à d'Aguesseau de faire des réflexions sur leur dernière conversation. Plus il en fait, plus il se persuade qu'il peut tout concilier en se faisant aider pour les extraits. Si le chancelier a fait connaître ses sentiments à Bargeton quand il lui a parlé, il ne s'exprime pas, en son absence, d'une manière moins forte en sa faveur. Il va le suivre aujourd'hui à Versailles (11 janvier 1738). — 32. Adresse : Hôtel de Cluny. Il lui demande ses réflexions sur les substitutions, pour le chancelier. Les remettre au porteur, si possible, ou les adresser à Versailles (Mercredi matin). — 33. Adresse : Rue des Mathurins, à l'hôtel de Cluny. Le chancelier a déjà beau-

(1) Henri-François d'Aguesseau, chancelier de France de 1717 à 1718, de 1720 à 1722, et de 1726 à 1750.

(2) Le sénatus-consulte Trébellien, rendu sous le règne de Néron, réglait la restitution de l'hérédité par suite d'un fidéicommis.

coup travaillé à la rédaction de l'ordonnance sur les substitutions. Envoyer le projet de la partie dont Bargeton est chargé : publication et insinuation des substitutions, aliénation des biens substitués. Pendant que le chancelier le reverra, il enverra à Bargeton l'autre portion de la loi, pour la retoucher et y faire ses réflexions. Le projet est important, et digne du zèle et des lumières de Bargeton (15 avril 1738). — 34. Voici un objet qui a rapport aux nouvelles fonctions de Bargeton sur la rédaction des Ordonnances. Il s'agit de trancher les questions sur lesquelles varie la jurisprudence en matière de substitutions. Le chancelier a déjà commencé de revoir le projet de cette ordonnance, qui sera ensuite communiqué à Bargeton. Dans ce projet, il n'y a que deux articles s'occupant de la publication et de l'insinuation des substitutions. Le chancelier les trouve insuffisants pour lever les difficultés qui se présentent souvent. Il serait à propos de fondre les déclarations de 1630 et de 1712 dans la nouvelle ordonnance, en les rédigeant d'une manière plus exacte et en les complétant. Les substitutions en Flandre (Versailles, 14 mars 1738). — 35. Il lui envoie le recueil des édits, déclarations et arrêts particulier au parlement de Flandre. Il s'agit de faire un projet contenant, en plusieurs articles très précis, tout ce qui mérite d'être réglé sur l'aliénation des biens substitués, la publication et l'insinuation des substitutions. Plan du chancelier pour l'ordre des matières de l'Ordonnance (18 mars au soir). — 36. Le chancelier va demain à Fresnes. Comme ce serait un temps favorable pour lui communiquer le travail de Bargeton sur les substitutions, il le prie de le lui envoyer demain, si c'est possible, par M. de La Morinière, intendant du chancelier (30 avril 1738). — 37. Il lui rappelle sa promesse de deux mémoires particuliers, l'un sur les inconvénients des substitutions d'effets mobiliers, l'autre sur les lacunes de l'article 15. Il lui demande ses observations dès qu'il en aura rédigé un certain nombre. Ces mémoires séparés lui demanderont moins de temps qu'un mémoire sur tout l'ouvrage, et suffiront à d'Aguesseau pour en rendre compte à mesure au chancelier. Au moment où il écrit, dans le cabinet du chancelier, celui-ci termine ce qui regarde la liste des questions sur les incapacités, pour laquelle il a fait grand usage des réflexions de Bargeton (Mercredi 30 juillet). — 38. Il commencera à rendre compte au chancelier des observations de Bargeton, pendant le voyage de Fontainebleau, Bargeton aura ainsi le temps qu'il désire pour méditer, dans le loisir de ces vacances, une matière aussi importante que celle des substitutions. Il pourra toujours envoyer au chancelier ses réflexions, à mesure qu'il aura épuisé ce qui fait l'objet d'un certain nombre d'articles, ou qu'il aura terminé l'exposé des vues générales qu'il propose. Il connaît l'estime du chancelier pour tout ce qui vient de lui (s. d.). Timbre de Versailles. — 39. Lettre du chancelier. Le témoignage de Bargeton le détermine entièrement en faveur du sieur Rolland. Il vient de signer la nomination (Fontainebleau, 5 octobre 1738). — 40. Il compte rester à Fontainebleau jusqu'à la dernière semaine du mois, et attend de ses nouvelles dans cet intervalle, pour faire part sur-le-champ au chancelier de ce qu'il enverra (Fontainebleau, 16 octobre). — 41. Il a lu au chancelier la lettre de Bargeton. Le témoignage de ce dernier est d'un grand poids auprès de lui, et c'est un des meilleurs titres de M. de Serres. Le chancelier n'a pas encore fait son choix, et pourra bien ne le faire qu'à son retour à Versailles. D'Aguesseau compte partir de Fontainebleau le 22. Après cette date, adresser directement les mémoires au chancelier (15 octobre 1738). — 42. Bargeton fera plaisir au chancelier en lui envoyant, non seulement ses réflexions, mais des articles qui en contiennent la décision telle qu'il la comprend. Déclaration de 1712. Le chancelier compte dans la suite, et après qu'il aura examiné les observations de Bargeton, sur lesquelles il reforme chaque article à mesure, discuter verbalement avec lui sur les points les plus importants et les plus difficiles (Versailles, 30 mai 1739). — 43. Le chancelier a reçu de Bargeton deux projets concernant les substitutions, l'un sur la publication et l'enregistrement, l'autre pour ajouter de nouveaux articles sur la même matière. Le second s'est égaré dans son cabinet ou dans celui de d'Aguesseau. Prière d'en faire une nouvelle copie sur la minute, au plus tôt (16 février 1740). — 44. Lettre du chancelier. Il lui envoie la plus grande partie d'un travail déjà remanié suivant ses remarques, pour une nouvelle révision à tête reposée, en vue d'y mettre enfin la dernière main. Le reste du même projet, qui ne regarde plus que l'hypothèque subsidiaire des femmes et les décrets, suivra de près. Il espère que Bargeton le recevra avant d'avoir terminé ses notes sur les 61 articles joints à la lettre. On marche sûrement quand on est éclairé par des lumières aussi supérieures que les siennes (Paris, 25 septembre, 1740). — 45. Le chancelier le charge de lui envoyer la suite du projet d'ordonnance sur les substitutions, de l'article 69 à l'article 78, qui termine tout l'ouvrage. Bargeton reconnaîtra que l'on a profité de ses observations, soit sur le cas où le substitué prétendrait prouver la suffisance des biens libres, pour se défendre de l'hypothèque ou recours subsidiaire de la femme, soit sur le cas où il s'agit de fixer le douaire, quand les biens du mari sont, partie en pays de droit écrit, partie en pays coutumier, ou quand le mari n'a que des biens substitués. Le chancelier souhaite extrêmement d'avoir au plus tôt ses réflexions sur le projet, et il n'y a point de temps qui convienne mieux pour y travailler que l'intervalle présent, avant la rentrée au Palais et au Conseil (Fontainebleau, 31 octobre 1740). — 46. Lettre du chancelier. Avant son départ pour Fontainebleau, il a envoyé à Bargeton les soixante premiers articles du dernier projet de l'ordonnance des substitutions, et son fils lui a adressé, depuis, le reste des articles du même projet. Comme il voudrait bien y mettre promptement la dernière main, il le prie de lui faire savoir s'il a achevé de revoir un ouvrage si difficile à finir, et de lui envoyer au plus tôt ses nouvelles observations. Bargeton sait le cas qu'il en fait, et avec combien d'estime il est entièrement à lui (Versailles, 19 novembre 1740). — 47. Le chancelier l'a chargé de demander à Bargeton un éclaircissement au sujet d'un article du projet d'ordonnance sur les substitutions qui y a été inséré en conséquence de ses observations. Il s'agit des « héritiers légitimes sur qui la charge de substitution tombera dans le cas de droit » (1) (24 décembre 1741). — 48. Lettre d'envoi [au chancelier] du résultat sur le second titre des substitutions (2 mars 1745). — 49. Lettre du conseiller d'État demandant à Bargeton s'il a reçu de sa part un paquet renfermant une nouvelle liste de questions sur les substitutions. (Le chiffre douteux du millésime, qui ressemble plus à un 5 qu'à un 3, a fait relier cette lettre après les précédentes, parce qu'elle paraît datée du 6 avril 1751. En réalité elle

(1) Bargeton eut éclairci son texte, car l'Ordonnance concernant les substitutions, d'août 1747, titre II, article 18, mentionne les « héritiers légitimes (grevés de substitution), lorsque la charge de la restitution du fidéicommis tombera sur eux dans les cas de droit ». Cette correspondance jette une vive clarté sur la méthode de travail du chancelier d'Aguesseau.

est du 6 avril 1731, et sa place chronologique est entre les pièces 24 et 25 ci-dessus. D'ailleurs l'Ordonnance sur les substitutions est de 1747 et d'Aguesseau n'était plus chancelier en 1751.) — 50. Extrait du testament olographe et du codicille de Daniel Bargeton, avocat au parlement. — Testament. Il désire être enterré au cimetière de sa paroisse, le plus simplement possible. Son légataire universel et héritier est Jean-Maurice Reinaud, avocat à Nimes, ancien capitoul de Toulouse, son neveu à la mode de Bretagne, du chef de feu Pierre Reinaud, son oncle, frère aîné de sa mère. Legs à Pierre Salles, à Villaret, ancien officier de cavalerie, demeurant à Sumène ; à la sœur de Villaret, à Henri Bargeton, son cousin germain, actuellement en Allemagne, à Friedrichdorf, près de Francfort-sur-le-Mein. Le testateur a fait des dépenses considérables pour Louis Bargeton, qui n'a pas voulu continuer d'étudier dans les collèges, et il l'a envoyé aux Indes Orientales, où il est enseigne dans les troupes de la Compagnie des Indes. Il lui laisse 12 actions de tontine. Legs à [Jean] Bargeton, qui a vécu plusieurs années près de Sommière ; à Daniel Perrier, son filleul ; à Daniel Bargeton, son filleul. Il ne nomme point d'exécuteur testamentaire, ayant une entière confiance en son légataire universel (Paris, 7 octobre 1755). — Codicille. Legs à Madeleine Ménissier, sa gouvernante et cuisinière depuis plus de trente ans ; à Fiacre Fauvel, à son service depuis plus de dix ans ; à François Jourdain, à son service depuis près de six ans ; à la nièce de Madeleine, à son clerc, au portier de l'hôtel de Cluny (Paris, 7 octobre 1755. — 51. Minute de mémoire concernant la demande de Bargeton, des Cévennes, d'un legs de 500 l. de pension (s. d.). 52-63 : *Correspondance de Daniel Bargeton avec ou au sujet des membres de sa famille, principalement avec [Jean] Bargeton.* — 52. Copie d'une lettre de M. de Montillet à Bargeton, au sujet de la mauvaise conduite de M. de La Goutte, officier, qui s'est déshonoré et exposé à être traduit devant les maréchaux de France. Il ne peut rien auprès du cardinal [de Fleury] pour le tirer d'affaire (Issy, 29 avril 1741). — 53. Lettre à son cousin [Jean] Bargeton, à Cossonay, en Suisse. Il a cherché à savoir ce qu'étaient devenus les descendants de son oncle Balthazar Bargeton. Il avait seulement ouï dire qu'ils étaient sortis de France depuis fort longtemps. Son cousin d'Allemagne, oncle du destinataire, lui a fait savoir que ses deux frères aînés sont morts, l'un au service du roi de Prusse, l'autre au service des Hollandais ; que le troisième était en Suisse, et n'avait qu'un fils unique. Bargeton demande à ce dernier, qui a perdu son père, s'il est aussi dans le besoin, car il est disposé à en user avec lui comme avec ses autres parents, exilés (1. ou non (Paris, 21 octobre 1742). — 54. Daniel remercie son cousin de Suisse des renseignements qu'il lui donne sur sa famille. Puisqu'il souhaite de faire un voyage en France, il sera ravi de le voir, et lui fera compter 500 l. par la voie de Genève (Paris, 17 novembre 1742. — 55. Daniel envoie son portrait à son cousin de Suisse. Il a fait venir d'Allemagne son cousin avec son fils, âgé de 10 ans. Il fera élever l'enfant dans une pension de Paris (31 mai 1743). — 56. Daniel informe son cousin de Suisse que son petit neveu continue d'étudier (2 février 1746). — 57. Daniel a appris avec un grand plaisir que son cousin [Jean] Bargeton est actuellement occupé à régir les terres de MM. Salles. (2) Il souhaite que l'air du bas Languedoc, qui était celui de ses ancêtres, convienne à sa santé. Reinaud lui a écrit plusieurs fois à son sujet, témoignant toujours qu'il est très content de lui. Quant aux gratifications qu'il recevra de M. du Fesc, il doit s'en remettre à sa générosité (22 juillet 1748). — 58. Daniel est fort aise que M. du Fesc soit dans de bonnes dispositions pour Jean. Le petit neveu de Jean, (Louis Bargeton) que Daniel faisait élever à Paris avec grand soin et à grands frais, s'est trouvé un fort mauvais sujet, en sorte qu'il a été contraint de le renvoyer dans son pays. Ce serait une trop longue histoire à conter. Ce garçon, son père et son grand-père lui ont coûté plus de 16.000 l., sans lui donner aucune satisfaction. Il continue de faire une pension de 300 l. au grand-père, qui est un fort bon homme. Mais le fils vaut encore moins que le petit-fils. M. du Fesc lui a témoigné beaucoup de satisfaction des services de Jean (9 janvier 1749). — 59. Daniel est heureux que les bains aient fait du bien à Jean. Il peut compter sur l'amitié de M. du Fesc comme sur la sienne. M. du Fesc est toujours accablé d'affaires, et c'est pour cela qu'il lui écrit rarement. Il a été nommé l'un des députés au conseil du com-

merce. Il fera merveille dans cette place. On a tant pressé Daniel pour faire revenir en France le petit-fils ingrat, qu'il s'est laissé gagner, et l'a mis dans un autre collège. Mais l'escapade d'il y a deux ans lui fait toujours craindre (30 janvier 1750). — 60. Échange de bons souhaits (10 janvier 1752). — 61. Daniel est bien aise que les troubles dont on était menacé en Languedoc n'aient point eu de suites. (1) Le neveu de Jean, qui est aussi celui de Daniel, a continué à lui donner beaucoup de chagrin, et lui a coûté beaucoup d'argent. Daniel a enfin été obligé de le faire emprisonner dans une maison de correction à Paris. Son grand-père demeure maintenant à Offenbach, près de Francfort. Daniel veut renvoyer le petit-fils en Allemagne pour la troisième fois, en vue de le faire engager dans les troupes de quelque prince du pays, sans quoi ce coquin risque de faire une fin tragique. Si Daniel ne peut s'en délivrer, il le fera envoyer dans les colonies du roi (11 septembre 1752). — 62. Lettre de Bargeton, enseigne de vaisseau, [à Daniel,] écrite de Port-Louis, le 17 avril 1753, au sujet de son pupille, dont il est très satisfait. Il lui a donné des maitres, et il augure bien de lui par la conduite qu'il tient en Orient. — 63. Billet de Reinaud priant son fils de compter à Bargeton, enseigne, s'il est à Uzès, 468 l. qu'il a reçues pour lui de Daniel (Paris, 21 mai 1753). Au pied, endossement du billet par l'enseigne en faveur de M. de Massargues (Toulon, 10 juin 1753. — 64-76 : Lettres de [Jean] Bargeton, écrites de Suisse à Reinaud, sauf les pièces 67, 71 et 72. Ces lettres sont datées de Cossonay, à l'exception de la dernière. — 64. Son arrivée à Lyon lui a été fatale. Il s'échauffa beaucoup à faire des commissions en hâte pour ne pas manquer le coche du lendemain matin, et prit froid au bord de la Saône. Il en est resté quatre mois malade. Ensuite, une chute lui a a disloqué le pied, et le chirurgien a manqué l'opération. Pour ne pas rester estropié, il a dû en subir deux autres très douloureuses, qui le condamnent à garder la chambre peut-être pour tout l'hiver. En passant à Genève il a trouvé Mme Bargeton paralytique. Il est lieutenant d'infanterie suisse (1er janvier 1761. — 65. Après avoir passé près de neuf mois malade ou valétudinaire, au point de regretter le

---

(1) A la suite de la révocation de l'Édit de Nantes. Daniel Bargeton, né à Nîmes le 24 juillet 1678, dans la religion réformée, fut baptisé par le ministre Icard. (Cf. Daniel Bargeton, par E. de Balincourt, in Mémoires de l'Académie de Nîmes de 1886).

(2) Près Sommière.

---

(1) Allusion à l'émotion causée chez les protestants par l'arrestation du ministre Bénézet, dans une assemblée des environs du Vigan, et du ministre Pléchier dans une assemblée de la Vaunage, captures suivies de l'exécution de Bénézet (janvier-mars 1752).

Languedoc, où il se portait mieux, il peut encore envoyer lui-même à Reinaud son « note » ou certificat de vie, en vue de la rente viagère léguée par Daniel Bargeton. On espère beaucoup des négociations entamées pour la paix (3 octobre 1781). — 66. Accusé de réception d'une lettre de change de 400 l. pour on à compte des 500 l. que porte la rente viagère léguée. Il regrette cette erreur à cause de l'embarras de l'envoi d'une seconde lettre (16 octobre). — 67. Jean a reçu une lettre d'un Bargeton originaire des Mages, près de Saint-Ambroix, qui prétend être précisément le neveu dont Daniel a entendu parler dans son testament. Jean implore l'assistance de Reinaud dans cette occasion, et lui demande un extrait de l'article du testament qui le concerne (12 janvier 1779). — 68. Copie de la lettre de Bargeton des Mages à Bargeton de Cossonay (30 décembre 1778). — 69. Il lui envoie des papiers, et notamment des lettres de Daniel, prouvant qu'il est bien l'homme à qui son oncle a entendu léguer une rente de 500 l. (1er mars 1779). — 70. Il lui envoie d'autres pièces (8 mars). — 71. Copie de la réponse d'un notaire de Vevey sur la recherche de pièces utiles (1er mars 1779). — 72. Déclaration notariée de Jean Bargeton, bourgeois de Cossonay, capitaine au régiment de Morges, au sujet du testament de Daniel Bargeton, son oncle à la mode de Bretagne (20 mars 1779). Attestation de la signature du notaire par le bailli de Morges (20 mars). — Sceau du bailli. — 73. Jean exprime à Reinaud sa vive reconnaissance pour sa bonté et sa sollicitude. Il est heureux de savoir que la chicane qu'on veut lui faire est vaine. Détails sur sa vie, attristée par sa surdité et ses 81 ans. Néanmoins, la jouissance paisible de sa pension suffit à le rendre aussi heureux qu'on peut l'être en ce monde (5 février 1779). — 74. Daniel, trois ou quatre ans avant sa mort, faisait à Jean une pension de 600 l. De plus, il était d'accord avec Reinaud pour donner à Jean la jouissance d'un joli domaine près de Nimes. Pourquoi Jean a-t-il refusé ? C'est qu'il a vu en Languedoc tant de mesures inhumaines (contre les protestants) qu'elles l'ont dégoûté du séjour de ce pays, malgré sa supériorité de richesse et de beauté sur celui qu'il habite (31 mars 1779). — 75. Il lui demande si sa déclaration notariée lui est parvenue (30 avril 1779). — 76. Jean voit en noir les troubles de Genève, où il n'a pas voulu faire une seule connaissance. Il y a une grande différence entre une liberté honnête et une licence effrénée. En treize ou quatorze mois,

on a bâti un très beau bâtiment pour les spectacles. Il contraste beaucoup avec la situation où se trouve la ville. Que dirait « le célèbre » Rousseau ? (Genève, chez M. Chirouze, marchand de chapeaux, 16 octobre 1783). — 77-81 : *Correspondance de Daniel Bargeton au sujet de [Louis] Bargeton*. — 77-78. Lettres signées : Bargeton et datées de Maubeuge, 13 avril et 3 mai 1741. Elles sont adressées au chevalier de Bersaillon, lieutenant au régiment d'infanterie de Sancerre, à Dunkerque. L'auteur en est Mathieu-Denis de Bargeton, capitaine au régiment de Sancerre avant d'avoir obtenu du cardinal de Fleury, par l'intermédiaire de Daniel, la majorité de Maubeuge (Cf. la pièce 13). Il y est question d'une dette du « neveu » de Daniel et d'un recours à Daniel ainsi qu'à M. de Montillet, directeur du séminaire d'Issy, grand ami du cardinal de Fleury (Cf. la pièce 52). Il lui demande son appui auprès de M. Chapuis de La Goutte, qui est tous les jours avec le cardinal de Fleury. A défaut de réponse de Daniel, Bersaillon devra citer le neveu devant les maréchaux de France pour rentrer dans sa créance. — 79. Lettre signée : Bargeton, adressée à Hivert, chez Daniel Bargeton, et datée de Belfort, 6 novembre 1747. Elle est du neveu que son affaire avec M. de Bersaillon a mis dans une position critique, et qui demande de l'argent. — 80. Lettre signée : Louis Bargeton, au chevalier de Papus, rue des Mathurins, hôtel de Cluny, à Paris. Il le prie d'intercéder auprès de son oncle pour le faire revenir à Paris, et d'employer M. Joly dans le même sens. Mention de son père et de son grand-père. Il déplore le malheur où il s'est précipité imprudemment, et sa faute envers son oncle (« Naïvit, » 28 juin 1748). — 81. Lettre signée : Bargeton, adressée à Daniel, et datée d'Offenbach-sur-le-Mein, près de Francfort, 1er avril 1757. Timbre d'Allemagne. Il a reçu la lettre de M. Joly avec une lettre de change, et remercie vivement son oncle de sa bonté. Il fait des vœux ardents pour le rétablissement de sa santé. (1) Les lettres 79, 80 et 81 sont de mains différentes, même les signatures. — 82-103 : *Correspondance de Reinaud, juge mage, avec le ou au sujet du chevalier de Bargeton, (2) principalement*. — 82. Lettre de Deslars de Pérusse, datée

(1) Daniel Bargeton mourut avant de lire cette lettre, car le dépôt de son testament fut fait par Reinaud le 29 mars 1757 (Cf. E. de Balincourt, *Daniel Bargeton*).

(2) Daniel, fils du major de Maubeuge et filleul de Daniel Bargeton, avocat au parlement.

-de Montheiron, près Châtellerault, 9 février 1758. Il reçoit la lettre de Reinaud au sujet de M. de Bargeton (Daniel, chevalier de Bargeton), qui a été lieutenant au régiment de Normandie. Sans l'amitié particulière qu'il a toujours eue avec le major des grenadiers de France, il n'aurait pu sauver ce malheureux jeune homme de l'ignominie de la cassation. Ses fautes sont de nature à le déshonorer. Il est de l'intérêt de tous les siens qu'il soit enfermé pour le reste de ses jours. Il est à la citadelle de Lille, mais il pourrait s'en évader. De Pérusse a demandé qu'on le mette dans une maison de force, à Armentières. Il espère que la pension que lui fait Reinaud suffira. — 83. Lettre de la veuve d'Henri Bargeton, (1) née Babin, datée d'Offenbach, près de Francfort, 26 mai 1758. Elle s'est ruinée pour son mari malade, et demande à Reinaud de lui continuer pendant quelque temps la pension de 300 l. pour subsister. — 84. De la même. Tourmentée journellement par les créanciers d'un mari qui ne pouvait rien laisser, elle a dû quitter Offenbach pour Francfort, et supplie Reinaud de la secourir (Chez le conseiller Nicolaï, maison de Pierres, 2 février 1759). — 85. Reçu de 400 l. fait par Daniel de Bargeton à Reinaud, pour les arrérages de la pension léguée par Daniel Bargeton (Citadelle de Lille, 5 avril 1758). — 86. Lettre de la veuve d'Henri Bargeton. Quoique Reinaud ait interdit tout commerce de lettres à son mari, elle ne peut se dispenser de l'informer de sa mort, survenue le 18 avril 1758. Elle a lu la lettre de supplication qu'il lui a adressée dans la dernière indigence, au cours d'une longue et ruineuse maladie. Dépourvue de tout, elle demande à Reinaud la continuation de la pension, pour éteindre les dettes contractées (Offenbach, 16 mai 1758). — 87. De la même. Remerciements pour les 300 l. touchées par l'intermédiaire de Ménissier. Tombée malade, elle demande à Reinaud l'avance de la moitié de la pension (Offenbach, 15 avril 1758). — 88. Lettre de Dubois, aide-major de la citadelle de Lille, à la mère de Daniel de Bargeton. Ce dernier s'est amendé. Le retour des bontés de sa mère et de sa famille l'a rendu « fort gai. » Il faut l'équiper de la tête aux pieds. Une quinzaine de jours est nécessaire, avant sa sortie, pour lui faire prendre l'air, le purger et le nipper, car sa santé est altérée par la détention (Lille, 18 juillet 1760. —

(1) Mère de Louis, enseigne de vaisseau. Daniel eut à se plaindre d'Henri et de Louis, on l'a vu (Cf. la pièce 58).

89. Lettre de Mme Bargeton à Reinaud. Elle lui envoie la lettre de l'aide-major de Lille, et lui demande de l'aider à faire obtenir à son fils, entièrement revenu de ses égarements, un emploi militaire. En attendant, elle prend le parti de l'envoyer comme volontaire au régiment de Penthièvre-Cavalerie, en Bretagne. Il a besoin de cent pistoles (Belfort, 25 juillet 1760). — 90. Lettre de Tempié, de Vauvert, informant Reinaud de la demande faite au ministre par M. de Bargeton, ci-devant major à Maubeuge, pour que Reinaud, en qualité de légataire universel de son oncle, avocat au parlement de Paris, soit tenu de lui avancer 1.000 l. sur les 8.000 l. léguées à son fils (Daniel) par le défunt, en vue de pouvoir le faire rentrer en service dans le régiment de Penthièvre-Cavalerie. M. de Saint-Priest, en envoyant diverses pièces à Tempié, le charge de prendre la réponse de Reinaud pour en faire part au ministre (26 septembre 1760). — 91-92. Lettres du chevalier de Bargeton, datées de Lille, 1er septembre 1760 et 4 mai 1761. — Il ne peut comprendre les motifs qui ont déterminé Reinaud à refuser à sa mère la somme nécessaire pour le pourvoir d'un emploi. Insolences. — Il reconnaît que les démarches de sa mère sont très déplacées. Le ton de sa précédente lettre est dû à ce que lui a dit sa mère. Il est resté dans une entière ignorance des bontés de Reinaud. — 93. Lettre de Mme de Bargeton à Reinaud. Ses démarches ont été inutiles. Le gouverneur de la citadelle lui a écrit que si elle voulait en faire sortir son fils, il obtiendrait un ordre de le retenir pour dettes. Désillusions sur son fils (Belfort, 11 mai 1761). — 94. Lettre du chevalier demandant à Reinaud de lui avancer la moitié de sa rente. Son père est d'un grand âge et réduit à emprunter. Il est à sa charge, sans emploi et dans un équipage au-dessous de lui. Remerciements pour les bontés de Reinaud (Belfort, 23 mai 1763. — 95-96. Du même, au sujet d'arrangements pour avoir un emploi (Belfort, 21 juin-25 juillet 1763). — 97. Du même. Il est assuré de l'emploi qu'il postule. Il a résolu de mettre 7.000 l. à fonds perdus sur le roi ou sur un particulier solvable, sur Reinaud, par exemple. Misère de ses sœurs (Belfort, 15 août 1763). — 98-99. Lettre du même et mandat de Reinaud à Ménissier, marchand de Paris, de payer 500 l. au chevalier de Bargeton quand il aura un emploi militaire et non autrement. Il renvoie à Reinaud son mandat comme inutile, ses démarches pour avoir un emploi ayant échoué par le fait de la

« passion » de sa mère (Belfort, 25 octobre 1763-Nîmes, 22 août 1763). — 100. Reinaud verra, par la lettre de M. de Châteaufer, directeur de l'artillerie d'Alsace, l'emploi des deniers envoyés au chevalier. Il ne lui manque à présent que les deux premiers volumes de M. Le Camus, par-devant qui il devra subir un examen à La Fère (Belfort, 3 janvier 1764). — 101. Du même, qui signe : Le chevalier de Montredon, aspirant au corps royal de l'artillerie. Il supplie Reinaud de laisser ignorer ses affaires à ses officiers supérieurs, car, pour être reçu à l'école, il leur a déguisé son âge véritable en remettant un extrait de baptême où les chiffres étaient contrefaits, et s'ils venaient à le savoir, il perdrait la seule occasion de rentrer au service (Strasbourg, 12 février 1764). — 102. Du même, qui reprend son nom de Bargeton. En raison de ses obligations dans l'état d'aspirant au corps royal, il lui est impossible à présent de se soutenir davantage si Reinaud ne lui fait passer la somme d'argent qu'il jugera à propos (Strasbourg, 7 mai 1764). — 103. Du même. Sa famille désirant savoir à quel emploi il destine le legs de son oncle, il demande à Reinaud s'il sera remboursé à l'expiration de ses 25 ans, le 13 octobre prochain. Il placera sur hypothèque 3.000 l. à Belfort. Pour les 4.000 l. restantes, il demande l'assistance de Reinaud (Strasbourg, 19 août 1764). — 104. Lettre de M. Teissier de Marguerittes à [Jean] Bargeton, au logis du *Cheval blanc*, à Vic, à propos d'une signification à M. Salles (Paris, 26 avril [1753]). — 105-112 : *Correspondance de Daniel Bargeton, avocat au parlement de Paris, au sujet du mariage du jeune duc de La Trémoille avec Mlle de Lorges de Randan.* (1) — 105. Lettre de M. V. H. de La Tour d'Auvergne, duchesse de La Trémoille. Elle vient de recevoir le projet d'acte joint au mémoire et à la lettre de Bargeton, et ne fera aucune difficulté de le signer tel qu'il est. Elle désire vivement que MM. de Lorges en soient contents, et que cela termine de trop longues tracasseries (Attichy, 3 septembre). — 106. De la même. Elle reçoit le projet d'acte rédigé. On lui mande que le chancelier et M. de Fresnes (2) l'ont corrigé. Ces corrections la touchent fort peu sans l'approbation de Bargeton. Elle voit quelque différence avec le premier projet. Elle demande à Bargeton s'il l'approuve, ne voulant absolument rien faire que ce

qu'il trouvera convenable. Est-ce le chancelier, ou M. de Fresnes, ou M. Gallot seul qui a dressé le dernier article de la présence du chancelier ? Ce mot d'honorer lui paraît peu convenable et trop fort, et puisqu'il faut, pour satisfaire M. de Randan, que le chancelier intervienne, elle pense que cet article peut être conçu en termes plus sortables aux parties intervenantes (Attichy, 23). — 107. De la même. On lui annonce une lettre de Bargeton au sujet du nouvel acte de donation que l'on propose à la duchesse de Randan. Mme de La Trémoille n'est pas favorablement prévenue pour ce nouveau projet, et le silence gardé par Bargeton, quand on lui a demandé son avis, ne fait que fortifier ses soupçons. Cette lettre étant de la main d'un secrétaire, Mme de La Trémoille, après l'avoir signée, ajoute qu'elle a été empêchée de l'écrire de sa main par des lettres obligatoires de la journée (23 août 1748). — 108. Lettre de la même, écrite par Foucher. La duchesse a été fort surprise, après avoir été invitée par Bargeton à venir à Paris, de voir arriver à Attichy Mme de Randan avec M. Gallot, et eux-mêmes furent aussi surpris que leur arrivée n'eût pas été annoncée par une lettre que Bargeton avait promis d'écrire pour aplanir la seule difficulté pouvant mettre obstacle à la réunion. Longue discussion d'affaires (Attichy, 9 septembre 1748). La duchesse ajoute quelques lignes de sa main. Faute de temps, elle n'a pu écrire elle-même cette lettre. Comme on la presse beaucoup de finir cette affaire, elle a imaginé que, si Bargeton a quelque peine à décider sur l'objet de la constestation, elle pouvait s'en rapporter, on ce point seul, à la décision du chancelier, ce qui justifiera dans le public sa condescenda .ce ou son refus. — 109. De la même. Malgré la prudence de Bargeton dans la rédaction d'un nouvel acte, MM. de Lorges demandent encore des changements qui ne peuvent que supprimer quelqu'une des conditions si sagement établies, ou les déguiser de façon à faire naître des procès. Si Mme de Randan avait montré plus de fermeté, elle se serait tirée plus aisément des persécutions qu'elle éprouve. Mme de La Trémoille croit lui rendre service en repoussant tout nouveau changement. Elle s'afflige de toutes les peines que cause à Bargeton cette affaire (Attichy, près Compiègne, 6 septembre). — 110. Minute d'une longue lettre de Bargeton, équivalant à un mémoire, adressée à la duchesse de La Trémoille. Il lui expose tout ce que l'on peut dire pour l'engager à signer l'acte tel qu'on désire le-

(1) Fille du duc de Lorges et de Randan.

(2) D'Aguesseau, conseiller d'État, fils du chancelier.

faire. Elle aura la bonté de se déterminer. Il ne lui donnera sur cela aucun conseil, à moins qu'elle ne lui en demande (Paris, 6 septembre 1748). — 111. Lettre de Foucher, écrivant pour la duchesse. Il lui envoie une copie du nouvel acte, afin que Bargeton voie si l'on n'a rien modifié de ce qu'il a lui-même réglé. La duchesse ne pourra partir d'Attichy que vers le 5 ou le 6 du mois prochain. D'ailleurs l'entrevue qu'il lui faudrait avoir chez le chancelier avec le comte de Lorges lui serait trop désagréable pour ne pas l'éviter (Attichy, 24 septembre 1748). Au lieu des mots : *honorer le présent acte*, qui choquent la duchesse, ne pourrait-on pas trouver une phrase plus acceptable ? — 112. Lettre du prince de Talmont. On a dû communiquer à Bargeton les nouvelles demandes du comte de Lorges. Il en est indigné. Il faut avoir toute honte bue pour oser demander quelque chose après ce qui s'est passé. Il est plus que temps de faire cesser des tracasseries si odieuses. Comme cependant le prince défère autant que Mᵐᵉ de La Trémoïlle aux lumières de Bargeton, il le prie de voir si la proposition qu'on fait d'assenir, dans l'acte, la donation des 100,000 écus sur le duché de Lorges est raisonnable. Il y a bien longtemps que les princes de sa maison ont commencé de s'allier avec la famille royale et des maisons souveraines, mais jamais mariage n'a donné tant de peine que celui-ci (3 septembre au soir [1748]). — 113-114 : *Lettres signées du prince de Monaco*. — 113. Il remercie Bargeton bien tard de ses belles et utiles opérations pour ses intérêts, dans les affaires les plus importantes de sa vie. Rien n'adoucit tant l'amertume de ses troubles domestiques, que de le voir occupé si obligeamment du soin d'éclaircir les matières qui les causent (Monaco, 19 décembre 1730). — 114. Il ne cessera de relire la belle lettre de Bargeton pour l'amener à disposer en faveur des enfants de M. de Valentinois, à défaut de ceux que Mᵐᵉ d'Isenghien pourrait avoir dans la suite; mais son christianisme ne va pas encore jusque-là. Vu les grands biens auxquels est appelée la fille du prince, qu'il a d'ailleurs dotée de 100.000 écus, peut-on le blâmer de faire passer à Mᵐᵉ d'Isenghien, dotée simplement de 350 000 francs, ce qu'il s'est réservé de libre, et qu'à défaut de ses enfants il appelle le marquis de Grimaldi ? Dans son malheur de mourir sans postérité masculine, il cherche le moyen de ne pas laisser traîner dans la misère, au fond d'une province, l'aîné de sa maison et le seul de sa famille en France. Les héritiers du prince ne doivent rien toucher avant que ses légataires ne soient payés. Il compte sur le bon cœur de sa fille d'Isenghien et sur la générosité de M. d'Isenghien, pour ne pas laisser mourir de faim quelques malheureux domestiques du prince, en attendant la solution d'un procès dont les chicanes de M. de Valentinois ne pourront pas éloigner indéfiniment la décision. Au surplus, il va se priver d'une partie du nécessaire pour prévenir leur misérable sort (Monaco, 11 février 1731). — 115. Extrait d'un acte déchargeant Daniel Bargeton de toutes les sommes reçues par lui comme exécuteur testamentaire de la comtesse de Choiseul (Paris, 20 mai 1748).

E. 1251. (Registre.) — 13 feuillets, papier.

1230-1740. — *Fonds de Calvières. — Treizième volume des archives des Génas, ou album composé au XVIIIᵉ siècle avec de courtes notices généalogiques et des armoiries peintes à l'aquarelle. Il a pour titre : « Ordre de la généalogie de la maison de Génas. »*

Fᵒ 1. Jean Iᵉʳ (1230-1278). — Hugues, mort en 1330. — Ses enfants. — Guillaume, mort en 1302. — Ses enfants. — Jean II (1357-1413). — Fᵒ 2. Armoiries peintes. — Guillaume de Génas (1325). D'argent au genêt de sinople. — Jean II de Génas (1357). De même. — Catherine Sextre (ou Seytre), de Montélimar. D'or au lion lampassé de gueules, brisé d'une bande de sable chargée de trois coquilles d'argent. — Fᵒ 3. Fin de la note de Jean II. — Ses enfants. — Louis Iᵉʳ (1407-1436). — François Iᵉʳ (1430-1504). — Ses enfants. — Fᵒ 4. Armoiries peintes. — Louis Iᵉʳ de Génas (1407). D'argent au genêt de sinople, écartelé de gueules à l'aigle d'argent membré et becqué d'or. — Catherine Spifame. De gueules à l'aigle d'argent membré et becqué d'or. — François Iᵉʳ de Génas (1430). Comme Louis Iᵉʳ. — Béatrix de Galien. D'argent à la bande de sable contrebandée d'or, accompagnée de deux roses de gueules feuillées de sinople. — Fᵒ 5. Suite et fin des enfants de François Iᵉʳ. — Jean III (1456-1528). — Ses enfants. — François II (1486-1571). — Fᵒ 6. Armoiries peintes. — Jean III de Génas, sieur de Tourraches, gentilhomme ordinaire de la chambre de Louis XI (1456). Comme Louis Iᵉʳ. — Catherine Seytre, fille d'Alexandre Seytre, argentier de Louis

XI. Comme Catherine Sextre ou Seytre de Montélimar. — François II de Génas, seigneur d'Éguilles, en Provence (1483). Comme Louis Ier. — Françoise de Mayaud. D'azur à trois cygnes membrés et becqués de gueules. — F° 7. Les enfants de François II. — François III (1510-1587). — Ses enfants, dont Melchior (1553). — F° 8. Armoiries peintes. — François III de Génas, seigneur d'Éguilles, conseiller au parlement (1510). Comme Louis Ier. — Claire de Radulphe. Échiqueté d'or et de gueules, au chef de gueules chargé d'une lisse, ou pont de bois, d'or, et d'une étaile de même. — Melchior de Génas, seigneur d'Éguilles. Comme Louis Ier. — Louise de Villages, dame de Beauvoisin en Languedoc. D'argent, à un double delta, ou triangle hexagone, de sable et un cœur de gueules enclos dedans. — F° 9. Suite de Melchior. — Ses enfants. — Jean IV. — F° 10. Armoiries peintes. — Jean IV de Génas, seigneur de Beauvoisin. Comme Louis Ier. — Rose de Favier. D'azur à un chevron d'argent brisé, deux triangles d'or en chef et un soleil d'or éclipsé en pointe. — Jacob de Génas, seigneur de Beauvoisin. Comme Louis Ier. — Suzanne de Nogarède. D'argent au noyer de sinople, écartelé d'azur à une bande d'or, qui est de Saint-Blancard. — Suite de Jean IV, mort en 1632. — Jacob, seigneur de Beauvoisin et de Cadolet. — Ses enfants. (Là s'arrête le travail généalogique du XVIII° siècle. Une main du XIX° l'a repris et continué). — F° 11. Louis II, 4° seigneur de Beauvoisin (1657-1710). — Ses enfants. — Louis III, (2° seigneur de Beauvoisin (1691-1707). — Ses enfants. — F° 12. Armoiries peintes. — Suzanne d'Hauteville. Écartelé au 1 et 4 d'azur à une ville d'argent ceinte de murailles et de tourelles sommées chacune d'une girouette de même et maçonnées de sable; au 2 et 3 d'or au lion lampassé de gueules. — F° 13. Laissé en blanc, avec des cases pour armoiries tracées au XVIII° siècle.

E. 1252. (Portefeuille.) — 12 pièces, parchemin; 51 pièces, papier; 8 sceaux.

1555-1817. — *Fonds de Cabrières.* — *Volume supplémentaire concernant les Génas, les d'Hauteville et les Reinaud. Avant les documents est une liste sommaire des pièces.*

1-28 : Les Génas. — 1. Extrait du testament de François de Génas, seigneur d'Éguilles, natif de Valence, habitant Avignon, (17 septembre 1555). Son héritière universelle est Françoise de Mayaud, sa femme. En cas de décès, il lui substitue le plus ancien premier né de leurs fils. Attestation du juge ordinaire de la cour temporelle d'Avignon (5 mars 1617). Sceau du juge. — 2. Testament de Melchior de Génas, sieur de Beauvoisin, fils de feu François de Génas, quand vivait sieur d'Éguilles, conseiller au parlement d'Aix. Il appartient à la religion réformée. Son héritier universel est François de Génas, son fils aîné (Castres, 30 avril 1617). — 3. Remontrances de noble Pierre de Génas aux officiers de la sénéchaussée de Valence au sujet de l'arrière-ban (s. d.). — 4. Testament de Blanche de Génas de Beauvoisin, femme de Jean d'Albenas, capitaine et viguier de Nîmes. Elle appartient à la religion réformée. Son héritier universel est son mari (Nîmes, 23 mai 1651). Souscription. — 5. Extrait d'un testament de la dite Blanche du 6 décembre 1649. — 6. Extrait d'un codicille de la même du 7 décembre 1649. — 7. Extrait de la rémission de l'héritage de Jacob de Favier, conseiller au présidial, faite à Jacob de Génas, seigneur de Beauvoisin, par Rose de Favier, fille du défunt et femme de Jean de Génas (Château de Beauvoisin, 15 décembre 1649). — 8. Extrait du contrat de mariage entre Louis de Génas, seigneur de Durfort, baron de Saint-Étienne, et Olympe de Boisson (Château de Beauvoisin, 27 mai 1682). — 9. Mémoire pour Louis de Génas, seigneur de Beauvoisin, défendeur, contre Pierre de Villeneuve, comte de Tourettes et consort, demandeurs en exécution d'un arrêt du 6 septembre 1681, et en déclaration d'exécutoire d'un rapport d'experts du 15 juin 1681, suivant les fins de leurs lettres obtenues en la chancellerie de Dauphiné le 10 avril 1688, et de l'exploit du 10 juillet suivant (s. d.). — 10. Consultation sur le mémoire précédent, délibérée à Grenoble, le 1er mars 1689, par Garcin, qui a reçu un louis d'or neuf, taxé par Didier. — 11. Copie d'un état de situation dressé par M. Saussines en novembre 1712. Il s'agit de la manière dont s'est réalisé un programme de division et de réduction convenu entre des créanciers de MM. Sartre, parmi lesquels figure Olympe de Boisson, veuve et héritière de Louis de Génas, seigneur de Beauvoisin et de Durfort. Par transaction passée à Nîmes le 24 juin 1711, fut réglementé entre ces créanciers le moyen de tirer parti de la cession, à eux faite par les syndics des directeurs des créanciers, du château de Caveirac, avec ses terres, jardins, orangers

(1) Ms. : *Louis Ier.* (2) Ms. : *Louis II.*

et meubles ; de la seigneurie de Vaqueirolles, avec la métairie de La Barben ; de la seigneurie de Clarensac, avec la métairie de Merveille ; de la seigneurie de Saint-Côme et de la justice de Saint-Césaire. — 12. Copie de l'enregistrement des pactes de mariage entre Louis de Génas, seigneur de Beauvoisin, baron de Durfort, et Suzanne d'Hauteville (Vauvert, 18 septembre 1713-5 janvier 1723). — 13. Extrait d'une procuration de Louis de Génas, donnée à sa sœur Suzanne de Génas, femme de César-Louis de Ligonier, sieur du Buisson, pour intervenir dans le mariage de sa fille Marguerite de Génas avec Annibal-Maurice de Rouzet, sieur de Lamatte, major de dragons au régiment d'Armenonville (Château de Vauvert, 8 janvier 1738). — 14. Copie du contrat de mariage entre M. de Lamatte et Marguerite de Génas (Castres, 13 janvier 1739). — 15. Extrait de l'émancipation de Pierre de Génas, baron de Vauvert, habitant son château de Bech, fils de Louis de Génas, marquis de Durfort (Château de Bech, 30 septembre 1746). — 16. Signification faite aux héritiers de Jean-Louis-Auguste de Génas, savoir M. et Mme de Cabrières et M. et Mme de Lisleroi, à la requête de Joseph-Maurice de Goudon, ancien capitaine de dragons, ayant droit de sa mère Marguerite de Génas, du contrat de mariage de celle-ci avec Jean de Goudon 21 mars 1747, passé en secondes noces, et d'autres actes connexes (Nîmes, 30 octobre 1817). — 17. Instruction imprimée pour Pierre de Génas, baron de Vauvert, demandeur en excès pour crime de félonie, contre Jean Boissier, notaire de Vauvert, son emphytéote, accusé. Document curieux [1789]. — 18. Mémoire instructif imprimé, pour Jean Boissier, notaire royal, lieutenant de maire de Vauvert, accusé et suppliant, contre Pierre de Génas, baron de Vauvert, accusateur. Document curieux, signifié le 10 septembre 1789. — 19. Réponse imprimée pour Boissier contre le baron de Vauvert, signifiée le 3 octobre 1789. — 20. Induction imprimée des des actes remis par Boissier dans sa production contre M. de Vauvert, qui justifient de son innocence sur les cas à lui imputés, signifiée le 6 mars 1750. — 21. Précis imprimé pour Boissier contre M. de Vauvert, signifié le 16 février 1750. — 22. Testament de Louis de Génas. Son héritier universel est Pierre de Génas, son fils (Vauvert, 10 septembre 1753). — 23. Suscription dudit testament (11 septembre). — 24-25. États de recettes et dépenses sur les revenus des biens du défunt citoyen Reinaud Génas père, au bureau de Vauvert. Le reliquat est de 31.739 l. 11 s. Certifié conforme par le receveur des domaines nationaux à Vauvert le 10 messidor an III, ou 28 juin 1795. — 26. Extrait de l'adjudication de la ferme de la métairie de Guiraud, ayant appartenu à Reinaud Génas, condamné, pour 3 ans, moyennant le prix de 3.800 l. (Nîmes, 4 vendémiaire an III, ou 25 septembre 1794). — 27-28. États généraux en recette et dépense faits par des domaines nationaux de Nîmes pour le compte de feu le citoyen Reinaud Génas père. Après vérification par le directoire du district, le reliquat est de 11.002 l. 12 s. 10 d. (Nîmes, 8-9 messidor an III, ou 26-27 juin 1795). — 29-52 : Les d'Hauteville. — 29. Extrait du testament dicté par Louis Hercule de Lévis de Ventadour, novice de la Compagnie de Jésus au noviciat de Saint-Germain-des-Prés lès Paris, rue du Pot-de-Fer, paroisse Saint-Sulpice, avant de se retirer entièrement du monde, pour maintenir l'union entre ses frères. Legs à sa mère, Marguerite de Montmorency duchesse douairière de Ventadour ; à son frère aîné Henri de Lévis, ecclésiastique. Son héritier universel est son frère Charles de Lévis, duc de Ventadour. L'acte est passé en l'une des chambres du noviciat, le 29 avril 1688. Collation faite sur l'original en parchemin rendu au duc par les notaires du Châtelet de Paris, le 23 août 1612. — 30. Copie de l'achat de la baronnie de Vauvert fait par Pierre d'Hauteville, seigneur de Montferrier, conseiller à la cour des aides de Montpellier, logé à Paris, dans la maison de l'Image Sainte-Barbe, sur le fossé d'entre les portes de « Nesle » et de « Bussy », paroisse Saint-Sulpice. Le vendeur est Charles de Lévis, duc de Ventadour, pair de France, gouverneur de Limousin, logé à Paris, rue Dauphine, paroisse Saint-Barthélemy, héritier de son frère Hercule de Lévis de Ventadour, de la Compagnie de Jésus. Le château de la baronnie est rasé et démoli. Le prix est de 110.000 l. (22 août 1642). — 31. Testament d'Anne de Blancard, veuve de Jacques d'Hauteville, sieur de Montferrier et de Saint-Clément. Elle appartient à la religion réformée. Son héritier universel est Pierre d'Hauteville, baron de Vauvert, conseiller à la cour des aides, son fils aîné (Montpellier, 20 avril 1644). — 32. Testament de Pierre d'Hauteville, baron de Vauvert, appartenant à la religion réformée. Son héritière universelle est sa femme Louise de Baudan (Montpellier, 21 mai 1662). — 33. Testament d'Anne d'Hauteville, femme de Pierre de Bayard,

baron de Ferrière, appartenant à la religion réformée. Ses héritiers sont les enfants qu'elle pourra avoir, ou ses frères et leurs enfants, par ordre de primogéniture. Son frère aîné est Gabriel d'Hauteville, baron de Vauvert (Vauvert, 13 décembre 1618). — 34. Pactes de mariage entre Barthélemy de Terrail, seigneur d'Ornaison, lieutenant de roi au gouvernement d'Aiguesmortes, et Marie d'Hauteville, fille de Pierre, quand vivait conseiller à la cour des aides de Montpellier, baron de Vauvert (Château de Vauvert, 13 octobre 1634). — 35. Contrat de mariage (extrait) entre les précédents (Château de Vauvert, 30 décembre 1634). — 36. Testament de Barthélemy de Terrail, sieur d'Ornaison et de La Forêt, lieutenant du roi d'Aiguesmortes. Legs à sa femme Marie d'Hauteville. Son héritier universel est son frère François de Terrail, capitaine au régiment de Picardie (Aiguesmortes, 12 septembre 1637). — 37. Extrait du testament de Philippe d'Hauteville, seigneur de Vauvert, catholique. Son héritière universelle est Gabrielle de Génas, sa femme (Nîmes, 7 août 1707). — 38. Testament de Marguerite de Gaillard, femme de Jean de Rousanquet, seigneur du Fesc et de Saint-Théodorit. Son héritier universel est son neveu Pierre Guiraud, docteur et avocat (Vic, 11 février 1713). — 39. Extrait du testament de Suzanne d'Hauteville, femme de Louis de Génas, baron de Vauvert et de Durfort (Château de Vauvert, 4 janvier 1723). — 40. Testament de Catherine d'Hauteville, qui signe : « Catin de Vauvert ». Son héritier universel est Louis de Génas de Durfort (Château de Vauvert, 3 février 1723). — 41. Note sur le procès-verbal d'ouverture du testament de Catherine (11 mai 1751). — 42. Note sur les gains de M. de Vauvert, héritier de Catherine (s. d.).
— 3846? Les Reinaud. — 43. Contrat de mariage (extrait) entre Laurent Reinaud, fils de Louis, et Honorée Durant, fille de Pierre, conseiller au présidial (Nîmes, 25 octobre 1616). — 44. Extrait d'une quittance dotale faite par Mathieu Sigalon, marchand drapier, mari de Suzanne Reinaud, à son beau-frère Laurent Reinaud, bourgeois (Nîmes, 21 avril 1623). — 45. Donation (extrait) faite par Hugues Cabane, veuve de Louis Reinaud, à son fils Laurent, en vue de son mariage avec Madeleine de Peyremale, fille d'Isaac, sieur de Robiac (Nîmes, 17 avril 1624). — 46. Extrait du contrat de mariage entre Louis Reinaud, fils de feu Jérémie, conseiller au présidial, et Henriette d'Ardouin, fille de feu Marc, sieur de La Calmette. Les futurs époux appar-

tiennent à la religion réformée (Nîmes, 12 août 1648). — 47. Copie du testament d'Anne Reinaud, fille de Jérémie, conseiller au présidial, et de Madeleine de Baulongue. Son héritier universel est son neveu Jean-Jacques Reinaud, fils de Louis (Nîmes, 6 mai 1672). — 48. Extrait d'une transaction entre Catherine Reinaud, femme de Jean-Jacques de Vignoles, seigneur de Saint-Bonnet de Toiras, et Jean-Jacques Reinaud, résidant à Anduze, son neveu (Château de Saint-Bonnet, 3 avril 1677). — 49. État des demandes de Jacob Reinaud, héritier de Catherine Reinaud, contre M. de Saint-Bonnet (s. d.). — 50. Copie du contrat de mariage de Jean-Jacques Reinaud avec Marguerite Rozel, fille de François, défunt conseiller au présidial (Nîmes, 9 avril 1677). — 51. Extrait du testament de Catherine Reinaud, femme de Jean-Jacques de Vignoles, seigneur de Saint-Bonnet. Son héritier universel est Jacob Reinaud, son petit-neveu et filleul (Château de Durfort, chez Suzanne de Nougarède, 14 juillet 1687). — 52. Diplôme de licencié en droit civil et canonique, décerné à Daniel Carpeton, de Nîmes, bachelier en l'un et l'autre droit, par Jean-François de Nègre de Lacan, docteur en théologie de la faculté de Paris, chanoine de Montpellier, grand archidiacre, chancelier de l'université de ladite ville. Signatures de Lacan et des professeurs Perdrix et Causse (Montpellier, 13 février 1687). Le sceau manque. — 53. Diplôme de bachelier en droit canonique et civil, décerné à Jacques Reinaud par François-Camille Croset, primicier de l'université d'Avignon (30 janvier 1700). Signatures de Croset et d'autres professeurs. Sceau en boîte du primicier. Légende : [Sigillum] primicerii universitatis studii Aciniensis. Dans l'ovale du champ, décor ogival présentant deux registres. La vierge et l'enfant Jésus dans le supérieur, un religieux assis étudiant au-dessous. Lacs de soie rose et vert. — 54. Réception de Jacques Reinaud au nombre des avocats du présidial de Nîmes (27 avril 1700). — 55. Diplôme de licencié en droit canonique et civil, décerné à Jacques Reinaud par l'université d'Avignon (21 avril 1700). Sceau en boîte du primicier. — 56. Diplôme de bachelier en l'un et l'autre droit, décerné à Jean-Maurice Reinaud par Jean-Baptiste-Joseph Brey, recteur de l'université de Montpellier (12 juin 1726). Sceau. — 57. Diplôme de licencié en droit canonique et civil, décerné à Jean-Maurice Reinaud, de Nîmes, bachelier en l'un et l'autre droit, par Charles-Joachim [Colbert de Croissy].

évêque de Montpellier, comte de Melgueil, baron de Sauve, chancelier et juge de l'université de Montpellier (14 juin 1725). Sceau épiscopal. — 58. Prestation de serment et réception de Jean-Maurice Reinaud au nombre des avocats postulants du présidial (Nîmes, 6 juillet 1725). — 59. Extrait du testament de Daniel Bargeton, avocat au parlement de Paris, suivi d'un codicille. Jean-Maurice Reinaud est son légataire universel Paris, 7 octobre 1755. — 60. Prestation de serment et réception de Jean-Maurice Reinaud au nombre des avocats postulants du parlement d'Aix-en-Provence (30 avril 1758). — 61. Provisions pour Jean-Maurice Reinaud, avocat en parlement, de l'office de conseiller juge mage lieutenant général en la sénéchaussée et siège présidial de Beaucaire et Nîmes, que tenait Pierre de Rouvière de Dions (Versailles, 30 mai 1758. Sceau royal sur double queue. — 62. Dispense de parenté pour Jean-Maurice Reinaud, à l'effet d'être pourvu de l'office de juge mage lieutenant général en la sénéchaussée de Nîmes (Versailles, 30 mai 1758). Sceau royal sur simple queue. — 63. Provisions, pour Jean-Maurice Reinaud, de l'office de président du Conseil supérieur de Nîmes, créé par édit d'août 1771 (Versailles, 28 septembre 1771). Sceau royal sur double queue. — 64. Extrait d'une ordonnance de police permettant d'inhumer Madeleine Guiraud (Nîmes, 23 mai 1777). — 65. Verbal d'aveu et d'enregistrement du testament mystique de Madeleine Guiraud, daté de Nîmes, 18 avril 1772, et instituant comme héritier universel le président Reinaud (30 mai-4 juillet 1777). — 66. Lettre de Toureson au citoyen Reinaud La Bonne, à Marguerittes au sujet d'un acte pour ses nièces, et du nouveau fermier de son domaine de Milhau (Nîmes, 29 messidor an III, ou 17 juillet 1795).

E. 1253. (Liasse.) — 1 pièce, parchemin; 9 pièces, papier.

1662-1787. — *Fonds de Cabrières.* — *Supplément concernant les Génas et les d'Hauteville.*
1-7: Les Génas. — 1. Extrait du testament de Rose Favier, veuve de Jean de Génas, seigneur de Beauvoisin. Son héritier universel est Jacob de Génas, seigneur de Beauvoisin, son fils (Château de Beauvoisin, 15 mars 1664). — 2. Bref du pape Clément XI accordant à Louis de Génas et à Suzanne d'Hauteville une dispense de parenté pour leur mariage. Ce bref est adressé à l'official de l'évêque de Nîmes (Rome, à Sainte-Marie Majeure, 1er janvier 1714). — 3. Extrait du verbal d'ouverture du testament de Madeleine Guiraud, daté du 18 avril 1772 (Nîmes, 30 mai 1777). — 4. Ordonnance imprimée de police, rendue par les officiers ordinaires et de police en la baronnie de Vauvert. Elle concerne le séjour des étrangers, les cabarets, l'ordre dans les rues, le port d'armes (Vauvert, janvier 1777). — 5. Lettre du roi, contresignée par le prince de Montbarey, adressée au duc de Luxembourg, colonel du régiment d'infanterie de Hainaut, pour l'inviter à recevoir et faire reconnaître Jean-Louis-Auguste de Génas en qualité de cadet-gentilhomme dans son régiment (Versailles, 21 février 1780). — 6. Lettre du roi, contresignée par le marquis de Ségur, adressée au vicomte d'Hautefort, mestre de camp commandant du régiment de Hainaut, pour l'inviter à recevoir et faire reconnaître Jean-Louis-Auguste de Génas, cadet gentilhomme, en la charge de sous-lieutenant dans la compagnie de Deschamps. Signature de Louis-Joseph de Bourbon, prince de Condé, colonel général de l'infanterie (Versailles, 22 mai 1783). — 7. Lettre du roi, contresignée par le maréchal de Ségur, adressée au vicomte d'Hautefort, pour l'inviter à recevoir et faire reconnaître Jean-Louis-Auguste de Génas en la charge de lieutenant en second de la compagnie de Barrassol, au régiment de Hainaut (Versailles, 25 juillet 1787). Signature du prince de Condé. — *8-10: Les d'Hauteville.* — 8. Copie du testament de Pierre d'Hauteville, baron de Vauvert, seigneur de Montferrier, conseiller à la cour des aides de Montpellier. Son héritière universelle est Louise de Baudan, sa femme (20 mai 1632). — 9. Extrait du contrat de mariage entre Barthélemy du Terrail, seigneur d'Ornaison, et Marie d'Hauteville, de la maison de Vauvert (Château de Vauvert, 30 décembre 1624). — 10. Copie du testament de Philippe d'Hauteville, seigneur de Vauvert. Son héritière universelle est sa femme Gabrielle de Génas (Nîmes, 7 août 1707).

E. 1254. (Portefeuille.) — 17 pièces, parchemin; 33 pièces, papier; 3 sceaux.

1218-XVIIIe siècle. — *Fonds de Cabrières.* — *Seigneurie de Vauvert, premier volume. Avant les documents est une liste des pièces.*

1. Copie, faite au XVIIIe siècle, d'un hommage de Rostang de Posquières, tiré d'un livre d'hommages de 1214, coté 2, armoire D de la sénéchaussée, f° 3. Le 3 des noues de février (3 février) 1217 v. s. (1218), Rostang de Posquières (Vauvert) reconnaît que son seigneur lige Simon (de Montfort), duc de Narbonne, comte de Toulouse et vicomte de Béziers, en considération d'Hérail de Montlaur, gendre de Rostang, a rendu à Rostang son château de Posquières et tout le reste de sa terre. En conséquence, comme son homme lige, il lui promet fidélité et met à son service les châteaux ou bourgs de Posquières et de Marguerittes, qu'il tient de lui. Hérail de Montlaur s'oblige et oblige toute sa terre envers Simon en garantie de son beau-père, dont il est le successeur éventuel. Rostang et Hérail font sceller de leurs sceaux le présent hommage, qui est passé pendant le siège de Toulouse, sous les murs de la ville. Les témoins sont *Guy de Capite Porco*, Thibaud de Neuville, *de Nocavilla* ; Lambert de Limoux, *de Limoso* ; Évrard de Villaperor, Guillaume, de la maison du comte, [de] *oratorio.... comitis*, et beaucoup d'autres vaillants hommes, *bonis viris* : ensemble Guillaume d'Aillac, *de Allaco*, commandeur de la milice du Temple en la province et dans la région de Toulouse, Durand Motte et Bernard Pignan, avec la présence de B[ertrand], cardinal prêtre du titre de Saint-Jean et de Saint-Paul, légat du siège apostolique, des évêques d'Agde et de Lodève et de beaucoup d'autres. — 2-3. Original scellé, et extrait fait au XVIe siècle, d'un acte du 6 des calendes d'avril (27 mars) 1234 v. s., par lequel Rostang, seigneur de Posquières (Vauvert) et sa femme Aigline reconnaissant à Hérail, seigneur de Montlaur, stipulant pour lui et son fils Pons, né de son mariage avec Douce, leur défunte fille, la dot de celle-ci. Cette dot ou hérédité se compose des châteaux et bourgs de Posquières, Marguerittes, Castries, Poussan, *Porciano*, (1) et leurs dépendances, possédés par les donateurs entre l'Hérault et le Rhône, *a flumine Eravi usque ad flumen Rodani*. Les donateurs ont mis Hérail et son fils en possession des châteaux de Posquières et de Poussan avec leurs dépendances, et leur ont fait jurer fidélité par les chevaliers et les hommes de ces seigneuries. Ils leur ont promis de leur faire jurer fidélité par les chevaliers et les hommes

(1) La copie du XVIe siècle donne la mauvaise lecture *Porciano*, la première fois que paraît *Poussan*, puis écrit correctement *Porciano*.

des autres châteaux et terres. Ils se sont réservé l'usufruit des choses données pendant leur vie. Au temps où le roi Louis vint à Avignon (1), les donateurs firent jurer fidélité aux donataires par les chevaliers et les hommes du château de Castries et de cette seigneurie. Les donateurs confirment aux donataires la donation de toutes ces seigneuries sous la réserve de l'usufruit leur vie durant. Les témoins sont Pierre Christophe, juriste ; Guillaume Adémar, Daynaso, chevaliers ; Raimond Chambaril, Étienne de Velgurio, Michel d'Alairac, Raimond de Vicont. Le notaire est Bertrand Bogua, à Montpellier. Le parchemin était muni des sceaux de Rostang, seigneur de Posquières, et de sa femme Aigline. Il ne subsiste plus que celui de Rostang, qui est une bulle de plomb, portant, au droit, Rostang armé à cheval, galopant à gauche, avec la légende : *Sigillum Rostagni de Poscheriis*. Revers : château avec tours et enceintes crénelées. Même légende. — 4. *Expédition originale scellée de la confirmation des libertés des habitants de Posquières par Rostang, leur seigneur*. Le 4 des calondes d'avril, ou 29 mars 1285 v. s. Rostang, seigneur de Posquières, Générac, Villeneuve et Anglas, reconnaît à Raimond d'Anglas, Bertrand de Posquières, Jean Garnier et Pierre Adhémar, syndics et procureurs de l'université de la seigneurie, nommés dans ce but par les chevaliers et les hommes de la seigneurie, les libertés et franchises dont jouissent les habitants, de temps immémorial. 1° Exemption de tailles, toltes et questes non consenties. 2° Paiement, par les plaideurs, de droits modérés pour les dépenses de la cour. 3° Faculté de composer et de nommer des arbitres dans les litiges, avec avis donné au seigneur ou à ses bailes, en matière possessoire ou pécuniaire. 4° En temps de vet ou d'interdit du vin, lequel dure cinq semaines, au choix du seigneur, liberté d'introduire, pour les besoins personnels de l'habitant, huit setiers de vin étranger à la fois ou davantage. 5° Exemption de la leude et des coupes ou coisses pour les chevaliers. Exemption des coupes ou coisses pour les hommes qui ont maison dans la condamine du marché de Posquières. 6° Si un chevalier ou un homme a un ami étranger qui n'ose demeurer sur sa terre pour une faute autre que la trahison, il pourra l'héberger dans la seigneurie de Posquières avec l'autorisation du seigneur. 7° Droit de pecage. 8° Tout

(1) C'est en 1226 que Louis VIII prit Avignon et vint en Languedoc.|

chevalier ou cavalier possesseur d'un harnais doit suivre le seigneur aux frais de celui-ci. 6. Personne n'a le droit d'introduire dans la seigneurie quelqu'un qui aura tué, blessé, enlevé ou rançonné un habitant, sans le consentement de la victime ou de ses amis. Serment de Rostang de Posquières, d'Hérail de Montlaur et de Pons de Montlaur. La charte primitive était scellée des bulles de plomb de ces trois personnages. L'acte est passé à Posquières, en l'église Notre-Dame de Vauvert, devant l'assemblée des habitants de la seigneurie. Les témoins sont : Docan, fils de feu Bermond de Posquières, Bertrand de Mézoargues, de Padoue ; (1) Delmas de Mirmande, Raimond André, Pons de la Vaunage, frère Bertrand de Beaucaire, commandeur de la maison de la milice de Saint-Gilles ; frère Raimond Cambaret, frère prieur, Brémond de Montmirat, Bertrand Vallat, Bertrand Tarv, Guillaume Savarie, Bertrand Galtier, Étienne Raimond, Pierre d'Uchau, R. d'Aubord, Jean Teillan, R. Agulhon, P. Deldarie, Guillaume Coursan. Le notaire est Philippe. Sceau ou bulle de plomb de Rostang de Posquières. — 5-6. Copie du XVe siècle et extrait du XVIIe siècle de l'acte précédent. — 7. Traduction française du XVIIe siècle de l'acte de confirmation de 1235 v. s., suivie : — 1° d'une confirmation des libertés de Posquières par Pons de Montlaur, la veille des nones de juin ou 4 juin 1231, augmentée de deux articles : les habitants pourront faire cuire leur pain dans les fours et avec le bois du seigneur en lui donnant un pain par vingt-cinq pains ; le crieur du vin pour la vente à l'encan aura un denier et une ampoule de vin. L'acte est passé au bout du château de Posquières, près du lieu où se plaident les causes. Le notaire est Pons Cavalier. — 2° Vient ensuite une confirmation des libertés de Posquières par Guy de Roche, seigneur de Posquières, faite au bout du château, dans le parlement, en l'assemblée des habitants, d'accord avec le syndic de l'université. Les procureurs et syndics nommés à cette occasion sont Patau (2) Foule de Bisturri, Bernard An et Jean Coursan. Le notaire est Jean Rodilhan. Nones de décembre ou 5 décembre 1279. — Copie d'un acte du 5 des calendes de juillet ou 27 juin 1241, portant reconnaissance féodale au sénéchal, pour le roi, par Pons de Montlaur, des seigneuries de Posquières et Marguerittes, ensemble ses possessions de

Générac, Aigueavives, Almargues, Aujargues, (1) Vernezi ou Bernis, Aubais et Galargues, jusqu'au Vidourle. Il en fera hommage au roi quand il plaira à celui-ci. Cette copie, du XVIe siècle, est tirée d'un original en parchemin, scellé du sceau de Pons de Montlaur, existant aux archives du roi en la sénéchaussée et coté C. Le garde des archives du trésor du domaine était alors de La Gorce. — 9. Extrait sommaire, fait au XVIIe siècle, de l'acte de confirmation des libertés de Posquières du 29 mars 1235 v. s., en ce qui concerne la vente du vin en temps défendu. — 10. Extrait non en forme d'un livre d'hommages intitulé : « Liber Imaginis », coté n° 1, armoire D de la sénéchaussée, f° 2, portant l'hommage fait au roi, par Pons de Montlaur, le 27 juin 1241. A signaler les mauvaises graphies de *Loargues* pour *Ojoargues*, *Vergezas* pour *Bernis*, *Caltuson* pour *Albassio*. — 11. Copie sommaire d'une vente faite, le 5 des calendes de mars, ou 25 février 1218 v. s., par Guillaume Foule de Cortons, chevalier de Posquières, à frère Féraud de Barras, prieur de la maison de l'Hôpital de Jérusalem de Saint-Gilles, de deux parts indivises du tènement de La Sylve, où les Hospitaliers possèdent le reste d'un tiers indivis. Ce tènement confronte à l'orient la forêt du seigneur de Posquières, au couchant la forêt de Psalmodi, au nord l'Iscle, avec un marais entre les deux, au midi le Petit-Rhône, *Rodannile*. Il lui vend aussi ses droits sur le moulin de *Negaromeus*, qui est de la maison du Temple de Saint-Gilles. Le prix de la vente est de 30.000 sols tournois. Le notaire est Bernard Fabre. — 12. Copie sommaire d'une vente faite, la veille des ides de mai, ou 14 mai 1218, par Guillaume Foule de Bisturri, chevalier, de Posquières, Olive, femme de Philippe de Marguerittes, et Raimonde, femme de Bertrand de Garrigues, fils de feu Pierre Raimond, chevalier, de Posquières, assistées de leurs maris présents et consentants, à frère Rostang Ricau, commandeur de la maison de l'Hôpital de Jérusalem de Saint-Gilles, de leur tiers indivis du tènement de La Sylve, où Guillaume Foule de Cortons possède deux parts indivises avec eux. Ils lui vendent aussi leurs droits sur le moulin de *Negaromeus*, possession des Templiers. Le prix de la vente est de 12.000 sols tournois. Le notaire est Bernard Fabre, de Saint-Gilles. — 13. Compromis (charte partie) entre Pons de Montlaur, seigneur de Pos-

(1) Ms. : *pataxo*.

(2) Cf. le *patauus* de l'acte de 1235 v. s., ou *Padouzu*. Ce nom est devenu *Patau* (Pièce 4).

(1) Ms. : *Ojoargues*.

quières, et Raimond Decan, archidiacre de Nîmes, prieur de l'église Notre-Dame de Vauvert de Posquières, passé la veille des ides de novembre ou 12 novembre 1259. Ils choisissent pour arbitre Aldebert de Posquières, damoiseau, seigneur de Montfrin, pour solutionner leurs différends. Les cautions de l'archidiacre sont Guillaume Foule de Corconne, chevalier, Pierre de Margos, Bernard Cortès, Philippe de Marguerittes. Les cautions de Pons de Montlaur sont Guillaume Foule de Corconne, Philippe de Marguerittes, chevaliers, Bernard Cortès, Pons Teillan. Le notaire est Pons Cavalier. — 14. Transcription imprimée du texte précédent. — 15. Copie d'une composition passée entre Pons de Montlaur, seigneur de Posquières, et Firmin, abbé de Franquevaux, sur l'intervention de leurs amis communs Guiraud Foule et Hugues de Creissel, chevaliers. Mouillure au milieu des feuillets. Pons confirme à l'abbé toute l'Iscle, depuis les possessions de l'Hôpital de Saint-Jean de Jérusalem jusqu'au val de Chanson, que tient son monastère. Nombreux détails prescrits dans l'aménagement et l'exploitation. Le monastère tiendra ce territoire de Pons, moyennant l'albergue de deux chevaliers. La charte originale était munie des sceaux de Pons et de l'abbé. L'acte est passé au couvent des frères prêcheurs de Montpellier, le 3 des ides de mars ou 13 mars 1254. Sont témoins: frère Guillaume de Milhau, prêcheur; frère Guillaume de Bon Solier, sous-prieur dudit couvent; frère Firmin, prieur de Franquevaux; Jacques Delafont, moine de Franquevaux; Guiraud Tolte, Hugues de Creissel, chevaliers, Guillaume de Montanac. Le notaire est Raimond Doscu, de Montpellier. — 16. Vente faite par Pons de Montlaur, seigneur de Posquières, de Castries et de Poussan, fils d'Hérail et de Douce, avec l'autorité d'un acte passé par Guillaume Garnier, notaire de Lunel, à frère Raimond de Grasse, commandeur de la maison de l'Hôpital de Jérusalem de Saint-Christol et de Lunel, du droit de dépaissance dans toute la Sylve comprise dans les confronts de l'acte. Cette forêt s'appelle la Sylve du seigneur de Posquières ou Sylve Godesque (1). Elle confronte la forêt de l'Hôpital de Jérusalem de Saint-Gilles, le territoire de *Nega Romeus*, l'Iscle du monastère de Franquevaux, la *Toscha* ou le bois de la maison de la milice du Temple, et les marais du monastère de Psalmodi. Le prix est de 40 livres

(1) *Silva godescha ou gothica.*

melgoriens, payées à l'acte. L'acte est passé à Castries, chez Pons de Montlaur. Sont témoins Hugues de « *Criejahilio* », chevalier; Bernard des Brugulères, homme d'armes; Guiraud de........, G. de Blacairas, G. Reboul. Le notaire est Guillaume Garnier (12 des calendes de mai, ou 20 avril 1261). — 17. Vente faite par Pons de Montlaur, seigneur de Montlaur et de Posquières, à frère Raimond *de Filla*, commandeur ou recteur de la maison de l'Hôpital de Saint-Jean de Jérusalem sise à Montpellier, du droit de dépaissance dans sa forêt appelée Sylve Godesque. Il pourra y prendre du bois pour construire des cabanes ou des parcs à l'usage du bétail, *coveseres*. Le prix est de 40 livres melgoriens payées à l'acte. Les témoins sont: Hugues de « *Crexello* », chevalier, viguier de Posquières; frère Pierre Jean, Hugues Trocon, Pons Amans, prêtre. Le notaire est Jean Firmin, de Montpellier (10 des calendes de mars, ou 14 février 1262 v. s.). — 18-19. Copies de l'acte précédent — 20. Extrait notarié d'un acte du 11 des calendes d'octobre, ou 21 septembre 1274, par lequel Geoffroi de Raires et Raimond de Vogüé, de « *Volgorio* », exécuteurs des dispositions, *ordinacionis*, de défunt Pons de Montlaur, aux termes d'une lettre scellée du sceau pendant de Pons, tenant et possédant la seigneurie de Posquières, à eux remise par Raimbaud de Sauve, chevalier, docteur ès lois, lieutenant de Pons de Montlaur dans toute sa terre basse, et par Guillaume Foule *de Bisturri*, damoiseau, viguier de Posquières pour feu Pons, sauf le droit du roi et de quiconque dans la dite restitution, remettent à Guillaume Foule *de Bisturri*, damoiseau, la viguerie et l'administration de la seigneurie de Posquières. Serment de Foule d'administrer fidèlement. L'acte est passé au château de Posquières, *in capite castri*. Les témoins sont: Pons de Canot, notaire; Guillaume Foule de Corconne et Guillaume de Bannières, docteurs ès lois; avec Raimond de Leveson, chevalier. Le notaire est Guillaume Michel. L'extrait est pris par Jean *Posini* ou Pouzin, notaire de Posquières, sur l'ordre de Jean de Somelenc, procureur et lieutenant de Jordane de Roche, dame de Posquières, et de son fils Guy, seigneur de Roche et de Posquières, ensemble Pons François, juge de Posquières à une date non indiquée (entre 1275 et 1279). — 21. Vente faite par Jean Reinaud, de Lunel, à Palau Foule, damoiseau, d'un pré situé en l'Iscle. Le prix est de 9 l. t. Le notaire est Pons.

Rodilhan. Parchemin effacé. On ne peut lire que la date de l'année : 1282. — 22. Copie d'un acte du 3 des ides d'avril, ou 11 avril 1282, par lequel Hermessende, femme de Pierre seigneur de Posquières, et Guillaume Mascaron, fils dudit Pierre de Posquières, confirment à noble Patau Foulc et à son frère Guillaume Villa, la vente de la huitième part de la juridiction de Candiac, à eux faite par Pierre de Posquières. — 23. Sentence du 18 des calendes de juillet, ou 14 juin 1290, par laquelle le juge royal de Calvisson tranche un différend entre frère Pons Geoffroi, procureur de frère Pous de Brouzet, maître des maisons de la milice du Temple en Provence, d'une part, et Pons Rodilhan, procureur de Gui de Roche, seigneur de Posquières, d'autre part. On trouve dans cette procédure la *libelli oblatio*. Pierre Silvi, juge de Nîmes et de Calvisson, vise dans sa sentence la *libellus oblatus* de frère Pons de Brouzet, et même le transcrit intégralement. On y voit Pierre qualifié de juge du sénéchal, et le templier qualifié d'humble maître des maisons de la milice du Temple de Saint-Gilles et de Provence. Feu Pons de Montlaur, seigneur de Posquières et de Marguerittes, reconnut avoir reçu de frère Rossolin de Fos, défunt maître desdites maisons de la milice du Temple, à titre de prêt, 12.000 sols tournois. En garantie du remboursement à l'échéance, l'emprunteur hypothèque tous ses biens, et spécialement sa forêt ou Sylve de Posquières. Guy de « La Roche » succéda à Pons de Montlaur par la personne interposée de sa mère Jordane. Il posséda les seigneuries de Posquières, Marguerittes et la Sylve, situées en Provence (langue de Provence). Ledit maître ou commandeur agit donc contre Gui, et réclame les seigneuries et la forêt en question, comme garantie des 12.000 sols tournois, pour les détenir jusqu'à satisfaction complète. On trouve aussi dans cette procédure la *litis contestatio*, et le demandeur requiert que Guy de Roche soit interrogé, *ante litem contestatam*, sur sa possession ou quasi-possession desdites seigneuries et forêt. Le juge décharge le seigneur de Posquières des prétentions du templier, mais décharge le templier des dépens réclamés par le défendeur. La sentence est rendue à Calvisson, en cour royale, dans l'étude de Pierre de Montségur, notaire, où se tenait la cour. Les témoins sont : C. Foucard, chevalier ; Béranger Foulc, Philippe de Marguerittes, Guillaume Calvin, Pierre Foucard, damoiseau ; Guillaume Julian, homme de loi ; Bernard Canet, Guil

laume Ducamp, recteur de l'église de Saint-Romain-[en-Vaunage], près de Clarensac ; Raimond de Montagnac, damoiseau. Le notaire est Pierre de Montségur. Le procureur du templier relève immédiatement appel de la sentence au sénéchal. Le juge lui remet les apostoli, ou lettres dimissoires. Le document est relié sens dessus dessous dans le portefeuille. — 24. Traduction française sommaire, faite au XVIIe siècle, d'un acte du 23 septembre 1293, contenant offre de censive. Frère Guillaume Soquier, commandeur de la maison du Temple de Nègue-Romieu pour la commanderie du Temple de Saint-Gilles, offre à Raimond Azémar, viguier de Posquières pour Guy de Roche, 5 sols melgoriens, censive annuelle de la commanderie pour le tènement de Nègue-Romieu. Le viguier refuse la censive, en disant que le tènement est tombé en commise au seigneur de Posquières. Alors le commandeur entre dans l'église Notre-Dame de Vauvert et, en présence du notaire et de deux témoins, dépose les 5 sols sur l'autel de « Sainte-Marie » de Vauvert. — 25. Traduction française, faite au XVIIe siècle, d'un acte du 23 novembre 1293, contenant transaction entre Guy de Roche, seigneur de Posquières, et Pierre Aleman, commandeur des maisons du Temple de Saint-Gilles et de Montpellier, agissant pour lui, la maison du Temple de Saint-Gilles et le commandeur des commanderies du Temple en Provence. Guy Azémar, commandeur des commanderies de la milice du Temple en Provence, est présent et consentant. On convient que Pierre Aleman fera ratifier au plus tôt l'arbitrage prononcé par Albertin des Carrières, docteur ès lois, et Jacques de Bernis, professeur de droit, arbitrage reçu par Laurent Michel, notaire de Montpellier, au sujet du tènement du Ribeyrès (ou Nègue-Romieu). Le commandeur du Temple de Saint-Gilles paiera sans délai la censive de 5 sols melgoriens pour les dix-huit années échues, et la paiera à l'avenir. L'acte est passé à Bellegarde. Sont témoins : Bérenger Foulc, Bertrand de Tarascon, Bernard Borret, frère chapelain du Temple ; André Mathias, templier ; Guillaume Foulc de Bisiurri, Bernard Trouchet, Philippe de Jussain, Bertrand Trouchet, damoiseaux. Le notaire est Pons Rodilhan. — 26. Extrait du texte latin de l'offre de 5 sols melgoriens faite par le templier Guillaume Soquier à Raimond Azémar, damoiseau, viguier de Posquières, texte tiré d'un registre de Pons Rodilhan, notaire. Extrait de 1645. (Cf. la pièce 24). — 27. Extrait du texte latin de la transaction du 7 des calendes de décembre, ou 25 novembre 1233, entre Guy de Roche, seigneur de Posquières, et Pierre Aleman, templier, au sujet du tènement du Ribeyrès (Cf. la pièce 25). Extrait de 1645. — 28. Copie incomplète du texte précédent. — 29. Verbal dressé par Moïse Montel, notaire de Montpellier, à partir du 23 août 1645, de l'extraction de divers actes demandée par Claude Jozan, régent de la baronnie de Vauvert pour Pierre d'Hauteville, à raison d'une instance du baron et des consuls de Vauvert pendante à la cour des aides de Dauphiné, séant à Vienne, contre Paul-Albert de Forbin, grand prieur de Saint-Gilles. Jozan produit une ordonnance de la cour en vue de procéder aux dits extraits. Le 28 août, Jacques Boissier, viguier de Générac pour le grand prieur, comparaît et demande à voir la commission du notaire, avec les actes en question. Il conteste la forme probante du registre du notaire Pons Rodilhan, exhibé par Jozan, et développe son dire en sept points. Jozan réplique. Le notaire et commissaire ordonne l'extrait de deux actes reçus par Rodilhan, et de lettres patentes de François Ier constatant un hommage fait au roi par le comte de Ventadour pour la baronnie de Vauvert et ses dépendances, entre autres le Ribeyrès, dont il s'agit au procès. Les extraits sont faits. — 30. Copie, faite au XVe siècle, du partage de l'étang de Scamandre. Le 4 des nones de juin, ou 2 juin 1291, Guillaume Rainulphe, procureur de Raimond, abbé de Saint-Gilles, et frère Bernard de Ganges, cuisinier de l'abbaye, d'une part, Guillaume Foulc de Bisturri, damoiseau, viguier de Posquières, procureur de Guy de Roche, chevalier, seigneur de Posquières, Philippe de Marguerittes, damoiseau, pour lui et comme représentant Bérenger Foulc, chevalier, ainsi que Hermengaud de Théziers, damoiseau, d'autre part; conviennent de choisir pour arbitres les notaires Raimond Laurent et Pons Rodilhan, ensemble Guillaume Jean, jurisconsulte, au sujet de leurs différends sur les limites de leurs pêcheries et de leurs tènements des marais et du clair, *clari*, de l'étang de Scamandre, avec leurs dépendances. L'acte est passé au monastère de Franquevaux. Sont témoins : Jean Bedos, moine et infirmier du monastère, Raimond Donnadieu, Benoît Valon, et Jean Martin, notaire. L'acte est reçu par le notaire Guillaume Balbi. — La même année, le 5 des calendes d'octobre, ou 27 septembre, les représentants des parties et les arbitres se réunissent dans l'iscle de Franquevaux (1), près du tènement de l'Hôpital nommé La Radelle. Les arbitres font connaître leur sentence et les délimitations prescrites. Les parties les homologuent. Sont témoins : frères Jacques Bertrand, convers du monastère ; Guillaume Pelet, (des Saintes-Maries) de la Mer ; Simdon Desplans, habitant de Posquières ; Mathieu Bedos, de Posquières ; Jean Martin, notaire ; Jacques Tréville, Didier Rosa, Guillaume Malzac, clerc, fils de Guillaume Chambe, de Saint-Gilles ; Raimond de Fontanès, baile d'Espeiran ; Bertrand David, de Saint-Gilles, et Guillaume Guymar, habitant de Saint-Gilles. Le notaire est Guillaume Balbi, de Posquières. — Le jour de saint Thomas, 12 des calendes de janvier, ou 21 décembre 1291, ratification, par Guy de Roche, seigneur de Posquières, des actes de son procureur Guillaume Foulc et de la sentence arbitrale précédente. L'acte est passé au château de Posquières. Le notaire est Pons Rodilhan. Témoins : Bérenger Foulc, damoiseau ; Guillaume Jean, jurisconsulte ; Guillaume Foulc de Bisturri, damoiseau. — 31. Extrait du précédent partage de l'étang de Scamandre, tiré au XVIIe siècle. — 32. Copie du texte latin d'une transaction de la veille des ides d'avril, ou 12 avril 1295, entre les syndics de Posquières et Bérenger Foulc, chevalier, de Posquières, au sujet de l'interprétation de la transaction passée entre Raimond Foulc, dit Patau, et les syndics de Posquières, à raison du tènement de l'Iscle (Fortes mouillures et papier brûlé par l'encre). — 33-34. Copies de la traduction française de la transaction précédente. L'acte est passé à Posquières, chez Aidelune Aliotte, près le cimetière de l'église de N.-D. de Vauvert. Sont témoins : Benoît Durant, premier chapelain ; Jean Rouquette, chapelain secondaire, Guillaume Gasqui, prêtre sacristain de ladite église. Le notaire est Pons Rodilhan. — Le 8 des calendes de mai, ou 24 avril 1295, Bérenger Foulc confirme la transaction précédente, négociée par ses procureurs, Philippe de Marguerittes et Jean Malevetule, notaire. — Le 6 des ides de mai, ou 10 mai 1295, confirmation de la transaction par Guillaume de Théziers, achidiacre de Posquières en l'église de Nimes. L'acte est passé au presbytère de Posquières. Parmi les témoins figure Raimond Jourdan, chanoine de Nimes. — Le 17 des calendes de juillet, ou 15 juin 1295, confirmation de la transaction par Guy, seigneur de Roche et de Pos-

(1) Ms. : *In iscla fratria carum valium*, mauvaise graphie pour *Francarum Vallium*.

quières. L'acte est passé au château de Posquières.
— 35. Listes des actes des seigneurs de Vauvert
concédant des privilèges aux habitants, avec l'énumération desdits privilèges. La liste commence
avec Rostang de Posquières (29 mars 1235 v. s.).
Elle ne suit pas l'ordre chronologique. — 36. Transaction (expédition notariée) de la veille des nones
de février, ou 4 février 1301 v. s., passée entre
Guillaume Foulc, chevalier, viguier de Posquières,
procureur et lieutenant de Guy de Roche, seigneur
de Posquières, et consorts, d'une part ; les syndics
de Posquières, d'autre part, au sujet du droit de
pêche dans l'étang de Scamandre. Guy a une moitié
indivise de l'étang ; Bérenger Foulc, chevalier, un
quart ; Philippe de Marguerittes un huitième ; Raimond d'Arènes, légataire de Rixende d'Anglas, un
huitième. L'acte est passé à Posquières, *in curia
nova*. Le notaire est Pons Rodilhan. L'expédition
est de Jean Raynier, clerc de Raimond Balbi,
notaire de Posquières. Seing de Balbi. — 37.
Extrait de la transaction précédente, collationné
par Teissier, et certifié par Antoine Gaulier, seigneur de Testenouve, lieutenant de l'amirauté d'Aiguesmortes, en 1749. — 38. Analyse sommaire,
faite au XVII° siècle, de la transaction du 4 février
1301 v. s. — 39. Constitution de dot faite par
Bérenger Foulc, damoiseau, seigneur de Sauzet,
diocèse d'Uzès, fils de feu Guillaume Foulc, à sa
sœur Alasacie, épouse de Bernard Raimond, de
Brignon, fils de Pons Raimond, chevalier, de Gignac.
La dot et de 1.200 florins d'or. Elle sera payée sur
les revenus que possède Bérenger à Sauzet, Saint-
Chaple (1) et autres lieux circonvoisins, à l'exception de ses revenus de Domessargues, (2) qu'il se
réserve. Le début de l'acte étant fortement rongé
et percé, on ne peut lire de la date que : avril 1305.
Bernard Foulc, oncle paternel de Bérenger, damoiseau de Posquières, et Bernard Mascaron, de Marguerittes, damoiseau, sont cautions du paiement de
la dot à Bernard Raimond, qui reçoit un premier
paiement de 183 florins d'or. Dans l'acte est insérée
une procuration donnée, le 1er mars 1364 v. s., par
Alasacie, femme de Bernard Raimond, damoiseau
de Gignac, seigneur de Brignon, fille de feu Guillaume Foulc, de Posquières, à son mari, pour toucher les versements de sa dot. La procuration
est datée de Gignac. André Peytavin, prêtre de

(1) *Sancta Agatha devint Santa Calla, puis Saint-Chaple.*
(2) Ms : *De Homessargiis*, pour *De Domessauicis.*

Gignac, et Étienne Ferayuls, de Cessenon, de Ses-
penone, sont témoins. Le notaire est Bernard Agasse. — La constitution de dot est passée à Montpellier, dans la maison canoniale de l'église de Notre-
Dame des Tables maison située près de l'église de
Sainte-Foi, *Sancte Fidis.* Sont témoins : Bérenger
de Sauve, chanoine de Maguelone, prieur de Notre-
Dame des Tables ; Jean Rainaud, prêtre ; Raimond
Pierre, moine de Psalmodi ; Bernard Pélissier,
marchand de Montpellier ; Firmin Servier, notaire
d'Uzès ; Astorge de Lussan, Pons de Saint-Mamet,
de *Sancto Mamissio*, damoiseau. Le notaire est
Raimond Jouvin. La grosse est faite par son substitut Thibaud Georges, sur deux peaux de parchemin. — 40. Donation faite par Alas[ac]ie, fille de
feu Guillaume Foulc, de Posquières, veuve de
Bernard Raimond, seigneur de Brignon, *in potestate nullius constituta*, le 8 février 1401 v. s. Elle a
donné jadis certains de ses biens à son fils Pons
Raimond, quand il épousa la fille de Bertrand Bompar de Valabrègue. Aujourd'hui elle donne à son
fils Bernard Raimond tous ses biens. L'acte est
passé à Posquières, chez Raimond de Tarascon.
Témoins : Jean Tarascon, moine de Saint-Gilles,
prieur de Saint-Loup, diocèse d'Uzès ; Jean Deydier,
Raimond Delafont, Bernard Boissier, prêtres de
Posquières ; Jean de Cadolle, d'Aimargues. Le
notaire est Guiraud Benoît. — 41. Deux feuillets
détachés d'un registre de notaire du XV° siècle.
Mouillures. Taches de boue masquant l'écriture. —
F° 1. Vente faite par Bermonde Rainaud, veuve de
noble Philippe [de Marguerittes], de Posquières,
mort frappé d'une sentence d'excommunication à
l'instance de Bernard de l'Oratoire, marchand d'Avignon, et privé de la sépulture ecclésiastique, à
Arnaud Garnier, de Posquières, de la censive d'une
émine d'orge, et de la censive de trois quartes
d'orge, moyennant le prix de 45 sols tournois. Le
notaire est Bertrand Dupont, de Posquières (19
mars *anno quo supra*. — Requête faite par Pascal
Barbe et Jean Bedos, syndics de Posquières, à
noble Guillaume de Bourget, viguier du haut baron
Philippe de Lévis, chevalier, vicomte de Lautrec,
seigneur de Roche et de Posquières. Ils ont été
priés par le viguier de se rendre avec lui, le lendemain, à la Sylve Godesque, au sujet des droits
d'usage des habitants. Les syndics y consentent,
pour lui faire honneur ainsi qu'au seigneur absent,
mais lui demandent instamment d'observer les
franchises de la communauté. Le viguier promet

de les respecter (10 mai, anno quo supra) [1407]. L'acte est passé à Posquières, sur la place publique. — F° 2. Accord entre Laurent Carbonel, de Posquières, et sa cousine Agnès, veuve de Jean Carbonel (28 janvier 1407 v. s.). — 42. Protestation de Guillaume de Bourget, viguier de Posquières, présentée, en la cour royale d'Aiguesmortes, à Pierre de Polier, lieutenant de Louis Malepue, panetier du roi et son châtelain et viguier à Aiguesmortes, contre une proclamation en langue d'oc faite à Aiguesmortes, par le crieur public Guiraud Fabre, sur l'ordre du lieutenant, à la requête de frère Antoine Escassin, se disant gouverneur du bois ou tènement de La Tosque. Teneur de la proclamation. Elle fait défense à tout habitant d'Aiguesmortes de faire prendre du bois à La Tosque et à La Vene, ou autres tènements du prieur de Saint-Gilles, ensemble de faire aucune police sur ces objets sans l'ordre du frère Antoine, sous peine de 10 l. t. d'amende pour le roi. Cette proclamation est très préjudiciable au seigneur de Roche, qui a la directe de La Tosque. Le frère Antoine consent à ce qu'elle soit révoquée. Le lieutenant l'annule. Teneur de la nomination du lieutenant, datée d'Aiguesmortes, 19 mai 1402. La révocation de la proclamation a lieu le 10 février 1413 v. s. Témoins : noble Bertrand de Tarascon, de Vauvert ; Jean Nègre, Raimond Rivière, notaires ; Pierre Recavel, sergent. Le notaire est Pierre Vincent. — 43. Copie de la requête des syndics de Vauvert au viguier, de respecter leurs franchises (Cf. la pièce 41, f° 1). La requête est du 10 mai 1407. — 44. Copie de la pancarte de la leude due au duc de Ventadour, en 1430, en sa baronnie de Vauvert, traduction française de 1616. Le texte latin de la pancarte est dans un cahier des actes de la cour ordinaire de Vauvert, de 1430. — 45. Extrait d'un acte du 15 mai 1441, concernant la réparation du four. Le procureur du seigneur de Vauvert requiert le viguier de faire vérifier l'état du four. Il est reconnu qu'il menace ruine. Le viguier et le procureur promettent au fermier du four une prompte réparation. — 46. Copie d'un accord et d'une sentence arbitrale entre l'abbé de Franquevaux et les syndics nobles et non nobles de Posquières, au sujet de l'usage du tènement de l'Iscle. Le 24 février 1445 v. s. les parties se rendant sur les lieux, s'entendent sur leurs droits respectifs et décident de revenir. Le 25 avril 1446, retour des parties dans l'Iscle et nomination d'arbitres qui prononcent leur sentence le même jour, déterminant la ligne séparative des terrains où s'exerceront les droits d'usage respectifs des parties. — 46. Copie d'une vente du 8 octobre 1453, passée par Claude Buade, seigneur de Caveirac, avec l'autorisation de son curateur Guillaume des Ports, à Pierre Dufrêne, notaire de Saint-Gilles, du tènement de Sainte-Colombe, confrontant celui de Saint-André de Camarignan, et relevant de la directe du comte de Villars, seigneur de Roche et de Posquières. Le prix est de 80 l. t. L'acte est passé à Posquières. Lods fait par le viguier de Vauvert au nom du comte de Villars, avec transcription de ses pouvoirs. Le notaire est Raimond Roux, dont les pouvoirs sont également transcrits. — 47. Provisions d'un office de notaire, données par Imbert Bernard, vicaire général de l'évêque de Nimes, et prieur de Cassagnoles, à Jean Caignet, clerc libre, du diocèse de Noyon, habitant Vauvert. L'acte est passé à Aimargues, chez les frères Jean et Sauveur Stellon, le 20 juin 1453. Sceau de la cour spirituelle d'Aimargues, en l'absence du sceau de l'évêque. Sont témoins les prêtres François Brice et Antoine Constantin. Le notaire est Pierre Bachas. — 48. Protestation de Falcon de Barbezieu, viguier de Vauvert, et de Louis Tarascon, son lieutenant, contre l'endroit de l'exécution de Pierre Fabre et de Jean Mouton, habitants du Cailar, ordonnée par la cour de Guillaume Bermond de Sommière, baron de Montmirat, seigneur du Cailar. Ces deux malfaiteurs ont été condamnées à être pendus aux fourches patibulaires du Cailar, qui se trouvent au-delà du pont appelé vulgairement de Calènes. Le bourreau Barthélemi Roman les a conduits liés et accompagnés par deux confesseurs. Une fois arrivés devant les fourches, sur l'ordre du seigneur du Cailar ou de l'un de ses officiers, le bourreau les a conduits plus loin, près d'un terme planté au voisinage du chemin de Vauvert, à gauche en venant du pont et en allant à Vauvert, de façon que les gens assemblés pour l'exécution, pussent voir jusqu'où s'étendait la juridiction du seigneur du Cailar. Le viguier de Vauvert et son lieutenant voient là une usurpation de la juridiction de Vauvert, qui s'étend jusqu'au Vistre, d'après eux, et disent que les fourches du seigneur du Cailar sont dans la juridiction du seigneur de Vauvert. Un débat s'ensuit, après lequel le bourreau ramène ses prisonniers vers les fourches patibulaires du Cailar, toujours liés. L'acte est passé sur les lieux, le 13 avril 1454. — 49. Extrait de deux estimations de dommages pour le baron de Vauvert (1457). — 50. Compte (6 feuillets de parchemin) de noble Jean de Jambes, chevalier, seigneur de Montsoreau, premier maître d'hôtel du roi, châtelain et viguier d'Aiguesmortes. Il s'agit de ses recettes et de son administration des dites châtellenie et viguerie pour une année, commençant à la Saint-Jean de 1460. (1) Recettes : 1.072 l. 13 s. Dépenses : 1.166 l. 5 s. 5 d., d'après M. de Balincourt, le document ne contenant ni reports ni totalisations.

E. 1255. (Portefeuille.) — 1 pièce, parchemin ; 22 pièces papier ; 1 sceau.

1464-XVII⁰ siècle. — *Fonds de Calvières.* — *Seigneurie de Vauvert, second volume, concernant principalement Jean Le Forestier. Avant les documents est une liste des pièces.*

1. Extrait d'une quittance de 2.000 écus d'or faite, en la cour de Montsoreau, par Jean de Lévis, chevalier, comte de Villars, seigneur de Roche, à Jean Le Forestier, capitaine d'Aiguesmortes, pour reste et entier paiement de la baronnie de Vauvert et de la châtellenie de Margueritles. Le prix total de la vente est de 3.000 écus d'or, sur lesquels de Lévis reçut 1.000 écus d'or le jour de la vente. La date de la quittance définitive est le 25 octobre 1464. Suit le texte de l'hommage fait au roi par Le Forestier, dans le bureau de la trésorerie royale de Nîmes, par devant Louis de Corbière, professeur en l'un et l'autre droit, lieutenant du sénéchal, le 19 novembre suivant. Le serment est prêté en français et reproduit intégralement. Pierre Regordal, substitut du procureur du roi, élève une protestation expresse au sujet de la forme de la reconnaissance et du serment, pour sauvegarder les droits du roi. Le lieutenant du sénéchal ajourne Le Forestier au premier jour juridique après la fête de la Résurrection du Seigneur, pour la remise de son dénombrement des terres de Vauvert et de Margueritles, c'est à dire à la rentrée de Pâques. Le notaire est Pierre Robert. — 2. Copie de la vente de la baronnie de Vauvert faite par Jean de Lévis à Jean Le Forestier. L'acte est passé à Saint-Fiacre-lès-Nan-

(1) Ce compte a été publié et commenté par le comte E. de Balincourt, sous le titre : *Le budget de la viguerie d'Aiguesmortes en 1460*, dans les *Mémoires de l'Académie de Nîmes* de l'année 1885, pages 79 et suiv.

tes, le 21 (mois en blanc) (1) 1464. — 3. Extrait de la quittance de 2.000 écus d'or faite par Jean de Lévis à Le Forestier en la cour de Montsoreau (25 octobre 1464). — 4. Copie de la mise en possession de Jean Le Forestier, le 18 novembre 1464. La date de l'année se transforme en 1466 dans le corps de l'acte, mais fautivement. Le 18, Louis de Corbière le met en possession de Margueritles, et le 19 il le met en possession de Vauvert, appelé vulgairement Posquières. — 5. Extrait de l'hommage de Le Forestier au roi (Cf. la pièce 1). — 6. Extrait de lettres patentes de Louis XI, données à Tours le 12 mars 1464 v. s., faisant savoir que Jean Le Forestier lui a fait le même jour, foi et hommage, en la personne du chancelier, pour raison de la baronnie de Vauvert et de la seigneurie de Margueritles, et mandant à ses officiers de lui bailler investiture. Suit le texte d'une autorisation provisoire de prendre possession, donnée à Le Forestier par Louis de Corbière, lieutenant du sénéchal, à Sauve, chez Philippe Vilate, le 21 septembre 1464, en attendant le retour à Nîmes du lieutenant, privé à Sauve du receveur du trésor royal et de l'avocat et procureur du roi. La peste qui sévit à Nîmes le retient à Sauve. — 7. Acapte fait par Henri de Jambes, commendataire et administrateur perpétuel de l'archidiaconé de Notre-Dame de Vauvert, à Jean Le Forestier, seigneur de Vauvert, Margueritles et Albaron, d'une maison sise à Posquières ou Vauvert, appelée Salavert, et confrontant la maison claustrale ou presbytère de l'archidiaconé, ensemble une autre petite maison contiguë à la première. Ces deux maisons menacent ruine. Le produit de l'acapte est destiné à réparer la maison claustrale et l'église de Notre-Dame. Une enquête est faite sur les points de savoir si la maison de Salavert est nécessaire à l'archidiacre : s'il vaut mieux pour lui la donner en emphytéose ou pension, en vue de sa réparation, que de la garder ruineuse ; enfin si les réparations au presbytère et à l'église Notre-Dame et Sainte-Croix sont plus utiles. Parmi les habitants dont on entend la déposition, sont les prêtres Jacques Tristan, Antoine Colombier, Gilles de Lebresins, Jacques Auqual. On entend aussi noble Louis Tarascon. Le Forestier paie 60 l. t. d'entrée. L'acte est passé à Montpellier le 16 septembre 1466. Témoins : Louis de Corbière, Falcon de Talio, prêtre, Arnaud Buade, écuyer, d'Aimar-

(1) Il s'agit d'août.

gues. Le notaire est Hugues de Montoyain. — 8-9. Copie et extrait d'un arrentement passé par Jean Le Forestier, seigneur de Vauvert et de Marguerittes, des herbages du ténement de la Sylve Godesque, sauf les droits d'usage du seigneur et des habitants, pour quatre ans, moyennant la rente de 55 l. t. (Château de Vauvert, 20 janvier 1467 v. s.). Témoins : Antoine de Mézerac, viguier, et Jean de Malbosc. Le notaire est Gabriel Teissier. Cancellation de l'acte le 23 juillet 1472. — 10. Copie d'une transaction entre les syndics de Vauvert et Jean Le Forestier, au sujet des franchises des habitants. Le 23 octobre « 1468 » (1) les parties nomment leurs arbitres. Le 24, homologation du compromis par les habitants. Les syndics remettent aux arbitres un mémoire en français. Les arbitres examinent les actes, questionnent les parties, puis emportent les actes pour les étudier à loisir. Le 25 octobre ils prononcent leur sentence devant les parties. L'acte est passé dans la sacristie de Vauvert. Le notaire est Étienne Borian. Le 26 octobre, Jean Bonnaud, hôtelier du logis où pend pour enseigne l'Écu de France, ratifie la sentence et déclare répudier toute opposition éventuelle des syndics et des habitants. Dont acte. Le 20 novembre, à Nîmes, ratification de la sentence par noble Jean de Blauzac, syndic des nobles de Vauvert. L'acte contient 25 feuillets écrits. — 11. *Copie, faite au XV° siècle, de huit actes d'acquisition au profit de Jean Le Forestier, seigneur de Vauvert.* — 1° Achat par adjudication publique d'une olivette sise au quartier du Roc, fait aux prêtres Jacques Aucat et Guillaume Claveirolle, procureurs des Ames à Vauvert. Le seigneur est représenté par noble Louis Tarascon, lieutenant de viguier de Vauvert. Le prix est de 6 l. t. L'acte est passé devant le château de Vauvert (13 août 1467. — 2° Achat d'une maison franche et allodiale, sise au bourg (ou faubourg) de Vauvert, rue des Juifs, fait à Jacques Revel. Le prix est de 37 l. 1/2 t. (Château de Vauvert, 26 octobre (1) 1467). Témoins : nobles Guillaume de Montivilliers, seigneur de Servas, et Louis Tarascon. Le notaire est Gabriel Teissier, comme pour l'acte précédent et les suivants. Il était déjà mort au temps des copies. — 3° Achat d'une maison avec cour sise dans l'enceinte, *infra muros castri*, de Vauvert, fait à Guillaume Auruol et consorts, du bourg (ou faubourg) de Posquières ou Vauvert. Cette maison

(1) Nom du mot barré.

est devenue la « grand'fenière », d'après une note marginale. Le prix est de 15 l. t. Le seigneur est représenté par noble Antoine de Mézerac (Château de Vauvert, en la chambre du viguier, 18 août 1468). — 4°. Achat d'un pré fait à Borguine Rigaud, le 5 juin 1469, moyennant 16 l. t. Parmi les témoins est noble Pierre Dauphin. — 5°. Achat d'une maison franche et allodiale, sise dans l'enceinte de Vauvert, *infra muros communis clausure*, fait à Claude Deydier, moyennant 12 l. t., le 12 octobre 1472. — 6°. Acquisition d'une terre sise en Vistrenque, en-deçà du moulin du seigneur, faite des frères Galician, le 23 octobre 1477, en compensation de services rendus. Louis Fabre, sergent royal et sous-viguier de Nîmes, est un des témoins. — 7°. Achat fait par Marguerite de Joyeuse, dame de Vauvert, à Marguerite Olivier, de la moitié d'une vigne indivise, sise au quartier de Babau, moyennant 6 l. t. (6 juin 1480). — 8° Achat de l'autre moitié de la vigne indivise du quartier de Babau, fait à Barthélemy Revel par Jean Le Forestier, seigneur de Vauvert, le 30 septembre 1480, moyennant 7 florins. L'acte est passé dans la cour du château. Noble Pierre de Larche et le prêtre Jacques Branchier sont témoins. — 12. Copie sommaire d'une transaction entre les syndics de Vauvert et Jean Le Forestier au sujet de la boucherie, entre autres objets (23 octobre 1467). Texte très incomplet, à phrases inachevées. — 13-14. Copie et extrait de lettres royaux données en parlement à Toulouse, le 4 avril 1472, après Pâques. Elles prescrivent au premier huissier ou sergent royal requis, d'enquêter secrètement sur les entreprises et vexations dont se plaignent les syndics de Vauvert de la part de leur seigneur Jean Le Forestier et de ses officiers, en violation de leurs franchises ; de faire défense aux coupables de continuer leurs errements ; de communiquer ensuite à la cour, saisie de l'appel des syndics contre un jugement du sénéchal de Beaucaire, son information, faite avec le concours d'un sergent et d'un notaire de cour séculière, et fidèlement close et scellée, tout cela dans le plus bref délai possible. A la suite, lettres ou ordonnance de placet du sénéchal, prescrivant au premier [huissier] ou sergent royal requis d'exécuter son mandat, conformément à la teneur des lettres royaux (14 avril 1472). — 15-16. Extraits, faits au XV° siècle, d'une transaction du 2 mai 1472, entre Henri de Jambes, archidiacre de l'église Notre-Dame de Vauvert, et Jean Le Forestier, seigneur de Vauvert, qui avait attenté aux franchises de l'archidiacre, en faisant saisir sa servante Catherine Giraud dans l'archidiaconé et en la faisant emprisonner. Il a aussi refusé de rendre à l'archidiacre Antoine Nassata, clerc libre, saisi hors du presbytère et de l'église, emprisonné pendant longtemps et aujourd'hui élargi. A raison de ces faits, Le Forestier a encouru une sentence d'excommunication. Il se défendait en invoquant son droit de saisie dans la maison de l'archidiaconé, l'église exceptée, en ce qui concerne les criminels et les délinquants, étant donné sa qualité de seigneur du lieu. Il demandait, en conséquence, à être absous de son excommunication. Par l'entremise de Jean Duvergier, président au parlement de Toulouse, les parties renoncent à leurs procès. Catherine Giraud sera relâchée, par manière de provision, et sera tenue de se représenter à la réquisition des parties. Le seigneur de Vauvert et ses officiers seront absous de leur excommunication par l'archidiacre. Catherine jouira de l'immunité dans la maison de l'archidiaconé. Nomination des arbitres. L'archidiacre choisit Ermengaud Guiran, chanoine de la cathédrale de Nimes, et Raimond de Grandisanes, official de Vauvert. Le Forestier choisit Étienne Valette, avocat du roi à Nimes, et Guillaume de Bourg-Juif, juge de Vauvert, professeur de droit. L'acte est passé au château de Vauvert. Témoins : Antoine de Mézerac, viguier de Vauvert ; Dornin Itier, curé de l'église N.-D. de Vauvert ; Jean Rogaret, secondaire ; Raimond de Vic, diacre de l'église ; Pierre de Serres, sergent royal de Nimes. Le notaire est Gabriel Teissier. — 17. Lettres de placet du sénéchal au sujet de lettres royaux obtenues par Jean Le Forestier contre les syndics de Vauvert (Nimes, 23 mars 1474 v. s.). — 18-19. Lettres royaux données en parlement à Toulouse, le 17 janvier 1475 v. s. pour Jean Le Forestier contre les habitants de Vauvert, qui devront cesser toute entreprise pendant leur procès au parlement. C'est la contrepartie de la pièce 13-14. A la suite, placet du sénéchal (23 mars). Expédition originale et copie. — 20. Extrait de lettres royaux, données en parlement à Toulouse, pour les habitants de Vauvert contre Le Forestier, qui devra s'abstenir de toute entreprise pendant le procès de Toulouse relatif aux droits de pacage (22 novembre 1475). A la suite, placet du sénéchal (Nimes, 19 décembre 1475). — 21. Lettres royaux obtenues au parlement de Toulouse par Jean Le Forestier, seigneur de Vauvert et de Marguerittes. Elles sont adressées au sénéchal de Nimes, pour qu'il fasse observer par les habitants de Vauvert, au profit du seigneur, le vet du vin pour cinq semaines, de façon qu'il ne soit permis à nul autre qu'au seigneur de vendre du vin pendant cette période. Il s'agit d'une provision de chancellerie, en attendant la décision de leur procès (16 septembre 1479). — 22. Lettres de maintenue données par le sénéchal à Louis de Lévis, seigneur de Posquières ou Vauvert, afin qu'il y jouisse des mêmes prérogatives que ses prédécesseurs, notamment pour le vet du vin (Nimes, 24 mai 1519). Sceau du sénéchal, et cachet du sergent qui a, le 27 mai, affiché les fleurs de lys sur le pilier ou poteau du carcan, en la place publique de Vauvert, et proclamé le vet du vin le 1er juin suivant. — 23. Lettres signées d'Antoine de Châteauneuf, seigneur du Lau, sénéchal de Beaucaire et Nimes, capitaine et conducteur général ordonné des nobles de la sénéchaussée, faisant savoir que plusieurs de ces nobles ont négligé de se rendre à la dernière armée de Bourgogne. Il a chargé Jean Le Forestier, seigneur de Vauvert, de s'en retourner pour faire avancer lesdits nobles, en baillant à sa place Jean de Rubène, son neveu, bien monté et armé, ainsi qu'il appartient. De Rubène, pendant une année, a servi loyalement le roi pour le sieur de Vauvert. Le sénéchal le décharge donc du service de ladite année (23 décembre 1479). Sceau du sénéchal (traces). — 24. Extrait du texte latin du dénombrement de la baronnie de Posquières et de la seigneurie de Marguerittes, fait par Jean Le Forestier dans la sénéchaussée de Beaucaire et Nimes, sans date [1481]. Collation du 23 mars 1649. — 25-26. Traduction française du précédent dénombrement, fait le 8 mai 1481. — 27. Lettres patentes de Charles VIII, datées de Tours, 30 janvier 1482 v. s. faisant savoir que Jean, seigneur de Vauvert, lui a fait, ce même jour, en la personne de son chancelier, foi et hommage lige pour Vauvert et Marguerittes. — 28. Transaction entre noble Bérenger Raimond, de Vauvert, et les Quatre-Prêtres de Vauvert, recteur de la chapellenie fondée en l'église Notre-Dame de Posquières, au sujet du moulin de Bérenger, situé sur le Vistre, au-dessus d'un autre moulin appartenant auxdits chapelains. L'acte est passé dans la rue, devant la maison de Benoît de Combes, notaire, hôtelier à l'enseigne de l'Écu de France. Les quatre chapelains se nomment : Jacques Branche, Pierre Mazoier, Jacques Aucat et André de Broilhe (3 avril 1487). — 29.

Transaction entre Jean Le Forestier, seigneur de Vauvert, et les habitants du Cailar, au sujet des droits d'usage dans le tènement de La Jonquière. L'acte est passé à Nîmes. Le notaire est André Daudé (22 août 1487).

E. 1254. (Portefeuille.) — 20 pièces, parchemin ; 91 pièces, papier.

1294-XVIIIe siècle. — *Fonds de Cabrières.* — *Seigneurie de Vauvert, troisième volume, concernant principalement les Lévis de Ventadour. Avant les documents est une liste des pièces.*

1. Lettres de maintenue, signées par Bernard Nicolay, lieutenant principal du sénéchal Étienne de Vesc, baron de Grimaud. Il manque une partie du texte à gauche. La date est de Nîmes, 1er juin « Mo LXXXXX° », singulière graphie qu'il faut traduire par 1500. Le sénéchal a reçu la plainte de Gaillardet de Montcalm et de sa femme Marguerite de Joyeuse, barons de Vauvert, contre Étienne Raimond, qui a construit un mur trop élevé, nuisant à la vue du château de Vauvert. Il prescrit à celui de ses officiers qui en sera requis, de contraindre Étienne Raimond à remettre sans délai les lieux en leur premier état. — 2. Extrait d'un dénombrement fait au roi, en la sénéchaussée, par noble Étienne Raimond, coseigneur de Candiac, territoire de Vauvert (18 janvier 1503 v. s.). — 3. Transaction entre Louis de Lévis, seigneur de La Voulte et de Vauvert, et Gaillardet de Montcalm, sieur de Candiac, au sujet des terres de Vauvert, de Marguerittes et de l'étang de Scamandre. Marguerite de La Nuce, femme de M. de Candiac, et Jean de Montcalm, sieur de Saint-Véran, juge mage en la sénéchaussée, figurent à l'acte comme intéressés à la transaction. Il s'agit de l'exécution d'un arrêt du parlement de Toulouse. Gaillardet de Montcalm baillera à M. de La Voulte la paisible possession des seigneuries de Vauvert et de Marguerittes, ensemble de l'étang de Scamandre, dépendant de la baronnie de Vauvert, actuellement occupé par les religieux de l'abbaye de Saint-Gilles, avec leur consentement, etc. L'acte reproduit la teneur d'une procuration donnée par M. de La Voulte à Joachim Conte, docteur en droits, sieur de Cynergues (Privas, 26 février 1514 v. s.). La transaction est passée à Nîmes, le 8 octobre 1515, dans la maison des hoirs de Jean des Îles, où habite M. de Candiac. François de Rieu, seigneur de Saint-Andéol, en Vivarais ; Antoine de Combes, seigneur de Cordes ; Jacques Surrat, seigneur de Bernis ; Jean Albenas, premier consul de Nîmes, sont témoins, avec quatre notaires, dont Jean Nicot. Expédition notariée de Dupuy. — 4. Inventaire d'actes appartenant au comte de Ventadour, baron de La Voulte, Vauvert et Marguerittes. On y voit : — 1° une reconnaissance féodale faite au seigneur de Vauvert le 23 novembre 1529 par deux habitants de Saint-Gilles, pour le devois de La Cassagne ; — 2° un accord entre l'abbé de Franquevaux et les syndics de Posquières, au sujet du tènement de l'Iscle, en date du 24 février 1445 v. s. ; — 3° un acte concernant l'Iscle daté du 25 avril 1447, fait en conséquence dudit accord. — 5. Copie des dénombrements faits au roi par Étienne Raimond, coseigneur de Candiac (18 janvier 1503 v. s.) et par Antoine Raimond pour ses possessions à Vauvert et au Cailar. Date emportée par suite du mauvais état de la copie. — 6. Dénombrement fait au roi par Madeleine de Bourdic, veuve d'Étienne Raimond, agissant pour elle et comme aïeule et tutrice des enfants de feu Tannequin, son fils (7 mars 1529). Extrait de 1614. — 7. Extrait d'une requête présentée au sénéchal par les procureurs de Gilbert de Lévis, comte de Ventadour, baron de La Voulte, Vauvert et Marguerittes, en main levée de la saisie des places de Vauvert et de Marguerittes, appartenant au comte en vertu d'un accord avec Antoine de Lévis, archevêque d'Embrun, seigneur de Châteaumorand (10 septembre 1543). — 8. Transaction du 9 janvier 1553 entre le baron et les syndics de Vauvert, principalement au sujet des garrigues, de l'habitanage et de l'étang de Scamandre. La ratification des habitants a lieu le 18 avril 1554. Le notaire est Antoine Tempié, de Vauvert. A la requête du baron et des syndics, autorisation ou homologation de l'ensemble par le lieutenant du sénéchal, le 5 septembre 1554, au pied de l'acte. — 9. *Copie d'actes relatifs à l'étang de Scamandre :* — 1° Partage de l'étang (4 des nones de juin, ou 2 juin 1294). (Voir la pièce 30 de l'article E. 1254). — 2° Transaction du 12 avril 1295, à raison du tènement de l'Iscle. (Voir les pièces 32 à 34 dudit article). — 3° Vente du 2 des nones d'août, ou 4 août 1302, faite par Jean Passavant, de Pistoie, pour lui et son frère Guy, à Béranger Foulc, chevalier, et à Philippe de Marguerittes, damoiseau de Posquières, des engins, apparaux et

cabane de pêche qu'ils possèdent dans l'étang de Scamandre, ensemble tous les droits spécifiés dans une vente faite à Jean et à son frère, le 16 des calendes de juin, ou 23 mai 1300, par Guillaume Ponte, chevalier, viguier de Posquières, au nom de Guy, seigneur de La Roche et de Posquières. Le prix de la vente est de 138 l. t. L'acte est passé à Posquières. Le notaire est Guillaume Rossignol. Collation de 1639. — 4°. Transaction entre les propriétaires de l'étang de Scamandre et les syndics de Posquières, au sujet du droit de pêche (Posquières, 1301). (Voir la pièce 30 de l'article E. 1234, datée du 4 février 1301). — 5° Ratification, par les religieux du monastère de Saint-Gilles, d'un accord passé entre Guillaume Mascaron, précenteur du monastère, et Gaillardet de Montcalm, seigneur de Candiac, au sujet d'une somme d'argent, prix de vente de la partie de l'étang de Scamandre dont le seigneur de Vauvert s'est dessaisi en faveur du couvent par l'intermédiaire de M. de Montcalm (11 juillet 1517). — 6° Dire de François Héraut, rentier des pêcheries de l'étang de Scamandre (1549). Collation de 1639. — 7° Sous-arrentement de la pêcherie du seigneur de Vauvert dans l'étang de Scamandre, passé par le rentier de la seigneurie le 5 octobre 1565. — 8° Sentence du sénéchal, rendue le 19 juillet 1582 entre le syndic des habitants de Saint-Gilles et le syndic du chapitre de l'église collégiale de Saint-Gilles, au sujet de la pêche dans l'étang de Scamandre. Signification faite au clavaire de Saint-Gilles le 29 juillet. L'emploi de certains engins est interdit aux habitants. — 10. Extrait d'une requête des jeunes gens de Vauvert au duc de Ventadour, gouverneur et lieutenant pour le roi en Languedoc, seigneur de Vauvert. La jeunesse de Vauvert lui expose que l'ancienne coutume est de donner des fêtes le jour du 15 août. Dans ce but, le boucher est tenu de fournir un mouton gras. Les consuls doivent donner deux paires de jarretières, un mors de bride, une paire d'éperons et quelques douzaines d'aiguillettes. Le tout représente une dépense de 9 ou 10 l. que les consuls et le boucher refusent de faire. Le duc est supplié d'intervenir auprès d'eux, et les condamne à payer (15 août 1606, Vauvert). — 11. Autorisation donnée par le duc de Ventadour à M. d'Hauteville de mettre en culture tout ce qui est vacant entre sa maison et le mur au-dessus du fossé du château de Vauvert. Il lui donne, en outre, une vieille tour de l'enceinte, près la porte de Saint-Gilles, pour y faire un pigeonnier,

à condition que le seigneur pourra toujours reprendre ces immeubles, en remboursant les dépenses utiles (Nimes, 7 novembre 1600). — 12. Copie d'une transaction entre Anne de Lévis, duc de Ventadour, baron de Vauvert, et les consuls de Vauvert, au sujet des défrichements dans les garrigues, des marais et pâturages, du bétail étranger, etc. (7 août 1618). — 13. Requête des consuls de Vauvert au duc de Ventadour. Ces consuls, nommés par le duc, en juillet 1624, avec un conseil limité à 12 membres appartenant à l'une ou à l'autre religion, avec défense aux habitants de procéder à aucune élection consulaire sans l'autorisation seigneuriale, lui dénoncent quelques habitants, ayant géré les affaires communales, reliquataires de plusieurs sommes envers la communauté, et poursuivis comme tels à la cour des aides, comme s'étant assemblés, en septembre dernier, chez Pierre Bruguier, l'un des comptables, pour travailler à de nouvelles élections consulaires. Au pied, ordonnance signée du duc, enjoignant à tous ses sujets de Vauvert de se conformer aux ordonnances mentionnées en la requête (Paris, 25 octobre 1624). Sceau du duc. — 14. Ordre de faire démolir la place de Vauvert, signé par Henri de Rohan, et donné à la garnison du château, qui gardera la place jusqu'à l'achèvement presque entier de la démolition par les entrepreneurs (Nimes, 24 septembre 1628). — 15. Lettre de M. de Tournon à la duchesse de Ventadour, au sujet de la vente de Vauvert. Il lui demande de donner la préférence à M. de Montferrier, fils d'un homme qui a servi toute sa vie leur maison (29 juillet 1642). — 16. Contrat de vente de la baronnie de Vauvert, passé par Charles de Lévis, duc de Ventadour, héritier de son frère Hercule de Lévis de Ventadour, de la Compagnie de Jésus, à Pierre d'Hauteville, seigneur de Montferrier et Saint-Clément, conseiller à la cour des aides de Montpellier, logé en la maison de l'Image Sainte-Barbe, sur le fossé d'entre les portes de Nesles et de Bussy, paroisse Saint-Sulpice. Le prix est de 100.000 l. t. (Paris, 22 août 1642). La minute reste en possession du notaire Marreau. — 17. Brevet du roi faisant don au duc de Ventadour, ecclésiastique, de tous ses droits de lods, ventes et autres, à l'occasion de la future vente de la terre de Vauvert (Chantilly, 27 août 1642). — 18. Ratification de la vente de Vauvert, faite par Henri de Lévis de Ventadour, ecclésiastique, demeurant au cloître de l'église Notre-Dame (Paris, 2 octobre

1649). — 19. Quittance de 100.000 l. donnée par Marie de La Guiche, veuve de Charles de Lévis, duc de Ventadour, gouverneur et lieutenant général de Limousin, tutrice de leurs enfants mineurs, à Pierre d'Hauteville, seigneur de Montferrier, baron de Vauvert, pour le prix d'achat de la baronnie de Vauvert (Paris, en l'hôtel de la duchesse douairière de Ventadour, place Royale, 16 août 1650). — 20. Quittance de 42.853 l. 18 s. t. donnée par Jeanne de Giraudon, veuve de Denis de Herre, seigneur de Sandre et de Jouy-le-Potier, conseiller au parlement de Paris, à la duchesse douairière de Ventadour, payant par les mains de Pierre d'Hauteville, baron de Vauvert, savoir, 40.000 l. t. pour le rachat de 2.500 l. t. de rente appartenant à Mme de Herre, et qui ont été constituées à M. de Herre par Marguerite de Montmorency, duchesse douairière de Ventadour, veuve d'Anne de Lévis, duc de Ventadour; par Charles de Lévis, duc de Ventadour, fils du précédent; et feu Suzanne de Thémines de Monluc, sa femme; ensuite 2.853 l. 18 s. t. pour les arrérages dus (Paris, 27 juin 1650). — 21. Ratification de la quittance précédente par Hilaire Bardier, conseiller au parlement de Paris, et Denise de Herre, sa femme (Paris, 21 juillet 1650). — 22. Ratification de ladite quittance par Claude de Bérard, baron de Moygène, lieutenant de roi à Sedan, et Marie de Herre, sa femme (Paris, 25 juillet 1650). — 23. Ratification de ladite quittance par Claude Le Clerc, sieur de Courcelles, conseiller au parlement de Paris, et Jeanne de Herre, sa femme (Paris, 27 juillet 1650). — 24. Constitution de 2.500 l. t. de rente annuelle faite par Marguerite de Montmorency, veuve d'Anne de Lévis, duc de Ventadour; Charles de Lévis, duc de Ventadour, et Suzanne de Thémines de Monluc, sa femme, à Denis de Herre, sieur de Sandre, conseiller au parlement de Paris, moyennant le prix de 40.000 l. t. payées à l'acte (Paris, 8 mai 1634). — 25. Quittance de 42.853 l. 18 s. t. donnée par Marie de La Guiche, duchesse douairière de Ventadour, à Pierre d'Hauteville, baron de Vauvert, en déduction des 100.000 l. du prix de la baronnie de Vauvert (Paris, 29 juin 1650). — 26. Quittance de 19.141 l. 12 s. 8 d. t. faite à Marie de La Guiche, duchesse douairière de Ventadour, payant des deniers de Pierre d'Hauteville, baron de Vauvert, par Gaston Chamillart, prieur du collège de Sorbonne, et Guy Chamillart, avocat général au Grand Conseil, agissant pour eux et leurs frères et sœur mineurs, savoir, 18.000 l. t. pour le rachat de 1.000 l. t. de rente constituées aux frères Chamillart par la duchesse douairière de Ventadour, son fils Charles et feu sa femme, le 8 mai 1638; ensuite 1.141 l. 12 s. 8 d. pour les arrérages dus (Paris, 29 juin 1650). — 27. Constitution de 1.000 l. de rente faite par Marguerite de Montmorency, duchesse douairière de Ventadour, son fils Charles, duc de Ventadour, et la jeune duchesse de Ventadour, Suzanne de Thémines de Monluc, à Pierre Chamillart, avocat au parlement de Paris, moyennant le prix de 18.000 l. t. payées à l'acte (Paris, 8 mai 1638). Suivent deux actes, des 5 juin 1638 et 28 juin 1650. Par le premier, Jean Le Roux, fermier de la seigneurie de « Valtaugoujard », promet à Chamillart de lui payer ladite rente de 1.000 l. en déduction du prix de sa ferme (Paris, 5 juin 1638). Par le second acte, Marie de La Guiche, duchesse douairière de Ventadour, donne quittance de 19.141 l. 12 s. 8 d. à Pierre d'Hauteville, en déduction des 100.000. l. t. du prix de sa baronnie de Vauvert (Paris, 28 juin 1650). — 28. Quittance de 28.588 l. 2 s. 6 d. faite par Élisabeth L'Huillier, veuve de Michel Moreau, lieutenant civil de la prévôté de Paris et prévôt des marchands, pour elle et comme tutrice de son fils mineur, en présence d'Étienne Moreau, abbé et comte de Saint-Josse, oncle et subrogé tuteur du mineur, à Marie de La Guiche, veuve de Charles de Lévis, duc de Ventadour, tutrice de leurs enfants mineurs, payant des deniers de Pierre d'Hauteville, baron de Vauvert, savoir, 27.000 l. t. pour le rachat de 1.500 l. t. de rente constituées à Mme Moreau par Charles de Lévis et sa défunte femme Suzanne de Monluc, ensemble Marguerite de Montmorency, duchesse douairière de Ventadour, mère de Charles; ensuite 1.588 l. 2 s. 6 d. pour les arrérages dus (Paris, 26 juin 1650). — 29. Constitution de 1.500 l. t. de rente faite par Charles de Lévis, duc de Ventadour, sa femme Suzanne de Monluc et sa mère Marguerite de Montmorency, duchesse douairière de Ventadour, à Élisabeth L'Huillier, veuve de Michel Moreau, moyennant le prix de 27.000 l. t. payées à l'acte (Paris, 7 juin 1638). Suit une procuration générale donnée par Marguerite de Montmorency à Étienne Maurin, son secrétaire ordinaire, pour la représenter (25 mai 1638), et qui a servi pour l'acte du 7 juin 1638. — 30. Quittance de 25.925 l. 9 s. 8 d. faite par Marie Collon, femme de Nicolas de Bautru, comte de Nogent, capitaine des gardes de la porte du roi.

seigneur de Tremblay-le-Vicomte, duement autorisée, à Marguerite de Montmorency, duchesse donai-
rière de Ventadour, à Henri de Lévis de Ventadour,
chanoine de Notre-Dame de Paris, et à Marie de
La Guiche, veuve de Charles de Lévis, duc de Ventadour, savoir, 25.000 l. t. pour le rachat de 1.388 l.
18 s. t. de rente appartenant au comte de Nogent,
et 925 l. 9 s. 8 d. pour les arrérages dus. Le tout a
été payé par les mains et des deniers de Pierre
d'Hauteville, baron de Vauvert, en déduction des
100.000 l. du prix d'achat de sa baronnie de Vauvert (Paris, 7 juillet 1650). Suit un acte du 12 août
1650 portant reçu de diverses pièces par M. d'Hauteville. — 31. Extrait de la procuration donnée par
le comte de Nogent à sa femme (Paris, 1er février
1650). — 32. Ratification, par le comte de Nogent,
de la quittance faite par sa femme le 7 juillet 1650
(Paris, 17 novembre 1650). — 33. Quittance de
24.000 l. t. faite par Jean Le Prévôt, seigneur de
Saint-Germain, conseiller d'État et privé, à Marguerite de Montmorency, duchesse douairière de Ventadour, à Henri de Lévis de Ventadour, ecclésiastique, et à Charles de Lévis, duc de Ventadour.
Cette somme fait partie de 25.000 l. empruntées par
Mme et MM. de Ventadour au comte de Nogent, à
qui ils en ont constitué 1.388 l. 18 s. de rente par
contrat de la veille (Paris, 6 novembre 1610. — 34.
Constitution de 1.388 l. 18 s. de rente, faite par Mme
et MM. de Ventadour, à Nicolas de Bautru, comte
de Nogent, bailli et gouverneur de Dourdan, moyennant 25.000 l. t. (Paris, 5 novembre 1610. Suit un
acte du 7 juillet 1650, analysant la quittance de
même date faite par la comtesse de Nogent à MMmes
et à M. de Ventadour, pour 25.925 l. 9 s. 8 d. — 35.
Déclaration de Tanneguy Séguier, seigneur de
Drancy et de Lestang, conseiller d'État et privé,
portant qu'il ne prétend rien sur les 24.000 l. dont
Marguerite de Montmorency, duchesse douairière
de Ventadour, Henri de Lévis, duc de Ventadour,
et Charles de Lévis, marquis d'Aurnin, lui ont solidairement passé obligation aujourd'hui. Cette
somme appartient à Jean Le Prévôt, seigneur de
Saint-Germain, conseiller d'État et privé (2 janvier
1630). Suit un acte du 29 mai 1634, portant signification de la déclaration précédente à la duchesse de
Ventadour. — 36. Obligation de 24.000 l. t. faite par
Marguerite de Montmorency, duchesse douairière
de Ventadour, Henri de Lévis, duc de Ventadour,
et Charles de Lévis, marquis d'Aurnin, à Tanneguy
Séguier, seigneur de Drancy et de Lestang, conseiller d'État et privé (Paris, 2 janvier 1630). — 37.
Quittance (extrait) de 100.000 l. faite par Marie de
La Guiche, veuve de Charles de Lévis, duc de
Ventadour, à Pierre d'Hauteville, baron de Vauvert. Ce dernier, en exécution d'une sentence du
22 juin dernier, a payé de ses deniers 100.000 l.
aux créanciers de la duchesse énumérés à l'acte.
Il est ainsi libéré du prix d'achat de la baronnie de
Vauvert (Paris, 16 août 1650). — 38. Extrait d'une
sentence des requêtes du palais à Paris, ordonnant
que Pierre d'Hauteville, défendeur, paiera aux créanciers du feu duc de Ventadour les 100.000 l. du
prix de l'acquisition de la seigneurie de Vauvert,
moyennant lequel paiement il est subrogé aux
droits desdits créanciers et déchargé de ladite
somme (22 juin 1650) ; et d'une autre sentence des
requêtes portant que d'Hauteville demeurera subrogé aux droits des créanciers de M. et Mme de Ventadour, qui ont reçu ses deniers sur le prix de la
seigneurie de Vauvert (10 septembre 1650). — 39.
Intendit, ou dire sur faits contraires, présenté au
parlement de Toulouse par Louis de Lévis, chevalier, seigneur de La Voulte, contre Gaillardet de
Montcalm. Document endommagé par un liquide
qui a effacé l'écriture et fait se retirer le parchemin
de tout le milieu des feuillets. Il est rédigé en latin,
à l'appui des conclusions de feu Bermond de Lévis,
père de Louis, et de sa requête contre feu Jean Le
Forestier, au sujet de la baronnie de Vauvert et de
Marguerittes. Louis est aux droits de son père et
reprend les derniers errements (arrements) de sa
cause contre Gaillardet de Montcalm, qui représente
Le Forestier et Marguerite de Joyeuse, sa femme ;
et aussi contre Antoine de Calvisson, seigneur de
Calvisson, et Rostang d'Ancezune, archevêque
d'Embrun, tuteur des enfants d'Ancezune, qui assu-
me également la continuation de leur cause. Les
premiers points du mémoire sont que, du vivant
d'Antoine de Lévis, fils de Philippe, comte de Villars, à l'occasion du mariage de Jean de Lévis, fils
d'Antoine, sa mère Thomine de Villequier donna à
feu Jean le comté de Villars et la baronnie de La
Roche, qui rapportent 2.600 l. t. de rente et valent
plus de 80.000 l. t. Jean de Lévis vendit le comté
de Villars 30.000 écus d'or de Savoie au duc de
Savoie, et la baronnie de La Roche à Jeanne de Cha-
lancon pour 12.000 ou 15.000 l..... La baronnie de
Vauvert figure dans le meilleur actif de la succession de Philippe et d'Antoine de Lévis, où sont plusieurs revenus de 600 l..... Les biens donnés prop-

ter nuptias à Jean de Lévis excédaient la valeur de la légitime qui lui était due sur la succession de son père Antoine,... (XVe siècle). — 40. Mémoire généalogique et historique sur la famille de Lévis (XVIe siècle). — 41. Notes historiques sur la même famille (XVIIIe siècle).

E. 1937. (Portefeuille.) — 4 pièces, parchemin ; 84 pièces, papier ; 1 sceau.

1161-1789. — *Fonds de Cabrières.* — *Seigneurie de Vauvert, quatrième volume, concernant principalement les d'Hauteville et les Génas. Avant les documents est une liste des pièces.*

1. Ordonnance, en partie imprimée, des commissaires du roi pour la confection du papier terrier en Langedoc et la réception des aveux et dénombrements, prescrivant la publication, à l'issue de la messe paroissiale, pendant trois dimanches consécutifs, du dénombrement remis par Louise de Baudan, veuve de M. d'Hauteville, de la baronnie de Vauvert (Montpellier, 8 avril 1673). — 2. Dénombrement de la baronnie de Vauvert, remis aux dits commissaires par Louise de Baudan, veuve de Pierre d'Hauteville, baron de Vauvert (Montpellier, 4 novembre 1672). A la suite, réception du dénombrement par les commissaires (Montpellier, 12 mai 1679). Collation du garde des archives du roi près la cour des aides. — 3. Hommage et serment de fidélité au roi fait et prêté par Mme de Baudan pour la baronnie de Vauvert (Montpellier, 5 septembre 1679). — 4. Aveu et dénombrement de Pierre-Louis de Génas, héritier substitué de sa mère Suzanne d'Hauteville, devant la cour des aides de Montpellier, pour la baronnie de Vauvert. Il est daté de Vauvert, 28 novembre 1749. Sceau du baron de Vauvert. Extrait. — 5. Hommage de la baronnie de Vauvert fait par Pierre de Génas, représenté par son procureur fondé (Montpellier, 8 octobre 1749). — 6. Arrêt imprimé du Conseil d'État, condamnant le baron de Vauvert au paiement des droits de centième denier de la remise anticipée, à lui faite par son père, des biens de l'hérédité de sa mère, et en outre au supplément du droit de contrôle dû pour ledit acte (Versailles, 17 septembre 1754). — 7. Consultation de Freydier, pour le baron de Vauvert, au sujet du droit de levade sur la pêche et la chasse de l'étang de Scamandre (Nîmes, 10 décembre 1754). — 8. Affirmation pour Philippe d'Hauteville, baron de Vauvert, contre des habitants de Vauvert, au sujet de contraventions au droit de pêche (Montpellier, en la maîtrise particulière des Eaux et Forêts, 17 juillet 1693). — 9. Affirmation pour le baron de Vauvert contre des pêcheurs de Vauvert (Montpellier, en ladite maîtrise, 22 août 1693). — 10. Consultation de Freydier pour le baron de Vauvert, au sujet du droit de levade dans l'étang de Scamandre. Il faut interjeter appel au parlement d'une ordonnance des officiers de l'amirauté d'Aiguesmortes (Nîmes, 16 avril 1755). — 11. Arrêt imprimé du parlement de Toulouse, en faveur de Pierre-Louis de Génas, baron de Vauvert, contre les consuls de Vauvert, et déclarant communs avec le suppliant les arrêts de règlement concernant les droits honorifiques des seigneurs, les fonctions et prérogatives de leurs officiers, les pâturages et les vendanges (19 juillet 1755). — 12. Copie du compoix cabaliste de Vauvert pour 1766 (7 juin 1766). — 13. Tableau des habitants de Vauvert contribuables de la taille. Il y a la colonne des habitants catholiques et celles des habitants ne pouvant rapporter des certificats de catholicité. La première est presque vide, la seconde très fournie (XVIIIe siècle). — 14. Lettre de M. de Miromesnil au président Reinaud. Le marc d'or que son fils aurait à payer pour l'érection de la terre de Vauvert en marquisat n'a rien de commun avec celui dont le roi a exempté les officiers des conseils supérieurs, pour les nouveaux offices dont ils se feraient pourvoir (Versailles, 28 mai 1775). — 15-34 : *Élections consulaires.* — 15. Mémoire sur l'administration municipale de Vauvert. Elle est dirigée par deux consuls et douze conseillers, sous l'autorité du juge du lieu. Les consuls étaient depuis longtemps choisis parmi les habitants catholiques, et les conseillers indifféremment parmi les catholiques et les protestants, lorsqu'en 1766 le parlement de Toulouse rendit un arrêt soumettant les consuls et les conseillers à l'obligation de rapporter un certificat de catholicité avant de prêter serment. Dans l'application, on n'exigea des preuves de catholicité que de six conseillers, les consuls continuant à être catholiques. Peu à peu le nombre des conseillers protestants fut augmenté, sans qu'on en ressentît d'inconvénient. Mais, l'année dernière, le conseil proposa trois sujets protestants pour la charge de premier consul, et trois catholiques pour celle de second consul. Surpris, M. de Génas, baron de Vau-

vert, s'adressa à M. Paul (1), ministre sage et éclairé, pour lui demander d'arrêter cette affaire dans son principe. M. Paul écrivit de Nîmes à M. Vincent, son confrère à Vauvert, pour le prier de détourner les protestants de leurs projets. Cette démarche n'aboutit pas, et les protestants formèrent une association secrète. M. de Génas, se rendit alors à Vauvert, et eut avec les principaux conseillers une conférence où rien ne fut conclu. Le consul protestant entra en fonctions sans prêter serment devant le juge, et assigna, de concert avec ses adhérents, le seigneur au sénéchal de Nîmes, en confirmation de sa nomination. Par le conflit des administrateurs, la communauté se trouve sans administration. M. de Génas éloigne, autant qu'il le peut, le jugement d'un procès de cette nature. Il voit de plus près la fermentation des esprits, depuis sa résidence à Vauvert, et pense qu'il importe que le Conseil évoque l'instance formée au sénéchal de Nîmes et au parlement de Toulouse (s. d.). — 16. Mémoire du seigneur de Vauvert, sur l'élection des consuls, remis à l'intendant, avec une requête, en septembre 1780. En raison du trouble régnant dans la communauté, et des inconvénients de délibérations prises par des personnes dont la qualité est contestée, on pourrait former un conseil d'autorité, composé de deux consuls et de douze conseillers. Pour satisfaire à l'arrêt du parlement de 1766, on diviserait le conseil en conseil ordinaire, composé de six personnes, et en conseil renforcé, composé de six personnes. Cette solution a été pratiquée de 1766 à 1774. — 17-25. Extraits ou copies de délibérations consulaires de Vauvert (1608-1770). — 26-27. Copies de réquisitoires de Maurin, procureur fiscal de Vauvert (1768). — 28 30 : *Lettres de M. de Génas, baron de Vauvert, à son gendre Maurice Reinaud de Génas, conseiller au présidial. Ces lettres ne portent point de date de lieu, mais sont écrites de Vauvert.* — 28. Un seigneur est toujours lésé quand ses gens d'affaires sont de sa terre. [A Vauvert], le seigneur a toujours nommé les consuls ; mais comme ses gens d'affaires étaient à la tête de la communauté et habitants du lieu, ils ont écrit à l'avantage de la communauté. Le seigneur, qui n'allait pas lire les registres, a été « jeté de l'échelle ». Il lui envoie l'arrêt qu'il a obtenu du parlement, et consent à abandonner l'affaire, si Maurice est de cet avis. Il embrasse

« Génasse » (sa fille). (17 février 1768). — 29. Au conseil tenu aujourd'hui, les [consuls] ont sollicité le juge, puis le greffier, de recevoir leur serment. L'un et l'autre s'est récusé. L'arrêt de Toulouse porte que le serment doit être prêté entre les mains du seigneur. Questions des marais de Joly (Lundi soir). — 30 Conformément à un droit dont son grand père, son père et lui-même ont toujours joui, dimanche, M. de Génas a chargé son juge de présenter les sujets devant remplir les places de consuls. Peu après, le grand Gasquet, à la tête d'une députation du conseil, vint lui dire, d'un ton insolent, qu'il convenait de nommer des consuls protestants. M. de Génas répondit que les déclarations du roi s'y opposaient. Gasquet répliqua que les ordonnances royales avaient été faites pour d'autres temps. La discussion s'échauffant, M. de Génas leur tourna le dos et s'enferma dans sa seconde salle. Alors il paraît que Gasquet se répandit en propos séditieux. Il se rendit au conseil en ameutant ses partisans. Après avoir examiné la nomination de feu M. de Sarasignac, on décida que le seigneur n'avait rien à voir à la nomination des consuls. Boissier, le juge, vint dire à M. de Génas, quoique sachant bien le contraire, que, d'après l'examen de nombreux registres, il n'avait pas le droit de proposer les consuls, et qu'on allait les nommer. Ordre au procureur juridictionnel de former opposition. M. de Génas a rendu compte à l'intendant de ce qui s'est passé (s. d.). — 31. Lettre de Boissier. Il a été procédé hier à l'élection de six sujets à présenter au seigneur pour qu'il choisisse parmi eux deux consuls. Boissier pense que M. de Génas choisira M. Maurin pour premier consul (Vauvert, 25 décembre 1775). — 32. Liste, jointe à la lettre précédente, des six sujets présentés au seigneur pour premier et second consul. — 33. Lettre de Gasquet. Le conseil politique de Vauvert l'a chargé de transmettre au seigneur la liste des sujets élus pour lui être présentés en vue de son choix du premier et du second consul (19 décembre 1779). — 34. Liste annoncée dans la précédente lettre. — 35. Hommage de la baronnie de Vauvert fait par Jean-Jacques-Maurice Reinaud de Génas, représenté par procureur, ensemble son serment de fidélité, en la cour des aides de Montpellier (20 novembre 1779). — 36. Extrait d'une délibération de l'assemblée des habitants de Vauvert décidant de ne plus payer de dîme, sauf ce qui sera établi par les États généraux pour l'entretien des ministres

---

(1) Paul Rabaut, le père de Rabaut-Saint-Étienne.

du culte. François Boissier, premier consul maire, lieutenant-colonel de la légion de Vauvert, a rendu compte, sur la demande du public, à l'issue du *Te Deum* pour le rappel des ministres, des événements, depuis la délibération générale du 25 juillet 1789, et des espérances favorables données par les États généraux. L'assemblée constate que les contribuables fonciers de Vauvert paient plus de 40.000 l. de rente dans les bénéfices de la grande dîme (Saint-Pierre de Candiac, Saint-Sauveur, Villeneuvette, Saint-Martin d'Anglas), les novales et autres, en y comprenant les frais de « levures », tandis qu'un simple curé et un vicaire, dont les revenus ne dépassent pas 2.400 l., sont les seuls ministres employés au service de la communauté. Le pasteur des protestants, qui sont en grande majorité, est payé, en outre, par chaque protestant. Tout cela est d'une criante injustice (16 août 1789). — *37-67 : Litige des consuls de Vauvert avec le grand prieur de Saint-Gilles, au sujet du marais de Bordel, des pêcheries et du droit de « levade » en la Sylve Godesque* (1). — 37. Mémoire des consuls contre le grand prieur (s. d.). — 38. Griefs du grand prieur contre les consuls (s. d.). — 39. Réponse du grand prieur au mémoire de la communauté de Vauvert (s. d.). — 40. Réplique du grand prieur aux offres des consuls pour terminer le procès pendant au Grand Conseil entre parties (s. d.). — 41. Supplique d'Henri-Augustin de Piolene, grand prieur de Saint-Gilles, au grand conseil du roi, contre les habitants de Vauvert, assignés par exploit du 23 septembre 1763. — 42. Copie des conclusions du grand prieur contre les habitants de Vauvert (27 avril 1765). — 43. Réponse des habitants de Vauvert aux demandes du grand prieur (s. d.). — 44. Mémoire de la communauté de Vauvert, après examen des propositions du grand prieur, pour terminer à l'amiable le procès pendant entre les parties (s. d.). — 45. Arrêt imprimé du parlement de Toulouse, rendu entre le prieur et les consuls de Vauvert, en appel d'une sentence du sénéchal de Nimes, au sujet du logement du curé et du secondaire. Défavorable au prieur (6 juillet 1730). — 46. Factum imprimé pour les consuls de Vauvert, défendeurs, contre Guillaume-Vincent de Saboulhan, grand prieur de Saint-Gilles, demandeur (Après 1643). — 47. Mémoire des habitants de Vauvert sur les limites de la Selve, ou Sylve Godesque

(1) Sauf la pièce 45.

(s. d.). — 48. Note des actes à produire lors de la vérification de la Selve et pour le Bordel (Après 1763). — 49. Mémoire de Vauvert contre le grand prieur (s. d.). — 50. Réponse en mémoire que le grand prieur a fait remettre à M. de Génas (Après 1763). — *51-67 : Correspondance.* — 51. Lettre de Boissier à M. de Génas, à son château de Roch. L'idée du grand prieur d'étendre ses prétentions au marais du Bordel est aussi extravagante que s'il prétendait venir jusques en terrain ferme (s. d.). — 52. Lettre de Boissier à M. Reinaud, juge mage, à Nimes. M. Maurin et lui sont rentrés hier soir de Saint-Gilles. On leur a fait des difficultés sur la nomination de leur expert. Il en donne le détail et le consulte sur ce que doit faire la communauté (7 octobre 1763). — 53. Lettre de Gaignaut, procureur au grand Conseil, au baron de Génas, à Nimes. M. Ménissier, marchand d'étoffes de soie, l'a chargé d'une assignation donnée, à la requête de M. de Piolene, grand prieur, à la communauté de Vauvert. Elle est du 23 octobre 1763. L'affaire est engagée (Paris, 24 janvier 1764). — 54. Du même au même. Il a cherché à gagner du temps, mais, pour éviter un jugement de défaut, il a dû se résoudre à faire des défenses (22 avril 1764). — 55. Du même au même. La « levade » est un droit seigneurial, mais il ne suffit pas de la seule qualité de seigneur. Il faut encore avoir des titres établissant ce droit, pour le percevoir. Le commandeur, faute d'avoir produit des titres, en a été débouté, tandis qu'ayant rapporté les siens, M. de Génas a été maintenu dans tous ses marais (13 mai 1764). — 56-57. Du même au même (28 avril-25 mai 1765). — 58. Lettre de M. Fuzet (secrétaire de l'ordre de Malte). Il a remis le mémoire [de M. de Génas], transmis par l'intermédiaire du chevalier de Catelan, au grand prieur de Saint-Gilles, qui l'a communiqué aux commandeurs de Reauville et de Gaillard, ses commissaires visiteurs généraux d'améliorissements. Le résultat de leur examen fut que, la communauté de Vauvert ne répondant rien aux justes plaintes du grand prieur, il devait la citer en justice. Le partage de la Sylve Godesque serait avantageux à toutes les parties, mais les droits d'usage des particuliers créent bien des difficultés (Château de Jalès, 13 novembre 1763). — 59. Lettre de Boissier. Le mémoire du grand prieur est un hydre, auquel personne ne saurait répondre pour la communauté que [M. de Génas], à cause de sa connaissance de l'affaire (Vauvert 2 février 1765). — *60-63 : Lettres* de Fuzet, écrites du château de Jalès. — 60. Il lui transmet les observations du grand prieur. Son conseil, dont il est obligé de suivre les avis, a décidé que, pour préalable à une entente avec la communauté, il fallait que les choses fussent entières et rétablies en leur premier état. Fuzet souhaiterait de pouvoir contribuer à la réunion des parties. La chose ne paraît pas aussi embrouillée qu'on l'avait cru d'abord (12 janvier 1764). — 61. Il s'est hâté de transmettre la lettre de [M. de Génas] au chevalier de Gaillard, commandeur du Poët-Laval, qui est un des commissaires de l'ordre pour l'affaire de la communauté de Vauvert, lettre trop raisonnable et intéressante pour qu'il ne la voie pas en original. Si Vauvert avait répondu avec précision aux griefs du grand prieur, abandonné les pêcheurs et ceux qui ont coupé des arbres de haute futaie dans la Sylve Godesque, et se fût énoncé comme [M. de Génas] dans sa lettre, la paix serait rétablie. Vauvert a mis le comble à ses vexations, en comprenant à la taille cabaliste la commanderie de Barbentane, jouie par le neveu du grand prieur, et en exécutant militairement son fermier. On persécute Fuzet depuis deux ans pour qu'il soit l'expert du grand prieur (24 février 1764). — 62. La lettre écrite par [M. de Génas] à Fuzet le 10 février a été communiquée par le grand prieur au dernier chapitre, qui a examiné les propositions qu'elle contient. Suivent les conditions arrêtées par les commissaires pour une entente, et que le commandeur du Bastit, neveu du grand prieur, a chargé Fuzet de communiquer à [M. de Génas]. Il lui demande, pour le grand prieur, les actes relatifs aux pêcheries de la Sylve Godesque. Pour le bornage, on s'en remettra à la décision d'experts. Il s'agit maintenant de connaître les intentions de la communauté pour arrêter les poursuites ou les continuer (29 mai 1764. — 63. Il le remercie de sa lettre et des papiers et mémoires qu'elle contenait. En ce qui concerne le Bordel ou marais de la Souteyrane, vis-à-vis la Pinède, il y a six mois que la vérification amiable en serait faite, si le grand prieur eût donné à Fuzet procuration *ad hoc*. Mais c'est un esprit difficile à manier. Il ne se conduit que sur les conseils de son ordre et l'avis des commissaires. Fuzet doit aller bientôt en Arles. Il parlera de cette vérification au grand prieur. Le tènement contesté est alors abordable, et une simple application serait aisée (13 août 1764). — 64. Lettre de Fuzet, procureur au sénéchal de Montpellier, à [M. de Génas], qui est intervenu auprès de lui en faveur de deux de ses habitants de Vauvert, Jossan et Debos, poursuivis par le grand prieur de Saint-Gilles pour avoir coupé une quantité d'arbres dans la Sylve Godesque. Il n'en faut pas moins pour être condamnés aux dommages (plus de 2500 l.), à une amende de pareille somme envers le roi et aux dépens, qui seront très considérables. Il ne reste aux inculpés qu'à aller se jeter aux pieds du grand prieur pour implorer le pardon de leur faute (29 octobre 1764). — 65. Lettre du chevalier de Piolenc, commandeur du Bastit et de Barbentane. Il a reçu par M. Fuzet, secrétaire de l'ordre de Malte, les propositions de la communauté de Vauvert faites au grand prieur, son oncle, pour terminer à l'amiable leur litige pendant au Grand Conseil. Il fera son possible pour y aider (s. d.). En haut de la lettre, note de M. de Génas portant qu'il a répondu le 20 octobre 1764 : la communauté lui a donné pleins pouvoirs pour terminer tous ces différends, et il ne croit pouvoir moins faire que d'en soumettre la décision au conseil de l'ordre. — 66. Lettre de Fuzet. La lettre de [M. de Génas] l'a beaucoup surpris. Il l'a jugée assez intéressante pour aller en Arles en parler avec le grand prieur. Il l'a vu hier soir, avec son neveu et le commandeur de Gaillard, commissaire de l'ordre, leur lisant la lettre, et les assurant de la sincérité de [M. de Génas] pour parvenir à la conciliation désirée. Les seigneurs ne sont pas toujours maîtres de faire suivre aux communautés la voie de l'équité. Le grand prieur répondit que les grands procédés violents des particuliers de Vauvert méritaient un châtiment. Il avait cru qu'on sa double qualité de seigneur et de maire [M. de Génas] aurait pu les contenir. M. de Gaillard a ajouté qu'ayant vu à Nîmes, en 1762, avec le commandeur du Bastit, le président [Reinaud], père de [M. de Génas], le président leur proposa des moyens qui furent adoptés tout de suite, mais ses assurances n'empêchèrent pas les « commandeurs du démembrement » [de la Sylve Godesque] d'être de nouveau taxés, ni d'autres mauvais procédés. M. de Piolenc neveu n'a reçu aucune lettre de [M. de Génas]. Il n'en est pas moins dans les plus favorables dispositions. Le grand prieur est aussi vif qu'à l'âge de 25 ans, et inquiet de la « croche » (ou accroc) donnée à Malte à sa donnaison de la commanderie d'Avignon en faveur de M. du Bastit. Fuzet s'estimerait très heureux du rétablissement de la paix entre les parties (Arles, 21 novembre 1764. — 67. Lettre du chevalier de Piolenc, commandeur du Bastit et de Barbentane. Il n'a reçu aucune des lettres de [M. de Génas]. Les propositions d'arbitrage sur les prétentions du grand prieur ne peuvent se réaliser, car il faudrait l'agrément des supérieurs, qui ne se déterminent que par un long examen et après des formalités interissables. Malte n'admet d'ailleurs cette voie que dans les affaires de caractère problématique. Mais ici les titres de propriété et de possession sont trop clairs. Le grand prieur encourrait l'incapacité et perdrait la dounaison de la commanderie pour le frère du chevalier. Il est forcé d'obtenir un arrêt qui termine invariablement toutes les contestations injustes mues par les habitants de Vauvert, suivies des entreprises les plus odieuses, usurpations, taille cabalistique, garnison militaire. La promesse solennelle de [M. Reinaud] de réduire les habitants de Vauvert n'a servi qu'à augmenter ces entreprises (taille cabalistique sur le mas de Liviers, membre de la commanderie de Barbentane). Le chevalier est, au reste, très mortifié que la réponse du grand prieur à la lettre de [M. de Génas] en faveur des voleurs de bois de la Sylve Godesque se soit ressentie de l'aigreur que tous ses soins auprès de lui n'ont pu adoucir (Arles, 26 novembre 1764). — 66-70 : *Procès des seigneurs et de la communauté de Vauvert avec l'abbaye de Franquevaux au sujet de l'Iscle de Franquevaux.* — 68. Analyse très sommaire d'actes et de mémoires 1182-XVII° s.). — 69. Mémoire contre l'abbé de Franquevaux pour le procès de l'Iscle (XVII° siècle. — 70. Copie d'actes concernant l'abbaye de Franquevaux (Mars 1100 v. s.-mars 1188 v. s.-avril 1188-janvier 1189 v. s.-mars 1180 v. s.-1181). — 71. Lettre non signée, écrite de Marguerittes, 14 mai 1785, au baron de Génas, chez M. Jacobet, traiteur, à Toulouse, par son père (le président Reinaud). Adjudication des marais de Vauvert. Le fermier Maroger. Livres envoyés par Gaude. Projet d'établissement d'un musée et d'une bibliothèque publique à Nimes. — 72. Jugement imprimé, rendu à Montpellier, le 19 novembre 1768, par les commissaires nommés par divers arrêts du Conseil, pour juger en dernier ressort les contestations à raison de la concession des marais du bas Languedoc, de Beaucaire à Aiguesmortes et à Pérols. Il déboute le grand prieur de Saint-Gilles, le commandeur des Grand et Petit-Saint-Jean de Montpellier, ceux de Sylvéréal, Capette et autres commandeurs de l'ordre de Malte, de leurs demandes en cassation des assignations à eux données ; il déboute aussi des oppositions formées au desséchement des marais et étangs, et à la construction du canal de navigation ; ordonne l'exécution des arrêts du Conseil et des jugements rendus sur ledit desséchement, et ordonne que les propriétaires et usagers des marais remettront leurs titres de propriété devant M. de Rossel, rapporteur, à peine d'être déclarés déchus de tous droits. Signification au baron de Vauvert le 9 décembre 1768. — 73. Mémoire pour les pêcheurs de Vauvert qui ont été condamnés par les commissaires à abattre leurs levadons construits dans les marais de Vauvert. Copie a été envoyée au procureur le 22 juin 1767. — 74. « Recueil » et analyse des actes trouvés aux archives du roi, à Nimes, pour Mme de Vauvert, par Matheron. Aux grandes archives basses, armoire A de la sénéchaussée, registre des lettres patentes du roi de 1302, couvert en parchemin et coté 22, f° 611, lettres obtenues par Philippe de Lévis, baron de Roche et de Posquières contre le grand prieur de Saint-Gilles. *Ibid.*, f° 612, autres lettres pour le même contre le même. Au registre des lettres patentes de 1430, coté 37, f° 248, lettres obtenues par Philippe de Lévis, baron d'Annonay, seigneur de Villars et de Roche, qui est maintenu en possession des héritages de certains bâtards d'Annonay, à lui donnés par le roi. Au registre des lettres patentes de 1428, coté 36, f° 120, lettres concernant un litige entre les seigneurs et habitants de Vauvert, d'une part ; les habitants d'Aimargues, d'autre part, au sujet des herbages de tènements de la juridiction du Cailar. Au registre des lettres patentes de 1404, coté 26, f° 87, armoire A, lettres concernant les différends du seigneur de Vauvert avec les habitants, au sujet des criées, du droit de tuer le bétail dans les maisons des particuliers, pour en vendre ensuite la viande cuite, etc. Au registre de 1428, coté 36, f° 45, v°, lettres obtenues par Philippe de Lévis contre l'abbé de Saint-Gilles, au sujet de la chasse et de la pêche des marais de Scamandre et de la Sylve Godesque ; etc. — 75. Inventaire analytique d'actes relatifs à la baronnie de Vauvert. Droit d'habitanage (1499). — Directe du seigneur (1436). — Sentence arbitrale entre le seigneur et le prieur, qui pourront faire fabriquer des images d'étain pour les pèlerins de Vauvert à frais communs, avec partage des bénéfices (septembre 1254). — Sentence du juge royal de Calvisson absolvant Guy de Roche de la demande de Pons de Brosses, commandeur du Temple en Provence, qui réclamait la seigneurie de Vauvert, avec Marguerittes et La Sylve. Dans l'acte est insérée la donation jadis faite par Pons de Montlaur, seigneur de Vauvert, aux templiers de Saint-Gilles, le jour des ides de juin, ou 13 juin 1209, des lieux de Générac et d'Aiguesvives. Le templier fit appel de la sentence au sénéchal de Nîmes (« 10 », ou plutôt 9, des calendes de juillet, ou 23 juin 1200). — Droit de dépaissance des habitants de Marguerittes avec ceux de Saint-Gervasy (1407-1511). — Trois inventaires des meubles du château de Vauvert au XVI° siècle. — Vol du vin (1519). — Vente de la seigneurie de Marguerittes, faite par Gilbert de Lévis, comte de Ventadour, à Jacques d'Andron, conseiller au présidial (15 décembre 1561). — Droit d'explèche ou d'usage des habitants du Cailar en la terre de Vauvert (29 janvier 1486 v. s.). — Revenus des seigneuries de Vauvert et de Marguerittes de 1375 à 1464 et de 1515 à 1557. — Compte de Jean de Jambes, châtelain d'Aiguesmortes, pour 1461. Histoire d'un lorrain condamné à être pendu avec son ânesse pour crime de bestialité. L'ânesse étant morte avant l'exécution, on en acheta une autre qui fut pendue avec l'homme. — Les nombreux actes analysés dans cet inventaire vont du XIII° au XVI° siècle. — 76. Autre inventaire d'actes concernant la seigneurie de Vauvert. Ce sont des ventes de censives au seigneur, des acaptes, des lods, des reconnaissances féodales (1285-1559). A noter une censive de 5 s. servie par les templiers de Saint-Gilles pour le tènement de Négaromieus le 27 septembre 1283 ; une déclaration du 7 novembre 1300, faite à Guy de Roche, seigneur de Posquières, par le juif Durand de Tarascon, habitant de Posquières, et la juive Gentille, jadis femme du juif Joseph, pour eux et les autres juifs de Posquières, présents et à venir, portant que le seigneur a le droit de lever sur les dits juifs, de temps immémorial, les tailles selon sa volonté. Guillaume Rossignol, notaire ; la vente d'une terre faite par Durand, juif de Tarascon, habitant de Posquières, avec lods passé par le procureur du seigneur (14 août 1305). — 77. État ou liste de certains titres de M. de Vauvert (4 des calendes d'avril, ou 29 mars 1215 v. s. - 7 mars 1630). — 78. Listes d'actes du XIII° au XVIII° siècle. — 79. Liste d'actes du XIII° au XVII° siècle. — 80. Extrait sommaire d'actes rangés par ordre chronologique et concernant les tènements de la Pinède, Tosque, la Tête de Loup, le Ribeyrès, Négaromieus, etc. (Ides de mai ou 15 mai 1248-4 septembre 1765). — 81. Plan moderne rectificatif des marais de Vauvert, pour la commune contre les hoirs de Génas. — 82. Éclaircissements de M. de Berriac, au sujet du dessèchement des étangs et marais de Saint-Gilles et autres (1769). — 83. Lettre de M. Roudil de Berriac à l'archéologue Séguier, secrétaire perpétuel de l'académie de Nîmes, qui demeurait alors Grand'Rue. Il le remercie de sa réponse à tous les points de son mémoire. Il ne peut être de l'avis de Hagenbuch sur la signification d'un mot d'une inscription donnée par Muratori. Il lui envoie ci-joint des éclaircissements (pièce 82) sur des dessèchements de marais, et, à part, un paquet de pièces par la messagerie (Carcassonne, 3 février 1770). — 84. Mémoire sur le dessèchement des marais et le canal projeté de Beaucaire à Aiguesmortes (XVIII° s.). — 85. Liste de documents imprimés sur le projet du canal de Beaucaire à Peccais et au port d'Agde, et sur le dessèchement des marais de Languedoc (XVIII° s.). — 86-87. Notes des édits, déclarations et arrêts concernant le dessèchement des marais de Languedoc (XVI°-XVIII° s.). — 88. Minute d'une notice sur Vauvert ou Posquières (XVIII° s.).

E. 1753. (Liasse.) — 1 rouleau de parchemin ; 6 pièces, papier ; 1 sceau.

1302-1530. — *Fonds de Cabrières.* — *Seigneurie de Vaucert.*

1. Copie, faite d'après un extrait de 1709, destiné à la commission des marais, d'un acte des nones d'août ou du 5 août 1302, contenant vente faite, par Jean Patau, de Pistoie, pour lui et son frère Guy, à Bérenger Foulc, chevalier, et à Philippe de Marguerittes, damoiseau de Posquières, de leurs pêcheries de l'étang de Scamandre et de leurs levées de poissons et d'oiseaux dudit étang, ensemble tous leurs droits dans l'étang et ses marais, moyennant 40 l. t. de rente. Le notaire est Guillaume Rossignol, prêtre de Posquières. Copie très défectueuse. — 2. Copie, faite d'après un extrait de 1709, destiné à la commission des marais, d'un acte de la veille des calendes de juin, ou 31 mai 1310, portant arrentement, par adjudication publique, et pour huit années, des parts indivises de la pêche et des levées de poissons et d'oiseaux de l'étang de Scamandre, appartenant à Guy de Roche, seigneur de Posquières (la moitié), Bérenger Foulc, chevalier,

de Posquières (un quart), Philippe de Marguerittes, damoiseau de Posquières (un huitième), et Raimond d'Arènes, chevalier, d'Aimargues (un huitième), moyennant la rente de 30 l. t. Le notaire est Pons Rodilhan. Copie défectueuse. — 3-4. Extrait et copie d'un acte du 1er octobre 1408, passé à Posquières, et portant vente aux enchères publiques, par Bermonde Rainaud, veuve de Philippe de Marguerittes (1), tutrice de leur fille Antonie, de leur huitième des eaux et droit de levade des poissons et oiseaux de l'étang de Scamandre, moyennant 40 l. t. Une enquête par témoins prouve au viguier que Philippe de Marguerittes est décédé depuis bientôt un an, en état d'excommunication prononcée à l'instance de Bernard de L'Oratoire, de sorte qu'on a dû l'inhumer hors du cimetière et en terre non sacrée ni bénite, où il est resté un certain temps avant d'être inhumé au cimetière de l'église Notre-Dame de Vauvert, où il repose moyennant l'obligation, assumée par sa veuve, de payer à Bernard de L'Oratoire une dette de 25 écus d'or. L'acquéreur est Philippe de Lévis, chevalier, vicomte de Lautrec, seigneur de Roche et de Posquières. Il est représenté à l'acte par son procureur Étienne d'Olhac, notaire. Le viguier de Posquières est Guillaume de Brouzet. Le notaire est Pierre Garnier. L'extrait est signé par M. Vignolle, secrétaire général de la préfecture du Gard, sans date (Premier Empire). — 5. Expédition originale, faite par le clerc notaire Étienne Borrian, d'une sentence arbitrale du 25 octobre 1467, rendue entre Jean Le Forestier, seigneur de Posquières ou Vauvert, et les syndics des habitants. Le 3 novembre 1466, convocation de l'assemblée des habitants dans la maison commune. Le 24 octobre suivant, au matin, dans une salle du château, les arbitres nommés viennent se renseigner auprès des parties sur leurs prétentions. Le 24 octobre 1467, même jour, convocation des habitants à la maison commune. Les syndics remettent aux arbitres un court mémoire en français de leurs demandes, qui est transcrit à l'acte et concerne les franchises des habitants. En même temps, ils leur remettent divers actes pour les édifier. Jean Le Forestier, seigneur de Vauvert, comparaît à son tour. Il remet aux arbitres un mémoire en français qui est transcrit à l'acte. Il leur remet également divers actes à l'appui. Le 25 octobre au matin, dans la sacristie de l'église de Vauvert, les arbitres pro-

noncent leur sentence en présence des parties. Le 20 novembre suivant, ratification de noble Jean de Blauzac, dit de Posquières, syndic pour l'année présente, faite à Nîmes. Le rouleau est formé de quatre peaux. Écriture lavée et diffuse (1). — 6. Modèle de monitoire à Vauvert pour l'année 1524. L'official de Vauvert ou Posquières enjoint au chapelain curé de l'église dudit lieu et à ses autres inférieurs, à l'instance de N., d'avertir de sa part, un dimanche ou un jour de fête, pendant les solennités des messes, au moment de la plus grande affluence du peuple, une, deux et trois fois, les voleurs de l'un et l'autre sexe, d'avoir à restituer, sous peine d'excommunication, jusqu'à un dommage de 15 deniers tournois, etc. — 7. Appointement du sénéchal de Beaucaire et Nîmes, donné à l'instance d'Antoine Valabrègue, prêtre de Vauvert, affirmant poursuivre son droit en cause criminelle, d'après le décret *De pacifficis possessoribus*, à raison d'une chapellenie fondée à l'autel de Saint-Jean-Baptiste en l'église paroissiale de Vauvert. Jean Serres, prêtre chapelain de cette chapellenie, se disant impétrant de lettres royaux criminelles dudit décret, est demandeur. Valabrègue est défendeur. Il a besoin de plusieurs actes reçus par le notaire Jean Bernard, et se trouvant tant chez lui que chez d'autres personnes, mais ne peut les obtenir sans compulsoire. Le premier sergent requis devra enjoindre au notaire Jean Bernard et aux autres détenteurs des actes d'en délivrer des extraits en forme publique (Alais, 14 juin 1530). Au dos, certificat de signification du compulsoire faite par le sergent royal de Vauvert, à l'instance de l'impétrant, à Jean Serres (17 juillet 1530). Sceau de la sénéchaussée.

SEIGNEURIES DU CAILAR, DE CALVISSON, CASSAGNOLES, COMBAS.

E. 1259. (Liasse). — 3 pièces, dont 1 rouleau, parchemin ; 3 pièces, papier.

1315-1785. — *Seigneuries du Cailar, de Calvisson, Cassagnoles et Combas.*
1. *Seigneurie du Cailar.* Rémission faite par Pierre Brémond, chevalier, seigneur du Cailar et

(1) Cf. E. 1254, pièce 41.

(1) Cf. E. 1255, pièce 10.

en partie de Montlaur (1), à Pons Cavalier, de Mont-laur, de 2 deniers tournois censuels sur les 6 d. t. de censive qu'il lui servait pour sa maison de Mont-laur. L'acte est passé à Montlaur, le 14 des calendes de février ou 19 janvier 1314 v. s. Sont témoins Pons de Montaut, damoiseau, Pierre Salas et Guillaume Foucard, clerc de Garrigues, diocèse de Maguelone, notaire public du roi de France en tout son royaume. — 2. Contrainte décernée par le parlement de Provence à la requête de Jean-Louis de Murat de Nogaret, baron de Calvisson, et suivant ordonnance de la cour, contre les consuls d'Arles et le curateur de la discussion des biens de Pierre Latouche, pour lui payer 4 l. 17 s. 6 d. chacun, soit un quart des épices payées pour un arrêt de la veille (Aix, 14 janvier 1610). — 3. Lettre de la marquise de Calvisson à M. de Rome, syndic général de Languedoc. Il lui sera présenté une requête au nom de la communauté de Marsillargues, en vue d'obtenir permission de transiger avec elle. Comme elle est au moment de partir pour Paris, et qu'elle désire une solution avant son départ, elle le prie de de vouloir bien donner ses conclusions tout de suite (5 septembre 1785). — 4-5. *Seigneurie de Cassagnoles.* Copie du texte latin et traduction française d'une reconnaissance féodale de Jean Duval au seigneur de Cassagnoles, représenté par son procureur noble Jean Polverel (Cour du château de Cassagnoles, 23 janvier 1499 v. s.). — 6. *Seigneurie de Combas.* Rouleau de parchemin formé primitivement de 11 peaux dont il ne reste plus que les 6 dernières. C'est une grosse tirée par Jean Villa, notaire de Combas, le 28 août 1614, du second livre des notes de Gabriel Bénézet (1589), dont il a la garde. Il s'agit d'une transaction entre les seigneurs et les habitants de Combas. — .... Les seigneurs ont reçu des syndics de Combas, pour entrée d'un acapte, 22 l. t. dont ils leur donnent quittance. Ces seigneurs sont le père et le fils. L'acapte porte sur des droits de dépaissance et de lignerage (*jura depascendi, ligna scindendi et ruscandi*). Ce lignerage a pour objet, comme aujourd'hui, la coupe et l'écorçage des chênes-verts. L'investiture a lieu par la tradition de la plume du notaire. Mention de la clausule générale, descendant de l'édit du préteur et commençant par les mots: *Si qua justa*

causa auc(toritati) esse debebitur (1). L'acte est passé à Combas sur la place publique, par-devant le viguier, en présence de Pierre Roche, bachelier *in utroque*; Pierre Claparède, prieur de Combas; et Pierre Cosie, notaire de Sommière. Le notaire est Jean Blachet, défunt notaire de Sommière, des notes duquel Jean Bedos, notaire à Sommière, a extrait la transaction. — Suit le texte des pouvoirs à lui donnés, à ces fins, par Antoine Bourdin, seigneur du Pouget, capitaine et viguier de Sommière (14 avril 1518). — Suit encore le texte de lettres du viguier obtenues par nobles Jacques Pelet de La Vérune et Françoise Bermond, mariés, seigneurs de Combas. Il y est fait mention de plusieurs transactions et autres actes passés entre les seigneurs ayant précédé Jacques et Françoise et les habitants de Combas. A l'occasion du litige actuel, des compulsoires sont nécessaires pour en obtenir la production ou des extraits probants (Sommière, 5 décembre 1531). Le viguier ordonne, au pied de la requête, d'extraire en forme une transaction entre les syndics et les seigneurs de Combas, Guillaume Bermond et Bermond Bermond, père et fils, le 22 novembre 1469. Le 12 décembre 1531, signification aux syndics de Combas et aux habitants d'avoir à se rendre à Sommière, le lundi suivant, chez le notaire Marcelin Cordesse, pour assister à l'extraction d'une transaction en latin, contenue dans un rouleau de parchemin, et reçue par feu Jean Blanchet. Le 18 décembre, comparution, en l'étude du notaire Marcelin Cordesse, de Pierre Beyre et de Jacques Ruffi, au nom du syndicat et des habitants de Combas. Le notaire Jean Bedos, subrogé aux notes de Jean Blanchet, produit la note originale de la transaction, composée de 7 pièces de parchemin cousues ensemble et décrites à l'acte par *incipit* et *finit*. — Suit la teneur d'une transaction du 12 mai 1531, entre Jacques Pelet de la Vérune et Françoise Bermond, mariés, seigneurs de Combas, Méjanes et Cannes, d'une part; les syndics et habitants de Combas, d'autre part. Les seigneurs demandent le renouvellement des reconnaissances féodales et, dans ce but, ont besoin du livre d'avération ou com-

---

(1) Alors dans la viguerie de Sommière.

(1) Aucun paragraphe des *Institutes*, aucune loi du *Digeste* et du *Code* de Justinien ne commence par ces mots. Il s'agit vraisemblablement de l'un des innombrables commentaires de la « grande glose ». Hadrien fit extraire des édits des préteurs son *édit perpétuel*, aujourd'hui perdu, et qui servait de règle à tous les jugements. Le *Digeste* en a conservé de nombreux fragments.

poix appelé vulgairement Le Maccabuau. Les syndics répondent qu'ils ne sont pas tenus de fournir des armes contre eux-mêmes et de livrer le compoix. Le 12 mai 1531, à Combas, sur la place publique entourant le château, par-devant Jean Figaret, juge ordinaire, Jacques Pelet, d'une part; les syndics et habitants, nommés à l'acte, d'autre part; conviennent de transiger. Les syndics délivreront aux seigneurs, en vue de faire les reconnaissances, le compoix demandé, moyennant valable décharge. Ils reconnaîtront toutes les terres possédées par les habitants à Combas et Cannes, en se conformant aux anciens documents des seigneurs. Les terres nouvellement occupées seront l'objet d'acaptes ou emphytéoses. De même les maisons nouvelles. Pour l'estimation de la valeur des immeubles, en cas de désaccord, chaque partie élit son expert. Sont témoins Bernard de *Bergondio*, recteur de l'église paroissiale de *Bronno*, diocèse de Saint-Papoul; Étienne Rogier, curé de Combas; Raimond Dupuy, du Rosier, diocèse de Mende, clerc de Combas. Les notaires sont Marcelin Cordesse et Jacques Sabatier. Description, par *incipit* et *finit*, des 3 pièces de parchemin du rouleau de la transaction. — Suit le texte français de la grosse en 11 peaux de parchemin, qui reprend, et termine le rouleau, sans que nous en connaissions le début, perdu avec les 5 premières peaux disparues. Ce texte nous apprend que la grosse reproduit intégralement *deux* transactions. Ces transcriptions sont d'ailleurs d'un latin peu correct. Les parties promettent d'observer ces deux textes. Ces parties sont le seigneur et les habitants de Combas. Les syndics et habitants reconnaissent de Pelet pour leur seigneur. En signe de serment et fidélité, suivant l'ancienne coutume de Combas, l'un après l'autre, tête découverte, ils font humblement la révérence à Louis de Pelet, lui touchent la main droite et lui disent : « Monseigneur de Combas, Dieu vous fasse la grâce que longuement say (1) puissias demourar, nous tenir per vos fidelles subjotctz, et à nous autres de vous recognoistre per nostre bon seigneur », etc. L'acte est passé dans la cour ou porche du château de Combas. Jean Louis, archidiacre en l'église collégiale d'Aiguesmortes; Étienne Sony, de Saint-Marcel d'Ardèche, prieur de Combas; son clerc Pierre Bruyère; Jacques Drome, prieur de Bragassargues; Jacques Bérard, baile de Savignargues, figurent

(1) *Ici.*

parmi les témoins et signent avec M. de Pelet, Damergue et Gros. Les autres habitants ne savent pas écrire. Le notaire est Gabriel Bénézet, du nombre des « réduits » de Sommière.

SEIGNEURIE DE COLORGUES.

R. 1860. (Portefeuille). — 44 pièces, papier (1), dont 42 plans et 2 cahiers, 49 feuillets écrits.

1563-1789. — *Seigneurie de Colorgues*. — *Reconnaissances, projet de terrier et plans s'y rapportant.*

1. Copie d'actes du XVIe siècle, tirée d'un registre prêté en 1785 par M. Delouzeavocat. — Fos 1-2. Reconnaissance de Jean Vignes, de Saint-Dézéry, faite à Pierre de Brueys, docteur en droits, seigneur de Colorgues, Saint-Dézéry, Fontcouverte, Cornet et autres lieux (Château de Saint-Dézéry, 12 novembre 1563). — Fos 2-3. Reconnaissance des consuls et habitants de Barron pour leurs droits d'usage dans le devois de Cornet (Fontcouverte, devant la maison de M. de Brueys, 21 avril 1563). — Fos 4-5. Lods et reconnaissances d'Antoine Ducros, de Colorgues (Saint-Dézéry, château de M. de Brueys, 26 août 1572). — Fos 6-7. Lods et investiture pour Raimond Gaussen, de Garrigues (Château de Saint-Dézéry, 20 novembre 1576). — 2. Projet de terrier. On s'y reporte à des terriers de 1647 et de 1733, ainsi qu'aux plans qui suivent et à des « N. V. » de diverses dates. L'écriture est celle du seigneur, qui parle en maint endroit de sa directe. Nombreuses notes d'argent reçu datées de 1787. Une mention de 1780. — 3. Plan 2 de Colorgues, daté de 1785, comme tous ceux du portefeuille, sauf les deux derniers. Il contient des maisons, jardins, parrans et terres, les uns derrière le fort, d'autres près de la fontaine, et d'autres au Ranc. La partie correspondant à l'emplacement du château renvoie au plan 1, qui manque à la collection. — 4. Plan 3 de Colorgues. On y voit la fontaine et le vallat de la Font. — 5. Plan 4 de Colorgues. On y voit la place dite Roquefort. — 6. Plan 5 de Colorgues. On y voit la clausade de la Peyrigouse. — 7. Plan 6. On y voit le village. — 8. Plan 7. On y voit le puits commun, dans le cul de sac de la communauté. — 9. Plan 8. On y voit le vallat de Pélissier. — 10. Plan 9, conte-

(1) Don de M. Arthur de Cazenove, 1911.

nant le quartier du Pont, entre autres. — 11. Plan 10, avec le vallat mestre de La Canten. — 12. Plan 11, contenant des pièces au quartier des Parrans. — 13. Plan 12, avec L'Arénier. — 14. Plan 13, avec La Queirié. — 15. Plan 14, avec La Pujade. — 16. Plan 15, avec Cambaretrenc. — 17. Plan 16, avec La Guilaine. — 18. Plan 17, avec La Combette. — 19. Plan 18, avec Le Puech. — 20. Plan 19, avec La Rouveyrolle. — 21. Plan 20, avec La Coste. — 22. Plan 21, avec Le Puech-Concagat. — 23. Plan 22, avec Les Costes. — 24. Plan 23, avec l'Ort du Poux. — 25. Plan 24, avec Coste-Salade. — 26. Plan 25, avec le chemin du Barri. — 27. Supplément au plan 25. — 28. Plan 26, avec la Font de La Vialette. — 29. Plan 27, avec le Pont et Pujol. — 30. Plan 28, avec Fontermane. — 31. Plan 29, avec Cambuzargues. — 32. Plan 30, avec La Vabre. — 33. Plan 31, avec le Mas-Gaillard. — 34. Plan 32, avec Fontcouverte. — 35. Plan 33, avec La Font de Malaval. — 36. Plan 34, avec Terre-Rouge. — 37. Plan 35, avec Ponteil. — 38. Plan 36, avec La Verrière. — 39. Plan 37, avec Figaret. — 40. Plan 38, avec Candoullière. — 41. Plan 39, avec Saint-Martin. — 42. Plan 40, avec les Sièges. — 43. Plan non numéroté ni daté où l'on voit la fontaine Garolle. — 44. Plan non numéroté ni daté, contenant, au sud du chemin de Saint-Maurice de Casesvieilles à Uzès, la moitié de la partie orientale du devois de Cornet.

SEIGNEURIE DE MONOBLET. (1)

B. 1261. (Registre.) — 70 feuillets écrits, papier.

1200-1574. — *Seigneurie de Monoblet.* — Sorte de cartulaire sommaire contenant des analyses d'actes passés hors de Monoblet. Ces sommaires sont en français, et du XVIIe siècle. Ces actes appartenaient au fonds de la seigneurie de Monoblet. Parmi ceux dont les expéditions originales subsistent, il y en a de mutilés qui ont perdu leur date. Au XVIIe siècle, on les qualifiait de « reconnaissances étrangères », car tel est le titre du cartulaire. Quoique les pertes du fonds ne permettent plus d'apercevoir toujours le lien qui rattache ces actes à la seigneurie de Monoblet, leur place est en tête du fonds, et les originaux seront présentés dans l'ordre chronologique pur et simple, ce que n'a pas fait le cartulaire. Cette méthode paraît la plus prudente, et quand la lumière sera susceptible de se faire, elle apparaîtra tout naturellement par la suite des titres.

Fᵒˢ 1-3. Acte du 23 février 1387 v. s., portant délaissement d'une vigne sise à Boisset, par les frères Sales, d'Anduze, à Jacquette Meyran, femme de Barthélemy de Bonpain, d'Anduze, qui en a la directe. Le notaire est Jean Élisée (Nᵒ 1). — Acte du 28 octobre 1456, portant vente faite par un laboureur du mas des Clèdes, paroisse de Saint-Saturnin de Boisset, à un marchand d'Anduze, d'une terre sise en la paroisse de Saint-Pierre de Sivignac, sous le « château » (1) de Massillargues. Elle confronte noble Souquet de Massillargues, coseigneur dudit « château ». Le notaire est Jean de Thirie, d'Anduze (Nᵒ 2). — Acte du « 18 » (2) avril 1318 portant reconnaissance à Bernard de Cazalis, drapier d'Anduze, d'une censive sur une maison de Massillargues, etc. Mention de Pierre de Massillargues, damoiseau. Le notaire est Raimond Delagrave, d'Anduze (Nᵒ 3). — Acte du 26 avril 1402 portant échange, entre Guillaume Saze, d'Anduze, et Philippe de Massillargues, coseigneur de Massillargues, d'une censive assise sur une terre de Sauzet, propriété de Philippe, et confrontant Jean de Martinas, damoiseau de Vézénobre, contre une censive servie à Philippe sur une terre de la paroisse de Saint-Pierre de Sivignac, et d'autres censives. Le notaire est Jean Elisée, d'Anduze (Nᵒ 4). — Acte du « 12 » des nones de janvier (lire 2 des nones), ou 4 janvier 1244 v. s., portant vente d'une terre de la paroisse de Boisset à Raimond des Clèdes par Brémond de Lézan, plus une vigne dont Raimond a la directe. Pierre de Valespinouse reçoit de Raimond, pour le lods de la terre, 6 sols de Nimes. Le notaire est Raimond Guillaume, d'Anduze (Nᵒ 5). — Acte du 12 janvier 1352 v. s., portant reconnaissance d'une terre de Boisset faite par un habitant d'Anduze à Jean Gervais, drapier d'Anduze. Le notaire est Jean Élisée Nᵒ 6). — Acte du..... 1349 portant vente faite à Jacques Coste, d'Anduze, d'une terre de Boisset dont la directe appartient à Bertrand de Barre, d'Anduze, qui fait le lods. Le notaire est Pierre de Sévène, d'Anduze (Nᵒ 7). — Acte du 5 novembre 1404, portant recon-

(1) Acquisition de 1898.

(1) Castrum : village entouré d'une enceinte.

(2) Lire : 17. (Cf. E. 1262, pièce 5.)

naissance, par un habitant de Massillargues, paroisse de Saint-Pierre de Sivignac, du mas de Fabrica ou de La Fabrègue, faite à noble Pierre d'Aleyrac, chevalier, baron d'Aigremont (1), coseigneur de Massillargues. Le notaire est Jean Calvet. (N° 8). — F°° 4-7. Acte du 6 des ides de février, ou 8 février 1304 v. s., portant reconnaissance par un emphytéote d'Anduze à Pierre Daniel, d'Anduze, sous une censive précédemment servie à Raimond de « Montuzargues » ou Monteirargues, chevalier, de deux terres de la paroisse de Boisset. Le notaire est Pierre de Sévène (N° 9). — Acte du 27 mars 1365 v. s. portant reconnaissance, par un habitant de Massillargues, à Jean Gervais, d'Anduze, d'une maison sise dans l'enceinte de Massillargues, et confrontant une autre maison tenue de l'abbé de Sauve. Notaire : Jean Élisée (N° 10). — Acte du 25 juin 1362 portant reconnaissance, par Guillaume Perrot, d'Anduze, à Étienne Meyran, marchand d'Anduze, d'une terre de Boisset qu'il tenait autrefois de Pierre Cévennes, docteur ès droits. Notaire : Jean Élisée (N° 11). — Reconnaissance faite le 8 novembre 1304 par Raimond de Capiteluc, d'Anduze, à Jacquette Meyran, veuve de Bernard Albert, d'Anduze, d'une terre de Boisset. Notaire : Étienne Rostang (N° 12). — Reconnaissance faite le 18 des calendes de décembre, ou 14 novembre 1292, par Raimond des Clèdes, du Mas des Clèdes, paroisse de Boisset, à Frédol Valette, d'Anduze, au nom de sa femme Pétronille des Clèdes, d'une olivette du Mas des Clèdes. Notaire : Durand de Carrocu (N° 13). — Échanges du 26 avril 1402 entre Guillaume Sauze, bourgeois d'Anduze, et Philippe de Massillargues, damoiseau, de censives assises sur des terres de Sanzet et de Saint-Pierre de Sivignac. Mention de Jean de Martinas, damoiseau de Vézénobre. Notaire : Jean Élisée (N° 14 et N° 4). — Reconnaissance du 23 juin 1382 faite par Guillaume Cabreiret, « maréchal à fer » d'Anduze, à Pierre d'Aleyrac, baron de Mons, pour une terre de la paroisse de Saint-Étienne d'Anduze. Notaire : Jean Élisée (N° 15). — Reconnaissance du 9 juin 1349 faite par Pierre Calvet, d'Anduze, à Pierre de Cazalis, prêtre d'Anduze, curateur des enfants de feu son frère Bernard de Cazalis, pour une vigne de Bagard. Notaire : Barthélemy de La Fabrègue (N° 16). — Contrat de mariage du 14 mai 1389 entre Jean Gervais, du Mas de Campdurant, paroisse de Saint-Martial, et Anne

(1) Ms. : *De Gremond.*

Gervais, dudit mas. Notaire : Valentin Émenard (N° 17). — Réquisition de « lozer » ou faire le lods d'une vigne de la paroisse de Saint-Saturnin de Boisset, faite le 6 septembre 1393 par Jean de Verne, notaire d'Anduze, à Raimond de Villette, dit des Clèdes, d'Anduze. Bernard Gilaudin, notaire (N° 18). — Reconnaissance du 29 août 1399 faite par Barthélemy Laurent, de Massillargues, paroisse de Saint-Pierre de Sivignac, à Guillaume Saxe, bourgeois d'Anduze, pour une maison de Massillargues confrontant Philippe de Massillargues, damoiseau. Jean Élisée, notaire (N° 19). — Échange du 8 octobre 1390 entre Pierre Forestier, d'Anduze, et Raimond Périer, de Massillargues, de terres de Saint-Pierre de Sivignac et de Lézan. Mention de noble Sivience de Cabrières et d'Anduze, femme de noble Pierre de Collias, seigneur de Lascours, qui a la directe de la terre dont se dessaisit Périer. Jean Élisée, notaire (N° 20). — Vente du 7 mars 1354 v. s., faite par Pierre Michel, du Mas de La Michelarié, paroisse de Boisset, à Pierre Calvet, marchand d'Anduze, d'une terre audit mas, dont la directe appartient à Jean Gervais, drapier d'Anduze. Pierre Forestier, notaire d'Anduze (N° 21). — Reconnaissance du 0 décembre 1395 faite par Guillaume Mazenc, d'Anduze, à Jacquette Meyran, veuve de Bernard Albert, et à Louis de Montmoirac, damoiseau, coseigneur de Montmoirac, d'une terre de la paroisse Saint-Étienne d'Anduze. Jean Élisée, notaire (N° 22). — F°° 8-11. Reconnaissance du 20 mai 1400, faite par Seguin de Claris, laboureur d'Anduze, à Jacquette Meyran et à son fils Pierre Albert, d'une terre à Boisset. Jean Élisée, notaire (N° 23). — Vente du 27 mai 1362 faite par Pierre Pagès, damoiseau, de Mayrous, légitime administrateur de son petit-fils Pierre Pagès, à Jean Ferrand, d'une maison sise à Saint-Jean du Gard, et dont l'église dudit lieu a la directe. Jean de La Fabrègue, notaire (N° 24). — Reconnaissance du 3 des nones de mars ou 5 mars 1312 v. s., faite par Raimond Garrusson, maréchal, d'Anduze, à Pierre d'Aleyrac, damoiseau, fils de feu Raimond, chevalier, pour une vigne à Anduze. Pierre de Sévène, notaire (N° 25). — Reconnaissance du 11 juillet 1381 faite par Guillaume Carreyron, laboureur d'Anduze, à Pierre d'Aleyrac, damoiseau, baron de Mons, pour une terre à Anduze. Jean Élisée, notaire (N° 26). — Acapte fait le 12 janvier 1352 v. s. par Jean Gervais, drapier d'Anduze, pour une terre de Boisset. Jean Élisée, notaire (N° 27). — Reconnaissance du 21 août 1382 faite par Tiburge de Paulhan, veuve de Jean de Montaut, à Jeanne de Cazalis, veuve de Pons d'Aleyrac, chevalier, baron de Mons, pour un casal avec jardin à Massillargues. Jean Élisée, notaire (N° 28). — Acapte fait, le 19 février 1455 v. s., par Laurent Morel, moine du monastère de Tornac, prieur de Saint-Nazaire des Gardies, et Jean Bergond, monnayeur d'Anduze, comme procureurs d'Armand-Dracon de Pompeyrene, prieur dudit monastère, suivant procuration reçue par Vincent Besson, notaire d'Anduze, d'un casal avec terres sis à Boisset. Guillaume Cambais, notaire (N° 29). — Reconnaissance du 6 juillet 1333, faite par un habitant du mas d'Aluech à Bernard de Cazalis, marchand d'Anduze, pour ses possessions de Saint-Pierre de Sivignac, tenues autrefois de Brémond de Sauve, damoiseau, et de Pierre de Blaquière. Mention de Jean de Sauve, damoiseau, de Montmirat. Bernard Calhandri, notaire (N° 30). — Reconnaissance du 6 juillet 1333, faite par un habitant de Massillargues à Bernard de Cazalis, marchand d'Anduze. Bernard Calhandry, notaire (N° 31). — Reconnaissance du 6 juillet 1357, faite par Sancho Teissier, maréchal, d'Anduze, à Étienne Meyran, marchand d'Anduze, pour une terre à Boisset. Jean Élisée, notaire (N° 32). — Reconnaissance du 7 des calendes de novembre, ou 26 octobre 1316, faite par Guillaume de Durfort, fils de feu Thomas, quand vivait marchand drapier d'Anduze, à Frédol Valotte, d'Anduze, époux de Pétronille des Clèdes, pour une terre à Boisset. Raimond de Grava, notaire d'Anduze (N° 33). — Reconnaissance du 5 des ides d'avril, ou 9 avril 1251, faite par Raimond de Cros, d'Anduze, à Bernard d'Arbousset, de Ribaute, et à sa femme Ermessende, pour une terre à Saint-Saturnin [de Boisset], (1) sous la censive de 2 sols melgoriens. Guillaume Cabrol, notaire de Lézan (N° 34). — Transaction du 13 des calendes de février, ou 20 janvier 1265 v. s., entre Ermessende, fille de feu Pierre de Cabanis, femme de Barthélemy de Cabanis, de la paroisse de Saint-Martin de Monoblet, et Guillaume Roux, dit des Amelliers, de la même paroisse, au sujet d'un échange de terres sises à Monoblet. La transaction est ménagée par l'entremise de Jean, prieur de Fressac. Pierre de Campostan, notaire de Sauve (N° 35). — Vente du 12 des calendes d'avril, ou 21

mars 1256 v. s., faite par Guillaume Rabier à Raimond de Caussonière, habitant de Cabrières, d'une vigne dont ledit Raimond a la directe. Jean Fabre, notaire d'Anduze (N° 36). — F° 11-15. Série de cinq actes de 1238. 1° Vente du 5 des calendes de novembre, ou 28 octobre 1238, faite par le prêtre Brémond de Cabrespin, Raimond d'Anglas et sa femme Ermessende, à Raimond des Clèdes, d'Anduze, de leurs droits de censives et directes sur les terres tenues par Martin de Lacroix et consorts en la paroisse de Saint-Saturnin [de Boisset] (1), et sises pour la plupart à La Rouvière (2). Le prix est de 19 l. 10 s. bernardins. Pons de Bouzanquet, notaire d'Anduze. — 2° Lods fait par Falcon et Ermengaud d'Aigremont, le 3 des nones ou 3 novembre 1238, de la vente des dites censives et directes, à Raimond des Clèdes, moyennant (9) sols bernardins. — 3° Vente faite, le 6 des ides de novembre, ou 8 novembre 1238, par Augustin de Cabrespin, fils de feu Guillaume, majeur de 25 ans, et par sa mère Ermessende, à Raimond des Clèdes, d'Anduze, de leurs droits de censives sur les possessions jouies par Martin de Lacroix et consorts, paroisse de Saint-Saturnin [de Boisset], à La Rouvière pour la plupart, moyennant 19 l. bernardins. — 4° Reconnaissance faite au même acte, le 8 novembre 1238, par Guillemette Audibert et consorts, à Raimond des Clèdes, de leurs terres de La Rouvière, et de leurs droits de pension, censive et quart des fruits sur des terres dont les droits de lods et de directe appartenaient audit Raimond. Celui-ci percevra, du fait des pensions établies sur ces terres, une censive ou usage de 10 sols 7 deniers et obole melgoriens, outre l'albergue de 4 soldats et 3 setiers de froment « mercadals » ou marchands, moins 2 « vingtaines » et moins 8 « vingtaines » payables par Martin de Lacroix. — 5° Ratification de la vente faite à Raimond des Clèdes, donnée le 6 des calendes de décembre, ou 26 novembre 1238, par Étienne, fils de feu Guillaume de Cabrespin. Il s'agit de la vente faite par son frère Augustin et sa mère Ermessende. Pons de Bouzanquet, notaire d'Anduze (N° 37). — Vente du 16 des calendes de février, ou 17 janvier 1246 v. s., par Tiburge, femme de Pierre de Castelviel, en vue de marier leur fille. Il

(1) Saint-Saturnin de Boisset est plus près d'Anduze que Saint-Saturnin de Bagard.

(2) Ne figure sur la carte de l'État-Major ni à Boisset ni à Bagard. Le *Dictionnaire topographique du Gard* est muet.

s'agit de censives s'élevant à 12 sols melgoriens et 12 deniers bernardins, assises sur des possessions du mas de La Valette, paroisse de Saint-Pierre de Sivignac, cédées à Raimond des Clèdes moyennant 14 l. bernardins. Le lods de la vente est fait à Raimond par Pierre de Massillargues, moyennant 60 s. bernardins. Ratification par Pierre de Conqueyrac, père de Tiburge, donnée le 15 des calendes de février, ou 18 janvier 1246 v. s. Raimond Guillaume, notaire d'Anduze, reçoit les trois actes, contenus en un seul titre (N° 38). — Acapte du ..... novembre 1244, fait par Guillaume de Landeyras à Raimond des Clèdes, de ses droits sur le mas des Clèdes, paroisse de Saint-Saturnin de Boisset, moyennant 25 l. Le même jour, confirmation de l'acte par Aldéarde, mère de Guillaume, et Sybille, sa femme. Le 3 des nones ou 3 novembre, reconnaissance faite à Raimond des Clèdes par des femmes du mas des Clèdes et leurs maris pour ce qu'elles y possèdent, entre autres par Guillemette des Clèdes et sa fille Florette. Le 15 des calendes de février, ou 18 janvier 1244 v. s., reconnaissance d'Arnaud des Clèdes, sous la censive de 12 d. melgoriens pour le porc, et pour le mouton et l'agneau 7 d. et obole melgoriens, plus 3 pogèses melgoriens « pro obliis », ensemble 12 boisseaux de froment et 12 d. melgoriens pour sa part de l'albergue de 4 soldats et 1 sergent. Raimond Guillaumet, notaire d'Anduze (Parchemin coté n° 39). — Reconnaissance du « 15 » (lire : du 5) des ides de novembre, ou 9 novembre 1247, faite par Pierre de Vacairelle à Raimond des Clèdes pour des terres à Boisset. Raimond Guillaumet, notaire (N° 40). — Reconnaissance du 16 des calendes de février, ou 17 janvier 1246 v. s., faite par Guillaume Durand à Raimond des Clèdes pour une terre du mas de La Valette, paroisse de Saint-Pierre de Sivignac, etc. Raimond Guillaumet reçoit les 5 actes en un seul titre (N° 41). — Lods fait le 29 mai 1377 par Pierre d'Aleyrac, damoiseau d'Anduze, pour la vente d'une terre à Boisset. Le prix de vente étant de 10 florins d'or de bon poids de France, le lods est de 2/3 d'un florin d'or, et du trézain. Jean Élisée, notaire (N° 42). — Quittance de 3 parts d'un florin d'or pour une terre à Boisset. Jean Élisée, notaire (N° 43). — F° 16-19. Reconnaissance de la veille des ides de janvier, ou 12 janvier 1258 v. s., faite par Étienne Grégoire, de Massillargues, à Raimond des Clèdes, pour une terre au mas de La Valette, paroisse de Saint-Pierre de Sivignac. Guillaume de Calviac, notaire d'Anduze (N° 44). — Reconnaissances faites au même, le même jour, pour des terres de la même paroisse, et reçues par le même notaire (N° 45 à 48). — Reconnaissances du « 18 » (lire 17) des calendes de juin, ou 16 mai 1258, faites à Raimond des Clèdes, pour des terres à Boisset. Guillaume de Calviac, notaire (N° 49 et 50). — Vente du 4 des nones d'octobre, ou 4 octobre 1238, faite par Pierre de Valespinouze à Raimond des Clèdes, d'Anduze, de ses droits sur les possessions de Pierre Condamine et sa femme au mas de La Michelarié, paroisse de Boisset. Ces droits annuels consistent en l'albergue de 4 soldats et 1 sergent, une poule et un poulet, une journée de « fossoyeur » ou piocheur, une journée de tailleur de vigne, et une tolte de 12 deniers melgoriens, plus des censives. Le prix est de 550 sols bernardins. De Pierre de Saint-Bonnet ces droits relèvent en fief honoraire. Gersende, femme de Pierre, consent à la vente. Le 12 des calendes de décembre, ou 20 novembre 1238, Pierre de Saint-Bonnet fait le lods moyennant 50 s. bernardins. Pons de Bouzanquet, notaire d'Anduze (N° 51). — Vente de la veille des calendes de juillet, ou 30 juin 1239, faite à Pons de Bouzanquet le plus jeune, de droits sur des terres de Boisset, moyennant 40 l. bernardins. Guillaume de Gaujac (N° 52). — Transaction du 17 mai 1376 entre Pierrette Delpuech, femme de Guillaume Reboquer, de Boisset, et Jean Folquier jeune, d'Anduze. Guillaume Benoit, de Boisset, était autrefois tenu de payer annuellement, pour la « caslarie », ainsi qu'on disait, au comte de Beaufort et d'Alais, vicomte de La Motte, seigneur d'Anduze, un quartel de vin pur, une quarte d'orge et la moitié d'une poule, plus, la troisième année, un setier d'avoine. Jean Élisée notaire (N° 53). — Protestation du 15 des calendes d'avril, ou 18 mars 1294 v. s., faite par l'abbé de Sauve à l'évêque de Maguelone. L'abbé possède à Lézan plusieurs droits, censives et usages. Il a appris que le sénéchal de Nimes, commis par le roi pour asseoir partie des rentes qu'il devait à l'évêque à raison de l'échange de Montpelliéret, Lattes, et des droits et usages baillés à Philippe [le Bel], les voulait établir sur les droits et usages que le roi pouvait avoir à Lézan et autres lieux. L'abbé proteste contre l'assise des rentes sur Lézan, s'il n'y est appelé, vu la confusion des rentes du roi avec les siennes, celles du roi n'étant pas même liquidées. L'évêque répond qu'il ne veut rien faire au préjudice de l'abbé et ne prendra point de rentes non liquidées. Guillaume Pascal, notaire de l'évêque (N° 54). — Lettres du sénéchal de Nîmes, datées du 30 avril 1305, maintenant l'abbé de Sauve dans ses droits à Lézan contre les officiers du roi (N° 55). — Reconnaissance du 29 juillet 1528, faite par Jean Fernier, tisserand d'Anduze, avec le consentement de Claude Desportes et Marquis Dumoulin, syndics d'Anduze, à Jacques de Beaufort, chevalier, comte d'Alais, marquis de Canillac, vicomte de Valerne et La Motte, baron de Mons, Boissières, Anduze, Bagnols, Saint-Étienne de Vallée-Française, représenté par Jacques de Mirabel, gouverneur du comté d'Alais et procureur général du comte, aux termes de lettres patentes mentionnées à l'acte, en compensation du courtage baillé par le comte aux habitants d'Anduze. La reconnaissance porte sur un jardin situé hors les murs d'Anduze, entre les portes de Cabrières et de la Tour-Ronde. Il était autrefois tenu par la communauté, franc de tailles royales et autres subsides. Antoine Petit, notaire d'Alais (N° 56). — F° 20-23. Lods fait, le 19 avril 1381, par « Edilon » Audiger, sacristain du monastère, de Tornac, procureur de Raimond Rabasse, prieur dudit monastère, à Jacques Poyron, marchand d'Anduze. Il s'agit d'une terre achetée à un habitant de la paroisse de Notre-Dame de Générargues, et située dans la paroisse de Saint-Pierre de Lézan. Elle relève à la fois de la directe du monastère, de celle de Pierre d'Aleyrac, seigneur d'Aigremont, et de celle de Pierre de Saint-Bonnet, seigneur de Toiras. La partie relevant du monastère a été estimée, par des prud'hommes, 4 florins d'or. La terre entière a été vendue, par Raimond de Paussan, en qualité de tuteur, à Jacques, pour 24 francs d'or. Edilon fait le lods moyennant 8 « crouzats » d'argent, et « 13 baiules » (1) dudit monastère. Guillaume Michel, notaire (N° 57). — Reconnaissance, faite en 1300, par deux habitants de Saint-Pierre de Sivignac, à Pierre de Bagard, fils de feu Jean, damoiseau, et à Pierre Arnaud, damoiseau, de terres au quartier de l'Estobil. Jean de Villeneuve, notaire (N° 58). — Reconnaissance du 19 septembre 1374, faite par Aigline Dumas, d'Anduze, avec le consentement de Guillaume Veyrier, son mari, au notaire Jean Élisée, d'une terre à Lézan. Pierre Forestier, notaire d'Anduze (N° 59). — Acapte fait, le 3 des ides ou 11

décembre 1309, par Raimond de Folaquier, de Saint-Bénézet, à Guillaume Bossac, de Saint-Jean de Serres, d'une terre à Saint-Bénézet. Jacques Payan, notaire de Saint-Jean de Serres (N° 60). — Vente faite le 3 juin 1434, par Barthélemy Martin, d'Anduze, à Pierre d'Airebaudouze, marchand, du mas de Cabrières, paroisse de Saint-Nazaire des Gardies, d'une terre de la paroisse de Notre-Dame de Gaujac. Mention de Jacques Montfrin, chirurgien, et de noble Ricarde, veuve de Bernard Gayraud, femme de noble Jean de Sauve. La directe appartient à noble Amalric d'Auriac, seigneur de L'Olm » ou Olm. Le prix est de 20 moutons d'or, de bon or et poids, au bon et loyal coin du roi de France, plus une saumée de touzelle. Raimond Bonald, notaire d'Anduze. Suit le lods fait, le 30 septembre 1434, par Amalric d'Auriac, seigneur de L'Olm et de Gaujac, habitant L'Olm, paroisse de Notre-Dame de Saumane, à Pierre d'Airebaudouze. Même notaire. L'expédition de ces deux actes est signée par Jacques Deleuze, notaire de Ganges, subrogé à Raimond Bonald (N° 61). — Reconnaissance faite le 20 mars 1455 v. s., par Guillaume Bonald, de Massillargues, habitant Anduze, à Pierre Rigaud, abbé du monastère de Bonneval, diocèse de Rodez, ordre de Cîteaux. Il s'agit de sa maison de Montagut, paroisse d'Anduze. Durand Dumoulin, notaire (N° 62). — Reconnaissance faite le 15 février 1468 v. s., par noble Armand de Toiracio, marchand d'Anduze, à Rigaud, abbé de Bonneval, représenté par son procureur noble Martin Alamand, dit Claret, d'Anduze, d'une terre de sa maison de Montagut. Durand Dumoulin, clerc et notaire d'Anduze (N° 63). — Donation entre vifs faite le 8 avril 1375 par Pierre de Pauillan, fils de Raimond, à Étienne Valette, dit des Clèdes, fils de Raimond, en présence du tuteur d'Étienne. Il s'agit d'un verger avec petit casal, à Boisset. Pierre Forestier, notaire d'Anduze (N° 66). — Reconnaissance faite le 13 septembre 1330 par Guillaume Rostang, de Massillargues, à Raimond des Clèdes, dit [de La] Valette, d'Anduze, pour une terre à Saint-Pierre de Sivignac. Jean de Pierre, notaire (N° 67). — Reconnaissance du 21 mars 1330 v. s., faite par Raimond Boyer, prêtre de Massillargues, à Raimond des Clèdes, dit [de La] Valette, d'Anduze, pour une terre ou olivette au mas ou terroir de La Valette. Jean de Pierre, notaire (N° 68). — Reconnaissance du 9 des calendes de juin, ou 24 mai 1318, faite par Baudile des Horts et

<hr>

(1) Il faut comprendre : le trésain pour le baillis du monastère.

Marie Cabrières, de Massillargues, à Bernard de Cazalis, drapier d'Anduze, pour une maison avec jardin, etc. Raimond de Graya, notaire (N° 69). — F° 24-26. Reconnaissance de 1338, faite au même par Raimond Frugulère, de Massillargues, Bernard Calhaudin, notaire (N° 70). — Vente faite, le 2 mars 1338 v. s., par Raimond des Clèdes, dit [de La] Valette, d'Anduze, à son frère Pierre [de La] Valette, d'une censive assise sur le mas des Clèdes, sauf le droit d'Ermessende des Clèdes, femme de Guillaume de Campmarsan. Pierre Lautier, notaire (N° 71). — Acapte fait le mardi après la fête de Saint-Martin, soit le 15 novembre 1295 (1), par Hugues de Bagard, damoiseau, fils de feu Alazaud de Prunet, chevalier, à Frédol Valette, d'Anduze, de deux pièces de terre et bois, paroisse de Boisset. L'entrée est de 20 s. t. Durand de Carrecol, notaire (N° 72). — Vente faite, le 11 des calendes de décembre, ou 21 novembre 1318, par Raimond de Bagard, damoiseau, fils de feu Hugues de Bagard, chevalier, à Pétronille des Clèdes, fille de feu Raimond des Clèdes, d'Anduze, femme et héritière de Frédol [de La] Valette, d'Anduze, d'une censive à Boisset. Raimond de Gaussorgues, notaire (N° 73). — Reconnaissance faite le 20 novembre 1491 par Jacques Martin, maréchal, des Tavernes, paroisse de Saint-Pierre de Lasalle, à André Tournier, du mas du Mazel de Cauviac, paroisse de Saint-Bonnet de Salendrenque. Martin fait hommage et prête serment de fidélité à Tournier, étant à genoux et les mains jointes entre celles de Tournier, à qui il donne le baiser de paix. Jean Dufour, clerc de Clermont, notaire d'Anduze (N° 74). — Reconnaissance faite par Bertrand Berbiguier, du mas de Benoît, paroisse de Boisset, à Arnaud de Pompeyrenc, prieur du monastère de Tornac, représenté par Laurent Mouret, prieur de Saint-Nazaire des Gardies, et par Jean Bergaud, du monastère d'Anduze, ses procureurs. Il s'agit d'un casal à Boisset. Guillaume Cambays, clerc et notaire (N° 75). — Reconnaissance faite, le 22 avril 1337, par Ermessende des Clèdes, paroisse de Boisset, femme de Guillaume de Campmarsan, habitant le mas des Clèdes, à Pierre de [La] Valette, drapier d'Anduze. Pierre Lautier, notaire (N° 76). — Reconnaissance faite faite, le jour des nones ou 5 février 1311 v. s., par Jean Téranbe, de Boisset, à Guillaume Bol-

nier. Raimond de Grandis, notaire (N° 77). — F° 27-30. Reconnaissance faite le jour des calendes, ou 1er avril 1289, par Bernard Reynaud, de Massillargues, à Frédol [de La] Valette, d'Anduze, mari de Pétronille des Clèdes. Pierre de Sévène, notaire (N° 78). — Reconnaissance faite, en février 1300, à Frédol [de La] Valette, pour une terre à Boisset. Jean de Pierro, notaire (N° 79). — Reconnaissance faite le 4 août 1302 par Guillaume Scot, dit Jourdan, d'Anduze, à Jacquette Mayran, veuve de Bernard d'Albert, pour deux terres à Boisset. Étienne Rosinng, notaire (N° 80). — Reconnaissance faite par Guillaume Reboul, de Moulézan, le 20 août 1333, à Jean Fournier, docteur ès-droits, et à Étienne Mayran. Jean Élisée, notaire (N° 81). — Lods fait par Guillaume Sage, marchand de soie d'Anduze, à Jeanne Floutier, femme de Jean de Rouvilhac, de Lézan, pour terre au mas de La Fabrique, paroisse de Saint-Pierre de Sivignac. Sage reçoit « 13 baiules » (1). Jean Élisée, notaire (N° 82). — Reconnaissance faite le 8 des calendes de février, ou 25 janvier 1311 v. s., par Pierre Olivier, du mas de Leyroles, paroisse de Saint-Nazaire des Gardies, à Pierre de Sauve de Garnier, damoiseau, pour une terre à Saint-Pierre de Sivignac. Raimond de Sévène, notaire (N° 83). — Reconnaissance faite le 3 janvier 1330 v. s., par Jean Carrière, d'Anduze, à Raimond des Clèdes, dit [de La] Valette, d'Anduze, pour une terre à Boisset. Bernard Guiton, notaire (N° 84). — Reconnaissance faite le jeudi après la fête de la Conversion de Saint Paul, au mois de janvier 1349 v. s., soit le 28 janvier, par Guillemette, fille de Raimond Frigoulier, du mas de Frigoulier, femme de Guillaume de Sales, de Massillargues, à noble Pons d'Aleyrac, comme seigneur de « Castagneau » (2), d'une censive pour la « caylanie », ou seigneurie. Jean de Villeneuve, notaire (N° 85). — Reconnaissance faite le 6 des nones d'octobre, ou 2 octobre 1316, par Barthélemy Duclaux, fils et héritier de Guillaume, d'Anduze, à Frédol [de La] Valette, pour une terre à Boisset, au mas des Clèdes. Raimond Delagrave, notaire (N° 86). — Reconnaissance faite le 24 février 1385 par Guiraud Pradelle, d'Anduze, à Jacquette Mayran, femme de Bernard d'Albert de Bonpain, habitant Anduze,

(1) La fête principale de Saint Martin, évêque de Tours, est le 11 novembre, qui tombait un vendredi en 1295.

(1) Le trézain pour sa baillie.

(2) Nom inconnu. Les deux localités de la région qui s'en rapprochent le plus sont Castagnols (Lozère) et Cassagnoles, sur le Gardon d'Anduze, qui est tout près et paraît indiqué pour l'identification.

pour une terre à Boisset. Jean Élisée, notaire (N° 87). — Reconnaissance faite le 12 novembre 1379, à Jacquette Meyran, par Guillemette Mazel, pour une terre à Boisset. Même notaire (N° 88). — Reconnaissance faite à la même, le 23 novembre 1394, par Jacques Rousset, fustier d'Anduze, pour une terre à Boisset. Même notaire (N° 89). — Vente faite le 3 des ides de février, ou 11 février 1311 v. s., par Jean Nayral, de Boisset, à Guillaume Balinier, d'Anduze, d'une terre de la directe de ce dernier. Mention de Guillaume de Mirabel, damoiseau, fils de feu Pierre ; et de Bernard de Roque, fils de feu Bertrand. Le 17 des calendes d'avril, ou 16 mars, ratification de la vente par Guillemette, veuve de Jean Nayral. Pierre de Sévène, notaire (N° 90). — Reconnaissance faite le 3 des ides de février, ou 11 février 1311 v. s., par Jean Nayral à Guillaume Balinier, de la terre vendue ledit jour. Même notaire (N° 91). — Vente faite, le 6 des calendes de février, ou 27 janvier 1312 v. s., par Jean Nayral à Guillaume Balinier, marchand d'Anduze, d'une censive sur ladite terre. Même notaire (N° 92). — Reconnaissance de ladite censive, faite le même jour par Nayral à Balinier. Même notaire (N° 93). — F° 31-33. Reconnaissance, faite en 1307, à Frédol [de La] Valette, par les tenanciers du mas des Clèdes, paroisse de Boisset, pour ledit mas. Entre autres prestations, il faut noter la fourniture, un an et l'autre non, du dîner de 2 moissonneurs au temps de la moisson ; avec de la « fogasse », de la « cayzade » et du vin franc, plus la fourniture annuelle d'un « fossoyeur » (1) et d'un batteur de blé, ensemble les bêtes du mas pour fouler les grains. Hommage à genoux et serment de fidélité. Raimond de Gaussorgues, notaire (N° 94). — Vente faite le 9 des calendes de mai, ou 23 avril 1307, par Pierre des Clèdes, du mas des Clèdes, paroisse de Boisset, à Frédol [de La] Valette, d'Anduze, d'une pension d'un denier assise sur une terre de Jean Aurier, moyennant 2 s. t. Raimond de Gaussorgues, notaire (N° 95). — Lods fait en 1400 (2) par Béatrix Pélissier, d'Anduze, à Guillaume Issartel, marchand d'Anduze, pour l'acquisition d'une terre à Saint-Pierre de Sivignac. Elle reçoit « 1. 13me de baiules » (2). Durand Dumoulin, notaire et clerc (N° 96). — Échange de terres fait en 1299 entre Junipérie, femme de Bernard de Roques, et son mari,

(1) Piocheur.

(2) Le trésain pour sa baillie.

d'une part, et Guillaume Redos, marchand d'Anduze, d'autre part. Les terres sont sises à Boisset, et de la directe de Pétronille des Clèdes, femme de Frédol [de La] Valette. Le lods de l'échange est fait par Frédol le 4 des nones de novembre, ou 2 novembre, moyennant 9 l. 5 s. t. Frédol de Vilario, notaire (N° 97). — Vente faite, le 11 des calendes d'avril, ou 22 mars 1259, par Guillaume de Bertrand, de Gaujac, à Frédol [de La] Valette, fils de Jean, d'Anduze. Il s'agit d'une censive que lui payait Frédol au nom de sa femme Pétronille des Clèdes. Pierre de Sévène, notaire. A la suite, lods de ladite vente fait par Pierre de Saint-Bonnet, damoiseau, à Frédol, acquéreur. Même notaire (N° 98). — Reconnaissance faite le 14 mai 1375 par Arnaud [de La] Valette, dit des Clèdes, d'Anduze, prieur de l'église de Cassagnoles, comme tuteur de son neveu Étienne [de La] Valette, fils de feu Raimond, à Benoît Michel, châtelain d'Anduze, procureur du comte de Beaufort, coseigneur d'Anduze, et à Pierre Chevalier, licencié ès-lois, procureur de Bertrand, évêque du Puy, coseigneur d'Anduze également, au sujet d'un moulin à eau situé hors les murs d'Anduze, ensemble sa prise d'eau. Pierre Forestier, notaire d'Anduze (N° 99). — Reconnaissance faite en 1277 par Guillaume de Montaren, d'Anduze, à Pétronille, fille de feu Raimond des Clèdes, pour une terre à Boisset. Raimond de Fontis, notaire (N° 100). — Reconnaissance faite, le 12 des calendes de janvier, ou 21 décembre 1304, par Firmin Claris, marchand d'Anduze, à Pierre Daniel, autre marchand d'Anduze, pour une vigne à Boisset. Pierre [de] Sévène, notaire (N° 101). — Reconnaissance faite, le 16 des calendes de février, ou 17 janvier 1305 v. s., par Pierre Olivier, *brassier* (ouvrier), d'Anduze, à Pierre Daniel, d'Anduze, pour une terre à Boisset. Raimond de Grand, notaire (N° 102). — Reconnaissance faite, la veille des calendes d'avril, ou 31 mars 1390, par Bertrand Martial à Guillaume Garrusson, tous deux d'Anduze, d'une terre à Boisset. Mention du pont et de l'hôpital d'Anduze. Bernard *de Fontis*, notaire d'Anduze (N° 103). — F° 34-37. Reconnaissance faite, le « 5 des nones » ou 1er août 1317, par Guillaume Martial, clerc d'Anduze, fils de feu Bertrand, à Guillaume Garrusson, marchand drapier, pour la même terre à Boisset. Mention des chemins payés publics. Jean Veyrier, notaire (N° 104). — Reconnaissance faite, le 6 mai 1407, par Catherine Bonnet, veuve de Barthélemy de Ribaule, barbier, d'Anduze, femme de

Guillaume Majanquet, à Pierre Albert, marchand d'Anduze, fils de feu Bernard Albert et de Jacquette Mayran, pour une terre à Boisset. Guillaume Michel, notaire (N° 105). — Reconnaissance faite, le 10 octobre 1408, par Pierre Albert, d'Anduze, à Pierre Normant, verrier d'Anduze, d'une terre à Boisset, quartier de Peyremale, confrontant la chapellenie du prêtre Guillaume Gras, les enfants de feu Barthélemy de Ribaute, et le ranc ou rocher de Peyremale. Étienne Rogier, notaire (N° 106). — Reconnaissance faite, le 30 septembre 1333, par Béatrix Clédon, fille de feu Raimond, boucher d'Anduze, à Pons Morcier, d'Anduze, pour une vigne à Boisset. Pierre Lautier, notaire (N° 107). — Autre reconnaissance de la même au même, pour la même vigne, portant une nouvelle imposition de censive. Mêmes date et notaire (N° 108). — Vente faite, le 5 des calendes d'août, ou 28 juillet 1280, par Guillaume et Pierre Audibert, de Lézan, à Pierre de Cazalis, d'Anduze, d'une terre de la directe du monastère de Tornac et de Pierre de Tournemire. Le lods est fait par Guillaume de Forestier, moine, procureur général de Gui Pélissier, prieur du monastère, moyennant 30 s. t. Au cas où l'acquéreur serait actionné par le seigneur de Tournemire à raison dudit lods, Guillaume, ès qualité, restituera la moitié du lods, ou la portion appartenant au seigneur de Tournemire. Jean Girard, notaire (N° 109). — Reconnaissance faite, le 24 juillet 1351, par Alayssette Pic, veuve Catalan, de Massillargues, paroisse de Saint-Pierre de Sivignac, à Étienne Mayran, marchand d'Anduze, pour une terre au quartier du Monastier. Jean Élisée, notaire (N° 110). — Reconnaissance faite, le 28 décembre 1344, par Pierre Forestier, notaire d'Anduze, à Guillaume Saze, marchand de soie d'Anduze, pour deux terres de la paroisse Saint-Pierre de Sivignac. Jean Élisée, notaire (N° 111). — Reconnaissance faite au même, le 10 octobre 1306, par Bertrand Poyer, de Massillargues. Même notaire (N° 112). — Vente, faite en 1279, par Jean Carrière, d'Anduze, à Étienne de Massillargues, chevalier, et à sa femme Sibylle, d'une terre à Boisset, confrontant Pons des Clèdes, et de la directe de Pétronille, fille de Raimond des Clèdes. Le prix est de 60 s. t. Bernard *de Fontis*, notaire. Le 3 des ides, ou 11 avril 1286, lods fait par Frédol [de La] Valette, fils de Jean, et mari de Pétronille, moyennant 6 s. t. Bernard *de Fontis*, notaire d'Anduze (N° 113). — Vente faite, le 21 décembre 1333, par Étienne d'Al-

zon, prêtre, de la paroisse de Saint-Sauveur de Ribaute, à Bernard de Cazalis, marchand de draps d'Anduze, de la moitié indivise d'une terre de la paroisse de Saint-Pierre de Lézan, confrontant Pons de Greffouille, damoiseau d'Anduze, et relevant de la directe de Philippe de Massillargues, damoiseau, du « château » de Massillargues. Jean de Tibian, notaire (N° 114). — Vente faite, le 22 février 1379 v. s., par Barthélemy de Ribaute, barbier d'Anduze, et sa femme Marquise Dauban, à Guillaume Saze, marchand de draps d'Anduze, d'une censive à prendre sur une terre à Boisset, et relevant de la directe de Jacquette, femme de Raimond Albert, d'Anduze. Jean Élisée, notaire. Suit le lods fait, le 25 septembre suivant, par ledit mari de Jacquette Mayran, à l'acquéreur, moyennant « 13 siens bauiles » (1). Même notaire (N° 115). — Reconnaissance faite, le 25 février 1379 v. s., par Guillaume Saze, au mari de Jacquette Mayran, pour ladite censive. Jean Élisée, notaire (N° 116). — Lods fait, le 5 mai 1330, par Bernard de Cazalis le jeune, drapier d'Anduze, mari d'Alayssette Béraud, fille de Jean et de Tiburge Balmier, d'Anduze, à Pierre Dalgue, de la paroisse de Saint-Pierre de Lasalle, acquéreur de cerelières. Ses vendeurs sont Raimond Alamand, damoiseau, et Gervaise Delbosc, mariés, du mas *del Bosc*, à Lasalle. Pierre Lautier, notaire (N° 117). — F° 38-42. Acapte fait, le 12 novembre 1379, par Jacquette Mayran, fille de feu Étienne, d'Anduze, femme de Bernard Albert, d'Anduze, à Guillemette Mazel, veuve de Raimond Clapous, et à André Clapous, d'Anduze, d'une terre à Boisset, moyennant un demi florin d'or de bon poids de France. Jean Élisée, notaire (N° 118). — Reconnaissance faite en juillet 1347, par Jean Cabrier, fustier d'Anduze, à Jacques Garrusson, d'Anduze, pour une terre à Boisset, sous la censive de 5 s. t. plus 2 pogasses d'huile « sans seigneurie ». Guillaume Michel, notaire (N° 119). — Reconnaissance faite, le 11 janvier 1347 v. s., par Jean Cabrier, fustier, d'Anduze, à Jacques Garrusson, pour une terre à Boisset. Mention de la chapellenie. Guillaume Michel, notaire (N° 120). — Reconnaissance faite, le 12 mars 1391 v. s., par Jean Bertrand, d'Anduze, à Jacquette Mayran, femme de Barthélemy de Bonpain, pour une terre à Boisset. Étienne Rostang, notaire (N° 121). — Vente faite, le jour des nones de mars, ou 7 mars 1285 v. s., par

(1) Le trézain pour sa baillie.

Guillaume de Bagard, damoiseau, de Bagard, à Bernard de Roche, représentant son père Bertrand, drapier d'Anduze, d'une censive établie sur deux terres à Bagard. Bernard de Fontis, notaire d'Anduze (N° 122). — Reconnaissance de ladite constitution de censive, par ledit damoiseau au dit drapier, le même jour. Même notaire (N° 123). — Vente faite, le 3 février 1331 v. s., par Pierre Brémond, de Lézan, à Bernard de Cazalis, drapier d'Anduze, de la censive d'un parezin sur une terre à Lézan, moyennant 16 s. bons tournois petits ayant présentement cours. Pierre Lautier, notaire (N° 124). — Vente d'une terre à Boisset, faite en 1358 par les exécuteurs testamentaires de Guillaume [d'Aigremont], d'Anduze. Ces exécuteurs sont [Pierre] d'Aigremont, moine de Sauve, prieur de ....., frère de Guillaume, et Raimond de Brouzet. Le prix est de 21 moutons d'or de bon poids. L'acte est passé à Saint-André de Lanciac, diocèse de Mende, par Guillaume Verdeilhan, notaire de Mende (N° 125). — Reconnaissance faite, le 25 mars 1385, par Barthélemy Laurent, de Massillargues, paroisse de Saint-Pierre de Sivignac, à Étienne [de La] Valette, dit des Clèdes, d'Anduze, pour une terre au quartier du Poujol. Jean Élisée, notaire (N° 126). — Reconnaissance faite, la veille des ides de décembre, ou 12 décembre 1317, par Pierre Dufour, d'Attuech, « de Atougos », paroisse de Saint-Pierre de Sivignac, tuteur de Pierre Dufour, son neveu, à Frédol [de La] Valette, d'Anduze, pour une terre dont la directe est indivise avec Pierre Blaquière, du mas de [La] Blaquière. Pierre de Sévène, notaire (N° 127). — Reconnaissance de ladite terre, faite le 17 des calendes de janvier, ou 16 décembre 1300, par Martin Dufour, d'Attuech, à Frédol [de La] Valette, au nom de sa femme Pétronille, et à Pierre Blaquière, par moitié indivise. Pierre de Sévène, notaire (N° 128). — Reconnaissance faite, le 20 juin 1390, par Étienne Resclauzon jeune, d'Anduze, à Étienne [de La] Valette, dit des Clèdes, pour une terre à Saint-Pierre de Sivignac, quartier des Crozes. Jean Élisée, notaire (N° 129). — Acapte fait, le 7 des calendes d'avril, ou 26 mars 1277, par Pétronille, fille de feu Raimond des Clèdes, d'Anduze, à Pierre de Cazalis, de Boisset, pour un jardin de *La Font de la Micalarié*. L'entrée est de 30 s. t. Bernard de Fontis, notaire d'Anduze (N° 130). — Reconnaissance faite par Jean Chabert, tisserand d'Anduze, le 2 septembre 1404, à Jacquette Mayran, veuve de Raimond Albert, d'Anduze, et à son fils Pierre Albert, pour des terres à Boisset. Guillaume Michel, notaire (N° 131). — Vente faite, le 25 juin 1317, par Pétronille des Clèdes, fille et héritière de Raimond, veuve et héritière de Frédol [de La] Valette, d'Anduze, à Jean de Pradelle, d'une terre à Boisset. Raimond de Caussorgues, notaire d'Anduze (N° 132). — Lods fait, le 16 des calendes d'août, ou 17 juillet 1322, par Mathiase Fournier, veuve de Pons de Mayran, d'Anduze, comme mère et tutrice d'Étienne de Mayran, à Pierre Arnaud, boucher d'Anduze, pour une terre à Boisset, acquise des frères Guillaume et Pierre de Trémoulargues. Raimond de Grave, notaire (N° 133). — Reconnaissance faite, le 6 des ides de janvier, ou 8 janvier 1304 v. s., par Étienne Pic, de Massillargues, fils de feu Hugues, de Valabrix, à Frédol [de La] Valette, mari de Pétronille des Clèdes, pour une terre à Saint-Pierre de Sivignac, au mas de [La] Valette. Raimond de Caussorgues, notaire. Expédition de Jean de Pierre, notaire. Suit une reconnaissance de la même terre faite par Guillaume de Tourne et Sauveur Poncet, et reçue par Pierre Pelet, notaire royal (s. d.) (N° 134). — Vente faite, le 3 des ides de mai, ou 13 mai 1251, par Étienne de Vacarille, forgeron, à Étienne de Massillargues et à Bernard Formaud, tuteurs des enfants de feu Raimond des Clèdes, et en faveur desdits enfants, de l'albergue annuelle de 2 soldats sur le mas de La Micalarié, paroisse de Boisset, métairie appartenant à Raimond et Jean Michel frères. L'un des enfants mineurs est « Brodet » ou Brouzet des Clèdes. Ratification de la vente par le clerc ou prêtre Pons do Vacarille, frère d'Étienne. Le prix est de 70 s. t. Guillaume de Gaujac, notaire (N° 135). — Reconnaissance faite le 19 juillet 1395, par Jean Raynaud, drapier d'Anduze, à Jean Daniel, pour une terre à Boisset. Bertrand de Saint-Bonnet, notaire (N° 136). — F° 43-45. Reconnaissance faite, le 10 janvier 1394 v. s., par Jean et Antoine Roux, cordonniers d'Anduze, à Jacquette Mayran, veuve de Bernard Albert, pour une maison à Anduze. Il s'agit du quart indivis de l'immeuble. Jean Élisée, notaire (N° 137). — Reconnaissance faite, le 20 mai 1374, par Guillaume Pibot, prêtre de Tornac, à Bernard d'Albert, d'Anduze, comme mari de Jacquette Mayran, pour une maison à Anduze, rue Tisserie. Jean Élisée, notaire (N° 138). — Vente faite, le 22 mai 1363, par Guiraud Mourier, d'Anduze, à Jacques Delpuech, laboureur, d'une pension assise sur une terre à Boisset. Barthélemy Fouquier, notaire

(N° 139). — Reconnaissance faite, le 4 mai 1385, par Jean Coustaud, habitant le mas de La Condamine, paroisse de Saint-Pierre de Sivignac, et sa femme Tiburge de La Condamine, à Marguerite Gervais, femme de Bertrand Gontier, d'Anduze, pour une maison au « château » de Massillargues, dans l'enceinte du vieux château. Jean Élisée, notaire (N° 140). — Acapte fait, le 17 des calendes de février, ou 16 janvier 1274 v. s., par Pétronille, fille de feu Raimond des Clèdes, d'Anduze, majeure de 14 ans, assistée de Béatrix, sa mère et tutrice, à Bertrand et Étienne Roumeguier frères, d'Anduze, pour deux terres à Boisset. Bernard de *Fontis*, notaire (N° 141). — Reconnaissance faite, à la même date, entre les précédents, pour lesdites terres. Même notaire (N° 142). — Lods fait, le 2 des calendes de janvier, ou 31 décembre 1312, par Pierre et Raimond Brémond frères, de Lézan, à Raimond de Cazalis, d'Anduze, acquéreur d'une terre a Lézan. Raimond de Cornier, notaire (N° 143). — Reconnaissance faite à la même date, pour ladite terre, entre les précédents. Même notaire (N° 144). — Reconnaissance faite le 11 juin 1440, par Bertrand Borboguier, de Boisset, à nobles Jean de Montlaur et Catherine de L'Euzière, mariés, seigneurs de La Rouvière et de Bourdic, représentés par le notaire, pour deux terres à Boisset. Étienne Rostang, notaire (N° 145). — Reconnaissance faite, le 5 mai 1328, par Jean de Cazalis, fils de feu Guillaume, de Massillargues, paroisse de Saint-Pierre de Sivignac, à Raimond de Cazalis, drapier d'Anduze, fils de feu Pierre, pour une terre au quartier de La Devèze. Frédol de Vilar, notaire (N° 146). — Reconnaissance faite, le 23 juin 1370, par Sancho Teissier, coutelier d'Anduze, à Pierre d'Aleyrac, damoiseau d'Anduze, pour une terre de la paroisse de Saint-Étienne d'Anduze, quartier de *Labahou*. Jean Élisée, notaire (N° 147). — Lods fait, le 14 juin 1372, par Pons d'Aleyrac, chevalier, baron d'Aigremont, comme mari de Jeanne de Cazalis, à Jean Jacquier, meunier d'Anduze, pour une terre à Saint-Pierre de Sivignac, quartier de La Boissière. Le lods a lieu moyennant « 13 nostres baiules ». Jean Élisée, notaire (N° 148). — Reconnaissance faite, le 17 novembre 1338, par Raimonde Terras, d'Anduze, femme de Julien Pellegrin, à Pons d'Aleyrac, baron d'Aigremont, pour une terre, de la paroisse d'Anduze, quartier de *Labahou*. Jean Élisée, notaire (N° 149). — F°s 46-49. Reconnaissance faite, le 7 décembre 1360, par Pierre Patavin, maréchal, à Pons d'Aleyrac, pour une terre au quartier de *Labahou*, paroisse d'Anduze. Jean Élisée, notaire (N° 150). — Vente faite, le 17 mai 1347, par Guillaume Carbonnier et sa femme Aigline, fille de Jean Ferrier, d'Anduze, à Pierre [de La] Valette, drapier d'Anduze, et à son frère Frédol, d'une censive assise à Boisset. Pierre de Vilar, notaire (N° 151). — Vente faite, le 3 mai 1347, par Guillaume Gaubert, du mas de Pompéran, paroisse de Boisset, d'une pension assise à Boisset. L'acquéreur est Bernard Albert, marchand d'Anduze. Pierre de Dieu, notaire d'Anduze (N° 152). — Saisie ou commise faite, le 7 janvier 1405 v. s., par Étienne [de La] Valette, dit des Clèdes, d'Anduze, comme procureur de noble Jeanne de Cazalis, veuve de noble Pierre d'Aleyrac, chevalier, seigneur d'Aigremont, d'une terre à Saint-Pierre de Sivignac et de terres à Boisset. L'acte est passé au nom de Jean Le Meingre, dit Boucicaut, maréchal de France, comme mari d'Antoinette de Turenne, comtesse d'Alais et dame d'Anduze et du ressort. Mention d'un acte du 5 des ides d'octobre, ou 11 octobre 1293, reçu par le notaire Mathieu Boissière. Jean Saturnin et ses hoirs avaient cessé pendant plus de vingt ans de payer une censive à Jeanne de Cazalis. Étienne Rostang, notaire (N° 153). — Reconnaissance faite, le 25 janvier 1313 v. s., par Pierre de Lacoste et sa femme Alayssette, du mas de Sauviac, paroisse de Lézan, à Pierre Audubert, de Lézan, comme procureur de noble Armand de Montaren, damoiseau, au nom des enfants d'Armand, coseigneurs de Gajan, pour une pension assise sur tous les biens des débiteurs. Bérenguier de Salade, notaire (N° 154). — Reconnaissance faite, le 17 janvier 1383 v. s., par Guillaume Pomaret et Alix Valladier, mariés, d'Anduze, à Jacquette Mayran, fille de feu Étienne et femme de Barthélemy de Bonpain, d'Anduze, pour une terre à Boisset. Jean Élisée, notaire (N° 155). — Reconnaissance faite, le 17 janvier 1383 v. s., par Guillaume Scot, dit Jourdan, et Jeannette Paulhan, mariés d'Anduze, à Jacquette Mayran, pour une terre à Boisset. Jean Élisée, notaire (N° 156). — Vente faite, le 10 avril 1384, par Alayssette, fille de Guillaume de Sales, femme de Bertrand Périer, de Saint-Pierre de Sivignac, d'une censive d'une hémine d'orge, en faveur de Guillaume Saze, marchand de soie, *sédier*, d'Anduze. Le prix est de 2 deniers appelés francs de roi, poids de France. Jean Élisée, notaire (N° 157). — Quittance du prix de la pension d'un quartal d'huile, faite par Bernard

Guiton, le 20..., 1333, à Guillaume Saze. Jean André, notaire (N° 158. — Reconnaissance faite, le 1er février 1336 v. s., par Raimond « d'Hairioue » ou du Rieu, apothicaire d'Anduze, à Raimond des Clèdes, dit [de La] Valette, pour une censive assise à Boisset, sans seigneurie, et servie par Guillette de Matha ou de Castagnier, d'Anduze. Bertrand de Saint-Bonnet, notaire (N° 159). — Reconnaissance faite, en 1200, par....., à Guillaume de Sarrie, damoiseau de Lézan, pour une terre à Lézan. Sancho Cabrelli, notaire (N° 160). — Reconnaissance faite, le 6 août 1386, par Pierre Forestier, notaire d'Anduze, à Bertrand Gayffrier, forgeron d'Anduze, pour deux terres à Saint-Pierre de Sivignac. Pierre Nourrit, notaire (N° 161). — Réduction d'une censive établie à Boisset, et reconnaissance de deux terres faite, le 7 avril 1410, par Jean de Grèze, fustier d'Anduze, à Pierre [d'] Albert, d'Anduze. Bernard Gayffrier, notaire (N° 162). — F° 50-53. Lods faits, le 13 mai 1386, par Raimond de Montuzorgues, fils de feu Bertrand, du puech de Notre-Dame de Montuzorgues, à Jean Gervais, fustier d'Anduze, pour une terre à Anduze, terroir du Pouget. Raimond reçoit « 13 siens balules » (1). Jean Élisée, notaire (N° 163). — Reconnaissance faite, en 1317, par Pierre Berrias à Jean de Bagard, damoiseau, fils de feu Pierre-Arnaud de Bagard, de Saint-Martin de Ligoujac, pour deux terres de cette paroisse. Mention de Jean de Gardies, damoiseau. Guillaume Cabrelli, notaire (N° 164). — Échange de terres à Boisset, fait, le 1er mars 1337, entre Bernard Tronquot et Bernard Clapous, brassiers d'Anduze. L'église de Boisset a la directe de l'une ; Raimbaud de Colias la directe de l'autre. Mention de Jacques Bedos, chevalier. Bernard Quitoy, notaire (N° 165). — Vente faite, le 27 janvier 1366 v. s., par Guillaume Claux, dit Dumas, de Saint-Bénézet, viguier d'Anduze, procureur d'Agnès, sa femme, suivant procuration du 24 août 1366, reçue par Jean Constant, notaire, à Jean de Villeneuve, notaire de Lézan, d'une maison à Lézan. La directe appartient à l'abbé de Sauve. Mention de Galline[n]que, femme de Sanche de Peyron, de Sauve, et d'Hugues de Noguier. Le prix est de 19 florins d'or de bon poids de France. Guillaume Delpuech, notaire (N° 166). — Reconnaissance faite, le 19 avril 1384, par Alaysselte, fille de Guillaume de Sales, femme de Bertrand Périer, de Saint-Pierre de Sivignac, à Guil-

laume Saze, *sédier* d'Anduze, pour une terre à Saint-Pierre de Sivignac, quartier de La Fabrègue, sous la censive d'une hémine d'orge (Cf. le n° 157). Jean Élisée, notaire (N° 167). — Vente faite, le 16 des calendes d'avril, ou 17 mars 1285 v. s., par Pierre Julian, de Boisset, et sa femme Guillemette, à Jean Valor, d'Anduze, de la censive d'un quartal d'huile, sans directe, à prendre sur une terre à Boisset. La directe est à Pétronille, fille de feu Raimond des Clèdes. Le prix est de 25 s. t. Pierre de Sévène, notaire (N° 168). — Reconnaissance faite, le 13 janvier 1393 v. s., par Pierre Arnaud, de Lézan, à Bernard Vedel, marchand, de Canaules, pour une terre à Lézan. Guillaume Michel, notaire (N° 169). — Reconnaissance faite au même, le même jour, par Pierre Fromental, de Lézan, pour une terre à Lézan. Même notaire (N° 170). — Reconnaissances faites au même, le même jour, par Bernard Nicolas et le clerc Pierre Dumas, pour des terres à Lézan. Même notaire (N° 171 et 172). — Reconnaissances faites au même, le 4 janvier 1394 v. s., par Jean Gaillard, Raimond Fabre et Guillaume de Boussayrolis, pour des terres à Lézan. Même notaire (N° 173, 174 et 175). — Reconnaissance faite, le 22 octobre 1357, par Guillaume Bourguignon, *pierrier* d'Anduze, à Étienne Mayran, marchand d'Anduze, pour une terre à Boisset. Jean Élisée, notaire (N° 176). — Lods faits, le 17 février 1331, par Raimond de La Valette, dit des Clèdes, à Raimond d'Hablousier, apothicaire d'Anduze, pour l'acquisition de la censive d'un setier d'huile, sans seigneurie, assise sur une vigne-olivette à Boisset. Le prix de vente est de 110 s. t. et celui des lods de 11 s. t. de cours et « 13 siens baiules » (1). Bertrand de Saint-Bonnet, notaire N° 177). — Vente faite, le 6 des calendes de novembre, ou 27 octobre 1294, par Pons de Suco, fils de feu Bernard, de Lézan, à Pierre de Cazalis, d'Anduze, d'une terre à Lézan, dont la directe appartient à Pierre de Sauve, chevalier. Le prix de la terre est de 110 s. t. et celui du lods de 18 s. t. 4 d. Guillaume de Rouveyrargues, notaire de Sauve (N° 178). — F° 53-57. Reconnaissance faite, le 2 des nones de juillet, ou 6 juillet 1318, par Bernard et Guillaume Catalan, père et fils, du mas de Sales, paroisse de Saint-Pierre de Sivignac à Guillaume Gayfort, drapier d'Anduze, comme procureur de Jean Arnaud, d'une terre au Poujol, dont la directe appartient au

(1) Le trézain pour sa baillie.

monastère de Tornac. Raimond *de Grava*, notaire d'Anduze (N° 179). — Reconnaissance faite, le 9 des calendes de juin, ou 24 mai 1318, par Ermessende de Cabanis, fille de feu Étienne, de Massillargues, et par Bernard Béraud, fils d'un drapier d'Anduze, à Bernard de Cazalis, drapier d'Anduze, pour une maison et jardin à Massillargues, confrontant Paul d'Irle, damoiseau, etc. Raimond *de Grava*, notaire (N° 180). — Acapte fait, le 1er juin 1299, par Étienne [de La] Valette, dit des Clèdes, à Jean Bochut d'Anduze, pour une terre à Boisset. Jean Élisée, notaire (N° 181). — Reconnaissance faite, le 24 mai 1394, par Jean Bochut, d'Anduze, audit [de La] Valette, pour une terre à Boisset. Même notaire (N° 182). — Reconnaissance faite, le 10 avril 1371, par Étienne Sales, aubergiste d'Anduze, à Arnaud Valette, représentant noble Brayde de Montolieu, tuteur des enfants de Raimond [de La] Valette, d'Anduze, pour une vigne et un champ à Boisset. Guillaume de Verno, notaire (N° 183). — Reconnaissance faite, le 14 février 1327 v. s., par Bernard Salhens, d'Anduze, à Bernard [d']Albert, comme mari et procureur de Jacquette, sa femme, pour une terre à Boisset. Jean Élisée, notaire (N° 184). — Vente faite, en 1300, à Frédol [de La] Valette, dit des Clèdes, de la censive d'un quartal d'huile d'olive, à prendre sur une terre à Boisset. Cette censive est « sans seigneurie ». Raimond d'Aigremont, damoiseau, vendeur, se réserve sa directe. Le prix est de 44 s. t. ayant cours. Pierre de Vilar, notaire. Le même jour, Raimond d'Aigremont fait le lods à Pierre [de La] Valette, représentant son frère Frédol, et reçoit « 13 baiules siennes » (1). Même notaire (N° 185). — Vente faite, le 4 des ides ou 10 novembre 1293, par Hugues de Bagard, damoiseau, fils de feu Alazaud de Prunet, chevalier, à Frédol [de La] Valette, d'Anduze, d'une terre à Boisset, en franc aleu. Durand *de Carroco*, notaire (N° 186). — Vente faite, le 11 mars 1323 v. s., par Étienne de Bizournet, d'Anduze, à Pascale Verdier, femme de Bertrand Bedos, mercier d'Anduze, d'une vigne à Tornac, dont la directe appartient au monastère de Tornac. Prix : 18 l. t. Raimond *de Graca*, notaire (N° 187). — Vente faite, le 24 avril 1555, par Barthélemy Flavard, d'Anduze, à Pierre Tresfonts, de Caujac, d'une maison avec casal à Gaujac. Prix : 50 l. t. Antoine Deleuze, notaire (N° 188). — Lods faits, le 23 juin 1379, par Jean de Boirargues, con-

(1) Le trézain pour sa baïlie.

seiller du roi et son commissaire député pour connaître des fiefs et arrières-fiefs nobles, et des autres cas royaux, dans l'étendue de la sénéchaussée de Beaucaire et Nîmes, à Raimond de l'Eusière, de Lézan. Il s'agit d'une censive de 12 d. t., vendue à Raimond par noble Bérenguier de Montaren, coseigneur de Gajan, et que Raimond servait à Bérenguier pour un jardin près Lézan. Le prix de la vente est de 9 gros d'argent, valant 11 s. 3 d., suivant acte reçu par Pierre de Serre, notaire de Nîmes, le 1er juin 1370. Cette censive était tenue en fief du roi, avec toutes ses autres propriétés, par Bérenguier, qui servait le roi d'un cavalier armé, auquel contribuaient autrefois les nobles de Gajan. La directe de la censive appartient au roi. Les lods coûtent 3 s. 4 d. pour livre, soit 22 d. 1 obole tournois. Raimond fait sa reconnaissance au roi à Sauve, dans la maison du commissaire. Guillaume *de Porta*, notaire (N° 189). — Reconnaissance faite, le 17 mars 1444 v. s., par Bertrand Berbeguier d'Airebaudouze, de Boisset, à noble Pons d'Aleyrac, baron d'Aigremont, pour sa moitié indivise, et à Sauveur Saze, fils de feu Guillaume, drapier d'Anduze, pour l'autre moitié indivise, de ses possessions à Boisset. Durand Dumoulin, notaire (N° 190). — Reconnaissance faite, le 8 des calendes de juin, ou 25 mai 1318, par Pierre Tarnon, de Saint-Pierre de Sivignac, à Bernard de Cazalis, drapier d'Anduze, d'une terre confrontant Paul d'Irle, damoiseau de Massillargues. Raimond *de Grava*, notaire d'Anduze (N° 191). — Transaction passée, le 15 août 1532, entre Bernard Gras, du mas de Montuzorgues, paroisse de Saint-Jean du Gard, et autre Bernard Gras, dudit mas, au sujet de la succession de leurs père et mère. André Molle, notaire (N° 192). — F°° 58-61. Reconnaissance faite, le 6 avril 1357, par Hugues Richard à Barthélemy Duclaux, tous deux d'Anduze, pour une terre à Boisset. Jean de Périer, notaire d'Anduze (N° 193). — Reconnaissance faite, en avril 1491, par un habitant de Massillargues, à noble Garin Alamand de Mirabel, viguier d'Anduze, procureur de Charles de Beaufort, comte d'Alais, marquis de Canillac, vicomte de Valerne, baron d'Anduze, pour la « caylanie » du quart d'un boisseau d'orge en ce qui concerne une terre sur le Gardon, et pour deux autres terres de la paroisse de Saint-Pierre de Sivignac qui l'obligent simplement à les lui reconnaître. Antoine Escalier, notaire (N° 194). — Lods faits, le 1er janvier 1552 v. s., par Jean de Cabrières, seigneur de Ribaute, à Durand

Guiraud et Gilles Coste, pariers et communs en biens, du mas de Campalhan, paroisse de Ribaute, pour l'achat d'une terre à Ribaute. Jean reçoit, outre les lods légitimes et accoutumés, le 13ᵐᵉ de « son baille ». Jean Motte, notaire d'Anduze (N° 195). — Vente faite, le 2 des nones, ou 6 juillet 1318, par Bernard et Guillaume Catalan, père et fils, du mas de Lasalle, paroisse de Saint-Pierre de Sivignac, à Guillaume Gayffrier, drapier d'Anduze, d'une pension ou censive sur leur terre en franc alleu du quartier du Poujol, à cause de leur pauvreté. Le prix est de 70 s. t. bons petits. Raimond de Grava, notaire d'Anduze (N° 196). — Reconnaissance faite, le 2 octobre 1374, par Jean Fournier, dit Cappelo, d'Anduze, à Pierre d'Aleyrac, damoiseau, baron d'Aigremont, pour une terre à Anduze, terroir d'Habaou. Jean Élisée, notaire (N° 197). — Reconnaissance faite, le 4 des ides, ou 12 mai 1298, par Marie, fille de feu Bernard Michel et de Bernardine, sa femme, et son mari Pierre Condamine, à Pierre de Valespinouze, de leurs possessions au mas de La Micalarié, paroisse de Boisset. Mention de Garsinde d'Alamand, mère de Valespinouze. L'albergue annuelle est de 4 soldats, 1 sergent, 1 poule, un « fossoyeur » ou piocheur de vignes et un tailleur de vignes. La tolte annuelle est de 12 deniers melgoriens et 2 poulets. Pierre Blanc, notaire d'Anduze (N° 198). — Acapte fait, le 12 novembre 1330, par Guillaume de Montuzorgues, damoiseau, comme époux d'Audiarde de Cazalis, du mas de Cazalis, paroisse de Boisset, à Jacques Rostang, d'Anduze, d'une terre à Boisset. Jean de Périer, notaire (N° 199). — Permission de racheter une partie de censive, accordée, le 12 novembre 1330, par Guillaume de Montuzorgues à Jacques Rostang, moyennant 20 s. t. pour chaque 12 d. t. de censive. Même notaire (N° 200). — Vente faite, le 13 mars 1375, par Galtière Bessonnier, femme de Jean de L'Hermet, laboureur d'Anduze, à Guillaume Saze, sédier, ou marchand de soie d'Anduze, et à Jean Folquier jeune, mercier d'Anduze, de la censive d'un quartal d'huile d'olive et de 2 d. t., assise sur une terre à Boisset, moyennant 6 florins 1/2 d'or, bon poids de France. Jean Élisée, notaire (N° 201). — Donation conditionnelle de censives faite, le 4 août 1357, par Jean Gayran, héritier de sa tante Aigline Gayran, veuve de Pons Mercier, d'Anduze, à Étienne Mayran, d'Anduze. Jean Élisée, notaire (N° 202). — Acapte fait, le 1ᵉʳ avril 1489, par noble Pierre de Massillargues, coseigneur de Massillargues et de Gaujac, à Antoine Berbeguier, de Boisset, Jean Voraterne, notaire (N° 203). — Acapte fait, le 21 février 1388 v. s., par l'œuvre de la chandelle ou cierge de « Sainte-Marie » ou Notre-Dame de Boisset, à Jean Salvenzac, d'Anduze. Il s'agit d'une terre appartenant à l'œuvre. Guillaume de Montuzorgues est recteur de l'œuvre et assisté de plusieurs paroissiens. Jean Élisée, notaire (N° 204). — Fⁿ 62-66. Transaction entre Raimond des Clèdes, dit [de La] Valette, d'Anduze, et Guillaume de Posquier, prêtre, intervenue, en avril 1342, au sujet d'une vigne sur laquelle feu Bernard Bedos, docteur ès droits, d'Anduze, avait constitué une chapellenie par testament. Cette vigne, sise à Boisset, confronte Gilles Faret, prêtre, Guillaume de Posquières et le devois de *La Micalarié*. Elle relève de la directe de Raimond. Le testateur avait établi que, pour chaque quarterée de ladite vigne, il serait payé à Raimond 30 s. t. Mais il n'en avait pas le droit, et ne pouvait mettre la vigne en main morte sans le consentement de Raimond. Ce dernier avait requis Jean de Gayssargues, juge royal d'Anduze, d'ordonner la mise à l'encan de la vigne, afin qu'elle ne tombât point en main morte, et que le prix de l'adjudication publique fût mis à part en sûreté pour l'utilité de la chapellenie et des prêtres appelés à la desservir. Il fallait éviter que la vigne demeurât inculte. Un procès s'en était suivi entre Raimond des Clèdes et Guillaume de Posquier, prêtre, et neveu de Bernard Bedos. Il aboutit à une ordonnance d'assignation des parties pour voir adjuger la vigne aux enchères, dans le château du roi, à Anduze, la cour royale tenant les plaids. On convient, entre parties, que Posquier, prêtre, paiera 19 l. t. à Raimond, en une seule fois. Les successeurs de Posquier dans la chapellenie paieront, à chaque mutation, avant de jouir de la vigne, 15 l. t. La censive annuelle sera de 9 d. tournois ou melgoriens. La transaction sera homologuée par l'évêque. En cas de refus de l'évêque, la vigne sera vendue à l'encan public. Raimond Guiton, notaire (N° 205). — Transaction passée, le 23 février 1544 v. s., entre nobles Jacques et Guillaume Saze, père et fils, seigneurs de Saint-Sébastien d'Aigrefeuille, demandeurs, d'une part ; et Guillaume et Blaise Cazalis, cousins et pariers, de Massillargues, paroisse de Saint-Pierre de Sivignac, à raison de censives. Maurice Robert, notaire d'Anduze (N° 206). — Vente faite, le 21 février 1389 v. s., par Guillaume Berbeguier, du mas de Berbeguier, paroisse de

Saint-Pierre de Sivignac, à Guillaume Saze, sédier d'Anduze, d'une terre sise au quartier des Bouissières, sur le Gardon. Les lods sont faits par Jeanne de Cazalis, veuve de Pons d'Aleyrac, chevalier, baron d'Aigremont. Elle reçoit de Guillaume Saze « 13 siens baiules » (1). Jean Élisée, notaire (N° 207). — Reconnaissance faite, le 7 avril 1424, par Étienne Delouze, du mas de La Sardonarié, paroisse de Gaujac, habitant le mas du Solayrol, paroisse de Boisset, à quatre paroissiens de Boisset et au notaire, stipulant pour le luminaire de l'œuvre ou quête de la chandelle de Sainte-Marie, dite paroissiale, de l'église de Boisset, pour une terre à Boisset, confrontant le jardin du presbytère ou « claustro ». Raimond Capellier, notaire (N° 208). — Donation faite, le 30 août 1371, par Brayde de Montolieu, veuve de Raymond [de La] Valette, dit des Clèdes, d'Anduze, à son fils Frédol, des censives acquises par elle de Jacques de Montuzorgues, dit de Suriols, de « Pierredon », paroisse de Saint-André de Puech-Flavard (2). Jean Élisée, notaire (N° 209). — Lods faits, le 12 janvier 1376 v. s., par Aymar de Barre, chevalier, seigneur de Barre, comme mari de Marquise de Barre, à Jean Ferrier, pour une terre à Gaujac, confrontant le notaire Barthélemy Folquier. La censive est portable à la maison de Marquise, à Gaujac. Aymar reçoit pour le lods « 13 siens baiules ». Jean Élisée, notaire (N° 210). — Reconnaissance faite, le même jour, par Jean Ferrier, laboureur d'Anduze, à Aymar de Barre, pour sa femme. Même notaire (N° 211). — Acapte fait, le 18 février 1557, par Raimond Valette, écuyer, sieur de Saint-Saturnin de Coyran, Cardet et coseigneur de Lézan, à Richard Piel, hôtelier de Lézan, pour une terre près les fossés de Lézan. Jean Motte, notaire d'Anduze (N° 212). — Reconnaissance faite, le même jour, par Richard à Raimond, pour ladite terre. Même notaire (N° 213). — Vente faite, le 28 janvier 1449 v. s., par Pierre Josselin, du mas de la Sardonarié, paroisse de Gaujac, à noble Garnier Alamand, dit Claret, d'Anduze, d'une censive qu'il impose nouvellement sur une terre en franc aleu. Jean Michel, notaire (N° 214). — Échange de terres fait, le 14 décembre 1441, entre Laurent Saturnin et Étienne Cabours, d'Anduze. Durand Dumoulin,

(1) Le trézain pour sa baillie.

(2) Il s'agit de la commune actuelle de Puechredon, canton de Sauve.

notaire (N° 215). — Reconnaissance faite, le 14 des calendes de décembre, ou 18 novembre 1296, par Sylvestre Vayssini, de Boisset, à Frédol [de La] Valette, d'Anduze, comme mari de Pétronille des Clèdes, pour deux terres. Durand de Carroco, notaire (N° 216). — Lods faits, le 27 mars 1386 v. s., par Guillaume Saze, sédier, et Guiraud Mouret, d'Anduze, à Jean Gervais, fustier d'Anduze, pour une partie de terre au quartier du Pouget. Mention de Raimond Patau, sédier de Montpellier. La terre avait coûté 40 fr. d'or, suivant contrat du notaire Pierre Bardon. La partie dont s'agit est estimée 10 fr. d'or. Chacun des deux seigneurs directs a 2 parts indivises sur 7 et touche 8 d. t. de censive. Il reçoit, avec les lods dus, le trézain pour sa baillie. Jean Élisée, notaire (N° 217). — Lods faits, le 27 mars 1386 v. s., par Aigline de Posquières, femme de noble Bernard d'Olivier, d'Anduze, à Jean Gervais, fustier d'Anduze, d'une autre partie de la terre précédente. Elle reçoit les lods dus et le trézain « de ses baiules » ou de sa baillie. Même notaire (N° 218). — F°° 67-70. Lods faits, le même jour, par Bertrand de Sauve, damoiseau, seigneur de La Rouvière, à Jean Gervais, fustier d'Anduze, d'une autre partie de la terre précédente. Bertrand a la directe sur la moitié de cette terre, indivise avec Raimond de Montuzorgues. De plus, il fait à Gervais les lods pour sa part indivise avec Guillaume Saze et Guiraud Mouret. De sept parts il en a trois. Même notaire (N° 219). — Vente faite, en 1463, par Jacques Senglar et Antoine Bastide, son donataire, à Guillaume de Jonquières, d'une terre à Saint-Jean du Gard. Les vendeurs sont du mas de Crosagarene, paroisse de Saint-Jean du Gard. L'acquéreur est du mas de La Sardonarié, paroisse de Gaujac. L'église de Saint-Jean a la directe. Le prix de vente est de 4 l. 10 s. t., monnaie de cours en France. Le notaire est Jean de Thirio, du diocèse de Limoges, habitant à présent Anduze. Le même jour, lods faits à Guillaume de Jonquières par Pierre Nicolas, moine de Saint-Gilles, rentier des fruits du prieuré de Saint-Jean du Gard, procureur de Jean Perneyraud, abbé de Saint-Gilles et prieur de Saint-Jean, prieuré uni à son abbaye. Le moine reçoit pour les lods 15 s. t. Jean de Thirio, notaire (N° 220). — Échange fait, le 28 avril 1528, entre Jacques de Beaufort, comte d'Alais, marquis de Canillac, vicomte de Valerne et de La Motte, baron de Montboissière et d'Anduze, seigneur de Saint-Étienne de Vallée-Française, et Claude de Porta, marchand, syndic d'Anduze, et procureur général de la ville, suivant acte reçu la veille par le notaire André Motte. Le comte échange sa part du courtage de la ville contre des censives et rentes. Le courtage d'Anduze est indivis entre le comte d'Alais et l'évêque du Puy, coseigneur d'Anduze. Outre les redevances énumérées à l'acte, la ville paie une soulte de 12 écus d'or au coin du soleil. Antoine Petit, notaire (N° 221). — Vente faite, le 4 octobre 1375, par Jean Daigue, de Lasalle, à Jean Tournier, de Cauviac, paroisse de Saint-Bonnet de Salendrenque, de censives assises à Colognac et à Lasalle, moyennant 25 écus d'or de bon poids au coin du roi de France, chacun valent 30 s. 3 d. t. Pierre Barnier, notaire de Saint-Jean du Gard (N° 222). — Ordonnance du 5 février 1390 v. s., portant que les consuls d'Anduze peuvent *alialer* et marquer les mesures de la ville et de son bailliage. Acte passé avec les officiers de justice d'Anduze. Barthélemy Folquier, notaire d'Anduze (N° 223). — Vente faite, le 25 mai 1564, par Bermond Costo à Alemand, d'Anduze, d'une maison de la rue de la Fusterie, confrontant l'enceinte d'Anduze, moyennant 210 l. t., valant chacune 20 s. t. (N° 224). — Vente faite, le 3 décembre 1574, par Pierre Fontanès et Marguerite Giberne, mariés, rentiers du mas du Pont de L'Élie, paroisse de Saint-André de Valborgne, à Jean Vièles, du mas de La Baume, paroisse de Peyroles, de terres à Peyroles, moyennant 83 l. t. Jean Sauvour, notaire de Saint-Jean du Gard (N° 225). — Vente faite, le 22 février 1343 v. s., par Guillaume Figuière, de Cassagnoles, à Jean Boyer, de Saint-Félix de Pallières, d'une terre à Massanes, moyennant 24 s. t. La directe appartient au seigneur de Ribaute. Pons Régis, notaire (N° 226).

E. 1262. (Liasse.) — 8 pièces, parchemin.

1280-1333. — *Seigneurie de Monoblet.* — *Expéditions originales d'actes étrangers ou non à la seigneurie, mais faisant partie du fonds.* (1)

1. Vente faite, le 5 des calendes d'août, ou 28 juillet 1280, par Guillaume et Pierre Audebert, de Lézan, à Pierre Cazalis, d'Anduze, d'une terre sise au terroir de Colornac. Elle sert au monastère de Tornac la censive d'une demi-quarte de froment et de la moitié de 7 d. t. ; plus, à Pierre de Tournemire, la censive d'une demi-quarte de froment et de 7 d. t. Le prix est de 9 l. t. Acte passé à Tornac. Guillaume Blaquière, Bernard Ricard, Étienne Fontanel, sont témoins. Le notaire est Bernard de Fontis, des notes duquel l'acte est extrait par le notaire Jean Girard (N° 109 du cartulaire). — 2. Vente faite, le 6 des calendes de novembre, ou 27 octobre 1294, par Pons de Suco, fils de feu Bernard, de Lézan, à Pierre de Cazalis, d'Anduze, d'une terre à Lézan, au quartier de Sost-Ridas. Pierre de Sauve, chevalier, a la directe. Le prix est de 110 s. t., payés à l'acte. En même temps, Pierre de Sauve fait le lods, pour lequel il reçoit 18 s. t. et 4 d. Acte passé à Sauve, en l'étude du notaire Mathieu Loubière. Les témoins sont Bernard de L'Amalrigière, Pierre Gaytard de Coyrac, Bernard Teissier, boucher. Le notaire est Guillaume *de Roveyranicis* ou Rouveyrargues, de Sauve, qui signe (N° 178). — 3. Acte dont tout le début est emporté par les rongeurs, mais que son ancien numéro permet de reconnaître pour une vente de 1319 faite à Jacques Coste, d'Anduze, d'une terre de Boisset dont la directe appartient à Bertraud de Barre. Les vendeurs sont une mère et son fils. Le prénom du fils apparaît, vers la fin de la vente, à l'occasion du bénéfice de minorité et de la *restitutio in integrum*. C'est G[uillaume]. Apparaît ensuite le prénom de la mère, *Élis*, à l'occasion du bénéfice de la loi Julia *de fundo dotali datail non alienando*, et de la coutume, ou droit municipal d'Anduze, défendant l'aliénation du fonds dotal sans le consentement des parents. L'acte est passé à Anduze, dans la maison de Guillaume Catalan, du chef de sa femme, située sur la rivière [du Gardon]. Les témoins sont Bernard de Bezorno, cousin d'Élis et de Guillaume; Guillaume et Jean Coste frères, Raimond de Veyrac, Guillaume Hugues, Gilles Faras, Raimond Merié, d'Anduze. Le notaire est Pierre *de Serena*, d'Anduze. La même année [1319] et le 3 des calendes de novembre, ou 30 octobre, lods faits par Bertrand de Barre, d'Anduze, à Jacques Coste, moyennant 10 l. t. Témoins : Étienne de Massillargues, damoiseau; Guillaume Balinier, Bernard *de Serena*, Guillaume et Jean Coste frères. Même notaire. C'est Jean *de Abriis*, notaire impérial, son substitut, qui fait la grosse. Le seing est de Pierre *de Serena* (N° 7). — 4. Vente et reconnaissance correspondant aux numéros 90 et 91 du cartulaire sommaire. — Dans la vente du 11 février 1311 v. s., la paroisse de Boisset est

(1) Les numéros mis à la suite des actes sont ceux du cartulaire sommaire E. 1251, et permettent d'utiles comparaisons.

appelée de Ruxette, comme dans le cartulaire de la seigneurie d'Alais, aujourd'hui perdu, et cité dans le *Dictionnaire topographique du Gard* d'E. Germer-Durand (1868). Dans les lods du 16 mars suivant, les témoins sont : Jean de Abrils, clerc, et Pascal de Brouzet, d'Anduze. Seing du notaire Pierre de Sevena (N° 90). — Dans la reconnaissance du 11 février 1311 v. s., comme dans la vente de même date, mention de Pierre de Mirabel, chevalier, et de sa femme Béatrix Cavalier (N° 91). — 5. Reconnaissance faite, le 15 des calendes de mai, ou 17 avril 1318, par Guillaume d'Aspères, fils et héritier d'Étienne, de Massillargues, à Bernard de Cazalis, drapier d'Anduze, pour des immeubles de la paroisse de Saint-Pierre de Sivignac. Mention de Paul d'Yorie, damoiseau. Témoins : Bernard Catalan, de Massillargues ; Bernard Guiton, clerc ; Guillaume de L'Angle, d'Anduze. Seing de Raimond de Grava (N° 3). — 6. Fin d'un compromis ou nomination d'arbitres, et sentence arbitrale concernant le mas du Cayla, paroisse de Monoblet. Les deux actes se suivent. — Dans le compromis, tout le début manque. Les parties nomment Jean de Gorgas et Guillaume Roux, de Montbonoux, [paroisse de Monoblet], en qualité d'arbitres. Deux autres personnages sont chargés d'élire un troisième arbitre, en cas de besoin. Plus loin apparaissent les noms des parties : Bernard Delpuech donne caution pour l'exécution de la sentence arbitrale. Hugues du Cayla en fait autant. L'un et l'autre s'obligent jusqu'à 10 l. t. Le notaire est Pierre Auricule. C'est le notaire Jean Bernard, substitut du notaire Brémond Auris, détenteur des notes d'*Auricula*, qui fait la grosse. Seing de Brémond Auris. — Sentence arbitrale, rendue le lundi soir de la fête de Saint Jacques, ou 25 juillet 1318, par Jean de Gorgas et Guillaume Roux, de Montbonoux, arbitres élus par Bernard Delpuech et sa femme Jeanne, d'une part, Hugues du Cayla, *de Caylario*, de Monoblet, d'autre part. Cette sentence fixe les limites des parts du territoire de *Montmolier* qu'elle attribue à chaque partie. A noter les noms de quartiers : *Las Senoyras, Al Dembeus, Fons Nozada, La Drulhenca, Travessar, Camballos, Serre d'Aguil.* Mention du prieur de Monoblet, de Guillaume de Vallongue, de Bernard de Porcaresses, du chemin *del Cayre*, du chemin *Reyrebesigues.* Approbation donnée par Guillemette et Aygline, sœurs d'Hugues, et par Martin Delpuech. L'acte est passé au mas du Puech, près de la fontaine couverte. Témoins :

Guillaume de Villaret, prêtre, baile de Fressac, de Fessac ; Jean de Colombier, rentier de l'évêque de Maguelone ; Guillaume de Navieto, notaire ; Pierre de Lauret, Pierre Teissir, Mathieu de Cabanis, Bernard et Raimond de Porcaresses, Jean Bosquet, Étienne Rustel, Jean de Pénaria, ou de La Pénarié, Étienne del Terrado, etc. Le notaire est feu Pierre Auricule. Seing du notaire Brémond Auris. — 7. Vente faite, le 3 février 1354 v. s., par Pierre Brémond, de Lézan, fils de feu Bernard, à Bernard de Cazalis, drapier d'Anduze, de la censive d'un parcin sur une terre à Lézan, moyennant 16 s. bons tournois petits. L'acte est passé à Anduze. Témoins : Bernard Garin, drapier ; Raimond de Clairac, son gendre ; Bernard *de Las Meyas*, de la paroisse de Toiras. Le notaire est Pierre Lautier. C'est Raimond Clédon, son clerc, qui fait l'extrait. Seing de Lautier (N° 124). — 8. Reconnaissance faite, le 6 juillet 1333, par Philippe Saturnin, du mas *de Atapiis* ou d'Atuech, à Bernard de Cazalis, marchand d'Anduze. Mention de Jean de Sauve, damoiseau de Montmiral. L'acte est passé à Atuech, sur l'aire de Philippe. Bernard Calhandri, notaire. Son clerc Pierre Clédon fait l'extrait. Seing de Calhandri (N° 30).

E. 1203. (Liasse.) — 7 pièces, parchemin ; 4 pièces, papier.

1329-1668. — *Seigneurie de Monoblet.* — *Expéditions originales sur parchemin d'actes étrangers ou non à la seigneurie, mais faisant partie du fonds. Des extraits sur papier, un seul est en forme.*

1. Vente faite, le 14 décembre 1352, par Jacques Teissier, fils de feu Michel, de la paroisse de Monoblet, à Pierre de Gorgas, habitant le mas du Puech, en ladite paroisse, de deux terres au quartier de Crespenou, moyennant 20 l. t. L'une d'elles confronte Huguet du Cayla, défunt, Jacques du Morier et les terres de l'église de Monoblet. L'acte est passé à Sauve. Témoins : Étienne Poujade, Gilles de Boyrargues, Pierre de Blac, de Sauve. Pierre Poujade, notaire de l'évêque de Maguelone. Arnaud de Farges, son substitut, fait l'extrait. Seing de Poujade. — 2. Vente faite, le 15 juin 1353, par Raimond Chuzel, de Gánges, à Nazaire d'Aigrefeuille, de la paroisse de Saint-Martin de Monoblet, diocèse de Nimes, de deux terres. Mention de Guillaume de Monbonous et de Bernard de La Pause comme

confronts de la première, sise « in Vinheria de Nomogleto ». La seconde est au quartier de *Russarègues*. Les prix respectifs sont de 4 l. 10 s. t. et de 60 s. t. L'acte est passé à Saint-Hippolyte, chez le prêtre Raynaud Raynulphe, qui est témoin, avec Bernard Raynulphe, son frère ; Guillaume Martin, de Saint-Hippolyte, et Pierre Mirail, de Beauvoisin. Pierre Germain, notaire royal, fait l'extrait et met son seing. — 3. Reconnaissance faite, le 23 septembre 1360, par Guillemotte, fille de Martin Dumas, de Saint-Martin de Monoblet, femme de Jean Flandin, dit Dumas, de la même paroisse, à Philippe Rouvier, drapier de Sauve, pour un tènement sis à Monoblet, quartier des Fontanilles. La censive est de 4 s. t. L'acte est passé à Sauve, dans la boutique de Philippe. Le notaire est Pierre Bruguier. La grosse est faite par son clerc Antoine Maurin. Seing de Bruguier. — 4. Vente faite, le 18 décembre 1360, par Guillaume Coste, *forquerius*, ou fabricant de fourches de Sauve (1), à Philippe Rouvier, drapier de Sauve, de deux terres à Monoblet, sises, l'une aux Fontanilles, l'autre à *Lesca*, moyennant le prix de 6 l. 12 s. t. L'acte est passé à Sauve, en la boutique de Philippe. Pierre Bruguier, notaire. — 5. Vente faite, le 7 juin 1379, sous l'épiscopat de Pierre, évêque de Maguelone, comte de Melgueil, Montferrand, Sauve et Durfort, par Pierre Teissier, de Monoblet, à Siméon de La Pauze, même paroisse, d'une terre au quartier appelé : *En Monbasi*, et d'une terre au quartier appelé : *In Riperia*. Mention du jardin du presbytère de Monoblet. La censive appartient au prieur de Monoblet. Le prix de vente est de 5 florins d'or. L'acte est passé à Sauve, chez le notaire Guiraud Delaborde, en présence d'Arnaud Julian, notaire de Montpellier. Pierre Delaborde, clerc et fils de Guiraud, fait la grosse. Seing de Guiraud. — 6. Acte dont le début et la date manquent, mais dont le numéro 108 est conservé, ce qui, avec les mentions subsistantes, permet de l'identifier avec une reconnaissance faite, le 30 septembre 1333, par Béatrix Clédon, fille de feu Raimond, boucher d'Anduze, à Pons Mercier, fils de feu autre Pons Mercier, médecin, pour une vigne à Boisset. Béatrix est assistée par sa mère, Probe de Férigoule, et par Raimond Clédon, batteur de laine, son frère. Par besoin d'argent, elle ajoute à l'ancienne censive une nouvelle imposition de

censive, un setier d'huile d'olive, moyennant le prix de 6 l. 5 s. t. Dans la suite de l'acte on voit que Béatrix Banduffière est femme de Raimond. L'acte est passé à Anduze, chez Probe. Témoins : Raimond Clédon, clerc ; Pons de Calme, teissier ; Pierre Bessière, brassier. Notaire : Pierre Lautier (N° 108 du cartulaire). — 7. Échange fait, le 26 avril 1402, entre Guillaume Saze, marchand de solo d'Anduze, et Philippe de Nassillargues, damoiseau. Guillaume cède la censive d'un setier d'orge, assise sur une terre de Philippe, dans la paroisse de Sauzet. Mention de Jean de Martinas, damoiseau de Vézénobre. Philippe cède en échange la censive d'une quarte de froment que lui sert Guillaume, sur une terre de Saint-Pierre de Sivignac, etc. L'acte est passé à Anduze, chez Guillaume Saze. Noble Almeric Guirard, de Vézénobre, est témoin. Le notaire est Jean Élisée. Son clerc Jean Clair fait la grosse. Seing de Jean (N° 4 et 14). — 8. Note sommaire sur : — 1° un acte du 3 des calendes de juillet, ou 29 juin 1329, portant vente d'une terre de Monoblet par Jean Dagon à Jean Hugues, Jean de Boirargnes, notaire de Sauve. La directe de la terre vendue appartient à Raimond de Rouveyrargues, notaire de Sauve ; — 2° un acte du 29 octobre 1387, portant lods fait par Jacques de Rouveyrargues, notaire de Sauve, à l'occasion d'un jardin à Monoblet. Pierre Bruguier, notaire Sauve. — 9. Copie non en forme, en français et sommaire, de reconnaissances faites par des habitants de Monoblet à Bernard Flandin, de Saint-Hippolyte, recteur, pour la moitié, de deux chapellenies fondées en l'église de Saint-Hippolyte, et représentant Bernard de Thérond, recteur aussi des dites chapellenies. La première reconnaissance, du 28 décembre 1380, est faite par Philippe, veuve de Bernard d'Aigrefeuille, de Monoblet, tutrice de leurs enfants. La dernière reconnaissance, de même date, est faite par Hugues du Cayla, de Monoblet. — 10. Copie en forme de la vente d'une censive ou pension d'une hémine d'orge sur le mas des Combes, passée par Jean Teissier, de Monoblet, à Bernard Flandin, prêtre de Saint-Hippolyte, pour 5 fr. d'or. Acte passé à Saint-Hippolyte. Témoins : Pascal Martial, prêtre de Pompignan ; Olivier de Roche, clerc du diocèse de Marseille, à Conqueyrac ; Bernard Richard, de Montolieu. Notaire : Guillaume Bégon. L'extrait est du 16 septembre 1693, et fait à la requête des co-tenanciers de la métairie des Combes, paroisse de Monoblet, contre Claude Gardel, chanoine recteur de la cha-

(1) Ces fourches se fabriquent encore à Sauve, avec des branches de micocoulier. Les bois sont courbés au feu.

pollenie fondée en l'église de Saint-Hippolyte. — 11. Sommaire de reconnaissances faites au recteur de la chapelle de Fabre par des habitants de Monoblet (1389-1668).

B. 1261. (Liasse.) — 9 pièces, parchemin.

1441-XVe siècle. — *Seigneurie de Monoblet. — Expéditions originales d'actes étrangers ou non à la seigneurie, mais faisant partie du fonds.*

1. Échange de terres fait, le 14 décembre 1441, entre Laurent Saturnin et Étienne Cabours, d'Anduze. Fortes moutillures au début de l'acte. L'acte est passé à Anduze, chez Jean de Grèze. Notaire : Durand Dumoulin. Guy Gibelin, son clerc, fait la grosse. Seing de Dumoulin (N° 215 du cartulaire). — 2. Transaction du 28 avril 1443, entre Jacques Jean, prieur de Monoblet, et Hugues du Cayla, même paroisse, au sujet du tènement boisé de Ribones. Les arbitres choisis sont Jean de Tarno, prêtre, et Bernardin Fabre, de ladite paroisse. L'acte est passé au presbytère de Monoblet. Témoins : Bernard Codognan, prieur de Saint-Félix de Pallières ; Jean Arnaud, du mas d'Unas, Antoine de Noys, et le clerc Guillaume du Mazel. Le notaire est le prêtre Guillaume Rouchouse, *Ruquosii*. C'est Guillaume Marchand, clerc du diocèse de Bourges, son substitut, qui fait la grosse. Seing de Rouchouse, prieur de Durfort. — 3. Reconnaissance faite, le 18 février 1455 v. s., par Jean Joure, boucher d'Anduze, à Pierre Rigaud, abbé du monastère de Bonneval, diocèse de Rodez, ordre de Citeaux. Pour sa maison ou grange de Montaigu, paroisse de Saint-Étienne d'Anduze, il tient de l'abbé une terre au quartier de Pallière, sous la consive de 2 s. 6 d. t. L'acte est passé à Anduze, en l'étude du notaire Durand Dumoulin, qui appose son seing (N° 64). — 4. Reconnaissance faite, le 20 février 1455 v. s., par Guillaume Capeau, forgeron d'Anduze, à l'abbé de Bonneval. Il s'agit d'une terre au quartier de L'Olivier ou de Pallière. Même notaire (N° 65). — 5. Reconnaissance faite, le 20 mars 1455 v. s., par Guillaume Bonald à Pierre Rigaud, abbé de Bonneval (N° 62). — 6. Vente faite, le 28 octobre 1456, par Pierre Montaud, laboureur du mas des Clèdes, paroisse de Saint-Saturnin de Boisset, *de Buxetis*, à Guillaume Issartil, marchand d'Anduze, d'une terre sise dans la paroisse de Saint-Pierre de Sivignac, sous le château, *castrum*, ou bourg de Massillargues, confrontant noble Soquet de Massillargues, co-seigneur dudit lieu. Le prix est de 9 l. t. L'acte est passé à Anduze, chez l'acheteur. Le notaire est Jean de Thirio, qui appose son seing. La grosse est de son clerc Jean Dufour. Le rouleau porte la mention : « Aiso es la crompo de la terra de Massilargué, desot lo castel » (N° 2). — 7. Reconnaissance faite, le 15 février 1468 v. s., par noble Arnaud de Toiracio, marchand d'Anduze, à l'abbé de Bonneval, représenté par noble Garin Alamand, dit Clarot, d'Anduze. La terre reconnue est au quartier de Pallière ou Trèpeloup. Elle confronte Jacques Martin, de son vivant hôtelier d'Anduze. La consive est de 5 s. t. Témoins : Guillaume Cambays et Jean Dufour, notaires d'Anduze. Seing de Durand Dumoulin, notaire d'Anduze (N° 63). — 8. Vente faite, le 16 mars 1490 v. s., par Mathieu Thérond, de La Rouvière, paroisse de Saint-Vincent de Cros, diocèse de Nimes, à Bernard de Gorgas, dit du Puy, paroisse de Saint-Martin de Monoblet, d'une terre contenant châtaigneraie, sise à Cros, quartier de La Coste, pour le prix de .... florins (1) 9 gros d'argent. L'acte est passé à Saint-Hippolyte. Étienne Masméjan, de Saint-Marcel de Fontfouillouse, est témoin. Mention de feu Antoine Malet, notaire de Saint-Hippolyte de Roquefourcade (aujourd'hui du Fort). La grosse est faite par Jean Malet, son fils, substitut d'autre Antoine Malet, son frère, notaire royal aux termes de lettres patentes du sénéchal de Beaucaire, scellées du sceau royal de cire rouge, datées de Nimes, 1501. Seing d'Antoine Malet. — 9. Lods dont le début et la date sont emportés, mais qui porte le n° 91. C'est donc les lods faits, au XIVe siècle, par Béatrix Pélissier, d'Anduze, à Guillaume Issartel, marchand d'Anduze, pour l'acquisition d'une terre à Saint-Pierre de Sivignac. Béatrix lui donne quittance des justes lods à elle dus, et du trézain de son baile, « *trezenum sui baiuli* ». On a vu, dans l'analyse du cartulaire E. 1261, comment le rédacteur du cartulaire a *compris* cette expression. Document très effacé. Seing du notaire Durand Dumoulin (N° 96).

(1) Toute la partie droite du parchemin est coupée. Elle contenait le chiffre des florins.

E. 1265. (Liasse.) — 6 pièces, parchemin.

1517-1538. — *Seigneurie de Monoblet.* — *Expéditions originales d'actes étrangers ou non à la seigneurie, mais faisant partie du fonds.*

1. Lods faits, le 28...... 1517, par noble Bermond (1) Curnyras, seigneur de Los, Vayssières et Vignassettes, viguier de Ganges pour noble Louise de Combret, baronne d'Hierle, Sainte-Eulalie et autres lieux, à Guillaume Combas, au sujet d'un échange avec Jean Valdeyron. L'acte est passé à Ganges, dans la maison de Louise, près de la cour. Le prêtre Laurent Prieur est témoin. Le notaire est Durand Étienne. — 2. Vente faite, le 23 mai 1520, par les mariés André Chapus et Marguerite Baudoin, du mas de La Pause, paroisse de Monoblet, à Jacques Portalier, du mas de La Malasse, même paroisse, d'un derois ou plantier récemment acquis, par voie d'échange, de Jacques de Montbonoux, même paroisse, terroir de Ferrières. Le prix est de 4 l. 10 s. t. L'acte est passé à Sauve. Charles Favant, prêtre de Sauve ; Raimond Boissier, de Villesèque ; Barthélemy Brun, de Lascours, paroisse de Quissac, sont témoins. Le notaire est Henri Calmel, décédé depuis. C'est le notaire Pierre Rudanol qui extrait la grosse et appose son seing. — 3. Vente faite, le 29 septembre 1520, par Guillaume Baudoin, du mas de La Pause, paroisse de Monoblet, à Antoise Rodier, tailleur, du mas de *La Teissarié*, même paroisse, d'une terre avoisinant l'acquéreur. Le prix est de 4 florins 2 gros tournois. L'acte est passé à Monoblet. Le notaire est Jacques Barnier, de Saint-Hippolyte. — 4. Vente faite le 30 avril 1521, par Guillaume Baudoin, du mas de La Pause, à Antoine Rouveyrac, du mas de Rouveyrac, paroisse de Lasalle, de la plus value d'une terre de la paroisse de Monoblet, à lui vendue par Baudoin 21 l. t. Le prix de la plus value est de 20 l. t. L'acte est passé chez le notaire Antoine Bimard, qui ne dit pas où il est notaire. Témoins : Antoine Pintard, *de Frigido Ausello* ; le notaire Pierre Chabrier, originaire de Lunel ; Antoine Rodié, tailleur de Monoblet. Soing de Bimard. — 5. Vente faite, le [18 mai] 1522, par noble Jean de Mézerac, licencié en droits, de Nîmes, à Pépin, dit de Montbonoux, prêtre de Bernis, d'une maison sise à Bernis, en franc aleu, confrontant le verger du château, moyennant le prix de 86 l. t. Toute la partie gauche en haut manque dans cet acte original, qui parle pour la première fois des Pépin, seigneurs de Monoblet sous l'ancien régime. Les lacunes peuvent être suppléées par le corps de l'acte et les suscriptions. Acte passé à Nîmes, chez Mézerac, vendeur. Antoine Sabatier, dit Fouqueran, de Bernis ; Étienne Durien, notaire d'Aubenas, sont témoins. Le notaire est Nicolas Janin, décédé depuis. C'est François Ariffon qui extrait la grosse, le 20 juillet 1537, et appose son seing. — 6. Rémission faite, le 18 janvier 1525 v. s., par Jean Paradon, fils de feu Simon et de Jacobe Teissier, comme procureur de sa mère, à Jacques de Monbonoux, de Monoblet, de la plus-value d'une terre à lui vendue par son père Simon, terre sise à Monoblet, quartier de Vielan, moyennant un quartal d'huile d'olive. Acte passé à Saint-Hippolyte, chez Étienne Ricard. Notaire : Jacques Barnier, décédé depuis. C'est Jacques de La Vèze, notaire de Ganges, qui extrait la grosse le 23 mai 1539 et y appose son seing.

E. 1266. (Liasse.) — 6 pièces, parchemin.

1527-1539. — *Seigneurie de Monoblet.* — *Expéditions originales, d'actes étrangers ou non à la seigneurie, mais faisant partie du fonds.*

1. Vente faite, le 15 février 1526 v. s., par Bernard Solier, du mas de La Pause, paroisse de Monoblet, à Étienne de Bruc, prêtre, de Sainte-Croix de Vallée-Française, d'un jardin sis à Monoblet, quartier de *Quohetas*, sur la rivière du Crespenon, confrontant Jacques de Montbonoux et le chemin du mas de Gorgas à l'église de Monoblet. Le prix est de 5 l. t. Acte passé à Sauve, en l'étude du notaire Sauveur Cavalier, qui appose son seing. Témoins : Guillaume Marguerit, marchand ; Pierre Bilanges, laboureur ; Marcel Albaric, tisserand, originaire de Saint-Roman de Codières, établi à Sauve. — 2. Vente faite, le 11 septembre 1527, par Sauveur de Dieu, bourgeois de Sauve, à Claude de Villas, marchand de Sauve, d'une censive de 6 boisseaux d'orge et 6 d. t. que lui servait l'acheteur, plus 2 boisseaux d'orge que lui sert Antoine Maurel pour un jardin sis à Sauve. Le prix est de 7 l. 10 s. t. Acte passé à Sauve, chez l'acheteur. Témoins : Guillaume de Villas, notaire ; noble Sauveur du Ranc, Pierre Caylar, de Monoblet. Le notaire est Guyot Astruc, *Astrugii*, qui appose son seing. — 3. Vente faite, le 18 octobre 1527, par

Jean du Rane, du mas de Fabrègue, paroisse de Monoblet, à Jean Portalier, de Monoblet, d'une olivette sise *In Croso*, confrontant Jacques de Montbonoux, sur le chemin de l'église au mas de Cassoubier. Le prix est de 10 l. t. L'acte est passé à La Planquette, chez le notaire Jacques Barnier, de Saint-Hippolyte. Témoins : Antoine Portalier, fils de Jean, du Pougel, paroisse de Cros ; Arnaud Martin, clerc, de la paroisse de Soudorgues. C'est Pierre Soubeyran, clerc de Barnier, qui fait la grosse. Seing de Barnier. — 4. Transaction passée, le 20 avril 1529, entre Jean Durant et Andrée de Montbonoux, mariés, du mas de Montbonoux, paroisse de Monoblet, d'une part ; Gaillard et Antoine Pépin, père et fils, d'autre part. Il s'agit de 70 l. t. reconnues à Andrée, dans son contrat de mariage, par Gaillard et Antoine. Les arbitres choisis sont Bernard Coste, prêtre de Toiras, pour les Pépin père et fils ; Barthélemy Veson, du mas de *La Paularié*, pour les époux Durant de Montbonoux. Les tiers experts sont Antoine Paul, du mas de Puech-Merle, et Jean Martin, du mas de Sauri, paroisse de Saint-Félix de Pallières. Gaillard et Antoine Pépin paieront à Durant et à sa femme les 70 l. reconnues sur tous leurs biens, en des termes fixés. L'acte est passé à Sauve chez le notaire Guyot Astruc. Témoins : Philippe Gibert, prêtre ; Antoine de Castelviel, de Saint-Roman de Codières ; Jean Conroc, sergent ; Pierre Fabre, cordonnier de Sauve. Seing d'Astruc. — 5. Transaction passée, le 15 août 1532, entre Bernard Gras, du mas de Montuzorgues, paroisse de Saint-Jean du Gard, et autre Bernard Gras, dudit mas, au sujet de la succession de leurs père et mère. André Motte, notaire (N° 192 du cartulaire E. 1261). — 6. Lods faits, le 6 mars 1538 v. s., par Jean Geoffroi, chanoine mage de Montpellier, commis par son chapitre pour faire les reconnaissances rurales, recevoir les hommages des tenanciers et leur bailler investiture, aux termes d'un acte du 4 février 1538 v. s. ; à Pierre Causse, chaussetier de Sumène, acquéreur de terres dans la Combe de Recodier. Il s'agit de bois appelés *cerclières*. L'acte est passé à Sumène. Le notaire est Antoine Maynier.

E 1267. (Liasse.) — 5 pièces, parchemin.

1543-1548. — *Seigneurie de Monoblet. — Expéditions originales d'actes étrangers ou non à la seigneurie, mais faisant partie du fonds.*

1. Contrat de mariage entre Marguerite Bonal, fille de feu Étienne et de Marguerite Cayla, du mas de Cayla, paroisse de Monoblet, d'une part ; et François Journet, d'Ardaillès (1), paroisse de Saint-Martin de Valleraugue. Marguerite Cayla assigne en douaire à sa fille la moitié de ses biens propres, à condition que les nouveaux mariés résideront avec elle, mangeant le même pain, buvant le même vin, avec un feu, un lieu et une table, sans aucune séparation. Leurs enfants seront entretenus sur les biens donnés. La donatrice pourra disposer librement de tous ses biens par testament. François Journet devra payer à Marguerite Bonal 40 l. t. à raison d'une livre par an, payable à l'anniversaire du mariage. Marguerite Bonal reconnaîtra les 40 l. sur ses biens, de manière que, le cas échéant, la restitution en soit assurée à Journet, s'il survit à sa femme. L'acte est passé au mas du Cayla, dans la maison des dites Cayla et Bonal. Le notaire est Guyot Astruc. Incontinent, la mère et la fille reçoivent de François Journet 20 l. t., tant en une paire de bœufs qu'en un écu d'or sol, les bœufs et l'écu étant comptés pour 17 l. 5 s. t.; et aussi en une robe de drap de couleur noire du pays. Incontinent, Guillaume Journet, du mas d'Ardaillès (2), paroisse de Valleraugue, père de François, lui assigne en douaire 25 florins de roi, valant chacun 15 s. t., payables en des termes fixés. Incontinent les parties, mère et fille et père et fils, nomment pour leurs procureurs Antoine Aruif, licencié ès-droits, Jean Cavalier, bachelier ès-droits, Aurias de Soustelle, Pierre Rudanel et tous les autres procureurs et avocats de Sauve. Le rouleau se compose de six peaux de parchemin. Seing d'Astruc, notaire de Sauve. — 2. Vente faite, le 16 mars 1544 v. s., par Jean Balmes, du château de Galand, paroisse de Sumène, à André Causso, notaire de Sumène, d'une châtaigneraie dépendant dudit mas de Galand, sur le chemin de Sumène à Saint-Martial, moyennant 28 l. t. Acte passé à Sumène. Balthazar Pourtalès, Martial Esménard, de Saint-André de Majencoules ; Étienne Tréhal, du Castanet, sont témoins. Le notaire est Étienne Roux. — 3. Ratification donnée, le 4 décembre 1547, par Antoine Verdier, du mas du Triadon, paroisse de Monoblet, donataire de feu Jacquette Capelier, même paroisse, pour la moitié de ses

(1) Ms. : *Argaliès.*

(2) Ms. : *Arzaliès.*

biens, à une vente faite par ladite Jacquette et par le prêtre Étienne du Bruc, donataire également de Jacquette, à Jean Arnaud, couturier, de Monoblet. L'acte est passé à Monoblet, chez Antoine Pourtalès, chirurgien. Le notaire est Firmin Aruif, de Sauve. Mention du prêtre Jean Portalis. — 4. Vente faite, le 24 février 1548 v. s., par Mathieu Point et Catherine Cyvel, mariés, de Bernis, à Antoine Pépin, dit de Montbonoux, de Monoblet, demeurant actuellement à Bernis, d'une terre labourable de la dimerie d'Uchau, moyennant 60 écus d'or au soleil, valant chacun 45 s. t., et 2 salmées de blé mescle, mesure de Bernis, valant chacune 4 l. t. L'acte est passé à Bernis, chez le notaire Augustin Guessi. Mention de Barthélemy Girard, clerc de Saint-Frézal de Ventalon, diocèse de Mende, greffier de la cour de Bernis. Seing de Guessi. — 5. Constitution de dot faite par Antonio *de Situlo* à son mari Pierre de La Fabrègue. Le début manque, avec la date. Pierre Olivier, notaire. Extrait fait par Antoine Bimard, son successeur à Lasalle, postérieurement au 9 octobre 1548. Les nouveaux mariés résideront chez la mariée. Le mas de La Fabrègue est dans la paroisse de Soudorgues.

E. 1268. (Liasse.) — 6 pièces, parchemin.

1550-1558. — *Seigneurie de Monoblet.*

1. Vente faite, le 20 (?) octobre 1550, par Jean Colorgues, dit du Grès, laboureur de Milhau et d'Aubord, à Antoine Pépin, dit de Montbonoux, habitant de Bernis, d'un pré sis à Aubord, moyennant 31 l. t. L'acte est passé à Bernis, par le notaire Auguste Guessi. — 2. Transaction passée, le 15 septembre 1552, entre Pierre Fabre, cordonnier de Sauve, père et tuteur de Jacques et de Jeanne, qu'il a eus de sa défunte femme Antoinette Baudoin, agissant pour lui et pour Thibaud, Jacques et Antoine Baudoin, enfants de feu Bernard Baudoin, paroisse de Monoblet, d'une part ; et Antoine Portalier, chirurgien de Monoblet, d'autre part. Lesdits Baudoin ont obtenu sentence définitive de la cour ordinaire de Sauve contre Jeanne Baudoin et son fils Jean Solier, du mas de La Pause, paroisse de Monoblet, comme héritiers de Bernard Baudoin. La transaction est passée à Sauve chez le notaire Antoine Aruif, témoin. Le notaire est Guyot Astruc. — 3. Quittance de 3 l. 15 s. t. faite, le 15 décembre 1554, par Gillette Bonal, fille de feu Étienne, de la paroisse de Monoblet, habitant actuellement Vauvert. Elle est veuve d'un habitant de Vauvert. La quittance est faite aux hoirs d'Étienne Bonal et de Marguerite Cayla, mariés, du mas du Cayla, paroisse de Monoblet. Les fonds sont livrés sous les espèces d'un pourceau gras évalué à 3 l. 15 s. t. L'acte est passé à Sauve par le notaire Guyot Astruc. — 4. Cession faite, le 9 février 1551 v. s., par Guillaume et Jean Baudoin, du mas de La Pause, paroisse de Monoblet, à Jean Arnaud, couturier de Monoblet. Il s'agit d'un terrain herme qu'Antoine Rodier avait baillé par échange à Guillaume Baudoin. Le prix est de 15 s. t. L'acte est passé à Sauve par le notaire Pierre Rudanel, qui appose son seing. — 5. Donation faite, le 24 février 1555 v. s., par Antoine Pépin, de Monoblet, à son fils Antoine Pépin aîné et Louis Pépin, de tous ses biens de Bernis, Uchau et Aubord seulement, sauf une réserve de 100 l., savoir 50 l. léguées au donateur par son frère François Pépin, et 50 l. à prendre sur les biens donnés. Acte passé à Bernis. Le notaire est Damien Vedel, de Nîmes. — 6. Vente faite, le 20 octobre 1556, par Pierre Fabre, cordonnier de Sauve, comme tuteur d'Antoinette, Antoine, Pierre et François Baudoin, enfants de feu Jacques Baudoin ; Marquise, Jacquette, Louise et Hippolyte Baudoin, enfants de feu Thibaud Baudoin, de Monoblet, à Bernard Pépin, de Monoblet, de leur part du devois du Mûrier et d'autres terres, moyennant le prix de 39 l. t. L'acte est passé devant la maison de la confrérie de Monoblet. Romain de Soustelle, greffier de la cour ordinaire de Sauve, est témoin. Le notaire est Romain de Piza, de Sauve. L'extrait est fait après la mort de Romain, dont les minutes sont au pouvoir de son fils Antoine de Piza, docteur en droits, pour le notaire Aldebert. Rouleau de six peaux de parchemin.

E. 1269. (Liasse.) — 5 pièces, parchemin.

1563-1567. — *Seigneurie de Monoblet.*

1. Échange passé, le 24.... 1563, entre Antoine Pépin, ministre de la parole de Dieu à Monoblet, et son frère Bernard Pépin. Antoine baille à Bernard le devois de La Barte, sis à Monoblet, contre un verger que lui baille Bernard, verger sis à Fonsèque, aux environs du mas de Montbonoux,

paroisse de Monoblet. Acte passé à Monoblet par le notaire Antoine Deleuze. Le 27 janvier 1564, quittance de 40 l. t. donnée par Bernard à Antoine. Acte passé à Monoblet, même notaire. — 2. Vente faite, le 13 novembre 1564, par Marguerite Bastier, héritière de Jean Cavalier, bachelier en droits, femme en secondes noces de Guillaume Arulf, praticien de Sauve, à Pierre Daguerre, marchand de Sauve, d'une petite terre à Sauve, quartier de La Vabre, moyennant 60 l. t. L'acte est passé à Sauve, chez la venderesse, par le notaire Firmin Arulf, dont le seing porte : *Fir. Aruivi.* — 3. Transaction, mutilée au commencement et dont la fin manque, passée le 8 février 1565. Il y est question du mas de Pourcaresses, paroisse de Monoblet ; de Marguerite Seren, mariée, dudit mas ; de la succession de Jean Courgas ; d'un nommé Verdier et de sa femme Jalaguier, opposés à Marguerite Seren. Les parties, suivant une transaction du 20 janvier 1561, savoir Marguerite Seren, procédant avec l'autorisation de son mari, Antoine Combet, et la femme Jalaguier, procédant avec l'autorisation de son mari, Mathieu Verdier ; partagent en deux parts égales le mas de Pourcaresses. — 4. Vente faite, le 7 octobre 1566, par Jacques Montaud, du mas de Montbonoux, paroisse de Monoblet, à Antoine Pépin, ministre de la parole de Dieu à Monoblet ; d'une terre herme sise à Monoblet, moyennant 15 l. t. Acte passé à Monoblet, chez l'acheteur. Notaire : Pierre Rouvayrolles, de Saint-Hippolyte. La grosse est faite, après la mort de Rouvayrolles, par le notaire Barnier. — 5. Transaction passée, le 2 février 1560, entre Louis Pépin, habitant Bernis, et Antoine Pépin aîné, habitant Monoblet, d'une part ; et Bernard Pépin, leur frère, de Monoblet, au sujet de la succession de leur père. Ce dernier, François Pépin, par son testament du 21 novembre 1547, avait institué pour ses héritiers universels, par égales parts, Antoine et Marguerite Pépin, ses neveux, enfants d'Antoine Pépin, son frère défunt. Il avait légué 50 l. t. à Antoine, son frère ; à Bernard, Isabeau et autre Antoine, aussi enfants dudit Antoine. Marguerite prit son tiers de la succession de son oncle François, après partage avec son père Antoine, comme père et tuteur de Louis et Antoine, cohéritiers de Marguerite. Antoine père demeura, sa vie durant, administrateur des biens parvenus à Louis et à Antoine du chef de leur oncle François. En récompense de son administration, Antoine père fit donation entre vifs, en 1555, à Louis et à Antoine, de tous ses biens de Bernis, Uchau et Aubord, moyennant quoi il se fit donner décharge de son administration. Mais Louis a introduit qualité, en la cour du gouvernement de Montpellier, en révision de cette décharge, contre son frère Bernard, héritier de leur père commun Antoine, prétendant que les biens donnés ne valaient pas ce dont Antoine père était redevable du chef de son administration. Les parties renoncent au procès pendant, annulent la donation faite par Antoine père à ses enfants Louis et Antoine aîné, le 24 février 1555 v. s., avec la décharge de son administration à lui donnée par Louis et Antoine frères, etc. L'acte est passé à Bernis. Le notaire est Bernard Crouzet, d'Uchau.

E. 1270. (Liasse.) — 11 pièces, parchemin ; 1 pièce, papier.

1567-1598. — *Seigneurie de Monoblet.*

1. Vente faite, le 2 juin 1567, par Vidal d'Albenas, écuyer, et Pierre d'Albenas, docteur, frères, habitants de Nîmes, à Bernard Laval, marchand de Nîmes, d'une vigne au terroir de Nîmes, quartier de Fonldame, pour le prix de 250 l. t. Acte passé à Nîmes, par le notaire Jacques Ursy. — 2. Vente faite, le 22 mai 1570, par Antoine Olivier, laboureur de Saint-Bauzile de Putois, diocèse de Montpellier, à son beau-frère Jean Coulet, de tous ses droits sur la succession de ses père et mère Antoine Olivier et Jeanne Noalhac, moyennant le prix de 6 l. t. Acte passé à La Roque-Aynier, même diocèse. Témoins : André Caizergues, prêtre, d'Agonès ; Charles Guy, de La Roque. Le notaire est André Causse. — 3. Reconnaissance féodale faite, le 15 décembre 1575, par Hippolyte du Ranc, du mas de Valestalière, paroisse de Monoblet, à Antoine Pépin, ministre fidèle de l'église chrétienne réformée de Monoblet, pour le pré de La Sauzède, sis aux environs du mas de Valestalière, sous la censive de 11 quintaux de foin « majeur », payable à la Saint-Jean, dans un autre pré du tenancier, appelé le pré du Finiel. Acte passé à Monoblet par Pierre de Bagars, notaire de Lasalle. — 4. Procuration donnée par Antoine Cabanis et Antoine Bertez, frères maternels, du mas de Valbonne, paroisse de Saint-André de Majencoules, le 21 février 1576, à des procureurs et avocats en la cour de Vallerangue et en la cour du Vigan, pour l'insinuation d'une donation du 15 mai 1572. Acte passé au mas de Valbonne par

Valentin Esmenard, notaire de Saint-Martial. — 5. Cession faite, le 13 août 1577, par Guillaume Garin ou Guérin, couturier de Monoblet, à Jean et à Guillaume Baudoin, frères, de Monoblet, de la moitié d'une terre herme qu'ils ont mise en culture à leurs frais, en compensation des travaux qu'ils y ont exécutés. Acte passé à La Planquette, chez le notaire Étienne Barnier, de Saint-Hippolyte. Après sa mort, l'extrait a été fait par son fils Pons Barnier. — 6. Testament de Marguerite Guibal, femme d'Antoine Viala, de La Rouvière-Raoux, paroisse de Saint-André de Majencoules, fait le 16 février 1591. Son héritier universel est son cousin Jean Viala. Acte passé à La Rouvière. Noble Jean de Laporte, seigneur de L'Elzière, habitant des Pauzes, est témoin. Le notaire est Jean Teulon, de Valleraugue. — 7. Vente faite, le 3 octobre 1593, par Jacques Teissier, du mas de La Jouanarié, paroisse de Monoblet, à Antoine Pépin, ministre de la parole de Dieu à Monoblet, d'une terre contenant devois et herme, appelée Le Segnarel, moyennant 15 francs d'argent. L'acte est passé à Lasalle, dans la maison de Jean Enzière, marchand, par Pierre Solignac, notaire de Lasalle. — 8. Quittance de 800 l., faite le 23 juillet 1594, par Pierre Audemar, marchand de Monoblet, à Antoine Pépin, ministre de la parole de Dieu à Monoblet, son beau-père; plus deux robes nuptiales à l'usage de Jeanne Pépin, sa femme; une ceinture d'argent, deux coffres de bahut, un lit en noyer, une « coutre » en plume, une couverture de laine, du linge, le tout constitué en dot à Jeanne par contrat de mariage dudit jour. L'acte est passé à Saint-Hippolyte par le notaire Pierre Solignac. — 9. Vente faite, le 17 février 1594, par Jeanne Baudoin, fille de feu Jean, du mas des Pauzes, paroisse de Monoblet, à Antoine Pépin, ministre de la parole de Dieu à Monoblet, d'une petite terre, plus un pacte de rachat et plus value d'une autre terre. Acte passé au mas des Pauzes par le notaire Pierre Solignac. — Suit un acte du 6 mai 1594, portant quittance de 8 l. t. faite par Catherine Baudoin, femme de Jean Brau, du mas des Pauzes, héritière universelle de Jeanne Baudoin, à Antoine Pépin, ministre de la parole de Dieu à Monoblet, pour la vente à lui faite par Jeanne. Acte passé à Monoblet, chez Pépin, même notaire. — 10. Quittance ou cession faite, le 17 mai 1595, par Jeanne Pépin, fille du ministre Antoine Pépin, de Monoblet, et femme de Pierre Audemar, marchand drapier de Monoblet, de tous ses droits paternels, maternels, fraternels et sororaux, à l'héritier ou donataire qu'instituera son père. L'acte est passé à Monoblet, chez Antoine Pépin, par Pierre Solignac, notaire de Saint-Hippolyte. — 11. Vente faite, le 26 avril 1598, par Jeanne Guérin, fille de feu Guillaume et de Guillemette Arnaud, de Monoblet, à Jean Pépin, de Monoblet, d'une maison au mas de La Pauze, avec un petit jardin et autres immeubles, moyennant le prix de 440 l., et un « fustanié ». L'acte est passé à Monoblet, chez l'acquéreur. Le notaire est Pierre Solignac, de Saint-Hippolyte. — 12. Extrait en forme d'une transaction passée, le 21 décembre 1598, entre Alix et Anne Guérin, sœurs, de Monoblet, demanderesses, d'une part; et Jeanne Guérin, leur sœur, défenderesse, d'autre part. Les parties renoncent à leur procès pendant à la cour ordinaire de Sauve, au sujet de la succession de leurs père et mère. Acte passé à Monoblet, dans la maison d'Antoine Pépin, ministre. Le notaire est Solignac. — Suit une quittance faite, le 21 octobre 1598, par Jean Audemar, cardeur de Monoblet, à Jeanne, Alix et Anne Guérin sœurs, de Monoblet, pour 15 l. t., payées par les mains et des propres deniers de Jean Pépin. Acte passé à Monoblet, chez Antoine Pépin. Solignac, notaire. — Suit une quittance faite, le 21 décembre 1598, par Guillaume Laurent et consorts, de Monoblet et Conqueyrac, à Jeanne Guérin, de 32 l. 15 s. t., somme payée par les mains et des propres deniers de Jean Pépin, de Monoblet. Acte passé à Monoblet, chez Pépin. Solignac, notaire.

E. 1271. (Liasse.) — 6 pièces, parchemin.

XVIe siècle. — *Seigneurie de Monoblet.* — *Actes dont le début et la date manquent.*

1. Transaction ménagée par Étienne de Lasalle, tisserand de Monoblet, pour la partie de Jacques de Montbonoux, sa fille Andrée et consorts; et par Jacques Arnaud, du mas d'Unas, pour la partie d'André Teissier, Jean Plantier et consorts, au sujet du devois ou pâturage de L'Espinède et du tènement du Clauselet, dont l'acte trace les limites. L'acte est passé dans le cimetière de Monoblet, sous l'arceau existant dans ledit cimetière, en présence d'Étienne de Lasalle et de Jacques Arnaud, amis des parties; de messire Pierre Martin, de Saint-Hippolyte de Roquefourcade; de messire Jean Blanc, de Mono-

blet, rentiers du prieuré de Saint-Martin de Monoblet, et d'autres habitants de la paroisse, d'Anduze et de Lasalle. Le notaire est Pierre Olivier, de Lasalle. C'est son neveu Antoine Olivier qui fait la grosse après sa mort. Il est substitut du notaire Antoine Bimard. Sa qualité est attestée par des lettres patentes du sénéchal de Beaucaire et Nîmes, en date du 9 novembre 1548. Seing d'Antoine Bimard. — 2. Vente faite à Jean de Gorgas, du mas de Pourcaresses, paroisse de Monoblet, d'une terre sise dans ladite paroisse, quartier de Molière. Le prix est de 3 florins 1 2. Acte passé à Saint-Hippolyte, chez le notaire Antoine Malet, et c'est son fils Jean Malet qui extrait la grosse après sa mort. Mention de ses pouvoirs aux termes de lettres patentes de la cour présidiale de Nîmes, en date du 27 avril 1506. — 3. Acte qui intéresse Pierre et Bernard Valdayron. Il s'agit de la ratification d'une transaction passée entre Antoine Blaquisses et [Pierre et] Bernard Valdayron, ratification donnée par Pierre Valette, à Sumène, sur les lieux contentieux. Le notaire est Antoine Foucaud, clerc, notaire de Sumène. — 4. Acte concernant Jean Arnaud et les biens de la succession de Pierre Baudoin à Monoblet. Jean Arnaud, ou pour lui son beau-fils Guillaume Garin ou Guérin, habitant avec lui à Monoblet, déclare posséder ces biens depuis vingt et trente ans, sans contradiction aucune et de bonne foi, comme ayant droit de Guillaume et de Marguerite Baudoin, de Monoblet, et s'opposer à la demande de Sauveur Baudoin. Les parties transigent. Guillaume Garin ou Guérin paiera 7 l. t. à Sauveur Baudoin, à raison du quart demandé par Sauveur pour son droit de légitime ou autre. Chacun paiera ses dépens. L'acte est passé à Saint-Hippolyte par le notaire Pierre Rouveyrolles. La grosse est faite, après son décès, par Alexis Rouveyrolles, père de Pierre. La suscription du rouleau porte qu'il s'agit du mas du Puech. — 5. Acte relatif à un partage de terres intéressant Guillaume Guérin aîné. Il pourra conduire son bétail à la fontaine des Abels, sise dans la terre d'Antoine Guillaume, couturier, et de Pierre Guérin, par droit de servitude, en passant par le chemin déterminé par les prud'hommes. Il devra leur fournir des matériaux pour la bâtisse qu'ils veulent élever dans la terre confrontée, à eux attribué par le partage. Antoine et ses frères paieront les tailles, censives et charges de ladite terre, etc. L'acte est passé à la maison claustrale de Monoblet. Antoine Aruif, licencié en droits,

de Sauve, est témoin. Le notaire est Romain de Soustelle, de Sauve. — 6. Accord entre Étienne Émenard et la femme Deleuze, veuve Bruguier, à Sumène. François Doulmet, notaire.

E. 1272. (Liasse.) — 5 pièces, parchemin.

XVIᵉ siècle. — *Seigneurie de Monoblet.* — *Actes dont le début et la date manquent.*

1. Acte concernant nobles Jean et Jacques Cayla, frères, fils et donataires de noble Simon Cayla, du mas du Cayla, paroisse de Monoblet. Peu avant la passation de l'acte, ils ont partagé tous leurs biens avec noble Catherine Cayla, fille et héritière de noble Jean Cayla, dudit mas. Maintenant, Jean et Jacques, partagent entre eux les biens qui leur sont attribués, afin que chacun d'eux connaisse et cultive mieux sa part. Ils procèdent avec l'autorisation de Simon, leur père. Détail du partage. Mention du ruisseau de *La Agal*. L'acte est passé dans les bâtiments du mas du Cayla, devant la grande porte d'entrée. Sont témoins Jean Cleinart, tailleur de pierre de Sauve; Bernard de Gourgas, du mas du Puech, paroisse de Saint-Hippolyte; noble Pierre Ventalhac, du mas *de Baleio*, ou des Beaux, paroisse de Saint-Thomas de Durfort. Le notaire est Henri Calmeil, clerc, de Sauve. — 2. Vente de la plus-value d'un devois faite par la femme Gourgas à Balthasar de Nouys, moyennant le prix de 21 l. t. Acte passé à Sauve par le notaire Guyot Astruc. Incontinent les dits Balthasar de Nouys, de la paroisse de Saint-André de Vabres, et Antoinette Gourgas, de Monoblet, donnent procuration à Antoine Aruif, licencié ès-droits; Jean Cavalier, Aurias de Soustelle, Firmin Aruif, notaires, et à tous autres procureurs et avocats en la cour ordinaire de Sauve pour l'insinuation de l'acte. Même notaire. — 3. Testament d'un membre de la famille de Valescure. Il désire être inhumé au cimetière de la paroisse de Sainte-Marguerite de Peyrolle, et consacre 20 l. t. à son âme. Legs à ses fils Antoine Valescure, étudiant aux lois; Simon Valescure; à ses filles Marguerite, Antoinette, épouse Martin; Jeanne, épouse Guibal; autre Jeanne, épouse Méjan; autre Antoinette, épouse Gras; à son frère Pierre, prêtre; à sa sœur Françoise, épouse Cabrit, à sa femme Louise de L'Euzière. Tout le reste manque ainsi que le début. — 4.

Vente faite, par un personnage qui agit tant pour lui que pour un mandant, à Jacques Moinier, du mas de Figaret, paroisse de Saint-Hippolyte de Roquefoureade, de la moitié du mas de Castanet, paroisse de Monoblet, ensemble une châtaigneraie et rouvière ou chênale, au terroir de Valestalière. Le vendeur, Antoine de Lacombe, ignore de quel seigneur ledit mas relève. Il représente un autre Antoine de Lacombe, son père. Le prix est de 35 l. t., payées à l'acte. L'acte est passé à Lasalle par le notaire Antoine Bimard. — 5. Échange pour les mariés Pascal et Marie Martin, de Valleraugue. Ils reçoivent une maison sise à Valleraugue, presque inhabitable, couverte de paille, ensemble « l'apille- ment » de cette maison, contre celle d'Antoine Rouyre, le tout indivis par moitié avec Antoine Toulon. En contre échange, les époux Martin bail- lent à Jean Randavel un petit pré sis au lieu de Randavel. On ignore de quelle directe relèvent les immeubles échangés. L'acte est passé à Vallerau- gue par le notaire Jean Liron.

E. 1274. (Liasse.) — 7 pièces, parchemin ; 5 pièces, papier.

1601-1615. — *Seigneurie de Monoblet.*

. 1. Vente faite, le 31 décembre 1601, par Ozias des Aurières, marchand d'Anduze, à Étienne Allié, laboureur, fils de Nazaire, de La Rouvière, diocèse d'Uzès, de quatre terres sises à La Rouvière, moyennant le prix de 30 écus sol valant chacun 60 sols picte. L'acte est passé à Anduze par le notaire Jean Rodier. — 2. Quittance dotale faite, le 26 décembre 1601, par Jean et autre Jean Montbonoux, père et fils, de Monoblet, à Antoine Pépin, ministre de la parole de Dieu à Monoblet, de 200 écus, en déduction de la dot d'Abigaïl de Pépin. Le notaire est Jérémie Rouveyroles. L'écriture est trop lavée pour tirer autre chose de l'acte. — Suit une autre quittance dotale faite, le 30 décembre 1602, par les mêmes Jean et Jean Montbonoux, marchands de Monoblet, au ministre Antoine Pépin, pour deux robes de camelot, une chaîne d'argent, une paire de coffres de bahut, du linge, et 400 l. t., ce qui achève le paiement de la dot constituée par Antoine Pépin à sa fille Abigaïl, femme de Jean Montbonoux. Le contrat de mariage des jeunes époux est du 26 décembre 1601. Jérémie Rouveyroles, notaire de Saint-Hippolyte. — 3. Deux actes concernant le mas du Cayla. Le début et la date du premier acte manquent. Il y est question d'un échange entre les nommés Pépin et André. Pépin paiera à Anne Sou- lier, sœur de mère d'André, 60 l. ; à Pierre Valtou- hière, notaire, 26 l. ; à Jacques Hermet 54 l., pour le rachat de deux pièces à lui vendues par André à réméré, plus 166 l., à Hermet, etc. André cède à Pépin une maison avec cour et jardin. En contre échange, Pépin lui baille un coin de devois. L'acte est passé à Monoblet, chez Pépin, par le notaire Pierre Solignac, de Sauve. — Acte passé, le 5 mai 1603, contenant quittance d'Anne Soulier, fille de Jean et d'Antoine Cayla, du mas du Cayla, paroisse de Monoblet. Elle a reçu de son frère Jean André, du mas du Cayla, et par les mains et des deniers de noble Jean Pépin, de Monoblet, 60 l. t., en paie- ment de 50 l. léguées par Antoine Cayla, etc., moyennant quoi elle remet à Pépin ses droits dans la succession de ses père et mère. Elle en investit Pépin par le bail de la plume du notaire. L'acte est passé à Monoblet, chez Pépin, par Pierre Solignac, notaire. — 4. Donation faite, le 4 juin 1603, par Catherine Fayet, dite Peyras, fille de feu Pierre, née à Lanuéjols, à Marguerite Boisserolle, femme de Jean Finiel, de Sumène, qui l'a assistée au cours d'une longue maladie. L'objet de la donation est une maison sise à Lanuéjols, dans la rue allant de la place aux Aires. Pierre Villaret, notaire de Sumène. — 5. Vente faite, le 12 mars 1607, par Jean Greffeuille, du mas de la Greffeuille, paroisse de Monoblet, à Pierre Greffeuille, fils de Mathieu, dudit mas, d'une olivette dudit mas appelée de Las- cours ou Les Abeilles, moyennant le prix de 160 l. t. Acte passé à Saint-Hippolyte par le notaire Pierre Solignac. — 6-7. Extraits en forme d'une vente faite, le 26 août 1619, par Antoine Baudoin, couturier, né à Monoblet, habitant de Bernis, à noble Jean Pépin, de Monoblet, de tous ses droits sur la métairie du Crémat, paroisse de Monoblet, moyennant le prix de 9 l. t. Acte passé à Bernis par le notaire Jean de Arenis. — 8. Obligation de 21 l. 5 s., faite le 30 novembre 1605 par Antoine Verdelhan et Margue- rite Chapus à noble Jean Pépin, de Monoblet. Can- cellation pour paiement en date du 27 août 1610. — 9. Vente faite, le 17 septembre 1610, par Antoine Plantié, cardeur, du mas de La Jounarié, paroisse de Monoblet, à Mathias Monbonoux aîné, marchand drapier de Monoblet, son beau-frère, d'une terre contenant châtaigneraie, devois et rouvière ou chênaie, sise à Monoblet, quartier des Rouvières, moyennant le prix de 550 l. t. Acte passé à Durfort par Jean Garimond de Claris, notaire de Sauve. Noble Gilles du Ranc, sieur du Merlet ; nobles Pierre et Guillaume d'Amauric, enfants d'autre Guillaume, coseigneur de Durfort, sont témoins. — 10. Deux actes dont le premier a perdu son début et sa date. C'est la vente, faite par une femme Sabatier aux nommés Verdier et Viala, d'une partie de terre, moyennant 10 l. t. que les acheteurs paieront à noble Jean Pépin, de Monoblet, créancier de feu Théophile Reinaud, mari de la venderesse. Acte passé à Saint-Hippolyte par le notaire Pierre Solignac. — Quittance faite, le 14 janvier 1615, par noble Jean Pépin, fils et héritier d'Antoine, quand vivait ministre de l'église de Monoblet, à Françoise Sabatier, veuve et héritière de Théophile Reinaud, de Saint-Hippolyte, de 10 l. t., des mains et deniers propres de Simon Verdier et Jean Viala, du mas du Mazet, paroisse de Monoblet. Acte passé à Saint-Hippolyte par le notaire Pierre Solignac. — 12. Extrait en forme du testament de Jean Ducros aîné, des faubourgs bas de Sumène, fait le 21 septembre 1615. Son héritier universel est son fils Pierre Ducros. L'acte est passé à Sumène par le notaire Pierre Villaret.

E. 1274. (Liasse.) — 5 pièces, parchemin ; 11 pièces, papier.

1620-1639. — *Seigneurie de Monoblet.*

1. Rapport des experts Louis Plantier et Jean Montaud, de Monoblet, fait le 30 janvier 1620, sur les censives que peuvent porter des pièces de terre mentionnées dans une reconnaissance du 4 novembre 1464. L'acte est passé au château de Saint-Félix (de Pallières), en présence du seigneur de Saint-Félix, par le notaire Pierre Aldert, de Sauve. — 2. Partage fait, le 22 octobre 1624, entre Jean Pépin, de Monoblet, et Mathieu Montbonoux, marchand drapier de Monoblet. Il s'agit du mas de Montaud et de ses dépendances, paroisse de Monoblet. Acte passé à Monoblet, dans la maison de Louis Plantier en présence de Jean Montbonoux, baile, par Pierre Solignac, notaire de Saint-Hippolyte. Écriture très lavée. — 3. Extrait en forme de l'arrentement du mas du Cayla, paroisse de Monoblet, passé par son propriétaire, noble Jean Pépin, à Jean Bruguière, du mas de Pallière, pour 3 ans, à mi-fruits. L'acte est passé à Monoblet, dans le mas de Jean Montbo-

noux, par le notaire Solignac (17 septembre 1622). — 4. Certificat du notaire Pierre Solignac portant qu'il a reçu, le 19 juin 1627, un contrat de vente fait à noble Jean Pépin et à Mathieu Montbonoux, de Monoblet, de la terre du Crémat, moyennant le prix de 100 l. t. Les vendeurs sont Jacques Fontanieu, mari de Louise Baudoin, et Marie Baudoin, habitants de Nîmes. La terre du Crémat confronte les terres des acquéreurs à Monoblet. — 5. Copie et commentaire du testament de Marie de Veiras, veuve d'Antoine Ducros, docteur et avocat de Nîmes, testament daté du 8 avril 1628. Marie appartient à l'église réformée. Le notaire est Paul Arnaud. — 6. Obligation de 80 l. t. faite par Jean Verdeille à sa sœur Madeleine Verdeille, de Monoblet, le 18 août 1630. Acte passé chez noble Jean Pépin, à Monoblet. Le notaire est Solignac. — 7. Extrait du contrat de mariage entre Jacques Foucard, de Monoblet, et Madeleine Verdeille, passé le 18 août 1630 à Monoblet, chez noble Jean Pépin, par le notaire Solignac. — 8. Contrat de mariage entre Théodore de Pépin, docteur en droits, sieur de Fontsèque, fils de noble Jean de Pépin, sieur du Cayla, et de Domergue de Folaquier, de Monoblet, d'une part, et Jacquette de L'Hom, fille de noble Guillaume de L'Hom, sieur de Bussas, et de Madeleine de Bruguier, de Bussas, paroisse de Saint-Martin de Corconac (aujourd'hui L'Estréchure), d'autre part. La dot est de 6,000 l. L'acte est passé chez M. de Bussas par le notaire Pierre Doulmet (26 août 1628). — Insinuation à la cour royale de Sommière le 28 novembre 1628. — 9. Extrait en forme de la ratification d'une vente d'une terre du Crémat, faite par Louise Baudoin, veuve Fontanieu, à noble Jean Pépin et à Mathias Montbonoux (26 octobre 1630). Acte passé à Nîmes. Le notaire est Paul Barre. — 10. Extrait du contrat de mariage entre Daniel Pépin, praticien, de Monoblet, fils de noble Jean Pépin, sieur du Cayla, et de feu Domergue de Folaquier, d'une part ; et Alix Andrette Radel, de Bernis, fille de défunts Jean-André Radel, marchand de Nîmes, et Agnès Vedel, d'autre. Ils appartiennent à l'église réformée. La dot de Daniel est de 3,000 l. L'acte est passé à Bernis, chez Andrette, par Antoine Pépin, notaire du « Cailar », le 3 novembre 1630. — 11. Sentence du Sénéchal de Beaucaire et Nîmes, rendue entre Pierre Dessaillens, viguier de Bernis, demandeur en condamnation des sommes par lui fournies pour feu Agnès Vedel, sa femme, d'une part ; et Moïse Pépin, administrateur des biens de Jean et Pierre Pépin, ses enfants, et de feu Marguerite Andrette, sa femme; ensemble Daniel Pépin, mari d'Alix Andrette, dite Radelle, défendeurs, d'autre (12 juin 1632). Sceau du sénéchal. — 12. Extrait de l'acte de baptême de David, fils d'Antoine Chaugier, bourgeois de Montpellier, et d'Isabeau Gibert. Carcenac, pasteur (22 avril 1633). — 13. Enquête sommaire pour noble Pierre Pépin, sieur de La Sauzède, soldat de la compagnie de M. de Folaquier, régiment du baron de Lèques, au service du roi, en garnison au pays des Grisons. Les témoins déclarent que le lieutenant Jean Ribes, avant de mourir des suites d'une blessure, a donné à son cousin de La Sauzède ses hardes, bagages et équipages. L'acte est passé le 28 septembre 1633 à Castele, pays des Grisons, par le notaire impérial Daniel Boniface, de Furstenau. — 14. Rémission du 18 octobre 1634, faite par Jeanne Yssert et Jean Verdeille, mère et fils, à noble Jean Pépin, de Monoblet. Il s'agit de 40 l. Extrait. — 15. Transaction du 20 octobre 1635, passée entre Pierre Olivier, de Conqueirac, et consorts, d'une part; et Jordy Servons et consort, d'autre. Il s'agit d'une somme de 700 l., y compris les dépens et intérêts, et du mas de Servons, paroisse de Bragassargues. Mention de Jacques Monbonoux parmi les propriétaires confrontés par les terres dudit mas. L'acte est passé à Sauve par le notaire Simon Greffeuille. Le rouleau contient 7 peaux de parchemin. — 16. Extrait d'une rémission faite, le 16 juin 1636, par Pierre Olivier, du mas de Maligo, paroisse de Monoblet, débiteur envers noble Jean Pépin, de Monoblet, en son nom et comme ayant droit de Pierre Montbonoux, de Monoblet, de la somme de 120 l. Olivier remet à Pépin, représenté par Théodore Pépin, docteur en droits, sieur de Fontsèque, son fils, 120 l., à prendre sur les consuls et communauté de Monoblet, ses débiteurs par la clôture de son compte comme consul en 1620. L'acte est passé à Monoblet, chez Jacques Montbonoux, procureur, par Simon Claris, notaire de Canaules. — 17. Extrait du testament d'Étienne Manoel, marchand de Nimes (2 février 1633), reçu à Nimes par le notaire Antoine Paulhan; puis du codicille du même (11 juillet 1636) reçu à Nimes par le même notaire. — 18. Extrait d'un arrentement passé, le 4 septembre 1636, par Jacquette de Blanc, veuve et héritière par moitié d'Étienne Manoel, à André Meyran, de sa métairie de Luc, près Nimes, pour 4 années, à mi-fruits. L'acte est passé à Nimes par le notaire Jean Cabanemagre. — 19. Contrat de mariage entre noble Théodore Pépin, sieur de Fonsèque, docteur en droits, fils de noble Jean Pépin et de Domergue de Folaquier, de Monoblet, d'une part; et Jacquette de Blanc, fille de Jacques Blanc, bourgeois, de Nimes, et de feu Louise Martin, veuve d'Étienne Manoel, de Nimes, d'autre part. Ils appartiennent à l'église réformée. Daniel Pépin, greffier de Nimes, représente son père Jean dans le consentement donné au mariage de son frère. L'acte est passé à Nimes, chez Blanc, par le notaire Jean Bruguier, d'Anduze. Claude Roux, marchand, oncle de M. de Fonsèque; Jean Boisson, bourgeois, beau-frère de Jacquette; Antoine Bolon, docteur en droits; Charles de Baudan, docteur et avocat, sieur de Villeneuve; Guillaume de Possac, Pierre Mazel, marchands; David Cappon, docteur et avocat; Jean Pépin, écuyer, assistent au contrat, avec l'apothicaire Samuel Ducrai. Extrait de l'original par Daniel Pépin, notaire de Nimes.

E. 1275. (Liasse.) — 42 pièces, papier.

1625-1659. — *Seigneurie de Monoblet.*

1. Extrait d'une délibération consulaire de Monoblet du 4 juin 1642, mentionnant que le consul Jean Tresfons est assisté de noble Jean Pépin, de Théodore de Pépin, sieur de Fontsèque, de Mathias Montbonoux, etc. Il s'agit de s'entendre avec M. Dupuy sur le fait des amortissements et de clôturer des comptes. — 2. Inventaire des biens meubles de feu Marie Esmenard, veuve de Pierre Ducros (Sumène, 9 janvier 1645). — 3. Note de mentions à mettre au pied de divers contrats concernant Pierre Novis (1645). — 4. Extrait d'une obligation du 28 novembre 1625, consentie par Louis Pépin, de Bernis, à Alix Andrette Radel, pour 80 l. t., avec sa cancellation du 20 avril 1645. — 5. Extrait d'une quittance de 159 l. 10 s. faite par Jean Tresfonts, de Monoblet, à noble Jean Pépin, payant des mains et deniers de Théodore de Pépin, sieur de Fontsèque, de Monoblet (Monoblet, 3 février 1646). — 6. Copie du testament d'Antoine Pépin, notaire et régent en la baronnie du Cailar (près d'Aimargues). Legs à Jeanne et Marguerite Pépin, ses nièces; à Marie Pépin, femme d'Étienne Vesson, son autre nièce; à Agnès Lautier, femme de Jacques Puech; à Jean Lautier, son neveu, suivant les finances. Ses héritiers universels sont Jacques Cauzit, fils de sa sœur

défunte Isabeau Pépin, viguier de Boissières, et Jacques Lautier, autre fils de feu Marie Pépin, sa sœur, bourgeois du Cailar (16 juillet 1646). — 7. Déclaration faite à Jacques et Henri Novis, du mas de Novis, paroisse de Vabres. Signature emportée (Monoblet, 30 septembre 1646). A la suite, quittances des 10 et 15 octobre 1646 faites par un Novis, à Nimes, à Pépin de Fontsèque. — 8. Requête de noble Théodore Pépin, sieur de Fontsèque, au sénéchal (18 juin 1647) et ordre du sénéchal d'ajourner Jacques Passo (18 juin). — 9. Obligation de 100 l. faite par Jacques Novis à noble Théodore de Pépin, sieur de Fontsèque (Nimes, 16 octobre 1647). — 10. Obligation de 115 l. faite par Jacques et Henri Novis frères à M. de Fontsèque (Saint-Hippolyte, 21 octobre 1647). — 11. Obligation de Pierre Novis à M. de Fontsèque pour 72 l. (Monoblet, 23 février 1648). — 12. Rémission réciproque de créances entre Théodore de Pépin, sieur de Fontsèque, de Monoblet, et Pierre Polet, ministre de Tornac (Anduze, 21 mai 1648). — 13. Obligation de 104 l. faite par Henri Guérin à César Pépin, de Monoblet (Saint-Hippolyte, 25 août 1649). — 14. Procuration donnée par Pierre, Moïse, David, Abigail et Marthe Pépin, frères et sœur, à Théodore de Pépin, sieur de Fontsèque, de Monoblet (Saint-Hippolyte, 9 novembre 1649). — 15. Testament de Pierre Pépin, marchand canabassier de Nimes. Il appartient à la religion réformée. Son héritière universelle est sa fille Jeanne. Il se plaint de l'ingratitude de sa femme Jeanne Haon, qui l'a abandonné dès qu'elle l'a vu malade, en commettant toute sorte d'indignités, et il la prive de tout droit à son hérédité, annulant tous les avantages qu'il lui avait attribués dans leur contrat de mariage (Nimes, 20 janvier 1650). — 16. Codicille du même à la même date. Il rappelle que l'année précédente il avait testé à Bernis, où il s'était réfugié à cause de la contagion (18 septembre 1649). Il enlève à sa femme Jeanne Haon 50 l. qu'il lui avait alors léguées, ne lui léguant que 5 s. à titre d'héritière particulière. Il prie son père Moïse Pépin de prendre l'administration de la personne et des biens de sa fille Jeanne. — 17. Donation faite par Jacquette de Blanc, femme de M. de Fontsèque, à son neveu Jacques Buisson, fils de Jean, bourgeois de Nimes, et de Jeanne de Blanc, sa sœur (Nimes, 12 février 1650). — 18. Obligation de 70 l. faite par Pierre Novis à M. de Fontsèque (Saint-Hippolyte, 10 avril 1650). — 19. Obligation de 120 l. faite par Étienne Pépin, de Monoblet, à Théodore de Pépin (Monoblet, 21 août 1650). — 20. Enquête par témoins, ou « sommaire apprinse », sur les parents de feu Antoine Pépin, notaire et régent de la baronnie du Cailar, qui a légué 300 l. à partager entre les pauvres de sa parenté de Monoblet ou d'ailleurs. L'enquête a lieu par-devant Jean Montbonoux, baile de Monoblet, le 5 septembre 1650. Jean Rouvière, notaire de Saint-Hippolyte, requiert au nom de Jacques Cauzid, viguier de Boissières. En tête des témoins et prêtant serment la main levée à Dieu, comme professant la R. P. R., sont nobles Jean Pépin, 80 ans; Théodore Pépin, sieur de Fontsèque, 55 ans; César Pépin, 51 ans. Les parents déclarés sont Étienne Pépin, Pierre, David, Noïse et Antoine Pépin, Jacquette, Anne, Abigail, Marie, Marthe Pépin, etc., tant à Monoblet qu'à Saint-Hippolyte. — 21. Quittance de 45 l. donnée par Antoine, Marie et Marthe Pépin, enfants de feu Pierre Pépin, de Monoblet, à Jacques Cauzid, viguier de Boissières, comme cohéritiers d'Antoine Pépin, soit 15 l. pour chacun (Bernis, 18 septembre 1650). — 22. Quittance de 717 l. faite par noble Tristan d'Arbaud, de Nimes, aux consuls de Bernis, et des deniers de noble Théodore de Pépin, sieur de Fontsèque, habitant Nimes et Bernis, en déduction d'une dette de 3.000 l. (Nimes, 6 décembre 1650). — 23. Quittance de 6.000 l. faite par noble Daguerre-Massanes, docteur ès-droits, sieur de Puechredon, habitant Sauve, comme mari de « Grosinde » ou Garsinde Pépin, à noble Théodore de Pépin, de Monoblet, son beau-père (Monoblet, 24 juillet 1651). — 24. Quittance de 50 l. faite par Jean Pépin, fils de Moïse, marchand, et de feu Marguerite Androtte, à Daniel Pépin, son oncle, greffier de Nimes, mari d'Alix Androtte, cohéritière d'Agnès Vedel, sa défunte mère, femme en secondes noces de feu Pierre Desalions (Nimes, 3 novembre 1653). — 25. Contrat de mariage entre noble César Pépin, de Monoblet, fils de noble Jean Pépin, sieur du Cayla, et de Domergue de Folaquier, d'une part; et Lucrèce de Salvayre, fille de feu noble Jean de Salvayre, sieur de Rouville, et de feu Jeanne de Monier. Jean Pépin donne son consentement par un procureur qui est son fils, noble Théodore Pépin, sieur de Fontsèque. Consentement de noble Henri de Salvayre, sieur de Rouville, et autres parents de la future. Les futurs appartiennent à la R. P. R. (Sauve, 16 novembre 1655). — 26. Testament de Jacquette « de Leblanc », femme en secondes noces de Théodore Pépin, docteur en droits, sieur de Fontasque, de Monoblet. Elle appartient à la religion réformée. Mention de son neveu noble Jacques de Boisson, seigneur de Caveirac. Son héritière universelle est sa sœur Jeanne de Leblanc, veuve de Jean Boisson, bourgeois de Nîmes. L'acte est passé à Nîmes, chez Jean de Lagrange, conseiller au présidial (6 janvier 1659). — 27. Achat par Daniel Pépin, notaire de Nîmes, d'une terre à Bernis (5 novembre 1657). — 28. Liste d'actes de 1657 et 1658. — 29. Obligation de 217 l. faite par Alix Andriotte, veuve de Daniel Pépin, notaire et greffier de Nîmes, à François Dauvant, avocat de Nîmes (x avril 1659). — 30. Engagement de payer 64 l. à Gimel, signé Pépin (3 mars 1659). — 31. Lettre de Gimel à Pépin docteur en médecine à Nîmes, pour lui demander 45 l. à compte sur sa promesse de 64 l. (Bellegarde, 8 mars 1659). Au dos, quittance du 12 mars. — 32. Quittance de 45 l. faite au Dr Pépin (8 avril 1659). — 33. Quittance faite par Louis Gimel, bourgeois de Bellegarde, fermier général de l'abbaye de Saint-Gilles, pour 4.125 l. à lui payées par feu Daniel Pépin, greffier de Nîmes, Jean Pépin, marchand, le capitaine Mathieu Sarrazin, ou Moïse Pépin, docteur en médecine, fils de Daniel. Il s'agit de la dîme de Bernis (Nîmes, 13 mars 1659). — 34. Reçu de 10 l. pour le Dr Pépin (23 mars 1659). — 35. Mandement ou lettre de change de 153 l. envoyée par Gimel à Pépin, greffier, le 5 février 1659. Au dos, deux acquits de Fauquier à M. Pépin pour 100 l. (20 février), puis 53 l. (10 avril 1659). — 36. Bail de terres, en paiement d'une dette de 1.858 l., offert au Dr Pépin par une assemblée de famille, au nom des enfants mineurs de feu Jean Pépin (Nîmes, 29 octobre 1659). — 37. Transaction entre noble Théodore de Pépin, sieur de Fontasque, et Berthomine Olivier (Nîmes, 23 août 1659). — 38. Rémission de créance faite par Louis Gimel, écuyer, d'Arles, fermier général de l'abbaye de Saint-Gilles, à Jean Chambaron, hôtelier, de Saint-Gilles, pour 350 l., à prendre sur Sarrazin et Pépin, fermiers de la dîme de Bernis (4 septembre 1659). — 39. Assignation donnée à Alix Andriotte et à Moïse Pépin, docteur en médecine, mère et fils, à la requête de Marguerite Ducros, leur créancière (Nîmes, 6 septembre 1659). — 40. Mandement de payer 200 l. à M. Ducal, à lettre vue, adressé par l'abbé de Saint-Gilles à Pépin et Sarrazin (Marsillargues, 25 septembre 1659). A la suite, quittance du 4 octobre. — 41. Rémission de créance faite par noble Théodore Pépin, sieur de Fontasque, de Monoblet, à Pierre Royer jeune, bourgeois d'Anduze, pour 70 l. à prendre sur la communauté d'Anduze (3 novembre 1659). — 42. Bail en paiement fait à Moïse Pépin, docteur en médecine, par son oncle Moïse Pépin, comme ... des enfants de feu Jean Pépin (Cf. la pièce 36). Acte du 30 octobre 1659.

R. 1378. (Liasse.) — 16 pièces, papier.

1660-1661. — Seigneurie de Monoblet.
1. Quittance de 350 l. pour le Dr Pépin et le capitaine Sarrazin, sous-fermiers du prieuré de Bernis (11 février 1660). — 2. Quittance de Pleon faite aux mêmes pour 768 l. (14 février). — 3. Deux quittances de Mercier (6-16 mai 1660). — 4. Vente faite par Moïse Pépin, docteur en médecine, fils de feu Daniel Pépin, notaire et greffier des inventaires de Nîmes, et d'Alix André, à David Chaugier, de l'office paternel, moyennant 1.830 l. (25 août 1660). — 5. Obligation de 318 l. faite par David Chaugier à Moïse Pépin (13 septembre 1660). — 6. Copie d'une déclaration de Pépin au sujet d'une lettre de change à lui baillée par Chaugier (21 septembre 1660). — 7. Quittance d'un à compte de 1.000 l. payé par Chaugier à Pépin (21 septembre). — 8. Obligation de 318 l. renouvelée par Chaugier à Pépin (21 septembre). — 9. Quittance de 730 l. faite par Saporta à Pépin, l'un des fermiers du bénéfice de Bernis (Nîmes, 6 octobre 1660). — 9. Trois quittances de Chaugier à Pépin, qui lui a remis tous les inventaires, ventes et registres de l'office à lui vendu (7-24 septembre-8 octobre 1660). — 10. Échange de terres entre David Chaugier, notaire et greffier de Nîmes, et Claude Tiers, contrôleur aux droits forains en la sénéchaussée (13 novembre 1660). — 11. Procuration donnée par les tenanciers du mas de Las Combes, paroisse de Monoblet, à Pierre de Grégoire des Gardies, baron de Saint-Félix, Monoblet, Flavet, Saturargues, etc., pour racheter les pensions pouvant appartenir à Jean Vallat, prieur de Valleraugue, recteur de la chapelle fondée par Jean Fabre, en l'église de Saint-Hippolyte, en l'honneur de Notre-Dame, sur le mas de Las Combes. L'acte est passé dans la maison claustrale de Monoblet, en présence de Jacques de Vaux, vicaire de Saint-Félix [de Pallières], et Guillaume Maurin, prêtre de Monoblet (14 décembre 1660). — 12. Ajournement des parents de feu Moïse Pépin, docteur en méde-

cino, ordonné à la requête de sa mère Alix « Andrée » veuve du notaire Daniel Pépin, au sujet de l'inventaire de la succession (Nîmes, 29 janvier 1661). — 13. Testament d'Alix Andrette, veuve du notaire Daniel Pépin. Legs à son neveu et filleul noble Louis de Pépin, sieur du Cayla, de Monoblet. Son héritier universel est son beau-frère Moïse Pépin, de Nîmes (Bernis, 9 février 1661). Jacques Dumas, précepteur de la jeunesse de Bernis, est témoin. — 14. Liste des inventaires pourris et déchirés qui se sont trouvés « aux Arènes », et dont Chaugier donne décharge à Moïse Pépin, sieur du Cayla, sans préjudice des autres inventaires détenus par Andrette, veuve de Daniel Pépin (Nîmes, 25 février 1661). — 15. Cadicille d'Alix Andrette, veuve de Daniel Pépin (Bernis, 10 mars 1661). — 16. Arrêt de la chambre de l'Édit de Castres rendu sur appel d'une sentence du sénéchal de Montpellier du 21 juillet 1657. Il y est question, entre autres, de Théodore de Pépin, sieur de Fontsèque, demandant cassation d'une saisie faite sur la terre de Puechredon, avec vente séparée pour le paiement des sommes à lui dues ; ensemble de Garsinde de Pépin. Nombreux chefs (9 avril 1661). — 17. Assignation à noble Louis Pépin sur requête de Moïse Pépin bourgeois de Nîmes, au sénéchal de Nîmes. Il s'agit d'une ouverture de substitution (30 avril 1661). — 18. Assignation à Jean Vedel, notaire d'Uchau, sur requête de Moïse Pépin, au nom de Louis Pépin et de Suzanne de Blanc (21-22 avril). — 19-20. Requêtes (17 mai 1661). — 21. « Brevet » ou tableau et notes généalogiques pour M. du Cayla (21 mai 1661). — 22. Requête de Moïse Pépin, sieur du Cayla, au sénéchal de Nîmes, en distribution des biens de Moïse Pépin, docteur en médecine, contre François Daunant, avocat, et consorts (14-16 mai 1661). — 23-25. Assignation et diète (31 mai-19 août 1661). — 26. Saisie des biens de Daniel et Moïse Pépin père et fils, en vertu d'un appointement du sénéchal de Nîmes du 27 mai 1661 (Bernis, 3 juin 1661). Suivent quatre enchères, puis une assignation nouvelle aux intéressés, faute d'offres (19 août 1661).

E. 1277. (Liasse.) — 24 pièces, papier.

1662-1667. — *Seigneurie de Monoblet.*

1. Contrat de mariage entre Étienne Molles, ministre de la parole de Dieu, fils d'Étienne et de Suzanne de Claris, de Sauve, d'une part, et « Gresinde » ou Garsinde de Pépin, fille de noble Théodore de Pépin, sieur de Fontsèque, et de feu Tiphaine de Fons, de Monoblet, et veuve de noble Jean Daguerre-Massanes, sieur de Puechredon, d'autre. Acte passé à Sauve, chez noble César Pépin, oncle de la future. Sont témoins nobles Pierre de La Roque, seigneur de Liouc ; Louis de Pépin, sieur du Cayla, frère de Garsinde ; ensemble Jean Montbonoux, baile de Monoblet ; François de Pize, Jean de Claris, docteur ès-droits ; noble Gilles Molles, sieur du Merlet, de Sauve ; avec le notaire de Sauve, Jacques de Claris (16 février 1663). — 2. Cadicille de Jacquette de Blanc, femme de Théodore de Pépin, sieur de Fontsèque (1er mars 1662). — 3. Quittance de 30 l. faite par Louis Delaunay, maître apothicaire de Bernis, à Théodore de Pépin (25 août 1662). — 4-5. Cadicille de Jacquette de Blanc (18 septembre 1662). — 6. Accord entre Moïse Pépin, sieur du Cayla, grand-père de Jean Pépin, fils d'autre Jean et de Marguerite Andrette, de Bernis ; son frère noble Théodore Pépin, sieur de Fontsèque, père de Louis, sieur du Cayla, de Monoblet ; Antoine Vedel, d'Uchau, Jean Sonay, son frère Pierre, de Bernis ; et le notaire Jean Vedel, d'Uchau. Il s'agit de la succession d'Alix Andrette, veuve de Daniel Pépin, greffier des inventaires et notaire de la viguerie de Nîmes (Bernis, 10 novembre 1662). — 7. Copie d'acte pour Théodore Pépin contre un consul d'Uchau y faisant la levée des tailles (11 novembre 1662). — 8. Quittance de 40 l. faite à Théodore de Pépin (13 novembre 1662). — 9. Rémission de 60 l. sur Moïse Pépin, faite par Suzanne de Blanc, femme de M. de Chambonnet, de Génolhac, à Jacques de Cassagnes (Nîmes, 24 novembre 1662). — 10. Quittance de 60 l. faite par Jacques de Cassagnes, conseiller au présidial, à Moïse Pépin, bourgeois de Nîmes, héritier bénéficiaire d'Alix Andrette sa belle-sœur (4 décembre 1662). — 11. Quittance de 60 l. faite aux hoirs d'Alix Andrette (Nîmes, 12 décembre 1662). — 12. Cession d'une vigne à Bernis, faite à Moïse Pépin par une ancienne servante d'Alix Andrette (30 janvier 1663). — 13. Deux quittances faites à Moïse Pépin (28 mars et 11 mai 1663). — 14. Quittance faite par Garsinde de Pépin, qui signe « Grasindo »...., à son père Théodore (Monoblet, 30 avril 1663). — 15. Accord entre Moïse Pepin, sieur du Cayla, et son frère Théodore de Pépin, sieur de Fontsèque, de Monoblet. Il s'agit de la succession de leur père, noble Jean Pépin (Nîmes, 19 juin 1664). — 16. Cession

faite par Jean Laffaud, marchand de Nimes, à Théodore de Pépin, de 52 l. sur Claude Guiraud, bourgeois de Nimes (20 juin 1664). — 17. Accord entre Anne Rocher, d'Alais, et Moïse Pépin du Cayla, bourgeois de Nimes, aïeul paternel de Jean Pépin, fils unique de feu Jean et de Catherine Rocher, avec deux quittances (11 juin-18 octobre 1604). — 18. Quittance faite par Maurice Guibal, de Nimes, à Moïse Pépin du Cayla (20 novembre 1635). — 19. Note sur un procès entre Jean Pépin et Veyret. Il s'agit de la succession de Moïse Pépin, docteur en médecine, qui avait testé en 1620 (s. d.). — 20. Lettre de Chaugier au sujet de la succession du neveu du destinataire (Nimes, 6 janvier 1635). — 21. Lettres de M. de Fontsèque à son fils M. du Cayla. On n'a pas pu trouver à Nimes de chapons vivants, ni à Bernis. Il lui envoie quatre pains de sucre achetés par Mme Margot, pour faire un présent honnête, avec des chapons qu'il achètera « là-haut » (à Monoblet). Il n'a pu trouver de « panicule » (orge) ni à Bernis ni à l'chau. Il croit, on trouver à Nimes. Chaugier est misérable et on ne peut en retirer satisfaction, ni pour le capital, ni pour les intérêts. On attend incessamment Veyret, retour de Toulouse. Son avis sera utile contre Chaugier. On a besoin de plâtre pour le temple. Il prête au cousin Roux un cheval pour aller à Montpellier (Bernis, 17 février 1635). — 22. Transaction entre David Chaugier, notaire et greffier des inventaires et encans de Nimes, et Christol ou Christophe Cazagne, de Nimes, (6 juin 1635). — 23. Quittance faite par Paul Veyret, greffier de Nimes, procureur de Théodore Pépin de Fontsèque, de Monoblet, rémissionnaire et ayant droit de David Chaugier, à Christophe Cazagne, beau-frère de Chaugier (2 juillet 1696). — 24. Contrainte décernée par le juge des Conventions royaux de Nimes, à la requête de M. de Fontsèque, contre David Chaugier, pour 17 l. (12 septembre 1667).

B. 1978. (Liasse.) — 30 pièces, papier.

1628-1692. — Seigneurie de Monoblet.

1. Extrait en forme des actes de baptême des enfants de noble Louis de Pépin, sieur du Cayla, époux de Marie Ducros, de Monoblet. Ces enfants sont : Théodore, né le 4 septembre 1663 ; Moïse, né le 23 décembre 1665 ; Louis, né le 7 avril 1667 ; Étienne, baptisé le 13 avril 1668 ; César, baptisé le 11 juillet 1669, Marguerite, baptisée le 24 juin 1671. — 2. Ordonnance imprimée des commissaires du roi pour la confection du papier terrier et la réception des aveux et dénombrements en Languedoc et dans le ressort de la cour des aides de Montpellier (20 janvier 1672) adressée aux consuls de Monoblet. — 3. Instruction imprimée desdits commissaires, avec un modèle d'aveu et une assignation donnée à Théodore Pépin, le 17 juillet 1672, de fournir son aveu et dénombrement de ses fiefs à Monoblet. Théodore déclare à Pasquier, garde en la maréchaussée du Haut-Languedoc, que ses terres nobles du consulat de Monoblet ne relèvent pas du roi, mais bien de M. de Saint-Félix de Gardies, seigneur de Monoblet. — 4. Quittance de 1661 faite par Pépin à Toulouse, de Parcheron (1er septembre 1672). — 5. Transaction entre Garsinde de Pépin, fille de feu Théodore, sieur de Fontsèque, et de Tiphaine de Fons, femme en secondes noces de M. Étienne de Molles, ministre de Quissac, demanderesse, et Louis de Pépin, sieur du Cayla. Il s'agit de la succession de leur père (Métairie du Péreyral, 10 juillet 1673). — 6.7. Quittances (28 août 1673-24 septembre 1675). — 8. Lettre de Ducros à son beau-frère M. du Cayla. Chaugier n'a pas tenu parole. Il prie Devillas de lui chercher quelqu'un pour sa maison. Il a appris la maladie de sa sœur (Nimes, 8 avril 1676). — 10. Autorisation de défricher donnée par Pierre Navis à Antoine et Jean Pépin frères (Monoblet, 15 mai 1676). — 11. Requête de Jean Pépin aux officiers ordinaires de Monoblet, au sujet du testament d'Alix Andrette, sa grand'tante, daté du 2 février 1641, et de son codicille de 19 mars suivant, instituant pour héritier Moïse Pépin, son beau-frère, grand-père du suppliant, pour jouir des fruits sa vie durant, avec substitution de Louis Pépin, fils de Théodore, sieur de Fontsèque, pour jouir aussi des fruits jusqu'à ce que le suppliant eût atteint l'âge de 25 ans, époque à laquelle il était chargé de lui rendre l'hérédité. Jean demande l'assignation de Louis Pépin (10 mai 1678). L'assignation est faite le 12 mai, avec signification de divers actes ou sentences allant du 21 août 1625 au 14 août 1676, transcrits à la suite, et dont il a été baillé copie à Pelatan, procureur, le 20 avril 1678. Ces actes sont : — 1° une sentence du sénéchal de Nimes, du 28 août 1665, rendue en faveur de Raimond Tinellis, recteur de cinq chapelles fondées en l'église paroissiale de Bernis, demandeur en désistat de maisons, terres, vignes, etc... de Bernis et Aubord, dépendant des dites chapelles. Daniel

Pépin, sieur de Fontségue, figure parmi les défendeurs; — 2° un arrêt du parlement de Toulouse,
rendu sur appel, et recevant Tinellis à prouver ses
moyens de défense, savoir qu'un certain acte de
révocation de 1539 a été fabriqué depuis peu de
temps; recevant Pépin et consorts à prouver le
contraire (11 août 1670); — 3° le contrat de mariage
du capitaine Pierre Saillens et d'Agnès Vedel (Bernis, 21 août 1655); — 4° le contrat de mariage de
Moïse Pépin avec Marguerithe Andrette (Bernis, 8
mai 1630); — 5° le testament d'Agnès Vedel (Bernis, 5 janvier 1630); — 6° un compte final entre
Moïse et Daniel Pépin (Nimes, 3 avril 1645); — 7°
une convention entre Louis de Pépin, sieur du
Cayla, et Jean Pépin, fils d'autre Jean, assisté de
son curateur (Nimes, 18 décembre 1673); — 8°
Accord entre Théodore et Moïse Pépin frères,
pour l'estimation des biens de la succession d'Alix
Andrette et de la succession de sa mère Agnès
Vedel, en vue du règlement des legs (Bernis, 10
novembre 1662; — 9° Inventaire des biens meubles
d'Alix Andrette, veuve de Daniel Pépin, notaire et
greffier des inventaires de Nimes (Bernis, 2-10
mai 1631); — 10° Exécutoire par lequel un commissaire, conseiller au parlement de Toulouse, ordonne
de contraindre Moïse Pépin à payer à Guillaume
Rolland, recteur de l'hôpital de Bernis, 21 écus 5 l.
15 s. pour sa part des rapport et vérification du
procès pendant entre Raimond Tinellis, prêtre,
Pierre Mallier, Jean Vedel et autres (Toulouse, 22
octobre 1675; — 11° Quittance des taxats obtenus
par Rolland (Date emportée); — 12° Quittance faite
par Raimond Tinellis, prieur de Sauteyrargues, à
Jean Pépin (Début et fin emportés); — 13° Acte de
baptême de Jean, fils de Jean Pépin et de Catherine
Rocher, né le 7 septembre 16.5 (Date de l'année
partiellement emportée). — 12. Contrat de mariage
entre Salomon Tresfons, suivant les finances, de
Monoblet, et Anne Verchand, de Montpellier. Ils
appartiennent à la religion réformée (Montpellier,
4 mai 1679). Soit un engagement de Tresfons père
de payer 50 l. à son fils (Monoblet, 7 août 1679). —
13. Donation entre vifs faite par César de Pépin, de
Monoblet, habitant Sauve, à Louis de Pépin, sieur
du Cayla, son neveu, habitant Monoblet (o-9 septembre 1681). — 14. Note sur le témoignage nécessaire de Jean Lasalle, dans une querelle cherchée
par les enfants de Novis, de Greffeuille, aux enfants
de M. du Cayla, le 5 septembre 1681. — 15. Curieuse
supplique de M. du Cayla à propos de ces incidents

(s. d.). — 16. Lettre de M. de La Loublière à M. du
Cayla, à Monoblet. Il vient d'exécuter une commission du sénéchal pour « remuement » de quelques
prisonniers. A son retour de Montpellier seulement
il pourra le satisfaire. Il aura toujours le temps de
faire ouïr ses témoins avant que l'on fasse décréter
les procédures, le greffier de M. de La Loublière
devant attendre ce dernier (Ganges, 31 septembre
1681). — 17. Lettre de M. du Cayla à M. Mathieu,
greffier en la baronnie de Saint-Félix. Avant de
faire décréter les informations de Novis et les siennes, il désirerait fortifier sa procédure par quelques
témoignages (Monoblet, 3 octobre 1681). Réponse
favorable de Mathieu, sur la lettre même, où l'on
voit que La Loublière est jugé à Ganges. — 18.
Accord entre Louis de Pépin et Pierre Novis, de
Monoblet, au sujet des injures et excès survenus
entre Etienne Pépin et André Novis, leurs enfants
respectifs (12 novembre 1681). — 19. Reçu de 27 l.
fait par Novis à Louis de Pépin, pour frais de procédure s (Monoblet, 13 novembre 1681). — 20. Analyse d'actes concernant Marie de Voyras, veuve
d'Antoine Ducros, et sa maison (8 avril 1628-11 septembre 1682). — 21-23. Notes de procédure, quittance, consentement à payement (17 octobre 1682-5
janvier 1689). — 24. Déclaration du roi pour établir
la preuve du jour du décès de ceux de la R. P. R.,
du 11 décembre 1685. Copie. — 25. Inventaire de la
production baillée devant les officiers ordinaires
de Saint-Jean de Gardonnenque par les hoirs de
Pierre Béranger contre le curateur à l'hérédité
jacente de noble Henri de Salvaire, seigneur de
Rouville, les créanciers en ladite distribution et
Pierre Novis (Après 1685). — 26. Copie d'une ordonnance de Basville, intendant de Languedoc, enjoignant aux possesseurs de fiefs relevant du roi
médiatement ou immédiatement d'en remettre
l'aveu et dénombrement sous peine d'amende
(Montpellier, 6 novembre 1685). A la suite, signification de l'ordonnance aux consuls de Monoblet (10
juillet 1686). — 27. Commandement de payer 8 l.
dues à Pierre Béranger, chirurgien de Monoblet,
par M. de Rouville. Le commandement est fait à un
débiteur de M. de Rouville qui prétend ne rien lui
devoir. Assignation devant le juge de Sauve (1er
août 1686). — 28. Requête en garantie du chirurgien contre Henri de Salvaire ou Sauvaire, seigneur
de Rouville, avec assignation (5 août 1686). — 29.
Aveu et dénombrement de Louis de Pépin, sieur du
Cayla, pour ses fiefs et directes de Monoblet. Il

s'agit de sa métairie du Cayla, tenue en arrière-fief sans autre servitude que le serment de fidélité à l'évêque de Montpellier, comme baron de Sauve. Rappel des hommages précédents, faits à l'évêque de Montpellier en 1514, puis au sénéchal en 1534 et 1554 par les Cayla. Le 8 novembre 1607 Jean Pépin, acquéreur de partie de la métairie, paie les lods au procureur de Charlotte de Montmorency, baronne de Sauve, et lui fait hommage. Le 4 février 1618, hommage de la métairie du Cayla fait par Théodore de Pépin à la comtesse d'Auvergne et d'Alais, comme baronne de Sauve. Le 29 avril 1638, hommage fait par Jean Pépin à Louis de Claret, évêque de Saint-Papoul, comme seigneur de Monoblet, dépendance de la baronnie de Sauve. Le 14 août 1673, dénombrement de la métairie du Cayla, fait par Louis de Pépin au procureur de l'évêque de Montpellier comme baron de Sauve. Sur le dernier feuillet, additions portant sur des acquisitions de 1680 et 1682. Louis de Pépin déclare posséder la justice d'une partie du taillable de Monoblet, avec des droits seigneuriaux qu'il tient de l'évêque de Montpellier, baron de Sauve, par contrat d'inféodation du 4 mars 1692. — 30-31. Actes de procédure pour Jean Rouvière contre Pierre Béranger, maître-chirurgien de Monoblet. Il y est question de fruits saisis sur Henri de « Salvayre », seigneur de Rouville (7-22 octobre 1689).

B. 1179. (Liasse.) — 32 pièces, papier.

1688-1689. — *Seigneurie de Monoblet.*
1-29. Actes de procédure entre Pierre Béranger, maître-chirurgien de Monoblet, et Henri de « Sauvaire », principal [débiteur], Jean Rouvière, Antoine et Jean Blanc, séquestres (18 septembre 1686-22 décembre 1689). — 30-31. Ordonnance imprimée des commissaires du roi pour connaître du fait de ses domaines en Languedoc (Montpellier, 3 juillet 1687), signifiée à Louis Pépin, de Monoblet, le 2 janvier 1689, avec un certificat de déclaration du commis au greffe de l'intendance de Languedoc, portant que, d'après la déclaration de Louis Pépin, sieur du Cayla, de Monoblet, ses fiefs et biens nobles sont mouvants en arrière-fief de la baronnie de Sauve (3 mars 1689). — 32. Aveu et dénombrement de Louis de Pépin pour partie de la métairie du Cayla, paroisse de Monoblet (15 février 1689).

B. 1180. (Liasse.) — 1 pièce, parchemin, 41 pièces, papier.

1690-1699. — *Seigneurie de Monoblet.*
1-20. Suite de la procédure entre Pierre Béranger et M. de Rouville ou ses séquestres (14 janvier 1690-27 septembre 1691). — 21-30 : *Francs-fiefs.* — 21. Arrêt imprimé du Conseil d'État ordonnant aux redevables des droits de franc-fief de fournir la déclaration de leurs fiefs ou biens tenus en franc-alleu (Versailles, 28 avril 1690), avec ordonnance de l'intendant de Languedoc sur l'exécution et la publication de l'arrêt (Nîmes, 27 mai 1690). — 22. Édit imprimé confirmant les roturiers possédant des fiefs et biens nobles, et les villes franches dans l'affranchissement du droit de franc-fief (Versailles, août 1690); suivi d'un arrêt du Conseil réglant le recouvrement des droits de franc-fief (Versailles, 16 août 1690), d'un modèle de déclaration, d'une ordonnance de l'intendant du 17 novembre 1690, d'un extrait du rôle des sommes dues, portant que Louis de Pépin paiera 80 l., et d'une ordonnance de l'intendant du 20 mai 1690, avec signification à Louis de Pépin du 14 juin 1691. — 23. Minute de la déclaration de Louis de Pépin de Fontségue, possédant noblement partie de la métairie du Cayla, paroisse de Monoblet (30 juin 1690). — 24-25. Copie et original de la quittance d'un à-compte de 80 l., faite à Louis de Pépin à cause des directes et de partie de la seigneurie de Monoblet dont il est possesseur (Montpellier, 11 juillet 1690). — 26. Saisie d'effets pratiquée chez Louis de Pépin du Cayla le 11 mai 1691, et main levée à lui donnée des effets saisis, à la charge de payer, avant le 15 juin, ce qu'il reste devoir de la taxe et les 2 s. pour livre (Montpellier, 19 mai 1691). — 27. Sommaire d'actes (1675-1691). — 28. Quittance de 42 l. faite à Louis Pépin, à valoir sur ce qu'il doit à cause des acquisitions de la baronnie de Sauve (Montpellier, 23 juillet 1691), sans préjudice des frais. — 29. Copie d'une requête de Louis de Pépin aux commissaires des États de Languedoc pour connaître du fait de la taxe des francs-fiefs, suivie de leur ordonnance de soit communiqué au syndic général de Languedoc et à M. Carouge (9 juin 1691). Avis défavorables du bureau des francs-fiefs (Montpellier, 18 juin), et du syndic général (23 juin). Les commissaires ordonnent que Pépin paiera ce qu'il reste devoir, sauf à répéter s'il y a lieu, moyennant quoi il sera sursis au paiement du surplus du supplément jusqu'à la tenue des

prochains États, Pépin est admis à faire estimer
par deux experts jurés royaux ses fruits et revenus des dix dernières années (Nîmes 8 juillet 1634.
Signification à M. Carouge le 22 juillet. — 30. Copie
d'une requête de M. Carouge aux États, contre
Pépin, suivie d'une ordonnance des commissaires
portant que Pépin rapportera son contrat d'acquisition des biens ayant donné lieu à la taxe, et qu'il
sera sursis à leur estimation (Montpellier, 28 juillet
1634). Signification du 10 août 1634 à Pépin, à
Monoblet. — 31-32. Testament (copie et minute) de
Marie de Ducros, femme de Louis de Pépin, seigneur de Monoblet. Son héritier universel est Théodore de Pépin, sieur de Fontsèque, son fils aîné
(Monoblet, 13 mai 1633. — 33. Quittance de legs
faite à Théodore de Pépin, seigneur de Monoblet,
par le receveur du bureau de charité (23 janvier
1635. — 34. Vente faite par Louis et Théodore de
Pépin, père et fils, seigneurs de Monoblet, d'une
terre à Monoblet (17 janvier 1635. — 35. Extrait en
forme d'un acapte passé par Louis et Théodore de
Pépin, seigneurs de Monoblet, à Jean Roque. Sur
cet extrait, ont été biffées « les expressions féodales » par le greffier du tribunal civil du Vigan, le
26 fructidor an X, ou 13 septembre 1802, sur le vu
de l'expédition d'un jugement rendu le 8 fructidor,
ou 26 août, par ledit tribunal, entre Suzanne Pépin
et Jean et François Roque (Monoblet, 8 mai 1636).—
36. Quittance finale faite à Louis de Pépin, sieur de
Monoblet, de sa taxe des francs-fiefs (Montpellier,
19 septembre 1636. — 37. Règlement de compte
avec Garsinde de Pépin, femme d'Étienne Molles,
sieur du scripteur (Postérieur au 17 juillet 1637). —
38. Mémoire de fournitures faites à Jean Novis par
Jean Pépin (1638). — 39. Extrait du testament de
Louis de Pépin, docteur ès-droits, seigneur de
Monoblet. Son héritier universel est Théodore de
Pépin, son fils aîné (Monoblet, 21 mars 1639). — 40.
Minute dudit testament, sans date du jour (Mars
1639). — 41. Note d'un arrentement (9 avril 1699). —
42. Lettre non datée adressée à M. du Cayla, à
Monoblet. Il y est question de Chaugier et de Mme
Margot, du cousin Montbonoux, de Suzanne de
Nagarède, etc. Elle est de M. Fontsèque (XVIIe siècle). Cf. la pièce 21 de l'article E. 1277. — 43. Reconnaissance féodale, dont le début et la date manquent, et par laquelle Guillaume Garin, à la suite
d'un acapte, confesse à noble Arnaud Gatrand
tenir une certaine terre en emphitéose, sous la censive de 40 s. L'acte est fait à La Planquette, chez

Jean de Villars. Le notaire est Étienne Barnier, de
Saint-Hippolyte.

E. 1281. (Liasse.) — 13 pièces, papier, dont 2 cahiers.

XVIIe siècle. — *Seigneurie de Monoblet.*
1. Dire par écrit remis en la chambre de l'Édit de
Castres par Moïse Pépin, père et administrateur de
la personne et des biens de ses fils Jean et Pierre,
qu'il a eus de feu Marguerite d'André, ensemble
Daniel Pépin et Alix d'André, mariés, appelés, contre Pierre Saillens, viguier de Berais, appelant
d'une sentence du sénéchal de Nîmes du 12 juin
1632. — 2. Requête de Moïse Pépin, ès-qualité, à la
chambre de l'Édit (s. d.). — 3. Inventaire des
produits baillés devant les officiers ordinaires de
Monoblet par Louis de Pépin, sieur du Cayla, docteur et avocat, assigné et défendeur, d'une part, et
Jean Pépin, de Berais, demandeur, d'autre (Postérieur à 1632). — 4. Consistance des biens délaissés
par Agnès Vedel. — 5. Consistance des biens délaissés par Alix Andretto. — 6-7. Rôle des frais exposés par Marguerite de Ducros et son ayant droit
Paul Veyrel contre Moïse Pépin et Alix Andretto.
— 8-9. Dire par écrit et inventaire de Moïse Pépin,
héritier par bénéfice d'inventaire d'Alix Andretto,
défendeur, contre Marguerite de Ducros. — 10.
Mémoire pour M. de Pépin sur son consentement à
la vente d'une métairie de sa femme. — 11-12.
Pièces de la procédure Béranger. — 13. Quelques
principes de droit canonique sur les collations, en
latin.

E. 1282. (Liasse.) — 36 pièces, papier.

1700-1725. — *Seigneurie de Monoblet.*
1-7: *Francs-fiefs.* — 1. Déclaration imprimée du roi
pour le recouvrement des droits d'amortissement,
de nouvel acquêt et de franc-fief sur les gens de
main morte et les roturiers possédant fiefs (Versailles, 9 mars 1700), avec un arrêt du Conseil d'État
du 16 mars 1700, en ordonnant l'exécution, et une
ordonnance exécutoire de l'intendant (Montpellier,
17 juin 1700). — 2. Modèle imprimé de déclaration
négative à fournir par les communautés religieuses, bénéficiers, curés et autres gens de main
morte ; de déclaration affirmative à fournir par les

communautés, maires et consuls ; ou les roturiers possédant fiefs et autres biens nobles sujets aux francs fiefs (1700). — 3. Projet de déclaration de Théodore de Pépin, de Monoblet (1704). — 4. Commandement fait à Louis de Pépin, seigneur de Monoblet, de payer 281 l., ensemble 2 s. pour livre, et, sur son refus, saisie des revenus de sa métairie du Pusch. Le rentier de la métairie est établi séquestre (8 juin 1702). — 5. Requête d'Étienne Chaplet, traitant général des droits du franc-fief, à l'intendant, contre Louis de Pépin, avec ordonnance de soit communiqué (Montpellier, 28 octobre 1705). — 6. Mémoire pour les acquéreurs de la baronnie de Sauve qui ont été assignés à la requête de M. Chaplet ou de ses commis, pour le recouvrement des droits de franc-fief. L'acquisition de ladite baronnie date du 4 mars 1682. Les acquéreurs roturiers payèrent le droit de franc fief pour vingt années, en conséquence de l'édit d'août 1692. Leur affranchissement doit donc durer jusqu'au 4 mars 1712 (1708). — 7. Requête de Théodore de Pépin, seigneur de Monoblet, à l'intendant. Au pied, avis défavorable du bureau général de la direction, signé de Rudanol, nouveau procureur d'Étienne Chaplet, chargé de l'exécution de la déclaration du roi du 9 mars 1709 (Montpellier, 20 décembre 1708). — 8-10. Quittances faites à Théodore de Pépin par le receveur du bureau de charité de Monoblet, Daniel Nicolas, et Garsinde de Pépin de Molles, sa tante (28 février-25 juin-29 novembre 1708). — 11. Copie d'écritures de M. Bornier père, emportées par M. Tresfons à Montpellier, le 29 août 1701, pour les montrer à M. Bornier fils, rapporteur du procès relatif à l'extinction de la pension du mas de Las Combes, paroisse de Monoblet. — 12. Lettre de M. Villeneuve à M. de Monoblet sur la grossesse d'une fille et les censives de Valestalières (Saint-Hippolyte, 28 janvier 1702). — 13. Contrat de mariage entre Jean Rivière, cardeur de laine, à Saint-Félix de Pallières, et Antoinette Bon, de ladite paroisse (Mas de Contris, 15 juin 1702). — 14. Contrat de la pension de 13 l. servie aux pauvres de Monoblet par Jacques Cabanis, tisserand de cadis, habitant Fressac (Maison cloustrale de Monoblet, 29 août 1702). — 15. Note sur ce que doit Chaugier (Juillet 1705). — 16. Quittance finale de legs faite à M. de Pépin, seigneur de Monoblet, par le receveur du bureau de charité de Monoblet (4 octobre 1708). — 17. Lettre de Mme de Saucières de Bruguier à son cousin M. de Monoblet. Elle est écrite de Genève, le 22 avril 1711, et donne quelques renseignements sur le sort de M. de Pépin, mort depuis lieutenant-colonel en Russie, frère de M. de Monoblet. Il lui a écrit de Samosie qu'il est encore sans emploi, mais qu'un général l'invite à venir le joindre pour devenir major dans un régiment de dragons. Il lui est dû 20 mois de gages. Quand il fut fait prisonnier, il était déjà major dans le régiment de Niewski-Dragons. Elle lui a fait passer à Berlin, par M. de Mirman, gentilhomme de Nîmes, la lettre de la sœur de M. de Monoblet. C'est M. de Mirman qui lui a fait tenir la lettre de l'officier. Elle a écrit à ce dernier par M. Ranel, de Montpellier, qui va servir en Pologne le tsar de Moscovie. — 18. Billet de M. de Lassalières à M. Brutel. Il lui fera compte de la moitié de ce qu'il retirera de M. de Monoblet pour les frais exposés dans la poursuite de son jugement de noblesse (Montpellier, 28 septembre 1718). — 19-37 : *Affaire avec les Novis.* — 19-20. Comptes de ce qui est dû à M. Novis par son fils aîné Paul (1709-1710). — 21. Pactes de mariage entre Théodore de Pépin, seigneur de Monoblet, fils de feu Louis et de feu Marie de Pueros, et Suzanne Novis, fille de Jean, marchand de Monoblet, et de Jeanne de Pourtalès. La dot de Suzanne est de 4.000 l. (Monoblet, 22 septembre 1710). — 22. Quittance de 100 l. faite par Jean Novis, marchand de Monoblet, à Jacques Novis, du mas de Novis, des mains et deniers de Louis Novis, son cousin, marchand de Lasalle (1er août 1711). — 23. Mémoire d'une obligation faite à Jean Novis (23 février 1712). — 24. Comptes (25 septembre 1712). — 25. Estimation des biens de Pierre Novis, du mas de Novis, situés dans les paroisses de Vabres et de Monoblet (14-18 novembre 1712). — 26. Enregistrement, par le notaire François Rampon, de Saint-Hippolyte, des pactes de mariage du 22 septembre 1710, passés entre Théodore de Pépin et Suzanne de Novis (Monoblet, 6 novembre 1713). — 27. Défenses pour Louis et Marie Béranger, de Monoblet, contre Pierre Novis, du mas de Novis (27 février 1716). — 28. Demandes de Béranger et de sa sœur contre Novis (3 mars 1716). — 29. Compte entre M. Novis et Antoine Dumas (20 septembre 1718). — 30. Créances de Jean Novis (1718). — 31. Arrentement du mas de Novis (15 août 1719) et du mas de La Greffeuille (Notes). — 32. Compte entre Pierre Novis et ses sœurs (Juillet 1719). — 33. Estimation du bétail à laine de La Greffeuille ; mémoire de ce qu'a reçu Madeleine Novis ; mémoire des arrentements (1718-1720). —

34. Note de censives et de recettes de M. Novis (1717-1720). — 35. Note des capitaux exigés et des ventes de biens effectuées par MM. de Novis depuis la mort de M. Novis (1720). — 36. Signification à Théodore de Pépin, seigneur de Monoblet, du délaissement d'une terre de Monoblet vendue par lui à feu Pierre Guérin (4 avril 1710). — 37. Convention passée entre Théodore de Pépin, seigneur de Monoblet, et César de Pépin, son frère, au sujet de ce que le premier doit au second pour ses droits paternels, maternels, portion d'augment, etc. (Monoblet, 15 avril 1716). — 38. Second double de la convention précédente (15 avril 1716), avec, à la suite, des quittances de César de Pépin de 50 l. par an, allant du 17 avril 1716 au 23 avril 1725.

E 1782. (Liasse.) — 45 pièces, papier.

1720-1765. — *Seigneurie de Monoblet, puis famille de Pépin.*

1. État des meubles et effets de la succession de Jean Novis, marchand, bourgeois de Monoblet (1720). — 2. Décharge donnée à MM. de Cassalières et de Monoblet des frais exposés par feu Brutel pour le jugement de noblesse de M. de Monoblet, écrite et signée par la veuve de Brutel (Montpellier, 22 mars 1721). — 3. Dépenses de M. de Monoblet pour ou à l'occasion de son frère César de Pépin (1725-1728). — 4. Lettre de M. Molles à son neveu M. de Monoblet. Sa femme et sa fille de Flontier sont payées (Sauve, jeudi soir 18). — 5. Note de réserves (s. d.). — 6. Lettre de Caumel à son beau-frère au sujet du paiement d'un legs de César (de Pépin), qu'il attend pour faire un paiement à son gendre (s. d.). — 7. Testament de César de Pépin, fils de feu Louis, seigneur de Monoblet, docteur et avocat à Monoblet. Legs à Jean, Claire et Suzanne Caumel, ses neveu et nièces, de Lasalle; à Théodore, Jean-Étienne et Suzanne de Pépin, ses neveux et nièce, enfants de Théodore, seigneur de Monoblet, et de Suzanne de Novis. Son héritier universel est Louis de Pépin, fils dudit Théodore. L'acte est passé à Monoblet, chez son frère, le 10 mars 1727, puis contrôlé à Saint-Hippolyte le 15 mai 1728. — 8-9. Analyses dudit testament. La mort du testateur est indiquée au 24 avril 1727. — 10. Extrait mortuaire de César de Pépin (24 avril 1727). — 11. Copie de la vente faite par les frères Desmons, de Durfort, à Teyssèdre de Fleury, de Saint-Hippolyte, d'un devois sis à Monoblet et dont M. de Monoblet jouit comme rentier (Durfort, 30 mars 1728). — 12-13. Frais de contrôle et d'insinuation du testament de César de Pépin; quittance d'intérêts de legs donnée par Caumel (15 mai 1728-2 décembre 1729). — 14. Détails sur la métairie de Montbonoux, pour laquelle M. de Monoblet cherche un fermier (s. d.). — 15. Lettre de Raujoux communiquant à M. de Monoblet une sentence rendue au profit de celui-ci contre Pierre Novis (Lasalle, 11 juillet 1731). — 16. Verbal sur le bail judiciaire des fruits des biens de Pierre Roque, du Pontet de Valestalière. La procédure a lieu devant Pierre Bedos, avocat en parlement, juge de Monoblet pour M. de Pépin, dans la maison de Henri Codou, du mesage de Cassoublier (23 mars 1737), puis dans l'auditoire de Monoblet (27 avril 1737). — 17. Lettre d'Olivier à M. de Monoblet, sur la validation par l'intendant d'un paiement à faire à M. du Cayla sur ses droits de légitime, nonobstant sa minorité (Montpellier, 30 mars 1737). — 18. Mortuaire de Jean-Bernard Villaret. La déclaration du décès a lieu par-devant Pierre Bedos, dans l'auditoire de la cour de Monoblet (21 mars 1738). — 19. Quittance de 300 l., faite avec la permission de l'intendant, par M. du Cayla, à son frère Louis de Pépin, seigneur de Monoblet (19 février 1739). — 20. Mortuaire de Pierre Guérin, dit Bouro (Auditoire de Monoblet, 30 mai 1740). — 21. Copie d'une transaction entre Pierre Rampon, facturier de laine, héritier de son père François Rampon, notaire de Monoblet, et ses créanciers (Saint-Hippolyte, 4 juillet 1740). — 22-24. Mortuaires établis, comme les pièces 18 et 20, en vertu de la déclaration du roi du 11 décembre 1685, pour des personnes n'ayant pas la sépulture ecclésiastique (10 janvier-1er avril 1741). — 25. Requête de Théodore de Pépin du Cayla, lieutenant de la compagnie de Dangle-Fontaine, au régiment de Royal-Roussillon-Infanterie, en Corse, adressée à l'intendant de Languedoc. Ses appointements et le revenu de sa légitime paternelle ne suffisent pas à son entretien. Il est d'ailleurs obligé à de nouvelles dépenses pour conduire en Corse une recrue. Il a prié son frère de lui avancer 200 l. en avancement du paiement de sa légitime. Son frère y a consenti. Il demande l'homologation de l'intendant. A la suite, consentement de Louis de Pépin, seigneur de Monoblet, puis autorisation de M. de Bernage, intendant (Monoblet, 14 avril-Montpellier, 15 avril 1741). —

23. Lettre de M. de Breteuil à M. du Cayla au sujet du transport fait à ce dernier par M. de Monoblet, son frère, d'une somme de 400 l. à lui due par M. Teyssèdre de Fleury, maître particulier des Eaux et Forêts au département de Montpellier, résidant à Saint-Hippolyte (Versailles, 30 juin 1741). Cf. la pièce 11. — 27-34. Mortuaires de personnes n'ayant pas la sépulture ecclésiastique (22 juillet 1741-22 avril 1746). — 35. Quittance de 200 l. faite par M. du Cayla à son frère M. de Monoblet, à compte de sa légitime (Monoblet, 17 avril 1741). Approbation du curateur Cannel et du Novis de Monoblet. Approbation de sa quittance par de Cayla lui-même (13 novembre 1741). — 36. Quittance de 2.300 l. faite par noble Jean-Étienne de Pépin, assisté de son curateur, à son frère noble Louis de Pépin, seigneur de Monoblet. Cette somme se décompose en 1.044 l. à compte d'un legs paternel de 2.500 l., et en 1.256 l. reçues sur les mêmes droits de légitime des mains de Suzanne de Novis, sa mère, qui en fit quittance elle-même à M. de Monoblet, et qui furent employées à ses besoins au service du roi dans le régiment Royal-Roussillon-Infanterie. La somme de 1.044 l. est destinée à faire son équipage et à avoir des hommes et des chevaux pour la compagnie de noble Théodore de Pépin, leur frère, au régiment d'Estherazy-Hussards, où Jean-Étienne est lieutenant (Lasalle, 26 février 1749). Raujaux, notaire. — 37. Requête de M. de Monoblet à l'intendant, en permission de tenir des chèvres dans sa métairie de Montbonoux, où il y a 5 ou 600 sétérées de terrain de bruyères, buis, genévriers, lavandes, argelas et ronces. Au pied, ordonnance de Lenain renvoyant le suppliant aux commissaires ordinaires (Montpellier, 3 septembre 1745). — 38. Copie d'un bail à locaterie perpétuelle passé par Pierre Souche à Louis Auzillon (Saint-Hippolyte, 2 juin 1746). — 39. Mortuaire de Pierre Dumas (11 octobre 1749). — 40. Acte signifié à Jean Puechegut, habitant près le masage de Montbonoux, à la requête de M. de Monoblet, d'avoir à s'abstenir d'empiètements de terrain (2 décembre 1756). — 41. Lettre de Martin à M. de Monoblet, pour lui annoncer la mort de Mme de Monoblet (Saint-Jean [de Gardonnenque], 12 décembre 1769). — 42-44. Actes concernant la métairie de Montbonoux (1er septembre 1778-1er mars 1784). — 45. Consultation du citoyen Deleuze, du 6 brumaire an IV, ou 28 octobre 1795, au sujet d'une rente foncière de cercles, osier et châtaignes, stipulée dans un bail consenti par

Louis et Théodore de Pépin, seigneur de Monoblet à Jean Roque, le 8 mai 1691. Cette rente n'a pas de caractère féodal.

E. 1201. (Liasse.) — 7 pièces, parchemin : 8 sceaux.

1654-1776. — Seigneurie de Monoblet.

1. Diplôme de docteur en droits canonique et civil, décerné à noble Louis Pépin, fils de noble Théodore, par Hyacinthe Serron, évêque d'Orange, chancelier de l'université d'Orange. Signatures du prochancelier Louis Dessauges, seigneur de Montmiral, et du recteur Jean-Cosme de Kooremans. Mention de noble Ulysse César, professeur, et de nombreux agrégés (Orange, 18 mars 1654). — 2. Diplôme de bachelier délivré à Théodore Pépin, de Monoblet, par Philippe de Perdrix, professeur de l'un et l'autre droit à l'académie de Plaisance, recteur de l'université de Montpellier. L'épreuve publique a porté sur la loi *Si filius tuus, Cod[icis], ad senatus consultum Macedonianum* (1). Signatures de Perdrix et d'Antoine Causse, professeur et président de l'épreuve publique (Montpellier, 4 août 1683). — 3. Commission de colonel, en hollandais, pour Pépin du Cayla, donnée à Gravenhaye le 6 mars 1749. On indique, au début, au nom des États Généraux des Provinces Unies de Hollande, que, par acte du prince d'Orange et de Nassau, stathouder, capitaine et amiral général de l'Union, Pépin du Cayla a été nommé colonel de grenadiers français réformés le 12 février 1749. Petit sceau en papier, plaqué, avec la légende : SIGIL. 1746. CLEIN. Grand sceau pendant, en cire rouge, sur double queue. De la légende il ne subsiste que : NVM BEL. — 4. Entérinement de la commission précédente, fait au nom de Guillaume-Charles-Henri-Frison, prince d'Orange et de Nassau, etc., en faveur de Pépin du Cayla, comme colonel d'un nouveau régiment français de grenadiers (La Haye, 8 mars 1749). Deux petits sceaux plaqués, en papier. Texte hollandais. — 5. Commission de capitaine, en hollandais, pour Étienne-

(1) *Code de Justinien, lib. IV, tit. XXVIII, loi 6.* Elle est ainsi conçue : « Si filius tuus in potestate tuâ agens, contra senatus consultum Macedonianum mutuam sumpsit pecuniam, actio de peculio adversus te eo nomine, efficaciter dirigi nequaquam potest. »

César, donné à Gravenhage le 26 mars 1749, par le prince d'Orange, stathouder. Étienne-César [Pépin] a été nommé, le 12 février 1749, capitaine d'une compagnie française de grenadiers dans le régiment du colonel Pépin du Cayla. Petit sceau plaqué en papier comme dans la pièce 3. Grand sceau en cire rouge sur double queue à légende mieux conservée : SIGILLVM ORDINVM D......M. — 6. Entérinement de la commission précédente. La Haye, 20 mars-30 avril 1749. Deux petits sceaux en papier, plaqués. — 7. Enregistrement au parlement de Toulouse des lettres patentes de réintégration données à Fontainebleau, novembre 1775, en faveur de Jean-Étienne de Pépin (Toulouse, 1er février 1776).

E. 1805. (Registre.) — 98 feuillets écrits, papier.

1722-1734. — *Seigneurie de Monoblet.* — *Registre du greffier de la juridiction. Chambre de l'auditoire.*

Fos 1-10. Audiences du 18 août 1722 au 10 avril 1723, tenues devant le juge Pierre Bedos. — Le 17 novembre 1722, cause de Jacques Novis, du mas de Novis, paroisse de Vabres, contre Paul Girard et demoiselle Pépin, mariés, en délaissement d'une terre. — Le 23 février 1723, mention de François Rampon, fermier des censives de Baillot, prieur de Saint-Amans. — Le 12 mars 1723, cause de Montbonoux Aubanel, sieur de La Blaquière, contre Jean Lasalle, son beau-père. — Fos 11-24. Audiences du 19 avril au 27 août 1723. — Le 19 avril, devers le greffe, aveu, par Jean Puechegut, de Monoblet, chargé de la levée du département fait sur les nouveaux convertis pour bois, huile et chandelles, le 22 novembre 1700, de la « restrainte » ou réduction par lui faite à 3 s. 9 d. de la « cote » ou quote-part de Jean Teissèdre dans ledit département, à lui due par Pierre Foucard, son gendre, comme tenancier de ses biens. — Le 23 avril, mention de feu Gabriel Pépin, de Durfort, et de son fils Donat Pépin, habitant Monoblet. — Fos 25-41. Audiences du 3 septembre 1723 au 22 février 1724. — L'audience du 23 novembre et les suivantes jusqu'au 11 février sont tenues par Jean Bedos, viguier de la baronnie de Sauve. — Fos 42-48. Audiences du 3 mars au 4 avril 1724, tenues par le juge Pierre Bedos. — Fos 49-50. Audiences du 23 au 27 mai 1737, tenues par Pierre Bedos, avocat en parlement, juge de Monoblet pour M. de Pépin. — Fos 51-63. Audiences du 17 avril au 21 août 1733, tenues par Pierre Goiran, plus ancien curial, ou par Mourgue, avocat curial, ou par Jean Lacroix, plus ancien curial, ou par Pierre Bedos. — Fos 64-76. Audiences du 1er septembre 1733 au 19 février 1734, tenues par Goiran, plus ancien curial, ou Lacroix, plus ancien curial, ou le juge Bedos. — Fos 77-98. Audiences du 19 février au 14 décembre 1734, tenues par Lacroix, Bedos et Mourgue.

E. 1846. (Liasse.) — 5 cahiers, 121 feuillets écrits, papier.

1735-1741. — *Seigneurie de Monoblet.* — *Registres ou cahiers du greffier de la juridiction. Chambre de l'auditoire.*

1. Fos 1-11. Audiences du 21 janvier au 4 mars 1735, tenues par le juge Pierre Bedos ou l'avocat Mourgue. — Fos 12-24. Audiences du 15 mars au 29 juillet 1735, tenues par le même juge, ou Goiran, plus ancien avocat postulant et curial, ou Lacroix, plus ancien curial. — Le 17 juin 1735, déclaration de Jean Daniel, procureur fiscal de Monoblet, et de Jean Mourgue, avocat postulant aux ordinaires de Monoblet, faite par-devant Pierre Bedos, juge de Monoblet pour M. de Pépin, en sa maison de Saint-Hippolyte, au sujet du décès de Marie Montbonoux, femme de Marc-Antoine Bourguet, négociant de Monoblet, décès survenu la veille. Cette déclaration à lieu conformément à celle du roi, du 11 décembre 1686, pour servir de mortuaire. — Le 24 juin, déclaration analogue, faite à Bedos, en sa maison de Monoblet, du décès de Madeleine de Novis, veuve de Louis de Boschet, capitaine au régiment de Royal-Roussillon, survenu la veille. — 2. Fos 1-12. Audiences du 3 juillet au 20 novembre 1736, tenues par le juge Bedos ou le plus ancien curial Lacroix. L'audience du 14 août est tenue dans une chambre de la maison Henri Codou, masage de Casoubies. — Fos 13-24. Audiences du 4 décembre 1736 au 9 avril 1737, tenues par Bedos. — Le 1er février 1737, défaut accordé à Joseph Maystre, chapelain de la chapelle fondée par noble Raimond de Sumène, habitant Alais, contre les tenanciers de la métairie de Lauret, paroisse de Monoblet. — 3. Fos 1-12. Audiences du 28 mars au 27 juin 1738, tenues par

Pierre Bedos, seigneur de Salledogour, juge, ou Mourgue. — F°s 13-24. Audiences du 27 juin au 22 août 1738, tenues par Bedos. — Le 29 juillet, répudiation, par Pierre Novis, de l'hérédité de son père. — Le 12 août, déclaration de Suzanne Novis, veuve de noble Théodore de Pépin, seigneur de Monoblet, faite à la requête de Louise Montbonoux, veuve et héritière de Jean-Bernard Villaret, héritière de Madeleine Novis, veuve de M. de Boschet, capitaine au régiment de Royal-Roussillon. — 4. F°s 1-11. Audiences du 26 août au 26 septembre 1738, tenues par Bedos. — Le 26 août, requête, en opposition à saisie, de Jean Vignoles et Louise de Manoël, veuve de Louis Novis et tutrice de son fils Jean-Louis Novis, contre M. Hostalier, seigneur de Veyrac. — Le 2 septembre, enregistrement d'une confirmation des privilèges octroyés par Louis XIV aux religieux de la régulière observance de saint François en la province de Saint-Louis, avec l'arrêt d'enregistrement du parlement de Toulouse. La date de la confirmation est de janvier [16]45 (rongée en partie). Celle de l'enregistrement à Toulouse est du 9 juin 1645. Suit un arrêt de la cour des aides, rendu sur une requête du syndic desdits religieux (Montpellier, 5 novembre 1690). Vient ensuite une ordonnance favorable du sénéchal de Nîmes (15 février 1692). Enfin des lettres de Poirel, gardien de Lunel, attestent les bienfaits que Pierre Chabaud, qui a demandé l'enregistrement de ces textes, et habite Monoblet, prodigue aux frères mineurs de province (1er novembre 1737). — Le même jour, enregistrement, à la requête de Jean Auzillon, de sa commission de revendeur de sel au quartier de Valestalière, paroisse de Monoblet, ensemble une ordonnance de l'intendant (5 septembre 1737-21 octobre 1733. — F°s 12-19. Audiences du 29 octobre au 28 décembre 1738, tenues par Bedos. Le 12 décembre, défaut donné à Jean Prival, rentier du château de Saint-Félix, contre Antoine Montbonoux, fabricant de bas de Monoblet. — Le 28 décembre, déclaration de Jean Daniel, procureur fiscal, et consort, du décès de Suzanne Santoul, femme de Pierre Turc, de la vallée de Valestalière, en exécution de la déclaration du roi du 11 décembre 1685. — 5. F°s 1-14. Audiences du 12 février 1740 au 7 juillet 1741, tenues par Pierre Bedos, juge; ou Eymar, curial; ou Pourtalès, curial; ou Lacroix, plus ancien curial. — Le 8 avril 1740, cause de Jeanne Delorme contre MM. de La Mathe et du Cayla. Mourgue, pour ces derniers, conteste les dires des témoins de Jeanne, notamment de Denis Cabanis, domestique de ses parties quand Jeanne y était servante, et ayant eu commerce charnel avec elle. Un chaudron s'est perdu par la négligence de Jeanne. Le juge ordonne une enquête par témoins. Denis Cabanis déclare avoir vu les valets de MM. de la Mathe et du Cayla, et leur employé Pierre, piler la soude ou *salicor* dans leur verrerie de La Camp. Il y a vu le chaudron. — F°s 15-30. Audiences du 14 juillet au 23 septembre 1741, tenues par Bedos. — Le 14 juillet, cause d'Annibal Villemejane, prieur de Colognac, contre Daniel père, de Monoblet, rentier d'une terre située près le cimetière.

SEIGNEURIE DE MONTDARDIER (1)

R. 1287, (Registre.) — 36 feuillets, papier.

XIII°-XVII° siècle. — Seigneurie de Montdardier. — *Livre terrier mentionnant des inféodations, reconnaissances et mutations de terres à partir du XIII° siècle* (2).

F°s 1-2. Liste et table de localités (XVI°-XVII° s.). — F°s 3-8. Terres du Mas de Roquemaure ou Roquemaule, paroisse de Montdardier. — En 1295, Raimond de Roquemaule reconnaît à noble Bérard du Mas une terre du ténement *del Cartayral*, « pour raison du Mas des Pruniers », tenu dudit noble. — Le 24 février 1448, v. s., acapte fait par Jean Bonal à Jean du Rune, du mas d'Olivet, du mas de Roquemaule. — Le 20 mai 1502, lods faits par noble Barthélomy Bonal à Benoît Sanguinède, du Mas de Roquemaule, pour la moitié d'une maison dite « l'Hostal de la Cisterne », avec jardin. — F°s 9-15. Mas de La Falguière et Mas de Caucanas, paroisse de Montdardier. — F°s 16-17. Quartiers du *Serre del Cung* et de La Fabiolle. — F°s 18-19. Quartiers de Terrisse et Sous-la-Place. — F°s 20-25. Quartiers du Château et de Cabanis. — F°s 26-27. Quartiers de Castelviel et de Rosenherigade. — F°s 28-30. Quartiers du Rial et de Royrebès. — Noble Frédol de Montuzorgues fait un acapte en 1372. Noble Guil-

(1) Don de M. Felguière.
(2) Écriture embue, pâle et menue de tout le registre.

laume de Ginestous fait un échange en 1455. — F⁰⁵
30-33. Quartiers de la Lomburderie ou Royrebès, de
la Rove de Terrisse et du Brésilier. — F⁰⁵ 34-38.
Quartiers du Mas de Calvas, du Ranc de las Peyres,
de Layratte et du Rodonel. — F⁰⁵ 39-40. Quartiers
de la Tine ou Turrisse et du Gaufene. — F⁰⁵ 41-42.
Quartiers du Ségalas de Treinse et du Mercadel. —
F⁰⁵ 43-48. Le Mas de Conduzorgues. — F⁰⁵ 49-50.
Quartiers du Mas de Villar et de La Sanguinède. —
F⁰⁵ 51-56. Quartiers du Mas de la Mosquette, du Mas
de la Sanguinède, du Mas de Flexières, du Minier
de la Bonne-Aventure, de la Bégude, de la Maline (1)
ou Camp de la Cres.

E. 1245. (Liasse.) — 1 pièce, parchemin ; 2 cahiers, 53 feuillets, papier.

1200-1574. — *Seigneurie de Montdardier.*

1. Acapte fait par Erméniarde de Montdardier,
codame de Saint-Martial, autorisée par son mari
Raimond de Serres, à Pierre Spaze, de la paroisse
de Saint-Martial, d'une châtaigneraie à Lebissal.
L'acte est passé à Saint-Martial, chez noble Erméniarde. Jean Jean, notaire (7 juin 1373). — 2. Sommaire des anciens titres « que Terrisse avait omis
d'insérer dans ses deux livres de traductions des
anciens documents de M. de Montdardier ». — Pierre
d'Arènes vend à Guillaume Durane, en 1252, une
terre de sa directe au Mas de Canarilhes. Pons Bes-
suges, notaire (F⁰ 1). — En 1258, mention de nobles
Raimond de Madières et Bernard de Montdardier
(F⁰ 2). — Acapte s. d. passé par noble Antoine de
Ginestoux, coseigneur de Montdardier (F⁰ 4). —
Lods faits par noble Raimond de Ginestoux en 1372,
par noble Frédol de Montdardier en 1365. Reconnaissance faite en 1286 à Bertrand Dumas, chevalier
(F⁰ 4). — Acapte fait, le 5 octobre 1365, par noble
Frézol de Montuzorgues, coseigneur de Montdardier. Lods faits, le 13 décembre 1413, par noble
Gérard de Ginestoux (F⁰ 7). — Acapte fait, le 25
mai 1529, par nobles Louis et Guitard de Ginestoux, coseigneurs de Montdardier. Acapte fait, le 3
juin 1372, par noble Béringuier de Montdardier,
coseigneur de Montdardier (F⁰ 8). — Reconnaissance
faite, le 6 février 1419 v. s., à noble Bézart de
Ginestoux (F⁰ 9). — Lods faits par noble Guillaume
de Ginestoux, le 4 janvier 1432 v. s. (F⁰ 10). —
Vente faite, le 6 avril 1491, par noble Guillaume de

(1) C'est là que sont les mines de zinc de Maline, devenues
célèbres au XIX⁰ siècle.

Montfaucon, prieur d'Aumessas, à Antoine Martin,
prieur de Saumane (F⁰ 13). — Transaction du 23
mai 1454 entre noble Antoine de Ginestoux, coseigneur de Montdardier, et les habitants de Rogues
au sujet des 6 deniers d'usage qu'ils lui paient
annuellement pour abreuver leur bétail dans la
lavagne de Rogues (F⁰ 14). — Acapte passé par
Béringuière, femme de Guillaume Étienne, de
Saint-Martial, fille d'Ermessende Audebert, de
Péguiroles, et de Bogon de Galan, chevalier, seigneur de Galan, à Pons Durane, de Rogues, des
biens qu'elle possède, avec son aïeul Raimond de
Ginestoux, dans les paroisses de Montdardier,
Rogues, N.-D. de Gournier et St-Bauzile de Blandas, pour un quart indivis avec les hoirs de Raimond de Ginestoux. L'acte est du 4 octobre 1260
(F⁰ 17-18). — Acapte passé, le 11 octobre 1480, par
Jean de Belpuech, hôtelier du Vigan (F⁰ 19). — 3.
Autre sommaire d'anciens titres, incomplet, concernant la seigneurie de Montdardier. Reconnaissance du 29 mars 1445 v. s. faite par Jacques Delpuech, prêtre de Montdardier, à Bonal, pour une
maison dans l'enceinte de Montdardier, dite *La
Cambre*. — Reconnaissance du 21 août 1454, faite
ledit Jacques Delpuech, prieur d'Avèze. — Transaction du 13 novembre 1455 entre Jean Bonal et
Guillaume de Ginestoux. Elle attribue le moulin de
Fabrègues au second, et le moulin de la Tine au
premier. — Testament de Raimond de Montdardier.
Ses héritiers sont Frédol de Ginestoux et Frédol
de Montaud. Fondation de la chapelle Sainte-Catherine à Montdardier. Date : 1412. Jean Orson, notaire.
— Acapte passé par Guillaume d'Anduze, sieur
d'Hierle, à Bertrand de Montdardier, pour la moitié
des directes de Montdardier et de Rogues (s. d.). —
Cession faite par Frédol de Montaud à Jean Bonal
de ses directes à Montdardier et à Pommiers (s. d.). —
Lods faits par le seigneur de Ganges, baron d'Hierle,
à Jean Bonal, pour son acquisition des directes de
Montdardier, Saint-Laurent-[le-Minier], Pommiers
et La Condamine (31 mars 1440). — Reconnaissance
du 16 mai 1476, faite par Jean Astruc, prieur de
Pégayroles, à Guillaume Bonal. — Lods faits par
noble Raimond de Ginestoux et Frézol de Montuzorgues, le 17 juillet 1400. — F⁰⁵ 6-10. Lods faits par
Barthélemy Bonal le 9 septembre 1505. — Reconnaissance du 28 octobre 1341, faite par Marguerite,
femme de Brémond Michel, à noble Frézol de Montuzorgues. — F⁰⁵ 10-24. Acapte du 9 octobre 1490,
passé par noble Barthélemy Bonal, à Raimond

Madier, prieur de Pommiers, de « la paissière » du moulin de la Lombarderie. — Reconnaissance du 28 janvier 1446 faite par Raimond Sanguinède, du mas de La Sanguinède, à Jean Bonal. — Fᵒˢ 25-33. Lods faits par noble Frédol de Montuzorgues à Étienne Salvenh, du mas de Navas (25 mai 1385). — Acapte ou autorisation d'appuyer des poutres en une paroi de grenier, que donne, le 6 juillet 1370, noble Frédol de Montuzorgues, à Guillaume Rossier, de Montdardier.

B. 1289. (Liasse.) — 1 cahier, 52 feuillets écrits, papier.

XIIᵉ-XVIIᵉ siècle. — *Seigneurie de Montdardier.* — Fᵒˢ 1-17. Sommaire général des titres des fiefs de Molières et d'Avèze, appartenant à noble François de Ginestous d'Assas, sieur de Montdardier, fils et héritier de noble François d'Assas, sieur de Ferrières, fils et donataire contractuel de Suzanne de Mazel (1670-1672). — Fᵒˢ 18-22. Reconnaissances faites à nobles Bernard et Gaspard Del Puech (1528-1557). — Fᵒˢ 23-26. Sommaire des reconnaissances faites à noble Pierre Del Puech, coseigneur d'Arre, comme mari d'Ermessende de Caladon (1440-1447). — Fᵒˢ 26-37 : *Sommaire de reconnaissances contenues dans un livre traduit par Dufrue.* — Fᵒˢ 26-28. Acapte baillé par Bringuier ou Bérenger de Caladon, comme curateur de Julien Fesquet, d'une terre sise à Molières (20 janvier 1423 v. s.). — Acapte baillé par Bernard Del Bosc, damoiseau (5 des ides de décembre, ou 10 décembre 1315). — Reconnaissance du mas de Las Baume, faite par Barthélemy de La Baume et sa femme Guillemette à Garsende, veuve de Raimond Del Bosc, damoiseau (frère de Bernard Del Bosc). Barthélemy s'oblige à tenir le mas « acasal et vestu ». Il fait hommage à genoux et les mains jointes (13 des calendes de février, ou 20 janvier 1275 v. s.). — Acapte baillé par Raimond du Martel et sa femme Plaisance d'une vigne à Molières (7 des calendes de mai, ou 25 avril 1234). — Fᵒˢ 28-30. Vente faite par Guillemette Mercier au prêtre Bernard des Combes (7 des calendes de mars, ou 23 février 1245 v. s.). — Reconnaissance à noble Bernard d'Arre pour un pré à Cavaillac (6 mars 1395 v. s.). — Reconnaissance faite par le prêtre Jean Gajan à Bernard Del Bosc (Nones de février, ou 5 février 1277 v. s.). — Donation faite par Pierre de Merlet, damoiseau, à

Raimond Del Bosc, damoiseau (28 mars 1341 v. s.). — Reconnaissance de Pierre Surville à noble Pierre Del Puech (1440). — Reconnaissance de Guillaume Surville à noble Gaspar Del Puech (28 septembre 1528. — Fᵒˢ 31-34. Reconnaissance faite à Guillemette, veuve d'Arnaud Azémar (4 des nones de mai, ou 4 mai 1283. — Échange fait par Bernard et Raimond Del Bosc, ensemble leur mère Garsende, avec des habitants de Vigan (1ᵉʳ avril 1301). — Lods faits par Philippe de Montdardier (5 février 1350 v. s.). — Acapte baillé par Guillaume Del Bosc, fils de feu Raimond, comme tuteur de Bernard d'Arre, son neveu (25 avril 1355). — Acapte baillé par Bernard d'Arre, fils de feu Raimond Del Bosc (24 juin 1359). — Réquisition faite par Gaspard Del Puech à Jean Mercier, prieur de Rovel, de prendre investiture de lui pour une terre acquise d'un habitant du Vigan (28 août 1536). — Fᵒˢ 35-37. Reconnaissance faite à noble Bernard d'Arre pour une terre à Molières (31 mars 1403). — Reconnaissance faite à noble Pierre Del Puech, mari de noble Ermessende-Bérengère de Caladon, héritière universelle de Bernard d'Arre (2 juin 1415). — Vente faite, le 4 des calendes de décembre, ou 28 novembre 1304, par Pierre de Tessonne à Hugues Gazan d'une vigne au quartier d'Espélique, près l'église de Molières. — Acapte baillé par Guillaume de Rabastens d'une terre au mas des Argalas (16 des calendes de juillet, ou 16 juin 1239). — Reconnaissance faite par Jean des Barrières à Raimond du Fesc et à sa sœur Alaysette d'Aiguebelle (6 des calendes de juillet, ou 26 juin 1322). — Fᵒˢ 38-42 : *Sommaire des reconnaissances de Molières, tiré des grosses qui n'avaient pas été « sommariées ».* — Fᵒˢ 38-39. Acapte baillé par Ricard de Rabastens, fils de Hugues (4 août 1365). — Acapte baillé par Raimond de Rabastens à Cardonnet, du Vigan (7 des ides d'octobre, ou 9 octobre 1255. — Reconnaissance faite à Tiburge du Buis et aux curateurs de Jean Cardonnet (10 juin 1413). — Reconnaissance faite par un habitant d'Aulas à Bertrand du Buis et à Guillaume Cardonnet (3 des ides d'août, ou 11 août 1302). — Fᵒˢ 40-42. Vente faite par Étienne Unal, de Bréau, à noble Blaise Pagès, marchand de Meyrueis, d'une vigne sise *Es Las* (20 mai 1503). — Fᵒˢ 43-52. Sommaire des reconnaissances féodales qui sont dans le livre de M. de Mazel (1611-1618).

E. 1294. (Registre.) — 236 feuillets écrits, papier.

1602-1661. — *Seigneurie de Montdardier. — Inféodations. Reconnaissances féodales, lods pour la famille de Ginestous. Jacques Finiels, notaire extracteur (1602-1616). — Suivent des notes allant jusqu'en 1661.*
F° 1-3. Tables des emphytéotes et des terroirs. F° 4-15. — Acapte et inféodation perpétuelle faits à Martin Aguze, de Montdardier, par noble Jean de Ginestous, sieur de Montdardier. Acte passé sur la place neuve de Montdardier (5 juin 1602). — Lods faits à Antoine Jeannel (11 novembre 1602). — Rémission en payement faite à Jean de Ginestous par Pierre Téaulon (ou Teulon), de Rogues (4 août 1602). — Acapte pour Pierre Valette, de La Jurade (4 septembre 1602). — Lods pour Antoine Jeannel, de Montdardier (30 novembre 1602). — F° 16-23. Reconnaissance féodale de Jean Agulhon, de Montdardier (9 décembre 1602). — F° 24-41. Reconnaissance féodale d'Étienne Nadal, de Montdardier (12 décembre 1602). — Reconnaissance de Jean, Villeméjane, de Montdardier (30 décembre 1602). — F° 41-42. Lods pour Isaac Vallat, de Montdardier (17 janvier 1605). — Lods pour Jean Aguze, hôtelier de Montdardier (23 juin 1605). — Achat par noble Jean de Ginestous, seigneur de Montdardier, de terres au devois de Soulatges (25 février 1605). — F° 61-97. Lods pour Jean de La Combe, du mas de La Garde paroisse de Montdardier (13 mai 1605). — Lods pour Jean Sanguinède, du mas de L... guinède (22 juillet 1607). — Lods pour Jean ...el, du « château » ou enceinte de Montdardier (12 décembre 1607). — Lods pour Pierre Caucanas, tisserand de Montdardier (16 février 1608). — F° 97-123. Acapte fait à Pierre Guiraud, tisserand de Montdardier (31 mars 1608). — Lods faits par Jean de Ginestous, seigneur de Montdardier, à André Salze, marchand de Montdardier, acquéreur de Jacques de Lacoste, docteur ès-droits du Vigan (13 août 1608). — Lods pour Jean Planchon, hôtelier du Vigan (8 novembre 1610). — F° 124-150. Lods pour Jean Maillier, de Bez (15 avril 1612). — Lods pour Pierre Calvas, cardeur de laines de Montdardier (27 novembre 1612). — Lods et reconnaissance concernant Jean Bonhomme, notaire de Montdardier (11 février 1613). — Lods pour Jacques Salze, cardeur de laines de Montdardier (19 février 1613). — F° 150-190. Lods faits à Antoine Combarnoux, de Montdardier, pour une « canabière » ou chènevière al barri (au rempart). Acte du 19 septembre 1614. — Reconnaissance et réduction de censive concernant Gaspard Causse, de Caucanas, paroisse de Montdardier (8 novembre 1614). — Reconnaissance et réduction de censive concernant Antoine Galtier, du mas de Raynès paroisse de Montdardier (18 juin 1615). — Lods pour Étienne Martin, cordonnier de Montdardier (21 octobre 1615). C'est le dernier acte extrait de la main du notaire Jacques Finiels, et signé de lui. Les actes suivants sont des copies non en forme. — F° 191-205. Réduction de censive pour Jean Barral, du mas de Navas, paroisse de Montdardier, accordée par noble Pierre de Ginestous, sieur de La Rouvière (10 août 1628). — Note des lods faits, le 7 septembre 1648, par noble Charles de Ginestous, seigneur de Montdardier, pour une terre sise à Rogues et confrontant le baron de Ganges. — Note d'une réduction du droit de quint faite par transaction entre ledit Charles de Ginestous et Benjamin Causse (18 septembre 1650). — Note du lods faits par Charles à Antoine Sanguinède, de Caucanas (6 juillet 1652). — Note de lods faits par Charles à Jean Sanguinède, du mas de La Sanguinède, le 16 octobre 1651. — Inféodation d'une maison et de terres faite par Charles de Ginestous à Antoine Caucanas. Il s'agit d'un bail à nouveau cens et « pagésie perpétuelle », sous la censive d'une quarte de froment (Montdardier, 3 novembre 1640). — F° 206-217. Fragment de table. — Reconnaissance faite par Pierre Viala, de Raynès, à noble Jean de Ginestous (30 mars 1616). — Lods faits par Jean de Ginestous à Pierre Guiraud (25 décembre 1620). — Reconnaissance faite par David Foby, de Caucanas, à noble Jacques de Ginestous, sieur de Cabanis (14 janvier 1621). — F° 217-236. Lods faits par Charles de Ginestous à Gabriel d'Unal, docteur en droits de Bréau (13 décembre 1623). — Lods faits par Charles de Ginestous, sieur de La Jurade, à un maçon de Montpellier (27 novembre 1624). — Lods faits par Charles de Ginestous, seigneur de Montdardier, à David Caucanas, du mas de Caucanas (21 juillet 1636). — Reconnaissance faite par Antoine Caucanas à Charles de Ginestous, ayant droit de noble Gui de Bonal, sieur de Labaume, des biens reconnus par Raimond Sanguinède à Jean de Bonal, de Ganges, en 1406 (3 mai 1637). — Table des noms des terroirs ou quartiers.

1742-1743. — *Seigneurie de Montdardier. — Reconnaissances féodales des habitants d'Esparron à noble Claude-François d'Assas de Ginestous.*

Fⁿ 1-8. Reconnaissance de Jean Guy, tisserand de cadis, faite à M. d'Assas de Ginestous, seigneur de Montdardier et du Cabanis, demeurant ordinairement au Vigan (27 octobre 1742). Mention du seigneur d'Hierle. Acte passé au Vigan, chez M. d'Assas de Ginestous, par le notaire Lacombe. — Jacques Guy (3 novembre 1742). — Joseph Guy (Même date). — Jean Serran, du mas d'Entraigues, paroisse d'Arrigas (10 novembre 1742). — Fⁿ 8-18. Reconnaissance de Jean Nougarède, facturier du Vigan (21 novembre 1742). — Joseph et autre Joseph Guy, dits Dufour, tonneliers (22 novembre). — Jean Huc (22 novembre). — Jean Villaret (23 novembre). — Pierre Balsan, cardeur de laine (24 novembre). — François Bertrand, ménager (24 novembre). — Fⁿ 18-26. Reconnaissance d'Étienne Foby, travailleur de terre (26 novembre). — Pierre Vassas, travailleur de terre (27 novembre). — Jean Vassas, travailleur de terre (28 novembre). — Jean Guy, dit Dufour, tisserand de cadis (8 décembre 1742). — Étienne Vassas, cardeur de laine (10 décembre). — Jacques Boulot, cardeur de laine (11 décembre). — Étienne Laurent, facturier d'Esparron, comme mari de Jeanne Foby et au nom de son beau-père Abraham Foby (13 décembre). — Hoirs de Jean Guy (14 décembre). — Fⁿ 26-31. Reconnaissance de François Vassas, travailleur de terre, et de son frère Guillaume Vassas, tisserand de cadis (14 décembre 1742). — Anne Foutez, veuve de Louis Combacédés (31 décembre). — Jean Nougarède, dit Canot, de Bez (31 décembre). — Claude Guy, travailleur de terre (31 décembre). — Guillaume Cavalier, au nom de sa femme Marie Massal, veuve en premières noces de Michel Guy (1ᵉʳ janvier 1743). — Marianne de Fourville, veuve d'Antoine Perret, avocat d'Arre, comme tutrice d'Antoine, Guillaume et Philippe Perret, ses enfants (2 janvier). — Étienne Guy, petit-fils d'Abraham Guy, travailleur de terre (3 janvier). — Jean Méric, tonnelier (3 janvier). — Fⁿ 32-38. Reconnaissance de Pierre Vassas, prieur de l'église et paroisse de Saint-Véran d'Esparron, pour une vigne avec petit bois. Mention d'une reconnaissance du 22 mai 1664 faite par Pierre Vassas, donateur, à François d'Assas, seigneur de Ferrières, et d'une autre faite par le même à Jean d'Aruif, sieur de Roquesedal, le 5 mai 1667 (2 janvier 1743). — Étienne Clamens, facturier de laines de Molières (17 janvier). — Jean Guy, dit Randon, maçon, demeurant à présent au Vigan (18 janvier). — Jean Huc, couvreur, pour lui et son frère François. Mention d'une reconnaissance faite par Jacques Huc à noble Jean d'Aruif, sieur de Roquesedal, curateur de noble Claude-François d'Assas de Ginestous, seigneur de Montdardier, le 9 mai 1667 (21 janvier 1743). — Addition de reconnaissance de François Bertrand, ménager (25 janvier). — Guillaume Barral, laboureur de Blandas (26 janvier). — Joseph Durant, régent des écoles d'Avèze (28 janvier). — Isabeau Nougarède, femme d'André Caumela, travailleur, demeurant ordinairement à Molières (4 avril 1743). La châtaignerale relève, pour un quart de la directe, du seigneur de Montdardier, pour un autre quart, des hoirs de noble Jean de Montfaucon, et pour l'autre moitié, du baron d'Hierle, le tout par indivis. Mention d'une reconnaissance portant réduction de la moitié du quart des fruits et conversion de censive, faite par François Martin, prêtre de Molières, et Valentin Amat, au nom d'Isabeau Martin, sa femme, à Pierre Aruif et à noble Jean de Montfaucon, par indivis avec le baron d'Hierle, le 9 novembre 1526 (4 avril 1743). — Louis Granier, tonnelier de Bréau (31 mai 1743).

1442-1450. — *Seigneurie de Montdardier. — Reconnaissances féodales et autres actes pour Jean Houal, marchand de Ganges, reçus par le notaire Jean Étienne. Ces actes sont analysés sommairement, dans le présent « levatorium », par le notaire Jean Pagès. Écriture de la seconde moitié du XVᵉ siècle. Les actes concernent principalement les paroisses de Montdardier, Saint-Laurent-le-Minier et Saint-Bresson.*

Fⁿ 1-3. Reconnaissance d'Antoine Garnier, de Montdardier, pour tout le terroir de *La Raynhari-gaïa*, sis en partie dans la paroisse de Saint-Martin de Montdardier, en partie dans la paroisse de Saint-Félix de Rogues. La censive est d'une hémine de froment et du quint des fruits (10 octobre 1442).

— Étienne Astruc, de Montdardier (même date). — F° 4-10. Reconnaissance de messire Jacques Dupuy, prieur de N.-D. d'Arèze, pour une maison dans l'enceinte de Montdardier, maison appelée : La Cambre (20 mars 1445). — Jean et Guillaume Barral, père et fils, ensemble Jean Barral, fils de Déodat, du mas de Conques-Vacaresses, paroisse de Mandas, pour le mas des Vacaresses (1er décembre 1445). — Pierre d'Agusan, fils de Jean (même date). — Vente de noble Guillaume de Ginestous, seigneur de Montdardier, faite à Jean Ronal jeune, du cens qu'il percevait sur le mas de Roquesvieilhes, situé dans la paroisse de Saint-André de Pomiers, cens montant à 3 hémines de seigle, etc. (26 janvier 1446 v. s.). — Reconnaissance faite le 28 janvier par Raimond Sanguinède, de tout son mas de La Sanguinède, paroisse de Montdardier. — Vente faite par Guillaume de Ginestous, à Ronal aîné, le 11 juillet 1447, au prix de 3 l., d'une censive de 2 setiers d'avoine sur Étienne Sanguinède, du mas de La Sanguinède. — F° 10-13. Acapte baillé par Jean Ronal, le 24 février 1448 v. s., à Jean du Ranc, du mas d'Olivet, paroisse de Montdardier, du tout le mas de Roquemaure, ayant appartenu à Bernard Gordon, dit Maton, demeurant à présent aux Clapières, près Montdardier. — Reconnaissance de Jean Gros (15 mars suivant). — Échange, fait le 23 mars 1448 v. s., entre Guillaume de Ginestous et Jean Ronal. Guillaume livre ses censives sur le mas de La Sanguinède, et Jean livre une hémine de froment sur le terroir de La Roulaurigade. — Table des quartiers mentionnés dans les actes précédents, qui ne concernent que la paroisse de Montdardier. — F° 14-28 : Paroisse de Saint-Laurent le Minier. — F° 14-17. Reconnaissance de Jean Michel (10 mars 1443 v. s.). — Jean de Ferrières, dit Ortet (10 mars). — Bernard Vivier (12 mars 1448 v. s.). — Jeanne Gordon (12 mars). — Irène, fille et héritière de feu Pierre Trépayre (12 mars). — Jean Gaussent (12 mars). — Mathieu et Jean de Flessières, père et fils (11 mars 1443 v. s.). — F° 18-24. Jacques et Jean de La Combe (10 mars). — Jeanne Frésol (11 mars 1443 v. s.). — Jean de Flessières jeune (10 mars). — Guillaume Gaucelme (20 mars). — Guillaume de La Planque (14 avril 1444). — Antoine du Vivier (23 mai 1444). — Jeanne Roquemaure (23 mai). — Hélis Frigolet, fille d'Antoine (12 juin 1444). — Jean de Flessières jeune (12 juin). — Raimond de Caucanas (30 décembre 1444). — Pierre Folquier (8 février 1444 v. s.). — Guillaume

Rermand (8 mars 1444 v. s.). — Bernard Rermand (8 mars). — F° 25-28. Guillaume Clair (8 mars). — Pierre de Sulages (8 mars). — Jean de Flessières (8 mars). — Raimond Aldebert (9 mars). — Guillaume et Jean de La Fabrique ou La Fabrègue (9 mars). — Bernard du Vivier (9 mars). — Étienne Ronlol (31 mai 1450). — F° 29-35 : Paroisse de Saint-Bresson. — F° 29-31. Vente faite, le 30 janvier 1443 v. s., par nobles Frédol et Gaucelme de Ginestous, père et fils, à Jean Ronal, des censives que leur sert noble Pons Redmond, du mas de La Carrière, paroisse de Saint-Bresson d'Illorie, parrochia Sancti Britii de Ardalia. — Vente par noble Guillaume de Ginestous, le 21 février 1443 v. s., de ses censives sur le mas de Comeyra. — Vente par le même, le 20 avril 1444, de ses censives sur le mas de La Combe, paroisse de Saint-Pierre du Vigan. — Bernard Bertrand (13 novembre 1444). — Donation faite par noble Guillaume de Ginestous, seigneur de Montdardier, à Jean Ronal, le 4 septembre 1444, de ses censives sur le mas de Robio, ayant appartenu à Bernard Mercurin et à Bertrand de Mercoire, prêtres ; à Pierre Guillaume, de Roblon, à Jean et à Étienne de Abrigils. — Vente faite par noble Rézaud de Ginestous, fils de Gaucelme, du mas de La Roque, paroisse de Saint-Jean de Baucels, le 7 janvier 1444 v. s., de ses censives sur le mas de Plantestas, paroisse de Saint-Martin de Cézas, confrontant noble Pierre de Sumène et le chemin de Cézas à Sumène. — F° 31-34. Guillaume Folquier (7 janvier). — Pierre Parlonxue (29 mars 1445). — Rixende, femme d'Antoine Martial, du mas de Comeyra (25 mai 1445). — F° 34-35. Paroisse de Pomiers. — Vente faite par Étienne et Pierre Ronle, frères, de Montdardier, à Jean Ronal, de Ganges, de leur directe sur une châtaigneraie de Pierre de La Bloquière, du mas de Robion, paroisse de Pomiers (8 juin 1448). — F° 36-40. Vente faite, le 10 février 1445 v. s., par Pierre de La Combe, du mas de Manso, paroisse du Vigan, à Jean Ronal, d'une censive, acquise de noble Guillaume de Ginestous, sur une possession du vendeur sise dans la paroisse de Saint-Pierre de Nolhan, de Anolhano (aujourd'hui Roquedur), au mas de Rovignac terroir de Pastorenc, sur le chemin de Rovignac à Roquedur. — Bernard de La Combe (1er mars 1444 v. s.). — Jean Laurent, du mas de Puymarin, paroisse de Cazilhac (26 décembre 1444). — Vente par noble Guillaume de Ginestous à Jean Ronal, le 10 septembre 1444, de directes dans la juridiction de Ganges. — Notes en provençal sur une terre à La Cancarade, le pré sergusier, etc.

R. 1193. (Liasse.) — 1 cahier, 37 feuillets écrits; 1 pièce, papier.

1489-XVIIIe siècle. — *Seigneurie de Montdardier.* — 1. Cahier de notes brèves de Louis Martini, notaire de Montdardier, appartenant au fonds de la seigneurie. Il commence par un acte du 14 septembre 1510 et finit par un acte du 22 mars 1507 v. s. À la suite est cousu un acte du 23 avril 1489, occupant les derniers feuillets, avec un nom de copiste incertain. — Fos 1-3. Achat fait par Étienne François, prêtre de Montdardier, à Guiraud Agulhon (14 septembre 1510). — Achat pour Louis Alamand, tailleur de pierre de Montdardier (3 octobre 1510). — Reconnaissance faite à Pierre Villeméjane (3 octobre). — Procuration de noble Bézard de Ginestous, verrier de la verrerie de Remolga, diocèse de Béziers (Les six premières lignes du texte soulignées) (3 juillet 1510). — Fos 4-9. Testament de Bertrand Barral, du mas de Navas, paroisse de Montdardier (17 avril 1510). — Affranchissement de Pierre Vilar et de sa femme Catherine, de Montdardier (17 avril). — Lods faits par Barthélemy Ronald, bourgeois de Ganges, à Pierre Vassas, parcheminier, pergamario, de Montdardier (17 avril). — Ratification de donation faite par Jean de Peira, d'Aulas, à son fils Pierre, marié à Montdardier (28 mai 1510). — Contrat de mariage entre Étienne Sanguinède, du mas de la Sanguinède, paroisse de Montdardier, et Antonie, veuve, de la paroisse de Saint-Laurent-Le-Minier (2 juin 1510). — Fos 10-19. Constitution de dot pour Pierre Vilar (28 mai 1510). — Testament de Jean Vassas, du mas de la Blaquière, paroisse de Saint-André de Pomiers (18 avril 1510). — Reconnaissance faite par Antoine Astruc, du mas de Conduzorgues, paroisse de Montdardier, à Étienne Solages, du mas de La Combe, paroisse de Saint-Laurent-Le-Minier (18 avril). — Lods fait par noble Louis de Ginestous, coseigneur de Madières, habitant Montdardier, à noble Claude de Calatorio, coseigneur d'Arre, pour l'acquisition du mas de La Rouvière, paroisse de Saint-Félix de Rogues (10 août 1510). — Procuration par Pierre Arnald, vicaire perpétuel de Rogues, aux docteurs, licenciés et praticiens de la cour métropolitaine de Narbonne, pour comparaître devant l'official en une cause d'appel (30 juin 1510). — Contrat de mariage entre Jean Michel, du mas de Navas, paroisse de Montdardier, et Béatrix Fayssal, du «château», castel, ou enceinte de Montdardier (30 juin 1510). — Contrat de mariage entre Michel Sarran, de Montdardier, et Antonie, fille de Jacques Barral, du mas de Navas (8 février 1507 v. s.). — Fos 20-30. Achat fait par noble Claude de Calatorio, coseigneur d'Arre, du mas de la Rouvière et de ses dépendances, paroisses de Rogues, Blandas et Montdardier. Les vendeurs sont Jean Pamarel et Astrugue, sa femme, fille de feu Jean Caurolme (8 février). Le prix est de 32 florins. — Testament de noble Antoine de Ginestous, coseigneur de Montdardier et de Madières (20 février 1507 v. s.). — Procuration de Bernard Aguran (18 février). — Lods faits par Barthélemy Ranal, bourgeois de Ganges, à Jean de Caucanas (22 février). — Donation à cause de mort de François Agulhon, de Montdardier (27 février). — Testament de Guiraud Agulhon, de Montdardier (8 mars 1507 v. s.). — Achat de puisage d'eau fait par Louis Alamand et sa femme Guillemette, de Montdardier, à Guiraud Combarel et à sa femme Marguerite. Il s'agit de la moitié de leur droit de puiser de l'eau à un puits dont les vendeurs ont la moitié, soit le quart indivis du droit total du puisage. La directe appartient à nobles Antoine et Louis de Ginestous. Le prix de la vente est de 4 florins. — Fos 31-37. Renouvellement de l'instrument d'acapte en vertu duquel les prédécesseurs de noble Antoine de Ginestous, damoiseau, coseigneur de Madières et de Montdardier, avaient inféodé des immeubles, de temps immémorial, aux prédécesseurs d'Antoine Calvas, habitant l'enceinte de Montdardier. Le nouvel acte contient la description des biens tenus en emphytéose. Il est passé, le 23 avril 1489, in claustro de l'omerie. Mention du prieur de Pomiers. Le 7 mai 1490, ratification, dans le presbytère de Pomiers, par noble Antoine de Ginestous, fils d'autre Antoine, de la réduction de censive et de l'acapte consentis par son père à Antoine Calvas. Pierre Madier, prêtre de Montdardier, est un des témoins. Le notaire est Jacmes de La Devèze, de Ganges. — 2. Mémoire pour M. d'Assas de Montdardier, contre François Bertrand, d'Esparron (XVIIIe siècle).

SEIGNEURIE D'UZÈS (1)

E. 1791. (Portefeuille.) — 3 pièces, parchemin; 81 pièces, papier; 3 sceaux.

1161-1806. — *Seigneurie d'Uzès.* — Recueil de pièces ou de copies concernant des localités ayant appartenu à l'ancien diocèse d'Uzès, et formé par Rouvière, juge mage au sénéchal ducal d'Uzès avant la Révolution. Les consuls d'Uzès étaient seigneurs d'Uzès pour un tiers.

1. Deux extraits du cartulaire de l'évêché d'Uzès connu, avant la Révolution, sous le nom de la Verdeline, et aujourd'hui perdu : — 1° Donation de l'église de Saint-Martin de Tréville, faite par R., évêque d'Uzès, à la maison de la milice du Temple de Montfrin, en 1161 (f° C, v°, n° 375); — 2° Donation de l'église de Saint-Paul de Montagnac, faite par ledit évêque aux Templiers de Montfrin, en 1176 (f° LXIV, n° 161. — 2. Traduction française d'une transaction du 2 mars 1358 v. s., entre François Brasfort, prévôt de l'église d'Uzès, seigneur du lieu de Saint-Firmin, et les consuls d'Uzès, au sujet des foires d'Uzès. L'acte est passé dans le réfectoire des chanoines par le notaire Jean Dupuy. — 3. Traduction française des privilèges des consuls d'Uzès, d'après la charte romane de 1346 (2). — 4. Deux extraits d'un registre de L. Borrafin, notaire d'Uzès : — 1° Acapte fait, le 8 mars 1455, par le prévôt de l'église d'Uzès à Claude Andivé, revendeur d'Uzès; — 2° Élection des consuls de Castillon, le 8 juin 1493, en présence du juge dudit prévôt — 5. Analyse en français du testament de Marguerite de Lévis, douairière de Lers, dame de Montfrin et de Montredon, veuve d'Antoine d'Arpajon, baron de Lers (Avignon, 16 février 1587). — 6. Extrait de la table de l'avération ou compoix d'Uzès de 1634, servant à l'assiette de l'impôt, tant pour le présage des biens que pour l'industrie des habitants. — 7. Arrêt du parlement de Toulouse sur le remplacement des terres emportées par le Rhône et le Gardon, pour les consuls de Montfrin contre Hector de Montenard, baron de Montfrin (11 août 1645). — 8. Arrêt du parlement de Toulouse, du 7 mars 1640, prescrivant l'observation des articles de règlement du 23 décembre 1630 pour les élections consulaires de Montfrin. — 9. Donation entre vifs pour Gabriel Loidemèze, praticien d'Uzès (10 mars 1685). — 10. Requête dudit Loidemèze, notaire royal, aux officiers temporels d'Uzès (9 avril 1691). — 11. Requête des consuls d'Uzès aux commissaires sur le fait des domaines (18-19 mars 1632). — 12. Délibération de l'hôtel de ville d'Uzès pour l'affranchissement des droits de cens et de lods et ventes (2 octobre 1663). — 13. Autre du 3 janvier 1670 contre la reconnaissance des tailloirs, cuves, piles et autres utiles des cuisons. — 14. Acte signifié aux bouchers d'Uzès, à la requête du syndic du chapitre, au sujet de la foire de la Saint-Firmin (7-8 octobre 1670). — 15. Délibération financière de la maison consulaire d'Uzès (18 novembre 1687). — 16. Prestation de serment des conseils de ville d'Uzès, ordinaire et extraordinaire, suivant l'ordre des quatre échelles (10 mars 1692). — 17. Ordonnance de l'intendant pour le paiement des taxes des greffiers et secrétaires des hôtels de ville (Montpellier, 7 avril 1712). — 18. Délibérations financières des conseils d'Uzès (2 avril-7 mai 1712). — 19. Copie d'une lettre d'Abauzit sur une pièce d'or trouvée sous un vieux ravelin et frappée à Uzès. Ce sou d'or conviendrait bien à Théodebert 1er, petit-fils de Clovis (10 août 1718). — 20. Compte des consuls de Valabrègue pour 1724, rendu le 7 août 1725. — 21. Délibération consulaire d'Uzès au sujet du droit de confirmation de la charge de lieutenant général de police (29 octobre 1727). — 22. Catalogue d'anciens registres de notaires d'Uzès, dressé par M. Gibert, notaire d'Uzès, en 1749, suivant l'ordre alphabétique des noms, avec les dépôts où ils se trouvent. — 23. Extrait d'un emprunt de 452 l. fait par les maire et consuls d'Uzès à Fabre aîné (6 juin 1775). — 24. Police pour l'établissement d'une chaire à prêcher dans l'église Saint-Étienne d'Uzès, passée entre Jean Chapelle, entrepreneur de l'église, Laurent Bondon, sculpteur d'Avignon, et les consuls d'Uzès. Le prix est de 1 000 l. (12 janvier 1774). — 25. Délibération des consuls de Valabrègue contre M. Saint-Clément, fils naturel du marquis de Montfrin, et ses complices, qui ont coulé le bac du « Chemin français » (2 août 1724). — 26. Certificat des consuls de Valabrègue à propos de la diminution des espèces arrivée le 8 avril (10 avril 1724). — 27. Verbal des officiers de Valabrègue au sujet de

(1) Ce petit fonds faisait partie de la bibliothèque du séminaire diocésain, attribuée aux Archives du Gard par suite de la loi de séparation des Églises et de l'État.

(2) Cf. Eugène de Rozière, *Charte du consulat d'Uzès,* in *Revue de Législation ancienne et moderne,* 1er avril 1870.

la diminution des espèces (25 septembre 1724). — 28. Arrêt du Conseil d'État sur les assiettes des diocèses de Languedoc (Marly, 30 janvier 1725). — 29. Minute d'une transaction du 15 juillet 1743, entre les maire et consuls d'Uzès et le syndic des capucins, au sujet d'un enclos avec maison, acquis par ces religieux. — 30. Ordonnance de police des maire et consuls d'Uzès (2 août 1747). — 31. Copie d'un placet de Blanc fils au duc d'Uzès (11 août 1739), d'une consultation de Joly, avocat de Paris (29 août), d'un mémoire du corps des procureurs du sénéchal ducal au duc d'Uzès, et d'une seconde consultation de Joly (8 octobre 1739), au sujet des avocats et procureurs dans les justices subalternes. — 32. Relation de ce qui s'est passé à Aix au sujet de la dernière maladie de M. de Brancas, archevêque de cette ville. Il s'agit d'une réconciliation du parlement avec le président d'Éguilles, qui avait fait élever son fils chez les jésuites de Bruges (21 septembre 1770). — 33. Mémoire sur l'emploi d'une somme de 600 l. empruntée pour la reconstruction de l'église Saint-Étienne d'Uzès, dont l'architecte était Rondon (1768-1773). — 34. Tarif imprimé des droits et émoluments des procureurs en la sénéchaussée d'Uzès et pays d'Uzège (21 septembre 1773). — 35. Inféodation de la haute justice de Vers, faite par le duc d'Uzès à M. Drome, juge mage d'Uzès (31 juillet 1752). — 36. Arrêt du parlement de Toulouse rendu entre les consuls de Montfrin et Hector de Montenard, baron de Montfrin, au sujet des droits de dépaissance, pêche, lignerage et remplacement des terres emportées par le Rhône et le Gardon (17 janvier 1646). — 37. Mémoire pour Rouvière, ancien avocat au parlement, juge mage, lieutenant général civil et criminel de la sénéchaussée d'Uzès, contre le procureur général du roi, s'il prend le fait et cause de son substitut en la commission établie par lettres patentes du 24 juin 1781 (30 avril 1787). — 38. Arrêt de la cour des aides de Montpellier déchargeant de la levée de la taille Jean Cazau, de Comps, comme ayant été, en 1725, collecteur forcé de Valabrègue et Comps (13 mai 1728). — 39. Échange, entre le roi et le duc d'Uzès, de la baronnie de Lévis, mouvante du roi, à cause de la tour du Louvre, et située près le parc de Versailles, contre le domaine royal d'Uzès (Paris, 28 avril 1721). — 40. Délibération affermant les menus cens et droits de lods de la communauté d'Uzès (2 mai 1745). — 41. Délibération demandant l'augmentation du crédit des dépen-

ses imprévues de la communauté (27 janvier 1738). — 42. Délibération pour l'entretien des casernes et la fourniture du bois et de la chandelle du corps de garde d'Uzès (4 novembre 1739). — 43. Délibération financière (9 décembre 1740). — 44. Délibération concernant l'hommage à faire au duc d'Uzès, à raison de la seigneurie du « costel » et autres droits communaux relevant du duc (30 septembre 1740). — 45. Provisions de lieutenant particulier au sénéchal d'Uzès, par Pierre-David Rouvière, avocat en parlement (Uzès, 28 janvier 1780). Sceau ducal. — 46. Délibération acceptant les cautions de l'entrepreneur Albisson pour la reconstruction de l'église Saint-Étienne d'Uzès (17 octobre 1765). — 47. Cahier contenant : 1° l'état des justices dépendant de l'ancien patrimoine du duché-pairie d'Uzès ; 2° les justices et fiefs de la mouvance de l'ancien patrimoine ; 3° l'état des justices appartenant au duc d'Uzès en vertu de l'échange fait avec le roi en 1721 ; 4° les justices et fiefs de la mouvance du duc en vertu du même échange, et qui ressortissent au sénéchal d'Uzès (23 février 1764). — 48. Projet de délibération de la main de Rouvière, premier consul, au sujet des sœurs régentes de l'école des filles d'Uzès (4 juillet 1772). — 49. Délibération déchargeant des titres de la communauté les deux premiers consuls de l'année précédente et en chargeant ceux de 1772 (4 janvier 1772). — 50. Délibération analogue, du 31 mai 1776. — 51. Commandement fait aux maire et consuls d'Uzès pour le droit de confirmation de la charge de lieutenant général de police (19 octobre 1727). — 52. Syndicat ou assemblée et délibération notariée de cent-trente habitants de Montfrin, pour empêcher la dépaissance ou compascuité de tous les bestiaux dans les terres des particuliers, en vertu de divers arrêts du parlement de Toulouse, rendus à la réquisition du procureur général. L'assemblée nomme un syndic pour veiller à l'exécution desdits arrêts (20 décembre 1783). — 53. Provisions de la charge de juge mage au sénéchal d'Uzès, données par le duc d'Uzès à Pierre-David Rouvière, lieutenant particulier au dit sénéchal. Signature et sceau de François-Emmanuel de Crussol, duc d'Uzès, premier pair de France (Bonnelles, 15 octobre 1784). — 54. Délibération financière du conseil général de Valabrègue (11 août 1720). — 55. Requête des habitants de Valabrègue au sénéchal de Nîmes contre M. de Saint-Clément et les Jonquet père et fils, qui ont brisé et coulé le bateau de l'embouchure du Gardon, sur le chemin français (Extrait du 10 août 1724). — 56. Acte fait aux consuls de Meynes par le syndic des habitants de Montfrin pour délit de dépaissance (18 septembre 1784). — 57. Acte fait aux consuls de Théziers par ledit syndic pour délit de dépaissance (23 septembre 1784). — 58. Certificat des consuls-gouverneurs, coseigneurs et lieutenants généraux de police d'Uzès, en faveur de Rouvière, juge mage au sénéchal d'Uzès. Sceau des consuls (11 décembre 1785). — 59. Acte d'opposition à l'élection des troisième et quatrième consuls de Montfrin (4 juin 1784). — 60. Acte signifié à Rouvière, juge mage au sénéchal d'Uzès, à la requête des autres officiers du sénéchal, à l'effet de s'abstenir de toutes les fonctions de sa charge, jusqu'à ce qu'il ait justifié de la levée de l'interdiction prononcée contre lui, ou de son renvoi provisoire à ses fonctions (14 juillet 1786). — 61. Appointement du sénéchal d'Uzès au sujet d'un désistement en faveur de Claude de Baguel, seigneur de Saint-Chapte (15 juillet 1786). — 62. Verbal d'une prestation de serment d'expert en la juridiction ordinaire du marquisat de Montfrin (13 septembre 1786). — 63. Procuration donnée à Pierre Dufour, procureur d'Uzès (25 mars 1786). — 64. Notes en latin sur l'histoire d'Uzès. — 65. Extrait du procès-verbal de l'assemblée du tiers état de la sénéchaussée de Beaucaire et Nîmes pour la rédaction des doléances et la nomination des députés aux États généraux de 1789, commencée le 17 mars 1789 et finie le 31 mars. — 66. Observations « pacifiques » sur certaines dispositions de quelques édits de mai 1788, relativement surtout au ressort du parlement de Toulouse (20 août 1784). — Nouvelles observations (12 octobre 1788). — Sur la tenue des États généraux (20 décembre 1788). Ces notes sont de la main de Rouvière. — 67. Copie d'un « Avis patriotique » relatif à la suppression du parlement et autres anciens tribunaux, à ceux de district qui leur sont substitués, et au décret qu'on dit supprimer purement une quantité d'archevêchés et d'évêchés. L' « Avis », favorable aux réformes, est originaire de Beaucaire, et daté du 7 novembre 1790. Il est suivi d'une « Addition » du 28 novembre et d'une « Nouvelle addition » de décembre 1790. — 68. Contenances des différentes sections de la commune de Montfrin, d'après les déclarations des propriétaires, faites en 1791 et 1792. — 69. Confronts des sections du territoire de Montfrin. — 70. Délibération de l'hôtel de ville d'Uzès acceptant la démission de Bouschet, procureur de la commune

(7 novembre 1790). — 71. Délibération municipale d'Uzès pour remplacer, par voie d'élection, le maire et autres officiers municipaux et notables (18 novembre 1790). — 72. Délibération municipale d'Uzès acceptant la démission de Trinquelague, maire, appelé au tribunal du district (9 novembre 1790). — 73. Lettre de Maigron, maire d'Uzès, aux juges du tribunal du district d'Uzès, les invitant à se rendre dans la salle des séances du conseil général de la commune, pour y célébrer l'anniversaire de la mort du « Jean Capot » (2 pluviôse an III, ou 21 janvier 1795). — 74. Délibération municipale d'Uzès, sur les élections pour renouveler une partie de la municipalité (4 novembre 1790). — 75. Formule du serment prêté au club d'Uzès. Il y est question de la religion de la nature, du temple de la raison, des prêtres que sont les législateurs. — 76. État des communes composant le district d'Uzès, et les 17 cantons du district (5 mars 1790). — 77. Minute de la lettre de Rouvière, juge mage d'Uzès, au garde des sceaux. Il lui envoie un mémoire contre la religion. Ce n'est qu'après avoir beaucoup patienté qu'il a demandé d'être rétabli provisoirement dans l'exercice de sa charge (Toulouse, 28 mai 1788). Suivent des « Observations patriotiques » au sujet des édits de mai 1788 (Cf. la pièce 66). Rouvière déclare avoir composé, en 1765, pour pacifier les troubles du Languedoc, l'ouvrage intitulé : L'amour de la paix, ou dissertation impartiale sur le différend du parlement de [Toulouse] avec M. le duc [d'Uzès]. Ces observations sont datées de Toulouse, 28 mai 1788. — 78. Minute d'une lettre de Rouvière en réponse à M. Ferrand, de Vers, sur Uzès et le pays d'Uzège (25 août 1800), avec une addition du 28 février 1800. — 79. Justification de Jean-Joseph-Maurice Guiraud, juge au tribunal du district d'Uzès sur toute inculpation d'incivisme ou de fédéralist (13 nivôse an II, ou 2 janvier 1794). — 80. Hymne patriotique consacré à l'Être suprême, paroles et musique du citoyen Bonnard. Cette courte et faible pièce comprend un solo, un chœur et un duo. — 81. Adjudication de l'ancien évêché d'Uzès, ensemble le parc, faite, les 30 brumaire et 5 frimaire an VI, ou les 20 et 26 novembre 1797, par l'administration départementale au citoyen Bouschon, apothicaire d'Uzès. — 82. Minute du procès-verbal d'estimation de l'ancien évêché d'Uzès, avec les jardins, vignes, olivettes et bois en dépendant, dressé par Jean-Louis Rouvière fils, homme de loi, et Joseph Reynaud, notaire, experts nom-

més, le premier, par l'administration du département, le second par Mathieu Caplen, soumissionnaire (27 prairial an IV, ou 15 juin 1789). — 83. Lettre de l'Administration centrale du département du Gard au commissaire du directoire exécutif près l'administration municipale d'Uzès, au sujet de la nomination de Rouvière, géomètre, pour l'estimation de la maison nationale connue sous le nom de « salle diocésaine ». À Uzès (11e ventôse an VI, ou 24 février 1798). — 84. Lettre de l'administration centrale du département à J. L. Rouvière, commissaire du gouvernement près l'administration municipale d'Uzès, qui demande à être payé de sa présence aux estimations de Jacques Rouvière, géomètre d'Uzès, concernant le ci-devant duché, la salle du ci-devant diocèse et la petite maison attenante (17 frimaire an VIII, ou 8 décembre 1799).

E. 1193. (Portefeuille.) — 4 pièces, parchemin ; 31 pièces, papier.

1448-1792. — *Seigneurie d'Uzès.* — *Recueil de pièces ou de copies concernant des localités ayant appartenu à l'ancien diocèse d'Uzès, et formé par Rouvière, juge-mage ou sénéchal ducal d'Uzès.*

1. Lettres de la chancellerie du parlement de Toulouse, mandant au premier huissier ou sergent, sur la requête des consuls d'Uzès, Bagnols et Pont-Saint-Esprit, de défendre au maître des eaux et forêts de Languedoc, leur adversaire dans un appel au parlement, au notaire Charles Astars et à ses autres complices, d'attenter aux droits des requérants, en informant s'ils passent outre (12 avril 1448, après Pâques). — 2. Copie d'un arrêt du parlement de Toulouse rendu entre Marguerite de Clermont, mère et tutrice de Clément Albaron, baron de Lers et de Montfrin, appelant du sénéchal de Beaucaire, et requérant l'entérinement de lettres royaux d'une part ; et les consuls de Montfrin, d'autre part. Selon les us et coutumes du pays, la taxe des bans sera faite annuellement en commun par les deux parties. L'émolument des bans sera partagé entre elles. Détails d'exécution et distinctions. Les consuls sont maintenus dans le droit de créer annuellement les banniers et carreiriers estimateurs. Maintien de Mme de Clermont dans le droit de faire faire des criées annuelles, de créer les consuls, d'autoriser la recherche de l'or des paillotes ou paillettes roulées par le Gardon, de réglementer la pêche et la prise du sable, de s'approprier les îlots et « crets » (1) qui se forment dans le lit de la rivière du Gardon et du Rhône. Les habitants pourront y faire dépaître leur bétail et y prendre leur provision de bois mort si les îlots ne sont pas en culture. D'anciens consuls de Montfrin sont condamnés, tous ensemble, à 300 l. d'amende envers le roi et à 1000 l. d'amende envers Mme de Clermont, et absous des autres demandes faites contre eux (21 mars 1521 v. s.). — 3. Copie d'un arrêt du parlement de Toulouse ordonnant aux habitants de Montfrin de reconnaître à Mme de Clermont toutes leurs terres, avec paiement de censives raisonnables (29 juin 1528). — 4. Extrait d'un appointement du parlement de Toulouse rendu entre des habitants de Montfrin. Il s'agit d'une imposition établie sans licence, pour se venger de Mme de Clermont, dame de Lers et de Montfrin. Un prêtre « de leurs consorts » laissa tout son bien à la « république » de Montfrin, pour poursuivre les procès contre elle (23 mai 1543). — 5. Extrait d'un appointement du parlement de Toulouse rendu entre Mme de Clermont et des habitants de Montfrin. Il s'agit de contraventions en matière de dépaissance et de « rébellions » contre Mme de Clermont (29 juillet 1543). — 6. Lettres du lieutenant de juge en la vicomté d'Uzès, accordées par Antoine, baron de Crussols, vicomte d'Uzès, sénéchal de Querey pour le roi, à Jacques Plantier, bachelier ès lois, d'Uzès (6 octobre 1550). Le sceau manque. — 7. Lettre de cachet de Henri IV aux consuls d'Uzès, les convoquant aux États de Languedoc, qui s'ouvriront à Béziers le 20 septembre (Camp de Salès, 27 juin 1592). — 8. Arrentement du port et du bateau de Marguerite de Lévis, dame de Lers et de Montfrin, établis sur le Gardon. Le bail est de 3 ans, moyennant le prix de 65 l. par an (28 décembre 1626). — 9. Approbation, signée du duc Henri de Rohan, chef et général des églises réformés du royaume, et donnée à tout ce qu'a fait le capitaine Durand, d'Uzès, pour la démolition des murs et des églises de Vers et de Castillon, en vertu de son ordonnance du 28 septembre précédent (Nîmes, 14 octobre 1628). — 10. Lettres royaux obtenues par l'évêque et comte d'Uzès, en l'instance pendante au parlement de Paris entre lui et les consuls d'Uzès. Il s'agit pour l'évêque du droit d'instituer et de destituer ces

(1) Crémens.

consuls, en remboursant des sommes payées par eux pour l'abandon de ce droit (Paris, 31 août 1631). — 11. Arrêt de la cour des aides de Montpellier, portant qu'il sera procédé à la « faction » ou exécution d'un nouveau compoix à Beaucaire (21 novembre 1634). — 12. Dire par écrit (copie) de l'évêque d'Uzès contre les consuls d'Uzès au sujet du consulat (Parlement de Paris, 6 février 1664). — 13. Syndicat ou assemblée des habitants de Montfrin pour nommer des syndics en vue de poursuivre, à Toulouse, l'obtention d'un arrêt contre la dépaissance dans les vignes et oliveraies (23 juin 1701). — 14. Extrait d'un arrêt du Conseil d'État recevant l'offre de la ville d'Uzès pour la finance des charges du premier et troisième consuls, acquises par elle (Versailles 8 juillet 1704). — 15. Réplique de la commune de Montfrin contre M. de Monteynard, son seigneur (Copie s. d.). — 16. Mémoire sur l'affaire que les hoirs de Jean Coulomb ont avec la communauté de Montfrin (s. d.) — 17. Inventaire des meubles trouvés dans le duché d'Uzès lors du départ du duc d'Uzès pour Paris. Vérification de M. de Mayrargues le 2 mai 1714. A noter : cinq pièces de tapisserie de l'histoire de Nabuchodonosor ; deux pièces de l'histoire de Josias ; le tout dans la grande salle ; — les ornements de la chapelle ; — dans le garde-meuble au-dessus de la salle, sept pièces de tapisseries « grosse Flandre », représentant l'histoire d'Esther ; quatre pièces de vieille tapisserie d'Auvergne, huit pièces « grosse Flandre bestion » ; « cinq pièces de tapisserie d'Angleterre représentant Hercule au berceau, avec bordures aux armes du « grand Dacier » ; un damier avec ses dames d'ivoire et d'ébène ; — au salon du duc, six pièces de tapisserie de l'histoire de Joseph, grosse Flandre ; dans la chambre du duc, une tête de perruque avec son pied, un miroir avec « sa broderie dorée. » Salle basse, office, cuisine, chambre de M. Gibert, secrétaire ; chambre de M. Sollier. — 18. Bail à localerie, ou cession de l'usage d'un terrain de leur enclos, consentie par les frères mineurs ou cordeliers d'Uzès aux consuls d'Uzès, pour l'embellissement de l'Esplanade (15 novembre 1720). — 19. Délibération des États de Languedoc décidant l'imposition de 4.000 l. en faveur de la communauté de Valabrègue, ravagée par le Rhône (Nîmes, 24 février 1786). — 20. Requête des consuls de Valabrègue à l'intendant de Languedoc, pour obtenir une délibération de l'assemblée générale des habitants sur la destitution ou le maintien du médecin

Beton. Décision conforme (Montpellier, 11 juin 1786). — 21. Requête en taxe, adressée par les experts nommés dans l'affaire entre le comte de Rochefort et les consuls de Beaucaire, d'une part ; les seigneurs d'Aramon et Valabrègue et les consuls de Valabrègue, d'autre part, aux commissaires nommés par arrêt du Conseil (3 mai-6 août 1786), Pierre Rouvière, notaire et feudiste d'Uzès, est un des deux experts. — 22. Requête des consuls de Valabrègue à l'intendant au sujet de travaux de défense contre le Rhône (9-13 février 1787). — 23. Copie du mandement de l'évêque de Saint-Papoul (21 février 1735) et de sa lettre d'envoi dudit mandement à l'évêque de Montpellier (18 mars 1735) lorsqu'il quitta son évêché. Le mandement est une solennelle et curieuse rétractation, faite par Jean-Charles de Ségur, de ses concessions en faveur de la bulle Unigenitus. Il avait eu le bonheur d'adhérer à l'appel, contre elle, des évêques de Miropoix, Sénez, Montpellier et Boulogne. Puis il renonça à l'appel, et frappa, comme grand vicaire de Laon, des ecclésiastiques jansénistes pour arriver à l'épiscopat. Il renonce aujourd'hui à sa charge sous la pression de sa conscience, pour réparer le mal qu'il a causé pendant son administration. — 24. Copie d'un jugement des commissaires généraux du Conseil (Paris, 24 décembre 1786), condamnant les consuls de Valabrègue à payer aux Ursulines de Beaucaire les arrérages d'une rente. Signification du 8 mars 1727. — 25. Délibération de la ville d'Uzès sur le procès contre Mathieu Roux (6 décembre 1735). — 26. Textes provençal et latin de la charte du consulat d'Uzès (1er novembre 1346). Extrait du 29 juin 1737 (Cf. E. 1294, pièce 3). — 27. Aveu et dénombrement des maires et consuls d'Uzès, baillé au sénéchal d'Uzès, de tout ce que la ville tient noblement du duc d'Uzès, propriétaire incommutable du domaine que possédait le roi dans la ville d'Uzès et le pays d'Uzège (3 septembre 1737). — 28. Copie d'une correspondance de controverse religieuse entre M. Pomaret, ministre proscrit, le gardien des Cordeliers, P. Beliol, et l'abbé de Barral, vicaire général, qui écrit de Ganges, séjour de tous les personnages, à M. ***, en réponse à une lettre du ministre, la plus longue lettre de toute cette correspondance. Cette dernière comprend : 1° une lettre de Pomaret à Beliol, 2° une lettre de Barral à Pomaret, 3° une réponse de Pomaret à de Barral, 4° une lettre de Barral à M. *** (10-12 septembre 1759). Ton de courtoisie un peu aigre-douce. — 29. Copie d'une lettre écrite au maréchal duc de Biron par le pape Clément XIV, le 8 juillet 1772. Il le félicite de sa dévotion, qui augmente sa gloire. — 30. Copie d'une lettre du cardinal secrétaire d'État du pape au nonce à Paris, datée du 20 mai 1772. Le pape loue l'édifiant spectacle donné par le maréchal de Biron au peuple de Paris, en allant communier à Saint-Eustache, à la tête de nombreux officiers et jeunes militaires en grand uniforme, de la main de l'archevêque. — 31. Extraits d'une transaction entre Claude de Baguet, seigneur de Saint-Chapte, et consort, d'une part ; et Pierre Dussap et consort, d'autre (Nîmes, 12 janvier 1787). — 32. Rapport d'experts, dont Jacques Rouvière, maître maçon, sur la cause de la corruption de l'eau d'un puits, rue de la Barcière, à Uzès (25 mai-8 octobre 1774). — 33. Délibération prise par l'administration centrale du Gard, sur soumission de Mathieu Caplon, de Nîmes, pour acquérir le ci-devant évêché d'Uzès, avec les jardins, vignes, olivettes et bois en dépendant. Elle ordonne l'estimation séparée de ces immeubles (23 prairial an IV, ou 11 juin 1796). — 34. Rapport (minute) fait à la municipalité de Montfrin, le 20 avril 1791, sur l'imposition des immeubles communaux, qui ne sont jamais devenus nobles à son égard. S'ils ont été déclarés nobles entre les mains des ci-devant seigneurs, la commune a toujours continué d'en supporter les tailles au lieu et place du seigneur, qui avait trouvé les moyens de s'en affranchir. — 35. Rapport de Barbuty, maire de Montfrin, chargé d'évaluer le timbre qui devait être apposé sur l'original du nouveau compoix de la commune de Meynes, aux frais de l'entrepreneur dudit compoix (Montfrin, 17 septembre 1792, l'an IV de la liberté, de l'égalité le 1er).

E. 1296. (Portefeuille.) — 5 cahiers ou recueils de cahiers, 163 feuillets écrits, papier.

1259-1790. — *Seigneurie d'Uzès.* — *Recueil de copies d'actes ou de listes concernant des localités ayant appartenu à l'ancien diocèse d'Uzès, et formé par Rouvière, juge mage au sénéchal ducal d'Uzès.*
1. — *Recueil d'actes tirés de rouleaux de parchemin.* — F^{os} 1-2. Transaction entre l'évêque d'Uzès et le recteur de l'église de Blauzac, au sujet de la dîme (Uzès, 6 des calendes de septembre, ou 27 août 1259). — F^{os} 3-4. Vente de terres à Montaren faite par Guillemette de Tria à Bernard Hodos (22 mars 1347 v. s.). — F^{os} 4-6. Constitution de dot pour Marguerite Gilles, d'Uzès (2 février 1491 v. s.). — F^{os} 7-15. Transaction entre le prévôt de la cathédrale d'Uzès, seigneur de Castillon, et les consuls dudit lieu, d'une part ; et les consuls de Saint-Hilaire d'Ozilhan, d'autre part, au sujet de la juridiction d'un champ (6 juillet 1457). — F^{os} 16-20. Constitution de dot pour Agnès d'Amlabiac, du mas d'Audabiac, paroisse de Lussan, qui épouse Jacques Grumyac, de Saint-Hippolyte de Montaigu (25 juin 1485). — F^{os} 20-27. Détail d'une transaction entre Siméon Barbut, prieur de Castroguandie, ou Casteljau, habitant Uzès, et les mariés Jean Fabre et Antonie Barbut (24 septembre 1530). — F^{os} 28-37. Transaction entre Ferréol de Morin, cousin et cohéritier de Rostagne Carrière, épouse d'Antoine Baudois, d'Uzès, d'une part ; les mariés Hilaire Allard et Louise Chabrier, d'Uzès et consort, d'autre part (25 avril 1491). — F^{os} 37-39. Diplôme de licencié en droit civil, décerné par l'université de Valence à Honoré Bullod, d'Uzès (14 novembre 1530). — F^o 39. Lettres de la chancellerie du parlement de Toulouse, données sur la requête des consuls d'Uzès, Bagnols et Pont-Saint-Esprit contre le maître des Eaux et Forêts de Languedoc (12 avril 1480). — 2. *Recueil d'actes tirés d'un registre de Jacques Braeys, notaire de Saint-Chapte.* — F^{os} 1-4. Achat d'une terre hermo fait par Jean Cavalier, tisserand à Garrigues (16 octobre 1514). — F^{os} 4-22. Publication du testament de Pierre Guiraud, de Saint-Dézéry, écrit et lu, en présence de 9 ou 10 témoins, par Raimond Dupuy, curé du lieu, le 21 mars 1514 v. s. La publication a lieu dans la maison claustrale ou presbytère, où la cour ordinaire se tient habituellement, en présence de Jean Guilhosii ou Guillois, lieutenant de juge, nommé par le parlement de Toulouse pour l'administration de la justice (11 avril 1514). — F^{os} 23-27. Donation faite par les mariés Falcrand Audigier et Julienne d'Aigremont, de La Calmette, à leur fils Jean, qui épouse Antonie Gasc, du mas de Larnac, paroisse de Saint-Hilaire-de-Brethmas (Novembre 1532). — F^{os} 27-31. Achat ou dation en paiement au profit de Barthélemy Simon, de Saint-Maurice de Casesvieilles (11 août 1539). — F^{os} 30-34. Acapte fait par noble Téobald de Barjac, seigneur de Bouquet et de Vaquières, coseigneur d'Euzet, diocèse d'Uzès, à Blaise Locos, de Saint-Jean de Ceyrargues (6 juillet 1539). — F^o

34-37. Contrat de mariage entre François Verduron, de Garrigues, et Catherine Carrière, d'Aubussargues, diocèse d'Uzès (24 février 1529 v. s. — F⁰ 37-39. Quittance de biens paternels, maternels et fraternels donnée par Catherine Carrière, d'Aubussargues (24 février). — F⁰ 40-41. Reconnaissance de dot faite par François Verduron à son beau-père Antoine Carrere (24 février). — F⁰ 41-46. Affraîrement entre les mariés Philippe Granier, de Mons, diocèse d'Uzès, et Paulette Caillotet, de Sainte-Eulalie, *Sancte Olia*, même diocèse. L'acte cite la parole du Psalmiste : « Ecce quam bonum et quam jucundum habitare fratres in unum » (18 février 1530 v. s.). — F⁰ 46-49. Échange entre Antoine Fornier et Antoine Brunet, de Valence, diocèse d'Uzès (10 juin 1532). — F⁰ 49-51. Constitution de dot pour César Valentin, de Saint-Césaire de Gauzignan, qui épouse Catherine Rorel, de Saint-Maurice de Casevieilles (30 juillet 1525). — F⁰ 51-56. Transaction entre les mariés Antoine Floutier et Simone Surian, d'une part, et Antoine Surian, d'autre, tous de Bourdic (6 avril 1524. — F⁰ 56-59. Procuration donnée par Firmin de Ferrans, d'Uzès, à des avocats et procureurs au parlement de Paris (29 mai 1412). Jean Nourrit, notaire d'Uzès. — F⁰ 59-60. Cession d'une créance de 4 francs d'or sur Étienne Romland, cultivateur de Beaucaire, faite par Guillaume Lagarde, maréchal à Uzès, à Jacques Barrallier, licencié en droit d'Uzès, son créancier pour la même somme à raison de la vente d'un mulet (31 juillet 1415). Jean Nourrit, notaire. — F⁰ 61-63. Bail de la taille d'Uzès. Jean de Marignac et Guillaume Soybert, marchands et consuls d'Uzès, baillant la levée de ladite taille à Durand de Jauffresenes, d'Uzès, sous les gages de 49 l. t. La taille royale ordinaire s'élève à 1.350 l. t. (15 juillet 1474). Jean Nourrit, notaire. — F⁰ 63-72. Constitution de dot pour le baron Jacques de Crussol, seigneur de Crussol et de Florensac, qui épouse noble Simone d'Uzès, fille de feu Jean, vicomte d'Uzès, et d'Anne de Brancas, vicomtesse d'Uzès. L'acte est tiré du registre appelé l'*Humide*, aux archives du duché d'Uzès. Sauveur André, notaire. Ce contrat de mariage a lieu à Uzès, dans le château vicomtal, le 24 juin 1486. Suivent en français les pactes de mariage qu'il consacre en latin. Ils sont datés du château vicomtal d'Uzès, 1ᵉʳ mars 1485 v. s. — Suit une note indiquant que le même registre contient le testament d'Anne de Brancas, son codicille,

son 2ᵉ testament, son 2ᵉ codicille, et le codicille de Jean, vicomte d'Uzès. — F⁰ 72-73. Création, par la vicomtesse d'Uzès, d'Étienne Brun comme baile de Montaren (2 septembre 1479). Acte tiré du même registre de Sauveur André. — F⁰ 73. Création, par Anne de Brancas, vicomtesse d'Uzès, de noble François Patau de Tresques, comme viguier de la vicomté d'Uzès (7 mars 1479 v. s.). Même registre. — F⁰ 73-74. Création, par Anne de Brancas, de noble Arnaud Milon comme régent de la vicomté d'Uzès (Mêmes date et registre). — F⁰ 74-75. Mention de l'arrentement, par la vicomtesse, du péage de Pouzilhac (28 avril 1481). — Arrentement des poids des seigneurs et des consuls d'Uzès (1ᵉʳ mai 1481. Le bail est d'un an, moyennant 28 l. t. Sauveur André, notaire. — Mention de l'arrentement de la leude des seigneurs d'Uzès (1ᵉʳ mai 1481). Acte tiré d'un registre d'Alzias Malmazet, au pouvoir de Gilly, notaire d'Uzès en 1768. — F⁰ 75-90. Testament de Jacques de Crussol, chevalier, vicomte d'Uzès, baron de Crussol et de Florensac, sénéchal de Beaucaire et Nimes, habitant Uzès. Il révoque toutes ses précédentes dispositions, énumérées à l'acte. Il élit sépulture en l'église des frères mineurs d'Uzès, dans la tombe de la maison vicomtale, ou en la plus prochaine église de frères mineurs s'il décède hors d'Uzès. Legs à sa fille Madeleine femme de Louis Mithe, seigneur de Chunières ; à sa fille Marie, femme de Jean d'Ancézune, chevalier, seigneur de Codolet ; à ses filles Jeanne, Anne, non encore mariées. Legs à son fils Charles, aux posthumes, à son frère François de Crussol, seigneur de Beaudiné ; aux posthumes de ses filles mariées, à sa femme Simone, à tous ses parents. Son héritier universel est Andréan de Crussol. Substitution. Tutelle testamentaire. Exécuteurs testamentaires. L'acte est passé au château vicomtal, en la plus haute chambre de la visette (escalier à vis). Témoins : nobles Audibert du Puy, économe de la maison vicomtale ; Nicolas de Laudun, seigneur de Fournès, etc. Alzias de Malmazet, notaire (6 mai 1511). — F⁰ 91-92. Répertoire des actes du recueil. — 3. — *Recueil d'actes tirés des notes de Guillaume Folchier, notaire d'Uzès.* — F⁰ 1-2. Achat pour Guillaume Bonnet, originaire de Saint-Maurice de Casevieilles, baile (1) de Malhac. Il s'agit d'une partie de verger (27 mars 1534 v. s.). — F⁰ 3. Revente d'une olivette faite par Bertrand

(1) Ms. : *Barili*, sans doute pour *Baiuli*.

Malaigue, du mas d'Alvevieille, paroisse de Sagrières, à Guillaume Sarrasin, de Blauzac (*Anno quo supra*, 7 avril). — F° 4-5. Obligation pour un cardeur de laine d'Uzès (*Anno predicto*, 22 octobre). — Quittance de 23 l. 6 s. t. faite par Guillaume de Monseau, curme de Bagnols, à Charles Sales, apothicaire d'Uzès. C'est le prix de 11 salmées de blé, savoir 6 de conségal et 5 d'épeautre (*speuta*). *Année susdite*, 30 octobre). — F° 5-6. Arrentement d'une esquinère ou tannerie sur la rivière d'Alzon, pour un mercier d'Uzès (*Année susdite*, 21 décembre). — Ratification pour l'apothicaire Charles Sales (1534, 19 octobre). — F° 6-7. Apprentissage de Vitalis Peligard, fils de Jacques, cardeur de laines d'Uzès, chez Vitalis Pagès, tisserand d'Uzès (*Anno predicto*, 1er septembre). — F° 7-8. Lods fait par Jacques de Ginestous, coseigneur d'Arpaillargues, diocèse d'Uzès, à des mariés d'Uzès (*Anno predicto*, 7 novembre). — F° 8-9. Reconnaissance féodale pour le même (7 novembre). — Autorisation donnée par les consuls de La Bruguière à Jean Fournier, pareur de draps, d'Uzès, de prendre du bois sur un chemin (*Anno predicto*, 4 janvier v. s.). — F° 9-12. Constitution de dot de Jeanne Fagolle, sœur d'un forgeron d'Uzès (6 janvier). — Testament de Sibylle Blanchon, veuve d'Antoine Jourdan, d'Uzès (4 janvier). — F° 12-15. Échange entre Pierre Jalet, prêtre d'Uzès, d'une part ; Jean Rihot et consorts, de Montaren, d'autre (25 septembre [1535]). — Acte d'*affret*, par lequel Jean d'Entraigues, bourgeois d'Uzès, fermier du droit de l'équivalent du diocèse d'Uzès pour le trienne courant, « affretavit sive apatiavit », c'est-à-dire autorise François Bladier, cardeur de laines et hôtelier du mas du Bourguet, près Uzès, pour l'approvisionnement de sa taverne ou logis, à se fournir à Uzès ou au Bourguet, moyennant 8 l. par an, payables par quartiers (30 septembre). — Caution fournie à Jean d'Entraigues, fermier de l'équivalent, par Antoine Couste, de Pouzilhac, fermier de l'équivalent à Pouzilhac moyennant 15 l. de rente, et ce en la personne de son patron et oncle le prêtre Antoine Couste (6 novembre). — Pacte de réméré, « sive de retrovendendo », par lequel des pariers et communs en biens de Colias, revendront une olivette à un habitant de Cabrières (17 octobre). — F° 15-16. Procuration donnée par Agnès Trone, de Brunys, à Antoine de Génolhac, de Montaren (17 septembre). — Requête de Philibert Buliod, avocat d'Uzès, représentant Mamet Faudon, de Saint-Mamet, en l'auditoire de la cour royale, pour obtenir copie d'une ordonnance ou sentence portée contre Faudon par Charles de Vaux, écuyer de M. Provière, viguier royal d'Uzès (19 août 1534). — F° 17-19. Afframement de Laurent Boylet, de Montaren, et de sa femme Nézette Dupuy (9 février). — F° 19-20. Défense faite par les consuls d'Uzès, aux femmes publiques de la ville, de demeurer dans le *prostibulum* pendant toute la semaine sainte et les trois jours de Pâques. Elles devront se retirer dans une maison honorable et s'abstenir de péché pendant ce temps, suivant la coutume. Cinq sont nommées à l'acte, avec leur lieu d'origine (6 avril 1517). — Révocation de procureurs faite par noble Pierre Broche, grènetier du grenier à sel de Villeneuve-lès-Maguelone (Uzès, 22 février [1517] v. s.). — F° 21-23. Notes historiques en français. Petit vocabulaire latin-français. Titres. — 4. — F° 1-2. Note sur les antiquités d'Uzès. — 5. — F° 1-5. Liste alphabétique des auteurs originaires d'Uzès ou y ayant séjourné, tirée du *dictionnaire historique portatif* (Amsterdam, 1766), tome I.

E. 1747. (Portefeuille.) — 47 pièces, papier.

1428-XVIIIe siècle. — *Seigneurie d'Uzès. — Recueil de pièces imprimées ou manuscrites, principalement de mémoires judiciaires pour le duc d'Uzès. Ce recueil est dû aux soins de Rouvière, juge mage au sénéchal ducal d'Uzès.*

1. Mémoire imprimée pour Jean-Charles de Crussol, duc d'Uzès, premier pair de France, gouverneur et lieutenant général de Saintonge et d'Angoumois, contre Michel Poncet de La Rivière, évêque d'Uzès. Il s'agit de la qualité de comte d'Uzès, prise par l'évêque, des officiers du prélat dans sa portion de justice, et d'une porte de la ville aux armoiries du duc. *In fine*, note manuscrite portant qu'un arrêt du 23 février 1724 a défendu à l'évêque de prendre la qualité de comte (65 pages). — 2. Arrêt imprimé du parlement de Paris, en date du 11 juillet 1718, déboutant l'évêque d'une demande en mouvance, avec autre arrêt du 23 février 1724 lui défendant de prendre la qualité de comte d'Uzès (9 pages). A la suite, chronologie manuscrite des évêques d'Uzès depuis 1208. — 3. Contrat d'échange imprimé entre le roi et le duc d'Uzès au sujet de la terre de Lévis et des droits

royaux à Uzès (Paris, 28 avril 1721). (8 pages). — 4. Mémoire imprimé de 14 pages pour le duc d'Uzès contre l'évêque, au sujet de l'échange que le duc a fait avec le roi (s. d.). — 5. Arrêt imprimé du Conseil d'État (12 pages) ordonnant l'exécution de l'échange passé entre le roi et le duc le 28 avril 1721 (Paris, 26 décembre 1721). — 6. Requête imprimée du duc d'Uzès au roi, contenant réponse à celle du comte du Roure et de ses adhérents, et réponse à celle du syndic du diocèse d'Uzès, au sujet de l'échange fait entre le roi et le duc, en vertu d'un arrêt du Conseil du 29 mars 1721 (1731). — 7. Arrêt imprimé du Conseil d'État ordonnant que la requête de l'évêque d'Uzès lui sera rendue (Versailles, 1er avril 1724). — 8. Mémoire imprimé pour le duc d'Uzès sur l'échange de la terre de Lévis (s. d.). — 9. Requête imprimée du duc d'Uzès au roi, contenant réponse à cinq propositions de l'évêque d'Uzès, jouant plusieurs personnages sous différents noms (comte du Roure et consorts, syndic du diocèse) à propos de l'échange (1732). — 10. Mémoire imprimé pour le duc d'Uzès sur l'échange du 28 avril 1721 (s. d.). — 11. Continuation imprimée dudit mémoire (s. d.). — 12. Mémoire imprimé du diocèse d'Uzès sur l'échange de la terre de Lévis contre des droits royaux à Uzès (s. d.). — 13. Mémoire imprimé abrégé sur l'entrée des officiers du duc aux assiettes du diocèse (s. d.). A la suite, copie manuscrite d'un arrêt du Conseil intervenu sur ledit mémoire (11 mars 1724). — 14. Arrêt imprimé du Conseil d'État, déboutant l'évêque d'Uzès, le comte du Roure et consorts, et le syndic du diocèse d'Uzès, de leurs requêtes; ordonnant l'exécution des précédents arrêts; et qu'en conséquence le comte du Roure et consorts seront tenus de faire la foi et hommage au duc d'Uzès, des terres et fiefs qu'ils possèdent en la viguerie ou claverie d'Uzès; et que les officiers du duc continueront de jouir du premier degré d'appel des justices des dites terres ou fiefs (18 mars 1732). — 15. Arrêt imprimé du Conseil d'État déboutant les officiers du sénéchal et présidial de Nimes de leur prétendue indemnité en raison de l'échange passé entre le roi et le duc d'Uzès (7 mai 1726). — 16. Arrêt imprimé du Conseil d'État portant, entre autres, suppression d'un mémoire imprimé des officiers de la sénéchaussée et siège présidial de Nimes, sur l'échange passé, en 1721, entre le roi et le duc d'Uzès (Compiègne, 4 juin 1732). — 17. Arrêt imprimé du Conseil et lettres patentes à cause de la substitution de la terre de Lévis, transportée sur le domaine royal d'Uzès, échangé avec la terre de Lévis le 28 avril 1721, ensemble arrêts d'enregistrement des parlements de Paris (20 décembre 1732), de Toulouse (20 août 1732) et de la chambre des comptes de Paris (20 février 1733). — 18. Arrêt imprimé du Conseil d'État déboutant les officiers de la sénéchaussée et siège présidial de Nimes de leur opposition à l'arrêt du 4 juin 1732 (Versailles, 13 avril 1733). — 19. Arrêt imprimé du parlement de Paris rendu au profit du duc d'Uzès contre Daniel de Roche, habitant d'Uzès (27 janvier 1734). — 20. Procès-verbal imprimé de l'évaluation faite par les commissaires de la chambre des comptes de Paris, du domaine royal d'Uzès et de la baronnie de Lévis (12-30 août 1735). — 21. Arrêt imprimé du Conseil d'État, rendu au profit du duc d'Uzès, au sujet de son échange, contre Pierre Galissard, marchand de Nimes, et Jacques Gros, receveur général des domaines et bois de la généralité de Montpellier (18 mai 1734). — 22. Arrêt imprimé du parlement de Paris, déboutant Pierre Galissard de son appel et requête, et le condamnant en l'amende ordinaire (31 mai 1734). — 23. Arrêt imprimé du Conseil, déchargeant le duc d'Uzès de l'assigne... que M. de Roche lui avait fait donner a la cour des aides de Montpellier, et ordonnant l'exécution de l'arrêt du parlement de Paris (29 juin 1734). — 24. Lettres patentes imprimées, sur arrêt du conseil d'État, déboutant l'évêque d'Uzès, le comte du Roure et consorts, et le syndic du diocèse d'Uzès, de leurs requêtes, etc, (7 avril 1732). (Cf. la pièce 14). — 25. Arrêt imprimé de la chambre des comptes de Paris, déboutant le comte du Roure de son opposition à l'enregistrement de l'échange (30 avril 1722). — 26. [Premier] mémoire imprimé pour le duc d'Uzès, servant de réponse à celui qui a paru sous le nom des officiers du présidial de Nimes, touchant l'arrêt du Conseil d'État du 18 mars 1732 (s. d.). — 27. Jugement imprimé des commissaires de la chambre des comptes de Paris, députés par le roi pour l'évaluation du domaine royal d'Uzès et de la baronnie de Lévis, extrait du procès-verbal de procédure de l'évaluation, en la vacation du 6 août 1735 (Cf. la pièce 20). — 28. Lettres patentes imprimées de ratification de l'échange du domaine royal d'Uzès avec la seigneurie de Lévis (Versailles, novembre 1735). — 29. Arrêts imprimés d'enregistrement, où besoin a été, des dites lettres patentes (Parlement de Paris, 3 février

1730 ; chambre des comptes, 6 février 1730). — 30. Arrêt imprimé du Conseil d'État, évoquant audit Conseil toutes les causes pendantes en la sénéchaussée et siège présidial de Nîmes où le duc d'Uzès est partie (23 janvier 1730). — 31. Suite manuscrite de mémoire pour le duc d'Uzès contre l'évêque d'Uzès (30 juillet 1732). (Cf. la pièce 6. — 32. [Second] mémoire imprimé pour le duc d'Uzès contre les officiers de la sénéchaussée et siège présidial de Nîmes (s. d.) (1). (Cf. la pièce 26). — 33. Arrêt imprimé du parlement de Toulouse, portant que les officiers du duché d'Uzès ne seront pas empêchés de connaître des matières féodales et emphytéotiques, contre les vassaux et emphytéotes dudit duché, avec défense au sénéchal de Nîmes de les y troubler (28 novembre 1730). — 34. « Second » mémoire imprimé pour le duc d'Uzès contre les officiers de la sénéchaussée et siège présidial de Nîmes (s. d.) (2). — 35. Jugement imprimé, en dernier ressort, rendu par les commissaires du Conseil, déclarant nom par nom tous les lieux et justices de la viguerie ou claverie d'Uzès et pays d'Uzège, compris dans l'échange du 21 avril 1721, qui doivent ressortir au sénéchal d'Uzès, et faisant défense aux officiers de la sénéchaussée et siège présidial de Nîmes, de connaître des appellations desdites justices (Paris, 25 mai 1740). Suivent des lettres patentes sur ledit jugement, avec même pagination (Compiègne, 29 juillet 1740). — 36. Mémoire manuscrit, signifié en 1725 ou 1726, pour le duc d'Uzès, contre l'évêque et le chapitre d'Uzès (s. d.). A la suite, mention d'un arrêt du parlement de Paris, du 7 juillet 1726, maintenant le chapitre dans la justice du sol de la cathédrale. — 37. Réponse imprimée du duc d'Uzès aux deux mémoires imprimés de l'évêque, à la production du chapitre et à un mémoire anonyme publié contre l'échange fait entre le roi et le duc. Table. Date d'impression : 1730. A la suite, note manuscrite postérieure à septembre 1778. — 38. Instruction imprimée pour Jean-Charles de Crussol, duc d'Uzès, contre Jean de Faret, marquis de Fournès, et Michel Poncet de la Rivière, évêque d'Uzès. Il s'agit de savoir si le meurtre du batelier Rigord s'est commis dans la juridiction de Saint-Privat, dont M. de Fournès a la justice, sous l'hommage

(1) Postérieur à juin 1737.

(2) Postérieur à juin 1736. En réalité c'est un troisième mémoire.

dû au duc, seigneur suzerain, ou dans celle de Vers, dont le duc a la haute justice. Le meurtre est du 14 mai 1725 (s. d.). — 39. Continuation imprimée d'instruction pour le duc contre le marquis et l'évêque (s. d.). — 40. Clauses imprimées du texte latin de la transaction de 1428 [passée entre un coseigneur de Saint-Privat, pour lui et son consort, et les habitants de Vers, en vue de régler les limites de ces deux terres] ; suivies d'une seconde continuation imprimée d'instruction pour le duc contre le marquis et l'évêque. Discussion d'un « prétendu » échange de 1226, entre le roi et l'évêque d'Uzès, légat du pape, ainsi que d'actes postérieurs (s. d.). — 41. Instruction imprimée pour le duc d'Uzès, défendeur, contre M. Bauyn, évêque d'Uzès, au sujet du meurtre de Rigord. Discussion d'actes de 1152, 1211, qui sont de simples amortissements, et non des concessions ; de la donation faite par Simon, comte de Montfort, à Raimond, évêque d'Uzès, en 1214 (2 des nones de mars ou 6 mars, v. s.), donation simplement conditionnelle ; de l'échange de 1226, où l'évêque d'Uzès se fit donner par Louis VIII ce qui lui avait été accordé en 1214 v. s. par Simon ; des titres du duc d'Uzès à la propriété de la haute justice de Vers. Instruction s. d., postérieure au 3 juillet 1744. — 42. Réplique imprimée pour le duc d'Uzès contre l'évêque (Postérieure au 21 juillet 1745). — 43. Mémoire imprimé pour Jean Baraguon, procureur fiscal et patrimonial au duché-pairie d'Uzès, intimé, contre Jean Chambon, appelant. Il s'agit de savoir sur quel pied les lods des fiefs nobles doivent se payer dans la viguerie d'Uzès et pays d'Uzège (1739 ou 1740). — 44. Mémoire imprimé pour Charles-Emmanuel de Crussol-Saint-Sulpice, duc d'Uzès, défendeur, contre André Chambon, seigneur de La Rouvière, appelant, et Jean Baraguon, procureur fiscal au sénéchal ducal d'Uzès, intimé. Dans la viguerie d'Uzès, les lods sont dus pour la vente des fiefs nobles. Ils se paient au quart denier du prix de la vente, et à la treizième et vingt-sixième partie de ce quart, ce qu'on appelle treizain et demi-treizain. Depuis environ un siècle, les seigneurs d'Uzès abandonnent ces treizains et demi-treizains à leurs procureurs fiscaux, soit pour leur tenir lieu de gages, soit pour récompenser leur vigilance (Postérieur au 14 juillet 1740). — 45. Table manuscrite des pièces contenues dans le portefeuille. — 46. Table manuscrite alphabétique des matières du portefeuille, paginé à la plume de 257 à 986. — 47.

Mémoire imprimé pour le duc d'Uzès contre Bonaventure Danyu, évêque d'Uzès. Il s'agit de savoir quelle est la portion de justice de l'évêque dans Uzès. Le duc soutient que les trois-quarts de la justice lui appartiennent, et que l'évêque n'a droit que sur les deux huitièmes, acquis au XIIIe siècle de deux cadets de la maison d'Uzès. L'évêque prétend que son droit est la moitié du total. Historique. Mémoire postérieur à mai 1763. Au dernier feuillet généalogie manuscrite des seigneurs d'Uzès.

E. 1291 (Registre.) — 134 feuillets écrits, papier.

1768-1792. — *Seigneurie d'Uzès.* — Copie non en forme de l'inventaire des archives de la ville d'Uzès de 1768, faite en 1774 sous le consulat de MM. Rouvière, avocat, Rauschet, notaire, Fabre et Aubaret. Cette copie appartenait à Rouvière et termine la série de ses recueils sur la seigneurie d'Uzès et le pays environnant.

F° 1-2. Titres. — F° 3. Table des principales divisions de l'inventaire. — F° 4-8. Table des titres et de leurs chapitres. — F° 9-14. Table des liasses. — F° 14. Table des registres. — F° 15-29. Liste des consuls et gouverneurs d'Uzès de 1573 à 1772. On note en marge que les réformés commencèrent à être consuls d'Uzès et à gouverner la ville en 1573. En 1628 et 1629 on voit, en regard des consuls élus, les consuls créés par le duc de Rohan. En 1632, le consulat est mi-parti. En 1635 les consuls sont créés par lettre de cachet du roi, pour la première fois. En 1655, on revient à la forme ancienne. En 1676, les consuls et les conseillers politiques doivent être catholiques. En 1693 apparaît un maire. — F° 30-36. Plan raisonné de l'inventaire des archives d'Uzès, par Pierre Boudet et Jean Borie, greffiers consulaires. On y trouve la délibération consulaire du 4 janvier 1768, la requête des consuls à l'intendant, l'ordonnance de ce dernier en date du 7 février 1768, la délibération du 11 février 1768 nommant Rouvière et Dumas, conseillers politiques, pour coopérer avec les greffiers consulaires, le plan motivé des matières. — F°s 37-130. Texte de l'inventaire proprement dit. Au f° 113. v° on voit l'analyse très sommaire d'un registre en latin contenant des actes consulaires de 1272, 1313, etc., avec son répertoire en français. Ce registre est devenu l'article BB 1 des archives communales d'Uzès (Cf. l'Inventaire sommaire de M. de Lamothe, Paris, 1868. — F°s 131-180. Verbal de clôture de l'inventaire, avec la délibération consulaire du 31 décembre 1768. — F° 180. Addition à l'inventaire des registres, dont le commencement est au f° 118 (Titre 9). L'addition va de 1477 à 1775. — F°s 137-154. Suite de la liste des consuls et maires d'Uzès (1775-1789).

SEIGNEURIE DE VAUVERT (1)

E. 1292. (Titres.) — 8 pièces, parchemin, dont 3 grands rouleaux ; (2) 1 cahier, 32 feuillets, papier.

1303-1499. — *Seigneurie de Posquières ou Vauvert.*

1. Charte partie contenant transaction entre Bernard Foulc, damoiseau de Posquières, agissant pour lui et les siens, d'une part ; Guillaume Sauvan, Bertrand Tarascon et Pons Chambon, damoiseaux, syndics des habitants de Saint-Gilles, au sujet d'une partie de bois sise au quartier de Cambon ou Lona. Suivent les confronts. Il s'agit des droits d'usage, « esp'echa », exercés dans le bois par les parties. Celles-ci choisissent pour arbitres respectifs noble Guillaume Foulc, de Bisturri, chevalier, de Posquières, absent, et Raimond Donadieu, de Saint-Gilles. Comme tiers arbitre, elles nomment Hugues, abbé de Saint-Gilles. L'acte est passé dans l'église de Saint-Gilles, au chœur du Saint Sauveur. Sont témoins Guillaume de Limier, chevalier ; Rostang Raoul et Étienne Camiac, juristes ; Béronger Foulc, chevalier ; Jean Vilet, châtelain de La Motte ; Bertrand de Père, damoiseau. Le notaire est Pons Espazo, *Spadassia* (7 des ides de mai, ou 9 mai 1303). Le 4 des ides de juin, ou 10 juin 1303, les arbitres, empêchés, remettent leurs opérations à la prochaine fête de Saint-Pierre, le 1er août, avec le consentement des parties. Le 7 des calendes d'août, 26 juillet 1303, une grave maladie de Raimond Donadieu retarde la solution, qui est remise à la prochaine fête de la Saint-Michel. Le 7 des calendes d'octobre, ou 25 septembre 1303, la maladie de Donadieu fait renvoyer les opérations

(1) Cf. le fonds de Cabrières, E. 1241 à 1245.
(2) Don de M. l'abbé Canteloube, 1911.

à la prochaine fête de Noël. Le 16 des kalendes de janvier 1304, ou 17 décembre 1303, les arbitres sont d'accord, mais l'approche des fêtes les a empêchés d'achever le travail de bornage. Renvoi à huitaine après la prochaine fête de Saint-Hilaire (1). Le 2 des nones de janvier, ou 4 janvier 1304, dans l'enceinte du monastère de Saint-Gilles, comparution des parties par-devant les arbitres, qui leur font connaître leur sentence. Ratification par les parties. Fortes mouillures à la fin de l'acte. — 2. Transaction du 4 des nones de décembre, ou 2 décembre 1303 de l'incarnation, passée entre les habitants de Posquières ou Vauvert et les forains de la communauté, au sujet des droits d'usage des originaires et des forains dans les pâturages communaux. Les parties nomment pour arbitres Durant Barchimbaud, juge de la cour de Posquières. Aux termes de sa sentence arbitrale, les forains désireux d'avoir domicile, droits d'usage et franchises dans le terroir de Posquières, devront y employer la plus grande partie de leur avoir, et y résider au moins la moitié de l'année. De même pour ceux qui sont communs en biens avec eux. Ils devront tous prêter au seigneur de Posquières serment de fidélité, comme les originaires, municipes et fidèles. Ceux qui viendront demeurer dans le territoire sans y posséder d'immeubles, devront donner des garanties pour payer les amendes et dommages éventuels. L'acte est passé à Posquières, *in capite castri*. Le notaire est Pons Rodilhan. Après la mort de ce dernier, Guiraud Jourdan, clerc du notaire Étienne d'Olhac, ayant pouvoirs du sénéchal, datés de Nîmes, 29 mars 1337 v. s., extrait la grosse, portant le seing d'Olhac. — 3. Transaction passée, le 12 avril 1325 de l'incarnation, entre Frédol, abbé du monastère de Saint-Pierre de Psalmodi, et noble Gui, seigneur de Roche, chevalier, seigneur de Posquières, au sujet de la juridiction haute et basse du tènement de la Sylve Godesque (2), ainsi que de la Vène, de Fontanilles et de Consoande. Les arbitres sont nobles Philippe de Marguerittes, chevalier, et consort, pour le seigneur de Roche et de Posquières ; et noble damoiseau Pierre de Sauve, écuyer de l'abbé, et consorts, dont trois religieux des donats du monastère, pour l'abbé. Le seigneur de Posquières et l'abbé sont représentés par des pro-

(1) 13, puis 14 janvier.

(2) *Sylva Gothica.*

cureurs. On convient des limites et l'on plante des bornes. L'acte est passé dans la Sylve Godesque, en la vacherie de l'abbé et en présence de témoins, par le notaire Pons Rodilhan. Le 13 juin 1325, chapitre tenu au monastère de Psalmodi pour ratifier la transaction. Pons Rodilhan, notaire. Le 15 juin 1325, ratification de la transaction par Gui, seigneur de Roche et de Posquières. Acte passé à Margueritties, chez le damoiseau Rostang de Sabran, en présence de Guillaume Boule de Ristorri, chevalier ; Henri de L'Estang, Florand de Montaigu, damoiseau, etc. Pons Rodilhan, notaire. Le 11 mars 1425, v. s., dans le château de Posquières, noble François de Cadolle, viguier, tenant l'audience Pierre Garnier, notaire, procureur de Philippe de Lévis, chevalier, seigneur de Roche et de Posquières, exhibe des lettres patentes du sénéchal de Nîmes, datées du 20 février 1425 v. s., ordonnant au notaire Raimond Roux de lui délivrer une grosse de la transaction, Pons Rodilhan étant décédé sans avoir pu en signer la grosse. Il est ainsi fait, et le rouleau de parchemin est l'extrait demandé. — 4. Revendication d'un prisonnier. Le 1er décembre 1381, en la cour royale d'Aiguesmortes, par-devant noble damoiseau Bernard de Mari, châtelain et viguier d'Aiguesmortes, Tannequin de Langlade, damoiseau, viguier de Posquières, exhibe des lettres patentes de Jean Ricard, juriste, juge royal d'Aiguesmortes, Montpellier et Sommière, lettres scellées de son sceau et reproduites à l'acte. Ricard mande au viguier d'Aiguesmortes que le seigneur de Roche et de Posquières lui a demandé la remise de Bernard Gase, détenu dans les prisons du viguier d'Aiguesmortes, afin qu'il soit puni de ses délits dans sa juridiction. Ricard, après avoir consulté Étienne de Cabanis et les autres membres de la cour royale, invite le viguier d'Aiguesmortes à remettre le prisonnier au seigneur de Posquières (Sommière, 29 novembre 1381). Le châtelain et viguier d'Aiguesmortes, sollicité par le viguier de Posquières de lui donner satisfaction, répond qu'il a remis le prisonnier à l'ordre de Saint-Jean de Jérusalem, comme donat dudit ordre. Le viguier de Posquières demande la remise de l'enquête entre ses mains, Bernard ayant commis ses délits dans la juridiction de Posquières. Le châtelain la lui remet. Suit la teneur de l'enquête. On y voit que, le 16 novembre 1381, la cour royale d'Aiguesmortes fut informée d'une violation du droit immémorial des habitants d'Aiguesmortes, à savoir de ramaser du bois sec et des pignons dans la pinède de Tousque. Bernde de Lonesque, se trouvant dans la pinède, vit des hommes et des femmes d'Aiguesmortes y ramasser du bois sec. Se donnant pour sergent royal, il leur prit des gages, vadiavit et pignoravit, les ayant parchevers lui, obligeant plusieurs à les racheter, et vendit le bois sec, prenant à la première femme venue 6, 8 ou 12 deniers par semaine. A des chasseurs de pigeons, se servant, comme de coutume, d'arbalètes, balestis, il prit leurs arbalètes, emportant à la fois, dans ladite pinède, le bloquier et l'arbalète, et spoliant, dans l'exercice de son office, la communauté d'Aiguesmortes de ses franchises. Il portait des armes prohibées sur la terre du roi, contre la teneur des criées sur le port d'armes. Pour que ces faits ne demeurent pas impunis, le châtelain et viguier d'Aiguesmortes fit son enquête. Bernde de Lonesque, ayant juré d'observer les ordres de la cour, est interrogé et nie tous les délits qui lui sont imputés. Il dit qu'il n'est pas sergent royal, mais donat de Saint-Jean de Jérusalem. Il a pris des gages à des hommes et des femmes d'Aiguesmortes, avec trois arbalètes, parce qu'ils chassaient au lapin. Il a saisi d'autres personnes ramassant du bois vert, parce qu'il est donat de l'ordre et a juré de veiller sur les biens de l'Hôpital de Saint-Jean de Jérusalem. C'est sur l'ordre de Guillaume, lieutenant du commandeur de Saint-Gilles, qu'il a agi. Il nie avoir pris un anneau à une femme, mais ladite femme, qui ramassait du bois vert, lui donna l'anneau en gage, parce qu'il lui avait enlevé son manteau, supertunicale. Il a demandé de l'argent à des personnes d'Aiguesmortes, parce qu'elles ramassaient du bois vert dans la pinède en question. Il a encore, en Tousque, trente gages ou environ, qu'il a pris à des délinquants. Il nie tout le reste. L'acte est passé en la cour, en présence de Guillaume de Gallichant notaire royal; Guillaume Bernard, clerc; Martin Pensat et autres. Le notaire est Pierre Robert, dont le clerc Guillaume Bernard a fait la présente grosse, qui porte le seing de Robert. — 5. Protestation contre l'absence du juge d'appeaux de Posquières. Le 22 octobre 1330, à Nimes, en la maison d'habitation de Pons de Marguerittes, juge d'appeaux, appellationum, de Posquières, se présente Guillaume Gautier, procureur de Raimonde Rossel, de Posquières. Devant notaire et témoins, il demande à Jacobe, épouse du juge, où est son mari. Elle répond qu'il n'est pas à Nimes. Elle le croit à Montpellier, aux assises du sénéchal de Beaucaire. Elle ne lui connaît pas de lieutenant à Nimes. Guillaume expose que Raimonde Rossel a interjeté appel, devant Pons, d'une ordonnance ou déclaration du juge ordinaire de Posquières, rendue contre elle au profit d'Estayzet Curin. L'appel, rédigé par le notaire Gilles Racelle, est du 14 octobre 1330. Guillaume l'exhibe et demande acte de sa venue pour obtenir des lettres d'inhibition et de citation et accomplir ce qui est de droit au sujet dudit appel. Il n'a pas dépendu de lui d'obtenir, de Pons absent, le nécessaire. L'acte est passé en présence de Jean Raimund, prêtre, et Bernard de Romiglières, de Posquières, par le notaire Jacques Davis, dit Pichon de Nimes. — 6. Vente faite, le 21 septembre 1344, par Guillaume Foule, damoiseau, fils de Palau Foule, chevalier, de Posquières, et Bérenger Foule, juriste, son frère, au nom de leur père, à des habitants de Posquières nommés à l'acte, dont l'écriture est très effacée, des llovées des poissons et des oiseaux de la terre de l'Isele et Souteyrane. Parmi les confronts de la terre, figurent un étang, le chemin du sel, appelé lonna, la Sylve Godesque, et la juridiction du Caïlar. Le prix de la vente est de 9 l. et 300 anguilles pour une année à partir de ce jour. Le notaire est Bernard Tarascon, qui passe l'acte chez Pahu. Après sa mort, le notaire Sauveur Vassadel, détenteur des notes du défunt, en vertu d'une commission du sénéchal, datée de Beaucaire, 13 juin 1384, scellée de son sceau, et où Vassadel est qualifié notaire de Marsillargues, extrait la présente grosse, qui porte son seing. — 7. Arrentement de la Sylve Godesque. Le 30 janvier 1383 de l'Incarnation, Antoine Olivier, de Posquières, baile et receveur des revenus et censives à Posquières pour Jean, cardinal prêtre du titre de Saint-Marcel, appelé communément cardinal d'Amiens et fermier des revenus du château de Posquières, appartenant au seigneur de Roche, produit les pouvoirs qui lui sont donnés par le cardinal, pour vendre ou arrenter les produits de la Sylve Godesque pendant la durée de son fermage (Avignon, 20 janvier 1381 de la Nativité). Ces pouvoirs portent le sceau du cardinal. Antoine Olivier traite aussi au nom de Philippe de Lévis, haut baron, vicomte de Lautrec, seigneur de Roche et de Posquières. Il arrente la part de la Sylve Godesque appartenant au seigneur de Posquières, et dont le cardinal est fermier, à Guillaume Broche, marchand d'Aiguesmortes. Le prix est de 100 francs d'or de rente pour la durée du bail, ou 4 ans, soit 23 francs d'or par an. Ce prix est payable au cardinal, et au seigneur de Roche et de Posquières au prorata de leur droit, savoir, au cardinal, pendant la durée de son arrentement de Posquières, et ensuite au seigneur de Posquières. L'acte est passé à Posquières par le notaire Gérald d'Olhac, en présence de Raimond de Tarascon et de Philippe de Marguerilles, damoiseaux ; de Pierre Beydier, de Posquières, Laurent Montfrin, marchand d'Aiguesmortes ; Raimond Martin, prieur de Saint-Laurent de Saint-Gilles. La grosse est extraite par Étienne d'Olhac, après la mort de Gérald, suivant les pouvoirs à lui donnés par Geoffroi Paumier, docteur ès-lois, à Pont-de-Sorgues, le 14 octobre 1361. — N. Procuration donnée, le 10 mai 1384, par Jean Beydier, Guiraut Beydier et Jean Dupont, prêtres de Posquières, chapelains des chapellenies d'Estagel, fondées, en l'église de Notre-Dame de Vauvert, par feu Talbeyrand, cardinal de Périgueux, et feu Auxile, évêque d'Albano, cardinal, archidiacre de Posquières en l'église de Nîmes. Ces chapelains choisissent comme procureurs Jean de Terrerouge, licencié en lois ; Jacques Nisse, bachelier ès-lois ; Guillaume Ruysse et Pierre Fressac, de Nîmes, pour les représenter à la cour du sénéchal à l'occasion des dites chapellenies. Ils chargent, d'autre part, le procureur du roi de les représenter pour le fait d'un barral de vin que leurs chapellenies perçoivent dans le port du Rhône de Saint-Gilles [1]. L'acte est passé à Posquières, devant la maison du notaire. Jean de Posquières, Bertrand Tarascon, damoiseaux, sont témoins. Le notaire est Étienne d'Olhac. — N. *Recueil d'actes d'arrentement des seigneurs de Vauvert, allant de 1467 à 1492 et concernant, entre autres, la Sylve Godesque* [2]. — F° 145. — Ferme du four seigneurial, baillée, le 6 octobre 1467, par Gabriel Pélissier, receveur de Jean Le Forestier, seigneur de Posquières ou Vauvert [3], et Jean Bonaud, procureur, moyennant 10 l. t. Raimond Ruphi, notaire. — Ferme des herbages de la Sylve Godesque, pour trois ans (1465 à 1467), passée par le notaire Gui Rozelli, et mentionnée à la suite. — Mention des fermes pour 1468. Les prix sont, pour

le four, 12 l. t. ; pour le transport des bois du four, 2 l. 10 s. ; pour la coupe des bois du four, 2 l. 10 s. ; pour les herbages de la Sylve, 35 l. ; pour la boucherie, 16 l. ; pour la ferme bugine [1], 22 l. ; pour les bans, 5 l. ; pour les tondes et les coupes, 4 l. ; pour le tablier signorum [2], pas de délivrance, mais enchères jusqu'à 25 l. — Prix des fermes pour 1469 : Four, 10 l. ; tirage des bois du four, 5 l. ; coupe des bois du four, 3 l. 7 s. ; tonde et coupes, 3 l. 10 s ; herbages de la Sylve Godesque, 35 l. ; bans, 6 s. t. ; ferme bugine, 22 l. ; tablier signorum, 2 l. 10 s. — Bail de dépaissance pour gros bétail passé à Antoine Calvière, de Montfrin, dans la cour du château. Noble Guillaume de Montvilliers, seigneur de Nervius, est témoin (10 février 1473). — Prix des fermes de 1454 : four, 10 l. ; ferme bugine stagni, 25 l. chaussées de l'étang et pêche des anguilles, 0 l. ; tonde et coupes, 3 l. ; tabliers signorum, 2 l. ; bans, 11 l. ; boucherie 57 l. — F° 7-12. — Louage de dépaissance, en date du 4 novembre 1456, par Philippe Ambroisis, commis par la cour de Vauvert, sur l'ordre de Marguerite de Joyeuse, dame de Vauvert. Il concède à un habitant de Fourques le droit de faire dépaitre ses chevaux dans la Sylve Godesque, jusqu'à la portée d'un bâton marqué d'un signe dessiné dans l'acte, d'ici à la Saint-Jean, moyennant 7 l. 10 s. — Arrentement de l'étang de Scamandre, passé à Robin Brunel, de Nîmes, le 13 décembre 1456, par noble Pierre de Larche, procureur du seigneur, et noble Bérenger Raimond, propriétaire, le seigneur pour deux quarts et demi, Raimond pour un quart et demi, le tout indivis. Le bail est de 3 ans, moyennant la rente de 25 l. t., 10 ragayrols et 25 escarpirum genovesas. Les ragayrols et les grosses carpes seront fournis quand on les demandera, et non à échéances fixes comme l'argent. L'acte est passé dans la cour basse du château de Vauvert par Jean Rozelli, notaire d'Aiguesmortes. — Produit des fermes de 1477. La ferme du bregin de l'étang du seigneur produit 22 l., 10 ragayrols et 25 genoveses. — Arrentement du four, le 18 juillet 1477, passé par Marguerite de Joyeuse moyennant 6 l. 10 s. de rente. Henri de Jambes, archidiacre de Vauvert ; noble Guillaume Le Bollhe, sont témoins. Guillaume

---

[1] Saint-Gilles avait d'autres ports sur les voies d'eau le reliant à Aiguesmortes et Montpellier (Cf. mes *Coutumes de Saint-Gilles*, Paris, Picard, 1915).

[2] Sylva Godesca.

[3] Cf. Cte de Baincourt, *Jean Le Forestier, seigneur de Vauvert*. Nîmes, 1871.

[1] En bas latin burgina, filet traînant de l'étang de Scamandre, bregin.

[2] Tablier des « limbelins » ou images vendues aux pèlerins venant à Notre-Dame de Posquières.

Teissier, notaire. — Obligation pour l'arrentement du tablier des images, faite, le 7 octobre 1477, par Pierre Rondal, mandator, qui s'engage, envers Jean Le Forestier, à lui payer 2 l. 11 s. pour cet objet. La ferme lui a été délivrée à la Saint-Michel dernière pour un an. L'acte est passé sur la place. — Fos 19-20. — Louage de dépaissance fait, le 24 septembre 1477, par Jean Le Forestier à Pierre Rouvière, chanoine et gubernator du chapitre de Notre-Dame de Nîmes, qui pourra tenir, dans la Sylve Godesque, les bovins du chapitre jusqu'au nombre de cent, d'ici à la Saint-Michel, moyennant 14 florins 1/2. L'acte est passé au château de Vauvert, in aula picta. Nobles Antoine de Mézerac, viguier de Vauvert, et Pierre de Lauche, sont témoins. Guillaume Teissier, notaire. Suit le dessin de quatre marques. — Fermes de 1478. — Obligations des fermes de 1479 (1er-7 octobre 1479. Fos 21-32. — Louage de dépaissance dans la Sylve Godesque pour 1480 (22 septembre 1480-11 mars 1481). — Marques d'animaux des divers preneurs. Ferme de la pêche des poissons dans l'étang de Scamandre (13 mars 1480 v. s.). — Obligations des fermes de 1481 (7 janvier-30 novembre 1481). — Arrentement de la pêche et des levées de la Sylve Godesque (7 janvier 1481). — Obligations des fermes de 1482 (22 octobre 1482. Papardi, notaire. — Ferme de l'étang de Scamandre (17 mars 1482 v. s.). Il s'agit de la pêche au bregin. Jean Le Forestier et Bérenger Raimond la baillent à Jacques Montillon, marchand de Nîmes, pour 5 ans, moyennant la rente de 24 l., 40 regeyrolas et 25 scarpirnum geneveras. B. de Terryatis, notaire. — Ferme des levées de poissons et d'oiseaux de l'étang de Scamandre (12 octobre 1483. Benoît Descombis, notaire, qui signe : Decombis. — Note autographe de Jean Le Forestier, portant que, le 18 octobre 1485, il a vendu les herbes de Candiac, à Terre-Close, à Antoine Amphoux et à Estève Brun, de Beauvoisin, tant pour la part de Bérenger de Posquières que pour la sienne, moyennant 39 florins, d'ici à la fin de mai. Il leur a fait une cédule signée de sa main. — Composition de Pascal Ambert et consort avec Gaillardet de Montcalm, seigneur de Vauvert, Marguerittes et Candiac, au sujet de trois chevaux saisis, dans la juridiction de Candiac, dépaissant près du moulin de noble Jean de Blauzac, de Vauvert, à deux jets de pierre. Les délinquants paient 21 l. 10 s. Noble Jean Valette est témoin. Jean Marini, notaire (Vauvert, 9 mai 1490).

Addition aux Familles.

FAMILLES AIGOIN, AUQUIER, BERNARD, BERTRAND, DE BILANGES, BONAURE.

E 1143. (Liasse.) — 6 4bre. parchemin ; 8 pièces papier ; 2 sceaux.

1470-1737. — *Famille Aigoin.* — 1. Contrat de mariage de David Aigoin, de Sumène, marchand, habitant les faubourgs de la ville, avec Suzanne Houdan, de Ganges, fille du capitaine Antoine Rondan. L'acte est passé à Ganges par le notaire Jean Conteroau, le 10 mai 1683, puis enregistré au sénéchal de Beaucaire et Nîmes le 16 juillet suivant. — *Famille Auquier.* — 2. Contrat de mariage entre Pierre Auquier, marchand d'Anduze, et Marguerite Cavaudan, de Frontignan. La fin manque (13 juillet 1567). — 3. Transaction entre Antoine Villaret, du mas de Villaret, paroisse de Saint-Étienne de Coudiac, diocèse de Nîmes, et noble Antoine Auquier, baile d'Anduze, à raison de la métairie de Villaret, tenue et possédée par Auquier. Jean Robert, notaire à Anduze, 10 juin 1574. Quittance de 105 écus d'or sol faite par Villaret à Auquier, à la suite, le 16 juin 1574. — *Famille Bernard.* — 4. Provisions de lieutenant de juge à Saint-Bonnet, accordées par Jean-Charles de Crussol, duc d'Uzès, à Claude Bernard (Uzès, 1er août 1737. Sceau du duc. — *Famille Bertrand.* — 5. Quittance de 15 sols t. faite par Guillaume Richard, de Bezon, paroisse de Concoules, diocèse d'Uzès, à Pierre Bertrand, fustier, de Lhermet, paroisse de Génolhac. L'acte est passé à Génolhac le 24 janvier 1562 v. s. par le notaire Jean Laurent. — *Famille de Bilanges* (1). — 6. Copie du certificat d'un huissier du Vigan. À la requête des religieux bénédictins de l'abbaye de Saint-Guilhem, il a fait commandement à Étienne de Bilanges, sieur de Blanquefort, du Vigan, de payer au syndic les droits seigneuriaux dont il est redevable à l'office de camérier de l'abbaye pour ses biens du masage du Quintanel, paroisse de Blandas, diocèse de Nîmes (15 octobre 1671). — 7. Projet de testament de noble

(1) Don de M. Falguière, du Vigan.

François de Bilanges, sieur de Ressauson, habitant Aumessas (1686). — 8. Donation entre vifs faite par Marthe de Bilanges, fille de feu Étienne et de Françoise des Périers, habitant Aumessas, à Gentille de Bilanges, sa nièce, fille de feu François de Bilanges et de Marguerite Roudon (17 juin 1686). Extrait insinué au sénéchal le 30 juillet 1686. Sceau. — 9. Quittance faite par noble Jean de Chaux, sieur de Caltavet, époux de Dauphine de Bilanges, d'Alzon, à Marguerite Roudon, veuve de François de Bilanges, son beau-père (1er juin 1686). — 10. Exploit de saisie et encan pour Jacques Cairol, du Vigan, contre les hoirs de François de Bilanges, sieur de Ressauson, du Vigan, poursuivi., comme donataire de Marthe de Bilanges (21 juillet 1687. — 11. État de la censive due par Mme de Ressauson à Mme de Mandagout, avec l'acquit de Mme d'Acre de Mandagout, mère de la créancière (Le Vigan, 29 avril 1709). — 12. État des créances de Mme de Ressauson sur les biens de feu M. de Ressauson, son mari (XVIIIe s.). — 13. Extrait du testament de Marguerite Roudon, veuve de François de Bilanges, sieur de Ressauson (25 janvier 1719). — Famille Bonaure. — 14. Testament de noble Antoine Bonaure, veuve de noble Gilles Gaucelin, habitant Sommières et Aimargues. Elle élit sépulture au cimetière de l'église des frères prêcheurs d'Alais. Legs à sa nièce noble Catherine de Gorsac, fille de noble Bertrand de Gorsac, seigneur de Saint-Clément. Catherine est sœur de noble Armand de Gorsac, héritier universel d'Antoine. Les exécuteurs testamentaires sont : le prieur du couvent des frères prêcheurs d'Alais, Jean de Bozène, écuyer, seigneur d'Aubais, et Bertrand de Gorsac, seigneur de Saint-Clément. L'acte est passé à Saint-Clément, dans la cour du château. Parmi les témoins figure Jean de Vic, prieur de Saint-Clément. Le notaire est Jean Sabatier, de Sommières (19 décembre 1487). — Le 24 décembre de la même année, codicille d'Antoine Bonaure révoquant son legs de 70 l. t. fait à Catherine de Gorsac, ainsi que la substitution de sa nièce à son héritier universel au cas où il décéderait sans postérité mâle, et léguant à Catherine 10 l. t., avec confirmation du reste du testament. Acte passé dans la cour du château de Saint-Clément. Le notaire est Étienne Sabatier, qui signe l'extrait. — Le 3 février 1487 de la Nativité. Antoine Bonaure fait de nouveaux codicilles. Elle élit sépulture au cimetière de l'église paroissiale de Saint-Clément, dans le tombeau de sa fille Marguerite-

Salnaude. Ses exécuteurs testamentaires sont Jean de Vic, prieur de Saint-Clément, et le notaire Étienne Sabatier, avec ratification du reste du testament. L'acte est passé au château de Saint-Clément, dans la chambre édifiée près de la cour. Le prieur est un des témoins. Le notaire est Jean Sabatier, dont le seing figure au bas de la grosse.

E. 1301. (Registre.) — XIX.473 feuillets écrits, papier.

1684-1717. — Famille Borrelli. — Livre de raisons d'Étienne Borrelli ou Borrelly, notaire de Nîmes (1).

F° 1-XIX. Table alphabétique. — F° 1-7. Réception d'Étienne Borrelli en qualité de notaire (10 juin 1684. — Sédition, dans Nîmes, de ceux de la R. P. R. (25 juin 1687). — Entrée de Cohon, nouvel évêque de Nîmes (5 décembre 1687). — Mariage de Borrelli avec Marie Viger (12 février 1658. — Entrée du roi à Nîmes (9 janvier 1660. — Élévation d'une croix de marbre sur la place de la Belle-Croix (septembre 1661). — Entrée à Nîmes d'un cardinal-légat neveu du pape (18 mai 1664). — Mortalité des oliviers par la gelée (hiver de 1656). — Réception de Borrelli comme secrétaire et greffier du chapitre de la cathédrale de Nîmes (2 mai 1663). — Sa réception comme secrétaire du clergé du diocèse (1659). — Établissement des Pères de la Doctrine chrétienne à Nîmes (1666). — Chambre des Grands-Jours à Nîmes (2 décembre 1666). — F° 8-15. Paiement de la dot de sa femme (2,000 l.) fait à Borrelli (21 février 1657. — Achat d'un chapeau (2 l.) et d'une paire de souliers (2 l.) (5 avril 1657). — Paiement de 2 l. 10 s. fait par Borrelli à Lautier, maître d'école, pour le temps que ses enfants sont restés à son école (2 juillet 1667). — Achat d'une salmée de blé, 16 l. (29 juillet). — Décharge donnée à Borrelli par les officières du premier monastère des Ursulines de Nîmes, d'une procédure par lui faite, comme greffier de l'officialité en l'évêché de Nîmes, contre une religieuse nommée sœur Catherine de Saint-Joseph de Bimard, enfuie du monastère pendant la nuit, 19 ans auparavant, pour se faire hu-

(1) On trouvera de nombreux extraits de ce précieux registre dans La vie de nos ancêtres d'après leurs livres de raison, ou les Nîmois dans la seconde moitié du XVIIe siècle, par le Dr Albert Puech, Nîmes, 1888, vol. in-8 de 403 pages, extrait des Mémoires de l'Académie de Nîmes, années 1884 à 1887.

guenote à Orange. Pour que cette procédure ne fût vue de personne, les religieuses se serviront de l'évêque afin d'obliger Borrelli à leur en livrer les pièces originales. La sœur Catherine est condamnée à tenir prison le reste de ses jours dans une chambre du couvent (24 avril 1668) (1). — Achat de sucre, poivre et girofle à la foire de Beaucaire, pour 4 l. 6 s. 6 d. (7 août 1668). — Achat de 13 quintaux de bois d'olivier à 5 s. le quintal, soit 3 l. 18 s. (15 novembre 1668). — Achat de papier pour 7 l. (3 décembre 1668). — Arrêté de toute la dépense de Borrelli en 1668 à 801 l. contre 801 l. de recette. — F° 11-21. Achat d'un poivre... 2 quintaux de livres à 8 l. 10 s. le quintal, soit 17 l. 7 s. (21 janvier 1669). C'est le procureur Teissonière qui s'était chargé de l'achat à la foire de la Saint-Antoine, à Alais (17 janvier). — Achat d'une « sage italienne » par l'intermédiaire d'un marchand de Marseille (16 avril 1669). — Dîner donné par Borrelli à trois de ses amis au cabaret, 2 l. (3 mai 1669). — Payé au chaussetier Roussel 8 s. pour la façon de deux paires de bas de toile (15 juin 1669). — Marque de son étain aux armes de Borrelli par Gay, orfèvre (5 juillet 1669). — Passage du duc de Florence à Nîmes (5 octobre 1669). — Perdu au jeu de cartes 3 l. 10 s. (8 décembre 1669). — Dépense de 1669: 1.011 l. 5 s. 1 d. contre une recette inférieure de 19 l. 5 s. 1 d. — Achat de 6 petites oranges vendues par des gens de Gênes, à 15 s. pièce (1er mars 1670). — Mortalité des oliviers à cause de la rigueur de l'hiver. — F° 25-34. Reconnaissance faite au chapitre d'une maison acquise par Borrelli (26 avril 1670). — Vente de son vin de Bezouce pour 85 l. (mai 1670). — Achat d'une paire de bas de soie à un homme venant de Gênes, 8 l. (11 juin 1670). — Dépense pour un baptême, 3 l. (17 juillet 1670). — Dépense faite à la foire de Beaucaire, 30 l. (23 juillet). — Oraison funèbre de Mme d'Orléans dans la cathédrale (2 octobre 1670). — Confession générale à cause du jubilé (8 octobre). — Achat d'une poule, 15 s. (16 octobre). — Supplice de Roure à Montpellier. Né en Vivarais, il avait soulevé son pays contre les partisans qui prenaient un certum quid sur les marchands de vin et d'autres denrées. Il périt sur la roue le 30 octobre 1670. — Funérailles de l'évêque Cohon (13 novembre 1670). — Dépense de 1670 : 1.398 l. 2 s. contre une recette de 1.584 l. 19 s. — Payé 11 l. 4 s. à Poujol, potier d'étain, pour 12

(1) Épisode passé sous silence par le Dr Puech, op. cit.

assiettes d'étain fin pesant 10 l. 10 onces, à raison de 13 s. 6 d. la livre (24 février 1671). — Entrée à Nîmes de Jacques Séguier, nommé à l'évêché de Nîmes (16 mai 1671). — F° 36-45. Achat d'une canne d'huile, 8 l. 15 s. (14 octobre 1671). — Paiement de 37 l. 10 s. fait par Borrelli au sculpteur Paulet pour la façon de la cheminée de sa chambre. Borrelli a tiré le plâtre d'Avignon ou de Marseille (10 décembre 1671). — La recette de 1671 est de 1.988 l. 6 s. 1 d. contre une dépense de 1.784 l. 11 s. 10 d. — Paiement de la taille de Nîmes, montant à 15 l. 13 s. 8 d. (1er août 1672). — Entrée à Nîmes du duc de Verneuil, gouverneur de Languedoc (8 novembre 1672). — Recette de 1672: 760 l. 7 s. 2 d., contre une dépense de 873 l. — Défense aux consuls de la R. P. R. de porter le chaperon et la robe à mains d'être avec les consuls catholiques, faisant les fonctions de leur charge. Ils sont donc allés au prêche, le dimanche 1er janvier 1673, sans chaperon ni robe. Les religionnaires en ont été dans la plus grande consternation. Il leur a été enjoint de faire ôter du prêche toutes les fleurs de lys du banc des conseillers. — Confession générale de Borrelli pour gagner le jubilé universel (21 mars 1673). — Paiement de la taxe faite sur son office de notaire pour en jouir héréditairement (5 mai 1673). — Achat d'objets d'ameublement à la foire de Beaucaire pour 101 l. (juillet 1673). — F° 46-54. Achat de papier timbré et fleurdelysé, devenu obligatoire pour tout le monde (11 septembre 1673). — Entrée à Nîmes de M. d'Aguesseau, intendant de Languedoc (fin septembre 1673). — Pose de la première pierre de l'église des Jésuites (23 octobre 1673). — Recette de 1673: 810 l. 10 s. 11 d., contre une dépense excédant la recette de 38 l. 11 s. 4 d. — Achat, fait par le corps des notaires de Nîmes, de deux offices de notaire créés par le roi (13 février 1674). — Achat de deux cravates ou cravates toutes faites, à trois rangs, à 15 s. pièce. Depuis plus de deux ans Borrelli a abandonné les rabats parce que les cravates sont à la mode (3 mars 1674). — Levée du ban pour l'armée de Catalogne (29 mai 1674). — Changement du papier timbré, avec défense de se servir du précédent, parce qu'il y a de nouveaux partisans (1er octobre 1674). — Recette de 1674: 615 l. 1 s. contre une dépense de 799 l. 9 s. 2 d. — Convocation du ban et arrière-ban de la province (25 janvier 1675). — Prise de possession de la maison de l'évêché par l'évêque Jacques Séguier qui n'avait jamais voulu la reconnaître pour palais épiscopal et était demeuré chez le conseiller de Fabrique (22 février 1675). — Départ de la milice du diocèse pour la Catalogne (5 mai 1675). — F° 57-58. Retard des récoltes. Les vendanges n'ont pu commencer à Nîmes que le 7 octobre 1675. — Cérémonies à l'occasion de la mort du premier consul de Nîmes (15-16 novembre 1675). — Borrelli fait son testament le 3 décembre 1675. — Recette de 1675 : 683 l. 7 s. 3 d., contre une dépense de 601 l. 8 d. — Consuls d'Uzès faits tous catholiques par l'intendant en vertu des ordres du roi (25 janvier 1676). Consternation des huguenots. Au commencement du mois, l'ouvrier de la seconde échelle a été fait catholique (second consul) malgré les huguenots, qui ont pourtant réussi à faire le troisième consul de la religion. — Entrée à Nîmes du cardinal Bonzi, archevêque de Narbonne, allant à Paris. Il a couché à l'évêché, ayant avec lui grand monde, entre autres le coadjuteur de Montpellier, qui va se faire sacrer (12 mai 1676). — Réception de François-Annibal de Rochemore de Grille, fils du président François de Rochemore, en la charge de juge mage et lieutenant général en la sénéchaussée et siège présidial de Nîmes (16 mai). — Décès d'Antoine Borrelli, notaire de Bezouce, père d'Étienne (16 juin 1676). — F° 62-64. Frais du baptême de sa fille Marie : 4 l. 15 s. (17 octobre 1676). — Passage à Nîmes de l'ambassadeur de l'empereur, se rendant à Madrid avec grand et très beau train, malgré la guerre avec l'empereur et l'Espagne (17 novembre 1676). — Recette de 1676 : 684 l. 12 s. 6 d., contre une dépense de 760 l. 6 d. — Création des consuls de Nîmes, par l'intendant, en vertu d'une lettre de cachet du roi, le 23 février 1677. Les anciens consuls ont été continués dans l'exercice de leur charge et il a été surcis, quatre jours après, sur l'ordre du roi, à l'élection des nouveaux. On dit que c'est sur le désir de l'évêque. Il se forme des partis. Les catholiques sont à plaindre. On craint que les religionnaires ne se rendent maîtres de la maison de ville, comme ils l'ont fait dans le passé. — Argent prêté à M. de Cabrières (28 février 1677). — Voyage de Borrelli à la Sainte-Baume, Saint-Maximin, Toulon, Marseille et autres lieux de Provence. La dépense a été de 25 l. 18 s. Le départ de Nîmes a eu lieu le 10 avril 1677. — Au retour, confession générale pour gagner le jubilé (25 avril). — Remise de 12 l. à Mme Borrelli pour son voyage à Balaruc. Elle emporte un grand pâté de veau de 30 s., confectionné à « l'Entre deux hostes » (1er

juin 1677). — Achat de chanvre, confit, « vins » et autres choses à la foire de Beaucaire, 344. (21 juillet 1677). — F° 81-82. Achat de deux rudiments pour les enfants, qui commencent d'aller à la classe de sixième au collège, classe régie par M. Prade, prêtre, de Cavirac, pour deux : 8 s. (10 octobre 1677). Pluie après six mois de sécheresse (4 novembre 1677). Rhône et Fontaine de Nîmes très bas. Puits de la ville à sec pour la plupart. — Frais de l'enterrement de Mathieu Borrelli, fils d'Étienne, dans l'église de Bezouce : 9 l. (11 novembre). — Achat d'un bonnet de campagne en toile cirée, ayant un bec, avec son rond couvrant les épaules, doublé d'une toile de Rouen noire, confectionné par Gouryas, marchand chaussetier : 24 l. 15 s. (19 novembre). — Recette de 1677 : 1 045 l. 1 s. 6 d., contre une dépense de 1 052 l. 19 s. 6 d. — Prêt au compère Jacques de 15 s., qu'il lui faudra faire gagner en raccommodages pour les souliers des enfants ou autrement (17 janvier 1678). — Testament de Mathieu Borrelli, neveu d'Étienne, de retour de Catalogne depuis sept mois, après y avoir servi quatre ans comme brigadier de la mestre de camp dans le régiment de Lebret. Étienne est institué son héritier, en considération des services qu'il lui rend depuis le décès de son père. Sans Étienne, lui et ses frères seraient dans la dernière misère et désolation (30 janvier). — Dépense d'un voyage de cinq jours à Montpellier : 15 l. (Départ le 7 février 1678). — Payé à la femme de l'Entre deux hôtes 21 l. 5 s. pour un souper perdu en jouant au mail (27 février). — Entrée au séminaire d'Antoine Borrelli, neveu d'Étienne (1er mars 1678). — Paiement à Mme de Place de 1 l. 8 s. pour deux rudiments et un dictionnaire ou « patois » (4 mars). — Première messe dite dans l'église des Jésuites, bâtie aux dépens de la ville et tou aux leurs, par Jacques Séguier, évêque de Nîmes (4 septembre 1678). — Louage d'une servante aux gages de 15 l. par an (30 octobre 1678). — Donné à souper à quelques amis chez Ricousset, hôte du Tapis vert (26 octobre). — Publication de la paix avec la Hollande (30 octobre). — F° 96-107. Achat d'un manchon de chat sauvage chez La Fontaine, gantier, 30 s. (28 décembre 1678. — Achat d'une perruque entière, assez belle pour le poids, au marchand perruquier Roqueirol, et à Borrelli la prend parce qu'il a presque point de cheveux et pour sa santé (31 décembre). — Recette de 1678 : 735 l. 9 s. 6 d., contre une dépense de 653 l. 9 s. 10 d. — Consuls de Nîmes faits tous catholiques par l'intendant (1er janvier 1679). Amère diatribe de Borrelli contre ceux de la religion. — Te deum pour la paix avec l'Espagne (8 janvier). — Pose de la première pierre de l'église des Carmes (11 février 1679). — Payé à la femme de Baudan, qui loue des litières et donneurs dans la grande maison du président, 50 s. pour une journée de litière employée par M° Borrelli au voyage de la Rouvière, où se trouvait bien malade son petit Joseph (12 février). — Publication de la paix avec l'Espagne (dernier février). — Funérailles du président de Rochemore (9 avril 1679). — Rabais ou décri sur les pièces de 4 sols et les sols marqués (9 mai 1679). — Achat d'une poule pour sa femme, affiée depuis son retour de Balaruc : 18 s. (22 juin 1679). — Louage d'une servante aux gages de 15 l. par an (11 juillet 1679). — Internement à l'hôpital général des mendiants trouvés dans la ville (16 juillet). — Suppression de la chambre de l'Édit ayant siégé à Castres, puis à Castelnaudary (Début d'août 1679). — Changement du chemin royal de Nîmes à Paris par le chemin vieux d'Uzès, plus court que par Remoulins. Les travaux ont commencé en juillet 1679. — F° 104-121. Rentrée de Jean Depics, de Forcalquier, chez Étienne Borrelli, en qualité de précepteur de ses enfants. Il avait cessé pendant deux ans pour raisons de santé (9 octobre 1679). — Achat, en Avignon, d'un grand crucifix « en estampe », 30 s. (21 octobre). — Entrée à Nîmes du marquis de Seignelai, fils de Colbert (14 novembre 1679). — Achat d'un chapeau chez Jean des Jésuites, place de la Salamandre : 2 l. (24 novembre). — Dépense de 1679 : 537 l. 15 s. 6 d., contre une recette de 527 l. Borrelli a huit enfants, et se plaint de sa situation financière. — Réception de M. de Rochemore de Grillé en la charge de président (12 janvier 1680). — Conversion d'un « nombre infini » de religionnaires, en 1680 comme en 1679. Les rentes des abbayes de Cluny et de Saint-Germain des Prés sont affectées aux diocèses de Languedoc « infectés des calvinistes ». — Déclaration du roi interdisant aux catholiques d'embrasser la religion réformée. Borrelli la lit le 12 juillet 1680 et la transcrit sur son registre. — Dépense de 40 l. à la foire de Beaucaire pour savon, chanvre, vis, etc. (24 juillet). — Louis Borrelli prendra demain le haut-de-chausses (9 août 1680). — F° 122-131. Remarque sur la sécheresse qui a précédé la pluie du 3 octobre 1680. — Apparition d'une comète. Le 24 décembre 1680, Étienne Borrelli était

allé, pour passer les fêtes de Noël, chez l'abbé Chalas, vicaire de Carnas, avec son beau-frère Vigier et son neveu Borrelli. Après leur collation, les paysans leur firent remarquer la comète, au couchant, prodigieusement longue et large. « Elle prenoit sa naissance tout droit à une estoille ». Cette « étoile » est le noyau de la tête. Les personnes de la ville entendues dans « l'astrologie » disant avoir mesuré la comète. — Recette de 1681 : 777 l., contre une dépense de 745 l. 10 s. 8 d. — Défense aux femmes de la R. P. R. d'assister les femmes dans leurs couches (janvier 1681). — Bénédiction du cimetière situé hors la porte des Carmes, et acquis nouvellement par les consuls catholiques de Nîmes (10 avril 1681). — Dérangement des saisons. — F° 132-141. Interdiction aux notaires et procureurs de la R. P. R. d'exercer leurs fonctions (2 août 1681). — Décès de Pons Féraud, notaire et secrétaire de la maison consulaire de Nîmes (2 octobre 1681). — Pose de la première pierre du nouvel évêché sur les fondations de l'ancien, sans aucune solennité (27 octobre). — Tonsure donnée à Charles Borrelli, fils d'Étienne (9 novembre 1681). — Établissement dans Nîmes d'une seconde paroisse (19 novembre). — Recette de 1681 : 824 l. 11 s., contre une dépense de 517 l. 19 s. 8 d. — Ouverture d'un jubilé (15 mars 1682). — A l'occasion d'un legs de chanoine Aubert, aucune des filles de Borrelli ne veut être religieuse (7 avril 1682). — F° 142-152. Feu de joie pour la naissance du duc de Bourgogne (22 septembre 1682). — Feu d'artifice des PP. Prêcheurs (4 octobre 1682). — Feu de joie du prévôt Simon de Guiran (5 octobre). — Première entrée à Nîmes du duc de Noailles, lieutenant général de Languedoc (15 octobre). — Démolition du temple de Montpellier (25 novembre). — Contrat de mariage de Catin Borrelli, fille d'Étienne (23 février 1683). — Remarques sur la pluie du 1er mai 1683, succédant à une longue sécheresse. — Lecture faite devant le consistoire d'une lettre pastorale du roi aux huguenots, pour les obliger à rentrer dans le giron de l'Église (11 juillet 1683). — F° 153-163. Honneurs funèbres rendus à la reine (28 septembre 1683). — Sédition des huguenots dans le Vivarais. — Entrée à Nîmes de 30 dragons venant d'Anduze. Les Cévennes sont remplies de troupes afin de châtier « ce peuple » (20 octobre 1683). — Décès de Marie Vigier, femme d'Étienne Borrelli, à 5 h. 1/2 précises du matin à la montre du mari et à l'horloge de la ville, après 24 ans, 9 mois et 5 jours.

de mariage, à l'âge de 45 ans, 10 mois et 5 jours. C'était une bonne âme. Elle se confessait et communiait tous les samedis. Elle regarda la mort avec joie. Tous les religieux qui vinrent la voir étaient ravis de sa constance (30 novembre 1683). — Recette de 1683 : 1186 l. 1 s., contre une dépense de 985 l. 19 s. 2 d. — Rigueur de l'hiver (Février 1684). — Guerre en Catalogne. — Jubilé universel ouvert le 12 mars 1684. — Provision d'une chapelle pour Charles Borrelli, fils d'Étienne (14 juin 1684). — Transfèrement des filles du Refuge dans une maison attenante au palais épiscopal. Elle est dans la rue de M. de La Baume, conseiller, et rue des Cardinaux, sans vue sur la rue ni l'évêché, de sorte que ces filles sont cloîtrées comme il faut (9 octobre 1684). — Déclaration du roi interdisant aux religionnaires d'être experts ou arbitres. — Entrée à Nîmes du maréchal de Bellefont, qui commandait l'armée de Catalogne (12 octobre). — F° 161-175. — En considération des affaires que Borrelli fait assez souvent pour l'abbé de Chambonas, celui-ci, de retour des États de Languedoc, où il entre tous les ans pour l'évêque de Viviers, lui rapporte de Montpellier, en don, une fort belle perruque (Décembre 1684). — Recette de 1684 : 635 l. 7 s. contre une dépense de 925 l. 14 s. — Démolition des temples, surtout dans les Cévennes. Il n'en reste pour ainsi dire plus, et les ministres sont interdits. « Ainsi, écrit Borrelli, les huguenots sont perdus. » Plusieurs ministres se sont faits catholiques et ont de bonnes pensions. Quantité d'autres personnes tout de même. Il ne restera plus un religionnaire en France, si Dieu donne vie au roi (Février 1685). — Établissement à Nîmes de religieux bénédictins de la Chaise-Dieu. Cet ordre avait autrefois le prieuré de Saint-Baudile près Nîmes (Contrats des 6 et 7 mars 1685). — Démolition ordonnée pour 32 temples du diocèse (Septembre 1685). — Interdiction du temple de Nîmes (23 septembre). — Arrivée du duc de Noailles, lieutenant général de Languedoc, pour mettre fin à la religion prétendue réformée. Les affaires sont entièrement perdues, tout le pays étant ruiné. Le duc a envoyé chercher le ministre Cheiron et les plus notables du Consistoire, pour leur parler en particulier. On enverra bientôt 8.000 hommes de guerre pour châtier les réformés (26 septembre). — Première entrée de Basville, nouvel intendant de Languedoc. Il est descendu chez M. Novy, receveur, rue de l'Arc de Saint-Étienne, où d'Aguesseau, intendant, avait coutume

de loger, ainsi que M. de Revças. Comme intendant de Poitou, Basville a fait des merveilles, y convertissant tous les huguenots. Il vient d'ordonner aux catholiques ayant acheté ou recélé quelque chose des religionnaires de le rendre dans les vingt-quatre heures, à peine de 1.500 l. d'amende et de garnison à domicile. Il est sorti de Nîmes plus de 4.000 âmes, et surtout des femmes et des filles, à destination des villages catholiques situés entre Nîmes et Avignon ; un d'Orange (1er octobre 1685). — Conversion de 500 religionnaires à l'évêché. Arrivée de troupes venant de Montauban, où tous les huguenots se sont convertis, comme ceux de Béarn, du Rouergue et de Languedoc. Il y a du miracle et de l'ouvrage de Dieu. Les portes de Nîmes sont fermées, sauf celles de la Couronne, des Prêcheurs et de la Madeleine, gardées par les dragons avec une exactitude « épouvantable » (2 octobre). — Abjuration des huguenots dans la cathédrale (3 octobre). — Conversion des ministres Élie Cheiron et Pierre Paulhan (3 octobre). — Enlèvement des bancs du temple de Nîmes, en attendant sa démolition (3 octobre). — Garnison infligée aux familles n'ayant pas abjuré (à partir du 22 octobre). — Première messe dite à l'église des Carmes (4 novembre 1685). — Passage du cardinal Millini, avec grand train (17 novembre). — F° 176-185. — Les nouveaux convertis conduits à la messe par les soldats du régiment de La Fère (2 décembre 1685). — Recette de 1685 : 995 l. 12 s., contre une dépense de 782 l. 12 s. 7 d. — Cheiron ci-devant ministre, premier consul de Nîmes (1er janvier 1686). — Jet à la voirie des cadavres des nouveaux convertis morts sans avoir appelé le curé et sans s'être confessés. Missionnaires envoyés par le roi. Le pays est totalement ruiné (Janvier 1686). — Renvoi de Catin Roustan, servante de Borrelli (17 janvier 1686). — Les nouveaux convertis tenus de remettre leurs anciens livres de piété entre les mains du chevalier de La Fère, commandant le régiment de ce nom (4 février 1686). Établissement des vicaires perpétuels (8 mars 1686). — On ne peut obtenir des nouveaux convertis qu'ils soient bons catholiques. Leur soulèvement à Lasalle (Mars). — Défense aux nouveaux convertis de sortir de la ville (30 mars). — Démolition de la maison de Trentignan, maître-chirurgien de Nîmes, place du Marché, lui et sa famille s'étant évadés (4 avril 1686). — Payé au brodeur Fabre 10 s. pour 2 calottes à mettre sous la perruque (30 avril). — Entrée de Suzanne Damour chez

Borrelli comme servante, aux gages de 14 l. par an (1er juillet 1686). — Exécution de Roy, marchand, pendu au pré de Beaucaire pour avoir prêché en diverses assemblées secrètes, du côté des Cévennes, contre les défenses du roi (8 juillet). — Installation à Nimes du président de Vinol, baron de Montclus et de Tresques, acquéreur des offices de judicature d'Annibal-François de Rochemore (18 juillet). — F° 189-191. Augmentation des louis d'or et pistoles d'Espagne, de 11 l. à 11 l. 10 s., en conséquence de la déclaration du roi (15 août 1685). — Prise de possession, par Jacques Séguier, évêque de Nimes, du palais épiscopal qu'il a fait construire sur le sol de l'ancien, joignant « la grande église » ou cathédrale. Il y manque encore les portes et fenêtres (28 août). — Achat d'un bel et grand miroir pour 30 l. 12 s. (30 septembre 1686). — Payé à la servante de Philippe, sculpteur, 31 s. pour avoir mis le nom et les armes de Borrelli sur la pierre de son tombeau, en la vieille église (1er octobre 1686). — Le pays est rempli de gens de guerre, à cause des nouveaux convertis, toujours « méchants et malicieux » (3 octobre). — Première messe dite à l'hôpital général de Nimes, (13 octobre. — Tenue des États de Languedoc à Nimes, à partir du 17 octobre. — Procession des États (28 octobre). — Première messe dite à l'ancien évêché, place de la Belle-Croix, vendu au prieur de Saint-Baudile pour l'habitation des religieux bénédictins de la Chaise-Dieu (29 octobre). — Paiement à la somme de l'Entre-deux-boîtes (15 novembre 1686). — Recette de 1686: 713 l. 10 s., contre une dépense de 894 l. 10 s. 2 d. — Exécution, sur l'Esplanade de Nimes, la nuit, par une forte gelée, de deux nouveaux convertis ayant assisté à l'assemblée nocturne de Calindé, composée de 300 nouveaux convertis (25 janvier 1687). — Arrivée de Basville à Nimes, pour visiter l'emplacement où le roi veut bâtir un fort en vue de contenir la ville et les nouveaux convertis (8 mai 1687). — Adjudication de la construction du fort (17 mai). — Commencement de la construction (24 mai. — F° 197-210). Départ de Jacques Séguier, évêque de Nimes, pour Paris, en vue de se démettre de son évêché entre les mains du roi. Agé de 75 ans, il n'agissait pas avec assez d'ardeur contre les religionnaires (4 septembre 1687). — Travaux du fort (11 octobre 1687). — Première entrée de l'abbé Fléchier, nommé à l'évêché de Nimes (16 octobre). — Tenue des États de Languedoc à Nimes à partir du 23 octobre. —

Recette de 1687 : — 659 l. 17 s., contre une dépense de 639 l. 19 s. — Création des consuls (14 janvier 1688). — Entrée à Nimes de François-Chevalier de Saulx, nommé à l'évêché d'Alais (14 février 1688). — Agrandissement de l'enceinte de Nimes du côté du fort, pour englober le faubourg des Prêcheurs, à partir du 3 mai 1688. — Entrée à Nimes de M. de Riport, brigadier d'infanterie, pour prendre possession du gouvernement du fort et de la ville (21 juillet 1688). — Bénédiction de la chapelle du fort par Esprit Fléchier (25 août 1688). — Tenue à Nimes des États de Languedoc, à partir du 25 octobre 1688. — F° 210-220. Le duc de Noailles est créé cordon bleu pendant qu'il tient les États à Nimes (9 décembre 1688). — Publication de la guerre contre la Hollande (14 décembre). — Venue de l'abbesse de Saint-Sauveur de La Font chez Borrelli, avec les demoiselles de Saint-Chapte. Il lui baille deux chambres en bas, le linge de table, l'étain et les draps de lit. Elle fait son ordinaire. Ils n'ont passé aucun acte. L'abbesse voudrait s'établir dans son clos ou ancien monastère de la Fontaine avec ses religieuses, qui sont à Beaucaire depuis les guerre de religion (21 décembre). — Recette de 1688 : 1324 l. 19 s., contre une dépense de 8821 l. 4 s. 11 d. — Première entrée à Nimes de M. de Broglie, en qualité de lieutenant général de Languedoc (19 janvier 1689). — Tempête violente, arrachant des arbres et la toiture de moulins à vent. 10.000 écus de dégâts dans la ville (22 janvier). — Borrelli est fait conseiller politique et ordinaire à la seconde échelle (26 février 1689). — Notes sur la révolution d'Angleterre et la fuite du roi en France (1688-9). — Chapitre provincial des Prêcheurs tenu à Nimes (1er mai 1689). — Entrée de Charles Borrelli, fils d'Étienne, au séminaire de Nimes (27 juin 1689). — État des troupes qui sont au service du roi (29 juin). Livres achetés à la foire de Beaucaire pour le séminariste, 10 l. (22 juillet 1688). — Note sur la sécheresse. — F° 221-232. États de Languedoc tenus à Nimes à partir du 7 novembre 1689. — Recette de 1689 : 475 l. 17 s. contre une dépense de 884 l. 16 s. C'est un très mauvais présage, dit Borrelli. Le temps devient toujours plus misérable. On ne gagne pas sa vie et les dépenses augmentent sans cesse. — Prise de possession, par Charles Borrelli, d'une bénéficiature à Saint-Gilles (9 janvier 1690). — Création des consuls de Nimes par Basville. Cet abandon des formes cause une grande rumeur (10 janvier). — Départ du ban et arrière-ban de la noblesse de la sénéchaussée de Nimes (12 juin 1650). Toute l'Europe est contre le roi. — Jubilé universel (18 juin). — Liste et département des armées du roi pour la campagne de 1689. — Achat d'un manteau pour le bénéficier de Saint-Gilles (2 novembre 1689). — Échange de vêtements avec le juif Alexandre (20 novembre). — Recette de 1689 : 614 l. 6 s., contre une dépense de 817 l. 6 s. 8 d. Borrelli note que c'est le chemin de l'hôpital. Les guerres sont cause de cette misère. — Première messe dite à l'église de la Maison-Carrée (28 janvier 1691). Cette église était la cella du temple antique, acheté par les Augustins « dans le but d'y habiter, fallût-il abattre d'abord « ce superbe et ancien édifice ». Le roi leur défendit d'y toucher, sauf pour en faire une église et le consolider, car il était délabré. Borrelli note qu'on a refait des piliers (colonnes corinthiennes) entiers, assuré les murs avec de grands fers, et donné aux parties nouvelles la couleur (ou patine) des anciennes. Auparavant, il n'y avait rien à craindre pour l'édifice, parce que tout autour des maisons le soutenaient, habitées par des cardeurs et autre petit peuple. — F° 233-244. Passage à Nimes de son « coquin » de fils Marc-Antoine Borrelli, qui a rompu toutes les mesures de son père Étienne, et qui mérite d'être abandonné de lui (17 mai 1691). — Recette de 1691 : 783 l. 12 s., contre une dépense de 977 l. 8 s. 2 d. « Voilà qui va mal, » écrit Borrelli. — Achat d'une perruque à Pouge la courtière. Elle avait appartenu à feu M. Ale Sauzet (1), qui l'avait achetée à Toulouse. Elle lui avait coûté 18 l., et Borrelli l'a eue pour 5 l. 13 s. Les perruques sont extrêmement chères à Nimes (5 mars 1692). — Première messe dite à la chapelle que le chanoine Magne a fait construire dans l'église des Capucins (19 mars). — Entrée de Thérèse Borrelli, fille d'Étienne, au couvent de l'Hôtel-Dieu (5 septembre 1692). — Passage de la reine d'Angleterre, veuve de Jacques II, se rendant en Portugal incognito (Septembre 1692). — Décès de Marc-Antoine Borrelli à l'Hôtel-Dieu de Dunkerque (19 octobre 1692). — Première entrée d'Esprit Fléchier comme évêque de Nimes (25 janvier 1693). — Réception du président de Montclus comme maire de Nimes (14 mai 1693). — Déclaration d'Étienne Borrelli. Depuis la mort de son fils Marc-Antoine, il a négligé, et il négligera bien davantage à l'avenir, de mettre

(1) Mas : Sauzette.

dans ce registre toute sa dépense et beaucoup d'autres choses, ensemble ses recettes dans un cahier séparé, parce que, n'ayant plus de successeur, il ne se soucie plus de rien. Il ne lui reste qu'un fils prêtre. — Voyage à Cairas, diocèse du Lodève, avec son beau-frère Vigier, commencé le 11 juillet 1693. — Passage du général de l'ordre des Capucins (4 janvier 1694). — F° 245-255. Sacre à Montpellier de François Chevalier de Saulx, premier évêque d'Alais (20 août 1694). — Réception de Thérèse comme religieuse hospitalière professe (3 octobre 1694). — Bénédiction du second mariage d'Étienne Borrelli avec Marie Lafont, en l'église Sainte-Eugénie (22 novembre 1694). — Établissement de la capitation à Nimes (20 février 1695). — Pose de la première pierre des casernes de Nimes (3 novembre 1695). — Achat d'un cheval de 3 ans par l'intermédiaire du chanoine Fillère, qui l'amène du Puy, son pays natal, au prix de 60 l. le cheval et 12 l. le harnais (12 août 1695). — Inauguration des lanternes pour l'éclairage de Nimes. Il y en a dans toutes les rues et aux coins. On les allume à 7 heures. Des gens commis pour cela y mettent une chandelle. Le roi s'oblige à l'entretien moyennant ... l. Cela est établi à Toulouse, Montpellier et Nimes (10 novembre 1697). — Publication de la paix générale (30 décembre 1697). — Décès de Thérèse, religieuse (18 décembre). — Entrée à Nimes du duc de Bourgogne et du duc de Berri, fils du Dauphin, escortés de nombreux seigneurs de la cour. Deux mille chevaux, beaucoup de carrosses, chaises roulantes, chariots, fourgons, mulets. Le défilé dura de midi à la nuit. On était venu pour le voir de tous les environs de Nimes, même des Cévennes et de Gévaudan. Arrivés à Nimes le mercredi 2 mars 1701, les princes en partirent le vendredi matin. L'évêque Fléchier leur fit visiter les monuments romains. — Entrée de la reine d'Espagne (25 octobre 1701). — Soulèvement des « fanatiques » ou Camisards, noté le 30 novembre 1702 comme ayant commencé depuis trois mois environ. — Entrée du roi d'Espagne (4 décembre 1702). — F° 256-265. Entrée du maréchal de Montrevel, qui se rend à Alais (14 février 1703). — Combat du 20 février dans la garrigue de Nimes. — Massacre des « fanatiques » assemblés dans le moulin à eau de Mme de Calvière, hors la porte des Carmes, à Nimes (1er avril 1703). — Rebelle roué vif au Marché. Autre brûlé vif à l'Esplanade, à Nimes (18-19 juin 1703). — Le village de Saint-Césaire-lès-Nimes mis au pillage par ordre du maréchal de Montrevel pour avoir assisté les « fanatiques » (21 juin). — Deux hommes roués vifs au Marché; deux hommes et deux femmes pendus en même temps (14 juillet 1703) (1). — Décollation de deux gentilshommes. — Blavignac roué vif (21 juillet). — Le village de Vestric mis au pillage, avec incendie des maisons, par ordre du maréchal de Montrevel (28 juillet). — Quatre hommes roués vifs et trois femmes pendues au Marché. Cette exécution dura de 3 heures après-midi à la nuit (7 août 1703). — L'église de Sanilhac brûlée et le prêtre tué (7 août). — Ienard, de Saint-Césaire, roué vif (9 août). — Église de Serviers brûlée (8 août). — Deux hommes brûlés vifs à l'Esplanade (12 août). Un homme roué vif et un autre pendu au Marché (17 août). — Un homme roué le 22, un autre pendu le 27, deux roués le 30 août. — Deux brûlés vifs à l'Esplanade le 3 septembre 1703 (2). — Château de Campagne, appartenant au chapitre de Nimes, brûlé par les Camisards, avec 8 valets anciens catholiques. Brûlement de Campagnolle, à l'abbé de Franquevaux, et d'Estagel (Nuit du 24 au 25 septembre 1703). — Brûlement des faubourgs de Sommière et de divers villages par les Camisards (Nuit du 1er au 2 octobre 1703). — La goutte atteint Borrelli et ne lui a pas permis d'inscrire beaucoup d'autres brûlements et massacres commis par les Camisards (20 janvier-fin février 1704). — Défaite des troupes du roi par les Camisards près de Saint-Chaple (14 mars 1704). — Défaite des Camisards dans la Vaunage (Avril 1704). — Entrée à Nimes du maréchal de Villars, successeur du maréchal de Montrevel (21 avril 1704). — Arrivée à Nimes de [Jean] Cavalier, de Ribaute, boulanger après avoir gardé les troupeaux, âgé de 22 ans, chef de toutes les troupes des Camisards. Son entrevue, dans le jardin des Récollets, avec le maréchal de Villars, et sa soumission au roi (16 mai 1704). Borrelli donne de nombreux détails et note que Jean Cavalier circulait dans la ville suivi de tout le peuple, comme s'il eût été un des plus grands seigneurs du royaume, escorté de gardes de sa troupe et de la troupe du roi. — Exécution de cinq compagnons du chef camisard Roland. Le cadavre de Roland (3) est brûlé sur l'Esplanade, à la vue de ses compagnons roués vifs (9 août 1704). — Décollation d'un gentil-

(1) Ms. : 1704.

(2) Ms. : 1702.

(3) Roland fut surpris et tué au château de Castelnau.

homme et pendaison de Martin, qui avaient débarqué des armes envoyées par l'empereur et le duc de Savoie (11 août). — Fos 266-275. Éclipse totale de soleil. Il fit nuit pendant plus d'un quart d'heure. Borrelli, qui était au chapitre, ne put rien écrire pendant ce temps, et les gens ne se voyaient pas dans les rues (12 mai 1706, 9 heures du matin). — Plantation d'une croix de bois, par Berthomieu, ancien berger, sur la colline de Saint-Gervasy, avec l'autorisation de l'évêque Fléchier. Aussitôt après, immense concours de gens venant de Provence, du Comtat d'Avignon, de Béziers et de Montpellier, estropiés et aveugles miraculés, procession nu-pieds (Mars 1706). — Installation de M. de Vivet de Montclus, fils du président de Montclus, comme juge mage et lieutenant général en la sénéchaussée (20 juillet 1706). — Pluies torrentielles à partir du 22 septembre 1708. Énormes dégâts. — Borrelli se dessaisit, en faveur de l'Hôtel-Dieu, de la maison qu'il avait acquise de sa belle-sœur Suzanne Liboud, veuve d'Antoine Borrelli, parce qu'elle lui était à charge (5 novembre 1708). — Bénédiction de la chapelle construite par Fléchier dans la cathédrale (7 juillet 1709). — Note datée d'octobre 1709 sur la rigueur extraordinaire du froid en janvier et février 1709. La gelée tua tous les blés et autres céréales, les oliviers, le bétail et même des gens furent trouvés morts dans les chemins. L'épouvante fut générale. Les vignes souffrirent beaucoup. Les chênes verts et blancs, grenadiers, lauriers, périrent. Les garrigues de Nimes furent brûlées comme par le feu. On ne put bénir que du buis le dimanche des Rameaux. Les pauvres assassinaient. — Funérailles de l'évêque Fléchier, mort le 16 février 1710 (25 février). — Oraison funèbre du Dauphin, prononcée à la cathédrale par l'abbé Robert, prévôt du chapitre (16 juin 1711). — Entrée à Nimes du nouvel évêque Rousseau de La Parisière (23 novembre 1711). — Pose de la première pierre de l'église du couvent des Carmes, au coin du chemin des Cinq-Vies et de la place, hors la porte des Carmes (19 juin 1713). — Publication de la paix avec l'Espagne, l'Angleterre, la Hollande, le Portugal et la Savoie (6 août 1713). — Pose de la première pierre de l'église que les Carmes font bâtir hors de la porte des Carmes (1) (28 mars 1714). — Pose de la première pierre de l'église que les Prêcheurs font bâtir au plan ou sur la place de la porte des Car-

(1) Démolie et remplacée par un grand magasin.

mes (1) (Vers le 12 avril 1714). — Bénédiction de la chapelle des Bénédictins (27 mai 1714) (2). — Publication de la paix avec l'empereur (28 mai). — Obsèques de Marie Lafon, seconde femme d'Étienne Borrelli, âgée de 66 ans (4 octobre 1717).

FAMILLE DE CALADON (3)

E. 1342. (Liasse.) — 11 pièces, parchemin.

1542-1549. — *Famille de Caladon.* — 1. Vente faite par Guillaume Rossel, de Lanuéjol, diocèse de Nimes, à noble Jacques de Caladon, seigneur d'Espinasse, ou Espinassous, d'une terre à Lanuéjol, quartier dit : *Lo Peyrafuoc.* Prix : 10 florins de 15 s. chacun. Le vendeur investit l'acquéreur par tradition de la plume du notaire Jean Geli, de Meyrueis. L'acte est passé à Meyrueis le 2 novembre 1542. — 2. Vente faite par noble Pons d'Aigrefeuille de Lanuéjol, à noble Jacques de Caladon, d'une terre à Lanuéjol, quartier dit : *En Cabanellas.* Prix : 30 florins. Même notaire (24 novembre 1544). — 3. Vente faite par Madeleine Rossel, veuve Martin, ensemble Guillaume, Robert et Jeanne Martin, mariés, de Lanuéjol, à noble Jacques de Caladon, d'une terre à *Lo Peyrafuoc.* Prix : 8 florins 10 s. t. L'acte est passé à Lanuéjol, dans la maison de l'acquéreur (4 juin 1545). — 4. Vente faite par Guillaume Servel, à Jacques de Caladon, d'une terre à La Combe de Montlayras. Prix : 6 l. t. (Lanuéjol, 4 octobre 1545). — 5. Vente faite par Pierre Faet, à Jacques de Caladon, d'une terre au Viala. Prix : 7 florins (Meyrueis, 15 mai 1546). — 6. Vente faite par Étienne Benoît, à Jacques de Caladon d'une terre à *Cabanelas.* Prix : 8 florins (Lanuéjol, 9 juin 1547). — 7. Échange entre Jacques de Caladon et Pierre Valdeyron. Le premier cède une terre sise à Montjardin, quartier de *La Correpsta,* contre une terre sise à *l'Homme-Mort* (Lanuéjol, 9 juin 1547). — 8. Vente faite par Étienne Rossel, à Jacques de Caladon, d'une terre au quartier de *Lo Peyra Fuoc.* Prix : 9 florins (Lanuéjol, 25 octobre 1545). — 9.

(1) Devenue le Grand-Temple.

(2) Couvent devenu le Refuge catholique.

(3) Titres donnés par le comte de Caladon, 1912.

Vente faite par les frères Rossel ou Roussel, à Jacques de Caladon, d'une terre aux Cabanelles (Château de Montjardin, 18 janvier 1547 v. s.). — 10. Vente faite par Étienne et Vobani (sic) Benoît, père et fils, à Jacques de Caladon, d'une terre à *Lo Peyra Fuoc.* Prix : 7 florins. L'acte est passé dans la maison claustrale de Lanuéjol. Le prêtre Antoine Recolin est témoin (18 mars 1549). — 11. Vente faite par Étienne Rossel, à Jacques de Caladon, d'une terre sise au quartier d'*En Combanoia.* Prix : 27 florins 10 s. L'acte est passé, comme tous les précédents, par le notaire Jean Geli (Lanuéjol, maison de M. d'Espinasse, 7 septembre 1547).

E. 1343. (Liasse.) — 12 pièces, parchemin.

1551-1563. — *Famille de Caladon.* — 1. Testament de Pierre Roussel (ou Rossel), fils de feu Louis, de Lanuéjol. L'acte est passé à Nant, sénéchaussée de Rouergue, en l'étude du notaire Pierre Boyer. Le testateur va en pèlerinage à Saint-Jacques [de Compostelle] (29 avril 1551). — 2. Vente faite par Jacques Panaflou, de la Mouline du Périer, paroisse de Lanuéjol, à noble Jacques de Caladon, seigneur d'Espinasse, d'une terre à Montjardin, quartier de *Tras las Sallas,* dite *Las Pomieyras.* Prix : 7 l. 10 s. t. (Meyrueis, 20 mars 1554). — 3. Vente faite par Pierre Faet, à Jacques de Caladon, d'une terre aux Cabanes. Prix, 8 l. 5 s. t. (Lanuéjol, 22 décembre 1554). Écriture très pâle. — 4. Vente faite par Raimond Sapdo et Fleur Rossel, mariés, de Lanuéjol, à Jacques de Caladon, d'une terre sise à Valleyronne. Prix : 40 l. t. Nobles Hérail Pèlegrin, seigneur de La Roche, et Bernard de Montblanc, seigneur de Montblanc, sont témoins (Lanuéjol, 26 mars 1556). — 5. Vente faite par Louis Atger, du mas du Villaret d'Hures, diocèse de Mende, à noble François de Caladon, seigneur de La Valette, habitant Le Vigan, diocèse de Nimes, d'une terre sise sur le chemin du Villaret à La Lavagne d'Hures. Prix : 12 l. t., payé en testons (Le Vigan, 21 septembre 1560). Le notaire est Fulcrand Bilangos, du Vigan. — 6. Vente faite par François Bon, du village de « Rocaville », paroisse de Trève, comme procureur de sa femme, à François de Caladon, seigneur de La Valette, habitant Lanuéjol, d'une terre au quartier de Favorines, confrontant

Jean de Forjol, seigneur de Vébron. Prix : 18 l. t. (Lanuéjol, 29 mars 1561). Le notaire est Pierre Alamand. — 7. Vente faite François Maistre, licencié, de Gignac, à François de Caladon, habitant du Vigan, d'un jardin hors les murs du Vigan, tènement des « Ortes-Inférieures », à *L'Eyguière del Ga*, plus une vigne au tènement de *Manjoure* ou *Fonsareade*. Prix : 368 florins tournois. Bernardi, notaire (Gignac, faubourg de La Saunerie, au logis où pend l'enseigne des *Trois Rois*, 28 mai 1561). — 8. Vente faite par Antoine Panafieu, de Montjardin, paroisse de Lanuéjol, à François de Caladon, d'une terre au quartier de *Tras-las-Salles*. Prix : 6 l. t. Goll, notaire (Meyrueis, 28 août 1561). Dordé Doharan, prêtre, est témoin. — 9. Vente faite, le 1er octobre 1561, par Guillaume Ramby, du Vigan, à François de Caladon, d'une terre au quartier d'Arènos. Prix : 60 l. t. Fait à Meyrueis. Pas de signature de notaire. Le prêtre Jean Salgues est témoin. — 10. Contrat de mariage entre François Delort et Antoinette Sorvel, tous deux de Lanuéjol. Pierre Alamand, notaire (Lanuéjol, 3 février 1561 v. s.). — 11. Obligation de 122 l. 10 s. t. faite par Jean et Antoine Maurin, de la paroisse de Galuzières, et leurs cautions, à François de Caladon, rentier principal du prieuré de Meyrueis. L'acte est passé à Meyrueis, au logis de l'hôtelier Pierre Arboux. Guillaume Balgatier, prêtre, est témoin. Notaire : Pierre Alamand (8 novembre 1563). — 12. Vente faite, le 27 novembre 1563, par André Galtier, marchand de Meyrueis, à François de Caladon, d'une maison avec jardin sise à Lanuéjol. Prix : 80 l. t. Pierre Alamand, notaire.

E. 1304. (Liasse.) — 10 pièces, parchemin.

1565-1569. — *Famille de Caladon* — 1. Accord entre François de Caladon et Jacques Delon au sujet d'un échange. M. de La Valette promet de payer 50 l. Acte passé à Meyrueis, par le notaire Pierre Alamand (11 juin 1565). — 2. Cession faite, par noble Guillaume de Bossugue, seigneur d'Espinassous et d'Aigrefeuille, habitant Aigrefeuille, diocèse de Nîmes, à noble François de Caladon, seigneur de La Valette, habitant le Vigan, d'une métairie acquise par lui de Pierre Valdeyron, du château de Montjardin, paroisse de Lanuéjol. Acte passé au Vigan, chez M. de Bossugue, par le notaire Guillaume Dumasel, le 15 juillet 1565. — 3. Vente faite, par Jean Flavié, du mas des Mazes, paroisse de Lanuéjol, à François de Caladon, de la métairie du *Cognolet*, moyennant le prix de 240 l. Acte passé au Vigan par le notaire Dumasel (29 novembre 1565). — 4. Vente faite par Guillaume « Raynailh », de Lanuéjol, à François de Caladon, d'une terre du quartier de La Garenne. Acte passé à Lanuéjol par le notaire Pierre Alamand, le 7 avril 1565. — 5. Vente faite, par Antoine et Pierre Arjaliers, père et fils, de Lisside, paroisse de Lanuéjol, à François de Caladon, de leur métairie, au prix de 300 l. t. Acte passé à Lanuéjol par le notaire Pierre Alamand (3 juillet 1565). — 6. Vente faite, par Jean Capion, du masage de Campis, paroisse du Vigan, à François de Caladon, d'une terre du quartier de La Gravelle (Le Vigan, 10 octobre 1565). Guillaume Dumasel, notaire. — 7. Quittance de 400 l. t. faite par Guillaume Cato, chirurgien du Vigan, à François de Caladon (Château du seigneur de Vissec, près Le Vigan, 2 juin 1568). Guillaume Dumasel, notaire. — 8. Vente faite, par Guillaume Vidal, d'Ayres, paroisse de Meyrueis, à François de Caladon, de sa métairie d'Ayres, pour le prix de 500 l. t. (Le Vigan, château du seigneur de Vissec, 2 juin 1568). Même notaire. — 9. Vente faite, par Pierre Ricard, de Beaulieu, paroisse de Mandagout, à François de Caladon, d'une châtaigneraie au terroir de La Rousse, pour le prix de 26 l. t. (Le Vigan, 12 février 1569). Même notaire. — 10. Vente faite par Blaise Rossel, à François de Caladon, du champ de *Las Parras*, dépendance de Montjardin, pour le prix de 50 l. t. Acte passé au Vigan, chez Jacques de Caladon, seigneur de « L'Espinasse », le 14 décembre 1569. Même notaire.

E. 1305. (Liasse.) — 10 pièces, parchemin.

1570-1574. — *Famille de Caladon.* — 1. Vente faite le 25 août 1570, par Antoine de Lescure, habitant du château de Montjardin, paroisse de Lanuéjol, à François de Caladon, du champ du Balmot, moyennant le prix de 36 l. t. (Lanuéjol, château de M. de La Valette). Le notaire est Antoine Falvel, de Dourbie. — 2. Transaction entre Catherine Cazes et Jean Ginesto, mère et fils, du mas du Solier, paroisse de Lanuéjol, d'une part; et François de Caladon, habitant du château de Lanuéjol, d'autre part. Il s'agit du champ du Palmot (Château de Lanuéjol, 25 août 1570). Antoine Falvet, notaire. — 3. Vente faite, le 23 octobre 1570, par Antoine Arjallier et son fils Étienne, de Lisside, à François de Caladon, de leur métairie sise en toute la paroisse de Lanuéjol et de Saint-Véran, pour le prix de 825 l. t. L'acte est passé au château de Lanuéjol par Antoine Geli, notaire. — 4. Transaction du dernier février 1571, passée entre Guillaume Rovel et François de Caladon au sujet des biens de Rovel au mas des Mazes. Acte passé aux Mazes par le notaire Antoine Falvet. — 5. Transaction du 28 août 1571, entre Jean Arjallier, de Lisslle, et François de Caladon. Acte passé au château de Lanuéjol par le notaire Guillaume Damasel. — 6. Vente faite, le 12 octobre 1571, par Catherine Rousset, fille de feu Pierre, de Lanuéjol, à François de Caladon, seigneur de La Valette, gouverneur en la baronnie de Meyruois et vicomté de Creissel, habitant Le Vigan, de ses immeubles de la paroisse de Lanuéjol, pour le prix de 120 l. t. Acte passé à Lanuéjol par le notaire Hilaire Brunol. La grosse est extraite par Jean Geli, notaire de Meyruois, détenteur des notes de Brunol. — 7. Vente faite, le 20 septembre 1573, par Raimond Valdeyron, du château de Montjardin, à François de Caladon, d'une terre au quartier de Cogossac, etc. Acte passé au château de Lanuéjol, par le notaire Fulcrand Bilanges. — 8. Échange entre François de Caladon et Antoine Fajo, du château de Montjardin (Château de Lanuéjol, 29 septembre 1573). Notaire : Fulcrand Bilanges. — 9. Vente faite, le 28 mai 1574, à François de Caladon, par Pierre Rossel et consorts, d'une terre indivise de la paroisse de Lanuéjol, pour le prix de 30 florins. L'acte est passé au château de Lanuéjol par le notaire Jean Geli. — 10. Vente faite, le 9 juin 1574, par Jean Questel, du Solier, à François de Caladon, seigneur de La Valette, gouverneur pour le roi de Navarre en sa baronnie de Meyruois et vicomté de Creissel, d'une terre au quartier de *Costubague* (1), vulgairement appelé *Lou Camp de la Rousse Vieilhe*. Prix : 30 l. t. L'acte est passé au château de Lanuéjol par le notaire Jean Geli.

E. 1306. (Liasse.) — 11 pièces, parchemin.

1574-1576. — *Famille de Caladon.* — 1. Vente faite, le 4 juillet 1574, par Jacques Delon, au mulé-

(1) Côte à l'ombre, à l'aspect du Nord. *Costa Opaca.* Le roman *Ubac* vient de *Opacum.*

tier Nicolas Rocherousse, de sa métairie de Lanuéjol, pour le prix de 100 l. t. Acte passé à Montjardin par le notaire Jean Geli. — 2. Vente faite, le 5 octobre 1574, par Pierre Jean, de Montjardin, à François de Caladon, de sa part de la forêt de Costubague. Prix : 25 l. t. Acte passé au château de Lanuéjol. Jean Geli, notaire de Meyruois. — 3. Vente faite, le 23 novembre 1574, par Jean Ferrières, de Montjardin, à François de Caladon, d'un grenier à paille avec son aire, à La Gardiole. Prix : 45 l. 10 s. t. Mêmes lieu et notaire. — 4. Vente faite, le 12 mars 1575, par Antoine Valdeyron, de Montjardin, à François de Caladon, de deux terres à Montjardin. Prix : 25 l. t. Mêmes lieu et notaire. — 5. Vente faite le 20 avril 1575, par Pierre Cregut, de Lafoux, comme tuteur de Jeanne et Marie Rossel, à François de Caladon, de leurs droits sur un moulin ruiné, situé sur le Trevezel, à la Mouline. Prix : 40 l. t. Acte passé sur la place publique de Lanuéjol par le notaire Jean Geli. — 6. Vente faite, le 6 décembre 1575, par Jean Teissier, de Montjardin, à François de Caladon, de son champ du Lavagnol. Prix : 30 l. t. Le notaire est Jean Moutet, de La Crosse, juridiction de Creissel. — 7. Vente faite, le 7 décembre 1575, par Pierre Roussel, laboureur, de Montjardin, à François de Caladon, d'un champ au quartier dit : Al Claux. Prix : 10 l. t. Jean Moutet, notaire. — 8. Échange fait le 5 mars 1576, entre François de Caladon et Alix Giraille, veuve de Pierre Fayet, ensemble sa fille Catherine, de Lanuéjol. Acte passé au château de Lanuéjol par le notaire Jean Geli. — 9. Échange fait, le 13 octobre 1576, entre François de Caladon et Étienne André, marchand de Meyruois. Acte passé au château de Lanuéjol par le notaire Jean Geli. — 10. Vente faite, le 31 octobre 1576, par Guillaume Rovel à François de Caladon, de sa métairie de Rovel, sise aux Mazes, paroisse de Lanuéjol. Prix : 130 l. t. Acte passé à Meyruois, au-delà du Pont-Vieux, par le notaire Jean Geli. — 11. Vente faite, le 30 novembre 1576, par Michel Sarto, à François de Caladon, d'une terre à Lanuéjol, quartier *Del Peyrafuoc.* Prix : 20 l. t. Acte passé au château de Lanuéjol, par le notaire Jean Geli.

E. 1307. (Liasse.) — 12 pièces, parchemin.

1577-1580. — *Famille de Caladon.* — 1. Vente faite le 15 janvier 1577, par Brenguier Raynal, de La-

nuéjol, à François de Caladou, de son pré *Del Gou-
tail*, sur le chemin de Lanuéjol à Montjardin. Prix :
23 l. Mes. Jean Goli, notaire. — 2. Vente faite, le
15 janvier 1577, par Antoine Randon et sa femme,
à François de Caladon, de leur terre labourable
Del pa del prat del Commun. Prix : 10 l. t. Même
notaire. — 3. Vente faite, le 10 décembre 1577, par
Pierre et Antoine Randon, père et fils, de Montjardin, à François de Caladon, de leur terre appelée :
Lou Laragnol de tras La Salle. Prix : 40 l. t. Même
notaire. — 4. Vente faite, le 28 octobre 1578, par
Antoine Vallès, de Montjardin, à François de Caladon, de deux terres appelées l'une : *Lou Sacel de
tras La Salle*, l'autre : *La Claparouse*. Prix : 29 écus
or sol, faisant 87 l. t. Même notaire. — 5. Vente
faite, le 28 octobre 1578, par Antoine Lacombe et
sa femme, de Montjardin, à François de Caladon,
de leur terre dite : *Lou Claux de tras La Salle*.
Prix : 50 l. Même notaire. — 6. Échange entre François de Caladon et Ferrand Delort, de Montjardin,
passé le 29 octobre 1578 par le notaire Jean Goli. —
7. Vente faite, le 29 octobre 1578, par Antoine
Randon jeune, de Montjardin, à François de Caladon, de sa terre appelée : *Lou Camp del Lavanhol*.
Prix : 40 l. t. Jean Goli, notaire. — 8. Vente faite, le
29 [....] 1578, par Antoine Roqueplan, de Montjardin, à François de Caladon, de deux terres, *Lo Camp
de Garana et Cabanelles*. Prix : 10 écus sol 2/3.
Même notaire. — 9. Vente faite, le 27 février 1579,
par Pierre Jean, de Montjardin, à François de Caladon, du quart d'une terre indivise avec Antoine Guérin et avec l'acheteur, appelée . *La Mas del Périé*.
Prix : 10 écus or sol ou 30 l. t. Même notaire. —
10. Vente faite, le 12 août 1580, par Antoine Comba-
ret, du Vigan, à François de Caladon, d'une terre
sise aux Mazes, quartier de Montauriol. Prix : 30 l.
t. (Château de Lanuéjol, même notaire). — 11. Vente
faite, le 26 septembre 1580, par Antoine de La
Combe et consorts, de Montjardin, à François de
Caladon, de divers immeubles. Prix : 400 l. t.
Même notaire. — 12. Vente faite, le 26 septembre
1580, par Jean Randon, de Montjardin, à François
de Caladon, de trois terres labourables : *Lo Camp
de Vernieyre, Lou Pielqusas*, et *Valleyronne*.
Prix : 26 l. t. Même notaire.

E (102 [Liasse.]) — 15 pièces, parchemin.

1580-1584. — *Famille de Caladon*. — *François
de Caladon*. — 1. Vente à lui faite, le 27 septembre
1580, par Antoine Guérin, de Montjardin, de deux
terres sur la rivière de la Moulino, indivises avec
l'acquéreur, et d'autres parties d'immeubles. Prix :
40 l. t. Jean Goli, notaire. — 2. Vente faite par
Antoine Guérin, le 11 octobre 1580, de sa métairie
à Montjardin. Prix : 60 écus or sol, ou 180 l. t.
(Lanuéjol, château de M. de La Valette, même
notaire). — 3. Vente faite par Pierre Farguel, de
Montjardin, de deux terres, l'une au quartier de
Tras la Salles, l'autre à celui de *Tres Mezes*. Prix :
22 écus 1/3. — 4. Transaction fortement rongée à
gauche, passée, le [10 octobre] 1580, entre Marie
Campredan, veuve de Blaise Rossel, et leur fille
Marie Rossel, d'une part ; et François de Caladon,
seigneur de La Valette, d'autre part. Il s'agit d'une
terre à Montjardin. L'acte est passé à Lanuéjol, sur
la place publique. — 5. Vente faite, le 25 novembre 1580, par Pierre Rossel, fils de feu Guillaume,
de Lanuéjol, du quart d'une terre indivise appelée :
Lou Camp del Roquel. Prix : 25 l. t. — 6. Vente
faite, le 25 novembre 1580, par Antoine Valdeyron,
de Vessac, diocèse de Vabres, de trois terres à
Montjardin, appelées, l'une : *Los Combilhars*, une
autre : *Lo Bosquilhon*, la dernière : *Lou Camp de
Bouziguetes*. Prix : 47 l. t. — Vente faite, le 24
mars 1582, par Pierre Roussel, de La Moline du
Périer, paroisse de Lanuéjol, d'une terre sur la
rivière du Trévezel, confrontant la « payssière »
ou le barrage du moulin de l'acquéreur. Prix : 26
francs. — 8. Vente faite, le 5 octobre 1582, par Raimond Vignoles, de Lanuéjol, de deux terres à
Montjardin. Prix : 67 francs. — 9. Transaction passée le 29 octobre 1582, entre François de Caladon,
habitant le château de Lanuéjol, et Antoine Gary,
habitant « le château » de Montjardin, au sujet de
la plus value des immeubles vendus au premier
par le second. — 10. Vente faite, le 16 avril 1583,
par Antoine Randon, de Montjardin, de sa terre de
La Balmolle. Prix : 5 écus d'or sol. — 11. Vente
faite, le 18 août 1583, par Guillaume et Antoine Galtier, frères, du mas de La Fos, paroisse de Lanuéjol, de leur domaine dudit mas. Prix : 46 écus 2/3
or sol. — 12. Vente faite, le 20 octobre 1583, par
Pierre Dèzes, de Lanuéjol, à Raimond Veniolles,
marchand de Lanuéjol, d'un petit jardin avec
« ayral ». Prix : 10 écus d'or sol. Antoine Falvet,
notaire de Dourbie. — 13. Donation faite, le 11
novembre 1583, par André Carnac, habitant de
Montjardin, à Raimond Veniolles, marchand, de
tous ses biens meubles et immoubles, moyennant

certains avantages. Même notaire — 14. Vente faite, le 21 novembre 1583, par Guillaume Roussel, de Lanuéjol, à Raimond Veniolles, marchand de Lanuéjol d'une petite chenevière, moyennant 6 écus or sol. Acte passé à Meyrueis par le notaire Jean Genoyer. — 15. Vente faite, le 31 janvier 1584, par Raimond Veniolles, marchand de Lanuéjol, à François de Caladon, d'une terre à Montjardin, appelée de Congoussac, acquise d'André Garnac. Prix : 100 francs. Acte passé au château de Lanuéjol par Antoine Falvet, notaire de Boislac. Noble François Liquier, seigneur de La Meynarie, est témoin.

E. 1169 (Liasse.) — 16 pièces, parchemin.

1560-1589. — *Famille de Caladon.* — *François de Caladon.* — 1. Vente faite, le 11 mai 1584, par Jean Antérieu, de La Moline, paroisse de Lanuéjol, et sa femme, à François de Caladon, seigneur de La Valette, de deux petites terres contiguës, sises à La Moline del Péric. Prix : 28 l. Acte passé au château de M. de La Valette, à Lanuéjol, par Pierre Genoyer, notaire de Meyrueis. — 2. Vente faite, le 15 mai 1584, par Marguerite Martin, veuve Antérieu, de La Moline, d'un pré à La Moline. Prix : 16 l. t. Même notaire. — 3. Vente faite, le 31 octobre 1584, par Pierre de Lescure, de Montjardin, d'une terre au quartier de Montleyron. Prix : 23 écus 1/3. Genoyer, notaire. — 4. Vente faite, le 11 février 1587, par Jean Randon, de Montjardin, d'une terre au quartier du Villaret. Genoyer, notaire. — 5. Vente faite, le 11 février 1587, par Marie Martin, de Lanuéjol, d'une terre à Montredon. Prix : 20 francs. Genoyer, notaire. — 6 Vente faite, le 18 avril 1588 par Pons Panafieu, d'Aiguebonne et de Lanuéjol, de deux terres dépendant de La Moline. Prix 40 l. t. Genoyer, notaire. — 7. Échange d'immeubles entre François de Caladon et Pierre Combet, de Montjardin (Château de Lanuéjol. 18 avril 1588). Même notaire. — 8. Vente faite, le 18 avril 1588, par Marguerite Martin, de deux petites terres à La Moline. Prix : 15 l. — 9. Vente faite, le 18 avril 1588, par Jean Antérieu, de La Moline, de la terre du Tournel, sur le Trévezel. Prix : 15 l. t. — 10. Vente faite, le 28 avril 1588, par Pierre Randon, de Montjardin, de deux terres. Prix : 24 l. t. — 11. Vente faite, le 5 septembre 1588, par Jean et Pierre Randon, de deux terres à Montjardin. Prix : 10 l. pour chaque terre. — 12. Vente faite, le 5 septembre 1588, par Georges Saige, de Montjardin, de sa terre de Montblanc. Prix : 30 l. — 13. Vente faite, le 5 septembre 1588, par Jean Hamelin et sa femme, de Montjardin, d'une terre au quartier de Montleyron. Prix : 7 l. — 14. Cession faite, le 25 novembre 1588, par Jean Valat, marchand de Meyrueis, de ses droits sur une terre dépendant de Montjardin, acquise de Pierre Roussel, dit Saralhac. Prix : 30 fr. Suit une ratification du mari de Jeanne Roussel. Fait à Meyrueis. Jean Gely, notaire. — 15. Vente faite, le 25 avril 1589, par Pierre de Lescure, de Montjardin, d'une terre au quartier de Montleyron. Prix : 17 l. — 16. Transaction du 2 octobre 1589, entre noble François de Caladon, sieur de La Valette, de Lanuéjol, et Raimond Vernières, de Rougiès, au sujet d'une métairie à Rougiès et au Mas Mantel, conquise par le premier du second et de sa mère M. de La Valette paiera, pour la plus value et partie du rachat de la métairie, 612 l. t. Château de Lanuéjol. Pierre Genoyer, notaire de Meyrueis.

E. 1170 (Liasse.) — 12 pièces, papier et parchemin.

1590-1598. — *Famille de Caladon.* — *François, puis Pierre, de Caladon.* — 1. Vente faite, le 9 octobre 1590, par Pierre Roussel, de deux terres à Lanuéjol. Prix : 274 l. Genoyer, notaire. — 2. Vente faite, le 11 octobre 1590, par Catherine Bon, d'une maison à Lanuéjol, avec diverses terres. Prix : 99 l. Acte passé dans le château de François de Caladon. Même notaire. — 3. Vente faite, le 30 juillet 1591, par Jean Flavier, cordier de Meyrueis, de sa métairie del Cougnolet. Prix : 250 l. t. Louis Dupont, notaire de Meyrueis. — 4 Vente faite, le 23 août 1592, par Catherine Roussel, de deux terres à Montjardin. Prix : 20 l. t. Jean Vivens, notaire de Vigan. — 5. Vente faite, le 13 octobre 1593, par Madeleine Redonel et son fils Michel Arjalier, de Lanuéjol, d'une terre audit lieu. Prix : 105 l. t. Genoyer notaire. — 6. Vente faite, le 13 février 1595, par Marcelin Fimels et Catherine Roussel, mariés, de Lanuéjol, d'une terre au quartier de *La Peyre Fixe.* Prix : 70 l. t. Pierre Genoyer, notaire. — 7. Vente faite, à la même date, par André Blanc et *Gauside* ou *Joyeuse* Roussel, mariés, de Montjardin, et consort, de leur terre de La Faysse-Longue, au quartier de *La Valouelle.* Prix : 20 l. t. — 8. Vente faite, à la même date, par Jean Arjalier, de Lissido, de deux terres, l'une au village de Peladières-Vieilles, l'autre à celui de La Federié. Prix : 601 l. — 10. Vente faite le 24 février 1651, par Laurent Valdeyron, de Lanuéjol, d'une terre au mas de Rougiers, appelée l'escap-Bresson. Prix : 1621. — 10. Cession d'un canal avec mise et jardin faite, le 10 octobre 1641, par un nommé Roux, de La Parade, diocèse de Mende. Prix : 52 l. — 11. Or- donnance de François de Papus, conseiller au par- lement de Toulouse, rendue entre Jean de Boussan- quet, vicaire perpétuel de Lanuéjol, et le receveur des décimes du diocèse de Nîmes. Toulouse, octo- bre 1618. — 12. Jugement de noblesse de M. de Bezons, intendant du Languedoc, rendu entre le procureur du roi et noble Pierre de Caladon, sei- gneur de L'Espinasse, Lanuéjol et autres lieux, faisant tant pour lui que pour nobles Jean, Pierre, Étienne et Louis de Caladon, ses enfants, demeu- rant en sa maison de Clapiesso, paroisse d'Aulas, diocèse de Nîmes, assigné et défendeur. Le juge- ment énumère les actes produits. On y voit une intitulation du comte d'Armagnac, en date du 2 août 1338, faite à noble Bérenger de Caladon. Elle est extraite de la montre et revue faite par la no- blesse de la sénéchaussée de Beaucaire et Nîmes pour le service du ban et arrière-ban en 1554, 1556, 1558 et 1565. L'intendant déclare Pierre de Caladon et ses enfants nobles et issus de noble race (Mont- pellier, 6 décembre 1668.

FAMILLE DE CASTILLON DE SAINT-VICTOR.

G. 1311. (Registre.) — III-171 feuillets, papier. (1)

1668-1670. — *Famille de Castillon de Saint-Vic- tor.* — *Terrier de reconnaissances féodales reçues pour le baron de Saint-Victor par Benjamin Fe- nouilhet, notaire de Saint-Ambroix.* — **Folios I-III. Rubrique des noms des emphytéotes. — F° 1-8. Reconnaissance faite, le 10 février 1668, par noble Charles de Castillon, sieur de Foussignargues et d'Eyrolles, habitant de Saint-Ambroix, à noble Antoine-Hercule de Castillon, seigneur de Castillon, baron de Saint-Victor de Malcap, seigneur de Saint-Julien de Cassagnas, Belvezet, Roussas, etc.**

(1) Don de M. le Chanoine Albert Durand. 1911.

représenté par Jean Borne, de Saint-Ambroix, l'un des procureurs fondés de Jeanne d'Audibert de Lussan, dame de Saint-Victor, mère du baron et sa procuratrice. Signature de M. de Foussignargues. — Reconnaissances d'Ozias Cabane, cordonnier; d'André Richard, cadissier. — F° 8-27. Reconnais- sances d'Antoine Labrie, potier d'étain; Jean Ma- thieu, tanneur; Jean Sordière, cordonnier; Jacques Janin, dit Castillon; Suzanne Ranach, veuve Martin; Pierre Murjas, Jean Sage (11 février-21 mars 1668). — F° 28-40. Reconnaissances de Pierre Nadal, Simon Martinenches, de Larnac, paroisse de Saint-Jean de Valérisele; André Dumas, de Larnac; Étienne Mar- tinenches; Jeanne Labrie, veuve Bonfarès, de Saint- Ambroix; Pierre Duclaux; Catherine Richard, veuve Castillon; Pierre Évesque (21 mars-19 avril 1668). — F° 40-73. Reconnaissances de Louis Gairaud, cardeur de Saint-Ambroix; Jean Mathieu aîné; Louis Treslit, de Larnac; Antoine Martinenches, de Rouret, paroisse de Saint-Germain de Cèze, juridiction de Saint-Jean de Valérisele; Moïse Jossaud, fils du capitaine Jacques Jossaud, de Saint-Ambroix; Pierre Servan, de La Coste, paroisse de Saint-Sauveur de Cruzières; Antoine Griolet, cardeur, de Saint-Ambroix; Benjamin Maurin, cadissier (22 avril-1er juin 1668). — F° 64-79. Recon- naissance de Jacques Tallon, cadissier, de Saint- Ambroix; Jean Borne; Thibaud Gairaud, menui- sier; Louis Saramejane; Jean Mathieu, cadissier; Jean Bargeton; Pierre Arnac, cadissier; Pierre Chaudon (2 juin-1er août 1668). — F° 80-96. Recon- naissances de Samson Chemal, maître-chirurgien de Saint-Ambroix; Jean Thomas, chaussinier; Si- mon Castillon, chirurgien; Jean Clapier, notaire royal; Simon Roux; les sœurs Suzanne et Anne Bonhomme; Claude Viollet, potier; François Ser- vier (1er août-22 octobre 1668). — F° 105-118. Recon- naissances de Jean Chazal, de Saint-Ambroix; Jean Delacroix, cadissier; Jean Dumas, de Banasse, paroisse de Saint-Germain de Cèze; Jacques Rouro; Ozias Cabane, cordonnier; Paul Roux; Jacques Mathieu, tanneur; Antoine Mathieu, cor- donnier (22 octobre-28 novembre 1668). — F° 119- 139. Reconnaissances d'André Dubosc, marchand de Saint-Ambroix; Pierre Crégent; Antoine Griolet, cordonnier; Louis Teutelle, Jean Fouras, Esther du Villard, veuve de Simon de Saurières, ensem- ble ses filles Marguerite et Anne (Celle-ci signe: « Nanon Desaurières »); Isaac Rossel, cordonnier (28 novembre 1668-29 février 1670). — F° 140-155.

Reconnaissances d'Isabeau Baline, veuve Peyrel, de Saint-Ambroix ; Catherine de Chuyson, veuve de Samuel Petit, ministre réformé de Nîmes ; Oziat Cabane, cordonnier ; Jacques de Bean, sieur de Reynaud, écrivains ; Antoine Delacroix, Charles Eleizra, tailleur ; Jacques Marturelles, cardeur ; Jean Colomb, marchand ; Pierre Viellot (3 février 1621-12 novembre 1650. — F° 354-171. Reconnaissances de Jean Arnaud, travailleur de Saint-Ambroix ; Guillaume Roux, cadissier ; Benjamin Sautier et sa femme ; Antoine Dannis et sa femme ; Jean Daniel, serrurier ; Jacques Daniel, cordonnier ; Louis Fontanion, muletier ; Antoine Sautier, mangaonier (21 novembre-2 décembre 1650.

E 112. (Liasse.) — 4 pièces, parchemin ; 1 pièce de 22 feuilles, papier.

1397-1764. — *Familles Chassaing, Chastanier, Colomb, de Cornillon, de Corsier, Durand.* — **1. Famille Chassaing, de Nîmes.** Ordonnance du gouverneur et sénéchal de Montpellier autorisant l'hôpital général de Montpellier à passer à François Chassaing contrat de vente de la rente de 1641, moyennant la somme de xxxx l., et aux autres conditions portées par l'acte (de Chassaing-Montpellier, 5 avril 1764. — **2. Famille Chastanier, de Génolhac.** Lods de l'échange d'une maison (1). Le 22 février 1490 v. s., Jean de La Molette, seigneur de Morangiès, de Mauranges, paroisse de Villefort, diocèse d'Uzès, fait les lods d'un échange passé entre Étienne Balin, d'une part, Pierre Chastanier et Jean Christophe, tous de Génolhac, d'autre part, par le notaire Pierre Thomas. Il s'agit d'une maison sise au-delà du pont de Génolhac, sur la rivière de Génolhaguet (2), confrontant l'hôpital des pauvres. Les lods sont faits à Chastanier et consort. Guillaume Delolihe, notaire. — **3. Famille Colomb.** Livre ou carnet de mémoires ou notes devant servir à Laurent Colomb, en vue de ses droits de légitime, et de ceux de ses oncles, tantes, frères, sœurs et cousines, filles de feu Étienne Colomb, sur les biens de Louis Colomb, son frère, fils de leur père André, et d'Étienne Colomb, dit *le Biscou*, fils d'autre Étienne, frère dudit André, ce dernier fils de Barthélemy, grand père de Laurent. Le premier acte mentionné

(1) Don de M. le Chanoine François Durand.

(2) Aujourd'hui la Gardonnelle.

est du 2 mai 1628. Le dernier est une obligation du 16 septembre 1558. Les biens sont situés à Lussan, Graviers, Brignon et Rousseiran. — **47. Famille de Cornillon.** Dossier d'un appel au parlement de Toulouse entre Antoine de Lauberge, sieur des Brugades, appelant, et Isabeau de Sauvan, veuve d'Hector de La Tour de La Charce Cornillon, sieur de Cornillon, appelé. Il s'agit d'une liasse de depuis 1639-1674. — **48. Famille de Corsier, de Brouzet.** Reconnaissance féodale de faille, la 10 des calendes de février ou 1er janvier 1281 v. s., (par Pierre de Corsier, de Brouzet, en Femouillet, paroisse de Brouzet et Vaquières (1), d'une terre qu'il tient en fief (alou) dans cette paroisse. Elle est appelée « Campredon les Matas ». Elle confronte un bois que de l'église de Cornas. Cette terre libre, de Corsier la vend à Guillaume de Melle, de la paroisse de Saint-Félix de Claret, sous la réserve du don perpétuel d'un setier d'avoine noire à la fe de Saint-... et 2 don. Ces fournées payables et quérables chez de Corsier, qui déclare la tenir de Guillaume et sous sa directe, moyennant le prix de xx l. Continuation de l'acte par Rielous, femme de Pons (Sauve, notaire Pierre Fabre. — **9. Famille Durand.** Arrêt de la chambre de l'Édit de Castres, entre Olivier Durand, ayant droit d'Isabeau Delpuech et poursuivant la distribution des biens de feu Raimond Grasset, son mari, d'une part ; et Capion, fermier de Lune, et consorts, d'autre part. L'arrêt condamne les débiteurs défaillants à payer à Durand les sommes par eux dues à la date distribution (6 juillet 1628).

FAMILLE FABRE.

E 113. (Liasse.) — 28 pièces, papier.

1582-1666. — *Famille Fabre, de Remoulins* (2). 1. Copie inachevée du contrat de mariage entre André Fabre, fils de feu Jacques, de Remoulins, diocèse d'Uzès, avec Jeanne Galière, fille de Jean,

(1) Ms. : parcelles majores de Brodelo et de Vaqueras. Il s'agit de Saint-Vincent de Brouzet et de Saint-Pierre de Vaquières.

(2) Il est resté dans ce petit fonds quelques papiers des alliés de la famille, classés, avec l'ensemble, en un seul ordre chronologique.

de Saint-Bonnet, diocèse de Nîmes, appartenant tous deux à la religion réformée (22 avril 1582). — 2. Contrat de mariage entre noble François Raffaud, lieutenant général en la châtellenie de Rossay et Pougny, fils de François, enquêteur au présidial de Bourbonnais, et Françoise de Launay, fille de noble Antoine, tous domiciliés à Moulins (11 juillet 1640). — 3. Contrat de mariage entre Antoine de Launay, de Moulins, seigneur de Poulcap, etc., et Suzanne Hébrad, de Nîmes (17 février 1644). — 4. Testament de Jeanne de Deaux, dame de Blauzac, femme de noble Pierre de Trémolet, sieur de Claret et de Blauzac (Château de Blauzac, 27 avril 1635). — 5. Contrat de mariage entre Jean Fabre, fils de feu André, de Remoulins, et Pierre Imbert, fille de Claude, de Saulhac (13 octobre 1624). — 6. Testament de Pierre Vailhen, charron de Remoulins (13 avril 1627). — 7. Contrat de mariage entre Henri Fabre, praticien, fils de feu Jacques, de Remoulins, et Jeanne Goirand, fille du capitaine Toussaint Goirand, veuve de Nicolas Guzargno (18 août 1639). — 8 Transaction entre Pierre de Trémolet, seigneur de Blauzac, et Jacques de Cambis, baron de Sérignac, Fons et Gajan (17 janvier 1631). — 9. Convention entre le duc d'Uzès et les consuls de Remoulins au sujet des moulins à huile (6 mars 1631). — 10. Transaction entre David et Mathieu de Trémolet frères, sieurs de Cabanes et de Villeneuve, de Blauzac, d'une part, et Pierce de Trémolet de Deaux, seigneur de Blauzac, leur frère, d'autre part (16 décembre 1631). — 11. Contrat de mariage entre Jacques Cromenian, fils de feu Antoine, de Villeneuve-lès-Avignon, et Marguerite Goirand, fille de feu Toussaint Goiraud, de Redessan (11 mars 1635). — 12. Compte final contenant rémission pour M. de Blauzac, sieur de Villeneuve, Jeanne et Madeleine de Trémolet, frère et sœurs (13 octobre 1635). — 13. Cession et rémission pour Pierre, Mathieu, Jeanne et Madeleine de Trémolet, frères et sœurs, faites par Jacques de Cambis, baron de Fons et de Sérignac (12 février 1636). — 14. Acte de baptême de la fille de Mathieu de Trémolet, sieur de Villeneuve. Parrain : Jean de Gabriac, sieur de Fenouillet. Marraine : Mondette de Bargeton, dame d'Arpaillargues. Signature de Lucas, prieur d'Arpaillargues (10 mars 1641). — 15. Arrêté de compte entre Jacques de Cambis, baron de Sérignac, et Pierre de Trémolet de Deaux, seigneur de Blauzac (22 janvier 1642). — 16. Rôle des fournitures faites en 1647 et 1648 pour le transport des pauvres malades ou estropiés de l'hôpital de Remoulins ou leur inhumation (1 feuillet seulement). — 17. Compte de recettes et dépenses rendu par les hoirs de Pierre Falao, recteur de l'hôpital de Remoulins en 1448 et 1449. — 18. Testament de Raimond Fabre, ménager, de Remoulins (11 avril 1439). — 19. Transaction entre Barthélemy Jaume, notaire de Remoulins, cohéritier de feu Raimond Fabre, et les autres cohéritiers, Henri et Jacques Fabre et leur femmes (31 avril 1659). — 20. Contrat de mariage entre Henri Fabre, bourgeois, fils de Jean, et Mondette de Trémolet, fille de Mathieu, sieur de Villeneuve, et de Jeanne de Launay, d'Arpaillargues. Ils appartiennent à la religion réformée (3 mai 1659). — 21. Ordonnance de visite de l'évêque d'Uzès pour Remoulins. Les chanoines de Saint-Didier d'Avignon sont prieurs de Remoulins (19 novembre 1658). — 22. Projet de transaction entre Jean Fabre et son fils Henri, à l'occasion du contrat de mariage de ce dernier (Vers 1659). — 23. Extrait des registres de la cour ordinaire de Remoulins, concernant la succession de Jacques Plaçaul (15 janvier 1652). — 24. Lettre écrite par Rossel à Henri Fabre, dont il va épouser la sœur (Nîmes, 21 janvier 1659). — 25. Lettre écrite à Henri Fabre par son père, au sujet d'une procédure qu'il est de l'intérêt des consuls de Remoulins de simplifier, à cause de la dépense (Nîmes, 13 avril 1656). — 26. Testament d'Henri Fabre aîné (18 avril 1652). — 27. Extraits de baptême de Marthe et de Charles, enfants d'Henri Fabre et de Mondette de Trémolet, signés par Folchier, ministre de l'église réformée de Fournès et Saint-Privat, les 5 et 8 octobre 1654. Marthe est née le 19 février 1653, et Charles le 13 août 1653. — 28. Rôle des dépenses des commissaires venant pour élargir M. Roussière (2 septembre 1655).

B. 1311. (Liasse.) — 1 pièce, parchemin ; 45 pièces, papier.

1667-1711. — *Famille Fabre, de Remoulins.* 1. Quittance faite par la veuve du notaire Barthélemy Jaume à Henri Fabre, collecteur des deniers d'intérêts communs imposés à Remoulins (23 mai 1667). — Arrêt de la cour des aides de Montpellier, du 3 mars 1668, entre Alexandre de Farel, seigneur de Saint-Privat, et les consuls de Remoulins, au sujet du tènement de la Cohasse, ensemble ses îles et créments vacants. — 3. Transaction entre Catherine Vaillhent, son fils Jacques Fabre, d'une part ; Étienne Colomb, Suzanne Martin, mariés, d'autre ; tous de Remoulins, au sujet de la succession du notaire Barthélemy Jaume (3 septembre 1674). — 4. Création des nouveaux consuls de Remoulins, ensemble des ouvriers de l'église, des auditeurs de comptes, des estimateurs jurés, des caritadiers, des abbés de la Jeunesse, des clavaires forains et du greffier (16 avril 1675). — 5. Quittance donnée par André Fabre, curé de Saint-Hilaire d'Ozilhan, à Henri et Jacques Fabre jeune, habitants de Remoulins (2 septembre 1675). — 6. Testament de Laurent Fabre, maître-chirurgien, de Connaux (21 avril 1677). — 7. Factum imprimé pour les consuls de Blauzac contre Jean d'Arlaud, coseigneur de Blauzac (Postérieur à 1675). — 8. Ordonnance de visite de l'évêque d'Uzès en la paroisse de Remoulins (27 janvier 1681). — 9. Distribution des biens de feu Jacques Plagnol, de Remoulins (1er décembre 1681-21 juin 1683). — 10. Testament d'Henri Fabre, fils de Jean (1er mai 1685). — 11. Quittance de 1.225 l. faite par du Roure, procureur du duc d'Uzès, à Fabre, fermier de la forêt de Saint-Martin, appartenant au duc, pour deux termes de sa ferme (Nîmes, 14 février 1687). — 12. Lettre de Tardou, syndic, aux consuls de Remoulins, pour l'annonce de l'adjudication de l'entretien de deux chemins diocésains (Uzès, 9 janvier 1682). — 13. Testament d'Alexandre Pradier, ancien lieutenant au régiment de la Marine (4 mai 1685). — 14. Contrat de mariage de Charles Jonquières, chirurgien de Saint-Chapte, fils de feu Jacques et de Françoise Fabre, avec Catherine Paulet, veuve Marselhe, de Saint-Quentin (29 janvier 1697). — 15. Autorisation donnée par le duc d'Uzès aux consuls de Remoulins et aux habitants, dont Charles Fabre est un député, de mettre en culture une partie du devois de l'Isle (12 février 1699). — 16. Testament de Louise Pradier, veuve de Jean Fabre, lieutenant de viguier de Remoulins (21 janvier 1701). — 17. Brevet de de cornette de la compagnie de La Lande, régiment des dragons de Senecterre, pour Delfieux (Marly, 12 mars 1704). — 18. Copie de deux lettres de Fabre, adressées l'une à sa belle-soeur Marie Leroy, veuve d'Alexandre de Trémolet, sieur de Villeneuve, réfugiée à Londres avec ses deux filles ; l'autre à son neveu Jacques Jonquière, marchand à Berne, pour affaires de famille (Remoulins, 9 octobre 1704). — 19. Requête de Marguerite de Rous-

sière, veuve de noble Charles de Cambis, seraine de Remoulins résidant à Aramon, adressée au sénéchal d'Uzès, contre Gilles, maire de Remoulins, qui s'était emparé d'un dépôt de pierres appartenant à la plaignante (22 avril 1704). A la suite, quittance de Marguerite donnée au premier consul de Remoulins pour 25 l. à quoi ont été estimées les pierres enlevées en vue d'usage public (15 octobre 1704). — 20-21. Lettres adressées à Henri Fabre, bourgeois de Remoulins, la première par son neveu Henri Jonquière (Londres, 25 janvier 1705), la seconde par son neveu Jacques Jonquière (Berne, 8 mars 1705), toutes deux au sujet de Mme Leroy. — 22. Lettre adressée à Mme Molery, d'Uzès, pour remplir à Henri Fabre, à Remoulins, par Marie Leroy, veuve d'Alexandre de Trémolet. Elle écrit à son frère et à sa soeur qu'elle est en peine de n'avoir reçu d'eux aucune réponse à ses deux lettres, envoyées, l'une par la Suisse, l'autre par Paris. Elle ne peut comprendre que ... il ... ait ... pu ... une autre femme après elle (Londres, 1er août 1706). — 23. Copie d'une lettre de Fabre à sa belle-soeur Marie Leroy. Il lui demande encore les pièces établissant son mariage et le baptême de ses enfants. Il s'agit dans le procès en cours qu'en qualité de plus proches parent, aux termes de la déclaration royale donnant les biens des fugitifs à leurs plus proches. Détails sur la mort tragique de M. de Trémolet, tué d'un coup d'épée (Remoulins, 1er septembre 1706). — 24-25. Affaire entre Jean Fabre, premier consul de Remoulins, et Pierre Valdeyron, au sujet d'un soldat de milice (Montpellier, 5 mars-Remoulins, 25 mars 1706). — 26. Extrait baptistaire de Charles Fabre, né le 21 mars 1706. — 27-28. Copies du testament d'Henri Fabre, de Remoulins (9 mai 1707). — 29. Bail en paiement passé par le prêtre Laurent Fabre, curé de l'église de Saint-Privat, habitant Remoulins, en faveur de son frère Alexandre (21 octobre 1703). — 30-31. Bail du domaine de la chapellenie fondée en l'église de Remoulins sous le titre de N.-D. de Bethléem, passé par Louis Chaniol, chapelain, à Jean Fabre, bourgeois de Remoulins, avec des quittances d'arrérages (29 octobre 1707-9 octobre 1710). — 32. Verbal contenant une plainte de Jean Fabre, hôtelier du logis à l'enseigne du *Pont-du-Gard*. Cinq officiers conduisant une « recrue » pour aller coucher à l'étape de Valliguière, ont réglé leur dépense chez Fabre en le maltraitant avec une épée qui se brisa sur sa tête et la mit en sang (21 avril 1708). —

30. Lettre de Fabre à son frère Alexandre, marchand de bas à Remoulins, au sujet de l'affaire de « la Picarde » (Uzès, 8 mars 1760). — 31. Lettre des consuls d'Uzès aux consuls de Remoulins, pour les prier de faire pêcher à lettre vue, pour « Mgr. le Maréchal », et d'envoyer, demain matin, tout le poisson pris. Le maître d'hôtel paiera exactement le poisson qu'on lui remettra et d'après qu'ils porteront (25 septembre 1760). — 35. Extrait d'une délibération consulaire de Remoulins, en date du 30 décembre 1761, portant règlement du reliquat de compte de Claude Praulier, consul en 1674-1675. Alexandre Fabre figure parmi les consuls. — 36. Requête de Marie Pascal aux officiers ordinaires de la baronnie de Remoulins. Mention d'appel signée de Fabre, lieutenant (21-24 novembre 1744).

E. 478. (Liasse.)   35 pièces, papier.

1712-1740. — *Famille Fabre, de Remoulins.* 1. Rémission d'héritage faite par Moudette de Trémolet, veuve d'Henri Fabre, en faveur de ses fils Jean et Alexandre (28 septembre 1712). — 2-3. Quittances faites par le prêtre Chaniol à son rentier Jean Fabre (12 octobre 1712-1 novembre 1713). — 4. Requête adressée à l'Intendant par Laurent Fabre et Jean Vaudiol, consuls de Remoulins, au sujet du renouvellement des fiefs du duc d'Uzès. L'Intendant homologue un contrat d'abonnement du 8 mars 1713 (2 avril 1713). — 5-11. Quittances données par l'abbé d'Espiaville, prévôt de l'église d'Uzès, à Fabre, hôtelier du Pont-du-Gard. Il s'agit de perdrix, à raison de six par an, plus ou moins exactement envoyées au prévôt à raison d'une chasse louée (1710-1711). Il n'y a que deux quittances datées de l'année. — 12. Quittance de 6 perdrix faite par Picard à Fabre, premier consul à Remoulins (Rochefort, 24 décembre 1713). — 13. Délibération consulaire portant ratification de l'inféodation passée par le duc d'Uzès aux députés de Remoulins moyennant 700 l. (8 septembre 1717). — 14. Acte de sommation pour Jean Fabre et consorts contre Antoine-Joseph Gilles, qui a fait saisir les biens d'Alexandre Fabre, juge en la baronnie de Remoulins (8 juillet 1718). — 15. Note sur les Trémolet (Postérieure à 1718). — 16. Requête des consuls de Remoulins à l'évêque d'Uzès au sujet des rentes destinées au soulagement des pauvres.

Fabre est juge et consul. Au pied, ordonnance du vicaire général et official portant que les trois setiers de blé qui sont fournies annuellement par les prieurs de Remoulins, au temps prescrit par la transaction du 11 février 1621, ne seront valablement distribuées que sur les mandats signés par le vicaire, les consuls et le premier officier de Justice d'Uzès, mars 1730. Signification faite à un boucher, au fermier du bénéfice de Remoulins et à Jean Fabre, lieutenant de juge, fermier de l'hôpital, à l'instance des consuls de Remoulins (11 avril). — 17. Quittances du prêtre Chaniol à son rentier Jean Fabre (3 août 1711-1er août 1721). — 18. Quittance de 300 l. faite par Gibert, procureur général du duc d'Uzès, à Jean Fabre, lieutenant en la justice de la baronnie de Remoulins, pour le droit d'entrée de l'inféodation, faite par le duc à la communauté le 7 septembre 1717, d'une île située près de Remoulins (29 juillet 1721). — 19. Rôle des meubles et effets saisis à Joseph Charvel à l'instance d'Alexandre Fabre, juge de Remoulins, et consort. Charvel avait été consul en 1716 et redevait à la communauté de Remoulins 644 l. Saisies d'immeubles. Enchères (1722). — 20. Imprimé non rempli, contenant certificat éventuel des consuls de Remoulins, pour laisser passer une personne en temps de peste (1722). — 21. Testament de Moudette de Trémolet, veuve d'Henri Fabre, habitant Remoulins (23 février 1721). — 22. Arrêt imprimé du parlement de Toulouse, portant confirmation des privilèges des religieux de la régulière observance de Saint-François, dit Récollets (6 mai 1718). Au pied, nomination de Laurent Fabre, habitant Remoulins, en qualité de père spirituel du couvent des récollets d'Aramon dans le lieu de Remoulins. Cette nomination est faite par le frère Basile Roberty, gardien dudit couvent. La concession est enregistrée au sénéchal le 2 mars 1724. Sceau plaqué en papier de l'office du gardien. — 23. Plainte adressée au sénéchal d'Uzès par Laurent Fabre, fils de Jean, lieutenant de juge en la baronnie de Remoulins, contre Charvel, pour injures et voies de fait (5 juillet 1724). — 24. Lettre de Gibert à Jean Fabre, lieutenant de viguier à Remoulins, lui accusant réception de 120 l. pour deux années de la chasse de Remoulins. Il s'excuse de les avoir demandées sur le grand besoin qu'il en avait (Uzès, 19 mai 1725). — 25. Extraits d'actes de baptême des enfants d'Alexandre Fabre (1703-1725). — 26. Délibération consulaire de Remoulins pour liquider les dettes de la communauté (25 avril 1734), ensemble une quittance de Laurent Fabre, chapelain (20 décembre 1730). Alexandre Fabre, licencié ès-droits, bailli et juge de Remoulins pour le duc d'Uzès, persiste la délibération. — 27. Note s. d. portant que Jean Fabre, pair de France, né à Nîmes le 10 mars 1782, était fils de Jean Fabre, avocat de Nîmes, et d'Ursule Chabert. — 28. Quittance de Ha Clap, prêtre, à Fabre, hôtelier du Pont-du-Gard, Villeneuve-lès-Avignon, 1er août 1734. — 29. Testament de Jean Fabre, marchand factorier au lieu d'Uzès 9 décembre 1734. — 30. Plan de cinq olivettes situées au quartier de Gasquieron, terroir de Remoulins, sur le chemin d'Avignon, au nord du château de Rabasse, signé Bargeton* 21 novembre 1736. — 31. Lettre de Veillère, 1 souffre d'accès de fièvre et déplore l'esprit de division qui règne dans la communauté [de Remoulins]. Dès que le destinaire justifiera au duc d'Uzès le légitime emploi des 4.000 l., le duc lui accordera sa protection contre les mécontents de la communauté sur le manque de formalité. Veillère irait volontiers à Uzès présenter ses respects au duc, s'il ne redoutait le passage de la rivière du Gardon, qui lui a toujours fait revenir ses accès de fièvre (Serviau, 16 juin 1768). — 32. Autorisation de chasser à Cabrières et à Poulx, accordée à Laurent Fabre et consort, de Remoulins, par Catherine Huguet, veuve de François de Roverie, seigneur de Cabrières et Poulx, moyennant une redevance en gibier. La durée de la convention est de quatre ans (Cabrières, 12 février 1764). Suit une quittance de gibier du 2 avril 1764. — 33. Décharge d'un cahier de délibérations consulaires de 1769 donnée à Fabre, chapelain de Remoulins, par le greffier consulaire. Fabre dit que ce cahier lui avait été remis par M. de Lacoudés, ancien juge mage, après qu'il eut procédé à l'arrangement des comptes de la communauté (5 septembre 1770).

B. 1316. (Liasse.) — 33 pièces, papier ; 1 sceau.

1741-1773. — *Famille Fabre, de Remoulins.* 1. Consultation de Sud... et Delatour au sujet d'une demande, faite par le ...e d'Uzès à la communauté de Remoulins, de la moitié du prix du bois coupé depuis 29 ans dans les prairies de l'Isle. La demande du duc n'est pas fondée (Toulouse, 3 mars 1741). — 2. Autre mémoire sans signature ni date, sur la même question et dans le même sens. — 3. Quittance d'Élisabeth Serre, Fabre à ses oncles Alexandre et Jean l'Edue, pour 425 l., Uzès, 2 août 1741. — 4. Lettre adressée à Beraugon, procureur fiscal à Uzès, pour faire tenir à Fabre, hôtelier du Pont-du-Gard, à Remoulins, par le cousin de ce dernier, M. Fabre de Clmuard. Elle réclame un paiement et a grand besoin de son argent Montelieu, 5 juillet 1741. — 5. Délibération consulaire de Remoulins donnant pouvoir aux consuls, assistés du prêtre Fabre et consorts, de traiter avec le duc d'Uzès sur ses demandes à la communauté (5 novembre 1741). — 6. Quittance de Sabdeyras, pour réparation aux fontaines de Fabre 12 septembre 1742. — 7. Déclaration de cinq témoins attestant le décès à Uzès de Jean Fabre, marchand factorier, né à Remoulins, appartenant à la religion réformée. Le décès est du 10 mars 1743 (Uzès, 18 mars 1743. — 8-9. Copies du testament d'Antoinette Dufour, femme d'Alexandre Fabre, faisant de Remoulins, 24 février 1759. — 10. Contrat de mariage entre Henri Fabre, messager, fils d'Alexandre, et Isabeau Navel, veuve de Jean Valdelausse 24 mai 1756. — 11. Copie d'une lettre de Delompe, franc-maçon, expliquant l'origine et le but de la franc-maçonnerie (Grenoble, 8 octobre 1768. — 12. Émancipation de Charles Fabre 18 décembre 1768. — 13-14. Testament de son père Alexandre 18 décembre). — 15. Verbal de la nomination de Nicolas Fabre, bailli de la Vignette de Remoulins, en qualité de curateur de son oncle Laurent Fabre prêtre, tombé en caducité et démences. Les parents se sont réunis dans le logis du Pont-du-Gard, par devant le vignier, qui fait prêter serment au curateur choisi par eux (9 février 1765. — 16. Émancipation de Jean Fabre, fabricant de bas à Uzès, faite par son père Alexandre, fabricant de bas Uzès 25 juin 1769. — 17. Brouillon de lettre non signée pour un destinataire non désigné. Il s'agit de favoriser le mariage de Madelon Jeanne, leur commune parente, retirée à Uzès chez le scripteur, en obtenant le consentement de la mère de la jeune fille. Le fiancé repoussé par la mère est le fils de M. Ode, de Remoulins. La lettre paraît être d'Alexandre Fabre (26 octobre 1769). — 18. Déclaration d'Alexandre Fabre, ancien fabricant de bas d'Uzès, en faveur de son fils Charles, fabriquant de bas (1er juin 1752). — 19. Extrait mortuaire d'Antoinette Dufour, femme d'Alexandre Fabre, décédée la veille (9 janvier 1773). — 20. Déclaration du décès de Jean Fabre, appartenant à la R. P. R., arrivé le

10 mars 1743 (Uzès, 18 mars 1753). — 21. Copie du testament d'Élisabeth Navel, femme d'Henri Fabre (17 juillet 1755). — 22-23. Contrat de mariage entre Simon Cabrol et Marie Fabre (15 février 1758). — 24. Extrait d'un mémoire de Durel, subdélégué, rendant compte à l'Intendant de contestations entre les communautés de Remoulins et de Saint-Hilaire-d'Ozilhan (15 septembre 1764). — 25. Lettre de Vaithon, curé de Vic, à son cousin Jean Fabre, du Pont-du-Gard, au nom de la sœur de ce dernier, demandant les intérêts de 300 l. (18 janvier 1765). — 26. Estimation des moulins à blé situés sur le Gardon à Remoulins et appartenant au duc d'Uzès (30 octobre 1765). — 27. Saisie réelle pour Pierre Roques, avocat des pauvres de Nîmes, contre Nicolas Fabre, viguier de Remoulins (Août 1765). — 28-29. Requête des consuls de Remoulins à l'Intendant au sujet de la refonte d'une cloche (4 novembre 1765, et certificat de Pierre Coulouh, curé; Nicolas Fabre, bailli et juge; Joseph-Michel Fabre, viguier, et des consuls de Remoulins, en faveur du fondeur Valeton, à Berrias (3 mars 1763). — 30. Lettre de M. de Sale à Fage, notaire à Apt, au sujet de 300 l. réclamées par sa mère (Paris, 5 avril 1770). — 31. Lettres de François Trouvé, abbé de Cîteaux, à la sœur Fabre, converse de l'abbaye de Bagnols. Il l'autorise à se faire soigner dans sa famille pendant six mois. Signatures de l'abbé et de son secrétaire. Contre-scel de l'abbé imprimé dans la pâte (Cîteaux, 8 juillet 1774). — 32-34. Lettres de Fabre à son cousin. Il lui envoie, entre autres objets, son dictionnaire. Réflexions sur l'attraction et la répulsion (Remoulins, 22 septembre 1776-1er février 1778).

E. 1317. (Liasse.) — 58 pièces, papier.

1780-1829. — *Famille Fabre, de Remoulins.* 1. Testament mystique de Charles Fabre, ménager, de Remoulins (1er octobre 1780). — 2. État des chefs des familles de la communauté de Remoulins et de leurs domestiques pour l'année 1780. — 3. Analyse d'un acte du 21 juin 1781, où Charles Fabre, ancien fabricant de bas, vend, avec l'autorisation de l'Intendant, ses biens de Saint-Bonnet, moyennant 1.000 l. qu'il délègue à Claude Rey, de Moynes. — 4. Lettre d'envoi aux consuls de Remoulins, pour affichage, de dix exemplaires d'un jugement contre Martin et Chabrol (Nîmes, 5 juillet 1782). — 5. Lettre signée : Leprince Waldeck, adressée au bailli Fabre, à Remoulins. Si M. de Chazal veut du veau, il lui en fera passer toutes les semaines (Uzès, 4 avril). — 6. Lettre de Pallejay à Fabre fils, au Pont-du-Gard, Remoulins. Il le prie de cacher à son père et à son oncle ses dépenses (Rochefort, 1er décembre 1787). — 7. Gravure portant que Jean-Pierre Fabre a été tonsuré au séminaire de Saint-Charles, en Avignon, le 29 mai 1784. — 8. Recette d'une tisane de santé (XVIIIe s.). — 9. Avis imprimé du prochain passage de Richard, lorrain, voyageur historien et machiniste, découvreur de sources, possesseur de nombreux secrets, notamment contre les punaises, et vendeur de la véritable Houle de Mars, de Nancy (XVIIIe s.). — 10-17. Tableaux ou arbres généalogiques (1743-1807). — 18. Fragment de la notice, arrêtée en comité du district d'Uzès-la-Montagne, au sujet du détenu Jean-Pierre Fabre, surnommé le Bailli, domicilié à Remoulins. — 19. Pétition de Suzanne Navel à Perrin, représentant du peuple, au sujet de son mari Jean-Pierre Fabre, détenu comme suspect, malade à l'hôpital d'Uzès-la-Montagne, et dont elle demande la mise en liberté (brouillon s. d.) — 20. Copie d'une lettre écrite à sa mère par un détenu de la maison d'arrêt de Nîmes, le 16 juillet 1794. Condamné à mort par le tribunal révolutionnaire, il va rejoindre son père et sa sœur. Il parle de ses oncles, tantes cousins et cousines. Il aurait, s'il avait vécu, associé à son sort une épouse vertueuse. Texte déclamatoire. — 21. Lettre signée par Fabre, président, et Fabre, secrétaire en chef de l'administration municipale du canton de Remoulins à l'administration centrale du Gard. Ils lui adressent leur compte de l'an VII (9 germinal an VIII, ou 30 mars 1800). — 22. Lettre du général de brigade Serviez, préfet des Basses-Pyrénées, à Pérault, commissaire ordonnateur de la 9e Division, à Montpellier, lui recommandant le citoyen Fabre, secrétaire de la municipalité de Remoulins, ancien officier d'infanterie, ne servant plus à cause de ses blessures. Il a fait une fourniture de fourrage à plusieurs détachements de troupes à cheval (Remoulins, 12 germinal an IX, ou 2 avril 1801). — 23. Copies ou brouillons de lettres relatives à ces fournitures, dont la première remonte au 4 vendémiaire an VIII (19-21 floréal an IX, ou 9-11 mai 1801. — 24. Lettre de Serviez, général de brigade, membre du Corps législatif, au notaire Fabre, momentanément à Paris. En raison du grand nombre de soldats mutilés ou hors de service inscrits et qui doivent être placés par ordre du Premier Consul, il n'a pu lui faire obtenir, dans l'administration générale des Postes, la place désirée (Paris, 27 floréal an XI, ou 17 mai 1803). — 25. Lettre du Grand-Juge, ministre de la justice, à Fabre, notaire à Remoulins. Dans aucun cas il ne doit faire connaître son opinion, pour ne pas influer sur celle des magistrats (20 thermidor an XII, ou 8 août 1804). — 26. Extrait d'un mémoire de M. de Montgaillard sur la trahison de Pichegru (1805). — 27. Lettre de M⁰ Devèze, née Devaux, à sa sœur M⁰ Fabre, née Devaux, à Remoulins (Orange, 11 janvier 1810). — 28. Minute d'une lettre [de Fabre] au général Gilly. Il lui demande la préférence pour l'achat d'un onclos du général (12 janvier 1810). — 29. Minute d'une lettre au même général pour demander une réduction sur la rente dudit enclos, à cause des mauvaises récoltes (1er janvier 1811). — 30. Extrait du Courrier de Londres relatif à une publication de Monsieur, frère du Roi (23 avril 1813). — 31. Lettre de Fabre à sa belle-sœur, chez Devèze, aubergiste, faubourg de l'Ange, à Orange (Remoulins, 5 juillet 1813). — 32. Minutes : 1° d'une lettre de Jean-Pierre Fabre, notaire royal à Remoulins, aux membres de la chambre de discipline des notaires de l'arrondissement d'Uzès. Il s'agit de sa candidature à l'office vacant à la résidence de Laudun (s. d.); 2° d'une lettre à un jeune parent non désigné, par un jeune scripteur non désigné (Remoulins, 27 juin 1815); — 3° d'une proclamation [de Fabre], appelé aux fonctions de maire au sortir de la crise la plus terrible qui ait jamais menacé la France (s. d.). — 33. Minute d'une supplique de Jean-Pierre-Irénée Fabre, de Remoulins, à Monsieur, frère du roi, à son passage au Pont-du-Gard, pour lui demander de lui obtenir une bourse dans une bonne école, étant donné la situation peu fortunée de ses parents et le dévouement de toute sa famille à ses légitimes souverains (s. d.). — 34. Lettre de Tourrette, géomètre, à Fabre, notaire à Remoulins. Plusieurs lettres de Paris assurent que leur ami, le général Gilly, est rendu à son pays (Nimes, 4 janvier 1819). — 35. Lettre de Pascal Gaussand, maire de Remoulins, à Alexandre Fabre, conseiller municipal, le convoquant à la cérémonie de l'ouverture de l'école d'enseignement mutuel qu'il vient d'établir (5 septembre 1819). — 36. Lettre de Gazagne, étudiant en médecine, à son père, chez M. Brieys, à Castillon-du-Gard. Détails sur ses études. Il supporte bien la

puanteur des cadavres dans la salle de dissection (Montpellier, 3 novembre 1819). — 37-38. Lettres d'affaires adressées au notaire Fabre (Uzès, 29 décembre 1819-Saint-Laurent-[des-Arbres], 3 janvier 1820). — 39. Lettre au même de deux habitants de Vallabrègue, sur le plaisir que tous les vrais amis de l'ordre ont ressenti de l'éclatante justice rendue au général Gilly (23 février 1820). — 40. Lettre d'affaires signée : Gilly (Fournès, 20 mars 1820). — 41. Lettre de Moïse Perrier, de Taupessargues, près Anduze, à Fabre. Il lui demande l'adresse du général baron Gilly (Anduze, 1 mai 1820). — 42. Lettre signée : C. Gilly à Louis Gilly, à Fournès, au sujet de Jean Bérard (1er août 1820). — 43. Lettre du chevalier de Jacquet à Fabre. Il lui envoie, par sa fille de service, 3 louis pour intérêts dus à Ginoux. Décharge de ce dernier (11 août 1820). — 44. Lettre imprimée adressée à M⁰ et M. Fabre, notaire, pour leur faire part du mariage de M⁰ Lilette de Serviers avec M. Édouard Serre (Uzès, 6 mai 1820). 45. Lettre de Vachier à Alexandre Fabre, notaire de Remoulins, au sujet de plants de rosiers de Bengale (Uzès, 3 février 1821). — 46. Lettre de Gazagne, « studens artem medicatam vel medicinam Monspeliensis », au receveur des Domaines de Remoulins, au sujet des droits d'un acte de vente (4 février 1821). — 47. Lettre d'affaires de Larivière (Nimes, 10 février 1821). — 48. Copie de lettres : — 1° de Fabre à M⁰ d'Arbaud Jouques (30 octobre 1822); — 2° de M. d'Arbaud Jouques au marquis de Calvière, en faveur de Fabre; — 3° à 5°, de Fabre au préfet d'Arbaud-Jouques, pour le remercier, le féliciter de sa nomination à Dijon et lui demander une place dans sa nouvelle préfecture. Il a eu le malheur de perdre son père quand il était encore enfant, et n'a d'autre appui que le sien (19 novembre 1822-3 mars 1823). — 49-50. Lettres de Benjamin Valz (Nimes, 19 janvier 1825) et d'Hercule Grolleau, avocat et avoué (Nimes, 5 décembre 1825), à Alexandre Fabre, notaire à Remoulins, pour réclamer ce qu'il doit à la succession de M⁰ Beaucourt. — 51-53. Lettres de Charvet à Irénée Fabre, dit Bailli, à Remoulins, au sujet du mariage projeté d'Irénée avec M⁰⁰ Béraud. Dans la dernière lettre : « Tâche d'être ici dimanche, et tu pourras voir la demoiselle à vêpres, parcequ'elle sort rarement » (Pont-Saint-Esprit, 12 février-4 mars 1826). — 54. Extrait du Journal de la Drôme du 16 février 1828, envoyé à M⁰ de Marsane, à Montélimar, par Forquet, le 18 avril 1828. Il s'agit d'une notice nécrologique sur

Joseph-Antoine de Blain de Marcel, marquis du Poët, ancien chef de bataillon, mort à Bourdeaux le 9 février 1828. — 55. *Lettre d'Irénée Fabre, dit Bailli*, aspirant au notariat, à l'agent d'affaires Alexandre, à Paris. Il a vu dans la *Gazette de France*, journal qu'il lit habituellement, deux annonces pour mariage : 1° d'une orpheline de 23 ans, dotée de 81,000 fr., 2° d'une veuve sans enfant, jouissant de 15,000 fr. de rente. Il prie Alexandre de « l'offrir » à celle des deux à laquelle il pourrait le mieux convenir, et décline ses qualités. Fils de feu Jean-Pierre Fabre, quand vivait notaire et maire de Remoulins, il a 27 ans, un visage fort agréable, et espère succéder à M° Genestière, notaire à Vers (14 mai 1828) — 56-57. *Lettres à Fabre*, notaire à Remoulins. La première est un remerciement et une invitation à dîner pour Fabre et le comte Gilly (Montfrin, 15 décembre 1829). — 58. *Lettre de Mme Devaux à sa sœur* (Orange, 8 septembre).

E. 1418. (Liasse.) — 4 pièces, parchemin ; 33 pièces, papier ; 1 sceau.

1369-1791. — *Familles de Fabrique ou de La Fabrègue, Fermin, Flèche, des Gardies, de Garnier de La Melouse.* — 1. *Famille de la Fabrègue.* Transaction entre noble Antoine Auquier, d'Anduze, et consort, d'une part, et Guillaume de La Fabrègue, de Tornac, d'autre, au sujet du mas de Roque d'Aiguière, paroisse de Saint-Pierre de Sivignac, juridiction de Tornac. La Fabrègue aura, pour ses droits sur ledit mas, les pièces de terre désignées à l'acte, qui est passé dans le jardin de noble « Gaucem » de La Farelle, quartier de La Mole, juridiction d'Anduze, par le notaire Antoine Deleuze. Témoins : Folerand des Vignolles, conseiller au présidial de Montpellier ; Elzias Reynaud, seigneur de La Melouse, juge d'Alais ; Pierre de La Jonquière, seigneur de Villeneuve, etc. (21 août 1573). — 2. *Famille Fermin.* Contrat de mariage entre Antoine Fermin, travailleur, et Marguerite Pral, tous deux de Beaucaire (30 janvier 1774). — 3. *Famille Flèche.* Mandement du présidial condamnant Jean Conil à payer 200 l. aux hoirs d'Aubert Flèche, s'il ne défend à leur demande dans huitaine (Nîmes, 26 janvier 1636). — 4. *Famille des Gardies.* Reconnaissance féodale faite par Pierre de Polhan, d'Anduze, à Arnaud des Gardies, damoiseau, de Saint-Nazaire des Gardies, pour une vigne de la paroisse de Saint-Baudile de Tornac, quartier du Feso. L'acte est passé à Anduze, par le notaire Barthélemy Folquier. La grosse est de son clerc Jean Tilgaire. Seing de Barthélemy. Écriture microscopique (8 mars 1308 v. s.). — 5-40 : *Famille de Garnier de La Melouse.* — 5. Bail de pension et rente perpétuelle passé par Jacques Garnier, écuyer, de Branoux, paroisse de Blannaves, à Daniel Pradel, maître passementier de Branoux. Jacques cède sa métairie du Raseau moyennant 30 l. d'entrée plus 15 l. de de pension (7 janvier 1636). — 6. Bail à pension passé par Jacques Garnier, viguier de Branoux, de sa métairie de L'Appenarié, à son oncle Daniel Garnier (29 mai 1636). 7. Bail à pension passé par Claude de Garnier, seigneur de La Melouse, habitant Branoux (25 août 1686). — 8. Bail à pension passé par le même, fils de feu Jacques, habitant Alais (7 décembre 1693). — 9. Rémission de pension au notaire Antoine Lauples (7 mars 1697). — 10. Vente faite à Antoine Rouvière, pourtant obligation pour M. de La Melouse (25 février 1698). — 11. Obligation de 37 l. pour Claude. Sceau du commis Audoyer, qui a reçu 5 sols pour le contrôle, à Alais (27 février 1698). — 12. Obligation pour Claude de Garnier, seigneur de La Melouse, contre Pierre Rouvière, de Branoux (14 février 1738). — 13. Déguerpissement de pension. Antoine Lauples, de Trescol, paroisse de Laval, a pris une terre à locaterie perpétuelle de Charles de Garnier, seigneur de La Melouse et de Ribeirines, en 1732. L'éloignement et la nécessité de traverser la rivière du Gardon pour s'y rendre la lui font abandonner (17 janvier 1737). — 14. Bail à pension passé par Jean-Scipion de Bérard, marquis de Montalet, baron d'Alais, à Antoine Sylvain (29 août 1739). — 15. Bail à locaterie perpétuelle passé par noble Charles de Garnier, habitant Branoux, à un chaufournier d'Alais (22 avril 1749). — 16-17. Pièces de procédure pour Pierre Villaret, notaire d'Alais, contre Joseph Rouquette (1749-1750). — 18. Assignation faite à la requête de noble Pierre-Philippe de Garnier, seigneur de La Melouse, capitaine d'infanterie au régiment de Médoc (28 juin 1752). — 19. Obligation de 1.000 l. consentie par Antoine Laval, de Saint-Martin de Boubaux, diocèse de Mende, à Catherine de Garnier de La Melouse-Ribeirines, habitant Branoux, représentée par son neveu Philippe de Garnier (9 mai 1754). — 20-23. Pièces de procédure contre Joseph Rouquette, des Salles-du-Gardon

(17 mai 1759). — 24. Lettre d'affaires de Boyer, agent de M. de Roquefeuil, à Villaret, notaire d'Alais (17 février 1763). — 25. Obligation de Jean Rouvière (14 avril 1764). — 26. Extrait d'une transaction chargeant Jacques Vidal, marchand cirier d'Alais, du paiement d'une pension au baron d'Alais-Montalet (18 septembre 1765). — 27. Promesse de vente faite par Jean Rouvière à M. de La Molouse (3 octobre 1765). — 28. Lettre de Génolhac au procureur Villaret, accompagnant un envoi de production et pièces de M. de La Molouse (Nimes, 21 mai 1768). — 29. Enregistrement d'une vente par police privée entre Philippe de Garnier et Simon Rouvière (25 novembre 1769). — 30. Quittance de Pierre Verdier (25 novembre 1769). — 31. Bail à locaterie perpétuelle passé à Pierre Deleuze (1er avril 1770). — 32. Accord entre Jean Sabran, facturier, et Louis Jossime, marchand taffetassier, maris respectifs des sœurs Catherine et Marie Ribot (Nimes, 4 avril 1770). — 33. Quittance faite par les deux sœurs à Philippe de Garnier, ancien capitaine (2 août 1770). — 34. Convention entre noble Pierre-Philippe de Garnier, seigneur de La Molouse, Ribeirines, Corbessas, La Terrisse, et coseigneur de Branoux, et Pierre Rouvière, dit Cherche-Merle (16 novembre 1773). — 35. Bail à pension passé par Philippe à Marie Lafont, épouse Jean Crespin (19 janvier 1788). — 36-37. Lettre et billet de Chabrol (4 décembre 1790-22 juin 1791).

E. 1319. (Liasse.) — 48 pièces, papier.

1659-1764. — *Famille de Garnier de La Molouse.* 1-6 : *Affaire Saix.* — 1. Bail à pension passé par Jacques Garnier, écuyer, de Branoux, à Jean Saix, cardeur de laine (8 janvier 1659). — 2-6. Procédures de Claude de Garnier, seigneur de La Molouse, contre Antoine Saix (9 septembre 1717-26 mai 1728). 7-41 : *Affaire Jean Duret.* — 7. Contrainte décernée par Philibert, marquis d'Apchier, gouverneur et bailli général des ville et comté d'Alais, à l'instance de noble Pierre-Philippe de Garnier, seigneur de La Molouse, capitaine au régiment de Médoc, habitant Branoux, contre Jean Duret, chaufournier d'Alais (3 mars 1753). — 8-41. Pièces de procédure (6 mars 1753-22 septembre 1759). — 42. Exploit pour Philippe de Garnier contre Hercule Privat, du mas des Vernèdes, paroisse de Blanaves (25 janvier 1769). — 43-44. Lettres de M. de La Molouse à Villaret, notaire d'Alais. Il s'occupe de faire rentrer l'argent qui lui est dû, car il a grand besoin d'argent, et il est dur pour lui de voir que sa femme en manque souvent. Il craint pour l'issue d'un procès. Un projet de mariage pour sa fille lui paraît peu brillant. Il plaint M. de Montmoirac, on passe de perdre son procès après avoir fait de grands frais et encouru bien des critiques. Il est surpris qu'on ait arrêté tant de complices pour une affaire de cette nature. Il doit y avoir autre chose, pour que le vice-légat ait permis l'enlèvement de la dame et que la justice l'ait ordonné. Il n'a jamais cru beaucoup au mariage de sa sœur, et prie Villaret de l'assister de ses conseils, les femmes se laissant entraîner souvent par une amie ou une personne intéressée. Il est charmé des nouvelles de sa petite famille (Layor, ile de Minorque, 16 juillet 1769). — Il le remercie de la bonne nouvelle des heureuses couches de Mme de La Molouse et de la naissance de son fils. Voilà sa succession assurée. Malheureusement elle ne sera pas considérable. Affaires à régler (Layor, 4 août 1769). Cachets de cire rouge armoriés sur les deux lettres. — 45. Quittance signée : Thomassy de La Molouse. C'est Mme de La Molouse, née de Thomassy (Branoux, 19 novembre 1769). — 46. Extrait de l'acte d'enregistrement d'un acte privé en double original, en date du 19 février 1768, contrôlé et insinué au bureau d'Alais le 18 mai suivant. Il s'agit d'une vente passée par François de Baschi, comte du Cailar, gouverneur de Saint-Omer, lieutenant-général des armées du roi, habitant Montpellier, comme procureur de François de Roquefeuil, marquis de Roquefeuil, La Roque, Gigean, Le Pradel, lieutenant-colonel de cavalerie, son beau-fils, à Pouget, procureur de la bourse de Montpellier, comme procureur de Pierre-Philippe de Granier, seigneur de La Molouse, ancien capitaine d'infanterie au régiment de Médoc, habitant Branoux. La vente porte sur la terre de La Terrisse, le domaine de Corbessas, une pension foncière de 100 l. et son domaine utile, le tout situé dans la paroisse de Laval. Le prix est de 13.000 l., plus 240 l. d'épingles à la marquise de Roquefeuil. Suit la teneur de la vente. L'enregistrement a lieu en double, l'un dans le registre du notaire Villaret, d'Alais, et l'autre dans le registre du notaire Vezian, de Montpellier. L'acte est passé dans l'hôtel du comte du Cailar (Montpellier, 3 mai 1764). — 47-48.

Copies de la vente précédente, incomplètes et sans
la date.

F. 1120. (Registre.) — 51 feuillets, dont 43 écrits, papier. (1)

1576-1582. — *Famille Granon, de Vauvert.*
Livre de recette et de dépense de Mathieu Granon,
commis d'Antoine Barthélemy, recevour du diocèse
de Nîmes, commencé en juin 1580. — Fᵒˢ 1-16 : Recette. — Fᵒ 1-5. Recette des deniers de l'imposition
établie en l'assiette diocésaine tenue en mars, et
des arrérages des tailles et impositions des années
précédentes, dépendant de la recette d'Antoine
Barthélemy, secrétaire du roi de Navarre, recevour
du diocèse de Nîmes, en vertu de sa procuration
donnée à Mathieu Granon et reçue par Portal,
notaire de Montpellier, le 5 juin 1580 ; recette
allant du 10 juin au 19 août 1580. Les recettes portent sur les années 1576 à 1580. Elles font connaître le
noms des exacteurs des tailles ou des consuls des
des communautés pour l'année sur laquelle porte
la recette. — Fᵒˢ 6-8. Recette effectuée depuis le
retour du recevour à Nîmes (23-31 août 1580). Elle
porte sur les mêmes années 1576 à 1580. — Fᵒˢ 9-11.
Recette faite du 1ᵉʳ au 12 septembre. Pour la première fois la recette est totalisée par le recevour
Barthélemy, dont l'opération porte sur tous les
feuillets 1 à 11. Le total est de 1.410 écus sol 5
deniers tournois. — Fᵒ 12-14. Recette faite du 14
au 30 septembre 1580. Total : 536 écus sol 11 s. 4 d. t.
— Fᵒˢ 14-18. Recette du 1ᵉʳ au 22 octobre 1580. Total :
658 écus 58 s. 9 d. — Fᵒˢ 51-75 : *Dépense effectuée
sur la recette écrite au commencement du registre.*
— Fᵒˢ 51-54. Dépense faite depuis le départ du recevour de Nîmes pour Lunel jusqu'à son retour à
Nîmes, le 30 août 1580. — Pour la façon du registre, 3 sols. — Baillé à Botile, du mandement de
Mademoiselle (la femme du recevour) pour la garde
d'un mois, 1 l. — Pour trois douzaines de *clameurs*
en blanc, 3 testons. — A l'huissier Arnaud, pour
avoir intimé un arrêt et taxat contre Louis Arnaud,
prisonnier à L'Amourier, 5 s. — A Marguerite,
pour acheter deux pains, 1 s. 8 d. — A M. Veyras,
médecin, venu visiter Jean, un teston : 14 s. 6 d. —
A M. Tanequin, chirurgien, deux écus sol : 6 l. —
A « Mademoiselle, » pour un accoutrement de taffe-

(1) Don de M. Prosper Falgairolle, 1915.

las destiné au recevour, 20 l. — A M. Rulman et
autres régents et classistes du collège de Nîmes,
100 l. (9 août 1580). — A Mademoiselle, pour payer
le capitaine Jean, 10 l. — A M. « Adventurin », 116 l.
— ; Une main de petit papier, 2 s. — A M. de Cares-
cauzes, maître en la chambre des comptes de Montpellier, 100 l. — Fᵒ 54 et 55. A l'argentier de M. de
Châtillon, du mandement du recevour, 300 l. (22
août 1580). — A Pierre Super, trompette de M. de
Châtillon, pour sa paye d'août 1580, 15 écus : 45 l.
— A Simon Dupont, commissaire des vivres, en
déduction de 50 écus à lui ordonnés par MM. du
conseil, 40 l. — A M. de Launay, gentilhomme du
roi de Navarre, 23 écus sol. — Au consul Astier,
pour payer les maçons envoyés à La Calmette pour
la raser, 54 l. — A M. de Vaulx, 300 l. — A M. de
Balazuc, 25 l. — A M. de Saint-Véran, 42 l. — Au
capitaine Liste, pour la montre de la garnison de
Lunel, 21 l. — A M. de Lagarde de Peyre, 15 écus
sol. — Pour l'achat de quatre peaux de parchemin,
14 s. (2 septembre 1580). — A M. de La « Rosseli »,
hommes d'armes de M. de Châtillon, 15 écus. — A
« Bastien » Jacquy, imprimeur, 6 l. — A M. Du
Quesnel, serviteur de Mgr. de Châtillon, 17 l. 8 s. —
Au capitaine Ducros, lieutenant de M. de Saint-Cosme, 60 écus sol. — Au recevour, 94 écus sol qu'il
délivrera à M. de Saint-Cosme, pour ses états de
gouverneur de la ville [de Nîmes]. — A M. d'Arbaud,
gendarme de M. de Châtillon, pour la montre de septembre, 15 écus. — A M. Bessonnet, 165 l. 12 s. — A
Jean Henri, soldat, 10 l. — A M. Umbret, argentier de
Mgr de Châtillon, 100 l. — A M. de La Tour du Bras,
gendarme de M. de Châtillon, sur sa montre de septembre 1580, 8 écus. — A un marchand [de Nîmes],
8 l. 1 s. pour certain velours fourni par Mgr de
Châtillon et qui lui a été déduit sur ses états par le
recevour. — A M. de Briquemaud de « Noyun »,
6 écus sur son état de septembre. — A M. d'Ande-
lot, 30 écus. — A M. de Chusonne, 50 écus. — A
M. Chambrun, ministre, 21 écus 20 s — A Jaubert, docteur en médecine, 300 l. — A Mᵐᵉ de
Maltret, 10 écus. — Le total de la dépense des 11
feuillets précédents est de 1.410 écus 5 d. — Fᵒˢ 62-
65. Le 14 septembre 1580, à Mᵐᵉ de Coligny, 30 écus.
— A M. de La Volvene, gendarme de la compagnie
de M. de Châtillon, 6 écus. — A M. de Beaupont,
29 s. — A Pierre Pichot, soldat de la garde de M.
de Châtillon, pour septembre, 10 écus. — A M. de
Lussan, pour reste de sa montre d'août, 9 écus. —
A MM. Pascal, Tressan, Sanglier, Damesaigues et

Philippi, soldats de la garde de M. de Châtillon, sur leur montre de septembre, 5 écus à chacun. — A M. Aguillonnet, 25 l. — A M. Eynon, par responsion pour M. de Brignac, 4 écus. — A M. de Vaulx, deux écus pistolets, soit 4 écus 36 s. — A M. Jean de La Pierre, de Montpellier, 6 écus. — A M. de Varandal, 25 s. — A M. de La Volvène, pour reste de sa montre d'août, 4 écus. — A M. de Marières, ministre, 5 écus pistolets. — A M. de Gasques, ministre, 3 écus sol. — A M. de Saint-Cosme, sur les états et solde de sa compagnie du mois d'avril, 100 écus. — A Claudel, serviteur, pour ses gages de cinq mois, 3 écus 5 s. — A l'argentier de M. de Beauquart sur les états de Mgr de Châtillon du mois d'octobre, 15 écus. — A M. de La Fontaine pour sa montre de septembre, 15 écus. — Pour une promesse de M. Astier, datée du 30 septembre et escomptée à Massip, exacteur d'Aiguesvives en 1589, 3 écus 14 s. 6 d. — Le total de la dépense desdits feuillets est de 394 écus sol 40 s. 6 d. — Fos 65-69. Au recevour, pour Briquemaud Milleron, 4 l. 56 s. — A Étienne George, ministre de Vauvert, pour le dernier quartier de ses gages, précomptis aux rentiers du bénéfice de N.-D. de Vauvert, 25 écus (1er octobre 1589). — Au capitaine Ducros, sur ce qui est dû à la garnison de Nîmes du mois de septembre, 43 écus 30 s. — A M. Laurent, ministre, pour reste de ses gages de l'année courante, 15 écus. — A M. de Saignes, gendarme, pour sa montre de septembre, 15 écus. — A M. Rouanel, sur sa montre d'août et septembre, 16 écus. — A M. Rochier, gendarme, pour reste de sa montre d'août, 10 écus. — A M. de Briquemaud de « Nojan », pour reste de sa montre de septembre, 8 écus. — A Mademoiselle, pour payer le taffetas de la « chemisole » de M. de Vaulx et du recevour, 17 l. 11 s. — A M. Rouan, 6 écus. — A M. Ricaud, ministre, 2 écus. — A M. de Breisse de Florac, 6 écus. — Au capitaine Laforge, gendarme de Mgr de Châtillon, pour reste de ses gages de septembre, 11 écus 8 s. — A M. de La Volvène pour sa montre de septembre, 15 écus. — A M. Grangier, 400 l. pour compléter le paiement qu'il allait faire à la garnison de Montpellier. — A Étienne Umbret, sur les états de M. de Châtillon, 50 écus. — A M. de Briquemaud de Milleron, 9 écus 35 s. — A Jean Martin, député du Vigan, 2 écus 4 s. pour le complément de 4 écus dont il a fait promesse le 12 octobre 1589. — Pour une rame de papier, 40 s. — A M. Dautry, gendarme de M. de Châtillon, 7 écus. — A M. Espérandieu, 30 écus. —

A Mme la recevouse, 2 l. — Au capitaine Saint-Germain, 7 l. 5 s. — A M. de Briquemaud de « Nojan », 6 écus. — A l'argentier de Mme de Teligny, 6 écus. — Au chevalier de La Tour, 4 écus. — Au capitaine Ribot, 8 écus. — Au père de M. Philippi, soldat de la garde de M. de Châtillon, 5 écus. — A M. Felguayroles, ministre, 13 écus, pour M. du Sac. — A Pierre Bon, dit Coste, pour paiement de quelques « sauvegues » prises pour M. de Vaulx, 54 l. — A M. Mirmand, conseiller du Roi, pour ses états de deux mois, 50 l. Total de la dépense desdits feuillets : 592 écus 18 s. 6 d. — Fos 70-75. Décharge donnée par Antoine Barthélemy, conseiller secrétaire ordinaire du roi de Navarre et recevour du diocèse de Nîmes, à son commis Mathieu Granon, de 35 écus (30 mars 1582).

— Recette faite par Granon, ès qualité, en 1582, du 12 mai, jour du départ du recevour pour Montpellier, jusqu'à la fin de juillet suivant. — Noms des exacteurs des communautés. — Total de la recette desdits feuillets : 747 écus 2 s. 9 d. — Décharge de cette somme donnée par le recevour à son commis Mathieu Granon (Nîmes, 31 juillet 1582).

E 1421. (Liasse.) — 1 pièce, papier ; 2 pièces, parchemin.

1377-1760. — *Familles Jean, de Joly, de la Jonquière.* — 1. *Famille Jean, de Valabrègue.* Vente faite, le 10 octobre 1377, par Pierre Boissier, de Valabrègue, diocèse d'Uzès, à maître Pierre Jean, tailleur dudit lieu, d'un jardin situé *in Lintezia* et confrontant les hoirs de Rostang de Salvaguae. Ce jardin paie une censive d'un demi-chapon au roi de France. Elle est portable chez le clavaire ou recevour des émoluments du roi à Valabrègue. Le prix de la vente est de 4 l. 16 s. 4. L'acte est passé à Valabrègue, en l'étude du notaire apostolique Antoine Boissier, par-devant Rostang Rogier, lieutenant, à Valabrègue, de noble Pierre Scatisse jeune, châtelain et viguier royal de Beaucaire et de Valabrègue, qui siège judiciairement pour la passation de l'acte et fait les lods. Mention de Guillaume Rogier aîné (1). — 2. *Famille de Joly, de Cola-noux en Rouergue.* — Copie de reconnaissances féodales d'habitants de la région du Vigan et de Nîmes. — Reconnaissance de Louis Vassas, facteur-

(1) Ces Rogier sont de la famille de Clément VI, pape d'Avignon (Pierre Roger) de 1342 à 1352. Valabrègue est près d'Avignon.

rier d'Aulas, à Jacques de Joly, seigneur de Caba-
noux et de Prunines, représenté par Charles de La
Cour, sieur de La Billière, d'Aulas (11 mars 1766).
Acte passé au Vigan par le notaire Moïse Parran.
— Reconnaissance d'André Finiel, bourgeois de
Bréau (Bréau, 21 mars, mêmes seigneur et notaire).
— Reconnaissance faite par le même à Étienne de
Caladon, sieur des Mazes, et à Pierre Roussy,
maire perpétuel d'Aulas, représentés par Jean Del-
puech, bourgeois de Saint-Hippolyte (Bréau, 21
mars, même notaire). — Reconnaissance faite par
Jacob Gaubert, marchand d'Aulas, à Jacques de
Joly, ès qualité, représenté par M. de La Billière
(Bréau, 21 mars. Même notaire. — Reconnaissance
faite par Jean Brun, cardeur de Bréau, à Édouard
de Valot, évêque de Nevers, prieur commendataire
de l'église Saint-Pierre du Vigan, et à Jacques de
Joly, représentés par Jean Delpuech (Bréau, 3 avril
1709). Noble Jean de Caladon, sieur de Rouisset,
d'Aulas, est témoin. Même notaire. — Reconnaissance de Suzanne de La Farelle, dame du Mercou,
épouse de noble Gabriel de La Farelle, capitaine de
grenadiers dans le régiment d'Albigeois, héritière
de son père Jean, faite à noble Étienne de Caladon,
sieur des Mazes, à Pierre Roussy, maire perpétuel
d'Aulas, et à André Finiels, bourgeois de Bréau, acquéreurs de noble Annibal d'Assif, sieur de Roque-
sodal. Il s'agit du mas du Fesc, paroisse d'Aulas
(Le Vigan, 23 septembre 1709). — Reconnaissance
de Jean Pons, « blanchier » de Nîmes, à noble Jacques de Joly, sieur de Cabanoux, habitant son château de Cabanoux en Rouergue, représenté par
M. de La Billière, d'Aulas (Le Vigan, 21 octobre
1709). — Reconnaissance d'Étienne Mazel, bachelier ès-droits et viguier d'Aulais, faite à Pierre
Roussy, maire perpétuel d'Aulas (Le Vigan, 19
juin 1702). — 3. *Famille de La Jonquière, de Tornac.* Vente faite par Guillaume de La Fabrègue,
acquéreur d'Antoine Cros et de noble Antoine
Auquier, à noble Pierre de La Jonquière, seigneur
de Tornac, de pièces de terre de la paroisse de
Tornac, moyennant 169 l. t. Le seigneur direct
n'est pas désigné. Il est vraisemblable qu'avant les
troubles religieux c'était le prieur de Tornac,
bénédictin. L'acte est passé au jardin de noble
« Gaucem » de La Farelle, terroir de La Mole, juridiction d'Anduze. Témoins : Pierre Flavard, apothicaire, Guillaume Calvin, greffier, Pierre de La
Farelle, marchand, Pierre Blanchard, clerc. Le
notaire est Antoine Deleuze (21 août 1573).

FAMILLE LABORIE, D'ALAIS.

E. 447. (Registre.) — 97 feuillets écrits, papier.

1735-An V. — *Famille Laborie, d'Alais.* — Livre
de raisons tenu par plusieurs membres de la famille.
F°° 1-41 : *Dépenses et fournitures faites par Laborie pour la maison de l'évêque d'Alais, de 1735 à
1777.* — F°° 1-8. Le 23 mai 1735, donné à Froidevaux, maître d'hôtel de l'évêque, 300 l. — Le 13,
donné à l'abbé de La Fare 300 l. — Le 15, donné à
l'abbé de Boucoiran 24 l. — Le 17 juin, donné à
Durand, tapissier de l'évêque, 18 l. pour payer du
canevas. — Le 24, donné 400 l. à l'évêque. — Le
18 septembre, 15 l. à Mme Pinel pour la façon
d'une toile. — Le 29 octobre, 150 l. à Godu, marchand d'ornements. — Le 4 novembre, 3 l. au jardinier de l'abbesse. — Le 3 décembre, 100 l. au jardinier Galand pour trois mois de ses gages. — Le
28 décembre, 3,016 l. pour les dîmes de l'abbaye
de Psalmodi et du bénéfice de Bassargues, ensemble la pension épiscopale de M. de Nîmes (1). —
Le 15 janvier 1736, 54 l. à Anne, servante renvoyée,
pour ses gages d'une année finie ledit jour. — Du
22 septembre au 23 novembre 1735, 216 l. à Frois-
sard, suisse de l'évêque. — Le 31 janvier 1736, 67 l.
4 s. à Labaume pour 48 livres de bougie à 28 sols.
— Le 3 mars, payé 18 l. pour douze citrons et six
cédrats. — Le 25 mars, 250 l. à Mme de Montrozier,
pour intérêts de 5,000 l. dus à la baronne (d'Alais).
— Le 1er avril, 48 l. à M. Durand, valet de chambre
de l'évêque. — Le 8 avril, 336 l. au curé de Saint-
Laurent, pour sa congrue et ses menues dépenses
de 1735. — Le 8, 90 l. au prédicateur du carême.
— Le 8, 92 l. au curé de Lunel pour la pension que
lui sert le bénéfice de Bassargues. — Le 12 avril,
100 l. remboursées à Mme de Roux, qui les avait
payées pour l'évêque à Canonge, d'Avignon. — Le
25 mai, 200 l. pour l'aumône épiscopale faite à l'hôpital (d'Alais). — Le 8 juin 1736, 311 l. à la supérieure des Ursulines, aux frères des écoles et à M.
Constant. — Le 23 mars 1736, précompté aux fermiers du Vigan 300 l. qu'ils avaient payées à M.
d'Espinassous. — Le 23 mars, 19 l. 7 s. 6 d. à Aber-

(1) L'évêché d'Alais avait été distrait de celui de Nîmes en
1694, pour la conversion forcée des protestants.

tore pour 15 journées 1/2 employées à faire six caisses d'orangers, à 25 s. la journée. — Le bois des caisses coûte 54 l. Il a été fourni par le charron Felgeyrati, comme le bois pour faire le dessus des trois portes de la salle « athénale » ou à tonnelle du jardin. — Donné à Liégeois, en divers temps, 85 l. A compte de ce qui lui est dû pour journées employées à faire le treillage de la dite salle, les contre-vents, ou la porte-fenêtre du cabinet de l'évêque, ensemble sa fourniture de bois. — Le 31 mars 1736, 24 l. au fournisseur de la pierre de Salindres employée à faire le perron du côté du jardin, pour la sortie du cabinet de l'évêque. — Autres frais de la construction dudit perron. — Voyage au Vigan pour faire recevoir les réparations faites par l'évêque, cinq journées, frais du procureur, contrôle, papier timbré, louage d'un cheval, 24 l. 14 s. — Dépense des travaux faits au séminaire jusqu'au 1er juin 1736; 311 l. — Récapitulation des totaux inscrits au bas des 14 pages précédentes. Total général: 31.880 l. 16 s. 3 d. de dépense. La recette est de 28.763 l. 4 s. 5 d. Il est dû à Laborie, comptable, 3.117 l. 10 s. 10 d., plus les intérêts échus de 8.090 l., que lui doit l'évêque par l'arrêté de compte du 17 mai 1735, soit 494 l. dont Laborie sera payé sur les premiers fonds qui rentreront de la recette épiscopale (Toute cette déclaration, à partir de l'indication de la recette, est de la main de Charles de Banne d'Avéjan, qui prit possession de l'évêché d'Alais le 8 septembre 1721 et nommait à Paris le 27 mai 1744.) Il signe: Charles, évêque d'Alais (11 juin 1736). — Frais à M. Fermin, organiste, 30 l. pour sa pension de juillet et d'août (24 août 1736). — A Labaume, 150 l. à compte de la bougie qu'il a fournie (11 novembre 1736). — A M. Archimbaud, curé de Saint-Laurent, 356 l. (5 novembre). — Au jardinier, pour l'entretien du puits à roue et autres objets, 53 l. (7 janvier 1737). — A l'hôtesse de Corcoune, 15 l. (25 février 1736). — Au postillon André, 30 l. sur ses gages (25 mars 1737). — A M. Fermin, organiste, 90 l. pour ses gages de décembre à mars (31 mars). — Au tailleur Foulan, ensemble le serrurier, le sellier, le maréchal et le chapelier. 351 l. (24 juillet 1737). — A Maubernarde, servante, pour une année de ses gages finie le 22 janvier 1737, 54 l. (24 septembre 1737). — A Tureau, pour réparations aux églises et maisons claustrales du Vigan et de Maulingout, 618 l. (13 octobre 1737). — Transport de 68 salmées de blé de Saint-Laurent à Alais, à 3 l. chaque, 204 l.

13 octobre. — A Mazgan, vitrier d'Aiguesmortes, pour travaux aux fenêtres du sanctuaire, chœur de l'église de Saint-Laurent, 42 l. Il s'agit de Saint-Laurent d'Aizouze (4 août 1737). — A Izdry, fondeur de Nîmes, pour réparations à l'église de Janquières, 30 l. (8 août). — Voyage de Laborie à Saint-Laurent, pour vendre le blé en mars dernier, location du cheval, sept journées, 27 l. 12 s. — Frais de la levée de la récolte de Saint-Laurent, 13.50 l. 16 s. — Récapitulation des dix pages précédentes, aboutissant à un total de 44.055 l. 11 s. 6 d. de dépense. L'évêque note que la recette monte à 45.804 l. 8 s. 2 d. Le comptable reste donc 2.727 l. 16 s. 8 d. Sur cette somme l'évêque a expédié des mandements à Laborie pour 1.075 l. 16 s. Il a reçu 1.594 l. plus des quittances régulières pour le reste du reliquat, et décharge Laborie (20 octobre 1737). — F. 15-21. A « La Vallier », cavalier de la maréchaussée, 184 l. pour un cheval vendu à l'évêque (17 décembre 1737). — A M. Froulevaux, pour le vin et le blanchissage des domestiques, y compris 18 l. pour la petite « oye » de l'hôtel du sousse, 86 l. 10 s. (5 janvier 1738). — A La Plane, fondeur, 47 l. (24 janvier). — A M. Gabert, suivant le billet fait par l'évêque à son sou mari, 2.500 l. (20 février 1738). — A la D. Acutte de Charenson, 301. 8 avril 1738. — A M. Froulevaux, pour payer les ornements venus de Lyon pour l'église de Saint-Laurent, 104 l. (2 avril 1738). — Au boulanger Alleyras, 504 l. (25 août 1738). — Au charron Blavet, 60 l. (24 août). — A l'abbé de Pérusses, 384 l. 10 s. (30 août). — A Lafont, maréchal, 30 l. (7 septembre 1738). — Au chapelier Igon, y compris 7 l. pour un chapeau fourni à l'évêque, 22 l. 7 septembre. — A « Falgaier », collecteur d'Alais, pour la capitation des domestiques de l'évêque, 16 l. (22 octobre 1738). — A l'abbé Dafour, pour M. de Rochedonne, 64 l. (12 novembre 1738). — A l'hôtelier de Lédignan, pour reste d'un vieux compte, 3 l. 10 s. (25 août 1738). — Pour quatre bouteilles de liqueur, 4 l. (10 avril 1738). — Pour 24 livres d'huile de noix, à 5 s. 6 d., 25 l. 17 s. (25 janvier 1738). — Pour un compte de fournitures faites à l'occasion de l'agrandissement du jardin en janvier et février, 380 l. — Pour les gages des domestiques de l'évêque de janvier à mai, à 249 l. 16 s. 8 d. par mois 1.321 l. — Gages de septembre et octobre, à 241 l. 10 d., 483 l. — Fournitures pour le bâtiment du séminaire, 1.311 l. (16 novembre 1738). — Frais de la levée de la récolte de Saint-Laurent en 1737; 1.191 l. — Récapitulation

des dix pages du compte : 39.651 l. 11 s. 5 d. de dépense. L'évêque inscrit ici, le 18 novembre 1738, l'arrêté du compte de sa recette, qui consiste au produit des fermes de Saint-Laurent, Rossargues et autres revenus de l'évêché d'Alais en 1737, à l'exception du produit des salins, qu'il reçoit à Montpellier. Il faut ajouter à la recette tout ce qui lui est venu d'argent de Paris pour ses autres bénéfices par le moyen de M. La Fontaine en 1738. Cette recette monte à toizet l. 11 s. 7 d. Il arrête aussi le compte de sa dépense depuis le dernier arrêté du 5 octobre 1737, à 39.651 l. 9 s. 5 d. A cette somme il ajoute divers chefs qui la portent à 40.583 l. 9 s. 3 d. Le comptable Laborie restait donc 911 l. 9 s. 2 d. dont il se chargera dans son compte de 1738 qu'il rendra l'année prochaine. Comme pour les comptes précédents, les pièces justificatives sont restées entre les mains de Laborie. — F° 21-27. Part de la caisse contenant les ornements de l'église de Saint-Laurent venant de Lyon, y compris 20 s. pour un ruban de missel, 7 l. 1738. — A M. Ruffard 322 l. 12 décembre 1738. — A la supérieure des Ursulines pour la pension de M⁰ « Oakumoly » d'Hautpoul, 211 l. 3 décembre) — A M. Durand, receveur, pour l'acquit d'un billet que l'évêque lui avait fait, 600 l. 19 janvier 1739. — A M. Carles, orfèvre, pour l'acquit d'un billet de l'évêque, 580 l. 3 février 1739. — Pour la part de l'évêque dans l'huile de Provence, 225 l. 22 février). — A Antoine, rôtisseur, pour reste de ses gages, 55 l. 18 mars 1739. — A M. M. Froidevaux, pour payer trois tonneaux de vin d'Anduze, 180 l. 8 mars. — A Lapierre, frotteur, pour reste de ses gages, 60 l. 10 mars). — A Andrè, postillon, sur ses anciens gages, 30 l. 23 mars. — A Pierre Rozier, marbrier, 126 l. 27 mars. — A Maubernard, pour reste de ses gages de 1737, 49 l. 6 avril 1739). — A Mˡˡᵉ Barbé, brodeuse, pour reste de ses gages, y compris 150 l. pour son voyage à Paris, 878 l. 19 avril. — A Laplaine, fondeur, pour avoir fourni, travaillé et posé 637 livres de plomb destiné aux gouttières du côté du jardin de l'appartement parqueté, à 5 s. 9 d. la livre, 183 l. 2 s. 9 d. 17 juin 1739). — Remboursé à M. Froidevaux 150 l. payées par ce dernier à Emmanuel Lacroce, de Gênes, sur les orangers qu'il a fournis (21 juin). — A l'abbé de Laplane, 48 l. 11 juillet 1739). — Au P. Fraisse, pour un « annuel » des messes célébrées au couvent, 100 l. 14 juillet). — A M. Bourgogne, (apothicaire,) pour reste de tout compte, 332 l. 22 juillet). — A Castanet, laquais, sur ses anciens gages, 72 l. 28 février 1740. — A la banquière d'Alais, pour les intérêts de 5000 l. à elle dues par l'évêque, 250 l. 28 février. — A M. Froidevaux, pour un quartier de vin et le blanchissage de la livrée de l'évêque, 87 l. 3 avril 1740). — Pour les gages des domestiques de l'évêque du 1ᵉʳ janvier au 30 avril 1740, 1.113 l. 1 s. 4 d. 3 mai 1740. — Pour la pension épiscopale servie au chapitre des années 1738 et 1739, 800 l. 25 mars. — Aux ouvriers du transport des terres destinées à la terrasse du jardin, 211 l. — Pour la construction du séminaire, du 18 novembre 1738 au 23 mai 1740, 8.132 l. Dans cette dépense est comprise la bâtisse faite au jardin. — A l'abbé Teissier, pour payer deux quartiers de la Gazette, 30 l. 27 décembre 1738. — A M. Ponge étudiant, pour une année de la pension que lui fait l'évêque, 36 l. 9 décembre 1739. — Au porteur d'un escalier envoyé par les fermiers d'Avéjan, 4 l. 4 s. 19 décembre. — Au menuisier Faiza, pour les deux portes des remises et une autre du côté des caves, 160 l. 12 avril 1740. — Récapitulation des onze pages précédentes, établissant la dépense à 55.657 l. 10 s. 3 d. — Additions portant la dépense à 56.657 l. 9 s. 5 d. — Le 15 juin 1740, arrêté du compte de l'évêque, qui redoit à Laborie 2.525 l. 9 s. 5 d., dont il se paiera sur les premiers deniers de sa recette et de la recette pendante. — F° 28-31. A M. Fabrègat, pour un sommaire des vieux titres de l'abbaye de Psalmodi qui lui a pris quinze jours de travail, 54 l. 17 septembre 1739. — A M. Faste, ancien cuisinier de l'évêque, pour reste d'un mandement de 925 l., 364 l. 30 novembre 1740. — A l'abbesse [d'Alais], pour partie du vestiaire de Mᵐᵉ de Banne, 30 l. 26 décembre 1739. — A M. Durand, receveur, pour trois années de loyer de la chambre de Quissac, 45 l. 6 mars 1741). — A Brunel, hôtelier d'Avéjan, pour la dépense faite chez lui par MM. Rollin et Gras lorsqu'ils levaient le plan du château d'Avéjan, 4 l. 4 s. 21 mars). — A Jeanneton, servante, pour reste de ses anciens gages, 30 l. 15 s. 15 mars. — Dépense faite à la maison de l'évêque pendant la tenue des États, 547 l. — Dépense faite aux jardins du 30 février au 7 mai 1741, 1302 l. — Dépense faite au séminaire du 13 juin 1740 au 16 avril 1741, 3.582 l. — A Guerre, qui a servi pendant un an de garde terre d'Avéjan, pour le gibier fourni à l'évêque, 30 l. 3 s. — Récapitulation des six pages précédentes. Elle accuse une dépense de 31.394 l. 15 s. 5 d. — Le 10 mai 1741, l'évêque arrête ses comptes de recette et de dépense depuis le 14 juin 1749. La recette est de 2... l. ... s. ... d. Il faut ajouter à la dépense ci-dessus ... l. pour l'intérêt des 8... l. prêtés par Laborie. L'évêque lui redoit donc 8.710 l. 17 s. 4 d. — F° 31-36. A M. Rousselle, maître de la pension du collège, pour la pension de trois enfants de mars à mai, 54 l. (1er juin 1741). — A M. Bourgogne, apothicaire, 150 l. (13 juin). — A Ronills, « bachamillier », pour les journées employées à peindre le treillage du jardin, 15 l. (28 juillet 1741). — A Despuech, droguiste, 128 l. (30 juillet). — Au baron d'Alais-Montairet, remboursement de 5 000 l. dues par l'évêque pour la constitution de dot de la baronne (22 octobre 1741). — Gages de Lafleur, portier, pour six mois, 100 l. (30 septembre). — Gages de Prevôt, rôtisseur, pour six mois, 200 l. (30 septembre 1741). — A M. Marchatel, chef de cuisine, 111 l. (26 novembre 1741). — A l'abbesse, pour la pension de Mme de Banne, religieuse, à échoir le 1er janvier 1742 (31 décembre 1741). — A Larazeau, vitrier, pour 18 grands carreaux posés à la chambre à niche, 7 l. (25 avril 1742). — Peinture de sept caisses d'orangers, 6 l. (26 juillet 1742). — A Rouboonnais, menuisier, pour deux portes du jardin, dont l'une fait communiquer avec le collège, 10 l. 9 s. 6 d. (29 mai 1741). — A Guridan, tourneur, pour trois « ecuelles » destinées aux trois tuyaux conduisant l'eau aux deux jardins, 12 s. (19 juin). — A Palen, pour une caisse contenant 24 bouteilles, en vue d'envoyer à l'archevêque de Paris de l'eau de fleurs d'oranger, 3 l. (3 juillet 1741). — A l'abbesse, qui a fourni son mulet pour faire tourner la roue du puits pendant trois mois et six jours, 16 l. (16 août 1741). — Raccommodage des pioches et « trenques » servant à cultiver le nouveau jardin potager, 10 l. (3 septembre 1741). — A la femme d'André, ancien cocher de l'évêque, pour restes de vieux gages, 22 l. (2 octobre et 3 novembre 1741). — Construction de la maison du jardinier du 22 mai au 14 août 1741, 1.320 l. — Ouvrages faits au séminaire du 22 août 1741 au 26 juillet 1742, 3.422 l. — Récapitulation des dix pages précédentes : 31.973 l. 9 s. 3 d. de dépense. — Le 27 juillet 1742, arrêté de compte par l'évêque. La recette est de 34.474 l. 16 s. 2 d. L'évêque doit à Laborie les intérêts de 8 000 l. Laborie a encore à l'évêque 2.018 l. — F° 37-41. A Castanet, ancien laquais, 143 l. (3 décembre 1742). Au barbier Raucel, 41 l. (16 décembre). — Au marchand Fraissinet, 164 l. (31 décembre). — Au tailleur Louis, 57 l. (26 février 1743). — A M. Prudent,

serrurier, 212 l. (2 avril 1743). — A l'abbesse d'Alais, pour le vestiaire de Mme de Banne, religieuse, 50 l. (31 décembre 1742). — Dépense de la maison épiscopale pendant les États, qui ont duré huit semaines, 260 l. — Au vitrier Dumicourt, 6 l. (13 septembre 1742). — Voyage à Nimes de Laborie pour affermer le bénéfice de Saint-Roman, trois jours, 12 l. (23 septembre 1742). — A le sieur Laterrier, pour 113 pots de terre destinés à des tuberoses, 11 l. 4 s. (16 janvier 1743). — Récapitulation des sept pages précédentes : 21.881 l. 3 s. 4 d. de dépense. — Le 1er mai 1743 arrêté de compte par l'évêque. La recette est de 21.110 l. 5 s. 3 d. Laborie a encore à l'évêque 2.25 l. 2 s. 4 d., tous les avances faites par Laborie dans les comptes précédents. En mars, Nicolas Laterrier de l'écriture « Hourly », daté du 2 juillet 1744 [après le décès de l'évêque Charles de Banne d'Avejean]. Le 6 mai 1743, l'évêque inscrit la vente, par lui faite à Laborie, de 116 hôtes à cause du vaisselle d'argent, au poinçon de Paris, consistant en 3 grands plats combottes, un grand plat long, 4 plats d'entrée, 2 douzaines d'assiettes contournées, 3 cuillères et à fourchelles, au poinçon d'Avignon, le tout à ses armes et évalué à 6.074 l. 10 s., en vue d'acquitter sa dette de ... l. envers Laborie. L'évêque pourra racheter la vaisselle dans un an, en payant à Laborie 6.074 l., sinon elle restera la propriété de Laborie. — F° 42-51. Écriture d'une autre main. Le scripteur redoit ce qui lui est dû par divers particuliers en rentes constituées ou en billets, au 1er avril 1751. Mme de Beauvoir de Roux, M. de Calvière, Mme de Saint-Maxime, M. d'Entremars, M. des Poulchets, M. de Ribes, sont ou ont été ses débiteurs. — Pensions qui lui sont servies à la date du 25 décembre 1765. — Constitutions de rentes au 10 mars 1767. — F° 51. Commentaire financier des feuillets suivants, de l'écriture de l'abbé Laborie s. d. — F° 51-80 : Dépenses de Laborie aîné, de 1774 à l'an V. — F° 81-83. A Pagès, maître en chirurgie [d'Alais], 112 l. avancées par lui pour les frais funéraires de Mme Laborie mère (15 octobre 1774). — A Bourgogne, maître apothicaire, 28 l. pour remèdes fournis à la défunte (12 janvier 1775). — Petits oignons pour planter au jardin de la rue Neuve, 11 l. 4 s. (19 novembre 1774). — Ramonage de deux cheminées, 10 s. (14 décembre 1774). — A Laporte, prieur d'Arènes, 8 l. pour une canne d'huile (14 décembre). — A Baptiste, exprès envoyé à son frère François (1), sur l'avis de ses frères, 41 l. s. (24 avril 1775). — Frais de vendange, 41. 17 s., (octobre 1775). Gages de Nanon, leur domestique, pour une année finie le 22 septembre, 42 l. — Louison lui succède aux mêmes gages (22 septembre 1775). Mention de M⁰ Comte, tante de Laborie. — A Laupies, perruquier, pour ses services d'une année, 18 l. (20 septembre 1775). — A son frère Germain, le médecin, 320 l. pour l'intérêt d'une année de sa légitime (24 octobre 1775). — Pour un achat de voile que son frère lui a envoyé de Lyon, 34 l. 10 s. — A M. Martin, receveur ambulant des domaines, de la partie du Puy, 4 l., sur un mandat de son frère Germain, à compte de ses droits légitimaires, 2 novembre 1775. — Pour une veste et culotte noires, 27 l. 5 s. (7 novembre). — Dépense d'un voyage à Nimes pour rectifications à demander à M. de La Boissière, héritier de M. de Montclus, (2) des erreurs faites par Laborie père dans les comptes qu'il avait rendus à l'évêque, 13 l. 10 s. (24 janvier 1776). — Emplettes faites à Nimes, 121 l. 11 s. 6 d. — A son frère Germain, à Montpellier, 18 l. (5 février 1776). — A son frère François, prêtre, à compte des intérêts de sa légitime, 177 l. 15 s. (15 février). — Montant de la dépense de la maison du 12 octobre 1774 au 18 février 1776, 920 l. 17 s. 4 d. — Voyage à Uzès pour retirer un remboursement, 41. 10 s. (7 mai 1776). — A Foulan, marchand tailleur, 230 l. (12 juillet 1776). — Acheté chez Dupré, libraire, le Dictionnaire des naturalistes, en 6 volumes, 21 l. (27 juillet). — A Feljas, orfèvre, 38 l. — A la vente à l'encan de feu l'évêque, 54 l. — Trois vases à fleurs, faïence de Strasbourg, 6 l. (10 août 1776). — A son frère Joseph, sur sa légitime, par la voie de son frère Louis, 1.640 l. — Acheté d'un Lorrain pour 54 s. de verres (25 septembre 1776). — Acheté d'un libraire La maison rustique, 12 l. et les Mémoires sur Madame du Barry, 36 s. (24 janvier 1777). — F⁰ˢ 54-61. Baillé à un exprès envoyé à Montpellier par son frère l'abbé, 30 l. pour rapporter 12 livres de chocolat de santé (17 avril 1777). — Pour 200 bouteilles de Lorraine venues de Lyon, 63 l. — A Nanon, domestique, 6 l. pour s'acheter des chemises, à compte de ses gages (12 juin 1777). — A son frère Germain, 18 l. pour aller à Nimes voir passer

Monsieur, frère du roi (27 juin). — A M. Polatan, pour une médecine, trois lavements, quatre prises de rhubarbe, 11 l. (15 août 1777). — A M⁰ Privat, 11 l. 5 s. pour trois années de pension qu'il sert au commandeur de Saint-Antoine à raison de sa vigne du Plan d'Alais (8 septembre 1777). — A M. Soustelle, avocat, pour le compte de Claude, libraire de Nimes, 33 l. à raison de la souscription à l'Encyclopédie et des deux premiers volumes reçus (22 octobre 1777). — Deux mouchoirs de soie, 7 l. (31 janvier 1778). — Acheté d'un colporteur l'Histoire naturelle de Buffon (2 mars 1778). — A Thibaud, relieur, 14 l. (13 avril 1778). — A Barjegarre, apothicaire, 6 l. pour douze bouillons frais (13 mai 1778). — Au cordonnier Lavigne, 20 l. 1 s. pour 52 paires de souliers depuis 1772 jusqu'à ce jour (3 juillet 1778). — Voyage à Nimes à l'occasion de l'affaire avec M. de La Boissière, héritier de M. de Montclus, évêque d'Alais, 21 l. 15 s. (19 décembre 1778). — F⁰ˢ 62-68. Étrennes au perruquier, à la fille de service de Laborie et à celle de son frère l'abbé, 3 l. à chaque (1ᵉʳ janvier 1779). — Baillé au cocher de M. de Saint-Sauveur, pour les avoir menés à Vestric en reconduits, avec M⁰ˢ Comte, 1 l. 4 s. (3 janvier). — A l'abbé d'Arnal, pour un traineau de 23 planches, sur 29, 54 l. (4 septembre 1779). — A Guibal, pour son voyage à Largentière, 5 l. (25 juillet 1780). — A M. Cladtert, pour six bourses à cheveux apportées de Beaucaire, 7 l. 10 s. Laborie en remet trois à son frère Germain (Août 1780). — A son frère le prieur de Blandas, 600 l. pour son voyage en Alsace (15 avril 1782). — F⁰ˢ 69-74. A Borelly, marchand, pour un surtout de Silésie, 42 l. (13 janvier 1783) — A MM. Aigoin, oncle et neveu, pour renouveler un abonnement au Mercure de France, 32 l. (30 janvier). — A Thibaud, pour la reliure de l'Encyclopédie, 35 l. (25 mars 1783). — A un colporteur, pour de la mousseline, une paire de bas et un bonnet de laine double, 20 l. 3 s. (13 octobre 1783). — A Perrin, pour avoir accommodé un fauteuil de commodité, 9 l. (21 octobre 1784). — A M. Labbé, receveur des domaines, 34 l. 8 s. 3 d. pour le droit de centième denier de la succession de son frère Germain-Gaspard (13 mars 1785). — A Aigoin, pour quatre volumes de la Bibliothèque physico-économique, 10 l. 8 s. (28 septembre 1785). — F⁰ˢ 75-80. A Gaussert, 222 l. pour divers objets provenant de la succession de M. Bagnon : neuf estampes, 45 l. ; deux chandeliers de cuivre, 1 l. 10 s., etc. (9 mai 1792). — A M. Bastide, officier de sa compagnie,

pour frais de sa garde, 5 l. (19 juillet 1792). — Au
citoyen Lauplos, collecteur d'Alais en 1791, 435 l.
3 s. 4 d. pour la contribution de 1791 (11 brumaire
an IV, ou 9 novembre 1795). — Au citoyen Salagé,
percepteur de la commune d'Alais, en une rescription, 1.440 l. pour reste de la cotisation supplémentaire de l'emprunt forcé (6 floréal an IV, ou 25 avril
1796). Ce jour-là 10.440 l. en assignats représentent
110 l. Laborie a versé 330.000 l. en assignats pour
2.894 l. dues. — Payé à Salagé, pour le premier
paiement des contributions de l'an IV, 654 l. en
mandats et 683 l. 11 s. en assignats, valeur nominale,
soit 1.313 l. 11 s. (28 thermidor an IV, ou 13 août
1796). — A Fauchet, tailleur, 23 l. 3 s. (13 germinal an V, ou 2 avril 1797). — F° 84-86. Pour
la façon de 48 fagots de sarments, 12 l. 5 s.
(24 ventôse an III, ou 16 mars 1795). — A Espérandieu, pour taille de la vigne et provins, 4
journées à 25 s., 5 l. (Mars 1790). — Frais de
vendange 5 l. 12 s. (6 octobre 1790). — Reçu du
F. François-Marie, supérieur des Écoles chrétien-
nes d'Alais, 99 l. pour 18 barraux de vin à lui vendus par Laborie, 11 barraux de l'année 1779 et 7 de
1780 (14 mars 1781). — Reçu de Cavalier, traiteur,
32 l. 14 s. pour vin de 1782, à lui vendu à raison de
8 s. 6 d. la pinte (21 juillet 1784). — Reçu, pour
vente de 24 livres 4 onces de cocons, à raison de
35 s., 42 l. 9 s. (30 juin 1767). — Reçu, pour vente
de trois quintaux de feuille de mûrier, 17 l. 14 s.
(16 juin 1766). — F° 87-92. A son frère Louis Laborie, 3.000 l. à compte de ses droits légitimaires
paternels, suivant acte du notaire Delouze (12 septembre 1770). — Quittance de 5.400 l. consentie par
Louis à son frère aîné pour reste de ses droits légitimaires, paternels et ses droits de succession maternelle. L'acte est passé par leur cousin Lacombe,
notaire de Vézénobre, à Saint-Hilaire, à l'auberge
qui a pour enseigne le *Pont d'Avène* (4 septembre
1778). — Mandats de Joseph Laborie, payés à M. de
Vanieville, receveur ambulant des Domaines, ou à
Martin, négociant d'Alais, ou à autre Martin, receveur ambulant du Puy (2 juillet 1773-28 mai 1776).
— Note d'une procuration donnée par Laborie aîné
au receveur Martin pour obtenir de Joseph Laborie
quittance publique de 5.710 l. 9 s. 10 d. reçus par
lui à compte de ses droits de légitime paternels et
maternels, et arrangement pour le surplus, dû par
Laborie aîné dans les limites de 7.000 l., suivant
règlement avec ses frères (15 mai 1776). — Note de
la quittance publique obtenue de Joseph Laborie

3 août 1776. Joseph est receveur des Domaines à
Saint-Julien de Chapteuil, près le Puy. — Remise,
par François Laborie, prieur, d'une quittance de
1.740 l. consentie par leur frère François-Joseph
pour reste de ses droits légitimaires paternels et de
succession maternelle (12 janvier 1776). — Place-
ments faits pour le compte de Germain (30 janvier
1783). — Bailli par Laborie à sudit frère Germain
633 l. pour voyage et séjour à Montpellier (21 octobre 1775). — Payé à Coman, receveur provincial
du clergé à Montpellier, 300 l. qu'il avait comptées
à Germain (12 juillet 1775). — F° 93-97. Dépenses
et recettes pour Germain (16 juillet 1775-7 juillet
1784). — Réparations à la chambre de la maison de
Laborie sise au-dessus de celle qu'il occupe, à côté
du puits (Mars-avril 1776). — Compte du cordonnier Lavigne (Décembre 1775-mars 1787).

FAMILLE DE LAUDUN (1)

E. 1323. (Liasse.) — 6 pièces, parchemin ; 2 pièces, papier.

1303-1335. — *Famille de Laudun, d'Aramon.—
Origine des liens.* — 1. Vente faite, le 3 juin 1303,
par Pons Rauberti, habitant Beaucaire, à Olivier
de Coyran, damoiseau, de Valabrègue, moyennant
le prix de 180 l. 8 s. t., dont il se déclare payé, de
deux pièces de terre et bois sises en l'île de Bertrand. Elles sont de la directe de noble Rostang
Gaucelme, chevalier, seigneur de Bonnatin, pour
moitié, et de noble Bertrand de Boulbon, damoiseau, seigneur de Boulbon, pour l'autre moitié, et
par indivis. Leur contenance est de 14 seterées,
mesure de Beaucaire. Raymond Roquemaure, de
Saint-Rémi, écuyer et procureur de Rostang Gaucelme, fait les lods. L'acte est passé à Tarascon,
devant la maison paternelle de Gaucelme, seigneur
dominant de l'île de Bertrand. Témoins : Raimond
Adalbert, de Valabrègue, damoiseau ; Pons de Coyran, Raymond Perayron, *magister lapidum* de
Tarascon ; Bertrand Marin, de Boulbon, habitant
Tarascon ; Jean *Calcamodio*, son neveu, etc. Le
notaire est Audibert *Borci*. — 2. Publication du testament d'Hugues Lombard, d'Aramon, damoiseau.
Sa fille Bertrande est instituée héritière universelle.
Texte peu lisible par suite de fortes moisissures. Une
suscription du XVI° siècle fait connaître que Ber-

(1) Fonds donné par l'École des Chartes. Juin 1839.

trande épousa Bertrand de Remoulins. La date du mariage est elle-même fortement tacée dans la souscription. La publication est du 12 juin 1316, et le texte du testament est du 10 octobre d'une année précédente (1). Le testament est fait à Aramon, chez le testateur. Témoins : Olivier d'Aramon, juriste ; les frères Aimerie, Gui de Mérindol, Bertrand Andebert, Raimond Jurami, prêtre ; Bertrand Guiraud, damoiseau. Le notaire est Jean Cavalier. Raimond Durand, d'Aramon, au service de Cavalier, a écrit l'acte. Cavalier l'a souscrit de son seing habituel. La publication donne le texte d'un second acte du 21 août 1316, par lequel Hugues Lombard, d'Aramon, damoiseau, confirme son testament, à l'exception d'un legs qu'il révoque. Le codicille ajoute que le legs de 100 sols fait à Sibylle Misson sera réduit à 20 s. Le testateur ajoute, aux tuteurs donnés à ses enfants dans son testament, Bernard de Mézoargues et Bernond......, damoiseaux. Abolition de la substitution de Rostaing Misson aux enfants du testateur. L'acte est passé à Aramon, dans la chambre du codicillant. Témoins : Jean Chausonard, chevalier ; Raimond Gracelh, Gui de Mérindol, damoiseaux ; Garnier Sabatier, de Barbentane ; Bermond de Blacayras, Raimond Signoret, notaire. Le notaire est Jean Cavalier. Raimond Durant écrit l'acte, qui portait le seing de Cavalier. Le notaire qui dresse la publication ou grosse des deux actes est requis par noble Ermessende, veuve d'Hugues Lombard, damoiseau d'Aramon, en présence de Bertrand de Remoulins, damoiseau, du fils de ce dernier Gilles de Remoulins, damoiseau, de Beaucaire... Une fois les actes lus par le notaire Cavalier en langue vulgaire, Ermessende les remet à Bertrand de Remoulins, son gendre, époux de sa fille Bertrande. Les témoins de cette tradition, dont le notaire dresse acte dans la maison de Bertrand, sont Bertrand de Remoulins, oncle paternel de Bertrand, Gui de Mérindol, Rostang Baron, etc. Raimond Durant, notaire royal, reçoit l'acte. Amans Durant, notaire, l'écrit, et Raimond Signoret, notaire, le souscrit et y met son seing. — 3. Vente faite, le 9 mai 1325, par Douce, fille de feu Pierre de Montaren, de Valabrègue, et femme de Raimond Flote, damoiseau de Tarascon, assistée de son mari, à Guillaume de Coyran, damoiseau, agissant au nom d'Olivier de Coyran, son père. La vente porte sur huit pièces de terre dotales sises dans les fiefs de Bertrand (1), au roi de France. Leur contenance globale est de 25 séterées, mesure de Beaucaire, moins 2 dextres et 10 palmes (ou pans). Parmi les confronts, on voit des terres aux hoirs de Pierre Chausonard, d'Hugues Lombard, de Jean Chausonard, chevalier ; à Almerie de Grans et à ses frères, à Guillaume de Grans. Le prix est de 357 l., à raison de 14 l. 1. par sétérée. Il est payé à l'acte. Les lods sont faits, à raison de 91 l. 16 s. 3d., par Pons Trocho, lieutenant de noble Gibald d'Arrablay, châtelain et viguier de Beaucaire, Valabrègue, Aramon et Fourques, suivant sa commission insérée plus bas, et datée de la cour de Valabrègue, 27 novembre 1324. D'Arrablay, siégeant en ladite cour, se rend en France, et commet Trocho, son lieutenant à Valabrègue, pour faire les lods des aliénations concernant les possessions des fiefs royaux de Bertrand. Témoins de la commission : Raimond Bonhomme, notaire ; Pierre Sallayrier, notaire ; Philippe de Saint-Bonnet, juriste. Le notaire est Raimond Guheyla. Son clerc Pierre Paul écrit la commission. L'acte de vente est passé dans l'île de Valabrègue, sur une terre des hoirs de Guillaume Raynoard. Témoins : Pierre Pallière, damoiseau ; Raimond Azalbert, damoiseau, de Valabrègue ; Bertrand Long, notaire de Tarascon ; Bertrand Panon, notaire de Tarascon. Mêmes notaire et clerc. Guheyla fait la souscription et met son seing. — 4. Testament, fait le 5 août 1330, par Bertrande de Remoulins, femme de Bertrand de Remoulins, damoiseau, fille de feu noble Hugues Lombard, d'Aramon, damoiseau. Elle élit sépulture au cimetière de l'église Saint-Pancrace d'Aramon. Legs au prieur de l'église, au cierge de la Vierge, aux autres luminaires, à l'œuvre, aux deux chapelains ayant cure d'âmes, au diacre, au clerc ; à la mense des frères mineurs de Beaucaire, à celle des frères prêcheurs de Tarascon, à Alasacie Ruselier, à Guillemette Stope, à ses filles Vierne, Alasacie. Vierne entrera en religion. Alasacie aura 7 000 sols de dot. Des vêtements lui seront choisis par des amis et parents, à l'exception de Belmond de Remoulins, cognat de la testatrice et oncle d'Alasacie. Legs de 100 l. t. à son fils Bertrand de Remoulins, qui entrera en religion dans le délai de huit ans. Les posthumes auront 50 l. chaque, pour se faire moines ou religieuses. Sont substitués à Alasacie par la testatrice, successivement son fils Hugues de Remou-

(1) Antérieure à 1309.

(1) Ile du Rhône.

lles ; à Hugues, son fils Bertrand ; à Bertrand, son mari. Mention de Gilles de Remoulins, père de son mari. Celui-ci héritera de leurs enfants communs, le cas échéant. Les exécuteurs testamentaires sont le chapelain curé de l'église, Bertrand de Remoulins, mari de la testatrice, noble Rostang d'Aramon, damoiseau, seigneur en partie du château d'Aramon, et Guillaume Raynoard, damoiseau. L'acte est passé à Aramon, chez la testatrice Bertrande. Témoins : François d'Aramon, Pons d'Aramon, damoiseaux, coseigneurs d'Aramon ; François de Bagnols, etc. Le notaire est Guillaume Davin, d'Aramon, qui appose son seing. — 5. Contrat de mariage, passé le 30 juin 1332, entre noble Mathéa de Moriers, fille de noble Pierre de Morières, chevalier, et noble Olivier (de Cayran), damoiseau. (Le parchemin est fortement rongé à droite. Mouillures.) Mathéa se constitue en dot tous ses biens meubles et immeubles. Mention des territoires de Védènes, *Gigonhant* et Pont-de-Sorgue. Ratification donnée par le père de Mathéa, qui fait les frais du trousseau, *vastes et arnesia*, dont l'inventaire figure à l'acte, et serait complet sans les lacunes du côté droit du parchemin. A noter un gardecorps, une ga[r]nache et un manteau d'écarlate garnis de menu vair, une couronne d'argent convenable pour Mathéa, une selle pour monter à cheval, une couéte avec couverture de soie. L'acte est passé dans la chapelle neuve de la tête du pont d'Avignon. Témoins : Raimond de Morières, prêtre d'Arles ; Louis de Peyregrosse, juriste ; Louis Cabassole, Rostang de Morières, chevaliers ; Dalmas Delmas, moine du monastère de Saint-André de Villeneuve lès Avignon ; etc. Le notaire est Giraud d'Albe, qui appose son seing. — 6. Extrait en forme d'une vente faite, le 23 octobre 1334, par Jeanne de Villeneuve, veuve de noble Jean Chausoard, chevalier, d'Aramon, et par leur fils Jean, majeur de 14 ans et sans curateur, à Guillaume de Cayran, damoiseau, de Valabrègue, d'une terre sise au ténement de Bertrand. Prix : 7 l. 15 s. tournois petits par séterée. L'acte est passé à Valabrègue, en la maison des vendeurs. Jean d'Argelet est témoin. Pons Troche, clavaire de Valabrègue et lieutenant de noble Robert de *Pomajio*, chevalier, châtelain et viguier de Beaucaire, fait les lods à l'acquéreur, en sa maison, peu après, le même jour. Pons Boussaly, prêtre, est témoin. Le notaire est Jean Fabry, dit Guillaume. Son clerc Guillaume Rémusal extrait la grosse. — Le 30 août 1335, Guillaume de Cayran déclare au notaire avoir fait cette acquisition au nom de sa femme Béatrix. Sa déclaration fait connaître un autre enfant de la venderesse : Alisselme. Il a payé sur les 70 l. du prix des biens dotaux de Béatrix, situés à Montaren, biens vendus par Béatrix à Bertrand Delbeyre, chevalier. L'acte est passé à Valabrègue par le même notaire. Bertrand de Agulas, damoiseau ; Guillaume de Salvagn...., instituteur des écoles, sont témoins. — 7. Extrait en forme de la ratification donnée par Jeanne, veuve de Jean Chausoard, chevalier, et leur fils Jean, à la précédente vente. Ils ont reçu de Guillaume de Cayran 89 l. 13 s. L'acte est passé à Tarascon, chez Jacques de Villeneuve, en la Condamine, par le notaire Pierre Charrier. Jacques de Villeneuve est témoin. — 8. Vente faite, le 30 décembre 1334, par Pierre Hugues, de Barbentane, damoiseau, seigneur en partie de Mezargues et îles adjacentes, et Pons, fils de feu Pons Gironde, damoiseau, pour permettre à Pons de payer une composition consentie en la cour épiscopale d'Avignon, en vue d'éviter plus grand dommage, d'une terre sise en Bertrand et contenant 3 sétérées 1 émine. L'acquéreur est Guillaume de Cayran, damoiseau de Valabrègue. La terre confronte Pierre Pallière, damoiseau de Valabrègue. Elle est tenue en franc fief du roi de France. Le prix est de 9 l. petit tournois par séterée. Il est payé à l'acte, qui est passé à Valabrègue, dans la maison des hoirs de Pons Gironde. Témoins : Rostang Fournier, prêtre ; Raimond Fabre, notaire, Pons Brotineth, damoiseau, etc. Le 5 mars suivant Pons Troche, clavaire de Valabrègue et lieutenant de noble Robert de Pomay, chevalier, châtelain et viguier de Beaucaire, fait les lods. Le notaire ne se désigne que par les mots *subscripta* et *predictus*. Il appose son seing.

E. 1324. (Liasse.) — 8 pièces, parchemin.

1343-1355. — *Famille de Laudun, d'Aramon.* — *Origine des Liens.* — 1. Vente faite, le 8 mai 1343, par Jean Bompar, de Valabrègue, à Bertrand Bompar, damoiseau, son frère, de la censive d'une canne d'huile, payable à la fête de Saint Thomas, apôtre, et assise sur un jardin du terroir d'Aramon, quartier de *Vallis Aurea.* Mention de Rostang Provençal, d'Aramon. Le prix est de 14 l. l. 10 s. t. L'acte est passé à Beaucaire, dans la maison des hoirs de Rostang Raimond. Témoins : Raimond

Alquint, clerc ; Étienne de La Roque. Le notaire est Jean Alquint, de Beaucaire. Son clerc Bernard Regord tient la plume. Selon d'Alquint. — 2. Quittance dotale faite, le 15 décembre 1343, par Pauline, femme de Jean Rostang, de Beaucaire, et son mari, à Bertrand de Remoulins et Hugues de Remoulins, père et fils, damoiseaux, d'Aramon. Ils paient la dot de Pauline en bonne monnaie d'or, conformément à une décision d'Hugues de Carsson, chevalier, comportant quatre termes. La somme totale est de 180 l. en monnaies qui couraient à Pâques des années 1342, 1343 et 1343. Le calcul des valeurs des monnaies réduit ces 190 l. à 85 l. 8 s. 9 d. de monnaie courante actuelle. L'acte est passé à Aramon, dans la maison de Catherine Guize. Témoins : Bertrand de Saint-Pierre, de Beaucaire ; etc. Le notaire est Guillaume Davin, d'Aramon. — 3. Vente faite, le 16 avril 1347, par Pons Gironcle, damoiseau, fils de Pons Raimond Gironcle, quand vivait, chevalier, et sa femme Aybeline. À Guillaume de Coyran, damoiseau, de 2 sétérées de terre sises en Bertrand. Elles confrontent Pierre Pallière, damoiseau, et Bertrand de Coyran, damoiseau. Elles sont tenues en franc fief du roi. Le prix est de 26 l. t., soit 13 l. par sétérée. Il est payé à l'acte, qui est passé à Valabrègue par le notaire Jean Guillaume. Son clerc Privat des Fontaines tient la plume. — 4. Testament de Jean d'Aramon, damoiseau d'Aramon, fils de feu Jean, fait le 29 avril 1347. Il est gravement malade. Il élit sépulture au cimetière de Saint-Pancrace, Beati Branquassii, d'Aramon. Legs à ses fils Arnaud et Guillaume, de 25 l. chaque ; à sa fille naturelle Ferrolho, de 6.000 sols t. pour se marier, avec trousseau convenable ; à Catherine, sa fille légitime, de 100 l. t. pour entrer au couvent ; à sa femme Garcende, de sa dot de 120 l. t., plus 60 l. t. Son héritier universel est son fils François d'Aramon. Ses exécuteurs testamentaires sont Raimond d'Aramon, son frère ; Jean de La Baume, de Tarascon ; et Bernard Mascaron, de Tarascon. L'acte est passé à Tarascon, dans le monastère de la Sainte-Trinité. Le trinitaire Bernard de Quitonia est témoin, avec Jean Belliaud, prêtre de Beaucaire, et autres. Le notaire est le clerc Pierre Ferrand, du diocèse de Narbonne. — 5. Échange fait, le 30 juin 1347, entre Pons Gironcle, damoiseau, fils de feu Pons, chevalier, d'Aramon, et sa femme « Eybeline », d'une part ; et noble Guillaume de Coyran, damoiseau, fils de feu Raimond, damoiseau de Valabrègue, d'autre part. Les premiers donnent à franc fief, sous la directe du roi, une terre sise en l'île de Bertrand, confrontant Bertrand de Grans, damoiseau d'Aramon, Rostang de Grans, Guillaume de Coyran, Bertrand de Coyran, damoiseau de Valabrègue, et Pierre Pallière, avec une contenance de 14 sétérées 12 dextres 6 palmes, mesure de Valabrègue. En échange Guillaume de Coyran donne une terre sise en l'île de Valabrègue, près la maison des lépreux, et contenant 3 sétérées, 10 dextres, 1/2 palme, en franc aleu. Elle confronte Bertrand Rompar, damoiseau, les hoirs de Jean Marin, le jardin de Guillaume de Coyran. Guillaume donne en outre une vigne sise dans le grès de Valabrègue, au plan de Saint-Étienne, en franc aleu. Guillaume paiera au roi les lods, le trézain et le demi-trézain. L'acte est passé à Valabrègue par le notaire Pierre Collorier, dont le clerc Jean de Montereleno tient la plume. — 6. Testament de « Mathias » ou Mathéa de Morières, fille de feu Pierre de Morières, chevalier, d'Avignon, et veuve d'Olivier de Coyran, damoiseau, de Valabrègue, fait le 27 mars 1348. Elle élit sépulture au cimetière de l'église Saint-André de Valabrègue. Elle consacre 100 florins d'or à son âme. Ils lui sont dus par l'héritier d'Olivier de Coyran. Legs à Douce Cavolhon de 10 s. et d'un supertunicale de camelin rouge fourré de vair, et d'une tunique de camelin sombre. Legs de deux bougettes à Guillaume Veylon. Legs de vêtements à Esménialrde de Marguerittes, femme de Pierre Constans, damoiseau ; à Sauxie, fille de feu Guillaume d'Aureya ; à une fille de Raimond de Saint-Hilaire ; à Mabilie de Monteils, un manteau de drap noir fourré de ventres d'écureuils. Legs aux pauvres de Valabrègue, à l'arbitrage de Béatrix de Coyran, veuve de Guillaume de Guillaume de Coyran, damoiseau. Mille messes seront célébrées pour Mathéa et ses parents dans les églises des frères prêcheurs et des frères mineurs d'Avignon, ensemble des carmes et des augustins ; dans les autres églises de la cité, dans celles de Védènes, Monteils, Valabrègue, diocèses d'Avignon, Carpentras et Uzès. A Valabrègue on en célébrera 500. Legs à sa sœur Rixerde, femme de Jean Rogier, chevalier, de Mirmoyrone ou Mourmoiron ; à sa sœur Bérengère, femme d'Antoine d'Auriol, damoiseau de Paternis ou Pernes ; à son frère noble Pierre de Morières. Legs à Louis de Coyran, damoiseau, fils de feu Olivier. Legs à Ermessende, fille de Mathéa. Son héritier universel est son fils Pierre de Coyran. Les exécuteurs testamentaires sont le recteur de l'église de Valabrègue, Pierre de Morières, frère de Mathéa ; Pierre Canet, damoiseau, de Montells, et Béatrix de Coyran, veuve de Guillaume de Coyran. L'acte est passé dans la rue, près de l'*hospicium* où est malade Mathéa. Le notaire est Pierre Cotterier. Après sa mort, la grosse est extraite par Privat des Fontaines, clerc du notaire Pierre Ferrand, de Beaucaire. — 7. Vente faite, le 27 juin 1353, par Bertrand Tauren, de Bontbon, à Pierre Bollegon, dit Redon, d'Aramon, d'une terre sise au tènement de Bertrand, et confrontant les hoirs de Bérenger de Bagnols, d'Aramon, entre autres. C'est un franc fief dont la directe appartient au roi. Le prix est de 9 florins d'or 1/2, payés à l'acte. Laurent de Montignac, habitant Aramon, lieutenant de noble Jean de *Montecalvo*, chevalier, châtelain et viguier de Beaucaire pour le roi, fait les lods. L'acte est passé à Aramon, chez Laurent de Montignac. La mise en possession a lieu, suivant la coutume, par une poignée de mains, *per manuum apprehensionem*. Le notaire est Marc de Sangosse. Son clerc Jean de Saint-Hilaire fait la grosse, et Marc appose sa souscription et son seing. — 8. Reconnaissance féodale faite, le 18 juin 1355, par noble Bertrand Albe ou Blanc, coseigneur de Saint Saturnin [d'Avignon], diocèse d'Avignon, à noble Gui de Coyran, damoiseau, de Sauveterre, diocèse d'Avignon, procureur de noble Pierre de Coyran, pour un pré de deux « *sachoyratarum* », sis au terroir de Védènes, lieu dit : *In Callada*, confrontant noble Pons de Montuils. L'acte est passé en Avignon, dans la boutique de Jean Amiel. Témoins : nobles Guillaume Raynoard ou Renouard, coseigneur de Védènes ; Pierre Garin, de Roquemaure, et Guillaume *de Anhana*, habitants d'Avignon. Le notaire est Bertrand Fabre.

E. 1325. (Liasse.) — 13 pièces, parchemin ; 1 sceau.

1363-1373. — *Famille de Laudun, d'Aramon.* — *Origine des biens.* — 1. Quittance de 210 florins d'or faite, le 1er septembre 1363, par Ermengaud de Codols, chanoine de Nîmes, à Vidal de *Mercato* et à Raimond Guiraud, absents, représentés par le notaire, pour prix d'une terre sise *Ad Motas*, tènement d'Aramon. L'acte est passé à Aramon, chez Raimond G[u]iraud. Pierre de Saint-Bisclet et Pierre de Belleville sont témoins. Le notaire est Marc de Sangosse. Son clerc Adam Roux fait la grosse. — 2. Transaction du 30 mars 1363 v. s. entre Ermessende, religieuse du monastère de Sainte-Catherine d'Avignon, héritière de noble Louis de Coyran, son frère, et noble Pierre de Coyran, son frère, au sujet de la succession de Louis. Noble Guillaume de *Tribus Salicibus*, fils de feu Arnaud, chevalier, de Valabrègue ; les prêtres André Hommage et Jean Abric, des diocèses d'Uzès, Apt et Nîmes, sont procureurs d'Ermessende, d'Aigline de Blauzac, abbesse du monastère de Sainte-Catherine et des autres religieuses de ce couvent, pour traiter avec Pierre de Coyran. La succession de Louis à Valabrègue et Saint-Gilles est attribuée à Pierre, et, *vice versa*, Pierre abandonne aux procureurs d'Ermessende et de son couvent tous les droits qu'il possède à Avignon ou dans son territoire. De leurs droits respectifs, Pierre et Ermessende font foi par un acte de Jean de Saint-Hilaire, clerc et notaire, daté de 1361 et composé de trois peaux de parchemin. En récompense de la cession d'Ermessende, Pierre lui constitue une pension viagère de 18 florins d'or, assise sur des emphytéotes énumérés dans l'acte. Le premier est Pierre Pons, du diocèse de Gap, laboureur habitant Avignon. La liste des tenanciers et des immeubles accensés ne prend pas moins de 42 lignes du parchemin. Elle éclaire la topographie avignonnaise. L'acte est passé en Avignon, dans le bâtiment du monastère où demeurent les laïques, devant la fenêtre grillagée de bois du parloir. Témoins : Raimond Mazel, *Macelli*, bachelier en décrets, d'Aulas, diocèse de Nîmes ; André Hommage, prêtre du couvent ; Raimond Arnaud, de *Creychetto*, diocèse de Rodez ; Marc Lafont, d'Avignon. Le notaire est Étienne Pope. — 3. Vente d'une censive de 3 florins d'or fin, bon poids de Florence, faite, le 5 novembre 1364, par noble Ange *Ursini*, de *Urbe*, c. à d. de Rome, damoiseau, comme héritier de *Mathendis*, fille de feu Guillaume Didier, d'Avignon, et femme d'Ange, à Pierre François, tailleur d'Avignon. Cette censive est assise sur six carterées de vigne, mesure d'Aramon, au terroir de Théziers, quartier de *Crosmartant*. Liste des emphytéotes qui servent des fractions de l'ensemble de la censive. Le prix est de 30 florins d'or, payés à l'acte, lequel est passé en Avignon, chez le vendeur. Témoins : Raimond Guisel, d'Aramon, et son fils Raimond ; Augustin, d'Arpino (Italie), barbier en Avignon ; Raimond Juliani, de Plaisance. Le notaire est Philippe Guillaume, dit de Florentine, dont le substitut Jean Locrier extrait la grosse. Philippe, occupé des affaires de la cour temporelle d'Avignon, a reçu mandat d'un autre juge de cette cour. Il écrit la souscription, appose son seing et scelle d'une bulle de plomb, *pariterque bullaci*, portant la légende : « Bulla』 curie D[omi]ni n[ost]ri Pape » à l'avers, avec une tiare, et, au revers : « D[omi]ni civitatis Avin[i]onis », avec les clés. — 4. Vente faite, le même jour 5 novembre 1364, par le même Ange Ursin, damoiseau, de Rome, au même Pierre François, tailleur, de la censive d'un gros d'argent papal, payable en Avignon à la Saint-Michel et assise sur une bastide tenue par Simone, veuve de noble Trimond de Mamolène, damoiseau d'Aramon. Cette bastide est sur le chemin de Théziers et confronte une vigne de Rostang de Coyran, damoiseau. Le prix est de 40 florins d'or, payés à l'acte, passé à Avignon comme le précédent, chez Ange, par le même notaire et devant les mêmes témoins. De la bulle de plomb, il ne subsiste que les trous d'attache. — 5. Reconnaissance féodale faite, le 25 juillet 1365, par Jean Arnaud, laboureur, d'Avignon, à Ermessende de Coyran, religieuse du monastère de Sainte-Catherine d'Avignon, et, après sa mort, à son frère Pierre de Coyran, damoiseau, pour une terre du terroir d'Avignon, sise au lieu dit : *Ad Conhetum Mureriorum*. L'acte est passé au monastère, maison des laïques, devant la fenêtre à la grille de bois, *clede fustee*. Notaire : Antoine Garin. — 6. Reconnaissance faite, le même jour, par Raimond Maynier, *laboureur*, d'Avignon, à la même, pendant sa vie, et à son frère, après sa mort, pour une terre du même quartier. Acte passé au même endroit par le même *notaire*. — 7. Reconnaissance faite aux mêmes, le 11 novembre 1368, par Jaumette, fille de feu Duron Fabre, d'Anduze, femme de Guillaume Soquier, de Bédarrides, *Bituri:a*, diocèse d'Avignon, pour une maison en Avignon, dans le faubourg, confrontant Catherine, femme de Pierre Jouve, *courrier*, *cursoris*, du pape. L'acte est passé au même endroit que les deux précédents. Raimond de Mont-Juif, prêtre de Courthézon, de *Curthedone*, est témoin. Même notaire. — 8. Reconnaissance faite, le 12 février 1369 v. s., par Bertrande, femme d'Henri Augoin, *giponerii*, d'Avignon, à Isnard de Cabrières, prieur de *Gigonhano* ou Gigognan, procureur des religieuses du monastère de Sainte-Catherine d'Avignon, stipulant au nom d'Ermessende de Coyran et de son frère, pour

le sixième d'une maison indivise de la rue de la Saunerie, en Avignon, confrontant Louis de Moriers. Même notaire. Écriture très pâle. — 9. Vente faite, le 1ᵉʳ avril 1370, par Jean Girard, de Théziers, et sa femme Garsende, à Raimond Figuière, fustier, d'Aramon, de la censive d'une canne d'huile, payable en Aramon, à domicile, et assise sur une terre de Girard, au quartier de Vulpillières, lieu dit : *Al Planuel*. Le prix est de 3 francs la canne, comme pour une autre censive d'une canne d'huile assise sur une terre de Garsende au terroir de Théziers, lieu dit : *A Nivalhaus*. L'acte est passé à Aramon, chez l'acquéreur, par le notaire Jean Saturnin. — 10. Vente faite, le 12 décembre 1370, par Jean Chausoard, damoiseau d'Aramon, à Philippe Brasfort, juriste de Nîmes, de tous ses droits sur la leude levée à Aramon. Ces droits lui venaient de Raimond Chausoard, chevalier, et de Bernard Mascaron, ses oncles. Ils portent sur les langues des bovins, les filets des porcs et autres objets assujettis à la leude. Il vend encore ses droits sur la pêche des aloses, c'est à dire les aloses qui lui reviennent sur chaque filet pêchant dans le Rhône, juridiction d'Aramon. Les droits du roi sont réservés. Le prix est de 4 francs d'or, payés à l'acte, qui est passé à Aramon, chez les hoirs de noble dame Vésiano de Manduel. Témoins : Bermond des Arbres, Pierre d'Aramon, Guillaume de Grans, Rostang de Coyran jeune, damoiseau, le prêtre Siffred de Mérindol, Pons Benpar, d'Aramon. Le notaire est Marc de Sangosse, malade est incapable d'extraire la grosse, qui est écrite par Jean Balarand, notaire royal, en vertu d'une commission de noble Armand, chevalier, seigneur de Langeac, « Langiaco », sénéchal de Beaucaire. Seing de Balarand. — 11. Vente faite le 24 janvier 1370 v. s., par Aimeric de Grans, damoiseau, d'Aramon, et le prêtre Jean Laurent, à Raimond Guiraud, d'Aramon, d'une censive leur appartenant par indivis et par moitié. Il s'agit d'une pougnadière d'orge assise sur un jardin et une vigne attenante (1) au terroir d'Aramon, lieu dit : *In Valle deffresa*. Prix : 50 sols de monnaie courante. L'acte est passé à Aramon, par le notaire Jean Saturnin. — A la suite, vente faite, le 26 octobre 1372, par Jean Chausoard, damoiseau, d'Aramon, à Raimond Guiraud, d'Aramon, d'une petite terre en franc aleu, sise au terroir d'Aramon, lieu dit : *A Gicon*. Le prix est de 12 sols de mon-

(1) Ms. : *ceus tenentibus*.

naie courante (Aramon, même notaire). — 12. Reconnaissance féodale, faite le 8 avril 1371, par Raimond Velthaire, *vigilatoris*, de Théziers, pour lui et son frère Guillaume, à Jean de Laudun, damoiseau, de Montfrin, agissant comme tuteur de Bérenger Cotaron, fils de feu Raimond, damoiseau, de Montfrin, pour un tiers de directe ; à Jacques Pélerin, *Pelegrini*, de Montfrin, représentant Raimond Laboureur, notaire de Barbentane, ce dernier comme tuteur de Raimond Cotaron, fils de feu Jean, damoiseau, de Montfrin, pour un sixième de directe ; et comme mari d'une Cotaron, pour un sixième de directe ; et à Bertrande Cotaron, de Montfrin, pour un sixième de directe. Il s'agit d'une aire sise au terroir de Montfrin, lieu dit : *Ad areas de Tarnitis*. La consive est de 3 pictes tournois. Le notaire est Antoine Montauroux, de Montfrin. — 13. Échange passé, le 8 février 1372 v. s., entre noble Guillaume des Trois-Saules, *de Tribus Salicibus*, de Valabrègue, représentant noble Béatrix de Coyran, d'une part, et Raimonde, femme de Pierre Rostang, d'Aramon, d'autre part. Guillaume livre à Raimonde quatre sétérées de terre appartenant à Béatrix, sa belle-mère, mesure de Beaucaire, sises à Valabrègue, lieu dit : *Balagues*, et acquises par échange de Guillaume de Coyran, fils de feu noble Raimond de Coyran, damoiseau, de Valabrègue, en franc aleu. En contre échange, Raimonde livre son douzième de l'île de Tamagnon, *de Thamanihono*, sise dans le Rhône, juridiction de l'île royale ou tènement de Bertrand, ensemble son droit dans l'île de Ribeyrole, même tènement, en aval de Ribeyrole. Les droits cédés par Raimonde sont évalués à 10 l. t., l'île entière de Tamagnon étant évaluée anciennement à 120 l. t. L'acte est passé à Aramon, chez le notaire, qui est Marc de Saugosse. — Le 15 février suivant, lods de l'échange, faits par Hugues Bernard, clavaire royal de Beaucaire et de l'île royale de Bertrand, à Guillaume des Trois Saules pour Béatrix de Coyran, à l'occasion du douzième de l'île de Tamagnon et des autres droits cédés dans cette île et dans celle de Ribeyrole, tenues à franc fief du roi. L'acte est passé à Beaucaire, chez Baudinel du Puy, damoiseau, témoin avec Guillaume de Grans, damoiseau, d'Aramon. Même notaire.

E. 1326. (Liasse.) — 8 pièces, parchemin.

1374-1386. — *Famille de Laudun, d'Aramon.* — *Origine des biens.* — 1. Vente faite, le 15 janvier 1373 v. s., par noble Pierre Hugolen, damoiseau, de Saint-Remi, à Pons Ginhoux, prêtre, d'Aramon, des droits de consives et autres services féodaux qu'il possède à Aramon, sur divers fiefs et personnes, moyennant le prix de 15 florins d'or payé à l'acte. Celui-ci est passé en Avignon par le notaire Marc de Saugosse, à la table de Thomas de Pole, marchand et changeur d'Avignon. Témoins : Pons de Camargiis, damoiseau de Saint-Remi ; Pons Bompar, d'Aramon ; Guillaume de Cadalale, notaire d'Aramon. — 2. Contrat de mariage, du 11 février 1374 v. s., passé entre noble Alasacie d'Aramon, fille de feu Jean d'Aramon, coseigneur dudit lieu, avec l'assistance de noble Jeanne d'Aramon, sa mère ; nobles Bertrand et Pierre d'Aramon, ses frères ; et autres personnes amies ; et noble Albertin Brasfort, fils de Philippe Brasfort, juriste de Nîmes, qui l'assiste. La dot est de 1.000 florins d'or, légués à la future par son père pour son mariage, y compris les vêtements et joyaux énumérés dans le testament. Les cautions du paiement de la dot sont les frères d'Alasacie. L'acte est passé à Aramon, chez Pierre d'Aramon. Témoins : nobles Bermond et Blaise des Arbres, Pierre d'Aramon, coseigneur d'Aramon ; noble Bernard Richier, d'Avignon ; Guillaume Raynaud, d'Arles, damoiseau. — Le 12 février, Philippe Brasfort augmente la donation *propter nuptias*, qu'il a faite la veille à son fils, et la porte de 1.000 florins d'or à la moitié de tous ses biens, y compris les 1.000 florins d'or, en l'absence de son fils. Le second acte est passé au même endroit par le même notaire Marc de Saugosse. Témoins : nobles Guillaume de Villeneuve, de Tarascon ; Bermond des Arbres, Pierre d'Aramon, d'Aramon ; Guillaume *Ricaci*, de Serulhac ; Bertrand de Bourdic, Guillaume [Raynaud,] d'Arles, damoiseau. Jean Balarand, notaire d'Aramon, extrait la grosse par autre main, en suivant le style du notaire originel, et met son seing. — 3. Donation faite, le 9 février 1375 v. s., sous l'épiscopat de Martial, évêque d'Uzès par Ermessende de Laudun à son frère Bertrand. Dans le contrat de mariage entre Simon, fils de feu Bernard *de Garus*, damoiseau, de Bernis, diocèse de Nîmes, et Ermessende, fille de feu Jean de Laudun, damoiseau, de Montfrin, diocèse d'Uzès, une dot de 500 florins d'or doit être constituée à Ermessende par sa mère Marie Nisson, et son frère Bertrand de Laudun, damoiseau. Mais dans les 500 florins d'or sont compris 300 florins d'or légués à Ermessende par son père

Jean de Laudun. Cette dot de 500 florins dépassant la valeur des droits paternels, maternels et autres appartenant à Ermessende, celle-ci, majeure de vingt ans et mineure de vingt-cinq, abandonne à son frère Bertrand tous ses droits paternels, maternels, fraternels et autres, moyennant l'intégralité de sa dot de 500 florins. L'acte est passé à Montfrin, dans la maison de Jean de Laudun. Témoins : Bermond et Blaise des Arbres, habitant Aramon, damoiseaux ; Gilles Sautolli, de Beaucaire ; Jean de Théziers, notaire habitant Montfrin ; Marc de Sangosse, notaire habitant Aramon. Le notaire est Antoine de La Font, de Montfrin. Il fait extraire la grosse par autre main et appose son seing. — 4. Reconnaissance féodale faite, le 26 octobre 1376, par Ismarde, femme de Jean Galian, *affaitator*, d'Avignon, à Ismard de Cabrières, prieur de Gigognan, représentant Ermessende de Coyran, religieuse du monastère de Sainte Catherine d'Avignon, et son frère Pierre de Coyran, pour une maison avec arrière-cour sise en Avignon, paroisse de Saint-Didier, faubourg de la Pourquerie, confrontant le faubourg de Blacas de Pontevès. L'acte est passé dans la maison en question, par le notaire Antoine Garnier. — 5. Vente faite, le 16 janvier 1376, v. s., par Jean Merendier, boucher d'Aramon, à Pons Ginhoux, prêtre, de Vézénobre, habitant Aramon, d'une vigne avec olivette, de la directe, par moitié indivise, de nobles Catherine, femme de Mathieu de Granville, damoiseau, et François d'Aramon, frère de Catherine, sous la censive de 4 deniers tournois. Le prix est de 16 florins d'or. L'acte est passé à Aramon, chez l'acquéreur. Témoins : Guillaume de Grans, damoiseau, d'Aramon ; Antoine Aribert, du Terme ; Jean Roux, dit Le Breton, tailleur. Le notaire est Gervais de Granville. Le même jour, et presque aussitôt après, Juurendis, femme du vendeur, donne son approbation à l'acte. — Le 22 janvier, Catherine et François d'Aramon font les lods. Même notaire. Témoins : Guillaume de Grans, Rostang de Coyran aîné, Jean Chausoard, damoiseaux d'Aramon. — A la suite, le 19 mars 1376 v. s., échange entre Pons Ginhoux, d'une part ; Catherine et François d'Aramon, coseigneurs d'Aramon et du Terme, d'autre part, Catherine étant autorisée et assistée par son mari Mathieu de Granville. Pons cède une censive de 2 deniers t. assise sur une terre du Plan d'Aramon et une autre censive de 4 d. t. assise sur une terre du quartier dit : *Ad Petauqum*. En contre échange Catherine et François cèdent leur censive assise sur la vigne acquise par Pons du boucher Mercadier. Cette vigne est située : *Ad viam curtam tenementi Aramonis*. L'échange est reçu à Aramon par le même notaire. — 6. Vente faite, le 5 mai 1382, par Jacques d'Aramon, damoiseau, fils de feu Guillaume Hugues, damoiseau, coseigneur d'Aramon, à Pierre Martin, d'Aramon, de 5 sétérées d'une terre sise en l'île du Grand-Mouton, en amont du Terme, dans le Rhône. Prix : 37 florins d'or. L'acte est passé à Aramon, chez l'acquéreur, par le notaire Gervais de Granville. Témoins : nobles Bermond des Arbres, Rostang de Coyran jeune, Pierre d'Aramon, fils d'autre Pierre, damoiseau, coseigneur d'Aramon. — Le 27 octobre suivant, vente faite par noble Jacques d'Aramon à Pierre Martin, de ce qui lui restait de sa terre de l'île du Grand-Mouton, soit 6 sétérées 52 dextres, mesure de Beaucaire. Prix : 7 florins d'or 10 gros. L'acte est passé à Aramon par le même notaire. — 7. Acapte fait, le 8 novembre 1382, par Garcende, veuve de Bernard Fournier, de Pertuis, à Pierre Armand, dit Teras, de 2 cartorées de terre herme pour planter de la vigne, sises au terroir de Pertuis, lieu dit : Au-delà de l'église de Saint-Jean, sous le service de 2 sols de monnaie courante à pain et à vin, *ad panem et ad vinum* ; et sous l'acapte de 4 sols de Provence, payés à l'acte, qui est passé à Pertuis, chez Jacques Fournier, fils de Garcende, par le notaire Raimond Barthélemy. Témoins : Guillaume *de Aussura*, Raimond *Loya*, Raimond Cavalier, de Pertuis. — 8. Codicille de Pons Bompar, d'Aramon. Il confirme son dernier testament, reçu par Guillaume de Cadafalc, ajoutant que la maison léguée à son fils Jean et celle léguée à son fils Raimond leur appartiendront à tous deux par égales parts. Il lègue à Jean tout son bétail à laine et s'occupe des substitutions. L'acte est passé à Aramon. Le notaire est Jean Saturnin, d'Aramon (19 juillet 1386).

E. 1327. (Liasse.) — 8 pièces, parchemin ; 4 pièces, papier.

1388-1398. — *Famille de Laudun, d'Aramon.* — *Origine des biens.* — 1. Vente faite, le 1er mars 1387 v. s., par Pierre François, dit Martellet, tailleur d'Avignon, à noble Pierre de Coyran, de Valabrègue, habitant Aramon, de diverses censives assises à Aramon, à l'exception de 7 deniers et

1 obole melgorions que Martellot percevait sur chaque bateau remontant le Rhône avec un chargement de sel, déjà vendus par lui à Pierre de Coyran. Le prix des censives vendues est de 110 florins d'or, valant chacun 24 sols de la monnaie courante en Avignon. L'acte est passé en Avignon dans la maison du vendeur par le notaire Nicolas Boudon, clerc, du diocèse de Viviers, dans la cour au-dessus de l'atelier, *in aula supra operatorium hedifficata*. Rostang de Moriers, damoiseau et bourgeois d'Avignon ; Raimond Huffred, d'Oppède, et Pierre Martin, tailleurs, sont témoins. — 2. Vente faite, le 1er mars 1387 v. s., par Pierre François, dit Martellot, tailleur, du diocèse de Genève, habitant Aramon, diocèse d'Uzès, d'une censive de 7 deniers et 1 obole de monnaie melgorienne perçue, à Aramon ou dans son territoire, sur chaque bateau chargé de sel remontant le Rhône, des mains de son propriétaire ou de son commandant. Cette censive est tenue en franc fief du roi de France. Le prix en est de 50 florins d'or de monnaie courante, valant chacun 24 sols de monnaie courante en Avignon. Il est payé à l'acte, passé en Avignon dans la maison du vendeur, en la cour établie au-dessus de l'atelier. Témoins : noble Rostang de Moriers, citoyen et bourgeois d'Avignon ; Raimond Huffred, d'Oppède ; et Pierre Martin, des diocèses de Cavaillon et de Clermont. Le notaire est Michel Boudon, du diocèse de Viviers. — 3. Contrat de mariage, antérieur au 25 juin 1389, et dont la date est emportée par une forte déchirure à l'angle droit supérieur du parchemin, où Simone de Mamolène, veuve de Raimond de Mamolène, damoiseau d'Aramon, promet de donner sa fille Raimonde à noble Pierre de Coyran, damoiseau de Valabrègue. L'acte est passé à Aramon, chez Simone, en présence d'Aimeric de Grans, Guillaume de Grans, Rostang de Coyran aîné, Jean Chausoard, damoiseaux d'Aramon. Le notaire est Marc de Sangosse. La maladie l'empêchant d'estraire la grosse, Antoine Rostang, de Cannes, *de Canoys*, clerc du diocèse de Grasse, substitut de Jean Balarand, notaire d'Aramon, s'acquitte de ce soin en vertu d'une commission du sénéchal datée de Nîmes, 25 juin 1389. Jean Balarand appose son seing. — 4. Contrat de mariage, passé le 26 septembre 1389, entre Jean de Bonneval, habitant Aramon, et Clémence Dalmas, fille de Louis Dalmas,

d'Alais [1]. L'acte est reçu à Uzès, dans la maison de feu Pierre Ameil, juriste, maison où habite Colin de Haffrengues. Témoins : Raoul Soyberg, notaire d'Uzès ; Étienne de *Surialis*, drapier d'Alais, noble Jacques Tosselli, habitant Aramon ; Rostang Nadal, de Saint-Saturnin ; Nicolas de Haffrengues, Antoine des Vieux, *de Veteribus*, notaire d'Uzès. Le notaire est Pierre Chantre. — 5-6. Transaction passée, le 30 décembre 1393, entre noble Alasacie de Romoulins, d'Aramon, veuve de noble Philippe Brasfort, juriste, de Nîmes, pour elle et comme tutrice de noble Jacques Brasfort, son petit-fils ; plus ledit Jacques, d'une part ; et noble Blaise des Arbres, damoiseau d'Aramon, d'autre part. Leur différend portait sur leurs parts respectives des bois et autres produits de l'île d'Assier, sise dans le Rhône, en face d'Aramon. Les parties nomment pour arbitres nobles Bertrand et Pierre d'Aramon frères, coseigneurs d'Aramon ; Firmin Guiraud et Guillaume Calvin, d'Aramon ; Pierre Chambon, du Terme ; nobles Rostang de Coyran jeune, d'Aramon ; Aimeric Bompar, damoiseau, et Rostang Rogier, de Valabrègue, pour le partage et le bornage dans l'île d'Assier. — Le 15 janvier 1393 v. s. est rendue la sentence arbitrale. Elle rappelle que Pons Aicard, *dextrator* public de Barbentane, a mesuré la contenance totale de l'île, ce jour-là. La part de Blaise dans l'île est fixée à vingt sétérées de terre dans la meilleure partie de l'île, d'un bord à l'autre, « de aqua in aquam ». Tout le reste appartiendra à Alasacie et à Jacques. L'acte est passé à Aramon, chez Alasacie. Témoins : noble Jacques Tersol, damoiseau ; Bernard Bonfils, Guillaume Talhier, prêtres ; Jean de Bagnols, Mermet Foysel, d'Aramon. Le notaire est Jean Balarand. — 7. Acte de curatelle passé le 4 mai 1395 en la cour royale d'Aramon, où siège noble Rostang de Coyran, damoiseau, lieutenant de noble Jean Nagut, damoiseau, régent en ladite cour, châtelain et viguier de Beaucaire pour le roi. Il s'agit de Jean, Nicolas et Jeannette, enfants de feu Raimond Bompar, d'Aramon, âgés, les deux premiers de plus de 14 ans, la dernière de plus de 12 ans. Leur mère Jeanne et leur aïeul maternel Bertrand Guiraud, de Domazan, exposent que ces enfants, parvenus à l'âge adulte, « in adulta etate constituti »,

(1) Ms. : *de Alosto*. Comme le notaire confond parfois les e et les o, on peut lire *Alesto*. Alais, au lieu d'Alost, ville de Flandre.

sont et doivent être libérés de la tutelle de Raimond et d'Arnaud Bompar, tuteurs à eux donnés par la cour. Il convient à présent de les pourvoir d'un curateur ou d'une curatrice en état de vérifier les comptes de leurs tuteurs et d'administrer leur avoir. Le lieutenant du régent, en présence de l'un des tuteurs, Arnaud Bompar, nomme à la curatelle des enfants Bertrand Guiraud et sa fille Jeanne, leur mère. L'acte est passé en la cour d'Aramon. Bérenger Barbier, cursor du pape, est témoin. — Le même jour, Jean Bompar, l'autre tuteur, renonce à la tutelle comme le premier. Le notaire est Gervais de Granville, d'Aramon. — 8. Procuration donnée, le 11 décembre 1393, par noble Jacques Brasfort de Nimes, coseigneur d'Aramon, à noble Jacques Toraol, damoiseau, et à Guillaume de Gaujac, docteur ès lois, et autres procureurs au parlement, pour reconnaître au roi 2 setiers de sel indivis entre le constituant et son aïeule paternelle Alasacie de Remoulins, perçus sur chaque bateau chargé de sel remontant le Rhône par le port d'Aramon. Il s'agit aussi de reconnaître ses autres droits seigneuriaux à Aramon, droits énumérés dans l'acte. Le notaire est Gervais de Granville. — 9. Testament fait, le 30 septembre 1396, par Alasacie de Remoulins, veuve de Philippe Brasfort, dit Albertin, damoiseau, de Nimes. Elle rappelle sa donation entre vifs faite à son petit-fils Jacques Brasfort, damoiseau, donation où elle s'est réservé 400 francs d'or afin d'en disposer par testament. Elle élit sépulture en l'église des Augustins de Nimes, au tombeau d'une de ses filles. Un de ses legs pieux concerne la confrérie de Saint-Baudile de Nimes, dont elle fait partie. Quatre-cents messes sont réparties entre l'église d'Aramon, celles des Augustins de Nimes, de Saint-Martin des Arènes de Nimes, des Frères mineurs de Nimes, de Notre-Dame de la Seds de Nimes et des Frères prêcheurs de Nimes. Legs au prêtre Hugues Pèlerin, à sa fille Pina des Arbres, femme de Jean Imbert, damoiseau, de Nimes ; à sa petite-fille Alixende-Hélie, femme de noble Guillerme de Castillon ; à son filleul Jacques Nicolas, fils de feu Pierre Nicolas ; à sa commère Mona Lavagne, à Aygline du Puy, veuve de noble Geoffroi de Castillon ; à Rizende, veuve de Pierre Nicolas ; à Anne, veuve de Rostang de Sabran. Son héritier universel, pour le reste des 400 francs d'or, est Jacques Brasfort, son petit-fils préféré, fils d'Ubertin Brasfort, son regretté enfant. Ses exécuteurs testamentaires sont Benoît de Montredon, chanoine et sacriste de Notre-Dame de la Seds de Nimes, et noble Louis de La Baume, seigneur de Sanilhac. L'acte est passé à Nimes, dans la maison de la testatrice, sise contre le château des Arènes, « juxta castrum Arenarum », et dans la chambre en haut de l'escalier, où elle est malade. Témoins : Jean Paumier, juriste ; Guillaume Soubau, chanoine de Notre-Dame de la Seds ; trois laboureurs, un fustier, noble Pasquier Foulc, Hugues Pèlerin, prêtre ; et les exécuteurs testamentaires. Le notaire est Antoine Martin. Son clerc Jean Pasquet tient la plume pour la grosse. — 10. Testament fait, le 27 janvier 1397 v. s., à Aramon, par Isnard de Coyran, damoiseau, fils et héritier de noble Pierre de Coyran, d'Aramon. Legs à l'église Saint-Pancrace d'Aramon. Son héritière est sa mère, noble Raimonde de « Mom[molona] » ou Mamolône. Le notaire est Gervais de Granville, de Granivilla. Lacune et mouillures. — 11-12. Texte et résumé du testament fait, le 20 janvier 1397 v. s., par Jacques Brasfort, dit Albertin, damoiseau, de Nimes, malade. Il élit sépulture au couvent des frères mineurs, dans le tombeau de son aïeul. Legs de 4 gros d'argent à la mense des chanoines de la cathédrale de Nimes, afin d'être reçu, le jour de son décès, dans le chœur de leur église, suivant la coutume. Cent messes seront célébrées en l'église d'Aramon, et deux-cent en l'église des frères mineurs de Nimes ; cinquante en l'église des frères prêcheurs et autant dans celle des Carmes de Nimes, plus cinquante en l'église des frères augustins de Nimes. Legs à Marguerite de La Baume, sa femme, de 150 francs d'or. Legs à Pina des Arbres, femme de Jean Imbert, damoiseau, de Nimes ; à Hugues Pèlerin, prêtre de Nimes. Son héritier universel est Pierre Brasfort, son fils. Aux substitutions, figurent sa mère, seulement pour les biens d'Aramon, excepté un setier de sel et les revenus de l'île d'Assier ; et les pauvres mendiants de Nimes. Les exécuteurs testamentaires sont Jacques Martin, licencié ès-lois, et Antoine Rostang, frère mineur de Nimes. L'acte est passé près du Château des Arènes, en la maison du testateur, dans la chambre où il est souffrant. Le notaire est Antoine Martin. Assez nombreuses lacunes dans cette copie, du 21 avril 1571, signée : Pousquières, puis : Gautier.

E. 1328. (Liasse.) — 12 pièces, parchemin; 1 pièce, papier.

1388-1410. — *Famille de Laudun, d'Aramon.* — *Origine des biens.* — 1. Deux actes reçus, le 18 juin 1400, à Aramon, par le notaire Pierre Ducros, qui appose son seing au bas de chacun d'eux, sur le même rouleau de parchemin. — *Premier acte.* Quittance de lods, faite à Malinet Pelletier ou Pélissier (Pelliperii ou Pellisserii), prêtre, d'Aramon, acquéreur de noble Aymeric Bermond, damoiseau, de possessions relevant de la directe du chapitre de l'église collégiale de Notre-Dame de Villeneuve-lès-Avignon. C'est Guillaume Garnier, prêtre, qui représente le chapitre aux termes d'une procuration du 11 juin. Il ratifie la vente, qui est du 7 juin, fait les lods et en est payé. — *Second acte.* Quittance de lods, faite à Malinet Pelletier ou Pélissier, acquéreur de noble Aymeric Bermond, damoiseau, de possessions relevant de la directe de Geoffroi Le Meingre, dit Boucicaut, chevalier, seigneur de Valabrègue et d'Aramon, par suite de don royal à lui fait à vie. C'est noble Guillaume Saunier, damoiseau de noble Aymeric Bermond, régent, pour Geoffroi Le Meingre, de la juridiction de Valabrègue et d'Aramon, qui fait les lods et en est payé. — 2. Testament fait, le 13 septembre 1401, par Pierre de Rupe ou de Roche, damoiseau, coseigneur de Remoulins et de Montaron, diocèse d'Uzès. Il élit sépulture au cimetière de l'église Notre-Dame de Bethléem, à Remoulins. Legs à « Alzinssie » d'Aramon, fille de Jacques d'Aramon, damoiseau; à sa servante Ermessende, à Jean Ricavi, de Sanilhac, son coseigneur; à Jean de Cadolle, damoiseau, d'Aimargues; à Siffred Ricavi, de Sanilhac; à Ermessende, femme d'André de l'Arque; à Folquette, femme de Guillaume du Puy; à Rixende Foulc, sa femme, pour 100 francs d'or. Ses héritiers universels sont ses fils Étienne et Jean de Roche. Il leur substitue, pour ses biens de Remoulins, Villefaquière, Saint-Hilaire et Castillon, Jacques d'Aramon, damoiseau, coseigneur d'Aramon, et pour ses autres biens, tant au-delà de la rivière d'Alzon qu'ailleurs, Rixende Foulc, sa femme. Ses exécuteurs testamentaires sont le curé de la paroisse où il décédera, si c'est à Remoulins ou à Montaron, ensemble nobles Jacques d'Aramon et Raimond Rabasse. L'acte est passé à Remoulins, dans la chambre où le testateur est malade. Témoins : Jean Neuveglise, prêtre; François de Flaux, prêtre; Rostang Rabasse, damoiseau; Pierre Fabre, dit Rorron; Jean de Beaulieu, Jean Fournier, Jacques Scalhon, de Remoulins; Jean Amalfred, de Vers; Pierre du Noyer, de Montaron. Le notaire est Ferrier Grast. — 3. Vente faite, le 14 septembre 1401, par noble Bertrand de Laudun, damoiseau, de Montfrin, diocèse d'Uzès, à Bertrand Fournier, d'Aramon, même diocèse, de la censive d'une émine d'orge, assise sur une terre de Fournier sise au terroir d'Aramon, lieu dit : A Givon. Le prix est de 2 francs d'or. L'acte est passé à Aramon, dans la maison du vendeur, par le notaire Jean Saturnin. — 4. Extrait en forme d'une vente faite, le 21 septembre 1401, par nobles Illande, veuve de noble Rostang de Coyran, damoiseau d'Aramon, Gaufride, femme de noble Rostang de Caforlion, et Raimonde, sœur de Gaufride, femme de noble Atrias, frère de Rostang, mineur de 18 ans, libre de tutelle et de curatelle, à Jean Saturnin, notaire d'Aramon, d'une terre en Bertrand, sous la directe de Geoffroi Le Meingre, dit Boucicaut, chevalier, seigneur d'Aramon, en vertu d'un don royal à vie. Prix : 7 florins d'or. L'acte est passé à Aramon, dans la maison des venderesses, par le notaire Pierre Ducros. Les lods sont faits par Guillaume Sarnier, damoiseau, délégué de noble Aymeric Bermond, damoiseau, procureur de Le Meingre. Même notaire. — 5. Verbal d'une procédure engagée devant la cour d'Aramon pour faire enlever un dépôt de fumier. La sentence est rendue le 2 octobre 1401 par le juge Antoine Retronchin, docteur ès-lois, nommé par Geoffroi Le Meingre, dit Boucicaut, chambellan du roi, seigneur de Boulbon-en-Provence, de Valabrègue et d'Aramon, suivant des lettres patentes scellées de cire rouge dont le texte figure à l'acte et qui sont datées de Villeneuve-lès-Avignon, 7 août 1388. Témoins : nobles Rostang de Coyran aîné, Blaise des Arbres, François d'Aramon et Guillaume Saunier, damoiseaux : Gervais de Granville, Jean Saturnin notaires, etc. Le notaire est Pierre Ducros. Son clerc Pierre Borgaud a écrit la grosse. — 6. Reconnaissance faite, le 29 janvier 1401 v. s., par Gillette Hugue, de Montfrin, à Bermond de Théziers, de Montfrin, d'une vigne au terroir de Montfrin. Écriture effacée. — 6. Deux reconnaissances féodales reçues à Aramon par le notaire Gervais de Granville. Dans la première, du 2 octobre 1402, Guillaume Rastega, d'Aramon, reconnaît tenir de noble Raimonde de Manoléne, veuve de noble Pierre de Coyran, damoiseau d'Aramon, une terre au lieu dit : *In Januaria*. Dans la seconde, du 17 février 1402 v. s., Jean Rogot, d'Aramon, reconnaît tenir de la même une terre au même quartier. — 7. Deux reconnaissances féodales faites à noble Raimonde de Mamolène, veuve de noble Pierre de Coyran, damoiseau d'Aramon, la première, le 2 octobre 1402, par Guillaume Rastega, d'Aramon ; la seconde, le 17 février 1402 v. s., par Jean Rogot, d'Aramon. Le notaire est Gervais de Granville. — 8. Reconnaissance féodale faite, le 22 mars 1402 v. s., par dame Almusie, veuve de Pierre Rolland, habitante d'Avignon, à noble Raimonde de Coyran, pour un pré et un bois attenant sis dans l'île du Rhône de Bois-Méjan, *Mosqui-Mejani*, et des Bois-de-Rancurel, en face la ville d'Avignon. Ces immeubles confrontent Rostang d'Aix, Antoine des Armes, etc. L'acte est passé, dans la maison d'Almusie, par le notaire Jean Aymonet, *de Valle Colore*, pour *Valle Colorum*, ou Vaucouleurs, diocèse de Toul. — 9. Donation faite, le 6 avril 1403, par noble Raimonde de Mamolène, fille de feu noble Raimond de Mamolène, d'Aramon, veuve de Pierre de Coyran, de Valabrègue, à noble Jean de Foucheran jeune, de Nîmes, fils d'autre noble Jean de Foucheran vieux, habitant Nîmes, de tous ses biens, sous la réserve des fruits pendant la vie de Raimonde, et des frais funéraires et legs énumérés à l'acte. Celui-ci est passé à Nîmes, en la maison de Foucheran père, par le notaire Jean Mercier. — 10. Deux reconnaissances féodales faites, le 23 janvier 1402 v. s. et le 30 avril 1403 à Raimonde de Mamolène, pour des terres du terroir d'Aramon. Le notaire est Gervais de Granville. — 11. Quittance de dot faite, le 17 août 1403, par noble Folquet de Sumène, damoiseau, habitant Aramon, époux de Gilette, à Catherine, femme de noble Guillaume-Pierre Cambe, damoiseau, de Saint-Laurent des Arbres, diocèse d'Avignon, par les mains de Cambe et de l'argent de Catherine. L'acte est passé à Aramon, dans la maison de Folquet. Témoins : Laurent Raoul, Jean Jean, prêtres de Valabrègue ; noble Jacques d'Aramon, coseigneur d'Aramon, Pierre Arlbac, de Valabrègue. Le notaire est Pierre Ducros. Son clerc Bernard Fabre écrit la grosse. — 12. Procuration donnée, le 4 décembre 1403, noble Guillaume de Laudun étant seigneur de Rochefort, *castri Ruppisfortis*, diocèse d'Avignon, et d'autres lieux de la baronnie, par Raimond Aicard, de Domazan, habitant d'Aramon,

à Pierre Ducros, notaire d'Aramon et à d'autres gens de loi. L'acte est passé sur la place publique de Rochefort, près de la boutique de Pierre Sanchol, par le notaire Louis Saturnin. — 13. Transaction faite, le 26 mars 1400 v. s., au sujet d'un legs de Véziane Misson, femme de Raimond Gragolli. Le testament, reçu par Guillaume Montauroux, notaire de Montfrin, indique Raimond Auriol, damoiseau d'Aramon, comme légataire d'un casal où le père de Véziane faisait une cuisine, casal situé dans le faubourg inférieur d'Aramon, avec passage par l'endroit le moins dommageable d'une maison contiguë de la testatrice. Noble Bertrand de Laudun, damoiseau, de Montfrin, héritier universel de Véziane Misson, et Raimond Auriol, règlent la question du passage. Le notaire est Jacques Héraud.

E. 1329. (Liasse.) — 12 pièces, parchemin.

1410-1432 — *Famille de Laudun, d'Aramon. — Origine des biens.* — 1. Transaction faite, le 3 septembre 1410, entre nobles François d'Aramon et Philippe de Granville, fils de noble Catherine d'Aramon. Gervais de Granville, notaire, oncle de Philippe, avait régi les biens de François, et spécialement levé des censives communes entre François et Philippe, à cause de Catherine, mère de Philippe, et présentait diverses demandes. Il réclamait un legs fait à François par noble Mathieu de Granville, père de Philippe, un autre legs fait par Catherine d'Aramon à Marguerite, fille de François. Les parties nomment pour arbitres nobles Guillaume Talhier, prêtre, et Blaise Gui, pour Philippe ; Blaise des Arbres et Pierre d'Aramon, pour François. L'acte est passé à Aramon, sur la place, devant le cimetière de l'église, par le notaire Pierre Ducros. — Le 28 octobre suivant, audition des parties par les arbitres. — Le 22 décembre suivant, sentence arbitrale, et ratification de la sentence par François d'Aramon et Philippe de Granville. Même notaire. — 2. Reconnaissance féodale faite, le 28 octobre 1410, par Pierre Dauphin, d'Aramon, à noble Raimonde de Mamolène, d'Aramon, pour une terre herme sise au lieu dit : *In Valle Vacarès*. L'acte est passé à Aramon, dans la maison de Guimette, femme du notaire, lequel est Jacques Béraud. — 3. Donation faite, le 26 mai 1411, par

Alène ou Hélène de Laudun, fille de noble Bertrand de Laudun, de Montfrin, majeure de 16 ans, mineure de 25 ans, *propter nuptias*. Son père Bertrand, dans le contrat de mariage d'Hélène avec Paul Lombard, de Roquemaure, a promis de donner à Paul une dot convenable. Elle s'élève à 300 florins d'or plus le trousseau. Hélène fait donation et abandon à Bertrand de Laudun, son père, et à sa mère, noble Catherine Rabasse, de tous ses biens et droits paternels, maternels et fraternels, sauf sa dot. L'acte est passé à Montfrin, dans la maison de Bertrand de Laudun. Témoins : Firmin Pascal, frère Garnier Gévaudan, commandeur de Pruthanis ou Prouille, de l'ordre de Saint Jean de Jérusalem ; Guiraud Camel, marchand, habitants de Montfrin ; noble Rostang des Arbres, d'Aramon, et noble Raimond Rabasse. Notaire : Antoine Delafont. — 4. Donation faite, le 12 mai 1412, par Pons Ginhoux, chapelain prébendé en l'église des Saints Jean-Baptiste et Jean l'Évangéliste de Roquemaure, à Guillaume Rossel, prieur, et Jean Gazagne, sacriste de ladite église, stipulant pour elle et son chapitre de chapelains, des censives d'huile qu'il possède à Aramon. L'acte est passé à Roquemaure, dans le cloître de l'église. Le notaire est Bertrand *Badoresii*, de Mornas, diocèse d'Orange. — 5. Reconnaissance féodale faite, le 29 décembre 1412, par Pierre Raoul à noble Raimond de Mamolène, d'Aramon, pour une terre sise au lieu dit : *In Januario*. L'acte est passé à Aramon, dans la rue du Marché, *Marcelli*. Le notaire est Pierre Ducros. — 6. Testament fait, le 17 août 1415, par Bertrand de Laudun, damoiseau, de Montfrin. Il élit sépulture en l'église de Notre-Dame de Malpas, à Montfrin. Cinq-cents messes seront dites pour son âme, la moitié dans l'église de Montfrin, l'autre moitié par les quatre ordres mendiants : frères mineurs de Beaucaire, frères prêcheurs de Tarascon, frères carmes d'Arles, frères augustins de Nimes, par égales parts. Legs de dix sétérées de sa grande terre d'Aramon, lieu dit : *Ad Motas*. Elles seront vendues, pour le prix en être employé à l'acquittement des legs de sa tante, dont le dernier testament fut reçu par Guillaume *Montamosii*, notaire de Montfrin. Legs à noble Catherine Rabasse, femme du testateur, de l'usufruit de ses biens. Elle sera tutrice de leur fils Jean de Laudun, héritier universel. Les exécuteurs testamentaires sont Jacques Germain, chapelain curé de l'église de Montfrin, et deux autres. L'acte est passé à Montfrin, dans la maison du testateur. Témoins : le curé, Bertrand *de Porta Amesa*, frère Guillaume Rabotti, dit de Rouen, etc. Le notaire est Antoine Delafont. — 7. Reconnaissance faite, le 1er septembre 1416 par Jean Giahian, dit Dupuy, tailleur, du diocèse de Clermont, citoyen et habitant d'Avignon, à noble Jean de Foucheran jeune, damoiseau, de Nimes, donataire des biens de noble Raimonde de Mamolène, d'Avignon, pour une vigne au terroir d'Aramon, « in clausa vocato : *Al Canhet dele Amoriera.* » L'acte est passé en Avignon, dans l'hôtellerie de l'*Écu de France*, derrière les augustins, au rez-de-chaussée. Témoins : Bernard d'Artois, *de Artesio*, prêtre, de Toulouse, et Anselme Georges, clerc du diocèse de Genève. Le notaire est Jacques Calvier, dit Boyer, de La Roche, diocèse de Valence, citoyen d'Avignon. — 8. Vente faite, le 3 octobre 1417, par Clément Guiraud, de Théziers, diocèse d'Uzès, à Nicolas Bompar, d'Aramon, d'une vigne sise au terroir de Théziers, lieu dit *Ad Roblnam*. L'acte est passé à Aramon, par le notaire Pierre Ducros. — 9. Dation de curatrice, faite le 3 octobre 1425. Boniface Aicard, d'Aramon, tuteur de Jeannette, fille de feu Jean Michel, par décision de la cour d'Aramon, reçue par le notaire Jean Rolland, se démet de la tutelle entre les mains de noble Pierre Marean, lieutenant de « Tannequin » du Châtel, chevalier, viguier de Beaucaire et d'Aramon. Le titre de la lieutenance est transcrit à l'acte. Il émane de « Tannequin », prévôt de Paris, etc., est scellé du sceau de la cour royale de Beaucaire et daté du 21 novembre 1424. Jeannette ne pouvant rester sans défense, le lieutenant de viguier a convoqué Nicolas Bompar, oncle, et Jacques Guiraud, forgeron, cognat de la mineure, ensemble Guillaume Talhier, prêtre Raimond Aicard et autres pour les consulter. Ils lui proposent unanimement de donner à la mère de la mineure la curatelle de sa fille. La mère s'appelle aussi Jeannette. A la requête de Nicolas Bompar, oncle de la mineure, et des autres proches et amis, le lieutenant se rend chez la mère avec le notaire et les témoins. Il lui notifie sa décision de la matinée, l'investissant de la curatelle de sa fille. Acceptation de la mère, avec l'autorisation expresse de Boniface Aicard, son mari. La mère est dispensée de rendre compte des revenus des biens de la mineure, mais devra les employer à l'entretien de sa fille et au paiement des tailles et autres charges incombant à cette dernière. Elle devra conserver et défendre les meubles de la jeune fille, inventoriés par le notaire Jean Rolland au temps où Boniface Aicard, mari de la mère, prit la tutelle. Les frais de culture des biens seront à la charge de la mère. L'acte est passé dans la maison de la mère. Témoins : nobles Jean de Laudun et Louis de Saint-Bonnet, etc. Le notaire est Gui Martin. — 10. Vente faite, le 10 décembre 1425, par noble « Jaufrède » de Coyran, femme de noble Rostang de Castillon, fille et héritière de noble Yolande d'Alasse, d'Aramon. Sa mère devait 9 l. t. aux hoirs de Jaufred Martin, de Montfrin, qui avaient fait saisir, par la cour du Petit Scel royal de Montpellier, la terre de La Bastide, avec un jardin contigu ayant appartenu à Yolande, en la juridiction d'Aramon, terroir appelé : *En Bertrand*. Ladite « Gaufrèse » de Coyran désirant décharger l'âme de sa mère en payant ses dettes, et éviter de plus grands frais judiciaires, vend, avec l'autorisation de son mari, à noble Pierre Marcaud, coseigneur d'Aramon, lesdits terre et jardin. Le prix est de 20 l. t. payées à l'acte, passé à Uzès, en l'hôtellerie de la *Lune*, « in diversorio Lune, » par le notaire Pierre de Jaufresenques. Témoins : Jean Séveyrac, prieur de Sénéchas, *Chaneschaxio*; Pierre Guitard, recteur des écoles de la ville d'Uzès, Étienne Ranchin, hôtelier de la *Lune*. — 11. Quittance faite, le 16 juin 1430, sous l'épiscopat de Bertrand, par le chapitre d'Uzès. Guillaume Soybert, prévôt, chapelain du pape et du Saint-Siège apostolique ; Paul Brun, sacriste ; Antoine Fabre, prieur claustral ; Pierre Raufelli, aumônier; Philippe de Mouy, infirmier; Firmin Mandin, Grégoire Nicolas, chapelains chanoines de la cathédrale, d'une part ; noble Jean de Laudun, coseigneur d'Aramon, comme mari de noble Augière de Bonneval, héritière de Rostang Guiraud, d'Aramon, d'autre part ; établissent que feu Rostang Guiraud vendit aux chanoines une pension annuelle de 2 écus d'or, payable le 18 décembre et assignée sur certaines possessions spécifiées, comme sur l'ensemble des biens du vendeur, aux termes d'un acte reçu par feu Guillaume Raufelli, notaire d'Uzès, le 18 décembre 1406, et signé, après la mort de Raufelli, par le notaire Arnaud Rascas. Le prix de la vente fut de 20 écus d'or. Jean de Laudun rachète la pension en rendant au chapitre les 20 écus d'or et reçoit quittance. L'acte est passé à Uzès, en la maison de la prévôté, au réfectoire. Témoin : noble Jean Guiraud jeune, dit Savaric, de Nimes ; Firmin Guiraud, d'Aramon. Le notaire est Antoine Raufelli. — 12. Acapte fait, le 1er octobre 1432, par Jacques Béraud, notaire d'Aramon, comme procureur de nobles Girard, Nyon et Cécile de Beauvoisin, coseigneurs de Beauvoisin, à Pierre Brot, habitant d'Aramon. Il s'agit d'un plantier de vigne au terroir d'Aramon, lieu dit : A la Toulière. L'acte est passé à Aramon, chez Pascal d'Aramon, qui est témoin avec Raimond Imbert et noble Jean de Laudun. Après la mort du notaire Jacques Béraud, le notaire Guillaume *Militie* signe la grosse.

B. 1830. (Liasse.) — 10 pièces, parchemin.

1433-1440. — *Famille de Laudun, d'Aramon.* — 1. Vente faite, le 9 février 1432 v. s., par noble Raimond Rabasse, de Remoulins, à noble Jean de Laudun, de Montfrin, habitant Aramon, de sa maison avec cour sise à Aramon, au faubourg Matheron, en franc alleu. Le prix est de 10 florins valant chacun 12 gros de Provence. L'acte est passé à Aramon, dans la maison de Guimette Genlès, femme du notaire Jacques Béraud, qui le reçoit. Jacques Guiraud, diacre; Nicolas Bompar, d'Aramon; Pierre Chambon et Girard Borgarel, du Torne, sont témoins. Le clerc André Montagnac extrait la grosse, qui porte le seing de Jacques Béraud. — 2. Vente faite, le 3 novembre 1435, par noble Bertrand du Réal, damoiseau, juge royal de Beaucaire, à Jean Gaydanosti, d'une maison sise à Beaucaire dans la « gache » ou quartier de la Croix. Pierre de Molines, autrefois fermier de la ferme du lainage de la sénéchaussée de Beaucaire, restait devoir au roi 12 l. 10 s. t. pour reste de son fermage. Cette somme fut assignée à Bertrand, pour ses gages, par le trésorier royal de Nimes. Le 19 juillet 1434, elle fut réalisée par voie d'exécution sur la maison en question, qui appartenait à Pierre de Molines, et qui fut adjugée à Bertrand au prix de 9 moutons, sauf la directe du roi. Le prix de la vente est de 8 moutons au coin de Montpellier, valant chacun 12 gros de la monnaie de Provence, et payés à l'acte, qui est passé à Beaucaire par le notaire *Juncta* Bernard. Les lods sont faits par Euric de Rouf....., lieutenant du châtelain et viguier. Parmi les témoins des lods figura Lancelot Buchaud. — 3. Deux actes. Le premier est une vente faite, le 12 mars 1435 v. s., sous Charles de Poitiers, chevalier, seigneur de Saint-Vallier et d'Aramon, par-devant noble Pierre

Marroan, damoiseau, viguier d'Aramon pour Charles, en la maison du curateur Jean Ménagier, où le viguier tient sa cour. Noble Jean de Laudun, damoiseau, dit au viguier qu'à la requête de Ménagier, curateur donné par la cour aux biens vacants ayant appartenu à Antoine Dupuy, décédé intestat, on a mis aux enchères une maison d'Antoine, sise dans l'enceinte d'Aramon, faubourg Matheron. Jean de Laudun demande à Jacamet Thomasset, sergent et crieur public de la cour d'Aramon, de rendre compte au viguier de ses publications et opérations. Il en ressort que Jean de Laudun est acquéreur et qu'il n'y a plus qu'à en dresser acte. Le viguier le met en possession. Pierre Rauffelli, chanoine et précenteur d'Uzès, prieur de Théziers ; noble Pierre Maffresti, Pierre Martin, dit L'Espagnol, sont témoins. Le notaire est Bertrand du Ranc. — Le second acte, du 14 juin 1437, contient les lods de l'acquisition précédente, faits à Jean de Laudun par noble Guillaume Talhier, prêtre, prieur de Saint-Pierre du Terme d'Avignon, et Firmin Guiraud. — 4. Vente faite, le 26 février 1438 v. s., par Jean Larmande à Jean Pèlerin, de Tavel, diocèse d'Avignon. Pierre Larmande, frère du vendeur, avait institué par testament, pour héritier universel le ventre d'Astrugue, sa femme, si elle mettait au monde un enfant. Dans la négative, ses héritiers institués étaient Pierre Larmande, son père, et Jean Larmande son frère, du diocèse de Viviers, paroisse de Saint-Pierre de Fabras. Astrugue n'étant point enceinte, ils ont recueilli la succession et la vendent à Pèlerin 30 moutons d'or au coin du roi de France, valant chacun 12 gros, monnaie d'Avignon. L'acte est passé à Pujaut, diocèse d'Avignon, par le notaire Jacques Chabert. — 5. Acapte fait, le 24 juillet 1439, par Gaillard de Farges, de Beaucaire, héritier de noble Marie Aicard, bientenante de Jean d'Aramon, docteur ès-lois, d'Aramon, à Pierre Brel, d'Aramon. Il s'agit d'une terre herme sise au lieu dit : Puech Cornelhet, terroir de Théziers, et contenant quatre journées d'homme, jornale quatuor hominum. Un confront est la vigne de la chapellenie d'Agnès Jogleresse. L'acte est passé à Beaucaire par le notaire Juncta Bernard. La grosse est du notaire François Bernard, commis par le sénéchal. — 6. Adjudication au profit de Jean de Laudun, en date des 10-11 novembre 1439. Jacques Thomasset, sergent et crieur public de la cour d'Aramon sur l'ordre de noble Pierre Marroan, damoiseau, viguier de la cour de Valabrègue et d'Aramon pour Charles de Poitiers, chevalier, seigneur de Saint-Vallier, Valabrègue, Aramon et toute la baronnie ; à la requête de Pierre Busquet, d'Aramon ; pour la somme de 24 gros, monnaie d'Avignon, due par noble Jacques de Coyran, damoiseau d'Aramon, audit Busquet ; aux termes d'un commandement du 16 octobre 1439, portant exécution contre de Coyran, faute de paiement, commandement transcrit à l'acte et enregistré par le greffier de la cour Vincent Gay ; Thomasset met à l'encan une terre de Jacques de Coyran sise au terroir d'Aramon, lieu dit : Au Playn. Jean de Laudun est adjudicataire le 11 novembre, moyennant 30 sols tournois. L'acte est passé à Aramon, en la maison d'Étienne de La Vernache, sous-viguier, par le notaire Jean de La Cour. — 7. Vente faite, le 23 février 1439 v. s., par nobles Jacques et Bertrand de Coyran frères, d'Aramon, Bertrand étant majeur de 23 ans et mineur de 25 ans, à noble Jean de Laudun, d'Aramon, d'une olivette ou jardin avec terre herme contiguë, sise au lieu dit : En Val Eusieyra, en franc aleu. Prix : 5 l. 5 s. t. L'acte est passé à Aramon, chez l'acquéreur, par le notaire Antoine Raufelli, d'Uzès. Pierre Raufelli, chanoine et précenteur d'Uzès, est témoin. — 8. Vente faite, le 23 février 1439 v. s., par Firmin Guiraud, d'Aramon, à noble Jean de Laudun, d'Aramon, d'un jardin sis au lieu dit : En Val Eusieyra. Mention de noble Pierre « Mayroal » aux confronts. Prix : 91. t. L'acte est passé chez l'acquéreur, par le notaire Antoine Raufelli. Pierre Raufelli, chanoine et précenteur d'Uzès, est témoin. — 9. Vente faite, le 26 septembre 1440, par Jeanne Étienne, femme de Jean Bastide, d'Aramon, à noble Jean de Laudun, de directes et censives assises dans les juridictions d'Aramon et de Valabrègue, et énumérées dans l'acte. Prix global : 12 l. 13 s. 4 d. t. L'acte est passé chez la venderesse par le notaire Antoine Rauffelli. Le chanoine Pierre Raufelli est témoin. — 10. Échange fait, le 3 décembre 1440, entre le chapitre de l'église collégiale de Notre-Dame de Villeneuve lès Avignon et noble Jean de Laudun. Les pourparlers et l'enquête ont duré quelques années. Le chapitre est représenté par Roger Sohier, vicaire de Louis Raguier, doyen de l'église ; François Boyer, dit Thicon, sacriste ; Bertrand Donadieu, Louis Pèlerin, Guillaume Olier, chanoines, assemblés capitulairement dans la chambre de Roger, malade. Il cède à Jean de Laudun une censive de deux parts d'un chapon et deux parts de 6 d. t., assise sur un casal d'Aramon, près la porte occidentale, appelée de la « Lumière » (1). En contre échange, de Laudun cède diverses censives énumérées à l'acte. La première est assise à Montfrin. L'acte est passé dans la chambre de Rogier. Le notaire est Jean Émenard, clerc du diocèse de Lyon. Pierre Raufelti, précenteur de l'église d'Uzès, est témoin. Son nom est écrit ici « Roussotti ». Girodin *Lathomi*, clerc des cloches de l'église d'Uzès ; Bertrand Teissier, prêtre d'Aramon ; Jean Firmendi, du diocèse de Paris, sont les autres témoins.

F. 1311. (Liasse.) — 11 pièces, parchemin.

1441-1459. — *Famille de Laudun, d'Aramon.* — 1. Quatre actes du 7 mai 1441 sur le même rouleau de parchemin. — Le premier est une reconnaissance féodale faite par Cirico David et Guimette Visan, sa belle-fille, épouse de Guillaume David, son fils, d'Aramon, avec l'autorisation de noble Jean de Foucheran, seigneur de Lassan, présent à l'acte, à noble Sibylle de Foucheran, absente, et à noble Jean de Laudun, père et légitime administrateur de noble Guillaume de Laudun, mari de Sibylle, pour une terre sise au terroir *de Januario*, sous la censive de 12 d. L'acte est passé à Aramon, dans la cour de la maison de Jean de Laudun, par le notaire Hugues Tuffet. — Les trois actes suivants sont des reconnaisances de Firmin Guiraud, de Catherine Cabrol, veuve de Pierre Bompar, et des mariés Pierre Moret et Bertrane Boissier, au profit des mêmes bénéficiaires. Même notaire. — 2. Deux actes du 7 mai 1441, portant reconnaissances féodales de Pierre de Laye et de Lucie Boisson, veuve d'Antoine Boisson, d'Aramon, à Sibylle de Foucheran et à son mari Guillaume de Laudun. Même notaire. — 3. Vente faite, le 9 septembre 1441, par Durante Lavel, femme de Pierre de Novelles, d'Aramon, à Jean de Laudun, d'un casal sis dans Aramon. Prix : 9 francs de monnaie courante en France, valant chacun 16 gros. L'acte est passé chez l'acquéreur par le notaire Jacques Béraud. Après la mort de ce dernier, la grosse est extraite par son substitut le notaire André Bonhomme, puis transcrite par le notaire Guillaume Militis. — 4. Reconnaissance féodale faite, le 9 octobre 1441, par Louis Brochier, à noble Jean de Laudun, représentant noble Sibylle, fille de noble Jean de Foucheran, seigneur de Lassan, sa belle-fille, absente. Il s'agit d'un casal du faubourg supérieur d'Aramon, confrontant le casal de noble Pons d'Aramon, et celui de noble Luquette des Arbres, sous la censive de 3 s. t. Le notaire est Jacques Béraud. — 5. Vente faite, le 9 mars 1442, par Bermond Charvet, d'Aramon, à Nicolas Bompar, de trois jardins au terroir d'Aramon. L'acte est passé au moulin d'olives appartenant à l'acquéreur par le notaire Jacques Béraud. André Bonhomme, en vertu d'une commission à lui donnée par le sénéchal et datée de Nîmes, 30 mai 1459, extrait la grosse, qui porte le seing du notaire Guillaume Militis. Les jardins vendus relèvent de la directe de noble Alphant d'Aramon. Leur prix est de 15 s. t. — 6. Acapte fait, le 4 septembre 1443, par Pierre Virret, procureur des doyen et chapitre de l'église collégiale Notre-Dame de Villeneuve-lès-Avignon, à noble Jean de Laudun, d'un casal sis dans Aramon, faubourg Matheron. L'acte est passé à Aramon, maison de la chapellenie du prêtre Guillaume Tallier. Témoins : Pierre Raufelti, chanoine et précenteur d'Uzès ; Colin Vincent, prêtre ; Pierre Maffred, damoiseau. Le notaire est Jacques Béraud. Seing de Guillaume Militis. — 7. Vente faite, le 9 janvier 1443 v. s., par *Avenius* Guiraud, d'Aramon, à Jean de Laudun, damoiseau, d'une censive de 5 d. t. assise sur une maison d'Aramon ayant appartenu aux hoirs de Jean Barleton. Prix : 10 s. t. L'acte est passé à Aramon, chez le clerc Jean Pinel. Le notaire est Denis Garnier, habitant Montfrin. — 8. Vente faite, le 14 janvier 1443 v. s., par Firmin Guiraud, d'Aramon, à Jean de Laudun, d'une censive de 2 d. et une obole assise sur une maison de la rue Droite, à Aramon. Prix : 15 s. t. L'acte est passé chez l'acquéreur par le notaire Denis Garnier. — 9. Reconnaissance féodale du 13 février 1444 v. s., faite par Jeannette Étienne, femme de Jean Bastide, tailleur d'Aramon, à Jean de Laudun, pour une maison indivise dans la rue Droite. Même notaire. — 10. Reconnaissance faite, le 6 mars 1444 v. s., par Jean Pinel, notaire d'Aramon, ayant droit de Bertrande Picot, à Jean de Laudun, père et administrateur de Guillaume de Laudun, mari de Sibylle de Foucheran, pour des terres au lieu dit : *In Januario,* sous la censive de 2 s. 3 d. t. Même notaire Denis Garnier. — 11. Reconnaissance du 9 mars 1444 v. s., faite par Fresconne Bourgarel, veuve de Jean Germain, à

(1) *Cette graphie est devenue « Limière » plus tard. Limière paraît une corruption de Lumière.*

Jean de Laudun, ès qualités, pour une maison dans la rue Droite, confrontant la maison de la chapellenie de Monette Sabatier, que tient le prêtre Colin Vincent. La censive est de 5 s. t. Nobles Alzias de Posquières et Pierre Maffred sont témoins. Le notaire est Jean Pinet.

*E. 1332. (Liasse.) — 9 pièces parchemin.

1446-1448. — *Famille de Laudun, d'Aramon.* — 1. Vente faite, le 5 octobre 1446, par Jean Descombes, tisserand de Domazan, de plusieurs censives assises à Domazan. L'acquéreur est Jean de Laudun, dont le nom est emporté au début de l'acte, mais se retrouve à la fin sur la suscription. Le notaire est Jean Pinet, d'Aramon. — 2. Projet d'acte, non signé par le notaire, portant la date du 18 octobre 1446. Il s'agit d'un échange entre nobles Jean de Laudun et Bertrand de Coyran, d'Aramon. L'acte est donné comme passé à Aramon. Jacques Firmin, dit Capitaine, est témoin. — 3. Acte très incomplet dans le haut, ne laissant plus voir que la date de l'année 1446, non signé par un notaire, et portant échange entre les mêmes. Dans les deux projets une vigne à Cabrosles est échangée contre un pré de la Grand'Palun. — 4. Vente faite, le 20 février 1446 v. s., sous l'épiscopat d'Olivier, évêque d'Uzès, par Pierre Raufelli, chanoine et précenteur de l'église d'Uzès, à Jean de Laudun, de la censive d'une demi-canne d'huile servie par Jean Descombes, tisserand de Domazan. Prix : 10 l. t. Le notaire est Jean Pinet. — 5. Reconnaissance féodale faite, le 10 novembre 1447, par Pierre Reboul, de Montfrin, à Jean de Laudun, pour une terre sise au terroir de Montfrin, lieu dit : *A L'Om*, et pour une autre au lieu : *Ad Terras Saint*. Le notaire est Jacques Chabert, à Montfrin. — 6. Échange fait, le 14 novembre 1447, entre Jean de Laudun et les frères Jacques et Pierre Christophe, qui cèdent la moitié de leur moulin à olives, situé hors la porte supérieure d'Aramon, ensemble la moitié des apparaux et ustensiles, contre deux pièces de terre au terroir d'Aramon, lieux dits : *Ad Crucem* et *Al Cariers*. Noble Laurent d'Aramon est témoin. Notaire : Jean Pinet. — 7. Quittance faite, le 11 février 1447 v. s. par noble Vitrone de Coyran, avec l'autorisation de son mari noble Jean Salade, à Jacques de Coyran son frère, pour 20 florins valant 15 l. t., somme que lui devait Jacques à raison de sa dot, à elle assignée par ses père et mère Jean de Coyran et Jeanne, et à raison d'un legs de Jean de Coyran. L'acte est passé à Aramon par le notaire Jean Pinet. Noble Pierre Guichard, Jacques Périer, chanoine de Nîmes, sont témoins. — 8. Don ou bail en paiement, *datio in solutum*, fait, le 11 février 1447 v. s., par noble Bertrand de Coyran, d'Aramon, à sa sœur Vitrone de Coyran, avec l'autorisation de son mari Jean Salade, de la moitié de sa maison sise dans la rue Droite d'Aramon, pour s'acquitter de 30 l. t. qu'il lui devait à raison de sa dot et du legs de son père. Mêmes témoins et notaire. — 9. Vente faite, le 10 mai 1448, par Pierre Véran, d'Aramon, à Raimond Imbert, d'une censive d'un denier tournois assise sur une maison d'Aramon. Prix : 7 s. 1/2 t. Notaire : Jacques Béraud. Après sa mort, la grosse est extraite par le notaire Guillaume Militis.

E. 1333. (Liasse.) — 8 pièces, parchemin.

1449-1453. — *Famille de Laudun, d'Aramon.* — 1. Vente faite, le 17 juin 1449, par Isnard Giraud, fils de feu Firmin Giraud, d'Aramon, et Marie Plaisant, veuve de Firmin, tutrice de leur fille Sibylle Giraud, en présence de noble Elzias de Posquières, viguier d'Aramon et Valabrègue pour Charles de Poitiers, chevalier, seigneur de Saint-Vallier. La vente est faite par noble Jean de Laudun. Elle porte sur une terre du Plan d'Aramon, confrontant la chapellenie de Saint-Jacques, fondée en l'église d'Aramon, et sur d'autres immeubles de Valabrègue et d'Aramon. Le prix est de 8 l. t. Jean Pinet, notaire. — 2. Vente faite, le 31 août 1451, par Jeanne Bourgarol, femme de Louis Brochier, d'Aramon, aux frères Guiraud et Bertrand Tessoran, d'une terre sise au terroir de Bertrand, pour le prix de 7 l. 10 s. t. Les lods sont faits par noble Alzias de Posquières, clavaire d'Aramon et Valabrègue pour le seigneur desdits lieux. L'acte est passé par Jean Pinet, notaire d'Aramon. — 3. Lods fait, le 4 août 1453, par Nicolas Régis, chanoine et procureur général du chapitre de Notre-Dame de Villeneuve-lès-Avignon, à Jean de Laudun, coseigneur d'Aramon, acquéreur d'un jardin sis au Portalet, hors les murs d'Aramon, confrontant le Rhône. L'acte est passé à Aramon, en présence des notaires

Jacques Béraud et Guillaume Chambon, ainsi que du prêtre Guillaume Dumas. Le notaire est Léonard de « Quadrivio », clerc du diocèse de Limoges. — 4. Quittance faite, le 22 juin 1454, par noble Laurent d'Aramon, coseigneur d'Aramon, à noble « Alizario » ou Elzéar de Posquières, gendre de feu noble Pierre Marroan, de 17 l. t. en déduction de la dot de sa femme, noble Jeanne Marroan. Le notaire est Léonard de Quadrivio. — 5. Reconnaissance féodale faite, le 4 novembre 1455, par Michel Guerrigon, de Domazan, à Jean de Laudun, pour diverses possessions à Domazan. Mention de la chapellenie de Saint-Blaise. Acte passé à Aramon par le notaire Jean Pinet. — 6. Reconnaissances faites à Jean de Laudun par Guillaume Prunet, d'Aramon (12 janvier 1446 v. s.), et par Pierre Perrier, de Montfrin (29 septembre 1457). Même notaire. — 7. Reconnaissance de Durant Pontorol, dit Cassaï, d'Aramon, faite à Jean de Laudun, damoiseau, le 13 octobre 1457. Notaire : Léonard de Quadrivio. — 8. Reconnaissance faite à Jean de Laudun, le 12 novembre 1458, par noble Pierre Guichardin, d'Aramon, pour une vigne au quartier de Valvaquières. Sont témoins Pierre Raufelli, chanoine d'Uzès, et le notaire Léonard de Quadrivio. Jean Pinet, notaire.

R. 1234. (Liasse.) — 5 pièces, parchemin ; 3 pièces, papier.

1460-1477. — *Famille de Laudun, d'Aramon.* — 1. Contrat de mariage, passé le 26 décembre 1460, entre noble Antoine du Pont, de Saint-Martial, habitant Nîmes, et noble Eustacie d'Aramon, fille de noble Laurent d'Aramon, coseigneur d'Aramon et de noble Jeanne Marroan. Laurent constitue en dot à Eustacie la moitié de ses biens, dont lui et sa femme se réservent l'usufruit. L'acte est passé à Aramon par le notaire Guillaume de Quadrivio. Témoins : Jean de Laudun, Guillaume de Laudun, le notaire Guillaume Militis, etc. Après la mort de Quadrivio, Hugues Baile, clerc de Jean Lascornet, notaire de Nîmes, extrait la grosse. La commission donnée par le sénéchal est datée de Nîmes, 24 novembre 1460. Seing de Lascornet. — 2. Transaction du 13 avril 1461, passée entre noble Guillaume de Laudun, habitant d'Aramon, demandeur, et Guillaume Bedos, citoyen d'Avignon, défendeur, au sujet d'un crément de l'île du Petit-Mouton, sise à Avignon, en face la Porte « Aurosse », Confronts du crément dans le Rhône. Bedos abandonne le crément à de Laudun, sauf son recours contre Durand Ponterolles. L'acte est passé à Villeneuve-lès-Avignon par le notaire Jean Contalis, sur la rive royale de la tête du pont [d'Avignon]. Témoins : nobles Pierre Dieutefit, lieutenant du maître du port ; Jean Chase, Valéran de Fiennes, gardes de la tour [de Philippe le Bel], etc. — 3. Quittance faite, le 23 février 1462 v. s., par noble Eustacie d'Aramon, femme de noble Antoine du Pont, à noble Marroan de Posquières, payant par les mains de noble Alzias de Posquières, son père, de 20 l. t. à elle dues à cause d'un legs de noble Pierre Marroan, d'Aramon. L'acte est passé à Aramon, chez Laurent d'Aramon, par le notaire Léonard de Quadrivio. — 4. Cession faite, le 30 mars 1462 v. s., par Antoine Granier, à Guillaume Militis, notaire d'Aramon, de ses droits sur un pré confrontant Jean de Laudun. Le notaire avait acquis, de noble Luguette des Arbres, femme de noble Pierre Maffred, d'Aramon, un droit de lods. Pierre Aubusson, de Saze, avait vendu le droit de rétention du pré à Antoine Granier, que le notaire désintéresse en lui donnant 2 écus d'or. Jean Pinet, notaire. — 5. Extrait de la vente d'un jardin sis à Montfrin, quartier de la Roquette, faite le 22 septembre 1470, par le lépreux Michel Juneau et Doucette Bourgeois, lépreuse, épouse Bergond. L'acquéreur est Jean Delport, de Montfrin. Le jardin relève de la directe de Jean de Laudun. L'acte est passé à Beaucaire, dans l'église de Saint-Lazare, par le notaire Guillaume Aguilhe. — 6-7. Extraits des pactes de mariage entre noble Jean de Laudun, écuyer, d'Aramon, et noble Marguerite Sarrat, fille de feu Pierre, conseiller au parlement de Languedoc. Le futur est représenté par Bernard Lauret, premier président audit parlement, et autre noble Bernard Lauret, son frère, cousin de Jean. Marguerite est représentée par noble Brandette Alamand, veuve de Pierre Sarrat, sa mère ; Bermond de Saint-Félix, conseiller audit parlement de Toulouse, et Jean Sarrat, avocat du roi au dit parlement. L'acte est passé à Toulouse, sous seing privé, le 28 janvier 1472 v. s. Le langage est fortement teinté de provençal, par exemple : « mariatge contrasedor ». — 8. Acte dont la fin manque, daté du 9 septembre 1477, et portant donation faite par Bernard Dumas, et sa femme Antonie Trémolet, de Saint-Étienne d'Escatte, diocèse de Nîmes, à leur fils Étienne.

E., 1335. (Liasse.) — 6 pièces, papier ; 1 pièce, parchemin.

1480-1485. — *Famille de Laudun, d'Aramon.* — 1. Échange de censives, fait le 1er août 1480, entre le chapitre collégial de Notre-Dame de Villeneuve-lès-Avignon et noble Jean de Laudun. L'acte est passé dans la sacristie de ladite église par le notaire Jean Penfiat. — 2. Reconnaissance féodale, faite le 11 octobre 1482, par Louis Michon, laboureur d'Aramon, à Augière de Bonneval, veuve de Jean de Laudun, pour un jardin hors de la porte inférieure d'Aramon. Jean Pinet, notaire. — 3. Transaction en forme de sentence arbitrale, datée du 11 février 1482 v. s., entre nobles Jean et Nicolas de Laudun, d'une part; et nobles Jean de Montravel et Marthe Malrèze (Mafre), mariés, d'autre part, tous d'Aramon. L'arbitre choisi est le notaire Guillaume Militis. Il s'agit de cessions réciproques d'immeubles. L'acte est passé à Aramon par le notaire Jean « Chousiti » ou Chausiti (1). 4-6. Transaction et partage de biens, en date du 2 juillet 1483, entre Jean et Nicolas de Laudun frères. L'acte est passé à Nîmes par le notaire Pierre Doucet. — 7. Testament de noble Augière de Bonneval, veuve de Jean de Laudun, en date du 6 septembre 1485. Elle élit sépulture en l'église paroissiale d'Aramon, chapelle de l'Annonciade, dans le tombeau où repose son mari. Legs à Marguerite Sarrat sa petite-fille ; à Jean de Laudun, fils de Jean, son petit-fils ; à Nicolas et Louis de Laudun frères, ses petits-fils ; à Jammone, sa petite-fille, femme de Bertrand Laurent. Son héritier universel est Jean de Laudun, son petit-fils. Substitutions. Ses exécuteurs testamentaires sont le curé d'Aramon et Bernard Lauret, « de Pedenacio », ou Pézénas. L'acte est passé à Aramon par le même notaire. Le prêtre Raimond Quitard est témoin.

E. 1336 (Liasse.) — 5 pièces, parchemin.

1486-1500. — *Famille de Laudun, d'Aramon.* — 1. Quatre reconnaissances féodales faites à l'hôpital d'Aramon. Jean Chausiti, notaire (23 octobre 1486-1er mars 1490 v. s.). — 2. Échange entre noble Jean de Laudun, damoiseau, et Raimond Quicard, prêtre d'Aramon, stipulant pour lui et ses frères Jacques et Antoine. Jean Chausiti, notaire (23 janvier 1488 v. s.). — 3. Échange entre Jean de Laudun et Hugonin Saladin, cultivateur. Jean Chausiti, notaire (6 février 1488 v. s.). — 4. Acapte passé à Jean de Laudun, le 5 octobre 1489, par Jean de Via, procureur des chartreux du monastère du Val-de-Bénédiction, à Villeneuve-lès-Avignon. Jean Chausiti, notaire. — 5. Bail de plantation d'une vigne. Le 20 avril 1493 Jacques Tarasse ou Terrasse, chapelain de la chapellenie fondée en l'église paroissiale d'Aramon par feu Guillaume Tailhor, prêtre d'Aramon, baille, avec le consentement de noble Jean de Laudun, damoiseau d'Aramon, patron de ladite chapellenie et ouvrier de l'œuvre de l'église paroissiale, à Bernard Ponge, « affanator », une terre de la chapellenie sise au quartier dit : *Demergual*, confrontant noble Julien Pérusse, d'Avignon, à l'effet de la planter de bon plant de vigne. Suivent les conditions. Le preneur créera la vigne dans le délai de trois ans, après lequel le bailleur recevra le quart des fruits provenant de la moitié de la terre. Cela, pendant six années consécutives. Les neuf années écoulées, le preneur divisera la terre en deux moitiés et en remettra une au bailleur, à perpétuité, au choix du bailleur. La moitié demeurée au preneur servira une censive de 2 s. t. Jean Chausiti, notaire. — 6. Acapte passé, le 19 octobre 1495, par Jean de Laudun à Antoine Mounier, d'un « hermas » sis au quartier dit: *En la cule de Valourière.* Jean Chausiti, notaire. — 7. Échange passé, en octobre 149[9], entre Jean de Laudun et noble Ahelis Tartarin, avec ratification de Jeanne Mathieu, veuve d'Allier Sabatier, d'Aramon. Déchirures à la date et aux noms. L'acte est passé à Fournès par le notaire Robert Quatrebar. L'échange porte sur une maison, cour et verger contigus, sis dans l'enceinte de Remoulins, ayant appartenu au seigneur de Lussan, et confrontant la maison claustrale, ensemble la cour de marbre de la vicomtesse d'Uzès, Jean de Laudun les cède à Ahelis Tartarin en échange d'une maison sise à Aramon et donnée à Jean Gonnuon, mari d'Ahelis, par les mariés Allier Sabatier et Jeanne Mathieu, sous réserve de l'usufruit leur vie durant. — 8. Trois reconnaissances féodales faites à Jean de Laudun. Le rouleau, actuellement mutilé, en contenait huit, d'après la suscription. Jean Chausiti, notaire (19 octobre 1495-20 octobre 1500).

(1) A partir du XVIIe siècle, ce nom devient : « Chalaity ».

1502-1509. — *Famille de Laudun, d'Aramon.* — 1. Transport de censive. Le 29 janvier 1501 v. s., Louis Gelin, doyen ; André Giraudin, Guillaume de La Brachatière, Antoine Herbaud, Michel Grossiassis et Jean de Burgata, chanoines de l'église collégiale de Notre-Dame de Villeneuve-lès-Avignon, tiennent chapitre dans leur sacristie, au sujet d'un échange de maisons passé entre Jean de Laudun, d'Aramon, et noble « Alisia » Tartarin habitant Fournès. L'échange a été ratifié par ledit doyen, Jean Peytin et Jean Cabassole, procureur et bénéficiers de l'église. L'une des maisons échangées est sise à Aramon et relève de la directe du chapitre. L'autre est franche et libre et se trouve à Remoulins. La ratification est du 24 janvier 1499 v. s. (Cf. l'article E. 1336, pièce 7). Ahelis, ou Alisia Tartarin est qualifiée d'épouse de Jean Gommon, notaire de Fournès, dans des lettres testimoniales du notaire Jean Bossugue, établissant qu'à cette date il a reçu un acte d'exonération de la maison sise à Aramon, dont la censive est prise en charge par Alix et transférée sur une terre des deux époux sise à Fournès, lieu dit : *Al Plan de Jolan.* Le chapitre homologue les conventions des échangistes. L'acte est passé dans la sacristie. Témoins : Jean Capon et Jean Artuet, bénéficiers de la collégiale. Le notaire est Mathieu « Poynzard ». — 2. Contrat de mariage passé, le 15 janvier 1504 v. s., entre noble Jean de Laudun, écuyer, fils de Jean de Laudun, et noble Claudine Boileau, fille de Pierre Boileau, quand vivait trésorier royal de la sénéchaussée de Beaucaire et Nimes. Noble Antoine Boileau, trésorier royal de ladite sénéchaussée, frère et tuteur de Claudine, lui constitue une dot de mille florins de monnaie royale, valant chacun 15 s. t. Antoine donne encore à sa sœur une robe ou vêtement nuptial d'écarlate, fourrée de « romanye » noire, une gonelle de camelot noire, une robe de brunette fourrée de panne noire, et une gonelle d'écarlate ; ensemble une chaîne valant 10 écus d'or, et un chaperon de velours. Acte passé à Aramon, dans une chambre de la maison des Laudun. Témoins : nobles Jean de Posquières, damoiseau d'Aramon ; Jean de Montlaur, de Remoulins ; avec Jacques Dupin, bachelier ès droits, de

Nimes, et Jean Noguior, d'Aiguesmortes. Notaire : Jean « Chousiti » ou Chausiti. — 3. Reconnaissance féodale faite, le 1ᵉʳ avril 1505, par Guillaume Valadier, à Jean de Laudun, pour la moitié d'une vigne. Notaire : Jean Bouet. Extrait fait par le notaire Antoine Danhiac. — 4. Transaction, dont la fin manque, passée en 1508 entre Jean Chauchai, avocat du Puy, donataire universel de noble Marthe Mafrès, veuve de noble Jean de Montravel, seigneur de La Coste au diocèse du Puy, d'une part ; et noble Martial de Montravel, fils et héritier universel dudit Jean de Montravel, d'autre. Parchemin fortement lavé. Date en partie illisible. — 5. Reconnaissance féodale dont la fin manque, passée, le 3 janvier 1508 v. s., par Martin Gilles à Jean de Laudun, pour une vigne sise au lieu dit : *A la Robina de Puech Mort.* — 6. Deux reconnaissances faisant suite à la précédente et provenant du même parchemin. La fin de l'acte précédent s'y retrouve. Elles sont faites à Jean de Laudun, l'une, du 29 juillet 1509, par Monet Bodin, pour un verger sis au lieu dit : *En Canavaigre* ; l'autre, du 30 juillet 1509, par Jean Boyer, mercier, pour la moitié d'une terre sise au lieu dit : *En Genuier* (1). Notaire : Jean Chausiti.

1516-1517. — *Famille de Laudun, d'Aramon.* — 1. Échange entre Jean de Laudun, receveur des deniers royaux de Nimes, et Jean Ripert aîné, dit : Jean qui dort le vieux, tous deux habitant Aramon. Le premier cède une olivette du lieu dit : *A Las Teyssonieras* contre la part de Ripert dans une terre du lieu dit : *En Valvacarès* et dans d'autres possessions. Mention du bassin du cierge de Notre-Dame en l'église d'Aramon. Antoine Danhiec, notaire. — 2. Échange passé, le même jour, entre Jean de Laudun et Jean Ripert jeune, dit : Jean qui dort le jeune. Le premier cède une vigne du lieu dit : *A La Tafeulhe,* contre une autre part des mêmes immeubles. Même notaire. — 3. Autre grosse de l'acte précédent. — 4. Échange passé, le même jour, entre Jean de Laudun et Guillaume et Louis Ripert, frères des précédents Ripert. Jean de Laudun cède une terre et un pré sis à la Vieille

(1) Cf. *In Januario,* article E 1329, pièce 5.

Levée, vers la Grand Palus d'Aramon, contre leur part des immeubles possédés par les quatre frères. Même notaire. — 5. Extrait en forme d'un vidimus délivré par le sénéchal de Nimes, le 10 mars 1516 v. s., reproduisant des lettres de déclaration de la chambre des comptes du roi à Paris, en date du 7 mai 1516, et rendues sur la requête d'Antoine Boileau, trésorier et receveur ordinaire de Nimes et Beaucaire. Antoine demande l'entérinement de lettres patentes de la duchesse d'Angoulême et d'Anjou, mère du roi « Louis » (1) et régente en France, en date du 6 novembre 1515, et établissant que le roi a réintégré Boileau en son office de trésorier, duquel il avait été suspendu par le feu roi Louis, sous prétexte de restes dus au roi par feu Guillaume Boileau, trésorier de Nimes, père d'Antoine. Pendant la suspension, Jean de Laudun, beau-frère d'Antoine, a été commis, du consentement de celui-ci, à l'exercice de l'office, lui promettant de lui rendre ses comptes lorsqu'il serait réintégré ; mais il a refusé de tenir sa promesse. La chambre accorde l'entérinement demandé. Jean de Laudun rendra compte à Antoine Boileau. — 6. Revente faite, le 15 avril 1517, par noble Thomas Dupin, prieur du Terme, seigneur *Sancti Salvini*, habitant d'Aramon, à noble Marnaud Dujardin, d'Aramon, d'un jardin d'oliviers, en vertu d'un pacte de réméré du 22 février 1515 v. s. Prix : 40 florins petits. Notaire : Antoine Danhiec. Après sa mort, le notaire Nicolas Bonnefoi, du diocèse de Paris, extrait la grosse.

E. 1339. (Liasse.) — 6 pièces, parchemin.

1456-1544. — *Famille de Laudun, d'Aramon.* — 1. Testament de noble Jean de Laudun, receveur royal à Nimes. Il a trois fils et quatre filles de son unique mariage avec noble Claudine Boileau : Jean, Antoine, Jacques, Étienne, Louise, Catherine et Perrette. Un peu souffrant, il teste le 21 août 1518. Il élit sépulture en l'église Saint-Pancrace d'Aramon. Legs de 500 l. (2) à Étienne pour sa dot, payable, 300 l. le premier jour de ses fiançailles, et les 200 l. restantes quand les tuteurs de ses enfants ou son héritier le pourront. Le testateur

(1) Lapsus pour « François ».

(2) Ms. : Quinquaginta au lieu de : quingentas.

désire que son héritier universel puisse maintenir sa maison et son ancienne noblesse, dont les rois de France se sont servis jusqu'à François 1er. Louis XI eut à son service Guillaume de Laudun, son grand-père, qui fut page du roi et se trouva saisi, à sa mort, de son « blanc selle » ou blancseing pour l'avancer et récompenser à l'avenir, après son couronnement. Le père du testateur servit ensuite Louis XI dans toutes ses guerres de Bourgogne, de Guyenne, d'Espagne et de Provence, au ban et arrière-ban de Languedoc. L'oncle germain du testateur, dernier seigneur de Fournès, Nicolas de Laudun, sous les ordres de M. de Charlus (1) et de M. de la Palice, fut prisonnier de guerre et sauva la vie à son maître et capitaine dans le château de Perpignan, où il mangea de la chair de son cheval tué sous lui. Pour sa prouesse, on lui offrit la chevalerie, qu'il différa de prendre, espérant avoir mieux. Depuis, le testateur a servi loyalement les princes, tant en leurs guerres de Languedoc que dans leurs finances, sous les ordres des trésoriers généraux de Languedoc. Mention d'Antoine Bourdin, commis des princes, capitaine de Sommière, oncle du testateur, et chef à présent de la recette de Nimes, où le testateur a servi sans reproche (2). Il est dû de grands restes au testateur. Legs de 500 l. à ses trois autres filles Louise, Catherine et Perrette. Son héritier universel est son fils aîné Jean. Substitutions. L'acte est passé à Nimes, dans la maison du testateur, par le notaire Thomas Dupin, que la mort a empêché d'en faire l'expédition, due au notaire Nicolas Bonnefoi. — 2. Reconnaissance féodale faite, le 10 février 1455 v. s., par Antoine Palhier, d'Aramon, à Jean de Laudun et Pierre Véran, ouvriers de l'église et de l'hôpital d'Aramon. Notaire : Thomas Pinet. A cette pièce en sont cousues deux autres contenant respectivement deux reconnaissances, l'une de Jean Palhier (20 janvier 1510 v. s.) faite à Jean de Laudun et Antoine Chambon, recteurs de l'hôpital des pauvres d'Aramon ; l'autre du 18 avril 1519, faite par Pierre Palhier à noble Marnaud Dujardin et Guillaume Careyrols, recteurs dudit hôpital. Notaire de la première : Jean Chausiti. Notaire de la seconde : Antoine Danhiec. — 3. Abandon de ses droits pater-

(1) Geoffroi de Chabannes, seigneur de Charlus, lieutenant du duc de Bourbonnais en Languedoc, chambellan de Louis XI, sénéchal de Rouergue.

(2) Cf. l'article E. 1338, pièce 5.

nels fait par Isabelle de Laudun, fille de Jean de Laudun, décédé, avec l'autorisation de son fiancé, Antoine Millon, moyennant la dot à elle constituée par Claudine Boileau, veuve de Jean de Laudun, au nom des hoirs dudit de Laudun. L'abandon est fait à Jean de Laudun, fils et héritier d'autre Jean de Laudun, décédé. Il porte sur les biens des deux Jean de Laudun, l'un père, l'autre frère d'Isabelle. L'acte est passé à Aramon par le notaire Antoine Danhiec (31 décembre 1521). Après sa mort, le notaire Nicolas Bonnefoi extrait la grosse. Noble Jacques de Posquières est témoin. — 4. Quittance de 40 l. t. faite, le 14 juillet 1524, par Antoine Millon et Isabelle de Laudun, mariés, d'Aramon, à noble Jean de Laudun, absent, payant par les mains de noble damoiselle Claudine Boileau, mère dudit Jean. L'acte est passé à Aramon, dans la chambre appelée : *Lo Menjador*, de la maison de Jean de Laudun, par le notaire Nicolas Bonnefoi. — 5. Transaction passée, le 2 octobre 1527, entre Jacques Roques, licencié ès droits, seigneur de Clausonne, et noble Jean d'Aramon, seigneur de Lédenon, au sujet de *la moitié de la juridiction de Lédenon et de la moitié de la juridiction de Laugnac*, ensemble une censive de 5 salmées de blé « saysette » assise sur les biens de Jean d'Aramon. L'acte est passé au château de Clausonne, dans la grande cour, par Georges Daurel, notaire de Montfrin. Il a extrait la grosse en vertu d'une ordonnance du 4 septembre 1544, à lui signifiée le 5, sur requête au présidial de noble damoiselle Étienne ou Étiennette de Laudun, femme de Jean Jossaud, docteur de Nîmes. — 6. Quittance faite, le 31 décembre 1527, par Catherine de Laudun, religieuse au monastère de Sainte-Claire, hors les murs de Nîmes, fille de feu noble Jean de Laudun, receveur particulier au diocèse de Nîmes, et de noble « Claude » Boileau, mariés d'Aramon, celle-ci tutrice de ses enfants Antoine, Jacques, Louise et Perrette de Laudun. Catherine est autorisée par Françoise de La Mère, abbesse ; Marie de Navarre, vicairesse ; Jeanne Pélissier, sacristaine ; Catherine de Châteauneuf ou Castelnau, première portière, et Jeanne Reynec, seconde portière, sœurs du monastère. Elle a reçu 100 l. t., en plusieurs fois, desdits mère et fils, en déduction des 200 l. qu'ils doivent aux religieuses en vertu d'un acte reçu par Antoine Bocaud, notaire de Sumène. L'acte est passé en l'église du monastère, « sur les tribunes. » Témoins : frères Jean Levèse, de l'ordre de Saint François, et Pons Pierre, chanoine de l'église du Pont-Saint-Nicolas. Notaire : André Daudé, de Nîmes.

E. 1340. (Liasse.) — 8 pièces, parchemin ; 1 pièce papier.

1530-1535. — *Famille de Laudun, d'Aramon.* — 1. Quittance dotale faite, le 21 novembre 1530, par noble Guillaume de Bonal, seigneur d'Assas, comme époux de noble Louise de Laudun, à Jean de Laudun, son beau-frère, fils de feu Jean de Laudun, père de Louise, et à Claudine Boileau, sa belle-mère, tutrice de Jean. Il a reçu 500 l. t. en divers paiements, en déduction de la dot de 1.000 l. constituée à sa femme par leurs pactes de mariage du 16 mars 1527 v. s., outre quatre ou cinq robes nuptiales et autres, ensemble les joyaux, dont Louise était vêtue ou parée. D'Assas reçoit cinq robes : une de camelot tanet doublée de velours violet, une autre de fin noir doublée de satin, le bas et les manches de velours ; une autre est une gonelle de satin noir bordée de velours. Viennent ensuite une gonelle de camelot et une gonelle de camelot tanet. D'Assas fait à sa femme une reconnaissance du tout. Il y ajoute la bordure du tour d'un chaperon, une bordure d'oreillettes, des paternôtres de « seirin » blanc (1), marquées d'or, et autres joyaux de sa femme. Les deux époux insèrent dans l'acte leurs pactes de mariage. L'acte est passé à Aramon, chez Jean de Laudun, par Jean Longuel, notaire de Vers. Nobles Jean de Posquières et Jean Dujardin sont témoins. — 2. Quittance faite, le 25 août 1531, par Guillaume Bonal, seigneur d'Assas, au diocèse de Maguelone, et *Louise de Laudun*, fille de feu Jean de Laudun, sa femme, à « Claude », Boileau, veuve de Jean de Laudun. Ils ont reçu d'elle 150 l. t. en déduction de la dot de Louise. Guillaume reconnaît et donne à sa femme 50 l. t., aux termes de son contrat de mariage, sur la somme de 200 l. de la dot stipulée audit contrat. L'acte est passé chez Jean de Laudun par le notaire Antoine Orjonis. — 3. Reconnaissance féodale faite, le 4 février 1531 v. s., par Théobald Monier, d'Aramon, à Jean de Laudun, pour une olivette sise : *In Valaurie*. Bernard Bernard, notaire d'Aramon. — 4. Quittance faite, le 6 avril 1534, par Guillaume

(1) Cf. le vieux français *sirin*, diamant bâtard, *siran* (F Godefroy. *Lexique.*)

Bonal, seigneur d'Assas, époux de Louise de Laudun, à Claudine Boileau et Jean de Laudun, mère et fils, de 42 écus d'or sol, au coin du roi, valant chacun 45 s., en déduction de la dot de Louise. Antoine Orjon, notaire d'Aramon. — 5. Vente passée, le 6 novembre 1534, par Honorat Veteris, d'Uzès, à Paulet Comte, marchand d'Uzès. Il s'agit d'un pré sis au terroir d'Uzès, lieu dit : *En Valferano*. Raimond Agasse, notaire d'Uzès. — 6. Six reconnaissances féodales, faites le 1er septembre 1535 à Jean de Laudun. Témoins : nobles Jean du Jardin et Pèlerin de Posquières, etc. Notaire : Antoine Orjonis. — 7. Reconnaissance faite, le 7 octobre 1535, par Guillaume Bonal, seigneur d'Assas, à sa femme Louise de Laudun, de 40 écus sol en or reçus de la dot de Louise, et valant 90 l. t. Acte passé à Pont-Saint-Esprit, dans le logis du *Dauphin*, par le notaire André Alméras. Témoins : nobles Jean du Puy, viguier d'Aramon ; « Pèlegrin » de Posquières et Jean [du] Jardin, d'Aramon. — 8. Quittance faite, le 18 octobre 1535, par noble Jean de Posquières, d'Aramon, administrateur des biens de Pèlegrin de Posquières, son fils, mari de noble Perrette de Laudun, à Jean de Laudun, père de Perrette, de 500 l. t. en déduction de la dot de mille livres constituée à sa femme. L'acte est passé à Aramon par le notaire Nicolas Bonnefoi, chez Jean de Laudun, en la chambre haute appelée : *Le Menjador*. — 9. Contrat de mariage passé, le 19 octobre 1535, entre noble Pèlegrin de Posquières, fils de Jean, et Perrette de Laudun, fille de feu Jean et de Claudine Boileau. Mention de Guillaume Boileau, prieur de Saint-Nicolas, oncle de Perrette. Jean, frère de Perrette, constitue à sa sœur un douaire de 1.000 l. t. avec quatre robes nuptiales : deux houpelandes et deux gonelles. L'acte est passé chez Jean de Laudun, dans la chambre du *Menjador*, par le notaire Bonnefoi.

1538-1455. — *Famille de Laudun, d'Aramon.* — 1. Reconnaissance féodale du 23 avril 1538, faite par le prêtre Étienne Bérard, comme tuteur de Jean Ajonc, son neveu, à Jean de Laudun. Notaire Bonnefoi. — 2. Revente faite, le 1er juillet 1538, par Jean Jossaud, docteur ès droits de Nimes, à Antoine Geniès, notaire de Nimes, d'immeubles acquis à réméré. L'acte est reçu par Jean Maltrait, notaire de Nimes. — 3. Testament fait le 9 novembre 1538, par Antoine de Laudun, prêtre d'Aramon. Il élit sépulture en l'église d'Aramon, au tombeau de sa famille. Legs à ses frères Jean et Jacques de Laudun ; à ses sœurs Étienne et Louise. Son héritière universelle est sa mère Claudine Boileau. Ses exécuteurs testamentaires sont le curé d'Aramon et Jean de Posquières. Le notaire est Nicolas Bonnefoi. L'acte est passé dans la maison des hoirs de Jean de Laudun, en la grande chambre attenante au *Menjador*, vers le soleil couchant, auprès du lit où le testateur est couché, malade. Témoins : nobles Jean de Sauzet, docteur ès lois ; Jean Boileau, trésorier du roi en la sénéchaussée, seigneur de Sainte-Croix ; Jean de Posquières, etc. — 4. Partage, du 15 septembre 1543, entre Denis Bertrand et Jean Godable, bourgeois de Montfrin, héritiers par moitié des biens d'Antoine Martin, habitant d'Aramon. Longue énumération des immeubles de la succession. Antoine Orjonis, notaire d'Aramon. — 5. Vente du 6 octobre 1545, faite par Benoît Nissard, laboureur de Générac et de Saint-Gilles, au docteur Jean Jossaud, de Nimes, d'une terre sise au terroir de Générac, au lieu dit : *La Font des Alemans*. Nimes, Jacques Ursi, notaire. — 6. Transaction du 22 octobre 1545, entre Guillaume Roques, demandeur, habitant Nimes, d'une part ; et Étienne de Laudun, femme de Jean Jossaud, docteur ès droits, habitant Nimes, d'autre part ; au sujet des juridictions de Langnac et de Lédenon. L'acte est passé à Nimes, en la salle de la Trésorerie, par le notaire Jacques Ursi. Témoins : Gaillard de Montcamp, seigneur de Tresques, juge mage en la sénéchaussée ; Jean Boileau, etc. — 7. Copie du testament de noble Louise de Laudun, malade et alitée dans la cuisine de sa maison de Vernas, mandement de Montchal, au pays de Forez. Claude d'Urfé, chevalier, seigneur d'Urfé, lieutenant des cent gentilshommes de la maison du roi, bailli de Forez, fait savoir l'acte, passé le 22 avril 1547 par le notaire Gabriel Martinel. Louise élit sépulture en l'église paroissiale de Bourg-Argental, chapelle de Saint-Pierre, où est la tombe de ses parents. Legs au clergé et aux pauvres, à son serviteur Antoine Bogin, à sa chambrière Claude Aubert une robe de gros drap noir [de] « meubles » (pauvre) et une paire de souliers ; à noble Luc de Laudun, son frère, seigneur de Fournès. Mention de feu Nicolas de Laudun, père de la testatrice. Legs à son serviteur Jean Bouschier (sa maison de Serrière et d'autres immeubles). Mention du port de M. de Tournon et du Rhône, au sujet de quelques confronts. Legs à Vidal Paidonne, clerc, fils d'Antoine Paidonne, notaire de Bourg-[Argent]al. L'héritière universelle est Alix Bouschier.

B. 1312. (Liasse.) — 7 pièces, parchemin ; 3 pièces, papier.

1548-1557. — *Famille de Laudun, d'Aramon.* — 1. Échange du 7 novembre 1548, entre Étienne de Laudun, femme de Jean Jossaud, avocat de Nimes, et Jean Grus, charpentier de Nimes. Il s'agit d'immeubles du terroir de Nimes. Jacques Ursi, notaire. — 2. Échange du 25 février 1551 v. s., entre Françoise de Moreton, femme et procureur de noble Jean de Laudun, et Blaise Josserand ou « Jaucheran », d'Aramon. Antoine Orjonis, notaire. — 3. Obligation de 20 salmées de blé faite, le 15 août 1552, par Jeanne Juvenel, veuve d'André Dupin, et son fils Jérôme, à noble Jacques de Laudun, d'Aramon. Montfrin, Jean Chamontin, notaire. — 4. Échange du 25 février 1552 v. s., entre Françoise de Moreton, femme et procureur de noble Jean de Laudun, et Philippe Reboul, mari et procureur de Jeanne Bordelin. Antoine Orjonis, notaire. — 5. Obligation de 57 l. t. faite, le 26 mars 1554 v. s., par Jeanne Juvenel à Jacques de Laudun. Jérôme Dupin est qualifié de notaire. Georges Daurol, notaire de Montfrin. Suivent deux quittances écrites et signées par de Laudun (23 janvier 1556 v. s. et 26 février 1557 v. s.). — 6. Quittance de 400 l. t. faite, le 16 janvier 1556 v. s., par Jacques Sauvaing, marchand de Valréas et sa femme Madeleine Jossaud, à Étienne de Laudun, veuve de Jean Jossaud, avocat de Nimes, père de ladite Madeleine, pour reste de la dot de celle-ci. Nimes, Jacques Ursi, notaire. — 7. Quittance de 600 l. donnée, le pénultième février 1556 v. s., par Jean Rouvier, de Saint-Gilles, à Bernard Corconne, laboureur de Nimes, son beau-père. Le 1ᵉʳ janvier précédent, Maurice Favier, greffier des Conventions royaux de Nimes, avait consigné 1.200 l. entre les mains de Pierre Baudan, bourgeois, pour le paiement de deux mas vendus par Rouvier à Favier, mas situés, l'un à Sieure, l'autre à Estagel. Rouvier était débiteur de 600 l. envers Corconne, et Favier avait offert de les payer pour lui, en déduction de son prix d'achat desdits mas. Nimes, Louis Grimaldi, notaire. — 8. Vente faite, le 4 mars 1556 v. s., par Jean Rouvier à Maurice Favier, des deux mas en question, le Mas-Neuf, terroir de Sieure, et le Mas-Vieux, terroir d'Estagel, pour le prix de 1.580 l. t. Mention d'une vente verbale du 27 décembre 1556 et de la quittance de 600 l. du 27 février précédent. L'acte est passé à Saint-Gilles par le notaire Antoine Giraud. Noble Jacques Lageret, seigneur de Caissargues, est témoin. — 9. Droit d'habitanage à Saint-Gilles confirmé, le 20 décembre 1557, à Maurice Favier, greffier en la cour des Conventions royaux de Nimes, par l'abbé de Saint-Gilles, évêque de Senez, Théode-Jean de Clermont. Nimes, logis à l'enseigne de la Pomme, Jacques Ursi, notaire. L'hôtelier Pierre Vigié et le prêtre, Gui Dumas sont témoins. — 10. Promesse d'une charge d'huile d'olive faite, le 30 août 1558, par Jacques Ponge à Jacques de Laudun. Antoine Bonnefoi, notaire. Acte cancellé à la suite du paiement.

B. 1313. (Liasse.) — 6 pièces, parchemin ; 7 pièces, papier.

1559-1565. — *Famille de Laudun, d'Aramon.* — 1. Lettres signées de l'évêque de Senez, abbé de Saint-Gilles, octroyant à Maurice Favier, habitant de Saint-Gilles, l'office de viguier de cette ville (23 mars 1558 v. s.). — 2. Obligation de dix salmées de froment faite, le 11 juin 1559, par Jean Reboul, de Domazan, à Jacques de Laudun. Pas de signatures. — 3. Trois actes reçus à Nimes par le notaire Jacques Ursi. — Le premier, du 3 décembre 1559, est une quittance de 230 l. faite par Jean Gautier, marchand, et Charlotte Jossaud, mariés, à Étienne de Laudun, mère de Charlotte, en déduction de la dot de Charlotte. — Le second, du même jour, est un abandon fait par Charlotte à sa mère, de ses droits paternels, maternels, fraternels et sororaux, moyennant sa dot. — Le troisième, du 23 février 1561 v. s., est une quittance de 151 l. faite par Jean Gautier, à Jean Jossaud, avocat de Nimes, frère de Charlotte, en déduction de la dot de Charlotte. — 4. Contrat de mariage, du 13 octobre 1560, entre Jean Duchamp, de Nimes, et Étienne de Laudun, veuve de Jean Jossaud, avocat de Nimes. Notaire : Jacques Ursi. — 5. Relation des réparations faites à la maison de M. Roques par M. Jossaud, suivi d'un inventaire mobilier. Les réparations sont certifiées par des prud'hommes élus, à Nimes, le 27 avril 1564. — 6. Lods du 11 mai 1564, faits par Jacques de Laudun, écuyer, comme tuteur de son frère Jean, à Antoine Gauchoran. Le notaire est Antoine Bonnefoi, d'Aramon. — 7. Bail perpétuel, passé par Étienne de Laudun, veuve de Jean Jossaud, conseiller au parlement de Turin, à Pèlegrin de Posquières, d'Aramon, d'un jardin sis au faubourg inférieur d'Aramon. Même notaire (5 février 1563 v. s.). — 8. Reconnaissance féodale de Pèlegrin de Posquières à Étienne de Laudun pour ledit jardin (Même jour). — 9. Arrentement passé, le 13 février 1563 v. s., par Anne de Lauret, comme mère et tutrice des enfants de son défunt mari Jacques de Laudun, de toutes leurs terres au-delà du Rhône, terroir d'Aramon, pour quatre ans, moyennant 10 salmées 1/2 de froment et autres prestations annuelles en nature. L'acte est passé à Aramon, chez Pèlegrin de Posquières, par le notaire Antoine Bonnefoi. — 10. Ordonnance d'Ozias Bertrand, viguier de la baronnie de Montfrin pour Marguerite de Lévis, dame de Lers et de Montfrin, commissaire du présidial de Nimes pour l'exécution d'un arrêt du 5 novembre 1563, rendu entre Françoise de Moreton, demanderesse, et Étienne de Laudun et Anne de Lauret, défenderesses (Aramon, 13 avril 1564). — 11-12. Achat contenant accord, passé le 21 janvier 1565 entre Guillaume Roques, conseiller au présidial, seigneur de Clausonne, et Jean Jossaud, docteur en droits. Le premier vend au second une maison de la rue de la Fleur-de-Lys, à Nimes, pour le prix de 300 écus. Jean Ménard notaire. — 13. Lettre sans date d'année, adressée au docteur Jossaud par son cousin Recolin, pour qu'il transmette promptement à M. de La Farelle certains papiers de reconnaissances contenus dans un petit pupitre ou tiroir du bout de la table de son étude (Anduze, 1er mai).

B. 1344. (Liasse.) — 6 pièces, parchemin ; 7 pièces, papier.

1565-1586. — *Famille de Laudun, d'Aramon.* — 1. Transaction du 13 octobre 1565, entre Étienne de Laudun, mère de Jean Jossaud, avocat ; son dit fils et donataire ; Anne de Lauret, mère et tutrice des enfants de feu Jacques de Laudun, demandeurs, d'une part ; Pierre de Borne, seigneur de Ligonnès, et Françoise de Moreton, mariés, défendeurs, d'autre part. L'acte est passé à Nimes, chez Léonard Favier, avocat, par le notaire Guillaume Duchamp. — Suit une ratification du 20 octobre 1575 donnée par Anne de Lauret en Aramon, et reçue par Guillaume Chillac, notaire de Nimes. — Suit une homologation de la transaction par la cour du sénéchal (19 décembre 1565). — 2. Vente faite le 1er novembre 1566, par Pierre Satgier, meunier, de son moulin à vent sis au Plan-de-Saint-Pierre, près Saint-Gilles, à Maurice Favier, bourgeois de Nimes. Le moulin sert une censive de 5 l. Il est garni de ses moules, voiles et appareaux. Le prix est de 23 salmées de blé, évaluées à 307 l. t. Nimes, François Ariffon, notaire. — 3. Quittance faite, le 14 juillet 1569, pour des travaux au moulin à huile de Mᵐᵉ de Laudun. — 4. Quittance de 50 l. faite, le 15 août 1571, par Pierre de Borne, seigneur de Ligonnès, et Françoise de Moreton, mariés, à Étienne de Laudun, Jean Jossaud et les hoirs de Jacques de Laudun, pour la pension annuelle à eux due. Antoine Bonnefoi, notaire. — 5. Vente faite, le 9 décembre 1571, par Blaise Jacquet, charron de Vauvert, à Maurice Favier, greffier des Conventions de Nimes, d'un tènement de garrigue à Estagel, contenant 19 salmées au dextre de Saint-Gilles. Prix : 36 l. t. Nimes, Guillaume Duchamp, notaire. — 6. Quittance de 100 l. faite, le 28 septembre 1573, par Françoise de Moreton, mariée à noble Pierre de Bornes de Ligonnès, habitant Saint-Paul en Dauphiné, près le Pont-Saint-Esprit, actuellement absent, mais de qui elle montre une procuration datée de Genève, 17 août 1573, aux hoirs de Jacques de Laudun. Il s'agit de deux années d'arrérages de la pension de 50 l. Aramon, notaire Antoine Saladin. — 7. Contrat de mariage, du 25 novembre 1576, entre Jean Bourdaud, fils de feu Jean et de feu noble Jeanne Garin, et Claude Pèlegrin, fille de feu noble Pierre Pèlegrin et de feu Gabrielle Michel, l'un et l'autre d'Aramon. L'acte est passé à Aramon par le notaire Antoine Saladin. — 8. Cession et donation de droits faite, le 4 janvier 1578, par Louise de Laudun, dame de Fournès, assistée par son mari Pierre Deguerry, écuyer, sieur de Prost et de Fournès, à Jean de Jossaud, conseiller en la sénéchaussée, en reconnaissance de ses services. Il s'agit d'une maison sise à la place publique d'Aramon, et que Louise prétend lui appartenir en vertu d'un partage fait entre feu Jean et Nicolas de Laudun, ascendants de Louise et de Jossaud. L'acte est passé à Fournès, dans le château de Louise, près de son lit, par le notaire d'Aramon Antoine Saladin. Suit la mention de l'enregistrement à la cour du sénéchal (31 janvier 1578). — 9-10. Promesse de paiement faite, le 2 septembre 1578, par noble François de Granet, seigneur de Saint-Martin, successeur testamentaire de Jean de Lauret, seigneur de Saint-Martin-lès-Pézénas, à Anne de Lauret, veuve de Jacques de Laudun, sa sœur. L'acte est passé à Aramon par le notaire Antoine Bonnefoi. — 11. Transaction passée, le 3 février 1584, entre Jean de Jossaud, conseiller au présidial, et Madeleine de Jossaud, agissant pour elle comme pour demoiselles Étienne de Laudun et Claude de Jossaud, celle-ci veuve du seigneur de La Boissière. Madeleine est autorisée par son mari, noble Pierre de Brueys, sieur de Saint-Dézéry, et par Jean Gautier, bourgeois de Nîmes, père et tuteur de Pierre, Jeanne, Jacques et Élienne, qu'il a eus de feu Charlotte de Jossaud, sa femme. L'acte est passé à Nîmes, chez M. de Saint-Dézéry, par le notaire Pierre Rossel. Mathieu d'Ardoin, sieur de La Calmotte, est témoin. — Suit la ratification de Claude de Jossaud, veuve de Jean Duchamp, ministre de la parole de Dieu (Nîmes, 22 février 1584). — Suit la mention de l'enregistrement au sénéchal (0 mars 1584). — 12. Quittance faite le 17 janvier 1594, par Anne de Lauret à son fils Jean de Laudun, pour la pension et les aliments dont il est tenu envers elle par ordonnance de la cour ordinaire d'Aramon. — 13. Quittance faite, le 22 mai 1596, par Anne de Lauret aux hoirs de François de Graves, représentés par leur mère et tutrice Françoise de Barrière. (1)

E. 1345. (Registre.) — 133 feuillets écrits, papier.

1455-1504. — *Famille de Laudun, d'Aramon. — Guillaume de Laudun, chevalier, seigneur de Mont-*faucon et d'Uzès. — Acaptes, lods, reconnaissances féodales reçus par *Legier Boraffin* ou *Jean Avignon, notaires d'Uzès.* — *Hugues de Laudun, seigneur de Montfaucon et d'Uzès.* Copies. — Fos 1-15. — Acapte fait, à Pierre de Castillon, d'une terre herme à Argilliers, par Jean Teissier, prévôt d'Uzès, coseigneur d'Argilliers, agissant pour sa prévôté et pour Guillaume de Laudun, chevalier, seigneur de Montfaucon, coseigneur d'Argilliers. *Leodegarius Borraffini,* notaire (Uzès, maison de la prévôté, 23 octobre 1475). — Acapte fait à Antoine Borrelli, de Colias (25 janvier 1476 v. s.). — Acapte fait à Guillaume Fabre, d'Uzès (3 mars 1476 v. s.). — Acapte fait à Jean Dulaurier, de Colorgues (30 août 1477). — Acapte fait à Jean Veyrun, de Saussines (Valérargues, 15 décembre 1477). — Acapte fait par Antoine Froment, viguier et procureur de Guillaume de Laudun, et par le prévôt de la cathédrale d'Uzès, à Pierre Bruis, de Vers (7 mars). — Lods faits à Antoine Baudos, apothicaire d'Uzès (7 novembre 1478). — Acapte pour Bertrand Drossin, de Valérargues (14 novembre). — Lods faits à André Accaurat, bachelier ès lois, d'Uzès (18 juin 1479). — Fos 15-30. — Acapte fait au même (11 décembre 1479). — Acapte fait à Pierre Colomb, de Valérargues (5 février 1479 v. s.). — Lods faits à Antoine Audemar, de Vers (7 février). — Acapte pour Bertrand Riquet, de Colias (7 février 1480). — Acapte pour Antoine Raimond et ses frères, de Colias (19 juin 1480). — Acapte pour Raimond Boisson, de Colias (19 juin). — Acapte pour Jean Régis et consort, de Vers (21 juin 1480). — Acapte pour Pierre Colomb, de Valérargues, passé par noble François de Rozières, procureur de Guillaume de Laudun, chevalier, seigneur de Montfaucon, coseigneur d'Uzès, seigneur de Valérargues (31 juillet 1480). — Lods faits par Guillaume de Laudun à François de Rozières, de Colias (15 novembre 1480). — Fos 30-45. — Acapte pour Jean Porchier, de Colias (30 mars 1481 v. s.). — Acapte pour Imbert Bergognon, de Saint-Hilaire d'Ozilhau (6 septembre 1482). — Acapte pour Jacques Reboul, bachelier ès lois, et son frère Pierre, de Garrigues. Guillaume de Laudun est qualifié de seigneur de Massargues, au-dessous d'Aubussargues (28 octobre 1482). — Acapte pour Jean Dupuy, cardeur, de Colias (17 mars 1482 v. s.). — Lods pour Jacques Esbérard, de Vers, faits le 28 septembre 1483, par Nicolas Maugras, prévôt de la cathédrale d'Uzès. La directe appartient au prévôt et à Jean de Lau-

(1) Nous retrouverons ces divers personnages dans les pièces des procédures engagées par les derniers Laudun, en vue, soit de jugements de noblesse, soit de la coseigneurie d'Aramon, soit d'échapper à la taille ou au consulat. L'extrême longueur des rouleaux de parchemin fermés et leur ancienneté, commandaient leur groupement en tête du fonds de la famille de Laudun, avec un certain nombre de pièces en papier contemporaines. D'autre part, afin de projeter dès à présent, sur l'ensemble du fonds, qui est considérable et m'a été remis fort brouillé, d'autres clartés, je crois bon de grouper à cette place les registres ou livres de raisons des Laudun. Viendront ensuite les principales catégories de papiers, avec intercalation des livres de raisons et des papiers des familles alliées, les Barrème, les Jossaud, les Raoux, etc.

dun. — F^os 46-61. — Acapte fait par Guillaume de Laudun à Guillaume Pomier, de Colias (22 janvier 1487 v. s.). — Lods faits par noble Étienne Polycarpe, viguier et procureur de Guillaume de Laudun, à Guillaume Brun, d'Aubussargues (23 avril 1490). — Lods pour Louis Laval, tisserand d'Uzès (23 avril). — Lods pour Étienne Surian, de Bourdic (5 juin 1490). — Acapte pour Vitalis Calvet, prêtre, de Valérargues (2 octobre 1490). — Acapte pour Baudile Codonel, de Serviers (12 octobre). — F^os 61-70. — Acapte pour Michel Descayre, de Colias. Guillaume de Laudun se qualifie de coseigneur d'Uzès, Colias et Bourdic (28 avril 1491). — Acapte fait par Jean de Nozières, procureur de Guillaume de Laudun, à Pierre Raoul, de Valérargues (28 mai 1491). — Lods faits par Guillaume Masse, prévôt de la cathédrale d'Uzès, coseigneur d'Argilliers, et le procureur de Guillaume de Laudun à Alexis Régis, de Colias (5 novembre 1496). — Acapte fait par Jean de Nozières, procureur de Gabriel de Montfaucon, chevalier, seigneur de Montfaucon, à Antoine et Pons Cazagne, de Brignon (13 janvier 1497). — Lods faits par noble Étienne Polycarpe, viguier et procureur de Gabriel de Montfaucon, à Étienne Cambon prêtre, de Colias (2 mars 1497). — Lods faits par Jean de Nozières, de Valabrix, ès qualités, à deux habitants de Colias (17 octobre 1500). — F^os 76-96. — Reconnaissance féodale faite par Antoine Serre au viguier du seigneur de Montfaucon (Château de Colias, 21 mars 1503). — Acapte de deux maisons avec cour saisies par Gabriel de Montfaucon, faute de paiement du canon par les tenanciers. Elles sont situées à Colias, *In Carreria de Rebudelz* (15 avril 1504). — Reconnaissance de deux habitants du mas de *Aythemelhe* (Les Alhuguens), mandement de Blauzac (3 juin 1504). — Reconnaissance d'Étienne de Vase, de Colias, à Antoine Froment, procureur de Guillaume de Laudun (1581). — Reconnaissance d'Antoine Boucaret, de Bourdic (5 juin 1490). — F^os 97-131 : *Actes reçus par Jean Avignon, notaire d'Uzès.* — F^os 97-117. Lods faits, le 1er février 1454 v. s., par Jean Rossel, procureur de Hugues de Laudun, seigneur de Montfaucon et d'Uzès, à Étienne Aymes, marchand d'Uzès, pour une maison avec cour sise à Colias, chemin de la Treille. — Reconnaissance faite à Hugues de Laudun, le 31 mars 1456 v. s., par Imbert Nègre, de Saint-Hilaire d'Ozilhan. — Reconnaissance faite, le même jour, par deux habitants de Saint-Hilaire, de possessions dont deux sont situées *Als Ars* (Aux Arcs). — Acapte fait par Guillaume de Laudun, le même jour, pour une terre sise au lieu dit : *Al Caria*. — Reconnaissance du 1er avril 1456 faite par Garin Cappeau, *Chapelli*, de Roquemaure, pour une vigne sise au lieu dit : *Alz Tribis de Itarre*. Mention de la chapelle *Rocheriorum*. — Reconnaissance d'un jardin sis *Al Portal de Roze* (Roquemaure, 2 avril 1456). — Acapte fait, le 6 mai 1456, par Hugues de Laudun, seigneur de Montfaucon et d'Uzès, à Bertrand Malaigue, d'Aireveille (commune de Blauzac), d'une terre sise au tènement de Aitha-Vielha, lieu dit : *A la Carrieyra de Bariot*. — Lods faits par Hugues de Laudun, le 23 février 1463 v. s., à Jean Vard, dit de Caux, de Colias, pour une maison acquise du prévôt de la cathédrale d'Uzès, et sise au lieu dit : *In Carreria de Rebudelz*. — Lods faits, le 4 novembre 1465, par Anne d'Apchier, veuve de Hugues de Laudun, seigneur de Montfaucon et autres lieux, à Jean Huard, dit de Caux, acquéreur d'une maison sise à Colias, lieu dit : *En Valaurie*. Le vendeur est Jean Aicard, sergent d'Uzès. L'acte est passé dans le château de la dame, à Colias. — Lods faits par Anne d'Apchier à Claude Bordet, marchand d'Uzès, acquéreur de Jean de Caux, pour une maison sise à Colias, *En Carrieyra Drecha*, ou Rue Droite (24 janvier 1465 v. s.). — Reconnaissance faite, le 15 mars 1465 v. s., par Jean et Antoine Robert, de La Brugairère, pour les entrées de la juridiction de Valérargues avec animaux quelconques, moyennant 4 s. t. par an (Colias). — Acapte fait, le 9 septembre 1467, par Guillaume Rulhin, procureur de Guillaume de Laudun, à Bertrand Draussin, de Valérargues. — Acapte fait, le même jour, à Pierre Clamour, de Valérargues, pour une terre sise à *La Val del Puget*. — F^os 118-131. — Lods faits, en 1467, à Gervais *Giurgium*, de Colias, par Guillaume de Laudun, pour un casal situé *Al Canto de Rebudelz*. — Acapte fait, le 11 juin 1468, pour des possessions à Seynes. — Transaction entre Guillaume de Laudun, demandeur, et les Meynier, de *Chabrano* ou Sabran. Mention du damoiseau Charlot de Laudun, fils de Guillaume (Château de Colias, 1571). — Acapte fait, le 16 décembre 1571, par Jeanne de Laudun, femme de Guillaume, à Jean Alverny, de Colias, pour une maison sise rue de la Treille. — Acapte fait, le 3 avril 1572, par Guillaume de Laudun à Laurent Borrelli et Antoine Baladin, chapelains de la chapellenie des Saints Pierre et Paul, de Colias. Il s'agit de la jouissance, deux jours par semaine, de l'eau de la roubine ou fossé du seigneur, à partir du lieu dit : En Bornègue, aliàs *Fontayne*. Entrée : 5 sols. Censive : 2 deniers. L'acte est passé dans le pré des chapelains, *juxta brangonem* (du provençal *brancum*, fouillis de branches). — Acapte fait, en 1472, par Étienne Dubois, de *Celiaco* (Célas), procureur de Guillaume de Laudun, à deux habitants de Seynes. — Acapte fait, le 14 janvier 1473 v. s., par Jean Cordier, bachelier *in utroque jure*, procureur de Guillaume de Laudun, aux Veyran, de Seynes. — Lods faits, le 22 août 1475, par Guillaume de Laudun à Jean Maurin, prêtre, de Poulx, pour une maison à Colias, rue de la Troille. — F⁰ˢ 132-133. Rubrique.

E. 1346. (Registre.) — 25 feuillets écrits, papier.

1560. — *Famille de Laudun, d'Aramon.* — *Livre terrier et cadastre des possessions des nobles d'Aramon, dressé par Claude « Serre », arpenteur de Saint-Siffret.* — F⁰ 1. Titre, contenant les noms des assistants donnés à l'arpenteur par les nobles, manants et habitants en 1500. Attestation autographe et signature de l'arpenteur Duserre. Au verso, table de cinq lignes, de sa main. — F⁰ˢ 2-10. Biens de noble Jacques de Laudun. Dans « le fort » d'Aramon, une maison confrontant celle de la chapelle d'« Aimes Langlaresse ». Trois autres maisons. Un moulin à huile. Des jardins, granges, prés, terres, vignes, olivettes au terroir d'Aramon. — F⁰ 11. Biens de Jacques de Laudun au terroir de Théziers. Des vignes. — F⁰ˢ 12-15. Biens de noble Pélegrin de Posquières. Dans le fort d'Aramon, une maison confrontant « la clastre » ou le presbytère. Des terres, vignes, bois, grange dans l'île de « Lascié », olivettes, un moulin. — F⁰ˢ 16-19. Biens de noble Jean du Jardin. Près le château, une maison et cour où il demeure, confrontant « le barry » ou rempart. Au faubourg Matheron, une maison. Casal, terres, prés, chènevière, vignes, olivettes, graviers. — F⁰ˢ 20-23. Biens des hoirs de noble Perrette du Jardin. Près le château, une maison. Casal, « hermas », terres, vignes, olivettes, graviers, canniers, prés. — F⁰ˢ 24-25. Biens de noble Pierre Panisse. Terres, olivettes, prés. Signature de l'arpenteur Duserre.

E. 1347. (Registre.) — 48 feuillets écrits, papier.

1415-1686. — *Famille de Laudun, d'Aramon.* — *Livre de raisons.* — Sur la garde du registre, M. de Laudun a apposé deux cachets en cire rouge portant, celui de gauche, les armes de sa maison : d'azur au sautoir d'or et un lambel de gueules en chef ; celui de droite, les armes de sa mère, une de Favier : d'azur au soleil d'or, avec la devise : *Obstantia nubila solvit.* — F⁰ 1. Titre gravé formant un encadrement de sujets religieux, laissant en blanc au milieu un rectangle où M. de Laudun a signé deux titres manuscrits, le 24 octobre 1645. — F⁰ˢ 2-7. Extrait notarié du testament de noble Jean de Laudun, reçu le 24 octobre 1645 par Jean Arnaud, notaire d'Aramon. Il élit sépulture en l'église paroissiale d'Aramon, chapelle de la maison de Laudun. Legs à sa femme, née de Favier, à ses fils Jean et Gabriel. Son héritier universel est Étienne, son fils aîné. Substitutions. — Acte d'ouverture et publication dudit testament (12 novembre 1645). Isabeau de Favier, veuve de Jean de Laudun, en présence du noble Simon de Raoux de Laudun et de noble Simon de Jossaud, fait exhiber le testament par Jean Arnaud, notaire d'Aramon. L'ouverture a lieu sans autre formalité de justice, par suite d'une déclaration du testateur, faite séparément devant Pierre de Bertrandy, viguier d'Aramon, portant reconnaissance du seing des témoins « numéraires » de la suscription et de l'état des sceaux. — F⁰ˢ 7-14. Inventaire des meubles et titres de feu Jean de Laudun, fait à la requête de sa veuve, tutrice testamentaire de leurs hoirs, assistée de Simon de Raoux de Laudun et de Simon de Jossaud. A noter des nappes fines à la Venise « crevés », 10 marcs 1/2 de vaisselle d'argent, 250 l. de numéraire, des plats d'étain marqués aux armes du défunt, un grand miroir de Venise avec son cadre noir en bois de poirier, deux tapis de « Rode » ou Rhodes, une « chaire » ou chaise dorée de Gênes. Le premier document inventorié est un extrait de transaction passée entre noble Charles de Raoux, mari de Cassandre de Favier, de Tarascon, d'une part, et Isabeau de Favier, d'autre, à l'occasion de la succession de nobles Pierre et Jean de Favier, leurs père et frère, acte du 31 octobre 1630, reçu par Monteils, notaire de Nimes. Le dernier document inventorié est une copie du dénombrement des biens et droits nobles du défunt, par lui remis au bureau du Domaine de la sénéchaussée le 19 mai 1639. — F⁰ 14-20. Vente faite, le 7 juillet 1645, par Antoine Busquet jeune, marchand d'Aramon, à Jean de Laudun, d'une vigne sise à Théziers. — Vente faite par Jean Guiraud, d'Aramon, à Isabeau de Favier, veuve de Jean de Laudun, d'une partie d'olivette sise à Aramon (8 mars 1647). — Partage de trente salmées de terre sises à Fourques, fait entre Charles de Raoux, de Tarascon, et Isabeau de Favier, qui les ont acquises aux enchères des consuls de Fourques le 5 mars 1646 (Aramon, 12 août 1647). — Quittance de 1.500 l. faite, le 18 janvier 1648, par Jeanne de Lauro d'Entraigues, dame de Fournès et de Montfrin, veuve de noble Charles de Farel, seigneur de Fournès, à Isabeau de Favier, veuve de Jean de Laudun. Antoine Advocat, notaire d'Aramon. — F⁰⁸ 21-39. Note sur les causes du paiement de Mᵐᵉ de Laudun. — Rôle des pensions payées à M. de Laudun (1651-1662). — F⁰⁸ 41-48 (au côté inverse du registre). Mentions d'évènements compris entre 1659 et 1685. — Passage du Rhône sur la glace le 6 janvier 1662. — Voyage à Tarascon pour voir le roi, la reine mère, le duc d'Anjou, le cardinal Mazarin (13 janvier 1660). — « Laudun et Lauduno » ont eu la petite vérole ensemble. Ils ont commencé à prendre le « minime » le 14 novembre 1660, et doivent le porter treize mois. — M. de Laudun hérite de M. Claude d'Arnin le 9 juillet 1680. — Inscription de la nouvelle cloche des récollets d'Aramon, bénite le 1ᵉʳ avril 1679. Parrains : Étienne de Laudun et François Busquet, consuls. Marraine : Marie de Roques de Clausonne, femme d'Étienne. Aussi l'inscription dit-elle : « Novi aeris pondera fecit consulum et urbis amor, recollectorumque cura « tope » perpetuo gratias Deo resonatura, Mariam vocavit Maria, pii consulis conjux pia ». — Bail à prix-fait de travaux à la métairie de Fourques (19 janvier 1669). — Compte des travaux d'un bâtiment neuf (7 mai 1660). — Note d'une transaction passée, le 9 juin 1657, avec MM. de Courtois. — Assignation devant l'intendant, le 22 août 1668, pour la vérification des titres de noblesse de M. de Laudun. A la suite de sa production, il a été déclaré noble par jugement de l'intendant du 26 novembre suivant. — Généalogie de la maison de Laudun. Bertrand de Laudun teste en 1415. — Actes de baptême de noble Jean de Laudun, de sa femme et de ses enfants, tels que le père d'Étienne de Laudun, un autre Jean, les reproduit dans son livre de raisons, d'après le livre de raisons de son père Gabriel de Laudun (1583-1644). — Actes de baptême de Marie de Clausonne, femme d'Étienne de Laudun, et de leurs enfants (1658-1685).

E. 1318. (Registre.) — 47 feuillets écrits, papier.

1646-1726. — *Famille de Laudun, d'Aramon. — Livre de censives et reconnaissances féodales.* — F⁰⁸ 1-9. Titre. — Partage, en date du 9 avril 1646, entre nobles Louis de Lange, sieur de Montmirail, conseiller au parlement d'Orange, mari de Françoise de Colla, fille d'Antoine de Colla, quand vivait président au dit parlement, Gilles de Gaillard, mari de Catherine de Colla, et Jean Rozel, mari de Marguerite de Colla, d'une part ; et Simon de Raoux de Laudun, comme procureur d'Isabeau de Favier, veuve de Jean de Laudun, mère et tutrice de leurs enfants. Il s'agit de directes et censives ayant appartenu à feu Joachim de Counier, débiteur des parties. L'expert, François Fet de Camin, en a fait deux parts aussi égales que possible. Suit la consistance des deux lots, qui sont attribués par le sort, avec compensation d'une soulte pour la plus faible. L'opération a lieu à Tarascon. — F⁰⁸ 10-20. Reconnaissances féodales faites aux hoirs de Jean de Laudun (Tarascon, 1ᵉʳ mai 1651-8 juin 1654). Étienne Roux, notaire. — F⁰⁸ 21-29. Reconnaissances pour Étienne de Laudun et les hoirs de Pierre et Pons de Jossaud (2 février-23 avril 1670). — Reconnaissance pour Étienne de Laudun, les hoirs de Pierre de Jossaud et Louis de Jossaud (2 mai 1672). — Reconnaissance pour Étienne de Laudun et les hoirs Jossaud (25 décembre 1672). — F⁰⁸ 29-36. Reconnaissances pour Étienne de Laudun (17 mai 1667-24 mars 1681). — F⁰ 36-47. Reconnaissances pour Jean de Laudun, puis pour Étienne de Laudun (13 décembre 1681-17 juillet 1726).

E. 1319. (Registre.) — 68 feuillets écrits, papier.

1742-1777. — *Famille de Laudun, d'Aramon. — Livre de raisons. — Des feuillets sont coupés. — Il s'agit des pensions, rentes immobilières et censives d'un petit-fils d'Étienne de Laudun.* — F⁰⁸ 1-3. Titre et table. — F⁰⁸ 4-61. Fermiers ou débit-rentiers. Dates de leurs paiements. — F⁰⁸ 62-64. Censives payées par M. de Laudun au chapitre de Villeneuve-lès-Avignon, au prieur d'Aramon, à M. de Cambis ou à M. Rodolphe, du Saint-Esprit. — F˚˚ 65-66. Récoltes (1743-1745).

E. 1350. (Registre.) — 27 feuillets écrits, papier.

1769-1782. — *Famille de Laudun, d'Aramon.* — *Livre de raisons.* — *Notes sur des actes des XVII° et XVIII° siècles.* — F˚˚ 1-8. Achats à la foire de Beaucaire. — Note d'un emprunt de 600 l. fait par M. de Barrême au chapitre de Sainte-Marthe de Tarascon (31 août 1686). — Note d'un acte du 13 avril 1724, par lequel Étienne de Laudun II, en vendant une maison de sa femme, charge l'acquéreur de rembourser les dites 600 l. audit chapitre. — Note d'un acte du 14 septembre 1669 par lequel M. de Barrême fait une fondation à Sainte-Marthe. — F˚˚ 9-15. Note d'une quittance du 21 avril 1724 faite par Louise de Mulet à Étienne de Laudun II, mari d'Anne-Bénigne du Périer de Montrichard et coseigneur d'Aramon. — Note indiquant une déclaration d'Anne de Montrichard, mère de Laudun, rédacteur du livre de raisons. Lors de sa dernière maladie, elle déclara devoir 200 l. à Anne de Tous-Les-Saints de Barrême, sa tante, religieuse du Verbe Incarné à Roquemaure. La déclarante décéda avant le 12 décembre 1732. — Note d'un acte du 23 mai 1709 portant obligation de Joseph-François I de Laudun en faveur de la femme d'un procureur du roi. — Note d'une quittance du 18 septembre 1693 faite par Jeanne de Bertrandi en faveur d'Étienne et de Joseph-François de Laudun. — F˚˚ 16-20. Note d'un acte du 23 décembre 1729, où Étienne II de Laudun emprunte à constitution de rente, de l'hôpital de Tarascon, 500 l. — Note d'un acte du 14 septembre 1728, portant vente faite par Marc de Bérenguier, à Louis de Jossaud, d'une partie du domaine de La Motte. — Note d'un remboursement fait, le 11 novembre 1771, par Joseph-François II de Laudun, à Marguerite Pons. — Note d'un emprunt fait, le 9 janvier 1748, par Louis de Jossaud, aux Dames de l'abbaye de Saint-Honorat de Tarascon. — F˚˚ 21-27. Note d'un arrêté de compte du 27 septembre 1728 entre Louis de Jossaud et Étienne II de Laudun. — Note concernant le testament de Louis de Jossaud du 29 décembre 1757. — Note d'un billet du 15 mars 1749 par lequel Étienne II de Laudun se charge de payer au refuge de Tarascon 1,200 l. pour le compte de son beau-frère Louis de Jossaud. — Note d'une quittance du 22 juillet 1760, portant remboursement par Joseph-François II de Laudun, de 2.000 l., à l'Hôtel-Dieu de Tarascon. — Note d'un emprunt de 6.000 l. fait par Joseph-François II de Laudun le 16 août 1782.

E. 1351. (Registre.) — 9 feuillets écrits, papier.

1753-1784. — *Famille de Laudun, d'Aramon.* — *Livre de raisons de Joseph-François II de Laudun.* — *Des feuillets manquent.* — Au verso du premier plat, note sur les gages de maire d'Aramon de M. de Laudun. — F˚˚ 1-4. Titre du registre, consacré aux grains récoltés à sa métairie de Fourques, depuis que M. de Laudun ne l'afferme plus « à rente sûre ». Il a commencé à avoir la moitié des grains en 1755. Les bergers lui font 600 l. des « souquets », et les huit fermiers 200 l., le tout en dehors des petits souquets, qui sont pour les bergers. De plus Charles Lombart lui fait 81 l. de rente sûre pour les terres de La Tour. — Conditions du contrat de ses huit fermiers, en date du 19 février 1753. — Conditions des bergers contenues dans le même contrat. — Instructions pour le « ménage » des champs, qu'un homme fort entendu a données à M. de Laudun. — Mémoire sur les chaussées de Fourques. — Récolte de la métairie de Fourques dans les années 1756 à 1761. — Détail de 1756. — F˚˚ 4-9. Détail des récoltes de 1757, 1758, 1759, 1760, 1763, 1765, 1766, 1784. »

E. 1352. (Registre dérelié). — 9 feuillets écrits, papier.

1668-1784. — *Famille de Laudun, d'Aramon.* — *Livre de raisons, contenant des notes sur des dettes éteintes.* — F˚˚ 1-4. Dettes éteintes par Étienne II de Laudun. — Ses emprunts. — F˚˚ 5-9. Dettes éteintes par Joseph-François II de Laudun. — Emprunts de divers membres de la famille.

E. 1353. (Registre.) — 13 feuillets écrits, papier.

1766-1785. — *Famille de Laudun, d'Aramon.* — *Livres de raisons de Joseph-François II de Lau-*

dun, commencé à la foire de Beaucaire de 1766 et contenant la dépense faite pour ses enfants mâles. — F⁰ 1-4. Titre. — Dépense pour Louis-Pierre de Laudun, l'aîné de ses fils, né le 23 octobre 1753. Années 1760 à 1770. — F⁰ 5-10. Dépense pour Henri-Bénigne de Laudun, né le 17 janvier 1756, tonsuré le 9 juin 1765. Années 1766 à 1784. Le jeune homme entre au régiment en 1773. — F⁰ 11. Dépense pour André-Bruno de Laudun, né le 24 mars 1759, mort le 21 octobre 1767. Foires de 1766 et 1767. — F⁰ 12. Dépense pour Étienne de Laudun, né le 10 janvier 1762, mort le 28 octobre 1767. — F⁰ 13. Dépense pour Gabriel-Louis de Laudun, né le 13 février 1767, mort le 2 août suivant. — Détails intéressants dans tout le registre.

E. 1354. (Registre.) — 61 feuillets écrits, papier.

1743-1788. — *Famille de Laudun, d'Aramon. — Livre de raisons contenant un état des directes que possède M. de Laudun « à Aramon » et à Tarascon.* — F⁰ˢ 1-6. Titre. — Table des débiteurs de censives (à Tarascon) venant de Jean de Laudun, qui les avait acquises de M. de Counier par une collocation de 1646. — Table des débiteurs de censives (à Tarascon) acquises par mariage avec Mᵉˡˡᵉ de Montrichard. — Notes portant qu'au diocèse d'Uzès, en la viguerie de Beaucaire, où est Aramon, on paie les lods au trézain et demi-trézain, appelés lods et demi-lods, valant 11 l. 11 s. 4 d. par 100 l. A Tarascon les lods se paient à 15 °/₀. — F⁰ˢ 6-21. Détail des censives de Tarascon venant de Jean de Laudun. — F⁰ˢ 22-34. Détail des censives de Tarascon venant de Mᵐᵉ de Montrichard (Bénigne du Périer), mère de M. de Laudun, fille de noble Jacques du Périer de Montrichard, originaire de Dijon, et de Renée de Barrême, fille d'Antoine de Barrême et d'Anne d'Aymini. — F⁰ˢ 35-38. Notes de reconnaissances à Étienne de Laudun. — F⁰ˢ 39-47. Notes de reconnaissances faites principalement aux Barrême. — F⁰ˢ 48-60. Notes des censives restées indivises entre François et Antoine de Barrême par une transaction du 29 janvier 1660. — F⁰ 61. Note d'une censive de l'hoirie de Louis de Jossaud, qui fit Étienne II de Laudun son héritier.

E. 1355. (Registre.) — 41 feuillets écrits, papier.

1766-1788. — *Famille de Laudun, d'Aramon. — Livre de raisons de Joseph-François II de Laudun, commencé à la foire de Beaucaire de 1766. Chaque page des comptes est divisée en deux colonnes, à gauche la recette, à droite la dépense.* — F⁰ˢ 1-2. Foire de 1766. — F⁰ˢ 2-3. Foire de 1767. — F⁰ 4. Foire de 1768. — F⁰ˢ 5-6. Foire de 1769. — F⁰ˢ 7-8. Madeleine de 1770. — F⁰ˢ 8-9. Madeleine de 1771. — F⁰ 10. Madeleine de 1772. — F⁰ 11. Madeleine de 1773. — F⁰ 12. Madeleine de 1774. — F⁰ˢ 13-14. Madeleine de 1775. — F⁰ˢ 15-27. Madeleines de 1776 à 1783. — F⁰ˢ 28-34. Premier août de 1784 à 1788 (1). — F⁰ 35. Fonds retirés par M. de Laudun. — F⁰ˢ 36-38. Fonds remboursés par lui. — F⁰ 39. Ses acquisitions. — F⁰ˢ 40-41. Ses emprunts. Ses ventes. — Dans les comptes, détails intéressants au point de vue économique.

E. 1356. (Registre.) — 54 feuillets écrits, papier.

1688-1800. — *Famille de Laudun, d'Aramon. — Livre de raisons, contenant des notes de reconnaissances féodales, d'emprunts et de remboursements.* — F⁰ˢ 1-10. Notes de censives servies au doyen de Sainte-Marthe de Tarascon et au chapitre de Villeneuve-lès-Avignon. — Mention d'un acapte fait au doyen de Tarascon par Foulque Éginald, cardinal de Sotteville, le 20 août 1455. Guillaume Girard, notaire de Tarascon. — Note d'une acquisition de terre faite de la communauté de Fourques par Isabeau de Favier, veuve de Jean de Laudun, le 5 mars 1646. La communauté continuera à en payer la censive au seigneur de Fourques. — Reconnaissance faite au roi le 28 août 1688. — Notes d'emprunts remboursés. A noter parmi les prêteurs, les religieuses du Verbe Incarné de Roquemaure. — F⁰ˢ 11-20. Notes d'emprunts remboursés aux Ursulines d'Aramon, à M. de Gravesson, à Claudine Périer, femme de chambre de Mᵐᵉ de Jossaud, etc. — F⁰ˢ

(1) Officiellement la foire de Beaucaire s'ouvrait à la Madeleine (22 juillet) et se clôturait le 27 ou le 28 juillet, à minuit. Mais les opérations commerciales dépassaient ces limites.

21-24. Notes d'emprunt remboursés à Mᵐᵉ de Modène, née de Béthune. — Emprunts ou « dettes à jour » de Joseph-François de Laudun. L'un des prêteurs est le médecin Boutard.

E. 1357. (Petit registre.) — 31 feuillets, papier.

XVIIIᵉ siècle. — Famille de Laudun, d'Aramon. Directes de Tarascon. — Des feuillets manquent. — Fos 1-31. Notes sur les maisons ou autres immeubles de Tarascon servant des censives.

E. 1358. (Petit registre.) — 49 feuillets écrits, papier.

XVIIIᵉ siècle. — Famille de Laudun, d'Aramon. — Livre de raisons, écrit normalement ou en sens inverse, au hasard de l'inspiration. Il arrive que la même page porte de l'écriture dans les deux sens. — Fos 1-10. Note d'une vente faite par Jean Jossaud d'une terre en l'île de Tamagnon, le 5 août 1577. — Avèrement des biens nobles ou roturiers possédés au terroir d'Aramon, tiré de l'arpentage de M. Mesclat, de Tarascon, fait lors du partage des biens indivis avec les cousins de Jossaud, partage commencé le 12 décembre 1658. — Fos 11-41. Rôle des débiteurs d'Aramon et des villages voisins, avec leurs paiements. — Fos 42-49. Mémoire de paiements faits par les membres de la famille, ou les rentiers.

E. 1359. (Registre.) — 111 feuillets écrits, papier.

1625. — Famille de Laudun, d'Aramon. — Verbal de l'inventaire des biens meubles de la succession de Pierre de Favier. — Fos 1-7. Énoncés préliminaires. Le 28 août 1625, devant André de Lansard, conseiller au sénéchal de Beaucaire et Nîmes, le procureur Jacques Guiraud, curateur ad lites de Jean de Favier, fils et héritier sous bénéfice d'inventaire du défunt, expose la procédure déjà suivie. Il reste à faire assigner les parents du défunt, et ses créanciers. Le commissaire octroie ses lettres exécutoires. Le même jour comparaissent, dans la maison du défunt, près la Porte des Prêcheurs, [à Nîmes], le procureur et Jean de Favier, noble Charles de Raoux, comme mari de Cassandre de Favier, fille du défunt et de sa première femme Diane de Georges ; ensemble le procureur Graverol, curateur ad lites d'Alexandre, Suzanne et Isabeau de Favier, enfants du défunt et de sa seconde femme Isabeau de Bousquet. Les autres assignés ne viennent pas. — Fos 7-16. Inventaire de la salle, de la cuisine et de la chambre joignant la salle. A noter 18 grands plats d'étain fin pesant 60 livres, 7 petits plats d'étain fin pesant 15 livres, 2 douzaines d'assiettes d'étain fin pesant 32 livres, 8 grands plats d'étain fin pesant 52 livres. Il y a aussi de l'étain commun. Dans un « cabinet » de noyer à chapiteau, doublé de satin vert, avec passement orangé, on trouve un livre de raisons de M. de Fourniguet, le défunt, commencé en 1611. Il concerne les affaires de Fourques, les dettes, les récoltes des blés de Fourques ; un autre livre de raisons de 1617, un trébuchet à peser l'or et l'argent, un livre des procès à Nîmes, Toulouse, Castres, Montpellier, Fourques ; des papiers de procédures. — Fos 16-28. Inventaire de la chambre joignant la précédente et située sur le porche, puis d'une arrière chambre joignante. — Coffres en noyer, contenant du linge et des étoffes. Comptoir en noyer fort ancien, contenant des obligations faites par le défunt et cancellées après remboursement, des livres de raisons, etc. — Fos 28-44. Reprise de l'inventaire « le vendredi 21 ». Dans la chambre précédente, tapisseries de Bergame. Dans la chambre près de la cuisine, un lit fort ancien. — Dans la galerie répondant à cette chambre, une poutre. — Dans la chambre répondant au jardin, deux « pots en tête » baillés en gage à M. de Fourniguet. — Dans une petite chambre appelée le cabinet, des factures de marchands. — Dans une grande chambre appelée le grenier, du charbon de chêne. — Dans une sacoche de cuir, des papiers d'affaires du défunt, inventoriés en détail. — Fos 44-72. Inventaire des étoffes et papiers trouvés dans quatre coffres de la chambre près la salle, coffres qu'avait M. de Fourniguet, le défunt, à Tarascon, chez M. de Raoux, son beau-frère, et qu'on a fait venir aux fins d'inventaire. A noter un garniment de lit de « simousson » rouge cramoisi, couvert de bandes moitié en broderie, étant de velours noir avec soie jaune. Il y a six pièces de rideaux et quatre pièces de courtines. — Reprise de l'inventaire le « samedi 30 ». — Fos 72-102. Reprise de l'inventaire des papiers des coffres le mardi 2 septembre. — F⁰ˢ 102-120. Reprise de l'inventaire desdits papiers le vendredi 5. — F⁰ˢ 120-141. Reprise dudit inventaire le samedi 6. — Collier. — Cuisine basse. — Salle basse. — Dépense.

E. 1360. (Registre.) — 31 feuillets écrits, papier.

1683-1689. — *Famille de Laudun, d'Aramon.* — *Livre de raisons d'Énemond Soumille, rentier de Clausonnette.* — Titre. — F⁰ˢ 1-9. Année 1683. Payé à M. de Laudun pour deux salmées de blé, 33 l. — Tonte de 555 bêtes à laine, 5 l. 5 s. — Payé au curé pour la dîme des agneaux, 4 l. 5 s. — Payé à deux femmes qui ont arraché le chanvre de graine, 10 s. — Payé à deux femmes de Meynes, pour avoir foulé le chanvre du Mascle, pour 7 journées, 14 s. — Année 1684. Dépense du berger avec un garçon pendant deux mois, 23 l. 10 s. — Payé à M. de Laudun, pour la moitié de la rente de Clausonnette échue à la Noël 912, 1. 10 s. (10 avril). — Payé au curé de Meynes, pour 10 barils de vin, vendus à 30 s., 15 l. — Pour 100 livres de porc salé, à 3 s. 6 d. la livre, 17 l. 10 s. — Pour un millier de clous achetés à la foire de Beaucaire, 2 l. — Payé à M. de Clausonne, pour la moitié de la rente de Clausonnette échue à la Madeleine, 912 l. 10 s. (4 septembre). — F⁰ˢ 10-18. Années 1684-1686. — Payé au « pontanier » de Montfrin, pour le passage du port en plusieurs fois, 15 s. (27 octobre 1684). — Une livre de lard et six pains portés à Clausonnette pour souper avec MM. de Laudun père et fils, 10 s. (20 mai 1685). — Pour 78 journées des moissons à 8 s., 31 l. 4 s. (14 juillet 1686). — F⁰ˢ 18-31. Années 1686-1689. — Payé à des femmes 18 journées pour arracher les mauvaises herbes, à 2 s., 1 l. 16 s. (3 novembre 1686). — A Ninon, pour un livre blanc où écrire les comptes de Clausonnette, 1 l. (28 mai 1687). — Donné à Catherine Barrière, de Fiaux, pour 14 mois de gages comme servante à Clausonnette, 42 l. (Septembre 1688). — Dépensé à Beaucaire, avec M. de Laudun, Gueillan et autres, 3 l. 1 s. (5 janvier 1689). — « Palomaux » pour lier les « flotes », ou écheveaux de soie, 4 s. (15 juillet 1689). — Payé aux gardes-terre, pour boire, 14 s. (9 septembre 1689).

E. 1361. (Petit Registre.) — 46 feuillets écrits, papier.

1673-1688. — *Famille de Laudun, d'Aramon.* — *Livre de raisons de M. de Clausonne, beau-frère de M. de Laudun, co-propriétaire de Clausonnette avec lui.* — F⁰ˢ 1-10. Note du 16 avril 1675 pour du blé donné en compte à la nourrice. — Rôle des ustensiles de cuisine de la maison de Beaucaire. — Marché fait avec la femme Verdier, le 4 juillet 1685, pour un blanchissage de dentelles (cravates et manchettes). — Le 29 octobre 1684, il fait faire l'étain d'antimoine, ou étain fin, au maître de Beaucaire, à 3 sols par pièce, pour 4 douzaines d'assiettes et 18 assiettes à potage. — La métairie de Beaucaire produit 203 salmées de blé en 1683. — Le 27 février 1684, il donne 5 l. 17 s. à ceux qui lui ont scié ses planches d'aubes à Clausonnette, à destination de Meynes. — Le 2 août 1684, donné 4 l. à Marie, la servante d'Aramon, en déduction de ses gages. Elle en a acheté une jupe. — Le 31 juillet 1684, donné 4 l. 8 s. pour se faire apporter de l'eau de Meynes. — A la foire de Beaucaire, il paie sa pension à M. Escudier, prieur (30 juillet 1684). — Prix de la viande à Beaucaire en 1684 : mouton, 2 s. 8 d. la livre ; bœuf, 1 s. 8 d. — F⁰ˢ 11-21. Le 8 octobre 1684, Vidal livre une paire de souliers au prix de 2 l. 5 s. — Bail de son blanchissage passé à Benoît pour 5 années au prix de 47 écus 1/2 (16 mars 1681). — La servante Jeanne gagne 21 l. par an (2 novembre 1684). — M. Aillaud, prêtre, qui est demeuré dix-sept mois chez la comtesse de Rochefort, vient instruire les enfants de M. de Clausonne « pour la table ». Arrivé le 11 avril 1685, il est parti le 31 août suivant. — Dix livres de chandelles envoyées à M. de Laudun, à Aramon, le 4 mai 1685, coûtent 2 l. 10 s. — La glace coûte 3 d. la livre. — M. Lebrun, précepteur des enfants, gagne 33 l. par an (1ᵉʳ juillet 1685). — Le 5 octobre 1685, prêté au doyen d'Anne la controverse de M. « de Pean » avec un cardinal polonais, in-folio pour la conversion des huguenots (1) de Nîmes et de sa région. Il a eu ce livre de l'archevêque d'Arles. — Dons à sa sœur Mᵐᵉ de Clausonne (Mme de Laudun) (1686). — Le 27 juin 1686, M. de Favier, fils de M. de Laudun, vient chez M. de Clausonne pour « appren-

(1) Ms. : *egunos.*

dre » avec les enfants de ce dernier. — Vendanges de 1686. — F⁰⁸ 52-32. Par ordonnance de l'intendant de Basville, les fours de Beaucaire commencent à cuire le 6 mars 1687. — Il doit à M. de Laudun, son beau-frère, 8 salmées de blé de semence, à raison de 17 l. 5 s. la salmée (1687). — Le 2 octobre 1687, M. de Clausonne est arrivé, en famille, de Meynes à Beaucaire. Le précepteur est tombé malade d'accès de fièvre. On avait quitté Beaucaire pour Meynes le 27 juillet. — Arrêté de compte avec le boulanger de Beaucaire, de toutes ses tailles, et de tout le blé reçu par lui de M. de Clausonne (4 octobre 1687). — Favier-Laudun, venu d'Aramon pour étudier à Beaucaire, le 16 octobre 1687, s'en est retourné le 15 mai 1688, pour prendre la tonsure. — On a fait, à la métairie, onze-cents cannes de fossés (1687). — F⁰⁸ 33-46 (à l'autre bout du registre). En 1673, il enferma dans son grenier 64 salmées de beau blé. — En 1674, il en a eu 202 salmées. — Le 14 mars 1685, M. Laurent commence à apprendre à danser au jeûne de Clausonnette, à raison de 3 l. par mois. — Il faut 18 pans pour une chaise de commodité. M. Soumille, marchand, en a fait accommoder deux à M. de Laudun, à 15 l. chaque, fournissant bois et sangles (1685). — Envoyé à M. le cadet de Trimond, à Meynes, les Mémoires de M. de La Rochefoucault sur les guerres civiles de Louis XIII. — Le 5 mai 1676, M. Amouroux, curé de Beaucaire, entre chez M. de Clausonne, où étaient déjà Reinaud et André Hugues, maçons. M. de Clausonne prie ces derniers de se cacher derrière le lit de la chambrette « du lieu commun », et de là ils entendent le curé déclarer que son oncle doit 600 à 700 l. à M. de Clausonne, ainsi qu'il l'avait confessé à son frère en présence du curé. — Notes sur les quantités de blé engrangées de 1676 à 1684. — En 1684, M. de Clausonne est fait consul de Beaucaire. Funérailles de Cottier, second consul. — Le 28 octobre 1684, arrivée en famille à Beaucaire. Son fils aîné a des accès de fièvre, ainsi que Martine. La fille du service de Meynes est venu les servir, mais les accès l'ont forcée de s'en retourner. — Note portant que M. de Clausonne est né à Meynes le 24 juin 1641 et a été baptisé le 12 août par le vicaire Laurent. Parrain : Jean Bouchard, chanoine de Saint-Gilles. Marraine : noble Dominique d'Aramon, baronne de Lédenon. Extrait des baptistaires d'Arles. — État de l'étain de Beaucaire : 31 assiettes, 21 plats, 3 écuelles, un bassin et une aiguière, 2 assiettes au cabinet (6 septembre 1679). — En 1680 le maître d'Arles, M. Murles, a fait la cheminée du salon d'en bas, à Beaucaire, pour le prix de 40 l. M⁰⁰ de Clausonne, décédée le 3 octobre, ne la vit pas achever. — Notes sur le blé engrangé de 1680 à 1685. — Rôle de la batterie de cuisine (4 novembre 1685). — Transport de bois par bateau de Montfrin à Beaucaire (20 décembre 1685). — Note sur les ravages de sauterelles, « soutaleres », à Aramon, en 1685. — Note sur la location faite à M. Fraize, marchand de Lyon, en 1685, année où la foire est dans le quartier de M. de Clausonne. Ce marchand, fort honnête homme, a loué la salle de Gand, la salle basse, la grande chambre, avec le porche pour emballer, moyennant 45 l. — Note sur la naissance des enfants de M. de Clausonne : de Clausonnette, Étienne de Roques. — Le 2 août 1687, M. Vautrain, précepteur des enfants, est venu à Meynes. Il est tombé malade d'accès de fièvre. M. Lebrun s'en alla à Tarascon et fut payé le 6 août 1688.

E. 1342. (Liasse.) — 2 pièces, parchemin ; 39 pièces, papier.

1540-XVIIᵉ siècle. — *Famille de Laudun, d'Aramon. — Jacques de Laudun et Anne de Lauret. — Pièces de la procédure commencée entre Anne de Lauret et Étiennette de Laudun, en conséquence des substitutions testamentaires faites par Jean de Laudun en 1518.* — 1. Note sur les Lauret, copiée par M. de Laudun au XVIIIᵉ siècle, pendant un séjour à Pézénas. Il paraît, écrit-il au bas, qu'il y a quelques erreurs. Les indications vont de 1488 à 1531. — 2. Mémoire non signé, écrit pour M. de Laudun vers 1650, et rappelant le pour et le contre dans la question des conséquences des substitutions testamentaires de 1518. Il donne des explications sur le rôle de la famille de Laudun et de la famille de Jossaud dans l'histoire méridionale. Mais il est bon de contrôler par les pièces analysées précédemment et au présent article. — 3. Codicille fait par Jean de Laudun, d'Aramon, à l'occasion des substitutions de son testament du 23 mars 1539, reçu par Antoine Orjonis. Il les règle autrement, le 25 mai 1540, ainsi que des legs. Nîmes, Jean Lensard, notaire. Extrait en forme. — 4-5. Extraits, dont l'un en forme, du testament de Jean de Laudun, fils d'autre Jean. Son héritier universel est son frère Jacques de Laudun, avec substitution à Jacques de sa sœur Étienne de Laudun, ensemble des enfants de feu ses sœurs Louise et Perrette, par égales parts. Legs à sa « tante bâtarde » Isabeau de Laudun ; à sa sœur Catherine de Laudun, religieuse de Sainte Claire à Nîmes ; à Françoise de Moreton, sa femme, Aramon, 20 janvier 1540. Antoine « Orion », notaire. C'est l'Orjonis des analyses précédentes. — 6. Extrait en forme d'une donation du 5 mars 1541 v. s., faite par Jean de Laudun, d'Aramon, à Isabeau, Ysabel, de Laudun, sa tante, épouse de Jean Rivet. Il s'agit d'immeubles. Antoine Orjonis, notaire. — 7. Codicille (extrait en forme) fait, le 4 octobre 1542, par noble Jean de Laudun, en faveur de sa femme Françoise de Moreton. En remplacement d'un legs de 300 l. t., il lui lègue la Bastide-Vieille, terroir d'Aramon. Antoine Orjonis, notaire. — 8-10. Échange de terres entre Jacques de Laudun et Jérôme Guiraud, prêtre, comme oncle et tuteur d'Antoine Guiraud. Aramon, 5 mai 1551, même notaire. — 11. Accord entre Pierre de Rousset, seigneur de Verclos, et Jacques de Laudun, au sujet d'une somme de 1.000 écus sol, valant 2.300 l. t. Avignon, 6 octobre 1553, Louis Barrier, notaire. — 12. Copie, faite au XVIᵉ siècle, d'une déclaration notariée concernant Pierre de Rousset, seigneur de Saint-Sauveur. Antoine Duprat, baron de Thiers, garde de la prévôté de Paris, fait savoir à tous que, par-devant deux notaires du Châtelet de Paris, M. de Saint-Sauveur certifie sa transaction du 6 octobre 1553 avec Jacques de Laudun, qui doit 300 l. sur 2.300 l. d'une obligation reçue ledit jour par Dupuy, notaire de Villeneuve-lès-Avignon. De Rousset, mari de Catherine de Moreton, a donné à celle-ci procuration pour recevoir les 300 l. et en faire quittance. Au bas de la copie, un avis signé : F. des Essars, invite le destinataire du document, évidemment Jacques de Laudun, à lui indiquer le jour où il apportera l'argent, pour que sa cousine soit prévenue (Avignon, 15 juillet). — 13. Quittance de 400 l. t. faite, le 24 mars 1554 v. s., par Pierre « des Rosses », seigneur de Verclos, principauté d'Orange, à Jacques de Laudun, en déduction de sa dette de 2.300 l. t. Antoine Orjonis, notaire. — 14. Quittance faite, le 6 avril 1556, par Catherine de Moreton, femme de Pierre de Rousset, seigneur de Verclos, et munie de sa procuration, à Jacques de Laudun, pour 400 l. t., en déduction d'une dette de 1.000 écus. L'acte est passé à Villeneuve-lès-Avignon, dans le logis à l'enseigne du *Coq*. Antoine Orjonis, notaire. — 15-

16. Testament de noble Jacques de Laudun, fait le 19 septembre 1556. Legs à sa fille aînée Étienne de Laudun, à sa fille puînée Claudine, à sa femme Anne de Lauret. Son héritier est son fils Gabriel. Substitutions. A défaut de ses enfants et des enfants mâles de ses enfants, il substitue sa fille Étienne, puis sa fille Claudine, puis Tannequin Jossaud, premier né de sa sœur Étienne de Laudun, pourvu qu'il porte les nom et armes de la maison et y demeure, etc. L'acte est passé à Nîmes par le notaire Louis Grimaldi. — 17. Extrait des « diètes » ou décisions de la cour ordinaire d'Aramon, portant provision de curateur pour Jean de Laudun, à la requête de son frère Jacques. Jean est privé de son bon sens et impotent (22 novembre 1556). — 18. Quittance de 400 l. t. faite par Catherine de Moreton, femme de M. de Verclos, à Jacques de Laudun, en déduction d'une dette de 1.000 écus (Avignon, 4 avril 1558). Antoine Bonnefoi, notaire. — 19. Lettres patentes d'Antoine Duprat, garde de la prévôté de Paris, faisant savoir la déclaration de M. de Saint-Sauveur au sujet de sa transaction du 6 octobre 1553 avec Jacques de Laudun, de l'obligation de 2.300 l. t., et de la procuration donnée à sa femme Catherine de Moreton. Paris, 26 juin 1559. La pièce 12, antérieure, porte 1549. Le présent parchemin, qui était scellé, porte en toutes lettres : 1559. — 20. Codicille de Jacques de Laudun, fait le 26 août 1562. Uzès, Vincent de Johannene, notaire. — 21-25. Transaction entre Anne de Lauret, comme mère et tutrice des enfants nés de son mariage avec Jacques de Laudun, décédé, et Étienne ou Étiennette de Laudun, veuve de Jean Jossaud, docteur en droits de Nîmes. L'acte est passé par-devant Jacques de Malevalette, lieutenant de viguier à Aramon, le 26 janvier 1563. C'est l'aboutissement d'un procès au sénéchal, et l'une des conséquences des substitutions testamentaires faites par Jean de Laudun le 22 août 1518. Chacune des parties remettra au bloc des héritages, ce que Jacques de Laudun et sa sœur Étiennette en avaient recouvré, sauf la Grange-Vieille, donnée par Jean de Laudun le fils à sa femme Françoise de Moreton. Lesdits héritages de Jean et autre Jean de Laudun père et fils, sauf la dite Grange-Vieille, seront partagés entre les parties par moitiés égales. Les experts du partage sont désignés, et le délai de leurs opérations fixé. Antoine Bonnefoi, notaire. — 26-30. Partage des biens délaissés par Jean et autre Jean de Laudun père et fils, entre Anne de Lauret,

comme mère et tutrice des enfants nés de son mariage avec feu Jacques de Laudun, et Étiennette de Laudun, tante desdits enfants, veuve de Jean Jossaud, conseiller au parlement de Turin, habitant Nimes. L'acte est passé, chez le lieutenant de viguier d'Aramon, par le même notaire, le 2 février 1563. — 31. Extrait des audiences du sénéchal de Beaucaire et Nimes des 20 octobre et 24 novembre 1563, concernant une procédure entre Gabriel de Laudun, fils de feu Jacques, et Étiennette de Laudun. — 32. Analyse du testament de Jean de Laudun (1er août 1548), suivie d'un mémoire de M. de Jossaud pour Étiennette de Laudun, fille de Jean, et produite vers 1547 contre Gabriel de Laudun. — 33. Mémoire pour Gabriel de Laudun (Vers 1548). — 34. Inventaire pour Anne de Lauret (Vers 1563). — 35. Ordonnance rendue par le viguier de la baronnie de Montfrin, commissaire député par le présidial pour l'exécution d'un arrêt de cette cour rendu entre Françoise de Moreton, d'une part; Étiennette de Laudun et Anne de Lauret, comme mère et tutrice des enfants nés de son mariage avec feu Jacques de Laudun, d'autre part (Aramon, 13 avril 1546). — 36. Ordonnance du sénéchal rendue entre lesdites parties, et portant signification à faire à Françoise de Moreton, à la requête des dames de Laudun et de Lauret. Nimes, 12 octobre 1563. — 37. Quittance faite au rentier des biens d'Étiennette de Laudun (15 juillet 1569). — 38. Quittance faite, le 20 septembre 1573, par Françoise de Moreton, femme de Pierre de Bornes, à Jean Jossaud. Aramon, Antoine Saladin, notaire. — 39. — Quittance dotale faite, le 2 septembre 1578, par Anne de Lauret, veuve de Jacques de Laudun, à Françoise de Folquier et Lucie de Lauret, ses mère et sœur, dames de Saint-Martin lès-Pézénas. Il s'agit de 1.000 l. d'une part, et de 150 l. pour ses robes nuptiales, le tout constitué en dot ou douaire par feu Jean de Lauret, son père. Aramon, Antoine Bonnefoi, notaire. — 40. Obligation du même jour, faite, nonobstant la quittance précédente, par François de Garnier, sieur de Saint-Martin, successeur testamentaire à tous les biens de Jean de Lauret, à Anne de Lauret, sa tante. Il promet de lui payer, à sa volonté, tous ses droits dotaux ou autres. Aramon, même notaire. — 41. Projet, s. d., du partage du 3 février 1563.

B. 1162. (Liasse.) — 13 pièces, papier; 9 sceaux ou cachets.

1569-1625. — Famille de Laudun, d'Aramon. — Claudine de Laudun. — Jean de Laudun et Lucrèce de Records.

1-10 : Claudine de Laudun et ses deux époux successifs. — 1. Contrat de mariage, dont le début manque, entre Claudine de Laudun, assistée de sa mère Anne de Lauret, et le capitaine Jacques de Records. Acte passé à Aramon, en 1572, d'après l'attestation d'extrait du notaire Saladin, chez Étiennette de Laudun, tante de Claudine, par le notaire Pierre Prodon. — 2. Quittance de 70 l. t. faite, le 1er novembre 1574, par Claudine ou Claude de Laudun, veuve du capitaine Jacques de Records, et tutrice de sa fille Françoise de Records, à Honorat Chaniot, marchand d'Aramon. Claudine promet à Chaniot de lui tenir compte de cette somme sur le prix d'achat de la maison de sa fille (700 l. t.). Antoine Saladin, notaire d'Aramon. — 3. Litige entre Chaniot et Claudine, en la cour ordinaire d'Aramon. Chaniot réclame à Claudine les 70 l. qu'il lui a fournies, plus 13 l. dues par elle. Claudine reconnaît ces dettes. Jean Raviol est dépositaire du prix de la maison vendue. Claudine réclame à son tour le prix d'une année de loyer de ladite maison. Jacques de Malevalette, lieutenant de viguier, condamne Claudine à payer sur les deniers dont Raviol est dépositaire, et pour le surplus ajourne les parties à quinzaine (8 avril 1578). — 4. Ordonnance des viguier et juge d'Aramon pour Chaniot contre Claudine de Laudun et le dépositaire Jean de Raviol, avec quittance au dos (13-14 avril 1578). Sceau. — 5. Ordonnance de la cour des Conventions royaux de Nimes, séant à Beaucaire, pour les hoirs de Pierre de Records contre Claudine de Laudun. La maison de Françoise de Records sera vendue aux enchères (Beaucaire 16 mai 1578). — 6. Quittance de 500 l. faite, le 19 mai 1578, à Claudine de Laudun, comme mère et tutrice de Françoise de Records, par Louise de Gévaudan, veuve de Pierre de Records, comme mère et tutrice de leurs enfants. Jacques de Records, mari de Claudine, devait cette somme à Pierre. Acte passé chez Gabriel de Laudun par Antoine Bonnefoi. — 7. Contrat de mariage entre noble Jean de La Bruyère, fils de feu Jacques, et Claudine de Laudun, veuve du capitaine Jacques de Records, fille de feu Jacques de Laudun et d'Anne de Lauret. Acte passé, le 24 mars 1580, chez Gabriel de Laudun, frère de Claudine, qu'il assiste avec son cousin Laurent de Pesquières, par le notaire Antoine Sahulie. — 8. Transaction entre Jean de La Bruyère, sa femme Claudine de Laudun, d'une part, et Gabriel de Laudun, d'autre. Le 9 juillet 1580, on convient que Gabriel paiera auxdits mariés 23 écus 20 s. l. d'une part, et 8 écus d'autre, etc. Acte passé à Aramon, chez le conseiller Jean Jossaud, par le notaire Antoine Bonnefoi. Suit un extrait des registres du sénéchal, du 14 août 1589, portant enregistrement de la transaction. — 9-10. Quittance donnée à Gabriel de Laudun par Jean de La Bruyère, comme mari de Claudine de Laudun, de ce qu'il leur devait en vertu de la transaction (1er janvier 1583. —

11-33 : Jean de Laudun et Lucrèce de Records. — 11. Testament d'Élias de Records, bourgeois d'Aramon, fait le 6 septembre 1584. Legs aux pauvres de la religion réformée d'Aramon et de Montfrin. Il a dépensé plus de 500 l. t. pour l'instruction et l'apprentissage de son fils Jacques, dont la rançon lui a coûté autres 500 l. t., payées au capitaine Icard, d'Arles, par Pierre de Records, frère du testateur, pour ce dernier. Jacques a donc reçu plus que sa légitime. Comme Jacques, Françoise de Records est instituée par son père héritière particulière, en raison de sa dot, car elle est femme d'Antoine Ranchin, marchand d'Uzès. Legs à sa fille Lucrèce, à sa seconde femme Catherine d'Agard, à son fils Guillaume, né de sa première femme Felise Imbert. Ses héritiers universels sont ses fils Daniel et Élias. Acte passé à Uzès par le notaire Jean de Johanen. — 12. Contrat de mariage entre Jean Icard, d'Aramon, et Lucrèce de Records, fille de feu Élias et de Catherine d'Agard, passé le 26 mars 1584 par le notaire Antoine Bonnefoi. — 13. Contrat de mariage entre Jean de Laudun, fils de feu Jacques et d'Anne de Lauret, et Lucrèce de Records, veuve de Jean Icard, assistée de Madeleine Galien et de Catherine d'Agard, ses aïeule et mère, passé le 4 février 1592 par le même notaire. — 14. Rémission de dettes (1) faite par Catherine d'Agard, veuve d'Élias ou Élie de Records, à son beau-fils Jean de Laudun, le 4 novembre 1592. Jean

(1) Ce sont des dettes actives ou créances (Cf. Ferrière, *Dictionnaire de droit et de pratique*, sub verbo, Toulouse, 1779, 2 vol. in-4°).

Pitot, notaire d'Aramon. — 15. Quittance faite à Jean de Laudun par Guillaume Domergue, d'Aramon (7 février 1594). — 16. Vente de pension faite par Jean de Laudun « le vieux » à Jean de Jossaud, conseiller au sénéchal. Il s'agit de 35 l. par an, moyennant le capital de 452 l., payé à l'acte. Pierre Elziéro, notaire d'Aramon, 3 septembre 1618. — 17. Extrait d'une délibération du conseil général extraordinaire d'Aramon, tenu dans la salle basse du « cloître », par-devant le viguier, le 15 mai 1622. Jean de Laudun « vieux » étant premier consul, pour la recherche ou l'achat d'armes et munitions de guerre, conformément à l'ordonnance du duc de Montmorency. MM. de Laudun, Accurse de Pesquières et Pierre Bonnefoi sont chargés de faire le nécessaire, dans telles villes qu'il appartiendra. — 18. Quittance du 22 mai 1623, faite par Charles de Raoux, de Tarascon, à Jean de Laudun, son beau-père. Il s'agit de 300 l. en déduction de 500 l. provenant de l'augment de dot de feu Suzanne de Laudun, femme de Charles. Tarascon, Conrad Avignon, notaire. — 19-25. Pièces de procédure, attachées ensemble. L'affaire se déroule devant la cour des Conventions royaux de Nîmes. Jean de Laudun vieux, comme caution de M. de Records, devait 500 l. à feu Jean Jossaud, conseiller au présidial, dont les héritiers ont fait remission, et à Gabriel Le Chantre, seigneur de Fourcmabourresse, dont le frère a impétré un clameur et fait exécution juillet 1625. — 26. Rôle de l'argent prêté par Jean de Laudun « vieux », en plusieurs fois, à son neveu Jean de Laudun, de 1622 à 1627. À la suite est un rôle de ce que l'oncle a reçu du neveu. L'oncle fournit à sa nièce, femme du neveu, du fromage coûtant 2 s. 6 d. la livre, du sucre de Madère équivalent à Beaucaire 12 s. la livre. Pour les funérailles de la nièce, des armoires ont coûté, en Avignon, 3 l. 11 s. Deux vitres sont payées à un vitrier de Beaucaire 2 l. 2 s. 8 d. Voyages du neveu à Toulouse. Son procès contre M. de Pesquières. — 27. Vente de pension faite par les consuls d'Aramon à Jean de Laudun vieux, moyennant un capital de 770 l. payé à l'acte, le 3 juillet 1629. Jean Pitot, notaire. — 28-31. Testament de noble Jean de Laudun vieux, du 10 décembre 1629. Legs à Marthe de Raoux, sa petite-fille ; aux Récollets, à la chapelle de Laudun, à son neveu Jean de Laudun. Son héritier universel est noble Simon de Raoux, son petit-fils, comme né de Charles et de feu Suzanne de Laudun, sa fille. Substitutions. L'original (pièce 31) est fermé avec de la cire verte et cacheté avec de la cire d'Espagne rouge aux armes des Laudun : d'azur au sautoir d'or, et un lambel de gueules en chef. La souscription porte que, le 25 décembre 1629, le testateur, ...int de la maladie contagieuse dans la métairie de la Muscadelle, appartenant aux hoirs du conseiller de Jossaud, a déclaré que ce testament est le seul valable. Suivent les signatures de sept témoins. Pierre Pitot, notaire. — 32. Inventaire domestique et secret des meubles, linge, ustensiles, fruits, denrées et bétail de la succession de Jean de Laudun vieux, fait à la requête de son neveu Jean de Laudun, substitué en ses biens, en présence et du consentement de Simon de Raoux de Laudun, petit-fils et héritier universel du de cujus, assisté de son père Charles de Raoux (28-30 mars 1635). A noter : 15 livres d'étain commun en plats, assiettes, écuelles et pots ; 6 livres 1/2 d'étain en pot, pichers et aiguière ; 55 livres 1/2 d'étain fin en bassin, aiguière, salière, plats, assiettes, écuelles et cruches ; des cuillères d'argent ; un grand coffre de noyer façonné « à l'anciennet », plein de linge ou de garnitures de lits ; de petites serviettes « à la Venise » ; un petit tableau encadré d'ébène, avec des plaques d'argent autour, représentant la Nativité du Christ ; une chaîne de grains de jaspe, avec perles et agrafes d'or ; un camal d'or à 18 pièces de lapis ou de cornaline, pesant 1 once 1/2 ; deux pendants d'oreille d'or avec rubis et émeraudes ; deux tours de cou de petit corail et de perles ; un coffre à bahut contenant les documents de la maison et orné de fers anciens ; dans la salle haute ayant vue sur le Rhône : un tapis de Rhodes, des chaises garnies de cuir à l'ancienne, deux caquetoires ou causeuses à l'ancienne, une hallebarde, une paire de landiers anciens en laiton ; dans la chambre haute du côté de la Grand'Rue : un lit de noyer garni de cadis vert, un coffre noir à l'ancienne. — 33. Note généalogique sur les Records.

E. 1364. (Liasse.) — 34 pièces, papier ; 2 sceaux.

1545-1645. — *Famille de Laudun, d'Aramon.* — *Étiennette de Laudun et les de Bon.* — *Gabriel de Laudun et Marguerite Cameau ou Camel.* — *1-18 : Étiennette de Laudun.* — 1. Contrat de mariage entre Bernardin de Bon, fils de feu Claude, de Courthézon, principauté d'Orange, et Étienne de Laudun, fille de feu Jacques et d'Anne de Laurel, assistée de sa mère et de son cousin Jean Jossaud, avocat de Nîmes. Aramon, chez les hoirs de Jacques de Laudun, 9 juillet 1571, Antoine Bonnerot, notaire. — 2. Quittance dotale faite par Bernardin de Bon et sa femme Étienne, à Gabriel de Laudun, frère de la mariée, pour 900 l., le 15 décembre 1571. — 3. Quittance du 16 novembre 1608, faite par Étiennette de Laudun, veuve de M. de Bon, à Jean de Laudun, fils de Gabriel, pour 24 écus de 3 fr. Il s'agit d'arrérages de pension. Courthézon. Balthazar Fabry, notaire. — 4. Quittance de 6 écus faite, le 19 janvier 1616, par Philippe de Bon à Jean de Laudun, pour les intérêts de 100 écus dus par Jean à Étienne ou Étiennette, mère de Philippe, décédée. Suit une quittance du 13 février 1622, faite par Philippe à son cousin Jean, pour 58 écus, intérêts de 6 années de la pension de 300 l. due à Étiennette. — 5. Transaction entre Marguerite de Bon, fille de feu Bernardin, et son frère Philippe de Bon. Courthézon, 17 février 1623, Jean de Georges, notaire. — 6. Procuration de Suzanne de Bon en vue de l'acte suivant (14 janvier 1631). — 7. Quittance du 15 janvier 1631, faite par Suzanne de Bon, veuve Salvajon, à Jean de Laudun jeune, de deux années d'arrérages dudit capital de 300 l. — 8-11. Procurations et quittances entre les mêmes pour la même pension (11 janvier 1633-11 janvier 1639). — 12. Procuration donnée par Philippe de Bon à sa femme absente Suzanne d'Agard, pour recouvrer 50 l. de Jean de Laudun. Attestation de la signature du notaire de Georges par Georges de Roussel, capitaine des ville et château de Courthézon (11 mars 1641). Sceau de sa cour. — 13-19. Autres procurations et quittances concernant les mêmes personnages et la même pension (20 juillet 1641-24 février 1645). Sur la pièce 13, autre sceau du capitaine de Courthézon. Les deux empreintes permettent la lecture de la légende : *Sigill. contract. principa. Aurasicen.* — *20-31 : Gabriel de Laudun et Marguerite Cameau ou Camel.* — 20. Livre des comptes de l'administration tutélaire de la personne et des biens de Guilhem Camel, fils et cohéritier de Pierre, de Tarascon, et de Marguerite Pomel, instituée tutrice par Pierre dans son dernier testament, reçu par le notaire Claude Teissier le 4 juin 1545. Jean Camel, fils plus âgé du défunt, est hors de pupillarité. Le 26 janvier 1546, il demande à la cour royale de Tarascon le partage de la succession entre son frère et lui. Détail des deux parts. Recettes de 1540 à 1551. Dépenses de 1545. Déclatans des auditeurs et impugnateurs des présents comptes (1552). — 21. Avèrement des biens des hoirs de Pierre Camel, dit Marsillon, extrait du livre cadastre de Tarascon de 1552, fait à la requête de Marguerite Camel, fille et héritière de Jean Camel, fils de Pierre. — 22. Réalisation de son administration tutélaire faite par Marguerite Pomel à Jean Camel ou Chamel et à Marie Bœuf, veuve de Guillaume Ance, et décharge à elle donnée par eux (Tarascon, 3 janvier 1553). — 23. Quittance donnée par Guilhem Camel ou Chamel à son frère Jean (3 janvier 1553). — 24. Quittance donnée par Marie Bœuf, veuve de Guillaume Ance, à Jean et Guilhem Camel (3 janvier). — 25. Obligation de 10 écus d'or sol faite par noble Guilhem Camel, de Tarascon, à noble Jean Espirel, de Tarascon (27 juillet 1555). A la suite, quittance donnée par Espirel à Jean Camel, frère de Guilhem, Tarascon, 25 août 1555. Sceau du podestat, *potestas*, et juge ordinaire des ville et district Ipporedie, pour le roi de France Henri (II), au bas de son attestation (28 juillet 1555) de la qualité du notaire Jean-Pierre Guili, qui a reçu l'obligation. Ce podestat est Joseph de Brahin, de Turin. — 26. Codicille de Guilhem Camel ou Cameau, fils de Jean Pierre, dit de « Marsillon ». Son frère Jean lui succédera par moitié avec leur mère Marguerite Pomel. Tarascon, 14 juin 1557. — 27. Contrat de mariage de Jean Camel avec Gillette Moselat, Tarascon, 17 septembre 1559. — 28. Certificat des dépens payés par Marguerite Pomel, mère de feu Jean Marsillon, tuteur des hoirs de Jean Ance, à la poursuite d'un procès contre ces hoirs (10 mai 1559). — 29. Encan des hoirs de Jean Cameau, dit Marsillon, fait à la requête de Marguerite Pomel, leur tutrice, par le trompette Jean des Roys, en présence de Thomas Raoux, juge, hors la porte de Madame. Tarascon, 18 mai 1561. — 30. Bail « à dévaller » ou « du dévallement » (moisson, battage, etc., jusqu'au moment de la mise en sacs) des blés de feu Jean « Chameau » (26 mai 1561). — 31. Adjudication des *garah* et cultures ou travaux divers de terres, ensemble de la location d'immeubles bâtis, appartenant à la succession de Jean (24 juin 1561). — 32. Quittance du 14 juillet 1561, donnée par Antoine Ance, héritier de Guillaume, à Marguerite Pomel, son aïeule maternelle, tutrice de Marguerite Camel, fille de feu Jean Cameau, oncle et tuteur dudit Ance. Tarascon. — 33. Rapport d'André Bellon, arpenteur, sur la contenance des terres de Marguerite Camel, dont les blés et grains pendants ont été adjugés à « dévallement » (25 juillet 1561). — 34. Note du XVIIIe siècle sur Gabriel de Laudun et Marguerite Camel.

B. 1185 (Liasse.) — 61 pièces, papier.

1562-1588. — *Famille de Laudun, d'Aramon. — Gabriel de Laudun et Marguerite Cameau ou Camel.* — 1. Arrentement de terres et d'une étable, passé par adjudication publique à la requête de Marguerite Pomel, comme tutrice de Marguerite Camel, 31 mars 1562. — 2-9. Pièces concernant la gestion de la succession de Jean Camel (12 avril 1562-11 août 1566). — 10. Comptes de Marguerite Pomel, comme tutrice et aïeule de Marguerite Camel. Recettes de 1541 à 1565. Dépenses et recettes de 1541. Cahier de 18 feuillets écrits. — 11-15. Pièces de gestion de la succession de Jean Camel (10 février 1563-20 mai 1568). — 16. Extrait des registres de la cour ordinaire de Tarascon, contenant un appointement du juge royal Simon Raoux, en exécution duquel Honoré Harral paie à Marguerite Pomel 15 florins, et Marguerite rend à Jeanne Borel, épouse d'Honoré, une tasse d'argent (14-15 juin 1568). — 17. Arrentement des terres et pré des hoirs de Jean Cameau, dit Marsillon (11 novembre 1569). — 18. Cahier de quittances et de comptes de Jean Marsillon Cameau, bourgeois de Tarascon, 6 feuillets (1558-1570). — 19. Cahier de quittances données à Marguerite Pomel comme tutrice de Marguerite Camel, 11 feuillets écrits (1557-1576). — 20. Transaction entre François de Jordan, au nom de sa femme Françoise de Rusp, d'une part : Renaud Mazel, commissionaire de Louis de Poncet, et Marguerite Pomel, comme tutrice de Marguerite Camel, d'autre part. Il s'agit de droits de lods, censives et arrérages dus pour une acquisition de feu Jean Cameau à Tarascon (4 janvier 1574). — 21-22. Inventaire des pièces produites par Jean Jossaud et Gabriel de Laudun contre les consuls d'Aramon, au sujet de la nobilité de leurs biens (18 février 1575). — 23-24. Vente à l'encan de meubles de Marguerite Camel, femme de Gabriel de Laudun, faite par le sergent le 1er août 1575. Une eyssette est délivrée à « Monsieur le trésorier » pour 8 sols. — 25. Rapport de l'arpenteur André Bellon fait à la requête de Marguerite Pomel, pour les hoirs de Jean Camel, dit de Marsillon (2 novembre 1575). — 26. Quittance faite à Gabriel de Laudun pour Jean Perret le 20 janvier 1577. — 27. Promesse faite à Gabriel par son cousin Bertrand. Il s'agit d'« apports » (25 avril 1577). — 28. Quittance faite par André Bertrand à Gabriel (17 janvier 1578). — 29. Contrat de mariage entre Gabriel de Laudun, et Marguerite Camel (28 juillet 1578). — 30. Quittance faite à Gabriel par la veuve Pauget et consorts le 4 octobre 1578. — 31. Obligation de 80 écus d'or sol faite par Gabriel à Jean Maucho (3 février 1579). — 32. Saisie de blé et encans publics faits pour le compte de Gabriel à Demaxon (14 mars 1579). — 33. Quittance faite à Gabriel de Laudun par Gabrielle de Vaulx, dame de Gajan, femme de Claude de Fontanès, seigneur de Port (29 janvier 1580). — 34. Livre de l'administration de la tutelle de Françoise de Records, commencé par Gabriel de Laudun le 1er avril 1579. Cahier recouvert de parchemin, 9 feuillets écrits. La recette est au début du cahier, la dépense à la fin. Les comptes vont de 1579 à 1581. — 35. Compte de l'administration intérimaire, pendant trois ans, des personne et biens de Françoise de Records, dont avait charge feu noble Gabriel de Laudun, rendu sans date par Marguerite Camel, sa veuve, tutrice de leurs enfants communs (1579-1581). — 36-53. Pièces concernant Françoise de Records mineure ou émancipée (1579-1587). — 54-56. Extraits de baptême de Jean de Laudun, fils de Gabriel, baptisé le 8 avril 1585 à Aramon. — 57. Obligation du 30 avril 1585 faite par Gabriel de Laudun à Jean Josaud, pour 150 écus à lui prêtés (30 avril 1585). — 58. Déclaration d'Étienne de Laudun, veuve de Jean Josaud, conseiller du roi au parlement de Turin, en faveur de Gabriel de Laudun. En 1504, Étiennette avait transigé avec Anne de Lauret, veuve de Jacques de Laudun, frère d'Étienne ou Étiennette, comme mère et tutrice des hoirs de Jacques, à raison des biens et droits à elle advenus par le décès de son père et de son frère, Jean et autre Jean de Laudun, grâce aux substitutions et fidéicommis de leurs testaments. En passant ladite transaction, Étiennette a fait rémission de ses plus amples droits ou faveur de son neveu Gabriel de Laudun, comme héritier de Jacques, pour qu'il soutienne sa maison, et non en faveur d'Anne de Lauret (Cf. les pièces 21 à 25 de l'article E. 1362). L'acte est passé dans la seconde allée du château de Saint-Dézéry, viguerie d'Uzès, en présence de noble Guillaume de Brueys, seigneur de Colorgues. Le notaire est Jacques de Brueys, qui signe l'extrait (22 octo-

bre 1585). — 59. Quittance du 18 avril 1580, donnée par M. de Valjoyeuse à son cousin de Laudun, pour 49 écus reçus de M. Quayran, d'Aix-en-Provence, par les mains de M. de Posquières, écrite à Valence. — 60. Mémoire des affaires traitées par Gabriel de Laudun pour M. de Valjoyeuse en 1587. — 61. Extrait en forme d'une quittance du 9 septembre 1587, donnée par Marguerite Camel, assistée de son mari Gabriel de Laudun, à Jean Maucho et consorts, représentés par le notaire, Jean Pitot. Il s'agit de 1à écus d'or dus par la communauté de Baurhon ou Roulbon à Marguerite, d'une part, et de 300 écus d'or dus par la même communauté à Gabriel, d'autre part. Mention du capitaine Antoine Ausse, gruellier de Tarascon. — 62. Lettre de M. de Valjoyeuse à son cousin de Laudun, sans indication aucune de date, vraisemblablement écrite vers 1587. Affaires d'argent. Rentrées difficiles. Mention de MM. de Quayran, du Puy, de Posquières, de Saint-Maximin, de Saint-Martin, du capitaine Quiquellat. — 63. Procuration du 13 mai 1588, donnée par Gabriel de Laudun, gendarme de la compagnie d'ordonnance du duc de Montmorency, à sa femme Marguerite Camel, pour la gestion de ses affaires. Barbentane, chez le notaire, François Bizot. Signatures de Gabriel et de Clémens Pertuis, baile et lieutenant de juge. — 64. Note sur la substitution de Jean Camel dans le testament de son frère Guilhem (s. d.)

B 1366. (Liasse.) — 2 pièces, parchemin ; 48 pièces, papier ; 3 sceaux.

1589-1601. — *Famille de Laudun, d'Aramon.* — *Tutelle des hoirs de Gabriel de Laudun.* — 1. Compte de la dépense des funérailles de Gabriel de Laudun, ensemble pour les habits de deuil de Marguerite Camel, sa veuve, et de leurs enfants (Septembre 1589). — 2. Compromis entre Jean de Laudun, fils de Jacques, et Marguerite Camel, veuve de son frère aîné Gabriel, comme tutrice de ses enfants Jean et Jeanne de Laudun. Le 30 octobre 1589, Marguerite et Jean nomment des arbitres pour régler leur différend, provenant de la substitution testamentaire faite par Jean de Laudun, aïeul paternel de Jean. — 3. Quittance donnée par Jean de Laudun, gendarme de la compagnie du duc de Montmorency, aux hoirs de Gabriel de Laudun, représentés par leur mère et tutrice, de 1.000 écus de 60 sols chacun, en paiement de ses droits sur les successions de son oncle Jean de Laudun et de son père Jacques de Laudun, aux termes d'une transaction passée entre Étienne de Laudun, sa tante, et Anne de Laurel, sa mère. Aramon, Antoine Saladin, notaire, 24 novembre 1589. — 4. Rôle des dettes passives de feu Gabriel de Laudun (9 décembre 1589). — 5. Rémission faite, le 4 septembre 1640, par Étienne ou Étiennette de Laudun, veuve du capitaine Thomas Marie, de Courthézon, à Jean de Laudun, fils de Gabriel, avec substitution de sa sœur Jeanne de Laudun, ou de leur mère Marguerite Camel, leur tutrice, de tous ses droits dans la succession de Jacques de Laudun, son père, et de Jean de Laudun, son oncle. Et ce, moyennant 800 écus reçus de son frère Gabriel quand elle épousa Bernardin de Bas, et moyennant une obligation de tel deus à elle faite par Marguerite, qui ne peut actuellement les payer. Aramon, Jean Pilot, notaire. — 6. Arrentement passé par Marguerite Camel à Antoine Périer, des biens de ses enfants sis au terroir d'Aramon et de Théziers. Le bail est de quatre ans, à mi-fruits. Antoine Saladin, notaire (8 mars 1591). — 7. Prestations de février s. d. — 8-9. Quittances données à Marguerite (20-31 décembre 1591). — 10. Ordonnance du lieutenant de sénéchal de Tarascon constatant que Gabriel de Laudun fut payé, par la communauté de Bourbon ou Boulbon, de ce qui lui était dû par Honoré Provençal, et condamnant les hoirs d'Antoine « Auce » et Françoise Rondelet à faire barrer et canceller deux actes obligatoires (13 juin 1592). — 11. Quittance donnée à Marguerite le 22 septembre 1592. — 12. Prix-fait de travaux au moulin à huile des hoirs de Gabriel de Laudun, passé entre Marguerite Camel et le maçon Antoine Drome (21 septembre 1592). — 13. Vente d'une terre faite par Marguerite au chirurgien Jean Pilot (23 novembre 1592). — 14. Fragment de compoix ou de livre de la taille concernant les hoirs de Pierre Camel, dit Marsillon. Il y est question de Marguerite Camel (1592-1594). — 15. Conditions de l'adjudication de l'arrentement des biens des hoirs de Gabriel de Laudun (1594). — 16. Requête à faire en jugement par Marguerite Camel pour être dédommagée de ses dépenses dans une vigne de ses enfants (vers 1594). — 17. Lettres du viguier d'Aramon, commissaire du sénéchal, à l'effet de pourvoir d'un curateur Jean et Jeanne de Laudun, hoirs de Gabriel, à la requête de Marguerite Camel. Assignation de leurs proches parents et voisins pour le nommer (1n février 1595). — 18. Inventaire des biens meubles des hoirs de Gabriel de Laudun, dressé par Accurse de Garnier, viguier d'Aramon, assisté de Jean de Laudun, tuteur desdits hoirs, et de témoins, après le décès de Marguerite Camel (14-17 avril 1595). — 19. Arrentement des immeubles passé par le tuteur desdits hoirs (22 mai 1595). — 20. Condamnation de Jean de Laudun, comme tuteur des hoirs des enfants de feu Marguerite Camel, à payer au viguier Accurse de Garnier le montant d'un prêt fait à Marguerite (2 écus 18 sols. Aramon, 3 juin 1595. — 21. Bail de réparations à faire à la maison et au moulin à huile des hoirs de Gabriel. 13 juillet 1595). — 22. Assignation des hoirs de Marguerite Camel en paiement, à l'apothicaire Jean Sigaud, des médicaments de sa dernière maladie (Tarascon, 17 octobre 1595). — 23. Quittance de 25 écus donnée par le tuteur Jean de Laudun à Jean Jossaud, juge magistral au présidial de Nîmes (28 novembre 1595). — 24-25. Conditions d'arrentement par adjudication, et quittances (1595-12 mai 1596). — 27. Conditions d'arrentement 1595. — 28-29. Déclaration faite par Jean de Pradarous, seigneur de Valjoyeuse, au sujet de sommes à lui prêtées par son cousin Gabriel de Laudun à divers, au nom du déclarant. Il approuve les prêts, faits légitimement, et pour lesquels, ni Gabriel ni ses hoirs ne sauraient être recherchés, en cas d'insolvabilité des emprunteurs. Mention du conseiller Jossaud, du docteur de Remieu, habitant Avignon, de son neveu de Remieu, habitant Arles, de Demaresys, notaire d'Avignon, de M. de Barbières aîné, argentier de Mgr. de la Valette, etc. 1er juillet 1599. — 30. Quittance de Moïse de Lagarde, juif d'Avignon, à Jean de Laudun, oncle et tuteur d'autre Jean de Laudun, pour 33 francs, prix, d'un pourpoint en toile de Flandre, un haut de chausses estame sur estame, une paire de bas de chausses « fil d'espine », et un chapeau noir garni de taffetas, le tout destiné à son pupille (17 juin 1599). — 31. Première tonsure cléricale accordée par l'évêque d'Uzès à Jean de Laudun, fils de feu Gabriel et de Marguerite Camel, au cours d'une visite pastorale, en l'église paroissiale d'Aramon (22 septembre 1599). Sceau de l'évêque. — 32. Lettres exécutoires du parlement d'Aix données à la requête de Simon et de Françoise Lunel, de Tarascon, pour contraindre Jean de Laudun, tuteur des hoirs de Gabriel, à leur payer les dépens d'un procès (24 février 1600). —

33-37. Quittances (4 mai 1600-27 mars 1601). — 38-46 : *Jean de Laudun et la Bastide-Vieille.* — 38. Extrait de lettres du sénéchal et du trésorier et receveur du domaine royal faisant droit à la requête du procureur du roi et autorisant la saisie des deniers que Jean de Laudun doit payer à André Juvenel pour le prix d'achat de la Bastide Vieille, jusqu'au paiement, par Juvenel, des droits de lods dus par Juvenel pour l'acquisition par lui faite précédemment, de la dite Bastide-Vieille, des mains de Françoise de Moreton, dite de Ligonnès (23 octobre 1597). — 39. Transaction entre Françoise de Moreton et André Juvenel au sujet de la Bastide-Vieille. C'est Jean de Laudun qui paie pour Juvenel, à Françoise, le prix de son acquisition, en vertu d'une procuration de Juvenel, et en reçoit quittance (3 avril 1588). — 40. Ordonnance du sénéchal condamnant Juvenel à payer le droit de lods de son acquisition (3 juillet 1588), Sceau. — 41. Ordonnance du sénéchal portant contrainte, contre Jean de Laudun, dépositaire de 150 écus, de délivrer 138 écus au trésorier du domaine pour le droit de lods (22 août 1588), Sceau. — 42. Quittance de lods faite par le trésorier Jacques Cassagnes à André Juvenel et Jean de Laudun vieux (25 août 1588). — 43. Achat fait par Jean de Laudun, au capitaine André Juvenel, de deux terres appelées La Bastide-Vieille, terroir d'Aramon (17 novembre 1575). — 44. Extrait du double des avérations nouvelles d'Aramon pour noble Jean de Laudun (22 août 1600).

B. 1587. (Liasse.) — 44 pièces papier.

1601-1644. — *Famille de Laudun, d'Aramon.* — *Jean V de Laudun, marié successivement à Marthe de Posquières et à Isabeau de Favier de Fourniguet.* — 1. Quittance de 20 écus faite par Sébastien Bastide à Jean de Laudun jeune, absent, représenté par le notaire Jean Pilot et le capitaine Étienne Fabre, rentier de ses biens. Aramon, 7 novembre 1601. — 2. Obligation de 100 écus de Jacques Pongy, laboureur, à Jean de Laudun, fils de Gabriel (22 mars 1602). — 3. Avèrement des biens nobles des hoirs de Gabriel (1602). — 4. Compte d'Étienne Fabre, rentier de Jean de Laudun (8 novembre 1603). — 5. Décharge de la copie d'une enquête faite contre Gabriel de Luetz en 1532, à la requête du conseiller Jossaud. Elle est donnée à Jean de Laudun par Jean Raviot le 9 juillet 1605. — 6. Achat d'une olivette (18 mai 1608). — 7. Quittance du 10 mai 1608 faite à André Juvenel, et utile à Jean de Laudun (10 mai 1608). — 8. Contrat de mariage entre noble Jean de Laudun et Marthe de Posquières, fille de feu noble Laurent et de Madeleine de Provençal. Aramon, 30 septembre 1608. — 9. Obligation de 172 l. faite par des laboureurs de Saze à noble Accurse de Posquières, absent, représenté par Jean de Laudun et Charles de Malavalette, pour prix de 35 bêtes à laine et 20 chèvres (18 octobre 1609). — 10. Sentence au sujet de la discussion des biens de Joachim de Cornier, avocat, pour Jean de Laudun contre Honorée de Murot, femme de Joachim (Aix, 20 janvier 1609). — 11. Déclaration autographe signée de Pierre de Jossaud, conseiller à Nîmes, et de ses associés, en faveur de Jean de Laudun. Le bail par eux obtenu du bureau du Domaine, d'un crément au ténement de Bertrand, ne comprend pas la pièce de Jean (Aramon, 22 avril 1612). — 12. Achat d'une olivette par Jean de Laudun vieux (22 août 1616). — 13. Consultation de Ferrier et de Corlurier sur l'héritage de Marguerite Pomel, veuve en secondes noces de Pierre Canicau (Arles, 22 octobre 1616). — 14-15. Échange entre Jean de Laudun vieux et Pierre Guiraud (5 octobre 1617). — 16. Ratification de vente et vente de plus value de l'olivette de la pièce 12 faites par Guillaume Juvenel à Jean de Laudun vieux (31 mai 1618). — 17. Bail en paiement pour le même Jean (12 novembre 1618). — 18. Inventaire des immeubles de Pierre Camel, dit Marseillon, tiré d'un cadastre de Tarascon du XVIe siècle. Copie de 1619. — 19. Note concernant MM. de Posquières et Jean de Laudun, s. d., avec mention d'une pension sur la communauté de Tarascon (1581-1619). — 20-21. Codicille de Marthe de Posquières, femme de Jean de Laudun, malade et alitée. Mention de son testament, reçu par un notaire de Beaucaire dont le nom lui échappe. Réduction d'un legs aux récollets d'Aramon. Substitutions. Aramon, Pierre Elzière, notaire, 9 février 1623. — 22. Note généalogique des de Favier, mentionnant une seule date, le 15 décembre 1623, où Pierre de Favier fit une substitution testamentaire. — 23. Transaction entre Jean de Laudun jeune et son beau-frère Accurse de Posquières (11 février 1625). — 24. Inventaire des productions faites devant les intendants de Languedoc Miron et Dupré, par Jean de Laudun, en décharge de la taxe imposée sur ses terres de

Théziers, et d'autre taxe passible sur son domaine d'Aramon. Les pièces produites vont de 1499 à 1627. — 25. Quittance de XXX l. faite à Jean de Laudun jeune par le syndic apostolique du couvent des Récollets d'Aramon, en exécution d'un legs de Marthe de Pasquières (7 février 1629). — 26. Promesse du 10 février 1629, faite à Jean de Laudun par Rayssière, qui renonce à tous dépens contre lui, en cas de poursuite de son relaxe du procès criminel intenté devant le duc de Montmorency. — 27. Pacte de mariage entre Jean de Laudun jeune, fils de feu Gabriel, et Isabeau de Favier, fille de feu Pierre. Nîmes, 7 mars 1631. Sept signatures. — 28. Transaction du 11 novembre 1633, passée à Tarascon, par le notaire Antoine Astier, entre Jean de Laudun, appelant au parlement de Paris d'un arrêt provisionnel du parlement de Provence, relatif à la discussion des biens de feu Joachim de Cemier, avocat d'une part ; Jean de Rozel, Jean Rafélis, et Louis de Lange, sieur de Montmiral, conseiller au parlement d'Orange, d'autre part. — 29. Avis du 1er janvier 1634, délibéré à Grenoble par de Lange, sur la façon dont on doit se conduire après la transaction sur l'exécution de la sentence de 1630, et destiné à Jean de Laudun. — 30-32. Transaction entre Jean de Laudun, fils de Gabriel, et autre Jean de Laudun, son oncle, fils de Jacques, au sujet de la tutelle exercée par l'oncle sur son neveu et sa nièce Jeanne de Laudun, soeur de de Jean jeune, sans reddition de comptes. Aramon, Pierre Pitot, notaire. — 33. Quittance pour Jean de Laudun, du 15 mars 1634. — 34-35. Assignation pour les droits de franc-fief à payer par Jean de Laudun à cause de ses biens d'Aramon — 36. Quittance de 1501, donnée par Isabeau de Favier, veuve de Jacques Mazaudier, avocat de Nîmes, à Jean de Laudun, mari d'autre Isabeau de Favier, fille et cohéritière de Pierre Nîmes, 7 octobre 1636, Jean Monteil, notaire. — 37-38. Assignation pour le droit de franc-fief des biens de Jean de Laudun à Théziers (1er février 1637). — 39. Dénombrement (copie) de Jean de Laudun jeune, pour ses biens d'Aramon et de Théziers, du 10 mai 1639. — 40. Procuration du 9 octobre 1639, donnée par Jean de Laudun à sa femme Isabeau de Favier. Aramon Pierre Pitot, notaire. — 41. Extrait d'une transaction du 30 décembre 1639, passée entre les consuls de Tarascon et le syndic des créanciers de la ville. L'extrait a été fait pour Jean de Laudun. — 42. Défense signifiée à Anne Forneyron, veuve de Charles Cameau, notaire, tutrice de leurs enfants, et à d'autres débiteurs de Jean de Laudun, de se dessaisir de l'argent qu'ils lui doivent, à peine de payer deux fois. Mention de la maladie contagieuse. De Laudun est réfugié à Saze à cause de la maladie, qui sévit à Aramon. Mention des « barrières » d'Aramon (10 juillet 1640). — 43. Rôle des emphytéotes de Jean de Laudun, Louis de Lange, sieur de Montmiral, conseiller au parlement d'Orange; Jean de Rozel, avocat, et Catherine de Colta (1631). — 44. Quittance de M. de Montmiral à Jean de Laudun. Il s'agit de frais et peines dans la discussion des biens de Joachim de Cemier, leur commun débiteur. Orange, 4 novembre 1641. — 45. Assignation à Jean de Laudun pour payer le droit de franc-fief (7 septembre 1639. — 46-47. Pièces attachées ensemble d'un monitoire que Jean de Laudun, victime d'un vol d'effets d'habillement, demandait à l'évêque d'Uzès de faire publier en l'église paroissiale d'Aramon. Cachets de l'official (15 décembre 1641-27 octobre 1642. — 48. Transaction entre Charles de Raoux, sa femme Cassandre de Favier, Jean de Laudun, mari d'Isabeau de Favier, et Anne de Raoux, veuve en premières noces de Jean de Favier, sieur de Fourniguet. Il s'agit de clôture de comptes. Tarascon, 30 janvier 1644. — 49. Quittance faite par François de Gras, veuve de Mescla, à Jean de Laudun, Charles de Raoux et Anne de Raoux. Tarascon, 23 avril 1644.

E. 1364. (Liasse.) — 12 pièces, parchemin ; 42 pièces, papier ; 3 sceaux.

1559-1624. — *Famille de Laudun, d'Aramon. — Pièces de procédure de Jean V de Laudun, fils de Gabriel et de Marguerite Camet ou Cameau, avec Gillette Mesclede ou Mesclat, mère de ladite Marguerite et aïeule dudit Jean V. Les Ursulines de Tarascon, donataires de Gillette, ayant repris l'instance introduite par celle-ci, la substitution faite par Jacques de Laudun, aïeul de Jean, fut ouverte.* — 1-2. Contrat de mariage entre Jean Cameau et Gillette Mesclat. Tarascon, 17 septembre 1559. Extrait de 1619, avec attestation de Jean Barrème, juge et viguier royal, scellée de son sceau, et copie. — 3-4. Contrat de mariage entre Jean de Naucho et Gillette Mesclat, veuve de Jean Cameau. Tarascon, 1er mai 1564. Extrait de 1619, avec attestations du même juge et traces du sceau royal, ensemble copie. — 5-6. Donation entre vifs faite par Gillette Mesclat, veuve de Jean Mauche, de Roulhan, à sœur Marguerite de Léotaud, sa petite-nièce, de l'ordre de Sainte Ursule, pour 60 l. dont elle se réserve l'usufruit. Elle donne en outre à Antoine Martin, notaire de Roulhan, et à son fils Georges, 18 l. à chacun, payables après sa mort. Tarascon, 14 mars 1617. Jean Bargès, notaire, Extraits. — 7-8. Déclaration faite, le 14 octobre 1617, par Gillette Mesclat à son petit-fils Jean de Laudun jeune. Elle a fait donation de ses biens aux Ursulines de Tarascon, qui, sous ce prétexte, ont mis Jean en instance au sénéchal, en condamnation de pension soi-disant due à la déclarante par Jean. Gillette déclare n'avoir pas compris dans sa donation ladite pension, ni aucun autre droit dont Jean pourrait être tenu envers elle. — 9-12. Pièces d'une requête de forclusion de Jean de Laudun contre Lansard, avocat poursuivant (23 octobre-17 novembre 1617). — 13-15. Pièces d'une requête de récusation de Jean de Laudun contre Gillette Mesclat (21 octobre-7 novembre 1617). — 16. Extrait des registres du sénéchal. Gillette est déboutée de sa requête contre Jean de Laudun (2 septembre-5 décembre 1617). — 17. Ordonnance du sénéchal dans ce sens (5 décembre 1617). Sceau du sénéchal. — 18. Congé octroyé par le parlement de Toulouse à Jean de Laudun, appelé, à l'encontre de Gillette Mesclat, appelante et défaillante (6 avril 1618). — 19-21. Pièces de procédure entre Jean de Laudun et les Ursulines de Tarascon (Toulouse, 16 mai 1618-19 juin 1619. — 22. Lettres royaux autorisant le parlement de Toulouse, à la supplication de Jean de Laudun, à l'admettre à demander le retranchement de la constitution faite par Gillette Mesclat à son second mari Jean Mauche et sa réduction à l'égal du legs par elle fait à Jean, ou autre portion légitime du droit, ensemble à recouvrer l'entier augment retiré par Gillette sur les biens de son premier mari Cameau, aïeul de Jean, etc. (Toulouse, 17 juillet 1619). — 23. Consultation délibérée, le 26 juillet 1619, à Tarascon, par S. de Raoux. Feu Gillette Mesclat n'avait pour tout droit que les fruits de la part qui lui revenait dans la succession de Jeanne de Laudun, sœur de Jean de Laudun, décédée ab intestat, après sa mère, et sans enfants. Sur cette part et sur tous les autres biens de Gillette, Jean de Laudun a un droit de légitime. — 24. Conclusion pour Jean de Laudun contre le syndic des religieuses de Sainte Ursule de Tarascon (Toulouse, 31 juillet 1619). — 25. Copie d'un arrêt du parlement de Toulouse, rendu le 19 septembre 1617. L'appel du syndic des Ursulines est mis à néant, mais sont entérinées ses lettres, parce qu'il est maintenu en la moitié de la part des biens advenus à Jeanne de Laudun par le droit ab intestat de feu Gabriel de Laudun son père. Il n'est pas tenu compte du surplus desdites lettres, ni des lettres de Jean de Laudun tendant au retranchement de la dot constituée par Gillette Mesclat à Mauche, son mari. Le syndic est condamné à payer à Jean ce qu'il prouvera avoir été payé à Gillette en déduction de l'augment dont font mention les contrats de mariage de 1559 et 1561. — 26-27. Commandement et signification à Jean de Laudun de payer au syndic des Ursulines 9 écus sol, pour avance de frais (13 septembre-12 octobre 1619). — 28. Contrainte décernée par le sénéchal, à la requête de Jean de Laudun, contre Gillette Mesclat, en paiement de 3 écus (9 novembre 1619). Sceau. — 29. Obligation de 300 l. faite par trois habitants de Tarascon aux Ursulines (1er juillet 1623). — 30-31. Copies de requête et d'incident (15 juin-18 septembre 1623). — 32. Lettres royaux permettant à Jean de Laudun d'exploiter des lettres d'ajournement contre les Ursulines. Aix, en parlement, 28 novembre 1623. Sceau de la cour. — 33-35. Requête de Jean de Laudun, ajournement et signification au syndic des Ursulines (24 octobre-14 décembre 1623. Toulouse.) 36. Dire de Jean de Laudun jeune contre le syndic des Ursulines (s. d., Toulouse.) — 37. Attestation d'un conseiller au présidial de Nîmes, Denis de Fabrique, commissaire député par le parlement de Toulouse, pour l'exécution de l'arrêt du 19 septembre 1619. Cette exécution est faite à l'instance de Jean de Laudun, et les Ursulines ont été assignées devant ledit commissaire (Nîmes, 16 janvier 1624). — 38-52. Pièces relatives à un incident de procédure soulevé par le syndic des Ursulines et tendant à la récusation du commissaire Denis de Fabrique ou de Fabrègue, sous le prétexte qu'il appartient à la R. P. R. (7 février-15 juillet 1624). — 53. Inventaire contenant griefs, baillé devant le parlement de Toulouse par Jean de Laudun, appelant des appointements de M. de Nupcés, conseiller et commissaire, contre le syndic des religieuses. Contient un historique des manœuvres dilatoires du syndic (1624). — 54. Ordonnance de Bertrand de Nupcés, mettant à néant l'appel de Jean de Laudun. L'incident sera joint à l'instance d'interprétation d'arrêt pendante (Toulouse, 16 juillet 1624).

E. 1369 (Liasse.) — 13 pièces, parchemin ; 54 pièces, papier.

1622-1628. — *Famille de Laudun, d'Aramon.* — *Suite de la procédure entre Jean de Laudun et les Ursulines de Tarascon.* — 1. Ordonnance du conseiller commissaire Jean de Borderia, enjoignant au procureur du syndic des Ursulines de remettre les papiers de l'incident (21 avril 1626). — 2. Requête de Jean de Laudun au parlement de Toulouse pour la remise du procès devant M. de Tolozany (27 avril 1626). — 3. Consultation de l'avocat de la Mote (Toulouse, 8 juin 1626). — 4. Requête de Jean de Laudun en interprétation d'arrêt (4 juin). — 5-6. Requête et avertissement du même (30 juin). — 7. Ordonnance d'Abraham de Tourreil, conseiller et commissaire (Toulouse, 30 juin). — 8-10. Requête et lettres d'assignation pour Jean de Laudun contre Pierre Dupuy, substitut du procureur général (4 juin-3 juillet 1626). — 11-13. Requête et exploits (9-29 août 1626). — 14. Lettres royaux mandant au parlement de Toulouse de faire droit à l'ouverture de la substitution de feu Jacques de Laudun, aïeul paternel de Jean (29 août). — 15-21. Exploit de commandement, clausion, requêtes de réception et de forclusion (4 septembre-1er décembre 1626). — 22-24. Appointements et exploit de vérification d'appel (10-31 décembre 1626). — 25. Appointement d'Abraham de Tourreil, conseiller et commissaire, rendu entre les procureurs des deux parties, Correnson et Monteils. Tourreil joint un incident de consignation de 500 l., qui dure depuis trois ans, à l'instance principale (Toulouse, 30 décembre). Le lendemain, il est procédé à la vérification de l'appel interjeté par le syndic des Ursulines, du présent appointement. — 26-28. Requête, exploit et inventaire pour Jean de Laudun (15 janvier 1627). — 29. Arrêt du parlement de Toulouse mettant à néant l'appel interjeté par le syndic des Ursulines d'un appointement du commissaire Abraham de Tourreil (16 janvier 1627). — 30-33. Requêtes en contrainte contre le syndic (9-17 janvier 1627). — 34-36. Achat de pensions pour des Ursulines (7 avril 1625-18 janvier 1627). — 37-39. Copie de lettres royaux, requête en interprétation d'arrêt, procuration (26-28 janvier 1627). — 40-43. Requêtes, appointement et assignation aux Ursulines (30 janvier-1er mars 1627). — 44-50. Requêtes, verbal, assignation (1er mars-21 avril 1627). — 51-53. Arrêt du parlement de Toulouse, déclarant la substitution apposée au testament de feu Jacques de Laudun, aïeul de Jean, ouverte au profit de ce dernier, qui est maintenu en tous les biens ayant appartenu à Jacques, sauf les distractions et imputations de droit. La cour n'a entendu adjuger au syndic des Ursulines que la moitié des biens advenus à Jeanne de Laudun du chef de Gabriel, son père, et dont Gabriel pouvait disposer, c'est à dire la légitime de Gabriel sur les biens dudit Jacques, son père (27 avril 1627). — 54-56. Requête de Jean de Laudun et ajournement du syndic, autorisé par Guillaume de Rudelle, conseiller et commissaire (22 juin-11 septembre 1627). — 57-59. Requêtes de Jean de Laudun et des Ursulines, avec ordonnance du commissaire pour l'exécution d'un appointement de contrainte contre le syndic (4-13 décembre 1627). — 60. Dictum d'arrêt du parlement adjugeant à Jean de Laudun la légitime sur les biens ayant appartenu à Gillette Mesclat, son aïeule, au temps de son décès. Il sera procédé à la liquidation de cette légitime par un commissaire (12 janvier-21 mars 1628). — 61. Requête de réception (23 juillet 1628). — 62-72 : *Pièces non datées et n'ayant pu être situées exactement dans la procédure.* — 62-64. Dire, inventaire de production de Jean de Laudun contre Gillette Mesclat. — 65. Raisons pour demander avis. — 66. Inventaire des productions de Jean de Laudun contre les Ursulines. — 67-70. Requête remonstrative, dire par écrit, addition aux précédents écrits, requête de réception pour Jean de Laudun contre les Ursulines. — 71-72. Dire et requête de Jean de Laudun, M. de Rudelle étant commissaire. — 73. Transaction entre Jean de Laudun et le procureur de la sœur Marguerite de Léotaud, celle-ci, agissant de son chef et comme héritière testamentaire de feu Madeleine de Léotaud, sa sœur. François Monge, le procureur de la religieuse, est en même temps son neveu. La sœur renonce à ses prétentions contre Jean de Laudun, qui se contentera, pour la légitime à lui adjugée sur les biens de son aïeule Gillette de Mesclat, de 554 l. 4 s. Tarascon, Antoine Astier, notaire. Noble Guillaume de Léotaud, seigneur du Mas-Blanc, est témoin (10 mars 1638).

E. 1370. (Liasse.) — 85 pièces, papier ; 2 sceaux.

XVIe-XVIIIe siècle. — *Famille de Laudun, d'Aramon.* — *Isabeau de Favier, veuve de Jean de Laudun, et sa famille.* — 1. Faits et moyens pos-

...ssoires baillés devant le sénéchal par Maurice Favier, greffier des Conventions royaux de Nîmes, contre Jean Rouyer, de Saint-Gilles (XVIe siècle). — 2-3. Testaments de noble Maurice de Favier (11 avril 1575-9 décembre 1580). — 4-5. Contrat de mariage entre Pierre de Favier, sieur de Fourniguet, et Isabeau du Bousquet, fille de Jean du Bousquet, quand vivait baron de Montlaur, président en la Chambre des Comptes de Montpellier, et de Diane de Laudun, femme actuellement d'Étienne de Ratto, président en ladite Chambre (4 avril 1607). — 6-9. Testament d'Isabeau du Bousquet, femme de Pierre de Favier, de Nîmes 30 décembre 1621). — 10-11. Inventaire des robes et joyaux de feu Isabeau du Bousquet (20 janvier 1622). — 12-13. Copies du testament de feu noble Pierre de Favier, sieur de Fourniguet (15 décembre 1623). — 14-16. Contrat de mariage de noble Jean de Favier, de Nîmes, fils de Pierre, avec Anne de Raoux, fille d'Antoine et de Marthe de Raoux, de Tarascon (7 avril 1629). — 17. Ouverture du testament de feu Jean de Favier, sieur de Fourniguet, daté du 6 août 1629, et reçu à Tarascon par le notaire Astier (Saint-Rémy, 2 janvier 1630). — 18. Note généalogique du XVIIIe s. sur les Favier et les Laudun, rappelant des actes de 1607 à 1631. — 19. Ordonnance du sénéchal, rendue entre Antoine de Lagorce, garde des archives, et Pierre de Favier, sieur de Fourniguet, qui devra lui payer diverses sommes (Nîmes, 12 mars 1631). Sceau. — 20-21. Quittances de Roustan de Mellet (Tarascon, 20 août 1645-12 septembre 1645). — 22. Inventaire secret et domestique des meubles et documents de feu Jean de Laudun, fait par Jean Arnaud, notaire d'Aramon, à la requête d'Isabeau de Favier, veuve de Jean (4 octobre 1645). — 23. Copie du testament de Jean de Laudun (24 octobre 1645). — 24. Extrait du registre des inhumations de la paroisse Saint-Pancrace d'Aramon. Jean a été inhumé dans la chapelle Saint-Nicolas. Le 29 octobre 1645 est la date du décès. — 25-26. Quittances pour les armoiries de l'enterrement et la viande fournie pendant la maladie (5 novembre 1645). — 27-28. Quittances pour le drap de velours et les gages du valet de pied (7-21 novembre 1645). — 29-30. Compte pour N. de Laudun et quittance de frais funéraires en vêtements (26 novembre). — 31-32. Quittances du curé et de médecin (29 novembre-3 décembre 1645). — 33-34. Compte et quittance du marchand Antoine Imbert (3 décembre). — 35-36. Quittances d'un plâtrier de Tarascon et de Pierre Elzière, notaire et lieutenant de viguier d'Aramon, ordonnier pour 200 l. (14-21 décembre). — 37-38. Quittances du boulanger et du syndic des récollets (30 décembre 1645-11 février 1646). — 39-40. Quittance de Françoise de Gras, veuve de Claude Nesclat, et notification par M. de Fournès à Isabeau de Favier d'un acte d'échange du 24 février (30 mars-4 avril 1646). — 41-42. Quittances pour un extrait de collocation et pour un paiement à la communauté d'Aramon. Jean de Laudun avait été consul et avait reçu de son collègue Jean Gilles une somme dont il était resté débiteur (10-23 avril 1646). — 43-44. Quittances d'un serrurier et d'un tailleur de vignes (5-20 juin 1646). — 45-47. Quittances du chanoine de Mérez, de Roustan de Mellet et de Sommyer (3 août-9 septembre 1646). — 48. Déclaration d'Isabeau de Favier, veuve de Jean de Laudun, en faveur de Louise de Posquières, fille de Charles, de Montfrin. Il s'agit de la jouissance d'une pension due par la communauté de Tarascon (Aramon, 14 décembre 1640). — 49-50. Quittances d'un laboureur et de M. de Fournès (16 janvier-3 février 1647). — 51. Rémission faite par Pierre Bonnefoi à Pierre Elzière, lieutenant de viguier d'Aramon (30 mars 1647). — 52-58. Quittances (16 août 1647-8 novembre 1648). — 59. Arrentements de terres par Isabeau de Favier (20 juin 1647-1er décembre 1648). — 60. Quittance de 1.000 l. faite à Isabeau par le chanoine de Mérez, de Nîmes (31 mai 1649). — 61. Déclaration de Pierre Elzière en faveur d'Isabeau de Favier (12 février 1651). — 62-64. Quittances et rémission entre les de Posquières (20 avril 1651-4 septembre 1653). — 65. Lettre de Martin, de Boulbon, à Mme de Laudun, au sujet de l'affaire Beschet, débiteur d'huile. Cette huile a beaucoup de maîtres, dit Martin (20 décembre 1654). — 66. Quittance du droit de greffe pour les hoirs de Laudun contre Beschet (15 janvier 1655). — 67-69. Saisie contre Pierre Mounet jeune, à l'instance de Mme de Laudun (7 février-1er mai 1655). Sceau. — 70-71. Lettres d'affaires de Martin, de Boulbon, à Mme de Laudun (19 juin-6 juillet 1655). — 72. Cession de créance faite par Pierre de Raoux de Favier, sieur de Fourniguet, de Tarascon, à sa tante Isabeau de Favier de Fourniguet, veuve de Jean de Laudun (10 avril 1660). — 73-74. Mémoire et lettre du procureur Charbonnier, avec avis de M. de Barthélemy, délibéré à Arles le 25 novembre 1660, au sujet d'une pension dont Jean de Laudun avait hérité de sa première femme Marthe de Posquières. — 75. Autre mémoire sur le même

objet (1659). — 76. Quittance du fermier des droits
d'océan faite à Jean de Laudun (4 janvier 1681). —
77. Vente faite, le 4 janvier 1684, par Louise de
Sade d'Eyguières, veuve d'André Doria, de Tarascon, à Isabeau de Favier, veuve de Jean de Laudun
d'une pension de 93 l. 16 s., moyennant un capital
de 1.500 l. L'acte est passé à Beaucaire, dans le
parloir des Ursulines, par le notaire Simon Patron.
— 78. Achat de pension par Isabeau de Favier à
Marguerite Rive, veuve Peyric (19 août 1685). —
79. Obligation d'Antoine Relly, marchand d'Aramon, faite à Isabeau de Favier (28 décembre 1685).
— 80. Extrait du testament d'Isabeau de Favier,
veuve de Jean de Laudun. Son héritier universel
est son fils unique Étienne de Laudun. Aramon, 2
août 1687, Jean Arnaud, notaire. — 81. Vente de
pension faite, le 2 janvier 1668, par Simon de
Raoux, sieur de Linian, habitant Tarascon, à Isabeau de Favier. — 82. Quittance de son procureur
d'Arles à M. de Laudun (4 janvier 1669). — 83. Cession de créance faite, le 26 avril 1670, par Pierre de
Roys de Lédignan, lieutenant criminel à Beaucaire,
à Isabeau de Favier de Fourniguet, cessionnaire
de Madeleine de Raoux. Beaucaire, Joseph Fabre,
notaire. — 84. Avèrement des hoirs de noble Jean
de Laudun. Les dates marginales vont de 1646 au
XVIIIᵉ siècle. — 85. Note généalogique sur les de
Favier et les du Bousquet (XVIIIᵉ s.).

E 1371. (Liasse.) — 45 pièces, papier ; 3 sceaux.

1455-XVIIIᵉ siècle. — *Famille de Laudun, d'Aramon. — Services militaires. Ban et arrière-ban.
Montres et revues.* — 1. État des services de la
maison de Laudun, branche d'Aramon, dressé
au XVIIIᵉ siècle (14 mars 1454 v. s. - 1697). — 2.
Requête de Jean de Laudun, écuyer, à M. de Charlus, lieutenant du roi au Languedoc. Il était à l'armée de Bourgogne, par ordre du roi, comme homme
d'armes à trois chevaux, ayant loyalement servi,
sous le sénéchal de Beaucaire, jusqu'à la prise de
Cluny. Alors il tomba malade, et le sénéchal lui
donna congé, en recrutant à sa place Bertrand
Codolet, à qui Jean de Laudun bailla, par accord
ses chevaux et harnais. Au vu de la requête, Charlus mande au sénéchal de faire bailler à Bertrand
de Codolet les chevaux et harnais de Jean de Laudun, pour aller à l'armée de Savoie. Il excusera

alors Jean de Laudun, sans l'envoyer à l'armée de
Catalogne ni le molester (Béziers, 20 août 1471).
Extrait des archives du roi. — 3-5. Extrait et copies
des rôles des montres et revues des nobles et
autres, sujets au service du ban et de l'arrière-ban
de la sénéchaussée de Beaucaire et Nîmes, et de la
montre faite à Nîmes, par-devant le sénéchal, le 14
mars 14.ᵉ v. s. — À cette date, Guillaume de Laudun, d'Aramon, se présente devant Odet de Villar,
frère et lieutenant du sénéchal Raimond de Villar,
et promet de s'employer au service du roi quand
il sera mandé. Il fera un homme d'armes habillé et
monté comme ceux de la grande ordonnance (1),
qu'il a par devers soi. Sont présents le trésorier
Jean d'Estampes, Guillaume d'Acy, et le viguier
Charles de Rollet. — En 1458, Guillaume de Laudun est inscrit pour 3 chevaux. En 1469, Jean de
Laudun se présente pour son père. En 1478, on
trouve Nicolas de Laudun. En 1479, Nicolas et
Jean de Laudun frères. En 1481, Jean et Nicolas
sont « breganteirs » à deux chevaux. En 1492,
noble Nicolas de Laudun, sieur de Fournès, et noble
Jean de Laudun, d'Aramon, sont « bergantoniers ».
En 1494, Nicolas est « bregantenier » à un cheval.
Son frère Jean étant malade, il fournira un homme
pour lui, s'il n'entre en convalescence. — En 1523,
M. de Laudun, d'Aramon et Valabrègue, est « bro-
gantenier » à 2 chevaux, et Jean de Laudun est bregantenier à 1 cheval. En 1524, Jean de Laudun ou
ses hoirs se font représenter par un Nîmois qui
s'oblige *in forma* et se fera avouer par eux. En
1534, ces hoirs sont inscrits pour 1 archer à 1 cheval. En 1542, ils présentent Jacques de Laudun,
reçu, après serment, comme archer à 1 cheval. En
1551, Jean de Laudun présente son frère Jacques.
Jean se déclare atteint de maladie incurable et fait
recevoir Jacques. En 1552, Jean fait recevoir à sa
place un habitant d'Aramon. En 1554, il est excusé
par le seigneur de Fournès du service personnel,
en raison de la maladie qui le tient depuis longtemps alité. Jean fournira un certificat dans huitaine. En 1557, Jacques de Laudun, frère de Jean,
offre de servir personnellement ou de contribuer.
Il est reçu. La même année Jean de Laudun offre
de faire le service. Il est reçu. — 6. Attestation

(1) Le texte en est perdu. L'ordonnance sur l'armement et
l'équipement des non nobles à cheval et à pied pour la
guerre (Mehun-sur-Yèvre, 30 janvier 1450, s'y réfère en ce
qui regarde les nobles, et y supplée, dans une assez large
mesure (Isambert, *Anciennes lois françaises*, t. 9, p. 202.

(copie) du service personnel de feu Jean de Laudun (20 juillet 1564). — 7. Lettre de sauvegarde signée par Henry [I"] de Montmorency, gouverneur de Languedoc, et exemptant du logement et des ravages des gens de guerre les maisons et demaines de M. de Laudun (Aramon. 16 juillet 1588). Traces de cachet. — 8-9. Cahiers contenant des extraits d'un livre des nobles et vassaux sujets au ban et à l'arrière-ban de la sénéchaussée de Beaucaire et Nimes (12 mars 1454 v. s.-14 août 1589). — 10. Lettre signée du duc de Montmorency et déchargeant M. de Laudun, pour cette fois seulement, du ban et de l'arrière-ban, attendu le service actuel qu'il fait au roi près du maréchal et gouverneur, dans sa compagnie de gens d'armes, en laquelle il est enrôlé depuis longtemps (Béziers, 12 août 1590). Cachet. — 11. Lettre signée du précédent à son fils le duc [Henry II] de Montmorency et de Damville, pair et amiral de France, le priant de faire revenir M. de Laudun pour des affaires domestiques lui important beaucoup, à cause de la maladie d'un sien oncle (Beaucaire. 26 juillet 1617). — 12. Ordonnance de Montmorency-Damville, gouverneur et lieutenant général en Languedoc, portant que le lieu de Montfrin logera une compagnie de gens de guerre à pied, français, commandés par M. de Laudun (Pont-Saint-Esprit, 12 février 1621). — 13. Lettre du même à Laudun. Il le conjure de rester à Villeneuve pour veiller soigneusement à la garde de cette place, de sorte que les ennemis n'y puissent rien entreprendre (12 avril 1621). Deux cachets armoriés sur lacs de soie verte. Toute la lettre de la main du duc, qui compte sur ce témoignage de l'affection de Laudun. Pas de date de lieu. — 14. Notification faite par Joseph Chaillol, de Salon, au nom de M. de Laudun, capitaine d'une compagnie de gens de pied logée à Théziers, par commission du duc de Montmorency, à Pierre Beaufort, consul de Théziers, d'une ordonnance du duc donnée à Marguerittes le 2 juillet 1621. Il s'agit de payer aux capitaines du régiment du baron de Pérault 6 l. par jour de leur séjour à Marguerittes, aux lieutenants 3 l., aux enseignes 2 l., aux sergents 10 s., aux caporaux 8 s., et aux soldats 3 s. Le consul demande copie de l'ordonnance, pour la communiquer à son conseil. Denis Pitot, notaire d'Aramon (Théziers, 8 juillet 1621). — 15. Lettre signée du duc de Montmorency-Damville, à Laudun. A son retour du Haut-Languedoc, il a trouvé les rebelles armés et en campagne. Il a résolu de les arrêter promptement,

et d'utiliser les commissions précédentes que Laudun a eues sous la charge du baron de Pérault, en attendant de les lui renouveler. Il prie Laudun de remettre, à lettre vue, sa compagnie sur pied, et de prendre le quartier que lui ordonnera M. de Pérault. Sa compagnie doit être prête à marcher dans huit jours, plus tôt, si c'est possible. Le duc fera bientôt contenter Laudun de ladite levée, et informera le roi du service rendu (Lunel, 3 octobre 1627-Montpellier, 4 octobre). — 16. Ordonnance signée du duc de Ventadour (Henri de Lévis). Le baron de Pérault ayant eu ordre du prince [de Condé] de tenir son régiment complet, et du duc de Montmorency de le remettre à mille hommes de pied, il est ordonné aux syndic et députés du pays de Vivarais de payer 1,500 l. à M. de Pérault, pour la moitié des frais de levée de 500 hommes (Bourg-Saint-Andéol, 15 avril 1628). — 17. Mandat d'arrêter Claude Grossal et Pierre Roumajon, de Théziers, à l'instance de Jean de Laudun, ensemble un nommé L'Assurance, qui portait les armes dans la compagnie de M. de Laudun, au régiment du baron de Pérault, et de les conduire aux prisons de Beaucaire, où siège le présidial. Le mandat émane du lieutenant de prévôt. Le sergent n'a pu saisir les gens visés (Beaucaire 18-24 juin 1629). — 18. Lettre du duc de Montmorency aux consuls d'Aramon, datée de Montfrin, 2 août 1632. L'affection qu'ils lui ont toujours témoignée l'oblige aujourd'hui à prendre un particulier souci de leur conservation. Il les prie de venir le trouver dès la réception de sa lettre, les assurant qu'il est de cœur et d'âme à leur service (1). — 19. Extrait du règlement de Louis XIII sur la convocation du ban et de l'arrière-ban (Chantilly, 30 juillet 1635). — 20. Lettre autographe de M. de Pérault à M. de Laudun, en Aramon, pour savoir si Mademoiselle de Perret n'est plus d'humeur à lui donner l'argent qu'elle lui a toujours promis, et si elle a refait le testament qu'on lui a fait faire il y a deux ans. Il le prie de l'aider dans cette affaire, quoique n'ayant jamais mérité la moindre des obligations qu'il lui a (Du camp de La Tour, 13 septembre 1639). Deux cachets avec lacs de soie verte. — 21. Lettre de Nicolas de Grillé, évêque d'Uzès, à M. de Laudun. Le prince [de Condé] l'a chargé d'informer Laudun que les Espagnols, avec une armée plus forte que la sienne, assiègent Salces. Son dessein

---

(1) Cette lettre autographe laisse percer l'émotion et l'inquiétude de l'homme imprudent et généreux qu'attendait un cruel supplice, devant la statue du roi Henri IV, son parrain.

est de leur livrer bataille pour faire lever au plus tôt ledit siège. L'évêque prie Laudun d'aller trouver le prince, pour ne manquer une si belle occasion de montrer sa valeur et son zèle au service du roi. Il faut se hâter, et éviter à tout prix la chute de Salces (Uzès, 30 septembre [1639]). Cachets armoriés sur lacs de soie violette. — 22. Lettre de M. de Saint-Privat au même. Étant venu « ici » pour faire monter à cheval la noblesse et se rendre à l'armée, suivant le commandement exprès du prince [Henri II de Bourbon, prince de Condé], il a appris, par l'avocat du roi, que Laudun et les autres gentilshommes d'Aramon avaient été avertis. M. de Jossaud lui a donné Laudun comme disposé à partir. Au cas où il ne saurait pas le jour précis, il l'avise que la plupart des gentilshommes sont déjà « ici », tant de ce diocèse que du Gévaudan. Demain dimanche, rendez-vous, et départ lundi matin (8 octobre 1639). — 23. Lettre de M. de « Péraut » à M. de Laudun, sans date. Au lieu d'aller à Beaucaire, il lui a fallu revenir « ici », où M. de « Manchaust » l'attendait. En consultant le registre du logement des gens de guerre, il a vu deux compagnies en Aramon, dont il a fait donner le délogement, l'envoyant aux consuls aussitôt. M. de Pérault est surpris que ses amis ne lui en aient pas donné avis. — 24. Copie des règlements royaux pour la convocation du ban et de l'arrière-ban des 30 juillet 1635 et 17 janvier 1639. — 25. Convocation envoyée à M. de Laudun, du camp devant Perpignan, le 16 juillet 1642. Elle est signée de [Charles, duc d'Halwin, maréchal de] Schomberg. Le rendez-vous est à Ille, dans le meilleur équipage possible. — 26. Lettre signée de Louis de Bourbon, [prince de Condé], à M. de Laudun. Le roi lui a commandé d'aller, avec ses amis, aider à empêcher le secours que les ennemis veulent donner à Perpignan. Il convie Laudun à venir avec lui, au nom de l'affection qu'il a toujours montrée à son père et à lui-même. Rendez-vous à Béziers, le 6 août (Tarascon, 1er août 1642). Cachets armoriés sur lacs de soie rose. — 27. Lettre de Schomberg à M. de Laudun, premier consul d'Aramon. Il lui envoie M. de Roques, commissaire principal de l'assiette d'Uzès, pour une affaire à laquelle le maréchal tient beaucoup, et en laquelle de Laudun peut lui rendre grand service (Montpellier, 16 avril 1645). — 28. Copie d'une lettre du roi à d'Aguesseau, concernant la dispense du ban et de l'arrière-ban du service des nobles et assujettis, moyennant un paiement proportionnel à la valeur des fiefs et arrière-fiefs. Saint-Germain-en-Laye, 31 janvier 1675. — 29. Arrêt imprimé du Conseil d'État portant injonction à tous ceux qui sont sujets au ban et arrière-ban, de payer, dans le 20 avril prochain, les sommes auxquelles ils auront été taxés pour raison de ce (Saint-Germain-en-Laye, 26 mars-Montpellier, 22 avril-Nimes, 25 avril 1675). — 30. Quittance de 40 l. faite à noble Étienne de Laudun pour la commutation du service du ban et arrière-ban (Nimes, 27 mars 1675). — 31. Extraits des montres et revues faites pour le ban et arrière-ban de 1552 à 1557, suivi de l'hommage fait au roi par Étienne de Laudun le 12 août 1579. Collation du 20 mars 1689. — 32. Ordonnance du sénéchal déchargeant Étienne de Laudun du service personnel, sauf à lui de substituer un homme en sa place, en bon équipage, ou de contribuer aux frais du ban et arrière-ban (Nimes, 2 avril 1689). Traces du sceau. — 33. Lettre de M. de Montfrin, sénéchal, à M. de Laudun. Sur l'état des gentilshommes de la sénéchaussée, M. de Broglie, commandant pour le roi en Languedoc, a pris de Laudun pour servir cette année. Il l'avise de s'équiper promptement et de se rendre à Nimes le 12 mai. Habit de drap rouge et galon d'or (8 avril 1689). — 34. Certificat du marquis de Montfrin, sénéchal, portant que Joseph-François de Laudun est l'un des gentilshommes enrôlés pour servir sous ses ordres (Nimes, 17 mai 1689). Cachet rouge. — 35. Certificat imprimé du service de M. de Laudun (Béziers, 25 septembre 1689). Cachet rouge. — 36. Rôle imprimé des gentilshommes du ban et arrière-ban du bas Languedoc, commandés en 1689. Sénéchaussées de Nimes, Montpellier, Béziers et Le Puy. — 37. Procuration donnée par Étienne de Laudun à un procureur postulant pour se présenter au bureau du Domaine de Nimes et l'excuser pour indisposition (Aramon, 16 avril 1690). — 38-43. Quittances de la taxe de l'arrière-ban (Nimes, 11 mai 1691-Aramon, 10 août 1696). — 44-45. Requête de noble Joseph-François de Laudun, maire d'Aramon, à l'Intendant, en décharge d'une demande du commis au recouvrement des taxes de l'arrière-ban, et en main-levée d'une saisie faite sur ses grains, avec avis favorable du commis et de l'Intendant (28 décembre 1696). — 46-50. Commandements et quittances de la taxe de l'arrière-ban (6 juillet-2 novembre 1697).

B. 1272. (Liasse.) — 4 pièces, parchemin ; 58 pièces, papier ; à sceaux.

1623-1691. — *Famille de Laudun, d'Aramon. — Procès entre les hoirs de Pierre de Favier. —* 1. Publication du testament de Pierre de Favier, daté du 15 décembre 1623, faite à Nimes, le 8 août 1625. — 2. Lettres de maintenue données par le sénéchal de Beaucaire et Nimes à Charles de Raoux, de Tarascon, mari de Cassandre de Favier, fille de feu Pierre de Favier, dont le testament contient substitution en sa faveur, contre les agissements d'Isabeau de Favier, sœur de Cassandre. Notification à Isabeau (23-29 décembre 1629). — 3. Attestation, par le clergé du chapitre collégial de Sainte-Marthe, de l'inhumation, dans ladite église, le 9 août 1629, de Jean de Favier, coseigneur de Fourniguet, délivrée sur la requête d'Antoine de Raoux, beau-père du défunt (Tarascon, 19 janvier 1630). Sceau. — 4. Requêtes d'Anne de Raoux au sénéchal, contre le procureur de Charles de Raoux (15 février-3 juillet 1630). — 5. Accord entre Charles de Raoux, pour sa femme Cassandre, et Isabeau de Favier, sur le procès qu'ils ont au sénéchal (10 octobre 1630). — 6-7. Transaction entre Charles de Raoux, comme mari de Cassandre de Favier, fille de Pierre et de son premier mariage avec Diane de Georges, d'une part ; et Isabeau de Favier, fille de Pierre et de son second mariage avec Isabeau de Bousquet. Nimes, 31 octobre 1630, Jean Monteil, notaire. — 8. Inven. . des productions de Charles de Raoux, pour sa femme Cassandre de Favier, et d'Isabeau de Favier, sœurs, défenderesses, contre Anne de Raoux, veuve de Jean de Favier, devant le sénéchal (18 novembre 1630). — 9. Ordonnance du sénéchal (Nimes, 19 novembre 1630). — 10-12. Requêtes d'Anne de Raoux au sénéchal (mars-avril 1631). — 13-14. Audiences du sénéchal du 15 janvier 1630 au 10 mai 1631, et délibérations du conseil de la cour du 10 octobre 1630 au 10 mai 1631. — 15-18. Audience du sénéchal du 11 octobre 1630, ordonnance du 10 mai 1631, requête d'Anne de Raoux au parlement de Toulouse, et lettres royaux ordonnant l'exécution des sentences du sénéchal en ce qu'elles portent provision à son profit (Toulouse, 25 juin 1631). Sceau. — 19-20. Requête d'Anne de Raoux au sénéchal, en paiement de 400 l. de provision à elle adjugées sur les biens de Pierre de Favier, et appointement conforme du sénéchal (6 septembre 1631). Sceau. — 21. Ratification de la transaction du 31 octobre 1630, sur le procès de maintenue, faite par Jean de Laudun, comme mari d'Isabeau de Favier, et par Charles de Raoux, comme mari de Cassandre de Favier, Aramon, 8 septembre 1631. — 22-23. Transaction entre Anne de Raoux, veuve de Jean de Favier, assistée de son père Antoine, d'une part ; Charles de Raoux et sa femme Cassandre de Favier, Jean de Laudun et sa femme Isabeau de Favier, d'autre part. L'acte est passé à Tarascon, dans la salle basse de la maison de noble Simon de Raoux, par le notaire Avignon, le 27 septembre 1631. — 24. Inventaire et évaluation des meubles de la succession de Pierre de Favier, sieur de Fourniguet (20 mars 1632). — 25. Minute du partage, fait entre MM. de Raoux et de Laudun, des biens qu'ils ont à Fourgnes de par leurs femmes (10 décembre 1637). — 26. Extrait d'une ordonnance du sénéchal ouvrant la substitution faite par Pierre de Favier en faveur de ses filles Cassandre et Isabeau (10 mars 1638). — 27. Inventaire des productions d'Anne de Raoux, veuve de Jean de Favier (s. d.). — 28. Son dire par écrit (s. d.). — 29. Inventaire des productions d'Isabeau de Favier (s. d.). — 30. Son dire par écrit (s. d.). — 31-32. Inventaire et dire de Charles de Raoux et de sa femme Cassandre de Favier, important lettres de maintenue, devant le sénéchal, contre Anne de Raoux, veuve de Jean de Favier (s. d.). — 33-34. Mémoire pour M. de Raoux (s. d.). — 35-37. Transaction du 30 janvier 1644, passée entre Charles de Raoux et sa femme Cassandre de Favier, d'une part ; Jean de Laudun et sa femme Isabeau de Favier, et Anne de Raoux, veuve de Jean de Favier, tutrice des hoirs de René de Barrême, ses enfants, d'autre part. Anne a épousé en seconde noces René. Tarascon, Antoine Astier, notaire. — 38. Transaction entre Charles de Raoux et sa femme Cassandre de Favier, d'une part ; Jean de Laudun et sa femme Isabeau de Favier, d'autre part. Tarascon, même notaire, 1er février 1644. — 39. Déclaration de noble Pierre de Raoux de Favier, habitant Arles, fils émancipé de Charles de Raoux et de feu Cassandre de Favier, au sujet des papiers et documents des biens de sa mère, indivis avec sa tante Isabeau de Favier. Celle-ci les gardera en son pouvoir (Aramon, 4 février 1651). — 40. Procuration donnée par Anne de Raoux, veuve de noble René de Barrôme, de Tarascon, héritière de Jean de Favier, sieur de Fourniguet, son premier mari, à Jean-Augustin Thiers, avocat, pour terminer amiablement son différend avec sa belle-sœur Isabeau de Favier, veuve de Jean de Laudun, à raison des coffres, robes, bagues et joyaux de feu Isabeau du Bousquet, mère de Jean et Isabeau de Favier, Tarascon, 19 août 1651, Antoine Astier, notaire. — 41. Transaction du 9 juin 1657, entre Charles de Ruoux le vieux, veuf de Cassandre de Favier, tuteur de leurs enfants communs ; Anne de Ruoux, veuve en premières noces et héritière de Jean de Favier de Fourniguet ; Pierre de Ruoux de Favier, fils émancipé de Charles ; Isabeau de Favier, veuve et héritière de Jean de Laudun, d'une part ; nobles Antoine et Jean Courtois frères, de Beaucaire, et consorts, d'autre part. Tarascon, même notaire. — 42-44. Déclaration faite par Jean Courtois, de Beaucaire, en faveur de sa cousine Isabeau de Favier, de Pierre de Ruoux, sieur de Fourniguet, et d'Anne de Ruoux, au sujet d'un paiement. Tarascon, 8 juin 1658. — 45-47. Saisie contre Henri Barthélemy, de Saint-Gilles, débiteur d'Isabeau de Favier (10 juin 1659-20 juin 1669). Trois sceaux de la cour des Conventions royaux de Nimes. — 48. Projet de sommation contenant mémoire. Vers 1671. — 49-50. Requête d'Anne de Ruoux au sénéchal et exploit (4-28 janvier 1674). — 51. Signification d'acte faite par Étienne de Laudun de Favier à Charles de Ruoux de Favier et Antoine de Barrème (8 janvier 1680). — 52. Consultation de François de Rovérié, avocat, délibérée à Nimes le 22 août 1691 sur le différend des hoirs de Pierre de Favier.

E. 1373. (Liasse.) — 2 pièces, parchemin, 40 pièces, papier; 1 sceau.

1635-1684. — *Famille de Laudun, d'Aramon. — Étienne 1er de Laudun.* — 1-2. Acte de baptême d'Étienne 1er de Laudun (4 septembre 1635). — 3. Copie de reconnaissance féodale faite à Jean de Barrème, juge royal de Tarascon, pour Étienne de Laudun contre de Clemens et Eyssautier (11 février 1640). — 4. Copie de vente faite par Françoise de Chamontin, veuve Busquet, à Jean de Laudun (21 avril 1643). — 5. Réception par le présidial d'Étienne de Laudun en la charge d'avocat. Mention de ses lettres de l'Université d'Avignon (Nimes 22 décembre 1654). — 6-7. Contrat de mariage d'Étienne de Laudun, fils de feu Jean de Laudun et d'Isabeau de Favier de Fourniguet, avec Marie de Regnes de Clausonne, fille de Guillaume, seigneur de Clausonne, et de feu Pierre de Vigier d'Autor (Beaucaire, maison d'Esther de Bouchard, Antoine Astier, notaire de Tarascon, 25 juin 1656). — 8. Copie d'un achat de vigne par Gaspard Roux, bourrelier d'Aramon (12 juin 1657). — 9. Obligation de Jacques Pansier pour Étienne de Laudun (24 octobre 1659). — 10. Procuration donnée par Étienne à sa mère Isabeau de Favier (Aramon, chez le viguier Simon de Jossaud, Jean Arnaud notaire, 15 janvier 1661). — 11. Certificat imprimé, signé d'Armand de Bourbon, prince de Conti, gouverneur de Languedoc, autorisant Étienne de Laudun à porter l'épée dans son gouvernement, et des pistolets d'argon quand il ira à la campagne (Pézenas, 19 mars 1661). — 12. Note d'une imposition de pension en faveur d'Étienne par Marguerite Astier, avec Antoine de Barrème pour témoin, signée du notaire Arnaud (15 janvier 1661). — 13. Cession de créance faite par les administrateurs de l'hoirie d'Esther de Bouchard à Étienne de Laudun (Beaucaire, 1er août 1661). — 14. Copie d'achat pour noble André de Clemens, sieur de Ventabren, de Tarascon, pour les hoirs de noble Jean de Laudun, contre Antoine de Clemens, sieur des Tourades (5 août 1661). — 15-16. Achat de pension pour Étienne de Laudun (5 avril 1662). — Achat de vigne pour Étienne (21 septembre 1662). — 18. Reconnaissance de Claude Martin en faveur de MM. de Colta, de Montmirail, de Gaillard et des hoirs de Jean de Laudun (19 janvier 1659). — 19-38. Pièces de la procédure d'Étienne de Laudun contre Alexandre Belleguise, chargé par le roi de la vérification des titres de noblesse en Languedoc, procédure se déroulant devant l'Intendant (1669). — 39-40. Expédition originale et extrait du jugement de noblesse rendu le 26 novembre 1668, à Montpellier, par Claude Bazin de Bezons, intendant de Languedoc, en faveur de la maison de Laudun. Étienne est déclaré noble et issu de noble race et lignée. Ce jugement est l'aboutissement de la procédure précédente et en résume les phases. Sceau. — 41-42. Notes généalogiques sur Étienne de Laudun, écrites au XVIIIe siècle. Mention de son testament du 20 juin 1684, chez le notaire Borrelli, de Nimes.

B. 1914. (Suite.) — 3 (liasse, parchemin; 47 pièces, papier; 2 sceaux.)

1663-1684. — *Famille de Laudun, d'Aramon. — Étienne Ier de Laudun.* — 1. Arrêt de la cour des aides de Montpellier déchargeant Étienne de Laudun du logement effectif des gens de guerre en sa maison noble, et faisant défense aux consuls d'Aramon d'expédier aucun billet pour ledit logement sur sa dite maison (15 octobre 1662). Signification du 22 janvier 1663. — 2. Note sur des prisns de présage où figure Étienne (1621-1673). — 3. Vente dépendue par Jean et Antoine de Roques, sieurs de Clausonne, frères, à Étienne de Laudun (23 avril 1670). — 4. Arrentement passé par Étienne à Joseph Queylan, avocat (Beaucaire, 7 décembre 1671). — 5. Note mentionnant des actes de 1670 à 1672. — 6. Note de P. Charpy, prieur de l'église de Sainte-Madeleine de Béziers, datée du 31 janvier 1672, sur le mariage, en ladite église, de Jean de Roques de Clausonne, fils de Guillaume et de Pierre de Vigier, de Beaucaire, avec Diane de Gajon du Bousquet, fille de feu Jean, conseiller au présidial de Béziers, et de Françoise de Reigne, mariage célébré à la même date, et où furent témoins Étienne de Laudun, Jean de Saint-Gilles, Antoine de Roques de Clausonne, et autre Jean de Gajon du Bousquet, conseiller et garde-sceau au présidial de Béziers. — 7. Note de la main d'Étienne de Laudun, mentionnant le testament de sa mère Isabeau de Favier, du 2 août 1637, sa propre maladie du 22 juillet au 15 août 1628, au cours de laquelle il a testé le 24 juillet, et enfin la mort, à Tarascon, de son cousin de Raoux-Laudun, le 13 novembre 1672. — 8-9. Aveu et dénombrement, baillé par Étienne de Laudun le 7 avril 1672, pour la confection du papier terrier en Languedoc, dans le ressort de la Cour des aides de Montpellier, de ses biens nobles et droits seigneuriaux. — 10. Obligation faite par Guillaume de Roques de Clausonne, habitant Meynes, à son gendre Étienne de Laudun, pour 5.113 l., restes de la constitution dotale de sa fille Marie (Meynes, 12 avril 1672). — 11. Requête, au sénéchal, d'Antoine Privat, débiteur d'Étienne de Laudun (14 septembre 1672). — 12. Quittance de Françoise Chapus pour Étienne (7 mai 1673). — 13. Acte d'Étienne de Laudun, de l'une des cinq familles nobles d'Aramon, signifié à Jean-Louis de Posquières, de l'une des dites familles, pour qu'il ait à en défendre contre les consuls d'Aramon, de concert avec les autres nobles, au sujet du logement des gens de guerre (9 avril 1676). — 14. Lettre du frère Antoine Saluze, de Toulouse. Il lui envoie ses mémoires et actes avec une consultation de Pariset et Gueran, habiles avocats de Toulouse. Il l'assure de l'estime des Pères de N.-D. de Rochefort et le prie de remettre le prix de la consultation, 11 l. 5 s., à Dom Élie Crépin, cellérier de Saint-André de Villeneuve d'Avignon (15 août 1674). — 15. Copie du testament de Guillaume de Roques de Clausonne. Il confirme les avantages faits à sa fille aînée Marie, femme d'Étienne de Laudun. Mention de ses filles Gabrielle, ursuline à Beaucaire, la plus jeune, et Françoise, la cadette; de ses fils défunts Louis et Antoine. Son héritier universel est Jean de Roques de Clausonne-Bouchard (Meynes, 12 décembre 1673). — 16-18. Avérements et quittances 1633-1674. — 19-20. Requête d'Étienne à la Cour des aides contre la communauté de Beaucaire, sa débitrice, et commandement de la Cour au collecteur de Beaucaire de régler (Montpellier, 4 mai 1677). Sceau. — 21. Cession de terre faite par Étienne à l'avocat Antoine Queylan, de Beaucaire (22 février 1678). — 22. Acte de notoriété publique délivré à Étienne de Laudun par les officiers ordinaires d'Aramon. Étienne déclare, et le témoignage des principaux habitants, nommés à l'acte, prouvera à la Chambre de l'Édit séant à Castelnaudari, qu'il a huit enfants dont le plus jeune est âgé de trente ans. Signatures des témoins (Aramon, 7 mars 1678. Sceau. — 23. Cession de 500 l. faite à Étienne par Jean de Roques de Clausonne-Bouchard, à prendre sur 500 l. à lui dues comme héritier d'Esther de Bouchard par la communauté de Beaucaire (3 mai-3 juin 1678). — 24-26. Quittances (6 août 1678-2 mars 1680). — 27. Quittance du 10e denier faite à Étienne pour ses censives de Tarascon, ensemble des 2 sols pour livre (6 juillet 1679-16 avril 1680). — 28. Extrait du testament de Marie de Roques de Clausonne, femme d'Étienne. Mention de leurs enfants: Joseph-François, Henry, Marie, Éléonore, Thérèse, Agnès, Gabrielle, Isabeau. Son héritier universel est son mari, à titre d'usufruitier. Faulquet, notaire (Aramon, 19 avril 1680). — 29. Lettre du frère Théodose Bertet, gardien des capucins de Beaucaire, du 6 juillet 1680. Leur syndic a reçu le prix (12 l. 10 s.) de cinquante messes pour sa femme. Lui-même a reçu le don de 10 l. pour messes à l'intention de sa mère. Il est empêché par une attaque de goutte de répondre à une lettre d'Étienne. — 29. Quittance du maçon, du menuisier et du serrurier, pour réparations faites par Étienne au couvent des récollets d'Aramon, avec l'approbation du gardien (14 juillet 1680). — 31. Vente de pension faite à Étienne par les frères Peyric (Aramon, 4 janvier 1681). — 32-33. Signification à Charles de Raoux de Fayler, de Tarascon, en qualité de premier consul de Fourques, et quittances des tailles d'Aramon (24 janvier-25 août 1682). — 34. Achat de terre à Théziers par Étienne (21 octobre 1682). — 35. Arrêté de compte entre Étienne de Laudun et Jean de Roques de Clausonne, seigneur de Clausonnette (Aramon, 6 mars 1683). — 36-37. Arrentement de la terre de Clausonnette, passé par Jean de Clausonne à Énemon Soumille, bourgeois d'Aramon, moyennant 1,825 l. de rente (Aramon, 6 mars 1683). — 38. Promesse de Soumille à Laudun de lui donner la moitié du bénéfice éventuel qu'il pourra retirer de l'arrentement précédent (7 mars 1683). — 39. Pactes de mariage entre Louis de Raoux de Soumalade et Marie de Laudun (Aramon, 6 octobre 1683). — 40. Contrat de mariage entre noble Louis de Raoux, sieur de Soumalade, de Tarascon, fils de noble Conrad de Raoux et de Françoise d'Eyminy, d'une part ; et Marie de Laudun, fille d'Étienne et de feu Marie de Roques de Clausonne, d'autre. Le futur signe « Raousset » forme employée fréquemment pour Raoulx ou Raoux. — 41. Arrangement entre Étienne et Louis, son gendre, au sujet de pensions (10 octobre 1683). — 42-43. Certificat d'insinuation. Promesse de Soumille (31 janvier-10 avril 1683). — 44. Testament d'Étienne de Laudun de Fayler. Mention de ses enfants Henri, Éléonore, Thérèse, Gabrielle, Isabeau. Son héritier universel est Joseph-François, son fils aîné. L'acte est passé à Nîmes chez et par le notaire Étienne Borrelli. Claude Rouvière, prêtre et sacristain de la cathédrale, est un témoin. Collation de Borrelli (2e juin 1686). — 45. Carnet de comptes de 3 feuillets écrits (1685).

E. 1375. (Liasse.) — 87 pièces, papier ; 2 sceaux.

1685-1705. — Famille de Laudun, d'Aramon. — Étienne 1er et Joseph-François de Laudun. — 1. Quittance de Jean de Roques de Bouchard de Clausonne à son beau-frère Étienne de Laudun pour 3,737 l. retirées pour lui d'Énemond « Sou-

mille » pour trois quartiers de la ferme de Clausonnette (Beaucaire, 6 février 1685). — 2. Arrêté de compte entre Étienne et Soumille (1er mars 1685). — 3. Cession de capitaux faite à Étienne par noble Accurse de Bertrand (Barbentane, 17 mars 1685). — 4-6. Quittances, délégation et fait en paiement (4 mai-13 août 1685). — 7. Arrêté de compte entre M. de Clausonne et Soumille (5 septembre 1685). — 8. Sommation de payer notifiée à Soumille (14 mars 1686). — 9-13. Comptes de « Soumille » (27 août 1686-17 mars 1687). — 14. Procuration donnée par Françoise de Roques de Clausonne à son frère Jean (Beaucaire, 17 mars 1687). — 15. Contrainte décernée par le juge en la cour des Conventions royaux de Nîmes contre Jean de Clausonne, débiteur de 3 mil l. envers Daniel de Guérin (8-22 juillet 1687). Sceau. — 16. Obligation de Jean de Clausonne à sa sœur Françoise (22 mai 1688). — 17. Procuration donnée par le prêtre Raimond Thoulouzan à Étienne de Laudun (Beaucaire, 6 septembre 1688). — 18. Fin de la minute du testament de feu M. de Clausonne, suivie d'un avis du juge Calvet, daté du 9 septembre 1688. — 19. Extrait d'une obligation de 632 l., faite par Henri de Roques de Bouchard de Clausonne, seigneur de Clausonnette, fils unique de feu Jean, pressé par les créanciers de son père, à Louis d'Escudier, prieur de Saint-Marcel, sous la caution de ses oncles de Bousquet et de Laudun (Beaucaire, 13 septembre 1688). — 20-21. Contrat de mariage entre noble Pierre de Jessaud, de Tarascon, fils de Louis et d'Honoré d'Astier, d'une part ; et Éléonore de Laudun, fille d'Étienne et de feu Marie de Roques de Clausonne (Aramon, Antoine Rotonlet, notaire, 15 novembre 1688). — 22. Procuration donnée par Pierre de Jessaud à son beau-père Étienne de Laudun (Tarascon, 28 novembre 1688). — 23. Note de paiements de Soumille effectués de 1685 à 1688. — 24. Saisie et criées pour la vente à l'encan de biens de la succession de Jean de Clausonne, à l'instance de Jacques Chamontin, marchand droguiste (Beaucaire, 5 février 1689). — 25-26. Significations d'Énemond Soumille et d'Antoine Guiraman (29 juillet 1689). — 27. Quittance de Jean Facquet, avocat, faite à Étienne de Laudun (29 mars 1690). — 28-30. Arrêtés de comptes entre Étienne de Laudun et Soumille, fermier de la terre de Clausonnette (29 février-4 juin 1690). — 31. Nomination, par le sénéchal, d'Étienne de Laudun, comme curateur de son neveu Henri de Roques de Bouchard, sieur de Clausonnette, âgé de

16 ans (30 juin 1690). — 32. Assignation à Étienne de Laudun pour comparoir au sénéchal à la requête d'Henri de Clausonnette en obtention d'une provision de 1.500 l. (30 juin 1690). — 33-36. Quittances pour Étienne (18 août 1690-18 août 1691). — 37. Note d'actes (1689-1691) — 38-39. Requête et commandement pour les hoirs de Jean de Laudun contre les hoirs de François Martin, de Tarascon (5 juin 1689-24 octobre 1691). — 40-41. Signification d'Étienne à Sommille d'avoir à faire cesser les exécutions de leur créancier commun, Antoine Guiramand, maître-chirurgien (4 septembre 1691), et saisie et enchère (17 août-16 septembre 1691). — 42. Quittance faite, pour 30 deux de pension, par Hétoin, chanoine et administrateur du chapitre de Saint-Agricol d'Avignon, à Étienne de Laudun et « Sommille » (3 octobre 1691). — 43. Requête des hoirs de Jean de Laudun au lieutenant général au siège d'Arles, contre les hoirs de François Martin (15 décembre 1691). — 44. Quittance de Guiramand (3 janvier 1692). — 45. Ajournement des tiers possesseurs de fonds et emphytéotes des hoirs de Jean de Laudun, mandé par le grand sénéchal de Provence en la sénéchaussée d'Arles. Au dos, signification (5-14 janvier 1692) Sceau. — 46. Quittance d'Hétoin (5 janvier). — 47-53. Pièces de procédure pour les hoirs de Jean de Laudun, dont Étienne, contre Antoine de Clemens des Tourades, Jean Eyssautier, bourgeois de Tarascon, et les hoirs de François Martin (20 février-16 juin 1692). — 54. Certificat du greffier royal de la maison commune de Tarascon au sujet des avérements de 1582 (15 octobre 1692). — 55. Copie d'une ordonnance du sénéchal de Nîmes rendue entre Henri de Roques de Bouchard, sieur de Clausonnette, demandant, par requête du 25 avril 1686, l'ouverture de la substitution apposée au testament d'Esther de Bouchard, son aïeule maternelle (19 juillet 1659), et poursuivant de la distribution des biens de Jean, son père décédé, etc., d'une part ; et le curateur Claude Polge, pourvu à la défense de l'hoirie dudit Jean de Roques, etc., d'autre (28 décembre 1692). — 56-57. Quittances d'Hétoin (6 février 1693-9 mars 1694). — 58-62. Quittances de Guiramand (3 août 1692-12 septembre 1698). — 63. Quittance de Michel, procureur de Rostain de Bertet, doyen du chapitre de Sainte-Marthe de Tarascon, pour une censive de blé (Fourques, 15 novembre 1638). — 64-68. Lettre et quittances de Rigaud, ouvrier et administrateur du chapitre de Saint-Agricol d'Avignon, au sujet d'arrérages de pension (s. d.-10 décembre 1686). — 69-70. Relevés de ce que doit et de ce qu'a payé Sommille à M. de Laudun (1689-1690). — 71. Déclaration que baille Joseph-François de Laudun, coseigneur d'Aramon, devant M. Multian, commissaire pour la confection du papier terrier d'Aramon et Valabrègue, à raison de ses fiefs et autres biens nobles (Aramon, 8-9 janvier 1694). — 72. Extrait du contrat de mariage entre Henri de Roques, sieur de Clausonnette, fils de défunts Jean et Diane de Gayan du Bousquet, d'une part ; et Marthe de Teuley de Montezargues, fille d'Antoine et d'Anne d'Arnaud de la Cassagne, de Villeneuve-lès-Avignon. Henri est assisté de son cousin germain Joseph-François de Laudun, et de son cousin remué de germain François de Grurge, d'Aramon, seigneur de Lédenon. L'acte est passé à Lédenon... chez Jacques Durel, juge en la maîtrise des ports de Villeneuve (1er décembre 1686). — 73. Extrait de la ratification, par Étienne de Laudun, des tractations faites par Joseph-François, son fils aîné et émancipé, audit contrat de mariage, tant comme donataire de son père qu'en qualité de son procureur (Aramon, 10 décembre 1686). — 74. Mémoire des sommes dues par M. de Clausonnette à M. de Laudun (1686). — 75. Mémoire contre Esnemond et Louis Sommille père et fils (7 mai 1699). — 76-77. Quittances de Guiramand et de Dureau, chanoine administrateur du chapitre de Saint-Agricol (Aramon, 17 mai 1695-Avignon, 12 février 1700). — 78. Mémoire demandant conseil pour Étienne de Laudun contre son fils Joseph-François, cruel et ingrat, avec réponse concluant à ce que, par une requête d'Étienne au sénéchal, il expose les mauvais traitements de son fils et de sa belle-fille, en demandant mille livres de pension, si mieux n'aime ledit fils lui remettre les biens à lui donnés (Vers 1700). — 79. Minute de la requête d'Étienne de Laudun. Il a été contraint de sortir de sa maison depuis environ un an (s. d.) — 80. Quittance de Barthélemy, chanoine administrateur de Saint-Agricol (Avignon, 10 septembre 1701). — 81. Déclaration de Lefèvre, juge criminel, au sujet de la somme véritablement reçue par M. de Laudun pour le prix de vente de la métairie de Fourniguet (Nîmes, 17 septembre 1703). — 82. Frais funéraires pour l'enterrement d'Étienne de Laudun (19 juillet 1705).

E. 1374. (Liasse.) — 68 pièces, papier; 3 sceaux.

1628-1683. — *Famille de Laudun, d'Aramon. — Étienne Ier de Laudun. — Succession de Clausonne.* — 1. Testament d'Antoine de Roques, seigneur de Clausonne, gentilhomme ordinaire de la chambre du roi. Mention de ses fils Michel, Louis, Marc-Antoine, Guillaume. Son héritière universelle est sa femme Françoise de Georges de Taraux, qui rendra l'héritage, à sa mort, à leur fils aîné Guillaume. Substitutions. M. de Pujolas a écrit l'acte. Le testateur a écrit de sa main le nom de son héritière universelle, la date du 15 juillet 1638, et a signé, avec Pujolas, à Nîmes. Cachets rouges armoriés. — 2. Arrentement de la métairie du plan de Beaucaire, passé par Jean de Roques de Clausonne de Bouchard à Claude Martin (Beaucaire, 20 septembre 1655). — 3. Vente de pension faite par Étienne de Laudun, comme procureur de Jean de Clausonne, son beau-frère, aux Ursulines d'Aramon, avec quittance et ratification (16 avril-22 juin 1666). Extrait. — 4-5. Obligation faite par noble Guillaume de Roques, sieur de Clausonne, premier consul, gouverneur et viguier de Beaucaire, pour lui et ses collègues absents, au nom de la ville, à Antoine Privat, bourgeois. Il s'agit d'un emprunt de 800 l., avec une contrainte personnelle de M. de Clausonne (5 août 1657-19 janvier 1658). — 6. Lettre de M. de Clausonne fils, à M. de Laudun. Il lui a écrit plusieurs fois sans rien recevoir de lui, et s'inquiète de son silence. Il est tout seul à Castres, et lui écrit par M. de Caissargues. M. de Clausonne père s'arrête à Montpellier pour faire juger l'affaire de leur noblesse. Mention de l'affaire Gilles. Négligence de M. de Clausonne père dans les affaires. M. de Caissargues, qui les entend bien, leur a rendu grand service (3 juin 1689). — 7. Copie de l'arrentement, par Jean de Clausonne, de sa terre de Palus, passé à Claude Martin, son rentier de la métairie de Beaucaire (8 mai 1671). — 8. Ratification, par Guillaume de Clausonne, habitant Meynes, des pactes de mariage de son fils aîné Jean avec Diane de Gayon du Bousquet (8 février 1672). — 9. Quittance de Clausonne-Bouchard (Meynes, 1er décembre 1672). — 10. Lettre de M. de Raousset à M. de Laudun. Il a prêté bien volontiers 8 pistoles à M. de Clausonne. Les faire parvenir à M. Passemart, à Paris, rue du Four, proche la Croix du Tiroir (Amafort », 21 septembre 1673). — 11. Lettre de Passouart. Il a reçu les 8 louis d'or pour M. de Raousset, capitaine dans Navarre (Paris, 1er décembre 1673). — 12. Lettre de Raousset à Laudun. Passouart a reçu les 8 louis d'or prêtés par Raousset à M. de Clausonne. Il lui en a prêté encore 8, que Laudun voudra bien envoyer à son cousin de Raousset, à Tarascon, lequel il prie de lui acheter trois mulets pour la campagne prochaine (Au camp auprès de Liège, 22 décembre 1674). — 13. Lettre de Clausonne, lieutenant du régiment de Picardie, à Laudun son beau-frère. Voyant qu'il ne peut aboutir en demandant à son frère ce qui lui appartient, il prie Laudun de l'aider à obtenir 300 l. sur les 2.000 l. que son frère lui doit (Meynes, 14 mars 1676). — 14-15. Quittances de Clausonne-Bouchard et d'Auziète (2 février 1676-31 janvier 1677). — 16. Rémission de créance faite par Jean de Roques, sieur de Clausonne-Bouchard, fils, lui et son père Guillaume de Roques, sieur de Clausonne, à son beau-frère Étienne de Laudun (Meynes, 1er février 1677). — 17. Promesse de Jean de Clausonne-Bouchard à sa sœur Françoise de Clausonne, de la laisser jouir paisiblement de deux pièces d'antiques de la maison paternelle et des meubles les meublant, etc. (Meynes, 10 février 1677). — 18-19. Notes pour éclaircir les sommes dues par M. de Clausonne à Laudun (1677). — 20-28. Pièces concernant une saisie de meubles faite par Étienne de Laudun contre Pierre Rogier et Jean Dufon, de Meynes, rendus soumissionnaires de Jean de Clausonne (25 janvier 1678-1679). Deux sceaux de la Cour des Conventions de Nîmes. — 29-32. Notes d'arrentements, de dettes et de ventes de feu M. de Clausonne (22 avril 1679-20 avril 1680). — 33-35. Obligations et tests de rentes pour M. de Clausonne (20 novembre 1680). — 36. Commandement de payer à l'instance d'Étienne de Laudun (4 juillet 1681). — 37. Quittance faite par Escudier, prieur de Saint-Marcel, à M. de Clausonne pour arrérages de deux pensions (Saint-Marcel, 8 août 1681). — 38-39. Contrainte et saisie pour Étienne de Laudun, rémissionnaire de M. de Clausonne (9-10 novembre 1681). Un sceau. — 40. Débiteurs de Montfrin (1681). — 41. Commandement de payer (15 juin 1682). — 42. Délai accordé à Jean de Clausonne par Eyroux, pour le paiement de 300 l. (Meynes, 18 août 1682). — 43. Quittances d'arrérages faites à Jean de Clausonne par le prêtre Limaye et Mme Delon (31 décembre 1682). — 44. Débiteurs de Meynes (1682). — 45. Quittance faite par le commis au guet du roi à Claude Martin, rentier de M. de Clausonne, qui a porté dans le grenier du quart 9 setndos de beau blé (1682). — 46-47. Arrêté de compte entre Étienne de Laudun et Jean de Clausonne (8 mars 1683). — 48. Obligation des précédents fermiers de Clausonnette pour ce qu'ils restent devoir à Jean de Clausonne (2 avril 1683). — 49. Promesse de M. de Clausonne de relever son beau-frère de Laudun d'un cautionnement (23 avril 1683). — 50. Lettre de Marthand rappelant une échance à M. de Clausonne, avec une annotation de ce dernier datée de Beaucaire, 6 mai 1683. — 51-54. Saisies d'Étienne de Laudun contre des débiteurs de Meynes, Montfrin et Serahac (15-16 juin 1683). — 55-58. Listes ou notes de débiteurs de Meynes et de Montfrin (1682-1684). — 59. Contrainte décernée par les officiers ordinaires du marquisat de Montfrin contre Maurice Gibelin, débiteur d'Étienne de Laudun, rémisionnaire de Jean de Clausonne (6 mars 1684). — 60. Dépense du voyage à Montfrin pour l'appointement contre Gibelin (14 juillet 1684). — 50-52. Quittances 4 novembre-30 décembre 1684). — 53-58. Notes de débiteurs de Meynes et de Montfrin (1684), avec un mémoire s. d. du blé récolté à Clausonnette. — 59-61. Promesse et quittances (14-28 mars 1685). — 62. Arrentement passé par Jean de Clausonne de ses métairie et bergade de Malentrain. Le preneur est Jean Trouche, de Fournès (6 juin 1685). — 63-93. Quittances, prix-fait et compte (15 juillet-25 décembre 1685).

E. 1517. (Liasse.) — 71 pièces papier.

1686-1688. — *Famille de Laudun, d'Aramon.* — *Étienne 1er de Laudun. — Succession de Clasonne.* — 1-2. Saisie pour Laurent Grissac, exateur de Beaucaire, contre M. de Clausonne (25 janvier-2 avril 1686). — 3. Requête au parlement de Toulouse par Rouvière, ancien receveur au grenier à sel de Nimes, créancier poursuivant la distribution des biens de feu Jean Calvière ; ordonnance autorisant de nouveaux séquestres ; exploits et signification des défenses portées par l'ordonnance à Jean de Clausonne (1er juillet-10 septembre 1686). 4-5. Quittances faites à M. de Clausonne par le frère Pascal Benoit, du Couvent de Rochefort (4 février), et par M. de Beaulieu (18 juillet 1686). — 6. Compte des pierres employées au bâtiment de la Régude (10 janvier 1687). — 7-12. Mandats de paiement adressés par M. de Clausonne à divers débiteurs au profit de divers créanciers, en blé ou en argent (12-16 mai 1687). — 13. Quittance de 15 s. faite par le directeur des domaines au séquestre des effets saisis à M. de Clausonne, pour l'amende à laquelle il a été condamné par le juge des Conventions de Nimes, le 9 mai 1687, à la poursuite de l'économe des frères mineurs de Saint-François de Beaucaire ; ensemble 40 s. pour frais de voyage et séjour de deux huissiers (Meynes, 5 août 1687). — 14. Autre quittance à un autre séquestre des effets saisis à M. de Clausonne, pour une amende analogue (Beaucaire, 5 août). — 15. Lettre d'affaires à M. de Clausonne, signée : François de Guiran. Elle tâche de lui procurer de l'argent (25 août 1687). — 16. Arrêté de compte entre Clausonne et Sommille (Clausonnette, 3 octobre (1687). — 17. Sentence de la cour ordinaire de Beaucaire entre l'exacteur des tailles et M. de Clausonne, assigné et défaillant, ordonnant qu'il sera sursis par quarantaine et quinzaine, mais que, faute de paiement, bail de la maison de Clausonne à Beaucaire sera expédié à l'exacteur (30 décembre 1687). — 18. Prorogations de paiement accordées par Eyroux (Meynes, 31 décembre 1684-17 mars 1685). Au bas, note de 1687. — 19. Quittances du prieur Bérard (1685-1686), avec note de 1687. — 20. Mémoire de travaux au moulin de Clausonnette (1687). — 21. Note de paiements à M. de Clausonne (Vers 1687). — 22-24. Comptes de Pagès, marchand de Beaucaire, et quittances de Sales (30 mai-20 juillet 1688). — 25-28. Quittances du chanoine Fressieu, sacristain ; de T. Gautier, au nom du chapitre et de la musique ; du sacristain des frères mineurs ou cordeliers, le frère Placide Mathieu ; de Saint-Jean, médecin ; à Étienne de Laudun, pour messes, frais funéraires et visites de dernière maladie de M. de Clausonne, son beau-frère (3-6 août 1688). — 29-31. Quittances du cordonnier Jacques Privat, de Vatrin, et d'E. Peyre, potier d'étain, à Étienne de Laudun, pour fournitures à M. de Clausonne (6 août). — 32. Arrêté de compte de Trouche (Clausonnette, 7 août 1688). — 33. Lettre de Desmartins à M. de Laudun, à Beaucaire. Il a souffert de la grêle et le prie de demander pour lui du temps à M. de Saint-Gilles. Il se plaint de la saisie de ses meubles de la part d'un ami de soixante ans (Serahac, 10 août 1688). — 34. Lettre de Poustoly, procureur de Nimes, au sujet

...cession de Clausonne (30 août 1688). — 35-36. Quittances de Laudun à Somméville et d'un arti-san à Laudun (6-18 septembre 1688). — 37. Compte de l'apothicaire Granier, modéré par Bardon, doc-teur en médecine, au sujet de la dernière maladie de M. de Clausonne. Curieux. A la suite, deux quit-tances (Beaucaire, 6 août-13 septembre 1688). — 38. Compte et quittance de J. Doubler. Il a fourni des torches pour veiller le défunt, représenté par son jeune fils Henri de Clausonne et son beau-frère Étienne de Laudun (Beaucaire, 14 septembre 1688). — 39. Compte du vitrier, acquitté le 14 septembre 1688. Le paiement a été fait en meubles et en argent, par Henri de Clausonne, assisté de son oncle Étienne de Laudun. — 40. Obligation faite par de Clausonne à la veuve Dupant le 30 décembre 1684. Au bas, quittance du 14 septembre 1688. — 41. Mémoire du menuisier Guérard, acquitté à la même date. — 42. Ordonnance du bail de la maison de M. de Clausonne à l'exacteur Lautard, en date du 21 février 1688, avec signification du 6 mars, et acquit du 14 septembre 1688. Henri de Clausonne a achevé de payer pour son père avec de l'argent emprunté par Étienne de Laudun à Louis Escudier, prieur de Saint-Marcel. — 43. Compte du chirurgien Bous, acquitté le 14 septembre. Curieux. — 44. Police ou « carnde » (papier, dont le chanvre est un élément) entre le médecin Bardon le Jeune et M. de Clausonne, qui lui promet, le 11 décembre 1685, une salmée de beau blé par an, portable à domicile le jour de Sainte-Marthe, à Beaucaire, pour ses soins médicaux donnés à lui et à tous ceux de sa maison. En cas de séjour à Meynes, le méde-cin ne sera tenu qu'à un voyage, pour lequel la monture lui sera fournie. Une salmée réglera les services passés. Le 14 septembre 1688, Bardon fait quittance à Henri de Clausonne de deux salmées de blé. — 45-49. Quittance du cordonnier. Comptes et quittance du tailleur (Février-août 1685-16 sep-tembre 1688). — 50-58. Quittances de Catherine Baumet, de Henri de Roys de Lédignan-Bresson, fabricien des capucins de Beaucaire, du maréchal-ferrant, du cordonnier de Beaucaire, de celui de Meynes, du boucher de Meynes, d'un ouvrier et du collecteur des tailles de Meynes (20 janvier 1687-18 septembre 1688). — 59-60. Rôles des meubles ven-dus de la maison de Beaucaire et de la maison de Meynes (13-18 septembre 1688). — 61. Compte de l'apothicaire Granier, modéré par le médecin Bar-don et acquitté le 19 septembre 1688. Curieux. Le paiement est fait avec l'argent des meubles vendus. — 62. Quittance de Queylan, avocat de Nîmes, pour l'inventaire. A la suite, quittance du greffier Gué-rin (19 septembre 1688). — 63. Sentence du juge des Conventions royaux de Nîmes, entre le chanoine François Bérard, archiprêtre à l'archevêché d'Ar-les, demandeur en délivrance des fruits saisis à Jean de Roques (de Clausonne), et un séquestre qui ne voulait rien lâcher, de Roques prenant son fait et cause. Contrainte et condamnation du débiteur aux dépens (30 septembre 1688). — 64-67. Quittances de Pierre Bérard, avocat de Beaucaire, procureur du chanoine d'Arles, à François de Clausonne, payant des deniers à elle envoyés par Étienne de Laudun, oncle d'Henri de Clausonne; du cordonnier; de Mme de Menouret, et de M. de Ticaloy (11 octobre-18 décembre 1688). — 68-70. Mémoires du vitrier Zacharie; de l'argent trouvé à la mort de Jean de Clausonne et employé; des dettes laissées par lui; et deux quittances (1688).

E. 1378. (Liasse.) — 84 pièces, papier.

1689-1690. — *Famille de Laudun, d'Aramon. — Étienne 1er de Laudun — Succession de Clau-sonne.* — 1-3. Quittances faites à Henri de Roques de Clausonne, assisté de son oncle Étienne de Lau-dun, par le procureur du chanoine François Bérard, archiprêtre de Saint-Trophime d'Arles, par T. Gau-tier, fermier du chapitre de Beaucaire, et par Étienne Maurin, baile de la métairie du Plan de Beaucaire (19 janvier 1689). — 4. Compte de l'hôte-lier de Saint-Pierre, acquitté à la même date. Il s'agit de la dépense de table de M. de Laudun à Beaucaire, pour les obsèques de feu M. de Clausonne, pendant le séjour de M. du Bousquet. — 5. Signifi-cation d'une demande en garantie d'habitants de Meynes aux hoirs de Guillaume de Roques de Clau-sonne. Elle est remise à leur rentier 1er février 1689. — 6-8. Copies pour lesdits hoirs (5 février). — 9. Quittance du cordonnier (8 mars 1689). — 10. Lettre de J. de la Rouvière, premier consul de Meynes, à M. de Laudun, pour la contribution de M. de Clausonnette, son neveu, aux gages de Que-nin, ancien médecin communal (30 avril 1689). — 11. Lettre de Poustoly (30 avril). — 12-17. Quittan-ces du cordonnier, du prêtre Martelly pour avoir « enseigné » pendant dix mois Henri de Clauson-nette; pour le ban et arrière-ban d'Henri, avec certificat et lettre de Poustoly; enfin des gardian.

vicaire et discrets des récollets d'Aramon (1er mai-1er
juin 1689). — 18. Saisie de blé pour les clavaires de
Meynes contre les hoirs de Jean de Clausonne (23
juin 1689). — 19-21. Quittances de M. de Beaulieu,
de Roustan, collecteur de Beaucaire, et de Françoise de Clausonne à son beau-frère de Laudun
(1er-23 juillet 1689). — 22-26. Quittances de Velthales,
chirurgien de Montfrin; de la sœur Lacroze de Saint-
Hyacinthe de Viger, de Mme de Sabran, de Françoise de Clausonne, tante d'Henri de Clausonnette,
et du cellérier du monastère de N.-D. de Grâce de
Rochefort, Antoine Lacamp (20 juillet-3 août 1689).
— 27. Consultation au conseil de l'avocat de Mis-
sais, délibérée à Nîmes le 10 août 1689, pour Henri
de Roques de Bouchard de Clausonne. — 28-39.
Quittances de M. de Laudun à Édmond Sannaille,
fermier de Clausonnette ; de Perier, recteur du
collège de Beaucaire, faite à Étienne de Laudun
pour la pension de trois mois d'avance de son
neveu Henri de Clausonne (65 l.) ; du prêtre Vitalis,
pour avoir « enseigné » le petit Clausonnette pendant trois mois à Aramon (6 l.) ; du chaussetier
Pagès ; du gantier Moureau, de Beaucaire, et autres
fournisseurs du jeune Henri (15 août 1689-18 janvier
1690). — 40. Rôle des sommes dues au vicaire ou
curé de Meynes par les hoirs de M. de Clausonne
(20 janvier 1690). — 42-49. Quittances de particuliers et copies concernant la vente aux enchères
des biens de feu M. de Clausonne ; notification de
convocation des habitants forains à l'hôtel de ville
de Beaucaire pour nommer un collecteur forcé ;
quittance dudit collecteur ; saisie de récoltes des
hoirs de Clausonne à la requête des clavaires forcés de Meynes (23 janvier-21 avril 1690). — 50. Lettre de Françoise de Clausonne à son beau-frère
Laudun. Si Roux ne s'accommode pas avec Vélion,
elle les poursuivra. Elle demande l'envoi du tablier
de dentelle par une autre personne que « cette
femme ». Elle est à Meynes jusqu'à ce qu'on ait
« tiré » la soie. M. Chamontin met un autre baile,
et a fait une saisie sur la terre de Beaucaire. Deux
autres saisies. Les religieuses ont fait un décret
sur la maison (13 juin 1690). — 51. Lettres d'affaires de Poustoly à Laudun (15 juin). — 52-54. Assignations aux hoirs de Clausonne (21 juin-6 juillet
1690). — 55-56. Lettres de Poustoly à Clausonne et
à Laudun (6-12 juillet). — 57-65. Quittances du jeune
de Clausonnette à son oncle Étienne de Laudun
pour une chemise, deux cravates de dentelle, deux
fontanges, des manchettes de dentelle et des chaus-

sons à feu son père, ensemble des boutons d'argent, etc., ; du tailleur pour la façon d'un habit de
droguet ; du ban et arrière-ban ; et d'autres personnes ou fournisseurs (19 juillet-16 août 1690). — 66-
76. Lettres de Poustoly à Clausonne ou à Laudun
(21 août-15 octobre 1690). — 77. Quittance du jeune
Clausonnette-Bouchard à son oncle de Laudun pour
deux mois de leçons de danse à raison d'un écu par
mois, et pour les frais de deux voyages à Nîmes
(Aramon, 19 octobre). — 78-81. Lettres de Poustoly
et quittances du sergent Génolhac (21-23 octobre).
— 82. Compte et acquit du tailleur Boulard (11
novembre 1690). — 83. Lettre du jeune de Clausonne à son oncle Laudun. Il demande 2 écus pour
envoyer « les enchères » à Poustoly, et un écu pour
la comédie que les Doctrinaires font jouer. Il en
sera et son cousin aussi. Les Pères voulaient même
l'argent aujourd'hui. L'épée de son père lui sera
utile également à cette occasion. « La tante » a fait
décréter une autre terre de la métairie. Sa tante est
à Meynes pour voir tourner le moulin, ce qui est
inutile. L'oncle aura la bonté de payer le garçon
(Beaucaire, 13 décembre 1690). — 84. Quittance du
chanoine Fabre, procureur du chapitre de Notre-
Dame de Villeneuve, à Henri de Clausonne, payant
par les mains et de l'argent de son oncle et curateur Étienne de Laudun, pour la censive de sept
années d'une maison à Meynes (Aramon, 10 décembre). — 85. Compte et acquit du tailleur Mounet
(Aramon, 25 décembre). — 86. Lettre de Poustoly
à Laudun (s. d.).

E. 1379. (Liasse.) — 76 pièces, papier.

1693-1700. — *Famille de Laudun, d'Aramon. —
Étienne 1er de Laudun. — Succession de Clausonne.* — 1. Quittance du tailleur Balestrier (Tarascon, 15 janvier 1691. — 2-5. Lettres de Poustoly à
Laudun et à Clausonne (21 janvier-25 février 1691).
— 6. Lettre du jeune de Clausonne ou Clausonnette
à son oncle de Laudun. Poustoly lui a écrit pour
son affaire. Il est nécessaire d'aller à Nîmes pour
voir le procès avant de le remettre et pour bailler
l'inventaire. Sa tante n'a plus d'argent et dit sans
cesse au scripteur qu'elle ne peut pas le nourrir.
Elle ne trouve plus à emprunter (Beaucaire, 25
février 1691). — 7. Quittance du cordonnier (17 mars
1691). — 8. Lettre de Poustoly à Laudun. Le procès

de Clausonne est distribué. Il faut venir à Nîmes (30 mars). — 9-13. Quittances et promesse de payer acquittée (27 mars-8 avril 1691). — 14-15. Lettres de Poustoly à Clausonne et à Laudun (11-17 avril). — 16. Procuration donnée par Étienne de Laudun de Favier, en qualité de curateur de Henri de Roques de Bouchard, seigneur de Clausonnette, son neveu, à son fils Joseph-François de Laudun, pour aller à Nîmes poursuivre le procès pendant au sénéchal entre Henri et les créanciers de feu Jean de Roques de Bouchard, son père (Aramon, 28 avril). — 17. Lettre de Poustoly à Laudun (20 avril). — 18-20. Copies de procédure (1688-15 octobre 1691). — 21-23. Quittances (25 mai-5 août 1691). — 26. Saisie à la requête d'Antoine Guiramand, maître-chirurgien d'Aramon, signifiée à Étienne de Laudun et Énemond Sommille (17 août). — 27. Délai de paiement accordé par M. de Beaulieu à Clausonnette (1er octobre 1691). — 28. Lettre de Poustoly à Clausonne ou Clausonnette (6 octobre). — 29. Quittance de Lacrère de Saint-Hyacinthe de Vigier à son neveu Laudun (Beaucaire, 11 octobre). — 30. Lettre de Poustoly à Clausonne (14 octobre 1691). — 31. Signification d'arrêt à la requête de Louis Valatori, prêtre de Beaucaire, faite à M. de Clausonne (20 octobre). — 32. Lettre de Poustoly à Laudun (22 octobre). — 33. Compte de recette et dépense remis au sénéchal par Étienne de Laudun, de son administration de la personne et des biens de son neveu Henri de Roques, fils de feu Jean, sur la prière à lui faite dans son testament du 28 juillet 1688, reçu par le notaire Fabre, depuis le jour du décès (31 juillet 1688) jusqu'à ce jour (non indiqué) [1691]. — 34. Copie signifiée à Étienne à la requête de Pierre Alboin, docteur en médecine (3 septembre 1691). — 35. Quittance de Pierre de Jossaud (20 septembre 1690). Il a reçu de son cousin de Clausonnette un lit de cadis violet doublé de taffetas jaune, avec le bois du lit, ensemble 15 chaises de noyer garnies de même étoffe avec une frange jaune, et une vanne en taffetas jaune, pour 300 l., sur estimation, représentant les intérêts de la dot d'Éléonore de Laudun, sa femme. — 36. Note de comptes, s. d., mentionnant les années 1688 à 1690 [1691]. — 37. Rôles des quittances envoyées par Étienne de Laudun à son fils [Joseph-François] pour être refaites sur timbre (1688 à 1691). — 38. Double de la pièce 33. — 39. Impugnations baillées par Claude Polge, procureur et curateur en la discussion des biens de Guillaume et Jean de Roques de Clausonne contre

Étienne de Laudun, administrateur des personne et biens d'Henri de Roques de Clausonne devant le sénéchal (1691). — 40-41. Lettres de Poustoly à Laudun et à Clausonne (24 janvier-25 février 1692). — 42-43. Quittances (23 mars-30 avril 1692). — 44-45. Lettres de Poustoly à Laudun (30 avril-8 octobre 1692). — 46. Reçu de chemises de Hollande et de cravates à dentelles, ensemble un « Raseul » pour faire des chemises à Léonarde, fait par Clausonnette à son oncle Étienne de Laudun (Aramon, 28 septembre 1692). — 47. Copie d'une ordonnance du sénéchal entre Henri de Roques de Clausonnette, demandant l'ouverture de la substitution testamentaire de son aïeule maternelle Esther de Bouchard, et le curateur des créanciers de Guillaume et de Jean de Roques, demandant la séparation de leurs patrimoines (Nîmes, 23 décembre 1692). — 48. Quittance de Clausonnette à son oncle (15 janvier 1693). — 49. Déclaration notariée faite par Léonarde Melouze, veuve Plagnol, de Beaucaire, en faveur de son bienfaiteur Étienne de Laudun (Aramon, 23 février 1693). — 50. Délai accordé par MM. de Laudun et du Bousquet (Beaucaire, 10 mars 1693). — 51. Compte de recette et dépense remis au sénéchal par Étienne de Laudun, de son administration des biens d'Henri de Roques de Clausonne, son neveu, fils de Jean (Communiqué en juillet 1693). — 52. Lettre de Beaulieu à Laudun. Il ne peut plus attendre (7 mai 1695). — 53. Lettre de Poustoly à Laudun. Il a vendu son office depuis deux ans. Il a prié Durand, son acquéreur, de chercher les papiers de Laudun, sans grand résultat (12 juin 1695). — 54. Nouveau délai accordé par Beaulieu (9 octobre 1697). — 55. Note généalogique sur les de Roques de Clausonne (s. d.). — 56. Minute s. d. de transaction entre Étienne et Joseph-François de Laudun, père et fils, d'une part ; et Henri de Roques, fils unique de Jean, sieur de Clausonnette, et de Diane de Gayon du Bousquet, d'autre (Après 1697). — 57. Copie s. d. des pactes de mariage entre Jean de Roques de Bouchard, seigneur de Clausonnette, et Claire de Novy. — 58. Rôle des biens d'Henri de Roques à Meynes (s. d.). — 59-60. Copies de procédure contre Étienne de Laudun (9 avril-9 août 1698). — 61. Lettre de Beaulieu à Laudun. Le roi lui demande une taxe de 4.800 l. et les 2 s. pour livre en conséquence de la jonction de l'office de garde-sceau. Il attend qu'Étienne le paie (Beaucaire, 28 septembre 1698). — 62. Arrentement des biens de Clausonnette, Meynes, Clausonne et Sernhac passé par Henri de Roques, assisté d'Étienne de Laudun, à la réserve de la grande maison de Moynes et parcelles attenantes, à mi-fruits (Moynes, 20 octobre 1698). — 63. Délai accordé par Beaulieu à Laudun (8 novembre 1688). — 64-67. Notes s. d. de sommes dues à Laudun par Clausonnette (1688). — 68-69. Lettres de Poustoly à Clausonne et à Laudun (s. d.). — 70-72. Lettres d'affaires d'un ecclésiastique signant : « d'Anne, doyen », avec cachets rouges armoriés, sans date de lieu ni d'année. Il y est question de M. de Queylan, de vaisselle, de feu M. de Clausonne, d'un archiprêtre, du rentier de Moynes, de M. de Fresslou, de M. Bérard. Ces lettres paraissent écrites d'Arles (22 septembre-5 octobre). — 73. Mémoire s. d. sur une censive de sept années échues sur une maison à Moynes de Jean de Clausonne relevant du chapitre de N.-D. de Villeneuve (s. d.). — 74-78. Notes sans date des effets de M. de Clausonne portés au couvent des Ursulines, de paiements, d'allocations faites par Poustoly de recettes et de paiements, des prix de vente de meubles. M. de Courtois paie « la perruque » 11 l. 5 s. et les landiers de la cuisine 4 l.

R. 1390. (Liasse.) — 2 pièces, parchemin ; 49 pièces, papier ; 4 sceaux.

1688-1702. — *Famille de Laudun, d'Aramon. — Étienne 1er de Laudun. — Ses enfants autres que Joseph-François. — Sa décharge du droit de franc-fief.* — 1. Quittance de Louis de Raoux ou Raousset de Soumabre, époux de Marie de Laudun, à son beau-père Étienne de Laudun (Tarascon, 13 février 1685). — 2-6 : *Éléonore de Laudun.* — 2. Articles du contrat de mariage entre Pierre de Jossaud, fils de Louis et d'Honorée d'Astier, d'une part, et Éléonore de Laudun, d'Aramon, fille d'Étienne et de Marie de Roques de Clausonne, d'autre (Tarascon, 5 novembre 1688). Douze signatures des membres des deux familles. — 3. Procuration donnée par Honorée d'Astier, veuve de Louis de Jossaud, à son gendre Henri de Provençal pour la représenter audit mariage (Tarascon, 12 novembre 1688). — 4-5. Déclaration de Pierre de Jossaud à son beau-père Étienne de Laudun, le déchargeant d'un paiement d'intérêts (Aramon, 15 novembre). — 6. Quittance de 6.000 l. faite par Pierre de Jossaud à son beau-père Étienne (Tarascon, 9 octobre 1690).

— 7-89 : *Henri de Laudun, fils d'Étienne et de Marie de Clausonne.* — 7. Son acte de baptême (Aramon, 16 juin 1677). Extrait du 26 avril 1688. — 8. Plainte de Claude Cavènes au lieutenant de viguier de la baronnie d'Aramon, contre une agression à coups de bâton de la part de jeunes gens assistés par « le cadet Laudun » (24 juillet 1685). — 9. Signification au cadet Laudun, absent, d'avoir à se constituer prisonnier dans les prisons du château d'Aramon, à l'instance d'Agnès Gilles, femme de Louis Sommille, de leurs filles Agnès et Thérèse Sommille, joint à elles le procureur fiscal, demanderesses en excès pour assassinat contre Jean Martin, Joseph Guiraud et le cadet Laudun (2 août 1685). — 10. Autre signification du 19 août, à l'instance du procureur fiscal, demandeur en excès et assassinat sur la personne de Claude Cavènes. — 11. Promesse signée par Laudun, Martin, Guiraud et Cavènes, à ce dernier, de le dédommager de ses frais devant les officiers ordinaires d'Aramon et le parlement de Toulouse, et engagement de Claude Cavènes de renoncer au procès, en tenant quittes ses agresseurs (Aramon, 20 janvier 1686). — 12. Désaveu, par Claude Cavènes, de sa plainte du 24 juillet 1685, et signification au procureur fiscal d'Aramon (29 janvier). — 13. Obligation de 2.000 l. faite par Henri de Laudun de Favier, servant dans la Marine en qualité de cadet dans une compagnie franche à Toulon, à François de Raousset de Soumabre, lieutenant de vaisseau et capitaine d'une compagnie franche de la Marine. C'est pour subsister dans le service du roi (Toulon, 1er septembre 1699). Extrait scellé du 2 septembre. — 14. Déclaration de François de Raousset de Soumabre, portant que l'obligation précédente d'Henri de Laudun, son cousin, cadet dans sa compagnie, est fictive et motivée seulement par certaines considérations (La Valette, 3 septembre). Traces de sceau. — 15. Lettre de Monteil à (Joseph-François) de Laudun, maire d'Aramon. Le procureur de Toulouse a proposé le cas de la prévention et les circonstances qui obligent le frère du destinataire, [Henri], à ne pas se remettre aux prisons de la dame d'Aramon. Procédure à suivre dans ce but (26 mai 1700). — 16. Lettre du roi, contresignée : Chamillart, au marquis de Maulévrier, colonel du régiment de Navarre, pour reconnaître Laudun en la charge de lieutenant réformé dans la compagnie de Charmon, charge vacante par la promotion de Gacoin (Versailles, 16 août 1702). — 17. Lettre du roi, contresignée : Voysin, au marquis de Gassion, colonel du régiment de Navarre, pour reconnaître Laudun en la charge de sous-lieutenant dans la compagnie de Viella, charge vacante par « l'abandonnement » de Ponthuraut (Marly, 18 novembre 1713). — 18. Lettre du roi, contresignée : Leblanc, au marquis de Rambure, colonel de Navarre, pour recevoir Laudun, capitaine en second de la compagnie de grenadiers de Forbois, comme capitaine de la compagnie vacante par la retraite du capitaine d'Arane, et donnée à Laudun de l'avis du duc d'Orléans, régent (Paris, 2 janvier 1720). Senau. — 19-20. Pièces attachées ensemble. — Commission de capitaine d'une compagnie dans le régiment de Navarre pour M. de Laudun. Cette compagnie était vacante par la mort du capitaine Germanaut. Le marquis de Gassion est colonel du régiment, et recevra de Laudun en sa charge (Marly, 5 août 1713). — Lettres de Louis d'Orléans, duc de Chartres, premier prince du sang, colonel général de l'infanterie française et étrangère, au sujet des lettres patentes précédentes, en forme de commission, signées : Louis, contresignées : Voysin, et scellées du grand sceau de cire jaune (disparu), et attachées sous le contre-scel des armes du duc, mandant au marquis de Rambures, mestre de camp du régiment de Navarre, de faire reconnaître de Laudun en qualité de capitaine (Paris, 16 mai 1722). Signatures de Louis d'Orléans, contreseing de Montgault. sceau sur queue dont la cire est partie, mais dont la belle empreinte sur papier subsiste, avec le contre-scel reliant les deux pièces. — 21. Note s. d. des états de services d'Henri de Laudun. — 22. Mémoire du chevalier de La Taulade sur ce qui lui est dû par feu le capitaine de Laudun (s. d.). — 23. Lettre de M. de Jossaud. capitaine de Navarre, à Laudun. Il ne veut pas renouveler son affliction. Laudun lui avait parlé de l'argent dû au régiment au sujet de la diminution. Il croit bon de laisser faire l'État-Major. qui « le mettra à couvert. » Dès son retour au régiment, il lui enverra son dû (Tarascon, 7 mars 1724). — 24. Promesse d'Henri de Laudun à un soldat de sa compagnie pour le reste de son engagement (Caussade, 23 mai 1723). Au-dessous, donné à La Vertu un à-compte (Besançon, 24 juin 1724). — 25. Note signée : La Taulade-Bergouing Il lui revient de feu Laudun 30 l. pour 26 soldats auxquels on avait retenu 30 s. quand la compagnie du défunt était sur la ligne. On les a payés à Besançon, sur les appointements du scripteur (8 juillet 1724). — 26. Reçu,

fait par le même à Jossaud, de 80 l. pour les frais de séjour à Paris de M. de Calbiron) : à l'occasion des billets de banque (Law) dus au régiment (Besançon, 4 août 1724). — 27. Certificat du chevalier de Sailly, capitaine au régiment de Navarre. Il a fourni, à la compagnie de feu de Laudun, un habit neuf de soldat coûtant 20 l. Acquit fait à Jossaud (Besançon, 7 août). — 28. Quittance de Pitul, faite partiellement à Laudun pour frais d'habit, de maladie, etc. (s. d.). — 29. Mémoire et compte de Jossaud avec Laudun (s. d.). — 30. Compte de l'avoir de feu Laudun au régiment. Les dépenses dépassent l'actif. — 31-33 : Gabrielle et Agnès de Laudun, ursulines d'Aramon ; Thérèse, hospitalière de Nimes ; Isabeau, ursuline d'Aramon. — 31. Quittance de 300 l. faite à Étienne de Laudun par Dorothée d'Icard, supérieure des ursulines d'Aramon, pour l'ameublement des chambres d'Agnès de Laudun, suivant l'acte de sa réception. Après la supérieure, signent Honorée de Martinon, assistante ; Geneviève de Prémont, zélatrice, et Marie de Prémont, dépositaire (2 septembre 1682). — 32. Acte de notification d'Étienne de Laudun à François de Jossaud, prêtre et conseiller au présidial de Nimes. Il a remis aux Ursulines d'Aramon un capital de 2.400 l., à lui dû comme héritier de sa mère Isabeau de Favier, par feu Simon de Jossaud, qui avait promis de le payer aux Ursulines, comme il appert du contrat de réception d'Agnès de Laudun, sœur Agnès de la Nativité, décédée depuis. Voulant retirer ladite dot et constitution, et autres choses données au monastère. Étienne a fait assigner les Ursulines au sénéchal (5-6 août 1687). — 33. Promesse, faite par la supérieure des religieuses hospitalières de Saint-Joseph de l'Hôtel-Dieu de Nimes, à Étienne de Laudun, de recevoir à la profession la sœur Thérèse de Laudun, sa fille, et de pourvoir à son entretien sans rien prétendre sur les biens d'Étienne (3 juin 1689). Signatures des sœurs M. de Pansier, supérieure ; Élisabeth Poudevigne, assistante ; .... de Rane, instructrice ; Louise Cornuel, hospitalière ; Marie de Novy. dépositaire. — 34. Promesse faite par Joseph-François de Laudun de payer à sa sœur Gabrielle, novice dans le monastère des Ursulines d'Aramon, sous le nom de sœur de la Croix, 15 l. par an. Extrait (Aramon, dans le parloir du couvent, 14 juillet 1723). — 35. Quittance de 1.500 l. faite par les Ursulines d'Aramon à Étienne et Joseph-François de Laudun, père et fils, pour les ameublement de chambre, vestiaire et arrérages de pension de l'année du noviciat de Gabrielle de Laudun (14 juillet). — 36-37. Analyse partielle du testament d'Élisabeth de Laudun, fille de feu Étienne, testament reçu le 10 novembre 1721 par Rabaulet, notaire d'Aramon. — 38. Circulaire imprimée pour annoncer aux autres monastères d'Ursulines le décès de la Mère de la Croix de Laudun, assistante du monastère d'Aramon, avec son éloge et les principaux traits de sa vie de 79 ans (29 août 1751). — 37-51: *Étienne de Laudun et le droit de franc-fief.* — 39-40. Note et inventaire des pièces produites devant la chambre souveraine établie à Montpellier pour la remise de taxe et le recouvrement des droits des francs-fiefs, nouveaux acquêts et amortissements (s. d.) [1658]. — 41-42. Copies, à suite de contrainte en paiement de 2.101 l. pour taxe de francs-fiefs, décernée contre Jean de Laudun. Les rentes de son bien de Fourques, faute de paiement, seront saisies et arrêtées entre les mains de son rentier (26 mars 1658). — 43. Note d'une assignation du 3 avril 1658 contre Étienne de Laudun et consorts. — 44. Inventaire des pièces baillées devant la Chambre souveraine de Montpellier pour la taxe des droits de francs-fiefs, etc., par Étienne de Laudun, contre le procureur du roi en ladite chambre et le traitant des dits droits (11 avril 1658). — 45. Copie pour le rentier de Fourques (17 avril). — 46. Requête d'Étienne de Laudun et assignation contre le traitant et le procureur du roi (11-17 avril). — 47. Arrêt imprimé du Conseil d'État sur les Francs-fiefs (Versailles, 28 avril 1693). — 48. Édit imprimé confirmant les roturiers possédant des fiefs nobles dans l'affranchissement du droit de franc-fief (Versailles, août 1692), suivi d'un arrêt du Conseil du 16 août, d'un modèle de déclaration pour les droits de franc-fief, du rôle de ce que doit Étienne de Laudun possédant noblement des biens-fonds à Aramon, et d'un commandement de payer ses droits de franc-fief à lui signifié le 27 août 1693. — 49. Autre copie de commandement (Août 1693). — 50. Arrêt imprimé du Conseil d'État, du 9 novembre 1700, suivi d'une ordonnance de l'Intendant sur le droit de franc-fief, qui ne sera levé que pour les fiefs et biens nobles acquis par des roturiers depuis août 1691. — 51. Saisie, à la requête du traitant général des droits de francs-fiefs, et sur ordonnance de l'Intendant, par un archer et garde en la maréchaussée particulière de Nîmes, à suite d'un commandement à Laudun de payer 2.200 l., etc., de ses revenus de Fourques.

Son rentier de Fourques est établi pour séquestre (24 octobre 1702).

E 1381. (Liasse.) — 1 pièce, parchemin ; 64 pièces papier ; 2 sceaux.

1656-1690. — *Famille de Laudun, d'Aramon.* — *Étienne 1ᵉʳ de Laudun. — Créances.* — 1-2. Créance contre feu Claude Queylan, docteur et avocat de Beaucaire, et son fils Antoine-Joseph, docteur et avocat. La succession paternelle étant chargée de dettes, et le fils étant résolu à la faire discuter, les créanciers se sont entendus pour prendre en paiement des fonds et des effets (1656-1671). — 3-8. Créance contre Jeanne Combe, veuve d'Antoine Damour, comme tutrice de leurs enfants mineurs. Le créancier est Jacques Teissier, bourgeois d'Aramon. Le lien avec les Laudun n'apparaît pas, mais n'est pas douteux (27 avril-5 juin 1674). — 9-11. Emprunt de 5.000 l. fait par les consuls de Beaucaire à Étienne de Laudun (13-26 janvier 1675). — 12-33 : *Affaire de la créance contre Antoine Sellon apothicaire, ou Guillaume Louet, notaire de Beaucaire.* — 12. Bail en paiement fait à Étienne de Laudun par Guillaume Louet, notaire de Beaucaire, son débiteur pour 400 l. cédées à Étienne par Esther de Bouchard, sur Louet, à l'occasion de partie de l'augmentation de dot constituée à Marie de Clausonne, petite-fille d'Esther, en son mariage avec Étienne. Louet cède en paiement une terre de l'île de Saint-Agricol. L'acte est passé à Beaucaire, chez Guillaume de Roques, seigneur de Clausonne, premier consul, gouverneur et viguier, par le notaire Patron, le 14 septembre 1666. — 13. Rôle des dépens de M. de Laudun dans son procès contre Sellon (s. d.). — 14-18. Contrainte et saisies contre Louet (2 mai 1669-7 mars 1673). — 19. Jugement des consuls gouverneurs de la ville et viguerie de Beaucaire et de François-Joseph de Roys, juge royal et ordinaire, rendu entre Guillaume Louet et Jean Darnin et Antoine Sellon. Louet demandait le rabattement du décret obtenu par Darnin, exacteur des tailles, sur sa terre de l'île de Saint-Agricol. Quant à Sellon, il est rémissionnaire de Darnin pour cette terre. Défense est faite à Louet de le troubler dans sa jouissance de ladite terre (19 octobre 1673). — 20-23. Pièces de la procédure contre Louet (30 juillet 1674-7 septembre

1675). — 24-29. Pièces de la procédure d'Étienne de Laudun contre Antoine Sellon (16 janvier-25 juin 1677). — 30-31. Jugement du présidial de Nîmes rendu contre Guillaume Louet, et adjugeant à Étienne de Laudun sa maison de Beaucaire et sa vigne au *Cap dou Riau*, faute de paiement de 100 l. Étienne est aux droits d'Esther de Bouchard, veuve de Jacques Vigier, en faveur de qui Louet avait contracté obligation le 7 mars 1654. Le jugement est du 16 juillet, et sa signification du 30 août 1678. Sceau. — 32. Copie d'assignation donnée à Étienne de Laudun par les hoirs de Guillaume Louet pour comparoir dans la maison où ce dernier habitait, et où l'on procédera à l'inventaire des meubles, documents et autres effets du défunt (5 décembre 1678). — 33-36. Créance contre Madeleine Roumette et son fils Étienne Trouillas, avec renonciation d'Imbert Rivière, mari de Marie-Anne Trouillas, fille de feu Jacques Trouillas, à toute prétention sur la terre qu'Étienne de Laudun a fait décréter, et dont Calmene, marchand de Beaucaire, est rémissionnaire (1656-9 novembre 1680). — 37. Créance contre Arnoux Honoré, marchand d'Aramon (15 juin 1681). — 38-40. Créance contre Antoine et autre Antoine Combéglise frères, ménagers, d'Aramon (13 octobre 1672-24 août 1681). — 41. Créance cotre Vincent Guiraud, d'Aramon (4 septembre 1683). — 42-47. Pièces de la procédure contre le débiteur Jean Calmene, marchand (Dernier février 1681-10 août 1687). — 48-52. Pièces de la procédure contre Antoine Bolly, marchand d'Aramon (1er novembre 1680-11 décembre 1685). — 53-61. Créance contre la communauté de Saze, payée en fonds de terre (4 janvier 1666-21 septembre 1688). — 62. Obligation faite par Étienne de Laudun à Léon Volle, marchand de Nîmes, le 23 mai 1689, et acquittée en 1690. — 63. Quittance de Catherine Pradier, d'Estézargues (10 octobre 1690). — 64. Quittance du chapitre de Sainte-Marthe de Tarascon (10 octobre 1690). Il s'agit, dans ces deux pièces, du remboursement de capitaux empruntés par Étienne de Laudun. — 65. Vente faite par Étienne de Laudun à Julienne Le Batteur, veuve d'Aubert, d'Avignon, d'une pension perpétuelle de 66 l. 10 s., rachetable néanmoins, moyennant le capital de 960 l. monnaie de roi, et rachetée par Étienne le 16 octobre 1690.

E. 1382. (Liasse.) — 3 pièces, parchemin; 61 pièces papier; sceau.

1584-1699. — *Famille de Laudun, d'Aramon. — Étienne Ier de Laudun. — Créances. — 1-12: Affaire Gaspard Gilles.* — 1. Vente d'une pension de 25 l., faite par Gaspard Gilles, bourgeois d'Aramon, à Étienne de Laudun, moyennant un capital de 400 l. (10 avril 1672). — 2. Compte des arrérages en souffrance de 1683 à 1687. — 3. Arrentement fait par Gaspard Gilles de son moulin à huile d'Aramon à Antoine Combéglise, ménager, le 2 novembre 1687 (Cf. les pièces 38 à 40 de l'article E. 1381). — 4-5. Production et requête d'intervention en la discussion de Gaspard Gilles et en allocation de somme contre le curateur et les créanciers, pour Étienne de Laudun (3 mars 1680). — 6. Note sur une terre du quartier « Sur les Capoulières » (9 octobre 1691). — 7. Contrainte émanée de la cour des Conventions royaux de Nîmes contre Gaspard Gilles (15 novembre 1691). Sceau. — 8. Commandement, refus de payer, saisie de la terre du quartier « Sur les Capoulières », première et deuxième enchère, signification du tout et des enchères suivantes, de quinzaine en quinzaine, aux hoirs de Gaspard Gilles (6-23 décembre 1691). — 9-10. Copies d'une ordonnance d'ordre pour la discussion des biens de feu Gaspard Gilles, rendue par le sénéchal (Nîmes, 25 septembre 1693). — 11. Extrait d'une ordonnance du sénéchal, du 7 mai 1694, rétrogradant les hoirs de Choisity et Moureau dans la discussion de Gaspard Gilles. — 12. Signification faite, à la requête de Joseph-François de Laudun, maire d'Aramon, à Barthélemy Sicaud, rentier des biens des hoirs de Gilles, au sujet de sa terre des Capoulières (12-14 juillet 1694). — *13-66: Affaire Marguerite Buffe.* — 13. Contrat de mariage entre Charles Buffe, fils de Jacques, du Forest du Villard, résidant à Saint-Sauveur, près d'Embrun, et Esprite ou Spirite, fille de Jacques Caire, dit Molle, du Forest de « Luchentrye », terroir de « Barcellonne » ou Barcillonnette (24 novembre 1584). — 14. Copie du contrat de mariage entre Antoine Buffe, dit Pijar, fils de Charles et d'Esprite « Gallonne » (1) de « Barcellonne » en Dauphiné, habitant Aramon, et Jeanne

(1) Mauvaise graphie pour Cairemolle.

Thérond, fille d'Antoine et de Marguerite Gay, d'Aramon (1er mars 1610). — 15-16. Accord entre Antoine Thérond et Antoine Buffe, beau-père et gendre (18 février 1612). — 17. Quittance et reconnaissance de dot faite par Antoine Buffe à Antoine Thérond (25 août 1619). — 18. Attestation des consuls juges ordinaires de « Barcillonne » ou Barcilonnette, portant que Charles Buffe, fils de Jacques, et « Sperite » ou Spirite Calromelle, fille de Jacques, ont été « vrais mariés », résidant longuement ensemble au « fourestage de Villar », en gens de bien et bons catholiques, laissant deux enfants, Antoine et Jacques, également honorables. Onze signatures. Sceau municipal. L'acte est du 14 novembre 1617, et en mauvais état. — 19. Extrait en forme de l'acte précédent, fait le 18 juillet 1622. — 20. Quittance faite par Joseph de Malevalette à Antoine Buffe, d'une obligation de 75 l. (20 juillet 1621). — 21. Vente d'un mas au faubourg supérieur d'Aramon, faite par Pierre Veillaire à Antoine Buffe, avec quittance du prix (31 mars 1624-4 février 1627). — 22. Quittance respective, portant reconnaissance de dot et rémission en paiement, entre Antoine Buffe et son beau-frère Claude Thérond (27 juillet 1625). — 23. Quittance réciproque entre Antoine Buffe et Guillaume Genestet, beaux-frères de feu Claude Thérond (31 décembre 1631). — 24. Vente de terres faite par Laurent de Choisily à Antoine Buffe (3 février 1643). — 25. Contrat de mariage entre Michel Fournier, fils d'Eyrier, et Marguerite Buffe, fille de feu Jacques et de Marguerite Brunel, tous d'Arles (6 juin 1643). — 26. Frais de justice dus par les hoirs d'Antoine Buffe pour le partage de ses biens (4-5 août 1646). — 27. Vente faite par Jeanne Thérond, veuve d'Antoine Buffe, d'Aramon, des biens baillés en paiement au défunt par la communauté d'Estézargues. L'acquéreur est Étienne Granier, de Domazan. Consentement de Jean Buffe et de Marguerite Buffe, épouse de Michel Fournier (17 décembre 1648). — 28. Lettre adressée à Jean Fournier, en Arles, de Mison, sous une signature illisible, le 11 août 1658. Feu François Buffe, ou « Beule », mari de Marguerite Brunel, fille de feu François, héritière de sa sœur Catherine et d'Honorée Fabre, est mort intestat, sans aucun héritier. Sa veuve lui a succédé. Mais Barthélemine Armand, comme veuve de Pierre Fabre, s'est emparée de l'héritage, qui est de considération. Le procès est pendant devant les officiers de Mison. Si Mme Jean Fournier est en degré utile, on peut poursuivre. — 29. Procuration donnée au même par Marguerite Buffe, veuve de Michel Fournier, à Claude Darmin, prêtre d'Aramon (19 novembre 1668). — 30. Autre procuration donnée au même par Marguerite Buffe (Aramon, 28 mars 1669). — 31. Donation entre vifs faite par Marguerite Buffe à Claude Darmin, de tous ses biens à la réserve des fruits sa vie durant, et de 200 l. (28 mars 1669). — 32-33. Jugement du présidial rendu entre Marie de La Gorce de Cocols et consorts, d'une part ; Étienne Granier, de Domazan, possesseur des biens ayant appartenu à feu Antoine Buffe et Marguerite Buffe, héritière d'Antoine, d'autre. La cour permet aux premiers de faire saisir et séquestrer la moitié de tous les fruits pendants aux biens situés à Estézargues, possédés par Granier, et à lui vendus par Catherine Thérond, veuve d'Antoine Buffe (Nimes, 25 juin 1669). Signification le 26. — 34-35. Jugement du présidial entre les mêmes parties. Le fonds vendu par la veuve de Buffe, le 17 décembre 1648, et baillé en paiement à la dite veuve par la communauté d'Estézargues est hypothéqué à Marie de La Gorce et consorts, d'Aramon, en garantie des legs à eux faits par Antoine Buffe (Nimes 27 septembre 1669). Signification du 29 octobre suivant. — 36. Copie de vente. Le 5 octobre 1669, Claude Darmin, vicaire de l'église Saint-Pierre de Terme, habitant Aramon et procureur de Marguerite Buffe, veuve Fournier, domiciliée en Arles, héritière de son oncle Antoine Buffe, vend à Jean Frion, d'Aramon, une terre à Theziers, lieu dit *Cros Bon*. — 37. Quittance du mari de Marguerite Raffin, de Boulbon, filleule d'Antoine Buffe, faite à Marguerite Buffe. Copie (24 mars 1670). — 38. Quittance de legs donnée par un filleul d'Antoine Buffe à Claude Darmin, payant pour Marguerite Buffe (16 mai 1670). — 39. Ratification donnée par Marguerite Buffe à une vente passée en son nom par Claude Darmin (20 août 1670). — 40. Achat de terres d'Estézargues fait à Claude Darmin, comme procureur de Marguerite Buffe, par Étienne Granier, de Domazan (2 septembre 1670). — 41. Quittance de legs faite à Marguerite Buffe par Pierre Delon, marchand d'Aramon, comme mari d'une filleule d'Antoine Buffe (14 septembre 1671). — 42-48. Quittances faites à Michel Fournier ou à sa veuve (1652-1672). — 49. Saisie de Charles Combe, d'Aramon, contre Marguerite Buffe (24 décembre 1672). — 50. Compte de Guillaume Visud, remis aux officiers ordinaires d'Aramon, comme dépositaire des deniers de la discussion des biens de feu Jean Darmin, défendeur contre Gérard Rodes, apothicaire (5 novembre 1673-17 janvier 1674). — 51. Quittance du maçon Pierre Roux faite au prêtre Claude Darmin, procureur de Marguerite Buffe, pour réparations à une écurie du faubourg supérieur d'Aramon (10 juillet 1674). — 52. Rôti en paiement et rémission faits par Darmin, ès qualité (10 juillet). — 53-55. Quittances faites à Darmin (23 avril 1674-4 février 1679). — 56. Quittance pour médicaments fournis à Marguerite Buffe (Arles, décembre 1679). — 57. Copie d'une ordonnance du juge des Conventions de Nîmes concernant la distribution des biens de Raimond Blanc. Parmi les créanciers figurent Marguerite Buffe et la communauté des prêtres d'Aramon (Nîmes, 27 octobre 1684). Signification auxdits prêtres agrégés le 11 décembre suivant. — 58-59. Quittances des tailles de feu Darmin et de Marguerite Buffe, payées par Étienne de Laudun (Aramon, 3 octobre 1685-7 juillet 1686). — 60. Quittance de 3 l. faite par le chirurgien Puget à Étienne de Laudun, héritier sous bénéfice d'inventaire du prêtre Claude Darmin, pour soins de dernière maladie (Aramon, 1er août 1686). — 61. Requête d'Étienne de Laudun au sénéchal. Marguerite Buffe, habitant Aramon, l'a institué pour son héritier universel. Les biens laissés par elle ont peu de valeur et divers créanciers absorbent presque tout l'héritage. Étienne demande l'autorisation de faire procéder à l'inventaire. Elle est accordée le 17 avril 1687. — 62. Verbal contenant inventaire des meubles et effets délaissés par Marguerite Buffe, d'Aramon (24 avril). — 63. Compte de Rode, apothicaire, acquitté par Étienne de Laudun le 9 juin 1687. Il y a pour 4 l. 12 s. de médicaments fournis dans la maladie de Marguerite Buffe. — 64. Rôle de ce qui s'est trouvé appartenir à Marguerite Buffe dans la salle et la chambre de la maison de feu Claude Darmin, prêtre (s. d.). — 65. Lettre de Roux, d'Avignon, à M. de Laudun le fils, du 8 mai 1699. Si le destinataire lui envoie la copie d'assignation reçue en qualité d'hoir de Marguerite Buffe, à l'instance de sa femme Isabeau Allard, Roux offre de se présenter pour lui à ladite assignation à ses frais. — 66. Mémoire (s. d.) pour « le cousin » Étienne Antic. Il devra rechercher, en Arles, si François Buffe a laissé des enfants. S'ils sont en âge, ils feront procuration au notaire de Mison, pour reprendre le procès que ledit François avait pendant devant les officiers de

Mison contre Barthélemine Armand (Cf. la pièce 33 du présent article).

E. 1323. (Liasse.) — 4 pièces, parchemin; 65 pièces, papier; 1 sceau.

1653-1703: — *Famille de Laudun, d'Aramon. — Étienne 1er de Laudun et son fils Joseph-François 1er. — 1-5: Étienne 1er premier consul d'Aramon.* — 1. **Arrêt du Conseil privé du roi, rendu à Paris, le 30 décembre 1654**, à la requête des marchands épiciers de Lyon, qui ont porté plainte au prince de Conti contre le monopole des huiles d'olive, exercé par les consuls et habitants d'Aramon. Le prince leur avait, par ordonnance, défendu toute mesure contraire à la liberté du commerce. Malgré l'ordonnance, l'année précédente, un marchand fut maltraité en sa personne par les consuls et par un député des nobles. En outre, on lui fit perdre plus de 3,000 l. d'huile qu'il avait achetées en Provence. Depuis, d'autres marchands ou leurs facteurs ont reçu un traitement semblable. Le Conseil, avant faire droit, se fera renseigner par l'intendant M. de Bezons. — 2. Compte remis aux auditeurs des comptes par Étienne de Laudun, premier consul d'Aramon, pour les années 1653 et 1654, au sujet de l'argent consacré par lui à des réparations incombant au seigneur. Il s'agit des murailles et chaussées de son grand clos de Perret, contigu au faubourg inférieur, et pour lesquelles la communauté a fait des avances. — 3. Promesse d'Arnoux Honorat (22 octobre 1677). — 4. Contrainte décernée, par les officiers ordinaires d'Aramon contre les consuls et la communauté, pour paiement de droits, vacations et émoluments de l'année. Suit la quittance (20 mars-4 juillet 1678). — 5. Ordonnance de la cour des aides au sujet du nouveau compoix d'Aramon, rendue entre les consuls, demandeurs, et le procureur général, défendeur. Le nouveau compoix est autorisé (Montpellier, 15 juillet 1679). — *6-70: Joseph- François 1er de Laudun.* — 6. Notes généalogiques le concernant (XVIIIe s.). — 7-8. Copie et original en très mauvais état de l'acte de baptême de Joseph-François de Laudun, fils d'Étienne et de Marie de Roques (Aramon, 1er juin 1661). Extrait du 14 septembre 1676. — 9-10. Autre extrait de naissance de Joseph-François, et extrait du livre des baptêmes d'Aramon pour tous les enfants présentement en vie d'Étienne de Laudun. Les baptêmes du second extrait vont de 1658 à 1677. Sceau de la cour de la baronnie (7 mars 1679). — 11. Reçu des papiers rendus à la communauté d'Aramon par Joseph François de Laudun, ci-devant consul, avec leur description (16 mars 1688). — 12. Note d'emprunts divers (10 janvier 1689). — 13. Note du contrat de mariage entre Pierre de Jessaud et Éléonore de Laudun, reçu le 15 novembre 1688 par Rolandet, notaire d'Aramon, et insinué à la cour de Tarascon le 24 février 1689. — 14. Ordonnance imprimée de l'Intendant pour le payement de ce qui reste dû des taxes des îles du Rhône, datée de Montpellier, 5 février 1689, et signifiée à M. de Laudun pour lui, pour Charles de Rousset et pour Antoine de Barrème, de Tarascon, le 10 mars suivant. — 15. Articles de mariage entre Joseph-François de Laudun et Marie-Madeleine Arvillan de Soray, fille de noble Pierre et de feu Marie Dupuy, de Beaucaire. Nombreuses signatures (Beaucaire, 3 septembre 1690). — 16-17. Extrait du contrat de mariage des précédents futurs (Beaucaire, 4 octobre 1690; avec un certificat d'insinuation du 23 novembre suivant. — 18-19. Bail ou paiement fait par Étienne de Laudun pour le règlement des 24,000 l. qu'il a données à son fils Joseph-François lors de son mariage. Il lui remet une métairie à Fourques, une autre à Saint-Gilles, et divers capitaux, qui lui sont dus par la communauté de Fourques ou des particuliers de plusieurs localités. Extraits suivis d'une signification, ou d'une rémission, respectivement (18 octobre 1 :39-28 août 1691). — 20. Notification de ladite cession, par un procureur de Joseph-François, à Pierre Roquier, prêtre de Barbentane (21 août 1691). — 21-28. Quittances (1691-1692. — 29. Vente faite par MM. de Laudun père et fils, solidairement, à Jean François, marchand d'Avignon, d'une pension perpétuelle de 111 l., assise sur une terre d'Aramon, moyennant le capital de 2,099 l., payé à l'acte et destiné à l'achat, par M. de Laudun fils, de la charge de maire d'Aramon (Avignon, 28 février 1699). Suit une déclaration de Jean François, faite le 19 mars suivant et portant que les 2,099 l., du capital ont été fournies par Pierre Allier, prêtre d'Aramon. Extraits. — 30. Requête s. d. faite à l'Intendant par Accurse de Posquières et Joseph-François de Laudun, chefs des cinq familles nobles d'Aramon, en vue du maintien d'une clause de la transaction du 6 octobre 1619, passée entre les gentilshommes et la communauté d'Aramon. Il s'agit du droit d'assister à tous conseils, ordinaires et extraordinaires, conféré expressément au député desdits gentilshommes. — 31-35. Minutes et extraits de la donation entre vifs faite à Beaucaire, le 4 avril 1684, par Étienne de Laudun de Favier, à son fils émancipé Joseph-François. Il lui donne tous ses biens à condition d'en assumer les charges, et moyennant la jouissance de deux chambres avec la vaisselle d'argent et les meubles qui s'y trouvent, plus une pension de 500 l. (Beaucaire. 4 avril 1684. (Cf., pour les suites de cette donation, les pièces 18 et 20 de l'article K. 1375). — 36-40. Quittances dont les trois plus récentes concernent la finance de l'office de conseiller du roi, maire d'Aramon, créé héréditaire par édit d'août 1692 (23 avril-27 mai 1696). — 41. Ordonnance de l'Intendant Basville pour l'installation de « François-Joseph » de Laudun dans son office de maire d'Aramon (22 juin 1696). — 42-43. Quittances (29 juillet-7 octobre 1696). — 44. Obligation pour laquelle « François-Joseph » de Laudun est caution (Saint-Gilles, 7 octobre 1696. — 45. Requête du maire perpétuel d'Aramon à l'Intendant, au sujet de l'audition et clôture des comptes communaux. Au bas, ordonnance de l'Intendant enjoignant d'y procéder en présence du maire (Montpellier, 2 novembre 1696). — 46. Mémoire des frais d'insinuation de la donation de M. de Laudun (s. d.). — 47. Quittance du 25 juillet 1696. — 48. Copie de requête à l'Intendant pour Joseph-François de Laudun contre les consuls d'Aramon au sujet de l'élection consulaire (7-9 février 1696). — 49. Requête à l'Intendant de Joseph-François, maire perpétuel, à qui les consuls d'Aramon dénient le droit de nommer des consuls. Au bas, ordonnance de l'Intendant portant que le suppliant aura, dans la nomination des consuls, le droit qu'avait le premier consul d'Aramon. Cette ordonnance a été surchargée, puis barrée (Montpellier, 15 mars 1696). — 50. Requête au Sénéchal, de « François-Joseph » de Laudun, maire perpétuel d'Aramon, au sujet d'un vol de gerbes commis sur son aire par les frères Forestier (11 avril 1696). — 51-52. Enquête au sujet des Forestier, faite dans le logis où pend l'enseigne de Saint-Jacques (Aramon, 17 avril 1696). — 53. Extrait d'une déclaration faite en Aramon, le 22 octobre 1696, par Étienne de Laudun en faveur de son fils Joseph-François. Quoique, dans les quittances faites à Étienne par divers particuliers, et revenant à la somme totale de 15.457 l., quittances détaillées à l'acte, il soit dit qu'Étienne a payé, la vérité est qu'elles ont été acquittées des propres deniers de Joseph-François. Étienne consent donc à ce que son fils soit subrogé à ses droits, pour l'assurance de ses deniers. — 54. Requête des maire et consuls d'Aramon à l'Intendant, au sujet des règlements de police et du taux des denrées, usurpés dans un appointement des officiers ordinaires d'Aramon (5 mai 1687). — 55. Contrainte décernée par le sénéchal contre Étienne et Joseph-François de Laudun, père et fils, à l'instance de Jean François, marchand d'Avignon, pour paiement de dépens (Nîmes, 15 juillet-27 septembre 1687). Sceau. — 56. Inventaire des productions d'Étienne Aubert, de Fourques, devant la cour des aides, contre Joseph-François de Laudun, fils et donataire d'Étienne. Vers 1687. — 57. Signification, aux consuls d'Aramon, d'une requête de Joseph-François de Laudun, maire, à l'Intendant, avec l'ordonnance de ce dernier, au sujet du droit qu'avait le premier consul. Protestation des consuls contre la prétention du maire de les nommer (3 février 1688). — 58. Déclaration d'Étienne de Laudun en faveur de Joseph-François, à propos d'une pension et de la métairie de Saint-Gilles (Tarascon, 16 avril 1688). — 59. Requête de Joseph-François aux officiers royaux de Beaucaire, au sujet d'arbres indûment coupés dans son domaine, de leur juridiction, pour servir de saules devant diverses métairies (12 mai 1688). — 60-61. Requête nouvelle de Joseph-François et rapport des experts nommés par lesdits officiers (5 mai 1688). Sceau. — 62. Procuration donnée par les anciens premiers consuls d'Aramon à Joseph-François de Laudun, maire perpétuel, pour aller à Montpellier poursuivre le jugement de l'appel relevé par Me de Jossaud, prêtre, conseiller au présidial de Nîmes et ses adhérents, de la clôture des comptes des constituants, pendant à la cour des aides (Aramon, 15 mai 1688). — 63. Requête de Joseph-François à l'Intendant, en décharge de la taxe de l'arrière-ban (1688). — 64-65. Minute et extrait de quittance contenant déclaration d'Étienne de Laudun en faveur de Joseph-François (25 janvier 1689). — 66. Requête de Joseph-François au maître des ports de Beaucaire, au sujet de déprédations commises dans les saulaies de la rive du Rhône qu'il possède à Fourques. M. de Beaulieu ordonne une enquête par-devant lui (6 août 1689). — 67. Transaction entre les consuls de Fourques et M. de Laudun au sujet d'un procès (17 mai 1701). — 68. Lettre adressée par Barbut, de Saint-Gilles, le 6 juillet 1701, à M. de Laudun, en Avignon, au sujet de décisions de justice contre le sr Criminel, qu'il faut poursuivre jusqu'au décret de tous ses biens saisis. — 69. Sommation de plaider faite à Joseph Sommille, procureur d'Agnès Gilles (Aramon, 16 juillet 1701). — 70. Lettre de Domergue à M. de Laudun, maire d'Aramon, au sujet d'affaires (Beaucaire, 20 juin 1703).

E. 1334. (Liasse.) — 2 pièces, parchemin ; 41 pièces, papier ; 2 sceaux.

1703-1736. — *Famille de Laudun, d'Aramon.* — *Joseph-François Ier de Laudun.* — 1. Déclaration imprimée du roi, donnée à Versailles le 11 août 1705, portant attribution du droit de Franc-Salé à ceux des officiers royaux qui n'en ont point par les édits et titres de leur création, et seront nommés par états arrêtés au Conseil. Suit un arrêt du Conseil d'État du 8 septembre 1705, contenant l'état des officiers qui jouiront du droit de Franc-Salé. Le maire d'Aramon, dont la finance est de 2,000 l. et au-dessus, pour jouir de 2 quartes de minot de sel, paiera 110 l. et les 2 sols pour livre, en tout 121 l. 10 s. Commandement dans ce sens à Joseph-François de Laudun, maire d'Aramon (s. d.). — 2-4. Lettres d'affaires de Domergue. Il y est question, entre autres, de M. Sozay, beau-frère de Joseph-François (Beaucaire, 24 décembre 1707-17 décembre 1708). — 5. Quittance du droit de franc-salé (Paris, 20 février-20 mars 1709). — 6. Minute d'une lettre du 3 novembre 1709, relative à la liquidation de l'indemnité accordée pour la mairie alternative. — 7. Lettre d'affaires de Domergue (Beaucaire, 12 décembre 1709). — 8. Extrait imprimé du rôle de ce que doivent les redevables de la Capitation, arrêté au Conseil des Finances à Versailles, le 19 novembre 1709. Suit une ordonnance de l'Intendant du 21 décembre. Signification faite à Joseph-François, le 13 février 1710, pour le paiement de 129 l. — 9. Mémoire à consulter, délibéré à Nîmes, le 12 avril 1710, par de Latour aîné et Caumette Aldebert, au sujet de M. de Clausonnette. Les dates extrêmes des actes visés sont 1637 et 1688. — 10. Itératif commandement, imprimé, fait à Joseph de Laudun de payer 129 l. au receveur général de l'affranchissement de capitation (1er juillet 1710). — 11. Appointement du sénéchal entre Joseph-François de Laudun et *Henri de Roques de Clausonnette*, héritier de Françoise de Roques de Claucanne. Le défaut est déclaré obtenu par le premier, et le second est condamné à payer 3 000 l., constituées à Éléanore de Laudun par sa tante Françoise (Nîmes, 15 juillet 1710). — 12. Certificat des officiers ordinaires de la baronnie d'Aramon à l'appui de la signature du notaire Antoine Rebaulet (21 août 1710). Sceau de la baronnie. — 13. Lettre de Pein, procureur de François, contenant copie d'une requête d'Henri de Chaussonnette au sénéchal, signifiée à Pein le 5 septembre 1710 (Nîmes, kiosque...). — 14-15. Lettres d'affaires de Donnergue (Beaucaire, 18-23 novembre 1711). — 16. Déclaration de Pascaud M. de Laudun, il s'est chargé de lui vendre, à sa réquisition, divers actes intéressant Jean Damour, notamment une bulle du pape lui permettant de passer de l'ordre des Récollets, dont il était profès, dans un autre ordre de son choix. Il promet à M. de Laudun de le relever et garantir de tous frais et dépens, au cas où la procédure contre le prêtre Jean Damour viendrait à mal tourner, M. de Laudun n'ayant agi que pour rendre service à Pascon (Aramon, 30 novembre 1712). — 17. Minute d'un mémoire de Joseph-François de Laudun, demandant une indemnité lors de la création de maires alternatifs. Les faits visés vont de 1635 à 1712 s. d.). — 18. Note s. d., postérieure à 1713, sur des intérêts, payés toujours d'avance. « A l'usurier de Blachefton ». — 19. Mémoire abrégé, « brevet », de Pein, pour M. de Laudun, en date de Nîmes, 24 novembre 1715. Les actes analysés vont de 1630 à 1631. Il y est notamment question d'Eurmont Sonaille et d'Étienne Ier de Laudun. — 20. Dépenses de voyages de M. de Laudun entre Aramon et Montpellier, du 7 décembre 1716 fin janvier 1717 (Curieux). — 21. Note sur le paiement du franc salé (1717). — 22. État pour la liquidation de la finance de la mairie ancienne d'Aramon, baillé à l'intendant par Joseph-François de Laudun, maire d'Aramon (Après 1717). — 23. Frais d'enregistrement de la quittance de finance (24 février 1718). — 24. Requête à l'intendant, au sujet des maires alternatifs, qui jouissent, pendant leur année d'exercice, des mêmes droits que les anciens maires, ce qui est dommageable à ceux-ci. Au bas, ordonnance de liquidation du 23 octobre 1709, enregistrée en 1711. Enregistrement à la Cour des aides du 4 août 1719. — 25. Procuration donnée par Joseph-François de Laudun à sa femme Marie-Madeleine d'Arvillon de Sozay (Aramon, 10 novembre 1719). — 26. État du remboursement de l'office de maire ancien d'Aramon (Après 1710). — 27-28. État de ce que l'office a coûté à Joseph-François (Après 1719). — 29. Quittance de 1 000 l. faite par Pierre de Cisqual, mari de Jeanne de Bertrand, veuve en premières noces d'Acuriso de Pasquières (Aramon, 25 juillet 1730). — 30. Quittance d'Antoine Guiramand, maître-chirurgien juré du roi, pour 511 l., à François, payant pour son frère Xavier de Laudun, capitaine au régiment de Navarre (8 août 1730). — 31. Quittance de 575 l. faite au même par Jean Fauquel, conseiller au présidial. Il s'agit de la succession du prêtre Claude Darain, parvenue à Étienne, père de François, son donataire 18 août. — 32. Liquidation sur imprimé, par les commissaires généraux du Conseil, de la finance des deux quarts de minot de sel de franc salé, attribués à l'office de maire d'Aramon (supprimé par l'édit de juin 1717), en exécution de la déclaration royale du 11 août 1716, à la somme de 119 l. (Paris, 19 août 1730). — 33. Quittance de Marthe d'Albenin, veuve de Georges de Travenal, receveur au bureau général de la foraine, à Villeneuve, pour 811 l. Le paiement est fait par Étienne [II] de Laudun, fils de François (Villeneuve-lès-Avignon, 24 août 1730). — 34. Autre quittance de la même pour 104 l. (Villeneuve, 24 août). — 35. Note sur la récolte de gerbes d'avoine (30 juin 1723). — 36. Quittance de 653 l. faite par Louis de Jossand à Joseph-François de Laudun (Tarascon, 9 septembre 1724). — 37. Procuration donnée par Joseph-François à de Guérin de Flaux, président, trésorier général de France à Montpellier, pour le paiement du droit annuel de son office de conseiller du roi et maire perpétuel d'Aramon (27 avril 1733). Formule finale et signature de l'extrait barrées à l'encre anciennement. — 38. Exploit d'assignation de Joseph-François contre un berger d'Aramon (17 février 1728). — 39-40. Testament de Joseph-François, conseiller du roi et maire perpétuel d'Aramon. Legs à sa femme Madeleine d'Arvillon de Sozay, à sa sœur Élisabeth de Laudun, à sa fille Marie-Pierre. Son héritier universel est Étienne [II] de Laudun, son fils (Aramon, 29 janvier 1732). — 41. Note sur le testament de Madeleine d'Arvillon de Sozay, en donnant une analyse détaillée. Il fut fait le même jour que le testament précédent. — 42. Extrait mortuaire de Joseph-François de Laudun, enterré le 29 décembre 1733, décédé la veille. Au pied, certificat de la signature du doyen de Remoulins. curé d'Aramon, Jacques Mero, donné en Aramon, le 26 août 1734, par les officiers ordinaires du marquisat. Sceau de leur cour. — 43. Note de 1680 envoyées à Paris à M. de Sozay (s. d.).

E. 1115. (Liasse.) — 67 pièces, papier.

1681-1744. — *Famille de Laudun, d'Aramon.* — *Joseph-François Ier de Laudun.* — *Pièces concernant les Arrillon de Sozay.* — 1. Copie imprimée de l'ordre de Messieurs de la Compagnie des Fermes Unies de France, du 4 septembre 1681, envoyé à M. « Desozay », directeur général desdites fermes en Languedoc et en Roussillon, pour le faire exécuter ponctuellement dans l'étendue de son département. A la suite, lettre d'envoi de de Sozay, imprimée, à ses subordonnés (Montpellier, 16 septembre 1681). — 2. Compte-rendu de recette et dépense pour Pierre de Sozay contre Jean Ferrand, marchand de Collioure (1er janvier 1687). — 3-4. État de ventes de barils faites par Ferrand (1er avril 1687). — 5. Compte-rendu du bureau de « l'impériage » ou du droit « d'impariage » de Caunet pendant le quartier d'avril 1687. Au bas, quittance pour Ferrand datée de Perpignan, 6 juillet 1687. — 6. État de ventes de sardines et des frais d'entretien des barils pendant 15 mois pour Pierre de Sozay contre Jean Ferrand (20 janvier 1688). — 7. Exploit de commandement et protestation pour de Sozay contre Ferrand (23 mars 1689). — 8. Requête de Pierre de Sozay au juge du baile de Collioure contre Ferrand. Pierre agit pour lui et les autres cohéritiers de feu Dupuy, qui signa la quittance de la pièce 5 (13 avril 1689). — 9. Signification d'une copie de lettre en catalan, à Pierre de Sozay, chez M. Estival, aide-major de Perpignan. Cette lettre est une requête adressée à un « très magnifique seigneur » qui rend, au pied, une courte ordonnance datée de Perpignan, 21 avril 1689, et signe : Collarés. Le suppliant signe : Deojanarte. A l'occasion d'une saisie pratiquée à l'instance de Pierre de Sozay, en vertu d'une ordonnance du 17 avril courant, par Patesi, sergent de la cour du baile de Collioure, « de la cort del balle de la vila de Copliure », chez Jean Ferrand, marchand, Deojanarte expose sa théorie de la saisie, considérant la saisie pratiquée comme nulle, faute de sentence de condamnation. Collarés ordonne que la partie dise, dans les trois jours, pourquoi le suppliant doit des profits et intérêts ; « per que lo suplicant fernos dega y interes. » (Suplicant est pour suppliant, et fernos vient de fenum). Pierre de Sozay répond au sergent qu'il ne sait pas le catalan, qu'il ne répondra qu'à une signification en français, et qu'il proteste de la nullité de l'exploit (21 avril). — 10. Requête de Pierre de Sozay au juge du baile de Collioure, à propos de la rébellion de Ferrand lors de la saisie de ses effets. Le nom du sergent Patesi, et réduit à la retraite, y est transformé en « Patelis. » Au bas, Collarés ordonne communication à l'avocat du roi (Perpignan, 22 avril). A la suite, conclusions de l'avocat du roi (Perpignan, 23 avril). Le même jour, Collarés ordonne au baile et au sous-baile de Collioure de prêter l'assistance nécessaire à la saisie contre Ferrand. — 11. Requête de Pierre de Sozay à Trobat, président au conseil souverain de Roussillon, intendant en Roussillon et Catalogne. De Sozay est caution, envers les fermiers généraux, de feu Simon Dupuy, contrôleur général des gabelles, et s'est trouvé, de ce chef, débiteur d'une somme considérable, qu'il a été contraint de payer par la cour des aides de Montpellier. Il a dû faire saisir tous les biens laissés par feu Dupuy, mais ces biens n'ont pas suffi. Aussi, dès qu'il a su que Ferrand, marchand de Collioure, était débiteur de la succession Dupuy pour 831 l., lui a-t-il fait faire commandement de payer. Mais Ferrand a diverti soudainement ses effets, en fraude de ses créanciers. De Sozay demande l'assignation de Ferrand devant l'intendant, sa condamnation, et l'autorisation de faire la saisie, banniment et arrestation des sommes et effets du débiteur. Ordonnance conforme de Trobat (Perpignan, 26 octobre 1690). Signification à Ferrand le 27 octobre, avec saisie et nomination de séquestres. — 12-25. Suite des pièces de ladite procédure (30 octobre-14 novembre 1690). — 26. Promesse faite à Pierre de Sozay par Jean-Baptiste Brocardi, docteur en médecine de Beaucaire, de lui remettre les actes en forme justifiant de sa créance de 5.842 l. à prendre sur la ville de Beaucaire, suivant acte de ce jour (Beaucaire, 13 juillet 1691). — 27. Rémission dudit capital faite par Brocardi à de Sozay (13 juillet). — 28. Copie d'une constitution de pension annuelle de 200 l. faite par Brocardi à de Sozay, moyennant 4.000 l. reçues à l'acte (Beaucaire, 17 juillet 1691). — 29. Quittance, faite à de Sozay, du presage de Marie Dupuy et de Simon Dupuy (Beaucaire, 9 novembre 1691). — 30. Mémoire s. d. sur une assignation donnée à Beaucaire. M. de Sozay n'a aucun domicile en Languedoc, où il n'a séjourné que pour les affaires du roi. Il est retiré à Nevers, sa ville natale, où il est depuis longtemps maire perpétuel (Après le 4 septembre 1684. — 38. Copie du testament de Jean-Baptiste Brocardi, docteur en médecine (Beaucaire, 14 novembre 1684). — 39. Quittance faite à M. de Laudun par le prêtre Pomier, pour la moitié de la taille de la terre qu'il possède sous le nom de Marie Dupuy (Beaucaire, 11 décembre 1687. — 38 87. Quittances et lettre de Domergue, concernant le présage de Simon Dupuy, payé par Joseph-François de Laudun ou Barthélemy Chatanel (18 janvier 1698-23 janvier 1701, Beaucaire). — 39. Mémoire de dépenses de 1702. A compter : Façon de ... flambeaux d'argent et contrôle, 28 l. ; fers de sole cramoisi, 16 l. ; pantoufles à la Turque, 1 l. 10 s. ; bouteille de cristal garnie d'argent, 3 l. ; souliers de M** de Ranchin, 2 l. 5 s. ; pantoufles de M** Pitot, 2 l. 5 s. ; souliers de M** de Labrousse, 3 l. 12 s. ; pantoufles de M** Buisson, 7 l. 4 s. ; souliers de M** de Gilles, 2 l. 5 s. ; souliers de M** de Laudun, 3 l. 12 s. ; souliers de M** de Coucol, 3 l. 12 s. ; aux porteurs [de Joseph-François], 10 l. ; écriture de Joseph-François. — 39. Procuration donnée par Pierre Arvillon de Sozay, maître perpétuel de Nevers, à Joseph-François de Laudun, pour vendre la rente de 200 l., au principal de 5000 l., à lui constituée par feu Jean-Baptiste Brocardi, docteur en médecine de Beaucaire (Paris, 18 avril 1708). Sceau du notaire Richard. — 40-42. Lettres d'affaires de Domergue à Laudun, maire d'Aramon (Beaucaire, 3 décembre 1768-11 février 1768). — 43-44. Copie d'une lettre de M. de Sozay, du 28 septembre 1765, à Domergue, et lettre de Domergue du 6 octobre, l'accompagnant. Il s'agit, dans ces lettres, et les trois précédentes, du 6** denier du Jeu de paume de Beaucaire. La question est de payer le traitant ou de lui abandonner le terrain. Le chapitre de Beaucaire y a un droit. Le Jeu, où l'on ne joue plus comme autrefois, pourrait servir d'entrepôt pendant la foire. — 45. Lettre de Domergue du 15 janvier 1769. M. de Sozay a souffert d'une fièvre si violente, qu'il serait mort, sans le grand secours des médecins, apothicaires et chirurgiens, d'après sa lettre du 28 décembre 1768. On traverse le Rhône sur la glace, à pied ou en calèche, et le froid est si grand que Domergue a peine à tenir la plume. Affaires (Beaucaire, 15 janvier 1769). — 46. Inventaire (copie) fait après le décès de M. Arvillon de Sozay, le 14 octobre 1711. A Nevers. Il y a des ordanciers. M. de Sozay fils s'est chargé des biens. Le procès-verbal original est plus détaillé. L'extrait est plus réduit, à cause du port. — 47. Requête au sénéchal de Gaspard Arvillon de Sozay, contrôleur général des fermes du roi, et de sa sœur Marie-Madeleine, épouse de Joseph-François de Laudun, pour faire inventaire des effets de leur défunt père (24 février 1719). — 48. Mandement d'assigner les parents et ordanciers de feu Pierre Arvillon de Sozay, et assignation à eux donnée, à la requête de Gaspard et de sa sœur Marie-Madeleine, pour assister, chez Joseph-François de Laudun, pardevant M. Gauchéraud, docteur et commissaire, à l'inventaire des effets mobiliers du défunt (Aramon, 25 février-5 mars 1719). — 49-50. Inventaire des dits effets (Aramon, 8 mars 1719. — 51. Signification à Élisabeth de Patron, de Beaucaire, qui doit épouser Hyacinthe Brocardi, juge royal de Beaucaire, fils et héritier bénéficiaire du feu Jean-Baptiste Brocardi, débiteur de sommes très considérables envers Joseph-François de Laudun, mari de Marie-Madeleine de Sozay et procureur de son beau-frère Gaspard de Sozay, contrôleur des fermes du roi en la généralité de Rouen (Beaucaire, 26 avril 1718). — 52. Déclaration de Gaspard Arvillon de Sozay, commis à la recette générale des finances de la généralité de Rouen pour M. de Chénisot, receveur général, pour satisfaire à la déclaration du roi du 9 mai 1716 (6 juin 1716). — 53. Lettre de Joseph-François à son beau-frère Gaspard. Difficultés financières de l'un et de l'autre (Aramon, 11 janvier 1718). — 54. Document sur deux colonnes. Celle de gauche contient une lettre de M. de Laudun du 5 juin 1719, servant de réponse à un mémoire sur les effets de la succession [de Pierre de Sozay], datée [du 21 mai 1719. La colonne de droite contient une réplique à cette lettre, article par article, écrite par Gaspard de Sozay, datée de Rouen, 18 juin 1719. Le tout se termine par une lettre de Gaspard à un intermédiaire entre les deux beaux-frères qui n'est pas nommé, datée du même jour. — 55-57. Révocation de la procuration de Gaspard à Joseph-François, signification à Hyacinthe Brocardi par M** de Laudun, signification de la révocation de la procuration de Gaspard à tous les tiers intéressés (7-23 août 1719). — 58. Minute d'un mémoire de Joseph-François sur la succession de son beau-père (Septembre 1719). — 59-60. Consultations. L'une est délibérée à Nîmes, le 14 octobre 1710, par Blisson et le juge Caumette; l'autre est délibérée à Nîmes, le 7 novembre 1710, par Aldebert et de Nissole. — 61. Signification faite à Jean Moullot, à la requête de Mr de Laudun et de son frère, au sujet du mariage que sa fille doit contracter avec Hyacinthe Brouard, juge royal de Beaucaire (21 décembre 1710). — 62. Extrait d'une transaction entre Gaspard Arvillon de Sozay, avocat en parlement, faisant la recette générale des finances de la généralité de Rouen, et Joseph François de Laudun, maire perpétuel d'Aramon, pour sa femme Marie-Madeleine Arvillon de Sozay, au sujet de la succession de Pierre de Sozay. (Nevers 27 janvier 1730). — 63. Lettre d'affaires de Gravière à Laudun (Toulouse, 18 avril 1730). — 64-66. Pièces de la procédure s. d. — 67. Tableau généalogique de la famille de Sozay et de ses alliances, entre 1688 et 1711.

E 1146. (Liasse.) — 4 pièces, parchemin; 49 pièces, papier;

1461-1730. — *Famille de Laudun, d'Aramon. — Joseph-François Ier. — Sa fille Marie-Pierre. — 1.7: Notre de Marie Riffard.* — 1. Contrat de mariage de Gilles Ponge, tailleur d'Aramon, avec Françoise Ribière. Extrait (10 novembre 1636). — 2. Quittance de 100 l. donnée par Guillaume Riffard, hôtelier d'Aramon, aux hoirs de Jean de Laudun, et par les mains de sa veuve Isabeau de Favier, en déduction d'un legs (9 août 1637). — 3. Contrat de mariage entre Antoine Ponge ou Ponzi, fils de Gilles et de Françoise, et Marie Riffard, fille de Guillaume et de Marguerite Advocat (10 novembre 1652). — 4. Dire par écrit pour Joseph-François de Laudun contre Esprit Guigue, de Saze. François est donataire universel de Marie Riffard, veuve d'Antoine Ponge, tailleur d'Aramon. Il est appelant des officiers ordinaires d'Aramon. — 5. Lettres exécutoriales du sénéchal portant contrainte contre Joseph-François de Laudun, sur requête d'Esprit Guigue (Nîmes, 3 février 1702). — 6. Transaction entre M. de Laudun et Esprit Guigue, mari de Colombe Guigue, fille et héritière de Jacquette Ponge, nièce de Gilles Ponge, et bénéficiant d'une substitution testamentaire de ce dernier (Fournès, 22 août 1702). — 7. Généalogie des Ponge. — 8-14: *Procès du chapitre de Beaucaire contre Joseph-François de Laudun.* — 8. Copie ou analyse d'une reconnais-

sance féodale de noble Pons Ronpar, habitant Beaucaire, au prieur, pour une terre au quartier dit « Al Vas », sise Al Agathe ». L'acte est passé à Beaucaire, en l'église N.-D. de Pomier, le 6 décembre 1461. Au verso du feuillet, reconnaissance de Robert d'Avenel au prieur, pour une terre sise Al Vas. L'acte est passé à Beaucaire, le cloître du prieuré (24 janvier 1450 v. s.). Ces actes sont tirés d'un registre du notaire Nicolas Imbert. — 9. Copie d'une vente du 13 novembre 1479, faite par Maurice Javenel, prieur de Rivières curé et chanoine de Valence; Jean et Louis Javenel, frères, de la Chaise-Dieu, diocèse de Clermont, cohéritiers de feu Robert Javenel, leur frère, à Hortrane Dupuy, veuve de Jean Fontanier. Il s'agit de terres du terroir de Beaucaire, dont une au Vas, et d'un verger de la Porte du Pont. Prix : 65 l. t. L'acte est passé chez les hoirs de Jean Fontanier. Jean Gibelin, prêtre de Valabrègue, est témoin. Suit une autre reconnaissance concernant la pièce de terre demandée à M. de Laudun. — 10-11. Notes sur la terre vendue par M. de Laudun à l'abbé Pomier (XVIe-XVIIe s.). — 12. Lettre d'affaires non signée où il est question de quatre sommations faites par le scripteur au procureur du syndic du chapitre de l'église collégiale de Beaucaire (Nîmes, 12 décembre 1625). — 13-15. Lettres du procureur Pein à M. de Laudun. M. Pomier se trompe quand il croit le syndic du chapitre de Beaucaire tenu de faire « la descendance » des confronts depuis la reconnaissance de 1920 (l. s.). — M. de Laudun a oublié ses instructions formelles de défendre cette cause au nom de M. Pomier, quand il envoya la copie d'assignation ou feuillate donnée à Pomier à la requête du syndic. — Pein ne peut arrêter les poursuites du syndic (Nîmes, 29 mai-7 juin 1707). — 16. Lettre de l'abbé de Beaulieu à Laudun. Il est désolé de ne pouvoir tirer meilleur parti de l'affaire. M. Icard, syndic du chapitre, se fait un point d'honneur de ne faire grâce que de 8 l. 19 s. Tout le reste du chapitre était porté à lui faire honnêteté, mais le syndic, fier de son pouvoir, croit briller par sa brutalité (Beaucaire, 29 juin 1707). — 17. Lettre de Pein. Il faut finir cette affaire, et éviter de nouveaux frais (6 juillet 1707). — 18. Lettre du prêtre Pomier. Il faut terminer l'affaire, que M. Sollier poursuit fortement (Beaucaire, 18 octobre 1707). — 19. Lettre de Pein. M. de Laudun a eu tort de ne pas écrire, par acte public ou privé, le traité d'accommodement. Pein est réduit à laisser juger le procès par forclusion (21 octobre 1707). — 20-22. Lettres d'Baudier. — Il est vivement taché du procédé de ces fripons de « feudalistes ». Il a été ce matin, après avoir reçu la dernière lettre de M. de Laudun, à la sacristie, où il a trouvé le doyen, capiscol, l'abbé Docannes et le chanoine Prival. Il leur a fait ses plaintes, sans avancer à rien. « *Induratum est cor Pharaonis* ». Ils ne sont émus que de leurs intérêts. — Sellier ne cesse pas sa mauvaise manœuvre. Il a fait signifier à M. Pamier l'ordonnance du sénéchal contre M. de Laudun et lui. — M. Pamier n'a pas voulu faire appel. Il comptait envoyer lever la sentence qu'il a obtenue contre Laudun (Beaucaire, 6-23 novembre 1707). — 23. Lettre de Poin. Laudun peut appeler au Parlement en prenant le fait et cause de M. Pamier, et faire intimer le syndic du chapitre. L'exécution du jugement serait alors suspendue (21 novembre 1707). — 24. Saisie et encan pour le syndic du chapitre collégial de Beaucaire contre Pierre Pomier, prêtre de Beaucaire (10-14 décembre 1707). — 25. Rôle des frais payés à l'abbé Pomier par M. de Laudun, son garant (Beaucaire, 29 janvier 1708). — 26. Copie d'une consultation de Le Faigo, délibérée à Paris, le 4 mars 1709. — 27-28. Lettres de l'abbé Docannes à Laudun. — Il désire le voir pour aboutir à un accommodement. — On a dépaysé le syndic en l'amenant à la cour des aides, où Docannes et plusieurs chanoines ont demandé la cassation du pouvoir donné à Sellier. Il faut que Laudun les aide de son crédit (Beaucaire, 23 mars ..... 1709). La seconde lettre est sans date. Cachets armoriés. — 29-30. Copies d'écritures de M. de Laudun, contre le syndic du chapitre de Beaucaire, à l'appui de son appel au parlement de Toulouse (s. d.). — 32-34. Notes s.d. concernant la procédure. — 35. Lettre d'Icard à Laudun. Il le presse de venir à Toulouse, car son affaire est plus importante qu'il ne pense. Il a mis au courant son procureur Monteils, dans l'étude de qui il est à présent, et se serait volontiers chargé de l'affaire, sans son départ. Il la croit imperdable, par ses découvertes sur le prétendu registre d'Imbert (Toulouse, 10 mars 1712). — 36. Lettre de l'abbé Docannes. Après avoir conseillé à Laudun de venir à Beaucaire, pour arranger son procès contre le juge [Hyacinthe Brocardi], (Cf. E. 1385, pièces 51 et 61, entre autres), l'abbé dit qu'on est sur le point de communiquer à Laudun un acte qui changera la face de son affaire contre le chapitre de Beaucaire, affaire qu'il ne connaît peut-être pas à fond (Beaucaire, 19 mars 1712). — 37-38. Pièces de la procédure (14 avril-30 juin 1712). — 39. Signification à Joseph-François de Laudun, faite le 17 octobre 1713, d'un arrêt du parlement de Toulouse du 9 septembre 1712, députant M. de Fabrique, conseiller au présidial de Nîmes, pour procéder à l'exécution de son arrêt du 30 août 1713, déboutant Laudun de sa demande en cassation de la sentence dont est appel, ensemble de la « rejection » d'un registre appelé ootel, de deux extraits de reconnaissances et d'un extrait de vente de 1479 remis par le syndic du chapitre du Roquemaire. — 40. Lettres ajournatoires de M. de Fabrique (Nîmes, 7 novembre 1713, signifiées à M. de Laudun le 18 novembre. — 41. Signification aux fins de vérification (23-24 novembre 1713). — 42. Lettre de Doumergue à Laudun. Il faut principalement demander la remise du registre d'extraits tirés des notes de Nicolas Imbert. M. « Diecard » insiste sur ce point (Beaucaire 19 décembre 1713). — 43-44. Mandement de signification à Laudun de l'arrêt du parlement de Toulouse du 23 août 1713 et de contrainte contre Laudun (Toulouse, 18 mai 1714). Au dos, acquit donné à Doumergue pour Laudun. — 45-50 : *Affaire Blacheron*. — 45. Relevé de ce que Blacheron a retiré de ses obligations en principal et intérêts (19 janvier 1689-27 février 1708). — 46. Obligation de 4.59 l. faite par Joseph-François de Laudun à Firmin Blanc, veuve de Jean Blacheron (Beaucaire, 22 octobre 1709. — 47. Mémoire sur les profits exagérés de Blacheron entre 1689 et 1728 (Minute). — 48. Mémoire plus complet sur le même objet, pour M. de Laudun. — 49. Minute de mémoire analogue, où les dates extrêmes vont de 1709 à 1739. — 50. Lettre de l'abbé de Narbonne-Pelet, doyen, vicaire général, à M. de Laudun père. Il a reçu sa gracieuse lettre, au sujet du mandat expédié par l'abbé sur l'hoirie Blacheron. Il a été heureux de cette petite occasion de marquer son zèle pour M. de Laudun et son aimable famille (Beaucaire, 27 octobre 1732). — 51-52. Quittances de 100 et de 300 l. faites par Marie de Laudun à son frère pour la pension annuelle léguée par son père [Joseph-François] et pour un legs de sa tante Elisabeth de Laudun (Aramon, 22 juillet 1735-30 mars 1736). — 53. Bref du pape Clément XII, adressé à l'official de l'évêque d'Uzès, et portant dispense de consanguinité en faveur de Louis de Jossaud et de Marie-Pierre de Laudun, parents au deuxième degré en ligne légale. Ils vivent ensemble, mais sans rapports charnels. Néanmoins, le mariage seul peut les mettre à l'abri du soupçon et de la diffama-tion (Rome, à Sainte-Marie-Majeure, 1er juin 1730).

B. 1197. (Liasse.) — 61 pièces, papier.

1687-1697. — *Famille de Laudun, d'Aramon, Joseph-François 1er de Laudun.* — *Administration et comptes communaux d'Aramon.* — 1. Rapport de Pierre Durand, géomètre de Beaucaire, sur l'arpentement de terres privées dans l'île du Mouton, possédée en partie par la communauté d'Aramon, et on partia pour des particuliers d'Aramon (27 mars 1687). — 2. Extrait du conseil général et extraordinaire des consuls et habitants d'Aramon du 11 avril 1687. — 3. Emprunt communal de 1.200 l. à M. de Veittaire, pour payer la taxe de l'île du Mouton (10 avril 1687). — 4. Quittance du consul Guiramand à Joseph-François de Laudun, premier consul (18 avril). — 5. Conseil général du 27 avril. — 6-7. Quittances pour le premier consul (2 octobre-10 novembre 1687). — 8. Attestation pour la propriété communale de l'île du Mouton (12 novembre). — 9-10. Compte du premier consul (13 novembre). — 11-13. Pièces comptables (1er novembre 1687-21 janvier 1688). — 14. Continuation du compte du premier consul (1687-17 février 1688). — 15. Déclaration de Joseph-François de Laudun. Il a remis à son père Étienne, pour les rendre aux consuls, des papiers de la communauté (17 mars 1688). — 16. Délibération communale du 9 mai 1689, nommant Joseph Gilles collecteur forcé. — 17. Copie d'une ordonnance de l'Intendant, portant restitution par le diocèse aux particuliers d'Aramon victimes des exigences des dragons de la compagnie de Lasumus (11 mai-1er juin 1688). — 18-19. Pièces comptables (5 juin 1688-30 avril 1689). — 20. Compte de Joseph-François de Laudun, premier consul, pour 1687, clos et arrêté le 28 mai 1689. — 21. Acte de réquisition et protestation de Joseph Gilles, fait aux possesseurs des îles et créments du Rhône, au sujet du paiement des taxes les concernant. Il s'agit de 1.250 l., pour laquelle Gilles a été l'objet d'une saisie. Il entend que les possesseurs contribuent audit paiement chacun pour sa part (8-10 août 1689). — 22. Quittance du 21 juin 1691. — 23. Lettre de Durand au sujet des voitures du fort de Nîmes (Montpellier, 5 août 1691). — 24. Certificat de Durand, ex-contrôleur des voitures pour la cons-truction du fort de Nîmes, commis par l'Intendant (Montpellier, 10 août). — 25. Lettre du même à M. de Laudun. C'est M. de Joubert, syndic de la province, qui a les registres des voitures du fort de Nîmes (12 octobre 1691). — 26. Lettre de J. Armand, conseiller et procureur du roi d'Aramon. Le fils du destinataire lui a remis 100 l. Des prisonniers seront pendus, croit-on. Pour les affaires devant l'Intendant il n'a pu aller plus vite, l'Intendant étant dans les Cévennes pour faire le procès au cadavre de Vivens et à ses complices. Le roi a dit qu'il partait le 5 mars pour la Flandre à la tête de cent-mille hommes de pied, avec cinquante mille chevaux. Les 100 l. sont venues à propos, car le procureur en avait besoin (Montpellier, 27 février 1692). — 27. Compte pour M. de Laudun, arrivé le 24 février 1692 avec son homme, et ayant séjourné 24 jours 1/2, à raison de 2 l. pour lui et de 15 s. pour son homme. — 28. Voyage de Montpellier, rôle écrit de la main de M. de Laudun, parti d'Aramon le 23 février 1692. — 29-32. Pièces concernant Balthasar Pélissier, fermier du courtage d'Aramon (24 mars-10 juillet 1693). — 33. Requête à l'Intendant par Joseph-François de Laudun, maire d'Aramon, au sujet de Jean Elzière, juge de la ville. L'Intendant ordonne que le juge de la baronnie restituera 105 l. (10 octobre 1693). — 34. Requête du juge à l'Intendant, qui ordonne la remise par lui aux maire et consuls d'Aramon d'un état de ses procédures pour la communauté, etc. (24 octobre). — 35. Rôle des frais dus aux officiers d'Aramon par la communauté, de 1681 au 18 mars 1692 (27 novembre-1er décembre 1693). — 36. Sommation (18 décembre 1693). — 37-38. Pièces comptables (1693). — 39. Lettre de Mercier à M. de Laudun (Montpellier, 19 janvier 1694). — 40. Rôle des fournitures et voyages de Gaspard Guiraud, consul en 1693, et payé par M. de Laudun, maire, le 20 janvier 1694. — 41. Consultation d'Antoine Calvet, juge en la cour de Villeneuve-les-Avignon, pris comme arbitre amiablement accordé entre Joseph-François de Laudun, maire perpétuel d'Aramon, d'une part, et Claude de Missols, capitaine viguier de Nîmes, d'autre. Il s'agit de travaux faits pour la communauté par de Missols (26 janvier 1694). — 42. Pièce comptable signée du consul Gilles (9 mars 1694). — 43. Quittance faite par la veuve d'Amiel Guiran, à Joseph Gilles et consorts, pour arrérages d'une pension à elle vendue par la communauté d'Aramon (9 mars). — 44-45. Requêtes à l'Intendant, au sujet des dégâts des inondations du Rhône, et ensuite de l'insalubrité des eaux sans écoulement. Au pied, ordonnances de l'Intendant autorisant des devis des réparations et des adjudications (Montpellier, 18 mars 1694). — 46-48. Quittances (27 mars-3 décembre 1694). — 49. Compte des réparations aux fusils de la compagnie bourgeoise en 1693 et 1694, certifié par Coucols Lagorce, capitaine, le 20 décembre 1694. — 50. Quittance du greffier consulaire (22 décembre). — 51. Compte de l'hôtelier Giraud pour 1693 et 1694. — 52. Deux quittances sur le même papier de Jacques Guigue, hôtelier de Villeneuve (10 juin-12 juillet 1694). — 53. Quittance de Roudon pour le manteau bleu et les assortiments du valet des consuls d'Aramon (15 janvier 1695). — 54. Ordonnance, sur imprimé, des commissaires du roi et des États de Languedoc, portant restitution au receveur du diocèse, par les consuls et les habitants d'Aramon, du prix du manteau du valet des consuls, voté sans permission, et du papier timbré pris du fonds des faprévues (19 janvier 1695). — 55. Quittance de Brache (Nimes, 11 février 1695). — 56. Compte de Joseph Arnaud, conseiller et procureur du roi d'Aramon, pour la dépense de la poursuite criminelle engagée par les consuls contre le prêtre Jean Damour, avec la quittance d'Arnaud attachée au compte (12-14 novembre 1695). — 57. Requête à l'Intendant contre Thérèse de Barbezières, dame en partie d'Aramon, qui a repris indûment ses poursuites contre la communauté (Vers 1695). — 58. Quittance de Gilles (5 février 1696). — 59. Mémoire des réparations aux fusils de la compagnie bourgeoise d'Aramon en 1695 et 1696, avec certificat du capitaine Coucols-Lagorce (5 mars 1696). — 60. Mémoire, signé deux fois par Sommille, des objets précieux engagés à M. de Pertuis de Saint-Amant, citoyen d'Avignon, et appartenant à M. de Laudun fils, moyennant 540 l. (6 mars-28 septembre 1696). — 61. Extrait d'une vente de pension faite à Pierre Alboin, docteur en médecine, de Villeneuve-lès-Avignon, par les consuls d'Aramon (7 juin 1696). — 62. Mémoire sur le compte de Chaissy, des années 1695-1696. — 63. Lettre de Gilles à Mercier, à Montpellier, au sujet de son compte de collecteur de 1688 (Aramon, 4 décembre 1696). — 64. Quittance du procureur Mercier à Joseph Gilles. C'est le maire Laudun qui paie (1er février 1697, Montpellier). — 65. Certificat de Mercier, procureur à la cour des aides, pour l'argent fourni par M. de Laudun, député de la communauté d'Aramon (Montpellier, 3 février 1697). — 66. Extrait d'une délibération communale du 8 mars 1697. — 67. Acte signifié à Mme d'Aramon au sujet de dépens réclamés par elle (28 mars). — 68. Frais du procès de M. Laudun contre Jean François, d'Avignon. Quittance du 12 avril 1697. — 69. Requête à l'Intendant pour le procès de la dîme d'Aramon, avec ordonnance de soit communiqué au prieur (17 avril 1697). — 70. Autre requête pour le même objet, avec ordonnance autorisant les consuls à emprunter (6 août 1697). — 71. Quittance du viguier de Nissols (Nimes, 17 mai 1697). — 72. Lettre de M. de Posquières. Difficulté de poursuivre des ordonnances auprès de Basville. Obstacles de la part de Joubert. Reproches de l'Intendant : Aramon a plus dépensé d'argent en procès que pour le roi. Il est pourtant revenu de ses injustes préventions. Il nous donne raison contre le prieur. Comme Posquières conférait avec M. de Joubert sur l'affaire des marais, M. de Broglie envoya chercher Joubert pour aller à la citadelle, interroger de nouveaux convertis pris à une assemblée près de Saint-Hippolyte. Mme d'Aramon, avant de partir pour Paris, écrivit à l'Intendant qu'elle ne pouvait pas compromettre, dans l'affaire de Bertrand, avant que le roi ne se fût expliqué. Projets de la famille de Jessaud contre les Laudun (Nimes, 5 juin 1697). — 73. Compte de Joseph-François de Laudun, maire d'Aramon (27 septembre 1697). — 74. Quittance de M. de Laudun aux routiers des fours (20 octobre 1697). — 75-77. Réparation des fusils de la compagnie bourgeoise (21 octobre-10 novembre 1697). — 78. Avis signé : « Le Roure », prescrivant aux consuls les feux de joie et réjouissances accoutumées pour la publication de la paix générale (Montpellier, 7 décembre 1697). — 79. Quittance pour M. de Laudun (10 décembre). — 80. Compte de Joseph-François de Laudun, maire d'Aramon, pour 1697. — 81. Rôle des frais qu'il a faits pour la communauté (Vers 1697).

B. 1358. (Liasse.) — 73 pièces, papier ; 1 sceau.

1694-1701. — *Famille de Laudun, d'Aramon. — Administration et comptes communaux d'Aramon. — Joseph-François 1er de Laudun.* — 1. Certificat du greffier de l'officialité du diocèse d'Uzès au sujet de la procédure criminelle faite à la requête des maire et consuls d'Aramon contre le prêtre Jean Damour (4 avril 1699). — 2. Lettre de Guiraud demandant des instructions à M. de Laudun (Aramon, 21 avril 1699). — 3. Lettre d'affaires de Fauquet (Nîmes, 29 avril). — 4-6. Quittances (11-17 mai 1699). — 7. Lettre de change tirée par Gilles sur Fain, marchand, le 25 juillet 1694 et acquittée le 2 mai 1698 par Daniel Simon, à Nîmes. — 8-9. Quittances pour le feu de joie de la paix et pour dépenses chez l'hôtelier Pascal (24 décembre 1697-0 mai 1698). — 10. Commandement et saisie chez le prêtre Jean Damour à la requête de Louis Paul, bourgeois de Nîmes, qui élit domicile en Aramon, chez Pascal, hôtelier du *Petit Monde* (22 mai 1698). — 11-12. Quittances (8 juin-20 septembre 1698). — 13-14. Adjudication et bail de diverses réparations aux édifices communaux (29 juin-14 octobre 1698). — 15-16. Quittances (25 octobre-1ᵉʳ novembre 1698). — 17. Compte de M. de Laudun au sujet de ses dépenses pour le procès de la dîme des olives, contre Huart, prieur d'Aramon (10-12 novembre 1698). — 18-19. Délibrations communales financières (16 novembre). — 20. Signification au seigneur d'Aramon, Guillaume-Alexandre de Sauvan d'Aramon, seigneur de Valabrègue, au sujet des réparations aux fours « banniers », indivis entre lui et la communauté (20-27 décembre 1698). — 21. Moyens de rétablissement remis aux commissaires royaux des États par les consuls d'Aramon. Il s'agit de 121 l. rayées dans une addition à l'état des dettes communales (12 décembre 1687-13 décembre 1698). — 22-23. Quittances (12 janvier-20 février 1699). — 24-25. Comptes de Jean Boudoy, marchand d'Avignon, des 5 novembre 1695 et 17 février 1698, affirmés le 27 février 1699. — 26. Quittance d'Arnaud, procureur du roi (Aramon, 15 mars 1699). — 27-28. Actes signifiés à Jean Boudoy, marchand d'Avignon, et au fermier de la boucherie d'Aramon (21 mai-3 juin 1699). 29. Certificat de Mercier pour M. de Laudun, député d'Aramon, qui a séjourné quatre jours à Montpellier pour les affaires communales (Montpellier, 26 juin). — 30. Appointement des officiers ordinaires de la baronnie d'Aramon condamnant les maire et consuls d'Aramon à payer à Jean Boudoy ses marchandises pour l'habillement du valet de ville (27 juin). Sceau de la baronnie. — 31. Acte des maire et consuls reitéré à Boudoy (17-18 août 1699). — 32. Condamnation, par les officiers de la baronnie, des maire et consuls à payer Boudoy de leurs deniers propres (18 août). — 33. Lettre aux maire et consuls écrite par Barthelier, au sujet d'un remboursement de capital (Vénasque, 2 septembre 1699). — 34. Quittance du menuisier Marcel Constant (12 septembre). — 35. Quittance du fermier du courtage (1ᵉʳ octobre 1699). — 36. Délibération communale du 11 octobre). — 37. Quittance du gardien des récoltes (12 octobre). — 38-39. Compte de M. de Laudun, maire, pour 1697, clôturé le 7 novembre 1699. — 40. Quittance du contrôleur des exploits, commis à la recette du petit scel (7 novembre). — 41-50. Rôle et pièces concernant les frais de logement de la compagnie colonelle mestre de camp du régiment du chevalier de Broglie, faits en conséquence d'une lettre du comte de Broglie, son frère, lieutenant général des armées du roi, commandant le Languedoc (17 août 1698-1699). — 51. Délibération communale du 7 mars 1700. — 52. Lettre-quittance du 2 avril 1700, envoyée de Toulouse par Montel. — 53. Signification faite, au prêtre Jean Damour, et aux consuls d'Aramon, débiteurs dudit Damour, lequel est débiteur principal, d'un jugement du présidial (Nîmes, 17 avril 1700, le 19 avril. — 54-60. Quittances et comptes (7 juin-29 octobre 1700). — 61. Lettre du comte de Broglie pour les feux de joie à faire à l'occasion des avantages remportés en Allemagne sur l'empereur (Montpellier, 3 novembre 1700). — 62-63. Quittances (10 décembre 1700). — 64. Addition à l'état des dettes d'Aramon (24 novembre 1687-20 décembre 1700). — 65. Quittance pour le consul Chaissy (20 avril 1701). — 66. Certificat du greffier consulaire. Il n'a été imposé aucune somme en 1685 et 1698 pour les habits du valet de ville (25 mai 1701). — 67-68. Minutes de lettres du maire concernant les affaires communales (Aramon, 29 juin-3 août 1701). — 69. Quittances de M. de Lessange, inspecteur des compagnies de bourgeoisie (20 août). — 70. Vente d'aubes (peupliers) faite par les consuls (3 septembre 1701). — 71. Requête de Gaspard Guiraud au sénéchal. Il a été obligé de payer 2.000 l., au prêtre Damour, à la décharge de la communauté, qui refuse de le rembourser. Signification aux maire et consuls (28 octobre 1701). — 72. Quittance du contrôleur des actes de notaires (13 novembre 1701). — 73. Lettre de E. Jean en remboursement de frais (Toulouse, 10 décembre 1701).

E. 1169. (Liasse.) — 1 pièce parchemin; 13 pièces papier.

1687-1705. — *Famille de Laudun, d'Aramon.* — *Joseph-François I⁰ de Laudun.* — *Administration et comptes communaux d'Aramon.* — 1. Rôle de dépenses qu'il faut se faire rembourser sur le fonds des imprévues de 1701 et 1702. — 2. Commandement contre les consuls d'Aramon (28 avril 1702). — 3. État du prix-fait de la réparation des fusils de la milice bourgeoise (5 août 1702). — 4. Copie d'une requête de Louis de Jossaud, fils de feu François, ancien conseiller au présidial, syndic de divers habitants d'Aramon, au parlement de Toulouse, pour faire rejeter sur les maire et consuls d'Aramon, en leur privé nom, les condamnations et dépens ordonnés par le sénéchal le 15 novembre 1701 et par l'arrêt du parlement du 5 juillet 1702 dans le procès de la marquise d'Aramon contre les consuls (9 août 1702). — 5. Extrait d'une ordonnance de l'Intendant pour faciliter l'inspection de M. de Fressieu, par la réparation des armes des soldats de bourgeoisie (Montpellier, 20 août 1702). — 6. Billet de M. de Laudun déclarant au greffier consulaire qu'il n'a pas été payé sur divers chefs, malgré leur radiation (15 septembre 1702). — 7. Lettre de M. Raousset de Soumabre à son beau-frère Laudun, au sujet de 25 fusils demandés (Tarascon, 22 octobre 1702). — 8. Quittance de Guiraud et Malartigue (22 octobre). — 9. Requête des consuls à l'Intendant pour frais du procès des garrigues et délibération attachée à l'appui, avec ordonnance en autorisation d'emprunter (17 septembre-25 octobre 1702). — 10. État des fusils réparés (23-28 octobre). — 11. Quittance de l'armurier (28 octobre). — 12. Quittance de la veuve de J. Jean (26 novembre 1702). — 13. Dépenses imprévues de M. de Laudun (1701-1702). — 14. Quittance de Coucols-Lagorce. Il a reçu 18 fusils, en plus des 28 précédents (8 novembre). — 15. Note sur des emprunts de 1700 à 1703. — 16. Lettre de François Pains sur ses livraisons de fusils (Vers 1702). — 17. Frais de transport des fusils (Vers 1702). — 18. Lettre de M. de Fressieu sur la réparation des fusils (Vers 1702). — 19-20. Notes sur ces réparations (Vers 1702). — 21. Arrêt de la cour des aides, rendu le 18 janvier 1703, en faveur des consuls d'Aramon, contre Jean et Étienne Bagnols et consorts. Les consuls restent en possession de deux aminées de terre litigieuse. Ils feront proclamer la vente de biens décrétés à celui qui fera la condition de la communauté meilleure. Suit un acte de signification aux perdants, pièce attachée et du 29 novembre 1703. — 22. Copie de l'arrêt précédent. — 23-26. Requêtes à la cour des aides par divers créanciers de la communauté vérifiés, mais non payés (2-7 mars 1703). — 27. Quittance du maire à M. Villacueil, avocat au présidial (13 mars 1703). — 28-30. Quittances (15-28 mars). — 31-32. Requête des consuls à l'Intendant, au sujet de la remise des fusils, et liste attachée des soldats qui doivent rendre leur armement complet (27 mars). — 33-34. Minutes de lettres du maire (19-30 avril 1703). — 35. Certificat de M. d'Anastasy, commis principal des classes des matelots du quartier de Pont-Saint-Esprit, département d'Arles, portant que les consuls ont payé la nourriture aux matelots destinés au service du roi. Ils les ont fait mettre dans la prison d'Aramon pour s'assurer d'eux en vue de leur départ pour Toulon quand le commis les leur demanderait (8 mai 1703). — 36-37. Vente de pension faite par les consuls aux Ursulines (19 mai 1703). — 38. Quittance de Gilles (21 mai). — 39. Requête à l'Intendant, au sujet de la visite exigée des nouveaux consuls, à chaque mutation consulaire, par Mᵐᵉ d'Aramon. Au pied, ordonnance interdisant à ladite dame et à Jossaud de poursuivre les suppliants et la communauté à ce sujet (17 juin 1703). — 40. Quittances d'Arnaud (4 janvier 1696-29 juin 1703). — 41. Compte d'Arnaud, procureur du roi (29 juin). — 42. Vente de pension par les consuls à Rode, apothicaire (29 juillet 1703). — 43-55. Comptes acquittés ou quittances (29 juillet-1ᵉʳ décembre 1703). — 56. Compte du serrurier Marthe pour travaux aux barrières d'Aramon, arrêté par M. de Lenoncourt d'Aramon le 22 décembre 1703, pour en procurer le paiement. — 57. État des journées faites pour les fortifications d'Aramon. Le compte est réduit par le même, pour paiement, le 27 décembre. — 58-59. Quittances (1699-1ᵉʳ janvier 1704). — 60. Comptereau de Gaspard Guiraud, syndic de certains habitants, pour défendre aux demandes de Mᵐᵉ d'Aramon au sujet du papier terrier (6 juin 1704). — 61. Quittance du 6ᵐᵉ denier (6 septembre 1704). — 62. Compte d'actes délivrés au maire (16 décembre 1704). — 63-64. Imprimés portant arrêt du Conseil du 4 mars 1704 supprimant en Languedoc les offices d'essayeurs d'eaux de vie, et faisant commandement, aux maire et consuls, de payer 200 l. pour être déchargés de l'exécution de l'édit de février 1703 (12 août-15 décembre 1704). — 65. Vente de pension à Malortigue, marchand d'Aramon (16 décembre). — 66-76 : *Affaire du banc des maire et consuls à l'église paroissiale.* — 66. Délibération communale du 5 juillet 1693. — 67. Délibération du 11 novembre 1698. — 68. Minute de lettre de M. de Laudun (14 avril 1699). — 69. Extrait de requête des maire et consuls à l'Intendant contre Mme d'Aramon. Au pied, ordonnance portant que le banc sera placé où il était avant la contestation, en attendant la décision des juges (26-29 juin 1699). — 70-71. Signification de textes aux maire et consuls, et minute de lettre de M. de Laudun (28 juin 1699-26 mai 1702). — 72. Consultation de Montaudier, avocat (Toulouse, 1er juillet 1702). — 73. Lettre de M. de Laudun à [l'évêque d'Uzès] (1er août 1702). — 74. Délibération du 16 avril 1703. — 75. Requête à l'Intendant, qui ordonne le « soit communiqué » à Mme d'Aramon (Montpellier, 22 avril 1703). — 76. Requête à l'Intendant, qui permet au maire et consuls d'emprunter 200 l. pour la poursuite du procès (Nimes, 25 juin 1704). — 77. Imprimé rempli par Antoine Rosier, subdélégué, venu pour le tirage au sort. Il y a beaucoup d'absents. Deux jeunes gens pris (4 janvier 1705). — 78. Compte et acquit de Pein pour frais de procédures (1705-2 novembre 1706). — 79. Actes délivrés au maire depuis le 17 juillet 1705. — 80. Certificat de l'inspecteur général de la Côte du Rhône, concernant neuf jours, de garde faits par deux habitants d'Aramon, qui donnent quittance (27 décembre 1705). — 81-83. Comptes de M. de Laudun (1687-1705).

E. 1390. (Liasse.) — 2 pièces, parchemin ; 77 pièces, papier ; 1 sceau.

1706-1726. — *Famille de Laudun, d'Aramon. — Joseph-François 1er de Laudun. — Administration et comptes communaux d'Aramon.* — 1. Requête à l'Intendant pour la mutation consulaire (6 avril 1706). — 2. Sommation faite aux maîtres-chirurgiens Antoine Guiramand et Antoine Puget, de vérifier les blessures faites à Gaspard Autheaume par Alexandre de Sauvan, seigneur d'Aramon, à coups de crosse ou de canon de pistolet, « bourades de pistolet », sur les aires de Montfrin, le 28 juin, bon matin, alors qu'Autheaume, à pied, fuyait M. de Sauvan, qui était à cheval. Les deux chirurgiens avaient refusé leur assistance à Gaspard, qui ne trouve non plus ni huissier ni sergent pour l'aider. Il est réduit à signifier lui-même sa sommation à Puget, pour lui et pour Guiramand, en présence de deux témoins qui signent avec lui (Aramon, 29 juin 1706). — 3. Requête de Gaspard Autheaume au sénéchal (9 juillet 1706). — 4. État de frais de voyages à Nimes des consuls et habitants, à l'occasion d'ajournements personnels (Nimes, 1er octobre 1706). — 5-6. Lettres de Rosier, subdélégué d'Uzès, au sujet de deux mules fournies pour le convoi de Pignerol (7 octobre-8 novembre 1706). — 7. Lettre de Monteil sur les séquestres des biens de Gilles (9 novembre). — 8. Rôle de frais contre le chapitre d'Uzès, avec l'acquit de Monteil, procureur au parlement de Toulouse (9 novembre). — 9. Certificat de Coucols-Lagorce, capitaine de la milice bourgeoise, fait en conséquence de l'ordre de M. de Fressieu, colonel de milice, inspecteur général sur la Côte du Rhône, pour le sergent Jacques Héraud (Aramon, 12 novembre). — 10. Lettre de Chalmeton au sujet des mules (Uzès, 14 novembre). — 11-12. Quittances de Balthasar Pélissier, pour travaux de pavage (15 novembre). — 13. Quittance du consul Granier (20 novembre). — 14-29. Requêtes et pièces concernant des fournitures et dépenses d'ordre militaire (30 novembre 1706-16 janvier 1707). — 30. Frais de l'affaire criminelle de Simon Gentil contre Balthasar Pélissier (1706). — 31-32. Lettre imprimée de M. de Joubert et lettre de Larnac sur la suppression des offices de trésoriers de certains deniers (Montpellier, 25 janvier-Uzès, 9 février 1707). — 33-34. Certificats du capitaine de la milice bourgeoise (9-19 mars 1707). — 35. Requête du maire perpétuel à l'Intendant et ordonnance au sujet de sa préséance (25 mars). — 36. Certificat de Malortigue, aide-major de milices bourgeoises (3 avril 1707). — 37-38. Délibération, requête et ordonnance de l'Intendant, en autorisation d'emprunter pour la dépense des officier et soldats de la garde du port d'Aramon pour les six mois d'été à venir (10 mai 1707). — 39. Quittance pour les courroies mises aux cloches (1er juin 1707). — 40. Vente de pension passée par la communauté à Joseph Gaucherand (3 juillet 1707). — 41-42. Dépenses militaires (2 octobre-10 novembre 1707). — 43-46. Comptes et pièces de Joseph Arnaud, procureur du roi et syndic de la communauté (12-18 novembre). — 47. Délibération communale (2 septembre 1708). — 48-53. Imprimés et lettres sur l'affranchissement de la capitation (Septembre-13 novembre 1708). — 54-58. Notes de journées de travail pour les « brassières » ou fossés d'écoulement (30 avril-19 mai 1709). — 59. Requête à l'Intendant par Joseph-François de Laudun, maire ancien d'Aramon, à l'effet de jouir alternativement des entiers émoluments de sa charge (s. d.). — 60. Lettre de Cabizol au sujet des « roubines » ou fossés d'écoulement (Nîmes, 5 juillet 1710). — 61-62. Requête d'Antoine Mercier, procureur à la cour des aides, et ordonnance favorable au pied, avec commandement de la cour à Gilles, collecteur, de délivrer 200 l. au suppliant (Montpellier, 4 juin 1712). Sceau. — 63. Requête à l'Intendant en décharge ou réduction de la taxe de l'île du Mouton, ruinée par le Rhône. Avis défavorable du procureur du traitant. Réplique des consuls. Ordonnance en paiement de la moitié de la taxe (Montpellier, 15 septembre 1714). — 64. Décret de prise de corps, à l'instance des consuls, contre le fermier de la boucherie (2 octobre 1714). — 65. Note sur la prison de la maison commune et la prison du seigneur à propos des délinquants (s. d.). — 66-73. Quittances et comptes. Une seule de ces pièces est datée (16 octobre 1736). — 74. Comptes de La Feuillade, hôtelier, sans date d'année. Les fournitures et repas sont très détaillés. Un gigot de mouton est coté 1 l. Des militaires, des civils, sont hébergés aux frais de la communauté, à pied et à cheval. Seuls les jours de la semaine sont indiqués. La nourriture de l'abbé Damour a coûté 22 l. pour 22 jours. Aucun acquit. Les feuillets ne sont ni cousus ensemble, ni numérotés. Il en manque peut-être. — 75. Compte de Martin pour le curage de l'aqueduc (s. d.). — 76. Journal de voyage [de M. de Laudun], s. d. d'année. Le 31 mai, arrivée à Villeneuve. Mentions de La Feuillade et de Damour. Le 2 juin, départ pour Saint-Ambroix avec le procureur Broche. Mention de l'official. Assignations de témoins pour l'affaire Damour. Autres mentions de mai et de juin après les premières. Le 12 juin, départ de Villeneuve. — 77-79. Notes s. d.

E. 1391. (Liasse.) — 2 pièces, parchemin; 40 pièces papier; 3 sceaux.

1694-1737. — *Famille de Laudun, d'Aramon.* — Joseph-François 1er et Étienne II de Laudun, ce dernier mari d'Anne-Bénigne du Perrier de Montrichard. — 1. Extraits de l'acte de baptême d'Étienne II de Laudun, né le 28 septembre 1694, ondoyé le 20, baptisé le 1er mars 1696, fils de Joseph-François 1er de Laudun et de Marie-Madeleine « des Sauzot », mariés. Attestation de la signature du curé Mero, par le juge et lieutenant criminel de Beaucaire, du 12 octobre 1737. — 2. Extrait de l'acte d'ondoiement — 3-4. Extraits de l'acte de baptême. Sceau de la cour ordinaire d'Aramon. — 5. Vente faite par Joseph-François de Favier de Laudun, à Pierre Pomier, prêtre de Beaucaire, de terres, prés et moulins à vent (10 avril 1697). Sceau du contrôleur Lautard, de Beaucaire. — 6. Note s. d. de l'avération d'Étienne de Laudun. — 7. Estimation s. d. des biens d'Aramon. — 8. Injonction imprimée aux maire et consuls d'Aramon de faire publier une ordonnance de l'Intendant pour la levée de 4 hommes de milice (Montpellier, 20 mars-Uzès, 12 avril 1701). — 9. Transaction contenant bail en paiement entre Joseph-François de Laudun et Nicolas Guigue, de Saze (22 avril 1710). — 10-11. Notes sur cette affaire (1711-19 novembre 1715). — 12. État des biens de M. de Laudun à Aramon, Fourques, Domazan et Théziers, ensemble des capitaux de pensions, directes, droits seigneuriaux et dettes (1718.). — 13. Assignation donné à Guigue, de Saze (15 septembre 1719). — 14. Quittance faite à Étienne de Laudun par Marthe d'Alboin, veuve de Georges de Trémenol, receveur au bureau général de la foraine à Villeneuve-lès-Avignon (24 août 1730). — 15. Nomination d'un tuteur, faite en la maison commune de Tarascon, pour Anne-Bénigne du Perrier de Montrichard, fille unique et héritière universelle de feu Renée de Barrême, épouse de Jacques du Perrier, sieur de Montrichard, capitaine des grenadiers au régiment de La Chênelaye, décédée près de Saint-Jean de Losne, en Bourgogne. L'assemblée des plus proches parents fait la nomination en blanc. La plupart des constituants font quarantaine à l'Hôtel de Ville comme membres du bureau de santé. L'original est expédié sur papier commun, faute de papier timbré « dans ce temps de calamité » (peste venue de Marseille). L'acte est passé le 11 avril 1721. Attestation de la signature du notaire Augustin Aubert, de Tarascon, par Antoine Avignon, faisant fonction de juge en l'absence des magistrats. Sceau ou « scellé » royal de la cour. — 16. Extrait de la nomination d'un tuteur et curateur pour la jeune fille, à Saint-Jean de Losne, par-devant Hugues Martene, conseiller et avocat du roi aux bailliage et chancellerie de la ville. Le procureur du roi est demandeur en dation de tutelle et curatelle, en confection d'inventaire, en vente éventuelle, en gouvernement des corps et biens de la mineure, âgée de 17 ans, contre son père et ses autres plus proches parents. Le tuteur élu est Perrier de Montrichard, père de la mineure. Le curateur élu est son oncle de Raousset de Soumabre. Suivant : la teneur d'une donation mutuelle entre Jacques du Perrier et sa femme Renée de Barrème, du 22 août 1707; la procuration des parents représentés, du 11 avril 1721. La nomination est du 7 juin 1721. — 17. Lettre de M. de Montrichard à M. de Laudun. Timbre de Dijon. Il le remercie de sa bonté et de son attention, pour sa fille et lui. Diverses affaires à Aramon, Tarascon, Foulques. Mention de « votre neveu Jossaud, mon gendre prétendu ». Malgré la peste, il voudrait aller à Tarascon, pour affermer ses biens. Il rejoindrait ensuite sa fille à Dijon, où il a loué un appartement pour trois mois (trois domestiques sont au service des deux maîtres). Après le battage de ses blés, il compte amener sa fille à Tarascon. La campagne est triste, une fois les champs moissonnés. Sa fille n'aime pas Dijon beaucoup plus que lui-même, quoique elle y soit née et que leur famille y réside. La mort de sa femme a rendu M. de Montrichard indifférent à tout. Ils demeurent à Dijon, près l'église Saint-Bénigne (Montrichard, près Saint-Jean de Losne, 16 novembre 1721). — 18. Quittance faite par Calmelet à M. de Montrichard pour 500 l., des deniers de Corranson, marchand de Lyon, par ordre de M. de Laudun, qui les rendra au porteur du papier (Lyon, 15 janvier 1722). — 19. Procuration donnée par Louis de Jossaud à son cousin Étienne de Laudun (Tarascon, 5 mars 1722). — 20-21. Contrat de mariage entre Étienne de Laudun fils de Joseph-François et de Marie-Madeleine d'Arvillon de Sozay, d'une part; et Anne-Bénigne du Perrier de Montrichard, fille de Jacques, chevalier de Saint-Louis, capitaine des grenadiers au régiment de La Chênelaye, et de feu Renée de Barrème. L'acte est passé à Tarascon, chez le père de la future, par le notaire Aubert, le 21 décembre 1722. — 22. Billet de 1.000 l. fait par MM. de Laudun (père et fils) aux Ursulines d'Aramon, le 1er septembre 1723, à rente perpétuelle au dernier vingt, et remboursé le 12 septembre 1740. Signatures barrées. — 23. Quittance faite par Louise de Mulet, de Tarascon, à Étienne de Laudun, payant à la décharge de l'hoirie d'Anne de Raoux, mère d'Antoine de Barrème, aïeul d'Anne-Bénigne du Perrier de Montrichard (21 avril 1721). — 24. Vente, faite par Guillaume-Joseph de Genestoux, comte de Vernon, à Étienne de Laudun, d'une maison à Tarascon, gâche du Château, pour le prix de 1.800 l. (15 mai 1724). — 25. Acte de cession à la maison du Refuge de Tarascon, fait par le Comte de Vernon, habitant d'Arles, et signifié à Étienne de Laudun le 10 mai 1725. — 26. Feuillet, détaché, portant le n° I, de l'écriture d'Étienne [lui-même] de Laudun, et concernant ses enfants. Le 26 août 1724, naissance de Marie-Madeleine, morte le 18 septembre 1737. Le 3 octobre 1725, naissance de Joseph-François, mort à un mois et demi, probablement étouffé par sa nourrice, endormie en l'allaitant. — 27. Requête d'Étienne aux consuls de Tarascon, à propos d'une directe de la famille de Barrème (Après 1728). — 28. Lettre de M. de Montrichard à son gendre, datée de Charlemont, 27 mai 1729. M. de Barrème avait si fort gâté l'affaire des Pénitents Gris, que M. Avignon, avocat, mit en garde le scripteur. Il vaut mieux abandonner aux Pénitents la succession de M. de Barrème, qui est mort sans hériter de sa mère, et a « dérangé » beaucoup de capitaux sur la maison de ville, pour soutenir à Paris ou aux Mousquetaires feu M. de Barrème. Difficulté de la recherche des débiteurs de pensions. En perdant sa femme, si capable, le scripteur a perdu corps et biens. Ses affaires ont bien changé de face. Il est charmé du bon ordre que met Étienne dans les biens ruraux, qui ne rendent qu'autant qu'on est capable de les faire valoir. Il est en peine des dartres qu'a sa fille au visage. — 29. Feuillet séparé, portant le numéro I, comme la pièce 26, et concernant la naissance des enfants d'Étienne. Outre les deux premiers enfants, nés en 1724 et 1725, Étienne en indique quatre autres. Le 21 février 1727, naissance de sa fille Marie-Pierre, dans des circonstances critiques, sans secours pendant une demi-heure. Le 5 mars 1728, naissance de Gabrielle, qui mourut d'accès de fièvre. Le 27 novembre 1729, naissance de Joseph-François II de Laudun. Le 7 janvier 1731, naissance de Henri. — 30. Note de « déguisements » ou attributions de créments dans diverses îles du Rhône du terroir de Valabrègue, faits ou mentionnés de 1305 à 1707. Cette pièce, s. d., sert de couvertures aux lettres suivantes. — 31-35 : *Lettres de l'abbé Leblanc, sous-doyen de Tarascon, à Étienne de Laudun de Mont-*

richard, à Tarascon. — 31. Si la communauté [d'Aramon], dans son conflit avec le seigneur d'Aramon, avait remis, dès le début, ses intérêts à l'abbé, pour les confier à ceux qui ont du crédit au Conseil, tout serait aujourd'hui terminé. On n'entre chez les grands qu'avec une clé d'or. On présentera au Conseil un mémoire instructif sur le contenu de la lettre de M. de Laudun à l'abbé (9 juillet 1730). — Par la voie d'un secrétaire, on y fera répondre favorablement. Prendre une délibération communale garantissant, solidairement entre tous les habitants, 2.000 l. au sous-doyen, pour ses peines et dépenses dans sa poursuite des affaires de la communauté d'Aramon, somme payable à sa première réquisition. Autres instructions détaillées (Timbre de Saint-Germain. Fin juillet 1730). — 32. L'abbé arrive de Versailles. Il a vu un officier distingué qui approche tous les jours les Ministres. Pour assurer les 2.000 l., il est plus sûr de demander à l'Intendant la permission de les emprunter, et de députer pour Paris. Cette somme en dépôt entre des mains honorables lèverait bien des obstacles et ferait agir plus vivement les amis à la Cour. Discussion détaillée des moyens de faire réussir le « pot de vin » (Saint-Germain, 28 août 1730). — 33. M. de Laudun écrit comme il parle, avec beaucoup de précision et de lumière. L'abbé juge avoir beau jeu, parceque la personne qui s'emploie est dans le bureau du Cardinal [de Fleury], très estimée de Son Éminence, et au fait de toutes choses. Petite conspiration contre le ministère. Les ducs d'Épernon, de Richelieu, de Gesvres, de Retz, ont été exilés au loin. La comtesse de Toulouse n'a pu obtenir du roi ni du ministre aucune grâce pour le duc d'Épernon, son fils. L'abbé plaint M. Blanc, secondaire de Sainte-Marthe, obligé de quitter par le même ordre qui le fit demeurer (Paris, 7 octobre 1730). — 34. Si l'Intendant n'autorise pas l'emprun, qu'on envoie à l'abbé la procuration par délibération, telle qu'il l'a demandée, et il commencera l'entreprise. Tout retard est préjudiciable. Il voudrait épargner à la communauté jusqu'au pot de vin, si cela dépendait de lui (Versailles 21 décembre 1730). — 35. L'abbé a remis les papiers par des mains affidées. Il est surpris que M. de Laudun n'en ait point de nouvelles et en soit en peine. Il explique ce qu'il a fait, au cours d'une visite de M. Chapelon, conseiller à la cour des aides de Montpellier, qui lui fit voir à Paris, le 25 août, une lettre de M. de Laudun et de Stival, à laquelle il s'est conformé. Les miracles de

M. Pâris se multiplient dans le public, au moins en paroles. L'abbé n'en a pas encore vu de certain. Il faut laisser passer cette dévotion de parti. L'abbé de Fénelon a écrit à l'évêque de Chartres au sujet du sous-doyen, dont il cherche à troubler le repos (Saint-Germain, 5 novembre 1730). — 36. Copie du testament de Jacques du Perrier de Montrichard commandant du second bataillon du régiment de « Rouvré », habitant de Tarascon. Son héritier universel sera celui de ses petits-fils ou celle de ses petites-filles qu'il plaira à sa fille, Bénigne d'Istre (Tarascon, 16 mars 1731). — 37. Procuration donnée par le même, commandant au régiment de « Souvray », à Bénigne Perrier, sa fille, épouse de Laudun (Saint-Jean-de-Losne, 14 avril 1731). Sceau de la cour du bailliage. — 38. Requête d'Étienne de Laudun au lieutenant particulier en la juridiction royale de Tarascon, au sujet d'une directe reconnue par François Broche, de Tarascon, à Étienne (Ier) de Laudun de Favier, aïeul du suppliant (9 mai 1731). — 39-40. Testament d'Anne-Bénigne du Perrier de Montrichard, épouse d'Étienne (II) de Laudun, suivant l'autorisation de son père Jacques du Perrier de Montrichard, en date de Saint-Jean de Losne, 14 avril 1731. C'est une donation à cause de mort. Ses enfants Henri, Dominique et Marie-Pierre sont donataires particuliers, comme son père et son mari. Son donataire universel est Joseph-François (II) de Laudun, son fils aîné (Tarascon, 25 novembre 1732). Sceau en cire rouge de la juridiction royale de Tarascon, apposé sur le parchemin de la pièce 39, le 15 avril 1763. — 41-42. Extraits mortuaires de Bénigne du Perrier de Montrichard, épouse d'Étienne de Laudun, décédée le 1er décembre 1732, et inhumée le lendemain en l'église Sainte-Marthe, âgée d'environ 29 ans. Sceaux de la cour royale de Tarascon apposés, l'un le 3 avril 1733, l'autre le 15 avril 1763.

B. 1397. (Liasse.) — 3 pièces, parchemin ; 62 pièces, papier ; 2 sceaux.

1733-1757. — *Famille de Laudun, d'Aramon.* — *Étienne II et Joseph-François II de Laudun.* — 1. Certificat du juge royal de Tarascon, attestant la signature du notaire Reynaud, sur un extrait de la donation à cause de mort faite par Bénigne du Perrier de Montrichard, épouse d'Étienne de Laudun, en faveur de leur fils aîné Joseph-François (Cf. les pièces 39-41 de l'article précédent. Sceau de la cour royale, apposé le 22 mars 1733. — 2. Lettre de G. Plantier de Chesan à Étienne, au sujet de la mort de M. de Montrichard. Il indique les dettes laissées par lui, etc., par Saint-Étienne, 7 mai 1733. — 3. Extrait mortuaire de Dominique-rito Laudun, fils d'Étienne, inhumé en l'église Sainte-Marthe le 31 mai 1733. Sceau de la cour royale de Tarascon, apposé le 15 avril 15... — 4. Mémoire s. d., après 1733 sur la terre d'Aramon, ce qu'elle a coûté à Joseph-François Ier et à Étienne II de Laudun, et les revenus de la charge. — 5. Requête s. d., après 1733 d'Étienne de Laudun, maire ancien d'Aramon, au sujet de son entrée aux États de Languedoc. Copie. — 6. Minutes et copie de dispositions testamentaires d'Étienne de Laudun (1731-1733). — 9. Copie de convention portant vente par Étienne à M. de La Ramière du fief de Montrichard avec la bonde Moudayrous, 15 août 17... — 10-11. Quittances du dixième 4 août-4 juin 17.. — 12. Extrait d'une assemblée des plus proches parents de sa femme, convoquée par Étienne à Saint-Jean de Losne, 7 octobre 1736. — 13. Billet de M. de La Ramière portant plusieurs clauses concernant la vente du fief de Montrichard fait, 9 octobre 17.. — 14. Lettre de Delesto fils, écrite d'Arles à « Mademoiselle » de Laudun, au sujet de débiteurs peu pressés de payer. — 15-16. Arrêt du Conseil d'État (Versailles, 18 décembre 1736) rendu sur la requête d'Étienne de Laudun, seul héritier universel institué par Joseph-François, son père, et estimé tel propriétaire de l'office de maire ancien d'Aramon, dans lequel il demande d'être maintenu, en payant un supplément de finance de 4... l., dont les gages lui seraient comptés conformément à l'édit de novembre 1731. Le roi accepte. — 17. Certificat de catholicité délivré par Méro, curé d'Aramon, à Étienne II de Laudun, 4 septembre 1737. — 18. Quittance de 300 l. faite par Anne de Tous-les-Saints de Barrème à son neveu Étienne de Laudun. Elle est religieuse au couvent du Verbe Incarné de Roquemaure (12 septembre 1739). — 19. Déclaration de la religieuse au sujet dudit billet (Roquemaure, 5 novembre 1739). — 20. Note d'Étienne sur des clauses de son testament (Aramon, 29 avril 1740). — 21. Extrait mortuaire de Marie-Louise de Laudun, âgée de 13 ans, décédée le 5 septembre 1740 et inhumée en l'église d'Aramon. Sceau de la

cour d'Aramon, apposé le 14 avril 1755. — 22. Quittance faite à M. de Laudun, par la sœur de la Croix de Laudun, supérieure des Ursulines d'Aramon, de 150 l., pour arrérages de pension (14 septembre 1740). — 23. Quittance de 4 cent l., faite à M. de Laudun par le receveur général de la régie des offices de l'édit de novembre 1771, à compte de la finance de l'office de maire ancien d'Aramon (Paris 1er décembre 1740). Collation du 12 septembre 1737. — 24. Quittance sur bordereau imprimé, faite par le directeur de la vente des offices municipaux de la généralité de Montpellier, à Étienne de Laudun, maire ancien d'Aramon, pour 1.333 l., tiers du 4 cent l., moitié du principal de la finance dudit office (16 septembre 1737). — 25. Requête d'Étienne au sénéchal pour prêter serment (4 octobre 17..). — 26. Enquête d'office d'Étienne 21 octobre. — 27. Requête d'Étienne et lettre d'attache en ordonnance pour être pourvu au paiement de ses gages à Montpellier, 21 juillet 17.. — 28. Ordonnance imprimée de l'intendant sur l'entretien des fossés des chemins, 28 avril 1739, avec délibération conforme des commissaires ordinaires du diocèse d'Uzès, du 20 juillet suivant. — 29. Minute de lettre d'Étienne à sujet des gages de son supplément de finance d'Aramon, 20 octobre 17.. — 30-31. Minutes d'une requête d'Étienne aux États de Languedoc, contre une délibération de la communauté d'Aramon députant le premier consul à la prochaine assemblée des États, au mépris des droits du remettant s. d., Vers 1759. — 32. Arrêt du Conseil d'État, daté de Fontainebleau, 14 octobre 1750, ordonnant que les gages attribués à l'office de maire ancien d'Aramon, seroit employés dans l'état des finances de la généralité de Montpellier, pour être payés à Étienne. — 33. Compte de son entrée, acquitté le 19 novembre 1750. — 34. Avertissement pour faire contrôler dans trois jours le testament de M. du Perrier de Montrichard (Tarascon 12 janvier 1744). — 35. Mémoire pour Étienne de Laudun, indiquant, d'après des brevets du compoix de 1672, 1675, 1684, d'Aramon et de Domazan, ensemble des mutations postérieures, ses tailles de présage de divers immeubles (14 octobre 1761). — 36. Extrait de la vente du « restant » d'une maison d'Aramon, faite par Étienne à Jean Vaïsse (27 octobre 1743. — 37-38. Lettres de Joseph Mouret, receveur des Domaines à Fourques, réclamant à Étienne 3.300 l. de droit de franc-fief pour onze pièces de terres nobles appelées : Le mas de Laudun, d'une valeur de

30 août. Il s'agit de quarante années commencées en 1713, et à échoir en 1753. — Il attendra avec plaisir jusqu'à la semaine prochaine pour lui faire donner l'assignation que la Direction des Domaines le force à lui donner ainsi qu'à M. de Raousset (23-30 avril 1744). — 39. Copie du commandement fait à Étienne, le 4 mai 1744, à cette occasion. — 40-44. Lettres du procureur Favier à Étienne, au sujet de la poursuite en décharge du droit de franc-fief pour lui et M. de Raousset (Montpellier, 10 mai-19 juillet 1744). — 45. Requête d'Étienne à l'intendant, dressée par Favier, avec ordonnance en décharge du paiement de la taxe, et défense au fermier de poursuivre (Montpellier, 14 juillet 1744). — 46. Lettre de roi, contresignée de Voyer d'Argenson, au marquis de Castine, colonel d'un régiment d'infanterie, pour recevoir et faire reconnaître « Laudun » en la charge de lieutenant en second en la compagnie du commandant du 2e bataillon de son régiment, charge vacante par la promotion de Verdillac à une lieutenance (Au camp sous Tournai, 24 mai 1745). Sceau royal sur queue de papier. — 47-48. Lettres de Joubert (Montpellier, 20 septembre 1745) et de Favier (2 décembre 1745) au sujet d'une imposition annuelle qu'on faisait auparavant en faveur d'Étienne. — 49-50. Requête d'Étienne aux commissaires du roi nommés par lettres patentes de 1734, avec ordonnance permettant aux consuls d'Aramon d'imposer 124. annuellement en sa faveur tant qu'il sera pourvu de l'office de maire (Montpellier, 23 décembre 1745) : ensemble, attaché, un extrait de quittance et d'arrêt du Conseil d'État, collationnés à Tarascon le 23 novembre 1745. — 51. Lettre de Reboulet, écrite à Étienne au sujet du testament de sa mère pour la liquidation des droits (Aramon, 25 juin 1746). — 52. Quatre feuillets détachés où sont notées des dépenses de 1747 et 1748. — 53. Quittances de Midoz, prieur et syndic de l'abbaye de Franquevaux ; du procureur de M. de Rion, seigneur de Fourques ; de Brel, pour le doyen de Tarascon ; de Prat, capiscol et procureur du chapitre de Villeneuve-lès-Avignon ; et de Brel fils, pour le collecteur de Fourques ; faites à M. de Laudun (1743-1750). — 54. Compte du cordonnier l'Auchier, acquitté le 1er juillet 1751, à Tarascon. — 55. Requête pour Henri Bargeton, lieutenant de maire à Aramon, adressée aux Commissaires de 1734, avec les observations de Joubert, le 13 mai 1752, auxquelles il est satisfait le 31 mai. Copie succincte. — 56. Requête de Henri de Barge-

ton aux Commissaires de 1734, et ordonnance portant que les consuls d'Aramon imposeront annuellement 84 l., pour sa livrée consulaire (Montpellier, 23 juin 1752). — 57. Quittance de 102 l., faite à Étienne de Laudun par les dames de la Miséricorde de Tarascon, pour loge de sa femme (1er juin 1753). Signatures de MM. de Laudun de Jossaud, assistants ; Cartier..., et de La Ronsilde de Roux, trésorière. — 58. Extrait de procuration donnée par Jean-Gabriel de Renard, chanoine de Sainte-Marthe, malade et alité, à François-Joseph de Tessé, docteur en droits d'Avignon, expéditionnaire en cour de Rome, pour remettre, entre les mains du vice-légat d'Avignon, son canonicat ou prébende, uni à l'infirmerie de Saint-Michel de Friquet, qu'il possède depuis le 15 décembre 1740 (Tarascon, 25 octobre 1753). — 59-61 : Lettres de Gardes, banquier, expéditionnaire en cour de Rome, écrites d'Aix à Étienne de Laudun de Montrichard, près Sainte-Marthe, à Tarascon. — 59. Il reçoit, par le courrier, adressé à l'abbé de Pierrefeu, la procuration ad resignandum du chanoine Renard en faveur de l'abbé de Laudun. Il a dressé son mémoire, et l'a dépêché à M. Testo pour l'expédition des bulles, en lui recommandant la plus grande diligence. Il faut dire à l'insinuateur d'insinuer avec la clause : « à la charge de faire annexer les dites bulles au parlement » (26 octobre 1753). — 60. L'abbé de Pierrefeu et le scripteur ont pensé que le greffier chargé des insinuations ne ferait pas de difficulté. Envoyer les bulles dès leur insinuation (29 octobre). — 61. Rien n'est plus pressant que de faire insinuer les provisions du canonicat qu'il a fait expédier à Avignon. Ne pas écouter ceux qui n'entendent rien à ces affaires, et qui ignorent la déclaration du roi de 1748, exigeant l'insinuation des bulles de provision deux jours francs avant la mort du résignateur, sans quoi le bénéfice serait perdu pour le résignataire. Il retomberait entre les mains de l'ordinaire, si le bénéfice est de sa collation, ou entre les mains du roi, s'il est de nomination royale (2 novembre 1753). — 62. Il lui renvoie les bulles de provision de son frère, qu'il a fait annexer au parlement (14 novembre). — 63. On vient de lui compter 36 l. Il espère avoir des occasions de lui témoigner son zèle qui tourneront mieux pour son frère que la dernière (5 décembre 1753). — 64. Quittance de Bouchard, trésorier de la maison du Refuge de Tarascon (29 novembre 1753). — 65. Lettre de Jossaud aîné pour les affaires de la mairie (Aramon, 17 janvier 1755. — 62-63, Mémoires d'Étienne de Laudun, maire ancien d'Aramon, pour être présentés à l'assemblée générale de la province, au sujet de son office (s. d.). L'un deux a été remis à M. Pitot le 20 mai 1750. — 70. Arrentement de la terre de la Darmine à la veuve de Jean Jaubert par Étienne de Laudun (1er octobre 1754) — 71-72. Testament de Louis de Jossaud. Son héritier universel et particulier est noble Étienne de Laudun, son beau-frère, pour ne jouir de ses biens qu'après le décès de Marie-Pierre de Laudun, femme du testateur, usufruitière. Legs à Henri-Bénigne de Laudun de Montrichard, neveu du testateur (Tarascon, 29 décembre 1757).

R. 1371. (Liasse.) — 1 (1872), parchemin; 41 p. bis., papier; 1 sceau.

1757-1769. — *Famille de Laudun, d'Aramon. — Joseph-François 1er et Étienne II de Laudun.* — 1. Testament mystique d'Étienne de Laudun, écrit sous sa dictée par le notaire Aubert, son confident. Cachets armoriés de cire rouge et ruban de soie rouge. Tarascon, 17 août 1758. — 2. Arrentement de la terre de la Croix de la Mission Aramon, 24 août. — 3. Note des frais de contrôle, insinuation, legs, etc., pour le testament de Louis de Jossaud, dont Étienne est l'héritier (1758). — 4. Lettre de Roybaud à Étienne, Affaires Fourques, 9 août 1758. — 5. Testament d'Étienne de Laudun, seigneur de La Motte-Faucon, ci-devant coseigneur d'Aramon, demeurant à Tarascon. Legs à Henri-Bénigne de Laudun de Montrichard, son fils puiné. Son héritier universel est Joseph-François III de Laudun, seigneur de La Motte-Faucon, son fils aîné. L'acte est passé en Arles, par le notaire Chabran, le 8 novembre 1758. — 6. Projet de testament mystique réalisé dans la pièce 1 (Août 1758). — 7. Projet du testament du 8 novembre 1758. — 8. Avertissement sur imprimé daté de Montpellier, 30 mars 1759. L'office de maire ancien d'Aramon est compris au rôle pour 1,000 l. à payer avant le 1er mai. — 9. Quittance de 180 l. de l'abbé de Pierrefeu, Aix 31 octobre 1759. — 10. Quittance sur imprimé pour 666 l., qui permettront à Étienne de jouir de sa part et portion du million d'augmentation de gages (1er 20 septembre 1760, Paris). — 11-14. Lettres de Moriceau, rue Sainte-Croix de la Bretonnerie, [à Paris], au sujet de l'entrée aux États. Dans les provinces

et pays d'États où les maires et officiers municipaux sont en possession d'être députés à la tenue des États, la députation ne sera différée à l'avenir qu'à ceux qui seront pourvus des offices créés et rétablis par l'édit de 1733, portant rétablissement des offices municipaux. Ils en jouiront alternativement entre eux. La réclamation d'Étienne doit par être mise à néant (21 juillet 1762-4 mai 1769. — 15. Vente d'une terre au quartier Saint-Jean d'Aramon, faitez par Claude-Louis-Marie de Sauvan, comte d'Aramon, à Étienne de Laudun, maire perpétuel d'Aramon, habitant de Tarascon (21 août 1762. — 16. Lettre de Jossaud aîné, au sujet de l'enlèvement de la terre grasse de la cour de l'écurie par M. Chabotty, ce qui a dégradé le mur mitoyen avec Portanitier, qui rendra Étienne responsable en cas de chute de mur (Aramon, 21 mai 1765. — 17. Jugement du présidial en faveur d'Étienne contre Freydière, menuisier Nîmes, 5 juillet 1765. — 18-21. Lettres, rôles et jugement adressés de Nîmes, par le procureur Pelatan, à Daudun fils, avocat d'Étienne à Aramon, au sujet de l'affaire Freydière et de l'affaire des boîtes Jaubert 7 août 1765-14 août 1767. — 22-23. Notes sur l'office de maire d'Aramon (s. d. 1762. — 24. Lettre de Roche à M. de Laudun fils. Le receveur La terre de payer le supplément de son vingtième noble, sauf remboursement en cas de modération Fourques, 22 janvier 1768. — 25. Accord entre Étienne de Laudun et Daniel Lombard, juge de Tarascon 27 février 1769. — 26-27. Lettres de « Laudun fils » Joseph-François II. — A son père Étienne. Parti de Lyon le 7 mai, arrivé à Dijon le 8, il admire le pays, mais il a dû prendre les vêtements d'hiver. Son appréciation des vins. Il verra aujourd'hui Mme de La Ramisse, et va chercher une chambre garnie. Il a déjà causé, dans le carrosse, avec un trésorier de France de Dijon. Sans connaître autrement cette dame, son compagnon la lui a donnée pour une bonne imbécile, avec deux grandes filles n'ayant pas l'air plus spirituel que la mère. Laudun est descendu à l'auberge de *La Ville de Lyon*, chez Mme Gayot. À Lyon, il a acheté un cabriolet qui viendra par bateau à Tarascon. Il sort de chez Mme de La Ramisse, qui le veut loger absolument. Mais il n'y tient pas et serait gêné. Le procureur de la dame n'a pas été de son avis pour la procédure à suivre. Laudun n'entend pas avoir affaire à d'autres qu'à elle. Sa fille aînée, Mme de Bussières, est à Montrichard pour un procès. Laudun a consenti à la mère de marier ses filles, pour les mettre à l'abri des usurpations des voisins. Son propos n'aura pas déplu, sans doute, à M⁰ˢ de Montrichard, sœur cadette, qui était présente, et qui n'est pas aussi, comme le trésorier l'avait dit. Mais la nôtre a bien plus vanté à Laudun la capacité de l'aînée. Il a trop plu à Dijon pour qu'il ait pu chercher une chambre (0 mai 1769). — A sa tante de Jassaud. Il reviendra plus tôt qu'il n'espérait. Affaires. Laudun a dîné une fois chez M⁰ˢ de La Ramisse. Il dîne aujourd'hui chez le marquis de Versallieu ; demain chez M. de Frasan d'Avieoy, dont le fils est page chez le prince de Condé. Il y a, chez M de Frasan, une demoiselle fort bien élevée, et qui n'est pas mal pour la figure. C'est celle que M⁰ˢ de Harrème voulait me voir lui sauver. Laudun ne peut encore terminer avec M⁰ˢ de La Ramisse, parce qu'elle ne fait rien sans sa fille aînée, qui se trouve à Montrichard. Il souhaite avoir des nouvelles de sa tante et de sa femme, qui était un peu incommodée le jour de son départ. Il est logé chez M. Champagne Dessulan, négociant, rue Coin-du-Miroir, à Dijon (14 mai). — 28. Extrait de l'aliénation du capital de 15.000 l., reste du prix du fief de Montrichard. Cette vente était le but du voyage à Dijon (18 mai 1769). — 29. Liste des actes et pièces remis à M⁰ˢ Étienne-Marie Claude Ravier, veuve de François-Bernard de La Ramisse, conseiller auditeur en la chambre des comptes de Dôle, par Joseph-François de Laudun, de Tarascon, naissant pour lui, comme co-héritier ab intestat de son frère Henri-Bénigne, et comme fondé de pouvoir de son père Étienne (25 mai 1769). — 30. Note indiquant la cession, faite par Joseph-François à M. Bouhier de Bernardon, le 18 mai 1769, de la somme principale (5.000 l.) du prix de vente du fief de Montrichard et de la borde Mortureux. — 31. Note indiquant une vente d'olivette faite, le 28 octobre 1770, par Étienne et Joseph-François, père et fils, à Joseph Dumayne. — 32. Certificat d'arpentage de Moureau pour cette olivette (Tarascon, 5 juin 1771). — 33. Convention entre les recteurs de l'hôpital Saint-Nicolas de Tarascon, et Joseph-François de Laudun au sujet d'un capital de 22.000 l., que l'hôpital lui paiera (23 septembre 1771). — 34. Cession faite, le 12 décembre 1771, à l'hôpital Saint-Nicolas de Tarascon, de 22.254 l., à prendre sur les États de Provence, qui les doivent à Joseph-François de Laudun, par son procureur Joseph-Lazare-Scipion de Forests, demeurant à Aix. De Laudun agit comme mari d'Anne-Valère

Beydier de Carlet de Mirabeau, suivant son contrat de mariage du 25 janvier 1751, et comme procureur de son père Étienne. La cession est faite moyennant pareille somme, payée à l'acte par les recteurs. Teneur de la procuration des recteurs, du 6 décembre. L'acte est passé à Aix par le notaire Jaubert. — 35. Quittance de frais (Aix, 13 décembre). — 36. Note de Joseph-François, indiquant la vente, faite par lui, le 5 janvier 1775, à Jean-Paul-Joseph de Montcalm de Saint-Véran, en son nom et au nom de son père Étienne, d'une maison de la gâche du château, à Tarascon. — 37. Extrait mortuaire d'Étienne-Marie Laudun, décédé le 22 mars 1777 et inhumé au cimetière de Tarascon. L'extrait est tiré, le 15 avril suivant, des registres de l'église paroissiale et collégiale de Sainte-Marthe, par le prêtre Barbarin. — 38. Quittance de Vaillon, prieur des Prêcheurs, faite à M. de Laudun pour des messes à l'intention de son père (Tarascon, 8 avril 1777). — 39. Autre quittance de messes (26 juin 1777). Signature de Grasset, syndic des Prêcheurs. — 40. Lettre de M⁰ˢ de Percier, Condoléances. Affaire de Gagne et Fleutelot (s. d., 1777). — 41. Quittance des Prêcheurs pour messes (28 décembre 1775). — 42-44. Quittances de Tixerandel, procureur et syndic de l'abbaye de Franquevaux, pour l'albergue noble d'une coupe d'or au sujet du domaine d'Argence, due 1° de M. de Laudun et 2° de M. Dorial-Franquevaux, 24 septembre 1784-Nîmes, 22 octobre 1786. La dernière quittance est un duplicata pour 1787. La métairie d'Argence est au terroir de Fourques. Les quittances de 1785 et 1787 parlent du marquis de Laudun et de la comtesse, puis du comte Doria. — 45-50. Notes et lettres s. d. (XVIIIᵉ s.) — 51-87. Quittances de l'annuel ou droit annuel payé, pour la charge de maire d'Aramon, au trésorier général des revenus casuels, par Joseph-François 1ᵉʳ et Étienne II de Laudun (Montpellier, 20 décembre 1727-11 décembre 1764).

E. 1114, (liasse.) — 2 pièces, parchemin ; 96 pièces, papier ; 7 sceaux.

1726-1771. — *Famille de Laudun, d'Aramon. — Joseph-François 1ᵉʳ, Étienne II, Henri-Bénigne de Laudun. — 1-39.* Quittances faites par des trésoriers successifs de la maison du Refuge de Tarascon, à Étienne II, puis à Joseph-François 1ᵉʳ de

Laudun, pour 101. de pension annuelle (12 juin 1783-31 août 1771). — 4573. Lettres d'affaires et pièces concernant une procédure entre Étienne de Laudun et Joseph Cartier et Jacques Jourdan. Il s'agit de la dîme d'une partie de maison à Tarascon (10 décembre 1747-11 novembre 1771). La dernière pièce est une reconnaissance féodale de Joseph Cartier, marchand de Tarascon habitant Avignon, de la partie de maison à Étienne de Laudun. C'est l'aboutissement de la procédure. — 74-89. Quittances faites à Étienne de Laudun par les sieurs Honorade et Jeanne Chabrier, pour 50l. de pension annuelle (Tarascon, 10 septembre 1735-18 août 1765). Les trois dernières quittances (12 août 1763-17 août 1771) sont faites à M. de Laudun, fils et signées seulement : « Sœur Chabrier ». — 1063? Henri-Bénigne de Laudun et [illegible] de Laudun. — 90. Extrait baptistaire de Henri-Bénigne de Laudun, fils d'Étienne II de Laudun et de Rose de Percier de Montclanat, né le 7 janvier 1736, baptisé le 10. Extrait des registres de Sainte-Marthe de Tarascon du 16 novembre 1750. Certificat de l'official d'Avignon, avec sceau de l'archevêché, du 9 décembre suivant. — 91. Lettres de tonsure de Henri-Bénigne, signées de Joseph [de Guyon de Crochans], archevêque d'Avignon, et scellées de son sceau (6 mars 1751). — 92. Lettres adressées à Henri-Bénigne de Laudun, clerc de Tarascon, demeurant au séminaire de Saint-Sulpice, à Paris, pour l'autoriser à recevoir de l'archevêque de Paris les quatre ordres mineurs, s'il en est trouvé digne. Signature et sceau de l'archevêque d'Avignon (19 février 1753). — 93-95. Bulle de Pascal Aquaviva d'Aragon, des comtes de Conversan, protonotaire apostolique et vice-légat du pape en Avignon, adressée à Henri-Bénigne de Laudun, clerc du diocèse d'Avignon, et portant autorisation de la résignation de la chanoinie et prébende en l'église Sainte-Marthe de Tarascon, à lui faite par Gabriel de Renard. Avignon, Palais apostolique, 27 octobre 1753. — Extrait de la résignation, de même date. — Lettres royaux datées d'Aix, 14 novembre 1753. Sceau du vice-légat. Sceau du parlement d'Aix. Les trois pièces attachées ensemble. — 96. Procuration en blanc donnée par Henri-Bénigne de Laudun, clerc minoré du diocèse d'Avignon, demeurant au séminaire Saint-Sulpice à Paris, pourvu en cour de Rome, par le Pape, d'un canonicat de l'Église collégiale de Sainte-Marthe de Tarascon, et de la prébende unie à l'infirmerie de Saint-Michel de Frigolet, diocèse d'Avignon, comme vacants par la résignation de Jean Cartier de Renard; pour obtenir de l'archevêque d'Avignon les lettres de visa nécessaires sur la signature apostolique des provisions accordées (21 août 1754). Second. — 97. Extrait baptistaire d'André-Bruno de Laudun, né et baptisé le 24 mars 1759, fils de Joseph-François et d'Anne-Valère Broydier de Cariol de Mirabeau. Le parrain est André-Bruno Devilles de Cariol de Mirabeau, conseiller honoraire au parlement de Provence, son oncle. La marraine est Marie-Pierre de Laudun, veuve de Louis de Jossaud, sa grand'tante paternelle. Certificat de l'infirmier de Sainte-Marthe qui a rédigé l'extrait, par les maire et consuls de Tarascon. Sceau de la ville. Il [illegible] décembre 1759 [illegible]. Note généalogique [illegible] insuffisante sur Étienne II de Laudun.

[illegible]

1686-1736 — [illegible] chef de Laudun d'Arzac. — Alliance avec les du Perrier de Montvaillant. — Affaire de Bourgogne. — 1. Note de l'état de services de M. du Perrier de Montvaillant, contenant [illegible] du régiment de Souvray. Entré aux cadets de la compagnie de Strasbourg en 16[..]; il a été commandant en 17[..]. — 2. Lettre du roi au comte de Tavannes, colonel, pour qu'il reçoive et fasse reconnaître du Perrier en la charge de lieutenant en la compagnie colonelle de son régiment d'infanterie. Versailles, 3 décembre 16[..]. — 3. Commission de capitaine d'une compagnie dans le régiment d'infanterie piémontaise du Saint-Second, adressée au capitaine du Perrier (Versailles, 24 février 168[.]). Sceau. — 4. Lettre du roi à M. de Saint-Second, colonel, pour recevoir et faire reconnaître du Perrier en la compagnie des grenadiers de son régiment (Versailles, 6 juillet 1685). — 5. Constitution de rente faite par Antoine du Perrier, trésorier de France en la généralité de Bourgogne et Bresse, et sa femme Philiberte Vaudrey, agissant pour eux et pour Jacques du Perrier, leur frère et beau-frère, capitaine grenadier au régiment de Saint-Second, à noble Claude Varenne, avocat à Dijon (5 août 1685). — 6. Lettre du roi au marquis de Grancey, colonel, pour qu'il reçoive et fasse reconnaître du Perrier, capitaine réformé, en la compagnie de son régiment vacante par la cassation du capitaine Laval (Versailles, 12 août 1689). — 7. Constitution de rente faite par Jacques du Perrier de Montrichard, capitaine dans le régiment de Grancey, et Antoine du Perrier, trésorier général de France, sa caution, à Jacques Barbier, seigneur d'Entre-Deux-Monts, Corbein et Censoour (Dijon, 6 janvier 1688). Sceau. — 8b. Extraits du contrat de mariage entre noble Jacques du Perrier, seigneur de Montrichard capitaine au régiment de Grancey, originaire de Dijon, fils de feu noble Nicolas, conseiller secrétaire du roi, et de Bénigne de Tribollet, d'une part; et Renée de Barrême, fille de noble Antoine et d'Anne d'Aymiuy, de Tarascon, d'autre part (Tarascon, 4 février 1688). — 10. Acte de cautionnement fait par Philiberte Vaudrey, veuve du trésorier du Perrier, pour le trésorier Barbier, seigneur d'Entre-Deux-Monts (21 avril 1688). — 11. Quittance de Robert à Delottre, subdélégué de l'Intendant, à compte de ce que lui doit M. de Montrichard (Saint-Jean-de-Losne, 12 août 1707). — 12-13. Copie et extrait du testament réciproque de M. et de M** de Montrichard. Leur héritière universelle est leur fille unique Anne-Bénigne, dame de Barrême (Tarascon, 22 août 1707). Publication du 8 avril 1721. Attestation du 11 avril, scellée du sceau de la cour de Tarascon. — 14. Requête de Jeanne Château, veuve de Jean Reynaudot, de Dijon, au gouverneur de la chancellerie aux contrats du duché de Bourgogne, au sujet d'une rente créée par Jacques du Perrier, capitaine au régiment de Grancey, au profit de son mari (17 février-19 août 1711). — 15. Défaut octroyé à la demanderesse (30 juin-22 août 1711). — 16-20. Suite de la procédure (22 août 1711-22 avril 1712). — 21. Cession d'une rente en principal de 1500 l. sur M. du Perrier, faite par M** la Trésorière du Perrier à M. Jannon (Dijon, 4 août 1713). — 22. Lettre du roi à M. de La Chénelaye, colonel, pour qu'il reçoive et fasse reconnaître le capitaine du Perrier en la compagnie de grenadiers vacante dans son régiment (Marly, 26 août 1713). — 23. Constitution de rente faite par Jacques du Perrier ou Perrier, sieur de Montrichard, capitaine de grenadiers au régiment de La Chénelaye, pour lui et sa femme Renée de Barrême, au profit de Jacques Jannon, chanoine à la Sainte-Chapelle du roi à Dijon (21 août 1714). — 24. Reconnaissance de billet faite par le chanoine Jannon, comme procu-reur de Jacques Perrier de Montrichard, capitaine de grenadiers, et par le procureur de Nicolas Perrier, aussi capitaine au régiment de La Chénelaye. Ce billet contient rente au profit de dame Bénigne de La Michodière, veuve de Bénigne de Ruquilloyne, maître ordinaire en la chambre des comptes de Bourgogne et Bresse, baron de Longepierre. Il est daté du 20 février 1701, et signé, tant par Montrichard que par sa mère Bénigne Tribollet, veuve de Nicolas Perrier, avocat. Le capitaine Nicolas Perrier est le petit-fils et l'héritier de Bénigne Tribollet. Il est le neveu du capitaine de Montrichard. Suivent les procurations (Dijon, 10 novembre 1719). — 25. État des frais supportés par Jeanne Château contre le capitaine Perrier (1703-1716). — 26. Demande de surseoir à l'exécution de la sentence obtenue contre lui, faite par Perrier de Montrichard à Jeanne Château (Dijon, 30 décembre 1717). — 27-29. Titre de la rente créée par Jacques Perrier, capitaine au régiment de Grancey, au profit de Jean Regnaudot, le 4 décembre 1688. — Acquit donné par Jeanne Château, veuve et héritière de Jean Regnaudot, au chanoine Jannon, procureur de Jacques Perrier, du principal de sa dette, le 20 janvier 1719. Trois pièces attachées, dont une couverture. — 30. Quittance de Conneau à Jannon pour de Montrichard (Dijon, 24 juillet 1719). — 31-32. Copies de billets sur M. et M** de Montrichard pour M** Pierre, demeurant chez le conseiller Fleutelot, et pour ce dernier lui-même (Saint-Jean-de-Losne, 19 décembre 1719). — 33-34. Quittances: 1° de Philiberte Vaudrey, femme autorisée de Hugues Tavault, auparavant veuve d'Antoine Perrier, trésorier de France, ensemble ses filles majeures Bernarde et Bénigne Perrier; 2° de M** Grandclet de Poulles; faites à M. de Montrichard (Dijon, 8 juin 1739). — 35. Billet de réduction de Gagne consenti à M. de Montrichard (Dijon, 11 octobre 1720). — 36. Mémoire (s. d.) sur ce que doit Montrichard, en qualité d'exécuteur testamentaire de son neveu Perrier à M** Tavault et à ses deux filles, héritières dudit neveu; ensemble de ce qu'il doit comme débiteur de son neveu (Vers 1720). — 37. Ordre du roi, contresigné par Louis d'Orléans, duc de Chartres, et prescrivant à de Montrichard, capitaine d'une compagnie de grenadiers dans le régiment de La Chénelaye, de prendre le commandement du 2e bataillon dudit régiment, vacant par la promotion de M. de La Lande à la charge de sergent-major (Versailles, 2-0 septembre 1723). —

38. État de réparations à la Borde-Montfaroux (1732-1735). — 39. Compte d'autres travaux (1735-1736). — 40. Lettre de Calnelet à M. de Laudun. Il endosse une lettre de change de 548 l. et la renvoie à Lyon pour en faire recevoir le montant, qu'il remettra à M. de Montrichard, à une lieue d'ici (Saint-Jean de Losne, 20 octobre 172.). — 41. Quittance de Magnien (Saint-Jean de Losne, 9 juillet 1731). — 42. Copie certifiée d'un contrat de vente d'office fait par M. de La Ramisse à Jacques Ravier, seigneur de Russières, demourant à Autun. Il s'agit de son office de conseiller auditeur en la chambre des comptes, aides, domaines et finances du comté de Bourgogne (Autun, 9 juillet 1731). — 43. Lettre de C. Fleutelot de Chasan [à Étienne de Laudun] pour l'informer de ce que feu M. de Montrichard devait au conseiller Gagne, à M.. Pierre et à lui-même (Dijon, 5 août 1733). — 44. Copie d'actes signifiés, le 4 octobre 1733, au fermier du fief de Montrichard, tant pour lui que pour M. de Laudun, veuf de Mme de Montrichard, héritière de ses père et frère. La copie porte les signatures de Fleutelot de Chasan et de [Mme] Pierre (4 octobre 1733). — 45. Requête de François-Edme Gagne, baron de Pouilly, conseiller au parlement de Dijon, mari de Marguerite Jannon, en signification de copie à M. de Laudun, père et tuteur des enfants de feu dame Perrier de Montrichard, sa femme, héritiers de Jacques Perrier (Signification du 9 décembre 1734 au fermier du fief de Montrichard). — 46. Signification analogue pour Gagne de Pouilly (9 décembre). — 47. État d'avances et vacations dues dans l'instance intentée aux Requêtes du Palais par Gagne contre Laudun (1734). — 48. Lettre de Fleutelot à Laudun, pour donner ordre à ses fermiers de satisfaire aux intérêts dus depuis longtemps (Dijon, 27 avril 1734). — 49. Requête de Gagne en saisie du prix de la ferme de Montrichard, et saisie du 20 novembre 1734. — 50. Lettre de Fleutelot à Laudun pour le paiement des intérêts en retard. Mention de M. de Saint-Usage, qui n'est guère en état de gérer une affaire, en dehors de sa maison, car il est incommodé (15 février 1735). — 51. Requêtes du Palais. Présentation pour Gagne contre Clouet, [fermier de M. de Laudun], marchand de Franxault. C'est Louis Lejeune puîné qui se présente demandeur pour le conseiller (19 mars 1735). — 52. Requête de Gagne aux membres du parlement tenant les Requêtes du Palais (29 mars 1735). — 53. Autre requête du 22 avril 1735. — 54.

Signification de divers actes, faite à la requête de Gagne à M. de Laudun, trouvé à Franxault (24 avril 1735). — 55-56. Pièces de procédure des 25 et 27 avril. — 57-59. Requête, mémoire et copie pour Gagne (29 avril). — 60-61. Extraits de rentes constituées par Étienne de Laudun, seigneur de Montrichard, d'Aramon, logé à l'Hôtel Saint-Louis, à Dijon, tuteur de ses enfants mineurs du corps de feu Bénigne Perrier de Montrichard, son épouse, au profit de Claudine Pierre, demourant chez le conseiller Fleutelot, seigneur de Chasan, et au profit de M. Fleutelot lui-même (Dijon, 2 mai 1735). — 62. Extrait d'une transaction entre François-Aimé Gagne, baron de Pouilly, conseiller au parlement de Bourgogne, et Étienne de Laudun, seigneur de Montrichard, de passage à Dijon, comme tuteur de ses enfants (3 mai). — 63. Mainlevée des saisies faites contre M. de Laudun (11 mai). — 64. Quittance pour le battage des gerbes de M. de Montrichard (Franxault, 3 juin 1735). C'est le curé qui a payé. — 65. Quittance de Louis Angonnet, recteur d'école à Franxault, du prix du foin vendu par lui pour le bétail de M. de Laudun. Mention pour le curé de Franxault, de M. Trullard, et des officiers de « Sieurs » (Seurre). Document de sens compliqué et d'orthographe incertaine (Franxault, 25 juillet 1735). — 66. Double quittance de Belettre à l'occasion du foin livré par Louis Angonnet (Franxault, 1er août 1735). — 67. Quittance du collecteur du dixième du fief de Montrichard. Mention du finage de Changey et de Maison-Dieu (Franxault, 30 octobre 1735. — 68. Autre quittance du dixième (Franxault, 2 novembre 1735). — 69. Reçus de papiers remis par M. de Laudun à M. de La Ramisse (Dôle, 21 octobre-Franxault, 5 novembre 1735. — 70. Hommage et dénombrement du fief de Montrichard rendu par François-Bernard de La Ramisse, conseiller auditeur honoraire en la cour des aides du comté de Bourgogne, à la princesse Marie-Anne de Bourbon, légitimée de France, première douairière de Conti, du fief de Montrichard, siège Franxault, suivant le nouveau terrier dudit fief, relevant de la princesse comme comtesse de Pagny et dame en partie de Franxault, et acquis par la Ramisse le 29 octobre 1735. Fait à Seurre, avec remise d'extrait par le conseiller, le 18 novembre 1735. — 71. Procès-verbal de cet hommage et dénombrement par Jean Trullard, bailli des terres en Bourgogne de la princesse de Bourbon, dame de Pagny. Le greffier de la baronnie de Pagny est

André Bertholey (Sourve, 18 novembre). — 72.
Minute d'une remontrance d'Étienne de Laudun au
conseiller Gueno, se rattachant à leur procédure
terminée (s. d.). — 73-74. Lettres de Floutelot à
Laudun. — Il lui demande un extrait du contrat de
vente du fief de Montrichard, pour n'avoir pas à
dénoncer l'hypothèque et à obtenir un jugement
(Dijon, 23 février 1739). — Il le remercie d'apprendre par lui que ses créanciers sont délégués dans
l'acte passé avec La Rumisse (17 mars 1739. — 75.
Certificat du juge de Tarascon concernant le notaire
Joseph Aubert, signataire d'un extrait du contrat
de mariage d'Étienne II de Laudun, et trouvé dans
la pièce 8 (Tarascon, 24 mars 1739). Sceau.

C. 1395. (Liasse.) — 4 pièces, parchemin ; 15 pièces, papier ;
1 sceau.

1700-1797. — *Famille de Laudun, d'Aramon,
Joseph-François 1ᵉʳ, Étienne II, Joseph-François II de Laudun, mari d'Anne-Valère Deylier
de Curiol de Mirabeau.* — 1-3. Pièces de procédure
en remboursement de tailles pour Joseph-François 1ᵉʳ de Laudun contre Agnès Gilles, femme
séparée en biens de Louis Sommille et héritière de
Marguerite Théromil (18 août 1700-28 novembre
1701). — 4-5. Pièces de procédure pour Joseph-François contre François Lucas (29 avril-13 mai 1730).
— 6. Copie de décret sur deux terres des hoirs
Peyry et assignation donnée à Joseph-François
(13 septembre 1719-12 juin 1730). — 7. Quittance de
Laudun aux hoirs Montchaud 1ᵉʳ novembre 1721.
— 8. Quittance regardant la taille de Fourques,
faite à Laudun (25 juillet 1722). — 9. Quittance faite
par les Laudun (Étienne II représenté par son père
Joseph-François 1ᵉʳ) à Louis Sommille (11 mars
1723. — 10. Quittances des tailles de Domazan
(10 septembre 1724-5 août 1725. — 11. Attestation
de Coulombet, greffier de la cour du palais apostolique d'Avignon. A la requête d'Étienne II de Laudun, un courrier du pape a fait une notification à
Jeanne Serre, fiancée avec Jean Montchaud (30
avril 1725. — 12. Quittance de Joseph-François 1ᵉʳ
à Joseph Grèze (28 janvier 1730). — 13. Extrait des
registres des naissances de la ci-devant paroisse
Sainte-Marthe de Tarascon. Le 7 mars 1730, a été
baptisé Joseph-François [II] Laudun, né le 27
novembre [1720] d'Étienne [II] Laudun et de Bénigne Perrier de Montrichard. Parrain : Joseph-François [1ᵉʳ] Laudun, grand-père paternel. Marraine :
Anne Barrême, religieuse au Verbe Incarné,
absente, tante maternelle, remplacée par Madeleine
d'Arvillon-Sozay-Laudun, grand'mère paternelle.
Extrait du 7 brumaire an VI, au 28 octobre 1797. —
14. Contrat de mariage de noble Louis de Jossaud,
seigneur de la Motte-Faucon, fils de Pierre et d'Éléonore de Laudun, avec Marie-Pierre de Laudun, fille
de feu Joseph-François [1ᵉʳ] de Laudun et de Madeleine d'Arvillon de Sozay (Aramon, 9 juillet 1738. —
15. Vente d'une partie de maison dans l'enceinte
d'Aramon, faite par Étienne II de Laudun à Joseph
Boucard (11 décembre 1742). — 16. Placard imprimé
contenant, en latin, la liste des élèves ayant reçu
des prix ou des accessits à la distribution du collège
des Jésuites de Lyon en 1742. Joseph-François II
obtient un premier prix de poésie et un accessit
de version latine en troisième. — 17. Vente d'olivette faite par Étienne à Jean Marin (26 décembre
1743). — 18. Placard imprimé de la distribution des
prix des Jésuites de Lyon en 1744. En seconde
Joseph-François obtient un accessit de thème latin
et un premier prix de version latine. — 19. Transaction entre Pierre Sommille, fils de Louis et
Joseph Malortigue. Elle règle un paiement pour
Étienne de Laudun (30 mai 1745. — 20-21. Mémoires d'actes envoyés à sa tante le 4 décembre 1745.
La pièce 21 mentionne, en outre, des actes envoyés
au procureur Romieu le 31 janvier 1746. — 22.
Arpentement de la maison vendue à Louis Boucard
(10 mai 1746). — 23. Lettre d'affaires d'Aubert.
L'hôpital de Tarascon, héritier de la « demoiselle »
Gilles, est, en cette qualité, créancier de la com-
munauté d'Aramon. Mention de Gros, procureur à
Montpellier (Tarascon, 31 mai 1746. — 24-25. Let-
tres de la sœur de la Croix de Laudun, supérieure
des Ursulines d'Aramon, à son neveu de Laudun, à
Tarascon. Il s'agit d'affaires de son couvent (Aramon, 21 juin-27 juillet 1746. — 26-27. Lettres du
frère Camayou, supérieur des Minimes d'Avignon.
Il s'agit d'emprunts faits à son couvent par la communauté d'Aramon (13-29 septembre 1746). — 28.
Lettre du procureur Gros à Aubert, notaire de
Tarascon, au sujet des affaires de l'Hôtel-Dieu
Saint-Nicolas de Tarascon. Mention du procureur
Romieu (Montpellier, 7 novembre 1746). — 29. Lettre d'affaires de Martin (Aramon, 12 mars 1747). —
30. Extrait des registres des mariages de la paroisse
du Saint-Esprit, à Aix, délivré par Chauvin, prêtre

sacristain. Le 20 janvier 1751, Joseph-François [II] de Laudun, âgé d'environ 21 ans, de Tarascon, fils d'Étienne [II] de Laudun, seigneur de Montrichard, et de feu dame Bénigne du Perrier de Montrichard, a épousé Anne-Valère Deydier de Curiol, âgée d'environ 20 ans, fille d'André-Bruno Deydier de Curiol, seigneur de Mirabeau et de Beauvezer, conseiller au parlement de Provence, et de Thérèse de Cariolis de Limaye. — 31. Droits de consignation, ou sept et demi pour cent, dus par les hoirs de Louis de Jossaud et Étienne de Laudun (1er décembre 1739-18 août 1755). — 32. Note sur la vente d'une olivette faite, le 24 février 1630, par Lucrèce de Malevalette, veuve de François de Bertrandy, à Étienne Blanchon, d'Aramon (6 avril 1756). — 33. Vente de vigne par Étienne de Laudun, habitant de Tarascon, à Jean de Pilot, curé de Saint-Pierre des Termes, habitant Aramon (12 octobre 1756). — 35. Vente de terre par Étienne à Claude Peyric, serrurier d'Aramon (27 octobre). — 36. Liquidation de la taille de cette terre (1757-1761). — 37. Vente de terre par Étienne à Jean Chapus, d'Aramon (8 janvier 1762). — 38. Quittance d'Étienne aux hoirs de Pierre Sommille (11 septembre 1762). — 39. Droits de consignation dus par MM. de Laudun et Jossaud (1er décembre 1732-30 octobre 1762). — 40-43. Quittances (27 janvier 1763-21 mars 1768). — 44. Copie de la procuration donnée à son fils Joseph-François par Étienne de Laudun, à l'occasion du voyage du premier en Bourgogne (Avril 1769). Cf. l'article E. 1393, pièces 24-27. — 45. Extrait de reconnaissance emphitéotique de Jean Augellier (Tarascon, 28 décembre 1770). — 46-47. Lettres de Thorame à Laudun fils, au sujet de la réalisation d'un contrat de 4.000 l. sur la province [de Provence] (Aix, 26 juillet-2 août 1771). — 48-51. Quittances et compte (30 août 1771-10 octobre 1777). — 52. Extrait du testament de Marie-Pierre de Laudun, veuve de Louis de Jossaud. Son héritier universel est son neveu Joseph-François [II] de Laudun (Tarascon, 27 novembre 1778). — 53. Quittance des frais de contrôle de l'aveu d'un billet de Barbut (11 mars 1779). — 54. Bail en paiement fait par les hoirs de Jean Cavènes à M. de Laudun, héritier de son oncle de Jossaud (Aramon, 16 juin 1782). — 55. Déclaration écrite faite par Laudun à Tarascon, le 5 septembre 1783, pour satisfaire aux dispositions verbales de Mme de Jossaud, sa tante, au sujet de Rose Laurent, fille de service de sa tante. La signature a été biffée quand M. de Laudun a refait une autre déclaration le 7 avril 1783. — 56. Mémoire de la dépense qu'il faut faire quand on est page du roi (s. d.). — 57. Certificat des consuls et greffier d'Aramon au sujet de la consistance des compoix communaux (24 mai 1788). — 58-59. Pièces imprimées contenant la proclamation du roi sur l'imposition des biens privilégiés en Languedoc, du 27 décembre 1789. — 60. Note sur les maisons attenantes aux remparts de Tarascon (s. d.). — 61. Note sur la nourriture d'un granger (s. d.). — 62. Devis d'un puits (s. d.). — 63. Liste de terres, prés ou constructions, avec le revenu de chaque (s. d.). — État des biens de M. de Laudun dans le terroir d'Aramon, avec les contenances (s. d.). — 65. Contrôle du testament de M. de Laudun (s. d.). — 66. État des meubles et effets se trouvant dans la maison de feu M. de Laudun à Aramon (s. d.). — 67. État des dottes (s. d. — 68. Rôle de frais faits pour l'accédit à Lamothe, du 13 février 1791. — 69. Lettre de Théaulon. Il a reçu de M. de Laudun, alors chez M. Larouturre, Place Rouaix, à Toulouse, son certificat de résidence. Mais il lui faut encore un certificat de la municipalité de Tarascon prouvant que Laudun a payé la capitation de 1789 et 1790, l'àcompte des six premiers mois de 1791, et les trois termes de sa contribution patriotique (Paris, 27 juin 1792). — 70. Circulaire imprimée de la veuve Théaulon et d'Aoust, adressée de Paris au citoyen Laudun, chez Terren, pâtissier, à Toulouse [1795]. — 71. Lettre signée : Veuve Théaulon et d'Aoust ; adressée au citoyen Laudun, chez Terren, pâtissier rue Çava. 3e section, n° 38, à Toulouse. Elle contenait le prospectus précédent (Paris, rue des Bonnes-Nouvelles 136, 28 mars 1795). — 72. Quittance, sur imprimé, des contributions de l'an III du citoyen Joseph-François Laudun, commune de Fourques, canton de Bellegarde. Il a payé 34.219 l. à Bellegarde, le 26 prairial an IV, ou 14 juin 1796. — 73-74. États des propriétés du citoyen Joseph-François Laudun dans la commune d'Aramon (s. d.). — 75. État des biens qu'il possède dans les territoires d'Aramon et de Théziers (s. d.). — 76. État des biens invendus de l'hoirie de M. Joseph-François de Laudun dans le terroir d'Aramon (s. d.). — 77. Note généalogique sur Joseph-François II de Laudun, très insuffisante et ne donnant d'autre date que celle de son mariage.

H. 1397. (Liasse.) — 1 pièce, parchemin; 75 pièces, papier; cachets armoriés.

1709-1792. — *Famille de Laudun, d'Aramon. — Alliance avec les Deydier de Curiol de Mirabeau.* 1. Copie du testament de Claude Deydier Curiol, chevalier, trésorier général de France au bureau des finances de Provence, fils de feu François Deydier et de feu Madeleine de Curiol, de Marseille. Il désire être inhumé dans l'église des Pères de l'Observance de Saint François, au tombeau lui appartenant comme héritier du général Curiol, son oncle. L'ordre de ses obsèques sera réglé par sa femme Thérèse de Pélicot. Legs à ses fils Jean-Baptiste, André-Bruno, Claude-François, Nicolas et Alexandre-Joseph. Son héritière universelle est sa femme, qui choisira celui de leurs fils à qui elle jugera bon de laisser l'héritage. Substitutions. Acte fait et publié à Marseille, chez le testateur, rue Saint-Ferréol. François Colonia, avocat; Veren Reymond, docteur en médecine habitant Cavaillon; Pierre Bigarron, maître-apothicaire; André de Venture, Abraham Andrieu, commis de M. Pichon; Jean Armand, négociant, et Philippe Garnier sont témoins. Le notaire est Gourdon (20 mai 1709). — 2. Note sur le testament de Thérèse de Pélicot, veuve Deydier de Curiol, reçu à Marseille par Thomas (1), le 17 février 1719. — 3. Original des articles de mariage entre Joseph-François (II) de Laudun, fils d'Étienne (II) de Laudun et de feu Anne-Bénigne de Laudun de Montrichard; et Anne-Valère Deydier de Curiol de Mirabeau, fille d'André-Bruno, seigneur de Mirabeau et de Beauvezer, conseiller au parlement de Provence, et de Thérèse de Coriolis-Limaye (Aix, 5 janvier 1751). Signatures des intéressés. — 4. Grosse du contrat de mariage entre lesdits futurs époux. Joseph-François est assisté de son père, de son frère Henri-Bénigne, élève tonsuré; de son oncle Louis de Jossaud, seigneur de la Motte-Faucon; de son cousin Étienne de Roques, seigneur de Clausonnette, procureur de sa tante Marie-Pierre de Laudun, épouse de Jossaud; et de son cousin Marc-Antoine de Raousset de Soumabre. La future est assistée de ses père et mère, de son aïeule maternelle Françoise de Dons de Pierrefeu, veuve de Joseph de Coriolis, baron de Limaye, seigneur de la Bastide des Jourdans, second président à la cour des aides; de ses cousins Alexandre et Joseph-Paul de Coriolis, de sa tante Madeleine Deydier de Curiol, veuve de Louis-Antoine de Vaccon, conseiller à la cour des aides; de son oncle Ignace de Foresta, de sa tante Anne Deydier de Curiol de Foresta, de son cousin Joseph de Foresta, de son oncle François-Hyacinthe de Dons, marquis de Pierrefeu, seigneur de Saint-Pierre, premier procureur d pays; etc. Acte fait et publié à Aix, le 25 janvier 1751. Joseph Boyer, notaire. — 5. Rôle des frais d'insinuation, etc., du contrat (s. d.). — *6-9 : Lettres de M. de Mirabeau, conseiller au parlement,* écrites d'Aix à Étienne II de Laudun, père de son gendre, sauf la pièce 8, écrite à Joseph-François II, son gendre. Il appelle Étienne son frère, et Joseph-François son fils. — 6. Lui et sa femme remercient chaleureusement Étienne de sa réception, un peu trop de façon à part. Il demande si l'on est content de sa fille, si elle remplit ce qu'elle leur doit à tous. Il veut une grande union entre les deux familles. Succession de M. de Jossaud (12 février 1751). — 7. Même objet (15 février). — 8. Il remercie Joseph-François de ses nouvelles, mais il veut que les personnes qui l'aiment le traitent avec moins de cérémonie. Il est charmé qu'ils soient tous contents de sa fille, et il espère qu'elle continuera à se faire aimer. Il justifie M. de Montvert d'une fausse imputation de M. de Fontchâteau à propos de la succession Jossaud (22 février). — 9. Il est heureux que ce qui s'est passé entre MM. de Fontchâteau et de Jossaud n'ait été qu'un malentendu. M. de Coriolis a accepté l'arbitrage dans la question de substitution sur les biens de M. de Jossaud. Que font leurs jeunes gens ? N'y a-t-il pas encore de grossesse en campagne ? Le président de Limaye ne cesse de parler des politesses qu'il a reçues de tous les Laudun et de tout Tarascon (10 mars). — 10. Frais d'insinuation, etc., des donations de M. et de Mme de Jossaud (Après le 16 mars 1751). — 11. Lettre de Blain. Affaires (Arles, 18 mars). — *12-13 : Lettres du conseiller.* — 12. De retour de Marseille, il remercie Étienne de ses graines et de ses asperges. Il compte sur sa venue à Aix, avec M. de Jossaud, pour la Fête-Dieu. Mme de Mirabeau n'a trouvé à Marseille, pour la veste que son gendre souhaitait en étoffe du Levant, que des étoffes pour robes de femme, sauf un coupon blanc et argent qu'elle lui fera passer. Il apprend avec plaisir que sa fille est moins incommodée de sa

(1) Thomas-[Notaire Gairard] d'après une annotation.

grossesse (Aix, 21 mai 1751). — 13. Il remercie Étienne de sa sympathie à l'occasion de sa maladie. M. de Coriolis demande si l'on pourrait lui faire une charrue pour six mules. L'abbé de Limaye souhaite que l'abbé de Laudun ne quitte pas le séminaire, pas même aux vacances. Cela ne plaît pas, dit-il, à cette maison (3 avril 1752). — 14. Mémoire d'Étienne sur le contrat de mariage de son fils (s. d.). — 15. Mémoire d'objets mobiliers fait le 10 février 1753 par Mme de Vaccon. — 16-17 : *Lettres du conseiller de Mirabeau.* — 16. Il apprend à Étienne la mort de sa sœur, Mme de Vaccon, et le prie de « ménager » cette nouvelle à sa fille, qui reçoit un legs de 1.000 écus (Aix, 19 mars 1753). — 17. Il revient de Marseille. Depuis la mort de sa sœur, il est redevable à Étienne de 15.000 l. et d'un « bijou » pour sa fille de 3.000 l. Il lui offre un capital sur le conseiller de Gaillard. Il remercie son gendre des chiens envoyés. Ce n'était pas des barbets, mais des bassets qu'il voulait (16 avril 1753). — 18. Quittance de Bérage et Cie pour Laudun (Aix, 19 mai 1753). — 19. Note d'une quittance de 18.000 l. faite au conseiller de Mirabeau par Étienne de Laudun (Aix, 19 mai). — 20. Consultation délibérée par Baigne au sujet du legs de 3.000 l. par Mme de Vaccon (Arles, 10 juillet 1753). — 21-22. Projets de déclarations de Joseph-François de Laudun et de sa femme en faveur d'Étienne de Laudun, à l'occasion des deux legs de Mme de Vaccon (15.000 et 3.000 l.). Après 1753. — 23-24. Quittance de 1.000 écus faite à Étienne par sa belle-fille, qui signe : « Mirabeau-Laudun » (Tarascon, 1er avril 1754) et note s. d. mentionnant des actes de 1719 à 1759. — 25-26 : *Lettres du conseiller de Mirabeau et de son fils à Joseph-François.* — 25. Il lui envoie six livres de café, mais non pas la coiffe, n'ayant rien pour la mettre. « Notre » belle-fille a un peu de mal de gorge. C'est l'absence de son mari qui l'a indisposée (Aix, 8 avril 1760). — 26. Il ressent cruellement la perte de sa mère et le remercie de son amitié. Il l'embrasse lui et sa sœur (Le Havre, 26 septembre (1761). — 27. Minute d'une lettre s. d. ni signature de Joseph-François, annonçant à son beau-frère, le jeune Mirabeau, la mort de sa mère, et à laquelle répondait la lettre du Havre. — 28. Copie d'un arrêté du parlement d'Aix du 17 mai 1763. En remplissant un devoir que le maintien de la discipline et l'honneur de la magistrature ont malheureusement rendu indispensable, les membres de la cour ne peuvent s'empêcher de marquer la douleur qu'ils en ressentent, surtout par rapport à MM. de Mirabeau fils et d'Arbaud de Jouques fils. Lettre du premier président des Gallois de la Tour à d'Arbaud de Jouques fils et réponse de ce dernier. C'est la suite d'une procédure en mercuriale. — 29. *Lettre du conseiller de Mirabeau à Joseph-François,* pour qu'il termine l'affaire Saporta, même à 2.000 l., s'il ne peut faire autrement. Il a besoin de temps pour s'acquitter (Fontenelle, 27 octobre 1763). — 30. Lettre de Plancouls au conseiller de Mirabeau, à Fontenelle, sur ses recherches concernant Hugues de Laudun, évêque de Digne au XIIIe siècle (Digne, 19 novembre 1763). — 31. *Lettre du conseiller à son gendre,* écrite de Fontenelle, 20 septembre 1764. Voyage de Mme de Coriolis. Jésuites. Il espère qu'il y en aura toujours en France. Ce sera un levain pour l'avenir. Il frémit de la nécessité de lui parler de quelqu'un qu'il a eu le malheur de mettre au monde. La cause du père, vis à vis du fils ingrat, doit être favorable. S'il risque un procès, c'est qu'il ne peut faire autrement, ne pouvant payer la pension viagère de son frère, dont son fils est garant, ce qui est la cause de la contestation. Si le conseiller avait pu payer, il n'y en aurait jamais eu, car il aurait payé par honneur, punissant son fils autrement. Mais à l'impossible nul n'est tenu. Quand le conseiller aura épuisé, pour vivre, le peu de capitaux qui lui restent, son fils cadet demandera à son frère le bien de sa mère et sa légitime. Le conseiller lui demandera de quoi vivre. Par là, l'aîné perdra toujours son procès. Quand le conseiller sera à Aix, il serait heureux de la venue de son gendre, à qui il ne peut tout écrire. Son tort est d'avoir marié son fils aîné et d'avoir compté sur sa probité. Compliments de son militaire ou de sa tourterelle. On vit à Fontenelle tranquillement et tristement. Cherté du blé. Pas de prunes ni de poires. — 32-34 : *Lettres du conseiller à son gendre,* au sujet de l'inoculation de ses enfants, principalement, écrites d'Aix. — 32. Il faut que sa fille vienne à Aix, la préparation de l'inoculation devant commencer le 1er mars et durer un mois. Le médecin « Jonnis » inocule ici avec le chirurgien Pontieux. Il est inutile que sa fille amène trois filles de service. Une garde plus expérimentée aura soin des enfants. Il trouve extraordinaires les projets de voyage de sa fille. Ne pas aller en « Bourgoine » avant que tout ne soit fini pour l'inoculation. Il travaille à faire parvenir le velours de Marseille. Tout le monde souffre de la grippe à Aix (12 décembre 1767). — 32. Il le complimente de sa nouvelle dignité de consul, et déplore qu'on ait enfoncé sa maison de la Motte. Grands froids. Quoique sa fille ait eu la grippe, il l'attend pour l'inoculation des enfants, au plus tard à la fin du carême. Les de Thorame sont arrivés (8 janvier 1768). — 34. A cause de son consulat, le voyage de Bourgogne est enterré pour cette année. Il attend sa fille avec impatience. Mme de Mirabeau est arrivée avec sa petite famille. Son mari (le fils aîné du conseiller) est resté à la campagne, se préparant, dit-on, à bâtir son château. Mais il faudra bien qu'il vienne pour son procès. Le conseiller est à la veille de faire imprimer un mémoire contre lui. Il n'a pu avoir, de Marseille, des nouvelles des enfants de son gendre, à cause de la paresse de son neveu (17 janvier). — 35-38 : *Dernières lettres du conseiller.* — 35. Mention de son fils de Saint-Hippolyte. Il supporte l'adversité, aidé par sa bonne santé. Il demande des nouvelles des enfants, toujours à Marseille. Il voudrait voir son gendre cet hiver, lui montrer son *mémoire*, qu'il a fait signifier. M. Ramel pourra donner à Joseph-François des nouvelles du conseiller et de son ermitage, où il est venu avant-hier (Fontenelle, 30 octobre 1768). — 36. Son fils le militaire le quitte et va dans une garnison nouvelle, Perpignan. Nouvelles d'Aix : quatre beaux mariages, M. de Bourneval avec Mlle des Pennes, M. de Coriolis avec Mlle Truphème, M. de Calament avec Mlle Philip, Mlle de Castillon avec un riche bourgeois d'Hyères. On annonce le mariage du conseiller de la Bouillie avec Mlle Jullien, fille du fameux avocat. Carnaval assez triste. Il ne lui parlera pas de ses pénibles affaires. Arrêté de compte (Aix, 6 février 1769). — 37. Il va regagner sa solitude (Aix, 28 juin 1769). — 38. Envoi d'une lettre d'Henri, avec 12 livres de chocolat prises à Marseille par son fils. Ce dernier lui expliquera pourquoi il a retardé son départ, et les embarras du conseiller, qui ne peut finir tranquillement sa vie, et qui voudrait aller à Tarascon, voir son gendre. Comptes (Aix, 20 avril 1770). — 39-43. Notes de fournitures pour M. de Laudun en 1770 ; d'argent reçu du conseiller, et de la consistance de la succession d'André-Bruno Deydier de Curiol, décédé à Fontenelle le 15 août 1770. — 44. Lettre de la sœur de Saint-Joseph de Pierrefeu à sa nièce Mme de Laudun, vis à vis le couvent de la visitation de Sainte-Marie, à Tarascon, au sujet de la mort du conseille, son cousin, père de la destinataire. Son frère, le marquis [de Pierrefeu], en est accablé (Aix, 18 août 1770). Au bas, minute de réponse de la nièce. — 45. Lettre de Mirabeau (cadet) à son beau-frère Joseph-François, près Sainte-Marthe, à Tarascon, au sujet d'une recommandation pour faire entrer son neveu dans la marine. Il explique la rivalité de deux familles à l'occasion du même nom de Cluny, ce qui gêne l'action du colonel de Cluny pour obtenir une faveur des Cluny de Brest. Cependant Mirabeau est prêt à lui écrire (Aix, 1er décembre 1770). — 46. *Lettre de Mirabeau aîné.* Arrivé de la campagne à Aix, il le prie de venir voir l'état dans lequel le conseiller a laissé ses affaires. Son frère et lui désirent terminer le règlement de la succession paternelle avec Joseph-François. Si leur sœur voulait venir aussi, Mirabeau en serait enchanté (26 décembre). — 47. Extrait notarié d'un accord pour la liquidation de la succession de Thérèse de Coriolis de Limaye, épouse de feu André-Bruno Deydier de Curiol, seigneur de Mirabeau, Beauvezer et Fontenelle, conseiller au parlement de Provence. Les contractants sont Joseph-François de Laudun, habitant Tarascon, mari d'Anne-Valère Deydier de Curiol de Mirabeau, fille des précédents, et procureur général de son père Étienne de Laudun, d'une part ; Nicolas-Bruno-Palamède-Firmin Deydier de Curiol de Mirabeau, son beau-frère cadet, capitaine dans le régiment de Beauvoisis-Infanterie, fils et héritier de la de cujus, d'autre part. De même suite, M. de Laudun, ès qualité, reçoit de Jean-Joseph-François - Dominique - Lazare - Claude Deydier de Curiol, son beau-frère aîné, seigneur de Mirabeau, Beauvezer et Fontenelle, conseiller au parlement de Provence, stipulant et payant en qualité d'héritier par inventaire de son père, suivant testament. du 5 juin 1769, 1.120 l. (Aix, 28 janvier 1771.) Boyer notaire. — 48. Quittance du 22 février 1771. — 49. *Lettre de Mirabeau aîné à Laudun, son beau-frère.* On lui a renvoyé les contrats sur le Clergé qu'il avait envoyés à Paris, avec retard au mois d'octobre pour le remboursement à volonté. Il lui devient donc très difficile, avec sa bâtisse, d'acquitter le billet dû. Quelqu'un les voudrait-il à Tarascon ? Il les lui enverrait alors, pour qu'il pût les vendre. Sa femme fait les malles pour la campagne. Il serait heureux d'avoir les chiens avant son départ. Son frère est parti pour Monaco et Antibes. Tendre attachement (Aix, mai 1771). — 50. État de rentes constituées (1747-1771). — 51-52 : *Lettres de Mira-*

beau aîné. — 51. Il vit ici (à la campagne) en philosophe et n'a pas un moment à lui. Sa bâtisse va assez vite. Il se flatte d'y voir son beau-frère et sa sœur. Ils passeront les gros froids à Saint-Remi, se rapprochant ainsi de Tarascon. Son frère est allé à Marseille pour retirer un remboursement sur le Clergé, mais on n'a pas encore d'ordres pour payer. Il a besoin de quatre socs de charrue, et de deux chiens (Mirabeau, 14 octobre 1771). — 52. Il est de la plus mauvaise humeur du monde: le marquis de Mirabeau fils (1) ayant passé l'hiver à Manosque, toutes les lettres adressées au scripteur lui sont apparemment « tombées en sort », laissant le conseiller dans le plus grand embarras, et avec l'envie de se débaptiser. Une bonne caisse de fromages de Roquefort a eu le même sort que les lettres. Mme de Mirabeau est arrivée depuis quinze jours, sans avoir pu aller à Tarascon, pour avoir longtemps attendu son frère, qui devait l'y accompagner, et à cause des mauvais chemins. Si son beau-frère voyait « ses ouvrages », il comprendrait ce qui le retient ici, et serait plus content du « local » que sa sœur, détestant la campagne comme beaucoup de femmes. L'hiver prochain, il aura plus des deux tiers logeables « dans le neuf ». Il est sorti du plus pénible, l'escalier étant achevé. Pour les socs de charrue, il aurait bien désiré des « oreilles » (versoirs). Il a envoyé à grands frais en Dauphiné pour en chercher. Il est peu instruit de l'origine de sa famille, par la négligence de son père, qui se disait un cadet sorti de Nancy en Lorraine, où les siens étaient gens de robe. Ce qu'on sait de positif et que l'on peut prouver à Marseille et à Aix concerne Claude Deydier, mousquetaire, puis officier dans le régiment de Champagne. Son oncle de Curiol lui fit épouser sa nièce, Thérèse de Pélicot, et lui donna son office de trésorier général de France, où il fut reçu le 26 juin 1694. André-Bruno fut reçu conseiller au parlement le 15 octobre 1720 (Mirabeau, 29 mars 1772). — 53. Lettre de Mirabeau cadet. La grande paresse que lui connaît son beau-frère et les tracas d'un procès qu'il vient d'accommoder au prix de sacrifices l'ont empêché d'écrire. Il ira joindre un mois plus tôt son régiment à Strasbourg, « Extrasbour », et passera par Tarascon.

(1) Honoré-Gabriel Riquetti, comte de Mirabeau, le grand orateur de 1789-1791, fils de Victor Riquetti, marquis de Mirabeau, l'auteur de l'Ami des hommes, qui l'éleva durement. Marié en 1772, et retiré dans le château de Mirabeau, il s'y endetta, et son père le fit enfermer au château d'If.

Son frère, qui est à la campagne, le charge de lui transmettre un modèle d'acte pour la liquidation de son office. Tendre attachement (Aix, 22 janvier 1779). — 54. Lettre de Mme Renault de Mirabeau. Son mari étant parti pour Mirabeau, l'a chargée d'envoyer à son beau-frère l'extrait demandé par Joseph-François pour ses preuves. Pour l'extrait des articles de mariage de sa belle-mère, il en coûtera 40 l. Elle sera enchantée du succès de cette affaire pour les filles du destinataire. La conduite d'eau du château a crevé en plusieurs endroits, et l'eau se perd toute. Vif attachement pour tous (Aix, 19 juin 1778). — 55-56. Notes des adresses de diverses personnes et sur la succession de Catherine (s. d. — 57-58. Lettres de Mirabeau aîné. — Il prie son beau-frère de répondre à une lettre incluse dans la sienne. Il s'agit de renseignements de famille. Il désirerait des titres de Nancy. Il est encore à Mirabeau pour un mois. Il ira à Aix pour l'inoculation de sa fille. Il aimerait que sa sœur fût moins paresseuse et vînt un peu les voir (11 mars 1779). — On est content de son fils, et il regrette le temps qu'il a perdu à la pension. Il espère que le sieur de Saint-Hubert pourra découvrir des titres sur sa famille de Lorraine (Mirabeau, 21 mars). — 59. Lettre de Mme de Mirabeau. Elle envoie à son beau-frère les notes demandées. Elle a de bonnes nouvelles de son fils. Sa fille est auprès d'elle en vue de l'inoculation. M. et Mme de Mirabeau y sont décidés, mais la mère y répugne. Elle ne veut pas, cependant s'opposer à la volonté de son mari et de sa fille. Son beau-frère Mirabeau cadet est avec eux. Leur cousin de Pierrefeu se sépare de sa femme pour la seconde fois. En vérité, ni l'un ni l'autre n'ont le sens commun. M. de Limaye est à sa bastide et sa femme voyage on ne sait où. Signature : Renault Mirabeau (Aix, 21 avril 1779). Suit une note sur trois membres de la famille Deydier de Curiol de Mirabeau. — (?). Note sur des membres de la famille ou des personnes d'Aix (1751-1780). — 61. Lettre de Mme de Mirabeau à sa belle-sœur Mme de Laudun. Après le malheur qui l'a frappée (la mort de son fils), elle exprime aux Laudun sa tendre reconnaissance pour toutes leurs bontés et pour l'affection qu'ils témoignent à sa fille. Elle est jeune et très vive, ayant besoin d'être raisonnée (Aix, 10 avril 1783). — 62-68: *Lettres de Mirabeau aîné.* — 62. Au comte de Laudun, capitaine de cavalerie, à Tarascon. Timbre de Lyon. Il informe sa sœur de son arrivée à Lyon, retardée par les mauvais chemins depuis Valence. Ils se sont trouvés si mal au Palais-Royal qu'ils en ont délogé pour aller à l'*Hôtel de Provence*. Félicité les assure tous de son tendre attachement. Il s'est décidé à la mettre aux Chasseaux, dont l'abbesse est Mme de Scavaron. Il a vu M. Thomin, le meilleur homme du monde. On l'a rassuré sur la santé de la petite. Elle (Félicité) leur écrit au crayon, « crillon », faute de plume et d'encre. Pluie continuelle (7 mai 1785). — 63. A la veille de son départ de Lyon, il y laisse Félicité en bonne santé mais non sans regrets de les quitter tous. L'espoir du retour en Provence l'été prochain lui fait prendre patience. Le cousin lui trotte un peu par la tête. Elle est très bien dans le couvent. Il lui donne 40 l. par mois pour les maîtres et le petit entretien. Elle n'est occupée que de Tarascon (Lyon, 6 juin 1785). Addition à la lettre : le maître de guitare, « quittorne », prend 24 l. ; les autres 9 l. Il lui en a coûté 25 louis pour nipper sa fille. — 64. Il est arrivé en quatre jours de marche de Lyon à Mirabeau, par Grenoble, quittant sa fille et retrouvant ses chagrins. Il espère que son neveu s'amusera à Aix. Il compte passer l'hiver à Lyon avec sa fille, et se rendre à Marseille et Tarascon. Mariage de Mlle de Lablère. Qu'en dit-on ? Il a été bien troublé en approchant de Mirabeau. L'éloignement convenait mieux à son état (10 juin). — 65. Il arrive de Marseille, où il n'a rien pu faire. Il est ici désolé. Comme on peut intercepter jusqu'à ses lettres, il prie son beau-frère de lui écrire sous le couvert de M. Chousard, procureur au parlement, rue de la Comédie, à Aix. Il est inquiet, non sur son procès, qui est bon, mais sur les propos. On a cru qu'il était « de moitié » avec la maîtresse (Aix, 22 avril 1784). — 66. Sa mauvaise santé. Il a été quinze jours aux bouillons amers, deux aux fortes médecines et trois aux eaux de Digne avec de la marne, ce qui l'a un peu soulagé. Il est plus en état de faire de l'exercice, et se secoue autant qu'il peut. Le gouverneur est à Aix, toujours le même, aimant beaucoup sa personne et son intérêt (Mirabeau, 4 juillet 1785). — 67. Il est loin de terminer son affaire à Marseille. Ces coquines veulent au-delà de la moitié de l'héritage (de M. de Curiol). Elles ont trouvé protection et faveur. Le pauvre Limaye est mort, laissant des affaires en désordre. Sa veuve travaille à le rendre insolvable (Aix, 8 décembre 1785). — 68. Méprise de son cocher au sortir du bateau de la Durance. Au lieu de gagner Tarascon, ils se sont trouvés à Gravezon. Par la chaleur et de mauvais chemins de traverse ils arrivèrent à Saint-Remy, sans pouvoir rebrousser chemin, pressés par le temps. L'erreur sera réparée au retour de Mirabeau. Sa fille se porte assez bien, mais est délicate (Aix, 25 juin 1785). — 69. Lettre du chevalier de Mirabeau. Il apprend à sa sœur la mort de leur cousine germaine Mme Antholmy, qui l'a institué son héritier (Marseille, 8 août 1785). — 70. *Lettre de Mirabeau aîné, à sa sœur.* Leur frère est toujours à Marseille. L'héritage de Mme Antholmy lui vaudra au moins 200.000 fr. Il est en procès avec le mari (Mirabeau, 20 octobre 1785). — 71. Lettre de Mme de Mirabeau à Mme de Laudun. Elle apprend avec plaisir les heureuses couches de sa nièce. Son beau-frère (le chevalier) fait planter beaucoup de vignes à sa bastide d'Aix. Il a vendu sa bastide d'Aix. Il a vendu sa bastide de Marseille (Mirabeau, 11 janvier). — 72. *Lettre de Mirabeau aîné.* Il apprend à sa sœur le mariage projeté de sa fille avec le fils du comte de Castellane-Grimaud. Il n'a pu suivre le mouvement de son cœur, ni rien obtenir en faveur d'une autre solution. On voulait même le forcer à donner sa fille à son frère, qui a quitté la maison pour Marseille, après des scènes pénibles. Il espère que sa sœur approuvera le projet. Il craint les agissements de son frère. Ne pas ébruiter les choses avant leur conclusion (Aix, 1ᵉʳ juin 1785). — 73. Minute de la réponse de Mme de Laudun à son frère aîné. Ils apprennent avec grand plaisir le beau mariage qui va se conclure pour leur nièce. Celle-ci n'aura jamais autant de bonheur qu'ils lui en souhaitent. Il saurait aux yeux, depuis longtemps, que les contradictions prévalaient sur les vues d'amitié pour eux. Quoique les démarches auxquelles il les a engagés n'aient abouti qu'à des désagréments pour eux, comme c'était bien loin de ses intentions, ils conservent pour ses sentiments la même reconnaissance que s'ils avaient eu un plein succès. Amitié sans bornes (s. d.). — 74. Extrait mortuaire d'Anne-Valère Deydier Curiol Mirabeau, femme de Joseph-François Laudun, morte avant-hier âgée d'environ 61 ans ; tiré des registres de la paroisse Sainte-Marthe de Tarascon, déposés à la mairie (27 mars 1789). — 75. Lettre de Mme de Castellane à son oncle de Laudun, à Aix, écrite de Nice, le 6 janvier 1792. Elle a reçu sa lettre du 29 [décembre] tardivement, à cause [d'un débordement] du Var. Elle est affligée de la façon dont son père en agit avec lui. Son dérangement en est la cause, et son cœur n'y a point de part. Il lui est également bien dur d'être obligée de réclamer ses droits auprès de son père. Mais elle doit se mettre à l'abri des reproches que pourraient lui faire ses enfants dans la suite. Et puis, il faut vivre. Elle n'est pas assez bien traitée, dans son contrat de mariage, pour pouvoir se passer de sa dot. Respectueux attachement, voué pour la vie. Elle signe : Mirabeau Castellane. — 76. Lettre sans adresse ni signature, écrite de Nice, le 28 janvier 1762. Elle est de Mirabeau aîné, et destinée à son beau-frère Laudun. Il partage bien sincèrement les peines que lui cause le cautionnement qu'il a fait. Son débiteur est insensible aux représentations, et répond comme un homme au-dessus de ses affaires, présomptueux et entêté. Le scripteur sait bon gré à Dunan (1) d'avoir bien rempli ses intentions, mais il lui en saurait un plus grand s'il avait réussi à persuader le destinataire de « prendre logement chez ce garçon (2) ».

B. 1398. (Liasse.) — 6 pièces, parchemin ; 89 pièces, papier ; sceau.

1720-1804. — *Famille de Laudun, d'Aramon. — Étienne II, Joseph-François II, Louis-Pierre de Laudun, la citoyenne Laudun-Bedos. — 1-6 : Affaire Grivet-Balthazar.* — 1. Règlement du prix d'une maison entre Michel Faillon, maître-apothicaire de Tarascon, et Raymond Balthazar, mari de Gabrielle Grivet (10 octobre 1720). — 2. Consultation (copie) datée d'Aramon, 11 mars 1730, concluant que M. de Laudun ne peut prétendre à des lods sur la maison en question, mais seulement à des arrérages de censive. Il peut faire passer reconnaissance nouvelle. — 3. Quittance de Faillon à Balthazar (Tarascon, 20 janvier 1733). — 4. Exposé des prétentions réciproques de Claude Balthazar et de Marie Grivet (Tarascon, 17 avril 1749). — 5. Transaction entre Marie Grivet, héritière de son frère Claude Grivet, héritier de leur père Barthélemy Grivet, d'une part, et Claude Balthazar, héritier de son père Raymond Balthazar, d'autre (Tarascon, 27 septembre 1749). — 6. Note sur un emprunt de Marie Grivet du 18 octobre 1749 et sur la transaction précédente (s. d.). — 7-17 : *Affaire de la maison Bleyrac.* — 7-8. Baptistaire de Jean Bleyrac, fils de Jean, meunier de Tarascon (11 août 1729). — 9. Note du contrat de mariage entre Jean Bleyrac et Marie Gros, en date du 31 janvier 1750. — 10. Copie d'une vente de maison faite par Claude Bassaud, de Tarascon, à Jean Bleyrac, meunier de Tarascon (18 novembre 1752). — 11. Quittance faite par M. de Laudun à Jean Bleyrac du droit de lods de la maison achetée à Bassaud (Tarascon, 10 janvier 1754). — 12. Copie de lettres royaux données à Aix, le 11 mars 1755 et adressées au lieutenant des soumissions au siège d'Arles, en vue de la rescision de la vente de la maison « servile » de Jean Bleyrac. — 13. Copie d'ordonnance d'expédient du grand sénéchal de Provence au siège d'Arles, sur la cassation de la vente de la maison de Jean Bleyrac (19 avril 1755). — 14. Consultation de Baigne, délibérée en Arles le 13 mai 1755. — 15. Consultation de Julien, délibérée à Aix le 30 juin 1755. La vente de maison passée à Jean Bleyrac ayant été rescindée, à cause de sa minorité, par sentence du 18 avril dernier, le seigneur direct ne peut éviter de restituer les lods. — 16-17. Copies de mémoires, dont le second est de Julien (s. d.). — 18-42 : *Affaire Arvieu.* — 18-20. Billets de 100 l., au nombre de quatre, dont deux sur la pièce 19, signés en faveur de M. de Laudun par Charles Arvieu et son fils (Tarascon, 13 janvier 1781). — 21. Sumptum du testament de Louis Ferrare, bourgeois d'Aramon (4 mai 1787). Legs à François et Charles Arvieu frères, de Tarascon, fils de sa cousine Marguerite Ferrare. — 22. Exploit pour Joseph-François de Laudun contre Charles et François Arvieu père et fils (16 juin 1787). — 23-24. Condamnation des dits Arvieu à payer, et signification (1-29 août 1787). — 25. Quittance de frais de Ripert (Arles, 10 septembre 1787). — 26. Lettre de Simon. Il ne peut suspendre les poursuites contre les Arvieu, ne connaissant rien des affaires de M. de Laudun. On ne lui a communiqué aucune pièce (Aix, 31 octobre 1787). — 27. Lettre de Ripert, procureur à Arles (23 novembre 1787). — 28. Lettre de Dunan (Aramon, 23 novembre). — 29-30. Billets d'Arvieu fils au marquis de Laudun, à Tarascon. Il espère être déchargé des intérêts. Il fera de son mieux et le prie de ne pas augmenter les frais (Lansac, 25-26 novembre). — 31. Lettre de Ripert (12 décembre

(1) On retrouvera, dans la suite, cet homme intègre et dévoué aux Laudun.

(2) Dans la pièce 75, Félicité de Castellane informe son oncle de Laudun de l'offre de son autre oncle (Mirabeau cadet) de le recevoir chez lui, où il serait mieux qu'à l'auberge.

1787). — 32-33. Billets s. d. d'Arvieu fils. — 34. Lettre de Rumen au comte de Laudun. Ses explications n'ont pas satisfait Arvieu (1er janvier 1789. — 35. Lettre de Simon. M. de Maillane lui a remis les papiers contre Arvieu (Aix, 19 janvier). — 36. Lettres royaux rendus à la requête de François de Laudun et ordonnant d'ajourner Arvieu père en désertion d'appel (Aix, 1er février 1787, » Acte scellé le 1er février 1788. — 37. Lettre de Simon [aîné] contenant à la suite une lettre de Simon cadet. Le premier fait passer à Laudun les lettres de désertion contre Arvieu père. Il a cru devoir assigner le fils en commun exécution, afin d'éviter un second appel (Aix, 1er février 1789. — Le second, en l'absence de son frère, répond à une lettre du 1er février. Il est charmé que Laudun ait terminé l'affaire Arvieu (Aix, 8 février. — 38-40. Lettres de Rumen au comte de Laudun. Il y est question principalement de l'affaire Arvieu (28 février-10 avril 1788. 41. Lettre d'Arvieu fils. Il ne peut venir à Tarascon aujourd'hui, car il est pris d'accès de fièvre depuis sa visite à Laudun au château de la Motte. Il précise leurs accords, en attendant que l'arrivée de son frère permette de terminer (Lansac, 13 avril. — 42. Lettre de Simon aîné. Règlement de compte (Aix, 27 mai 1788. — 43-54. *Louis-Pierre de Laudun, fils de Joseph-François II de Laudun et d'Anne-Valère Doylier de Curial de Mirabeau.* — 43-44. Extraits baptistaires de Louis-Pierre de Laudun, né le 23 octobre 1758 et baptisé le 27. Parrain : Louis de Jossaud, grand oncle. Marraine : Marie-Pétronille de Laudun, grand'tante. Attestations respectives, par les maires et consuls de Tarascon, de la signature du vicaire d'Hoteman le 31 décembre 1759, et de celle du curé Vaïsse le 5 juin 1776. Cachets armoriés de la ville, en cire rouge. Ils représentent la ville de Tarascon portée par la Tarasque. Deux modèles différents, très intéressants. — 45. Titre imprimé sur parchemin, avec mentions spéciales manuscrites, de 18 l. de rente viagère, dite tontine, au nom de dame Anne-Valère Doylier de Curial de Mirabeau, épouse de Joseph-François de Laudun, sieur de la Mottefaucon, âgée de 31 ans passés. Ces 18 l. font le revenu d'une action de 200 l. (Paris, 23 juin 1761). — 46. Brevet du roi, contresigné : Monteynard, portant que Louis-Pierre de Laudun, sous-lieutenant dans ses troupes de cavalerie, servira dorénavant dans le régiment du Commissaire Général de la Cavalerie, sans appointements (Versailles, 16 avril 1771). —

42. Ordre du marquis de Castries, mestre de camp général de la cavalerie, aux commandants de cavalerie, de reconnaître Louis-Pierre de Laudun en la charge de sous-lieutenant à la suite du régiment du Commissaire Général (Paris, 24 mars 1779). Sceau du marquis gravé sur le parchemin. — 48. Brevet du roi octroyant à Louis-Pierre de Laudun, qui a rang de sous-lieutenant, la charge de sous-lieutenant en la compagnie de Boishérault dans le régiment du Commissaire Général de la Cavalerie, vacante par la promotion de Faucheux à une lieutenance (Saint-Hubert, 1er juin 1772. — 49. Ordre du roi, contresigné par le duc d'Aiguillon, à Louis-Pierre de Laudun, de passer incessamment à la sous-lieutenance de la compagnie du mestre de camp du régiment du Commissaire Général de sa cavalerie, vacante par la promotion de M. de Câbelnes au grade de capitaine (Choisy, 13 mai 1771). — 50. Brevet du roi donnant au sous-lieutenant Pierre de Laudun la charge de lieutenant en second de la compagnie du mestre de camp du régiment du Commissaire Général de sa cavalerie, vacante par l'abandonnement de Dollen de Chenovoux (Versailles, 20 novembre 1776). Contreseing de Saint-Germain. — 51. Lettre de Bouravelle, écrite de Haguenau, le 25 février 1777, au chevalier de Laudun, sous-lieutenant au régiment du Commissaire Général, à Tarascon. Il a l'âme déchirée en lui annonçant la mort de son frère par l'entremise de l'abbé Latty. À la suite d'une affaire malheureuse avec un jeune officier de la ville. Ses dernières paroles exprimèrent sa tendresse pour les siens. M. d'Harcourt travaillait à lui faire avoir une commission de capitaine et à faire passer son emploi au chevalier, qui doit immédiatement lui écrire et lui faire faire les demandes que ce funeste événement le met dans le cas de présenter. Il a remis à Rosapelli la note de ses dettes. On ne vendra pas ses effets, et les scellés resteront sur son appartement jusqu'à l'arrivée de son frère. Inviolable attachement. — 52. Doit et avoir du défunt, certifié par Pontmartin, major du régiment. Le passif dépasse de beaucoup l'actif. — 53. Lettre de Pontmartin au comte de Laudun à Tarascon. Ce n'est point un officier du corps qui a eu le malheur de leur ravir un camarade qu'ils aimaient. C'est un officier de hussards de la ville. La querelle a été au sujet d'une maîtresse. Il préviendra les officiers généraux de la raison qui empêche son fils de rejoindre, à son passage à Strasbourg (s. d.)

(Mars 1717). — 51-52 : La citoyenne Laudun-Bedos.
— 54. Quittance de 1.000 fr. faite par la citoyenne
Laudun-Bedos, comme procuratrice de Joseph-
François Laudun, son père, à Barthélemy Royer,
fermier du mas de la Motte, dont 500 fr. pour les
souquets de l'an VII, et 100 fr. à valoir sur les souquets qui écherront en l'an VIII (Tarascon, 27 thermidor an VII, ou 14 août 1799). — 55. Quittance de
90 fr. 30 faite à Laudun, payant par les mains de
la citoyenne Laudun-Bedos, pour le total de sa
contribution des portes et fenêtres de l'an VII
(Tarascon, 22 vendémiaire an VIII, ou 14 octobre
1799). — 56. Quittance faite par Mme Laudun-Bedos,
au fermier de la Motte, de 600 fr. à compte des souquets de l'an VIII (28 prairial an VIII, ou 14 juin
1800). — 57. Quittance de 112 fr. 57 pour le total de
sa contribution des portes et fenêtres, faite à Joseph-
François Laudun (Tarascon, 2 pluviôse an IX, ou
22 janvier 1801). — 58. Quittance de 707 fr. 10 sols
pour le total de ses contributions foncière, centi-
mes additionnels et droit de remise de l'an VII (2
pluviôse an IX). — 59. Avertissement de Courbis,
receveur de l'administration du Domaine national
et de l'Enregistrement, au citoyen Barthélemy
Royer et à sa belle-mère, au mas de la Motte, pour
acquitter 1.000 l., en reste des souquets des ans
VII et VIII, qu'ils doivent comme fermiers à mi-
fruits dudit mas, séquestré sur feu Joseph-François Laudun, prévenu d'émigration (Tarascon, 30
frimaire an XII, ou 21 décembre 1803). — 60. Minute
de lettre (de Mme Laudun-Bedos) au directeur de
l'Enregistrement et du Domaine (à Marseille) au
sujet de l'avertissement précédent (s. d.). — 61.
Lettre du directeur au citoyen Laudun, à Tarascon.
Le refus de payer de Royer n'est pas fondé (Marseille, 21 nivôse an XII, ou 12 janvier 1804). — 62.
Contrainte décernée par l'Enregistrement contre
Barthélemy Royer et sa belle-mère (25 frimaire-
5 ventôse an XII, ou 17 décembre 1803-25 février
1804). — 63. Quittance du trésorier des actionnai-
res de la salle de spectacle de Tarascon au citoyen
Laudun Marin, pour 6 l., montant de sa quotité de
ventôse (5 ventôse an XII, ou 25 février 1804). —
64. Quittance de 617 l. faite par Courbis, receveur
des domaines, au citoyen Henri-Bénigne Laudun,
tant à la décharge de ses fermiers de la Motte,
qu'à la décharge de l'hoirie du citoyen Joseph-
François Laudun, son père (Tarascon, 7 ventôse
an XII, ou 27 février 1804).

E. 1792. (Liasse.) — 1 pièce, parchemin ; 63 pièces,
papier.

1519-XVIIIe siècle. — *Famille de Laudun, d'Aramon. — Joseph-François II. — Acquisition des
censives des d'Agard.*
1. Extrait sommaire de l'avérement rural d'Aramon de 1517. — 2. Achat de fiefs, censives et lods
fait par noble Jean d'Aramon de 1517. — 3. Achat
de fiefs, censives et lods fait par noble Jean
d'Agard, viguier de Cavaillon, de la qualité des
biens et censives ayant appartenu à noble Antoine
Militis, d'Aramon. Les vendeurs sont Denis Bertrand et Jean Gédoble, de Montfrin, ses héritiers
pour la moitié entière (Aramon, 28 août 1542).
Extrait du 2 mai 1538. — 3-5. Notes d'acaptes du
2 décembre 1531 et du 8 janvier 1543 v. s. — 6-7.
Notes d'actes de 1543 à 1569. — 8-9. Extraits sommaires d'avérements (1692). — 10. Paiement de
lods à Marguerite de Paul, veuve de noble Laurent d'Agard (Aramon, 21 juillet 1614). — 11.
Mémoire de censives des d'Agard (1543-1617). —
12-13. Notes analogues (1625-1655). La pièce 12
analyse une vente faite par Jean de Laudun le
Vieux, comme héritier de Lucrèce de Recors, sa
femme, fille de Catherine d'Agard, d'une directe et
d'une censive, le 1er juin 1632. — 14-15. Notes de
censives et reconnaissances, 1596-1691. — 16. Cahier
de reconnaissances féodales et de paiements de
lods faits à noble Jean-Charles d'Agard, de Tarascon, comme substitué aux biens de Madeleine
Galion, sa bisaïeule (Aramon, 2 novembre 1658-18
avril 1685. — 17-19. Notes ou mémoires de censives (1543-1679). — 20. Extrait sommaire de l'avèrement d'Aramon de 1545, délivré en 1732. — 21-24.
État de ceux qui jouissent de maisons et parcelles
relevant de la directe de M. d'Agard ; notes et
mémoires (1692-1718). — 25. Extrait de l'avèrement des biens ruraux de feu Claude Cavène, possédés par son fils Antoine (1645-1725). — 26-28.
Notes de censives (1534-1732). — 29-49. Pièces d'une
procédure d'assignation en féodale, entre noble
Barthélemy d'Esquirolli et Catherine d'Agard,
mariés ; noble Gaspard-Joseph de Raoussel de
Laudun, fils de François et de Marthe d'Agard,
d'une part ; et Jean-Baptiste Mounet, d'Aramon,
d'autre. Marthe et Catherine sont filles de feu

43.

Jean Charles d'Agard, fils de Jean-François, fils de Laurent, fils de Madeleine Galfen. A signaler la pièce 31, copie d'une consultation délibérée à Nîmes par Aldebert, le 12 mai 1732. — 50. Sentence de déboutement d'appel pour Catherine d'Agard et consorts contre Jean-Baptiste Maunot, appelant d'une sentence des officiers ordinaires d'Aramon. Il ne reste du document que le feuillet double contenant le commencement et la fin (11 juillet-23 septembre 1737). — 51. Exploit de saisie pour les mariés d'Esquirolli-d'Agard contre Maunat (20 septembre 1737). — 52-57. Notes et croquis concernant les maisons « serviles » et leurs censives (1647-1704). — 58. Extrait de reconnaissance emphytéotique faite par Barthélemy, boucher, à M. de Raousset de Laudun et à sa femme Louise de Guérin (Tarascon, 26 mai 1768). — 59. Extrait de la vente de leurs censives et directes d'Aramon, faite par Louise de Guérin, veuve de Barthélemy d'Esquirolli, et noble Joseph-Gaspard de Raousset de Laudun, à noble Joseph-François de Laudun, premier maire consul de Tarascon. Les vendeurs sont aux droits de Marthe et de Catherine d'Agard, épouses respectives de François de Raousset de Laudun père, et de feu d'Esquirolli en premières noces. Le prix est de 800 l. en bloc, payées à l'acte (Tarascon, 28 mai 1768). — 60. Quittance pour les contrôle et insinuation de l'acte (28 mai). — 61. Quelques notes de famille (1771-1791). — 62-64. Croquis et notes sur les maisons consuelles d'Aramon (XVIe-XVIIIe siècle).

E. 1400. (Liasse.) — 88 pièces, papier.

XIIIe-XVIIIe siècle. — *Famille de Laudun, d'Aramon. — Étienne Ier et II et Joseph-François Ier et II. — Leurs recherches généalogiques.*
1. Titre pour la maison de Laudun, extrait d'un livre in-4° imprimé à Lyon, chez Jacques Cauier, rue Mercière, en 1656 : *De rebus gestis episcoporum Vasionensium*, par le Jésuite Jean Colomb. Guillaume de Laudun, évêque de Vaison, vivait vers 1100. — 2. Extrait du registre appelé La Verdeline et conservé dans une cassette rouge aux archives de l'évêché d'Uzès. Il s'agit d'hommages du comte de Toulouse à l'évêque d'Uzès, d'une concession de Philippe II à l'évêque, où sont compris Aramon et Valabrègue, et d'un hommage de Perrone et de Pons d'Aramon (1209-1213). — 3. Note sur Hugues de Laudun, évêque de Digne, qui paraît avoir vécu jusqu'en 1230 et prêta hommage au comte de Provence Raimond Bérenger. Mention d'un autre Hugues de Laudun, le plus ancien prévôt connu de l'église de Digne, à qui Alexandre III, en 1180, et Luce III, en 1184, adressent des bulles. Mention d'un autre prévôt de la même église, Hugues de Laudun, en 1281. Mention d'un autre prévôt de même nom en 1281, et du prévôt Guillaume de Laudun en 1283. — 4. Note sur Raimond de Laudun, archevêque de Vienne en 1321, et de Toulouse en 1827. — 5. Note sur Guillaume de Laudun, seigneur de Laudun, époux, vers 1340, de Catherine de Joyeuse, fille du baron de Joyeuse, qui combattit les Tuchins en 1384. — 6. Tableau de la branche des seigneurs de Montfaucon, à partir de Guillaume de Laudun, coseigneur de Laudun, Orsan, Montfaucon, Codolet, et qui testa en 1369 v. s. — 7-10. Notes sur les Rabasse (1383-1454). — 11. Pièces à chercher dans les archives de la sénéchaussée de Nîmes et du parlement de Toulouse (1354-1460). — 12. Note d'actes de 1210 à 1611. — 13. Arbre généalogique et note d'actes montrant l'alliance des maisons de Baux et de Laudun (Mai 1287-10 novembre 1463). — 14. Note d'actes des Laudun (1210-1579). — 15-24. Notes généalogiques sur les Laudun (XIIIe-XVIe s.). — 25. État d'anciens notaires dont il y a des registres dans les archives de Valabrègue (1421-1527). — 26. Arbre généalogique de la maison de Laudun de Montfaucon, d'après les archives de l'abbé de Brancas (20 mars 1390 v. s.-1547). — 27. Mémoire des actes des Laudun se trouvant dans les registres de Nicolas Bonnefoi, notaire d'Aramon (1519-1548). — 28. Mémoire des actes des Laudun se trouvant dans les registres d'Orjonis, notaire d'Aramon (1539-1556). — 29. Notes sur les Laudun, tirées d'ouvrages imprimés (1197-1561). — 30. Mémoire d'actes concernant les Laudun (1332-1563). Il s'agit des parchemins de la famille, analysés plus haut. — 31-32. Notes d'actes intéressant les Laudun (1463-1573). — 33-41. Notes historiques sur la famille. Actes à chercher (1249-1670). — 42. Minute de lettre sans indication de destinataire ni signature, mais dont l'objet est la recherche d'actes sur la famille de Laudun et ses alliances (s. d.). — 43. Mémoire sur les titres concernant Aramon qui sont aux archives de roi à Montpellier (1210-1600). — 44. Mémoire des notaires ayant passé des actes concernant la famille de Laudun et ses alliances (1375-1600). —

49. Minute de lettre de M. de Laudun, à Villeneuve lès-Avignon, pour Aramon. Il rappelle au destinataire, non indiqué, leur connaissance à Toulouse, en 1694, et lui demande des extraits d'actes sur sa famille (s. d.). — 44-52. Tableaux, états, mémoires d'actes, généalogies concernant les Laudun (1353-1700). — 53. Extrait de l'acte de mariage entre André-Bruno Deydier de Curiol, seigneur de Mirabeau, et Thérèse de Cortolla de Limaye (Aix, 9 mars 1763). — 54. Extrait de l'acte de baptême d'Anne-Valère Deydier de Curiol fille d'André-Bruno (10 décembre 1728). — 55. Lettre de M. de Combalan, conseiller au parlement de Toulouse. Il a parlé au marquis de Luppé de l'alliance de sa maison avec les Laudun. Il l'a trouvé très peu instruit de sa généalogie, quoique son frère soit chevalier de Malte depuis peu. Il lui demandera un extrait des preuves de son frère (Toulouse, 26 mars 1731). — 56. Lettre de Mme de Barrême, supérieure du couvent de Roquemaure, à son neveu [de Laudun], au sujet de recherches d'archives par M. Marillier, de Tarascon, curé de Roquemaure. Dès qu'elle aura les papiers, elle les enverra (15 septembre 1731). — Lettre de M. de Laudun à son fils (Joseph-François Ier à Étienne II). Il a reçu par M. de Jossaud fils, qui arrivait « du Bay » d'Aubais, des compliments du seigneur [le marquis d'Aubais, célèbre érudit]. Dans trois mois il fera mettre sous presse le nobiliaire qu'il compose (1). Il manque à la généalogie des Laudun l'alliance avec la maison de Joyeuse. Le marquis demande communication des actes qui la prouvent (Aramon, 12 novembre 1731). Étienne II habite Tarascon. — 58. Lettre de M. Gravière, infirmier du prieuré de Pont-Saint-Esprit, à M. de Laudun, à Aramon. Il lui répond, comme au duc d'Uzès il y a deux ans, que Gérard ou Géraud, évêque de Milan, prieur et seigneur de Saint-Saturnin du Port, abandonna son évêché et devint moine à l'abbaye de Cluny. Il légua à Saint-Pierre de Cluny l'église et la seigneurie de Saint-Saturnin. Saint Odilon, abbé de Cluny, vint dans le pays faire bâtir le monastère, dont les archives furent pillées pendant les guerres de religion (Pont-Saint-Esprit, 21 novembre 1731). — 59.

Lettre de B. Rivoire, prieur de la chartreuse de Valbonne, à M. de Laudun, seigneur de Montredard, à Tarascon. Le testament de Guillaume de Laudun, du 25 juillet 1344, n'y existe plus, ni aucun papier de la maison de Laudun, la chartreuse ayant été incendiée par les religionnaires en 1571 (Valbonne, 1er décembre 1731). — 60. Lettre de M. de Lafare-Alais, qui signe : « Allès Lafare », à Laudun, à Aramon. Si Salindres n'avait pas été réduit en cendres par les Camisards, il aurait eu de quoi justifier que cette terre et celle de Saint-Privat-des-Vieux ont appartenu au comte de Laudun en 1510, et ont été vendues à Louis de Cambis, ancêtre maternel du scripteur (Salindres, 2 décembre 1731). — 61. Lettre du chanoine Monge à M. de Laudun, près le cimetière de Sainte-Marthe, à Tarascon. Leur fondateur est Jean-Bernard de Doux, de Blauzac. Il chargea son neveu de fonder un chapitre, qui fut celui de Saint-Didier. Le fondateur de la chartreuse de Villeneuve-lès-Avignon fut Innocent VI, qui, étant cardinal, alla visiter un ermite à l'endroit où est aujourd'hui la chartreuse. Pendant cette visite, l'ermite eut la vision d'un grand nombre d'âmes tombant en enfer. Sur tant de milliers de personnes mortes dans le monde entier à ce moment, il n'y en eut que trois de sauvées, chacune d'un seul endroit, très éloigné des lieux d'origine respectifs des deux autres. Le cardinal alla aux trois endroits, où la vision fut confirmée. Devenu pape, il fonda la chartreuse où il est enterré (Avignon, 30 décembre 1731). — 62. Lettre de Gravière, infirmier. Les actes demandés par Laudun pour sa généalogie ont été autrefois dans son prieuré, mais leur maison a été pillée, leur église démolie par les huguenots et il ne leur reste que fort peu de leurs anciens titres. Le dénombrement de 1530 pourrait se trouver à Montpellier, au greffe de la chambre des comptes ou aux archives du roi (s. d.). Cf. la pièce 58. — 63. Lettre de l'abbé de Jossaud. Il a la goutte, et ne peut répondre à son cousin que par une main étrangère. Le marquis de Vézénobres lui a dit que ses archives sont au château de Vézénobres et qu'il faudrait un temps considérable pour trouver les titres demandés. Il est exact que des Laudun ont joui de ce marquisat. L'abbé est resté, l'an passé, onze mois sans sortir de sa chambre. Il y est de nouveau cloué, peut-être pour le reste de ses jours (Alais, 8 janvier 1732). — 64. Lettre de Gilles Pintat, secrétaire de la ville, n'a pas trouvé. Bruneau, à Montdragon, cherchera

(1) Le marquis d'Aubais, dans son ouvrage anonyme : *Pièces fugitives pour servir à l'histoire de France*, tome Ier, partie seconde, *Jugements sur la noblesse de Languedoc par M. de Besons, Généralité de Montpellier*, s'occupe brièvement des Laudun pages 155-6, des Joyeux pages 156-7, des Barrême page 387 et des Rieux pages 333-5 (Paris, 1759, in-4°).

(Avignon, 28 février 1782). — 65. Lettre de Bruneau père, écrite de Bagnols, le 24 mai 1782, à M. de Laudun, seigneur de Montrichard, à Tarascon. Son fils est en Dauphiné, à Clauzaye, occupé à un nouveau terrier. Si c'est nécessaire, il lui enverra un exprès. — 66. Lettre d'un signataire illisible au sujet d'anciens notaires de Valabrègue. M. de Laudun peut garder encore : le parchemin envoyé (3 juin 1782). — 67. Lettre de Maire, prieur de Bernis. Le notaire Périllier a dressé un mémoire inclus dans sa lettre (Bernis, 22 juin 1782). — 68. Mémoire du notaire Périllier, négatif, pour les Laudun. — 69. Lettre signée : A. Laudun, place des Terreaux, à Lyon, et datée du 7 avril 1782. L'adresse a disparu. La lettre est marquée d'une petite croix. Le scripteur ne connaît pas le destinataire, qui lui a appris la mort de M. de Montrichard, inconnu de lui également. Il lui demande de préciser à quel Laudun il destinait sa lettre, datée du 24 février, pour la lui faire passer. — 70. Copie d'un testament d'Anne-Valère Deydier de Curlot de Mirabeau femme de Joseph-François II de Laudun, daté d'Aix, 14 mars 1753. Une note porte qu'un testament du 16 juillet 1777 l'a cassé. — 71-72. Mémoires d'actes de notaires remis à M. de Laudun en 1764. — 73. Lettre du comte Montoynard, au sujet des papiers concernant les Laudun qui étaient autrefois aux archives du château de Montfrin. Il s'en est pourri une grande partie, et les recherches qui ont été faites, depuis le second mariage de son père, dans des vues absolument contraires à ses intérêts, y ont apporté un tel désordre, qu'il serait bien difficile de les retrouver. M. de Laudun aurait de grandes ressources dans les archives du château de Laudun. A Bagnols, le scripteur a prié M. Roussel de favoriser les recherches désirées. Le moment est favorable, M. Roussel s'occupant des papiers de MM. d'Orméa, petits-fils de M. de Laudun-Brancas. M. Roussel a besoin d'instructions précises, pour pouvoir s'arrêter sur les titres établissant la jonction de M. de Laudun avec la maison de Laudun, l'une des plus illustres du Languedoc. M. Roussel est archiviste de la province, et très capable (Montfrin, 28 avril 1786). — 74. Minute de réponse à M. de Montoynard, maréchal des camps et armées, gouverneur de Chalons (s. d.). — 75-77. *Lettres du marquis de Fournès.* — 75. Le fils du comte de Laudun lui a remis la note des titres qu'il peut avoir dans ses archives du château de Saint-Privat et qui serviront aux preuves dont le destinataire a besoin

pour la présentation du jeune homme. Le marquis les fera rechercher pendant son séjour à Saint-Privat (Paris, 15 mai 1786). — 76. Il rapelle la note des titres nécessaires au comte pour monter dans les carrosses du roi. Le marquis avait hier à Saint-Privat M. Roussel, de Bagnols, qui connaît beaucoup de titres de la maison de Laudun et rendrait au comte de grands services. Roussel a promis son concours, à condition d'avoir à Bagnols les papiers du comte. C'est un très galant homme, fort habile et digne de toute confiance (Saint-Privat, 15 octobre 1786). — 77. Le marquis adresse au comte quatre affiches pour le renouvellement des fermes indépendantes de sa terre de Fournès, avec prière de vouloir bien en faire placer deux à Beaucaire et deux à Tarascon. Il faut compter, autant qu'il le fait, sur les droits des alliances qui les unissent, pour le prier de pareilles commissions (Saint-Privat, 22 octobre). — 78-81 : *Lettres de Roussel.* — 78. L'intérêt que prennent le comte de Montoynard et le marquis de Fournès à M. de Laudun l'a fait s'occuper de lui dès son premier moment de liberté. Il revient du château de Lascours, avec nombre d'actes de l'ancienne et grande maison de Laudun. Les fiefs d'Aubord, Gajan, Ribas, La Ramière, furent des apanages des cadets de cette maison. Les fiefs d'Aubord et de Gajan revinrent à la branche aînée vers la fin du XIVe siècle, par des aliénations. Il en fut de même du fief de La Ramière. Pour Ribas, un cadet de la maison de Laudun le vendit à un particulier, et il demeure séparé de la terre de Laudun. Roussel souhaite prouver que M. de Laudun descend de l'un des cadets de la maison de Laudun. Bientôt il lui indiquera quel jour il pourra lui donner rendez-vous à Bagnols (4 décembre 1786). — 79. Roussel a fait un relevé de tous les titres de la maison de Laudun qui sont aux archives du roi à Montpellier. Il prie Laudun d'attendre, pour aller à Montpellier, d'avoir ce relevé. Roussel lui enverra une lettre pour M. Madières. Laudun verra les actes à faire expédier, et surtout l'échange de 1300 entre le comte de Toulouse et les Laudun (17 mars 1787). — 80. Lettre d'envoi du relevé et de la lettre pour M. Madières (19 mars). — 81. Roussel écrit à M. Madières pour indiquer les sources de ses notes et lui demander son amitié pour M. de Laudun, à qui il adresse sa lettre à Montpellier, chez MM. Guillaume Jean et Brassal, négociants, près la Vieille (sic). Bagnols, 4 avril 1787. — 82. Minute d'une déclaration sans

signature faite à M. Odenois, notaire de Valliguière. Avec l'acquiescement des consuls, il a
prêté au déclarant un rouleau de parchemin tiré
des archives communales, à lui confiées, et daté
du 9 décembre 1437. Le viguier du seigneur de
Rochefort et de Valliguière y confirme aux consuls
et à la communauté des droits de pâturage, de
lignerage et de chasse dans tout le terroir de
Valliguière. Le rouleau sera rendu dans 8 mois
(4 mai 1787). — 83. Lettre non signée à M. de Laudun, datée de Lyon, 6 mai [1787] par un cousin.
Faute d'un chargement régulier, M. Benoît a refusé
de lui confier le titre dont Laudun a besoin. — 84.
Lettre de Dupuy, curé. Il a cherché inutilement
l'extrait mortuaire demandé, les registres de sa
paroisse ne remontant pas au delà de 1650. A l'époque de la mort de Gabriel de Laudun, la paroisse
était régie par des bénédictins, qui rentrèrent
ensuite à l'abbaye de Montmajour. Emportèrent-ils
les papiers de la paroisse ? (Pélissane, 30 juillet
1787). — 85-88. Notes rédigées au XVIIIe siècle sur
la noblesse du Comtat-Venaissin, les preuves de
noblesse à faire pour les chanoines de Saint-Victor
de Marseille, la maison des Louet, marquis de Calvisson, avec une copie de lettre sans date où il est
question du marquis de Luppé-Garané (Cf. la
pièce 55).

E. 1401. (Liasse.) — 66 pièces, papier : 4 sceaux.

XIe s.-1776. — *Famille de Laudun, d'Aramon.
— Recherches généalogiques. — Textes recueillis.*

1. Inventaire d'actes (1213-1733). — 2. Extrait, du
22 décembre 1732, d'un vidimus du 7 février 1331,
reproduisant, 1° : la reconnaissance du château de
Lers à l'évêque d'Avignon, en décembre 1213, par
Bertrand et Guillaume de Laudun, fils de feu Bertrand; 2° : la reconnaissance du même château à
l'évêque d'Avignon par Gasc de Laudun, fils de feu
Bertrand, le 6 des ides de décembre, ou 8 décembre 1232; 3° : la reconnaissance du même château
à l'évêque d'Avignon, avec d'autres fiefs, par Albaron, seigneur de Montfrin, fils de feu Pierre Albaron, le 4 des ides d'avril, ou 10 avril 1233. Sceau
du juge de la cour ordinaire de Saint-Pierre d'Avignon pour le Siège apostolique. — 3. Note sur les
Laudun (1088-1227). — 4. Note d'une vente par de
Gasc, coseigneur de Laudun (31 octobre 1291). —

5. Extrait, du 23 décembre 1732, d'une reconnaissance du château de Lers à l'évêque d'Avignon
par Adalmodie, veuve de Gasc de Laudun, comme
tutrice de leurs enfants, du 6 des calendes de mai,
ou 25 avril 1252. Sceau. — 6. Extrait, du 21 décembre 1732, d'une reconnaissance du 4 des calendes
de janvier, ou 29 décembre 1251, par Guillaume de
Laudun, fils de feu Gasc, du château de Lers à
l'évêque d'Avignon. — puis de l'affirmation de la
suzeraineté de l'évêque par sa visite au château,
et l'élévation de l'étendart de N.-D. des Doms sur
la plus haute tour du château pendant une heure,
le 7 des calendes de mars ou 23 février 1251, en
présence de Bertrand de Laudun, abbé de Saint-
André. Sceau. — 7. Note sur les Laudun 1233-1386.
— 8. Certificat des Quatre Prêtres et Chapelains
en l'église N.-D. La Neuve de Laudun, attestant
que Guillaume de Laudun, archevêque de Toulouse,
les a fondés en l'église actuelle, dont le portail et
la voûte portent ses armoiries, d'après la souscription de l'acte. Signatures des Quatre Prêtres. Le
certificat, du 6 février 1732, date la fondation du
5 août 1352. — 9-10. Extraits partiels de l'inventaire des archives communales de Roquemaure.
Mentions de Guillaume de Laudun en 1367. — 11.
Extrait, du 14 janvier 1731, du testament de Marie
d'Aigrefeuille, femme de Raimond de Laudun, seigneur de Laudun. L'acte est passé au château de
Laudun, dans la pièce voûtée où la testatrice est
malade, le 3 mars 1383. Sceau. — 12. Analyse d'un
testament du XIVe siècle dont les noms propres sont
en blanc, en vue de savoir si l'on doit le produire
(XVIIIe s.). — 13. Reconnaissance d'une vigne de
Sauveterre, faite à Catherine de Roquefeuil, dame
de Montfrin, femme de Guillaume de Laudun de
Baux, seigneur de Lers et de Rochefort (Roquemaure, 28 mars 1417. Suivent des lods du 20 mars
1417. Suivent des lods du 26 mars 1516, faits par
Jean Duval, prêtre, procureur de Marguerite
de Clermont, mère et tutrice de Clément Albaron,
dit Alaman, seigneur de Lers, baron de Rochefort
et de Montfrin, pour une vigne à Pujaut. — 14.
Note sur Guillaume III de Laudun (1437-1440). —
15. Extrait d'une reconnaissance faite à Guillaume
de Laudun, chevalier, seigneur de Montfaucon et
du Teil, par Gilbert, coseigneur de Corbières et
d'Entraigues, diocèse de Viviers, mari d'Alayssette
de Serrescudier, dame de Mirabel. Il s'agit du
château d'Alaysette au Teil. Acte passé dans la
cour du château de Montfaucon le 2 avril 1440. —

16. Notes tirées de registres de notaires des XIVe
et XVe siècles. — 17. Notes (1439-1449). — 18.
Notes (1190-1459). — 19. Extrait de l'hommage fait
par Guillaume de Laudun à l'évêque d'Uzès, le 2
novembre 1459, pour des biens et droits à Uzès,
Fournès et Collias. — 20. Copie du dénombrement
de Guillaume de Laudun, seigneur de Montfaucon,
fait au roi le 2 mars 1464. — 21. Note d'actes se
trouvant dans les archives du marquis de Fournès
(1389-1472). — 22-23. Notes sur Guillaume de Laudun de Montfaucon (1440-1499). — 24. Copie de
l'acquisition par le roi d'une part de la justice
d'Uzès (1490-1493). — 25-26. Achat par le roi, à
Guillaume de Laudun, seigneur de Montfaucon, de
son château et de sa juridiction à Uzès, avec une
cédule de réserve du vendeur (Collias, 8 août 1493).
— 27-28. Notes d'actes (1389-1520). — 29-30. Original et copie d'une requête à Le Grual, général de
Languedoc, des enfants de feu Jean de Laudun,
d'Aramon, qui avait à prendre une certaine
somme sur le péage à sel de Beaucaire. Ils sont
privés de leur droit, et demandent communication
des livres de la recette et division du péage d'Aramon, pour savoir ce qui leur est dû. Ordonnance
de soit communiqué au grènetier de Beaucaire
(16-18 novembre 1520). — 31. Extrait du contrat de
mariage entre Jacques Farel, docteur ès droits,
seigneur de Saint-Privat, et Sibylle de Forli, fille
de feu Jean, d'Avignon, docteur ès droits, assistée
de Pierre de Forli, évêque d'Apt, son oncle (Beaucaire, 23 décembre 1550). — 32-33. Mémoire d'actes
à chercher et notes tirées de l'*Histoire de Languedoc* sur les Laudun et leurs alliances (1112-1573).
— 34. Extrait du testament de Théophile de Farel,
seigneur de Saint-Privat, fils de Jacques. Il appartient à la religion réformée .Nimes, chez Pierre
Bompar, avocat pour le roi en la sénéchaussée.)
Pierre Maltrait, Jean de Paradès, Jacques de La
Farelle, Bernard Nicol, docteurs et avocats, sont
témoins. Antoine Malian, notaire. — 35. Inventaire
de titres aux archives du roi, à Montpellier (1209-
1586). — 36. Arbre généalogique des Farel, marquis
de Fournès. On y voit le mariage de Sibylle de
Faucheran avec Guillaume de Laudun, le 9 juin
1440 (1440-1610). — 37. Mémoire mentionnant Louise
de Laudun, dame de Fournès. Elle épousa François de Joubert, seigneur de Vernes, puis Pierre
de Gudon, seigneur de Fournès (1344-1620). — 38.
Mémoire en vue de la recherche d'actes (XIIIe-
XVIIe siècle). — 39. Instruction imprimée pour
Jean de Farel, marquis de Fournès, contre Jean-
Charles de Crussol, duc d'Uzès, et contre l'évêque
d'Uzès. L'endroit où le batelier Rigord fut tué est
dans la juridiction de Saint-Privat (1725). — 40.
Continuation d'instruction imprimée pour le même
contre les mêmes (1640-1725). — 41. Suite d'instruction imprimée, servant de réponse à la suite de la
continuation d'instruction signifiée le 23 août 1725,
pour le même contre les mêmes (1396-1726). — 42.
Inventaire des actes remis à Templer le 18 août
1745 (1213-1732). — 43-49 : *Correspondance.* — 43.
Lettre du marquis de Fournès à M. de Laudun. Il
propose d'attendre l'arrivée de Verdeilhan, avocat
de Nimes qui a rangé ses archives, pour la recherche des titres de la maison de Laudun, en mai
prochain. Depuis l'inventaire de ses archives, il a
recouvré beaucoup de papiers (Saint-Privat, 29
mars 1732). — 44. Le frère du marquis épousera,
en septembre, la fille de M. de Gabriac, coseigneur
de Bourg-Saint-Andéol. Il signe : « Farel de Fournès ». Le marquis paraît décidé à passer quelque
temps à Toulouse, à raison de son litige avec le
duc d'Uzès (Saint-Privat, 31 juillet 1745). — 45.
Lettre du marquis. Il part pour Ginestous, où leur
cousin est incommodé. M. de La Cam est chez ce
cousin, dans les Cévennes, depuis deux mois et
demi. Il aurait été, à Saint-Privat, d'un grand
secours pour les recherches des titres de la maison de Laudun. Le marquis ne sait pas lire les
anciens papiers. Il demande quelque délai. Si M. de
La Cam tarde à venir, il pourra se servir de M.
Brunel, de Beaucaire, quand il reviendra à Saint-
Privat pour les affaires du « renouveau » de ses
fiefs de Remoulins. Le marquis avisera Laudun,
quand la recherche sera en train, afin d'éviter toute
omission. La présence à Saint-Privat de M. de Laudun serait, dans ce but, fort utile (9 janvier 1746).
— 46. Le marquis le remercie de son baril d'an-
chois, « qui a très bonne façon ». Il laisse à M. de
La Cam, qui est de retour à Saint-Privat depuis
peu, le soin de répondre au sujet des actes (1746).
— 47. Lettre de M. de Laudun au marquis. Il lui
transmet divers actes ou pièces que M. d'Aubais
pourra peut-être enchasser dans sa généalogie. Il
verra, par le factum de l'évêque d'Uzès contre le
duc d'Uzès, que les Laudun ont possédé la terre
d'Uzès. Laudun a vu M. Brunel avant la foire de
Beaucaire. Il est occupé ailleurs. Laudun fera
dresser sa généalogie par Aubert, notaire de
Tarascon (Aramon, 10 août 1745). — 48-49. Lettres

de La Cam. Il a reçu le sac des papiers en l'absence du marquis, à Montpellier avec la marquise pour s'accommoder avec son frère. — Renseignements sur ses travaux (Saint-Privat, 21 juin 1749). La pièce 49 s. d. — 50-54. Notes d'actes à chercher. Mémoires généalogiques intéressant les Posquières, les d'Ayminy, les Raoux, les Roques de Clausonne (1433-1675). — 55. Requête imprimée pour l'évêque d'Uzès contre le duc d'Uzès adressée à l'intendant de Lamoignon de Basville (1144-1713). — 56. Examen de l'extraction des ducs et pairs présentés au Régent par le de Paris (XVIIIe s.). — 57. Mémoire imprimé du diocèse d'Uzès (1493-1721). Il y est question de Guillaume de Laudun de Montfaucon. — 58. Mémoire imprimé pour le duc d'Uzès (1491-1721). — 59. Continuation imprimée du mémoire pour le duc d'Uzès (1320-1722). — 60. Mémoire imprimé des officiers du sénéchal et présidial de Nimes en réponse à une requête du duc d'Uzès envoyée à M. de Bernage, intendant de Languedoc (1493-1738). Il y est question de Guillaume de Laudun de Montfaucon. — 61. Mémoire imprimé pour la comtesse de Fournès, tutrice du marquis de Fournès, son fils, contre Mme de Montcalm d'Escouloubres (1752). — 62-64. Notes sur les preuves demandées pour entrer aux chapitres nobles de Salles en Beaujolais, d'Alix au diocèse de Lyon, de Muzy de Véronin (Isère), de Loignoux, diocèse de Lyon, de Neuville-les-Dames (Ain). Après 1755. — 65. Mémoire imprimé des titres à produire pour entrer à l'École royale militaire et au Collège royal de La Flèche (1772). — 66. Édit imprimé sur l'admission des nobles de Provence dans les ordres chapitres, corps et communautés nobles du royaume (Versailles, avril 1778).

E. 1402. (Liasse.) — 1 pièce, parchemin : 66 pièces, papier.

1396-1712. — *Famille de Laudun d'Aramon. — Chapelle de l'Annonciation de Notre-Dame, en l'église paroissiale d'Aramon.*
1. Note indiquant la manière d'obtenir le texte de la fondation de la chapelle de l'Annonciation. — 2. Cahier formé des feuillets 33 à 40 d'un registre en parchemin de Guillaume Militis, notaire d'Aramon. Tous les actes commencent en bonne page, et portent le seing du notaire. — Fos 33-35 : Fondation, en l'église paroissiale Saint-Pancrace d'Aramon, par Guillaume Talhier, prieur du Terme, habitant d'Aramon, et dans la chapelle au midi, près de la porte, d'une chapellenie dont il sera le patron légitime et le chapelain à vie. Il désignera son successeur. Liste des biens affectés à la chapellenie. L'acte est passé à Aramon, dans la maison du fondateur, contiguë à une maison neuve de la place. Pierre Rauffelli, chanoine et précentour d'Uzès; noble Jean de Laudun, sont témoins. Le notaire est Jacques Bernard. C'est Jean Loubière qui a extrait l'acte de ses minutes, sur l'ordre de Guillaume Militis, chargé par commission du sénéchal de rédiger en forme publique les notes de feu Jacques Bernard, et qui a fait la grosse. La fondation est du 14 janvier 1439 de l'Incarnation. — Fos 35-37 : Testament de Catherine Saturnin fille de feu Jean Saturnin, notaire, et femme de Jacques Grimaud jeune, d'Aramon (10 juin 1435). — Fos 38-39 : Testament d'Antonie Olive, femme de Durant Darboux, d'Aramon (17 avril 1398). — Fo 40 : Commencement du testament d'André de Mosteillac, prêtre (21 octobre 1396). — 3-8. Extrait du texte latin, traductions et analyses de la fondation du 14 janvier 1439. — 9-10. Mémoires sur la paroisse d'Aramon et les reconnaissances de la chapelle de l'Annonciation. — 11-12. Vente faite par Guillaume Talhier à Jean de Laudun de sa part de la succession d'autre Guillaume Talhier, prieur du Terme, son oncle, qui avait institué pour ses héritiers, par égales part indivises, le vendeur et Jean de Laudun. Le vendeur est noble, et damoiseau d'Auroux, diocèse de Mende. Le prix est de 120 l. 5 s. t. payés à l'acte (Villefort, chez Jean Talhier, prieur de Villefort. Pierre Rauffelli, chanoine et précentour d'Uzès; Jean Aulus, prêtre de Villefort, Guillaume Felgas, curé de Villefort, sont témoins. Le notaire est Jean Gilles, de Génolhac. La pièce 12 ne contient que le début de l'acte. — 13. Copie d'une note portant que, le 24 décembre 1581, M. de Jossaud, le capitaine Cadet et le scripteur (de Laudun) sont allés en Avignon pour la collation de leur chapelle, par devant l'évêque d'Uzès, au prêtre Jean Mille. — 14. Procuration donnée par Gabriel de Laudun et Charles Martin, ouvrier en l'église paroissiale d'Aramon, tous deux juspatrons de la chapellenie de Notre-Dame, pour présenter à l'évêque d'Uzès le prêtre Pierre Antoine, habitant d'Avignon, qu'ils ont nommé chapelain en remplacement de Jean Mille, décédé (21 avril 1587). — 15. Acte d'intimation des juspatrons de la chapelle au recteur Pierre Antoine

afin qu'il réside. Ces juspatrons sont les consuls d'Aramon et Jean de Laudun, tuteur des hoirs de Gabriel, agissant pour eux, pour Jean de Jossaud, conseiller au présidial, et pour Joseph de Malevalette ouvriers de l'église paroissiale. La chapelle a pour titre : Notre-Dame du Chapelet. Le recteur offre satisfaction suivant la fondation et dit avoir fait desservir la chapelle (5 mai 1596). — 16. Provision et acte de nomination. Le 13 juin 1618, Jean de Laudun le jeune, juspatron de la chapellenie Notre-Dame, averti de la procuration ad resignandum du recteur François de Roux, donne pouvoir de présenter à l'évêque d'Uzès Georges de Roux, clerc du diocèse d'Avignon. — 17. Mise en possession de la chapellenie de l'Annonciation de Notre-Dame. Le 14 septembre 1618, à la suite du décès de Georges de Roux, François de Roux, chanoine de la collégiale de Villeneuve-lès-Avignon, met en possession Jacques Drome, prêtre d'Aramon. — 18. Quittance de 42 l. faite par Raimond Calmen, prêtre d'Aramon, à Jean Damour, marchand d'Aramon, rentier de la chapellenie Notre-Dame, appartenant au recteur de Roux, pour le service de la chapelle (20 décembre 1624). — 19. Mémoire sur la chapelle dont M. de Laudun le jeune est juspatron (Après 1629). — 20. Lettre de Joseph de Rayzon, capucin, du 24 décembre 1637, sans adresse ni lieu d'origine. Il envoie la lettre du prieur de Bagnols, qu'il avait employé comme très puissant sur l'esprit du neveu de l'évêque. Cette lettre montre que les collations de la chapelle ne sont pas aux archives de l'évêché d'Uzès. Il a prié un ami de les demander à M. Chalmeton, en payant, s'il les a (1). — 21. Quittance d'anniversaire de Calmen, prêtre et syndic (Aramon, 28 novembre 1639). — 22-23. Mémoires sur la chapelle de l'Annonciation (1640-1643). — 24-26. Note, requête à l'évêque d'Uzès et ordonnance épiscopale concernant la chapellenie de l'Annonciation et les autres chapellenies fondées sous le titre du Saint-Esprit. Les chapelains seront de nouveau assignés à comparoir devant l'évêque. Au risque des suppliants, il sera fait saisie, par provision seulement, sur les revenus des chapelains, de la somme de 125 l. par an pour le service divin (1634-1647). — 27. Copie de la réponse faite à M. de Jossaud pour la chapelle d'Aramon indivise avec la famille de Laudun (s. d.). — 28. Avis de Parisot (copie), délibéré à Toulouse

(1) Cf. K. 1416, pièce 1.

le 23 octobre 1658, sur la chapelle fondée le 14 janvier 1439. — 29. Avis délibéré à Avignon (copie) le 28 novembre 1658, sur le même objet. Les deux copies de la même main. — 30-32. Minutes de procuration donnée par Étienne de Laudun, patron laïc de la chapellenie de l'Annonciation de la Sainte Vierge le 13 janvier 1659, de concert avec Jean de Malevalette, ouvrier de l'église paroissiale et aussi patron laïc, pour présenter un recteur influent à Aramon et dans le ressort du présidial, étant donné le grand nombre des religionnaires d'Aramon. Il s'agit de l'abbé Antoine de Jossaud, fils de feu Pierre, conseiller au présidial, et frère d'un conseiller à la même cour. Mémoire sur la paroisse, rappelant la visite de l'évêque en 1659. — 34. Mise en possession de la chapellenie de l'Annonciation. Le 15 février 1676, Jean-Louis de Jossaud, chanoine de Nîmes, requiert le prêtre Claude d'Armin, devant l'église paroissiale d'Aramon, en lui montrant ses lettres de provision, de l'installer dans la chapellenie dont il est pourvu, ce qui est fait. Suivent les provisions épiscopales, du 6 février. Extrait. — 35. Quittance du 8me denier de la chapelle Notre-Dame faite au recteur Jean de Jossaud (Villeneuve-lès-Avignon, 28 octobre 1677). — 36. Compte de travaux à la chapelle, acquitté par Mouret le 18 octobre 1679. — 37. Reconnaissance féodale de François Busquet, notaire d'Aramon, et de sa femme, au recteur de Jossaud. Il s'agit de leur maison du quartier d'Aramon appelé Bourg-Matheron (12 janvier 1680). — 38. Ordonnance épiscopale (copie) sur la chapelle N. D. de l'Annonciation (10 janvier 1681). — 39. Mémoire sur la chapelle (Après 1695). — 40. Consultation de l'avocat Detravenol, délibérée Nîmes le 17 juillet 1696. — 41. Déclaration (copie) d'Étienne de Laudun, premier juspatron de la chapellenie, à Jean Fauquet, avocat, ouvrier et aussi juspatron de la chapellenie, de la volonté du fondateur quant à la condition de prêtre résidant du possesseur (s. d.). — 42-43. Sommation de Claudine de Graverol, femme de Jean-Louis de Jossaud, signifiée à Joseph-François de Laudun. Elle s'oppose à la nomination d'un chapelain, par lui et ses assesseurs, en l'absence de son mari (6-7 novembre 1701). — 44. Copie d'une sommation de la même signifiée à Joseph Gaucherand, vicaire perpétuel d'Aramon, pour le même objet (10 novembre 1701). — 45. Mise en possession de la chapelle. Le 10 novembre 1701, l'abbé François de Jossaud, bachelier en théologie, présente au curé d'Aramon,

devant la porte de l'église paroissiale, le *forma
dignum* épiscopal, en vue de son installation dans
la chapelle de l'Annonciation, qui est effectuée. —
46. Signification, à la requête du nouveau chapelain, faite au rentier des biens de la chapellenie,
de sa prise de possession (29 décembre 1701). —
47. Note sur les nominations de chapelains (1543-
1701). — 48. Lettre datée d'Aramon, 15 janvier 1702,
sans adresse ni signature. Elle est d'un cousin, et
relative aux incidents formés par les Jossaud et
aux rentes de la chapelle. — 49. Consultation d'Avignon, délibérée à Tarascon pour servir de mémoire
hors jugement, la 20 janvier 1702. — 50. Arpentement, fait par Guiraud, de Beaucaire, des terres,
vignes et oliviers de la chapelle N.-D. de l'Annonciation (14 septembre 1702). — 51. Mise en possession de la chapelle. Le 19 novembre 1702, l'abbé
François de Jossaud présente à Joseph Gaucherand, curé perpétuel d'Aramon, devant la porte de
l'église paroissiale, le visa épiscopal de la provision
obtenue du pape Clément XI de la chapelle de
l'Annonciation de la Sainte Vierge, vacante par le
décès de François de Jossaud, prêtre d'Aramon, et
le requiert de l'installer, ce qui est fait. — 52.
Requête du chapelain François de Jossaud au
sénéchal contre François Millet, rentier des biens
de la chapelle de l'Annonciation de la Sainte Vierge,
qui refuse de lui payer ses revenus (11 janvier
1702-5 mars 1703). — 53. Lettre du cousin Jossaud,
prêtre. Il est enfin sorti d'affaire avec Millet, mais
non sans lui faire quelque grâce. M. de Soumabre
est intervenu pour en finir. Détail d'arrérages de
censives (Tarascon, 20 avril 1703). — 54. Arrentement modifié des biens de la chapelle. L'acte du
7 janvier 1702 est modifié pour la durée, qui sera
de neuf années seulement, à la rente sûre de 300 l,
nonobstant tous cas fortuits. Le preneur est Joseph
Gilles, d'Aramon (10 juin 1704). — 55. Quittance
des tailles de la chapelle (31 décembre 1704). — 56-
58. Lettres de l'abbé de Jossaud à M. de Laudun. —
Service de la chapelle (Tarascon, lundi, 1706). —
Il demande si, dans le paiement de sa taille, on lui
a fait payer le dixième, afin de pouvoir s'en faire
décharger à Uzès, ne devant pas le payer en deux
endroits (s. d.). — Il n'avait pas cru que le service
de la chapelle fût si affecté aux religieuses, qu'à
défaut d'un prêtre pour les servir dans leur église,
il ne fût pas libre de faire dire les messes à la
chapelle. Question compliquée (s. d.). — 59. Traité
entre l'abbé François de Jossaud, chanoine de
Sainte-Marthe de Tarascon, recteur de la chapellenie de N.-D. de l'Annonciation d'Aramon, et Joseph
Gilles, à l'occasion de la mortalité des oliviers et
de l'ensemencement des terres (Tarascon, 23 septembre 1709). — 60. Minute de procuration donnée
par Joseph-François de Laudun, maire d'Aramon;
Pierre de Jossaud, de Tarascon, et Gaspard Guiraud, d'Aramon, patrons laïques de la chapellenie
de l'Annonciation, à un expéditionnaire en cour de
Rome (nom en blanc) pour consentir, entre les
mains du pape, à ce que l'abbé François de Jossaud, promoteur et substitut de l'official de l'archevêque d'Avignon dans le quartier de Provence,
recteur perpétuel du Refuge et du Mont-de-Piété,
directeur de l'Hôpital Général de Tarascon, soit
dispensé de la résidence personnelle à Aramon
comme recteur de leur chapelle, et subroge un
autre prêtre en sa place pour la desservir (s. d.).
— 61-65. Lettres de l'abbé de Jossaud à M. de Laudun. — Il le prie de faire travailler à ses reconnaissances (Tarascon, 13 mai 1712). — Impuissance du
mari de la veuve Peyron à payer les lods du bien
de sa femme, qui relève de la chapelle. Par charité
il lui a remis la moitié desdits lods. Détails, par
son frère, sur la prise du Quesnoy et le siège de
Bouchain (17 octobre 1712). — M. Bourtholon,
secondaire, demande sa rétribution du dernier
semestre du service de la chapelle. Nouvelles de
la paix, dont on parle toujours (30 décembre 1712).
— Prix de l'avoine. Il lui envoie le « cathéchisme
des partisans », et lui demande de vouloir bien
tenir la main aux reconnaissances de ses emphytéotes (s. d.). — 66. Rôle des emphytéotes de la
chapelle (s. d.). — 67. Censives de la chapelle (s. d.).

E. 1403. (Liasse.) — 87 pièces, papier.

1713-1774. — *Famille de Laudun, d'Aramon.
— Chapelle de l'Annonciation de Notre-Dame, en
l'église paroissiale d'Aramon.*
1. Quittance de Gilles à l'abbé de Jossaud, recteur
(Aramon, 21 février 1713). — 2-3. Quittances du
recteur au maître-chirurgien Peyric ou Peiry et à
la veuve de Martin Granier, emphytéotes (Tarascon, 11 mai 1713). — 4. Lettre du prêtre Bourtholon
au recteur, qui prétendait que la chapelle du premier devait une censive à la chapelle du second
(Aramon, 19 mai). — 5. Lettre de l'abbé de Raous-

set [à Madame de Laudun]. M. de Jossaud lui a remis les papiers de la chapelle de l'Annonciation, mais il lui manque la pièce la plus essentielle, l'acte de fondation en latin. Il faut l'avoir (Tarascon, 7 août 1713). — 6. Quittance de Gilles à Laudun, pour les tailles de la chapelle (31 août). — 7-8. Signification de la vacance de la chapelle, arrivée par la mort du recteur François de Jossaud, faite de la part de Jean-Louis de Jossaud, co-patron, conjointement avec l'ouvrier de l'église paroissiale d'Aramon et Joseph-François de Laudun, au dit de Laudun, également co-patron, qui répond avoir procédé, avec Pierre de Jossaud, à la nomination d'Antoine de Raoux de Soumabre, comme recteur (9 octobre 1713). — Assignation donnée à Pierre de Jossaud, de Tarascon, à la requête de Jean-Louis, fils de feu le conseiller au présidial François de Jossaud (3 octobre). — 9. Lettre de l'abbé de Raousset ou Raoux à Laudun, au sujet de sa nomination comme recteur de la chapelle. Si l'abbé de Jossaud se fait prêtre dans l'année, il sera nommé par une voix entière, celle du marguillier, et par la moitié de l'autre voix, revendiquée par son frère, après avoir appartenu entièrement à feu Jean de Laudun, de qui le destinataire tient ses biens, et qu'on a eu grand tort de laisser usurper. Alors, l'abbé de Raousset n'aura plus le rectorat de la chapelle (9 octobre). — 10. Lettre de l'abbé Bourtholon à M. de Jossaud, à Tarascon, au sujet de la censive réclamée de sa chapelle. Il demande des preuves, et le paiement du service déjà fait (Aramon, 20 octobre). — 11. Lettre de l'abbé de Raousset. Il lui envoie l'acte de fondation. Il faut laisser courir l'eau. Dans moins de dix mois on sera fixé (23 octobre). — 12. Lettre de Cappeau à M. de Jossaud, à Tarascon. Il convient qu'une maison (dont son frère jouit à Aramon faisait une censive à feu le recteur de Jossaud (Roquemaure, 21 novembre 1713. — 13. Lettre de l'abbé de Jossaud à son cousin de Laudun, au sujet de la censive réclamée à l'abbé Bourtholon. Il prie Laudun de tenir sa place devant les commissaires à la décision desquels Bourtholon s'en remet pour leur différend (Tarascon, lundi matin). — 14-15. Mémoires. — 16. Lettre de Jossaud à Laudun. Son frère opine pour 100 l. de pension viagère en faveur du scripteur, qui est en procès avec son oncle. Laudun peut donner parole à l'abbé de Soumabre (1) moyen-

(1) De Raousset de Soumabre.

nant cette pension (Ners, 26 avril 1714). — 17. Lettre de l'abbé de Raousset. Démarches faites à Montpellier. Il lui envoie un modèle de concordat pour terminer avec l'abbé de Jossaud. Cet abbé a plus de voix que le scripteur, mais il est incapax, n'étant pas prêtre. Il doit s'estimer heureux d'obtenir 100 l. de pension (15 mai 1714). — 18. Lettre de Jossaud à Laudun. Il le remercie de la peine prise pour lui et consent à l'accommodement proposé, aux conditions de sa dernière lettre (pièce 16). Ners, 28 mai. — 19. Lettre de l'abbé de Raousset. L'abbé de Jossaud serait-il malade ou mort ? Il devrait au moins accuser réception du dernier modèle de concordat. Raousset lui conseille de se faire prêtre, pour lui éviter le soin de plaider (Tarascon, 12 juin 1714). — 20. Lettre de Jossaud. Il est au désespoir que les soins de Laudun ne puissent le faire accorder avec l'abbé de Soumabre. Il veut toujours percevoir la récolte de l'année courante. Ni lui, ni l'abbé de Soumabre n'aura la chapelle : « inter duos litigantes tertius gaudebit » (Ners, 17 juin). — 21. Lettre de l'abbé de Raousset. Il envoie à Laudun, à son retour de Nîmes, des pièces à faire signifier au rentier Gilles et à l'abbé de Jossaud, qui sera sans doute surpris de sa diligence (28 juin). — 22. Lettre de Jossaud. Il consent à partager avec l'abbé de Soumabre tout le revenu de l'année courante de la chapelle et toutes les charges. La pension de 100 l. ne commencera que du jour de la passation du concordat (Nîmes, 3 août 1714). — 23. Lettre de Raousset. Il revient d'Avignon, où il a consulté pour la chapelle. M. Tache lui a fait en partie la lecture de l'acte de fondation, sur un parchemin très difficile à lire (Cf. E. 1402, pièce 2) et l'a engagé à profiter de la bonté de Laudun pour se faire nommer. (12 août). — 24. Lettre de Jossaud. La maladie l'a empêché de venir terminer l'affaire de la chapelle à Aramon. Il est très surpris que le procureur de l'abbé de Soumabre ait continué à faire des poursuites. Mais c'était sans ordre, ce qui l'a rasséréné. Il a fait sa procuration à son frère. Au sujet de l'ordonnance de l'évêque d'Uzès sur l'état de la chapelle, il n'y a pas lieu de s'en embarrasser. L'abbé de Raousset n'a qu'à avoir une dispense de Rome pour la résidence. Après quoi il tiendra le prêtre qu'il voudra, aux moindres frais qu'il pourra. La substitution d'une voûte à la charpente et l'agrandissement ordonnés par l'évêque auraient coûté sept ou huit-cents livres. Jossaud a obtenu de l'intendant de Bâville une ordonnance de rétablissement comme auparavant. Ainsi on trouve partout des expédients (Nimes, 5 novembre 1714). — 25. Lettre de Jossaud, frère de l'abbé. Il est rentré de Toulouse, et prie Laudun d'écrire à leur cousin Jossaud sur le petit différend qu'ils ont pour le patronage de la chapelle, en vue de terminer l'affaire. Il désire savoir où il doit se rendre pour passer le concordat avec l'abbé de Soumabre, étant procureur de son frère l'abbé, indisposé et obligé de partir pour son bénéfice, où son vicaire mourant le fait appeler (Nimes, 6 novembre). — 26. Lettre du même. Il a obtenu la parole de son frère pour la nomination de l'abbé Marthe à la place dudit vicaire. Il serait bon que le partage du revenu de la chapelle ne se fît qu'après la nomination de M. Marthe, afin que la chapelle ne parût pas vacante (Nera, 10 décembre 1714). — 27. Lettre de Raousset. Il confie ses intérêts à Laudun, après avoir donné sa démission. Laudun doit maintenir le droit de M. de Jossaud. Soumabre est à Carpentras, attendant l'accouchement de M·· du Rencard, qui s'est trompée (Tarascon, 31 décembre 1714). — 28. Note des dépenses et recettes de la chapelle, dont les recteurs sont MM. de Soumabre et de Jossaud en 1714. — 29. Lettre de Jossaud. Avant toute nomination, son différend avec son cousin Jossaud doit être tranché. Ainsi M. Marthe doit prendre patience (Nimes, 3 février 1715. — 30. Copie de la nomination de l'abbé Jean Marthe, prêtre d'Aramon, comme recteur de la chapellenie de l'Annonciation de Notre-Dame, vacante par les démissions d'Antoine de Raousset de Soumabre, prêtre, et d'Henri-Louis de Jossaud, prieur de Cruviers-et-Lascours. Joseph-François de Laudun, le procureur de Jean-Louis de Jossaud, et un ouvrier de l'église paroissiale d'Aramon font la nomination (13 mars 1715). — 31-32. Quittances du receveur Génolhac pour le recteur actuel et les ci-devant recteurs (29 mai-11 juin 1715). — Assignation donnée à la requête de Pierre de Jossaud, héritier de son frère François, recteur de la chapelle, aux hoirs du notaire François Busquet et de sa femme (23 août 1715). — 34. Lettre de Nanon Busquet à Jossaud, demandant des ménagements (Avignon, 6 septembre 1715). — 35. Lettre de Jossaud à Laudun, à propos des innovations de l'abbé Marthe, projetées contrairement à l'acte de fondation. Il viendra à Aramon, retirer sa fille du couvent, ne voulant pas qu'elle y fasse profession (Nimes, 11 octobre 1716). — 36. Lettre d'Ayasse à M·· Marion

Devèze, à Aramon, priant sa cousine de compter ce qu'il doit à M. de Laudun (Avignon, 10 novembre 1716). — 38. Recette et dépense pour l'abbé de Jossaud (1712-1717). — 39-41. Lettres de l'abbé Marthe, écrites de Marseille, les deux premières à Laudun fils, la troisième à Laudun. — Il n'est pas si aisé qu'on pense, d'ôter un bénéfice sans charge d'âmes, à un prêtre paisible possesseur depuis plus de six années. Son adversaire ne peut prouver l'obligation à la résidence que par l'original ou un extrait en forme de la fondation. Or, on y verrait que le titulaire est dispensé de la résidence en faisant faire le service par un prêtre agréé des juspatrons. Marthe vit au milieu des ravages de la peste. Le bois coûte à Marseille 20 s. le quintal. Les étoffes y sont hors de prix. Marthe a dû, pour pouvoir vivre, se procurer un petit service que l'évêque (Belzunce), lui a donné (1·· décembre 1721). — La santé est meilleure à Marseille. On y voit revenir du monde. La navigation tend à reprendre. Quoique Jossaud ne soit pas de ses amis, Marthe le tient quitte des lods dont Laudun lui parle, pour avoir vu son nom dans sa nomination à la chapelle (28 août 1722). — L'impossibilité, où le met son modique revenu, de pourvoir à l'établissement de sa nièce, oblige Marthe à accepter le poste d'aumônier du Cap-Nègre, sur la côte d'Afrique. Si l'évêque n'était pas content du service que Marthe fait faire, et voulait absolument le remplacer, Laudun choisirait le nouveau prêtre (15 avril 1723). — 42-44. Significations faites au frère de l'abbé Marthe, à la requête de Joseph-François de Laudun, juspatron et collateur, conjointement avec l'assesseur et ouvrier de l'église paroissiale, d'avoir à revenir incessamment à Aramon pour y résider et desservir la chapelle de l'Annonciation, suivant l'intention du fondateur (30 novembre-1·· et 11 décembre 1723). — 45. Lettre de Marsollier, archidiacre d'Uzès, au sujet de l'abandon de la chapelle par l'abbé Marthe. Laudun peut y nommer M. Pascalis, porteur de la lettre, et qu'il lui recommande (s. d.). — 46. Compte concernant la chapelle (s. d.). — 47. Copie signifiée à la requête de Jean-Louis de Jossaud à Laudun et consorts (14 janvier 1724). — 48. Note postérieure à 1733. — 49. Devis de travaux à la chapelle de l'Annonciation. Il s'agit du retable or et marbre. Laudun note qu'il lui en a coûté plus de 200 l. [1742]. — 50-53. Lettres de Gardereau, doreur d'Avignon (18 août 1742-7 février 1743). — 54. Quittance de Gardereau (Aramon,

22 mars 1743). — 55. Mémoire sur la chapelle (s. d.). — 56. Lettre de Martin au sujet des nominations des chapelains (Aramon, 9 octobre 1743). — 57. Signification faite à Étienne de Laudun à la requête de François de Jossaud, cohéritier de Jean de Laudun, et consorts. Il s'agit de s'assembler pour nommer un chapelain. Refus d'Étienne (28 octobre 1743). — 58. Consultation d'Aldebert, délibérée à Nîmes le 6 novembre 1743, au sujet de la nomination du chapelain. — 59. Lettre de Trinquelagues à Mme de Laudun, supérieure des Ursulines d'Aramon, au sujet de la visite de l'évêque d'Uzès à Aramon (25 novembre). Au verso est une note d'une autre écriture sur la succession des chapelains de l'Annonciation de 1713 à 1744. — 60. Lettre de remerciement de d'Arihac, curé de Cruviers, à Laudun, maire d'Aramon, pour son appui à l'occasion de la chapelle. Il lui demande la grâce de s'absenter d'Aramon pendant l'année de sa prise de possession, ayant destiné les revenus de cette année à l'achat d'un calice, des ornements et du linge, pour que les chapelains puissent se poster dans la sacristie de la paroisse d'Aramon (31 décembre 1743). — 61. Compte au sujet de la chapelle (1743). — 62-63. Mémoires sur la chapelle (s. d.). — 64. Lettre de l'abbé Bermond à Laudun, à Tarascon. Il a vu sa tante au couvent (des Ursulines) d'Aramon, au sujet de la proposition faite à Laudun par le chapelain d'Arihac. Une si longue absence pourrait faire jeter un dévolu et impétrer sa chapelle (Aramon, 5 février 1744). — 65. Lettre de Jossaud à Laudun. Il a reçu sa lettre recachetée après avoir été décachetée par un tiers. Il a fait sentir à d'Arihac le cas où il exposait les juspatrons de la chapelle (Aramon, 16 février). — 66-67. Lettres de d'Arihac. — A Laudun. L'évêque d'Uzès use du même expédient que lui pour renouveler les ornements d'un prieuré à peu près du même revenu que la chapelle. D'Arihac souffre de l'estomac. S'il ne va pas mieux, il remettra la chapelle aux juspatrons (Cruviers, 6 mars 1744). — A Jossaud. Il le remercie de ce qu'il a fait en sa faveur. Le chanoine de Jossaud, conscience très timorée, a joui de la chapelle sans jamais résider, sur une dispense du pape. Une impétration n'est pas à craindre, à moins que les usages de l'Église n'aient changé (6 mars). — 68. Mémoire des papiers de la chapelle de l'Annonciation envoyés à Moureau, procureur à la cour des aides de Montpellier, le 10 décembre 1752. — 69. Lettre de Jossaud ainé.

Entre autres objets, il y est question d'un capital de la chapelle rayé à d'Arihac, et dont Moreau est chargé (Aramon, 27 janvier 1754). — 70. Lettre de l'abbé Pitot, priant le destinataire d'apprendre à M. de Laudun la mort de d'Arihac, chapelain de l'Annonciation, et de s'intéresser à lui, candidat à la chapelle (Aramon, 15 septembre 1760). — 71-74. Lettres de Jossaud ainé à Laudun. — Mort de d'Arihac, d'une attaque d'apoplexie. L'abbé Vincent lui a donné l'extrême onction. Jossaud demande à Laudun sa voix pour lui. Il y a un autre candidat (Aramon, 20 novembre 1760). — L'abbé Vincent est disposé à garder encore la cure d'Aramon pour avoir les moyens de réparer la chapelle (27 décembre 1760). — Il a conféré avec M. Mouton, le seul du pays connaissant les matières bénéficiales. L'esprit de la fondation est de faire donner caution au chapelain, après vérification de l'avoir et des effets de la chapelle. On n'y a jamais pensé, de sorte que beaucoup d'objets sont égarés et perdus à la mort du chapelain (5 janvier 1761). — Il le remercie de la procuration envoyée (4 février 1761). — 75-76. Lettres de l'abbé Vincent à Laudun. — M. de Jossaud lui a remis hier sa nomination à la chapellenie de l'Annonciation. Il remercie Laudun (Aramon, 6 février 1761). — Il a fait placer un confessionnal dans la chapelle et s'étonne de l'opposition de M. de Jossaud (29 mars 1761). — 77. Lettre de Jossaud ainé. Il se plaint de l'entreprise du chapelain Vincent, qui a déplacé le banc du scripteur pour y « camper son confessionnal », et qui prétend que peut-être le fond de la chapelle appartient à la communauté d'Aramon. « Les gens d'église veulent toujours devenir maîtres là où ils sont » (Aramon, 26 mars 1762). — 78. Lettre de Vincent à Laudun. L'évêque d'Uzès voulant lui faire revenir, avec la cure d'Aramon, la chapelle de Saint-Pancrace-Ménerbe, dont l'abbé Ricard est pourvu, il propose de faire tomber la chapelle de l'Annonciation sur l'abbé Ricard, pour que la combinaison aboutisse (23 avril 1769). — 79. Lettre de Jossaud. Sa tante l'informe que MM. Vincent, de Jossaud son frère et l'évêque d'Uzès, travaillent contre leurs droits sur la chapelle de l'Annonciation. Le consul, qui avait donné sa parole pour M. de Clamanc, obéira à M. Vincent. Or Laudun est le seul maître, ou, pour mieux dire, son père, le seul juspatron, et il ne voudra pas laisser perdre un si beau droit dans la famille (Fourques, 5 mai 1769). — 80. Lettre de Jossaud ainé. Vincent l'a prié d'écrire à Laudun qu'on pouvait faire la nomination d'un chapelain, car il a reçu d'Uzès en bulle pour la cure d'Aramon (Aramon, 1er janvier 1770). — 81. Lettre de l'abbé Tassis de Clamano, pour remercier Laudun et son père de sa nomination de chapelain de l'Annonciation (Aramon, 5 janvier). — 82. Lettre du curé Vincent demandant à Laudun quelque extrait en forme de la fondation de la chapelle de l'Annonciation (19 janvier 1774). — 83-87. Consultations, mémoires, note (s. d.).

B. 1101. (Liasse.) — 1 pièce, parchemin; 100 pièces, papier.

1481-1789. — Famille de Laudun, d'Aramon. — Fondations religieuses. Dépenses cultuelles. Chapelles. Bienfaisance.

1. Note sur la fondation et les biens de la confrérie de Saint-Sébastien des Archers. Le 11 janvier 1481, les prieurs modernes de la confrérie, réunis par devant le greffier et le grand vicaire de l'archevêché d'Avignon, fondent une chapellenie sous le titre de Saint-Sébastien, à l'autel du saint dans l'église Sainte-Marthe de Tarascon. — 2. Copie du testament de Poncet Chrétien, d'Aramon, contenant la fondation d'une chapellenie ou legs pie consistant en la célébration, à perpétuité, d'une messe hebdomadaire à l'autel de Saint-Jacques, dans la chapelle de ce nom qu'il a fait bâtir en l'église Saint-Pancrace d'Aramon ; et d'autres messes, avec assignation de terres (17 mars 1529 v. s.). — 3. Copie de la fondation de la chapelle du Saint-Esprit, dans l'église paroissiale d'Aramon, par Guillaume Ripert, le 7 novembre 1532, avec assignation de terres. M. de Laudun, maire d'Aramon, doit nommer le chapelain, conjointement avec l'ouvrier de l'église, étant aux droits du premier consul ; et avoir soin de choisir le second secondaire de la paroisse, pour lui donner de quoi subsister. — 4. Mémoire sur la chapellenie fondée en l'église Sainte-Marthe de Tarascon, à l'autel de Notre-Seigneur, par Étienne Payan, sous le titre « *de Corpore Christi* », le 26 septembre 1544. — 5. Copie de treize reconnaissances faites à la chapelle de Notre-Dame de Bethléem et de Tous-les-Saints, à partir du 9 novembre 1499 jusqu'au 12 avril 1554. Une quatorzième reconnaissance est mentionnée en 1569. Écriture du XVIe s. Petit cahier de 3 feuillets écrits. — 6. Extrait du testament d'Antoine Buffe, d'Aramon, contenant un legs à la confrérie des Pénitents Blancs, dont il fait partie, pour une fondation de messes en l'église des Récollets d'Aramon, à leur chapelle (28 juillet 1611). — 7. Requête de Simon Riffard au sujet de la chapellenie du Saint-Esprit en l'église d'Aramon. Riffard, comme héritier du fondateur Guillaume Ripert, demande que le recteur Joseph Vitalis, nommé en 1651 par les consul et patron de la chapelle, soit tenu de satisfaire à la fondation et distribue l'aumône à la porte du domicile du suppliant (s. d.). — 8. Quittance de 150 l. faite par Armand, peintre, à M. de Laudun, payant avec les deniers de l'archi-ligère de Péraut, pour un tableau de Saint François de Sales, commandé par l'archidiacre, « à la chapelle » (Aramon, 16 juillet 1652). Signature de Vitalis, curé d'Aramon. — 9-10. Pièces d'une procédure devant le présidial de Nimes entre le prêtre Claude Darmin et la confrérie des Pénitents Blancs d'Aramon (23 juin 1682-1er juin 1683). — 11. Note sur la fondation par Françoise de Pitot, veuve de Claude Lavondès, de Théziers, en l'église des Récollets d'Aramon, d'une bénédiction du Saint Sacrement, le 2 août 1682. — 12. Ordonnance de l'évêque d'Uzès au sujet de la rétribution des curés pour les droits curiaux (3 mai 1719). — 13. Copie de quittances de Mera, curé d'Aramon, à Antoinette Boisselle, au sujet de « l'augmentation du soleil » ou ostensoir de la paroisse (13 octobre 1728-11 août 1732). — 14. Copie de clauses du testament et du codicille d'Antoinette Boisselle, pour l'œuvre des Pauvres Filles d'Aramon (12 août 1732-12 mars 1733). — 15. État de ce qui est dû à l'Hôpital pour les années 1731 à 1733. — 16. Mémoire sur l'œuvre des Pauvres Filles à marier (1733-1740). — 17. Note sur la nomination du recteur de la chapelle du Saint-Esprit d'Aramon en 1743. — 18-19. Minute et original d'une signification faite à la requête d'Étienne de Laudun, maire perpétuel d'Aramon, au consul et à l'ouvrier de l'église paroissiale, au sujet des prérogatives du maire, méconnues par eux quand ils ont nommé Jean Guisolphe à la chapelle du Saint-Esprit (21 décembre 1743). — 20-22. Lettres de Vincent, procuré d'Aramon, à Laudun, au sujet de la mission d'Aramon (15-30 janvier 1749). — 23. Lettre de la sœur de la Croix de Laudun à son neveu de Laudun, à Tarascon. L'abbé Vincent ne lui a pas encore remis l'état des fondations que Laudun doit payer à la paroisse. Il a marmotté entre ses dents

quelque chose qu'elle n'a pu bien entendre, disant que lorsque l'évêque viendrait, il ferait régler toutes choses (Aramon, 25 mars 1750). — 24-26. Lettres du pro-curé Vincent à Laudun, à Tarascon, au sujet de l'ostensoir. Il s'agit d'une croix de diamants et de 22 l. à retirer des mains du curé Laugert (ou Laugier), en vue de « l'augmentation du soleil » de la paroisse. Laudun est prié de s'associer à cette bonne œuvre (7 mars-20 mai 1750). — 27. Attestation, signée de Laudun, déchargeant le curé Laugert de la croix de diamants léguée par Mme de Bertrandi et des 22 l. provenant de la vente du rond d'un ostensoir donné par M. Vernet, archidiacre d'Uzès, pour l'augmentation « du soleil » de la paroisse (Aramon, 26 mai 1750). — 28-29. Lettres de Vincent, pro-curé, au sujet des chapelles de Sainte-Marthe et de Saint-Jacques, en l'église d'Aramon. Il demande un extrait de l'acte de fondation de la première, dont l'évêque l'a pourvu, et l'informe que les consuls et l'ouvrier d'Aramon, apprenant leur droit à nommer à la chapelle Saint-Jacques, ont ratifié en sa faveur la nomination épiscopale, afin de conserver leur droit (Août 1752). — 30. État des rentes et revenus des chapellenies fondées en l'église paroissiale d'Aramon (Copie s. d.). — 31. État des chapelles fondées dans cette église, des charges dont les prêtres habitués s'acquittent en l'absence des chapelains, des messes de fondations ou obits, des messes de mariage, neuvaines, accouchées, confréries, bassin des Âmes du Purgatoire, messes votives, etc. (s. d.). — 32-33. Note et mémoire sur les fondations et les chapelles en l'église Sainte-Marthe de Tarascon (s. d.). — 34-39. Pièces concernant les fondations d'Antoine Buffe et de Marguerite Buffe en l'église d'Aramon, dont les Laudun sont chargés (1644-1708). — 40-101 : *Chapelle de la Motte.* — 40-41. Notes où il est question de la chapelle Sainte-Madeleine de la Motte, de la chapelle de la Sainte-Croix et de leurs recteurs (1660-1720). — 42-45. Quittances données par le recteur de la chapelle Sainte-Madeleine de la Motte à M. de Jossaud pour le service. La première est du recteur Fabre, curé de Lansac (Tarascon, 14 août 1729). Les autres sont du P. Olivier, doctrinaire (Tarascon, 1er août 1732-22 juillet 1734), représenté par sa grand'mère Mme de Guibert d'Olivier, qui signe. — 46. Note de la prise de possession de Jean-Baptiste Olivier, le 14 juillet 1735. — 47-65. Quittances du recteur Olivier pour le service de la chapelle Notre-Dame de la Motte, qui reprend son ancien nom de Sainte-Madeleine une fois, en 1747, mais conserve toujours l'échéance du 22 juillet (Sainte Marie-Madeleine). La pièce 64 est une simple note rappelant le chiffre (12 l.) de la pension, et un arpentement du 23 octobre 1759. — 66. Copie de la déclaration d'Olivier de la Motte, recteur de chapelle Notre-Dame de la Motte, qui n'a d'autre revenu que 12 l. de pension faite par M. de Jossaud. Les charges étant de 4 l. 16 s., il reste au chapelain 7 l. 4 s. La chapelle est chargée depuis plusieurs années de 50 s. de décimes (Tarascon, 11 décembre 1760). La déclaration est faite au bureau du diocèse d'Avignon. — 67-77. Quittances du recteur Olivier de la Motte (Tarascon, 22 juillet 1761-1er août 1771) pour le service de la chapelle Notre-Dame de la Motte. — 78. Note portant que, de 1724 à 1732, la chapelle Sainte-Madeleine de la Motte, à l'église basse, a été possédée par M. Fabre, curé de Lansac; et, de 1732 à 1768 par le doctrinaire Olivier, qui dut réduire le nombre des messes de 2 à 1 par mois. M. Olivier est mort en décembre 1771. — 79. Quittance de Roman, prêtre sacristain, pour le service de la chapelle Sainte-Madeleine de la Motte, à Mme de Jossaud (Tarascon, 12 mars 1774). — 80. Avertissement sur imprimé pour le recteur de la chapelle N.-D. de la Motte à Tarascon, d'avoir à payer 6 l. 15 s. 4 d. pour sa quote-part des impositions du Clergé, de février 1772 à octobre 1775, à raison de 16 s. 11 d. par terme. Signification du 7 novembre 1775. Il n'y a plus de recteur qui ait voulu accepter la chapelle. M. de Laudun en est le jus-patron. — 81. Lettre de Guibert, pressant Laudun, seigneur de la Motte, d'acquitter le droit de décime de sa chapelle (Saint-Remy, 17 février 1776). — 82. Contrainte signifiée à Laudun le 23 février 1776. — 83. Lettre du chanoine Malière, syndic du clergé diocésain dans les départements de Provence et de Languedoc, au sujet du retard dans le paiement de l'imposition de la chapellenie, à Laudun, qui a succédé aux droits de M. de Jossaud (Avignon, 13 août 1776). — 84. Minute de réponse de Laudun fils (Tarascon, 18 août). — 85. Lettre de Joseph Amez, nommé, en juin 1779, par l'archevêque [d'Avignon] à la chapelle Notre-Dame de la Motte, demandant à Laudun père s'il peut lui faire passer la quittance de ses honoraires, ayant acquitté les charges depuis sa nomination (Tarascon, 14 janvier 1784. — 86. Minute de réponse de Laudun, lui demandant quelles sont ces charges, qu'il doit connaître pour les avoir acquittées, et quel acte l'oblige à le payer (Tarascon, 17 janvier). — 87. Explications d'Amez (18 janvier). — 88. Minute de réponse de Laudun, qui se formalise du ton et de l'humeur de son correspondant (20 janvier). — 89. Complément de réponse. La saison, moins rigoureuse, lui a permis de sortir pour voir les actes allégués par Amez. Son interprétation diffère beaucoup de celle d'Amez (Tarascon, 5 mars 1784). — 90. Lettre de Mme de Laudun de Celles, écrite d'Avignon, 10 juillet 1780, à son « très cher papa ». On lui écrit que sa cousine de Mirabeau se marie, mais non à Aix. C'est donc un mystère pour lui, qui ne lui en parle pas. Elle demande des nouvelles de ses enfants. Tendresses à ses parents et à ses sœurs. A la suite de la signature, début d'une minute de réponse à un inconnu. Les héritiers de M. Barberoux, recteur de la chapelle Saint-André, lui ont indiqué un acte servant aussi pour la chapelle Sainte-Madeleine (s. d.). — 91-98. Quittances de l'abbé Millet pour le service de la chapelle rurale de la Motte (Tarascon, 16 juillet 1785-17 janvier 1789). — 99. Déclaration de l'abbé Artaud, qui a reçu du comte de Laudun 50 l. pour 4 mois de service de l'abbé Millet dans l'église rurale de la Motte. Il les remettra à l'héritier de l'abbé Millet (Tarascon, 18 mai 1789). — 100. Modèle d'engagement pour le service de l'église de la Motte (s. d.). — 101. Quittance de l'abbé Parrocel à Laudun, de 40 l. 10 s. monnaie de France, pour 3 mois et quelques jours du service de l'église de la Motte (17 août 1789).

B. 1105. (Liasse.) — 4 pièces, parchemin ; 33 pièces, papier ; 15 sceaux.

1646-1772. — *Famille de Laudun, d'Aramon. — Affaires et affiliations religieuses.*
1-5 : Censive au prieur d'Aramon. — 1-2. Condamnation prononcée par le sénéchal contre Étienne de Laudun à payer à Gilles-Ignace Huart, archidiacre d'Uzès, prieur d'Aramon, les arrérages de censives et lods pour biens relevant de sa directe (3-6 décembre 1688). — 3. Reconnaissance féodale de Laudun à l'archidiacre (Aramon, 17 avril 1689). — 4-5. Exécutoire de dépens et appointement de garantie (Nîmes, 26 mai 1689). — 6-10. Concessions imprimées de bancs à 2, 1, 4, 2 places, faites par les marguilliers directeurs de l'œuvre de l'église paroissiale Sainte-Marthe à Joseph-François,

Étienne, Henri-Réalgue de Laudun, et à Louis de Jossaud (Tarascon, 1er août 1734-6 mars 1789). — *11-37 : Affiliations religieuses.* — 11. Lettres de tonsure signées de l'évêque d'Uzès pour Étienne de Laudun, fils de Jean et d'Isabeau de Favier (25 avril 1645). Sceau. — 12. Lettres imprimées, signées de Marc de Broduno, provincial des frères mineurs récollets, associant au couvent d'Aramon Isabeau de Favier et ses enfants (Aramon, 22 février 1646). Sceau. — 13. Gravure coloriée, représentant un repos de la Sainte Famille, et portant au dos l'affiliation d'Étienne de Laudun à la congrégation nimoise de la Conception de la Vierge, la veille des calendes de juin, ou 31 mai 1647. Sceau. — 14. Lettres imprimées, signées d'Eusèbe Blanqui, provincial des récollets, affiliant Étienne de Laudun et ses enfants au couvent d'Aramon (26 juillet 1649). Sceau. — 15. Privilège de licence, doctorat et magistère décerné au nom de l'archevêque d'Avignon, chancelier de son université, par le recteur et les régents, qui signent, à Étienne de Laudun, docteur en droit canonique et civil (26 novembre 1654). Sceau en boîte. — 16. Lettres imprimées d'affiliation d'Isabeau de Favier et de son fils Étienne de Laudun, signées par Innocent de Calatayeronne, ministre général de tout l'ordre des frères mineurs de Saint François, ou Capucins (s. d.). Sceau. — 17. Lettres imprimées d'affiliation d'Étienne de Laudun, de sa mère Isabeau de Favier, de sa femme Marie de Clausonne, et de leurs enfants, signées de Paul Luchin, prieur général de tout l'ordre des ermites augustins (Arles, 30 décembre 1621). Une mention porte que ces lettres sont dues à l'amitié du P. Michel, augustin d'Arles. Sceau. — 18-19. Lettres d'affiliation pour Denis du Jardin, Conrad de Raoux, Étienne de Laudun et Jeanne Adelbert, accordées par Jean, prieur de chartreuse et général de l'ordre des chartreux, avec les autres définiteurs en chapitre général (Chartreuse de la Verne, 9 mai 1667). Sceau. Original et copie en forme. — 20. Nomination, faite par Jean-François de Saint-Tropez, provincial des capucins de la province de Marseille, de M. de Laudun, seigneur de la Motte-Faucon, en qualité de syndic du couvent de Tarascon, pour ses affaires temporelles (Toulon, 18 mars 1773). Sceau. — 21. Lettre dudit provincial à Laudun, lui confirmant la disposition procuratoire de tout ce que l'ordre possède à Tarascon, en meubles et immeubles (Toulon, 30 mars). Sceau. — 22. Compte de travaux de Balmoussière au couvent des capucins de Tarascon. Au bas, prière du gardien à Laudun de régler, puis acquit du maçon (25 avril-1er mai 1773). — 23. Billet du gardien priant le syndic de compter 145 l. à Jean, leur garçon (27 septembre 1773). — 24. Lettres patentes signées d'Ignace de Cosans, ministre provincial des récollets en France, à Étienne de Laudun, qui est nommé syndic apostolique du couvent d'Aramon (Couvent de Sainte-Croix d'Avignon, 22 mai 1674). Sceau. — 25-28. Trois billets du gardien des capucins de Tarascon au syndic Laudun pour paiement à faire à Jean, leur garçon (17 juin-14 juillet 1776), avec une souscription de lettre venant de Toulon et portant le sceau de l'ordre. — 29. Affiliation imprimée d'Étienne de Laudun et de sa famille, signée de Joseph Ximonez Samaniego, ministre général de tout l'ordre des mineurs de Saint-François (Couvent de l'Ara Cœli, 14 octobre 1676). Sceau gravé sur le papier. — 30. Demande d'indulgence plénière au pape Innocent XI par Étienne de Laudun, accordée le 25 février 1677. « S[anctis]s[i]mus annuit », écrit au-dessous un évêque de Triphylle, sacriste, qui ne met que ses initiales. — 31. Concession d'habiter une cellule et de jouir d'un petit jardin adjacent, dans le couvent d'Aramon, accordée par Joseph d'Inguimbert, ministre provincial des récollets de France, à Étienne de Laudun, syndic apostolique et protecteur bénévole dudit couvent (15 mai 1687). Sceau. — 32. Lettres de tonsure, signées de l'évêque d'Uzès, pour Henri de Laudun, fils d'Étienne et de Marie de Roques de Clausonne (Uzès, 6 mai 1688). Sceau. — 33. Lettres de tonsure, signées du secrétaire de l'archevêque d'Avignon, pour le même Henri de Laudun (12 juin 1688). Sceau. — 34. Lettres d'affiliation, signées d'Antonin Cloche, maître général de l'ordre des Prêcheurs, pour Étienne de Laudun et sa famille. Imprimé (Rome, 4 juin 1689). Traces de sceau. En haut, image gravée. — 35. Autorisation sur imprimé, portant la griffe de Pascal Aquaviva d'Aragon, des comtes de Conversan, protonotaire apostolique, référendaire du pape à Avignon, pour Henri-Bénigne de Laudun, clerc du diocèse d'Avignon, qui pourra lire les livres prohibés, à l'exception de Charles Dumoulin, « Molinho », et de Machiavel, en vue de les réfuter. Signature de Durant, secrétaire. Armoiries imprimées (25 novembre 1750). — 36. Affiliation accordée par Étienne, prieur de chartreuse, général des chartreux, et les définiteurs du chapitre général de l'ordre, à Joseph-

François de Laudun et ses enfants. Elle est signée d'Emmanuel Janne, prieur de la chartreuse de Villeneuve, co-visiteur de Provence (17 mai 1772). Sceau. — 37. Nomination de Joseph-François de Laudun, seigneur de la Motte-Faucon, par Joseph de Marseille, provincial des capucins, en qualité de syndic de leur couvent de Tarascon. Signatures de Joseph, provincial, et de Gérard de Manosque, secrétaire (Tarascon, 14 décembre 1777). Sceau.

B. 1400. (Liasse.) — 164 pièces, papier.

1622-1824. — *Famille de Laudun, d'Aramon. — Fondations religieuses. — Chapelle Saint-André. — Bienfaisance.*

1-112: Anniversaires intéressant les familles de Laudun et de Jossaud, alliées. Quittances des curés. — 1-2. Quittances du prix de messes données à Pierre de Jossaud, conseiller au présidial, la première par Cavaras et Lagasse, curés d'Aramon, la seconde par Cavaras seul (30 janvier-5 novembre 1622). — 3-4. Quittances des mêmes au même ou aux hoirs de Jean de Jossaud (12 janvier 1623-14 janvier 1625). — 5. Quittance des curés Lagasse et Duriou (13 janvier 1627). — 6. Quittance du curé Droumo à Jean de Laudun et Pierre de Jossaud (7 mars 1641). — 7-12. Quittances des curés Droumo et Vitalis à Isabeau de Favier, veuve de Jean de Laudun (8 mai 1646-8 novembre 1657. — 13-23. Quittances des curés Vitalis, Fornagii et Sauvagoon à Étienne de Laudun (9 mars 1658-15 mars 1668). — 24-35. Quittances au même, faites par les curés ou prêtres Servatoria, Gaudin, Castelli, Tholozan, Gaucherand (10 mars 1670-8 avril 1692). — 36-56. Quittances faites à Joseph-François de Laudun par les curés ou prêtres Gaucherand, Domergue, Bermond et Méro (25 mars 1693-29 novembre 1733). — 57-60. Quittances du curé Méro à Étienne de Laudun (21 novembre 1735-7 janvier 1739). — 61-109. Quittances à M. de Laudun des curés ou prêtres Méro, Laugery ou Laugier, Vincent, Guisolphe, Guigue, Bigourdan (16 novembre 1739-1791). La pièce 65 est une note relative au paiement de Laugier en 1743. — 110-112. Notes sur les fondations faites à Aramon, au XVIIe siècle, par la famille. — *113-125: Quittances d'une pension à la chapelle Saint-André, en l'église Sainte-Marthe de Tarascon.* — 113-114. Notes d'une délégation du 17 mars 1699 au recteur de la chapellenie de Saint-André, et d'une autre du 1er mars 1723 au doyen du chapitre de Saint-Remy, descendant de la première. — 115. Avis, signé de Ravel et Pépin, marguilliers de Sainte-Marthe, nommés par arrêté du gouvernement, à M. de Laudun, représentant M. de Jossaud, de vouloir bien payer une pension de 3 l. faite au ci-devant chapitre, suivant actes des 17 mars 1699 et 20 mars 1723 (Tarascon, 3 janvier 1805). — 116. Quittance de 5 années d'arrérages de ladite pension dus à la chapelle Saint-André, faite à Laudun par Pépin (Tarascon, 7 janvier 1805). — 117-123. Quittances faites au comte de Laudun par le trésorier de la fabrique de Sainte-Marthe, pour la pension de la chapelle Saint-André (14 juillet 1807-1er décembre 1823). — 124. Lettre signée de Brun, s. d., indiquant à M. de Laudun qu'à la mort de Barbaroux, recteur de la chapelle Saint-André, ses héritiers ont réclamé les arrérages dus sur les revenus de cette chapelle, et qu'il y est compris pour une pension de 3 l., demeurée impayée depuis plusieurs années. — *125-164: Œuvre de la Miséricorde, puis Bureau de Bienfaisance.* — 125. Extrait du testament de Louis de Jossaud, fait à Tarascon, le 29 décembre 1757, et contenant un legs de 2.000 l. à l'œuvre de la Miséricorde. L'extrait est du 17 prairial an III, ou 5 juin 1795, et qualifie de « citoyens » le testateur, les membres de sa famille et les témoins, dont plusieurs chanoines. — 126-140. Quittances de 100 l. faites à M. de Laudun par la trésorière de l'œuvre de la Miséricorde, pour les intérêts dudit legs. Elle signe : Mouren Armand, puis : Servan Lombard, puis : Mouren Armand, puis : Gay Grasset, puis : Gras Bernoud (Tarascon, 7 novembre 1783-8 novembre 1796). — 141. Demande adressée par le citoyen Joseph-François Laudun au receveur des domaines nationaux à Tarascon, pour être autorisé à faire le remboursement du capital de 2.000 l. du legs de Louis Jossaud, comme son héritier. Il joint à sa pétition un extrait du testament du 29 décembre 1757 (Cf. la pièce 125). Liquidation du rachat du legs par le receveur, et approbations au bas de la demande (Tarascon, 25 prairial an III, ou 13 juin 1795-Aix, 2 pluviôse an IV, ou 22 janvier 1796). — 142. Avis du trésorier du bureau de bienfaisance de Tarascon aux hoirs du citoyen Laudun, pour acquitter les pensions dont ils sont redevables envers l'œuvre de la Miséricorde, aujourd'hui réunie au bureau de Bienfaisance (19 pluviôse an XI, ou 8 février 1803). — 143-164. Quittances du bureau de Bienfaisance aux hoirs de Joseph-François Laudun et de Louis Jossaud, représentés par Henri Laudun (Henri-Bénigne de Laudun). Ce dernier est qualifié de comte de Laudun, chevalier de Saint Louis, à partir de 1814. Les quittances sont signées par Anesc, puis par Drujon (14 janvier 1804-25 novembre 1824).

E. 1407. (Liasse.) — 135 pièces, papier.

1513-XVIIIe siècle. — Famille de Laudun, d'Aramon. — Affaire de la directe de l'abbaye de Montmajour sur la métairie du Grès du Comte, à Tarascon.

1. Copie, signée de Granier, d'une reconnaissance de censive faite par Jean Crozonat, de Tarascon, diocèse d'Avignon, à Claude de Pictavia, abbé de Saint-Pierre de Montmajour, représenté par procureur, pour son mas du Grès du Comte, le 23 août 1530. — 2-3. Notes sur la question de savoir si le mas de M. de Barrême est le même que celui reconnu par Crozonat (s. d.). — 4-10. Mémoires et notes sur des reconnaissances pour le Grès du Comte (1530-1576). — 11. Note des censives dues par M. de Barrême, pour ses possessions du Grès du Comte, à l'abbé de Montmajour (1530-1580). — 12. Avèrement de René de Barrême (1553-1582). — 13. Achat par M. de Fontanille d'un pré à La Caussotte (4 octobre 1585). — 14-16. Avèrements et censives de René, Thomas et Jean de Barrême (1582-1603). — 17-18. Notes d'avèrements (XVIe-XVIIe siècle). — 19. Copie d'un achat du 6 décembre 1607, fait par Jean de Barrême, viguier de Tarascon, aux hoirs de Louis du Laurens, médecin, et de sa femme, Louise de Castelnau. Parmi ces hoirs sont les archevêques d'Embrun et d'Arles et un médecin ordinaire du roi, les frères Honoré, Gaspard et Richard du Laurens, fils des époux défunts. De Barrême est leur beau-frère. Ils lui vendent leur mas du Grès du Comte. — 20-22. Notes de terres vendues à M. de Barrême au Grès du Comte, et relevant de la directe de l'abbé de Montmajour (1513-1617). — 23-28. Bail en paiement, notes et avèrements concernant des possessions de Jean de Barrême (1566-1646). — 29-30. Extrait et copie d'une quittance de censive, du 20 octobre 1649, faite par le procureur du sous-rentier des droits seigneuriaux

de l'abbé de Montmajour, à François de Barrême, viguier pour le roi à Tarascon, à l'occasion de ses terres du Grès du Comte relevant de la directe de l'abbaye. — 31. Copie d'une reconnaissance faite, le 20 février 1654, par les frères Martin, à Jean de Laudun, pour une terre de Tarascon, sise à la Caussette. — 32-35. Note d'actes, extrait de procuration pour l'acquisition de La Caussette, achat de terre à La Caussette, copie pour Antoine de Barrême (1519-21 octobre 1669). — 36-37. Avèrements de François de Barrême ; d'Anne de Raoux et d'Antoine de Barrême, mère et fils (1646-1681). — 38-40. Mémoires où il est question de la directe de l'abbé de Montmajour ; avèrement nouveau d'Antoine de Barrême (1530-1690). — 41. État des biens possédés dans le terroir de Tarascon, aux quartiers du Grès du Comte et de la Caussette, sous la directe de l'abbé de Montmajour, par M. de Barrême, juge de Tarascon, et M. de Laudun, mari de la dame de Montrichard, celle-ci fille de dame Renée de Barrême (1530-1697). — 42-45. Mémoires et notes sur les terres du Grès du Comte et d'Arles, ensemble les capitaux, censives et directes d'Arles (1559-XVIIe siècle). — 46-49. Copie de séquestration où il est question des biens de feu Antoine de Barrême et de feu Pierre de Barrême au Grès du Comte, biens de la directe de l'abbaye de Montmajour ; arpentages ; échange entre Charles Carlat, bénéficier du chapitre de Sainte-Marthe de Tarascon et Étienne de Laudun, époux de Montrichard (11 novembre 1711-29 décembre 1722). — 50-67. Quittances ou comptes des fermiers successifs de l'abbaye de Montmajour à l'occasion de la censive due par Antoine de Barrême, Pierre de Barrême et leurs hoirs Mme de Barrême de Montrichard et son mari de Laudun (29 octobre 1659-17 novembre 1724). — 68. Avèrement d'Antoine de Barrême à la gache du Château (1695-1724). — 69. Lettre de Raybaud à un inconnu (Barrême) qui s'est plaint à lui qu'on demande à M. de Montrichard le paiement des censives qu'il doit à Begon et à Raybaud comme fermiers de l'abbé de Montmajour sur un pied trop fort. Si M. de Montrichard avait payé tous les ans sa censive et l'avait fait porter en leur grenier ou chez M. Thiers, les fermiers auraient vendu le blé sur le pied demandé (12 septembre 1724). — 70. Lettre de Raybaud à Laudun. Il lui envoie un état des terres possédées par MM. de Barrême de la directe de l'abbé de Montmajour (Arles, 14 janvier 1727). — 71-76. Note, croquis de parcelles et pièces de procédure pour Étienne de Laudun contre l'abbé commendataire de Montmajour (1725-1734). — 77. Lettre de Lombard à Laudun, rendant compte de ses défenses contre le fermier de l'abbé. Il réclame sa présence (Arles, 3 mars 1734). — 78-83. Pièces de procédure (1740). — 84-128. Correspondance entre Laudun, Raybaud, d'Arles ; Royer, juge de Fontvieille ; Boutard, médecin de Tarascon, réputé à tort acquéreur de Laudun pour un domaine relevant de l'abbaye ; et Devoulx, de Fontvieille, dont une demande anticipée de lods à Boutard arrêta la vente, correspondance concernant l'affaire de Montmajour (24 février 1741-14 mars 1779). — 129-135. Pièce de procédure, note sur le mas du Grès du Comte, mémoires, croquis de parcelles (XVIIIe siècle).

E. 1408. (Liasse.) — 1 pièce, parchemin ; 140 pièces, papier.

1143-XVIIIe siècle. — *Famille de Laudun, d'Aramon.* — *Biens de Fourques.* — *Procédure avec l'abbé de Franquevaux.* — *Droits exigés par le roi. 1-16 : Procès pour le mas de Fourques.* — 1. Quittance de Raoux pour son beau-frère Antoine de Raoux. Il s'agit de 15 l. que M. de Laudun portera à Nîmes à l'occasion d'un arrêt concernant la procédure avec Franquevaux (Tarascon, 2 avril 1639). — 2. Lettre de Du Bousquet, abbé de Franquevaux, à Laudun, au sujet de l'affaire de sa métairie. Il se plaint des lenteurs du destinataire dans l'exécution de son arrêt (Montpellier, 5 février 1640). — 3. Copie d'un arrêt du parlement de Toulouse rendu entre Cassandre et Isabeau de Favier, femmes de Charles de Raoux et de Jean de Laudun, ensemble Anne de Raoux, veuve de Jean de Favier, sieur de Fourniguet, d'une part ; et Du Bousquet, abbé de Franquevaux (5 décembre 1641). — 4. Assignation donnée par l'abbé aux hoirs de Fourniguet. L'abbé est Pierre de Crouzet (4 mai 1697). — 5. Mémoire sur l'inféodation du mas de Fourques et les arrêts donnés à ce sujet (17 mai 1697). — 6-7. Consultation de Fabre, avocat de Nîmes (24 septembre 1697). — 8-9. Lettres de l'abbé à Laudun, maire d'Aramon (Pondres, 23 septembre 1697-Montpellier, 28 février 1698). — 10-12. Mémoire, copie, attestation (1698-14 octobre 1771). — 13-14. Consultation de Siméon, original et copie, délibérée à Aix le 14 octobre 1771. — 15. Lettre de l'abbé (s. d.). — 16. Défenses des hoirs de Maurice Favier contre l'abbé (s. d.). — 17-141: *Droits exigés par le roi sur les Ségonnaux de Faragon et le Clos des Salles.* — 17. Note sur l'ensemble du dossier, relatif à la censive que payaient les Laudun à l'abbaye de Montmajour pour des terres aux Ségonnaux de Faragon, terroir de Fourques, ét au Clos des Salles, même terroir. Les terres boisées le long du Rhône avaient relevé, avant 1692, des abbayes de Franquevaux et de Montmajour, et du chapitre de Villeneuve-lès-Avignon, qui furent déboutés de leurs droits par l'édit de 1686. — 18. Copie de l'inféodation de la terre d'Argence. Le 4 des nones de septembre, ou 2 septembre 1143, sous le règne de l'empereur Conrad (III), à Fourques, près du chevet de l'église Saint-Martin, vers l'orient, Ildefonso (Alphonse-Jourdain), comte de Toulouse, pour terminer son différend avec l'archevêque d'Arles, lui rend les dîmes des terres nouvelles (émergées des eaux) ou qui émergeront dans l'avenir dans toute l'Argence, ensemble l'île appelée *Bois Comtal*. Dans les préscomtaux, il accorde à l'archevêque de tirer de la portion appartenant au comte, cent souldées « de fœno », (pour fœno, foin). Il s'agit là du terroir de la ville de Saint-Pierre de Camp-Public. Alphonse fait hommage à l'archevêque pour tout ce qu'il possède en Argence. En retour l'archevêque lui inféode l'Argence. — 19. Avis imprimé de la remise de l'ordonnance des commissaires des aveux et dénombrements au procureur d'Étienne de Laudun (Montpellier, 27 mars 1673). — 20-26. Lettres, pièces de procédure, déclaration imprimée du roi concernant les propriétaires d'îles, etc,. sur les rivières navigables (Montpellier, 5 mai 1674-Versailles, avril 1683). — 27-33. Lettres de Barrême, Blaud et Fabre à l'occasion du droit de champart réclamé par les fermiers du Domaine (10 décembre 1683-22 février 1685). — 34-35. Mémoire d'exploit fait à Laudun de la part de l'abbaye de Montmajour (26 novembre 1685). — 36. Extrait de vérification faite aux Ségonnaux de Fargon (1685). — 37. Quittance de l'abbaye à Étienne de Laudun (16 janvier 1686). — 41-42. Assignations sur imprimé à Étienne de Laudun et consorts, d'avoir à payer pour être confirmés en la propriété de broutières aux Ségonnaux de « Pharaon » (22 janvier 1687). — 43-63. Lettres, mémoires, quittances du trésorier de la bourse des États de Languedoc, pièces de procédure (28 février 1687-14 septembre 1688). — 64. Réception, par les Commissaires du roi pour la confection du papier terrier et la réception des aveux et dénombrements en Languedoc, de l'aveu et dénombrement de noble Étienne de Laudun, Charles de Raoux et Antoine de Barrême, hoirs de noble Pierre de Favier, de Fourques, à la charge de rendre l'hommage au roi et de payer le droit de champart des biens nobles au quinzième des fruits (Montpellier, 19 octobre 1688). — 65-72. Lettres d'Aquier, Blaud, Crouset, abbé de Franquevaux, Laudun, Lassis, et pièces de procédure (Saint-Gilles, 10 février 1689-Toulouse, 31 décembre 1689). — 73. Extrait d'un jugement des commissaire du roi députés pour connaître du fait de ses domaines en Languedoc, déchargeant les propriétaires du tènement d'Argence de la demande en foncialité, directe universelle et droit de champart général du quart des fruits intentée contre eux par le roi. Il n'y a lieu de reconnaître au profit du roi que les terres dont la mouvance de la directe royale sera prouvée par titres par le procureur du roi (Montpellier, 20 avril 1690). Ce jugement vise des actes très anciens; une transaction du 4 des calendes d'avril, ou 29 mars 1102, entre l'archevêque d'Arles et l'abbé de Psalmodi au sujet du monastère de Saint-Roman [de l'Aiguille] et des églises en dépendant, entre autres. — 74-103. Lettres de Lassis, Blaud, Aquier, Laudun, et pièces de procédure (Toulouse, 13 mai 1690-Versailles, décembre 1693). — 104. Assignation sur imprimé donnée par l'intendant à Étienne de Laudun, pour l'extinction du droit de champart de la broutière possédée par lui, Antoine de Barrême, Charles de Raoux, Jean de Laudun, Anne de Raoux, aux Ségonnaux de « Pharaon », entre autres (1er juin-3 juillet 1694). — 105-114. Lettres de Blaud, pièces de procédure (Montpellier, 30 juillet 1694-18 juillet 1695). — 115-116. Récépissés pour l'extinction des droits de champart et pour la confirmation [des droits de pêche, péages, passages, etc. délivrés par le procureur fondé de M. de Beauval, chargé du recouvrement de la finance due au roi par les propriétaires riverains du Rhône et autres rivières de Languedoc, en exécution de l'édit de décembre 1693, à Étienne de Laudun, Antoine de Barrême, Mme de Raousset sa mère, Charles de Raoux de Favier, héritier de Pierre de Favier, des deniers de Joseph-François de Laudun pour Étienne de Laudun son père (Montpellier, 24 août-22 octobre 1695). — 117-141. Lettres d'André Fauchier d'Arles ; Bœuf, d'Arles ; Raybaud, d'Arles; Palat, de Montpellier ; Pusron, de Beaucaire ; Belleval, Laudun, Léotaud, de Montpellier ; pièces de procédure, quittances du droit de confirmation, déclarations en projet ou en rédaction définitive (XVII°-XVIII° siècle).

B. 1405. (Liasse.) — 94 pièces, papier ; sceau.

1607-1801. — *Famille de Laudun d'Aramon.* — *Biens de Théziers.* — *Affaire Barbut.* — *Affaire des créments ou graviers des îles du Rhône, à Aramon.*

1-22 : *Biens de Théziers.* — 1-3. Avèrement de 1607, arpentement de 1645, avération de 1667. — 4. Obligation de 470 l. faite par Accurse de Bertrand à Étienne de Laudun (2 octobre 1681). — 5. Copie d'un transport de capital fait par Bertrand à Laudun (17 mars 1685). — 6. Obligation faite par Bertrand à Laudun (30 décembre 1686). — 7-13. Notes, quittance d'arpentement, rapports d'arpenteur, avèrement de Théziers, arpentements de Carrière et de Delon (15 octobre 1691-2 janvier 1762). — 14. Arrentement des terres de La Velle et de La Carrée, sises dans le terroir de Théziers, passé par Antoine Dunan, notaire et fondé de pouvoir du comte de Laudun, de Tarascon, à Pierre Grèze, d'Aramon (Aramon, 8 juillet 1770). — 15-17. Lettre de Palat, de Montpellier ; ordonnance imprimée et en copie des commissaires pour régler le recouvrement du prix de l'abonnement fait par le Languedoc des deux vingtièmes des biens nobles. Laudun doit faire sa déclaration des biens et droits nobles qu'il possède à Théziers (Montpellier, 25 juin-1er septembre 1781). — 18-22. Seconde requête de Laudun pour ses fonds nobles de Théziers, lettre de Dunan, notes (1781-1782). — 23-29. Pièces et lettres se rapportant à la faillite de Barbut (Mathieu). Ce petit dossier commence par un billet à ordre de 2.533 l. fait à Laudun par Barbut (Nîmes, 4 mars 1779) et se clôt par une lettre du notaire Marignan annonçant à Laudun qu'il lui revient 50 l. 2 s. Laudun note qu'il les a reçus par M. de Clausonnette (Nîmes, 4 mai 1781). — 30-94 : *Affaire des Îles, ou des créments du Rhône.* — 30. Note sur des transactions passées entre les seigneurs d'Aramon et les habitants, nobles ou non, qui peuvent posséder les créments advenant devant leur fonds, jusqu'à « déguisement » fait par le seigneur ou ses officiers. Après le déguisement des créments, ils appartiendront au seigneur. Mention d'un arrêt de 1619 adju-

geant les créments à Honoré de Gondin, seigneur d'Aramon, conformément aux transactions du 1er juillet 1466 et du 21 mars 1540, et condamnant les consuls d'Aramon à reconnaître tenir de sa directe l'île du Mouton moyennant une rente annuelle. La note dit qu'il a été proposé aux parties des expédients de paix, pour la conservation du fonds, mais que M. de Laudun ne les a pas acceptés (XVII° s.). — 31. Extrait d'un arrentement baillé par Jean de Laudun jeune, à deux habitants d'Aramon, d'une île, terre et bois confrontant le Rhône (19 mars 1634). — 32-41. Pièces concernant une demande d'inféodation de Jean de Laudun jeune adressée au bureau des finances établi à Montpellier et portant sur un crément et gravier au terroir d'Aramon. Il s'agit de cinq salmées d'un gravier nouvellement formé par ses soins devant sa terre (17 mai 1634-1er août 1635). — 42-43. Copie et extrait de l'inféodation demandée par Jean de Laudun jeune, et à lui accordée par le bureau des finances de Montpellier nonobstant les oppositions de Sauvan, baron d'Aramon, et des consuls d'Aramon (27 août 1635). Sceau. — 44. Note ou avis anonyme sur l'affaire de M. de Laudun contre M. de Posquières, qui lui demande la restitution des fruits par lui perçus en sa terre des Graviers, laquelle avait été inféodée à feu Jean de Laudun, père dudit Laudun, en 1635. — 45-48. Lettres de M. de Jossaud, d'Aramon, écrites de Paris à Laudun, à Aramon, ou à de Mérez jeune, à Nîmes (pièce 47). De Mérez a fait passer à Laudun la lettre de Jossaud du 29 février 1636 en y ajoutant une indication du conseiller Fabre. Ces lettres s'occupent de l'inféodation (22 février-14 mars 1636). — 49. Avis de l'avocat de Sainte-Marthe, délibéré à Nîmes le 3 novembre 1636, sur le procès des Îles d'Aramon, d'après les pièces et mémoires du conseiller Jossaud, et de Jacques Sauvan, seigneur d'Aramon, contre les consuls et les habitants, ensemble les héritiers de Jossaud, conseiller au présidial, et autres tenanciers des îles sises dans les terroirs d'Aramon et de Valabrègue. — 50-70. Pièces de procédure, mémoires, rapports d'experts (12 mars 1637-22 juin 1663). — 71-72. Lettres de Derattes (Paris, 20 octobre 1666-8 février 1667). — 73-74. Transaction entre Jean-Louis de Posquières et Étienne de Laudun au sujet de l'inféodation faite à ce dernier par les trésoriers de France de Montpellier en 1634 (Montpellier, 20 octobre 1668). — 75. Quittance de 1.700 l. faite par Posquières à Laudun (21 juin 1674). — 76-89. Pièces relatives à une albergue de 4 l. demandée à Laudun pour les cinq salmées de créments joignant sa terre, avec les arrérages depuis 29 ans (10 mai 1729-14 décembre 1744). — 90. Règlement amiable de la restitution de la taille imposée sur les îlot, terre et bois inféodés à Jean de Laudun au quartier de Graves, intervenu entre l'ayant droit de la maison de Posquières et Étienne de Laudun (Aramon, 29 octobre 1756). — 91-92. Notes sur un pré à la Grand'Palun et la terre de la Roubinette (1766-XVIIIᵉ s.). — 93-94. Renseignements et lettre de Sorbier pour le citoyen Laudun (Aramon, 18-19 fructidor an IX, ou 5-6 septembre 1801).

E. 1410 (Liasse.) — 135 pièces, papier.

1682-1801. — *Famille de Laudun, d'Aramon. — Capitaux dus à M. Alboin.*

1. Prolongation ou délai de paiement consenti par Alboin (Aramon; 16 décembre 1682). — 2. Vente d'une pension de 50 l. faite par Jean de Roques de Clausonne, seigneur de Clausonnette, à Pierre Alboin, docteur en médecine de Villeneuve lès Avignon, moyennant un capital de 900 l. Étienne de Laudun de Favier cautionne le vendeur (23 janvier 1683). — 3. Vente d'une autre pension faite par le même au même, avec même caution (26 avril 1683). — 4-20. Délais accordés par Alboin à Antoine Combéglise, cautionné par Laudun. La pièce 13 est une quittance de dix louis d'or valant chacun 14 l., avec promesse de le relever d'engagement à première réquisition, faite par Alboin à Laudun, le 6 février 1696 (Aramon, 15 juin 1684-24 février 1702). — 21-22. Mémoire pour Alboin des capitaux à lui dus par la communauté d'Aramon, et lettre d'Alboin à Laudun, maire d'Aramon, lui demandant vérification de ce qui lui revient et satisfaction (26 avril-1er octobre 1702). — 23-28. Prolongations et quittances d'Alboin (9 mars 1704-17 avril 1707). — 29-30. Quittance faite par le chevalier d'Alboin et son frère Joseph à Joseph-François de Laudun, d'arrérages à eux dus par Clausonne et Laudun, sa caution (15 décembre 1713). — Vente de pension faite par Joseph-François de Laudun à Trophime d'Alboin, chevalier de Saint Louis, capitaine dans le régiment de Champagne, et Jacques d'Alboin, docteur en médecine, son frère, agissant pour eux et leur frère Joseph (20 décembre). — 31-42. Quittances et lettres des Alboin (Villeneuve, 28 mai 1714-9 décembre 1719). — 43-50. Procura-

tion de Joseph-François de Laudun à son fils Étienne, obligations de Laudun à Alboin, déclaration du prieur Ymonier, quittances de Marthe d'Alboin, veuve de Georges de Travenol, receveur au bureau de la foraine de Villeneuve (22-24 août 1720). — 51-70. Vente de pension faite par Joseph-François de Laudun à Joseph d'Alboin, représenté par sa femme (Avignon, 27 août 1723), et quittances d'arrérages faites par d'Alboin (Villeneuve, 20 septembre 1724-10 août 1742). — 71-87. Correspondance entre Laudun et d'Alboin, et quittances d'Alboin (Tarascon, 8 septembre 1743-Avignon, 17 janvier 1756). — 88-128. Quittances d'Alboin (Avignon, 11 septembre 1757-29 août 1795). Les pièces 100 et 117 sont des lettres de Laudun à d'Alboin (Tarascon, 30 avril 1779-26 août 1785). — 129-135. Lettre d'Alboin au notaire Dunan, quittances d'Alboin, bordereau de ses créances, déclaration de son petit-fils attestant un remboursement de capital fait par Henri Bénigne de Laudun, ancien commandant de cavalerie, habitant Tarascon (Villeneuve lès Avignon, 6 nivôse an X, ou 27 décembre 1801).

E. 1411. (Liasse.) — 91 pièces, papier.

1767-1801. — *Famille de Laudun, d'Aramon. — Comptes et pièces de Dunan.*

1-16. Notes et états de dépenses, fournitures et recettes faites par Dunan pour M. de Laudun (11 octobre 1767-1775). — 17-20. États de recettes et dépenses (1775-1784). — 21-43. Comptes et pièces du 23 novembre 1785 à 1792. — 44-50. Quittances, engagement de Laudun pour Dunan, états de recettes et dépenses (30 mars 1793-1794). — 51. Procuration donnée par Marie-Madeleine Laudun, épouse du citoyen Bedos, habitant Tarascon, procuratrice du citoyen Joseph-François Laudun, son père, au citoyen Louis-Victor-Marie Dunan fils, pour présenter des pétitions en vue de se faire rayer des listes des émigrés, demander main levée des séquestrations sur leurs biens, etc. (Tarascon, 7 ventôse an III, ou 25 février 1795). Suit la copie d'un arrêté du district de Beaucaire (6 ventôse an III, ou 24 février 1795) réintégrant provisoirement Laudun dans tous les biens qu'il possède dans le district. — 52-62. Notes, quittances et comptes (1789-24 avril 1796). — 63. Jugement du tribunal civil du Gard, rendu entre le citoyen Laudun, demandeur en rétractement, et les citoyens Contestin père et fils. Son jugement du 6 floréal dernier est rétracté, et les parties sont remises au même état (Nîmes, 3 prairial an IV, ou 21 mai 1796). — 64-67. Quittances, état de déboursés (15 juillet-6 novembre 1796). — 68. Jugement du tribunal civil de l'Hérault, rendu en appel entre les citoyens Contestin père et fils, habitant Beaucaire, et le citoyen Laudun, habitant Tarascon. Les Contestin sont déboutés de leur appel et demande en cassation du jugement de Nîmes avec amende et dépens (Montpellier, 29 brumaire an V, ou 19 novembre 1796). — 69-89. Comptes, quittances état de capitaux (5 décembre 1790-21 floréal an VIII, ou 11 mai 1800). — 90-91. État de déboursés du 1er mars 1801. — Recettes faite par Dunan pour Laudun du 23 thermidor an III, ou 10 août 1795, au 9 floréal an IX, ou 29 avril 1801).

E. 1412. (Liasse.) — 85 pièces, papier.

1764-1792. — *Famille de Laudun, d'Aramon.* — *Correspondance et pièces de Dunan.*

1-7. Lettres d'affaires de Dunan fils, avec trois pièces, à M. de Laudun père, à Tarascon (Aramon, 9 mai 1764-24 mai 1766). — 8-18. Lettres d'affaires du notaire Dunan à Laudun fils, à Tarascon, avec une pièce (Aramon, 6 septembre 1767-19 mai 1770). — 19. Lettre de Laudun fils à Dunan (Tarascon, 3 juin 1770). Affaires. — 20-38. Lettres de Dunan à Laudun fils, avec une pièce. La lettre 34 est sans date d'année, adressée au comte de Laudun à Tarascon, le 20 décembre. Affaires. — 39-60. Lettres de Dunan au comte de Laudun, à Tarascon (29 juin 1778-25 décembre 1787). Affaires. Les lettres 40 et 42 sont écrites de Lyon à Dunan, notaire, la première par Bonnamour, la seconde par Desbayon, Moureau et Bonnamour, les 1er et 8 janvier 1779, au sujet de lettres de change. Bonnamour est premier commis des deux autres, d'après la lettre 41. Dans la lettre 45, Dunan exprime sa reconnaissance à Laudun pour ses dons généreux, et l'assure de son inaltérable dévouement (10 mars 1780). Cette lettre est adressée au comte de Laudun le père. — La lettre 46 est adressée au comte de Laudun, capitaine dans le régiment de Commissaire-Général-Cavalerie, à Tarascon. Celui-ci est le fils (31 mai 1780). — La lettre 47 est adressée au comte de Laudun chez le baron de Celles, son gendre, à Pézénas (1er juin 1780). — La pièce 49 est un extrait d'avèrement noble des hoirs de Gabriel de Laudun (1602-1617). — La pièce 57 est un modèle de procuration pour le notaire Antoine Dunan (18 octobre 1782). — La lettre 61 mentionne des pluies et des crues du Rhône qui ont empêché pendant dix jours le porteur d'Aramon d'aller en Avignon (16 décembre 1786). — 70-85. Lettres d'affaires de Dunan écrites au comte de Laudun, puis à « Monsieur de Laudun », du 15 janvier 1788 au 13 mars 1792. En 1789, une seule lettre, du 7 octobre. La santé de Dunan est rétablie (Lettre 79). — En 1790, deux lettres (80 et 81). Dans la première, Dunan est inquiet de la santé du comte, de qui il n'a pas de nouvelles (30 août). Dans la seconde (10 octobre), il note que les gens paient très mal. Mais si l'on doit, il faut payer exactement. Les tailles, pensions et intérêts de Laudun sont acquittés entièrement. Mais les manques de récoltes et les maladies mettent le pays dans la plus grande misère. Il renvoie à Laudun ses journaux. Si dans les nouvelles d'hier et d'aujourd'hui il y avait quelque chose d'intéressant, il aimerait à le connaître. — Le 24 juin 1791 (lettre 82), Dunan va faire procéder à l'aveu de la police de constitution de rente de 12.000 l. Il a commencé à faire la déclaration des biens de Laudun. — La lettre 84, du 10 mars 1792, est de Laudun. Il envoie des assignats à Dunan. Il sera absent de Tarascon quelque temps. Ses filles n'y resteront pas non plus. Il est question d'y établir le quartier-général de la petite armée qui doit attaquer Arles. Les Marseillais seront secondés, dans cette entreprise, par des détachements de gardes nationaux et des troupes de ligne. Ne pas parler du projet de départ de ses filles. L'aînée devra sans doute se rendre à Toulouse pour en ramener sa fille, la maison où elle est en pension étant menacée de suppression. Laudun s'est efforcé de mettre ordre à tout. Si pourtant il se produisait de l'imprévu, il prie Dunan de trouver bon qu'on le consulte et qu'on lui renvoie la décision à prendre. Il lui fera savoir son adresse en temps opportun, et lui exprime son fidèle attachement, avec les compliments de sa famille, dont il confie les membres à la protection de Dunan et des siens. — La lettre 85, du 13 mars 1792, répond à la précédente. Laudun dispose entièrement de lui. Si ses filles demeurent et ont besoin de lui, au premier avis, il volera à leur secours.

H. 1412. (Liasse.) — 112 pièces, papier.

1793-1804. — *Famille de Laudun, d'Aramon.
— Correspondance et pièces de Dunan.*
1-13. Lettres d'affaires de Dunan au citoyen Laudun, chez le citoyen Terrein, pâtissier, 38, rue de la Pomme, à Toulouse. Timbres postaux de Remoulins, Nîmes, Villeneuve d'Avignon, Toulouse, Beaucaire, Montpellier. — Les lettres 4 et 5 sont écrites, l'une par Salomon pour Mardochée Millau, l'autre par ce dernier, qui signe : « Mourdacay Millau », avec le timbre postal de Saint-Remi, à Dunan, homme de loi et notaire public d'Aramon. Elles concernent une somme due par Laudun (11-17 octobre an II ou 1793). — La lettre 6 est de Laudun à Dunan (19 octobre). Des lettres se perdent. — Dans la lettre 8, Laudun dit à Dunan qu'il est très à propos de rembourser la Nation, pressée de recevoir. Il a sa fille cadette très souffrante de la fièvre putride, avec des redoublements. Il ne peut s'occuper des certificats réclamés, absorbé par les soins qu'il lui donne. Il témoigne à Dunan toute sa reconnaissance pour ses bontés et son dévouement (18 novembre 1793). — La lettre 11, de Dunan (24 mai 1794) avertit Laudun que, sous prétexte d'émigration, on vient de faire procéder à la saisie de ses biens. Dunan réclame à Laudun le prompt envoi de son certificat de résidence ou de non émigration, pour lui obtenir la recréance ou des « provisionnelles ». — Dans la lettre 13, Dunan exprime à Laudun sa satisfaction d'avoir vu hier sa fille aînée, avec qui il dînait chez des citoyennes de ses amies. La conversation roula longtemps sur l'absent. Dunan ne peut lui dire dans quelles craintes il a vécu pour lui et les siens. L'orage a souvent grondé sur Dunan lui-même, accablant sa propre famille. Grâce au conventionnel Perrin, ils jouissent maintenant de la tranquillité. C'est le moment, pour Laudun, d'envoyer ses certificats de résidence certifiés par neuf témoins, y compris le propriétaire ou le principal locataire de la maison qu'il habite, en vue d'être rayé de la liste des émigrés, et de la recréance de ses biens (19 frimaire an III, ou 9 décembre 1794). — 14-41. Lettres, avec pièces, de Dunan père et fils au citoyen Laudun, à Toulouse, puis à Tarascon avec la lettre 17 (2 décembre [1795]). Laudun trouve des complications et plaide contre son fermier de Fourques. — La lettre 21 (16 mars 1796) est de Fontchâteau à Dunan et relative à l'emprunt forcé. — Les lettres 23 et 24 sont respectivement de Malbos, juge de paix à Jonquières, et de Guiraud, juge de paix à Remoulins, toutes deux adressées à Dunan (20-24 mars). — 25. Dunan félicite Laudun du mariage de Félicité, sa fille, avec le citoyen « de Noyer », général de division des armées de la République. Il constate, au point de vue affaires, que Laudun est sorti heureusement « de cette secte hébraïque » (6 germinal an IV, ou 26 mars 1796). — La pièce 26 est une procuration donnée par Dunan fils, au nom de Joseph-François Laudun, à Charles-François Trinquelague, homme de loi à Nîmes (Aramon, 28 germinal an IV, ou 17 avril 1796). — Les lettres 31 à 34 sont écrites à Dunan par Galabert, de Montpellier ; Péridier, de Montpellier ; Clot [archiviste départemental], de Nîmes, au sujet d'un double emploi fait au préjudice du citoyen Laudun dans les communes d'Aramon et de Valabrègue (3-17 juillet 1796). — 42-48. Lettres de Laudun, Dunan Thérèse Laudun (25 février 1797-24 novembre 1800). — 49-66. Lettres d'affaires de Dunan père et fils à Laudun père et fils (5 mai-26 novembre 1801). — Dans la lettre 65, Dunan fils informe Laudun fils qu'un citoyen de Roquemaure a l'intention de louer le salon de la maison de Laudun [à Aramon] pour en faire une salle de danse (25 brumaire an X, ou 16 novembre 1801). — Dans la lettre 66, il lui parle des ravages du débordement du Rhône et de « l'infidélité inouïe » qui règne depuis quelque temps, cause du retard dans l'envoi des 1.200 fr. qu'il lui avait promis de lui prêter jusqu'à Noël (5 frimaire an X, ou 26 novembre 1801). — 67-78. Lettres et pièce de Dunan adressées à Laudun fils, ancien commandant de cavalerie, près Sainte-Marthe, à Tarascon (24 janvier-27 décembre 1802). — Les biens de Laudun invendus n'ont pas souffert du débordement du Rhône. Les semis sont perdus. Plusieurs terres ont été bonifiées. Les terres vendues ont beaucoup souffert (Lettre 67, du 24 janvier). — Le temps présent ne favorise pas les ventes d'immeubles, à cause des malheurs (causés par le Rhône), d'après la lettre 70 (6 avril 1802). — 79-97. Lettres de Dunan à Laudun, du 4 janvier au 23 novembre 1803. — 98-112. Lettres d'affaires de Moulon-Comblat et de Dunan à Laudun, avec une lettre à Laudun sans signature ni date (112), du 27 janvier au 27 décembre 1804.

B. 1444. (Liasse.) — 18 pièces, papier ; 8 sceaux.

1790-1805. — *Famille de Laudun, d'Aramon.
— Émigration. Séquestre des biens. — Henri Bénigne de Laudun. — 1-48 : Émigration.* — 1. Certificat de bonne vie et mœurs délivré par les maire et
consuls de Tarascon au comte de Laudun, chef
d'escadron du régiment de Commissaire-Général-
Cavalerie, avec prière de le laisser librement passer (26 janvier 1790). Timbre imprimé à la Tarasque dévorant un homme sous les murs de Tarascon. — 2-4. *Originaux et copie de la saisie des
biens-fonds du fils de Joseph-François Laudun,
émigré* (Aramon, 5 prairial an II, ou 24 mai 1794).
— 5. État des biens-fonds du citoyen Joseph-François Laudun, dont le fils est émigré, au terroir d'A-
ramon (s. d.). — 6. Quittance du receveur de l'Enregistrement et des Domaines de Tarascon, faite au
fermier de La Motte, domaine ayant appartenu à
l'émigré Joseph-François Laudun, de Tarascon
(25 vendémiaire an III, ou 16 octobre 1794). —
7. Extrait d'un arrêté du Directoire du département
du Gard, portant que les biens de Joseph-François
Laudun père, de Tarascon, qui n'a pas envoyé le
certificat de sa résidence actuelle dans la République, seront compris dans la onzième liste addition-
nelle. Le Directoire renvoie au District de Beaucaire pour la confection de l'inventaire (28 vendémiaire an III, ou 19 octobre 1794). — 8. Lettre de
Moureau, du 30 nivôse, s. d. d'année, à un inconnu,
démentant la vente des biens de Laudun, imprati-
cable actuellement. — 9. Décompte de recette fait
avec le citoyen Joseph-François de Laudun, père
d'émigré, réintégré dans ses biens par arrêté du
District [de Beaucaire] du 6 ventôse an III, ou 24
février 1795. — 10. Lettre de G. Deloche à Dunan,
demandant une copie certifiée de l'arrêté du Département réintégrant le citoyen Laudun dans la jouissance de ses biens (Montfrin, 22 ventôse an III, ou
12 mars 1795). — 11. État de recette et de dépense
sur les biens de Joseph-François Laudun, père
d'émigré, signé G. Deloche (25 germinal an III, ou
14 avril 1795). — 12. Lettre de Deloche à Dunan
(25 floréal an III, ou 14 mai 1795). — 13. Commandement au citoyen Laudun de restituer, entre les
mains de Deloche, receveur à Montfrin, 1.844 l. de
fruits et revenus qui avaient été perçus sur ses
biens (12 fructidor an III, ou 29 août 1795). — 14.
Lettre de Laudun (non signée) à Dunan. Le receveur et contrôleur de Montfrin n'est pas en droit
d'anéantir un arrêté du District. Il ne peut que faire
exécuter les arrêtés qui lui sont adressés. Il faut
garder soigneusement la sommation, mais la considérer comme non avenue (1er septembre 1795). —
15. Passeport pour Joseph-François Laudun (Tarascon, 20 vendémiaire an IV, ou 12 octobre 1795). —
16. Compte du blé récolté au domaine national
ayant appartenu à l'émigré Laudun, mesure de
Fourques (s. d.). — 17. Certificat des administrateurs municipaux de Tarascon, portant que le nom
du citoyen Henri-Bénigne Laudun n'est inscrit sur
aucune liste d'émigrés (14 germinal an V, ou 3 avril
1797). — 18-20. Passeport et certificat de non émigration pour Henri-Bénigne Laudun (14 germinal-
9 messidor an V, ou 3 avril-27 juin 1797. — Passeport pour Joseph-François Laudun (1er fructidor
an V, ou 18 août 1797). — 21. Patente de marchand
épicier pour Joseph-François Laudun (Tarascon,
26 fructidor an V, ou 12 septembre 1797). — 22. Passeport pour le citoyen Joseph-François Laudun,
marchand épicier (Tarascon, 28 fructidor, ou 14
septembre). — 23. Passeport à l'étranger pour le
même, allant à Lausanne et autres endroits de la
Suisse (En Département, Aix, 1er jour Complémentaire an V, ou 17 septembre 1797). Visas donnés en
France et en Suisse. Sceau du Département des
Bouches-du-Rhône. — 24. Passavant de la Direction de Carouge, Bureau de Collonge, pour une
malle contenant « hardes vieilles » (18 vendémiaire
an VI, ou 9 octobre 1797). — 25. Permission à
Jacob Véber de loger François-Joseph Laudun,
donnée par la Commission pour les Étrangers, établie par le Magistrat de Lausanne (16 octobre 1797).
— 26. Ordre à Laudun de quitter Lausanne (23 octobre 1797). — 27-28. Prolongations de séjour à Lausanne pour Laudun (2-23 novembre 1797). — 29-30.
Permis de séjourner à Berne (18 décembre 1797-2
janvier 1798). — 31. Déclaration de Frédéric Gru-
ner, négociant et bourgeois de Berne, portant qu'il
a logé Joseph-François Laudun du 20 décembre
1797 au 25 janvier 1798. Attestation de sa signature
par le secrétaire de la Commission de surveillance
des Étrangers. Sceau de la chancellerie de Berne à
légende allemande : *Canzley Bern.* — 32. Passeport en allemand pour Laudun, délivré par le

maire et le conseil de la ville et république de
Berne le 26 janvier 1788. Signature de Laudun.
Sceau de la chancellerie de Berne. — 33-34. Quittances de Damas, receveur du domaine national,
concernant le mas de La Motte, ci-devant à Joseph-
François de Laudun, prévenu d'émigration (Tarascon, 15 octobre 1798-12 février 1799). — 35. Passeport en allemand pour Joseph-François Laudun, de
Tarascon, délivré par les bourguemestre et conseil
de la ville impériale d'Uberlingen, et motivé par
l'absence de toute contagion dans le pays (16 mars
1799). Sceau de la chancellerie impériale d'Uberlingen. — 36. Permission de séjour pour Joseph-François Laudun, de Tarascon, en allemand (Constance,
27 mars 1799). Sceau de la chancellerie de la ville.
— 37. Billet de logement en allemand pour Laudun,
portant que le propriétaire doit le montrer dans
les trois jours à l'inspecteur de police, à peine de
3 risdales. Constance, 30 mai 1799. Visa du commandant impérial et royal de la garde urbaine. —
38. Trois quittances de Courbis, receveur de l'Enregistrement à Tarascon, pour prix de récoltes du
domaine de La Motte, séquestré sur Joseph-François Laudun (5 prairial-28 fructidor an VII). — 39.
Passeport en allemand, délivré à Joseph-François
Laudun, de Tarascon, par Franz de Blanc, conseiller de S. M. Apostolique, impériale et royale, et
commandant la garde urbaine à Constance, le 26
septembre 1799. Sceau dudit personnage. — 40.
Quittance de Courbis (2 brumaire an VIII, 24 octobre 1799). — 41. Passeport en allemand, délivré à
Laudun par le bourguemestre et le conseil du Saint-
Empire Romain de la ville d'Uberlingen, le 22
novembre 1799. Sceau de la chancellerie de la ville.
— 42-43. Échantillons du papier timbré d'Uberlingen, au nom de Laudun (s. d.). — 44. Notes sur
son voyage à l'étranger, de la main de Laudun
(20 septembre 1797-20 septembre 1799). — 45. Extrait du compte ouvert tenu au bureau de Tarascon avec l'émigré Joseph-François Laudun (7 vendémiaire an IX, 29 septembre 1800). — 46. Extrait
d'arrêté du préfet des Bouches-du-Rhône, remettant provisoirement Laudun en possession de ses
biens, conformément à la loi du 5 brumaire an III
(Marseille, 6 thermidor an VIII, 27 juillet 1800);
extrait délivré le 6 vendémiaire an IX. — 47-48. Demande de Rippert, directeur à Marseille, et réponse
du receveur de Tarascon, au sujet de la caisse où
ont été versés les revenus de Laudun depuis son
inscription sur la liste des émigrés (14 ventôse an

VIII, 16 vendémiaire an IX). — 49-59 : *Henri-Bénigne de Laudun.* — 49-50. Certificat de résidence à
Senlis, délivré à Henri-Bénigne Laudun, de Tarascon, par les maire et adjoint de Senlis (Oise), le 19
floréal an IX, 8 mai 1801, avec attestations de publication, légalisation, légalisation et vérification du
préfet Cambon, etc. (22-55 floréal). — 51. Quittance
de Courbis à Laudun (Tarascon, 14 frimaire an X,
5 décembre 1801). — 52. Consultation de Deleuze,
délibérée à Nîmes le 29 thermidor an IX, ou 17
août 1801. — 53. Quittance de Courbis à Laudun
(Tarascon, 14 frimaire an X, 5 décembre 1801). —
54. Assignation à Redos de Cellos, époux Laudun,
faite en la personne de son gendre Deleuze, à la
requête d'Henri-Bénigne Laudun, de Thérèse Laudun et de son mari Desnoyers, héritiers de Joseph-
François Laudun, pour comparaître devant les
receveurs de l'Enregistrement de Tarascon et de
Beaucaire, respectivement le 23 et le 25 nivôse, et
devant le receveur de l'Enregistrement de Montfrin
le 27 nivôse, en vue de la déclaration des biens de
la succession du *de cujus*, etc. (21 nivôse an XI, 11
janvier 1803). — 55-57. Quittances des receveurs
Courbis, Aldebert et Causse à Henri-Bénigne Laudun (12-17 janvier 1803, 22-27 nivôse an XI). — 58.
Contrainte contre les hoirs de Bruno-Palamède-
Firmin Deydier-Curiol, décédé en émigration et
amnistié en l'an XI, pour le paiement des droits
d'enregistrement de la déclaration des biens recueillis par eux de sa succession, en l'an XI (Marseille,
30 pluviôse an XIII. Signification à Henri-Bénigne
Laudun du 24 ventôse an XIII, 11 mars 1805). — 59.
Déclaration du procureur fondé de Laudun portant
qu'il est héritier, conjointement avec ses sœurs et
Jean-Joseph-Dominique Deydier-Curiol, de Bruno-
Palamède-Firmin Deydier-Curiol, leur frère et
oncle, et qu'il leur est échu des créances mobilières et des terrains à Marseille, au bout de la rue
Curiol. Quittance des droits (Marseille, 2 germinal
an XIII, 23 mars 1805).

E. 1115. (Liasse.) — 103 pièces, papier.

1777-1825. — *Famille de Laudun, d'Aramon.
— Capitaux, pensions, créances. — Henri-Bénigne
de Laudun.*
1-21 : Capital prêté aux Ursulines d'Aramon. — 1.
Lettre de la supérieure, s. d. et sans adresse. Sa

communauté ne peut accepter de si petits capitaux sans entrer dans un grand détail qui ne convient pas à des personnes cloîtrées. Sœur de Saint-Bruno. — 2. Mémoires des capitaux à céder aux Dames de Sainte-Ursule. Ce sont des créances sur seize débiteurs différents (s. d.). — 3-5. Copies et original d'une police privée portant cession par M. de Laudun, aux Ursulines d'Aramon, d'un capital de 10.000 l. à prendre sur un capital de 12.000 l. établi sur la province de Provence (Aramon, 17 avril 1777). Le capital cédé est porté à 12.000 l. le 17 avril 1778. — 6. Lettre de Vaissade, receveur des domaines nationaux à Montfrin, adressée à Dunan, juge de paix d'Aramon. La lecture de l'acte privé de M. de Laudun exclut la retenue des impositions sur cette rente (23 mai 1792). — 7. Pétition de Joseph-François Laudun au District de Beaucaire, en remboursement d'un capital de 12.000 l., portant pension de 600 l. (17 frimaire an II, 7 décembre 1793). — 8. Avis du Directoire du District. Le pétitionnaire doit être autorisé à se libérer du capital dont il s'agit (Beaucaire, 17 floréal an III, 6 mai 1795). — 9-10. Seconde et troisième pétition de Laudun (13-28 prairial an III, 1er-16 juin 1795). — 11-13. Affiches et soumission en vue de l'acquisition d'un capital de 12.000 l., portant pension de 600 l., dû à la Nation comme étant aux droits des ci-devant religieuses d'Aramon. La soumission est faite par Dunan fils, fondé de pouvoir de Marie-Madeleine Laudun, femme Bedos, celle-ci représentant son père Joseph-François Laudun (17 messidor-2 thermidor an III, 5-17 juillet 1795). — 14-16. Bordereau de créance hypothécaire pour la République contre Joseph-François Laudun, résultant d'un capital de 12.000 l. dû aux ci-devant religieuses d'Aramon, et quittances de Causse, fondé de pouvoirs d'Étienne Sabatier, de Montpellier, acquéreur des rentes nationales dans le département du Gard, faites à Laudun (20 prairial an VII-15 nivôse an XII, ou 10 juin 1799-6 janvier 1804). — 17-21. Lettres de Causse à Laudun, radiation de l'inscription hypothécaire contre Laudun, et ratification, par Guillaume Sabatier, de la décharge donnée à Laudun par son frère Étienne Sabatier, à la suite du remboursement du capital de 12.000 l. effectué par Laudun (17 septembre 1805-26 février 1806). — 22-41. Quittances et pièces concernant la pension faite à l'abbé Ricard, de Beaucaire, puis à sa nièce Madeleine Ricard, par les Laudun (19 janvier 1791-18 février 1821). — 42-54. Quittances faites par Jean-Louis Léautaud,

sous-doyen de Tarascon, aux Laudun, pour les arrérages de sa pension (1er août 1788-11 thermidor an XI ou 30 juillet 1800). — 55-58. Quittances faites par Pépin, de Tarascon, pour les arrérages de la pension que lui font les Laudun (16 fructidor an V, ou 2 septembre 1797-21 fructidor an XI, ou 8 septembre 1803). — 59-72. Bordereaux de créances hypothécaires pour Marie-Madeleine Laudun, épouse de Paul-François-Joseph de Celles, contre son mari, à la diligence de son père Joseph-François Laudun; pour Henri-Bénigne Laudun, représentant Louis de Jossaud, contre deux cultivateurs de Tarascon; pour les mêmes contre Madeleine Brémond et consorts; pour les mêmes contre Antoine Bloyrat, meunier de Tarascon; pour les mêmes contre Rose Dumas et consorts; pour les hoirs de Jean Bouachon contre Henri-Bénigne Laudun, radiée; pour Joseph-Bernard de Marin et M. et Mme de Laudun contre Antoinette Drevet; pour Laudun contre Rose Barroy. La pièce 69 est une quittance de Rose Laurent (Tarascon, 10 mai 1812). (Tarascon, 17 frimaire an X, ou 8 décembre 1801-23 février 1815). — 73-81. Pièces concernant la créance d'Henri-Bénigne Laudun contre Pierre Vidalon, pharmacien de Tarascon, et son hoirie (22 juillet 1813-19 février 1816). — 82-112. Quittances faites à M. de Laudun par Joachim Mauche, ou son fils, pour les arrérages d'une pension, avec deux pièces de procédure (Tarascon, 14 nivôse an XII, ou 5 janvier 1804-31 janvier 1825).

E. 1116. (Liasse.) — 112 pièces, papier.

1659-1715. — *Famille de Laudun, d'Aramon. — Correspondance.*

1. Lettre de l'abbé Froment au P. Joseph de Raizon, prédicateur capucin à Avignon, au sujet de l'affaire de M. de Laudun pour sa chapelle. Il a vu M. de Saint-Paul. Ils n'ont aucun papier des secrétaires des évêques passés, sauf de Cléondas d'Avignon. Le dernier possesseur de la chapelle a été Bicheron, prieur de Sauzet, à qui M. de Saint-Paul la conféra sans aucune protestation du juspatron. Le prieur de Valabrègue a été l'héritier du prieur de Sauzet. Le P. Barrude, jésuite d'Uzès, témoignera de la chaleur avec laquelle Froment a parlé à M. de Saint-Paul. Froment ira à la chapelle pour l'amour du P. Joseph et de son ami M. de Laudun

(Uzès, 21 décembre 1650). (Cf. l'article E. 1402, pièce 20.) — 2. Lettre d'affaires de Privat à M. de Laudun (Beaucaire, 5 novembre 1662). — 3. Lettre d'Auzière au sujet de la métairie de Saint-Gilles, relevant de la directe du chapitre (Saint-Gilles, 11 août 1673). — 4-5. Lettres d'affaires d'Aberlenc (Nîmes, 14 novembre 1678-23 mai 1680). — 6-8. Lettres d'affaires de Pongy (Toulouse, 26 janvier-19 juillet 1681). — 9-13. Lettres de Dubuc, procureur au parlement de Toulouse, dont deux pièces (16 février 1684-21 mai 1689). — 14. Lettre d'Arnaud, conseiller et procureur du roi à Aramon (Montpellier, 16 février 1692). — 15-19. Lettres de Cartier, avocat au Conseil (Paris, 11 juillet [1693]-13 février 1694). — 20. Lettre de Broche au sujet du transfert du prévenu Damour dans les prisons de l'officiel de l'abbaye de Saint-André [de Villeneuve d'Avignon] (Nîmes, 14 mai 1695). — 21. Lettre d'affaires de Fabre (Beaucaire, 11 mars 1695). — 22. Remerciement d'Ouvrier pour envoi d'huile (Toulouse, 3 mars 1696). — 23. Lettre de M. de Villevieille à M. de Posquières sur la prescription des droits de justice seigneuriale (Villevieille, 7 mars 1698). — 24-26. Lettres d'affaires d'Avignon adressées à Charbonnier, procureur au siège d'Arles, ou à M. de Laudun. — Lettre 24 seule datée (9 août 1701), sans date de lieu. — 27. Lettre d'affaires de Demasille (Paris, 3 mai 1702). — 28. Lettre de nouvel an adressée à Mme de Laudun par son frère M. de Sozny (Rousselard, 1er janvier 1703). — 29. Remerciement de Fournier pour envoi d'huile. Il recommande [à Laudun], maire d'Aramon, le P. Garonne, récollet (Montpellier, 22 juillet 1703). — 30-33. Lettres administratives de Chalmeton (Uzès, 4 juillet 1701-5 juin 1708). — 34-35. Lettres administratives de Montigny (Montpellier, 17 novembre 1704-10 avril 1705). — 36-39. Lettres d'affaires de Poin (Nîmes, 5 mai 1699-25 juillet 1700). — 40. Lettre de Mme Chalamont de Ménard à M. de Laudun à l'occasion de la mort de Mme de Jossaud sa mère (Nîmes, 20 novembre 1710). — 41-111. Lettres d'affaires de Monteil, procureur à Toulouse, et, après sa mort, de Gravière, son remplaçant. Les lettres du premier vont du 14 juin 1700 au 19 juin 1712 (41-64). La lettre 65 est de Parlongue (25 juin 1712). Les lettres de Gravière vont du 16 juillet 1712 au 26 décembre 1714 (66-111). Les lettres 58 (Aramon, 25 avril 1712), 70 (Aramon, 15 février 1713), et 76 (Fourques, 4 juin 1713), sont de M. de Laudun. Les lettres 94 et 95 sont de Domergue, bourgeois de Beaucaire (11-16 juillet 1713), à qui Gravière adresse quelques lettres pour Laudun. La lettre 101 (Toulouse, 26 août 1713) est du marquis de Montfrin. En terminant, il plaint fort l'abbé de Jossaud, mais se réjouit que l'abbé de Soumabre ait eu la chapelle. — 112. Lettre d'affaires de Guiraud (Aramon, 22 février 1715).

E. 1411. (Liasse.) — 100 pièces, papier.

1662-1730. — *Famille de Laudun, d'Aramon. — Correspondance.*

1-6. Lettres d'affaires de M. Raousset de Soumabre à Laudun ou à Charbonnier, procureur au siège d'Arles (Tarascon, 21 janvier 1692-9 février 1716). — 7-66. Lettres d'affaires de Mercier, procureur à Montpellier, concernant principalement ses démarches à l'Intendance pour l'administration communale d'Aramon (12 janvier 1692-28 juillet 1718). — 67-69. Lettres d'affaires des Demissols (Nîmes, 13 septembre 1682-21 juin 1718). La lettre 67 est d'un Demissols plus ancien. — 70-76. Lettres des de Prémont au sujet du procès de la co-seigneurie d'Aramon, intenté par Mme d'Aramon aux nobles d'Aramon pour qu'ils lui fassent hommage. Elles sont adressées à M. de Posquières ou à M. de Laudun, qui avaient partie liée dans cette grosse affaire, dont les pièces seront analysées plus loin. Les lettres des Prémont permettent de se faire une idée du différend. — La lettre 70 (Aramon, 1er novembre 1692) est signée de Prémont et de Laudun. Elle exprime à M. de Posquières, à Nîmes, leur satisfaction pour son intention de les défendre des injustes poursuites de Mme d'Aramon, en travaillant à gagner les habitants d'Aramon à leur cause, et à opposer à ses prétentions une masse d'intérêts plus compacte. — Dans la lettre 73 (Prémont, 30 juillet 1703), Prémont informe Laudun que Mme d'Aramon lui a fait donner assignation pour les hommages. Les actes que M. de Posquières possède faisant tout le fondement de leur droit, il désire savoir si Posquières a été assigné. Prémont redoute que Posquières, se croyant mieux fondé que ses compagnons de lutte, ne veuille plus paraître dans cette affaire. — Dans la lettre 74, Prémont dit à Laudun que M. de Posquières lui a écrit vouloir se défendre « à bec et à griffe, pour ne se mettre à genoux » (Prémont, 10 août 1706). — La lettre 76 est écrite par M. de Prémont [fils] aîné, capitaine de carabiniers, en garnison à Valenciennes, à M. de Posquières, à Aramon, le 24 août 1710. Il n'est pas surpris de l'assignation donnée à Posquières par Mme d'Aramon. C'est une affaire où il faut résister à tout prix, car il y va de l'honneur des nobles d'Aramon. Il a écrit à M. de Bornage pour lui expliquer la question, suivant le désir de Posquières. Il est connu de cet Intendant, pour l'avoir escorté quand il sortit d'Arras, après la sédition de la garnison pour le pain. Nouvelles militaires de Valenciennes. — 77. Minutes de réponse [de Laudun] à un destinataire non désigné, au sujet du paiement des vacations de Broche (Aramon, 19 avril 1720). — 78-79. Lettres d'affaires de Gigon au sujet d'un arrêt obtenu par M. d'Aramon [contre les consuls de la communauté]. Ils sont déboutés de leur offre faite au roi de se racheter, en sa faveur, des droits seigneuriaux du marquis d'Aramon sur les domaines usurpés par les successeurs de Diane de Poitiers, à qui le roi en avait donné la jouissance pendant sa vie, après la confiscation qui en fut faite sur Gabriel de Luetz (Paris, 18 décembre 1720-31 octobre 1721). — 80. Copie de deux lettres écrites de « Boise » ou Baix, le 23 juillet 1721, la première par le curé au curé d'Aramon, Gaucherand, la seconde par le premier consul aux consul d'Aramon, au sujet de la recherche des notes du notaire Philibert Cheminos, originaire de Loriol en Dauphiné. — 81-85. Lettres des d'Amphoux père et fils à Laudun et à Posquières, ou à Laudun seul, écrites de Beaucaire, du 14 juin 1721 au 22 avril 1722, sur le procès avec M. d'Aramon. Difficulté de trouver un huissier qui consente à faire une signification à M. d'Aramon. Délibération fabriquée par l'adversaire, dit-on. — 86. Lettre de M. de Montrichard à Laudun, timbrée de Strasbourg et fragmentaire. Il lui recommande leurs affaires de Fourques. Les sauterelles continuent-elles à accabler Laudun ? (26 juin 1722). — 87-89. Lettres d'affaires de Lavondès, écrites d'Uzès, ou de Théziers, du 14 octobre 1720 au 12 octobre 1722, [à Laudun]. Liquidation de son office de maire. Procès avec M. d'Aramon, etc. — 90. Lettre de M. Devalmur, premier commis de M. Desacy, à Laudun, maire, et à Pascon, consul d'Aramon. Leur affaire contre le marquis d'Aramon est perdue avec dépens. Moyen de liquider ceux-ci à l'amiable. Desacy a plaidé pour eux avec le plus grand soin, mais il n'y a plus à compter sur la

bonté des causes les mieux fondées ([Paris], 20 juillet 1727). — 91. Lettre de Pascon. [Laudun] ne peut prêter l'hommage par procureur, car il s'agit d'un service personnel. Il faudrait une excuse suffisante. Même alors, le seigneur a le droit d'attendre que l'excuse cesse. (Nîmes, 31 décembre 1727). — 92. Lettre de Palier (Montpellier, 6 juin 1728). — 93-95. Lettres d'affaires de Lombard (Arles, 17 février 1725-27 novembre 1729). — 96-97. Lettres d'Arvillon de Saint-Baudière à son cousin de Laudun, pour la nouvelle année (Nevers, 29 décembre 1728-28 décembre 1729). — 98. Lettre de Leblanc, sous-doyen de Tarascon, à Laudun-Montrichard, à Tarascon, au sujet du rachat de la seigneurie d'Aramon pour l'ôter à un seigneur ennemi de la communauté. Leblanc a trouvé quelqu'un ayant, pour ces sortes d'affaires, l'oreille du contrôleur général et du cardinal (Le Pelletier des Forts et Fleury). On ne s'embarrassera pas de M. d'Aramon à la Cour. Leblanc est logé chez Mme des Ombrages, rue de la Huchette, à Paris (1er octobre 1729). Demain, l'archevêque de Paris publiera son mandement pour la révocation des pouvoirs des confesseurs de Paris, afin de n'en donner de nouveaux qu'aux gens de bonne doctrine. — 99-100. Lettres d'affaires de Franeony, d'Arles. La première seule est datée (9 décembre 1730).

R. 1418 (Liasse.) — 103 pièces, papier.

1651-1747 — *Famille de Laudun, d'Aramon. — Correspondance.*
1. Lettre de condoléances de Mme de Fressieu-Dulong (Beaucaire, 4 décembre 1732). — 2-17 : *Lettres des Raoux ou Raousset de Laudun.* — 2. Lettre d'affaires de Raoux de Laudun à Mme de Laudun. Il lui demande sa ratification pour la vente du premier droit de lods d'une maison d'Aramon relevant de sa directe (Tarascon, 9 novembre 1651). — 3. Lettre de Raousset de Laudun à Laudun père, son cousin. Détails sur la peste en Provence (17 février 1721). — 4. Le progrès du mal est arrêté (10 mars 1721). — 5. Affaire contre M. et Mme d'Aramon. Le voisinage d'Arles le tient en inquiétude, car il y meurt deux cents personnes par jour. On y compte déjà cinq mille morts, parmi lesquels beaucoup de gens de condition et de bons bourgeois. Le Gévaudan est attaqué (18 juillet 1721). — 6-8.

Affaires. Situation sanitaire très mauvaise en Avignon (18 octobre-1er novembre 1721). — 9-11. Affaires. « Déguisement » de Vatabrègue. Le marquis de Brancas va prendre le commandement de la province, laissé par M. de Caylus, peu aimé (11 novembre 1721-7 janvier 1722). — 12-14. Affaires. Marseille a repris feu, et la peste a sauté d'une rue qu'on avait formée dans une autre fort éloignée. M. de Brancas a interdit aux habitants de Marseille d'en sortir sous peine de la vie. Ils sont bloqués par des troupes (Tarascon, 20 janvier-21 mai 1722). — 15-17. Affaires. — Pièce 15 s. d. — Lettre 16 adressée à Barriel, architecte et sculpteur, rue de la Bonnetterie, à Avignon, le 7 novembre 1722. — La lettre 17 est écrite à Duché, avocat général à la cour des aides de Montpellier, le 20 septembre 1731, par Gayon de Raousset, son cousin. — 18. Lettre d'affaires du comte de Boulbon (« Bourbon » 21 décembre 1734). — 19-20. Lettres de M. de Flaux à Laudun au sujet de son office de maire (Montpellier, 28 décembre 1734-Domazan, 20 mars 1735). — 21. Lettre de Grailly à Mme de Laudun. Timbre de Trèves. Affaires. Il n'a pas eu un moment de repos sur la Moselle. Il passera l'hiver à Trèves, comme faisant partie des dix mille hommes de la garnison. Si nombreux, on ne peut être bien dans une ville aux portes de laquelle deux grosses armées ont commis, pendant trois semaines, toutes sortes de désordres; il en reste encore, tout n'étant pas réglé pour l'occupation des territoires pendant la suspension d'armes, et il y a des Allemands à une demi-lieue (22 novembre 1735). — 22. Lettre de Borrelly. Affaires (Nimes, 17 août 1736). — 23-32. Lettres de Fromentin, principalement au sujet de l'office de maire d'Aramon (Paris, 11 avril 1734-29 mars 1736). — 33-35. Lettres de M. de Mandajors, maire d'Alais, au sujet du supplément de finance à payer pour conserver un ancien office de maire (Alais, 7 avril 1734-3 juin 1737). — 36-39. Lettre d'Azémar, maire de Gignac, sur le même objet (Montpellier, 15 février 1734-Gignac, 15 juin 1737). — 40-54. Lettres de Roigny, au sujet des nouvelles provisions de l'office de maire ancien d'Aramon, avec un mémoire (pièce 54) (Paris, 10 juin 1734-2 octobre 1737). — 55. Lettre de Chabert. Affaires (Montpellier, 17 mai 1737). — 56-82. Lettres de Guillaumat, procureur à la cour des aides de Montpellier. Affaires concernant Laudun ou la communauté d'Aramon (Montpellier, 3 novembre 1717-16 avril 1738). — 83-86. Lettres du chanoine de Martre, de Roquemaure, au sujet de l'hommage réclamé à son cousin par M. d'Aramon, pour des directes (6 mars 1720-21 février 1739). — 87-90. Lettres de M. de Barrême de Manville, d'Arles, à son cousin de Laudun, lui demandant des recherches dans les registres des paroisses de Tarascon sur un François de Barrême (Arles, 13 juillet-11 novembre 1739). — 91-103. Lettres de L'Argentière. Procès avec M. d'Aramon (Paris, 11 juin 1731-5 mai 1747).

B 1119. (Liasse.) — 59 pièces, papier.

1693-1752. — *Famille de Laudun, d'Aramon. — Correspondance.*

1-12. Lettres de Delpuech, au sujet du supplément de finance de l'office de maire d'Aramon, avec un mémoire (Montpellier, 15 juin 1736-14 août 1743). — 17-18 : Lettres des Sozay. — 13. Lettre de M. de Sozay à son gendre M. de Laudun fils, au sujet de l'hommage demandé par Mme d'Aramon aux possesseurs de fiefs nobles de la juridiction d'Aramon. Cartier (avocat au Conseil) a fait le rapport de l'affaire. Le roi a pu donner Aramon au seigneur actuel à titre incommutable. Les vassaux n'avaient pas lieu de se plaindre quand le roi ne les donnait pas à des étrangers. Le seigneur d'Aramon a le droit de se faire faire des reconnaissances et de jouir de tout l'utile dont jouissait le roi (Paris, 10 juillet 1688). — 14. Lettre d'un autre Sozay à son neveu de Laudun. Timbre de Rouen. Procès contre M. d'Aramon. Conflit de juridictions, entre le parlement de Toulouse et la Cour des aides de Montpellier. Démarches à faire au Conseil. Éducation des enfants de Laudun (2 octobre 1746). — 15. Comment faire arriver de l'huile d'Aramon à Paris? (Rouen, 20 novembre 1734). — 16. Influences à mettre en mouvement pour le procès contre M. d'Aramon (Rouen, 16 novembre 1746). — 17. Éloge de M. de la Roche, avocat au Conseil (28 novembre). — 18. Pronostics favorables sur le procès contre M. d'Aramon. Il remercie son neveu des nouvelles sur les armées en Provence. Il souhaite vivement que les Autrichiens soient chassés de Provence. Cela ne peut tarder, le maréchal de Belle-Isle étant actuellement le plus fort. Depuis la révolution de Gênes l'ennemi est dans une position critique (1)

(1) Guerre de la succession d'Espagne.

(Rouen, 12 janvier 1747). — 19-23. Lettres de Favier. Affaires (Montpellier, 9 novembre 1742-22 mars 1747). — 24-28. Lettres d'affaires de l'avocat de la Roche (Paris, 26 octobre 1746-1er juillet 1747). — 29-30. Lettre du P. Pérussault de Labdejean, jésuite, au marquis de Laudun, à Tarascon, en réponse à une lettre de ce dernier. — 29. Le religieux n'a pas oublié l'agréable voyage fait avec Laudun de Lyon à Avignon, ni le mérite et la religion de son compagnon. Il a parlé de son affaire à des conseillers d'État et à des maîtres des Requêtes, et s'est adressé directement au chancelier, en présence de Langlois, son premier secrétaire. C'était M. de Blain de Boissemon, aujourd'hui intendant à la Rochelle, qui était chargé de l'affaire (contre M. d'Aramon. M. de la Michodière en est actuellement le rapporteur, mais n'est pas en état de la remettre de sitôt sur le Bureau, le rôle étant très chargé Laudun aura du temps de reste pour préparer sa défense (Fontainebleau, 17 octobre 1749). — 30. Minute s. d. de la lettre de Laudun au jésuite. — 31-42. Lettres d'affaires de Martin, d'Aramon (29 avril 1728-19 mai 1749). — La lettre 35 informe Laudun qu'un arrêt du Conseil daté de Dunkerque, 17 juillet 1743, déboute M. de Lenoncourt [d'Aramon] de sa demande en cassation des arrêts de la cour des aides des 1er octobre 1728 et 8 juin 1734. Les parties sont renvoyées à la cour des aides pour l'exécution desdits arrêts (23 juin 1744). — La lettre 39, écrite de Paris, le 30 janvier 1747, expose les démarches de Martin dans l'affaire du conflit contre le marquis d'Aramon. — 43. Lettre de Charbonnier, datée de Fontainebleau, 16 octobre 1749, informant Aubert, greffier de Tarascon, qu'il a vu M. de la Michodière, maître des requêtes, au sujet de l'affaire de MM. de Laudun et de Jossaud contre le marquis d'Aramon. Il pourrait leur rendre mieux service s'il la connaissait davantage. Charbonnier est résidant des États de Provence, rue du Four, faubourg Saint-Germain, vis-à-vis la rue, de l'Égout. — 44-47. Lettres d'affaires de Bousquet (Montpellier, 15 août 1749-4 mai 1750). — 48-67. Lettres d'affaires d'Aviat (Paris, 23 février 1733-20 mai 1750). — La pièce 50, s. d., est un mémoire sur la finance de l'office de maire d'Aramon. — 68-72. Lettres de M. de Bargeton, écrites d'Aramon du 3 avril au 16 décembre 1750. Affaires. — La lettre 69 est écrite par Guiraud à Bargeton et communiquée à Laudun. — 73. Lettre de Laugery, curé d'Aramon, à Bargeton, lieutenant de maire à Aramon,

en date d'Avignon, 29 avril 1750. Après un début assez mystérieux, le curé pense que Bargeton doit commencer par mettre l'évêque dans ses intérêts. En effet, l'évêque est le premier recteur des œuvres pies de son diocèse, et pourrait, par un règlement provisionnel, nommer Martin pour les régir, ce qui n'avancerait pas Bargeton. On a déjà travaillé sourdement dans ce but. Tentative de Vincent pour se faire remettre, en produisant une ordonnance de l'évêque, par Laugery, la croix destinée à l'augmentation de l'ostensoir. Refus de Laugery de s'en dessaisir sans une décharge de la communauté d'Aramon. Instructions données à Bargeton. Martin n'a aucun droit dans l'œuvre des filles à marier. Il est vrai que Martin en est rentier, trésorier et administrateur sans rendre compte. Il n'a pas tenu à M. de Laudun, d'une intégrité sans égale, que les choses ne fussent mises en règle. Si Bargeton veut y porter remède, il doit d'abord se mettre au courant de tout, ensuite écrire à l'évêque, homme qui suit toujours les premières impressions, et sur l'esprit duquel la prévention opère tout. — 74. Lettre de Coriolis, datée d'Aix, 4 janvier 1752, au sujet de la plus ancienne substitution contenue dans le testament de Jean de Jossaud. Il attendait le retour de M. de Mirabeau pour savoir s'il jugerait à propos de faire consulter sur une question ardue. — 75. Lettre de Bazille, collecteur, pour l'affaire de la taille (Aramon, 3 septembre 1752). — 76-80. Lettres de Moureau, procureur de la communauté de Beaucaire à Montpellier (10 décembre 1750-2 décembre 1752). Affaires. — La lettre 76 est écrite à Laudun par le secrétaire de la communauté de Beaucaire, qui a recommandé à Moureau ses deux requêtes (Beaucaire, 7 décembre 1750).

E. 1420. (Liasse.) — 81 pièces, papier.

1690-1764. — *Famille de Laudun, d'Aramon.* — *Correspondance.*
1-9. Lettres de Stival, écrites d'Aramon, ou de Pougnadoresse, du 10 avril 1747 au 5 juin 1753. Affaires. — 10-11. Lettres de MM. de Villers, au sujet de l'affaire en règlement de juges (Paris, 31 mars 1735) et de l'abbé de Laudun (Paris, 24 mai 1753). — 12-14. Lettres d'affaires de M. d'Aumelas (Montpellier, 25-61 mars 1754. Lettre 14 s. d. — 15-18. Lettres et pièces de Favand, au sujet de la taxe du

vingtième (Uzès, 10 mars-9 avril 1754). — 19. Lettre de l'abbé Joubert, vicaire de Villeneuve-lès-Avignon, consultant Laudun sur la nobilité des fonds de M. Laugier (22 décembre 1756). — 20. Lettre concernant le blé de Fourques, à signature illisible : « Gero. . . . . » (Fourques, 7 février 1757). — 21. Lettre de Coulomb au sujet d'une terre de M. de Laudun (Montfrin, 18 mai 1757). — 22-41. Lettres d'affaires des Duprat. Le premier Duprat, qui signe « Duprad », écrit les lettres 22 à 24 (Arles, 4 octobre 1740-20 janvier 1741). — Le second Duprat, avocat aux Conseils, maison des Théatins, rue de Bourbon, faubourg Saint-Germain, auteur des lettres 26-41 (Paris, 12 juillet 1747-1er mai 1758), est indiqué dans une note datée de Paris, 3 juillet, et non signée, qui est la pièce 25. Il s'occupe surtout de l'affaire contre M. d'Aramon. — 42-51 : *Lettres de chartreux de Villeneuve - lès - Avignon, avec une pièce en copie.* — 42. Déclaration du roi concernant la nobilité des biens nobles en Languedoc, du 18 mars 1690. — 43. Lettre du frère Bézart, procureur, à M. de Laudun, coseigneur d'Aramon. Il fera voir les actes à Dom Courier, qui dit présentement la grand'messe à la chartreuse. Il faut se tenir sur ses gardes, car on veut poursuivre. Dom Courier voit M. de Lenoncourt (seigneur d'Aramon) et l'Intendant. Il conviendrait de s'unir avant le départ de Laudun pour Montpellier. Dom Courier a fait pressentir à l'Intendant que les chartreux pourraient intervenir dans l'affaire (des prétentions de M. d'Aramon). Villeneuve, 13 avril 1689. — 44. Lettre du Frère Tournaillix. MM. d'Aramon sont un peu plus « en soin » à l'occasion des chartreux et depuis l'entrevue de Laudun avec ces derniers (8 mai 1689). — 45-47. Lettres du Frère Ange de Rouvière de Cernol. — Le Père prieur, à la veille d'un voyage à la « chartreuse de Grenoble », le charge de prendre jour avec Laudun pour la conférence souhaitée (8 mai 1736). — Il envoie copie d'un mémoire qui fut remis en 1694 à la chartreuse par MM. d'Aramon sur la prétention des coseigneurs d'Aramon. Laudun est prié de répondre en marge aux objections des seigneurs (Avignon, 12 août 1734). — Il a confié les papiers de Laudun à leur conseil. Il lui renvoie le règlement fait par les nobles d'Aramon en 1346, le dénombrement d'Aynard de Poitiers en 1408, et la main levée accordée à Blaise des Arbres en 1397 (Villeneuve, 11 mars 1735). — 48-51. Lettres du Frère Alexandre Perraud. — Le Père visiteur a écrit à son avocat à Paris, et

au P. procureur, avec un mémoire précis (10 septembre 1747). — L'affaire n'est pas encore instruite à Paris. Il n'est question que d'un règlement de juges (9 octobre 1747). — Il redemande à Laudun deux pièces, étant obligé de les produire souvent à l'occasion des atterrissements dont se met en possession M. d'Aramon le long de leurs terres de Lavernède (27 septembre 1758). — Il remercie Laudun des deux extraits confiés, il y a quelques années, à son père. Il s'agit d'une transaction passée, en 1688 (19 juillet), entre la communauté d'Aramon et la chartreuse, et d'un arrêt d'homologation du 28 septembre 1688 (19 novembre 1758). — 52. Lettre de M. de Villiers, réclamant des droits de consignation pour collocations exercées par Laudun sur des immeubles (Tarascon, 14 novembre 1761). — 53. Lettre de M. de Pougnadoresse petit-fils, qui ne trouve aucun feudiste pour le renouvellement de son fief d'Aramon (Pougnadoresse, 3 novembre 1762). — 54-55. Lettres d'affaires de Ferraro (Aramon, 6-11 janvier 1763). — 56. Lettre de Bazille. Affaires (Aramon, 10 octobre 1763). — 57-81. Lettres d'affaires de M. de Pitot, écrites de Paris, de Montpellier ou d'Aramon, du 23 février 1734 au 7 septembre 1764 (Henri Pitot, seigneur de Launay, né à Aramon en 1695, ingénieur de la province de Languedoc, mathématicien, dut à son calcul de l'éclipse de soleil du 22 mai 1724 d'entrer à l'Académie des sciences. Il dirigea les plus grands travaux de la province et mourut à Aramon le 27 décembre 1771). — La lettre 62 est écrite à un destinataire inconnu, le 30 avril 1753, sur les différends existant entre MM. de Laudun, de Jossaud, et autres, d'une part, et la communauté d'Aramon, à la Cour des aides de Montpellier, à raison de l'allivrement et du compésiement de leurs biens prétendus nobles. — La lettre 66 est écrite à l'ingénieur Pitot par M. de Boigny (Paris, 27 décembre 1756), au sujet du revenu de la mairie d'Aramon et de l'évaluation des frais des provisions, ensemble des pièces à fournir. — Dans la lettre 78 (Montpellier, 22 décembre 1761), Pitot dit à Laudun qu'il est toujours dans l'intention de s'accomoder de sa mairie. — Dans la lettre 81 (Aramon, 7 septembre 1764), Pitot ne change pas de sentiment, mais, la nouvelle déclaration du roi pouvant occasionner, aux prochains États, des arrangements nouveaux sur les mairies de Languedoc, la prudence exige qu'il diffère au moins jusque-là pour leurs intérêts communs.

E. 1121. (Liasse.) — 81 pièces, papier.

1723-1780. — *Famille de Laudun, d'Aramon. — Correspondance.*

1. Lettre de Pierre Mathieu, receveur des tailles du diocèse de Nîmes, certifiant qu'Étienne de Laudun, maire d'Aramon, est porté pour 108 l. sur l'état royal des finances de la généralité de Montpellier, au chapitre des charges du diocèse de Nîmes, et que Mathieu l'a payé pour 1762 (Nîmes, 28 octobre 1766). — 2-4. Lettres et pièce de Bret, au sujet du placement de son fils à Arles, et de la levée des tailles de Fourques (Fourques, 18 mars 1767-3 juillet 1768). — 5-9. Lettres d'affaires de Dupré (Montpellier, 1767-21 avril 1768). — 10-13. Lettres d'affaires de Rafin, avec deux pièces (Uzès, 26 janvier 1754-20 août 1767). — 14-17. Lettres d'affaires de Mouton-Comblard, avocat. Il s'agit du renouvellement des reconnaissances des emphytéotes de Laudun (Aramon, 17 janvier 1765-9 mars 1768). — 18. Lettre du F. Bonier Martin, au sujet de directes et de la mission, à Laudun fils, à Tarascon (Aramon, 4 février 1762). — 19. Lettres d'affaires de Gay (Beaucaire, 16 septembre 1770). — 20. Lettre de Rogier sur les papiers de la succession « Nouaille », inventoriés par le viguier de la maison de Fournès (Meynes, 4 novembre 1772). — 21-34. Lettres d'affaires d'Albisson (greffier de la cour des aides de Montpellier), puis de J. Albisson (avocat de Montpellier), écrites, les premières, du 8 juin 1757 au 20 septembre 1758; les secondes, du 12 septembre 1770 au 16 août 1773. — Les lettres 29, 32 et 34 sont des lettres de Laudun fils à J. Albisson, écrites de Tarascon, respectivement les 14 et 27 juillet 1773, et s. d. Il s'agit, dans cette correspondance, de modération de taxes pour les biens d'Aramon, de Fourques et de Théziers, puis du procès contre la communauté d'Aramon au sujet des biens nobles. La pièce 25 est un rôle des requêtes présentées par Albisson pour Laudun, acquitté le 9 janvier 1758. — 35-40. Lettres d'affaires des frères Trinquelagues (Uzès, 20 août 1749-23 mai 1774). — Le second Trinquelagues quitte Nîmes en 1758 pour régir à Uzès les affaires du diocèse. Son frère lui remet une lettre de Laudun le complimentant de son changement de situation (Lettre 39, du 21 mai 1758). Il s'agit toujours de demandes en décharge fondées sur la nobilité des biens. — 41-42. Lettre et quittance de Ricard, au nom du receveur général des consignations de Provence (Aix, 14 janvier-Tarascon, 4 février 1774). — 43-73: *Lettres des marquis, baron et comte de Fournès.* — 43. Lettre de condoléances. M. de Fournès cherchera avec empressement à renouer l'ancienne union des deux maisons (Château de Saint-Privat, 24 décembre 1723). — 44. Il informe son cousin de Laudun du retour de M. de Robiac, son voisin, revenu de Toulouse avec M. de La Roque, conseiller au parlement de Toulouse. Ils descendirent à l'évêché d'Uzès. M. de Robiac vint coucher seul à Saint-Privat, sans passer par Collias, dans sa chaise, laissant à Uzès le conseiller, à qui M. de Fournès aurait bien voulu parler. Il tâchera de le saisir (25 février 1731). — 45. Condoléances pour la mort de Mme de Laudun (4 décembre 1732). — 46. Remerciments du baron pour l'intérêt pris à l'avancement de ses frères, dont le second a eu le régiment du Roi (Saint-Privat, 19 mars 1734). — 47. M. de Fournès est heureux de l'approbation générale de ce qu'il a fait pour son frère, et de la gracieuse bonté du roi (Paris, 30 mars 1734). — 48. Remerciments du comte, qui doit son avancement à la tendre amitié de son frère, qui se prive d'un argent considérable pour lui. La lettre de Laudun l'avait cherché à la grande armée, mais il fait partie d'un petit corps détaché sous les ordres de MM. de Belle-Isle, lieutenant général, d'Aubigné et de La Fare, maréchaux de camp. Ils vont assiéger Warbeck (Trèves, 21 avril 1734). — 49. Lettre de M. de Fournès, félicitant Laudun de son retour (Aramon, 12 janvier 1736). — 50. Lui et son frère sont en peine de la santé de Mme de Laudun. Remerciments pour le joli petit panier envoyé pour leur petite chienne (Saint-Privat, 9 janvier 1737). — 51. Lettre de nouvel an (2 janvier 1738). — 52. Il a fini ses affaires avec le comte de Suze, qui l'a entièrement payé. Maintenant il regorge d'argent et d'or, n'osant s'absenter de crainte des voleurs (8 janvier 1741). — 53. Il accepte avec plaisir l'argent offert. Son frère lui a écrit de Paris que le régiment du Roi va à Colmar, sous les ordres du maréchal de Broglie, qui commande en Alsace. Les troupes franchiront bientôt le Rhin, car on est en parfaite intelligence avec l'électeur palatin. Le marquis de Graveson partira de Besançon avec le régiment, pour Colmar. Le frère de M. de Fournès a pris sur parole, d'un fournisseur de drap du régiment, à Paris, pour

3.000 l. Le fournisseur s'est chargé de lui faire passer, par le trésorier général de l'armée, tout l'argent que M. de Fournès pourra lui envoyer par lettres de change. Laudun est prié de lui procurer de l'argent (pour le comte) et un riche mariage pour le scripteur, décidé à se marier richement, ou à vendre sa terre de Gévaudan, ne pouvant s'endetter davantage (4 août 1741). — 54. Lettre à Mme de Laudun, la remerciant de la part qu'elle prend à son affliction. La nouvelle de la mort de son frère, tué devant Prague, est publique, mais il n'en a reçu aucune confirmation de son frère le comte ni de personne du régiment. Il est très difficile de recevoir des lettres de cette armée (24 septembre 1742). — 55. La neige, tombée en énorme quantité, n'est pas encore fondue. Il en a fait remplir sa glacière. Son frère est, apparemment, une fois encore investi dans Prague. Cela expliquerait l'absence de nouvelles (10 janvier 1743). — 56. Il remercie Laudun de son intérêt pour l'avancement de son frère, occupé à établir son régiment dans ses quartiers d'hiver, sans doute. Il n'a pas reçu de ses lettres depuis son passage du Rhin, à Spire, le 17. Après quoi il doit aller à la cour pour remercier de sa nouvelle dignité et demander une augmentation de pension. Un cadet a besoin de secours. Il est en bon chemin si la guerre dure. La coqueluche sévit (7 mars 1743). — 57. Lettre de nouvel an (11 janvier 1745). — 58. M. de Fournès ne perd pas de vue les recherches d'archives demandées par Laudun, mais il n'a point de foudiste et ne sait pas lire les anciens actes. Ce qui est différé n'est pas perdu. L'invasion de l'armée autrichienne, sans l'occupation d'une place de sûreté, ne peut avoir de succès (10 janvier 1747). — 59. Lettre de nouvel an (3 janvier 1749). — 60. Il communique son prochain mariage avec Mlle de Montcalm. Dans cette affaire, ses cousines Mmes de Ginestous et la marquise des Vignoles l'ont gouverné à leur volonté. Il n'avait aucune vue d'établissement (il oublie sa lettre du 4 août 1741). Son âge et ses infirmités ne lui permettaient même pas d'en avoir. Il demande à Laudun son approbation et la continuation de son amitié (29 janvier 1749). — 61. Ils arrivent de Montpellier, où ils ont réglé leurs affaires d'intérêt avec son frère. Il lui a payé 10.000 écus d'or, restant lui devoir 16.000 l. Recherches d'archives. Il lui offre d'écrire à M. de Massillan, juge-mage et maire de Montpellier, ancien président du présidial, pour l'indication des avocats et du procureur les plus capables (Saint-Privat, 4 juillet 1749). — 62. Lettre signée de Mme Dampus de Saint-Véran, annonçant la mort du marquis de Fournès, son gendre. Sa fille, à la veille d'être mère, la charge de demander au destinataire, pour elle et pour son enfant, la même amitié qu'il avait pour son cher défunt (Montpellier, 8 novembre 1749). — 63. Lettre de M. de Farel de Fournès remerciant [Laudun] son cousin de ses sentiments à l'occasion de la mort de son frère. Sa belle-sœur vient d'accoucher d'une fille, qui dégage la substitution à laquelle est appelé le scripteur. Il demande si les terres venant de sa maison ne sont pas comprises dans la substitution (Montpellier, 22 novembre 1749). — 64. M. de Fournès a besoin du secours de tous ses parents et amis pour résister aux chicanes de sa belle-sœur, et de la famille de celle-ci, en vue de lui enlever son bien. Il espère en la bonté de son droit aux substitutions et tiendra Laudun au courant de ce qui se passera (Nimes, 21 janvier 1750). — 65. Le plus essentiel des actes dont veut bien lui parler son cousin, est le testament de Théophile de Farel, qu'il voudrait consulter. Il est dans le procès jusqu'au col. Renseignements sur une demoiselle d'un mérite connu, dont la naissance et les alliances sont au mieux. Terre près d'Alais (Nimes, 6 mai 1750). — 66. Lettre de Mme Dampus de Saint-Véran au comte de Laudun, à Tarascon. Elle lui annonce la mort de la fille de Mme de Fournès, et la vive affliction de celle-ci (Candiac, 13 juillet 1751). — 67. M. de Fournès remercie Laudun de la part prise par lui au double événement de la naissance de son fils et de l'arrêt lui assurant son cher domaine de Saint-Privat (Toulouse, 5 juin 1752). — 68. Lettre de Fornier au marquis de Laudun, à Tarascon. La comtesse de Fournès, accablée de douleur, l'a chargé de lui annoncer la mort du comte, son mari, survenue dans la nuit du 17 au 18, après trente jours d'une maladie cruelle (1) (Toulouse, 22 juillet 1752). — 69. Lettre de Mme de Gabriac, comtesse de Fournès. Elle remercie son cousin Laudun de ses démarches pour lui procurer « le petit hidroscope », ou sourcier. Elle le trouve un peu cher, et attendra, pour l'appeler, d'en avoir raisonné avec M. Puech (Montélimar, 15 avril 1774). — 70. Lettre de M. de Fournès [à Mme de Laudun]. Il apprend de Paris que le duc

(1) Cette date rectifie d'un jour celle donnée par Louis de La Roque dans l'*Armorial de Languedoc, Généralité de Montpellier* : 16 juillet 1752 (tome Ier, page 109). Henri de Faret était brigadier des armées du roi.

d'Anjou est toujours fort malade. Le maréchal d'Alègre est mort. Le comte de Belle-Isle a eu le gouvernement de Metz et des Évêchés. On ne dit rien des affaires de Pologne. Il y aura deux camps, l'un sur la Moselle et l'autre sur la Saône. Le régiment du Roi-Cavalerie sera du camp de la Moselle (s. d.). Ces nouvelles se rapportent à 1733. — 71. M. de Fournès a pris le parti d'envoyer, à son procureur à Toulouse, la procédure qu'il a fait faire (Saint-Privat, le 4). — 72. M. de Fournès annonce que M. de Joubert, trésorier des États de Languedoc, lui a demandé des éclaircissements sur sa famille. Il envoie copie de sa note et a prescrit des recherches dans ses archives de Saint-Privat. Il demande à Laudun de l'aider, car il a une Laudun dans sa maison (Paris, 2 mars 1781). — 73. Minute de la réponse de Laudun. Il s'est empressé, à son retour à Tarascon, de rechercher, dans ses archives, les preuves d'une alliance avec M. de Joubert, et lui envoie le mémoire qu'il a dressé, d'après celui que le marquis d'Aubais avait fait établir pour son père. Au lieu d'une Louise de Laudun, des notes particulières en mentionnent deux. En dehors du mémoire et des notes en question, il n'a rien trouvé dans ses archives (Tarascon, 2 avril 1781). — 74-78 : *Lettres de Puech.* — 74. Il demande à Laudun s'il est dans l'intention de lui céder sa procuration pour l'entrée aux États en qualité de maire d'Aramon. M. de Joubert, syndic général, lui a écrit à ce sujet (Pont-Saint-Esprit, 22 juin 1744). — 75. Il lui renvoie la copie de l'hommage de Guillaume de Laudun du 12 janvier 1475. Il n'en a trouvé à Saint-Privat qu'une copie informe. Laudun pourrait chercher, au greffe de la cour des aides, un arrêt du 14 juin 1572 déclarant nobles 'es biens échus à Jean de Laudun, dans un partage, avec son frère Nicolas, du 2 juillet 1483 (Saint-Privat, 28 octobre 1773). — 76. Minute de la réponse de Laudun. Il lui importe fort d'avoir l'hommage de 1475 en forme probante, et, puisque la comtesse de Fournès veut bien lui prêter l'extrait qui est à Saint-Privat, il en demande l'envoi à Puech (s. d.). — 77. Puech envoie à Laudun l'hommage en question. Il est fort aise qu'il possède l'arrêt du 14 juin 1572, parce que la cour ayant jugé nobles les fonds d'Aramon, il paraît impossible qu'on puisse aujourd'hui les déclarer roturiers (Saint-Privat, 21 novembre 1773). — 78. Puech remercie Laudun fils du bel éventail dont sa lettre était accompagnée. Il a fait l'admiration de la compagnie (Saint-Privat, 27 août

1774). — 79. Lettre de Joseph Clet au comte de Laudun pour lui offrir ses services. Texte curieux (Château de Boisvert, près Mouriès, 2 novembre 1775). Là, les chemins sont trop mauvais pour un cocher. Il préfère aller chez M. de Laudun, quoiqu'il puisse aller chez M. de Saint-Tropez, à cause de son humeur et de l'arrangement de sa maison. — 80. Lettre de M. de Limaye. Il informe son cousin de Laudun qu'il n'a pas perdu de vue son procès contre la communauté d'Aramon. Les principes de la cour des aides de Languedoc diffèrent de ceux de la cour des aides de Provence. La cour de Montpellier regarde tous les biens comme roturiers, quelque nombreux que soient ses arrêts les déclarant nobles, dès l'instant qu'une communauté les fait mettre à la taille. Si le possesseur ne prouve pas qu'il est d'origine noble, il est déclaré taillable, et il doit rembourser toutes les tailles du temps où il en a joui noblement. Il conseille à Laudun de transiger avec la communauté d'Aramon, pour ne pas perdre le fond comme il a déjà perdu l'incident. Le froid rigoureux et un rhume violent l'ont empêché d'aller voir Mme de Laudun. Mme de Limaye l'a trouvée très gentille. Mais ils ne partiront pas sans la voir (Montpellier, 10 mars 1780). — 81-84. Minutes de lettres de Laudun à Auzillion, avocat à Aramon, et lettres d'Auzillion à Laudun, au sujet de la directe de l'écurie de Cavanaigre (Tarascon, 7 août-Aramon, 11 septembre 1780).

E. 1122. (Liasse.) — 51 pièces, papier.

1668-1788. — *Famille de Laudun, d'Aramon.* — *Correspondance.*

1. Lettre de Benoît à un destinataire inconnu. Il lui envoie une copie du rôle de la noblesse. Il a *fouillé,* pour le marquis de Laudun, dans les parchemins poudreux du coffre de la communauté de Valliguières. Les difficultés de lecture, augmentées par le mauvais état des documents et de sa santé, ne lui ont pas permis de pousser plus loin ses recherches. Ce qu'il envoie suffit pourtant pour l'objet que se propose M. de Laudun (Valliguières, 10 juillet 1781). — 2-27. Lettres d'affaires de Palat (Montpellier, 29 octobre 1770-21 mai 1783). — 28. Lettre d'affaires de Devoulx (Fontvieille, 2 avril 1783). — 29. Lettre d'affaires de Mourdacay ou Mardochée de Milhau (Saint-Remy, 21 janvier 1784).

(Cf. les pièces 4 et 5 de l'article E. 1413). — 30-43. Lettres de M. de Conceyl sur la nobilité des biens, affaire qui lui est commune avec Laudun. Ce procès le dégoûte d'en avoir d'autres. — La pièce 36 est un rôle des frais de l'incident formé par MM. de Laudun et de Conceyl dans leur procès contre la communauté d'Aramon, après arrêt de la cour des aides du 30 juin 1775. — Dans la lettre 33, écrite de Paris le 24 juillet 1775, Conceyl dit qu'ils ont éprouvé ce que leur annonçait M. de Cambis. Les murs de ce palais ne respirent que roture. Dans le fond, on a raison. Mais il faudrait plus d'unité dans la jurisprudence. Il n'est pas d'avis de suivre cette affaire à Paris. — La pièce 40 est une convention entre Conceyl et Laudun fils, datée de Tarascon, 5 janvier 1776, et réglant leur situation dans le cas où Joseph-François de Laudun se chargerait de poursuivre le procès à ses risques et périls, dans le cas où il l'abandonnerait, et dans le cas où le procès serait gagné. — La pièce 41 est un rôle de frais (8-10 février 1776). — Dans les lettres 42 et 43, Conceyl espère qu'il n'aura plus à se mêler de l'affaire (Saint-Roman, 9 novembre-Avignon, 12 novembre 1785). — La première lettre de Conceyl est datée de Paris, 4 mai 1773. — 44-45. Lettres d'Alteyrac au comte de Laudun, à Tarascon, sur ses recherches à Montfrin, dans ses papiers, qui peuvent provenir de la communauté, ses auteurs ayant été premiers consuls. Il a trouvé un « achat de la franchise et directe » du terroir du Plan, fait par la communauté de Montfrin, à d'Albaron, seigneur de Montfrin, assisté de Gasc de Laudun, son aïeul maternel et curateur, en 1263 (Montfrin, 18 novembre-8 décembre 1786). — 46-80 : *Lettres des Jossaud.* — Elles vont du 12 octobre 1668 au 3 janvier 1787. — 46-48. Lettres d'un Jossaud à son cousin Laudun, à Montpellier, pour affaires (Nîmes, 12 octobre 1668), puis d'un autre Jossaud à son beau-frère Laudun, maire à Aramon. Dans la lettre 47, il lui annonce la mort de son frère le dominicain de Jossaud, à Marseille (Tarascon, 13 août 1712). — La lettre 48 n'est datée que de « lundi ». Affaires. — 49. Lettre peut-être du même à son cousin. Affaires (Tarascon, 9 août 1718). — 50-51. Lettres d'un Jossaud à son oncle Laudun, à Aramon. Affaires (Tarascon, 2 mars-12 avril 1729). — 52-76. Lettres de Jossaud aîné. Généalogie. Nobilité des biens. Condoléances. Abonnement au droit de l'équivalent pour la vente des vins (56-57). Bruits de mariages concernant les familles d'Aramon et de Fournès (60). Inondation de 1785 (61-62). Nécessité d'éclaircir l'affaire du neveu de M. Tempié au sujet d'une fille de Vauvert (65). Affaires. — Ces lettres vont du 4 juillet 1745 au 16 mars 1768, et sont écrites d'Aramon, sauf la lettre 53, écrite de Nîmes. — 77-78. Lettres d'un Jossaud écrites d'Aramon à Mme de Laudun. Affaires (9-11 juin 1775). — 79-80. Lettres d'un Jossaud aîné à son cousin de Laudun, au château de la Motte ou à Tarascon, au sujet du consulat d'Aramon (Tarascon, 14 octobre 1786-Aramon, 3 janvier 1787). — 81. Lettre d'affaires de Bancilhon (Nîmes, 4 juillet 1787).

E. 1423. (Liasse.) — 77 pièces, papier.

1767-1794. — *Famille de Laudun, d'Aramon. — Correspondance.*

1. Lettre de remerciments de Roussel pour un étui à lui offert par Laudun à l'occasion de ses recherches d'actes (Bagnols, 20 août 1788). — 2-53. Lettres d'affaires de Théaulon, secrétaire des syndics généraux de Languedoc, rue Saint-Germain-L'Auxerrois, près la rue de la Monnaie, écrites de Paris, du 2 juin 1767 au 30 décembre 1789, à M. de Laudun fils, écuyer, à Tarascon. — La pièce 22 est un mémoire des honoraires dus au notaire Ledoux et acquitté par lui. — 2. Il s'agit de la liquidation de l'office de maire ancien d'Aramon. — 4. L'édit de novembre 1767 ordonne la conversion en contrats à constitution de rente de divers effets royaux et autres dettes de la guerre, de la marine et des colonies. Cet événement a fait tomber tout à coup la valeur de ces effets, que les banquiers de Paris, qui en faisaient le commerce, s'empressent de vendre, préférant l'argent comptant. On pourrait se faire des rentes à près de 8 %. en achetant actuellement (14 janvier 1768). — 5. L'office a été liquidé à 7.965 l. (4 mars 1768). — 9. Théaulon a fait remettre au député des États de Provence les titres et contrats de la liquidation de l'office de la mairie d'Aramon. Le député les fera rendre à Laudun. Tous les six mois Théaulon fera remise à Laudun des arrérages de la rente provenant desdits contrats (21 janvier 1769). — Les lettres suivantes marquent l'accomplissement, plus ou moins facile, de ce programme. — 54-55. Lettre du marquis de La Pasture-Verchocq, écrite de Montreuil-sur-Mer, le 24 septembre 1780, au comte de Laudun, capitaine au régiment du Commissaire-Général de la Cavalerie, à Vernon, en Normandie, au sujet d'un envoi d'argent

destiné à Cordier, hôtelier d'Abbeville, avec la quittance dudit argent faite par Cordier au marquis le 7 septembre 1789. Le directeur des diligences avait oublié la commission dont il s'était chargé. — 56-57. Lettres d'affaires de Blain (Saint-Remy, 23-28 février 1791). — 58-74. Lettres d'affaires de Blandeau (Montpellier, 26 octobre 1785-10 janvier 1791). — La lettre 58 est signée par Blandeau et par Palat, qui annonce à Laudun la vente de son office à Blandeau, avec, pourtant, société, de sorte qu'il restera à la tête des affaires. — 75. Lettre de M⁣ᵐᵉ de Thorame, écrite de Porcien (Isère), le 17 décembre. Elle va rentrer à Aix. Son fils part demain avec sa femme pour aller passer les fêtes aux Pennes. — 76. Lettre de M. de Modène (1) au comte de Laudun, à Montpellier, s. d. Il s'agit de voir le tailleur Loval, de lui transmettre une commande de vêtements et de régler pour le scripteur, qui a mis une croix en tête de sa demande. — 77. Copie d'une lettre de M. de Villevieille, de Sommière, au sujet du placement de plants de mûriers (s. d.).

E. 1424. (Liasse.) — 31 pièces, papier ; 6 sceaux.

826-1460. — *Famille de Laudun, d'Aramon. — Procès des hommages et de la coseigneurie d'Aramon, contre la maison d'Aramon. — Pièces produites.*

1. Extrait en forme d'un accord entre Ildefonse ou Alphonse, comte de Toulouse et de Saint-Gilles, d'une part ; et Raimond, comte de Barcelone et sa femme la comtesse Douce, d'autre part, au sujet de Beaucaire, du territoire d'Argence et du comté de Provence. L'acte est passé le 17 des calendes d'octobre, ou 15 septembre 1125. Il est produit parce qu'il porte le seing de Rostang de Posquières, qui, d'après la suscription de l'extrait, fut témoin pour noble François de Posquières, coseigneur d'Aramon. L'extrait est délivré par l'archivaire royal du comté de Provence, et tiré du f° 46 v° du « registre des parchemins (1) ». Signature illisible. Pas de date du lieu de l'acte, ni du temps de l'extrait. Écriture du XVIe siècle. Ce partage de la Provence entre Alphonse-Jourdain et Raimond-Bérenger est longuement analysé dans l'*Histoire de Languedoc*, édition Privat, tome III, pages 661-3 ; commenté tome IV note XV et publié tome V, numéro CCCCII. — 2. Extrait en forme de l'hom-

(1) Ms. : « Du registre pergamenorum ».

mage fait, le 4 des nones de septembre, ou 2 septembre 1210, à Guillaume, évêque d'Avignon, en présence des consuls de la ville, par Albaron, fils de feu Pierre d'Albaron, pour le château de Lers, relevant de l'église d'Avignon. La pièce reproduit in extenso, en témoignage de la suzeraineté de l'évêque, un diplôme de Louis, empereur, portant donation à Foulquier, évêque d'Avignon, de plusieurs églises, ainsi que du port et du château de Lers. Cette donation, faite à la demande du comte Hugues, de son frère Bozon et de l'archevêque Rostang, est datée de la veille des nones d'avril, ou 4 avril, indiction XIII, an XII du règne de Louis le Pieux, ou 826. L'évêque produit encore une bulle d'or de l'empereur Frédéric attestant que l'église d'Avignon tient de la munificence des empereurs le château de Lers et ses dépendances, ainsi que l'église Notre-Dame, sise dans la même île (du Rhône) que le château et tout près de lui. Frédéric confirme ce privilège à l'évêque Geoffroi. Après la lecture des deux diplômes impériaux, l'évêque Guillaume fait attester par témoins les hommages rendus par Pierre d'Albaron aux évêques Geoffroi, Pons et Rostang, ses prédécesseurs. L'hommage du fils a lieu dans la chambre de l'évêque. L'extrait est signé par le secrétaire et chancelier Philip, le 22 décembre 1722. Sceau du juge de la cour ordinaire de Saint-Pierre d'Avignon. — 3. Copie du règlement pour le péage dû sur le sel à Aramon. Texte provençal, tiré des archives royales de la sénéchaussée de Beaucaire et Nimes, par l'archiviste Quotin. Le règlement est du 13 mai 1218. L'extrait est du 19 août 1447. — 4. Extrait d'un hommage au roi fait, le 5 des ides de mars, ou 11 mars 1270, par Pierre Brémond Gros, chevalier d'Aramon. L'extrait est tiré d'un petit livre coté 4, de l'armoire de la sénéchaussée de Nimes, salle des archives de la chambre des comptes de Montpellier, le 11 décembre 1693, par le commis Darlède. — 5. Extrait d'un vidimus du prévôt de la collégiale de Saint-Didier d'Avignon, official, et du viguier de Saint-André et Villeneuve d'Avignon, reproduisant un autre vidimus, scellé, de trois actes, fait à la requête de Robert Albaron, chevalier, seigneur de Lers et de Montfrin. — 1°. Hommage d'Albaron, seigneur de Lers et de Montfrin, à R., évêque d'Avignon, pour le château de Lers, ensemble le terroir, la juridiction, le port, le péage nouveau et ancien, et le tènement de Valergue, etc. (Châteauneuf-Calcernier, la veille de la fête des

Saints Pierre et Paul (28 juin) 1269). — 2°. Hommage d'Albaron à Robert, évêque d'Avignon (Fort supérieur du château de Lers, 5 des nones d'octobre, ou 3 octobre 1281). — 3° Hommage de Pierre Albaron à André, évêque d'Avignon (Avignon, 7 des calendes de juin, ou 26 mai 1291). — L'extrait est délivré par le chancelier Philip le 23 décembre 1732. Sceau du juge de la cour ordinaire de Saint-Pierre d'Avignon. — 6. Extrait d'une sentence arbitrale, succédant à une enquête par témoins, au sujet de la délimitation des alluvions du Rhône entre la communauté du Terme et Jean Chausoard, sieur d'Aramon. A la suite de la sentence, l'arpentage d'une île est effectué par l'arpenteur royal Bertrand Bausani, d'Aramon, et par Jean d'Aramon et Pierre d'Aramon, damoiseaux (25 octobre 1304-11 juin 1306). A la fin de la copie, M. de Posquières note qu'elle a été collationnée et vidimée sur un extrait en parchemin exhibé par noble Accurse de Posquières en présence de M. Pitot, représentant M. d'Aramon, suivant procès-verbal du 20 novembre 1645. — 7. Copie avec lacunes d'une constitution de dot faite par Jean et Pons d'Aramon, coseigneurs d'Aramon, à Marie d'Aramon, fille de Jean, qui épouse Alphant de Rabasse, damoiseau de Remoulins (16 janvier 1315). — 8. Note sur une vente faite par Bérenger Audibert, damoiseau d'Aramon, le 16 des calendes de juin, ou 17 mai 1312, en franc-alleu ; sur une vente faite par Raimond d'Aramon et autres damoiseaux, d'un bois en franc-alleu ; enfin sur une sentence du 28 janvier 1325 maintenant les habitants de Domazan dans leur droit de dépaissance malgré les officiers d'Aramon. — 9. Extrait en forme d'un hommage fait au roi par Decan de Mézoargues et *Aramonus* d'Aramon, damoiseaux, pour eux et comme procureurs de dix autres coseigneurs d'Aramon : François, Pierre, Rostang d'Aramon ; Guillaume-Hugues d'Aramon, Pierre de Mirandol, Jean de Mirandol, Raimond d'Aramon, Jean d'Aramon, et Bertrand de Luc, chacun pour sa part des lieux d'Aramon et du Terme (Nîmes, 13 avril 1328). — 10. Copie d'un pacte de rachat daté de Montfrin, 25 janvier 1328 v. s. Bertrand Baccon, damoiseau d'Aramon, avait vendu à Philippe de Saint-Bonnet, juriste de Valabrègue, la censive d'une salmée de blé assise sur un fief appelé Puech-Rédier. Si, d'ici au 15 août prochain, Bertrand rembourse les 40 l. t. de prix de son achat, Philippe annulera la vente. La pièce originale est dans les archives du chapitre de Villeneuve. — 11. Copie de la vente de censive dont il est question dans la pièce précédente (Même date et même origine). — 12. Copie d'une vente de censives faite, le 17 mars 1329 v. s., à Aramon, en présence de Jean Bon, juge ordinaire, pour le roi, de la viguerie de Beaucaire, par Alziarius de Mézoargues, juriste, et son frère Decan de Mézoargues, damoiseau, cohéritiers de feu leur père noble Decan de Mézoargues, damoiseau, seigneur en partie d'Aramon, agissant pour eux et leurs frères et sœurs mineurs. Mention de Rostang d'Aramon, Bernard Pierre, Pons d'Avignon, Aramon d'Aramon, damoiseaux, coseigneurs d'Aramon. L'acquéreur est Arnaud de Via, cardinal diacre du titre de Saint-Eustache, absent. A la suite, texte de l'instrument de la tutelle et de la curatelle des mineurs Aramon, près de la tour de la cour royale, 9 octobre 1329). Enfin, texte de la procuration du cardinal (Avignon, 4 janvier 1328 v. s.). — 13. Ratification (copie) d'une transaction intervenue entre l'aumônier du monastère de Saint-Gilles et Bernard Fabre, de Caveirac, habitant de Saint-Gilles, sur la réduction d'un quart pour tasque et dîme. L'abbé et les religieux la ratifient en chapitre le 4 des nones de septembre, ou 2 septembre 1383. — 14. Extrait de l'hommage fait, le 11 octobre 1353, par François Albaron, seigneur de Lers et de Montfrin, à Étienne, archevêque de Toulouse, camérier du pape, son vicaire à l'évêché d'Avignon, pour le château de Lers, etc. L'acte est passé dans le palais apostolique d'Avignon. Extrait délivré par le chancelier Philip le 22 décembre 1732. Sceau de la cour ordinaire de Saint-Pierre d'Avignon. — 15. Extrait en français d'une vente faite, sous le règne de Jeanne, reine de Jérusalem et de Sicile, comtesse de Provence, par Mascarone d'Aramon, fille et héritière de François d'Aramon, coseigneur d'Aramon et du Terme, femme de Jean de La Baume, à Philippe Brasfort, docteur et avocat de Nîmes, de sa part de la juridiction d'Aramon et du Terme (Tarascon, 7 mars 1373 v. s.). — 16. Extrait en latin de l'avèrement des biens nobles d'Aramon, fait le 7 avril 1389. L'extrait est du 3 septembre 1714. — 17. Droits des coseigneurs d'Aramon, tirés de l'hommage fait au roi par Jacques Brasfort, petit-fils de Philippe, auteur de M. de Posquières, le 11 décembre 1395. — 18. Extrait d'un certificat du sénéchal, déclarant aux trésoriers du roi à Paris, que les ayants droit au péage d'Aramon et du Terme ont été remis en possession de leur péage et de leur juridiction, après avoir prêté au roi l'hommage qu'ils avaient refusé précédemment, parce qu'on leur avait demandé plus que le droit de lods (Nîmes, 12 juillet 1397). Énumération des ayants-droit ou « parçoniers », qui tiennent leur péage et juridiction du roi, sous serment de féauté. L'acte est produit pour établir l'existence de plusieurs seigneurs à Aramon. — Extrait, fait sur autre extrait en parchemin, du testament de Raimond Rabasse, de Remoulins, damoiseau (Remoulins, 8 juin 1401). L'extrait reproduit est daté de Nîmes, 5 juillet 1410. Le second extrait est daté de Tarascon, 31 mai 1749. Sceau de l'Hôtel de Ville des notaires d'Ansouis (Vaucluse), qui a servi au lieutenant particulier à Tarascon, remplaçant le juge royal absent, apposé le 10 juin 1749. — 20. Extrait abrégé d'une procuration de Marguerite de La Baume, co-dame d'Aramon, fille de Louis de La Baume, co-dame de Sanilhac et femme de noble Pierre Meyran, de Bourg-Saint-Andéol, coseigneur de Saint-Marcel, diocèse de Viviers. Marguerite, auteur de M. de Posquières, coseigneur d'Aramon, charge son père de reconnaître au roi les biens qu'elle tient du roi, comme mère de Pierre Brasfort, fils de feu Jacques et décédé intestat (Bourg-Saint-Andéol, 11 novembre 1402). — 21. Copie d'une procuration donnée, sous Guillaume de Laudun, seigneur de Rochefort, par Raimond Alcard, habitant d'Aramon, au notaire Pierre Ducros, d'Aramon, et autres hommes de loi (Rochefort, 4 décembre 1408). — 22. Copie d'une cession faite par Hélène de Laudun, fille de noble Bertrand de Laudun, de Montfrin (Montfrin, 4 mai 1411). — 23. Copie d'un ordre des généraux du domaine au grènetier d'Aramon. Il délivrera chaque année quatre quintaux de sel à noble Pierre Marroan, seigneur en partie d'Aramon, et possédant la plus grande part du péage d'Aramon, pour la provision et dépense de son hôtel (Pont-Saint-Esprit, 25 août 1415). — 24. Copie de lettres patentes de Charles VII au parlement de Toulouse, révoquant le don à vie fait par Charles VI à Geoffroi Le Meingre de Boucicaut, des lieux d'Aramon et de Valabrègue, mis à la main du roi par le sénéchal à la suite des crimes de Boucicaut, rendus à Boucicaut par Charles VII mal informé, et qu'il faut lui reprendre, à cause de ses nouvelles extorsions (Tours, 6 février 1423 v.s.). A la suite, arrêt du parlement ajournant personnellement Le Meingre et consorts et ordonnant la saisie de leurs biens (Tou-

louse, 12 mai 1424). — 25. Copie incomplète d'une vente faite, le 9 février 1439 v.s., par noble Raimond Rabasse, de Remoulins, à noble Jean de Laudun, de Montfrin, habitant Aramon, d'une maison à Aramon, faubourg Natheron, moyennant 10 florins — 26. Extrait du testament de Sanxio des Arbres, fille de feu Blaise, d'Aramon. Elle est enceinte, souffrant de la fièvre. Elle est veuve de noble Raimond Rabasse, de Remoulins. Son héritier universel est son fils Rostang Rabasse (Remoulins, 3 août 1435). Sceau des notaires de l'hôtel de ville d'Ansouis, apposé le 10 juin 1749. — 27. Extrait d'une vente faite par noble Jean Maine, damoiseau, d'Arles, à noble Atzias de Posquières, damoiseau, viguier d'Aramon. Il s'agit de 20 salmées de terre du ténement de Bertrand, et d'autres terres, dont une à Valabrègue (Arles, 14 avril 1436). — 28. Extrait d'une reconnaissance féodale faite par noble Alasacie Seybert, veuve de noble Jacques « Frarel » ou Farel, coseigneur de Saint-Privat du Gard, tutrice testamentaire de leur fils Pierre, à noble Guillaume de Laudun, comme fils et procureur de noble Jean de Laudun, d'Aramon, héritier de noble Gilles Rabasse, de Remoulins (Uzès, 4 mai 1438). Sceau des notaires d'Ansouis. — 29. Extrait sommaire des pouvoirs donnés, au nom du roi, par Etienne Fabre, contrôleur de la trésorerie de Nîmes, à noble Atzias de Posquières, coseigneur d'Aramon, en qualité de viguier royal d'Aramon et de Valabrègue (2 avril 1450), pouvoirs insérés dans un acte de 1459 à la requête d'un collecteur de la taille royale de la dite année. — 30. Note d'actes de 1370 à 1460, justifiant la qualité de coseigneurs des Posquières. — 31. Note sur des actes de 1393 à 1460 concernant les Laudun.

F. 1423. (Liasse.) — 27 pièces, papier.

1207-1517. — *Famille de Laudun, d'Aramon.* — *Procès des hommages et de la coseigneurie d'Aramon, contre la maison d'Aramon.*

1-2. Extraits du dénombrement des terres d'Aramon et de Valabrègue, fait par le seigneur des dits lieux, M. de Saint-Vallier, en 1464. L'acte est tiré des archives de la sénéchaussée de Nîmes, sac des dénombrements nobles. On y voit que nobles Jacques d'Aramon, Laurent d'Aramon et Marguerite de La Baume sont, dans la juridiction, trois seigneurs bas. Ils tiennent la juridiction du seigneur de Saint-Vallier par don royal. Détail de ce qu'ils perçoivent sur les compositions, les bans et les peines. Alzias de Posquières tient le terroir de Bertrand, contenant une certaine quantité de terres tenues de M. de Saint-Vallier. — 3. Extrait du contrat de mariage entre noble Bernard Lauret, fils de Jacques, de Pézenas, et noble Jacquette de Laudun, fille de feu Guillaume, fils de Jean, coseigneur d'Aramon et de noble Sibylle de Foncheran (Pézenas, 7 janvier 1460 v. s.). Sceau des notaires de l'Hôtel-de-ville d'Ansouis (Cette empreinte, beaucoup plus lisible que celles de l'article E. 1424, pièces 14, 31 et 33, porte la légende : S.D. HOSTEL.D.VILLE. SONAS D.ANSOUIS. Dans le champ, écusson du roi de France, accosté, à gauche et à droite, des moitiés respectives des mots : EOIT et 1261, coupés par le milieu et formant deux lignes.) — 4. Extrait de l'acte précédent, contenant la qualification de coseigneur d'Aramon donnée à Jean de Laudun. — 5. Cinq extraits sommaires tirés des archives de M. de Posquières le 27 octobre 1631 et concernant des actes de 1455 à 1467, qualifiant les Posquières de coseigneurs d'Aramon. — 6-8. Extraits d'hommage de Guillaume de Laudun au roi (Nîmes, 12 janvier 1475 v. s.). — 9. Extrait du livre de l'avérement et présage d'Aramon de 1478, concernant Jean de Laudun et autres. — 10. Copie partielle de la procédure du président de Mourion, aux archives de la chambre des comptes de Montpellier, contenant la déposition du notaire Guillaumet sur les îles du Rhône à la hauteur de Barbentane (23 septembre 1487). — 11-12. Extraits d'hommage de Jean de Laudun (Nîmes, 4 juin 1499). — 13. Notes anciennes sur la procédure du président de Mourion, les îles du Rhône, des comptes de clavaires indiquant la part du roi, les coseigneurs d'Aramon (XIVe et XVe siècles). — 14. Notes et analyses d'actes concernant les coseigneurs d'Aramon (1207-1503). — 15-17. Dénombrements de Jean de Laudun (Nîmes, 9 janvier-21 février 1503 v. s.). — 18. Reconnaissance faite au roi par Aymar de Poitiers, seigneur de Saint-Vallier, de la terre d'Aramon. Extrait du 12 mai 1506. — 19. Ratification de vente. Martial de Montravel, seigneur de La Coste, paroisse de Saint-Germain, diocèse d'Annecy, a vendu, pour lui et Marthe Maffre, veuve de Jean de Montravel, à Jean Panisse, docteur en droit, d'Avignon, leur maison d'Aramon, avec leurs autres possessions dans le pays (Avignon, 18 septembre 1512). La ratification par Marthe est du 1er décembre 1512, « château de Sarnassac. » — 20. Reconnaissance féodale faite à noble Jean Panisse, docteur, d'Avignon, par des habitants d'Aramon (Aramon, 7 juillet 1514). — 21. Extrait d'un partage entre nobles Marcouit et Jean du Jardin, frères, d'Aramon (25 mai 1517). — 22-27. Extraits de l'avérement d'Aramon concernant Jean de Laudun (1478-1517).

E. 1426. (Liasse.) — 1 pièce parchemin ; 33 pièces, papier.

1518-1550 — *Famille de Laudun, d'Aramon. — Procès des hommages et de la coseigneurie d'Aramon, contre la maison d'Aramon.*
1-2. Extraits du testament de noble Jean de Laudun (30 août 1518). — 3-4. Extrait et note du testament et du codicille de Jean de Laudun (22 août-11 septembre 1518). — 5. Extrait du contrat de mariage entre Guillaume Aussel et Marguerite Pomet (28 décembre 1518). — 6. Copie de l'avérement des hoirs de Jean de Laudun (s. d.). — 7. Note d'actes existants chez les notaires ou dans les archives du château à Laudun, envoyée par M. Gilles, de Laudun (1283-1522). — 8. Copie d'une transaction entre Claudine Boileau, veuve de noble Jean de Laudun, et Firmin Guiraud, au sujet de l'ouverture de deux fenêtres dans le rempart d'Aramon, côté du Rhône (Aramon, 19 février 1525 v. s.). — 9-19. Reconnaissances féodales faites à Jean de Laudun ou acaptes consentis par lui (Aramon, 11 novembre 1530-23 novembre 1537). — 20. Note d'actes de 1517 à 1537 (acapte, achat, avérements intéressant Jean de Laudun. — 21. Copie d'un acte de vente du 10 août 1530. Il s'agit d'une terre à Sycure, acquise d'Arnaud Delacroix, avocat de Nîmes, par Jacques Rouvier, de Saint-Gilles, moyennant 300 l. — 22. Note sur les îles du Rhône (Procédure de Gaillard de Montcalm, du 10 octobre 1539). — 23. Extrait de lettres patentes du roi prescrivant à tous les seigneurs tenant fiefs nobles de déclarer ceux qu'ils tiennent du roi (11-12 décembre 1539). — 24-28. Dénombrements de Jean du Jardin (1er mars 1539 v. s.), Jean de Laudun (2 mars 1539 v. s.), et Jean de Panisses, seigneur de Malijay (1540), pour leurs biens et droits à Aramon. — 29-30. Extraits d'un acapte fait par Jean de Laudun à deux frères d'Aramon, le 1er avril 1541. — 31-32. Notes d'actes intéressant Jean de Laudun (1300-1551). — 33. Achat

d'un jardin par Jourdan Gilles et investiture du jardin à lui donnée par Françoise de Moretan, femme de Jean de Laudun (13 mars-13 avril 1551). — 34. Début d'un dénombrement de Jean de Laudun (27 juin 1553). — 35. Hommage et dénombrement de Jacques de Laudun fait au bureau du roi de la sénéchaussée de Beaucaire et Nîmes, pour lui et son frère Jean, habitants d'Aramon. Le dénombrement contient 90 articles (28 août 1558). — 36. Note d'actes concernant la coseigneurie d'Aramon et appartenant à la maison de Posquières (1327-1554). — 37. Note d'actes établissant la directe des Laudun sur un jardin d'Aramon (1550). — 38. Copie d'une reconnaissance féodale faite à Jean de Laudun (31 octobre 1552). — 39. Note d'acaptes faits par les Laudun (1517-1550).

B. 1117. (Liasse.) — 1 pièce, parchemin ; 74 pièces, papier ; 7 sceaux.

1560-1660. — Famille de Laudun, d'Aramon. — Procès des hommages et de la coseigneurie d'Aramon contre la maison d'Aramon.

1-4. Avèrements de Jacques de Laudun ou d'Isabeau de Laudun (1543). — 5-6. Ordonnances du sénéchal rendues entre les consuls d'Aramon et Marguerite de Laudun et consorts. Les parties s'accorderont de cinq prud'hommes, au sujet du taux prélevé aux moulins à huile (7-10 novembre 1585). — 7. Échange entre noble Gabriel de Laudun et Pierre Perret (27 août 1587). — 8. Extrait de la vente de la seigneurie de Valabrègue, Comps et Saint-Étienne, faite par Charles Robert de La Marck, duc de Bouillon, prince de Sedan, colonel des Cent-Suisses de la Garde du corps, baron d'Aramon et Valabrègue, etc., à noble Jean de Gondin, citoyen d'Uzès, seigneur de Carsan, Montaigu et Boisseron, absent, moyennant 14.000 écus sol. Les îtes des Agasses, de Largentière et autres, dépendant de Valabrègue. Le vendeur a succédé à Jean de Poitiers, baron des lieux vendus et de Saint-Vallier. Teneur de la procuration donnée par Gondin à Maurice Reboul, receveur des tailles pour le roi au diocèse d'Uzès (24 février 1597). La vente est passée à Paris, le 10 mars 1597. L'extrait porte la signature d'Henri de Gondin, et le sceau de la cour royale de Sommière, apposé le 5 février 1603. — 9-25. Notes ou mémoires d'acaptes ou d'avèrements (1517-1608). — 26. Inventaire des produits d'André Bellon, assigné devant M. de Rochemore, président et juge mage en la sénéchaussée, pour dénombrer ses biens nobles d'Aramon et de Théziers. Il se justifie par des dénombrements (30 décembre 1610-19 août 1618). — 27. Mémoire des hommages et dénombrements qui sont à Montpellier pour les nobles d'Aramon (1429-1613). — 28. Note de ventes d'immeubles (1611-1618). — 29-30. Extraits de reconnaissances faites à Jean Barrême, juge et viguier de Tarascon, ou à Honoré de Commier, de Tarascon (9 juin 1630-14 janvier 1623). — 31. Résumé d'une transaction du 21 mars 1624 où figurent damoiselle Étienne de Laudun et Jean de Laudun. — 32. Hommage d'André Bellon, d'Aramon, fait au roi (Nîmes, 7 janvier 1635). Sceau. — 33. Factum imprimé pour Jacques Sauvan, seigneur d'Aramon et de Valabrègue, défendeur en requête civile, contre Hercule de Gondin, grand prévôt de Languedoc, demandeur en requête civile et d'ampliation, contre un arrêt de la chambre de l'édit du parlement de Paris, du 20 mai 1628. — 34-35. Notes d'acaptes ou d'avèrements (1517-1635). — 37. Arrêt imprimé des Requêtes ordinaires de l'Hôtel du Roi, rendu entre Jacques Sauvan, seigneur d'Aramon et de Valabrègue, et les consuls d'Aramon et d. Valabrègue, ensemble les habitants. M. d'Aramon s'oppose, entre autres, à la vérification et inféodation demandée par Jean de Laudun, aux Trésoriers de France de Montpellier, d'un crément qui s'est formé dans le lit du Rhône, à l'intérieur de la seigneurie. Les Maîtres des Requêtes déboutent les consuls de Valabrègue de leur opposition à Sauvan. Ils ordonnent que, sans s'arrêter aux investitures et inféodations faites par le Domaine de Nîmes et les Trésoriers de France de Montpellier, Sauvan sera mis et réintégré en pleine possession des îtes, créments et graviers litigieux, pour en faire les déguisements ou remplacements aux habitants de leurs anciennes contenances, prouvées par valables titres. En ce qui concerne l'opposition des habitants d'Aramon, les transactions intervenues entre les seigneurs et eux seront exécutées selon leur forme et teneur. Laudun est condamné à restituer à Sauvan tous les fruits par lui perçus au crément des Graves, terroir d'Aramon, depuis 1635 (Paris, 31 juillet 1638). Signification aux consuls d'Aramon le 26 août 1638. — 37. Attestations, données par le notaire Arnaud, qu'il a reçu des actes de vente qu'il résume (1626-

1638). — 38-40. Reconnaissances féodales pour Jean de Laudun (3 avril-23 septembre 1639). — 41. Dénombrement des biens nobles de Jean de Laudun (19 mai 1639). — 42-43. Assignations en féodale et attestation d'arpentement (7 octobre-23 novembre 1639). — 44-45. Reconnaissances féodales pour MM. de Laudun et de Jossaud (30 novembre 1639). — 46. Note d'emphytéotes (1635-1639). — 47. Inventaire pour Jean de Laudun, les hoirs de Pierre de Jossaud et les hoirs de Pons de Jossaud, demandeurs en féodale contre Antoine Lafant et Arnaud Royal, d'Aramon (1639-1640). — 48. Verbal pour Jean de Laudun et les hoirs de Jossaud (23 février 1640). — 49-51. Reconnaissances pour Jean de Laudun et les hoirs de Jossaud (16-dernier février 1640). — 52. Rémission d'une maison d'Aramon faite à Pierre Poise (17 mars 1641). — 53. Ordonnance de Pierre de Pascal-Philippy, visiteur général des gabelles en Languedoc, Dauphiné et anciens ressorts, rendue sur la requête de Jacques de Sauvan, seigneur d'Aramon, Valabrègue et Comps, et du syndic de l'église collégiale de Roquemaure. Elle porte que l'entier péage à sel d'Aramon y sera levé comme il était de toute ancienneté, sauf aux propriétaires de prendre, des mains de leurs commis ou fermiers, les deniers en provenant, chacun suivant sa part, sans plus (Montpellier, 10 octobre 1641). — 54-56. Reconnaissances féodales pour Jean de Laudun et les hoirs de Jossaud (26 avril-6 août 1643). — 57. Vente d'une maison d'Aramon faite par Pierre Poise et consorts à Jean Savoyrac (4 janvier 1644). — 58. Arrêt imprimé de la cour des aides de Montpellier, rendu les chambres et semestres assemblés, à la réquisition du procureur général du roi (Montpellier, 5 novembre 1644). La cour casse des ordonnances des trésoriers de France et des commissaires par eux députés, comme contraires aux édits du roi et aux arrêts de son Conseil, ensemble tout ce qui s'en est suivi, défendant à Nissane, et autres trésoriers de son ressort, de procéder à la réception des foi et hommages dus par les vassaux du roi pour les fiefs qu'ils tiennent immédiatement de la Couronne, ni de se faire remettre les aveux et dénombrements de leurs fiefs. — 59. Aveux et dénombrements, en copie abrégée, des biens nobles de Jean Malortigue (1636-1644). — 60. Vente faite par Jean de Laudun à Jean Granet, marchand d'Aramon, d'une terre noble de 5 salmées au terroir de Bertrand (27 janvier 1645). — 61. Arrêt imprimé des Commissaires du Domaine, rendu entre le traitant Pierre Cellier, bourgeois de Paris, et Jacques Sauvan, seigneur d'Aramon et Valabrègue. Malevatette, Jossaud, Lyon, Fabre, la communauté d'Aramon, Laudun et autres, ayant inféodé des îles dans la juridiction d'Aramon et Valabrègue, feront foi de leurs titres dans trois jours, à peine de saisie, aux termes d'une ordonnance visée du 13 août 1644. Les Commissaires déclarent les terres d'Aramon et Valabrègue non sujettes aux taxes imposées sur les possesseurs des domaines du roi, comme n'étant plus de ces domaines (Château du Louvre, à Paris, 10 mai 1645). — 62-69. Notes ou extraits d'avèrements ou d'acaptes (1478-1640). — 70. Vente faite par noble Denis du Jardin et sa sœur Claudine, à noble Antoine de Sauvan et Laurent de Cholaity, de leurs droits seigneuriaux et autres à Aramon, moyennant 400 l. t. (10 juin 1649). — 71. Reconnaissance féodale faite par les hoirs de Pierre Martin aux hoirs de Jean de Laudun (Tarascon, 20 février 1654). — 72. Rôle d'hommages, dénombrements, testaments et contrats de mariage des Laudun (1499-1654). — 73. Lettre de M. de Raoux à Mᵐᵉ de Laudun, au sujet de la recherche d'une transaction d'un auteur de M. de Laudun avec le seigneur d'Aramon. Le chanoine Ferrier dit avoir égaré la pièce (Tarascon, 20 décembre 1657). — 74. Extrait des actes de baptême de Jacques et Claude de Sauvan, fils de Jacques, seigneur d'Aramon, ensemble de l'acte de sépulture de ce dernier, demeurant rue de Cléry et inhumé en l'église Saint-Eustache, à Paris (1645-1658). — 75-76. Reconnaissances féodales pour Étienne de Laudun et les hoirs de Jossaud (23 avril 1659-2 mai 1660).

E. 1416. (Liasse.) — 1 pièce, parchemin ; 53 pièces, papier.

XVe s.-1693. — Famille de Laudun, d'Aramon. — Procès des hommages et de la coseigneurie d'Aramon contre la maison d'Aramon.

1-3. Reconnaissances féodales pour Étienne de Laudun et les Jossaud (24 décembre 1662-10 octobre 1666). — 4. Inventaire d'actes et documents produits par les consuls d'Aramon au procès pendant entre eux et MM. de Laudun et de Conceyl (1478-1666). — 5. Copie d'un arrêt des Maîtres des Requêtes ordinaires de l'Hôtel du Roi, au sujet de l'île de Lassier ou Lacier. Jean-Louis de Posquières en est propriétaire, et Jean de Laudun, en 1636, en inféoda une partie sous le nom de graves. Jacques de Sauvan, seigneur d'Aramon, fit casser cette inféodation en 1632. Mais Laudun a joui des fruits jusqu'à 1655. Posquières les réclame et demande d'assigner Laudun en restitution. Accordé (Paris, 9 septembre 1668). — 6-7. Ordonnance imprimée des commissaires pour la réception des aveux et dénombrements, signifiée à Laudun (20 janvier-25 août 1672). — 8. Aveu et dénombrement d'Étienne de Laudun pour les biens nobles de la succession de Jean, son père, devant les commissaires du ressort de la cour des aides de Montpellier (7 avril 1672). — 9-10. Procuration et dénombrement de Pierre Raviot pour ses biens nobles de Théziers (30 avril 1672). — 11. Donation de noble Denis du Jardin et de Catherine d'Adelbert, femme de noble Conrad de Raoulx, en faveur de Laurent Choisity, de leurs droits seigneuriaux à Aramon (17 mai 1672). — 12. Hommage fait par Étienne de Laudun à raison de ses biens nobles d'Aramon (Montpellier, 12 août 1679). — 13. Ordonnance imprimée pour les aveux et dénombrements (Montpellier, 1er décembre 1689). — 14. Extrait d'un arrêt du Conseil d'État ordonnant que les terres d'Aramon et Valabrègue demeureront réunies au Domaine, suivant la faculté de réméré de la transaction passée entre Charles VII et Louis de Poitiers le 28 juillet 1426, distraction préalablement faite au profit de Sauvan des terres et héritages acquis par ses auteurs jusqu'à 1672, sans préjudice du droit du roi sur les îles et créments pouvant être compris dans lesdits actes d'acquisition (Versailles, 31 mars 1685). — 15-20. Mémoires d'acaptes, de reconnaissances; exploit et arpentement (1535-1689). — 21-22. Copies d'un arrêt du Conseil d'État. Ayant égard aux offres de Thérèse de Barbezières de Chémerault, dame d'Aramon, le roi la maintient en possession des terres d'Aramon et Valabrègue, justice et seigneurie, sans en rien retenir, y compris des îles et créments nés ou à naître, et le péage de Comps, faisant partie du domaine ancien des dites terres (Versailles, 30 mai 1690). — 23. Requête d'Étienne de Laudun en levée de saisie de ses biens nobles. Accordé, attendu l'hommage rendu (Montpellier, 28 novembre 1691). — 24. Autre requête dans le même sens à la cour des aides. La main levée des choses saisies est octroyée (9 janvier 1692). — 25-26. Copies d'un arrêt de la cour des aides portant que les hommages des fiefs et terres nobles dans la juridiction d'Aramon et Valabrègue ne seront rendus qu'au roi (Montpellier, 23 mars 1692). — 27-29. Déclaration, faite par Étienne de Laudun à un commissaire subdélégué, de ses biens nobles relevant du roi (16 avril? mai 1692). — 30-34. Copies et exemplaire imprimé d'un arrêt du Conseil d'État, rendu sur requête de Mme d'Aramon, veuve de Jacques-Antoine-Ricœur de Sauvan, baron d'Aramon, Valabrègue, etc., tutrice de leur fils mineur. Jussaud et les autres possesseurs de fiefs mouvants des terres et seigneuries d'Aramon et de Valabrègue, seront tenus d'en faire leurs foi et hommages, et fournir leurs aveux et dénombrements à Mme d'Aramon, comme propriétaire incommutable, à la charge par elle et ses successeurs de les rapporter en arrière fief dans les aveux et dénombrements fournis au roi (Versailles, 16 août 1692). — 35-37. Consultations de M. de Missels, délibérées à Nîmes les 24 et 29 octobre 1692). — 38-39. Mémoire en latin, puis en français, sur l'hommage (s. d.). — 40. Rôle de ports de lettres, copie d'arrêt, envois d'arrêts ou d'hommages (s. d.). — 41-44. Mémoires et requête sur le fait des hommages (1692). — 45-46. Adhésion d'Étienne de Laudun à l'opposition d'Honoré-Louis d'Arnaud, sieur de Prémont, François de Posquières et consorts, contre Mme d'Aramon et l'arrêt du 16 août 1690 (12 janvier 1693). — 47. Copie d'ordonnance du commissaire subdélégué octroyant défaut contre les adversaires de Mme d'Aramon, assignés (Nîmes, 17 janvier 1693). — 48. Procuration donnée par Laudun, Prémont et Posquières à Cartier, avocat au Conseil, à Paris (25 février 1693). — 49. Transaction entre Mme d'Aramon et Jeanne Combes, veuve Damour (8 mai 1693). — 50-51. Assignation aux nobles d'Aramon pour rendre l'hommage à Mme d'Aramon (27 juin 1693). — 52. Consultation de Cartier, délibéré [à Paris] le 9 juillet 1693. — 53. Requête à la cour des aides en assignation de Mme d'Aramon. Accordé (Montpellier, 24 juillet 1693). — 54. Déclaration des biens possédés noblement par Joseph-François de Laudun, fils et donataire d'Étienne (Aramon, 9 septembre 1693).

E 1479. (Liasse.) — 2 pièces, parchemin; 21 pièces, papier; 1 sceau.

XIIe s.-1693. — *Famille de Laudun, d'Aramon. — Procès des hommages et de la coseigneurie d'Aramon contre la maison d'Aramon.*

1-2. Arrêt du Conseil d'État, rendu sur la requête d'Honoré-Louis d'Arnaud, sieur de Prémont; les frères François et Gédéon de Posquières, et Étiennede Laudun de Favier ; contenant qu'il y a plusieurs fiefs et terres nobles, dans le territoire d'Aramon, possédés par des gentilshommes ou particuliers ayant succédé aux anciens coseigneurs d'Aramon. Ces coseigneurs faisaient hommage de leurs fiefs, îles, îlots et créments du Rhône, aux anciens comtes de Toulouse. Quand saint Louis eut réuni la province de Languedoc à la couronne, c'est aux rois que les coseigneurs rendirent foi et hommage et soumirent leurs dénombrements. Les rois acquirent partie desdits fiefs de ceux qui voulurent vendre leurs parts. Comme coseigneurs d'Aramon, les possesseurs des fiefs et terres nobles de l'ancienne mouvance des comtes de Toulouse les tiennent immédiatement de la couronne, dont le droit est inaliénable sans le consentement des possesseurs. Mme de Barbezières n'a, sur les suppliants, que la juridiction et le pas, comme étant aux droits des aînés des seigneurs qui ont possédé tous les fiefs, et dont les puînés sont demeurés coseigneurs par le partage des fiefs. Ils demandent au roi de les recevoir opposants à l'exécution de l'arrêt du Conseil du 10 août 1692, en ce qu'il ordonne la cassation de l'arrêt du 28 mars 1692. Ils demandent de ne faire leur foi et hommage qu'au roi, à la réserve des fiefs mouvants de Mme d'Aramon. Le Conseil renvoie l'examen de la requête à M. de Basville, intendant de Languedoc (Fontainebleau, 22 septembre 1693). — Pièce d'envoi scellée adressée à Basville (22 septembre). Au dos, signification à la marquise d'Aramon et à son beau-frère M. de Lenoncourt (Aramon, 16 septembre 1694). — 3. Copie de l'arrêt sur papier. — 4. Requête des Posquières et de Laudun à la cour des aides contre Mme d'Aramon (28 novembre-1er décembre 1693). — 5-11. Requête, mémoires, procuration, instruction relatifs aux hommages (Minutes de 1693). — 12. Généalogie des Posquières (1125-1693). — 13. Requête à l'Intendant de MM. de Prémont, de Posquières et de Laudun pour les hommages. Au bas, ordonnance d'assignation de Mme d'Aramon (Montpellier, 20 février 1694). — 14. Inventaire de la production de M. de Posquières sur les hommages et la coseigneurie d'Aramon (31 janvier 1105-1694). — 15. Lettre d'affaires de M. de Missols, annonçant des actes anciens qu'il analyse, avec instructions juridiques (Nîmes, 25 juin 1695). — 16. Mémoire de Missols (Nîmes, 26 octobre 1695). — 17. Copie de la production d'Étienne de Laudun devant l'intendant de Basville. La copie est d'avril 1698. — 18. Copie de signification (13 février 1699). — 19-21. Requête à l'Intendant par Joseph-François de Laudun et consorts, avec pièces (30 janvier-24 février 1699). — 22. Requête à l'Intendant par Mme d'Aramon (31 mars 1699). — 23. Mémoire incomplet de 1694.

E. 1419. (Liasse.) — 27 pièces, papier.

XIIe s.-1714. — *Famille de Laudun, d'Aramon. — Procès des hommages et de la coseigneurie d'Aramon contre la maison d'Aramon.*

1. Réponse de Laudun à son beau-frère, non autrement désigné. Il lui envoie un projet de leur production pour la coseigneurie d'Aramon. Ligne de conduite à suivre dans les autres affaires avec les d'Aramon (Aramon, 28 mars 1628). — 2. Lettre d'affaires de Bonnemant au sujet d'une condamnation à l'amende par le parlement de Toulouse (6 mai 1628). — 3-6. Copie de requête à l'Intendant, production, délibération consulaire d'Aramon contre les saisies du vin que les cinq familles nobles anciennes de la communauté ont le droit de vendre en juillet, quand elles en ont récolté, saisies faites par la maison d'Aramon ; mémoire pour dresser production devant l'Intendant (6 mars 1699-18 juillet 1700). — 7. Mémoire sur le partage de la Provence entre les comtes de Toulouse et de Barcelone (s.d.). — 8-9. Mémoire sur des lods et acaptes faits par Jean de Laudun (s.d.). — 10-12. Mémoires sur les coseigneurs d'Aramon (s.d.). — 13-14. Généalogies des coseigneurs d'Aramon (XIIIe-XVIIe s.). — 15-16. Réclamations de lods de la maison d'Aramon ; dépenses faites dans le voyage de Montpellier pour l'affaire des hommages et de la coseigneurie (1636-1706). — 17. Lettre de Laudun à Posquières, au sujet de l'affaire de la coseigneurie. Mercier demande 20 louis d'or pour fournir aux frais. Mme d'Aramon s'en tient à une ancienne production dont Laudun n'a pas souvenir. Il faut faire imprimer le travail de M. le viguier de Missols. Les imprimeurs de Montpellier ne peuvent s'en occuper qu'après les États. Il convient d'envoyer deux louis d'or chacun à Mercier, pour apaiser ce gros appétit, et de s'entendre avec un imprimeur d'Avignon, Posquières se trouvant à Villeneuve (Aramon, 20 décembre 1706). — 18. Inventaire de la production baillée devant l'Intendant par François de Posquières, coseigneur d'Aramon (1105-1706). — 19. Inventaire

de la production d'André Choisity, coseigneur
d'Aramon (1707). — 20. Inventaire de la production
de Pierre de Jossaud, coseigneur d'Aramon (1707).
— 21. Inventaire de la production de Valentin de
Prémant, coseigneur d'Aramon (1707). — 22. Inventaire de la production de Joseph-François de Laudun, coseigneur d'Aramon (1707). — 23. Arrêt imprimé du Conseil d'État du roi, du 27 septembre 1707,
permettant aux seigneurs de Languedoc de faire
procéder à la confection de leurs papiers terriers,
après avoir rendu hommage au roi (Fontainebleau).
— 24. État des biens nobles de M. de Laudun, ull,
vrés au mois d'août 1711. — 25. Inventaire de la
production baillée devant l'intendant par Anne-
Thérèse de Barbentères de Chémorault, veuve de
Jacques-Antoine-Éléonor de Sauvan, marquis d'Aramon, Valabrègue, Comps, Le Torme, etc., contre
de Pesquidres, de Laudun, d'Arnaud-Prémont,
André Choisity et Pierre de Jossaud, se disant
coseigneurs d'Aramon et du Torme (3 octobre
1713). — 26. Réponse des coseigneurs d'Aramon à
la production de Mᵐᵉ d'Aramon (13 juin 1714). — 27.
Lettre de Laudun à de Nissols, avocat à Nîmes,
au sujet du privilège des familles nobles d'Aramon
de vendre leur vin en juillet (vot du vin). Aramon,
23 août 1714.

B. 1431. (Liasse.) — 68 pièces, papier.

1718-1748. — *Famille de Laudun, d'Aramon.
— Procès des hommages et de la coseigneurie
d'Aramon contre la maison d'Aramon.*
1. Rôle des frais et droits exposés au procès par
Mercier (15 décembre 1718). — 2-20. Copies d'arrêt
du Conseil et assignations devant M. de Bernage,
intendant de Languedoc ; copies de requête à l'Intendant, d'ordonnance et assignations ; défenses
contre Mᵐᵉ d'Aramon ; affirmation pour les coseigneurs ; copie de leur procuration ; remise de production ; continuation de production pour Mᵐᵉ
d'Aramon (16 juin-7 octobre 1719). — 21. Continuation de production des coseigneurs (16 novembre
1719). — 22. Requête imprimée des habitants et
communauté d'Aramon aux commissaires du roi
pour l'exécution de l'arrêt du Conseil du 21 novembre 1719, réunissant au domaine royal les terres
qui en ont été aliénées (Historique et tendance très
intéressants). Violences et concussions de Geoffroi

Le Maingre, dit Boucicaut, dans les terres d'Aramon et de Valabrègue, de 1390 à 1423. Assignation
de ces terres à Louis de Poitiers pour 483 florins,
en 1420. Leur vente à la famille de Luetz en 1480.
Violences et cruautés de Gabriel de Luetz. Confiscation de ces terres par Henri II, sous prétexte
qu'elles avaient été dans la maison de Poitiers,
avec don viager accordé à Diane de Poitiers en
1555. Les successeurs de Diane ont continué sa
possession, et La Mark, duc de Bouillon, son
petit-fils, vendit les terres à Jean de Gondin en
1597. Gondin accabla de procès les habitants, qui
demandèrent, en 1624, à se racheter au profit du roi.
Un Gondin n'eut d'autre expédient que de vendre
les terres d'Aramon et Valabrègue au marquis de
Grimoat. Après la mort de ce dernier, les terres
furent mises en saisie réelle, et Jacques de Sauvan, auteur des possesseurs actuels, en fut adjudicataire en 1655. Ses envahissements des biens communaux, sous prétexte du déguisement ou remplacement des fonds démolis par le Rhône. Ses procès
et ses violences continués par ses descendants,
Les tués et les blessés. La réunion des terres
d'Aramon et Valabrègue au domaine royal, amor-
cée par un arrêt du Conseil du 26 octobre 1680, fut
évitée par les manœuvres de la maison d'Aramon.
Le rachat redemandé en 1700 par les habitants, qui
sont dans les conditions de l'arrêt du Conseil du 21
novembre 1719, portant réunion des terres aliénées
du Domaine. Examen des acquisitions à distraire
du rachat. En les exagérant, on a paré à la réunion
demandée, et souvent esquissée (s. d.). — 23. Copie
de lettres patentes et décret de bannissement et confiscation contre Gabriel de Luetz, signifiée le 30
août 1720. Les lettres reproduites sont datées de
Fontainebleau, septembre 1551. Elles visent les
rébellions de Gabriel de Luetz et de ses complices,
et assignent à Diane de Poitiers les biens confisqués. Sentence du prévôt des maréchaux de Dauphiné, lieutenant du prévôt du Vivarais, parlant
d'une publication faite à Aramon le 15 août 1540. —
24-25. Note d'affirmations et rôle de frais (s. d.). —
26. Arrêt imprimé du Conseil d'État (Paris, 20
février 1722) ordonnant que tous seigneurs et vassaux possédants fiefs et seigneuries dans la mouvance du roi, qui n'ont pas rendu l'hommage dû au
roi, à cause de son heureux avènement, devront le
faire dans le délai de trois mois. — 27. Lettre non
signée à un personnage non nommé, désigné pour
rapporter au Conseil le procès suscité par Mᵐᵉ d'Ara-

men. Écriture de Laudun. Il demande un examen à fond des pièces, car il s'agit des biens des coseigneurs, et de leur repos (Aramon, 5 novembre 1726). — 28-29. Copies d'un arrêt du Conseil du 1er juillet 1727, Versailles, signifiées, à l'instance du marquis d'Aramon, le 30 janvier 1728. — 30-33. Mémoires pour l'affaire des hommages (s. d.). — 34-35. Projets ou copies de requête au roi (s. d.). — 36. Avis des avocats de Rabioux et Pollier, délibéré à Montpellier le 17 avril 1728 sur la marche à suivre par les coseigneurs. — 37-38. Lettres de Laudun à son père. Affaires de Bertrand et des îles. Il est de retour de Montpellier. Le traitant est à Paris. Le fermier du domaine lui a paru un fort galant homme. Le mariage de Rnousset est décidé. Il ne s'agit plus que de l'approbation du cardinal de Floury. La demoiselle viendra bientôt à Arles voir sa parente la marquise de Castillon (Tarascon, 6-26 juin 1728). — 39-41. Procurations de Laudun, Prémont et Choisity (30 septembre 1728). — 42. Lettre de Laudun père à son fils, à Tarascon. Affaires. L'adresse de M. de Villiers de Barral est au logis de la Rose, rue Saint-Jacques, près le collège Louis le Grand. M. de Villas ira bientôt à Paris. On pourrait lui confier des papiers. M. de Lenoncourt ignore, ou feint d'ignorer où est son neveu, qui devait venir avec MM. de Fournès. M. de Lenoncourt a voulu que Laudun allât souper avec eux, ce qu'il n'a pu lui refuser. L'absence de M. d'Aramon, qui a dit aller à Montpellier, d'où l'intendant manque, ayant rejoint à Alais le marquis de La Fare, donne à penser à tout le monde (Aramon, 26 février 1729). — 43. Mémoire des coseigneurs (après le 23 juillet 1733). — 44. Consultation de Pollier, délibérée à Montpellier le 11 août 1733. — 45. Autre consultation du même (12 octobre 1733). — 46-47. Copie et original d'une consultation d'Aldebert, délibérée à Nimes le 27 février 1734. — 48. Lettre d'affaires d'Aldebert (27 février). — 49. Consultation de Pollier, délibérée à Montpellier, 4 mars 1734. — 50. Requête imprimée du procureur général du roi adressée à la cour des aides et décision conforme de la cour, portant que les fiefs de dignité dont les possesseurs n'ont pas rendu la foi et hommage au roi seront saisis féodalement (Montpellier, 14 avril 1728). A la suite, signification à M. de Laudun père (31 juillet 1734). — 51-53. Mémoire pour les hommages, requête au roi, réponse à un mémoire (1734). — 54-55. Requête au roi des coseigneurs (21 mars 1735). — 56.

Requête au roi du marquis d'Aramon (20 mai 1735). — 57. Consultation de Pollier (Montpellier, 20 avril 1740). — 58-60. Arrêt imprimé et en copie du Conseil d'État sur les assignations qui seront données au Conseil, en constitution du nouvel avocat (Fontainebleau, 31 octobre 1738, avec significations de 1740 et 1748. — 61. Minute de lettre du 10 octobre 1740, de l'écriture de Laudun. Affaires. — 62. Déclaration de M. de Pougnadoresse, comme époux de Marie-Marguerite d'Estival, au sujet de ses immeubles d'Aramon, dont partie est matière à procès avec les seigneurs d'Aramon depuis deux ou trois siècles (Vers 1748).

E. 1182. (Liasse.) — 61 pièces, papier.

1749-XVIIIe siècle. — *Famille de Laudun, d'Aramon.* — *Procès des hommages et de la coseigneurie d'Aramon contre la maison d'Aramon.*
1. Requête du marquis d'Aramon au roi, contenant mémoire (Paris, 21 mai 1749). — 2. Consultation d'Aldebert (Nimes, 12 juillet 1749). — 3. Lettre de Laudun à Avint, caissier de M. de Villers, receveur général des finances de Rouen, à Paris, île Saint-Louis (Tarascon, 6 octobre 1649). — 4-5. Requête et mémoire pour les coseigneurs (1749-1750). — 6-18. Minutes de lettres de Laudun (Vers 1750). — 19. Précis imprimé pour Jean-Joseph-Augustin Lechantre, seigneur de Pougnadoresse, contre Marie-Guillaume-Alexandre de Sauvan, seigneur d'Aramon (s. d.). — 20-33. Extraits de reconnaissances féodales pour MM. de Laudun et de Jossaud (8 juillet 1760-10 janvier 1763). — 34. État des pièces que MM. de Laudun et de Jossaud opposent à M. d'Aramon dans l'instance en règlement de juges (Paris, 9 juillet 1770). — 35. Lettre du comte de Laudun à son père, par l'intermédiaire de Mme de Laudun, à l'abbaye du Vignogoul, pour la lui remettre à son passage à Montpellier. M. de Limaye lui a écrit ce qu'il pense de bien de l'avocat Gautier, dont les lumières et le désintéressement pourraient arranger le procès (Tarascon, 9 novembre 1778). — 36-38. Lettres du même au même et lettre de Laudun père (Lyon, 17 juin 1779-Tarascon, 22 novembre 1787). — Accès de fièvre du fils à Lyon. — Le 17 juillet 1787, il écrit d'Abbeville que la preuve de sa filiation est enfin terminée. — Le père expose ses recherches. Il eût été trop dispendieux d'envoyer

Copie des hommages et dénombrements, car chaque pièce aurait coûté 8 à 10 louis. Madières mettant son travail à haut prix. — 39-44. Copies de lettres des Laudun (s. d.). — 45-60. Mémoires et copies (s. d.). — 61. Généalogie des anciens coseigneurs d'Aramon, pour Honoré-Louis d'Arnaud et André Choisilly, faite au XVIIIe siècle (1817-1673).

H. 1493. (Liasse.) — 5 pièces, parchemin; 63 pièces, papier; 1 sceau.

1672-1695. — *Famille de Laudun, d'Aramon. — Procédure criminelle dérivant de l'affaire de la coseigneurie d'Aramon.*

1. Décret de prise de corps du Châtelet de Paris obtenu par Joseph Arnaud contre de Sauvan de Lenancourt, pour Madeleine d'Arnaud contre Anne-Thérèse de Barbesières de Chomerault, veuve de Sauvan d'Aramon (12 février 1672). — 2. Testament de Jacques Teissier, pour Joseph Fain contre Mme d'Aramon (Aramon, 22 avril 1670). — 3-4. Obligation et saisie des biens de feu Jacques Teissier (6 février 1683-19 janvier 1685). — 5-6. Copies (1692). — 7-11. Actes pour Gaspard Guiraud, consul d'Aramon, contre Mme d'Aramon (10 juillet-29 août 1693). — 12-13. Protestation et requête de Joseph-François de Laudun et de François de Posquières, coseigneurs d'Aramon, agissant pour eux et pour les autres gentilshommes descendant des anciens nobles et coseigneurs. Il s'agit de sauvegarder leur droit exclusif de vendre leur vin en juillet, avec prohibition aux autres habitants. Jeanne Combe et le prêtre Michel Féraud ont mis du vin en vente en même temps que les coseigneurs (10-12 juillet 1694). — 14. Achat du 14 août 1682, produit par Joseph Fain et autres contre Mme d'Aramon en 1694. — 15-16. Copies de décret de prise de corps pour François de Posquières et Gaspard Guiraud contre Mme d'Aramon (29 août 1694). — 17. Certificat des docteurs Pierre Alboin, de Villeneuve-lez-Avignon, et Rostang Tournaire, d'Aramon, portant que Pierre Malortigue, atteint d'une fluxion de poitrine, ne peut se lever ni voyager (Aramon, 29 août 1694). — 18. Liste d'habitants ou habitantes d'Aramon ou de Valabrègue (entendus) les 2 décembre 1693, 3 mai, 14 octobre, 30 août 1694. — 19. Copie de décret de prise de corps et verbal d'emprisonnement de Laudun, maire d'Aramon, à la requête de Mme d'Aramon (30 août 1694). — 20. Extrait de l'interrogatoire de Joseph-François de Laudun, coseigneur et maire d'Aramon, âgé de 33 ans, prisonnier aux prisons des « Hanmurais ». Ce document éclaircit toute la procédure. Laudun a été emprisonné en vertu d'un décret de prise de corps rendu par le parlement de Toulouse à la requête de Mme de Barbesières de Chomerault, veuve de Jacques Sauvan, baron d'Aramon. Avant que Laudun ne fût pourvu de la charge de maire d'Aramon, Mme d'Aramon avait attaqué la communauté au sujet d'un tènement qu'elle voulait s'approprier en exigeant divers droits des habitants. La communauté gagna le procès devant la cour des aides de Montpellier, le 28 novembre 1653. Laudun n'est coupable que d'avoir défendu les intérêts de la communauté. Mme d'Aramon ayant fait courir le bruit qu'elle avait gagné le procès, Laudun, Gaspard Guiraud, premier consul, François de Posquières et autres habitants réunis à table, apprirent le contraire. On but à la santé de M. de Missols, qui avait envoyé la bonne nouvelle, puis on sortit dans Aramon avec une musette et un tambour en tête, en criant : Victoire ! Victoire ! Le lendemain, sur la place, on s'entretint des plaisanteries de Malortigue sur Mme d'Aramon. Le 3 avril [1694], M. de Posquières donnant à dîner au marquis de Montfrin, Laudun fut de la partie. On alla se promener dans l'île de Cazeaux, où est la métairie de Mme Damour. Celle-ci étant sur sa porte, on lui demanda où était son frère. Elle menaça. Laudun blâma ledit Damour d'avoir fait enlever, par ordre de Mme d'Aramon, le fournier de la communauté, ajoutant qu'il pourrait avoir à regretter cette violence. Il est, en effet, à raison de cet enlèvement, prisonnier à Nîmes depuis quatre ou cinq mois (1-2 septembre 1694). — 21-25. Production sur l'élargissement, requête de soit montré en élargissement, copie de production, contredit de Laudun à l'opposition de Mme d'Aramon, sommation d'audience (2-4 septembre 1694). — 26-30. Arrêt d'élargissement pour Laudun, requête en jugement en cassation d'information, clousion sur la demande en excès, résultat de l'information, sommation à produire (4-10 septembre). — 31-33. Requête et ordonnance de contrainte, requête à délibérer, procuration donnée par Joseph Fain, bourgeois d'Aramon (18-23 septembre). — 34. Dire de Mme d'Aramon, devant le parlement de Toulouse, contre Joseph-François de Laudun, maire d'Aramon, prévenu et défendeur (24 septembre). — 35-59. Suite des pièces de la procédure. — La pièce 39 est un certificat de Rostain

Tournaire, docteur en médecine en l'université d'Avignon, habitant Aramon. Il atteste que Pierre Matortigue, d'Aramon, alité par suite d'une dysenterie qui a succédé à une fièvre catarrhale, accompagnée de fâcheux symptômes, est incapable de sortir de sa maison et de voyager (27 septembre 1694). — L'ensemble de la suite des pièces va du 24 septembre au 30 octobre 1694. — 60. Dire par écrit pour Laudun contre Mme d'Aramon (30 octobre). — 61. Inventaire de la production au parlement de Toulouse de François de Pasquières, coseigneur d'Aramon, Gaspard Guiraud, Charles Martin et Joseph Fain, prévenus et défendeurs, contre Mme d'Aramon, demanderesse en excès (30 octobre). — 62-78. Suite des pièces de la procédure. — La pièce 75 est un certificat de Laurens de Saint-Jean, docteur en médecine de l'université de Montpellier, pratiquant à Beaucaire. A la réquisition de Joseph Arnaud, procureur consulaire d'Aramon, il atteste avoir visité, à Théziers, la demoiselle Madeleine Arnaud, dans la maison de Jean Guirard, bourgeois, en compagnie de son chirurgien Pierre Valadier. Elle est d'un tempérament fort chaud et fort sec, d'une petite et mauvaise constitution, ayant la poitrine « pressée » et fort étroite, avec une petite fièvre qui augmente à mesure qu'elle a mangé, ayant d'ailleurs une toux importune qui lui cause des veilles presque continuelles, avec crachements de sang. Elle ne peut s'exposer à aucun voyage (15 décembre 1694). — Les pièces 76 et 77 concernent l'exoine de Madeleine Arnaud (17-20 décembre). — L'ensemble de cette suite va du 3 novembre au 30 décembre 1694. — 79-80. Requête et inventaire de Mme d'Aramon (s. d.). — 81-88. Pièces de la procédure, s. d. — 89-98. Dire d'Antoine Roux, charron d'Aramon, Mémoire en minute, requêtes, sommation d'audience, copies, interrogatoire de Pierre Guiraud, bourgeois d'Aramon, qualité d'arrêt (15 janvier-février 1695).

B. 1434. (Liasse.) — 78 pièces, papier.

1689-1702. — *Famille de Laudun, d'Aramon. — Procédure criminelle dérivant de l'affaire de la coseigneurie d'Aramon.*
1-8. Requête, mémoire, attestation qu'un témoin de Mme d'Aramon est une mendiante dont le fils est aux gages de ladite dame ; vérification du séjour, aux prisons des Hanmarats, de MM. de Laudun, de Pasquières, Guiraud, Martin et Fain (11 mars 1695) ; décision du sénéchal et du parlement contre M. de Lenoncourt, M. de Valabrègue et leur complices (19 février 1689-mars 1695) ; requête de Laudun et consorts contre Mme d'Aramon sur la déposition de la mendiante ; déposition d'Anne Monchaud (1689-1695). — 9. Objets établies par actes contre les témoins de Mme d'Aramon, par Laudun et consorts (2 avril 1695). — 10. Sommation (2 avril). — 11. Inventaire de la production de Laudun contre Mme d'Aramon (2 avril). — 12-16. Suite des pièces (7-30 avril). — 17. Lettre de Laudun à son père, écrite de Toulouse, le 30 avril 1695, au sujet de l'exoine de Mlle d'Arnaud, de M. de Cunis, d'Uzès, nommé commissaire par le parlement, et de la nécessité d'aller plus vite que ne peut le supposer Mme d'Aramon de de qui il faut devancer l'enquête. — 18-21. Suite de pièces. — 22. Lettre de Raoux (Uzès, 7 mai 1695). — 23. Lettre de J. Arnaud, écrite d'Aramon le 14 mai, à Carbonnel, agent de l'ordre de Malte, pour remettre à M. de Laudun, à Toulouse. Dès la réception de sa lettre du 30 avril à son père, on a préparé la visite de M. de Cunis, nommé pour vérifier la maladie de la sœur d'Arnaud. Au sujet de l'exoine, on leur a conseillé de faire partir le malade pour s'aller purger du décret. Elle est en chemin pour Toulouse, accompagnée de leur cousin, le notaire Arnaud, qui s'y rend pour lui-même. Manœuvres de M. de Lenoncourt. Les adversaires ont des faux témoins tant qu'ils veulent. Madeleine Arnaud sera ainsi jugée par le même arrêt que M. de Laudun et consorts. — 28. Interrogatoire de Madeleine Arnaud. Copie s.d. — Cette suite de pièces va du 29 avril au 10 juin 1695. — 32. Inventaire sommaire pour servir au videment de registre sur les fins de non procéder, baillé par Laudun et Pasquières contre Mme d'Aramon (6 juin). — 33-37. Copies, requête (16-27 juin 1695). — 38. Copie de salvation des témoins de Mme d'Aramon (27 juin). — 39-42. Copies. — 40. Exoine à recevoir Madeleine d'Arnaud, prévenue, contre Mme d'Aramon, demanderesse en excès (juin 1695). — 43. Inventaire de la production de Madeleine d'Arnaud (18 juillet 1695). — 44. Requête de Gaspard Guiraud (18-20 juillet). — 45. Continuation de production pour Laudun et consorts (20 juillet). — 46-50. Factum imprimé pour noble Joseph-François de Laudun et consorts, et factum imprimé (en 3 exemplaires)

pour dame Anne-Thérèse de Barbesières de Chemerault. marquise d'Aramon, Valabrègue, Comps et autres lieux, demanderesse en excès (20 juillet-6 août 1695); requête à délibérer pour Laudun, s. d. — 51-65. Suite des pièces (13 août-31 décembre 1695. — 66-75. Lettres d'affaires d'Ouvrier (Toulouse, 6 juin 1696-4 mai 1697). — La pièce 69 est une copie du 22 décembre 1624. — 76. Bannimont du procureur Vignes, non payé par ses clients M⁰⁰ d'Aramon et Claude de Sauvan, marquis de Lenoncourt (24-31 mai 1697). — 77. Quittance du receveur des amendes du parlement de Toulouse à Laudun (7 juin 1697. — 78. Lettre de Laudun à Mercier, procureur à Montpellier. M. de Lenoncourt, se trouvant à Toulouse, a réveillé le procès du banc (à l'église d'Aramon) par une fausseté. Comme Laudun a égard un arrêt du Conseil portant règlement pour les fonctions de maire, et qu'il sera absolument nécessaire à Toulouse, il prie Mercier de le lui acheter aux imprimeurs, et de l'envoyer incessamment à Monteil, procureur en parlement, près les Hanmurats (Aramon, 26 mai 1702.

B. 1435. (Liasse.) — 3 pièces, parchemin ; 71 pièces, papier.

XVI⁰ s.-1680. — *Famille de Laudun, d'Aramon. — Affaire du consulat, entre les gentilshommes et la communauté d'Aramon.*

1-2. Extraits d'une sentence du sénéchal du 10 septembre 1599 rendue entre les nobles d'Aramon. Laurent de Posquières, Denis du Jardin, Jean de Laudun et autres, d'une part ; et les syndics, manants et habitants roturiers d'Aramon, d'autre. La sentence vise une transaction passée entre Gabriel de Luetz, seigneur d'Aramon et Valabrègue, et les habitants nobles et roturiers d'Aramon, en date du 20 mars 1532, ensemble sa ratification par Guillaume de Poitiers en 1540, et des créations d'officiers « politiques » faites par les syndics et les nobles d'Aramon au XVI⁰ siècle. Elle vise aussi un jugement du présidial du 3 février 1566 duquel il appert que deux gentilshommes d'Aramon étaient recteurs de l'hôpital. — 3. Extrait d'une sentence du présidial confirmant à Laurent de Posquières et Denis du Jardin leur droit de faire payer une demi-alose sur chaque filet tendu dans le Rhône pour la pêche des aloses (27 janvier 1607). — 4. Convention entre les nobles d'Aramon pour résister en commun aux entreprises des consuls et habitants (23 août 1637). — 5. Assignation faite à Jean de Laudun (23 mai 1639). — 6. Extrait d'un arrêt du Conseil privé du roi (Paris, 24 janvier 1642) renvoyant les consuls et les nobles d'Aramon au parlement de Toulouse. — 7. Quittance faite par Accurse de Posquières à Jean de Laudun, pour frais du procès du consulat d'Aramon (15 octobre 1648). — 8-9. Copies d'arrêts du parlement sur le consulat d'Aramon (10-18 janvier 1656). — 10. Extrait d'une délibération portant élection des consuls et officiers politiques d'Aramon (3 février 1656). — 11-12. Extraits sommaires d'arrêts du Conseil privé sur le consulat d'Aramon (24 juillet 1657). — 13. Arrêt du parlement de Toulouse (copie) enjoignant de mettre dans l'élection consulaire deux personnes chefs de familles nobles d'Aramon (12 décembre 1657). — 14. Rôle de dépens présenté par Jean-Louis de Posquières, des cinq familles nobles d'Aramon (19 décembre 1657). — 15. Procès-verbal de M. de Baudan; conseiller au présidial, sur les nouvelles élections consulaires d'Aramon (3 janvier 1658). — 16-20. Actes de protestation d'Isabeau de Favier, veuve de Jean de Laudun, mère d'Étienne de Laudun, faits à des personnages officiels pour éviter l'élection de son fils mineur comme consul (6 janvier 1658). — 21. Copie d'arrêt du parlement confirmant l'élection de Jean de Matevalette, chef d'une des cinq familles nobles d'Aramon, en qualité de consul, malgré les manœuvres de Sauvan et de sa femme, de La Gorce de Coucols et de sa femme. L'arrêt confirme aussi l'élection d'Artaud, malgré les mêmes oppositions (29 janvier 1658). — 22-32. Procès-verbaux, arrêts du parlement, conseils généraux, provisions, requêtes concernant les élections consulaires d'Aramon (3 février 1658-3 février 1661). — 33-43. Pièces de la procédure née entre Jean-Louis de Posquières et Étienne de Laudun, au sujet de l'élection consulaire d'Étienne de Laudun et de Jean de Jossaud, conseiller au présidial (7 février-1ᵉʳ mars 1661). — 44. Compromis entre Jean de Jossaud, Jean-Louis de Posquières et Étienne de Laudun. En conséquence des ordres du prince de Conti, gouverneur de Languedoc, ils nommeront des arbitres pour résoudre leurs différends pendants au parlement de Toulouse (Pézenas, 18 mars 1661). — 45. Nomination des arbitres (Aramon, 14 avril 1661). — 46. Lettre de M. de Ratte à son neveu Laudun, au sujet d'une requête en désaveu présentée à l'insu de ce dernier à gropes de l'élection consulaire (Toulouse, 28 septembre 1681). — 47-50. Requête, arrêt, acte fait par Laudun à Posquières (1er octobre-24 novembre 1681). — 51. Délibération générale des habitants d'Aramon (3 février 1682). — 52. Extrait d'inventaire de la production de Posquières (30 mars 1682). — 53. Extrait d'arrêt du parlement de Toulouse sur le consulat d'Aramon (10 juillet 1682). — 54-55. Requête d'Étienne de Laudun, premier consul et député des nobles d'Aramon, à la cour des aides, pour que les auditeurs ordinaires de la communauté procèdent à la clôture des comptes des comptables en présence du premier consul et député des nobles. — Décision conforme (22 mai 1683). — 56-63. Pièces de la procédure entre Posquières et Laudun (12 juin 1663-15 avril 1674). — 64-75. Pièces de l'administration d'Étienne de Laudun comme premier consul d'Aramon (23 mars 1675-31 janvier 1680).

B. 1430. (Liasse.) — 2 pièces, parchemin ; 131 pièces, papier.

1662-XVIIIe siècle. — *Famille de Laudun, d'Aramon. — Affaire du consulat, entre les gentilshommes et la communauté d'Aramon.*

1. Arrêt du parlement de Toulouse, rendu sur la requête d'Étienne de Laudun, chargé de huit enfants vivants, père spirituel des récollets d'Aramon depuis 1674. Défense est faite de procéder à des saisies contre Étienne, de l'élire consul, de l'appeler à aucune assemblée. Il est déclaré exempt de tutelle ou autre charge publique (30 avril 1681). — 2-5. Rôles de frais. Lettres d'affaires (3 mai 1681-16 septembre 1682). — 6-30. Actes des consuls, lettres d'affaires, délibérations du conseil général et du conseil ordinaire d'Aramon, copies d'arrêts, pièces de la procédure entre Posquières et Laudun (12 juillet 1662-23 septembre 1683). — 31-40. Suite des pièces du procès du consulat (26 décembre 1683-30 janvier 1686). — 40. Arrêt du parlement de Toulouse déchargeant Étienne de Laudun et son fils Joseph-François de toute charge consulaire à Aramon (30 janvier 1786). — 41-45. Renonciation au consulat par Étienne de Laudun, arrêt du parlement, copies (2 février 1686-2 février 1687). — 46. Ordonnance de l'intendant, rendue sur requête d'Accurse de Posquières, syndic et député des nobles d'Aramon, et sur autre requête d'Étienne et de Joseph-François de Laudun, père et fils. Fau-

quet, premier consul d'Aramon, présentera aux habitants Laudun fils et Posquières pour en être fait choix en la manière accoutumée. Posquières pourra assister, comme député des nobles, aux conseils et aux redditions de comptes (Montpellier, 23 février 1687). — 47-50. Requête et comparant, arrêt du parlement, copies (10 janvier 1672-16 novembre 1689). — 51-54. Délibérations, circulaire imprimée, arrêt du Conseil d'État, le tout au sujet de la création du ou des maires perpétuels (0 juin-5 juillet 1693). — 55-69. Mémoires pour l'affaire du consulat, s. d. — 67. Factum imprimé du procès entre les consuls d'Aramon contre le syndic des nobles dudit lieu, s. d. — 68. Sommaire imprimé du procès pour le syndic des nobles contre les consuls d'Aramon, s. d. — 69. Requête imprimée de Jean de Jessaud, conseiller au présidial, syndic des autres gentilshommes d'Aramon, s. d. — 70-155. Pièces de l'administration des maires et consuls d'Aramon (10 juin 1694-3 février 1758. Étienne et Joseph-François de Laudun possédèrent successivement l'office de maire d'Aramon.)

B. 1431. (Liasse.) — 2 pièces, parchemin ; 31 pièces, papier.

1273-1532. — *Famille de Laudun, d'Aramon. — Affaires de la nobilité des biens, et de la taille. — Pièces produites contre la communauté d'Aramon.* 1-2. Extraits signés du F. Nicolas Thienne et d'Alison, et contenant la traduction : — 1° d'un hommage au roi fait au sénéchal par Guillaume et Aramon d'Aramon, chevaliers, le 15 des calendes d'avril ou 18 mars 1272 v. s. pour leurs parts des châteaux et terres d'Aramon et du Terme ; — 2° d'un dénombrement des seigneurs d'Aramon du 6 des ides d'octobre, ou 10 octobre 1277. — 3. Copie d'une décision arbitrale de l'évêque de Cavaillon sur l'île d'Acier et ses créments, rendue entre Raimond de Mamolène, chevalier, d'Aramon, d'une part ; et Guillaume de Graves et consorts (7 avril 1286). — 4. Productions d'actes faites par noble Raimond d'Albert, habitant de Valabrègue (1299-1371). — 5. Copie d'actes envoyée à Paris par M. de Laudun pour justifier de la nobilité de ses biens et de la coseigneurie : — 1° Hommage des coseigneurs d'Aramon et du Terme (Nîmes, 4 juin 1290) ; — 2° Ordonnance du viguier d'Aramon contre la dépaissance dans les vignes et olivettes (7 avril

1846). — 6. Note sur les parties prenantes du droit d'alose le 21 mai 1897. — 7-8. Extraits : — 1° de la procédure qui se termina par la révocation du don royal fait à Boucicaut (12 août-5 octobre 1405) ; — 2° des lettres de révocation du don royal d'Aramon et de Valabrègue à Boucicaut (15 février 1423 v. s.-12 mai 1424). — 9. Mémoire pour le marquis de Laudun, visant des actes allant de 1397 à 1401 (s. d.). — 10. Extrait d'un dénombrement d'Aymar de Poitiers pour Aramon et Valabrègue (9 mai 1406). — 11. Lettres royaux du parlement de Toulouse, sur la plainte des syndics des plébéiens d'Aramon, au sujet de la contribution aux tailles et aux subsides. Ces syndics sont en procès contre Jean de Laudun, Alzias de Posquières, Laurent d'Aramon, Pierre Nafred, Pierre Guichard, Guillaume de Laudun, fils dudit Jean, et Thomas de la Hutière, prêtre, se disant nobles d'Aramon. Mention d'un acte du 25 novembre 1460, transaction passée entre Jean Chambon et Jacques Christophe, se disant syndics des plébéiens, et les soi-disant nobles, au préjudice des plébéiens et du paiement des tailles et subsides dus au roi. Si les soi-disant nobles ont accoutumé de payer des tailles et subsides pour leurs biens ruraux d'Aramon, le parlement les forcera de continuer à les payer, jusqu'à ce que le procès soit jugé par les généraux du roi (Toulouse, 20 mai 1472). — 12. Fragment d'une procédure dont le début et la fin manquent. Les nobles étaient exempts de contribuer aux tailles et subsides, d'après une transaction qui paraît être celle dont il est question dans les lettres royaux précédentes. La date manque. — 13. Déguisement de 1477, 24 juin, à la suite d'une inondation du Rhône, dans l'île de Bertrand, relevant de Guillaume de Poitiers, au profit de Guillaume Mililis, notaire d'Aramon. — 14-16. Extraits de compoix (1444-1473). — 17. Instructions des députés des nobles de la sénéchaussée de Beaucaire et Nîmes : — 1° On veillera à ce que, dans les trois mois ou plus tôt, si c'est possible, à compter du 7 du présent mois d'avril, le sénéchal soit saisi d'un appel inhibitoire, l'appel précédent des nobles étant abandonné. Le nouvel appel devra contenir ajournement, en vue de la restitution des biens et de l'argent pris sur les nobles après l'appel ; — 2° Néanmoins, les députés inviteront le vicomte de Narbonne à parler au roi sur le fait des impôts frappant les viandes salées, les farines, les vins, des impôts de 12 deniers pour livre sur les agrafes, stacarum, et autres choses. Ces impôts furent ordonnés par les communautés et les plébéiens de Languedoc sans la convocation et le consentement des nobles, pour payer diverses sommes promises au duc d'Anjou (subvention de guerre). Si le roi accorde des lettres pour ces impôts, il faudra en saisir à temps le parlement, pour qu'elles soient rédigées par un bon et fidèle juriste ; — 3° Les députés se hâteront d'obtenir des lettres sur les tailles, les subsides et autres exactions royales quelconques, afin que les nobles en soient exempts pour leurs biens actuels et futurs ; — 4° Les députés obtiendront des lettres pour que les chevaux des nobles ne soient requis qu'en cas de guerre du roi, et qu'alors les nobles puissent servir par eux-mêmes ou par remplaçants qualifiés ; — 5° Les nobles ne doivent point payer les rèves dans la tour de Villeneuve pour leurs bâts et biens, ni payer ailleurs aux péages ou barrières ; — 6° Les privilèges des nobles doivent être confirmés ; — 7° Les nobles anoblis nouvellement devront jouir des mêmes privilèges et franchises que les anciens ; — 8° Les nobles de la sénéchaussée doivent pouvoir, pour cette affaire et les autres analogues, s'assembler quand besoin sera, nommer des collecteurs et lever entre eux des cotisations pour le succès commun. — Le parchemin, s. d., est coupé après cet article. Écriture du XV° siècle. — 18. Extrait d'un échange entre Jean de Laudun et Léonard Imbert (10 décembre 1516). — 19-23. Extraits de reconnaissances, de compoix ou d'avèrements (1419-1517). — 24-27. Extraits d'échanges ou de donation intéressant Jean de Laudun (29 janvier 1516 v. s.-11 janvier 1517 v. s.). — 28. Extrait de l'avèrement des seigneurs nobles d'Aramon. Il concerne Jean de Laudun (1517). — 29. Copie d'actes fixant l'usage du droit d'alose à Aramon (21 mai 1397-4 mai 1519). — 30-35. Copies ou notes de reconnaissances féodales (1443-1526). — 36. Extrait de la transaction passée entre les habitants d'Aramon et Gabriel de Luetz, leur seigneur, le 20 mars 1532 v. s.

E 1436. (Liasse.) — 2 pièces, parchemin ; 43 pièces, papier ; 1 sceau.

1476-1567. — *Famille de Laudun, d'Aramon.* — *Affaires de la nobilité des biens et de la taille.* — *Pièces produites contre la communauté d'Aramon.* 1. Extrait d'une transaction entre Gabriel de Luetz, seigneur d'Aramon, Valabrègue, etc., et les syndics et habitants de Valabrègue, Comps et Saint-Étienne des Herms (Beaucaire, 23 mai 1584). A la suite, extrait de la ratification de la transaction par les syndics et habitants de Valabrègue (25 mai 1584). — 24. Copies d'acaptes faits par Jean de Laudun (1er septembre-18 octobre 1553). — 5. Extrait de la ratification d'une transaction passée entre Guillaume de Poitiers, seigneur d'Aramon, et la communauté d'Aramon, en ce qui concerne les franchises communales. La transaction est datée du 1er juillet 1476 et ratifiée par le seigneur à Moulins, le 4 septembre 1476. Texte in extenso. Seconde ratification du seigneur le 21 mars 1540 v. s. — 6. Extrait d'une confirmation des privilèges des habitants de Valabrègue par Guillaume de Poitiers (Avignon, chez Pierre de Cambis, 23 mars 1541 v. s.). — 7-14. Achats, reconnaissances, échanges, notes (1402-1552). — 15. Procuration de Jean et de Jacques de Laudun frères pour se présenter à la cour des aides en vue, entre autres, d'établir leur noblesse et leur exemption des tailles ou autres deniers communs (12 janvier 1552 v. s.). — 16. Déclaration (copie) des consuls et conseillers d'Aramon, faite à la requête de Jacques de Laudun et de Jean du Jardin, agissant pour eux et pour Pèlegrin de Posquières. Les nobles d'Aramon ont tenu, de temps immémorial, la plupart de leurs biens en fief franc et noble, sans contribuer aux tailles (15 janvier 1552 v. s.). — 17. Extrait d'accord entre les consuls diocésains d'Uzès et les habitants de Boucoiran, Tresques et leurs adhérents, au sujet de la nobilité des biens du diocèse d'Uzès (31 décembre 1553). — 18-26. Notes, quittances, échange, état d'emphytéotes, partage (1442-12-17 juillet 1560). — 27. Inventaire des actes produits devant le sénéchal par demoiselle Étienne de Laudun, veuve de Jossaud, et Anne de Lauret, mère et tutrice des enfants qu'elle a eus de noble Jacques de Laudun, contre les consuls d'Aramon et le syndic du diocèse d'Uzès, qui mirent les biens nobles d'Aramon à la taille (1560). — 28-30. Avèrement pour noble Jacques d'Aramon (1560). — 31. Cahier de reconnaissances féodales pour noble Jean de Laudun (1526-1561). — 32-36. Notes de reconnaissances, quittance pour Mme Étienne de Laudun, veuve de Jossaud, lettre et compte de Coste pour le docteur Jossaud contre les consuls d'Aramon (1440-12 juillet 1565). — 37. Faits baillés par Mme Étienne de Laudun et les hoirs de Jacques de Laudun devant le séné-

chal, contre les consuls et exacteurs d'Aramon, et le syndic du diocèse d'Uzès (29 avril 1563). — 38. Copie de l'inventaire pour les tailles (1561-1563). — 39. Exécutoire d'un arrêt du présidial donné au profit de Pèlegrin de Posquières et de Jean du Jardin, écuyers, comme recteurs de l'hôpital d'Aramon (Nîmes, 8 novembre 1566). — Sceau du présidial. — 40. Copie d'une ordonnance du sénéchal au sujet de la nobilité des biens de la famille de Laudun situés à Aramon. Elle casse toutes les impositions de deniers faites sur ces biens, condamne les consuls d'Aramon aux dépens de l'instance, et le syndic du diocèse d'Uzès à garantir la communauté d'Aramon de cette condamnation (Nîmes, 27 janvier 1567). — 41-42. Original et copie du verbal de Jean Moynier, commissaire du sénéchal pour rayer, du compoix roturier d'Aramon de 1500, les biens de la famille de Laudun qu'on y avait inscrits (Aramon, 28-29 janvier 1567). — 43. Ordonnance des généraux de la cour des aides, relevant le syndic du diocèse d'Uzès, appelant du sénéchal de Beaucaire, de la désertion de son appel, et retenant la cause en matière principale (Montpellier, 26 juin 1567). Étiennette de Laudun et les hoirs de Jacques de Laudun sont intimés et défendeurs. Par manière de provision, et sans préjudice du droit des parties, Étiennette contribuera, en attendant la décision de la cour, aux tailles et deniers royaux, avec les habitants et autres contribuables d'Aramon. — 44. Extrait d'ordonnances de Nicolas de Grillé, général en la cour des aides, rendues les 11 et 12 juillet 1567 et signifiées le 14 à Jean Jossaud, docteur et avocat, fils d'Étiennette de Laudun, à leur domicile, à Nîmes.

E. 1439. (Liasse.) — 6 pièces, parchemin ; 40 pièces, papier ; 5 sceaux.

1568-1600. — *Famille de Laudun, d'Aramon.* — *Affaires de la nobilité des biens et de la taille.* — *Pièces produites contre la communauté d'Aramon.* 1. Ordonnance des généraux de la cour des aides prescrivant d'enquêter sur les vexations des consuls d'Aramon et de leurs collecteurs contre Étiennette de Laudun et les hoirs de Jacques de Laudun, ensemble de poursuivre les coupables (Montpellier, 25 juin 1568). Quatre sceaux des généraux. Il ne reste du dernier que la trace. — 2. Extrait d'un achat de terre par Gabriel de Laudun (Aramon, 15 décembre 1571). — 3-12. Extraits et copies du dis-

...titif de du texte entier d'un arrêt de la cour des aides en date de Montpellier, 14 juin 1572. Il est rendu entre dame Étienne ou Étiennette de Laudun et les hoirs de Jacques de Laudun, d'une part, et le syndic du diocèse d'Uzès, prenant cause pour les consuls et habitants d'Aramon, d'autre. Étiennette et les hoirs de Laudun sont nobles et exempts de contribuer aux tailles pour les biens désignés dans l'hommage et dénombrement du 4 juin 1499. Leurs dits biens seront rayés des compoix et allivrement d'Aramon. Les consuls restitueront les tailles payées depuis l'arrêt du 18 mars 1558, et le syndic du diocèse les garantira. — 10. Rôle de dépens (14 juin 1572). — 13-14. Copies d'un mémoire pour Étiennette de Laudun et les hoirs de Laudun sur le règlement des dépens (14-30 juin 1572). — 15. Copie du verbal de M. de Grillé sur l'exécution de l'arrêt de la cour des aides [du 14 juin 1572]. Le début manque (Montpellier, 20 avril 1573). — 16. Lettres royaux de la cour des généraux faisant défense aux consuls et collecteurs d'Aramon de tirer dorénavant des terres nobles des Laudun (Montpellier, 19 mai 1573). Sceau royal de la cour. — 17-18. Original et copie de lettres du sénéchal et de leur signification à Étiennette de Laudun à la requête du syndic du diocèse d'Uzès, qui réclame aux détenteurs de titres concernant le procès des extraits en forme, dans les huit jours du commandement (9-20 novembre 1573). — 19-22. Pièces attachées, émanées des généraux de Montpellier, en vue du paiement des dépens, fait à Étiennette et consorts, par le syndic du diocèse d'Uzès (Montpellier, 6 octobre 1572- ...on, 20 juin 1574). — 23. Requête des habitants ..Aramon au maréchal de Damville. Ils ont souffert, depuis le commencement des guerres civiles, toutes les dépenses et prestations qu'il a plu au maréchal de leur imposer, sans que la plupart des biens tenants d'Aramon y aient contribué, sous prétexte que leurs biens sont nobles et exempts de contributions. Les pauvres habitants demandent que tous les biens tenants, nobles ou roturiers, contribuent proportionnellement à « la faculté » de leurs biens, à l'entretien des soldats et du gouverneur, qu'ils soient laïcs ou ecclésiastiques, sans aucune exception. Au bas, ordonnance du conseil, signée : Charretier, portant que la requête sera signifiée à tous les intéressés, pour voir et ouïr leur réponse. (Beaucaire, 9 juillet 1574). — 24. Requête de Jean Jossaud au sénéchal (16-23 décembre 1574). — 25. Note de reconnaissances (1564-1574). — 26. Ordonnance du sénéchal rendue entre Jean Jossaud, avocat, et Gabriel de Laudun, demandeurs, d'une part ; et les consuls d'Aramon, défendeurs, d'autre (Nîmes, 17 mai 1575). Sceau. — 27-37. Mémoire de Jean Jossaud et Gabriel de Laudun ; délibérations consulaires d'Aramon ; quittances ; avèrements ; notes (1408-1600). — 38-46. Pièces de procédure et mémoires s. d. (XVIe siècle).

B. 1440. (Liasse.) — 46 pièces, papier : 1 sceau.

1557-1645. — *Famille de Laudun, d'Aramon. — Affaires de la nobilité des biens et de la taille. — Pièces produites contre la communauté d'Aramon.* 1. Quittance de censive faite à Jean Jossaud, conseiller au présidial, par Marguerite de Paul (Avignon, 19 mars 1608). — 2. Note d'avèrements et de reconnaissances (1525-1610). — 3-4. Extraits d'échanges entre Jean de Laudun et Laurent de Bertrand, d'Aramon, ou Marguerite de Paul, de Cavaillon (Aramon, 1er avril 1610). — 5-7. Extraits de transaction et d'avèrements des Laudun (1517-1617). — 8-9. Procuration des consuls d'Aramon, et acte de sommation de Jean de Laudun et de Pons de Jossaud au prieur d'Aramon, archidiacre d'Uzès, pour qu'il déclare leur avoir concédé, à eux et à d'autres nobles, le droit à un banc « avec oratoire » en l'église paroissiale d'Aramon, entre les chapelles Saint-Étienne et Saint-Nicolas (20 avril-19 juin 1618). — 10. Extrait d'une ordonnance du sénéchal du 27 janvier 1567 ; du verbal de M. de Grillé du 20 avril 1573 ; d'un arrêt des généraux de Montpellier du 14 juin 1572 ; et d'un arrêt du parlement de Toulouse du 31 août 1619. Textes in extenso, le tout concernant l'affaire de la taille. — 11. Extrait de l'arrêt du parlement de Toulouse, rendu entre les nobles et la communauté d'Aramon (31 août 1619). — 12. Note sur cet arrêt (14 septembre 1619). — 13-14. Transaction entre les nobles et les consuls et communauté d'Aramon. Extrait et copie (6 octobre 1619). — 15. Rôle de frais (1618-1619). — 16-19. Inventaire des actes produits par les nobles contre les consuls (1619). — 20-25. Quittances, notes d'acaptes ou d'avèrements, mémoire des pensions dues par la communauté (1405-1637). — 26. Inventaire de production servant d'avertissement, baillé devant le Conseil du roi par Jean de Jossaud, conseiller au présidial de Nîmes, comme syndic des gentilshommes d'Aramon, défendeur, contre les consuls et habitants dudit lieu, demandeurs en règlement de juges du 20 juin 1637 (30 avril 1638). — 27. Copie d'une transaction entre la chartreuse de Villeneuve-lès-Avignon et les consuls d'Aramon, au sujet de la mise à la taille de leur terre de la Roque du Mouron (14 août 1638). — 28. Copie du dénombrement des biens et droits nobles possédés en fief franc et noble du roi par Jean de Laudun jeune (10 mai 1639). — 29-33. Reconnaissances féodales pour Laudun et Jossaud, note d'achats de terres, compte de la dépense de Laudun pour le procès des gentilshommes d'Aramon, quittance de 60 l. faite à Laudun pour sa part des frais des procès, tant civils que criminels, où Laudun était intéressé avec les autres nobles d'Aramon contre la communauté (4 mars 1640-23 février 1643). — 34. Jugement du sénéchal, rendu entre Jean de Laudun et consorts, d'une part; et Marguerite Hugon, veuve Azémar, d'autre. Une maison d'Aramon est déclarée se mouvoir de la directe de Jean de Laudun pour la moitié, et des hoirs de Pierre de Jossaud, chacun pour un quart (18 décembre 1643. Sceau. — 35-41. Notes de reconnaissances ou d'avèrements, achat, arrentement, extraits sommaires de l'avèrement rural d'Aramon de 1615 (1525-1645).

B. 1441. (Liasse.) — 1 pièce, parchemin ; 49 pièces, papier.

1646-1700. — *Famille de Laudun, d'Aramon. — Affaires de la nobilité des biens et de la taille contre la communauté d'Aramon.*
1-13. Notes, mémoires d'immeubles, ajournement et verbal (1441-15 octobre 1646). — 14. Nouvelles clauses ajoutées au bail passé entre Jacques Sauvan, seigneur d'Aramon, demeurant à Paris, rue du Séjour, paroisse Saint-Eustache, et Laurent de Choisity, d'Aramon, de passage à Paris, logé rue « de deporcet », (1) à l'*Image de Saint François*. Il s'agit de partie des terres et seigneuries d'Aramon, Valabrègue et Comps (18 mars 1647). — 15-19. Contrainte, arpentement, note de reconnaissances, notes tirées d'un livre de raisons, rémission d'une maison (1597-14 janvier 1651). — 20. Arrêt imprimé (déchirure ayant emporté la date) donné à Poitiers en décembre 1651 sur le litige entre Jacques Sauvan, sieur d'Aramon, et Hercule de Gondin, sieur de Boisseron, envahisseur du château et de la terre d'Aramon, le 25 avril précédent. — 21. Arpentement d'une terre de Mme de Laudun (1653). — 22. Copie d'un arrêt du parlement de Toulouse (12 décembre

(1) S'il s'agit de l'ancienne rue Percée, elle est détante la rue du Prévôt.

1637). — 23. Extrait d'un arrêt du 23 août 1638. — 24-27. Reconnaissance pour Étienne de Laudun. Lettres d'affaires de Durat, de Nîmes, au sujet de « féodales » ou procédures contre des emphytéotes (3 février-1er août 1630). — 28. Requête de Jean-Louis de Posquières, l'un des chefs des cinq familles nobles d'Aramon, au parlement de Toulouse (23 mars 1662). — 29. Transaction entre Pierre Arnaud et Mme d'Aramon (6 septembre 1633). — 30-31. Actes des consuls d'Aramon à Étienne de Laudun, député des nobles, en vue de les faire contribuer aux réparations des pallières pour la conservation des terres au quartier de Bertrand (31 mai-15 juillet 1624). — 32-33. Mémoire sur le procès par évocation en la cour des comptes d'Aix entre la communauté et les gentilshommes d'Aramon, au sujet du logement des gens de guerre (1634). — Arrêt imprimé des Requêtes de l'Hôtel entre Jean-Louis de Posquières et Mme d'Aramon (Paris, 6 février 1635). — 34-35. Reconnaissances féodales pour Étienne de Laudun et les hoirs de Jossaud (1630-1635) et pour la chartreuse de Villeneuve-lès-Avignon (30 janvier 1635). — 36-39. Requête des consuls à la cour des aides, rapports d'arpenteurs (17 juin 1631-26 septembre 1637). — 40. Avertissement imprimé pour noble Louis d'Ayminy, de Tarascon. Étant noble, sa juridiction ordinaire est celle du sénéchal d'Arles, quoique les biens litigieux soient situés à Tarascon (s. d.) — 41-43. Copie d'un mémoire de Calvet sur un jugement de l'Intendant contre Mme de Coucols à propos des créments du Rhône (3 septembre 1632); note de reconnaissances (1614-1632); rémission d'immeuble par Étienne de Laudun (7 décembre 1671); copies de requête au présidial par Claude de Sauvan, marquis de Lenoncourt, contre les consuls d'Aramon (10 mars 1673) et d'une signification de comptables à Jean-Louis de Posquières et Étienne de Laudun (11 juillet 1674). — 44. Mandement imprimé du diocèse d'Uzès pour l'imposition des deniers royaux de 1676, concernant Aramon (Assemblée de l'assiette générale tenue à Aramon le 19 février 1676). — 47. Extrait de reconnaissance pour Antoine de Barrême, de Tarascon, servant à Étienne de Laudun (20 octobre 1676). — 48. Ordonnance de l'Intendant, représenté par son commissaire subdélégué, déchargeant le prêtre Claude D'Armin du paiement d'une taxe contenue au rôle du diocèse d'Uzès (Montpellier, 1er mai 1677). — 49-51. Lettre et rapports d'arpentement de Pierre Durand (Beaucaire,

5 juillet-23 août 1680). — 52-55. Note d'arrêts, d'extraits de compoix et d'hommages (1559-1634); déclaration du roi sur la nobilité des biens de Languedoc (9 octobre 1624); procuration du médecin Pierre Alboui pour passer reconnaissance d'une maison de la directe du conseiller de Jossaud et d'Étienne de Laudun (26 octobre); reconnaissance en question (18 décembre 1624). — 56-60. Lettre d'affaires de Dubuit à Laudun (Toulouse, 20 juin 1684); copies; inventaire d'avèrements; notification à M. de Sauvan de la réunion au domaine des seigneuries d'Aramon et Valabrègue (4 août 1681-16 juillet 1687). — 61. Extrait de reconnaissances faites à Étienne de Laudun pour une moitié, et à François et Pierre de Jossaud pour l'autre moitié (24 juin 1684-10 janvier 1689). — 62. Rapport d'arpenteur (15 avril 1689). — 63. Déclaration du 18 mars 1690 sur la nobilité des biens en Languedoc. — 64. Reconnaissance des consuls d'Aramon à la chartreuse de Villeneuve-lès-Avignon (15 mars 1691). — 65. Copie de l'arrêt de la cour des aides sur les hommages à rendre au roi par les possesseurs des fiefs nobles d'Aramon et de Valabrègue, et sur les hommages à rendre à Mme d'Aramon par les seigneurs particuliers desdits lieux (28 mars 1692). — 66-69. Déclarations des biens des Riffard (mai 1692), quittance et mémoire des affaires de Montpellier (1692). — 70. Extrait des reconnaissances d'Étienne de Laudun à Éléonor de Sauvan, baron d'Aramon et Valabrègue, et à Mme d'Aramon (1688-1689). Suivant des notes tirées des registres de la cour ordinaire d'Aramon (1687-1692). — 71-83. Rôles de papiers envoyés à Paris, états d'extraits, rôle de frais, lettres d'appel d'Étienne de Laudun contre le prieur de Franquevaux, extrait de reconnaissance de trois maisons de Tarascon à Antoine de Barrème, pour Étienne de Laudun; instruction imprimée, contre le marquis de Montfrin, sur le droit d'alluvion dans le Rhône et le Gardon; mémoires, copies, arpentement; arrêt imprimé de la cour des aides déclarant roturiers les biens baillés à locaterie perpétuelle (21 juin 1693-13 juillet 1700). — 84. Mémoire d'anciennes reconnaissances (XIVe-XVIIe s.). — 85-100. Croquis de plans; note d'acaptes et reconnaissances; avèrement; inventaire des titres des droits seigneuriaux et exemptions de charges, en pariage avec le seigneur et les autres nobles d'Aramon, appartenant à Jean Jossaud et Jean de Laudun; modèle d'aveu et dénombrement; addition aux mémoires des consuls d'Aramon, devant le parlement de Toulouse; mémoire sur la prétention des gentilshommes à la coseigneurie d'Aramon; note pour guider Laudun; mémoire pour Chabaud; extraits de compoix; inventaire de productions; note de censives; mémoire d'actes à chercher. Toutes ces pièces s. d. (XVe-XVIIe s.).

B. 1442. (Liasse.) — 77 pièces, papier.

1702-1748. — *Famille de Laudun, d'Aramon. — Affaires de la nobilité des biens et de la taille contre la communauté d'Aramon.*
1. Arpentement (19 mai 1702). — 2-3. Déclaration du roi permettant aux communautés de Languedoc de se pourvoir par requête civile contre tous arrêts donnés en matière de nobilité (30 août 1707). — 4. Arrêt imprimé du Conseil concernant le paiement des tailles et la nobilité des biens (22 novembre 1707). — 5. Arrêt imprimé du Conseil renvoyant à la cour des comptes de Montpellier le procès des consuls de Saint-Montant et de Donzère sur la taille des îles de Donzère (10 octobre 1707). — 6. Déclaration du roi réglant l'allivrement des biens sujets à la taille et la présomption de nobilité (28 février 1708). — 7. Arrêt imprimé du Conseil portant renvoi de parties à la cour des aides de Montpellier (11 février 1710). — 8. Mémoire aux États sur l'impôt du dixième (1711). — 9-10. Déclaration imprimée du roi déclarant roturières les îles formées sur les fonds encadastrés, etc. (5 avril 1712). — 11. Arrêt imprimé de la cour des aides de Montpellier sur le moulin de Poudis (12 juillet 1712). — 12. Certificat d'arpentement (Aramon, 28 août 1712). — 13-14. Délibération communale (27 novembre 1712). — Note d'avèrements (s. d.). — 15-16. Déclaration du roi sur la nobilité des biens (23 septembre 1713). — 17. Requête de Joseph-François de Laudun au sénéchal pour l'observation du droit de vet du vin (14 juillet 1714). — 18. Offre des consuls à Mme d'Aramon de sa moitié d'une amende au sujet du vet du vin (11 juillet 1716). — 19. Signification aux consuls, faite à la requête de MM. de Laudun et de Posquières, coseigneurs d'Aramon, de leur refus d'être consuls (31 janvier 1718). — 20-22. Arpentement. Délibérations consulaires (27 novembre 1712-17 mars 1720). — Déclaration du roi sur la cotisation à la taille des biens présumés nobles (23 janvier 1721). — 24. Arpentement (28 février 1722). — 25. Arpentement de terres par M. de Laudun, au quar-

tier de Graves. Plusieurs pièces (Aramon, 15 mars 1723). — 25. Copie d'un hommage rendu au roi par Claude de Sauvan d'Aramon, marquis de Lanançourt, et par Marie-Guillaume-Alexandre de Sauvan, marquis d'Aramon et de Valabrègue, son neveu (Montpellier, 9 juin 1729). — 27-28. Exploits (Avril-Septembre 1725). — 29. Billet de Pesquières et de Stival au sujet d'un arpentement (Aramon, 12 août 1729). — 30. Requête de la chartreuse de Villeneuve-lès-Avignon à la chambre des Eaux et forêts du parlement (31 août 1729). — 31. Délibéré pour Étienne de Laudun (4 juin 1769). — 32. Arpentement (22 août 1737). — 33. Arrêt (copie) de la cour des aides condamnant M. d'Aramon à payer la taille de ses biens du quartier de Bertrand (cédrments du Rhône déclarés roturiers). Montpellier, 1er octobre 1729). — 34-38. Notes et extraits d'actes (7 décembre 1730-17 septembre 1731), 39-49. Copies de reconnaissances féodales pour les Laudun (1638-1739). — 50-60. Extrait de reconnaissances, arpentements, acte à plaidor, notes, assignation, délibération consulaire, état de présage (1732-1734). — 61. Requête au Conseil du marquis d'Aramon, baron de Valabrègue (Janvier-mars 1735). — 62. Arrêt imprimé de la cour des aides de Montpellier, cassant une transaction contenant composition des tailles de biens, et déclaration définitive de roture desdits biens (4 septembre 1730). — 63. Déclaration imprimée du roi réglant la juridiction du parlement de Toulouse et celles de la cour des aides de Montpellier et d'autres tribunaux et sièges de Languedoc (Versailles, 20 janvier 1736). — 64-65. Ventes de terres (26 juillet 1737-23 décembre 1734. — 66. Arrêt imprimé de la cour des aides, cassant un allivrement et cotisation de biens (Montpellier 16 octobre 1739). — 67. Arrêt imprimé du Conseil d'État, subrogeant l'intendant de Roussillon à M. de Jalais, pour, conjointement avec l'intendant de Languedoc, exécuter un arrêt du Conseil du 1er mai 1708, sur un litige entre des consuls et des religieux concernant la cotisation à la taille des biens de ces derniers (8 avril 1741). — 68. Déclaration de Laudun et de Jossaud à propos de droits de lods (Aramon, 10 octobre 1741). — 69. Déclaration imprimée du roi, interprétant celle du 28 février 1708, concernant la nobilité et roture des fonds de terre en Languedoc (17 octobre 1741). — 70-77. Arpentement, avèrement, délibérations consulaires sur le compésiement des biens prétendus nobles, mémoires de papiers envoyés à Paris, état des pièces opposées à M. d'Aramon par Laudun et Jossaud dans l'instance en règlement de juges, note sur la permission d'emprunter donnée par l'Intendant à la communauté d'Aramon pour la vérification des biens nobles à mettre à la taille (1741-1748).

B, 1443. (Liasse.) — 73 pièces, papier.

1749-1760. — *Famille de Laudun, d'Aramon. — Affaires de la nobilité des biens et de la taille contre la communauté d'Aramon.*
1. Lettre d'affaires de Pacras (Nimes, 10 janvier 1749). — 2-3. Délibération consulaire pour ajouter au compoix rural les biens des particuliers non fondés en présomption de nobilité (Aramon, 2 mars 1749). — 4. Lettre d'affaires de Grégoire (Aramon, 17 mars). — 5. Copie du rapport d'Icanave, Dujal et Patejay, sur la nobilité ou la roture des biens de M. d'Aramon (Aramon, 24 mars 1749). — 6. Copie d'un projet de déclaration des coseigneurs d'Aramon -chartreux de Villeneuve, Étienne de Laudun, de Jossaud, de Raousset de Laudun, d'Estival-Pesquières- aux consuls. A la suite, lettre de Stival ou Estival au prieur des chartreux (Aramon, 10 avril 1749). — 7-8. Copies du projet. — 9-10. Addition à la brevette du compoix d'Aramon des biens nobles de Laudun, Jossaud et Munivet (1er avril 1749). — Certificat du nombre des compoix roturiers d'Aramon (27 avril). — 11-15. Lettres d'affaires de Pitot, Bazille, Stival et du chanoine Laugier. Délibération communale (Montpellier, 4 mai-Sisteron, 20 juillet 1749. — 16-21. Délibération communale, avis d'Alison sur la nobilité des biens, arpentement, projet d'acte aux consuls, mémoires sur l'affaire de la taille et les terres nobles ajoutées au compoix rural d'Aramon (1er mai-29 juin 1749. — 22. Avis d'Alison, avocat, sur l'affaire de la nobilité des biens d'Aramon, délibéré à Nimes le 16 mai 1752.— 23-29. Arpentement, lettre d'affaires du chanoine Laugier, copies, minute d'acte (21 mai 1750-1752. — 30-31. Lettre et note de Bazille (Aramon, 12 mars 1753). — 32. Avis d'Alison, délibéré à Nimes le 23 mars 1753. — 33. Copie du mémoire présenté à l'assemblée de l'assiette d'Uzès par nobles Jean et Louis de Jossaud, Joseph de Raousset-Laudun et Étienne de Laudun (6 avril 1753). — 34-35. Certificat d'arpentement et lettre d'affaires de Moureau (4 août-17 octobre 1753). — 36. Avis de Crassous,

avocat, sur l'affaire de la taille (Montpellier, 13
mars 1754). — 37. Mémoire d'Assier (Montpellier,
28 mars 1754). — 38-39. Certificat d'arpentement,
et lettre du chanoine Laugier (5 août 1754-Sisteron,
1er janvier 1755). — 40. Arrêt imprimé du parlement de Toulouse, confirmant en détail tous les
droits seigneuriaux du marquis d'Aramon, baron
de Valabrègue (27 janvier 1755). — 41. Certificat
du greffier consulaire d'Aramon attestant le présage d'Étienne de Laudun pour ses biens ruraux
(12 octobre 1755). — 42-43. Lettres du chanoine
Laugier. Il sollicite une réduction de ses tailles à
Aramon, en attendant que, de concert avec les
coseigneurs, il puisse s'en faire décharger entièrement (Sisteron, 12 août-27 décembre 1755). — 44-58.
Analyses de reconnaissances féodales pour Jean
de Laudun, avec un plan et des notes d'avérements
ou d'actes de vente (1542-1755). — 59-60. Notes d'actes servant à l'application du fief de MM. de
Laudun et de Jossaud (1611-1756). — Extraits d'a-
vérements (1615-1756). — 61-62. Certificats d'arpentements (19 juillet-2 septembre 1757). — 63. Convention entre Étienne de Laudun, agissant pour
lui et Louis de Jossaud, avec l'avocat Mouton-Com-
biard, d'Aramon, en vue de faire rénover leurs
directes et passer nouvelles reconnaissances (7 septembre 1757). — 64. Copie d'un avis de Latouloubre,
délibéré à Avignon le 28 décembre 1757, sur l'action du créancier d'une rente contre son débiteur.
Les parties sont censées avoir entendu que la rente,
quoique dépendante du sort principal, serait impres-
criptible. — 65-68. Lettres du chanoine Laugier et
minute de réponse de Laudun à quelqu'un qui est
au courant de la demande en décharge de tailles du
chanoine (14 septembre [1757]-12 février 1758). —
69-71. — Certificats d'arpentement (1758-1759). —
72. Mémoire imprimé sur les arrérages des tailles
des biens déclarés roturiers par la cour des aides
de Languedoc (19 janvier 1760). — 73. Extrait d'accord entre M. de Raousset de Laudun et son acquéreur Manivet, de Valabrègue, pour compensation
des biens nobles mis à la taille (Tarascon, 28 avril
1760).

E. 1441. (Liasse.) — 3 pièces, parchemin ; 83 pièces, papier.

*1760-1774. — Famille de Laudun, d'Aramon. —
Affaires de la nobilité des biens et de la taille contre la communauté d'Aramon.*

1-37. Assignations en féodale et reconnaissances
féodales pour noble Étienne de Laudun, de Tarascon, et noble Jean-François de Jossaud, d'Aramon
(18 juin 1760-11 juin 1765). — 38. Liste des emphytéotes ayant passé nouvelle reconnaissance en
1760. — 39. Certificat d'arpentement (28 août 1765).
— 40. Reconnaissances féodales pour Étienne de
Laudun, seigneur de la Motte-Faudon (7 septembre-
4 octobre 1765). — 41. Extrait patent du testament
de Joseph-Gaspard de Raousset-Laudun (10 décembre 1765). — 42-45. Certificats d'arpentements (18
août 1767-2 septembre 1768). — 46. Ratification de
transaction donnée à Joseph-François de Laudun
(20 août 1769). — 47. Sommation à M. de Saporta et
à sa femme Anne Moureau, d'Aramon (20 septembre 1770). — 48-49. Lettres royaux et assignations
pour Raousset-Laudun contre les consuls d'Aramon
et les hoirs de Manivet, et pour Laudun contre les
consuls et communauté d'Aramon (1er-10 juillet
1771). — 50. Copie desdits lettres et assignations.
— 51. Lettre du prieur de la chartreuse de Villeneuve. Il envoie à Laudun, à la prière de Dom Cor-
rier, un mémoire sur l'affaire que la communauté
de Roquemaure a suscité aux chartreux de Villeneuve (21 juillet 1771). — 52-61. Pièces de la procédure contre les consuls d'Aramon (28 juillet-19 octobre 1771). — 62. Inventaire de la production faite
devant la cour des aides par Étienne de Laudun
contre les consuls d'Aramon et de Meynes (12 octobre 1771). — 63-65. Pièces de la procédure [19-23
octobre]. — 66. Inventaire de la production de
Joseph-Gaspard de Raousset de Laudun (23 octobre).
— 67. Réponses des chartreux de Villeneuve aux
contredits des consuls de Roquemaure, devant l'intendant de Languedoc, sur la compétence des
cours des aides en matière de tailles, et sur le pouvoir du roi de faire cesser cette compétence naturelle par une attribution particulière à d'autres
juges [1771]. — 68. Requête en contrainte de Raousset contre les consuls d'Aramon (9 mai 1772). —
69. Consultation des avocats Gautier, Albisson et
Tesses, en copie (Montpellier, 31 mai 1772). — 70-72.
Requête en contrainte pour Laudun contre les consuls. Copies de lettres royaux (9 mai-13 juin 1772).

73. Lettres royaux en forme de requête civile
pour les consuls d'Aramon contre Raousset et Laudun (13 juin 1772). — 74. Copie des dites lettres et
de la consultation des trois avocats Gautier, Albisson et Tesses (pièce 69). — 75-77. Assignation, copie
et minute de déclaration (19 juin 1772-23 janvier

1773). — 78. Consultation signée de Pazery et de Siméon (Aix, 15 mars 1773). — 79. Consultation signée des mêmes (Aix, 17 mars 1773). — 80. Consultation signée des mêmes (Aix, 18 mars). — 81. Quittance de 72 l. pour quatre consultations des avocats d'Aix Pazery et Siméon, faites pour M. de Laudun, de Tarascon ; l'une, sur le droit de réversion en cas de suppression du couvent des Observantins ; la seconde sur les biens nobles de M. Laudun à Aramon ; la troisième au sujet d'un quint minorie sur des fonds taillables ; la quatrième contre la communauté d'Aramon sur un arrêt de 1572 déclaratif de la noblesse des biens de M. de Laudun, que la communauté attaque par requête civile, sur le fondement principal que l'hommage produit alors n'était pas ancien de cent ans (Aix, 18 mars 1773). — 82-85. Requêtes. Procuration de Louis de Concoyl, lieutenant des Gardes françaises, en qualité d'héritier testamentaire de Joseph-Gaspard de Raousset de Laudun. Copie de patent du testament et de la procuration (14-30 juillet 1773). — 86. Réponse imprimée de M. de Barbier, seigneur de Rochefort et de Tavel, contre les consuls de Rochefort et consorts. Parmi les consorts figure Virginie de Crillon, veuve d'un Brancas, comte de Laudun (s. d.).

E. 1445. (Liasse.) — 2 pièces, parchemin ; 34 pièces, papier.

1775-1776. — *Famille de Laudun, d'Aramon. — Affaires de la noblesse des biens et de la taille contre la communauté d'Aramon.*
1-5. Pièces de la procédure de MM. de Laudun et de Concoyl contre les consuls (10-31 mai 1775). — 6-7. Requête à la cour des aides et ordonnance (7-9 juin 1775). — 8. Certificat d'Étienne Curel, secrétaire de l'ordre de Saint-Jean de Jérusalem, notaire apostolique de Carpentras, et d'un notaire et procureur de la même ville, de leurs opérations dans les archives d'Aramon (12 juin 1775). — 9-10. Requêtes (14 juin). — 11. Minute d'une lettre de Laudun à un personnage non désigné. Il y est question d'Albisson (Montpellier, 16 juin). — 12-13. Analyse imprimée des plaidoiries des 2 et 16 juin 1775, pour les consuls d'Aramon, tiers opposants, et impétrants lettres en forme de requête civile envers un arrêt du 14 juin 1572, contre MM. de Laudun de la Mottefaucon et de Concoyl (20 juin). — 14-17. Ré-

sultat imprimé des plaidoyers des 20 mai et 23 juin 1775, pour Étienne de Laudun de la Mottefaucon et Concoyl, contre les consuls d'Aramon et les héritiers d'Étienne Manivet, défaillants (23 juin). — 18-22. Requêtes ; copies du résultat de la contenance des articles mentionnés dans le procès-verbal [de M. de Crillé] ou dans l'arrêt du 14 juin 1572 (23-25 juin 1775). — 23. Arrêt de la cour des aides, ordonnant que les parties viendront en premier jour d'audience plaider sur les lettres en forme de requête civile, et condamnant les parties d'Albisson [Laudun et Concoyl] aux trois-quarts des dépens de l'incident (Montpellier, 30 juin 1775). — 24. Copie d'acte de départ (3 juillet 1775). — 25. Lettre du vicomte de Cambis [à Laudun], le remerciant de sa lettre et du mémoire imprimé pour sa défense et celle de Concoyl (Château d'Orsan, 10 juillet 1775). — 26. Minute de lettre [de Laudun] au sujet de l'affaire (7 août 1775). — 27-28. Quittances pour Laudun (4 décembre 1775-14 février 1776). — 29-31. Requêtes et sommations (29 mars-17 juillet 1776). — 35-36. Continuation de production d'Étienne de Laudun et de Concoyl contre les consuls d'Aramon (30 juillet 1776).

E. 1446. (Liasse.) — 2 pièces parchemin ; 45 pièces, papier ; 1 sceau.

1776-1787. — *Famille de Laudun, d'Aramon. — Affaires de la noblesse des biens et de la taille contre la communauté d'Aramon.*
1. Requête de joint pour les consuls contre Laudun et Concoyl (13 septembre 1776). — 2. Inventaire de production des consuls, demandeurs en ouverture de requête civile (16 septembre). — 3-12. Délibération communale ; requêtes, sommations, défenses (19 mai-22 novembre 1777). — 13. Certificat de Charles-René de Pitot, seigneur de Launay, premier avocat général en la cour des aides de Montpellier, portant que Joseph-François de Laudun a devant la cour un procès de noblesse pour ses biens d'Aramon, procès dont l'importance exige sa présence (Aramon, 9 juillet 1778). Sceau. — 14. Arrêt imprimé de la cour des aides, cassant une ordonnance du Bureau des finances de Montpellier du 7 août, ordonnant l'exécution de son arrêt du 15 janvier 1777, et contenant règlement sur la saisie féodale des fiefs non hommagés et sur la publication et la

réception des dénombrements (Montpellier, 14 août 1778). — 15-21. Quittances et lettre de Palat pour Laudun (Montpellier, 1er juillet 1771-21 septembre 1778). — 22. Lettre de Mme Quinson de Limaye au comte de Laudun, à Tarascon. Elle engage son cousin à se rendre à Vérargues, près Lunel-Viel, pour y voir l'avocat Gautier au sujet de son procès. Il se ferait un plaisir de l'arranger, ayant le sens très droit et ne courant pas après l'argent, car il est riche pour un homme de son état. Le fils de Laudun a-t-il fait un choix entre les différents partis qui se sont présentés pour lui ? Elle serait heureuse qu'il se décidât pour celui qu'elle a en vue. Elle embrasse le cousin de Pommerol, malgré son habit poudreux ou crasseux, et sa perruque mal peignée. Mais quels privilèges n'ont pas sur elle les poètes de talent ! Elle a hâte d'aller poursuivre avec lui les ours de Pommerol, pour soi reposer ensuite à Sainte-Jalle. Elle fera un voyage à Marseille, un autre à Sisteron. Si elle passe à Tarascon, elle préviendra Laudun, qu'elle prie de lui adresser sa réponse tout uniment à Aix, sans faire mention de Pertuis ni de la Bastide des Jourdans (Aix, 30 octobre 1778). — 23. Deuxième continuation de production faite devant la cour des aides par Laudun et Concoyl contre les consuls d'Aramon et les héritiers de Manivet (4 novembre 1778). — 24. Requête et ordonnance de joint (4 novembre). — 25-26. Mémoire imprimé pour Joseph-François de Laudun et M. de Concoyl contre les consuls d'Aramon et les héritiers de François Manivet (1778). — 27. Mémoire imprimé contenant réponse pour les consuls d'Aramon contre le syndic de la chartreuse de Villeneuve-lès-Avignon. Il débute ainsi : « Il y a longtemps que les chartreux possèdent noblement dans le terroir d'Aramon, des biens très roturiers, et il est question de proscrire enfin une usurpation trop funeste au public » (1778). — 28. Suite im...née d'observations pour le marquis de Javon contre les consuls de Saze (1778). — 29. Engagement de Boutard envers Laudun, pour le cas où le mas acquis de Laudun serait soumis à quelque directe ou censive (Tarascon, 26 mars 1779). — 30. Extrait de reconnaissance féodale de Joseph-Marie de Gras de Gréville, capitaine de cavalerie, pour Joseph-François de Laudun (Tarascon, 10 mai 1782). — 31-42. Requêtes, sommations d'audience, analyse d'une reconnaissance à l'abbé de Montmajour du 16 mars 1566, délibérations consulaires, copie d'acte de départ (1782-20 janvier 1787). — 43-48. Affirmation de Laudun, copie de délibération consulaire, actes de départ, quittance de Blandeau (23 mars-21 mai 1787).

B. 1447. (Liasse.) — 42 pièces, papier.

1787-1789. — *Famille de Laudun, d'Aramon. — Affaires de la nobilité des biens et de la taille contre la communauté d'Aramon.*

1-2. Instruction imprimée contenant réponse, pour les maire et consuls d'Aramon, contre nobles Joseph-François de Laudun, de Concoyl, et les héritiers de François Manivet (15 juin 1787). — 3-5. Requêtes de joint. Lettre d'affaires de Blandeau (15-16 juin 1787). — 6. Continuation de production sur clausion devant la cour des aides par Laudun et Concoyl contre les consuls d'Aramon et les hoirs de Manivet (23 juin 1787). — 7. Continuation de production (copie) pour les consuls contre Laudun et Concoyl (20 juillet 1787). — 8. Continuation de production des maire et consuls contre Laudun et Concoyl (26 juillet). — 9. Ordonnance imprimée des commissaires du roi et des États du 30 janvier 1788, enjoignant aux propriétaires de droits nobles, ainsi qu'aux possesseurs de rentes foncières ou à locaterie perpétuelle, d'en fournir déclaration; et aux consuls et conseillers politiques d'arrêter le rôle général des vingtièmes des maisons, pour, lesdites déclarations et rôles, être remis aux greffes des diocèses en mai prochain. — 10-13. Notes d'acaptes et reconnaissances; avèrement (1er septembre 1535-1602). — 14. Inventaire des titres remis par ordre de M. de Laudun à M. de Rously, avocat de Tarascon (1578-1700). — 15. Notes et croquis de maisons à mesurer (s. d.). — 16-18. Noms d'emphytéotes ayant passé reconnaissance nouvelle; note d'une olivette de Jean Malovalette; note de terres à M. de Laudun (s. d.). — 19-52. Mémoires de Laudun ou des coseigneurs d'Aramon, compris les chartroux de Villeneuve; notes, minutes de lettres de Laudun (s. d.).

B. 1448. (Liasse.) — 52 pièces, papier; 1 sceau.

1192-1645. — *Famille de Laudun, d'Aramon. — Affaires connexes du déguisement, ou remplacement des terres démolies par le Rhône sur des crémants nouveaux, dans les territoires de Valabrè-*

gue et d'Aramon. — Pièces produites à cause de leur caractère d'analogie.

1. Copie d'une confirmation donnée, le 1er juin 1214, par Raimond, duc de Narbonne, comte de Toulouse et de Saint-Gilles, marquis de Provence, et fils de la reine Constance, aux habitants de Valabrègue possédant moulins sur le Rhône, du Péras jusqu'à Laque et à la « rabaclam » du Gardon. Suit la teneur d'un acte judiciaire d'octobre 1112. — 2. Copie d'un acte du 23 avril 1214, portant que Pierre Recoin, damoiseau, et Pierre Astier, syndics ou procureurs de Valabrègue, constitués en la cour de Nicolay, cardinal prêtre du titre de Saint-Eusèbe, seigneur de Valabrègue, en la maison du roi existant audit lieu, par-devant Pierre de Malabodio, viguier du cardinal, et Richard Foucard, camérier et procureur du cardinal, leur présentent des lettres du roi scellées de cire verte, et les requièrent de les mettre en possession de la Limière et de ses dépendances. Il s'agit de pâturages. Les représentants du cardinal les mettent en possession sous une censive. — 3. Copie d'une reconnaissance de Pierre Blondel à Aymar de Poitiers, seigneur de Saint-Vallier, représenté par son viguier et claviaire, noble Alzias de Posquières. Il s'agit d'un jardin avoisinant le port de Comps (Valabrègue, 24 octobre 1469). — 4-7. Reconnaissances (copies) de Pierre Jauzin à Guillaume de Poitiers, seigneur de Valabrègue et d'Aramon (31 mars 1481). — 8. Reconnaissance d'Imbert Ponchier (21 novembre 1481). — 9. Mémoire sur les limites des terroirs de Valabrègue et de Montfrin (1491-1493). — 10. Extrait d'un certificat d'acapte du 4 novembre 1538. — 11. Copie s. d. d'une requête d'Hélias de Records, habitant d'Aramon, aux représentants des duchesses d'Aumale et de Bouillon, pour recevoir investiture d'immeubles acquis. Dans son compte de 1561 il a rappelé les services rendus par lui à feu la duchesse de Valentinois (Diane de Poitiers) (s. d.). — 12. Arrentement, par le procureur de la duchesse de Bouillon, dame d'Aramon et Valabrègue, du moulin à blé de Valabrègue, flottant sur le Rhône (22 avril 1575). — 13. Arrentement de l'île des Agasses (ou des Pies), fait par les agents de la duchesse le 26 mars 1578. — 14. Bail de l'îlot du Débat (30 août 1578). — Extrait des registres de la cour ordinaire d'Aramon, au sujet de la réparation de la grande terre que les pupilles de Jean de Laudun, leur oncle, possédant aux Montes (5-19 août 1595). — 16. Copie d'inventaire fait au sujet d'un déguisement de terre emportée par le Rhône (s. d.). — 17. Déguisement de Louis de Jossaud, s. d. (1560-1602). — 18. Achats d'immeubles par Jean de Laudun (24 octobre 1592-25 juin 1604). — 19. Extrait d'un arrêt du parlement de Toulouse de 5 septembre 1618, concernant le droit de déguisement des consuls et habitants de Valabrègue. — 20. Adjudication d'une maison faite à Jean de Laudun vieux le 30 juillet 1631. Sceau de la cour d'Aramon. — 21. Reconnaissance féodale de noble Jean de Laudun vieux au chapitre de l'église N.-D. de Villeneuve-lès-Avignon (21 mars 1624). — 22. État du terroir de Valabrègue sujet à démolition par le Rhône, clôturé par clôusade, commencé en 1619 et achevé en 1627. — 23-24. Achats pour Jean de Laudun vieux (16 décembre 1632-12 janvier 1634). — 25. Inventaire de production baillé devant le président de Rochemore par Marguerite d'Astier, veuve de noble Simon de Raoux de Laudun, s. d. (1517-1638). — 26-28. Notes d'avérements (1458-1640). — 29. Extrait de l'aliénation, faite par les commissaires du roi, de l'île de Lubières ou des Soubres, limitrophe de Valabrègue, ou procureur de Jacques de Sauvan, baron d'Aramon (10 octobre 1641). — 30-31. Extrait et copie d'une convention passée, le 19 octobre 1641, entre le seigneur d'Aramon et Valabrègue et les habitants de Valabrègue et Comps, au sujet de la « palun » ou du marais de Valabrègue. Pierre Espante, de Montfrin, entrepreneur du baron de Calvisson pour le dessèchement des marais de Jonquières, pourra creuser son canal d'écoulement depuis Jonquières jusqu'au Gardon, sans prétendre aucun droit sur le marais de Valabrègue. — 32. Extrait de compoix (1645).

E. 1419. (Liasse). — 1 pièce, parchemin; 56 pièces, papier; 2 sceaux.

1646-1717. — *Famille de Laudun, d'Aramon. — Affaires connexes du déguisement de Valabrègue et d'Aramon. — Pièces produites.*
1. Avèrement de Louis de Jossaud (1646). — 2. Mémoire sur le rachat des terres d'Aramon, Valabrègue, Comps et leurs dépendances de Provence, appartenant actuellement à M. de Sauvan. Cet intéressant programme de libération fut fait en double à Nîmes, le 1er avril 1648. Il est signé par Dubaye, Raoux de Laudun et Jossaud. — 3. Extrait d'un arrentement fait par Antoine Astier, notaire de

Tarascon (10 février 1630). — 4. Procuration donnée par les consuls d'Aramon à Simon de Raoux de Laudun, consul de l'année précédente, pour représenter la communauté à l'assemblée de l'assiette du diocèse d'Uzès (2 mars 1651). — 5. Plainte de Claude Vielle, meunier du moulin à blé du seigneur de Valabrègue sur le Rhône, contre un concurrent. Suit une enquête. Une note en suscription dit que la plainte et l'enquête sont abusives, le moulin [flottant] du seigneur n'étant point banal, car tous les habitants ont le droit d'en établir sur le Rhône en vertu d'une concession du comte [de Toulouse] de 1214, moyennant le paiement d'une censive (5 décembre 1651). — 6. Acte de baptême de Pierre de Jossaud (24 novembre 1655). Sceau de la cour royale de Tarascon. — 7. Consultation de Calvet sur la défense de chasser faite aux habitants d'Aramon par leur seigneur (Nîmes, 23 mai 1657). — 8. Extrait de la commission du grand maître enquêteur et général réformateur des Eaux et Forêts au siège de la Table de marbre du Palais à Paris, obtenue par Jacques de Sauvan, seigneur d'Aramon, pour empêcher les habitants d'Aramon de porter aucune arme, de pêcher et de chasser, signifiée le 29 mai 1657. La commission est du 13 septembre 1656. — 9. Consultation des avocats de Rozel et Delacroix sur ces prohibitions (Nîmes, 12 juin 1657). — 10. Consultation de Calvet, juge de Villeneuve, sur le même objet (18 juin 1657). — 11. Requête des habitants d'Aramon aux maîtres des requêtes de l'Hôtel du roi, à propos du déguisement (28 mars 1658). — 12. Notes cadastrales (1401-1659). — 13. Assignation donnée à Étienne de Laudun pour le déguisement de l'Islon (4-16 novembre 1662). — 14. Procuration en blanc de Paul de Robins de Graveson, comme époux de Marguerite de Guibert de la Roustide, pour intervenir dans le déguisement et remplacement des terres démolies par le Rhône, conjointement avec M. de Posquières, contre M** d'Aramon (16 août 1664). — 15. Extraits de l'édit d'août 1669 portant règlement général pour les Eaux et Forêts. — 16-17. Extraits d'une rémission de biens faite par M. de Graveson (3 août 1672). — 18. Extrait d'une déclaration de Claude de Sauvan, fondé de procuration de Jacques-Antoine-Éléonor de Sauvan, baron d'Aramon, Valabrègue et Comps, demeurant à Paris, rue du Chantre, paroisse de Saint-Germain-l'Auxerrois, en faveur de François d'Espiard. [Moyennant 200 l. non mentionnées dans l'acte, dit une note en suscription], il est déchargé d'un décret de prise de corps, d'une amende, et de la vente des pierres du château ruiné de Valabrègue, peines encourues pour avoir chassé (18 février 1682). — 19. Arrentement passé par Jacques de Sauvan (30 avril 1683). — 20-21. Copies de sentences de la maîtrise particulière des Eaux et Forêts de Montpellier (28 novembre-22 décembre 1683). — 22-23. Exploits faits à M** de Raoux ou Raoussot au sujet d'un accapte du 7 mars 1655, reproduit dans la pièce 22 (30 septembre 1689). — 24. Requête en déguisement d'Antoine d'Arthus aux officiers ordinaires de Valabrègue (20 septembre 1690). — 25. Transaction, en matière de chasse, entre M** de Valabrègue et d'Aramon, sur l'avis de ses beaux-frères Claude de Sauvan d'Aramon, seigneur de Lononcourt, et Guillaume-Alexandre de Sauvan, seigneur de Valabrègue, d'une part, et Pierre Mourellon, d'autre (Château d'Aramon, 7 mars 1691). — 26. Copie d'un arrêt du parlement de Toulouse du 30 avril 1691, rendu entre M** d'Aramon et des habitants de Valabrègue. Ces derniers sont condamnés à l'amende pour avoir chassé. Signification des 2 et 13 mai suivants. — 27. Quittance d'amende par M. de Lononcourt d'Aramon (Extrait). Valabrègue, 22 juillet 1691. — 28. Trois actes de sommation à donner le déguisement à La Gossette, fait par Antoine d'Arthus en viguier de Valabrègue (12 août-9 septembre 1691). — 29. Requête au sénéchal de Nîmes, faite par Pierre Damphoux, syndic des habitants forains de Valabrègue, Comps et Saint-Étienne, contre Guillaume-Alexandre de Sauvan, l'un des coseigneurs desdits lieux. Il a envoyé 300 bêtes à laine dans les pacages communaux des palus ou marais, battu et menacé les habitants qui voulaient y faire dépaître leur bétail, saisi ce dernier dans les palus et même dans les propres vignes des habitants. Il est entré dans l'église de Valabrègue un dimanche, prenant au collet Gabrielot pour l'emprisonner. Son garde-terres Bertrand tue à coups de fusil les chiens des troupeaux et les pigeons des habitants, même les canards, en blasphémant le saint nom de Dieu (1691). — 30. Extrait de l'acte de baptême de Jean-Louis de Jossaud (Sainte-Marthe de Tarascon, 24 juin 1692). Sceau de la cour royale. — 31-32. Copies d'un arrêt des Requêtes de l'Hôtel du 1er juillet 1692, faisant défense aux consuls de Valabrègue de troubler M** d'Aramon en la jouissance des palus et créments du terroir de Valabrègue, et de se retirer ailleurs qu'aux Requêtes de l'Hôtel. Assignation du 12 juillet. — 33. Arrêt imprimé du parlement de Toulouse en date du 9 septembre 1692, sur les droits de chasse, lignerage et pacage, pour les syndics des habitants forains de Valabrègue, Comps et Saint-Étienne de L'Horm contre Mme d'Aramon. Les habitants nobles de Valabrègue sont maintenus dans le droit de chasse, et les non nobles dans les droits de lignerage et de pacage. — 34-35. Minutes de l'inventaire de production baillé par noble Jean-Louis de Jessaud devant les commissaires royaux, pour son déguisement (1692-1693). — 36. Extrait de l'arrentement de la métairie des Agassos, passé par les seigneurs d'Aramon, MM. de Lenoncourt, d'Aramon, et la marquise d'Aramon, tutrice de son fils mineur, veuve de Jacques de Sauvan (1er juillet 1693). — 37. Extrait d'un arrêt du parlement de Toulouse déboutant les consuls de Valabrègue des fins de non procéder, avec dépens (16 juillet 1695). — 38-39. Notes d'actes et d'arrêts (1287-1624). — 40-47. Pièces de procédure (1692-1693) dont la dernière est un arrêt imprimé du Conseil d'État renvoyant aux Requêtes de l'Hôtel le syndic des habitants forains de Valabrègue et Comps, d'une part; Mme d'Aramon et les maire et consuls de Valabrègue, d'autre part (14 avril 1696). — 48-50. Arrêt du parlement, requête et quittance (5 septembre 1628-24 février 1700). — 51. Extrait d'une transaction entre les seigneurs d'Aramon et de Valabrègue, d'une part; la communauté de Valabrègue, d'autre part; au sujet des déguisements (5 août 1705). — 52. Arrêt imprimé du Conseil, du 12 mars 1700, entre le marquis de Montfrin et les consuls de Valabrègue. — 53-55. Lettres d'affaires de Martin à Laudun (14 août-12 septembre 1714). — 56. Lettre de Laudun à son beau-frère, au sujet de l'intérêt de Raousset-Laudun dans le déguisement de Valabrègue (Aramon, 22 mars 1717). — Copie de l'avis de l'intendant de Basville sur le droit de déguisement à Valabrègue, et de l'arrêt du Conseil qui s'en est suivi, le 11 décembre 1717, ordonnant malgré deux actes de récusation des seigneurs d'Aramon et de Valabrègue, des 2 mars et 2 mai 1716, l'exécution des jugements en dernier ressort des commissaires royaux.

E. 1450. (Registre.) — 55 feuillets écrits, papier.

1771. — *Famille de Laudun, d'Aramon. — Registre du déguisement de Valabrègue, commencé le 15 juillet et fini le 26 août 1717.*

Fⁿ 1-6. Rubrique alphabétique des noms des habitants qui bénéficiaient d'un remplacement. — Fⁿ 7-9. Audiences tenues par-devant Jean Etienne, juge en la baronnie de Valabrègue, en l'auditoire de la Cour. — Le 15 juillet 1717, les consuls exposent que, conformément à une délibération du 21 juin dernier, les experts ont dressé l'état des terres que les seigneurs de Valabrègue sont obligés de donner, en remplacement des terres démolies, sur le ténement abandonné par le marquis de Montfrin. Nomination d'un arpenteur pour effectuer le remplacement conformément à l'état, et planter des bornes. — Le 16 juillet, l'arpenteur prête serment. — Le 27 août, il rend compte au juge de ses opérations. Les consuls demandent au juge de recevoir son rapport et de le taxer. Le juge en ordonne l'insertion dans le registre. — Fⁿ 10-54. Teneur du rapport, daté de Valabrègue, 21 août 1717. Il est déposé aux archives communales le 23 août, par le consul Caumette, en original. — Fⁿ 54-55. Bonjan, procureur fiscal, se présente en la cour et signale des irrégularités. Le juge ordonne que le rapport sortira en son plein et entier effet, sans préjudice du droit du seigneur et d'autrui. Les terres comprises dans le rapport et dont il n'a été fait aucune demande resteront sous la main du seigneur jusqu'au déguisement effectif. Les soubres, créments et anciens lits et canaux du Rhône et du Gardon appartiendront au seigneur en pleine propriété.

E. 1451. (Liasse.) — 106 pièces, papier.

1503-1791. — *Famille de Laudun, d'Aramon. — Affaires connexes du déguisement de Valabrègue et d'Aramon. — Pièces produites.*
1. Inventaire de la production en déguisement et remplacement, de François de Raousset-Laudun, de Tarascon (2 juillet 1718). — 2-4. Requête de Marie-Guillaume-Alexandre de Sauvan, marquis d'Aramon, et de ses consorts, seigneurs de Valabrègue, aux commissaires du roi (16 juillet 1718). A cette pièce sont attachés le texte intégral d'un dénombrement de noble Javon Azalbert de Valabrègue (25 janvier 1503), et le texte intégral d'une allocation ou déguisement fait sur l'île de Bernard Amalric au profit des Adalbert ou Azalbert, le 19 décembre 1533. — 5. Rôle de pièces manquant à la production de François de Raousset de Laudun

(1558-1718). — 6. Lettre de Raousset-Laudun aux consuls d'Aramon (Paris, 18 mars 1720). — 7. Réponse enthousiaste de Posquières (Aramon, 6 avril 1720). — 8. Signification aux consuls de Valabrègue (10 avril). — 9-10. Lettres de Raousset-Laudun au marquis de Calvière, près le noviciat des Jésuites, à Avignon (Paris 19 et 22 avril 1720). Il expose ses démarches. — 11-14. Signification, requête à l'intendant des habitants forains de Valabrègue, délibération consulaire de Valabrègue, délibération du syndicat des habitants d'Aramon contre les prétentions de Mᵐᵉ d'Aramon et consorts (5 juin 1720-30 mars 1721). — 15. Conventions imprimées passées entre le marquis de Lenoncourt d'Aramon, seigneur de Valabrègue, agissant pour lui et pour son neveu le marquis d'Aramon, d'une part, et la communauté de Valabrègue, représentée par son premier consul Jean Debrugos, Joseph Darlhac et Dominique Caumette, d'autre part. (Montpellier, 20 mai 1721). — 16. Lettre de Laudun, maire, probablement à Raousset-Laudun. La crainte de la contagion les paralyse. Ils savent que la peste est à Tarascon depuis le 13 décembre, M. de Caylus en est sorti avec les troupes qui s'y trouvaient (s. d.). — 17. Protestation des forains de Valabrègue contre les consuls de Valabrègue, qui font le jeu des seigneurs (5 juin 1721). — 18. Minute de requête adressée à l'intendant et aux commissaires du roi, par le marquis de Calvière, François de Raousset de Laudun, Joseph-François de Laudun, Louis de Jossaud et consorts, ayants-droit aux fonds cédés par les consuls de Valabrègue au seigneur de Valabrègue, par police du 20 mai 1721 (26 juillet 1721). — 19. Copie d'un arrêt du Conseil d'État (Paris, 26 juillet 1721) et d'une ordonnance de l'intendant (14 août 1721) sur le déguisement de Valabrègue. — 20. Lettre de Laudun à Raousset-Laudun, à Tarascon (Aramon, 25 octobre 1721). — 21-23. Lettres de Sanguinède à Posquières (Montpellier, 12 novembre 1721), de Lavondès (16 novembre), et de Laudun [à Raousset-Laudun] (Aramon, 21 novembre). — 24-37. État de pièces, copie de la convention entre les seigneurs et les consuls de Valabrègue, inventaires d'actes, projet de signification à Mᵐᵉ d'Aramon, signification aux consuls de Valabrègue, état des prétendants aux terres données par les consuls de Valabrègue à M. d'Aramon, minutes, état des terres susceptibles d'être demandées aux experts (1372-1721). — 38. Lettre de Jossaud [à Laudun] (Tarascon, 3 mars 1722). — 39. Affiche manuscrite d'une requête des consuls de Valabrègue à l'intendant (23 avril 1722). — 40-42. Lettres de Jossaud (Tarascon, 25 avril), du marquis de Calvière à Raousset-Laudun, à Tarascon (Lavanges près Tarare, 15 juin 1722), et de Lavondès à Posquières, coseigneur d'Aramon (18 juin 1722). — 43-45. Note, copie d'un jugement des commissaires du roi, requêtes des seigneurs d'Aramon et Valabrègue (22 novembre 1722-30 septembre 1723). — 46-47. Lettre de Lavondès à Laudun (Théziers, 19 septembre 1723) et lettre de Cavène (Aramon, 3 février 1724). — 48. Copie du jugement de l'intendant de Bernage et des commissaires du roi pour le déguisement de Valabrègue (Montpellier, 8 février 1724). — 49. Lettre de Laudun (minute) à un religieux, au sujet des modifications du lit du Rhône à Barbentane (Aramon, 13 octobre 1726). — 50. Extrait d'un arrêt du Conseil d'État du 1ᵉʳ juillet 1727, en faveur de Mᵐᵉ d'Aramon, signifié à François de Raousset-Laudun le 28 janvier 1729. — 51. Copie d'un jugement des commissaires du 28 mai 1729. — 52. Ratification donnée à Étienne de Laudun et à Claude Ouvène pour l'accomplissement de la mission à eux donnée devant le sénéchal par le syndicat des habitants d'Aramon (27 décembre 1720). — 53-58. Mémoires et minutes de lettres de Laudun (1730-29 mai 1731). — 59-60. Lettres de Raousset Laudun à son cousin [Laudun] (Tarascon, 2 juin 1731) et de Raousset de Soumabre à son neveu [Laudun] (Tarascon, 30 mai 1732). — 61-63. Minutes de mémoire et de sommations (Vers 1733). — 64. Lettre de d'Arihac à Martin, bourgeois d'Aramon (Montfrin, 24 septembre 1734). — 65. Note s. d. sur un déguisement entre l'hôpital d'Aramon et le seigneur. — 66. Mémoire s. d. pour le déguisement de Valabrègue. — 67. Lettre de Raousset-Laudun fils à son cousin Laudun (Tarascon, 10 novembre 1740). — 68-74. Mémoires, note, extraits de présages (1723-1761). — 75-98. Minutes, notes, liste de noms, défenses, états, croquis de plan, le tout s. d. — 99. État de situation des contestations entre le marquis d'Aramon et la communauté de Valabrègue (1714-1777). — 100. Note sur le déguisement de Valabrègue, écrite au revers d'une lettre de Ricard au comte de Bruges (Montpellier, 23 octobre 1787). — 101-102. Extrait de présages, et convention entre le marquis d'Aramon, de son chef, et le comte de Bruges, pour la communauté de Valabrègue, au sujet du procès pendant devant les commissaires du roi sur le déguisement du terroir de Valabrègue (Nîmes, 19 juillet 1789).

Signatures du marquis et du comte. — 103-105. Délibération du conseil renforcé de Valabrègue (2 août 1789), copie d'un acte de sommation signifié à la communauté de Valabrègue à la requête du marquis d'Aramon (17 octobre 1789), et délibération du conseil renforcé de Valabrègue. L'Intendant désire beaucoup voir terminer les procès entre le marquis d'Aramon et la communauté de Valabrègue. M. Gautier est prêt à venir pour proposer, sur les titres des parties, les moyens de finir les procès pendants devant la commission du déguisement établie à Montpellier. L'assemblée nomme Aaron Crassoux, avocat de Montpellier, pour traiter avec M. Gautier, nommé par M. d'Aramon (26 octobre 1789). — 106. Requête de Sauvan, ci-devant seigneur d'Aramon, au Directoire du Département du Gard, au sujet du domaine national dont jouissaient les ci-devant chartreux de Villeneuve, appelé La Vernède, terroir d'Aramon. Sauvan demande que ce domaine soit fixé à sa juste contenance, suivant les titres, et que l'excédent des terres ou créments du Rhône qui ont agrandi ce domaine en soit distrait, comme faisant partie des anciennes possessions patrimoniales de Sauvan (s. d.).

E. 1432 (Liasse.) — 33 pièces, papier.

1690-1758. — *Famille de Laudun, d'Aramon. — Taxes des vingtième et dixième. — Litige entre Tarascon et le Languedoc à raison des terrains abandonnés par le Rhône.*
1-18 : Vingtième et dixième d'Aramon et Valabrègue. — 1. Déclaration de Louis de Jossaud, de Tarascon, concernant ses biens d'Aramon et leur revenu (20 mars 1750). — 2-4. Déclaration de ses terres et revenus de Valabrègue et d'Aramon (27 mars). — 5. Déclaration de Laudun pour ses terres et revenus d'Aramon (Tarascon, 28 mai 1750). — 6. Déclaration de Séveyrac, collecteur d'Aramon, pour la fourniture faite à Étienne de Laudun des rôles de son vingtième noble, du roturier et des distractions du dixième, confondu avec la taille des biens roturiers (1er octobre 1750). A la suite, quittance. — 7. Modèle de déclaration (1750). — 8. État des biens nobles de Jossaud (minute s. d.). — 9. Requête d'Étienne de Laudun à l'Intendant. En marge, ordonnance de M. de Saint-Priest de soit communiqué au directeur du vingtième de Mont-

pellier (11 mars 1751). En marge et à la suite réponse du Directeur (20 mars). — 10-14. Quittances de collecteurs pour Jossaud ou Laudun, avec une note de Favand du 12 mai 1754 (3 juillet 1752-11 février 1756). — 15-16. Requêtes d'Étienne de Laudun ou de Jean-Louis de Jossaud, de Tarascon, aux commissaires du vingtième, suivies de certificats du collecteur Achard (13-27 août 1757). — 17. 18. États des propriétaires de biens nobles d'Aramon payant les 2 sols pour livre du dixième noble en 1749 et 1755. — *19-27 : Vingtième concernant Théziers et Domazan.* — 19-21. Déclarations de Laudun pour ses terres et leur revenu dans ces deux communautés (Tarascon, 28-29 mai 1750). — 22-23. Quittances de vingtièmes (7 septembre 1751-21 juillet 1757). — 24. Copie de déclaration pour Théziers et d'une quittance (1er octobre 1757). — 25-26. Copies du règlement définitif de la taxe des deux vingtièmes concernant Étienne de Laudun à Théziers en 1757 et 1758 (2 septembre-5 décembre 1758). — 27. Quittance du 19 décembre 1758. — *28-33 : Procès entre Tarascon et le Languedoc pour les délaissés du Rhône.* — 28. Extrait d'un arrêt du Conseil d'État donné à Versailles le 22 août 1690, sur la requête des consuls de Tarascon, au sujet du procès pendant en la commission du Domaine à Montpellier, entre le procureur du roi, demandeur en réunion des terres du Guez, de Lestel et de Borralier, créments du Rhône, au Languedoc, d'une part ; et les consuls de Tarascon, prétendant au contraire que ces terres ont toujours été terre ferme de Provence. Le Conseil ordonne que les terres litigieuses demeureront, comme elles l'ont toujours été, dans la compoix de Tarascon. Suivent des lettres royaux adressées au parlement de Toulouse et à la cour des aides de Montpellier, pour l'exécution du précédent arrêt (Versailles, 17 novembre 1691). A la suite, mention de l'enregistrement des deux textes à la cour des aides, suivant arrêt du 16 janvier 1692, le 11 décembre 1695. Certificat du viguier de Tarascon du 10 avril 1723. — 29. Ordonnance imprimée de l'intendant de Basville, portant que ceux qui ont été taxés en Languedoc dans les rôles de la capitation, et qui prétendront avoir payé les dites taxes hors de la province, justifieront desdits paiements par des copies de leurs quittances visées par les intendants de la province ou généralité où ils auront payé (Montpellier, 30 décembre 1705). — 30. Mémoire imprimé pour la communauté de Tarascon et les procureurs des États de Provence, dans leur procès au Conseil contre Jacques de Clément, seigneur de Graveson, au sujet du domaine rural du Petit-Castelet, terroir de Tarascon. M. de Graveson voudrait faire retirer ce domaine du cadastre de la communauté, prétendant que c'est un fief noble avec juridiction (s. d.). — 31. Factum imprimé pour les consuls de Tarascon contre M. de Graveson. Dans l'instance interviennent l'inspecteur général des domaines du roi, le syndic général de la province de Languedoc, et le procureur syndic de Provence (8-10 juin 1724). — 32. Arrêt imprimé du Conseil d'État, donné à Versailles le 17 décembre 1742, entre les consuls de Beaucaire et ceux de Tarascon. Acte est donné aux consuls de Tarascon de leur déclaration qu'ils n'ont jamais compris dans leurs cadastres les quartiers du Grand et du Petit Castelet, ni joui du quartier du Garis; et de leur aveu que le nouveau terrain de « la Mormat », comme île et crément du Rhône, est du territoire de Beaucaire. Les dispositions de l'arrêt du Conseil du 22 août 1620, concernant les quartiers du Guez, de Lestel et de Barralier, seront exécutées, malgré l'opposition des consuls de Beaucaire. Les intendants de Languedoc et de Provence ouvriront leur avis sur les quartiers de Lussan, Lublières, et « l'ancien Mormat ». Significations (1743).

B. 1453. (Liasse.) — 81 pièces, papier; 1 sceau.

1640-1674. — *Famille de Laudun, d'Aramon.— Comptes et pièces justificatives des consuls et trésoriers d'Aramon.*

1. Comptes de Trophime Alboin, premier consul, de son administration pour la subsistance des compagnies du régiment de Bissy et du chevalier de La Fare, logées en quartier d'hiver à Aramon, en février, mars et avril 1657. — 2. Rôle des personnes figurant au cahier de l'infirmerie des années 1640 et 1641, baillé par Pierre Villard, exacteur, comme trésorier de la communauté d'Aramon en 1667, en reprise dans ses comptes, ces articles étant restés en souffrance ou non valeur. — 3. Ordonnance attachée audit rôle pour Pierre Villard, trésorier communal, contre les hoirs de Jacques Michel (3 août 1667). — 4. Double de la pièce 2. — 5. Extrait de l'état des rentes et revenus de la communauté d'Aramon en 1667. — 6-80. Rôles, comptes, mandements, quittances et autres pièces justificatives (1668-1674). — 81. Rôle des avis, consultations et voyages du juge Calvet, de Villeneuve-lès-Avignon, pour la communauté d'Aramon. Il a été réglé à 100 l. par Étienne de Laudun et Pierre Dayon, consuls modernes, assistés des principaux habitants, qui ont signé au pied de l'arrêté de compte du 12 février 1669. Ce document évoque les principales questions qui s'imposaient alors à la communauté. Signatures des consuls, de Posquières, Bonnefoy, Chaisily, Gilles, Sommille et Calvet.

B. 1454. (Liasse.) — 81 pièces, papier; 1 sceau.

1673-1708. — *Famille de Laudun, d'Aramon. — Comptes et pièces justificatives des consuls et clavaires d'Aramon.*

1. Compte de Gaspard Gilles, clavaire en 1673 pour les tailles royales et extraordinaires d'Aramon. Il est destiné à être clos et arrêté par les consuls, le conseil ordinaire et les auditeurs jurés des comptes de la communauté. Remis et affirmé le 15 avril 1674. Les auditeurs des comptes, assistés du député des nobles, constatent, le 19 avril, que la communauté est redevable envers Gilles. — 2. Extrait d'une vente de pension faite par Joseph-François de Laudun, comme procureur de trois bourgeois d'Aramon (25 janvier 1694). — 3. Compte de Pierre Chaissy (l'un des trois bourgeois de l'acte précédent), premier consul d'Aramon en 1695 et 1696, remis et affirmé le 20 novembre 1696. Les auditeurs des comptes, assistés de Joseph-François de Laudun, maire, du procureur du roi et du greffier consulaire, constatent, le 24 novembre, que la communauté est redevable à Chaissy. — 4. Mémoire de la dépense faite à Nîmes par Arnaud, procureur du roi d'Aramon, au procès de la communauté contre Jean Damour (1) (6-10 janvier 1695). — 5-12. Lettre d'affaires de Mercier, délibérations communales, quittances, lettres d'affaires de Carbonnel, rapport sur les réparations à faire aux chaussées (22 janvier-19 mai 1695). — 13-30. Pièces justificatives. — 17. Lettre de Sommille à Carbonnel, agent de l'Ordre de Malte, pour M. de Laudun, à Toulouse, écrite d'Uzès le 21 juin 1695, sur le procès Damour. Il a vu le capiscol Larondès. L'archidiacre, ou « archidiable », avait fait courir le bruit que la

(1) Prêtre et ci-devant récollet.

communauté d'Aramon avait perdu le procès à Toulouse. Si Laudun a besoin d'un certificat pour l'enlèvement de Simon Rousset par le R. P. Canard, qui pria un capitaine de le recevoir en sa compagnie et lui demanda main forte pour l'enlèvement, le capiscol lui en facilitera l'obtention. — 20. Lettre de Broche à Carbonnel, pour Laudun, écrite de Nîmes le 16 septembre 1695. Il répond à ses reproches au sujet de la procédure Damour. S'il y a eu des fautes, elles doivent être imputées aux consuls d'Aramon, qui ont suivi leur fantaisie, et non le conseil. En ce qui concerne la femme de Pisserede, si l'on n'a rien fait qui vaille devant l'official d'Uzès, c'est encore leur faute. — 23. Dépense de Boudon, procureur des religieuses du Refuge d'Avignon, pour son voyage d'Aramon en vue d'un prêt de 1.200 l. à la communauté (5 novembre 1695). — 27. Lettre de Broche, écrite de Nîmes le 10 novembre 1695. Un accident l'a contraint de s'aliter et a retardé son travail. Il est douteux qu'il puisse venir à Aramon. Au dos de la lettre, notes de dépenses de voyage [de Laudun] (3-11 décembre 1696). — 31-61. Pièces justificatives. — 36. Ordre de Guillaume Marcel, commissaire de la Marine ayant l'inspection générale des classes du département d'Arles, aux matelots d'Aramon, de se rendre à Arles pour y recevoir le complément de trois mois d'avances pour la présente campagne, à peine de poursuites comme déserteurs, pour être remis aux galères, sans être décimés comme auparavant (Tarascon, 21 janvier 1696). — 37. Lettre de Robert Dumolard aux maire et consuls d'Aramon, pour faire arrêter et remettre au commis de la Marine les matelots revenus de Toulon sans congé et ceux qui ont fait campagne (Tournon, 6 février 1696). — 38. Lettre du même annonçant de nouveaux ordres pour faire une seconde levée de matelots très importante, et reprochant aux maire et consuls d'avoir souffert des matelots déserteurs à Aramon, au mépris des ordonnances. Il leur enjoint de faire mettre en lieu de sûreté, mardi 15 c', six matelots propres à servir, sans perdre un moment et sans se découvrir à personne. Sa lettre leur servira d'ordre du roi. Le même ordre doit être exécuté le long du Rhône le même jour. Il les rend responsables de tout retard (Tournon, 8 mai 1696). — 39. Rôle de la dépense de quatre matelots (8-16 mai). — 40. Compte et quittance de la dépense faite au logis d'Antoine Duzas par Gautier, ingénieur, et consorts (4 mai-7 juin 1696). — 41-42. Quittance de Duzas pour la

dépense faite à son logis par Linsolas et consorts, chargés de vérifier les réparations des chaussées et autres travaux (20 juin 1696). — 46. Lettre de Missole à Posquières. Rey (sergent) est trop délicat. Un autre fera ce qu'il a refusé (Nîmes, 10 août 1696). — 52. Quittance de Louis Vanel, entrepreneur du desséchement des marais, faite au premier consul Pierre Chayassi (1ᵉʳ septembre 1696). — 55. Ordonnance imprimée du maître particulier des Eaux et Forêts de France, au siège de la maîtrise particulière de Villeneuve de Berg, pour les pays de Vivarais, Uzège et Velai. Les consuls des villes et lieux riverains du Rhône et de la Loire dans son ressort devront remettre au greffe de son siège un état certifié de tous les pêcheurs ayant exercé ou exerçant la pêche dans lesdits fleuves (Villeneuve de Berg, 17 juillet 1676). Signification aux consuls d'Aramon du 16 septembre suivant. — 56. Lettre du comte de Broglie pour la publication de la paix avec le duc de Savoie et les feux de joie et réjouissances accoutumés en pareil cas (Montpellier, 25 septembre 1696). — 57. Compte des fournitures de Grégoire pour flambeaux, chandelles et poudre, acquitté le 10 octobre 1696. — 59. Délibération pour un habit au valet de ville (4 avril 1700). — 60. Extrait de la vente d'une pension faite par les religieuses professes du monastère de Notre-Dame de la Victoire, autrefois du Refuge d'Avignon, aux consuls d'Aramon, moyennant un capital et sort principal de 2.000 l. (Avignon, parloir du monastère, 10 décembre 1701). — 61. Requête des consuls à l'Intendant, qui ordonne, au pied, que par M. Gautier, ingénieur, il sera fait un devis pour l'écoulement des eaux des marais d'Aramon et leur entier desséchement (Montpellier, 17 octobre 1708).

E. 1455. (Liasse.) — 13 pièces, parchemin ; 28 pièces, papier ; 7 sceaux.

1631-1700. — *Famille de Laudun, d'Aramon.* — *Pièces restées dans le fonds à l'occasion de l'administration communale d'Aramon exercée par les Laudun.*
1-4. Extraits de la délibération consulaire du 15 juin 1631, contenant règlement des charges des consuls et des conseillers d'Aramon ; lettre patentes de novembre 1631 confirmant ledit règlement, et arrêt du parlement de Toulouse du 28 mai 1632 en faveur de la vérification, devant le sénéchal de

Beaucaire et Nimes, desdites lettres patentes. Deux sceaux de cire verte. — 5. Ordonnance du sénéchal enregistrant les lettres patentes confirmant le règlement du conseil général d'Aramon du 15 juin 1631 (Nimes, 30 septembre 1633). Sceau. — 6. Commission du Conseil pour les consuls d'Aramon, en vue d'assigner M. d'Aramon en garantie (Paris, 5 avril 1653). — 7. Conseil général extraordinaire du 29 avril 1657, au sujet des désordres que les cavaliers de la compagnie de La Faro, logés à Aramon, font dans les maisons et dans les fourrages et blés de la campagne. — 8-9. Ordonnance royale rendue en Conseil privé, à Paris, le 23 avril 1660. Il s'agit du droit des communautés de Languedoc d'établir leurs greffiers en dehors des greffiers des seigneurs. Les consuls d'Aramon demandaient que M** d'Aramon, son greffier et tous autres, ne se pussent immiscer dans les fonctions de greffier consulaire. Les parties seront sommairement ouïes par-devant le commissaire à ce député, et il sera sursis à l'exécution d'un arrêt du 9 janvier précédent. Assignation. Sceau. — 10. Extrait d'un jugement des commissaires vérificateurs des dettes des diocèses, villes et communautés de Languedoc. Les consuls et habitants d'Aramon sont reçus à payer leur dettes, vérifiées à 15.734 l., en sept années consécutives (Montpellier, 23 octobre 1669). — 11. Copie de requête à l'Intendant contre M. de Lenoncourt et ordonnance au pied du 18 mars 1672. — 12. Extrait du contrat de mariage de Jean d'Audibert, comte de Lussan, premier écuyer du prince de Condé, avec Françoise-Marie de Raimond de Brignon (Château de Sanilhac, 28 mars 1674). Suivent des ratifications. — 13. Arrêt imprimé du Conseil d'État portant règlement pour les collecteurs des tailles (30 septembre 1689). — 14. Contrainte des consuls de Beaucaire contre un menuisier (15 octobre 1690). — 15. Affirmation de Jean Martin, premier consul d'Aramon, contre le syndic des Bénédictins de N.-D. de Rochefort (Nimes, 19 octobre 1690). — 16. Ajournement de Jean Elzière devant la cour des aides (Montpellier, 22 février 1692). — 17-19. Requêtes de Joseph Arnaud, procureur du roi et syndic de la communauté d'Aramon, à la cour des aides, contre les officiers de M** d'Aramon ou contre elle-même (22 février-30 juin 1692). — 20. Arrêt de la cour des aides sur le déguisement et allocation au remplacement des terres emportées par le Rhône à Aramon et à Valabrègue (Montpellier, 23 novembre 1693). — 21-22. Factum imprimé pour Joseph Arnaud, procureur du roi d'Aramon, appelant des ordonnances de Jacques Maillan, conseiller au sénéchal, commissaire subdélégué pour la confection du papier terrier, contre Thérèse de « Berbesières », dame d'Aramon (s. d.). Vers 1693. — 23. Copie de requête de Joseph Arnaud, syndic d'Aramon, à la cour des aides, contre M** d'Aramon (23 janvier 1694). — 24. Ordonnance imprimée de l'Intendant, portant décharge, pour les communautés, des taxes du ban et arrière-ban, pour raison des biens mentionnés dans leurs lettres d'amortissement (Montpellier, 3 octobre 1694). — 25. État des habitants délibérants de la communauté d'Aramon (1693-1695). — 26-37. Requêtes à l'Intendant, délibération, bail, ordonnances, lettres de l'ingénieur Gautier, relatifs au dessèchement des marais d'Aramon (20 janvier 1696-24 février 1697). — 38-40. Pièces d'une procédure entre les consuls d'Aramon et les Bénédictins de Rochefort, à l'occasion d'un dégât de récolte (19 octobre 1697-17 mars 1698). — 41. Liste de noms de particuliers et de chapelles. Il y en a de rayés (s. d.).

E 1456. (Liasse.) — 2 pièces, parchemin ; 112 pièces, papier ; 7 sceaux.

1677-1708. — *Famille de Laudun, d'Aramon. — Procès de la communauté d'Aramon avec le prieur au sujet de la dîme des olives. — Pièces restées dans le fonds à l'occasion de l'administration communale des Laudun.*

1. Extrait d'un arrêt du parlement de Toulouse ordonnant que le syndic du chapitre de Nimes enverra ses coureurs percevoir le droit de dîme du douzième des olives (15 juin 1677). — 2. Extrait d'un arrêt du même parlement entre le prieur et les consuls de Dions, servant de préjugé à la communauté d'Aramon contre le syndic du chapitre de la cathédrale d'Uzès (30 janvier 1679). — 3. Consultation (copie) de Demissolz, délibérée à Nimes le 7 septembre 1690. Il s'agit de l'archidiacre d'Uzès, prieur d'Aramon, et de l'œuvre de l'église d'Aramon, au point de vue des comptes. — 4. Copie signifiée aux maire et consuls d'Aramon à la requête de Gilles-Ignace Huart, archidiacre de la cathédrale d'Uzès, prieur d'Aramon, en remboursement de tailles indûment payées par lui (26 avril 1694). — 5. Copies faites sur l'assignation donnée à la

communauté à l'instance du prieur pour la dîme (Toulouse, 22 août 1090-Aramon, 23 janvier 1697). Le taux de la dîme des olives réclamée est du 14e. — 6. Consultation de Demissois (Nîmes, 18 février 1697). — 7-11. Requêtes à l'Intendant et ordonnances, délibérations consulaires, jugement des Requêtes du Palais (11 avril 1697-27 février 1698). — 12. Lettre (copie) de Raffin (Uzès, 18 avril 1698) sur ses démarches auprès de l'archidiacre, qui tient à prendre le 10e. — 13-20. Requêtes à l'Intendant, délibérations consulaires et ordonnances (10 novembre 1697-20 janvier 1699). Deux sceaux. — 21. Affirmation pour les maire et consuls d'Aramon (Toulouse, 30 avril 1699). — 22-23. Lettres de Domergue (Uzès, 4 mai 1699) et de Duplan, maire d'Eyguières (6 mai. — 24-25. Quittance et copie (6-13 mai). — 26. Lettre de Jossaud à Labrousse, receveur au bureau de la foraine d'Aramon (Nîmes, 14 mai. — 27-28. Délibération sur la dîme (15 mai). — 29. Lettre de Jossaud à Labrousse. M. Arnaud lui a écrit de Toulouse sur l'affaire de la dîme (22 mai). — 30. Autre lettre du même (30 mai). — 31. Certificats (copie) des consuls et viguier de Beaucaire, et des maire et consuls d'Arles sur leur dîmes (2 juin 1699). — 32-48. Mémoires, requêtes à l'Intendant et ordonnances, copies, délibérations, vente de pension à Pierre Alboin, docteur en médecine, par les consuls d'Aramon, extrait d'arrêt du parlement de Toulouse condamnant les consuls d'Aramon au profit du syndic du chapitre d'Uzès, dépense faite à Toulouse par Arnaud, syndic de la communauté d'Aramon, son acte de départ (12 juin-2 octobre 1698). — 49. Affirmation de Joseph-François de Laudun, coseigneur et maire d'Aramon, contre le prieur d'Aramon (20 novembre 1698). — 50. Son acte de départ (24 novembre). — 51-83. Copies d'assignations données à la requête des maire et consuls d'Aramon à des habitants de Domazan, Estézargues, Saze, Théziers, Aramon, Beaucaire, Barbentane, Sernhac, Vers, Montfrin, Saint-Bonnet, Boulbon, pour comparoir devant Philippe de Cappeau, juge de la viguerie royale de Roquemaure, commissaire député par le parlement de Toulouse, en Aramon, dans le logis de Pierre Giraud, hôtelier à l'enseigne de Saint-Nicolas, pour déposer à l'enquête que les maire et consuls d'Aramon entendent faire contre le prieur d'Aramon, en exécution des arrêts du parlement (26-30 novembre 1698). — 84-113. Suite des pièces de la procédure (13 novembre 1698-28 octobre 1702). — 114. Lettre de Huart, archidiacre d'Uzès et prieur d'Aramon, à Bouchet, procureur au présidial, à Nîmes. Les parties étant disposées à transiger, au sujet du procès touchant l'œuvre de la paroisse, procès demeuré non poursuivi depuis quelques années, il consent au retrait des pièces restées entre les mains de Bouchet, pour les faire voir à un avocat, conjointement avec celles de la communauté, et te prie de les remettre à M. de Laudun, porteur de sa lettre (Aramon, 5 septembre 1708).

B. 1437. (Liasse.) — 2 pièces, parchemin ; 149 pièces, papier.

1699-1784. — *Famille de Laudun, d'Aramon. — Pièces de son administration municipale d'Aramon.* 1-2. Quittances du trésorier des revenus casuels aux communautés des meuniers et des bâtiers d'Aramon (Paris, 27 janvier 1729). — 3-14. Requêtes à l'Intendant, délibérations, devis pour le recurement des brassières ou canaux et les réparations aux chaussées, quittances, arrêt imprimé de la cour des aides portant règlement pour la cotisation des « cabaux » et industries, levée des impositions et délibérations de la communauté de Grisoles (14 juillet 1701), ordonnance imprimée sur les additions des dettes à vérifier (Montpellier, novembre 1702), vente de pension faite par les consuls d'Aramon (11 janvier 1701-7 mars 1703). — 15-20. Lettres de M. de Fresslieu avec 2 quittances (Villeneuve, 12 décembre 1704-18 janvier 1705). — 21-44. Quittances de Coucols-Lagorce, major commandant la milice bourgeoise d'Aramon, mandat de Laudun, maire, et des consuls, quittances diverses, calcul du livre de l'imposition de la taille d'Aramon en 1707, délibération, requête à l'Intendant, lettre de l'ingénieur Gautier (Beaucaire, 10 avril 1709), arrêts du Conseil d'État des 27 août et 23 septembre 1709, sur le libre commerce des grains, et portant règlement pour le conseil politique de Castelnaudary (20 janvier 1705-1709). — 45-60. Requêtes à l'Intendant, notes, mémoire pour faire un compoix cabaliste, requête imprimée au roi des habitants d'Aramon et Valabrègue, au sujet de l'oppression où les tiennent leur seigneur (Avril 1720), lettre du provincial des Récollets (Montpellier, 18 mai 1723) avec la minute d'une lettre de Laudun, maire, et du premier consul Gilles, mémoires contre les chartreux de Villeneuve, lettres de Trinquelagues (Uzès, 1er mai 1727) et du secrétaire de la communauté de Beaucaire

(19 juin 1739), arrêt imprimé du Conseil d'État et lettres patentes réglant les assemblées et conseils politiques des villes et lieux de Languedoc (30-31 décembre 1740), copie du nouveau règlement des dépenses ordinaires d'Aramon, arrêté par la commission de 1734 ; arrêt imprimé du Conseil d'État, du 18 mars 1749, faisant défense aux villes et communautés de procéder à aucune élection d'officiers, et ordonnant que les officiers électifs en exercice continueront à exercer jusqu'à nouvel ordre ; instruction sommaire imprimée, pour les maire et consuls d'Aramon, contre le marquis d'Aramon, son oncle de Lenoncourt et le fermier des domaines du roi en Languedoc (1745) (5 octobre 1710-7 juillet 1740). — 61-87. Notes et mémoires a. d., la plupart de la main de Laudun. — 88-84. Requête de Laudun à l'Intendant sur les statuts d'Aramon, et ordonnance signée Chambon (Uzès, 25 août 1740), délibérations, état des forains d'Aramon (1749). — 85-125. Correspondance de Laudun avec Grégoire. Jossaud ainé, Silval ; Chambon, d'Uzès ; de Pitot, de Rargeton (17 septembre 1740-20 avril 1754).

B. 1435 (Liasse.) — 33 pièces, papier.

1682-1699. — *Famille de Laudun, d'Aramon. — Collection d'édits, arrêts et ordonnances.*
1. Édit imprimé portant création de trois offices de commissaires, prud'hommes, experts, auditeurs des comptes dans les villes et communautés du ressort du parlement de Toulouse (Saint-Germain en Laye, septembre 1668). A la suite, arrêt du Conseil d'État sur la matière (2 septembre 1669), lettres patentes de septembre 1669, en forme d'édit, du 16 mars 1670, ordonnances des commissaires royaux pour l'exécution des édits de septembre 1668, créant des offices de greffiers consulaires, notaires royaux, et des offices de commissaires, prud'hommes, experts jurés, auditeurs de comptes de tutelle et curatelle en Languedoc (Toulouse, 22 avril 1670). — 2. Arrêt imprimé du Conseil et lettres patentes révoquant l'édit des experts jurés et auditeurs des comptes, avec règlement pour les raisons des experts et arrêts de vérification (Mars-10 mai 1670). — 3. Arrêt imprimé du Conseil d'État pour la remise des états et rôles des impositions des villes et communautés de Languedoc (17 décembre 1675). — 4. Copie d'ordonnance des commissaires de Langue-

des pour la vérification des dettes des diocèses, villes et communautés (17 février 1679). — 5. Copie d'ordonnance des mêmes (14 mai 1679). — 6. Arrêt imprimé du Conseil d'État déchargeant de la taxe du 8me denier les terres incultes et abandonnées, qui ont été adjugées par les communautés pour le paiement de la taille (18 octobre 1678). — 7. Édit imprimé sur les duels (Août 1679). — 8. Copie de déclaration royale interdisant le port des armes dans le royaume (4 décembre 1679). — 9. Recueil imprimé des arrêts, règlements et ordonnances pour les diocèses, villes et communautés de Languedoc (1662-1679). — 10. Ordonnance imprimée de l'Intendant, portant que les consuls des communautés riveraines du Rhône, de marais, étangs et bords marins, délivreront au fermier des Domaines un état certifié des pêcheurs ayant exercé leur métier, année par année, de 1682 à 1684 (12-14 mars 1687). — 11. Arrêts imprimés du Conseil d'État sur les offices casuels, héréditaires et domaniaux (1er mars 1684-9 mars 1688). — 12. Ordonnance imprimée de l'Intendant sur les offices royaux casuels, héréditaires ou domaniaux (4 juin 1689). — 13. Déclaration imprimée du roi pour la liquidation des droits d'amortissement et de nouveaux acquêts dus au roi par les ecclésiastiques et gens de mainmorte (5 juillet 1689). — 14. Ordonnance imprimée de l'Intendant sur les particuliers exerçant des offices par lettres de provision, commissions ou matricules (21 juillet 1689). — 15. Arrêt imprimé du Conseil d'État pour le recouvrement des droits d'amortissement et nouveaux acquêts (27 août 1689). — 16. Ordonnance imprimée des commissaices du roi et des États de Languedoc, sur l'imposition des dépenses ordinaires et imprévue des villes et communautés (Nimes, 10 décemb. 1689). — 17. Déclaration imprimée du roi sur les biens abandonnés en Languedoc (28 mars 1690). — 18. Avis imprimé de l'Intendant sur la vente et adjudication des offices de garde des archives, greffier et départeur des rôles des impositions dans chaque communauté du diocèse d'Uzès (1690). — 19-21. Mêmes avis pour les diocèses de Montpellier et de Nimes (1690). — 22. Tarif imprimé des nouvelles monnaies, 1690. Louis d'or du poids de 5 deniers 6 grains trébuchant pour 12 l. 10 s., avec un grènetis sur la tranche ; écus d'argent du poids de 21 d. 8 grains trébuchant pour 66 s. avec la légende : *Domine salvum fac regem* sur la tranche. — 23. Édit imprimé portant incorporation, au corps des villes et communautés de Languedoc, des offices de gardes des archives, greffiers et départeurs des rôles des impositions, non adjugés (Décembre 1691). Arrêt imprimé du Conseil d'État permettant à tous ceux voulant lever plusieurs offices de maire en Languedoc, de les posséder sans incompatibilité (20 décembre 1692). — 25. Ordonnance imprimée de l'Intendant sur les avantages des offices de maire perpétuel (23 juin 1693). — 26. Déclaration imprimée du roi pour l'établissement de la capitation, avec le tarif contenant la distribution des 22 classes (18 janvier 1695). — 27. Déclaration imprimée du roi, réglant la manière de compter les deniers de la capitation générale (19 avril 1695). — 28. Édit imprimé créant 1.400.000 l. de nouvelles rentes viagères, dites rentes de la Tontine (Février 1696). — 29. Arrêts imprimés (dispositifs) concernant les offices de gouverneur (Fontainebleau, 30 octobre-Versailles, 20 novembre 1694). — 30. Édit imprimé créant des offices de jurés mesureurs royaux de grains dans chaque ville, bourg et seigneurie du royaume (Janvier 1697). — 31. Arrêt imprimé du Conseil ordonnant que les commissaires de la vérification des dettes des communautés liquideront les intérêts des dettes vérifiées (22 mai 1697). — 32. Arrêts imprimés du Conseil d'État, des 23 mars 1694, 26 août 1698 et 17 mars 1699, ordonnant que les assesseurs n'auront que voix représentative, et non délibérative, dans les élections consulaires. — 33. Édit créant des lieutenants de police (Octobre 1699).

B. 1459. (Liasse.) — 53 pièces, papier.

1700-1733. — *Famille de Laudun, d'Aramon. — Collection d'édits, arrêts et ordonnances.*

1. Arrêt imprimé du Conseil d'État, permettant aux communautés de Languedoc qui voudront rembourser les offices de maire, procureur du roi communal ou greffier consulaire, d'imposer ou d'emprunter les sommes nécessaires (30 mars 1700). — 2. Édit imprimé permettant aux nobles de faire librement le commerce en gros, sans déroger (Décembre 1701). — 3. Édit imprimé créant des offices héréditaires de conseillers de ville auditeurs des comptes en Languedoc (Mai 1702). — 4. Nouvel affranchissement imprimé des tailles dans les généralités de Montpellier et de Toulouse pour 1702. On pourra affranchir ses biens, jusqu'à concurrence de 150.000 l. de taille, sur le pied du denier douze et sur l'allivrement de 1702. — 5. Instructions imprimées des États de Languedoc pour la capitation de 1703. — 6. Ordonnance imprimée de l'Intendant sur la capitation (10 janvier 1703). — 7. Arrêt imprimé du Conseil d'État sur les vieilles espèces non réformées (5 juin 1703). — 8. Arrêt du Conseil d'État sur le cours des louis d'or (10 juin 1703). — 9. Arrêt imprimé du Conseil d'État sur les nouvelles espèces (14 juillet 1703). — 10. Requête imprimée du syndic général de Languedoc à la cour des aides sur les biens abandonnés (1er septembre 1703). — 11. Avis imprimé du syndic Lacnau sur la suppression des offices d'auditeurs des comptes des communautés de Languedoc (Uzès, 11 octobre 1703). — 12. Arrêt imprimé du Conseil d'État sur la réduction des espèces d'or et d'argent et des menues monnaies (12 décembre 1703). — 13. Édit imprimé créant des places d'échevins, consuls, capitouls ou jurats, dans les villes et communautés du royaume, et des concierges et gardes-meubles des Hôtels de Ville, et maisons communes (Janvier 1704). — 14. Édit imprimé créant des offices d'inspecteurs aux boucheries à Paris et dans les villes et bourgs fermés (Février 1704). — 15. Ordonnance imprimée de l'Intendant sur les droits attribués aux offices d'inspecteurs des boucheries (Anduze, 5 juin 1704). — 16. Avis imprimé de l'Intendant sur l'adjudication desdits droits (11 juin 1704). — 17. Arrêt imprimé du Conseil d'État sur les contrats de constitution de rentes à raison du denier 20 et sur les rentes viagères (19 août 1704). — 18. Avis imprimé sur la réduction de la taxe d'augmentation des gages des officiers possédant leurs charges à titre de réunion (Novembre 1704). — 19. Édit imprimé portant création de 300.000 l. d'augmentations de gages au denier 16 (Novembre 1704). — 20. Avis imprimé sur l'affaire des auditeurs des comptes (1704). — 21. Arrêt imprimé du Conseil d'État, du 24 octobre 1705, renvoyant à M. de Basville pour donner son avis sur la requête du syndic de Languedoc, au sujet des biens abandonnés. — 22. Arrêt imprimé du Conseil d'État du 15 novembre 1707, déchargeant les communautés du droit d'amortissement, pour leurs acquisitions du Domaine royal. — 23. Ordonnance imprimée de l'Intendant sur les blés (22 mars 1709). — 24. Édit créant des offices d'inspecteurs et visiteurs d'huiles (Mars 1709). — 25. Déclaration imprimée du roi portant règlement pour les blés

(27 avril 1709). — 27. Ordonnance imprimée de l'Intendant permettant de glaner (18 juillet 1709). — 28. Arrêts imprimés du Conseil d'État du 21 octobre 1710 déchargeant de divers droits les adjudicataires de biens abandonnés ; et du 11 novembre 1710 sur la levée de la taille de 1709 à Limoux. — 29. Arrêt imprimé du Conseil d'État, du 21 septembre 1712, autorisant les instructions des États de Languedoc sur la levée du 10e des biens nobles. — 30. Déclaration imprimée du roi, du 16 janvier 1714, pour la culture des biens abandonnés. — 31. Édit imprimé supprimant les offices de maire, lieutenant de maire et autres officiers de ville (Septembre 1714) ; et arrêt imprimé du Conseil d'État, du 10 septembre 1714, adjugeant aux maire et consuls de Narbonne la préséance sur les officiers royaux de la ville. — 32. Édit imprimé réduisant au denier 25 toutes les augmentations de gages (Janvier 1716). — 33. Copie d'un édit de novembre 1728 rétablissant les offices de maire, lieutenant de maire et consul perpétuel en Languedoc. — 34. Arrêt imprimé du Conseil d'État pour la diminution des espèces et matières d'or et d'argent, et ordonnant que les billets de la Banque auront cours dans tout le royaume (28 janvier 1720). — 35. Arrêt imprimé du Conseil d'État exemptant des 4 sols pour livre, ceux qui paieront les droits des fermes générales du roi en billets de banque (29 janvier 1720). — 36. Arrêt imprimé du Conseil d'État sur les monnaies (3 février 1720). — 37. Autre portant règlement pour les billets de banque et les actions de la Compagnie des Indes (15 septembre 1720). — 38. Autre du 30 décembre 1720 pour accélérer le paiement en billets de banque des « parties » (comptes) employés dans les états du roi, pour les années antérieures à 1720. — 39. Autre ordonnant que tous les contrats de rentes, récépissés du Trésor royal, actions intéressées de la Compagnie des Indes, certificats pour comptes en banque, actions rentières et billets de banque, seront représentés dans deux mois devant des commissaires du Conseil, pour vérification (26 janvier 1721). — 40. Autre du 16 février 1721, portant règlement pour la vérification desdits effets. — 41. Autre sur les déclarations remises par les notaires du Châtelet de Paris et les déclarations des particuliers des provinces (16 mai 1722). — 42. Déclaration imprimée du roi, du 14 septembre 1722, en interprétation de l'édit d'août précédent, portant création d'offices municipaux en Languedoc. — 43. Autre sur les peines et réparations d'honneur à l'occasion d'injures et menaces (10 avril 1723). — 44. Copie d'un arrêt du conseil d'État du 27 novembre 1725 déchargeant de payer, quand on prend des provisions, le quart denier au lieu de huitième. — 45. Copie d'un autre arrêt, du 27 novembre 1725, pour le paiement de l'annuel des offices municipaux de Languedoc dont les titulaires sont décédés pendant le temps de leur suppression, ou depuis qu'ils ont été rétablis. — 46. Même arrêt, imprimé, réglant le paiement des droits de mutation des offices municipaux de Languedoc, et le paiement de l'annuel. — 47. Autre arrêt imprimé du 24 décembre 1725, prorogeant le délai de liquidation des offices et droits supprimés. — 48. Édit imprimé ordonnant la fabrication de nouvelles espèces d'or et d'argent (Marly, janvier 1726). — 49. Copie d'un arrêt du Conseil d'État du 26 octobre 1728, sur le remboursement des mairies. — 50. Ordonnance imprimée des généraux des finances de la généralité de Montpellier, du 1er juillet 1729, réglant la direction de la petite voirie. — 51. Déclaration imprimée du roi, du 17 novembre 1733, pour la levée du dixième des revenus des biens du royaume, avec l'arrêt de registre du 14 janvier 1734. — 52. Arrêts imprimés du Conseil d'État, du 29 décembre 1733, sur les déclarations des propriétaires de biens-fonds passés par-devant notaire ; et du 19 janvier 1734, sur les oppositions pouvant être formées à l'exécution des rôles arrêtés au Conseil. — 53. Autre arrêt du 29 décembre 1733, sur la vente des offices municipaux, créés et rétablis par édit de novembre 1732.

E. 1460. (Liasse.) — 39 pièces, papier.

1690-1759. — *Famille de Laudun, d'Aramon. — Collection d'édits, arrêts et ordonnances.*

1. Copie d'une ordonnance de l'Intendant, du 31 mars 1734, portant que les officiers municipaux actuellement pourvus d'offices dont la finance n'a été ni liquidée ni remboursée continueront à jouir des dits offices sur leurs anciennes provisions. — 2. Recueil imprimé des différents édits de création des offices de gouverneurs, lieutenants du roi, maires, lieutenants de maires, échevins, consuls, jurats, capitouls, etc. (1690-1733). — 3. Modèle imprimé des déclarations des biens et droits nobles et des biens exempts de taille, à fournir pour la levée

du dixième en Languedoc (1734). — 4. Ordonnance imprimée de l'Intendant sur la perception des droits de contrôle, insinuation, contrôle-scellé, etc. (Narbonne, 20 décembre 1734). — 5. Ordonnance imprimée des commissaires royaux et des États, accordant un dernier délai pour les requêtes en décharge ou modération du dixième (15 février 1737). — 6. Copie d'un arrêt du Conseil d'État du 18 juin 1737 accordant l'entrée aux États et aux Assiettes de Languedoc aux soumissionnaires des offices y donnant droit. — 7. Arrêt imprimé du Conseil d'État du 16 juillet 1737, prorogeant pour un an l'exemption de droits sur les grains, farines et légumes transportés des provinces des cinq grosses fermes dans les provinces réputées étrangères, et vice-versa. — 8. Autre arrêt de même date exemptant de droits les grains transportés des provinces du royaume en Provence. — 9. Autre arrêt concernant la vente des offices municipaux (4 décembre 1737). — 10. Autre arrêt concernant les offices municipaux (27 décembre 1737). — 11. Ordonnance imprimée de l'Intendant portant que les élections des consuls et autres officiers municipaux, pour 1738, auront lieu immédiatement après le 1er janvier (29 décembre 1737). — 12. Arrêt imprimé du Conseil d'État exemptant de droits les grains transportés en Provence (1er juillet 1738). — 13. Autre arrêt de même date prorogeant l'exemption de droits sur les blés et légumes transportés des provinces des cinq grosses fermes dans les provinces réputées étrangères, et réciproquement. — 14. Autre arrêt limitant le cours des anciens sols, des pièces de 30 deniers et des demi-pièces de 30 deniers (1er août 1738). — 15. Autre arrêt fixant le prix des espèces et matières d'or de d'argent (11 novembre 1738). — 16. Autre arrêt sur les additions des dettes antérieures au 1er janvier 1721 (15 novembre 1738). — 17. Ordonnance imprimée des commissaires royaux et des États pour la reddition des comptes des communautés et le paiement des reliquats (16 mars 1739). — 18. Arrêt imprimé du Conseil d'État accordant délai aux consuls, collecteurs et autres administrateurs municipaux de Languedoc, pour faire vérifier les sommes leur revenant (23 novembre 1740). — 19. Déclaration imprimée du roi pour la levée du dixième du revenu des biens du royaume (29 août 1741). — 20. Instruction imprimée sur la levée du dixième, suivie d'une ordonnance des commissaires royaux et des États, du 10 mars 1742. — 21. La même instruction en placard. — 22. Ordonnance imprimée des mêmes fixant le temps des demandes en décharge ou modération du dixième (28 août 1742). — 23. Même ordonnance en placard. — 24. Arrêt imprimé du Conseil d'État interdisant aux transporteurs de grains par la Bourgogne ou franchise des droits d'octroi sur la Saône, de les amener ailleurs qu'en Provence (24 mars 1744). — 25. Autre arrêt du 22 décembre 1744, réduisant la finance des offices municipaux rétablis qui restent à vendre, et fixant à 5% les gages attachés à ces offices. — 26. Déclaration imprimée du roi sur les actes translatifs de propriété des biens réputés immeubles (27 mars 1745). — 27. Ordonnance imprimée de l'Intendant interdisant aux marchands de blé de se servir de marchands commissionnaires (5 septembre 1748). — 28. Modèle imprimé de déclarations à fournir pour la levée du vingtième, en exécution de l'édit de mai 1749. — 29. Édit imprimé supprimant le dixième, établissant une caisse générale des amortissements et la levée du vingtième (Mai 1749). — 30. Copie d'articles de l'ordonnance de l'Intendant du 29 août 1750 sur le vingtième. — 31. Copie d'articles de l'ordonnance de l'Intendant du 13 juillet 1751 sur le vingtième. — 32. Arrêt imprimé du Conseil d'État subrogeant M. de Saint-Priest à M. Le Nain dans les contestations entre les officiers royaux, ceux des seigneurs, et les consuls des villes et communautés de Languedoc, au sujet de l'assistance aux assemblées municipales et autres cérémonies publiques (1er août 1752). — 33. Autre arrêt sur les offices municipaux acquis par le Languedoc (28 octobre 1755). — 34. Autre arrêt portant abonnement en Languedoc des deux vingtièmes et deux sols pour livre (20 novembre 1756). — 35. Ordonnance imprimée des commissaires du roi et des États, du 10 décembre 1756, sur le recouvrement de l'imposition du premier vingtième. — 36. Instruction imprimée sur la levée des deux vingtièmes et 2 s. pour livre, année 1757 (24 janvier 1757). — 37. Modèle imprimé des déclarations à fournir par les possesseurs des biens et droits nobles, des biens exempts de taille, et de quelques autres droits ou revenus non compris dans les biens-fonds (1757). — 38. Arrêt imprimé du Conseil d'État, du 11 mars 1759, portant décharge des deux sols pour livre en faveur des officiers qui auront payé la totalité de leurs impositions pour augmentation de gages. — 39. Ordonnance imprimée de l'Intendant, du 16 juillet 1759, sur les nouvelles finances demandées aux officiers municipaux et aux corps d'arts et métiers de Languedoc.

B. 1461. (Liasse.) — 24 pièces, papier.

1681-1770. — Famille de Laudun, d'Aramon. — Arrêts, règlements, mémoires.
1. Arrêt imprimé de la Cour des aides de Montpellier, du 15 octobre 1681, faisant défense de prendre la qualité de noble, marquis, comte, vicomte, baron chevalier et messire, si on ne l'a de naissance ou par concession royale. — 2. Règlement imprimé du bureau de police de Montpellier, sur les poissonniers et poissonnières, du 7 avril 1693. — 3. Règlement impr. du même bureau sur l'entretien des rues et le transport des matériaux de démolition, du 18 avril 1693. — 4. Arrêt imprimé du parlement de Toulouse, du 2 avril 1691, suivant lequel un habitant d'une paroisse peut empêcher les autres habitants et même la seigneurie de faire paître leur bétail dans son fonds. — 5. Autre arrêt imprimé dudit parlement défendant de danser ou jouer publiquement les dimanches et fêtes commandées de l'Église, et aux cabaretiers et taverniers d'administrer des vivres ces jours-là pendant les divins offices (8 avril 1695). — 6. Copie d'autre arrêt, du 7 août 1710, défendant d'entrer dans les vignes et d'en enlever les fruits. — 7. Copie d'autre arrêt, du 18 avril 1714, défendant d'introduire du bétail dans les olivettes. — 8. Autre arrêt défendant aux seigneurs de chasser dans les terres ensemencées et dans les vignes où les fruits sont pendants (27 juillet 1715). — 9. Arrêt imprimé du parlement de Provence sur le port des armes (14 février 1765). — 10. Arrêt imprimé du parlement tenant la chambre des Eaux et Forêts défendant de défricher les versants des montagnes sans permission de la Cour et sans observer les conditions prescrites (Aix, 20 novembre 1767). — 11. Lettres de jussion imprimées pour l'enregistement de la Déclaration du 12 avril 1767 sur les défrichements en la cour des aides de Provence (Versailles, 20 juin-Aix, 12 octobre 1768). — *12-18: Imprimés concernant le pont sur la Durance.* — 12. Second mémoire de la communauté d'Apt pour la construction d'un pont sur la Durance au rocher de Janson (1766). — 13. Troisième mémoire (1767). — 14. Mémoire de la communauté et viguerie de Forcalquier sur le pont de Janson (1768). — 15. Observations sur le projet du pont de la Durance au rocher de Noves (1768).

— 16. Addition aux observations des communautés de Lambesc, Orgon, Noves, Saint-Cannat, Sénas, Saint-Andiol et autres, sur les différents mémoires concernant le pont sur la Durance (s. d.). — 17. Nouveau projet pour fixer le cours de la Durance (1768). — 18. Lettre des maire et consuls de Forcalquier au maire premier consul de Tarascon sur l'emplacement du pont sur la Durance (2 septembre 1768). — 19. Observations imprimées sur la consultation faite d'office contre l'usage des compromis forcés, par Gassier, syndic de robe de la noblesse (Aix, 1771). — 20. Arrêt imprimé du parlement de Provence, du 7 mai 1774, limitant aux bois de haute futaie la prohibition de l'article 3 de l'arrêt de règlement du 7 août 1773. — 21. Notes de droit public. Il y en a qui sont tirées de l'*Esprit des Lois.* — 22. Réflexions patriotiques imprimées d'un agriculteur cévénol, pour servir de canevas aux mémoires des communautés des Cévennes, contre le nouveau projet de fixer à l'avenir la taille des biens-fonds sur le prix des ventes (Montpellier, 1776). — 23. Ultimatum imprimé de l'agriculteur cévénol, à la réponse de l'auteur du nouveau projet d'imposer âfin taille, faite aux *Réflexions patriotiques.* Suit une table de comparaison contre le système nouveau (Montpellier, 1776). — 24. Mémoire imprimé, adressé aux États de Languedoc, sur un projet de tarif général de la province et de tarif général de la province et de tarifs particuliers de ses 24 diocèses, mis en proportion avec les biens-fonds de chaque communauté (Montpellier, 3 janvier 1776) (1). — 25. Réflexions imprimées sur le nouveau tarif projeté pour la répartition des tailles en Languedoc (Montpellier, 3 janvier 1776) (1).

B. 1462. (Registre.) — 69 feuillets, papier.

XVIIe siècle. — Famille de Laudun, d'Aramon. — Les alliances. — Les Barrême. — Cartulaire très sommaire du XVIIe siècle, s. d., mais contenant des analyses d'actes de 1568 à 1680.
F° 1. Mention de M. de Laudun portant que l'auteur du recueil est Antoine de Barrême, grand père de sa femme. — F° 2. Titre des deux tables.— F° 3-12. Table alphabétique des extraits d'actes allant de 1590 à 1628. — F° 13. Titre de la seconde

(1) Date du permis d'imprimer.

table. — F°° 14-23. Rôle des actes et contrats passés par Jean de Barrême, de juin 1628 à sa mort, et après lui par son fils. — F°° 24-40. Rôle des actes et contrats passés par Jean de Barrême, juge et viguier de Tarascon et de N.-D. de la Mer de 1520 à 1640. Continuation jusqu'à 1639. — F° 24°. Mention d'un testament de Douce Labian, reçu par le notaire Bargès le 25 mars 1574. Elle fait héritier son fils René de Barrême. Le testament rappelle une donation de Douce, du 14 octobre 1564, faite par Douce à Jean de Barrême. Le notaire est de Tarascon. — Mention dudit acte du 14 octobre 1564, reçu par Guyot, notaire de Tarascon. Douce Labian, femme de Thomas de Barrême, en présence de Louis Gérard, ancien avocat, le juge étant absent, fait une donation à Jean de Barrême, fils de Douce et de feu René de Barrême, avec l'autorisation de son mari. — F° 28°. Créance de Pons de Barrême (18 octobre 1604). — F° 33°. Quittance partielle de 30 l. faite par Simon de Rioux au juge (de Barrême) sur le prix de l'office de lieutenant criminel de la Judicature (29 décembre 1610). — F° 34°. Quittance du 6 octobre 1614, faite au juge (de Barrême), payant par les mains de sa fille Jeanne de Barrême. — F° 38°. Quittance faite par Jean de Barrême le 7 décembre 1619. — F° 43°. Transaction du 13 janvier 1623 entre le juge (de Barrême) et Jean-Paul de Robins. — Déclaration de Pons de Barrême en faveur de son frère le juge, du 11 mars 1623. — F° 44°. Résignation faite, le 4 septembre 1623, par M. de Barrême, de son office de viguier de Tarascon et de N.-D. de la Mer, à son fils François. — F° 46°. Sommation faite, le 19 décembre 1625, par l'oncle de Raoulx (ou Raousset), pour son beau-père le juge d'Arles, au sujet du livre de raison de feu M. René de Barrême vieux, aux frères Jean et Pons de Barrême. — F° 48°. Compromis entre le juge (de Barrême) et son frère Pons. Ils choisissent pour arbitres Jacques Louys et Simon de Raoulx, avocats (5 janvier 1627). — Quittance du 3 juillet 1627, faite au juge [de Barrême] par le doyen de Sainte-Marthe, administrateur du chapitre. — F° 49°. Résignation de l'office de viguier, faite par François de Barrême en faveur du juge, son père (28 août 1627). — F° 51°. Consentement donné par le juge [de Barrême] en faveur de son fils le viguier, pour qu'il puisse exiger les fruits et provisions des sommes capitales et fonds du restant de la dot de sa femme Alexandre de Roland. Débiteurs : M. de Castelet, d'Avignon, et la commu-

nauté de Saint-Remy (9 mars 1629). — F° 60°. Procuration donnée par le juge à son fils le viguier pour retirer les pièces d'un procès (31 décembre 1635). — F° 61°. Résignation, faite par M. de Barrême, de son office de juge de la ville de Tarascon et N.-D. de la Mer en faveur de son fils François (23 mai 1638). — F° 62°. Transaction entre le juge [de Barrême] et MM. de Robins, père et fils, seigneurs de Graveson (14 février 1639). — F° 63°. Sommation faite par le procureur de M. de Barrême au recev. eur particulier du Domaine, à l'effet d'être payé des gages de l'office de lieutenant criminel (29 juillet 1640). — F° 63°. Procuration donnée, le 26 janvier 1642, par M. de Barrême et sa belle-fille Alexandre de Roland, à François de Barrême, pour recevoir de M. de Castelet, d'Avignon, les sommes qu'il peut lui devoir. — F° 64°. Accord entre Jean de Barrême et Marguerite de Guibert (1er septembre 1643). — 65°. Transaction entre Dom Grégoire, grand prieur claustral du monastère de Saint-Pierre de Montmajour lez Arles, et Jean de Barrême, portant échange d'une censive due au pitancier, contre un terrain situé près la Porte Madame, etc. (12 juillet 1645). — F° 67°. Transaction entre le juge (de Barrême), et Nicolas Sermet (22 mai 1644). — F° 68°. Protestation du juge contre Louis de Montfaucon (1er juin 1635. — F° 69°. Bail en paiement pour M. de Servand (13 février 1636).

E 1463. (Registre.) — 37 feuillets écrits, papier.

**XVIIe siècle. — *Famille de Laudun, d'Aramon. — Les alliances. — Les Barrême. — Livre de raison*, précédé d'extraits d'un *premier livre de raison* allant de 1595 à 1619, et d'un *second livre* allant de 1618 à 1646. Pas de séparation nette entre les divers auteurs possibles du recueil, qui parlent à la première personne, sans se nommer. L'écriture est la même que celle du registre précédent. F° 1-7 : *Premier livre de raison (extraits).* — F° 1°. En 1596, Pons Perret lui doit des vacations pour un procès. Il a sa Bible, acquise moyennant 3 écus. — F° 2°. Mention de M. de Cadenet, son oncle, en 1605. — F° 3°. Mention d'un nouveau bail passé le 11 janvier 1549 par feu Nicolas de Barrême, frère de Thomas, son grand père; Teissier, notaire.

— Acquisition par son père d'une petite maison confrontant la tour à la Porte-Madame, en 1604. — F° 3v°. Venue de sa nièce du Laurens à son logis, le 18 décembre 1600. — F° 5v°. Prêt à Mlle de Clémens, sa commère, de sa chaîne d'or, contenant 100 mailles avec le crochet, suivant déclaration du 18 mai 1612. — F° 7v°. Quelques additions aux extraits du premier livre de raison. — Au 2me feuillet, qui est le premier après les baptistaires, est écrit qu'en juin 1623 il acquit à Aix deux salières et une écuelle d'argent à 23 livres le marc. — F^os 8-17 : Extraits d'un second livre de raison. — F° 8v°. Prêt de 6 pistoles à M. de Robins de Gravoson, le 6 décembre 1620. — F° 10v°. Arrentement de ses terres de Mézoargues, le 23 janvier 1627. — F° 11. Prix-faits de constructions (Décembre 1628). — F^os 13-15. Prix-faits de constructions (Décembre 1629-1631). — F^os 18-31 : suite d'extraits. — F° 18v°. Vente par Jean Barsy de la petite maison de la Porte-Madame, pour 80 écus, à Jean Bouet. Le feu père du scripteur la retint, *jure dominii*, le 11 septembre 1601. Le 26 août 1604, Pierre Barsy la vendit au scripteur (aïeul de celui qui a fait les extraits). F° 23v°. Inféodation de l'île de Montravail, faite le 3 avril 1599, au bureau de Nîmes ou par-devant les trésoriers généraux de France, au défunt père du scripteur. — Nouveau bail passé, le 25 juillet 1575, par Douce Loblan, grand'mère du scripteur. — F° 28v°. Mention d'un arrêt du parlement de Grenoble, du 28 mars 1637, condamnant Jean de Joannis, conseiller au parlement de Provence, à rendre [à Barrême] 600 l. qu'il avait exigées de lui par force, avec 049 l. de dépens. — Mention de son beau-frère Antoine de Raoulx. — F° 29v°. Début du second livre de raison de feu de Barrême, depuis le folio 1 jusque au folio 42, manquant les folios 19, 33 et 34. Le livre est cacheté, dit le copiste, au bout du folio 42. — En 1598, de Barrême est pourvu de l'office de juge de Tarascon, aux gages de 56 l. 5 s. par an. — Le 17 avril 1606, Jean Squirol lui résigne l'office de viguier, lieutenant assesseur criminel et commissaire examinateur, moyennant 7.900 l. — F° 32v°. Début du revers du second livre de raison du juge, aïeul du copiste, qu'il a vu chez M. Bourriany et en sa présence, en suite d'un arrêt de la cour du 18 mars 1681. — F° 36v°. Mention d'une transaction entre son oncle le juge, Castagnier et lui, en date du 11 mai 1660. — F° 37v°. Mention de la fondation de la prédication de l'octave des Morts à Sainte-Marthe, le 14 septembre 1639, (par Barrême), pour lui et les siens.

B. 1464. (Registre.) — 44 feuillets écrits, papier.

XVIII° siècle. — *Famille de Laudun, d'Aramon. — Les alliances. — Les Barrême. — Livre d'actes allant de 1593 à 1675, et contenant des extraits sommaires, faits au XVII° siècle.*
F° 1r°. Titre. Écriture du XVIII° siècle. — F° 2r°. Extrait en abrégé du livre d'actes perpétuels de Jean Barrême, docteur ès droits et avocat au siège d'Arles, commencé en février 1568. — F° 3r°. Extrait du livre dits actes perpétuels de Jean de Barrême, en son vivant juge et viguier du roi à Tarascon, aïeul du copiste. — Transaction entre René de Barrême, procureur du roi, et Bertrand de Raoulx, de Tarascon, sur la maison « du baron » (d'Albaron). Arles, 24 janvier 1590. — F° 6r°. Échange de la maison d'Arles contre celle de Tarascon, passé entre le juge René de Barrême, procureur du roi au siège d'Arles, et son fils Jean (9 février 1600). — F° 12r°. Échange entre le juge et l'abbesse de Tarascon (30 mars 1618). — F° 14r°. Donation faite par le patron Colin Mathol à son aïeul René de Barrême, fils de feu Jean (27 février 1629). — F° 16v°. Contrat de mariage du 23 octobre 1591, entre le juge, aïeul du copiste, et Honorée du Laurens. — F° 16-17. Testament du bisaïeul paternel du copiste (2 novembre 1602). — Contrat de mariage entre Jean de Favier, sieur de Fourniguet, de Nîmes, et la mère du copiste (7 avril 1629). — F° 19. Contrat de mariage entre le père et la mère du copiste (26 octobre 1633). — F° 20. Transaction entre l'oncle de Raoulx, M. de Laudun et la mère du copiste (30 janvier 1644). — F^os 21-26. État des biens de sa mère, partagés ou encore indivis. — F° 26v°. Articles accordés, le 21 octobre 1657, entre son oncle le juge, feu son oncle le chanoine d'Arles et sa mère. — F° 43. Transaction entre son oncle le juge, Castanier et lui (11 mai 1660). — F° 55v°. Son contrat de mariage avec Marie d'Icard, d'Arles (15 avril 1604).

E. 1465. (Registre.) — 71 feuillets écrits, papier.

1629-1695. — *Famille de Laudun, d'Aramon. — Les alliances. — Les Barrême. — Livre de raison.*

F° 1. Note du XVIII° siècle portant qu'il s'agit du livre de raison de feu Antoine de Barrême, grand'père de la femme du scripteur. — F°° 2-6. Rubrique. — F° 7°. Contrat de mariage du 15 avril 1664 entre Barrême, qui ne se nomme pas, et Marie d'Icard, d'Arles. Mention de son oncle de Raoulx de Soumabre, comme procureur de sa mère. — F° 10°. Vente de la terre de Fourtiguel par son cousin de Laudun et lui, tant comme procureurs de leurs mères que comme ayant charge de Charles et Pierre de Raoulx, père et fils, leurs oncle et cousin. — F° 14°. Ordonnance du lieutenant d'Arles portant que la femme [d'Antoine] se retirera chez son mari qu'il charge du « transmarchement » ou transport. En cas de refus de la part de Mme d'Icard sa belle-mère, elle sera déchue des aliments (28 mai 1668). — F° 14°. Naissance de leur fils Étienne (11 juin 1666). — F° 16°. Testament et mort de la femme [d'Antoine] (25 janvier-8 février 1668). — F° 18°. Arrêt des commissaires royaux déclarant son oncle le juge, son cousin le viguier et lui, de noble race et lignée (21 novembre 1668). — F° 19°. Son mariage avec Anne d'Ayminy (8 juin 1669). — F° 21°. Naissance de sa fille Renée de Barrême (14 mars 1670). — F° 23°. Naissance de son fils Jean-Joseph (12 octobre 1671). — Règlement de comptes avec M. de Laudun d'Aramon pour toutes leurs affaires de Fourques, Saint-Gilles et Montmajour (13 octobre 1671). — F° 24°. Mort de sa belle-mère Catherine de Porcelet de Fos, veuve de Jacques d'Icard (28 décembre 1671). — F° 26°. Naissance de sa fille Françoise (20 janvier 1674). — F° 28°. Naissance de son fils Louis (21 septembre 1675). — F° 29°. Testament de Barrême (3 août 1676). — F° 31°. Naissance et mort de son fils Jean-Baptiste (3 mars 1677-30 juillet 1678). — F° 35°. Naissance de sa fille Anne (3 avril 1679). — F° 38°. Voyage à Aramon pour mettre « Barremette » (sa fille Renée) en pension chez les Ursulines, moyennant 9 l. par mois, qu'il a toujours payées d'avance (27 novembre 1681). — F° 39°. Naissance et mort de sa fille Marthe (23 mars 1682-12 juillet 1683). — F° 39°. Lettres de tonsure de Jean-Joseph de Barrême, son fils cadet (9 août 1682). — F° 40°. Testament de sa mère (9 novembre 1682). — F° 42°. Achat d'un prie-Dieu qu'il fait placer pour sa mère à Sainte-Marthe contre la porte du chœur, en face la sacristie (13 février 1685). — F° 47°. Accord entre son cousin de Laudun fils et lui, tant pour sa mère que pour le cousin de Raoulx (2 mai 1691). — F° 49°. Procuration donnée à Barrême par sa mère et par lui (2 décembre 1694). — F° 53°. Note du XVIII° siècle annonçant le troisième livre de raison de feu Antoine de Barrême, avec table au commencement. — F°° 58-71. Notes d'actes déjà analysés et allant de 1629 à 1668.

R. 1456. (Registre.) — 52 feuillets écrits, papier.

XVII° XVIII° siècle. — *Famille de Laudun, d'Aramon. — Les alliances. — Les Barrême. — Livre de raison allant de 1629 à 1703. — Antoine de Barrême y résume des actes déjà connus, sur lesquels il n'y a pas lieu de revenir. Il déclare l'avoir commencé en 1654.*

F° 1. Note signée de Barrême, portant qu'il a commencé, le 10 juin 1654, ce livre de ses affaires domestiques, où il a mis en meilleur ordre ce qu'il a trouvé dans un petit livret de sa mère. — F°° 2-13. Notes d'actes ou de faits antérieurs à 1654. — F° 14°. Lettres de doctorat d'Antoine de Barrême et sa réception d'avocat à Aix (8-9 juin 1654). — F° 18°. Transaction entre son oncle le juge, son cousin le viguier, sa mère et lui, assisté de son oncle de Soumabre, son curateur aux actes (29 janvier 1630). — F° 24°. Arrentement de leur mas de la Crau, passé par son oncle le juge et lui (22 mars 1632). — F° 36°. Clôture, le 1er janvier 1664, du compte de l'administration d'Antoine de Barrême comme premier consul de Fourques en 1660. Il se plaint d'avoir été « grevé », n'ayant pu donner d'explications en traversant Fourques hâtivement pour prendre le carrosse à Arles, M. de Vendôme l'envoyant quérir pour l'accommoder avec M. de Saint-Ange. — F° 37°. Convention de Barrême avec les religieuses du Verbe Incarné d'Orange, pour la dot spirituelle de sa fille cadette Nanon et sa pension viagère (28 février 1696). — Le 1er mars, Barrême a fait un billet de 33 l. au R. P. Louvreleuil, recteur du collège de Beaucaire, soit 30 l. pour les 3 mois de probation de Nanon, et 3 l. pour 3 mois de sa pension. (Note barrée et remplacée par une autre, où il traite directement avec les religieuses). — F° 38°. Le 4 juillet 1696, prise du voile blanc par sa fille, qui s'appellera sœur Anne de Tous-les-Saints. — F° 39°. Mort de sa mère, le 15 novembre 1696. — Le 1er janvier 1697, donation à cause de mort faite par « Barrême », en faveur d'Antoine, des droits lui revenant du chef de sa mère et de son aïeule maternelle. — Fº 39ᵛ. Le 12 janvier 1697, mort dudit Barrême, fils aîné d'Antoine. — 40ᵛ. Le 4 mai 1697, Barrêmette (Renée) est allée voir à Orange sa sœur Nanon. — Fº 41ᵛ. Mort de son fils le marin devant Barcelone, après avoir reçu six coups de mousquet (19 juin 1697). — Fº 41ᵛ. Sa fille Anne de Tous-les-Saints fait sa profession au Verbe Incarné d'Orange, le 9 juillet 1697. — Fº 43ᵛ. Fin du procès de ses cousins de Raoulx de Laudun et de lui avec l'abbé de Franquevaux (21 avril 1698). — Fº 49-52. Rubrique.

B. 1467. (Liasse.) — 49 pièces, papier ; 2 sceaux.

1520-1630. — *Famille de Laudun, d'Aramon. — Les alliances. — Les Barrême.*
1-4. Extraits et copie du contrat de mariage entre Guillaume de Barrême, médecin de Tarascon, habitant d'Apt, et Catherine *de Provincia* ou de Provençal, fille de feu Elzias de Provençal, d'Apt (12 juin 1520). — 5. Extrait d'une reconnaissance féodale faite, le 9 décembre 1544, à Tarascon, par Gabriel Petit à Thomas Raoulx, docteur en droits, juge de la cour royale de Tarascon, et à Jean Raoulx, son frère. Cet extrait est pour Jean de Barrême, juge de Tarascon, et Antoine de Barrême. — 6. Note d'acaptes passés par Nicolas de Barrême le 28 juillet 1548, et le 11 janvier 1549 v. s. — 7-8. Extraits du contrat de mariage entre noble René de Barrême, de Tarascon, habitant Avignon, fils de noble Guillaume et de noble Catherine de Provençal, d'une part ; et Claire de Cadenet, fille de noble Jacques de Cadenet, docteur en droits, et de Marie de Paul, habitant Avignon après avoir habité Salon (25 février 1558 v. s.). Sceau du juge ordinaire de la cour temporelle d'Avignon. — 9. Extrait de lettres de vicomte palatin, accordées à René de Barrême, clerc du diocèse d'Avignon, par Guillaume Menu, comte palatin, de la cour du Latran, suivant un privilège du pape Jules III, transcrit à l'acte et daté de Saint-Pierre de Rome, le 8 des calendes de mars 1549. René est créé notaire ou tabellion et juge ordinaire. Donné à Rome, au palais apostolique, en la chambre des archives, le 15 juillet 1560, après avoir été donné une première fois, le même jour, et scellé, hors de la porte du Château Saint-Ange. — 10. Extrait de lettres de doctorat en droits canonique et civil, délivrées à René de Barrême par l'université d'Avignon (1ᵉʳ septembre 1564). — 11. Extrait de lettres de provision de juge de la ville d'Avignon en faveur de René de Barrême (3 août 1565). — 12. Copie d'une reconnaissance du 16 mars 1560 faite à l'abbé de Montmajour par Guillaume Esculori, bourgeois de Tarascon. — 13. Extrait d'un acapte fait par Louis de Porcelet à Métheline Mongo avec reconnaissance féodale (Tarascon, 31 juillet 1571). — 14. Quittance faite par Claude d'Astier, écuyer, d'Eygalères, des coffres, robes, bagues et joyaux de sa femme Catherine de Barrême, à son beau-père absent. Le tout est évalué 200 écus or sol (Tarascon, 21 février 1582). — 15. Extrait de lettres de provision de l'office de procureur du roi en Arles, en faveur de René de Barrême (Fontainebleau, 30 juin 1582). Suivent deux quittances de Milon à René (Paris, 31 décembre 1582-20 janvier 1583). — 16. Quittance d'aliments faite par Claude d'Astier à son beau-père (Tarascon, 19 octobre 1582). — 17. Achat d'une vigne par René de Barrême (Tarascon, 13 janvier 1587). — 18. Extrait de lettres de doctorat en droits canonique et civil, délivrées par l'université d'Avignon à Jean de Barrême (23 février 1589). — 19. Extrait du contrat de mariage entre Jean de Barrême, avocat au siège d'Arles, fils de René, procureur du roi audit siège, et de Claire de Cadenet, de Tarascon, d'une part ; et Honorade de Laurens, veuve de Louis de Monde, fille de Louis Laurens, docteur en médecine, et de Louise de Castellan, d'Arles, d'autre part (23 octobre 1596). — 20. Extrait de reconnaissance féodale faite par Claude et André Petit à Jean de Barrême, juge royal de Tarascon et de N.-D. de la Mer (8 août 1600). — 21-23. Quittance, cession, achat de censive (28 août-22 octobre 1604). — 24. Extrait des provisions de l'office de viguier de Tarascon pour Jean de Barrême, juge (17 avril-2 juillet 1606). — 25-26. Extrait du contrat de mariage entre noble Antoine de Raoulx, de Tarascon, fils de Charles de Raoulx et de Madeleine d'Espard, d'une part ; et Marthe de Raoulx, fille de feu Charles de Raoulx, lieutenant principal au siège d'Arles, et de Marguerite d'Aymar, d'autre (Tarascon, 23 septembre 1606. — Certificat portant le sceau royal de la cour de Tarascon. — 27. Extrait de transaction entre M. M. Anne de Lubières, Jean de Barrême, juge et viguier de Tarascon, Pons de Barrême et René de Barrême, avocat et procureur du roi au siège d'Arles (Tarascon, 27 juillet 1609). — 28. Vente de censive faite

par Jean de Comier à Jean de Barrême, juge et lieutenant criminel pour le roi à Tarascon (15 janvier 1613). — 29. Extrait de provisions de l'état et office de conseiller et maître des requêtes de son Hôtel, accordées par la reine Marguerite de Valois à Jean Barrême, juge et viguier de Tarascon (Paris, 13 octobre 1614). — 30. Extrait d'un certificat de la reine Marguerite de Valois portant que Jean Barrême est l'un des conseillers et maîtres des requêtes de son Hôtel. En cette qualité, il la sert journellement, se trouve couché sur l'état de ses officiers domestiques, et a été payé de ses gages jusqu'à ce jour (Paris, 13 octobre 1614). — Suit un committimus du roi de France enjoignant au premier huissier ou sergent requis d'assister Jean de Barrême, juge et viguier de Tarascon, maître des requêtes de sa « tante » la reine Marguerite, pour ses rentrées de fonds, car il est en la sauvegarde royale (Paris, 20 octobre 1615). — 31-33. État des indications et des paiements du lieu de Maillane (1615); sommation (17 septembre 1610) ; bail en paiement (14 février 1618). — 34. Extrait d'un brevet de Louis XIII en faveur de Jean de Barrême, juge royal de Tarascon. Ses gages n'étant que de 54 l., il lui est impossible d'entretenir sa famille. Le roi lui accorde une pension à vie de 200 l. sur les deniers provenant des lods et ventes, amendes et confiscations entrant à la recette particulière de Tarascon (Paris, 12 janvier 1620). — 35-37. Extrait des registres du sénéchal d'Arles (9 janvier 1623 ; certificat d'arpenteur (21 décembre 1624); rémission de censive (3 février 1635). — 38-40. Pièces de procédure (28 août 1625-1627). — 41. Extrait de lettres de doctorat en droits canonique et civil délivrées par l'université d'Avignon à noble René de Barrême (20 juillet 1628). — 42. Composition des biens de Jean de Barrême avant le 28 mai 1628, jour de l'insinuation de la donation faite à son fils François dans son contrat de mariage du 26 janvier précédent. — 43. Reconnaissance féodale de Pons Petit (20 février 1629). — 44-45. Extraits du contrat de mariage entre noble Louis d'Ayminy, de Tarascon, fils de Jean et de Marguerite de Donnins, dame du Masblanc, d'une part; et Renée de Sabatier, fille de noble Pierre et de feu Anne de Lestang de Parade, d'Arles, d'autre (Arles, 7 décembre 1630).

R. 1189. (Liasse.) — 5 pièces, parchemin ; 52 pièces, papier ; 5 sceaux.

1631-1667. — *Famille de Laudun, d'Aramon. — Les alliances. — Les Barrême.*
1. Obligation pour Jean de Barrême, juge royal de Tarascon et de N.-D. de la Mer (28 janvier 1631). — 2. Reconnaissance féodale pour le même (7 mai 1631). — 3. Transaction entre Dupuy et Béraud, servant à M. de Barrême (20 mars 1632). — 4. Reconnaissance féodale (31 juillet 1632). — 5. Testament d'Antoine de Raoulx (17 avril 1633). — 6. Extrait d'une sentence arbitrale du 13 août 1633, rendue entre Jean de Barrême, demandeur en féodale, et Louis de Gras. — 7-8. Sommaire et extrait du contrat de mariage entre René de Barrême, fils de Jean et d'Honorade de Laurens, d'une part ; Anne de Raoulx, fille d'Antoine et de Marthe de Raoulx, d'autre (Tarascon, 26 octobre 1633). — 9. Arrêt du parlement de Provence entre Jean de Barrême, juge royal de Tarascon, et Pierre Duzanne, d'Arles (Aix, 30 juin 1634). — 10. Affranchissement de directe consenti à Antoine Astier, notaire de Tarascon, par les hoirs d'Antoine de Colin, citoyen d'Avignon (Tarascon, 3 novembre 1634). — 11. Copie de vente d'une maison d'Arles faite par Jean de Barrême le 7 juillet 1635. — 12. Premier feuillet d'un acte du 24 juillet 1635, passé par Jean de Barrême, et contenant rémission de terres et fruits en faveur de ses enfants François, viguier royal de Tarascon, et René. — 13. Achat par Jean de Barrême, lieutenant criminel, ci-devant juge de Tarascon, d'un capital de pension (Tarascon, 8 novembre 1639). — 14. Arrêt du parlement de Provence entre Jean de Barrême et Claude Moussier, maître-apothicaire d'Arles (Aix, 18 décembre 1643). — 15. Testament (copie) de Jean de Barrême, lieutenant criminel (Tarascon, 4 janvier 1645). — 16. Extrait de promesse privée faite à Jean de Barrême par un bourrelier de Tarascon (21 mars 1645). — 17. Extrait du contrat de mariage entre noble Conrad de Raoulx, de Tarascon, fils d'Antoine et de Marthe de Raoulx, d'une part ; et Louise de Porcelet d'Ubaye, de Beaucaire, fille de Jean, seigneur d'Ubaye, Saint-Vincent, Vers, Vaquières, et de Marguerite de Tieuloy (Beaucaire, 30 août 1645). — 18. Notes de capitaux, directes et censives (1646). — 19. Obligation faite à François de Barrême (28 novembre 1648). — 20-22. Achat de censive, arren-

tement du mas de la Garce, rapport de collocation (5 novembre 1649-14 décembre 1652). — 23. Extrait de lettres de doctorat en droits canonique et civil, délivrées par l'université d'Aix à Antoine de Barrême, fils de feu René et d'Anne de Raoulx (6-9 juin 1654). — 24-25. Extrait et copie du contrat de mariage entre noble Conrad de Raoulx, sieur de Soumabre, fils de feu Antoine et de Marthe de Raoulx (Tarascon, 30 septembre 1655). — 26. Certificat du chevalier de Biord, capitaine d'une compagnie de chevau-légers dans le régiment du duc de Guise, portant qu'il a donné un congé d'un mois à M. de Barrême pour vaquer, chez lui, à ses affaires (Valence-du-Pô, 10 octobre 1657). Cachet de cire rouge armorié, où l'écu et la couronne comtale sont posés sur une croix de Malte. — 27. Vente de la moitié d'un moulin à vent de Tarascon. François de Barrême intervient (24 juin 1658). — 28. Copie d'un mémoire de M. Avignon pour les Barrême (1658). — 29-30. Promotion, par l'archevêque d'Arles, de Claude Darmin, du diocèse d'Uzès, aux quatre ordres mineurs (Arles, 28 septembre 1659), avec le sceau de l'archevêque. — Certificat du préfet des études de la Société [de Jésus] au collège d'Arles en faveur de Claude Darmin (Arles, 14 septembre 1660), avec le sceau du collège. — 31-34. Sommation, déclaration, note d'obligation, copie (8 janvier 1661-1er mai 1663). — 35. Commandement de payer fait à la requête d'Antoine de Barrême, en vertu d'une ordonnance du juge royal des Baux (18-21 juillet 1663). — 36. Copie de compte arrêté entre Henry de Chaumont, baron de Lèques, lieutenant général pour le roi en ses armées, héritier par bénéfice d'inventaire de sa sœur Anne de Chaumont, veuve d'Abdias de Grégoire, seigneur de Saint-André, d'une part ; et Jean de Barrême, viguier de Tarascon, de son chef et comme mari de Madeleine de Grégoire, fille d'Abdias, d'autre (1er août 1663). — 37-38. Requête et ajournement. Sceau du sénéchal de Provence (Arles, 8 août 1663). — 39. Permission donnée par le vicaire général d'Arles au curé de l'église paroissiale de Sainte-Croix de bénir le mariage d'Antoine de Barrême avec Marie d'Icard, malgré l'obstacle du temps prohibé et l'absence de la troisième proclamation des bans (15 avril 1664). Sceau de l'archevêque. — 40. Contrat de mariage entre noble Antoine de Barrême, de Tarascon, et Marie d'Icard, d'Arles (15 avril). — 41-43. Requête au sénéchal d'Arles et ordonnance (16 septembre 1664-30 mars 1665). Sceau

du sénéchal. — 44-51. Autres pièces de procédure (17 avril 1665-16 novembre 1668). — 52. Attestation de l'université d'Avignon, portant que les comtes palatins, et ceux qui enseignent pendant vingt ans, gratuitement, les lois et le droit canonique dans les universités publiques, sont nobles, clarissimes et perillustres (12 août 1667). — 53. Extrait imprimé des registres du greffe de la commission de vérification des titres de noblesse, portant assignation à Antoine de Barrême de comparoir, à Aix, devant les commissaires, et produire ses titres (13 août 1667). — 54. Nouvelle sommation de les produire (31 août). — 55-56. Inventaire de production de titres de François et de Jean de Barrême, sieurs de Montravail, juge et viguier de Tarascon, ensemble d'Antoine de Barrême, assignés en exhibition de titres de noblesse (1560-1667). — 57. Réplique des Barrême aux contredits d'Alexandre Belleguise, chargé de la recherche des titres par le roi (s. d.).

E. 1469. (Liasse.) — 53 pièces, papier ; 2 sceaux.

1668-1677. — *Famille de Laudun, d'Aramon.* — *Les alliances.* — *Les Barrême.*

1. Copie de sentence de rangement des créanciers de Bernard Dupuy. Anne de Raoulx, veuve de René de Barrême, est au 8me rang (Tarascon, 7 juin 1668). — 2-6. Signification et quittances (15 octobre-16 novembre 1668). — 7. Extrait d'un arrêt des commissaires royaux déclarant nobles François, Jean et Antoine de Barrême (Aix, 21 novembre 1668). — 8. Avertissement imprimé pour noble Louis d'Ayminy, sieur de Mayand, de Tarascon, contre Antoine Boutard, bourgeois de Tarascon, et autres créanciers de noble Louis d'Ayminy, son père (s. d.). — 9. Consultation de Gailhard, avocat d'Aix pour M. de Raoulx de Soumabre (12 avril 1669). — 10. Consultation du même pour Louise d'Ayminy, de Tarascon (13 avril). — 11. Dispense de deux bans donnée par l'official forain de Tarascon en faveur du mariage d'Antoine de Barrême, fils de René et d'Anne de Raoulx, avec Anne d'Ayminy, fille de Louis et de Renée de Sabatier (7 juin 1669). Sceau. — 12. Contrat de mariage entre les dits futurs (Tarascon, 8 juin). — 13. Copie de sentence arbitrale entre Louis et Louis d'Ayminy, père et fils (19 août 1669). — 14. Dispense apostolique en faveur du mariage d'Antoine de Barrême avec

Anne d'Ayminy (Avignon, 1er juin 1669). — 15. Articles de mariage entre les dits futurs (s. d.). — 16. Mémoire pour une directe (s. d.). — 17. État et dénombrement que donne aux experts Antoine de Barrême, des biens ayant appartenu à Jean de Barrême, son aïeul, en vue du partage avec son oncle François de Barrême (4 mai 1670). — 18. Approbation de Louis-Marie de Suarez, prévôt de l'église d'Avignon, vicaire et officiel de l'archevêque, pour tout ce qu'a fait l'official d'alors en faveur du mariage entre Antoine de Barrême et Anne d'Ayminy (Avignon, 13 juillet 1670). Sceau. — 19-20. Quittance. Rapport d'arpentage (3-12 août 1671). — 21. Dénombrement des biens de Jean de Barrême au temps de la donation de son fils François, en 1628, pour Antoine contre Jean de Barrême et les hoirs de François (1er avril 1672). — 22-23. Quittances (14 janvier-29 septembre 1673). — 24. Lettre de M. de Grignan à M. de Barrême, à Tarascon. Le roi lui ayant commandé d'assiéger le château d'Orange et de forcer le gouverneur d'en sortir, il en avertit Barrême, pour lui donner le moyen de faire valoir son zèle auprès du roi. Il espère partir le 8 novembre, et lui exprime sa vive amitié (Aix, 28 octobre 1673). — 25-30. Copies de contrat, vente, cession, intimation de cession, contrat de mariage, sommation (16 mars-12 octobre 1674). — 31. Ordonnance imprimée du sénéchal d'Arles pour la convocation du ban et arrière-ban (26 janvier 1675). — 32-34. Quittance. Cessions sur la communauté de Tarascon (5 février-15 avril 1675). — 35. Lettre imprimée des syndics de la noblesse de Provence à Antoine de Barrême, à Tarascon, au sujet du ban et de l'arrière-ban (Aix, 1er juillet 1675). — 36-37. Copies de quittances. Certificat des cadastriers de Tarascon (2 mai 1675-5 mars 1676). — 38. Copie du testament d'Antoine de Barrême (Tarascon, 3 août 1676. — 39-40. Note sur la dot d'Anne d'Ayminy (s. d.). Certificat d'arpentage (10 octobre 1676). — 41. Extrait de l'achat d'une partie de maison fait par Antoine de Barrême à sa cousine Françoise de Barrême, veuve d'André de Meyran, seigneur d'Ubaye. La maison est sise à Tarascon, gache du Château, près le cimetière de Sainte-Marthe (10 octobre). — 42-49. Pièces de procédure (16 mai 1676-10 juillet 1677). — 50-51. Copie ou modèle du testament de Jean de Roland, citoyen d'Avignon (15 juillet 1677). — 52. Copie de contredits pour Anne de Raoulx, veuve de Barrême, contre Conrad de Raoulx, sieur de Soumabre (4 août 1677). — 53. Quittance de Jacques Bourrin à Anne de Raoulx (16 août).

E. 1470. (Liasse.) — 2 pièces parchemin ; 63 pièces, papier ; 1 sceau.

1678-1695. — *Famille de Laudun, d'Aramon.— Les alliances. — Les Barrême.*

1-2. Dénombrement d'Antoine de Barrême, de Tarascon, fils de feu René, donataire médiat de feu Jean de Barrême, juge et viguier royal de Tarascon, pour ses directes et censives de Tarascon (11-12 janvier 1678). — 3. Transaction du 25 février 1678 entre Jean de Barrême, juge et viguier royal, Antoine de Barrême, d'une part ; et Charles Petit, bourgeois de Tarascon. — 4. Commandement et ajournement du grand sénéchal de Provence, au siège d'Arles, à la requête de noble Antoine de Barrême, contre Pierre et Jean Arnoux (31 mars 1678). Sceau. — 5-16. Requêtes, quittances, reconnaissances (31 mars 1678-9 avril 1680). — 17-19. Commandement fait à Antoine de Barrême de payer 160 l., montant du dixième denier dû par lui à cause de censives et directes par lui omises, mentionnées dans des acaptes du 11 décembre 1640 (26 mai 1680). — Ajournement et requête (Arles, 5 septembre 1680). — 20-21. Copie de lettres de mariage, pour Antoine de Barrême contre Conrad de Raoulx de Soumabre (22 novembre 1680). — Dénombrement des censives d'Antoine de Barrême (s. d.). — 22. Avertissement imprimé pour noble François de Léautaud, seigneur du Masblanc, et Diane de Prisye, mariés, de Tarascon, contre Honorée Prélasque, appelante en déni de justice de sentence du lieutenant criminel d'Arles (s. d.). — 23-28. Quittances, requête, vacations d'experts, note d'arrêt (31 mars 1681-9 décembre 1682). — 29-30. Production et requête pour Antoine de Barrême contre Jean de Barrême (14 janvier-25 octobre 1683). — 31-33. Avertissement imprimé pour Antoine de Barrême, demandeur en exécution d'arrêt du 18 mai 1683, et en lettres royaux incidentes envers la transaction du 18 mars 1670, et en ouverture du fidéicommis apposé dans le testament de René de Barrême, son bisaïeul, du 12 novembre 1602 ; contre Jean de Barrême, juge et viguier, et les héritiers par inventaire de François de Barrême (s. d.). — 34-39. Certificat, sommation, quittances, estima-

tion des granges et maisons de la succession de
Jean de Barrème, condamnation de Cartetier (6
février 1624-30 novembre 1685). — 40. Avertissement imprimé pour Jean de Barrème, juge et viguier royal de Tarascon, et Pierre de Barrème,
fils et héritier par inventaire de François de Barrème, défendeurs en lettres royaux de rescision,
contre Antoine de Barrème, de Tarascon, demandeur en lettres royaux pour se faire restituer
envers la transaction du 18 mars 1670 (1685). —
41-52. Pièces de procédure (1637-1689). Deux sceaux.
— 53-54. Lettres imprimées des syndics de la noblesse de Provence à Antoine de Barrème. Elles
sont précédées de lettres imprimées à eux adressées par M. de Grignan les 13 et 22 juin 1690. La
noblesse est invitée à se mettre en état d'aller à la
frontière quand il l'appellera. De Grignan partira
d'Aix le 26 juin 1690, et sera à Grasse le 29. Là il
donnera ses ordres aux Messieurs de la noblesse.
— 55-65. Quittances, notes, minute de cession, état
d'arrérage de censives, reconnaissances féodales,
bail en paiement (17 mars 1691-14 mai 1695).

B. 1171. (Liasse.) — 66 pièces, papier : 1 sceau.

1685-XVIIIe siècle. — *Famille de Laudun, d'Aramon. — Les alliances. — Les Barrème.*
1. Consultation de Poyssonnel, délibérée à Aix, le
6 juin 1685, pour servir à Antoine de Barrème,
époux d'Anne d'Ayminy, de mémoire et hors jugement. — 2. Quittance de capitation (17 juin 1685).
3. Lettre d'affaires de Rouget (Arles, 30 juin 1685).
— 4. Ajournement. Sceau du grand sénéchal de
Provence (Arles, 9 juillet 1685). — 5-6. Affirmation
et requête d'Antoine de Barrème (9 juillet). — 7.
Rémission des hoirs de Pons Berlandier en faveur
d'Antoine de Barrème (7 mai 1696). — 8. Extrait
d'une donation à cause de mort faite par Étienne
de Barrème, autorisé par son père Antoine (Tarascon, 1er janvier 1697). — 9. Signification à Antoine
de Barrème d'une ordonnance imprimée de l'Intendant de Provence, datée d'Aix, 15 février 1697,
pour la remise de ses défenses en matière de
noblesse. — 10. Commandement de payer ordonné
par Pierre de Barrème, juge et viguier de Tarascon (14 mars 1697). — 11-13. Requête et lettres au
sujet d'un défaut de production d'Antoine de Barrème en matière de noblesse (Mars-mai 1697). —
14. Quittance du fermier des droits seigneuriaux de
l'archevêque d'Arles pour Antoine de Barrème.
Censive du mas de Crau (9 mai 1697). — 15. Extrait
de l'acte de réception de sœur Anne de Tous les-
Saints de Barrème, comme religieuse du monastère
du Verbe Incarné d'Orange (9 juillet 1697). Sceau
de la cour des ville et principauté d'Orange. — 16.
Copie de reconnaissances féodales pour les Barrème (1694-1697). — 17-21. Notes et mémoires s. d.
— 22-39. Notes et mémoires s. d. — 40. Extrait
d'une vente faite par Pierre de Barrème, juge, capitaine et viguier de Tarascon, et par Jacques du
Perrier, sieur de Montrichard, comme époux de
Renée de Barrème, à Guillaume Séon, d'Arles,
d'une métairie en Crau (11 juillet 1707). — 41. Quittance faite par le juge de Barrème à Mme de Montrichard, pour restitution d'arrérages de censive
(Tarascon, 18 novembre 1714). — 42. Mémoire sur
une directe (1724). — 43. Note sur une directe de
M. de Lublières (s. d.). — 44. Convention entre
Jean-Baptiste de Barrème, juge, capitaine et viguier de Tarascon, et Étienne de Laudun, comme
époux de dame Bénigne du Perrier de Montrichard,
avec Jean et Charles Séon frères (11 septembre
1738). — 45. Contrainte (20 juillet 1720). — 46. Lettre de Legat, datée de Laudun, 20 janvier 1736,
sans désignation du destinataire. Il le remercie du
don de la montre de feu son oncle. Mme de L'Huveaune avait offert à feu M. de Jossaud de sa meilleure huile. Le défunt l'avait priée de lui en envoyer
trois quintaux dans deux tonneaux distincts contenant respectivement un et deux quintaux. Le ton-
neau d'un quintal était destiné à la duchesse de
Deux-Ponts. La mort de Jossaud a sans doute
empêché Mme de L'Huveaune de faire l'envoi. Si le
destinataire pouvait leur faire recevoir ce secours,
Legat lui en aurait grande obligation. Cela le mettait en état de faire sa cour à la duchesse. Il a grand
besoin de tirer du bois des forêts de ses États, pour
la fourniture de la garnison, dont il est chargé,
comme M. de Provençal ne l'ignore pas. — 47-48.
Notes de confronts (1752-1753). — 49. Extrait de
reconnaissance féodale de Louis-Joseph de Gras
de Préville, de Tarascon, aux hoirs d'Antoine de
Barrème, représentés par Étienne de Laudun,
comme tuteur de ses fils, héritiers d'Anne-Bénigne
du Perrier de Montrichard, fille de Renée de Barrème, fille d'Antoine (25 mai 1756). — 50-52. Notes
et quittance (1610-1771). — 53. Note sur une terre
de Joseph Olivier (s. d.). — 54. Déclaration d'Anne

de Raoulx, veuve de René de Barrême, sur la place que sa mère, Marthe de Raoulx, et elle, ont possédée depuis plus de 60 ans dans l'église de Sainte-Marthe, contre le pilier avoisinant la porte du chœur, vis-à-vis la porte de la sacristie, avec son siège et accoudoir. Rostaing Bertet, doyen en l'église, reçoit la déclaration. Anne ajoute que son fils, Antoine de Barrême, avait voulu changer le vieil accoudoir et rendre le siège fixe. On lui accorda l'autorisation d'échancrer un peu le pilier, en considération de la longue possession et des bienfaits de la famille de Barrême envers la fabrique de l'église. Anne requiert le doyen de déclarer si les faits rappelés ne sont pas véritables. Elle signe (Tarascon, 12 avril 1685). — 55. Accord entre Silvy de Raoulx, comte de Bourbon (ou Boulbon), et Antoine de Barrême, pour que Anne de Raoulx jouisse, sa vie durant, du prie-Dieu en question. Après quoi Barrême retirera le prie-Dieu et Boulbon le remplacera par un autre pour en jouir à l'avenir (15 avril 1685). Trois signatures. — 56. Requête d'Anne de Raoulx, veuve de René de Barrême, au lieutenant général du siège d'Arles, au sujet du prie-Dieu. Julie de Forbin de la Roque, dame de Saint-André, comtesse de Bourbon, trouble la suppliante et prétend faire enlever de force son prie-Dieu. Au pied, ordonnance de ne rien innover avant décision de justice (Avril). — 57. Copie d'une fondation d'Antoine de Barrême en l'église Sainte-Marthe (s. d.). — 58. Mémoire pour consulter sur la fondation d'Antoine de Barrême (s. d.). — 59. Texte des motifs et conditions d'une fondation établie, par M. de Barrême, prêtre de l'Oratoire de Jésus, dans la chapelle de la Décollation de Saint-Jean-Baptiste, à Aix. M. de Raoulx envoie à son cousin de Barrême, par M. du Masblanc, cette instruction, empreinte du plus ardent mysticisme, et où le talent ne manque pas, ce qui explique le vif désir de la connaître, manifesté à Raoulx par Barrême (s. d.) — 60. Mémoire du bois nécessaire pour la métairie de M. de Barrême (s. d.). — 61. Éloge d'Antoine de Barrême, fondateur de la confrérie de N.-D. des Suffrages, de l'octave pour les Morts avec prédication à Sainte-Marthe. A la fin, huit vers latins. Le rédacteur est un Frère Jérôme de Sainte-Catherine de Sienne, augustin déchaussé d'Aix (s. d.). On a inscrit en surcharge le patronymique « Burle ». — 62-64. Quittances faites à M. de Laudun par les religieuses du monastère du Verbe Incarné de Roquemaure pour les intérêts, puis pour le capital de la

det de feu la sœur de Tous-les-Saints de Barrême, religieuse du couvent, sa tante (21 juillet 1770-10 octobre 1771). — 65-66. Tableaux généalogiques des Barrême.

E. 1472. (Cahier.) — 21 feuillets, papier.

1613-1636. — *Famille de Laudun, d'Aramon.* — *Les alliances.* — *Les Jossaud.* — *Livre de raison.* F° 1. Pensée de du Perron : Aux choses grandes la créance est toujours tardive. — F° 2. Vente de la Vanade au prix de 900 l. (22 décembre 1613). — F° 3. Paiements de noble Donis du Jardin (1620-1625). — Vente à Sire Jean Sauvan de la maison de la Bruyère, au prix de 1.300 l. (15 octobre 1615). — F° 5. Vente du grand jardin à Antoine Tony, patron, dit le Turc, et consorts, pour 1.000 l. (13 février 1616). — F° 7. Paiement de noble Jacques de Laudun, l'oncle (3 septembre 1618). — F° 11. Comptes de Marie (5 juin 1620-15 janvier 1635). — F° 12. Mention de M. du Mas-Blanc, son beau-frère à Tarascon, qui doit 600 l. à 5 %, et de M. de Barrême, son beau-frère, qui doit 2.040 l. à 5 %. Le 21 octobre 1623, paiement de Conrad de Raoulx, fils de Bertrand. — F° 14. Mention de noble Louis d'Ayminy, seigneur du Mas-Blanc, son beau-frère (30 juillet 1621). — F° 15. Arpentement de leur île d'Aramon, par ordre de son neveu le conseiller (s. d.). — A Tarascon, montant de ses tailles de 1631 à 1635. — F° 16°. Étant à Aramon en décembre [1634], il a baillé à sa femme de quoi payer la pension faite à l'abbesse. — F° 17°. D'une écriture de femme, mention de 3 l. pour payer la coiffure que son neveu lui a portée d'Aix ; et de 5 pistoles que son frère lui a baillée le 14 octobre 1638. — F° 20°. Citation de Balzac sur l'oreiller du grand Alexandre, fait d'une plume d'Homère (Discours d'Aristarque à Calidoxe).

E. 1473. (Petit registre décrelié.) — 26 feuillets écrits, papier.

1619-1721. — *Famille de Laudun, d'Aramon.* — *Les alliances.* — *Les Jossaud.* — *Livre de raison.* F° 1-2. Naissance des enfants de Pons de Jossaud et de Françoise d'Ayminy (28 août 1619-31 janvier 1636). — F° 3. Naissance des enfants de Louis de

Jossaud et de Marguerite de Sabatier (17 septembre 1648-29 décembre 1649). — F° 23. Naissance des enfants de Louis de Jossaud et d'Honorade d'Astier, parents du scripteur en secondes noces (12 août 1651-22 janvier 1671). De ce second mariage de Louis sont nés 11 fils et 7 filles. — F° 6-7. Naissance des enfants de Pierre de Jossaud et d'Éléonore de Laudun. Pierre était né le 22 novembre 1635. Étienne de Laudun, beau-père, est parrain du jeune Étienne de Jossaud, premier né (12 septembre 1689-27 mai 1699). Éléonore de Laudun, femme du scripteur, meurt en 1699. — F° 8-10. Changement de scripteur. Le nouveau perd son père Pierre de Jossaud le 7 juin 1716. Il épouse, à Pont-Saint-Esprit, le 29 janvier 1723, Mathilde de la Chevalerie, dont le père est lieutenant de roi « du Saint-Esprit. » Le 16 février 1731 il perd sa femme, âgée de 25 ans. Elle lui a donné quatre enfants. Autres deuils. — F° 11-16. Écriture du premier scripteur. Des feuillets ont été coupés. Il épouse Éléonore de Laudun le 16 novembre 1688, à Aramon, à 1 h. du matin. — F° 15-16. Mentions de son cousin de Claussonnette de 1709 à 1714. A partir de 1716 inclus, les paiements d'arrérages de ce cousin sont inscrits par une main de femme, jusqu'à 1721. — F° 17-23. Ils commencent par l'autre bout du registre, et portent sur des faits allant de 1689 à 1709. — F° 21. Le scripteur a épousé en secondes noces Marie de Barrême, sœur de Pierre de Barrême, juge et viguier [de Tarascon], le 2 mars 1709.

B. 1471. (Registre.) — 38 feuillets écrits, papier.

1694-1714. — *Famille de Laudun, d'Aramon.* — *Les alliances. — Les Jossaud. — Notes sur les démarches, voyages et dépenses faites par M. de Jossaud à l'occasion de ses procès avec M^as d'Aramon et autres.*

F° 1. Recommandations pour tâcher d'avoir Caussade, avocat, ou Bastar, si Caussade est arrêté par Mme d'Aramon à Toulouse. Protection du supérieur des Bénédictins de Nimes. Départ des courriers. Le courrier de Toulouse par Beaucaire ne part de Montpellier que le dimanche et le jeudi soir, après avoir reçu les lettres de Paris, Lyon, la Provence et le bas Languedoc (s. d.). — F° 2. Assignation reçue le 2 juillet 1694, pour payer la taxe du droit de champart de leur île de Carleméjan, sise en face d'Aramon. Voyage à Nimes. — F° 5. Départ en chaise roulante pour Nimes, le 30 mai 1695, avec M. de Grua de Roblac. Ils ont été deux jours dehors à 6 l. 10 s. par jour. Au cabaret, donné 20 s. par repas, et 10 s. pour son valet. — Mention de son beau-frère de Laudun, qu'il prie de faire extraire la transaction de M. de Jossaud avec Mme d'Aramon quand il lui remit sa portion de l'île (31 mai). — F° 15. Le 5 mars 1699 il faisait un si grand vent que M. Fabre ne put s'exposer à passer deux fois le Rhône. Il fit dire à Jossaud qu'il tâcherait de venir à Aramon en restant du côté de Beaucaire. La tempête coula le bateau du passage. — F° 18. Redoublement des poursuites de Mme d'Aramon (20 octobre 1699). — F° 26. Le 10 juin 1703, jour de la Fête-Dieu, le P. Gilles, son confesseur, lui remet un paquet fermé de papiers de procédure. — F° 23. Le 10 juillet 1701, son frère l'abbé étant allé accompagner à Nimes Mme de Castro, religieuse, lui a rapporté à son retour des exécutoires. — F° 24. Son procureur l'avise que son procès est distribué à M. de M. de Saint-Laurent, de service à la seconde chambre des enquêtes, et lui envoie la liste de ses juges (4 janvier 1702). — F° 30. Le 16 novembre 1702, il passe à Beaucaire avec son oncle de Provençal. Là, le conseiller Maillan, nommé par l'arrêt commissaire, eut la bonté de l'accommoder avec M. de Lenoncourt. — Les f° 32 et suivants commencent à l'autre bout du registre, et vont de 1694 à 1703. Ils se rapportent à un procès contre M.M. des Roys et Ruet. — Nulle part le scripteur n'est nommé.

B. 1472. (Registre.) — 160 feuillets, papier.

1638-1723. — *Famille de Laudun, d'Aramon.* — *Les alliances. — Les Jossaud. — Livre de raison de Françoise d'Ayminy, commencé après la mort de son mari Pons de Jossaud, arrivée le « 22 » juin 1638.*

F° 1. Mort et funérailles de Pons de Jossaud (25-26 juin 1638). — F° 2. Dépense des habits de deuil pour elle ou ses filles, 40 écus ; pour ses trois fils, 10 écus. — F° 4. Baillé aux Prêcheurs 50 quintaux de bois d'olivier à raison de 6 s. 1/2 le quintal (10 novembre 1638). — F° 6. Donné à Jossaud 45 l. qu'il a portées à Carpentras pour le premier quartier du 15 octobre 1638. — F° 9. Reçu 10 l. de son rentier de la Bastide-Neuve (18 juillet 1640). — F° 12. Reçu de Conrad de Raoulx des arrérages de pension pour 1640. — F° 14. Donné 30 l. à la R.de Mère de Sainte-Ursule, en déduction de sa pension de 1639. — Le 27 octobre 1639, donné aux dames du grand monastère (des Ursulines de Nîmes), en ôtant sa fille de leur couvent, 18 l. pour une pension de 14 deus qu'elle lui faisait. — F° 15. Le 19 janvier 1640, elle donne 30 l. à son « fachier » du Cagnart, pour entier remboursement de 60 l. qu'il lui avait prêtées pour l'enterrement de son mari, du 23 juin 1638. — F° 22v°. D'une autre écriture. En 1635, en deux fois, le P. Panassière l'a prié de lui garder 22 deus. Le 14 octobre 1635 il a rendu au religieux 10 l. qu'il lui gardait, et lui a prêté en outre 21 l. 10 s. pour acheter les œuvres d'Albert le Grand, dont il fait présent à son couvent. — F° 23v°. Le 13 mars 1671, avancé de l'argent à son frère le religieux. — F° 24. Le 29 septembre 1670, il a commencé à donner au P. de Jossaud, son fils, 30 l. de pension. — Le 7 octobre 1671, il lui a donné 25 l. quand il est allé demeurer à Carpentras. Il lui a ensuite envoyé 12 l. par son frère le prieur du couvent d'Arles. — F° 26. Il paie d'avance le médecin et le chirurgien au moyen d'une salmée de blé à chacun pour l'année. — Envoi d'argent de son cousin de Jossaud, d'Aramon, en janvier 1677. — F° 32. Le 9 août 1692, ils ont pris une servante, Marguerite Mathieu, de Barbentane, aux gages de 6 écus 1/2. — F° 34. Le 2 décembre 1693, mise en nourrice de leur fils François à Bourbon (ou Boulbon), moyennant 4 l. par mois, et les trois mois d'été 4 l. 5 s. — Le 17 avril 1693, Françou, de Saint-Remy, qui avait autrefois servi sa femme, entre comme fille de chambre, moyennant 11 écus de gages. — F° 36. Le 18 octobre 1694, entrée du valet La Violette, aux gages de 16 écus et le justaucorps. — F° 38v°. Rôle de la vaisselle d'étain qu'il a remise en compte à Jeanne, de Domazan, leur servante, le 25 novembre 1697, à leur service depuis le 29 août 1696. — F° 41. Marie, la fille de chambre de sa mère, a commencé de la servir le 19 juin 1687, aux gages de 10 écus 1,2. — Changements à peu près continuels dans le personnel domestique. Tout est noté avec soin. — F°° 57-66. Récoltes du mas du Canier (1689-1711). — F°° 79-85. Mémoire de ce qui est dû aux Jossaud, en capitaux et pensions. — F° 87. En 1641, M.de de Jossaud note qu'elle a fait passer docteur à Avignon son fils Jossaud, le 6 septembre. Elle a mis son fils Pons religieux au couvent des Prêcheurs en 1641.

— F°° 88-93. État des capitaux et pensions que la communauté de Tarascon doit à Antoine Astier, notaire. — F° 94. Oraison latine à Sainte Léonade pour arrêter la perte de sang. — F°° 95-160. Les changements de serviteurs (1700-1716). — F°° 104-110 (À l'autre bout du registre). Récolte du blé de 1637 à 1641. — F°° 111-127. « Journalier » commencé le 1er janvier 1631. On y voit la succession des servantes, nourrices et valets jusqu'en 1670. — F°° 128-132. Réfection de la vaisselle d'étain en novembre 1690. — Rôle de la vaisselle d'argent ou d'étain, et de la batterie de cuisine. — Rôle du linge le 23 août 1690, et le 7 octobre suivant. — F° 133. Jossaud arrête un granger pour sa grange de la Petite-Montagne (16 août 1690). — F° 160. Le 11 avril 1715, Blanc commence à servir de valet à Jossaud, sur le pied de 60 l. de gages par an, francs de capitation, avec l'entretien de tout.

R. 1476. (Registre.) — 6 feuillets écrits, papier.

1733. — *Famille de Laudun, d'Aramon. — Les alliances. — Les Jossaud.*
F° 1. État des capitaux qu'a laissés Pierre de Jossaud. — F° 2. État des biens fonds qu'a laissés Pierre de Jossaud à Tarascon et à Aramon, suivant l'estimation acceptée par M. de Provençal père, quand on régla la légitime de l'abbé de Jossaud et de ses autres frères. — F° 3. État des détractions à faire en faveur de Louis de Jossaud sur les biens de son père Pierre de Jossaud. — F° 4. Suite des détractions, et état des dettes laissées par Pierre de Jossaud, et payées par son fils Louis. — F° 5. État des dettes de Pierre de Jossaud qui subsistent encore. — F° 6. État des dettes non vérifiées, et autres articles à comprendre dans le mémoire, s'ils doivent être payés par M.M. de Fontchâteau comme ayant la substitution de Pierre de Jossaud en leur faveur.

E. 1477. (Registre.) — 14 feuillets écrits, papier.

1746. — *Famille de Laudun, d'Aramon. — Les alliances. — Les Jossaud. — Livre de tous ceux qui sont nés depuis Pons de Jossaud, aïeul du scripteur.*
F° 1. Dates de naissance des enfants de Pons de Jossaud et de Françoise d'Ayminy (28 août 1619-31 janvier 1636). — F°° 2-5. Dates de naissance des

enfants de Louis de Jossaud et de Marguerite de Sabatier (27 septembre 1645-22 janvier 1673). — F°s 5-6. Dates de naissance des enfants de Pierre de Jossaud et d'Éléonore de Laudun (19 septembre 1689-27 mai 1696). — F°s 6-7. Dates de naissance des enfants de Louis de Jossaud et d'Henriette Guyon de la Chevalerie de Poitou (26 novembre 1722-25 novembre 1725). — F°s 7-8. Décès (16 février 1731-11 octobre 1744). — F°s 10-14. Arbitrement des pièces de terre données par Astier, beau-père de Jossaud, à sa fille Honorée, femme de Jossaud, pour la meilleure part de sa dot.

E. 1478. (Registre.) — 33 feuillets, papier.

1720-1748. — *Famille de Laudun, d'Aramon. — Les alliances. — Les Jossaud. — Livre de raison.* F°s 1-7. Tableaux des pensions que fait Jossaud. — Au f° 2, quittances de son cousin de Provençal (1er août 1739-8 mai 1740). — F°s 8-89. Pensions faites à Jossaud. Parmi les débiteurs, on voit son cousin de Laudun, son beau-frère de la Chevalerie, Lacroix, commissaire des classes, M. de Roubin, le P. Manuel, à présent prêtre établi et secondaire au chapitre de Sainte-Marthe, son beau-frère de Laudun, Mme de Léotaud, M. d'Alméran de Saint-Rémy, Antoine de Porcelet ; M. de Roblac, marquis d'Estoublon, d'Arles ; Antoine Damour, hôtelier à l'enseigne de Saint-Antoine, faubourg Saint-Jean.

E. 1479. (Cahier.) — 18 feuillets, papier.

1754. — *Famille de Laudun, d'Aramon. — Les alliances. — Les Jossaud. — Livre de raison :* dépenses de 1754.
F° 1. Dépense de janvier. — F° 2. Février. 2 perdrix, 3 l. 15 s. — F° 3. Mars. Au postillon de Raousset, pour avoir été à La Motte, 1 l. 4 s. — F° 4. Avril. Avoir fait sortir les orangers, 10 s. — F° 5. Mai. Pour des asperges, 3 s. — F°s 6-7. Juin. Paire de bas pour le petit, 1 l. — F°s 7-8. Juillet. Trois saumées de blé de barque pour les pigeons, 33 l., 12 s. — Achat d'un cheval, 264 l. — Provisions achetées à la foire (de Beaucaire), 20 l. — F°s 9-10. Août. Trois bâtons de cire d'Espagne, 1 l. 16 s. — 20 livres de sucre, 11 l. 10 s. — Tabac de Hollande, 1 l. — Quatre perdreaux, 3 l. 12 s. — Une tête de veau 2 l. — F°s 16-17. Septembre. Donné au bassin des esclaves, 3 l. — Une livre de café, 1 l. 9 s. — F°s 18-19. Octobre. Tabac râpé, 5 s. — Argent de bourse pour la fenêtre de la cuisine, 63 l. — Une livre de saucisse d'Arles, 8 s. — Une paire de souliers pour Boyer, 3 l. 15 s. Donné à M. Rousset, chirurgien, pour avoir traité Isabeau la servante, 3 l. — F° 13-14. Novembre. Port de lettre, 5 s. — Pour avoir fait enfermer les orangers, 10 s. — A maître Pesquier, pour une dent arrachée à sa femme, 3 l. — Donné livres de châtaignes, 14 s. — F°s 14-16. Décembre. Droits du Poids de la farine, 11 l. 13 s. 9 d. — Au boulanger pour le pain entendu, 6 s. — Envoyé un agneau aux capucins, 4 l. — Trois paires de bas de laine, 7 l. 10 s. — Pertes au jeu de l'année, 100 l. — Dépense totale de l'année, 6.910 l. 13 s.

E. 1480. (Registre.) — 15 feuillets écrits, papier.

1758. — *Famille de Laudun d'Aramon. — Les alliances. — Les Jossaud. — Livre des ventes et pensions retirées [par Laudun] de la succession de son beau-frère de Jossaud, comme son héritier, en 1758.*
F° 1. Titre. Mentions d'un acte du 20 août 1453 incapte fait au doyen de Tarascon par le cardinal de Sotteville, Foulque Réginald), et d'une reconnaissance d'Étienne de Laudun faite le 4 mai 1726. — F°s 2-15. Noms de débiteurs. Quelques indications de paiements.

E. 1481. (Registre.) — 25 feuillets, écrits, papier.

1717-1781. — *Famille de Laudun, d'Aramon. — Les alliances. — Les Jossaud. — Livre contenant les quittances faites par les trésoriers de la ville de Tarascon aux chefs successifs de la famille de Jossaud, pour les tailles et la capitation.*
F°s 1-17. Quittances faites à noble Louis de Jossaud (15 décembre 1717-7 octobre 1757). — F°s 17-25. Quittances faites à Madame de Jossaud (27 janvier 1758-25 janvier 1781).

E. 1477. (Registre.) — 108 feuillets écrits, papier.

XVIIe-XVIIIe siècle. — *Famille de Laudun, d'Aramon. — Les alliances. — Les Jossaud. — Livre de raison et recueil de pensées.*
F° 1. Extraits de la théologie de Saint-Thomas. — F° 2-3. Dates de naissance des enfants de Pons de Jossaud et de Françoise d'Ayminy (28 août 1619-31 janvier 1630). — F° 4. Dates de naissance des enfants de Louis de Jossaud et de Marguerite de Sabatier (17 septembre 1645-29 décembre 1649). — F° 5-8. Dates de naissance des enfants de Louis de Jossaud et de sa seconde femme Honorée d'Artier. Il manque deux feuillets entre les feuillets actuels 5 et 6. Il faut donc se reporter au registre E. 1477 pour dissiper la confusion causée par cette lacune. — F° 9-10. Exercices de thème latin. — F° 11-39. Extraits de pensées ou maximes en latin. — F° 40-44. Vers français. Exercices scolaires. — F° 45-60 (à l'autre bout du registre). Livre de raison, faisant connaître les débiteurs d'Aramon. — F° 61-62. Exercices scolaires. — F° 63-69. Livre de raison, faisant connaître les débiteurs d'Estézargues, de Rochefort, de Sazo et de Tarascon. — F° 70-105. Recueil de pensées ou maximes en français. Elles sont rangées à peu près dans l'ordre alphabétique de leur principal objet (Amo-Vertu). — F° 106-108. Exercices scolaires.

E. 1483. (Registre.) — 9 feuillets écrits, papier.

XVIIIe siècle. — *Famille de Laudun, d'Aramon. — Les alliances. — Les Jossaud. — Livre concernant les affaires de Louis de Jossaud au regard de la substitution faite, en faveur de M. de Provençal, par Pierre de Jossaud père, dudit Louis.*
F° 1. État des capitaux laissés par Pierre de Jossaud à son fils Louis. — F° 2. État des biens fonds vendus par Louis de Jossaud depuis la mort de son père, arrivée le 8 juin 1716. — F° 3. État des biens fonds laissés à Tarascon par Pierre de Jossaud. — F° 4. État des biens nobles et roturiers d'Aramon. — État des biens et capitaux qu'il y avait à Aramon quand M.M. de Jossaud firent leur partage, et qui doivent être remplacés par leurs descendants, en cas de dissipation (titre seul). — F° 6. État des distractions à faire sur les biens que Pierre de Jossaud a substitués à M.M. de Provençal. — État des terres épargnées « possédées » par Louis de Jossaud le 23 octobre 1734. — F° 8. État des distractions à faire sur les biens de Pierre de Jossaud substitués à M.M. de Provençal. — F° 9. État des distinctions qu'on peut faire sur la substitution.

E. 1484. (Liasse.) — 3 pièces, parchemin; 34 pièces, papier; 3 sceaux.

1517-1576. — *Famille de Laudun, d'Aramon — Les alliances. — Les Jossaud.*
1. Copie (début) du livre de l'avènement d'Aramon de 1517, dressé par Guillaume Hondrul, et contenant trois indications sur les biens de Jean de Laudun. — 2. Extrait du contrat de mariage entre noble Jean Jossaud, habitant de Nîmes, et noble Étienne ou Étiennette de Laudun, veuve de Jacques Champdorges, licencié ès lois, fille de noble Jean de Laudun, d'Aramon, et de Claudine de Belleau (Nîmes, 15 février 1520 v. s.). — 3. Extrait de lettres de François Ier, données à Fontainebleau, (16) février 1538 v. s., et nommant le personnel du parlement de Turin. Jean Jossaud y figure, parmi les conseillers français, aux gages annuels de 500 l. t. — 4. Extrait de la réception de Jean Jossaud au parlement de Turin (2 avril 1539). — 5. Extrait de la nomination de Jean Jossaud à l'office de conseiller au parlement de Piémont (Fontainebleau, 16 février 1538 v. s., de sa réception (2 avril suivant) et d'un ordre de paiement de Claude de Bourges, général des finances de Savoie et Piémont (2 novembre 1539). — 6. Extrait de l'achat d'un pré à Bellegarde par Jean Jossaud, conseiller au parlement de Turin, habitant Nîmes (23 mars 1542 v. s.). — 7-8. Extraits d'une lettre de René de Biraque, président au parlement de Turin, au chancelier d'Alençon, en faveur de Jean de Jossaud (Turin, 1er mai 1545). Jossaud désirerait, pour être des premiers conseillers français, son transfert en France. Ensuite, la peste qui sévit à Nîmes quand l'armée alla à Perpignan l'a retenu à Nîmes douze mois pour lesquels. Il lui est dû ses gages. Il a mérité ces faveurs, commence à devenir vieux, a charge de femme et de beaucoup de petits-enfants. Les guerres, la pauvreté du pays, la cherté des vivres, font que ses gages lui ont été de très peu de profit. — 9-10. Extraits de brevet

d'office de conseiller, faits en vue d'une vacance en France (Compiègne, 31 juillet 1659). — 11. Mémoire sur des possessions dans les territoires de Bertrand et de Damerguet (1517-1559). — 12-13. Copies d'une donation d'Étiennette de Laudun à son fils Jean Jossaud, de ses biens d'Aramon (Aramon, 5 février 1569 v. s.) Suit l'insinuation, du 7 mars. — 14. Copie du testament de Jean Jossaud, malade dans une petite chambre obscure de la maison de feu Rampelle, procureur au parlement, à Toulouse. Legs à ses filles Madeleine, Claude et Charlotte, à sa femme Étiennette de Laudun. Ses héritiers universels sont ses fils Jean, Tannequin, Bernard et Guérin. Le notaire est Guillaume Dougla (Toulouse, 28 avril 1554). — 15. Extrait du contrat de mariage entre Jean Jossaud, avocat au présidial de Nimes, fils de feu Jean, conseiller au parlement de Turin, et d'Étiennette de Laudun, d'une part; et Françoise Calvière, fille de Guillaume, seigneur de Saint-Césaire de Gauzignan, conseiller au présidial, et de feu Claude Pélegrin, de Nimes, d'autre part (16 juillet 1564). — 16. Exploit de saisie de sept salmées de blé pour la taille, faite à la bastide neuve de Laudun, appartenant à Étiennette de Laudun, Jean Jossaud, fils d'Étiennette, répond au sergent que ce domaine est exempt de toutes tailles. La saisie n'en a pas moins lieu, avec mise à l'encan du blé sur la place publique d'Aramon (25 juillet 1565). — 17-19. Obligations pour Jean Jossaud (4 avril 1567-11 septembre 1568). — 20. Adjudication publique d'une vigne, d'un jardin et de deux olivettes, faite à Jacques Bellon par le viguier et le juge d'Aramon au nom de la duchesse douairière de Bouillon, dame d'Aramon et de Valabrègue. Il s'agit de biens grevés de dettes (8 août 1571). Sceau de la cour d'Aramon. — 21. Obligation pour Jean Jossaud (26 novembre 1571). — 22. Accord entre Jean Jossaud et sa mère Étiennette, qui lui remet les fruits d'Aramon (26 juin 1572). — 23-24. Obligations pour Jean Jossaud (6-29 août 1572). — 25. Adjudication publique, faite à Jean Jossaud par les viguier et juge d'Aramon d'un jardin provenant de la discussion des biens d'Hélias de Recordz (8 mars 1573). Sceau de la cour d'Aramon. — 26. Vente faite par Jacques Bellon, bourgeois d'Aramon, à Jean Jossaud, d'une maison avec les terres en dépendant, en paiement d'une dette de 1.100 l. (Beaucaire, 3 septembre 1573). — 27. Acte de protestation fait au nom de Jean Jossaud, avocat de Nimes, contre les consuls d'Aramon, au sujet de l'écoulement de l'eau de son moulin à huile dans le fossé de la ville (23 novembre 1573). — 28. Contrainte décernée à la requête de Jean Jossaud (11 janvier 1575). Sceau de la cour des Conventions royaux de Nimes. — 29. Lettre d'un Jossaud à son frère, datée de Paris, 7 octobre 1575. Il s'est occupé d'avoir pour son frère l'office de conseiller vacant par la mort de M. de Lousière. Sur une offre de 1.500 l., il a obtenu les lettres d'office, en y mettant la dérogation ou dispense d'aller se faire recevoir à Toulouse, à cause des troubles. M. de Montcalm et lui se sont obligés pour les 1.500 l., et le marchand qui les a prêtés demeure saisi des lettres d'office jusqu'au paiement. Il faut donc faire maintenant les fonds. — 30. Quittance faite à Jean Jossaud, conseiller au présidial, par Catherine de Moreton, au nom de Françoise de Moreton, femme de Pierre de Borne (Avignon, 29 décembre 1575). — 31. Lettre de son beau-frère de Bruoys à Jean Jossaud, conseiller, à Avignon. Il a appris avec grand plaisir son entrée au présidial. Il est débiteur de noble Bernard Arnaud, sieur de La Cassagne et consort. Il est embarrassé pour payer 600 l., non faute d'argent, mais par le danger des chemins. Il prie son beau-frère de payer en son nom. Détail des mesures à prendre. (Château d'Orange, 30 janvier 1576). — 32. Extrait d'une quittance faite à Bernard Jossaud, de Nimes, par Pierre Billard, trésorier de l'extraordinaire des guerres, du département de la charge du côté de Piémont. Il s'agit de 3.000 l. provenant de l'office alternatif de receveur et payeur des gages des présidiaux de Languedoc et de Rouergue (Avignon, 1er avril 1576). — 33-34. Extraits du contrat de mariage entre Jean Jossaud, conseiller au présidial de Nimes, et Catherine de Villages, de Fontarèche, fille de feu Antoine, seigneur de Bernis et de Fontarèche, et de Marguerite de Sarran (Château de Fontarèche, 23 avril 1576). — 35. Extrait d'un ordre de paiement de ses gages de 100 l. par an en faveur de Jossaud (Montpellier, 18 août 1576). — 36. Copie d'un échange de maisons entre Jean de Jossaud et Gabriel de Laudun (Aramon, 8 octobre 1576). — 37. Copie de comptes concernant la discussion des biens d'Hélias de Recordz (XVIe s.).

E. 1465. (Liasse.) — 51 pièces, papier ; 8 sceaux.

1577-1587. — *Famille de Laudun, d'Aramon. — Les alliances. — Les Jossaud.*

1. Note de deux terres de Mᵐᵉ de Jossaud (1562-1577). — 2. Inventaire des meubles de Jacques Rol-ton, fait par le viguier d'Aramon à la requête de Jean Jossaud, dans la maison de qui ils se trouvent (19 septembre 1577). — 3-5. Nomination de prud'hommes entre Jean Jossaud et Lazare Rolton, inventaire des meubles de Jacques Rolton trouvés dans la maison de Jossaud, quittance faite par Jean Jossaud à Jacques Rolton (24 février 1578). — 6-8. Obligations et quittance (16 mars-15 juin 1578). — 9. Lettre de Jossaud à M. Baudan, à Nimes, datée d'Aramon, 18 juillet 1578. Affaires. Invitation à descendre chez Jossaud si les Baudan viennent à la foire de Beaucaire. Jossaud supplie sa sœur de Vestric de se rendre à son vœu. Il lui sera plus commode d'user de sa maison d'Aramon que d'aller droit à Beaucaire, où il y aura une extrême presse. Ses montures séjourneront à Aramon, et l'on ira, par eau, fort commodément à Beaucaire. Jossaud les attend dimanche prochain, pour aller à Beau-caire lundi matin. Il a une chambre chez le juge de Beaucaire qui servira pour tous. — 10-12. Con-traintes décernées par le juge des Conventions royaux de Nimes (1578). Sceau de la cour. — 13-16. Obligations (22 avril 1579-11 janvier 1581). — 17-23. Contraintes, ajournement; ordonnance d'enquête, obligations (12 avril 1581-4 septembre 1582). Sceau du présidial. — 24. Rapport des experts commis par les officiers ordinaires d'Aramon sur l'estima-tion des biens de feu Hélias de Recordz (12 novem-bre 1582). — 25-27. Quittance et obligations (1er mars-1er septembre 1583). — 28. Lettre de Brueys à Jos-saud, conseiller, à Nimes. Mention de sa sœur de La Boissière. Affaires. Son fils de Brueys a vu Ngr de Montmorency à Saint-Privat, avec l'intention d'aller à Bagnols, de retourner à Uzès et de gagner Alais. S'il vient de Bagnols à Uzès pour aller à Alais, plusieurs pensent qu'il passera par ici (Saint-Dézéry). Brueys mentionne son retour d'Orange. Mention du prieur de Colorgues (Saint-Dézéry, 10 juin 1584). — 29. Lettre de Maurice Pelhetz à son cousin le conseiller Jossaud, à Nimes, datée de Tournon, 18 juin 1584. Il lui envoie des nouvelles son fils Jean, qui était allé à Toulouse sur le conseil de Jossaud. Demeuré plus d'un an sans renseigne-ments de son fils, il prit le parti d'envoyer un exprès à Toulouse pour savoir ce qu'il devenait. L'exprès ne le trouva pas à Toulouse, mais à sept lieues de là, dans un château de M. de Burgès, à moins de trois lieues de Gabres. Il y instruit deux enfants nobles. Son père craint qu'il n'y perde son temps et ses études. Son fils lui a mandé une thèse qu'il dit avoir faite comme défense. Il en adresse un double à Jossaud. — 30. Lettre d'affaires de Mais-tre au conseiller Jossaud, à Aramon (Nimes, 30 juin 1584). — 31-35. Obligations, arrentement, achat (24 juin 1584-10 janvier 1585). — 36. Lettre de Ricol, commandeur de « Chuxonat », à son cousin le conseiller Jossaud, à Nimes, pour lui recomman-der son cousin Jean Le Mour (Tournon, 11 février 1585). — 37. Obligation de 400 écus d'or sol ou 1,850 l. t. faite par Pierre de Brueys, seigneur de Saint-Dézéry et de Colorgues, à Jean de Jossaud, con-seiller au présidial. Extrait Château de Saint-Dézéry, 18 novembre 1585. — 38. Lettre de Brueys à Jossaud, à Aramon. Il a écrit à son beau-frère par Mme de La Boissière, leur sœur, pour lui deman-der avis sur le voyage mentionné dans ses lettres. L'« altération » survenue à Nimes lui fait penser qu'il n'y a pas lieu de se mettre en route, « en voye », pour le moment. Cependant il voudrait effectuer son paiement. Il prie Jossaud d'employer encore le moyen dont on a usé récemment. M. de Laudun, allant « par delà », et son beau-frère le capitaine Mario, pourraient assurer le recouvrement des 400 l. dont il s'agit, et les mettre entre les mains de Jos-saud, sans retardement. Mention de Louis de Brueys, frère du viguier du scripteur, et demeu-rant à Uzès, à qui, on pourrait faire tenir 50 l. (Saint-Dézéry, 12 janvier 1586) (1). — 39. Copie du temps d'une ordonnance du duc de Montmorency, pair et maréchal de France, gouverneur et lieute-nant-général pour le roi en Languedoc (Damville). Les trente hommes de guerre à pied, sous la charge de M. de Richard, étant en garnison au château d'Aramon, seront nourris, entretenus et payés en argent, par les absents, réfugiés d'Ara-mon et retirés avec les ennemis du roi. Exécution sera faite sur leurs biens et leurs rentiers. En cas

---

(1) Les lettres de Pierre de Brueys montrent l'extrême dif-ficulté d'assurer le transport d'une somme d'argent dans le pays.

de difficulté ou de retard, les viguier et consuls d'Aramon feront les avances nécessaires (Bagnols, 2 avril 1588). — 40. Copie du temps d'une ordonnance du duc de Montmorency, datée d'Uzès, 19 avril 1588. La garnison du château d'Aramon, sous la charge du capitaine Pons, sera entretenue aux dépens des habitants retirés avec ceux du parti combattant le roi. Tarif de l'entretien. A la suite de l'ordonnance, saisie de huit salmées de blé pratiquée à l'aire de Jean Jossaud, conseiller au présidial de Nimes, pour remboursement aux consuls d'Aramon de la dépense et nourriture de quatre soldats logés sur lui en avril, mai et juin précédents (1er août 1588). — 41. Lettre du juge de Beaucaire Maurand à son cousin Jossaud, à Villeneuve. Il s'excuse de ne lui avoir pas encore envoyé une obligation de 100 écus de son neveu le juge de Tarascon. Mais il n'a pas vu son neveu depuis trois mois, à cause de la contagion de peste, qui retient ledit neveu aux champs, hors de Tarascon. Il espère que la ville sera bientôt en santé, étant entrée en quarantaine depuis la Saint-André (Beaucaire, 7 décembre 1588). — 42. Obligation. — 43. Lettre du duc de Montmorency à Jossaud, conseiller au présidial de Nimes, à Avignon. Jossaud est du nombre de ceux qui, avec le juge-mage de Nimes, au préjudice des défenses du duc, sont dispensés de nouveau de dresser un siège du présidial de Nimes à Villeneuve d'Avignon. Les sujets du gouvernement de Languedoc sont ainsi tirés hors du siège naturel de la justice. Il en résulte une grande confusion et l'autorité du gouverneur de la province en souffre. Le duc prie Jossaud de se désister de cette entreprise, qu'il ne peut trouver que téméraire et intolérable, et de se retirer en sa maison, où il pourra demeurer en sûreté sous l'obéissance du roi et les commandements du duc. Autrement les mesures nécessaires seront prises. La main levée des fruits et biens de Jossaud en Aramon, accordée l'année passée par le duc, est révoquée dès à présent, si Jossaud refuse de faire son devoir en lui donnant satisfaction (Nimes, 11 mars 1587). — 44-45. Minutes de la réponse de Jossaud au duc. Ce n'est pas à la requête ni sur le désir de Jossaud que la cour du sénéchal a été dressée à Villeneuve, car il ne s'y est retiré que pour la santé de sa fille, fort valétudinaire, et pour faire étudier ses deux fils. Il ne l'a même fait que trois mois après l'intimation d'un arrêt du parlement de Toulouse décidant le transfert du siège et lui enjoignant de s'y conformer, sous peine de perdre son office. Il a assisté à deux ou trois audiences, ignorant les inhibitions du duc à cet égard. A présent qu'il les connaît, il s'empresse d'y obéir (1) (s. d.). — 46. Cautionnement de Jossaud pour Paitot de Tournon, engagé envers André Loye, marchand d'Avignon (Avignon, 7 juin 1587). — 47. Procuration donnée par [le capitaine] André Juvenel, d'Aramon, pour cautionner Nicole d'Albenas, veuve du capitaine Lazare Bellon, d'Aramon, envers Jean Jossaud (Aramon, 18 juin 1587). — 48. Obligation de Nicole d'Albenas envers Jean Jossaud pour 900 l. t. (22 juin). — 49. Lettre de Maurand à son cousin de Jossaud, conseiller au présidial de Nimes, en Avignon, datée de Tarascon, 27 juin 1587. Il ne peut lui rendre aucune raison des donations faites par son oncle de Gras à ses enfants, cousins du scripteur. Son oncle ne lui parlait pas de ses affaires, par suite d'incompatibilité d'humour. Mention de son neveu le juge de Tarascon, qui lui doit de l'argent. Il demande un peu de temps à Jossaud, ayant fait un tel effort, pour obtenir cancellation de presque toutes ses dettes, qu'il demeure très « étroit d'argent », vivant au jour le jour, et misérablement, contre son naturel. — 50-52. Obligations (6 juillet-20 décembre 1587).

B. 1488. (Liasse.) — 2 pièces, parchemins ; 50 pièces, papier ; 2 sceaux.

1588-1595. — *Famille de Laudun, d'Aramon. — Les alliances. — Les Jossaud.*
1-4. Contraintes émanées de la cour des Conventions royaux de Nimes (7 février-20 mars 1588). Quatre sceaux. Celui de la pièce 2 permet d'établir la légende : *Sigillum reg[iarum] curie conventionum Nemausi.* — 5. Obligation de Guillaume Depolas, comme syndic de la chartreuse de Villeneuve-lès-Avignon, faite à Jossaud (Avignon, 28 avril 1588). — 6. Contrainte (30 octobre 1588). Sceau des Conventions. — 7-8. Obligations (19 décembre 1588-10 janvier 1589). — 9-10. Contraintes. Sceaux des Conventions (10 décembre 1588-6 février 1589). — 11-20. Obligations. Quittance (3 mai 1589-9 mars 1591). — 21. Achat d'une vigne par Jean Jossaud

_____

(1) Le parlement de Toulouse, et Henri III lui-même, étaient alors aux mains des Ligueurs. D'où la position difficile de Jossaud.

(11 août 1591). — 22-42. Délibération consulaire de Rochefort (6 octobre 1591), procuration, achats de pensions, obligations (27 octobre 1591-18 janvier 1594). — 43. Lettre de Ranchin à Mme de Jossaud, à Aramon, écrite d'Uzès, 7 juin 1594. Arrêté de comptes. — 44-47. Obligations. Échange (3 juillet 1594-1er août 1595). — 48. Extrait cadastral (août 1595). — 49. Obligation faite au conseiller Jossaud par Louis de Raoulx, d'Ayminy et consorts (6 octobre 1595). — 50-51. Obligations (16-20 octobre 1595). — 52. Lettres de tonsure de l'archevêque d'Avignon pour Pierre Jossaud, fils du conseiller Jossaud (Avignon, 23 décembre 1595). Sceau.

E. 1457. (Liasse.) — 69 pièces, papier ; 5 sceaux.

1585-XVIe siècle. — *Famille de Laudun, d'Aramon. — Les alliances. — Les Jossaud.*
1-7. Obligations. Contraintes (6 février-20 juin 1596). — 8-16. Contraintes. Obligations. Sceau des Conventions (29 août 1596-24 juin 1597). — 17. Bail de pension pour Jean Jossaud (20 juillet 1597). — 18. Contrainte émanée de Pierre d'Arnaud, juge royal de Tarascon et de N.-D. de la Mer, à la requête de Jean de Jossaud. Sceau de la cour (20 juillet 1597). — 19-23. Assignation, obligations, contrainte. Sceau des conventions (20 juillet-18 août 1597). — 24-29. Quittance, certificat de vente, obligations, achats de terres (21 octobre 1597-2 février 1598). — 30. Lettres de vol du sénéchal, rendues à la requête de Jean Jossaud, conseiller au présidial, pour interdire la dépaissance du bétail dans ses biens d'Aramon, Théziers et Valabrègue. Trace de sceau (Nimes, 3 avril 1598). — 31. Achat de terres à Aramon (4 juin 1598). — 32. Délibération consulaire d'Estézargues pour emprunter (10 août 1598). — 33. Obligation passée à Jossaud (16 août). — 34-38. Obligations, achats de terres (16 août-11 novembre 1598). — 39. Décret des Conventions de Nimes contre deux habitants de Rochefort (17 novembre). Sceau. — 40-46. Contraintes, arrentement, clameurs, obligations (17 mars 1598-27 avril 1600). — 47-48. Extraits de l'avèrement des biens roturiers d'Aramon. Biens de Jean Jossaud (20 mai 1600). — 49-60. Obligations, contraintes, certificat d'arpentage, ordonnance de décret du viguier et juge ordinaire d'Aramon (1600). — 61-68. Mémoires, note généalogique, minute d'une lettre royale aux gens du parlement de Toulouse et au sénéchal de Nimes en faveur de Jean Jossaud, conseiller au présidial de Nimes, fils de feu Jean Jossaud, conseiller au parlement de Turin. Malgré la résignation que le roi lui a permis de faire, de son état de conseiller, en faveur de son fils Pierre, Jean pourra, en témoignage des services de son feu père, avoir entrée au présidial et y exercer la justice sa vie durant (s. d.). C'est la pièce 68. — 69. Lettre de Louis de Raoulx et de Delagrange, écrite de Tarascon à Jossaud, conseiller au présidial. Ils s'excusent de n'avoir pu lui donner satisfaction (s. d.).

E. 1458. (Liasse.) — 1 pièce, parchemin ; 59 pièces, papier ; 7 sceaux.

1597-1606. — *Famille de Laudun, d'Aramon. — Les alliances. — Les Jossaud.*
1. Obligation faite par Jean de Charnes, bourgeois de Villeneuve-lès-Avignon, à Jean Jossaud, conseiller au présidial de Nimes, représenté par sa femme Vérité Conte (Aramon, 19 février 1601). — 2-12. Commandements d'arrêt, obligations, achat de vaches (1er septembre 1597-27 mars 1602). Sceau des Conventions royaux de Nimes. — 13. Lettres royaux adressées au sénéchal de Nimes, à la requête de Vérité Conte, femme du conseiller Jean de Jossaud, mariée en premières noces à feu Jean de Mazilhan, marchand d'Avignon, qui aurait vendu des biens dotaux de Vérité. Si ces biens étaient inaliénables, le sénéchal en cassera la vente (Toulouse, 13 mars 1602). — 14-16. Obligations (24 août-2 octobre 1602). — 17. Lettre de Chapus au conseiller Jossaud, à Aramon. Il s'étonne que Jossaud lui réclame des intérêts sans l'avoir prévenu de son intention, alors que Chapus a consacré du temps et de l'argent à la poursuite des procès de Jossaud. Si Chapus avait été avisé, il lui aurait été facile de « compositer » avec M. d'Aubussargues, beau-frère de Jossaud, qui doit à Chapus 80 l. (21 octobre 1602). — 18-20. Obligations (24 octobre-14 novembre 1602). — 21-24. Extraits de l'avèrement des biens nobles du conseiller Jean Jossaud à Aramon (1602). — 25-26. Achat d'une olivette. Obligation (15-23 janvier 1603). — 27. Lettre de Veyras à Jossaud, en Aramon, écrite de Nimes le 31 janvier 1603. Affaires. — 28. Obligation faite à Jossaud par Antoine Saladin, notaire d'Aramon (3 avril 1603). — 29. Note de deux terres de Louis de Jossaud à Tarascon (18 avril 1603). — 30-34. Obligations (20

avril-8 août 1603). — 35. Lettres de vet du sénéchal en faveur de Jean Jossaud (Nîmes, 10 septembre 1603). Sceau de la cour. — 36. Lettre de Veyras à Jossaud. Rouet a payé. Suit un compte (Nîmes, 14 septembre). — 37-41. Obligations. Taxat (7 novembre 1603-20 mai 1604). — 42. Lettre de Dupuy au conseiller Jossaud, en Aramon, datée de Beaucaire 28 juin 1604. Il désire vivement le payer, mais l' « intermission » de l'imposition de leurs tailles, l'absence de M. de Gallan, leur premier consul, le paralysent. — 43. Rôle des terres de Pierre Sorbière, saisies à l'instance du conseiller Jossaud. Premier encan public (22 août 1604). — 44-47. Achat d'une olivette. Obligations (29 octobre 1604-6 juin 1605). — 48-49. Contrainte et saisie contre André Juvenel (14-16 juillet 1605). Sceau des Conventions. — 50-51. Obligation. Cession (24 octobre 1605-10 janvier 1606). — 52. Quittance de Jacques Lixonet, peintre d'Avignon, pour les armoiries des funérailles de la femme de M. Jossaud, d'Aramon, ensemble douze pans sur quatre de toile noire livrée chez le peintre par le fils de M. Raviot, d'Aramon, étudiant en droit à Avignon (31 janvier 1606). — 53-58. Contraintes des Conventions. Quittance. Obligation. Bail à pension (13 mars-24 octobre 1606). Trois sceaux des Conventions. — 59. Avis non signé sur la manière dont une dame non désignée devra, dans son testament, révoquer tout testament précédent, nonobstant toutes clauses dérogatoires qu'elle pourrait y avoir mises sans se le rappeler. Si elle pense avoir fait, au lieu d'un testament, quelque donation, elle devra faire rechercher, au greffe royal des choses données, si l'on n'a rien fait insinuer. Alors elle pourra pourvoir à ses dispositions en connaissance de cause (s. d.).

E. 1189. (Liasse.) — 73 pièces, papier ; 9 sceaux.

1607-1612. — *Famille de Laudun, d'Aramon. — Les alliances. — Les Jossaud.*
1. Mémoire du curé Julliard, pour le « chanté » du bout de l'an de Mme de Jossaud. Il est de 39 sols. Acquit du 17 janvier 1607. — 2. Ordonnance de première condamnation des Conventions contre Antoine Boyer et consorts, de Rochefort (Nîmes, 10 février 1607). — 3. Lettre de Jossaud, écrite d'Aramon, 4 juin 1607, au greffier de la baronnie de Rochefort. Il a obtenu deux décrets, l'un à son nom, l'autre au nom de sa femme. — 4. Lettre du 5 juin 1607 à Jossaud. Un huissier s'excuse de ne pouvoir faire exploiter ses ordonnances. Mais il est contraint de partir pour Castres, appelé par le comte de Suze. — 5-17. Obligations, contraintes, saisies (12 septembre 1607-31 juillet 1608). Six sceaux. — 18-19. Lettre et promesse de Perret adressées à Jossaud (Tarascon, 8 août 1608). — 20. Extrait d'achat, mémoire, cession et attestatoire concernant un mas et des terres à Tarascon appartenant à Léotaud de Roquemartine (7 octobre 1608-12 octobre 1609). — 21-62. Obligation. Contraintes. Lettres de clameur (4 décembre 1609-7 août 1610). Trois sceaux des Conventions suffisamment conservés. — 63. Lettre de Mousnyer à Jossaud. Affaires (Saze, 3 juin 1612). — 64-70. Obligations (29 janvier-26 février 1611). — 71. Lettre de Dupuy à Jossaud, promettant de payer des intérêts (Beaucaire, 11 août 1611). — 72. Copie du testament de Marie de Sabatier, veuve de Pons d'Ayminy, écuyer, de Tarascon (20 août 1611). — 73. Extrait de la vente d'une étable de la discussion de feu Claude Tucch, pour le conseiller Jossaud, en la cour royale de Tarascon (16 novembre 1611).

E. 1190. (Liasse.) — 3 pièces parchemin ; 43 pièces, papier ; 4 sceaux.

1612-1618. — *Famille de Laudun, d'Aramon. — Les alliances. — Les Jossaud.*
1. Note d'un bail de terres en paiement fait au conseiller Jossaud (3 juin 1612). — 2. Obligation (20 juillet 1612). — 3-4. Sentence de décret et ordonnance des Conventions (14 novembre 1612). Deux sceaux. — 5. Mémoire d'actes des Laudun et des Jossaud pour servir à justifier un dénombrement. (1563-1613). — 6-9. Obligations. Bail de la discussion de Lachaud (4 février 1613-28 janvier 1614). — 10-11. Condamnation de Brun. Obligation (27 février-12 mars 1614). Sceau des Conventions. — 12. Partage de terres entre Louis d'Ayminy, coseigneur du Mas-Blanc, et ses sœurs (Tarascon, 28 janvier 1615). — 13. Compte final entre le conseiller Jean de Jossaud et les consuls d'Estézargues (6 juillet 1615). — 14. Mémoire des terres baillées en paiement à Jossaud dans la discussion des biens de Lachaud (Rochefort, 18 juillet 1615). — 15. Contrat de mariage entre Pons Jossaud, avocat au présidial,

fils du conseiller Jean Jossaud et de feu Catherine de Villages, d'une part ; et Françoise d'Ayminy, fille de feu Pons et de Marie de Sabatier (Tarascon, 31 juillet 1615). — 16-18. Ordonnances et lettres en révocation de préoaire (2 septembre-1er octobre 1615). — 19-20. Bail en paiement et certificat d'arpentement (5 octobre 1615). — 21. Transaction intéressant Jossaud (Aramon, 24 février 1616). — 22. Ordonnance des officiers ordinaires d'Aramon rendue à la requête de Jossaud (1er mars 1616. — 23. Lettre de M. de Labaume au conseiller Jossaud. Affaires (Piolenc, 10 mars 1616). — 24-26. Contrainte. Quittance de Pons de Barrème à sa belle-sœur Françoise d'Ayminy, épouse Jossaud. Rapport sur le partage entre Pons de Barrème et ses belles-sœurs d'Ayminy (6 août-6 septembre 1616). 27. Ordonnance du commissaire de la chambre de l'Édit séant à Castres entre Pons Jossaud et Françoise de Rochemore, veuve de Pierre de Villages (24 novembre 1616). — 28. Note sur des biens de M. de Laudun (4 mars 1617). — 29. Cession de pension faite par Charles de Provençal, de Tarascon, à Jean Jossaud, conseiller au présidial de Nimes, représenté par son fils Pons, avocat (Tarascon, 1er juin 1617). — 30-32. Testament du conseiller Jean Jossaud. Extraits et copie. Il élit sépulture à Aramon, dans l'église paroissiale, chapelle des Laudun, où repose sa mère Étiennette de Laudun. Mention de Vérité Conte, sa première femme, et de Catherine de Villages, sa seconde femme. Legs à ses enfants Pons (livres de philosophie, humanités, dévotion et droit se trouvant à Aramon), Jeanne, femme de M. de Pougnadoresse. Legs à sa sœur Madeleine, veuve de M. de Saint-Dézéry ; à sa petite-fille Bernardine Le Chantre, fille de Jeanne ; à son petit-fils Jean, fils de Pierre, conseiller au présidial ; à son petit-fils Jean Le Chantre, fils de Jeanne ; à sa servante Claude Broche. Ses héritiers universels sont Pierre et Pons de Jossaud, ses fils de son premier et de son second mariage. Substitutions (Nimes, 19 juin 1617). — 33-36. Contraintes. Obligation. Vente de pension par Jean Jossaud, moyennant des terres à lui allouées dans une discussion de biens (30 juin 1617-6 février 1618). Sceau des Conventions. — 37-40. Hommage et dénombrement des biens et droits nobles du conseiller Jossaud, habitant d'Aramon, fait au bureau de Nimes, par-devant le juge-mage, le 28 mai 1618. — 41. Extrait d'un dénombrement du conseiller Jossaud (Nimes, 23 juillet 1618). — 42. Achat de pension par Jossaud (25 juillet). — 43. Adjudication de terres dans l'île de Lassier, passée au conseiller Jossaud par les officiers ordinaires d'Aramon. Elles avaient appartenu aux Peys (9 août 1618). — 44-50. Cession de M. de Provençal à Jossaud. Contraintes. Achats de pensions (13 août-13 novembre 1618). — 51. État, nombre et confronts des oliviers des Jossaud (27 novembre 1618).

E. 1191. (Liasse.) — 1 pièce, parchemin ; 53 pièces, papier ; à sceaux.

1619-1629. — *Famille de Laudun, d'Aramon. — Les alliances. — Les Jossaud.*
1. Inventaire de papiers (1539-1619). — 2-13. Contraintes. Achats de pensions (20 mars 1619-4 septembre 1620). Six sceaux des Conventions. — 14. Legs de 300 l., sous seing privé, fait par Jossaud aux Récollets d'Aramon, pour le rétable du grand autel de leur église. Il ne peut avoir la patience de codiciller publiquement, à cause des vives douleurs qui l'accablent. Ensuite il charge Pierre et Pons de Jossaud de donner satisfaction pour lui à ses débiteurs, par les offres que lui ont conseillé de leur faire les Pères Jaquinot, provincial des Jésuites, et Bérard, vicaire des Récollets d'Avignon, en présence de son second fils Pons, à raison des intérêts qu'il leur a pris avant l'échéance, sans condamnation préalable. Assuré que ses fils déchargeront sa conscience, il a fait écrire ce codicille privé par Pons et l'a signé (Aramon, 12 octobre 1620). — 15. Obligation (28 février 1621). — 16. Lettre de Pougnadoresse à son beau-frère le conseiller Jossaud. Le peu de temps qui lui reste pour se rendre auprès du duc de Montmorency ne lui permet pas de le voir. Il lui demande 50 écus par le porteur de sa lettre, pour faire ce voyage, très nécessaire, car il lui est commandé par le marquis de Portes. De retour, il viendra en Aramon, avec M. de Montaren, pour prendre le reste de la partie de 1.500 l. (Saint-Pons, 16 avril 1621). — 17. Consultation sur le testament de Jean Jossaud, délibérée à Beaucaire, le 19 octobre 1621, et signée par M. M. de Cabrières, Defferre et Martin. — 18-20. Codicille de Jean de Jossaud, conseiller au présidial (Aramon, chambre où il est alité, 20 octobre 1621). — 21-23. Quittances (16 avril-22 octobre 1622). — 24. Condamnation à payer (Tarascon, 12 janvier 1623). — 25. Donation

à cause de mort de Pons de Jossaud en faveur de sa femme, Françoise d'Ayminy. Extrait (Tarascon, 9 mars 1623). — 26-28. Accord et partage entre les frères Pierre et Pons de Jossaud. Extraits et copie (Aramon, 28 avril 1623). — 29. Quittance pour Françoise d'Ayminy (Tarascon, 5 décembre 1623). — 30. Compte pour les hoirs du conseiller Jossaud, acquitté le 9 février 1624. Il s'agit de cierges. — 31. Trois quittances, sur la même pièce, l'une des curés d'Aramon, présentée à Pons Jossaud, l'autre d'un fournisseur de chandelle, présentée aux hoirs du conseiller, la troisième, d'un marchand de cordillat gris pour habiller les pauvres, présentée à Mᵐᵉ la conseillère de Jossaud, à l'occasion des obsèques de Pierre de Jossaud, conseiller au présidial (Aramon, 12-13 février 1624). — 32. Promesse de relèvement faite par Pons de Barrême et Pons de Jossaud à leur beau-frère Louis d'Ayminy (Tarascon, 28 février 1624). — 33. Accord entre Pons et Jean de Jossaud, oncle et neveu, avocats de Nîmes, d'une part ; et Jean de Laudun le Vieux, représentant le capitaine Louis Bompar et Nicolas Meynier, d'Aramon, d'autre, au sujet de l'attache de la traille, pour le passage du port d'Aramon, dans l'île appartenant aux Jossaud (23 mars 1624). Suit une quittance du 22 octobre 1636. — 34. Obligation pour Pons de Jossaud (1ᵉʳ janvier 1625). — 35-36. Hommage et serment de fidélité, avec promesse de dénombrement de biens nobles, prêtés par Jean de Laudun jeune, en la maison de la Trésorerie, à Nîmes, comme procureur de Pons de Jossaud et des hoirs de Pierre de Jossaud, par-devant M. de la Caminude, président au parlement de Toulouse, commissaire du roi (7 janvier 1625). Sceau aux armes du roi sur l'expédition originale. — 37. Quittances de 1624 et 1625 du chapitre de N.-D. de Villeneuve-lès-Avignon faites à Pons Jossaud. — 38. Obligation de Jean Darmin, brodeur (Aramon, 15 octobre 1626). — 39. Extrait du testament de noble Pons de Jossaud, d'Aramon. Il élit sépulture en l'église d'Aramon. Legs à ses filles Claire et Louise, à ses fils Louis et Pons. Son héritière universelle est sa femme, Françoise d'Ayminy (Tarascon, 12 décembre 1626). — 40-45. Quittances de censives du chapitre de Villeneuve. Mémoires de la discussion des biens de Louis Coulaud. Exploits de délivrance de pensions pour M. du Mas-Blanc et Pons Jossaud (16 décembre 1626-24 novembre 1627). — 46. Quittance de Pons de Jossaud, comme mari de Françoise d'Ayminy, faite à noble Pierre de Sabatier,

d'Arles, comme héritier de sa sœur Catherine de Sabatier (Tarascon, 30 novembre 1627). — 47. Extrait de la vente faite par les consuls de Tarascon à Pons de Jossaud, d'Aramon, habitant Tarascon, d'une partie du « pacty » ou pâturage du Pont-Royer (24 décembre 1627). — 48. Extrait de la réception de Claire de Jossaud, fille de Pons et de Françoise d'Ayminy, comme religieuse au monastère Notre-Dame-Saint-Honoré de Tarascon (14 décembre 1628). — 49. Quittance de censive du chapitre de Villeneuve (19 décembre). — 50. Quittance des religieuses du monastère Saint-Honoré de Tarascon (16 mars 1629). — 51-53. Bordereau. Quittance de l'apothicaire Audiffret. Contrainte (8-31 août 1629). Sceau des Conventions. — 54. Extrait d'une rémission de droits faite par Pons de Jossaud à sa belle-sœur Bernardine d'Auquier, veuve du conseiller Pierre de Jossaud (Tarascon, 19 novembre 1629).

E. 1492. (Liasse.) — 38 pièces, papier ; 4 sceaux.

1630-1638. — *Famille de Laudun, d'Aramon. — Les alliances. — Les Jossaud.*

1. Vente de pension faite par Pons de Jossaud à Bernardine d'Auquier, veuve du conseiller Pierre de Jossaud, représentée par son fils Simon de Jossaud, avocat au siège présidial de Nîmes (Tarascon, 10 mars 1630). — 2. Quittance de 400 l. faite par Honoré Audiffret, maître-apothicaire de Tarascon, à Pons de Jossaud, pour reste et entier paiement de 733 l. qu'il devait lui payer à la décharge des religieuses du monastère Notre-Dame-Saint-Honoré de Tarascon, montant de drogues et médicaments à elles fournis (14 mars 1630). — 3-6. Quittances. Contraintes. Obligation (31 décembre 1630-22 septembre 1631). Deux sceaux des Conventions. — 7. Procuration donnée par Pons de Jossaud à sa femme Françoise d'Ayminy (Tarascon, 28 avril 1632). — 8. Codicille de Pons de Jossaud. Il confirme la constitution de dot faite à sa fille Claire quand elle entra en religion. Mais si elle sortait de religion avant sa profession, il lui lègue 3.000 l. pour tout droit qu'elle pourrait avoir sur sa succession, et payables à son mariage. Dans l'intervalle de la sortie au mariage, son héritière, Françoise d'Ayminy, l'entretiendra convenablement. Même legs et entretien à chacun de ses autres enfants Louise, Louis et Pons (Tarascon, 31 décembre 1632).

— 9-11. Testament (extraits et minute) de Pons de Jossaud. L'esprit des dispositions précédentes est conservé, avec attribution de droits plus étendus à Françoise d'Ayminy, sa femme et héritière, en ce qui concerne leurs enfants, auxquels s'est ajouté Jean-Louis, et dont il lui confie la tutelle, la priant de l'accepter, en la dispensant de tout compte et de toute procédure en justice (Tarascon, 3 mars 1633). — 12. Extrait du rapport d'experts sur le partage des biens immeubles de la succession de Jean de Jossaud, partage ordonné par le sénéchal à la requête de Pons de Jossaud et de Bernardine d'Auquier, veuve et héritière fidéi-commissaire de Pierre de Jossaud, conseiller au présidial, lesdits Pierre et Pons fils du *de cujus* (28 avril 1633). — 13. Homologation dudit partage par le sénéchal (Nîmes, 10 mai 1633). Sceau de la cour. — 14-17. Transaction contenant partage des biens immeubles de feu Jean de Jossaud, conseiller au présidial, entre les hoirs de son fils Pierre, aussi conseiller, et Pons de Jossaud, son autre fils. Extraits (Aramon, 14 mai 1633). — 18. Rapport de Louis Mesclat, arpenteur juré de Tarascon, sur l'arpentage des biens possédés, au terroir d'Aramon, par Bernardine d'Auquier, veuve du conseiller Pierre Jossaud, et par son beau-frère Pons Jossaud (1633). — 19-21. Convention entre Bernardine d'Auquier et Pons de Jossaud. Extraits et copie (Aramon, 11 février 1635). — 22. Lettre du conseiller Jossaud, datée de Nîmes, 28 novembre 1635, à M. de Laudun, à Aramon. Il lui renvoie ses actes, après les avoir montrés aux plus habiles de Nîmes. Laudun peut poursuivre le paiement du legs de feu M. de Laudun. Deux cachets armoriés sur lacs de soie verdâtre. — 23. Lettre de Jossaud à son neveu Jossaud, à Aramon, sur l'arrentement de la Bastide (s. d.). — 24-25. Requête adressée par Pons de Barrême, de Tarascon, au lieutenant de sénéchal d'Arles, pour sortir de l'indivision avec Pons de Jossaud. Barrême est veuf de Catherine d'Ayminy. Jossaud est mari de Françoise d'Ayminy. Ajournement de Pons de Jossaud (25-26 août 1636). — 26. Lettre de Jossaud à son neveu Jossaud, à Aramon, datée de Tarascon, 8 septembre 1636. Il le remercie de la continuation de son affection et de ses soins pour ses affaires. — 27. Arpentage, par Louis Mesclat, des mas et terres de Pons de Barrême et de Pons de Jossaud dans le terroir de Tarascon (10 octobre 1636). — 28. Calcul et estimation du mas d'Autavès et du mas du Canier, appartenant à M. M. de Jos-

saud et de Barrême, par Louis Mesclat (27 novembre 1636). — 29. Rapport de Louis d'Ayminy, seigneur du Masblanc, et de Thomas de Georges, seigneur de Fons, commis par le lieutenant de sénéchal au siège d'Arles, pour procéder au partage des biens dotaux possédés en commun par M. N. de Barrême et de Jossaud (28 janvier 1637). — 30. Commission du grand sénéchal de Provence pour Louis d'Ayminy et Thomas des Georges (5 septembre 1636-11 février 1637). Sceau. — 31. Copie de rapport de Louis d'Ayminy et de Thomas des Georges, contenant partage (Tarascon, 17 février 1637). — 32. Copie de lettres royaux et assignation au Conseil de Bernardine d'Auquier et consorts dans l'affaire de la coseigneurie d'Aramon (26 juin-23 juillet 1637). — 33. Trois quittances du chapitre de N.-D. de Villeneuve-lès-Avignon faites à Pons de Jossaud pour une censive du mas d'Autavès (22 décembre 1635-13 octobre 1637). — 34. Procuration donnée par Pons de Jossaud à sa femme Françoise d'Ayminy (Tarascon, 7 janvier 1638). — 35. Quittance du chanoine et administrateur de l'œuvre [de Sainte-Marthe] à noble François de Balarin, comme gagier de feu noble Pons de Jossaud, à l'occasion des funérailles [de ce dernier] (Tarascon, 26 juin 1638). — 36. Quittance de Couche faite à Françoise d'Ayminy, veuve de Pons de Jossaud, pour les armoiries desdites funérailles (10 juillet 1638). — 37. Extrait de quittance faite à Françoise d'Ayminy et à Renée de Barrême, tante et nièce, par Charles et André de Privat de Mollières, écuyers, des Baux (20 septembre 1638).

E. 1493. (Liasse.)— 2 pièces, parchemin ; 34 pièces, papier ; 2 sceaux.

1639-1650. — *Famille de Laudun. d'Aramon. — Les alliances. — Les Jossaud.*
1. Obligation d'un marchand de Beaucaire à Françoise d'Ayminy, veuve de Pons de Jossaud (Tarascon, 3 janvier 1639). — 2-4. Extraits du dénombrement des biens et droits nobles de Jean de Jossaud, conseiller au présidial de Nîmes, ayant appartenu à autre Jean, son aïeul, tant pour lui que pour Bernardine d'Auquier, sa mère et pour Françoise d'Ayminy, veuve de Pons de Jossaud, son oncle, au terroir d'Aramon (Nîmes, bureau du domaine, 28 mai 1639). — La pièce 2 est fragmentaire. — 5.

Quittance faite par les Ursulines de Tarascon à Françoise d'Ayminy, veuve de Pons de Jossaud, de 800 l., en déduction de 1.500 l. constituées en dot à sœur Claire de Tous-les-Saints, sa fille, novice à leur monastère, par le contrat de sa réception du 27 octobre précédent (26 novembre 1639). — 6-7. Dénombrement des biens et droits nobles de Jean de Jossaud, conseiller au présidial, comme donataire de feu Étiennette de Laudun, sa mère, héritière par moitié de son frère Jean de Laudun; et des biens et droits nobles de Bernardine d'Auquier, veuve du conseiller Pierre de Jossaud, fils et cohéritier du conseiller Jean de Jossaud, et aussi des biens et droits nobles de Pons de Jossaud, autre fils et cohéritier dudit conseiller Jean de Jossaud, au terroir d'Aramon, comme succédant à Étiennette de Laudun. Copie et original (1639). — 8. Rapport d'arpentement d'une terre à l'île des Agasses (1er avril 1642) — 9-10. Extraits du testament de Françoise d'Ayminy, veuve de Pons de Jossaud. Elle élit sépulture dans le tombeau de son mari, en l'église des Prêcheurs de Tarascon. Legs à ses fils Pons, novice de l'ordre des Prêcheurs, et Jean-Louis, en bas âge, qui a pour tuteur son frère aîné Louis. Legs à ses filles Claire et Louise, religieuses aux Augustines de Tarascon. Son héritier universel est son fils aîné Louis (Tarascon, 24 avril 1642). — 11. Extrait du testament de Marguerite de Léotaud, veuve de Mathieu Mossorat, de Tarascon (1er mai 1642). — 12. Rapport d'arpentage d'une vigne (14 août 1643). — 13. Transaction entre Jean de Jossaud, conseiller au présidial de Nîmes, représentant Bernardine d'Auquier et Françoise d'Ayminy, respectivement veuves de Pierre et de Pons de Jossaud, d'une part; et Pierre de Bérenguier, lieutenant de viguier à Beaucaire (Nîmes, 18 août 1643). — 14-15. Extraits du contrat de mariage entre Louis de Jossaud, fils de feu Pons et de feu Françoise d'Ayminy, et Marguerite de Sabatier, fille de Louis, et de Louise du Destrect, d'Arles (10 avril 1644). — 16. Extrait du testament de Louis de Jossaud, fils de feu Pons et de feu Françoise d'Ayminy, désirant prendre l'habit de Saint Dominique dans le couvent d'Arles. Legs audit couvent. Son héritier universel est Louis de Jossaud, son frère aîné (18 août 1644). — 17-20. Note d'actes et quittances (1576-30 décembre 1645). — 21-22. Extraits d'avèrements des biens nobles et des biens ruraux de Louis de Jossaud à Aramon (1645). — 23. Copie de l'avèrement des biens nobles d'Aramon. En tête, une rubrique des possédants, qui vont du seigneur d'Aramon à Étienne de Guérin (1645). — 24. Quittance faite par les prieur et dépositaires des Prêcheurs d'Arles à Jossaud, de 150 l., pour complément des 900 l. aumônées au couvent par son frère, avant sa profession de religieux (Arles, 4 janvier 1646). — 25. Quittance de pension (11 avril 1646). — 26. Extrait d'un achat de directe pour le notaire Antoine Astier (Tarascon, 11 mai 1646). — 27. Copie d'avèrement des biens ruraux des hoirs de Pierre de Jossaud et de Simon de Jossaud à Aramon (1646). — 28-29. Extrait et copie de l'avèrement des biens de Louis de Jossaud à Tarascon (1646). Sceau royal de la viguerie de Tarascon. — 30. Jugement du présidial rendu entre les héritiers du conseiller Pierre de Jossaud et de Jean de Laudun, ensemble Louis de Jossaud, demandeurs en féodale au sujet d'une olivette, d'une part; et Simon de Jossaud, d'Aramon, défendeur, d'autre (Nîmes, 8 mars 1647). — 31. Obligation de Louis de Jossaud en faveur de Jean Choisity, marchand d'Aramon (23 avril 1647). — 32. Saisie de pension faite entre les mains de Louis de Jossaud, trouvé à Aramon (18 juin 1647). — 33-34. Jugement du présidial déchargeant de paiement Louis de Jossaud, et signification (Nîmes, 8-19 mars 1650). Sceau de bonne conservation, avec la légende : *Seel royal du sénéchal de Nîmes, 1649.* — 35-36. Extraits du contrat de mariage entre noble Louis de Jossaud, fils de feu Pons et de feu Françoise d'Ayminy, de Tarascon; et Honorée d'Astier, fille d'Antoine Astier, notaire royal et secrétaire de la maison commune de Tarascon, et de dame Pierre de Reynaud (25 octobre 1650).

E. 1491. (Liasse.) — 49 pièces, papier ; 1 sceau.

1575-1669. — *Famille de Laudun, d'Aramon. — Les alliances. — Les Jossaud.*
1. Obligation de Louis de Jossaud en faveur de Trophime Alboin, docteur en médecine d'Aramon (4 février 1651). — 2. Bail en paiement fait par le notaire Antoine Astier à son gendre Louis de Jossaud (Tarascon, 7 avril 1651). — 3. Dire par écrit pour Louis de Jossaud contre Charles de Raoux, tous deux de Tarascon (Décembre 1652). — 4. Contestation de Louis de Jossaud (1652). — 5. Quittance de pension faite à Louis de Jossaud (Tarascon, 12 août 1653). — 6. Certificat d'arpentement de Fabre

(Tarascon, 8 octobre 1634). — 7. Achat de vigne par Louis de Jossaud (Tarascon, 3 juillet 1635). — 8. Extrait de baptême de Pierre de Jossaud, fils de Louis et d'Honorée d'Astier. Attestation de signature par le juge et viguier royal de Tarascon (24 novembre 1655-20 août 1710). Sceau royal de sa cour. — 9. Quittance faite par Louis de Jossaud à son beau-père Antoine Astier (1er septembre 1656). — 10. Extrait de l'avèrement des biens roturiers de Louis de Jossaud, tiré du cadastre d'Aramon de 1645. — 11. Procuration de Louis de Jossaud et de sa femme Honorée d'Astier pour l'insinuation de leur contrat de mariage en la juridiction royale de Tarascon et au présidial de Nimes (26 mars 1658). — 12. Projet de testament de Louis de Jossaud, fils de feu Pons et de Françoise d'Aymiay. Il élit sépulture en l'église des Prêcheurs de Tarascon, chapelle de Saint-Loup, où reposent ses père et mère. Legs à son fils du premier lit, Louis, fils de Marguerite de Sabatier. En ce qui concerne ses enfants du second lit, sa femme Honorée d'Astier choisira le plus digne pour hériter de la moitié de ses biens. Son héritière universelle est sa seconde femme Honorée d'Astier (janvier 1656). — 13. Extrait d'avèrement (1649-1659). — 14. Extrait des provisions des offices de conseillers au parlement de Provence de MM. de Simiane et de Forbin, pour Louis de Jossaud (17 mars 1659). — 15. Extrait d'une quittance de Jean de Loste, docteur en médecine d'Arles, faite à Louis de Sabatier et à Louis de Jossaud (Arles, 9 mars 1661). — 16. Quittance donnée par Frère Joseph Cavalier, prieur des Prêcheurs de Carpentras, à M. de Jossaud, de 228 l. pour habiller son fils le Frère Louis de Jossaud, novice dans le couvent, ou pour sa nourriture et entretien pendant son noviciat (Carpentras, 10 septembre 1661). — 17. Extrait d'une assignation de 50 l. de pension, faite par Louis de Jossaud sur tous ses biens, en faveur du couvent des Prêcheurs de Carpentras (Carpentras, galerie du couvent regardant la fontaine, 27 février 1652). — 18. Inventaire des titres de Louis de Jossaud, pour montrer qu'il n'est pas sujet à la taxe des francs-fiefs et nouveaux acquêts, en raison des biens et droits nobles qu'ils possède au terroir d'Aramon (6 octobre 1662). — 19. Quittance donnée à Louis de Jossaud par Jean Reynaud, maître-menuisier de Tarascon, en présence et du consentement des religieuses du monastère de Sainte Ursule de l'ordre réformé de Saint Augustin, de Tarascon, religieuses parmi lesquelles figureront Louise de la Passion de Jossaud et Claire de Tous-les-Saints de Jossaud. Il a reçu 104 l. en déduction de 329 l. que Jossaud doit au couvent pour prix d'une terre (28 juin 1663). — 20-23. Quittances et bail en paiement (21 août 1663-20 mars 1664). — 24. Quittance faite à Louis de Jossaud par le sacristain des frères mineurs de Tarascon, pour 12 l. 10 s., prix de cinquante messes pour l'âme d'Antoine Astier (6 avril 1624). — 25. Dépenses des funérailles d'Antoine Astier, avec treize quittances (15-17 avril 1624). — 26-31. Quittances des Trinitaires de Tarascon, de S. de Raoulx pour l'église de Sainte-Marthe, du syndic des Observantins de Tarascon, pour des messes concernant Antoine Astier ; puis pour une pension au chapitre de Sainte-Marthe ou remboursement de capitaux (11 mai-19 juin 1639). — 32. Extrait du testament de Louis de Jossaud. Il élit sépulture en sa chapelle de Saint-Loup, église des Prêcheurs. Son héritière universelle est sa femme Honorée d'Astier. Même esprit que dans le projet de 1659 (pièce 12). A défaut de choix par sa femme décédée, l'héritier universel sera l'aîné des mâles. Tarascon, 9 septembre 1622. — Notes d'actes (1623-1624). — 34. Lettre de Chambon à M. de Laudun, à Aramon. Affaires (Montpellier, 9 mars 1627). — 35. Extrait de la réception de Marie de Jossaud, fille de Louis, avec constitution de dot de 2.400 l., par les Ursulines de Tarascon (11 mai 1677). — 36. Extrait de lettres de provision de l'office de conseiller au présidial de Nimes en faveur de Jean Jossaud, pour Louis de Jossaud contre M. de Belleguise, suivant le décret des commissaires royaux pour la vérification des titres de noblesse en Provence. Textes in extenso (Paris, 26 septembre 1575-Villeneuve-lès-Avignon, à cause de l'occupation de Nimes, 24 mars 1576-Montpellier, 18 août 1576-Aix, 28 novembre 1667). — 37. Extrait du second mariage entre Jean Jossaud et Catherine de Villages (Château de Fontarèche, 23 avril 1576-Aix, 28 novembre 1667). — 38. Extrait du testament de Pons de Jossaud (Tarascon, 3 mars 1663-Aix, 28 novembre 1667.) — 39. Quittance du prieur de la confrérie du Saint-Ange-Gardien, faite aux hoirs d'Antoine Astier (Tarascon, 2 octobre 1667). — 40. Requête de Louis de Jossaud aux commissaires royaux pour la vérification des titres de noblesse (24-26 novembre 1667). — 41. Autre requête aux mêmes (26 novembre). — 42. Procès-verbal du commissaire royal Balthazar d'André, pour Louis de Jossaud contre Belleguise (Aix, 28 novembre 1667). — 43. Biens-fonds advenus à M⁰ⁱ de Jossaud, terres remises par bail en paiement à lui revenir, capitaux laissés par [Antoine] Astier (1629-1667). — 44. Quittance (Tarascon, 12 septembre 1638). — 45. Extrait d'un arrêt des commissaires royaux pour la vérification des titres de noblesse, déclarant Louis de Jossaud, de Tarascon, de noble race et lignée (Aix, 12 octobre 1668). Collation du contrôleur en la chancellerie du parlement de Provence, Jean de Perrin. Attestation de sa signature par Jean-Baptiste de Barrème, juge et viguier royal de Tarascon. Sceau royal de sa cour. — 46. Copie du précédent arrêt. — 47. Extrait d'une procuration de Pierre Alboin, docteur en médecine, de Villeneuve-lès-Avignon, donnée à son beau-frère Antoine de Fiennes, pour recouvrer 830 l. de Louis de Jossaud, d'Aramon (29 mai 1669). — 48. Extrait d'une rémission de terre faite à Louis de Jossaud au titre de droit de prélation (Tarascon, 22 septembre 1670). — 49. Quittance de Frère Théodose, augustin déchaussé, faite à M. de Barrème pour ses émoluments (24 l.) de l'octave des morts, prêchée à Sainte-Marthe, et du sermon de la Toussaint (Tarascon, 9 novembre 1680). Au dos, notes sur les religieux ou prêtres de la famille de Jossaud (1684-1784).

H. 1495. (Liasse.) — 3 pièces, parchemin ; 46 pièces, papier ; 2 sceaux.

1670-1680. — *Famille de Laudun, d'Aramon. — Les alliances. — Les Jossaud.*

1. Quittance de 600 l. faite à Louis de Jossaud par les Ursulines de Tarascon, pour complément de la dot spirituelle de 2.400 l. constituée à sa fille Marie par le contrat de sa réception comme religieuse de leur monastère (10 juillet 1670). — 2. Quittance de 1.000 l. donnée à Louis de Jossaud, pour remboursement de capital et intérêts, par les Ursulines de Tarascon (25 septembre 1670). — 3. Copie d'avérements des hoirs de Pierre de Jossaud (1648-1670). — 4-5. Quittances de travaux de maçonnerie et de menuiserie faites par les ouvriers aux Ursulines de Tarascon. Ces travaux concernent le bâtiment neuf construit depuis l'ancien dortoir jusqu'à la chapelle des Pénitents Noirs. Ils ont été payés des deniers de Louis de Jossaud, jusqu'à concurrence de sommes déterminées, conformément à la constitution de dot de sœur Marie de Jossaud. Cette dot se trouve, par suite, entièrement payée aux Ursulines (24 mars 1671). — 6. Ordonnance imprimée des commissaires royaux pour la confection du papier terrier et la réception des aveux et dénombrements dans le ressort de la cour des aides de Montpellier, suivie d'un modèle pour dresser les aveux (8 juin 1671). — 7. Extrait de la réception de Catherine de Jossaud, fille de Louis et d'Honorée d'Astier, dans le monastère des Ursulines de Tarascon. Parmi les religieuses figurent Louise de la Passion de Jossaud et Claire de la Passion de Jossaud (3 août 1671). — 8-9. Quittances pour Louis de Jossaud (11 août-22 octobre 1671). — 10. Copie d'obligation consentie à Louis de Jossaud (11 janvier 1672). — 11. Quittance donnée à Louis de Jossaud de 812 l. par les recteurs de l'hôpital Saint-Nicolas (Tarascon, 13 janvier 1672). — 12. Lettre de Chambon (Montpellier, 12 avril 1672). Biens nobles du destinataire, non désigné. — 13. Extrait de l'aveu et dénombrement de Louis de Jossaud, pour ses biens nobles et droits seigneuriaux dans les terroirs d'Aramon et de Valabrègue, mouvants en plein fief du roi (26 avril 1672). — 14. Procuration de Louis de Jossaud donnée à un procureur à la cour des aides pour son dénombrement (27 avril). — 15. Procuration donnée par Jean de Jossaud, conseiller au présidial de Nîmes, pour son dénombrement (4 mai 1672). — 16-17. Extraits de l'aveu et dénombrement de Jean de Jossaud, conseiller au présidial, pour ses biens nobles et droits seigneuriaux d'Aramon et Valabrègue (4 mai 1672). — 18. Quittance faite par les Prêcheurs de Tarascon à Louis de Jossaud (11 novembre 1672). — 19. Notes d'actes (1639-1672). — 20. Minute du dénombrement de Louis de Jossaud (1672). — 21. Quittance (30 janvier 1673). — 22. Vente d'une terre dans la Crau, faite par Louis de Jossaud à François de Clémens, sieur de Castellet. Il s'agit d'un « coussour » que le preneur tiendra en qualité de précaire, avec prohibition d'aliénation, jusqu'à l'entier acquittement du prix (4.675 l.). Tarascon, 8 février 1673. — 23-24. Ordonnances imprimées des commissaires du roi pour la réception des aveux et dénombrements en Languedoc, adressées à Louis et à Jean de Jossaud (Montpellier, 16 mars 1673). — 25-26. Certificats de publication des aveux et dénombrements de Louis de Jossaud et du conseiller Jean de Jossaud (22-29 avril 1673). — 27-28. Extraits des aveux et dénombrements du conseiller Jean de Jossaud et de Louis de Jossaud, avec des certificats des publications (26 avril 1672-30 avril 1673). — 29. Inventaire des

actes et productions de Louis de Jossaud contre le procureur du roi en la commission des aveux et dénombrements de Languedoc (22-29 avril 1673). — 30. Extrait d'une donation conditionnelle faite par Louis de Jossaud à son fils Antoine-Joseph, novice de la maison de la congrégation de la Doctrine chrétienne d'Avignon (Avignon, 20 mai 1673). — 31. Quittance des Ursulines de Tarascon faite à Louis de Jossaud (10 novembre 1673). — 32. Inventaire des actes et productions du conseiller Jean de Jossaud contre le procureur du roi en la commission des aveux et dénombrements (1673). — 33. Quittance du trésorier de la communauté de Tarascon à Louis de Jossaud (6 avril 1674). — 34. Cession de créance faite par Louis de Jossaud aux Ursulines de Tarascon (14 décembre 1674). — 35. Copie du bail de la charge de trésorier de la communauté de Tarascon (23 avril 1675). — 36. Ordonnance du sénéchal déchargeant Louis de Jossaud de la taxe de 20 l., attendu le service d'un de ses enfants (Nîmes, bureau du Domaine, 15-18 mai 1675. Sceau. — 37. Extrait d'une quittance des Ursulines de Tarascon faite à Louis de Jossaud (22 juin 1675). — 38. Quittance d'Étienne de Laudun, premier consul d'Aramon, faite au receveur des rentes de la ville (22 septembre 1675). — 39. Quittance de 100 l. faite par les Ursulines de Tarascon à Louis de Jossaud, pour l'entier paiement de la dot spirituelle de feu Louise de Jossaud, religieuse dans leur monastère (2 novembre 1675). — 40. Extrait d'avèrement de Tarascon (1646-1675). — 41-42. Quittance des Prêcheurs de Tarascon faite à Louis de Jossaud, et achat de pension par eux sur lui (8-30 janvier 1676). — 43. Observations du procureur du roi sur le dénombrement de Jean de Jossaud (3 juin 1677). — 44. Extrait de procuration de Louis de Jossaud pour prêter serment de fidélité et hommage au roi (25 juin 1677). — 45-46. Ordonnance des commissaires royaux pour Jean de Jossaud et requête à l'Intendant de Louis de Jossaud (14 août 1677-11 janvier 1678). — 47. Lettre de Jossaud, écrite d'Aramon, 30 juin 1678, à son frère. Affaires. — 48. Quittance sur imprimé, faite à Louis de Jossaud, de la taxe du Dixième denier (Paris, 12 mai 1679). — 49. Lettres royaux ordonnant à la cour des aides de Montpellier de tirer les conséquences des foi et hommage faits par le procureur du conseiller Jean de Jossaud pour ses biens nobles d'Aramon (Montpellier, 7 août 1679). Sceau. — 50. Arrêt imprimé du Conseil d'État (Saint-Germain-en-Laye, 7 juin 1672) ; sur les foi et hommage des vassaux du roi, avec ordonnance des Généraux de Montpellier signifiée à Jean de Jossaud le 21 août 1679. — 51. Lettre de Jossaud, écrite d'Aramon, le 28 août 1679, à son cousin de Jossaud, à Tarascon. Il lui envoie par exprès une copie d'assignation qu'il a reçue hier, cloué au lit par la sciatique. C'est un commandement de prêter les foi et hommage dus au roi pour les biens nobles d'Aramon, dans huit jours, à Nîmes, par-devant M. de Beaulac, l'un des Trésoriers de France en la généralité de Montpellier. Comme le délai est très court, il lui demande une procuration en blanc. Il y a quelque temps, ils furent assignés pour le même objet à Montpellier. Voilà comment, dit le scripteur, ces Messieurs se jouent de nous, et nous consument en frais. — 52-54. Hommage rendu par-devant Gaspard de Beaulac, trésorier général en la généralité de Montpellier, par le procureur de Louis de Jossaud, de Tarascon (Nîmes, 1er septembre 1679). Original et extraits. Sur la pièce 53, sceau de la cour royale de Tarascon. — 55-56. Notes sur la succession du chanoine François de Jossaud, mort intestat ; sur des capitaux empruntés, sur les biens de feu Louis de Jossaud, sur la succession de Mme d'Astier, sur les capitaux d'Aramon (1670-1680). — 57. Commandement à Louis de Jossaud pour le Dixième denier (15 février 1680). — 58-59. Conclusions du procureur du roi en la commission des aveux et dénombrements de Languedoc sur les dénombrements de Louis de Jossaud et du conseiller Jean de Jossaud (Montpellier, 13 décembre 1680).

E. 1496. (Liasse.) — 2 pièces, parchemin ; 49 pièces, papier.

1682-1701. — *Famille de Laudun, d'Aramon. — Les alliances. — Les Jossaud.*

1. Condamnation à paiement par les officiers ordinaires d'Aramon, au profit d'Honorée d'Astier, veuve de Louis de Jossaud, de Tarascon (14 mars 1682). — 2. Consentement du fermier du Domaine à la réception du dénombrement remis par le conseiller Jean de Jossaud (Montpellier, 16 novembre 1682). — 3. Réception du dénombrement du conseiller Jean de Jossaud par les commissaires royaux (Montpellier, 20 novembre 1682). Signature de Daguesseau. — 4. Réception du dénombrement de Louis Jossaud par les mêmes. Mêmes date et signature. — 5. Quittance d'un capital de 300 l. et

d'intérêts faite par les Dominicains de Tarascon à Honorée d'Astier, veuve de Louis de Jossaud (18 février 1683). — 6. Intimation de cession faite à la requête d'Honorée (10 juin 1684). — 7. Procuration donnée par Honorée à Simon de Jossaud, d'Aramon, son cousin. Signature d'Honorée (27 juillet 1684). — 8. Quittance d'Isabeau Panassier, veuve de Jean Teissier, bourgeois de Tarascon (30 janvier 1685). — 9. Vente de terre faite par Denis Choisity, bourgeois d'Aramon, à noble François de Jossaud, prêtre et conseiller au présidial de Nîmes (12 janvier 1680). — 10. Lettre du roi au chevalier Colbert, colonel de son régiment de Champagne, l'informant qu'il a destiné à Jossaud la charge de lieutenant en la compagnie de Livet dudit régiment, charge vacante par le changement de La Bastide à la sous-lieutenance de la compagnie des grenadiers du Mas-Blanc audit régiment, et l'invitant à faire recevoir Jossaud en sa charge (Versailles, 6 février 1688. Contre-seing de Le Tellier. — 11. Procuration donnée par Mme de Jossaud à Michel Féraud, prieur de Saint-Pierre [du Terme], pour le recouvrement des rentes, pensions et censives à elle dues comme héritière testamentaire de son mari Louis de Jossaud (Tarascon, 17 février. — 12. Copie de la partie du testament d'Honorée d'Astier concernant les donations, adressée au R. P. de Jossaud, au couvent des Trinitaires d'Arles (13 novembre 1688. — 13. Quittance du sous-fermier des champarts dus au roi. Il a pris 44 gerbes de blé en une terre de M. de Jossaud (Aramon, 2 juillet 1689). — 14. Procuration donnée par Pierre de Jossaud, de Tarascon, pour retirer ses droits seigneuriaux à Aramon et à Valabrègue (Tarascon, 3 juillet 1689). — 15. Échange entre le conseiller-clerc François de Jossaud et le bourgeois Trophime Ferrure (Aramon, 28 août 1689). — 16. Extrait du testament de Dominique de Jossaud, capitaine dans le régiment de Champagne, et de son frère Hyacinthe, qui vont aux armées servir le roi. Legs à leur mère Honorée d'Astier, à Pierre, leur frère aîné, à Louise, leur sœur. Ils s'instituent réciproquement leur héritier universel (Montélimar, 1er février 1691). — 17. Extrait de transaction entre Honorée d'Astier et son fils Pierre de Jossaud, époux d'Éléonore de Laudun (15 novembre 1691). — 18. Quittance du droit de champart (29 décembre 1691). — 19-20. Copies d'avèrements (1691). — 21. Extrait d'une inféodation, faite par Anne-Thérèse de Barbesières de Chemerault, veuve de Jacques-Antoine de Sauvan, baron d'Aramon, comme tutrice de leur fils mineur, à noble François de Jossaud, conseiller au présidial de Nîmes, pour une terre acquise de feu Denis Choisity, bourgeois d'Aramon (Château d'Aramon, 14 janvier 1692). — 22. Extrait du testament d'Hyacinthe de Jossaud, lieutenant au régiment d'infanterie de Roulonnais. Il élit sépulture en l'église des Prêcheurs de Tarascon, chapelle de sa famille. Legs à sa mère Honorée d'Astier. Son héritier universel est Pierre de Jossaud, son frère aîné (Nîmes, 16 février 1688. — 23. Arrêt imprimé du Conseil d'État ordonnant que les redevables de droits de francs-fiefs ou les possesseurs de terres en franc-alleu noble ou roturier, fourniraient leurs déclarations à Jean Fumée, commis et préposé au recouvrement des taxes (Versailles, 28 avril 1692. — 24. Quittance de Frère Louis de Jossaud, syndic du couvent des Prêcheurs de Carpentras, faite à son frère, pour les arrérages d'une pension perpétuelle en faveur du couvent (10 juillet 1692. — 25. Édit imprimé confirmant les roturiers possédant des fiefs et biens nobles, et les villes franches du royaume, dans l'affranchissement du droit de franc-fief (Versailles, août 1692. A la suite, arrêt portant règlement pour le recouvrement des droits de franc-fief et des taxes pour la confirmation du franc-alleu (Versailles, 16 août). A la suite, modèle de déclaration pour les droits de franc-fief. A la suite, ordonnance de l'Intendant portant que Louis de Jossaud paiera 850 l., signifiée le 27 août 1692. — 26. Déclaration des biens nobles de Pierre de Jossaud, fils de feu Louis, à Aramon et à Valabrègue (Aramon, 8 septembre 1693). — 27. Signification du jugement de noblesse des Jossaud au commis de Jean Fumée, chargé du recouvrement du droit de franc-fief (Montpellier, 26 septembre). — 28-29. Extraits de la déclaration faite par Joseph-François de Laudun au nom de son beau-frère Pierre de Jossaud, de Tarascon, devant M. Maffian, conseiller au présidial de Nîmes, commissaire pour la confection du papier terrier d'Aramon et de Valabrègue, à raison de ses biens ruraux et en franc-alleu (Aramon, 9 janvier 1694). — 30. Lettre de Laudun à son beau-frère Jossaud, près Sainte-Marthe, à Tarascon, sur l'affaire de la coseigneurie d'Aramon (Beaucaire, 1er août 1694). — 31. Quittance d'arrérages de pension, faite par le prosyndic des Prêcheurs de Carpentras aux hoirs de Louis de Jossaud (4 septembre 1694). — 32. Extrait de la vente d'une maison d'Aramon, faite par

Étienne de Laudun de Favier, au nom de Pierre de Jossaud, son gendre (Aramon, 19 septembre). — 33. Extrait d'avèrement des hoirs de Pierre de Jossaud (1694). — 34. Quittance pour Jossaud (Nîmes, 22 août 1695). — 35. Déclaration d'Hyacinthe de Jossaud, lieutenant dans le régiment de Navarre, faite pour lui et son frère Dominique, portant que la remise du bien noble d'Aramon, à eux faite [par leur frère] en ce jour, en paiement de leur légitime, est simulée, pour cause à eux connue (éviter la taxe de l'arrière-ban). La déclaration n'indique, ni l'auteur de la remise, ni le lieu (9 janvier 1687). Elle est de la main d'Hyacinthe. — 36. Lettre de Raousset à Jossaud, à Tarascon. Compliments de condoléances au sujet de la mort de sa femme (Fréjeuil, 28 juillet 1697). — 37-39. Notes et mémoire, inventaire d'actes d'un dénombrement du conseiller Jean de Jossaud (s. d.). — 40. Avèrement des Jossaud à Aramon. Capitaux à Aramon et aux villages voisins. Débiteurs payant à la Noël. Avèrement des terres de la grange du Canier. Capitaux de pension à Tarascon (XVIIe s.). — 41. Mémoire de biens nobles (XVIIe s.). — 42. Mémoire de biens nobles et ruraux (XVIIe s.). — 43. Note sur la noblesse des enfants des conseillers en cour souveraine (s. d.). — 44. Évaluation détaillée de la Bastide-Neuve (s. d.). — 45. Minute de dénombrement de biens nobles de Bernardine d'Auquier, veuve et héritière de Pierre de Jossaud, conseiller au présidial de Nîmes (s. d.). — 46. Inventaire des actes remis devant les commissaires pour la vérification des titres de noblesse par Louis de Jossaud (s. d.). — 47-48. Minute, et commandement de payer, fait à la requête de Pierre de Jossaud (2 avril 1701).

R. 1497. (Liasse.) — 1 pièce, parchemin ; 197 pièces, papier.

1650-1710. — *Famille de Laudun, d'Aramon. — Les alliances. — Les Jossaud. — Procédure contre Mme d'Aramon au sujet d'une île du Rhône appelée Carleméjean.*
1. Extrait de transaction entre François de Flourigny, chevalier de Saint-Jean de Jérusalem, grand maître de l'ordre à Malte, beau-frère et procureur fondé de Jacques de Sauvan, baron d'Aramon, Valabrègue et Comps, d'une part ; et les frères Jean de Jossaud, conseiller au présidial de Nîmes, et Simon de Jossaud, avocat au même présidial, tant pour eux que pour leur cousin Louis de Jossaud, habitant de Tarascon, d'autre part. Un arrêt des Requêtes de l'Hôtel du 31 juillet 1688 a condamné les Jossaud à laisser au seigneur d'Aramon l'entière possession d'une île du Rhône, vis-à-vis le grand jardin du seigneur, terroir d'Aramon. Cette île contient 40 salmées de terre culte, bois et gravier. Elle confronte au levant le bois et l'île de Lassier. L'acte d'inféodation, passé il y a plus de soixante ans, par les officiers du domaine royal à Nîmes, en faveur de l'aïeul des Jossaud actuels, est annulé par l'arrêt, à la charge, par le seigneur d'Aramon, de leur rembourser les réparations utiles et nécessaires. Les Jossaud sont désintéressés par une attribution de 5.400 l. sur un tiers, que fait M. de Flourigny (Château d'Aramon, 14 décembre 1699). — 2. Copie d'une consultation délibérée à Paris, par Billard, le 9 janvier 1680, sur les moyens d'obtenir paiement des dites 5.400 l., dues par la succession de M. de Sauvan, seigneur d'Aramon. — 3. Déclaration imprimée du roi, attribuant à l'Intendant de Languedoc la connaissance de la décharge ou modération éventuelle des taxes des rôles arrêtés au Conseil pour l'extinction du droit de champart des îles, crémente et atterrissements des rivières navigables de la province (Versailles, 22 mai 1694). — 4. Article manuscrit sur imprimé, portant que Pierre de Jossaud, possesseur de l'île de Jossaud, sise à Aramon, par indivis avec le conseiller de Jossaud, paiera, pour le droit de champart, à raison de 15 s. par arpent (l'île contient 122 arpents dans le terroir d'Aramon, et 1 arpent dans le terroir de Valabrègue, pour le 15e du revenu, la somme de 68 l., ce qui produit un capital de 1064 l., et pour les 2 sols pour livre, 106 l. 8 s., en tout 1.830 l. 8 s. Signification du 2 juillet 1694. — 5. Signification faite au conseiller de Jossaud, à la requête de Pierre de Jossaud, à l'effet de poursuivre en commun la décharge de la taxe de leur île indivise (Nîmes, 6-9 juillet). — 6. Consultation de Demissols sur la taxe de l'île (Nîmes, 7 juillet). — 7. Signification à Mme d'Aramon (7-9 juillet). — 8. Copie pour elle (13 juillet). — 9-10. Extraits d'arrentement de l'île de Carleméjean, dite de Jossaud, passé par les seigneurs d'Aramon et Valabrègue à Louis Arthac, moyennant 400 l. de rente (Métairie des Agasses, 2 août 1694). — 11. Procuration donnée par Pierre de Jossaud à Mercier, procureur à la cour des aides, pour déclarer l'état présent de l'île de Jossaud, anciennement Carleméjean ruinée

par les érosions du Rhône, appartenant à Mme d'Aramon, et poursuivre la décharge de la taxe (4 août). — 12-14. Arpentement de l'île (4 août). — 15-16. Requête de Jossaud à l'Intendant, et ordonnance portant que, les Jossaud étant les derniers possesseurs de l'île, ils paieront les taxes, moyennant quoi ils ne pourront être dépossédés de l'île qu'après remboursement préalable (Montpellier, 23 août 1694). — 17. Saisie de mobilier contre Pierre de Jossaud (26 septembre 1694). — 18. Notification de la saisie à Mme d'Aramon (8 octobre 1694). — 19-23. Pièces de la procédure (9 mai-3 octobre 1695). — 24-34. Lettres de Mercier à Laudun, maire d'Aramon, ou à Jossaud, à Tarascon (Montpellier, 10 juillet 1694-4 juin 1695). Dans la dernière, qui est très probablement adressée à Jossaud, il convient qu'il est très dur de payer des frais quand on ne doit rien, mais il l'estime heureux de ce que, ayant été condamné une fois au paiement de la taxe, il en ait été déchargé sur les mêmes actes et sur les mêmes raisons. — 35. Requête de Pierre de Jossaud au sénéchal (18 mars 1697). — 36. Rôle de frais (s. d.). — 37-38. Lettres de Jossaud à Broche et au conseiller Ménard, à Nimes. Il s'agit d'une enquête par témoins dans l'île (24 janvier 1698). — 39. Copie de pièces et de dépositions concernant l'enquête par témoins (24 janvier 1698). — 40-59. Assignations à témoins, copie de dépositions de témoins omis, lettre de Broche à Jossaud (24 janvier-1er octobre 1698). — 60-64. Rapports d'experts, requête au sénéchal, dépositions de témoins, relation de François Augier (14 mai 1698-9 mars 1700). — 65. Lettre de Jossaud à un cousin, au sujet de la prétendue transaction du 14 décembre 1650 (pièce 1 écrite d'Aramon, 16 juin 1700. — 66. Réponse de l'abbé de Pomerols à Jossaud, à Tarascon, au sujet de la recherche de la transaction, dont Jossaud ne lui a pas indiqué la date (Paris, 5 novembre 1700). — 67. Réponse de Dupré à M. de Jossaud, à Tarascon, datée de Paris, 12 novembre 1700). Il a vu l'abbé de Pomerols, qui a écrit au fils de M. de Jossaud pour la date de la transaction. Il faut savoir le nom du notaire qui l'a reçue. — 68. Réponse de l'abbé de Pomerols à Jossaud, à Tarascon. Il a vu les deux notaires qui ont les écritures de M.M. Local et Lesemelier. Leur pratique a été partagée en deux, parce qu'ils étaient associés. M. Marchand, notaire rue des Petits-Champs, a les six premiers mois, et M. Lesemelier, rue des Prouvelles, a les six derniers. Celui-ci avait pris médecine, si bien que l'abbé n'a pu voir que son maître clerc. Il faudrait chercher parmi une trentaine d'années dans les deux études, et il en coûterait environ 100 l. L'abbé demande à Jossaud s'il veut engager une pareille dépense (Paris, 24 novembre 1700). — 69. Autre réponse. On n'a rien trouvé aux années 1649 à 1665, suivant l'indication de Jossaud. L'abbé a ménagé sa bourse. Coût, 2 écus (Paris, 17 décembre 1700). — 70. Lettre de Lesemelier à l'abbé. Recherches vaines (Paris, 10 décembre). — 71. Rôle de frais (27 avril 1701). — 72. Lettre de (Louis) Ménard (conseiller au présidial de Nimes, père du conseiller Léon Ménard, historien de la ville de Nimes. Louis fut conseiller de 1684 à 1710. Léon le fut de 1725 à sa mort, arrivée à Paris en 1767. Léon appartenait à l'Académie des Inscriptions et Belles Lettres depuis 1749). Il informe Jossaud que son billet lui fut remis par son laquais dans la chambre du Conseil. Il le lut tout haut. M. Alo Labaume était présent. Il reconnut avoir dit ce que Jossaud marquait dans sa lettre, mais ce n'était que pour échapper aux importunités de Mme d'Aramon, sachant bien que c'était sans portée. En effet, l'intégrité des magistrats ne leur permet pas de changer ce qui a été une fois délibéré (4 mai 1701). — 73. Copie d'une ordonnance du sénéchal de Nimes condamnant Mme d'Aramon à payer à Jossaud 1,775 l. Il s'agit des revenus de l'île de Carlomdéjean (1er juin 1701). — 74. Lettre du conseiller Ménard. Il informe Jossaud de la cause du retard de l'expédition de l'ordonnance : l'absence du président de Montclus (5 juin 1701). — 75-76. Autres lettres de Ménard à Jossaud sur son affaire contre Mme d'Aramon (7 juin-10 juillet 1701). Dans la lettre 77 il le remercie de ses « aigriotes » ou griottes, très bonnes et fort belles. — 79-80. Pièces de procédure (13-18 juillet). — 81-83. Lettres de Ménard. Le procès est au parlement de Toulouse (20 juillet-5 août 1701). — 84-86. Lettres d'Arnaud, de Laudun et de Ménard à Jossaud. Affaires. Le procureur à Toulouse est I. Jean (3 août-8 novembre 1701). — 87-88. Lettres d'E. Jean, cousin et clerc principal d'I. Jean et d'autre I. Jean, à Jossaud. En l'absence du frère, il a conféré de l'affaire avec l'abbé de Molière. Mme d'Aramon ne s'est pas encore présentée. — I. Jean annonce la mort de son frère à Anduze et fait ses offres de service pour le procès contre Mme d'Aramon (Toulouse, 23 novembre-17 décembre 1701). — 89. Lettre de l'abbé de Molière. Il conseille à Jossaud d'accepter les services d'I. et d'E. Jean.

L'abbé est cousin de Jossaud (Toulouse, 17 décembre). — 90. Rôle de frais, avec l'acquit du procureur Broche (Nîmes, 17 décembre). — 91. Lettre de Ménard. Il a enfin terminé le rôle de Broche. Ce Broche, véritable « grapignan », a nié avoir reçu de Jossaud toutes les sommes que Jossaud disait lui avoir baillées. Ménard félicite Jossaud d'être sorti des mains de ce procureur, et l'adjure de n'y plus retomber. Il lui recommande E. Jean à Toulouse (21 décembre). — 92. Copie de procuration (28 décembre). — 93. Lettre de Ménard (28 décembre). — 94. Quittances d'E. Jean et de Combes (Toulouse, 27 novembre-Nîmes, 1er décembre 1701). — 95. Lettre d'E. Jean, procureur de Toulouse. Il a repris l'office de son frère conjointement avec son cousin E. Jean. Le procès de Jossaud est distribué, mais il n'a pas encore la procuration nécessaire (31 décembre). — 96. Note d'actes (1694-1701). — 97-99. Lettre de Jossaud et copies s. d. — 100-114. Lettres d'affaires et pièces de la procédure (Toulouse, 4 janvier-Tarascon, 7 juillet 1702). — 115. Copie d'un arrêt du parlement de Toulouse, du 28 juin 1702, condamnant Pierre de Jossaud à payer à Mme d'Aramon la moitié du prix des détériorations faites dans l'île de Carleméjean, tant par lui que par ses auteurs, à dire d'experts. Exploits de signification (7 juillet 1702). — 116. Lettre de Jossaud, informant un inconnu que le délégué de Mme d'Aramon, N. Malortigue, lui annonça l'intention où elle est de sortir de cette affaire à l'amiable (Tarascon, 9 juillet 1702). — 117-138. Lettres d'affaires, mémoires et pièces de procédure (Aramon, 11 juillet 1702-Toulouse, 16 février 1710).

E. 1498. (Liasse.) — 1 pièce parchemin ; 102 pièces, papier ; 2 sceaux.

1702-1738. — *Famille de Laudun, d'Aramon.* — *Les alliances.* — *Les Jossaud.*

1-2. Avèrement et mémoire concernant l'affaire Chauliaguet (s. d.). — 3-5. Saisie, déclaration, compte acquitté (6 février-25 juillet 1702). — 6. Avèrement de Louis de Jossaud, suivi d'un mémoire (1661-1702). — 7. Copie du début d'un acte du 25 mai 1703, concernant Pierre de Jossaud, époux de Marie de Barrême. — 8. Rôle des dépens dus à Antoine Michel, maître chirurgien de Tarascon, par Pierre de Jossaud (27 septembre 1706). — 9-11. Extraits du cadastre de Tarascon, faits en juin 1706. — 12. Extrait du testament d'Honorée d'Astier, veuve de Louis de Jossaud, de Tarascon. Elle élit sépulture en l'église des Prêcheurs. Lègue à son fils Antoine-Joseph, prêtre de la Doctrine chrétienne ; à son fils Louis, dominicain, docteur de Sorbonne ; à son autre fils Louis, religieux mathurin. Lègue à Honorée de Jossaud, sa petite-fille et filleule, de ses deux coffres rouges à clous dorés, vêtements, petits joyaux et « gentillesses », plus une pension si elle entre en religion. Legs à sa fille Louise, femme d'Henri de Provençal, sieur de Fontchâteau ; à son fils François de Jossaud, chanoine de Sainte-Marthe ; à son fils Dominique, capitaine grenadier du 1er bataillon du régiment de Blaisois ; à son fils Hyacinthe, capitaine aide-major du régiment de Navarre. Son héritier universel est Pierre de Jossaud, son fils (Tarascon, chambre de l'alcôve de la maison du notaire Reynaud, 10 novembre 1707). — 13. Lettre écrite d'Arles, 30 avril, par Jossaud, religieux, à son frère le chanoine de Sainte-Marthe, à Tarascon. Censive d'une maison. Il lui renvoie la lettre de leur frère le « Navarrais ». — 14. Lettre de Bourret à Jossaud, à Tarascon (Fourques, 25 juin 1708). Récolte du blé. — 15. Saisie pour Pierre de Jossaud (3 février 1708). — 16. Lettre de Bourret. Blé (Fourques, 8 juillet 1708). — 17. Lettre de Roche pour le paiement de la censive des Frigoulets (Fourques, 5 janvier 1709). — 18-22. Notes. Avèrement des hoirs de Pierre de Jossaud. Succession d'Honorée d'Astier. État matériel des biens (1702-1710). — 23. Lettre de Laudun à Jossaud, à Tarascon, son beau-frère (15 octobre 1710). Affaires. — 24. Rôle de la dépense des funérailles de Mme Honorée de Jossaud. C'est une suite d'acquits (Tarascon, 22-23 octobre 1710). — 25-27. Lettres de Charbonnier, procureur à Arles, à Jossaud, à Tarascon (27 janvier-3 février 1711). Contre M. de Saint-Bonnet. — 28. Procuration donnée par Pierre de Jossaud à son beau-frère Joseph-François de Laudun. Copie (Aramon, 26 août 1711). — 29. Lettre de Laudun à Jossaud. Affaires. M. de Sozay a un emploi de 10 à 12 mille livres de rente. Les débiteurs de Jossaud ne paient pas. Laudun remercie l'abbé de Jossaud des jasmins d'Espagne. Il lui en tiendra compte, aussi bien que de ses grains, quand ils se vendront. Il ne peut en vendre d'aucune espèce (Aramon, 30 novembre 1711). — 30. Lettre de l'abbé Azégat à l'abbé de Jossaud, chanoine de Sainte-Marthe. Condoléances pour la mort de Mme de Provençal, mère de son beau-frère.

Celui-ci a pourtant sujet de se consoler sur tout, à cause de la piété de la défunte. Il a été deux fois, hier, à l'archevêché. Il était trop tard pour y aller une troisième à la réception de sa lettre, lorsqu'il rencontra à la promenade le grand vicaire. Il lui demanda la permission de prêcher pour le neveu du chanoine, mais ce bon théologal la refusa, disant que ce n'était pas l'usage. Cependant l'archevêque la lui a accordée aujourd'hui. Arégot voudrait pouvoir entendre le jeune prédicateur (Arles, 19 juillet 1713). — 31. Lettre de Laudun à Jossaud, à Tarascon, écrite d'Aramon le 13 novembre 1713. Il est bien aise que M. Le Poivre ait prêché au gré de Tarascon. Il remercie son beau-frère du bon traitement qu'il lui a fait, à sa considération, et d'avoir bu à leur santé. Le frère de Laudun aurait déjà été embrasser Jossaud, s'il avait trouvé des chevaux dans « ce chien de pays »; mais, si le temps se met au beau, les Laudun descendront par eau. Affaires. — 32. Lettre du Jossaud d'Arles, religieux, à son frère de Tarascon, datée du 4 avril 1714. Il n'a pas su la présence de M. Avignon à Arles, et n'a pu le voir. Discussion sur le droit de légitime. Il le remercie des nouvelles de leurs frères le Blaisois et le Navarrais. Ils feraient mieux de se contenter chacun d'une pension un peu plus forte leur vie durant, et de laisser le principal à la maison, n'étant dans le dessein de se marier ni l'un ni l'autre. — 33-35. Note de Jossaud sur un partage à l'amiable. Commandement sur imprimé, à Pierre de Jossaud, de payer un supplément de finance pour son île. Note d'avèrement (1714). — 36. Lettre de Jossaud, datée de Tarascon, 8 janvier 1715, probablement à Laudun. Affaires. Il attend son frère de Blaisois. — 37. Lettre de Laudun à son beau-frère. Il n'a pas d'argent, à cause de la mévente des grains. Le roi ne l'a pas encore payé de plus de 800 écus qu'il lui doit. Son fils lui demande 100 écus pour aller à Rouen voir son oncle et de là venir à Aramon. Si Jossaud lui envoie la liste de ses débiteurs, il les « éveillera ». Mais il faudra faire des frais pour être payé (Aramon, 28 octobre 1715). — 38. Extrait du testament de Pierre de Jossaud, de Tarascon. Il élit sépulture en l'église des Prêcheurs, chapelle Saint-Hyacinthe. Legs à Marie de Barrême, sa femme; à ses enfants Hyacinthe et Honorée. Son héritier universel est son fils aîné Jean-Louis. Substitutions (Tarascon, 12 novembre 1715). — 39-40. Mémoire que M. de Mirabeau est prié de soumettre à deux avocats (1715). — 41. Commande-

ment de payer (21 janvier 1716). — 42. Lettre de Drome à Mme de Jossaud, à Tarascon (5 février 1716). — 43-44. Convention entre Dominique, Hyacinthe et Louis de Jossaud, oncles et neveu, réglant les droits de légitime des deux premiers sur les successions de Louis de Jossaud et Honorée d'Astier, leur père et mère, et François de Jossaud, leur frère. Signatures des trois contractants (11 août 1710). Le lieu n'est pas indiqué. — 45-47. Notes. Certificat d'arpentement (1719). — 48. Dépense des funérailles de Mme de Jossaud (20 octobre 1720). — 49. Lettre de Jossaud à Laudun fils, à Aramon, par Beaucaire, datée de Tarascon, 20 janvier 1721. Il remercie son cousin du soin qu'il veut bien prendre pour ses affaires. Il compte partir pour la campagne avant de s'enfermer, et faire son testament, où la famille de Laudun ne sera pas oubliée. Il n'y a pas de mal (de contagion) dans la ville. Il meurt quelques personnes au faubourg. La peste paraît décliner. Tous ceux dont le dessein était d'aller à la campagne sont partis. Sa mère voudrait rester. A Marseille, à Aix, tout va bien. — 50-51. Sommations à la requête de Laudun (13 septembre 1721). — 52. Note sur l'avèrement rural de Pierre de Jossaud (1645-1721). — 53. Cession de capital (5 janvier 1723). — 54-55. Copie des articles de mariage et extrait du contrat de mariage entre Louis de Jossaud, fils de feu Pierre et d'Éléonore de Laudun, d'une part; et Gabrielle-Henriette Guyon de La Chevalerie, fille de Louis-Charles, mestre de camp d'infanterie, commandant la citadelle de Pont-Saint-Esprit, et de feu Marguerite de Pignost, d'autre (17-30 janvier 1723). — 56. Lettre de Bertet à Jossaud, à Tarascon, écrite de Paris, 23 avril 1723. Il a été très heureux d'apprendre, par l'oncle de Jossaud, le mariage de ce dernier avec Mlle de La Chevalerie, et remercie Jossaud de sa lettre de communication, le priant d'être son interprète auprès de Mme de Provençal, sa tante, et de M. de Fontchâteau. Du Tertre travaille actuellement à une montre commandée par Jossaud sur le modèle des montres de M.M. de Raousset. Bertet en fera l'envoi. — 57-59. Commandement, contrainte et saisie à la requête de Louis de Jossaud (8-12 juin 1723). — 60. Lettre de Buceren, écrite de Manheim, 31 décembre 1725, à un destinataire non désigné, probablement l'un des deux Jossaud militaires, Dominique ou Hyacinthe. Il ne manquera pas de remettre ses deux lettres encloses à leurs Altesses Sérénissimes, qui seront sensibles à ses vœux. Son maître garde la chambre depuis quelques jours. La princesse palatine s'est abusée sur le terme de ses couches, qu'on remet au mois prochain (1). Sa femme le remercie. Il s'acquittera de ses compli- ments envers les dames indiquées dans sa lettre. — 61. Lettre et compte du tailleur Ode, adressée à Laudun fils, à Aramon (Tarascon, 8 février 1731). — 62-65. Requête de Louis de Jossaud à la cour des comptes d'Aix contre le refus de payer de ses débiteurs, à la suite du département des dettes de la communauté de Tarascon, et de son option sur diverses cotes de particuliers sujets au droit de département, option faite par Jossaud comme cré- ancier de la communauté : appointement conforme, exploits de commandement et saisie (3 avril 1728- 10 octobre 1731). Sceau. — 66. Lettre du roi au marquis de Rambures, mestre de camp de son régi- ment de Navarre, l'avisant qu'il a donné au capi- taine de Jossaud la compagnie de grenadiers, vacante audit régiment par la promotion du capi- taine du Cros à la charge de major du Neuf-Bri- sach, et l'invitant à le recevoir et faire reconnaître en cette qualité (Marly, 30 janvier 1727). Transmis- sion par Louis d'Orléans (Palais-Royal, 11 février 1727). Contreseing de Le Blanc, (ministre de la guerre). — 67-70. Constitution de rente, quittance de F. Cornier, gardien du couvent de la Motte, mémoire, cession de capital (6 octobre 1727-16 octo- bre 1730). — 71-72. Extrait et copie du testament de Gabrielle-Henriette de Guyon de La Chevalerie, femme de Louis de Jossaud. Elle élit sépulture dans le tombeau de son mari. Son héritière univer- selle est sa fille Marie de Jossaud. Substitutions (Tarascon, 13 février 1731). — 73. Dépense de con- trôle, des legs et des funérailles de Mme de Jossaud (1731). — 74. Avèrement de Louis de Jossaud (25 juin 1731). — 75. Lettre de Laudun, datée d'Ara- mon, 21 septembre 1731, à Jossaud, à Tarascon, son neveu. Il ne peut plus sortir d'Aramon, à cause de son mal aux reins. — 76. Lettre de Boyer, domi- nicain, à Jossaud, à Tarascon, datée de Saint-Remy, 7 avril 1732. Il y prêche le carême, et répond à Jossaud par le retour du P. de Rafélis. Il rappelle que quatre religieux prêcheurs de la famille de

(1) Le Palatinat du Rhin fut gouverné, de 1716 à 1742, par Charles-Philippe de Wittelsbach, qui transféra sa résidence de Heidelberg à Manheim en 1720. Ne pas confondre la jeune princesse palatine de 1725 avec ses beaucoup plus célèbres devancières Anne de Gonzague et Charlotte-Élisabeth de Bavière.

Jossaud l'ont honoré de leur amitié, sans parler de l'abbé de Jossaud. Il apprend avec plaisir que la famille de Laudun est unie de près aux Jossaud. L'histoire d'une église cathédrale ne demandait pas qu'il fît une généalogie, et ce n'est qu'à l'occa- sion de Guillaume de Laudun, archevêque de Tou- louse et religieux de son ordre, qu'il a fait une digression (ayant provoqué la lettre de Jossaud). Il le renseigne brièvement sur ses sources. — 77. Au- torisation, sur bel imprimé aux armes du roi et de Cardin Lebret, comte de Selles, premier président du parlement d'Aix, intendant de Provence et com- mandant en chef, donnée à Pierre Galle, de Font- violite, de faire planter en vigne un terrain au Grès du Comté, pierreux et impropre à la culture du blé, d'après les estimateurs modernes de Tarascon (Aix, 25 juin 1732). Laugier, subdélégué général de l'in- tendance, a signé, en l'absence de Lebret. Le ter- rain en question avait été vendu par Étienne de Laudun à Galle, en 1728, d'après une note au dos. — 78-80. État des dettes laissées par Pierre de Jos- saud et payées par son fils Louis, ensemble des biens-fonds vendus par Louis depuis la mort de son père, avec un mémoire sur le règlement de la substitution faite par Pierre en faveur de M M. de Provençal, et un état de distractions à faire en faveur de Louis. -- État des capitaux et des dettes de Pierre de Jossaud. — Mémoire d'actes à vérifier (1616-1733). — 81-86. Extraits d'exploits d'assigna- tion à la requête de Louis de Jossaud (1731-1733). — 87-88. Déclarations des biens nobles de Jean- Louis de Jossaud dans les terroirs d'Aramon et de Valabrègue (1733). — 89. Billet de Mme Gueston de Saxy, fait à Jossaud, commandant de Landau, pour 800 l. (Arles, 6 août 1734). — 90. Signification sur imprimé au possesseur de la bastide dont jouit ou jouissait Jossaud, au terroir de Tarascon, d'un com- mandement de payer le droit de confirmation en vertu d'une ordonnance de l'intendant Lebret (14 avril 1735). — 91-93. Quittance du recteur de la chapelle de Sainte-Madeleine de La Motte. — Ex- ploit contre Denis Roux. — Billet de Mme de Saxy à Jossaud pour 1.200 francs (Tarascon, 5 septembre- Paris, 12 novembre 1735). — 94. Extrait du testa- ment de Dominique de Jossaud, chevalier de Saint- Louis, maréchal des camps et armées du roi, com- mandant la place de Landau, malade et alité. Il élit sépulture en l'église des Augustins de Landau, à côté du tombeau de son frère. Legs à son neveu Conrad de Fontchâteau, à ses domestiques. Son héritier universel est son neveu Louis de Jossaud, à Tarascon (1er décembre 1735). Au dos, note de Louis indiquant que son oncle est mort le 3 décembre 1735). — 95. Lettre de Charbonnier à Jossaud, écrite de Landau, 3 décembre 1735, sur la mort de Dominique. — 96. Lettre de Lauzun [?] sur le même objet (Strasbourg, 6 décembre). — État des sommes trouvées dans la succession de Dominique et des sommes payées de ce chef (1736)(1). — 98. Lettre de Lombard, datée d'Arles, 3 avril 1737, à Mazuel, notaire à Tarascon, au sujet de l'insinuation du contrat de mariage entre Louis de Jossaud et Marie-Pierre de Laudun, du 9 juillet 1731. — 99-100. Notes d'une reconnaissance de Louis de Jossaud au recteur de la chapelle Saint-Laurent, fondée en l'église des Frères Mineurs (de Tarascon) (6 septembre 1737). — 101. Quittance de pension viagère faite par Jossaud à son frère (Tarascon, 1737). — 102. Lettre de Guiraud à Jossaud, à Tarascon, datée d'Aramon, 14 février 1738, au sujet d'un pré. — 103. Procuration donnée par Louis de Jossaud à Étienne de Laudun, son beau-frère (Tarascon, 10 avril 1738). Extrait. Sceau de la cour royale de Tarascon.

E. 1499. (Liasse.) — 58 pièces, papier ; 2 sceaux.

1732-1757. — *Famille de Laudun, d'Aramon. — Les alliances. — Les Jossaud.*

1. Mémoire des marchandises livrées à M. de Jossaud, brigadier des armées du Roi, commandant à Landau (Dominique), par Hitschler, marchand en 1732. Il s'agit de drap, étoffes et toiles, ensemble un chapeau et le livre *Les annales du monde*. Acquit du 8 janvier 1733. — 2. Certificat du chevalier de Bellegarde, major du régiment de Blaisois, portant que François Colis, dit Sanssouci, natif de Tarascon, soldat de la compagnie de Fontonelle, a été blessé à l'attaque du retranchement des « Russiens », et est mort de sa blessure au camp de l'île de Fartwasser, devant Dantzick, le 30 mai 1734 (Dunkerque, 28 mars 1735). — 3. Lettre de Legat, datée de Landau, 4 décembre 1735 [à Jossaud, de Tarascon], lui annonçant la mort de son oncle, emporté par une fièvre continue, et l'engageant à venir. — 4. Extrait mortuaire de Dominique de

(1) Cf. l'article E. 1499, pièces 1 à 7, sur la fin de Dominique.

Jossaud (2 décembre 1735), délivré le 12 mars 1783. Sceau du curé Rossignol, de la paroisse de Landau. Attestation de sa signature par Gabriel-Godefroi Grégoire, qui déclare que le papier timbré et le contrôle des actes ne sont pas en usage en Alsace. Sceau de la ville de Landau, en belle empreinte, avec la légende : *Sigillum secretarii senatus Landovien[sis]*. — 5. Lettre du P. Ferdinand Hunold, prieur des Augustins de Landau, à Jossaud. Il le remercie du portrait de son oncle le commandant, remis à son couvent par M. de Laval. Le religieux avait demandé encore le portrait de M. de Jossaud-Navarro, inhumé aussi dans leur église, et insiste pour l'avoir (Landau, 29 janvier 1736). — 6. Arrêté de compte, fait par-devant les notaires du Châtelet, entre Joseph-Henry Rafin, conseiller à la cour des aides de Montpellier, demeurant à Uzès, se trouvant à Paris, logé à l'hôtel de Bretagne, cul-de-sac de la rue du Paon, près Saint-André des Arcs, comme procureur de Louis de Jossaud, seigneur de la Motte-Faucon, seul héritier de Dominique de Jossaud, maréchal de camp et gouverneur de Landau, d'une part ; et Françoise Colerne, veuve d'Étienne Cordelier, marchand bonnetier, bourgeois de Paris, demeurant rue Saint-Honoré, près Saint-Eustache, d'autre part. Il s'agit de la recette et de la dépense faites par Françoise pour le défunt (5 novembre 1736). — 7. Quittance faite par André Curet, d'Arles, à Jossaud, de Tarascon. Il s'agit de 50 l. envoyées à Curet par l'archevêque d'Arles, retirées par Dominique de Jossaud à Landau, et n'ayant pu être comptées à Curet à cause de la maladie et de la mort du commandant de Landau (Tarascon, 26 juillet 1737). — 8-9. Commandements de payer un droit de lattes et encans, faits à la requête de Louis de Jossaud (Tarascon, 31 août-5 septembre 1739). — 10. Cession de capital faite à Louis de Jossaud (15 juillet 1740). — 11. Commandement à lui fait de payer des droits d'insinuation, ensemble un triple droit de centième denier et des amendes (29 octobre 1741). — 12-16. Notes d'argent reçu, quittances, constitution de rente (1743-6 août 1744). — 17. Consultation de Fassin, délibérée à Arles le 28 octobre 1744, sur le testament de Pierre de Jossaud, du 12 novembre 1715. — 18. Mémoire sur la succession de Pierre de Jossaud (1651-1744). — 19-20. Note et mémoire d'argent reçu ou donné (1744). — 21. Quittance des Prêcheurs (Tarascon, 7 septembre 1745). — 22. Testament de Jean-Louis de Jossaud, écrit sous sa dictée par Jacques-Clément de Léotaud, capitaine au régiment de Navarre, signé du testateur, des témoins et du notaire Reynaud, et scellé de 15 cachets armoriés qui étaient reliés par un ruban de soie rose. Il élit sépulture en l'église des Prêcheurs de Tarascon, chapelle de Saint-Hyacinthe, où reposent les membres de sa famille. Legs à Henry-Bénigne de Laudun de Montrichard, fils cadet d'Étienne de Laudun, son beau-frère ; à Henry de Raousset de Soumabre, son cousin germain ; à Honorée de Jossaud, sa sœur, religieuse à l'abbaye des Bénédictines de Tarascon (La suite manque). L'acte est du 14 septembre 1745. — 23. Projet dudit testament, permettant de compléter. Legs à Marie-Pierre de Laudun, femme du testateur. Son héritier universel est son beau-frère Étienne de Laudun. Visa de Fassin, daté d'Arles, 13 septembre 1745. — 24. Convention entre Jossaud et le doreur Chauvel pour peindre en noir lustré la porte en fer du chemin d'Avignon, et en dorer les ornements (feuillage et armoiries). La Motte, 22 septembre 1745. — 25. Certificat d'arpentement (10 octobre 1747). — 26. Lettre de Joseph Léonard, dit La Jeunesse, soldat de la compagnie de M. de Chabert, capitaine au régiment de Custine, écrite à M. de Fontchâteau, rue de Sainte-Marthe, à Tarascon, de Namur, le 8 décembre 1747. Il a écrit plusieurs fois à M. de Jossaud, sans avoir de réponse. Il a été très malade, et a besoin de quelque secours pour se remettre. S'il avait cru M. de Fontchâteau, il ne serait pas dans le besoin, mais dans la maison où il a reçu de bons principes, sans avoir su en profiter. Il sera tout autre, si Dieu lui fait la grâce de retourner au pays. Misères de la guerre. Sièges de Maëstricht et de Bréda. Bataille du 3 juillet. Siège de Berg-op-Zoom. On a donné la ville au pillage, mais son régiment n'a profité de rien, car il a gardé la brèche. Prière d'affranchir, car il ne voit jamais un sou dans ce métier. Timbre de Namur. — 27. Extrait d'un contrat de vente passé par Louis de Jossaud, seigneur de la Motte-Faucon, d'une terre dans le tènement de l'Islon-de-Saxy (Tarascon, 2 janvier 1748). Insinué à Arles le 3 février. — 28-33. Constitution de rente. Compte de bourrelier. Mémoires d'avèrements. Note d'actes remis à M. de Mirabeau. Quittance (15 mars 1748-1er janvier 1751). — 34. Lettre d'Alméran-Maillane demandant délai (Saint-Remy, 21 mars 1751). — 35. Mémoire de Cavène, acquitté le 8 août 1751. — 36. Lettre de Laudun à son beau-frère. Charrue souhaitée par M. de Coriolis. Affaires de M. de Jossaud (Tarascon, 29 avril 1752). — 37. Note sur la succession de Pierre de Jossaud (29 avril 1752). — 38. Consultation de Gueyrcard et de Julien, avocats d'Aix, sur la succession de Pierre de Jossaud (15 juillet 1752). — 39-41. Compte. Mémoires (1752). — 42. Lettre de Trinquelagues à Laudun, à Tarascon. Assiette du diocèse d'Uzès. Remerciments pour un baril d'huile (Uzès, 24 mars 1753). Sur un blanc, fragment de généalogie des Jossaud. —43-44. Lettres de Jossaud aîné à Laudun, à Tarascon, son cousin. Estimation, par le cadet Cavène, du bien de leur cousin de Jossaud (Aramon, 8 décembre 1753). — Il lui envoie une assignation. Même date. — 47. Quittance faite à Jossaud par Ayminy, procureur du recteur de la chapelle Saint-Laurent (Tarascon, 4 septembre 1754). — 48. État des dettes de Pierre de Jossaud (4 juin 1755). — 49-50. Arrêté de compte. Quittance du chapitre de Beaucaire (25 février-24 juillet 1756). — 51. Minute ou projet de testament de Louis de Jossaud (1756). — 52. Minute ou copie de transaction entre Louis de Jossaud, héritier grevé de Pierre, son père, d'une part ; et Conrad, Jean-Baptiste et Dominique de Provençal, frères, tant pour eux que pour leur mère Louise de Jossaud, héritière substituée de son frère Pierre de Jossaud, d'autre part (Tarascon, 17 mai 1757). — 53. Composition de l'héritage de Pierre de Jossaud (31 mars 1757). — 54-58. Quittance du chapitre de Beaucaire. État d'arrérages de pensions. Notes financières. Mémoire de Cavène. Mémoire sur la substitution de Pierre de Jossaud (1757).

E. 1360. (Liasse.) — 137 pièces, papier.

1758-XVIIIe siècle. — *Famille de Laudun, d'Aramon. — Les alliances. — Les Jossaud.*
1. Compte de l'enterrement de Louis de Jossaud. Détail des fournitures, du cortège. Acquits de l'abbé de Reaucouze, gager de l'enterrement (Tarascon, 4 janvier 1758). — 2-8. Quittances de messes faites à Mme de Jossaud par les observantins, les trinitaires, les capucins, les prêcheurs, les doctrinaires. Le dominicain Lachet a fourni aussi 19 armoiries (Tarascon ou La Motte, 3-26 janvier 1758). — 9-15. Consultations de Lombard, avocat, sur le contrat de mariage de François de Laudun, seigneur de la Motte-Faucon, avec Anne-Valère Deydier de Curiol

de Mirabeau, le testament de Louis de Jossaud, son contrat de mariage avec Marie-Pierre de Laudun, la transaction de 1757, et le mémoire de M. de Laudun (Arles, 24 février-20 avril 1758). — 16. Inventaire seulement commencé des linge, vaisselle et effets laissés par Louis de Jossaud, mort le 30 décembre 1757 (22 mai 1758). — 17. Inventaire de tout le mobilier du défunt, commencé le 22 mai 1758 (Intéressant). — 18. Consultation de La Touloubre, avocat, sur les difficultés qu'éprouve Mᵐᵉ de Jossaud, veuve usufruitière, pour acquitter toutes les charges de la succession de son mari (Avignon, 14 juin 1758). — 19-20. Quittance. Consultation de Baigne sur le temps où un donataire doit être mis en possession (8 août 1758). — 21-22. Consultations de Lombard (Arles, 2 septembre-11 novembre 1758). — 23-27. Quittance. Notes. Mémoires (1758). — 28. Inventaire du mobilier. Linge. Dans le *salon du Rhône*, tapisserie de « satinade », portières en bourre de soie. Dans la *grande chambre*, garniture de lit en taffetas. Dans le *salon bas*, tapisserie en cuir doré, pendule à carillon de huit airs, quatre miroirs, tableau représentant une vieille qui se chauffe, portraits du roi, de la reine, de l'électeur palatin, de M. et de Mᵐᵉ de Jossaud. Autres portraits de famille et d'une maltaise. Cadres dorés. Portière de cadis vert de Montauban. Fontaine de cuivre peinte. Dans la grande salle, tapisserie de toile peinte. Tableaux représentant des natures mortes, des paysages, une fileuse, une revendeuse, Vénus. Chaise *inquiétude*. Dans le *troisième salon*, tapisserie de toile peinte. Chaise percée *dite histoire des Pays-Bas*. Dans la *chambre de la tour*, tapisserie de bourrette, pendule à répétition en bois noir. Miniatures, portraits, tableaux de genre. Fauteuils de canevas en soie. Petite table à écrire, s'ouvrant par-dessus. Garniture de lit en serge violette. Dans la *chambre de la femme de chambre*, prie-dieu en bois blanc, tableau religieux. Dans le *cabinet*, tapisserie de toile peinte. Dans la *chambre peinte*, miroir à cadre doré à l'ancienne mode. Chambre d'Isabeau. Salon au-dessus de l'entrée : ancienne tapisserie de cuir avec des bandes de cuir doré. Huit chaises de cuir à l'ancienne mode. Chambre du domestique : chaise à l'antique. Chambre au midi : tapisserie de bourrette. Passage y conduisant. Cabinet au midi : Batailles d'Alexandre à cadres dorés. Tableaux et portraits, niches garnies d'objets d'art, trictrac d'ébène et ivoire, chaise inquiétude. Second cabi-

net : un Bacchus en cire. Cuisine : cuivres et étains. Office après la cuisine. Arrière-cuisine. Entrée. Dépendances. — 29-36. Notes et mémoires sur la succession de Louis de Jossaud (s. d.). — 37. Consultation de .M. Jullien sur le partage des rentes en proportion du temps ou en proportion des fruits (Aix, 20 janvier 1759). — 38-40. Rôles des dépenses à rejeter sur l'hoirie de M. de Jossaud et qui doivent être remboursées à Mᵐᵉ de Jossaud sur l'argent qu'elle a retiré de la succession (Il s'agit surtout de frais médicaux et funéraires). Pas de date. — 41-43. Sommes dont Mᵐᵉ de Jossaud doit rendre compte. Pensions que doit M. de Laudun à Mᵐᵉ de Jossaud (s. d.). — 44-47. Quittances faites à Mᵐᵉ Pierre de Laudun, veuve de Louis de Jossaud, par le trésorier de l'œuvre de l'Adoration du Saint-Sacrement établie à Sainte-Marthe, les recteurs et directeurs de l'œuvre du Mont-de-piété, et le recteur de la chapelle Saint-Laurent (Tarascon, 20 septembre 1759-17 janvier 1763). — 48-67. Quittances d'arrérages de pension faites par M. Pons à Louis de Jossaud puis à sa veuve, ensuite par Marguerite Pons à Mᵐᵉ de Jossaud (Tarascon, 15 novembre 1746-[15 novembre] 1765). — 68. Bail à ferme de terre, passé par Marie-Pierre de Laudun, veuve de Louis de Jossaud (Tarascon, 1ᵉʳ avril 1769). — 69. Autre arrentement de terre passé par Mᵐᵉ de Jossaud (Tarascon, 13 février 1770). — 70-92. Quittances d'arrérages de pension viagère léguée à Dominique de Provençal, ancien capitaine au régiment de Blaisois, par Dominique de Jossaud, maréchal de camp. La pièce 70 est un règlement du service de la pension, convenu entre Louis de Jossaud et le capitaine, par la médiation de Louis de Rousset de Soumabre et signé des trois, à Tarascon, le 7 août 1737. Les quittances sont données par Provençal à son cousin de Jossaud, puis à sa veuve (Tarascon, 22 juillet 1741-21 juillet 1770). — 93-95. Notes (7 mai 1761-5 octobre 1770). — 96-97. Notes de l'écriture de Mᵐᵉ de Jossaud, marquant le mobilier donné à son frère et le mobilier qu'elle donne à son neveu, son héritier universel (s. d.). — 98. Lettre de Jossaud aîné, datée d'Aramon, 16 mars 1771, à son cousin Laudun fils, à Tarascon. Il a envoyé Jossaud au château [d'Aramon], pour y voir Mˡˡᵉ d'Aramon. Sa fille de chambre, la Meynier, étant malade et pouvant rester en chemin. Mᵐᵉ d'Aramon a pris le paquet. Mais M. de Canclaux, son cousin, le lui a enlevé des mains, en disant qu'il s'en chargeait. Il compte arriver [à Paris] au moins deux jours avant les dames. Ainsi Laudun pourra écrire à son agent à Paris d'aller, chez la marquise de Bragelongne, demander le chevalier de Canclaux, major du régiment de cavalerie de Clermont. Elle habite rue des Lions-Saint-Paul. Ci-joint l'adresse écrite de la main du chevalier. En reconnaissant son écriture, il remettra les contrats. Mme d'Aramon va demain à Montfrin en visite, et compte partir le 18. — 99-102. Note d'arpentement. Commandement. Quittance. Compte (Tarascon, 6 octobre 1772-19 juin 1774). — 103-104. Notes de la main de Mme de Jossaud, indiquant à son neveu des dons à faire après sa mort (12 mai 1777-26 novembre 1778). — 105. Rétractation de dons d'effets qu'avait marqués, dans des billets, Mme de Laudun en faveur de sa femme de chambre Claudine Périer (Tarascon, 30 septembre 1779). — 106. Extrait de reconnaissance féodale pour Joseph François de Laudun (Tarascon, 9 août 1781). — 107-119. Quittances du recteur de la chapellenie de Saint-André, Barbaroux. Elles sont faites par son procureur Gravier, bénéficier, à M. de Jossaud, puis à sa veuve. La dernière quittance est signée du curé Brun, procureur fondé de Barbaroux, ce dernier étant mort le 12 octobre 1786. Il y a des quittances comprenant les arrérages de plusieurs années (Tarascon, 17 décembre 1743-8 mars 1787). — 120-121. Arbres généalogiques (s. d.). — 122. Lettre d'un Jossaud à son neveu Jossaud, à Tarascon. Il lui envoie du beurre frais, en cachette, à cause de la jalousie de la mère du destinataire. Maître Nicolas portera le beurre chez lui et avisera le neveu (s. d.). — 123-137. Mémoires. Minute de dénombrement. Minute de lettre. État de pièces à demander pour la décharge du vingtième. Notes. Rôle de sommes remises à Laudun par Mme de Jossaud. Consultation anonyme sur l'usufruit. Tout cela sans date.

E. 1501. (Liasse.) — 44 pièces, papier : 1 sceau.

1595-1645. — *Famille de Laudun, d'Aramon. — Les alliances. — Les Jossaud : Antoine Astier, notaire.*

1-2. Constitutions de pension pour Benoît Rousset (15-25 février 1595). Tarascon. — 3. Extrait de condamnation pour Benoît Rousset contre André Tissot (Tarascon, 7-21 août 1600). — 4. Enregistrement d'un procès « littéraire » fait à la requête de Benoît Michel, revendeur (Cour royale de Tarascon, 2 octobre 1597-19 avril 1602). — 5. Imposition de pension pour Catherine de Montet, veuve de M. de La Rivière, par la communauté de Tarascon (9 janvier 1619). — 6. Imposition de pension pour Antoine Astier, notaire royal, contre Jean Berthomieu (Tarascon. 17 décembre 1619). — 7. Achat de pension pour Antoine Astier sur la communauté de Tarascon (29 août 1623). — 8. Cession de capital sur la communauté de Tarascon, faite par Simon de Raoulx, avocat, au notaire Antoine Astier (9 août 1625). — 9-10. Cession de capital pour Astier (Tarascon, 27 mai 1626-16 mars 1627). — 11. Obligation cautionnée par Astier, qui a été condamné à payer et qui paie (Tarascon, 21 mars-6 avril 1629). — 12. Contrainte décernée à la requête d'Astier et saisie (Tarascon, 24 mars-17 mai 1629). Sceau de la cour royale de Tarascon. — 13. Imposition de pension sur la communauté de Tarascon pour les cohéritiers de Pierre Comte (21 novembre 1629). — 14. Achat de pension par Antoine Astier sur la communauté de Tarascon (18 décembre 1629). — 15. Achat de pension sur cette communauté par Madeleine Reynaud (23 juillet 1630). — 16. Imposition de pension sur la communauté en faveur de Madeleine Jacques, veuve de Jean Reynaud, greffier (26 juillet 1631). — 17. Achat de pension sur la communauté par Antoine Astier (20 décembre 1631). — 18. Note d'actes intéressant Astier (1623-1631). — 19-22. Cessions de capitaux pour Astier (Tarascon, 17 juillet 1632-3 octobre 1634). — 23. Bail en paiement et cession de capital pour Astier (7 mai 1635). — 25-26. Achats de pensions sur la communauté de Tarascon par Astier (27 octobre 1635-21 janvier 1637). — 27. Cession de capital faite par Madeleine Reynaud, veuve du capitaine Charles Demonte, à Antoine Astier (Tarascon, 30 décembre 1637). — 24. Note d'une cession de pension faite par Claude Coutand à Antoine Astier (Tarascon, 25 octobre 1635). — 28. Avèrement d'Antoine Astier, notaire royal (Tarascon, 1627-1637). — 29-32. Quittance. Achats de pensions. Cession de capital, le tout pour Astier (14 mars 1638-26 juin 1641). — 33. Imposition sur la communauté de Tarascon pour noble Joachim de Raoulx (6 octobre 1642). — 34-44. Cessions ou achats de pensions pour Antoine Astier, notaire royal et greffier aux insinuations ecclésiastiques de Tarascon (5 mars 1643-30 décembre 1645).

B. 1302. (Liasse.) — 51 pièces, papier.

1646-1714. — *Famille de Laudun, d'Aramon. — Les alliances. — Les Jossaud : Antoine Astier, notaire.*

1. Avérement d'Antoine Astier (1644-1646). — 2-4. Achats ou imposition de pension en sa faveur (17 mai-13 décembre 1646). — 5. Achat de pension sur la communauté de Tarascon pour Michel Avignon, notaire royal de Tarascon (15 mars 1647). — 6. Achat de pension sur la communauté par Astier (15 mars). — 7. Intimation de cession pour Pierre Brière, lieutenant de viguier d'Aramon, aux consuls de Tarascon (21 mars). — 8-10. Achat de pension sur la communauté. Prorogation de paiement, le tout concernant Astier (15 janvier 1648-29 octobre 1650). — 11. Imposition de pension sur la communauté de Tarascon pour Louis de Jossaud (26 janvier 1651). — 12-14. Imposition de pension en faveur des Ursulines. Achat de pension par Michel Avignon, le tout sur la communauté de Tarascon. Observations en la cause de Marguerite Castan (25 février 1651-1652). — 15-29. Achats ou cessions de pensions et capitaux pour Astier (6 septembre 1653-18 novembre 1661). — 30. Certificat d'arpentement (Tarascon, 15 mars 1662). — 31-33. Achats de pensions pour Astier (1ᵉʳ mars-1ᵉʳ octobre 1663). — 34-37. Pièces de la procédure d'Antoine Astier contre Madeleine Reynaud, veuve de Charles Demonte, qui a dissipé la plus grande partie de ses biens, et contre ses filles Madeleine et autre Madeleine Demonte (1664). — 38-39. Cession ou achat de pensions pour Astier (1ᵉʳ octobre 1664-21 septembre 1665). — 40-41. Inventaire de production des pièces que baille devant l'Intendant, commissaire pour la vérification des dettes des communautés, le procureur d'Honorée d'Astier, veuve de Louis de Jossaud, héritier d'Antoine Astier, notaire de Tarascon, demanderesse en vérification et légitimation des sommes qui lui sont dues par la communauté de Tarascon (1551-1665). — 42-47. États et inventaires contenant les actes ou les sommes dues aux hoirs d'Antoine Astier par la dite communauté (1581-1694). — 48. Quittance de Mᵐᵉ de Jossaud, qui signe : Astier de Jossaud, faite à son fils, pour 300 l., en déduction des 600 l., de pension qu'il lui fait (Tarascon, 23 janvier 1690). — 49-51. Quittance des Ursulines de Tarascon faite à Antoine Astier pour la dot de sa fille Marguerite, religieuse professe de leur monastère (24 octobre 1648). — Autres quittances des Ursulines pour Astier (15 mai 1647-9 juin 1648). — Quittance des Ursulines faite aux hoirs d'Honorée de Jossaud, pour pensions viagères léguées par elle aux sœurs Marie et Catherine de Jossaud (30 décembre 1714). — La pièce 50 porte deux signatures de Marie de Jésus d'Icard, supérieure. La pièce 51 est signée par Marie de Giraud, supérieure.

B. 1303. (Liasse.) — 3 pièces, parchemin ; 77 pièces, papier.

1623-1730. — *Famille de Laudun, d'Aramon. — Les alliances. — Les Jossaud.*

1-15 : Procédure contre André de Meyran. — 1. Extrait baptistaire de Louis de Jossaud, fils de Pons (Tarascon, 12 juillet 1623). — 2. Lettres d'appel (Aix, 11-28 novembre 1663). — 3-6. Arrêt à recevoir sur toutes les qualités, et pièces jointes (Aix, 20 décembre 1663). — 7-8. Requêtes de forclusion (26 janvier-15 mars 1664). — 9. Inventaire de production (janvier-mai 1664). — 10-12. Pièces de la procédure (2-23 mai 1664). — 13-14. Contredit de Louis de Jossaud. La sentence rendue par défaut contre lui dans sa minorité est nulle. D'ailleurs, le mineur ne peut pas cautionner, fût-il assisté d'un curateur. — Requête jointe (27 juin 1664). — 15. Arrêt du parlement déchargeant Louis de Jossaud du cautionnement ordonné par le lieutenant du sénéchal au siège d'Arles. Celui-ci avait pourvu de tuteur les trois filles de Jacques de Barrême, sous la caution de plusieurs parents, dont Louis de Jossaud, alors mineur et non défendu. André de Meyran, sieur d'Ubaye et de Saint-Vincent, d'Arles, est le mari de Françoise de Barrême, cousine de Louis de Jossaud. Il est débouté et condamné aux dépens. Affaire intéressante au point de vue de l'application du droit romain (Aix, 28 juin 1664). — *16-30 : Procédure contre Catherine de Nepveu, veuve de Pierre de Léotaud.* — 16. Consultation de Bœuf, délibérée à Aix le 30 mai 1615. — 17. Achat de pension fait par Pierre-Jean Reymond, marchand et citoyen d'Avignon, à Pierre de Léotaud, Louis de Jossaud et Jean Guérin, tous trois de Tarascon (Avignon, 12 septembre 1647). — 18-20. Promesse de relèvement faite à Louis de Jossaud par Catherine de Nepvou, veuve de Pierre de Léotaud (Tarascon, 20 avril 1660). — La pièce 20 est une quittance de Charles Blanchetty, d'Avignon, faite le 25 avril, en conséquence de la promesse précédente. — 21-24. Pièces de la procédure (24 septembre 1661-23 février 1662). — 25-26. Transaction entre Louis de Jossaud et Catherine de Nepvou (6-14 mars 1662). — 28-29. Pièces de la procédure (2-3 juillet 1675). — 30. Compromis (8 juillet 1675). — 31-33. Pièces d'une créance contre Jean-Antoine Arnaud, bourgeois d'Aramon (12 mai 1611-9 janvier 1678). — 34-67 : Pièces imprimées, ou écrites sur imprimés, concernant le recouvrement du huitième denier du prix des biens aliénés par les ecclésiastiques depuis l'année 1556, pour jouir par les possesseurs pendant trente années. — 34. Déclaration du roi, de novembre 1675. — 35-40. Commandements de payer, faits à M. de Jossaud (3-13 avril 1677). — 41-46. Quittances (4 mai 1677). — 47-52. Ordonnances de Cardin Lebret, Intendant de Provence, signifiées à Louis de Jossaud, pour le recouvrement du sixième denier des biens aliénés des communautés laïques et ecclésiastiques (5 décembre 1703-22 février 1704). — 53-67. Quittances et significations d'ordonnances de l'Intendant (5 décembre 1703-30 janvier 1707). — 68-80. Pièces de la procédure de Louis de Jossaud contre Pierre Giraud, d'Aramon (31 mars 1729-15 mars 1730). — 74. Lettre de Jossaud à son oncle Laudun, au sujet de l'olivette de Giraud (Tarascon, 17 décembre 1729). — 75. Autre lettre où Jossaud dit à Laudun qu'il aurait tâché de « faire revenir » Giraud et qu'il faudrait faire encore une tentative pour ce pauvre misérable (Tarascon, 20 février 1730). — 78. Extrait d'accord portant « désemparation » d'une terre par Charles Giraud au profit de Louis de Jossaud (Tarascon, 3 mars 1730). — 79. Lettre d'affaires de Ducroz. Il est charmé de l'accommodement de M. de Jossaud avec Pierre Giraud, [père de Charles]. Nimes, 15 mars 1730.

E. 1504 (Liasse.) — 88 pièces, papier.

1626-1775. — *Famille de Laudun, d'Aramon.* — *Les alliances.* — *Les Jossaud.*
1-14 : Créance contre Jean Bagnol, cordonnier d'Aramon. — *1-4.* Vente à pension d'une terre d'Aramon, sise à la Biarnèze, faite par Pons de Jossaud, avocat, et Bernardine d'Auquier, veuve de Pierre de Jossaud, conseiller au présidial de Nimes. Les acquéreurs sont Antoine Fougasse et Pierre Saunier (25 mai 1626). La pièce 4 contient, à la suite, une contrainte contre les hoirs des acquéreurs, parmi lesquels figure Jean Bagnol, et un exploit de saisie, fait contre lui à la requête des hoirs de Louis de Jossaud, le 18 mars 1694. — 5-6. Note du 7 octobre 1676 et contrainte du 15 mars 1694. — 7-8. Saisie du 18 mars. — 9. Assignation à Jean Bagnol (4 janvier 1702). — 10. Contrainte et commandement (4 décembre 1711). — 11-12. Lettres d'affaires de Fontze et de Lagarde (Nimes, 14 septembre 1719-12 janvier 1720), écrites à Jossaud, à Aramon. — 13-14. Quittance et note (9 janvier 1706). — 15-16. Notes sur les acquéreurs de la maison de La Linière (1630) et sur l'avèrement des hoirs de Pierre Papot (1640-1718). — 17-26. Créance sur Marie Bonneton, épouse de Pancrace Says, d'Aramon, et donataire d'une maison de son père Joseph Bonneton, ce dernier acquéreur d'une maison de Marguerite Boiron, épouse Tassy, maison qui avait été déléguée à feu Louis de Jossaud (6 avril 1655-4 février 1766). — 27. Lettre de Laudun à son beau-frère Jossaud, à Aramon, sur sa créance contre Vidal Laferrière, qui marie son fils à Meynes, et sur sa créance contre Giraud. Au dos, note de Jossaud sur sa créance contre Françou Connaud, veuve d'Antoine Combéglise, fils de Jacques (Aramon, 4 janvier 1714). — 28. Quittance d'Étienne de Laudun, ayant droit de Louis de Jossaud, faite à François Sévérac, délégataire du représentant d'Antoine Combéglise (18 janvier 1766). — 29-32. Créance contre Gabriel Mouret (17 août 1683-1747). — 33-34. Créance sur Firmin Astruc (28 mai 1703-1er février 1766). — 35-49. Créances sur les hoirs de Jean Thomassin (1616-1640), les hoirs d'Antoine Bruegne (1616-1750), Antoine Gardon, le plus récent de ces derniers (1702-1707). La pièce 49 est une note s. d. sur des avèrements de Marie Joyeuse, Noël Tassy, Jean Bagnol, Barthélémy Bruegne, les hoirs de Pierre Papel, et Marguerite Drome. — 50-54. Créances sur les Joyeuse et les Cavène (1634-1771). — 55-60. Créance sur les Sorbier, de Saze (1731-1772). — 61-88 : *Affaire de l'Islon-de-Saxy. Prétentions d'Arles.* — 61. Lettre de Mme G. de Saxy. L'oncle du destinataire, non désigné, (Jossaud), lui a prêté 1.200 fr. en trois fois. Il proposa à Mme de

Saxy de ne faire qu'un billet des trois sommes. Ce fut celui qu'il reçut peu avant sa mort, et peut-être était-il déjà mort quand ce billet unique parvint à Laudun. Les affaires de Mme de Saxy étant confondues avec celles de son fils, elle s'est trouvée les mains liées sur son propre revenu. On vient de lui accorder 600 fr., qui sont mangés d'avance, malgré sa grande économie. Arrivée de Paris sans un dou, et s'y étant endottée, elle frémit encore en pensant à l'oppression où on les a tenus, son fils et elle. Si leurs créanciers avaient accepté le concordat proposé, il ne se serait pas diverti un sol de leur revenu, tandis que le Palais a tout dévoré. La belle récolte de cette année n'est pas à la disposition de Mme de Saxy et de son fils. Elle doit obéir après avoir gouverné despotiquement. Elle est allée chez le destinataire, qui était absent, mais dont l'héritière régala généreusement sa fille dans son couvent. Son fils et elle travailleront au paiement des hôpitaux (de Tarascon), regrettant fort que leur argent soit en séquestre (8 août 1788). — 62. Lettre du fils de Mme de Saxy, écrite de l'Islon-de-Saxy, le 14 octobre 1747, à Jossaud, à Tarascon, et signée : Saxy d'Anduze. Hier, M. de Maillane et M. Béringuier, recteur de l'hôpital, lui ont fait savoir qu'ils enverraient M. Imbert, géomètre d'Arles, arpenter les terres qui leur seront cédées en paiement. Il ne tient qu'à Jossaud d'en faire autant, en tenant compte des différences de valeur des terres. Jossaud se trouverait ainsi nanti en même temps que ces Messieurs. — 63. Extrait d'une rémission de terrain de l'Islon-de-Saxy, faite par Claude-Trophime de Saxy, d'Arles, marquis d'Anduze, à Louis de Jossaud, seigneur de la Motte-Faucon, de Tarascon, en paiement de 1.219 l. prêtées à feu Mme Geneviève de Queston, sa mère, et de frais divers (Mas de Roynaud, terroir de Tarascon, 10 décembre 1747). — 64. Extrait d'un acte rectificatif du précédent, par lequel le marquis d'Anduze remet à Jossaud 6 sétérées d'une autre terre du tènement de l'Islon (Tarascon, 28 décembre). — 65-74. Pièces d'une action destinée à prévenir une prise d'hypothèque sur les terres de l'Islon-de Saxy, remises en paiement à M. de Maillane, à l'hôpital de Tarascon et à Louis de Jossaud. — 73. Extrait d'une ordonnance de défaut du sénéchal de Grasse. En la cause d'Étienne de Laudun, héritier testamentaire de Louis de Jossaud, seigneur de La Motte-Faucon, de Tarascon, contre François Cresp, de Grasse, seigneur de Saint-Césaire, défaillant, le lieutenant particulier civil, et assesseur aux soumissions, remplissant le tribunal de sénéchal, ordonne que nulle prescription de dix ans, hypothécaire, de regrets ou autre, ne courra au préjudice de Laudun ou au profit de Saint-Césaire ; en conséquence, que le mas de l'Islon-de-Saxy et terres en dépendant au terroir d'Arles, acquises par Laudun de M. d'Anduze, seront soumis aux hypothèques de Laudun pour les sommes dérivant de l'acte du 28 décembre 1747 (Grasse, 17 décembre 1769). — 75. Lettre de M. de Maillane (conseiller à la cour des aides de Provence) à un destinataire non désigné. Comme Mme de Jossaud sera obligée de payer, ainsi que le scripteur et l'hôpital (de Tarascon), un droit de lods au receveur de la généralité de Montpellier, à raison des terres que feu Saxy d'Anduze leur donna, en 1747, en paiement des sommes qu'il leur devait, quoique il les leur ait données franches, Maillane le lui fait savoir, afin qu'il ne prenne aucune mesure pouvant nuire à Mme de Jossaud. Suivent des instructions, remarquables de précision, pour éviter de tout perdre, la communauté d'Arles ayant fait assigner les récents acquéreurs des terres désemparées, en vue de leur faire payer un droit de lods, et ces acquéreurs appelant en garantie, devant le lieutenant d'Arles, l'hoirie de Jossaud, l'hôpital et Maillane, ce qui entraîne des recours divers où l'aléa ne manque pas (Aix, 11 janvier 1773). — 76. Lettre de Dunan à Laudun fils, à Tarascon, sur la discussion des biens de feu le marquis d'Anduze. Bouchot, ancien procureur de Nîmes, curateur à sa succession, est en démence, et ne peut fournir aucun éclaircissement. Dunan en attend d'autres personnes (Aramon, 21 janvier 1773). — 77. Lettre de Michol à Dunan sur la succession de Saxy d'Anduze. Le marquis n'avait d'autre bien que l'Islon, à une lieue d'Arles, valant 500.000 l., quoique elle n'ait été vendue que 300.000. La terre d'Anduze appartenait à sa femme. Les créanciers ont dû être payés sur le prix de vente de l'Islon-de-Saxy. M. Bœuf, notaire d'Arles, a eu le maniement de cette affaire. S'adresser à lui (Nîmes, 26 janvier 1773). — 78-79. Lettres de Maillane, la première à Laudun fils, la seconde à Laudun, premier consul, tous deux à Tarascon et ne formant qu'un même personnage. — Par l'édit concernant les hypothèques, Mme de Jossaud perdrait ce qu'elle a dans l'Islon-de-Saxy, si M. de Saint-Césaire vendait ce domaine avant qu'elle eût fermé opposition, Maillane et l'hôpital sont dans le même cas (Aix, 22 décembre 1773). — 79. Mme de Maillane a écrit à Mme de Laudun que, par jugement du bureau des finances de Montpellier, le curateur de la succession vacante de M. d'Anduze a été condamné à contre-garantir Maillane de toutes les actions en garantie introduites contre lui. Voilà une planche offerte à Laudun et à l'hôpital (Aix, 2 mai 1774). — 80. Lettre de Mme de Grasse-Saint-Césaire à Laudun, à Tarascon, datée de Grasse, 23 juin 1774. Son fils est actuellement commandant en chef de l'École royale militaire des Gardes de la Marine au Hâvre-de-Grâce. Il est embarqué et ne sera de retour de sa campagne qu'en septembre. La mort de son mari a fait parvenir entre les mains de Mme de Grasse la lettre de Laudun. Elle le prie de tout suspendre jusqu'à ce qu'elle ait pu transmettre cette lettre à son fils. — 81. Lettre de M. de Maillane à Laudun, premier consul à Tarascon, datée d'Aix, 20 juin 1775. Dans l'intérêt de Mme de Jossaud et de Laudun, il l'avise des dernières propositions de M. de Saint-Césaire, fort en porte dans la succession du marquis d'Anduze. Il ne les trouve pas fort honnêtes. Il doit donc mener les choses dans toutes les règles, pour éviter les contestations. — 82. Lettre de M. de Saint-Césaire fils, à Laudun, datée de la rade de Dunkerque, 7 juillet 1774. Il reçoit avec reconnaissance la lettre de Laudun sur la garantie des biens que lui avait vendus M. de Saxi. Il croit son hérédité suffisante pour le payer, ainsi que M. de Maillane et l'hôpital de Tarascon. Il voudrait bien pouvoir sauver quelque chose pour lui, qui a dû payer au fermier du Domaine de Languedoc plus de 31.000 l., et qui a aussi acheté cette terre franche. Il sent fort bien que tout serait terminé s'il prenait la place de Laudun, mais il n'a pas d'argent. Expatrié, à la tête de la division navigant dans la Manche, il est sans ressources. Les biens laissés par M. de Saxi sont un capital sur le comte de Grasse du Bar, capital portant constamment intérêt. Ainsi la créance de Laudun ne saurait périr. (Cette lettre d'un marin distingué est d'une courtoisie chevaleresque). — 83. Signification, faite le 6 mai 1775, à Mme de Jossaud, d'un acte du 2 janvier 1748, portant vente par Louis de Jossaud de sa part de l'Islon-de-Saxy, avec assignation devant le lieutenant général en la sénéchaussée d'Arles. — 84. Lettre de Chapus à Laudun, à Tarascon, datée d'Arles, 11 juillet 1775, au sujet de M.

Nove. — 85. Lettre de M. de Saint-Césaire à Laudun, au sujet de la créance de M. Nove sur lui. Expression de sa reconnaissance (Saint-Césaire, 18 novembre 1775). — 86. Lettre de Seytre à Simon fils, procureur au parlement d'Aix. Sa procédure doit assurer M. de Laudun de la conservation de ses intérêts (s. d.). — 87. Minute de lettre sans signature et datée seulement de Tarascon, sur l'affaire de l'Islon-de-Saxy. Écriture du conseiller de Maillane. Destinataire non indiqué. — 88. Lettre de Reynaud, s. d., à un destinataire non désigné, sur la même affaire.

E. 1305. (Liasse.) — 87 pièces, papier.

1728-1824. — *Famille de Laudun, d'Aramon. — Les alliances. — Les Jossaud.*
1-44 : *Partage entre la baronne de La Gorce et son beau-frère Louis de Jossaud.* — 1. Copie du testament de Louis-Charles de Guyon, seigneur de La Chevalerie, mestre de camp, lieutenant de roi des ville et citadelle de Pont-Saint-Esprit. Il élit sépulture en l'église collégiale du plan près la citadelle. Il confirme sa donation à sa fille aînée Marguerite-Claude, faite en son contrat de mariage avec feu Mathieu de Merle, baron de La Gorce, et y ajoute un legs. Confirmation de sa donation à sa seconde fille Gabrielle-Henriette, faite en son contrat de mariage avec Louis de Jossaud, et addition d'un legs. Legs à sa gouvernante Madeleine Dumont. Legs à son fils naturel Jacques Guyon, à sa sœur Mme de Chiré. Son héritier universel est son fils René-Louis, pour qui il nomme un tuteur (Citadelle de Pont-Saint-Esprit, 11 mars 1728). — 2. Note jointe. — 3. Mémoire de ce que M. de Jossaud peut demander sur la dot de Mlle de La Chevalerie, sa première femme (s. d.). — 4. Déclaration du 27 novembre 1738, signée de Marie Pyniot de Saint-Jal, Julie Pyniot de La Moussière, et René-Louis Guyon de La Chevalerie, sur la consistance de l'actif mobilier de la succession de leur mère ou aïeule Mme de Puichenin. — 5. Lettre de Lyon, prieur de Fontmoron, à Jossaud, à Tarascon. Il a vu M. de La Chevalerie à Poitiers et lui a remis la lettre de Jossaud. C'est un homme doux et poli, qui s'intéresse au nouvel état de Jossaud et à sa fille. Il n'a pas parlé de leurs affaires au prieur (Montmorillon, 4 janvier 1739). — 6. Lettre

de La Chevalerie à son beau-frère Jossaud, à Tarascon, écrite de Paris, 10 septembre 1740. Il n'a reçu du procureur aucun éclaircissement sur le partage de la succession de M. de La Roche-guyon. On a confondu sa créance avec celle de sa sœur de La Gorce. Il est désirable de terminer le procès en cours par arbitrage. Il lui demande sa procuration dans ce sens et embrasse sa nièce. Il loge en face de l'Opéra, rue Saint-Honoré. Il est enseigne aux Gardes. Il lui devra bientôt 10.000 l., mais ne pourra les payer de quelque temps. Si Jossaud veut en passer un contrat de constitution, il sera exact à en payer la rente, et il s'acquittera du capital dès qu'il pourra. — 7. Extrait d'une constitution de 500 l. de rente au capital de 10.000 l. en faveur de Louis de Jossaud par son beau-frère La Chevalerie (Tarascon, 1er mars 1741). — 8. Vente de biens faite par Jacques de Brémond, comme procureur de René-Louis de La Chevalerie, officier au régiment des Gardes Françaises, à Suzanne-Julie et Marie-Gabrielle de La Moussière. Ces biens font partie du lot échu au vendeur dans la succession de Claude d'Anglier, son aïeule (Niort, 24 septembre 1742. — 9. Mémoire des lettres de M. de La Chevalerie (1730-1743). — 10. Lettre de Mme de La Chevalerie de La Gorce à son frère de Jossaud, à Tarascon. Elle le remercie pour ses commissions. M. et Mme d'Hautefort n'osent pas le prier, mais elle le fait à leur place, de leur procurer six pièces d'indienne comme celles qu'il lui a envoyées. Il pourrait bien les apporter dans ses malles. Il ferait ainsi un sensible plaisir à sa sœur. Elle a fini par recevoir un état de toutes les affaires du Poitou. Ils examineront le tout chez elle, à tête reposée. Elle attend son frère impatiemment, avec Mme de Jossaud et la chère nièce (Salavas, 9 août 1744). — 11-12. États de recette, et de revenus à rapporter, provenant de la succession de La Chevalerie (1743-1744). — 13. Consultation délibérée à Paris le 16 septembre 1745. Signature pouvant peut-être se lire : Huchède. Le dernier chiffre du millésime a été surchargé une ou deux fois. Il y a les éléments d'un 4, d'un 5 et d'un 6. — 14. Consultation de Julien et d'Agier (Aix, 15 janvier 1745). — 15. Lettre de Mme de La Gorce à son frère de Jossaud, avec une note financière. Elle lui envoie de l'argent reçu de Paris. Elle compte l'aller voir bientôt et terminer leurs affaires. Elle n'a pas de nouvelles de Poitou, mais ils sauront bientôt à quoi s'en tenir. Elle n'a point d'or. On n'a envoyé que de l'argent « blanc ». Ses enfants ne pourront aller le voir cette année. Les dames étant grosses, elles n'osent se hasarder au voyage (Salavas, 24 mars 1745). — 16. Consultation de Texier (Paris, 19 février 1740). — 17. Projet de partage entre la baronne de La Gorce et son beau-frère de Jossaud. — 18. Articles principaux du testament de Marguerite-Claude Guyon de La Chevalerie, veuve de Mathieu Merle, baron de La Gorce. Legs aux pauvres de Salavas et de La Gorce (en Vivarais), à son laquais Prévôt, à la Dubois, sa femme de chambre, à son fils Louis-Charles de Merle, baron de La Gorce, à sa fille Henriette-Julienne, femme du vicomte d'Hautefort de L'Estrange (Poitiers, 17 juin 1748). — 19. Mémoire sur les lettres de M. de La Chevalerie fils, de Mme de La Gorce et autres personnes, en faveur de M. de Jossaud (1742-1750). — 20. Mémoire pour Jossaud sur la succession de Mme de Puichenin, aïeule commune de Louis de La Chevalerie et de MMmes de La Gorce et de Jossaud (s. d.). — 21. Consultation d'Alison, délibérée à Nîmes, 28 septembre 1759. — 22-24. Copies ou extraits de la transaction passée par M. de Jossaud avec ses neveu et nièce M. de La Gorce et Mme d'Hautefort, au sujet de la succession de M. de La Chevalerie fils, officier aux Gardes Françaises, décédé intestat en 1743 (17 octobre 1753). — 25. Mémoire sur la succession de Mme de Puichenin (s. d.). — 26. Extrait de la ratification de la transaction du 17 octobre 1753, par Jean-Baptiste d'Hautefort, vicomte de Lestrange, baron de Montréal, habitant Largentière (en Vivarais). Acte du 3 novembre 1753. — 27. Extrait de quittance faite par Paul-Joseph-Sabatier de La Chadenède, avocat en la baronnie de La Gorce, procureur du vicomte de Lestrange et de sa femme Henriette-Julienne de Merle de La Gorce, et encore de Louis-Charles de Merle, baron de La Gorce, comte de Vallon, seigneur de Salavas, habitant au château de Montréal. Il a reçu des hoirs de Louis de Jossaud, seigneur de La Motte-Faucon, par les mains et des deniers de Marie-Pierre de Laudun, héritière usufructuaire du défunt, et en présence d'Étienne de Laudun, son frère, héritier foncier du défunt, le complément de 10.000 l., avec intérêts (8 octobre 1759). — 28. Mémoire de l'écriture du conseiller de Maillane (s. d.). — 29-40. Mémoires, notes, états (s. d.). — 41. Minute de lettre de Jossaud, s. d., à son beau-frère. — 42. Projet de composition de la succession mobilière de M. de La Chevalerie, baron de La Gorce, beau-frère de Louis de Jossaud (s. d.). — 43-44. Mémoires (s. d.). — 45-87. Note et quittances de Thérèse Monblet, veuve Joseph, à M. de Laudun, pour les arrérages d'une pension de 300 l. Elle signe les quittances à Tarascon, du 17 août 1769 au 15 août 1816. Après elle, Jean Joseph, son neveu, les signe du 16 août 1817 au 15 août 1824.

B. 1104 (Liasse.) — 165 pièces, papier.

1639-1824. — *Famille de Laudun, d'Aramon. — Les alliances. — Les Jossaud. — Affiliations religieuses. — Chapelle aux Prêcheurs de Tarascon. — Quittances de couvents ou de l'hospice.*

1. Déclaration des Ursulines de Tarascon, assemblées capitulairement. Le contrat de réception, dans leur monastère, de Claire de Jossaud, fille de Pons de Jossaud et de Françoise d'Ayminy, ci-devant religieuse du monastère Notre-Dame et Saint-Honoré de Tarascon, d'où elle est sortie par autorisation du vice-légat d'Avignon ; ce contrat porte que Françoise d'Ayminy a constitué en dot à sa fille Claire 1.500 l., et a été reçu en ce jour par le notaire Astier. La vérité est que la dot n'est que de 1.000 l., en reconnaissance des services de Françoise et de la piété de Claire. Signatures de neuf religieuses (27 octobre 1639). — 2. Consultation de Barral, délibérée à Aix le 21 janvier 1625, pour le notaire Astier. Ses filles ayant fait vœu de pauvreté pourraient néanmoins être capables de pension, les aliments pouvant être légués aux serfs et aux déportés, auxquels sont comparés les religieux, si les pensions sont modiques. — 3-5. Quittances du syndic des Prêcheurs de Tarascon, faites à Louis de Jossaud, puis à Honorée d'Astier, sa veuve, pour arrérages de pension (12 avril 1670-6 août 1682). — 6. Déclaration de sœur Lidwine de l'Incarnation d'Arlhac, supérieure, et des religieuses Ursulines de Tarascon, en faveur d'Honorée d'Astier, veuve de Louis de Jossaud, qui leur a remis un bassin et une aiguière d'argent vermeil, valant 400 l., de l'avis des maîtres orfèvres, en paiement de sa fondation d'une messe mensuelle, en l'église du monastère. Signature d'Honorée d'Astier de Jossaud (23 avril 1699). — 7. Lettre imprimée signée de Joseph Troulhier, sous-prieur du couvent des Prêcheurs de Marseille, datée du 11 août 1712, et adressée au P. Vignal, prieur du couvent des Prêcheurs de Tarascon, pour faire part de la mort du P. Louis de Jossaud, docteur de Sorbonne, leur prieur, survenue le 9 août. — 8-19. Quittances du recteur du collège des Doctrinaires de Tarascon faites à M. de Jossaud pour arrérages de pension (24 août 1710-11 juillet 1739.) — 20-21. Quittances du gardien du couvent de La Motte, près Tarascon, faites à M. de Jossaud (12 octobre-28 novembre 1739). — 22-50. Quittances de l'abbesse du monastère royal Notre-Dame et Saint-Honorat, ordre de saint Benoît, à Tarascon, faites à M. de Jossaud, puis à sa veuve, et signées par Mme de Fénelon, abbesse (9 janvier 1749-12 janvier 1758). A partir de la pièce 32, les quittances sont d'Honorée de Jossaud, pour sa pension annuelle, et contresignées, en partie, par Mme de Fénelon, abbesse (21 juillet 1746-20 décembre 1761). — 51-62 : *Chapelle des Jossaud dans l'église des Prêcheurs ou Dominicains de Tarascon.* — 51. Extrait des mortuaires de Pons de Jossaud, de Françoise d'Ayminy et des enfants de Louis de Jossaud, inhumés dans la chapelle Saint-Loup, en l'église des Prêcheurs (1638-1653). — 52. Compromis ou nomination d'arbitres par Esther de Gueydan, héritière testamentaire de sa cousine Madeleine de Teissier et autorisée par Paul d'Esquirollis, son mari, d'une part ; et Louis de Jossaud, pour lui et comme héritier de ses père et mère Pons de Jossaud et Françoise d'Ayminy, d'autre, au sujet de la chapelle Saint-Loup. Vingt ans auparavant, Madeleine de Teissier avait donné verbalement la chapelle à Pons et à Françoise, avec la sépulture qui s'y trouve, les Prêcheurs consentant. Les Jossaud ont pris possession de la chapelle, ont fait graver leurs armes sur le tombeau et les ont fait peindre à l'autel. Ils y sont inhumés, avec Marguerite ᵉ Sabatier, femme de Louis de Jossaud, leur fils, et deux enfants de Louis, du consentement de Madeleine. Celle-ci a institué pour héritière universelle Esther de Gueydan, qui s'est considérée comme propriétaire de la chapelle et de la sépulture. Pour éviter un procès on nomme des arbitres (Tarascon, 17 avril 1657. — 53. Sentence arbitrale. Jossaud prouvera les faits avancés par lui dans huitaine (18 avril). — 54-55. Enquête et comparant (18-19 avril). — 56-57. Sentence arbitrale et quittance. Jossaud est maintenu en possession de la chapelle et de la sépulture, avec défense aux Esqui-

rellia de le troubler. Les dépens sont compensés. Acquiescement des deux parties. — Quittance de 115 l. donnée à Louis de Jossaud par Esther de Gueydan pour ses droits (Tarascon, 23 avril 1657). — 58. Fondation d'une messe en l'église des Prêcheurs, chapelle du Saint-Rosaire, par Louis de Jossaud (Tarascon, 17 octobre 1678). — 59. Mémoire de la cession, faite par M. de Jossaud, aux sœurs de la Congrégation du tiers ordre de saint Dominique, de la chapelle qui lui appartient en l'église des Prêcheurs de Tarascon, se réservant seulement sa sépulture et le droit d'avoir ses armes sur la porte de la chapelle. Les sœurs pourront faire toutes les réparations qu'elles jugeront nécessaires, et entretiendront la chapelle. Elles prieront, chaque jour d'assemblée, pour la famille de Jossaud (Tarascon, 8 juillet 1746). Signatures de Marie Bracheton, assistante ; de sœur Roudil, mère des novices, et de Rose d'Esquirolis. Approbation et signature de Barrachin, directeur du tiers ordre. — 60. Copie de la sentence arbitrale du 23 avril 1757 et des notes sur lesquels elle se fonde. Dépositions de Conrad d'Ayminy, coseigneur du Mas-Blanc ; d'André Doria, de Pierre de Léotaud, de Marie de Thézan, femme de Balthazar de Gras ; du P. Esprit Panassière, des Prêcheurs de Tarascon ; du P. Vincent Entermet, prêcheur. Cession de la chapelle aux sœurs en 1746 (8 juillet 1746-23 avril 1757). — 61. Mémoire contenant les points sur lesquels M. de Laudun désire être éclairé, au sujet d'une chapelle cédée par Louis de Jossaud aux sœurs du tiers ordre de Saint-Dominique (s. d.). — 62. Consultation de Siméon, délibérée à Aix le 21 mai 1762, sur la dite cession. M. de Jossaud n'a réservé, pour lui et les siens, que la sépulture et le droit d'avoir ses armes sur la chapelle. Tous les autres droits sont transmis aux sœurs. La chapelle et le terrain leur appartiennent. La cession est le titre du droit de sépulture, et d'apposition des armes des héritiers du cédant. Mais ce titre sous seing privé peut s'égarer. Il serait utile de le faire enregistrer par un notaire, en présence des sœurs, qui ne peuvent refuser d'y consentir. — 63-95. Quittances faites par les Observantins de La Motte à M. de Jossaud, puis à Mme de Jossaud, des arrérages d'une pension de 5 cannes d'huile pour la lampe du Saint-Sacrement (4 décembre 1745 — 28 mai 1773). La pièce 95 est s. d. — 96-105. Quittances de la supérieure du monastère de la Visitation de Sainte-Marie de Tarascon, faites à M. de Jossaud, puis à Mme de Jossaud, puis à M. de Laudun, pour arrérages de pension (13 octobre 1748 — 1er octobre 1790). — Suivent des quittances du receveur de l'Enregistrement et du Domaine national, faites à Joseph-François Laudun, représentant les hoirs Jossaud, pour les mêmes arrérages de pension, dus à la Nation comme provenant du ci-devant monastère de la Visitation de Tarascon. Ce sont les pièces 139 et 140, se rapportant aux années 1791 à 1799. Il n'y a pas eu de paiement pour l'an VI et l'an VII, la Nation ayant joui des biens séquestrés de Laudun, réputé émigré (2 vendémiaire an V, ou 23 septembre 1796 — 27 fructidor an IX, ou 14 septembre 1801). — Suivent des quittances faites à Henri-Bénigne Laudun (20 frimaire an XI, ou 11 décembre 1802 — 8 novembre 1824). — A partir de la pièce 145 (28 vendémiaire an XIV, ou 20 octobre 1805), la pension provenant de la Visitation est transférée à l'hospice de Saint-Étienne (Loire). Les pièces 141 et 140 sont des avis. — A partir de la pièce 148 (28 octobre 1807) les quittances sont signées par le procureur fondé des hospices civils de Saint-Étienne, à Tarascon. — 166. Quittance faite par la confrérie des Pénitents Blancs de Tarascon, en l'absence du recteur, pour le paiement anticipé d'un legs de feu Louis de Jossaud, payable après le décès, non seulement du testateur, mais encore de sa femme Marie-Pierre de Laudun. Celle-ci, une des sœurs de la confrérie, l'a payé de son vivant, pour subvenir aux frais de la construction d'un autel, ajoutant aux 100 l. du legs 40 l. de son chef (2 septembre 1759). Sept signatures (trésorier, deux maîtres des cérémonies, maître du chœur, deux maîtres des novices, secrétaire).

E. 1567. (Liasse.) — 2 pièces parchemin ; 77 pièces, papier ; 3 sceaux.

1553-XVIII° siècle. — *Famille de Laudun, d'Aramon. — Les alliances. — Les Raoulx ou Raousset de Laudun.*

1-2. Tableaux généalogiques des Raoulx et des Recordz. — 3. Extrait d'hommage de Jacques et Jean de Laudun au roi (28 août 1553). — 4. Extrait de dénombrement de Jean de Laudun vieux, au terroir d'Aramon (s. d.). — 5. Imposition de pension pour Thomas Raoulx, juge royal de Tarascon

(24 octobre 1555). — 6. Extrait du testament de noble Jean d'Agarn, fils de feu Pierre, habitant de Cavaillon et de Beaucaire. Il élit sépulture en l'église cathédrale de Cavaillon, où son père est inhumé. Legs à sa fille Clémence, à sa fille Catherine, veuve de Jean Montaud, de Beaucaire ; à ses filles Françoise et Jeanne. Ses héritiers universels sont sa femme Madeleine Galian et leur fils Laurent, par égales parts. Madeleine sera tutrice de Laurent. Les exécuteurs testamentaires seront Pierre et Étienne d'Agarn, de Cavaillon. Le notaire est Pierre Jossaud (Cavaillon, 14 mars 1559). Sceau de la cour temporelle de Cavaillon. — 7. Extrait de l'avèrement des biens de noble Simon de Raoulx de Laudun, à Aramon (1565). — 8. Copie d'une ordonnance des généraux sur le fait de la justice et des aides en Languedoc, déchargeant du paiement des tailles les hoirs de dame Étienne de Laudun, veuve de Jean Jossaud, docteur ès-droit, et les hoirs de Jacques de Laudun, d'Aramon, contre les consuls d'Aramon (Montpellier, 14 juin 1572). — 9. Extrait du testament de noble Laurent d'Agarn ou d'Agar, de Cavaillon, habitant Avignon, chevalier du Saint-Père. Il élit sépulture en l'église Saint-Geniès d'Avignon. Son héritière universelle est sa femme, Marguerite de Paul, tant qu'elle vivra sous le nom du testateur, et non autrement. En cas de remariage, elle restituera son héritage à celui de leurs enfants mâles qu'elle choisira, savoir Paul d'Agar, du premier lit, Jacques, Jacôme, Henry, Pierre, Charles, Paul, Jean-François, Jean-Antoine. Les filles sont Madeleine et Catherine d'Agar. Substitutions. Les filles seront dotées par leur mère, qui sera tutrice de tous les enfants (Avignon, 26 mai 1597). Sceau de la cour de Saint-Pierre d'Avignon. — 10. Consultation en latin et en français de Boyer, à Montpellier (s. d.). Les neveux doivent être préférés aux filles. Il y est question de dame Étienne de Laudun. — 11. Inventaire de la production de Jean de Laudun vieux, envoyée à Correnson, procureur des nobles d'Aramon dans le procès qu'ils ont contre les consuls au parlement de Toulouse (s. d.). — 12. Extrait de l'avèrement des biens de Jean de Laudun et de sa femme à Aramon, pour noble Simon de Raoulx de Laudun (1602). — 13. Extrait du contrat de mariage entre noble Charles de Raoulx, de Tarascon, fils de feu Charles, lieutenant au siège d'Arles, et de Marguerite d'Aymar, d'une part, et Suzanne de Laudun, fille de noble Jean de Lau-

dun, fils de Jacques et de Lucrèce de Recordz, d'Aramon, d'autre (Aramon, 1er octobre 1612). — 14. Extrait baptistaire de Simon de Raoulx, fils de Charles et de Suzanne de Laudun (Aramon, 21 janvier 1618). — 15. Extrait du testament de Lucrèce de Recordz, femme de noble Jean de Laudun, malade et alitée. Elle élit sépulture au cimetière de l'église paroissiale d'Aramon, au tombeau de sa maison. Legs à sa fille Suzanne, femme de Charles de Raoussel. Son héritier universel est son mari. Elle n'a pu signer à cause de sa faiblesse (Aramon, 23 novembre 1619). — 16. Extrait du contrat de mariage entre Jean-François d'Agar, fils de feu Laurent et de Marguerite de Paul, d'une part ; et Catherine de Bertandier, fils d'Antoine, docteur en médecine, et de Catherine d'Abeille, de Tarascon, d'autre. Madeleine de Raoulx, femme séparée, quant aux biens, de noble Charles d'Abeille, aïeule maternelle de Catherine, lui fait une donation (Tarascon, 30 décembre 1621). — 17. Quittance faite par Jean de Laudun vieux, premier consul d'Aramon en 1622, à François de Bertrandy, trésorier de la Communauté, pour remboursement d'avances (8 octobre 1623). — 18. Mémoire sur les biens nobles de François de Raoulx de Laudun au terroir d'Aramon (1598-1625). — 19. Hommage prêté devant le commissaire royal pour la liquidation et la recherche des usurpations du Domaine, à Nimes, maison de la Trésorerie, par noble Jean de Laudun jeune, pour son oncle noble Jean de Laudun vieux, et pour Jean de Jossaud, d'Aramon. Sceau portant les armes du roi (7 janvier 1625). — 20. Inventaire de l'aveu et dénombrement baillé devant les commissaires royaux pour la confection du papier terrier du Domaine, à Montpellier, par Jean de Raoulx de Laudun, habitant de Tarascon (s. d.). — 21. Cession d'une créance de 500 l. à prendre sur Jean de Laudun vieux (Montfrin, 16 novembre 1626). Suit une intimation à Laudun. — 22. Achat de censive par Antoine de Raoulx, fils de feu Charles, fait à son cousin André Privat de Molières, d'Arles, héritier testamentaire de Louis de Valence de Fontanilles, son oncle (Arles, 16 janvier 1627). — 23. Continuation de production devant les commissaires royaux par Jean de Raoulx de Laudun, succédant à Jean de Laudun vieux (s. d.) — 24. Dénombrement des biens de Simon de Raoulx, de Tarascon, à lui parvenus au lieu d'Aramon par suite du décès de Jean de Laudun vieux (6 juin 1639). — 25. Certificat de

Just-Louis de Tournon, comte de Roussillon, mestre de camp d'un régiment de gens de pied français, entretenu pour le roi en Italie, portant que Simon de Raoulx, enseigne de M. de Séseras, capitaine audit régiment, fut blessé à l'attaque du 1er août 1639, faite à la ville neuve de Turin, au bras et à la cuisse droite, de deux mousquetades (Camp de Turin, 11 août 1639). — 26. Achat d'une olivette au terroir d'Aramon, fait par Simon de Raoulx de Laudun, d'Aramon, à Louis de Jossaud, de Tarascon (12 août 1643). — 27. Contrat de mariage entre Simon de Raoulx de Laudun, fils de Charles et de feu Suzanne de Laudun, d'une part ; et Marguerite d'Astier, fille de Jean Astier et d'Honorée Demonte, tous de Tarascon (10 décembre 1644). — 28. Échange entre Simon de Raoulx de Laudun et Louis de Jossaud, de Tarascon (7 février 1645). — 29. Avèrement des terres de la Bastide-Vieille, appartenant à Simon de Raoulx de Laudun (1645). — 30. Achat d'un pré fait à la communauté d'Aramon, par Simon de Raoulx de Laudun (18 juin 1647). — 31. Rémission faite par Pierre Elzière, notaire et lieutenant de viguier d'Aramon, à Simon de Raoulx de Laudun, habitant Tarascon, d'un capital de 500 l. sur la communauté de Tarascon (17 août 1647). — 32. Note sur cette cession et sur une autre (22 septembre 1649). — 33. Attestation du greffier du sénéchal portant que Raoulx de Laudun, premier consul moderne d'Aramon, a payé 3 l. pour l'extrait de la procédure du conseiller de Cassagnes sur l'élection consulaire de la présente année à Aramon (Nîmes, 12 juillet 1650). — 34. Compte de Simon de Raoulx de Laudun, premier consul d'Aramon, pour l'emploi d'une somme de 743 l., empruntée pour rembourser des avances faites pour loger six compagnies d'un régiment d'infanterie, du 4 au 14 février 1650-21 janvier 1651). — 35. Compte de fournitures pour la communauté (s. d.). — 36. Compte de M. de Raousset, réglé par lui au pâtissier d'Aramon, pour la communauté, en octobre 1650. — 37. Promesse de payer 637 l. dans un an, faite par Simon de Raoulx de Laudun à son père Charles (Tarascon, 2 janvier 1652). Cancellée en mars suivant. — 38. Extrait des comptes de Simon de Raoulx de Laudun, premier consul d'Aramon, pour le paiement de la compagnie de cavalerie du régiment de Ternes, logée en quartier d'hiver du 16 janvier au 8 février 1651. Comptes clos le 31 janvier 1652. — 39. Mémoire à M. de Raoulx de Laudun, député d'Aramon à l'assemblée de l'assiette du diocèse d'Uzès (18 février 1652). — 40. Carnet de comptes des Raoulx, allant de 1641 à 1659. C'est une sorte de livre de raison de très petit format, de 22 feuillets écrits. Sa petitesse le rend impossible à isoler. — 41. Copie de la vente d'une maison de Tarascon faite par noble Conrad de Raoulx, sieur de Soumabre, à Anne de Raoulx, veuve de René de Barrême, sa sœur (18 mars 1654). — 42. Quittance faite par Marguerite d'Astier, veuve et héritière fiduciaire de Simon de Raoux de Laudun, tutrice testamentaire de leurs enfants, à Pierre Juvenel-Guiraud, maître-apothicaire d'Aramon (14 septembre 1657). — 43. Certificat des élections consulaires des nobles d'Aramon, de 1642 à 1660. — 44. Déclaration de l'intendant de Languedoc portant que Simon de Raoulx, de Tarascon, est exempt de la taxe qui pourrait lui être faite pour le ban et arrière-ban, comme étant né de race noble. (Beaucaire, 18 juillet 1644). Extrait du 11 mars 1663. — 45. Requête de Simon de Raoulx de Laudun aux commissaires de la Chambre souveraine de Montpellier pour les francs-fiefs, en décharge de taxe (17 mars 1663). — 46. Contrat de mariage entre Jean de Raoulx de Laudun, fils de feu Simon et de Marguerite d'Astier, à présent religieuse capucine au couvent de Marseille, d'une part, et Angèle d'Inguimbert, veuve de Michel Grasset, avocat, fille de feu Pierre et d'Anne Reynaud (Tarascon, 27 juillet 1669). — 47. Extrait de l'avèrement des biens ruraux de Simon de Raoulx de Laudun, du 20 octobre 1669. — 48. Aveu et dénombrement de Jean de Raoulx de Laudun, pour ses biens et droits nobles à Aramon, baillé par-devant les commissaires royaux du ressort de la cour des aides de Montpellier, le 20 mai 1672. Signature et cachet armorié. — 49. Ordonnance, sur imprimé, desdits commissaires, portant que ledit dénombrement sera publié, à la diligence de Jean de Raoulx, de Tarascon, à l'issue de la messe paroissiale et à l'auditoire de la judicature royale (Montpellier, 16 mars 1673). — 50-52. Pièces de la procédure (mai 1677). — 53. Lettre de Chambon à Laudun, à Aramon, datée de Montpellier, 26 mai 1677, sur le dénombrement de Raoulx de Laudun. — 54-58. Pièces de la procédure (6 août 1677 — 27 novembre 1678). — 59. Extrait du testament de noble Jean-Charles d'Agar, de Tarascon. Il élit sépulture en l'église Sainte-Marthe. Legs à sa cousine Gabrielle de Villemagne, femme de M. de Jardin : à son frère Victorin d'Agar, à sa femme Madeleine de Paladan, qui sera tutrice de leurs filles Madeleine, Marthe et Catherine, ses héritières universelles (Tarascon, 8 novembre 1678). — 60-61. Ordonnance des commissaires du papier terrier de Languedoc déclarant ruraux les biens de Jean de Raoulx de Laudun, faute par lui d'avoir justifié par titres les droits par lui dénombrés et la noblesse de ses biens. Il est condamné aux dépens (Montpellier, 7 novembre 1678). Suit une signification du 13 février 1679. — 62. Lettre de Despuechs à M. Courtois, pour faire tenir à Mme de Raoulx de Laudun, à Tarascon. Le dénombrement a été jugé, et les biens dénombrés ont été déclarés nobles (Montpellier, 1er octobre 1680). — 63. Lettre de Peyre à M. de Raousset, seigneur de Soumabre, à Tarascon. Il lui envoie copie de l'arrêt obtenu par M. de Molières contre les religieuses du couvent de Sainte-Marie de Tarascon (Les Baux, 27 octobre 1680). — 64. Quittance de la taxe du droit de l'arrière-ban, faite par le commis de l'intendant de Languedoc, sur imprimé, à Mme Angèle d'Inguimbert, veuve de Jean de Raoulx de Laudun et tutrice de leurs enfants. La pièce la qualifie par erreur de tutrice des hoirs de « Simon » de Raoulx (Nimes, 10 janvier 1689). — 65. Décharge de la taxe de 90 l. pour la contribution du ban et arrière-ban, accordée par le sénéchal de Nimes à François de Raoulx de Laudun, fils et héritier de Jean, lequel était fils et héritier de Simon. Il s'agit de l'année 1690, où François servait dans une compagnie franche de gentilshommes commandée par Dupré, de Tarascon, en Provence (3 mai 1692). Sceau. — 66. Quittance de la taxe des ban et arrière-ban faite par Henry Cassagnes, receveur général du Domaine de la Généralité de Montpellier, à Angèle d'Inguimbert, veuve de Jean de Raoulx de Laudun (Nimes, 29 avril 1692). — 67. Lettre imprimée du roi au comte de Grignan, transmise à M. de Raousset de Laudun. Les gentilshommes de Provence se sont rendus avec empressement auprès du comte, pour la sûreté des côtes et de la frontière, sans même en avoir reçu aucun ordre de sa part. Le roi leur en sait très bon gré, et désire avoir une liste de leurs noms (Versailles, 3 septembre 1692). — 68-69. Quittance sur imprimé et déclaration imprimée du roi pour la recherche de la noblesse, avec signification à François de Raousset de Laudun (13 août 1694-17 novembre 1696). — 70-71. Avérement et dénombrement de Simon de Raoulx de Laudun, s. d. — 72. Lettre de Raousset de Laudun à son cousin Laudun père, à Aramon. Affaires (Tarascon, 30 mai 1718). — 73-74. Copies de pièces d'une procédure de Joseph-Gaspard de Raousset de Laudun contre les consuls d'Aramon et François Manivet, acquéreur de la Bastide-Vieille, au sujet de la noblesse de cette métairie (Novembre 1758). — 75. Lettre de Blandau à Raousset, à Tarascon, au sujet de l'affaire du fermier du Domaine contre Manivet (Montpellier, 10 novembre 1762). — 76-79. Pièces sur l'affaire Manivet (1769).

FAMILLE DE LEYRIS.

E. 1368. (Liasse.) — 4 pièces, parchemin.

1289-1347. — *Famille de Leyris des Ponchets ou d'Espanchez, de Génolhac.*

1. Vente faite, le 9 des calendes de février, ou 24 janvier 1289 v. s., par Pierre de Maisono, de Chamborigaud, de *Campo Rigaudo*, à Guillemet de Maisono, fils de feu Pierre, de Tagnac, de *Tanaco*, son neveu, de la moitié d'un grenier, *solerii*, avec ses dépendances, dont l'autre moitié appartient à l'acquéreur et aux enfants de feu Guillaume de Maisono. Mention de Bertrand de Tagnac aux confronts. Le prix est de 12 sols tournois. Les lods sont faits par Gervais Blau, *Blavi*, damoiseau. L'acte est passé à Portes, *ad Portas*, dans la maison de Guillaume de Charnis. Les témoins sont Étienne de Banson, Jean Costarelli, Étienne du Solier, Jean de Bozens, Pierre d'Argentelos. Le notaire est Guillaume de Charnis, notaire de noble et puissant Guillaume de Randon. Guillaume de Charnis jeune a fait l'extrait, et signé la charte de son seing. — 2. Acte du début du XIVe siècle, dont manque le commencement. Déchirures. Mouillures. Un des premiers noms qu'on peut lire est celui du château de Verfeuil, *castro de Viridifolio* (1). Mention d'un pré appelé de L'Escalier. Le procureur du seigneur de Verfeuil cède à Béranger de Verfeuil un droit dudit seigneur. Il est question de lods faits par ledit seigneur. Mention du fossé ou rempart du

(1) J'en ai publié un inventaire mobilier du XIVe siècle dans le *Bulletin archéologique du Comité des Travaux historiques*, année 1886, pages 243-248. Il appartint à : pape Urbain V.

château, et d'un pont sous le château. Un peu plus loin on peut lire les deux noms du preneur, Bérenger Étienne. Il s'agit d'un casal confrontant le fossé du château. Mention de Jean Saborin, de Coudoulous. Bérenger reconnaît tenir encore du seigneur une terre sise au pré des Clapouzes. Mention d'un damoiseau ; d'un *caput resclausum* ou prise d'eau de moulin au terroir du Mas d'Aleyrac. Guillaume de Verfeuil, chevalier, défunt, était le père de Bérenger. Jean de Verfeuil, chevalier, est à présent seigneur du château. Le 17 des calendes de mai, ou 15 avril 1257, Guillaume de Verfeuil, chevalier, surnommé Sarrazin, qui *alio cognomine vocar Sarracenus* (1), reconnaît, d'après un texte inséré à l'acte, à Jean de Verfeuil, chevalier, tenir à fief franc et honoré « *duos menses et unum dimidium mensem* (2) », contre la tour du château de Verfeuil, *in turrim castri*. Le droit de Guillaume paraît mesuré par le jet d'une petite pierre autour de la tour : ....*manu unum lapidem parvum circà dictam turrim desuper turrim, vel,.....projici unum lapis parvus ab aliqua alia persona.* Les mouillures interrompent le texte fréquemment. L'acte inséré est passé au collet (petit col) du mas de La Vernède. Étienne de Chausse, *de Chaucio*, chevalier, Raimond (*déchirure*)... du Villar, Jean de Bonijols, Bertrand Papion, sont témoins. Le notaire est Raimond Vayret. Le seigneur de Verfeuil pourra bâtir, nonobstant les deux manses et demi, construire les clôtures et les issues des bâtiments. Le procureur du seigneur de Verfeuil promet à Bérenger Étienne que noble homme Guillaume de Nogaret lui donnera sa ratification à sa réquisition. On convient encore que, lorsque Bérenger aura fait sa reconnaissance au seigneur de Verfeuil, il ne sera tenu de la refaire qu'à la mutation de seigneur ou de vassal. L'acte est passé dans la chapelle du château de Verfeuil. Témoins dont les noms peuvent se lire : Raimond Mahistre,.... Guillaume Nicolas, maître ... Dupuy, notaire. Le notaire est Pierre Reboul, qui fait la grosse. Au dos, suscriptions anciennes, dont une en provençal : *Del prat de las Claposas, que es el vallat riéu Valmale de Chausse.* Une autre en latin, moins lisible, indique une convention entre Bérenger de Verfeuil et le seigneur de Verfeuil. La fin de cet acte mutilé,

(1) Souvenir d'une croisade.
(2) Ces expressions font penser aux *mansi integri, medii et dimidii* des carolingiens et des capétiens.

si précieux pour l'histoire de la région montagneuse de Chamborigaud, indique Guillaume de Nogaret comme seigneur de Verfeuil. Il en résulte que la date doit être comprise entre 1304, année où Philippe-le-Bel fit assigner des rentes à Guillaume sur les terres de Portes, entre autres, et 1313, année de la mort de Guillaume. — 3, Donation du 19 février 1324 v. s., sous l'épiscopat de Guillaume, évêque d'Uzès. Jean Itier, fils de Raimond et d'Astorge Vayret, sachant que Guillaumette Vayret, son aïeule maternelle, a vendu jadis à Jean Motet, de Malithères, une part d'un pré indivis avec les héritiers de maître Bertrand Vayret, suivant acte passé par le notaire Guillaume Falcodi, ce pré confrontant les terres du Mas du Solier, la rivière d'Amol (ou d'Homol), et des terres communes ; Jean Itier, adjudicataire du cinquième de la moitié du dit pré, par sentence de Guillaume Teissier, juge de la Cour commune des seigneurs de Génolhac (1), donne sa part du pré à Jean Motet. L'acte est passé à Génolhac, chez le notaire. Témoins : Gaucelme Aymon, Gaucelme de *Amalencha* (hameau devenu Malenche), clerc ; Pons Albergier, de Génolhac. Le notaire est Jean de Rasiel, notaire de l'évêque d'Uzès, recevant l'acte à la demande de Jean Itier et de Jean Motet, de Malithères. Il met son seing. — 4. Acte du 20 janvier 1345 v. s. Jean Salzet, fils de feu Jean, du mas ou hameau des Ponchets, *de Punchetis*, paroisse de Sainte-Cécile-d'Andorge, vend à Étienne Chabrier, des Ponchets, deux pièces de terre. Mouillures. L'acte est passé au mas ou hameau de Coudoulous, *Codolos.* Témoins : Bernard Fabre, Jean Mathieu, de Valmale ; Bernard Dumas. Le notaire est feu Jean de Coudoulous. Après sa mort, la grosse est faite par Pierre Reboul, notaire royal, qui met son seing. — A la suite, autre extrait de Pierre Reboul. Le 12 avril 1347, Jean Salzet, du mas des Ponchets, vend à Pierre Chabrier une autre pièce de terre sise au lieu dit : *El Pla* (Le Plan), et complantée de châtaigniers. Il lui vend une autre châtaigneraie appelée : *El Brossas* (Les Brousses), pour une moitié indivise avec Jean d'Espinasse. Noble Guillaume de *Montealto,* ou de Montaut, a la directe. Le prix est de 25 sols tournois. Acte passé à Coudoulous. Témoins : Jean Chabaud, Étienne Ruffi, de La Coste, et Guillaume de Ladevèze. Le notaire est feu Jean de Coudoulous.

(1) L'évêque d'Uzès et la maison de Randon.

E. 1502. (Liasse.) — 4 pièces, parchemin.

1361-1389. — *Famille de Leyris des Ponchets ou d'Esponchez, de Génolhac.*

1. Acte du 16 décembre 1361, jour des assises de la cour commune de noble [Raimond] de Nogaret, chevalier, seigneur de Calvisson, Manduel et Verfeuil, et de noble Raimond de Montaut. Comparaît en la cour, devant Pons Jean, juriste, le prêtre Jean Ducamp, frère et procureur de Bernard Ducamp, du bas Chausse, paroisse de Notre-Dame de Chausse (1). (Déchirure interrompant six lignes). Jean demande que son frère soit absous judiciairement. Mention de noble Jean Raimond, baile de la cour et du mandement de Verfeuil pour Raimond de Nogaret. Pons Jean, juge de la cour commune, vise l'enquête contre Bernard Ducamp, transcrite à l'acte, et datée du 8 novembre 1357, sous le pouvoir de Guillaume, comte de Beaufort. On y lit que la cour commune de Raimond de Nogaret et de Raimond de Montaut fut informée du délit de Bernard Ducamp, qui avait tracé des sentiers dans des terres ne lui appartenant pas, malgré les défenses publiées à ce sujet par la cour, à peine de 60 sols tournois. Il fit ainsi un chemin, pour lui et son bétail, dans une châtaigneraie de Jean Brun, de Valmale, appelée : *E las Selvas,* où il passait avec des chèvres, des porcs et des vaches au temps de la récolte des châtaignes, en allant fréquemment du mas ou hameau du Camp au mas ou hameau des Ponchets, causant des dommages à Jean Brun. Il traça aussi un chemin, dans des conditions analogues, chez Jean Reboul, en traversant les châtaigneraies appelées : *E las Tremoledas* et *El Bes.* Le juge vise les explications de Bernard Ducamp et les attestations de ses témoins. Il le déclare non coupable, quoique absent, et lui donne absolution. La sentence est rendue à Coudoulous, contre la maison de feu Pierre Ducros. Témoins : Pierre Verdeillan, Guillaume de Bellepoile, Pierre Régis, Guillaume Arnald, Pierre de Gausal, le prêtre Étienne de Clerguemort, Jean de Tagnac, etc. Le notaire est Pierre ...... (patronymique emporté) qui appose son seing. — 2. Concession de passage d'eau faite, le 7 février 1370, sous l'épiscopat de Guillaume, en Gévaudan. Jean Brun, du mas ou hameau de Valmale, paroisse de N.-D. de Chausse, autorise Jean et Guillaume Mathieu, père et fils, à prendre, pour leur jardin, l'eau du ruisseau de La Devèze, sous ses terres appelées : *E Soberargues,* et à la conduire jusqu'au ruisseau de *l'Aponarié,* à travers ses terres, *prout est holatum,* depuis le chef de leur terre de La Devèze jusqu'au chef de leur terre de *l'Aponarié,* sises à Valmale. Ils pourront recueillir toute l'eau découlant de ses terres au-dessus de leur maison, de manière qu'elle n'occasionne aucun dommage à leur *chaminasio* ou chemin, ou à leurs maisons de Valmale. La directe de la prise et du passage de l'eau appartient à noble Blavette de Verfeuil, et comporte une censive de 4 deniers tournois, qui sera défalquée d'une autre censive que Jean Brun paie à Blavette pour les terres qu'il tient d'elle. L'acte est passé à Coudoulous, contre la maison de Pierre de Coudoulous. Témoins : Astorge Dupuy, Gaucelme Gilles, Pierre Borne, Guillaume *de Equali.* Le notaire est Pierre Virgile, exerçant, par autorité de l'évêque, dans la ville et le diocèse de Mende. Pierre Régis, clerc juré et substitut du notaire, a extrait la grosse, qui porte le seing de Pierre Virgile. — 3. Acte du 22 octobre 1382. Sous l'épiscopat de Martial, évêque d'Uzès, Jean [Brun], de N.-D. de Chausse, déclare que Guillaume Mathieu, des mêmes hameau et paroisse, (déchirures ne laissant subsister que la mention d'un moulin). Jean Brun concède à Guillaume Mathieu la faculté de posséder de nouveau un canal ou *trenquatum* dans sa terre de Soubeyrargues, contenant châtaigneraie et confrontant Guillaume de trois côtés. La directe appartient à Blavette de Verfeuil. Bernard Castanier, notaire, procureur de Blavette et son baile, fait les lods à Guillaume Mathieu. L'acte est passé sur la terre de Soubeyrargues. Témoins : Jean des Vignes vieux, Raimond *de Equali,* Jean Bonald, tisserand, habitant la paroisse de Chausse. Le notaire est Bernard Castanier, par autorité impériale. Jacques Deville, son substitut, extrait la grosse, qui porte le seing de Bernard Castanier. — 4. Acte du 1er mai 1389. Fortes mouillures au début. Il s'agit de la vente d'une pièce de terre faite par Michel Tornèbe, tailleur de Génolhac, à Bertrand Possolle, du dit lieu. Le nom du seigneur qui a la directe

(1. Devenue la commune de Chamborigaud, Gard.

est effacé. L'acte est passé à Génolhac, chez le notaire. Témoins : Raimond Reuvière, de Tarabias ; Pierre André, Pierre Blitgier, de Valborgne, paroisse de Saint-Victorin de Villefort ; Barthélemy Traversier, forgeron. Le notaire est Gilles Oylard, par autorité épiscopale, qui appose son seing. — Suit un acte du 9 mai 1389. Noble Astorge Dupuy, baile de Verfeuil pour Grimoard, seigneur de Grizac (1) et de Verfeuil, averti de la vente précédente, en fait les lods. Dans cet acte, « Tornèbe » devient « Torreyn » et « Pessolle » devient « Pessol ». Le notaire Jean Doladilhe extrait la grosse et appose son seing.

E. 1510. (Liasse.) — 4 pièces, parchemin.

1396-1432. — *Famille de Leyris des Ponchets ou d'Esponchez, de Génolhac.*
1. Transaction de mars 1396. Toute la partie gauche est rongée. Mouillures. Déchirures en haut à droite. Mention du mas de Tagnac, paroisse de N.-D de C[hausse.] Mention de Jeannette, femme du demandeur, au nom illisible ou disparu. Mention de Jean de .... catis, de la même paroisse, défendeur, d'autre part. Mention d'une fontaine, *la font dels Conorts*, située à la cime d'un pré de Jean. Arrosage dans la semaine, règlementé par des arbitres. Le notaire est Jean Virgile. — 2. Transaction passée à Valmale, au XIVe siècle, entre Guillaume Mathieu, Jean des Vignes et Guillaume Plantier. Le notaire est Jean Virgile. De fortes mouillures ont effacé le texte dans le haut et à droite. Le baile et procureur des terres et châteaux de Grizac, Belgarde et des Ponchets, pour Auglic Grimoard, approuve la transaction et fait les lods à Jean des Vignes, Guillaume Mathieu et Jean Plantier, les investissant par une poignée de mains. L'acte est passé chez Jean Brun. Témoins : le notaire Castanier, Guillaume de *Equali*, Raimond Dominique, des Ponchets. Seing de Jean Virgile. — 3 Donation faite par Jeannette, veuve de Jean Arnald, à Antoine Bladier et à sa femme Joyeuse, le 20 janvier [13]60 v. s. Une forte déchirure en haut à gauche a emporté la première moitié du millésime. Autre déchirure à droite. La dona-

(1) Lieu de naissance d'Urbain V.

trice se réserve l'usufruit des biens donnés. Mention de sa maison d'habitation appelée *La Viela*. Détail de ses réserves. Elle donne à sa fille Catherine 2 l. t. que lui paieront les époux donataires. Substitutions. L'acte est passé à Salveplane. Témoins : Bertrand Jourdan, licencié en décrets ; Guillaume Ami, prêtre ; Jean et Raimond Chapon frères ; Privat Palmier. Le notaire est Raimond Passebois, *Passaboso*. Le 2 février de la même année, noble et puissant Grimoard Grimoard, seigneur des châteaux de Grizac et de Verfeuil et de leurs mandements, fait les lods des biens de sa directe, dans l'hérédité de la donatrice, à Antoine Bladier et à sa femme Joyeuse. L'acte est passé dans la cour [du château] de Verfeuil. Témoins : Jean et Raimond Chapon frères. Même notaire. Après sa mort, Pierre Escalier, comme lui notaire par l'autorité épiscopale de Mende, extrait la grosse et y appose son seing. — 4. Vente faite, le 5 décembre 1432, sous l'épiscopat de Bertrand, évêque d'Uzès, par Guillaume Gaspar, dit Coste, habitant de La *Lucarié* de Chambovernès, et par Antoine Barral, sa femme, de la paroisse de N.-D. de Sénéchas, *Chaneschacio*, diocèse d'Uzès, à Bernard [Filhol], habitant de Dieusse, même paroisse, de tous leurs droits et possessions dans le [hameau ou] mas de Tagnac et ses dépendances. La directe appartient aux seigneurs d'Alais et de Grizac. Le prix est de 9 moutons d'or de bon cours et de bon poids au coin de Montpellier. L'acte est passé à Dieusse, dans la maison de Dumas, où habite Bernard Filhol. Témoins : ledit Bernard, Jean Filhol. Le notaire est Pierre Thomas, clerc, par autorité épiscopale. La grosse est faite par un substitut et porte le seing de Thomas. Mouillures en haut.

E. 1511 (Liasse.) — 3 pièces, parchemin.

1462-1501. — *Famille de Leyris des Ponchets ou d'Esponchez, de Génolhac.*
1. Fragment d'un long rouleau de parchemin contenant deux peaux et demie et quatre actes de 1462 pour Guillaume Baldit, marchand de Génolhac. — *Premier acte.* Il est rongé à droite. Mouillures. C'est la fin d'une vente de terre faite à Guillaume Baldit par deux époux, noble Yvon

Caladon et Catherine *de Verno* ou de Vern. L'acte est passé à Génolhac, dans la maison de noble Maurice de Laboulaye, *de La Boleya*. Témoins : ledit Maurice, Antoine de Laboulaye, son fils ; Pierre Quet, de La Felgère ; Jean Bonald, de Dieusse. Le notaire est Jean Gilles, par autorité royale. C'est Bernard de Mélarède, son clerc, qui fait la grosse. Seing de Gilles. La date était au début de l'acte. — *Second acte.* Le 7 avril 14[62], noble Yvon Caladon, de Génolhac, pour lui et sa femme Catherine de Vern, reconnaît avoir reçu de Guillaume Baldit, marchand de Génolhac, 8 l. 5 s. tournois, pour prix d'une pièce de terre sise au terroir de Martin. — *Troisième acte.* — Forte mouillure à droite. Le 30 avril 14[62], Pierre Baldit, dit Viane, prêtre de Génolhac, prieur des chapellenies des saints Michel et Catherine, en l'église paroissiale, sachant l'acquisition faite par Guillaume Baldit d'une terre au quartier de Martin, confrontant la rivière d'*Amol* (1), suivant acte du 7 avril ; terre que l'acquéreur désire rétablir en prairie en utilisant l'eau de la rivière, au moyen d'une ou deux rigoles qui ne peuvent être faites sans l'autorisation du prieur des dites chapellenies, car il faut un passage à travers un pré des chapellenies appelé *Lo prat de la cappella de Nas de Corn* ; le prieur, considérant l'avantage que lui procurera le passage de l'eau de l'Homol et du ruisseau *de Las Salelas*, donne l'autorisation nécessaire à Guillaume Baldit. Détail des conditions dans lesquelles on établira le passage de l'eau. La directe appartient au seigneur de Grizac à cause de la baronnie de Verfeuil, dont dépend le pré de *Nas de Corn*. Acte passé à Génolhac, sur l'étude, *supra tabularium*, du notaire Jean Gilles. Témoins : Vidal Bastide, notaire ; noble Antoine de Laboulaye, Pierre Cerisier, hôtelier de Génolhac ; Jean Bondurant, de Malilières. Le notaire est Jean Gilles, qui appose son seing. La grosse est faite par son clerc Bernard de Mélarède. — *Quatrième acte.* Le 11 juillet 1462, Antoine Rouvière, prieur de Saint-Andéol de Clerguemort, *de Clerico Mortuo*, diocèse de Mende, comme procureur de noble et puissante Isabelle Grimoard, dame des châteaux de Grizac et de Verfeuil, épouse de noble Jean de Peyrefort ou de Ganges, fait les lods à Guillaume Baldit,

pour le passage de l'eau de l'Homol et du ruisseau des Salelles à travers le pré des chapellenies de Saint-Michel et de Sainte-Catherine appelé *de Nas de Corn*. Acte passé à Génolhac, dans la maison de Guillaume Baldit. Mêmes notaire et clerc. — 2. Fin d'un rouleau de parchemin composé primitivement de quatre peaux, et dont il manque la première. Il s'agit d'une transaction dont la peau manquante faisait connaître la date et les parties intéressées. Écriture du XIVe ou du XVe siècle. Nous avons toutes les clauses de la transaction mais non l'exposé des prétentions des parties, qui précède toujours les clauses. Les parties conviennent d'abord que Messire Claude Eude ratifiera les échanges intervenus, ce qu'il fait. Claude Rieutort, comme héritier, devra satisfaire aux demandes fondées du prêtre Claude Eude, son oncle, et y satisfait, en lui cédant une maison avec casal, sise à Génolhac, aux Aires, confrontant Isabelle André, veuve de Claude Robert ; le pré de Jean Célas, marchand : ensemble les terres d'Antoine André, Jean Ferrari et Jeanne André. Il lui donnera ensuite une autre terre au terroir des Salelles ou *En Chalvet*, confrontant noble Simon de Vern, seigneur de Saint-Julien-de-Cassagnas, au nom de sa femme Françoise de Laboulaye, ensemble le bois *deviziati de Novalibus*, ou devézial de Nouveaux. Mention du chemin allant de Génolhac à Nojaret, *de Nogareto*. Viennent ensuite les cessions faites par le prêtre à son neveu. Mention du *serre* ou montagne de *Caguaferre*. Cessions faites par lui à Claude Rieutort, Antoine André, Jean Ferrari et Jeanne André. Témoins : Antoine de Georges, Pierre Fabre, licenciés en droits, avocats de Nimes ; noble Pierre de Mézerac, seigneur de Mézerac, régent du Randonnat pour le vicomte de Polignac, *de Podompniaco* ; Antoine Ducros, de Génolhac ; maîtres Maurice Rochier, de Villefort ; Étienne Fustier de Folcherand ; Étienne Ferrand, des Vans, *de Vannis*, notaires publics ; Pierre Argenson, hôtelier ; Raimond Costier, marchand ; Jean Miron, de Génolhac. Le notaire est Armand Paulhan, notaire par autorité royale et autorité apostolique à Génolhac. Il termine par l'incipit et l'explicit de chaque peau de parchemin et appose son sceau. — 3. Transaction du 6 mai 1501, entre Pierre André, sa femme Louise Boucle et leur fils Antoine André, d'une part, de Génolhac, et Pierre Rove, dit Blachas, d'autre, de

(1) Nom roman de la rivière d'Homol.

Génolhac. Blachas avait acquis des premiers une pièce de terre contenant pré et herme, au quartier de Simonnet. L'acte est passé aux Aires de Génolhac, *secus virgultum episcopalem*, près des osiers de l'évêque. Témoins : noble Antoine de Laboulaye, damoiseau ; Antoine Chamier, Claude Robert, Guillaume Blanc, *Albi* ; Pierre Robert, habitants de Génolhac. Le notaire est Pierre Meynadier. Après sa mort, le notaire Gérald Gautier, subrogé à ses protocoles par le sénéchal, extrait la grosse et appose son seing. Déchirures.

E. 1512. (Liasse.) — 4 pièces, parchemin.

1505-1541. — *Famille de Leyris des Ponchets ou d'Esponchez, de Génolhac.*
1. Acte de février 1504 v. s., la date du jour emportée. Mouillures et déchirures. Pierre Peladan aîné, originaire du mas de La Vernède, paroisse de [Sainte-Cécile] d'Andorge, vend à Mathieu Pantostier, tisserand, habitant Les Ponchets même paroisse, une pièce de terre en châtaigneraie et chênaie, sise à la vue des Ponchets, au quartier *del Avers*. Prix : 7 l. 10 s. t. L'investiture a lieu par tradition d'une plume du notaire. L'acte est passé aux Ponchets, dans la cuisine, *foccanea*, de la maison de Jean Ozilis et de Jeanne Ozilis, sa sœur, femme du vendeur Pierre Peladan. Témoins : Antoine Boquet, de Champchabrier ; Jean Ozilis, Jean Felgayroles, de La Vernède ; Antoine Nogaret, des Ponchets, et Antoine d'Autun, *de Autumno*, clerc, notaire royal. — La même année, le 13 mars, les lods sont faits par noble Pierre de Solatisses, régent de la juridiction de la baronnie de Verfeuil, et procureur de noble Pierre Tubière, dit Grimoard, seigneur de la baronnie de Verfeuil et des Ponchets, suivant procuration reçue par Louis de Prolhe, notaire royal, le 3 mars 1504 v. s. L'acte des lods est passé dans la cour du château de Verfeuil. Témoins : André Paulet, *de Radice*, ou de La Racine, paroisse du Collet [de Dèze] ; Guillaume Chapon, de Chalraze ; Jean Radulphe, *de Podio*, ou du Puech, paroisse de Saint-Andéol de Clerguemort ; Antoine Girard, du mas *de Vilario-Ponsonenco*, paroisse de Saint-Frézal *de Ventholono*, diocèse de Mende. Le notaire est Antoine d'Autun, qui appose son seing sur la grosse. — 2. Acte du 11 décembre 1508. Damoiselle Si[monde] de Solatisses, dame de La Genestière, habitant Serverette, diocèse de Mende, instruite par le notaire d'une vente passée à Jean Filhols, de Dieusse, paroisse de Sénéchas, par Louis Robert, clerc, d'une terre contenant châtaigneraie et pré, sise au terroir de Dieusse, quartier *del Rausié*, en fait les lods. Elle agit en qualité de tutrice de noble Claude Merle, son fils, seigneur d'Alteyrac, Sénéchas et La Baume. L'acte est passé à Génolhac, dans la rue, devant l'entrée de la maison de noble Françoise de Laboulaye, *de Boleys*. Noble Antoine d'Altier junior, seigneur du Champ ; Antoine Gilles junior, de Tarablas ; Pierre Filhols, de Dieusse ; Guillaume Rieutor, de Montseigne, *de Montecetiquo*, sont témoins. Le notaire est Antoine Bastide. — 3. Acte du 3 octobre 1538, faisant connaître une procédure ayant abouti à la levée d'une hypothèque sur un champ du quartier des Aires, à Génolhac, grevé au profit du couvent des Frères Prêcheurs. Le syndic du couvent, Pons de Via, peut enfin acquérir, des frères Sabatier, la terre en question, moyennant 34 l., 15 s. 4 d. tournois. L'acte est passé à Génolhac, dans le cloître du couvent, devant l'autel de Saint-Blaise. Le notaire est Claude Maméjean. — 4. Acte du 29 décembre 1541. Les mariés Raimond Chapon et Catherine Plantier, des Ponchets, paroisse de Sainte-Cécile d'Andorge, échangent des terres avec deux autres couples. L'acte est passé à La Vernède par le notaire Claude Aurus, de Génolhac, qui s'est rendu chez les contractants.

E. 1513. (Liasse.) — 8 pièces, parchemin.

1543-1560. — *Famille de Leyris des Ponchets ou d'Esponchez, de Génolhac.*
1. Testament d'Antoine Bertrand, de Génolhac, du 18 novembre 1543. Mention de Pierre Robert, prêtre de l'église Saint-Pierre de Génolhac. Le notaire est Jean Laurens. — 2. Acte dont le début est effacé. Il s'agit d'une donation entre vifs faite par Étienne André à sa nièce Jeanne Ferrand. L'acte est passé à Génolhac dans le couvent des Frères Prêcheurs, en présence de Jean Bastide, docteur en théologie, prieur du couvent. Le notaire est Claude Aurus (vers 1546). — 3. Acte du 5 octobre 1550, portant contrat de mariage entre Jean Ollier, de Dieusse, et Françoise Reboul, du.

Chambon. L'acte est passé à Diousse, chez le futur, en présence de Jean Reboul, clerc du Chambon, d'André Robert, prêtre de Sénéchas, etc. Le notaire est Jean Laurens. — 4. Quittance pour Pierre Bertrand, de Lermet (4 octobre 1452).— 5. Contrat de mariage entre Antoine Vignes, de Nogaret, paroisse de Castagnols, et Marguerite Trobat, du même lieu. Date partiellement emportée. L'acte est passé à Génolhac, dans la maison claustrale. Vidal Ferrand, prieur du couvent des « Jacopins », est témoin. Le notaire est Laurens. Parchemin rongé à gauche (1554). — 6. Quittance pour les mariés Barthélemy Vignas et Catherine Pantostier, des Ponchets. Forte mouillure à droite. Le notaire est Antoine Bonafous (1558). — 7. Acte de février 1559 v. s., rongé à gauche. C'est une quittance pour Pierre Bertrand, de Lermet. Jean Laurens, notaire. — 8. Acte du 27 septembre 1562, rongé à droite. C'est une quittance dotale faite par Thibaut Riblère à Pierre Bertrand, de Lermet, son beau-père. Le notaire est Guillaume André, de Génolhac.

E. 1514. (Liasse.) — 8 pièces, parchemin.

1567-1576. — *Famille de Leyris des Ponchets ou d'Esponchez, de Génolhac.*
1. Acte du 6 août 1567, rongé à droite et au début. Quittance de droits paternels, maternels et fraternels, faite par N.... Bertrand, fiancée de Thibaud Rivière, pour l'héritier futur de ses père et mère Pierre Bertrand et Marguerite Guibal, à raison de sa constitution de dot. L'acte est passé à Lermet, par le notaire Guillaume André, de Génolhac. — 2. Acte du 10 novembre 1567, rongé à gauche. C'est le testament de Bernard Bonnet, de Génolhac. Mouillures. Le notaire est Vitalis Bastide. — 3. Testament de Jacques Coste, de Crouzas, paroisse de Chausse, du 16 juin 1568. Il s'en remet pour ses funérailles à Jeanne Leyris, sa femme. Legs à leurs enfants Antoine, autre Antoine, et Catherine, ses héritiers particuliers ; Florette, épouse Antoine Lyonet, de Saint-Ambroix, et Simone, épouse Antoine Leyris, de Chamborigaud, ses héritières particulières. Legs aux pauvres. Son héritière universelle est sa femme, à la charge de rendre l'héritage, quand il lui plaira, à leurs fils,

par égales parts. L'acte est passé à Crouzas, chez le testateur. Jean Constant, docteur en médecine, de Génolhac ; Claude et Jean Leyris, de l'Apostoly, sont témoins, ainsi que le serviteur du médecin, et deux frères du testateur. Le notaire est Pierre Archier, de Génolhac. — 4. Achat du 9 juin 1575, fait à Claude Ollier, de Diousse, par Jean Leyris, marchand de Génolhac, d'une châtaigneraie sise à Diousse, quartier de Panassoles. L'acte est passé à Génolhac chez Jean Conort, de Diousse, par le notaire Raimond Laurans. — 5. Acte du 30 octobre 1576, rongé à gauche. C'est un échange de terres entre le même Jean Leyris et Maurice Ollier, de Diousse. Génolhac, même notaire. — 6. Acte du 4 novembre 1576. Antonie, fille de Pierre Bertrand, de Lermet, et femme de Robert André, de Planzolles, paroisse de Ponteils, en considération de la dot et légitime reçue de son père, et dont le détail est donné, délaisse à l'héritier éventuel de son père, ses biens paternels, maternels et fraternels. L'acte est passé chez Bertrand. Maurice Maurin, marchand de Génolhac, Jacques « Daydé », couturier de Concoules (1), sont témoins. Le notaire est Jean Laurens.

E. 1515. (Liasse.) — 5 pièces, parchemin ; 1 pièce, papier.

1576-1579. — *Famille de Leyris des Ponchets ou d'Esponchez, de Génolhac.*
1. Achat du 10 décembre 1576, fait à Jean Vidal, fils de Claude, de Diousse, par Jean Leyris, marchand de Génolhac, d'une terre au *Prat de la Font*, ou *de Galato*. Acte passé à Génolhac, par le notaire Raimond Laurans. — 2. Contrat de mariage entre Pierre Bertrand, fils d'autre Pierre, de Lermet, et Isabel, fille de Jean Poalal (ou Pialat), du diocèse de Mende, paroisse de Frugières, et de Claude Bresson, mariés, de « La Sepedole ». L'acte est passé chez les parents de la future, à La Sépédèle, par le notaire Guillaume Folchier. Guillaume Bresson, baile du lieu, est un témoin. — 3. Achat du 17 août 1577, fait à Jean Cartier, de Pourcharesses, paroisse de Sénéchas, par Jean Leyris, marchand de Génolhac, d'une terre à Pourcharesses, quartier nommé *Lou Clauselet*, plantée en châtaigniers. L'acte est passé à Géno-

(1) Ascendant de la famille d'Alphonse Daudet.

hac, par le notaire Jean Laurens. Mention de trois témoins ne sachant écrire. — 4. Acte du 17 juin 1578. Début effacé. Antoine Théron, de la paroisse de Sainte-Cécile d'Andorge, vend à André Vignes un pacte de rachat. Mention du baron de Portes pour ses droits de lods. Une estimation est faite par André Leyris, de la Blachère, et Antoine Leyris, des Ponchets, prud'hommes commis respectivement par les parties, de la plus value et autres droits. L'acte est passé à Chamborigaud, par Raimond Lauteyrès, notaire. André et Jean Leyris, frères, du Puech, sont témoins. Ceux qui savent écrire ont signé. — 5. Contrat de mariage du 27 juin 1579, entre Raimond Ollier, de Diousse, et Antonie Benoît, de la paroisse du Collet de Dèze, diocèse de Mende. Mouillures et mauvais état du papier. Acte passé à Chamborigaud, par le notaire Lanteyrès. — 6. Achat du 19 septembre 1579, fait à Claude Ollier, de Diousse, par Jean Leyris, marchand de Génolhac, de tout droit de plus value sur une maison de Diousse appelée *La Fogagne*, vendue à Leyris le 9 juin 1575 (Cf., la pièce 4 de l'article E. 1514). Acte passé à Génolhac par le notaire Guillaume André.

E. 1516. (Liasse.) — 5 pièces, parchemin ; 1 pièce, papier.

1580-1591. — *Famille de Leyris des Ponchets ou d'Esponchez, de Génolhac.*

1. Articles de Jean Vidal, impétrant lettres royaux et demandeur contre les hoirs de Jean Leyris. Le 31 janvier 1580 Vidal aurait été induit, sous menaces, par Leyris, à lui passer vente de la terre de l'Ort del Mas et de la châtaigneraie du *Prat de la Font*. Il n'a jamais été payé de la terre, et demande la rescision des deux ventes pour vilité de prix (s. d.). — 2. Bail en paiement fait par Antoine Arnal, de Castagnols, comme débiteur de Raimond Leyris, marchand de Génolhac, à son frère Jean Leyris, marchand dudit lieu. Pour éteindre partiellement sa dette, il lui vend son domaine du Mas Pagès, sis à Castagnols, moyennant 80 l., payées à l'acte en obligation et argent. Arnal donne aussi la plus value. L'acte contient une réserve de rachat dans huit ans. Il est passé à Génolhac par Guillaume André, notaire, le 2 juin 1584. — 3. Achat fait à Pierre Bertrand, de Lermet, comme débiteur de Jean Leyris, marchand de Génolhac, par ledit Leyris. C'est un bail en paiement fait par Bertrand avec pacte de rachat. Guillaume André, notaire (Génolhac, 20 mai 1583). — 4. Convention entre Jean Leyris, marchand de Génolhac, et Louise Baldit, veuve de Claude Ollier, de Diousse, paroisse de Sénéchas, pour résoudre un différend né d'une donation de biens insérée dans le contrat de mariage de Louise. Le donateur était feu Maurice Ollier. Acte passé à Génolhac par le notaire Antoine Boschet (1er mai 1586). — 5. Première peau d'un rouleau de parchemin dont le reste manque. C'est une confirmation et une extension d'un bail en paiement avec pacte de rachat. Jean Arnal, fils d'Antoine, de Castagnols, avait vendu à réméré des biens à Jean Leyris, marchand de Génolhac. Depuis la vente, il est décédé. Son père, en raison de ses dettes, abandonne l'idée de rachat et réalise d'autres biens (25 juin 1586). — 6. Testament du 7 juillet 1591, fait par Catherine Coste, veuve de Barthélemy Fueille, de Saint-Ambroix. Legs à la Bourse des pauvres de Jésus-Christ de Saint-Ambroix, en l'église ; à sa fille Marie, à Guillaume de Roques, seigneur de Clausonne, la seule personne qui l'ait assistée, conseiller au présidial de Beaucaire et Nîmes. Sans lui, la testatrice et ses filles auraient souffert beaucoup de « nécessités et incommodités. » Elle lui laisse tous ses droits sur la métairie de Crouzas, paroisse de Chausse, ayant appartenu à sa mère Jeanne Leyris, et objet d'un procès contre les occupateurs de ses biens, à la charge de payer 370 l. à Arnaud Guiran, praticien de Nîmes ; ensemble 150 écus à son héritière, lors de son mariage, ou à 25 ans. Cette héritière universelle est sa fille Suzanne. Substitutions. L'acte est passé à Nîmes, chez feu Claude Fromentin. Le notaire est Pierre de Bogars, de Lasalle. La testatrice et plusieurs témoins ne savent écrire.

E. 1517. (Registre.) — 100 feuillets, papier.

1585. — *Famille de Leyris des Ponchets ou d'Esponchez, de Génolhac. — Registre de Jean Donzel, notaire de Saint-Maurice de Ventalon.*
La couverture en parchemin est un feuillet du XIIIe siècle ayant appartenu à un traité de droit romain, écrit sur deux colonnes. Le fragment,

fortement rongé, s'occupe de damas. — F° 14. Contrat de mariage entre Antoine Sécenat, de Palinkes, paroisse de Castagnols, et Catherine Hugon (9 janvier). — F° 25. Achat pour Guillaume Folchier, notaire de Pont-de-Montvert (22 janvier). — Les feuillets 28 à 34 ont été coupés. — F°° 35-36. Arrentement, passé par Gabrielle Nicolas, veuve de Pierre Nicolas, de Vialas, paroisse de Castagnols, à Jean Leyris et Jean Bonijol, syndics de la paroisse de Castagnols, de la maison-chambre qu'elle a dans le « cortiel », pour un an, moyennant 2 écus 1/3 payés à l'acte. Les syndics destinent la maison à l'habitation et entretien de leur pasteur et ministre de la parole de Dieu à Castagnols, à la charge, par Gabrielle, de fournir au pasteur « tout ustensile de maison pour le soulagement de son entretien et nourriture ». Quand le pasteur ira au dehors, il sera remboursé proportionnellement à ses absences. L'acte est passé chez Catherine. André de Fabrica est un témoin (10 mars). — F°° 61-62. Bail en paiement du 1er mai 1585, fait par Louis Malzac, de Saint-Étienne de Vallée-Française, à Antoine des Gardies, vicomte de Canaules, baron de Cadoine, seigneur de Charoilasse, La Rouvière, etc. L'acte est passé à Saint-Maurice de Ventalon, par le notaire Donzel, dans sa maison. Guillaume Roux, médecin de Florac, signe comme témoin. — F°° 90-91. Transaction entre Antoine Valès, de Castagnols, et Pierre Vignes, de Vialas (3 juin). — F° 96. Obligation du 16 juin, consentie par le capitaine Pierre Carmes, habitant au Villar de Cadoine, à Marc Leyris, du mas de La Planche, absent et représenté par le notaire, pour 17 écus or sol, valant chacun 60 sols, à raison de l'achat d'une paire de bœufs de labour.

E. 1518. (Liasse.) — 4 pièces, parchemin.

XVIe siècle. — *Famille de Leyris des Ponchets ou d'Esponchez, de Génolhac.*
1. Ajournement (déchiré et partiellement effacé), donné à Béziers, le 17 mars 1593, contre Raimond et Michel Leyris frères et consorts, devant le parlement, à la requête de Guillaume de Roques, sieur de Clausonne, au sujet d'une ordonnance obtenue à leur profit du présidial de Nîmes, et dont feu Catherine Coste avait relevé appel. — 2. Appointement des ordinaires de Génolhac, portant bail en paiement pour « M. d'Esponchez » (suscription du XVIIIe siècle). L'acte indique les hoirs de Jean Leyris comme adjudicataires d'une châtaigneraie dépendant de la succession abérée d'Antoine Durant et de sa femme (20 octobre 1599). — 3. Fin d'un acte d'achat de maison et courtil par un Leyris. Date emportée. Acte passé à Génolhac par le notaire Pierre Corbier. — 4. Acte rongé à droite, percé et délavé au début, s. d. C'est une transaction entre des Ginhoux et des Benoit, respectivement de la paroisse de Saint-Julien des Points, *de Punctis*, et de la paroisse de Saint-Jean-du-Collet, diocèse de Mende. L'acte est passé sur la place publique [de Saint-Julien des Points], devant la maison d'Étienne Ginhoux. Mention de Saint-Privat *de Valle Antica*, diocèse de Nîmes, des Ponchets ; d'un Bautun, *de Autumpno*, *domino de Campoclauso*, seigneur de Champclos, notaire royal, qui rédigea l'acte dans ses minutes, mais que la mort empêcha de le mettre en forme authentique, ce qu'a fait un autre dont le nom et la signature sont emportés.

E. 1519. (Liasse.) — 3 pièces, parchemin.

XVIe siècle. — *Famille de Leyris des Ponchets ou d'Esponchez, de Génolhac.*
1. Acte rongé et percé, avec date emportée, contenant une production de Pierre Benoit et d'Élipde Nogaret contre Jean Peladan. Mentions du lieu de *Punchetis*. L'objet est une terre aux Ponchets. En suscription : « Esponchés ». Le roi régnant est un François. Texte lavé. C'est l'extrait d'une vente passée au lieu de Portes, chez Antoine Cotellier. Jean Robert, Antoine Jaussalis, forgeron de Peyremale, sont témoins. Le notaire est Antoine Lanteyrès. — 2. Long rouleau dont la première moitié est fortement rongée à droite et à gauche. Date emportée. Mouillures dans le haut. Il y avait procès entre Jean *Layricii* ou Leyris, du lieu de *Vallemala* ou Valmale, paroisse de N.-D. de Chausse, et Jean Loyris, acquéreur de Pierre de *Vineys*, ou Vignes. L'acte est passé à Valmale, dans la cour de la maison de Jean Leyris, près de la cuisine. Témoins : Pierre Leyris, d'Alais ; André Paulet, *de Radice* (Razic, lieu détruit, près d'Aiguevives) ; Antoine *Deylice* ou Deleuze, de *Monirillis* ; Guillaume *de Tribio*, du Mas-Supérieur

ou Mas-Soubeyran ; Jean Veyras, de Valmale ; Jean Raffin, de Brinh ou Brin, paroisse de Saint-Étienne de Concoules. Le notaire est Antoine Dautun, de Champclos. Peu de temps après, Catherine de La Pause, femme de Louis Leyris, mentionné dans l'acte, en considération de la transaction, la confirme, assistée de son mari. Le second acte est passé à Valmale, dans la maison et cuisine de Louis Leyris, devant deux des précédents témoins, par le même notaire. Pierre Rudanel, son notaire substitué, fait la grosse en 4 peaux. Seing de Dautun. — 3. Acte rongé principalement à droite. Dates emportées. Il s'agit d'une transaction où figurent des habitants de Génolhac : Jeanne et Françoise Ferrand, leur frère Vidal Ferrand, Jean Roure, mari de Jeanne. Mention des parents décédés. Jean Ferrand et Jeanne Andrieu. Les difficultés proviennent d'un contrat de mariage. Mention du champ de *Las Ayres*, complanté de châtaigniers, du terroir de Vallinières, de la rivière de *Symonet*. L'acte est passé à Génolhac par les notaires Claude Aurus et Jean Laurens. Les parties constituent procureurs pour faire autoriser leur transaction en justice.

E. 1520. (Liasse.) — 3 pièces parchemin.

XVIᵉ siècle. — *Famille de Leyris des Ponchets ou d'Esponchez, de Génolhac.*
1. Transaction. Déchirures dans le haut. Date de l'année emportée. Mouillure presque générale. Mention du roi Louis [XII]. Le 29 octobre, Jean Laurens, de *Nivolos*, diocèse de Mende, et Étienne Rodier, des Ponchets, paroisse de Sainte-Cécile d'Andorge, pour lui, son beau-frère Jean Sayce, *Sayeii*, et Jeanne, mariés, font une transaction. Énumération de denrées et de vêtements, couvertures, chaussures, à fournir tous les trois ans. Mention de la cour du seigneur de Grisac. L'acte est passé à *Nivolos*. Témoins : François Paulet, de Razic ; Jean *Champeyrochs* ou Champeyrache, de Chalraze, procureurs mentionnés dans l'acte ; Antoine Benoît, des Ponchets ; Mathieu Sic, de Vézénobre. Le notaire est Jean Mercier, de Coudoulous, décédé depuis. Après sa mort Jean Bonnet, clerc juré de Jacques Deleuze, notaire royal de Montfrin ou Monteils, subrogé aux protocoles de Bonnet par le sénéchal de Beaucaire et Nîmes,

a extrait la grosse. Seing de Deleuze. — 2. Acte rongé et déchiré dans le haut. Date emportée. Mouillures et taches. Il s'agit d'un contrat de mariage entre Louis Leyris et Catherine de La Pause. Louis est assisté d'André Leyris, du Puech, son oncle ; Jean Leyris, de Valmale ; et de Jean Leyris, prêtre de Crouzas. Catherine est assistée de Pierre de La Pause, son frère, de Moussac ; Louis Béchard, de La Calmette, et de Marguerite Mathieu. Les deux futurs se font respectivement affairement et association dans leurs apports. L'acte est passé à Valmale, dans la cuisine de Marguerite Mathieu. Témoins : noble Pierre de Solalisses, capitaine du château de Verfeuil ; Antoine de Veyras, de Chausse, et Jean Leyris, de Crouzas, prêtres ; Antoine Deleuze, de Monteils ; Jean Deleuze, son frère, habitant Valmale ; André Leyris, *de Podio*, ou du Puech, paroisse de Chausse ; Barthélemy Baldit, *de Diossa* ou Diousse, même paroisse. Le notaire est noble Antoine Dautun, de Champclos. Après sa mort, le clerc Jean Manoël a extrait la grosse au nom d'Antoine Floris, *Florist*, dont le seing est au bas de l'acte, et qui a succédé à Dautun. — 3. Acte de partage dont le début et la date manquent. Le haut est rongé à droite et à gauche. Les noms patronymiques des parties étaient au début. Plus loin on ne trouve que leurs prénoms. Il s'agit des deux sœurs Philippe et Gornie. L'identification des immeubles fait connaître des noms de quartiers, encore usités, et les confronts évoquent des noms d'habitants. L'acte est passé à Génolhac, dans une petite chambre de la maison des deux sœurs. Antoine André, dit Planche, de Concoules ; Pierre Durant, marchand ; Jean Prival, de Génolhac ; Jean Malarse, de Lozerot, paroisse de Cubières ; Antoine Bouet, *de Macello* (du Mazel) ; Jean André, du lieu de *Vilassa*, sont témoins. Le notaire est Jean Gilles. Après sa mort, Antoine de Quinsac, clerc du notaire Antoine Bastide, subrogé aux notes de Jean Gilles, a extrait la grosse, en deux peaux. Souscription et seing de Bastide.

E. 1521. (Regis...) — 38 feuillets, papier.

1632-1640. — *Famille de Leyris des Ponchets ou d'Esponchez, de Génolhac.* — *Livre de raison dont les feuillets écrits portent le « NE VARIETUR »* de Chambon, lieutenant de viguier. Couverture en parchemin, du XVIe siècle.

Fo 1. Titre : « État courant pour l'année 1632, qu'il faut rapporter au grand journalier ». — Au vo : Notes commerciales au sujet d'objets de ménage et d'ameublement, ou des censives de M. de l'Aribal, de Génolhac (1632). — Fos 2-5. Recettes à recouvrer par M. d'Esponchez en 1633. Parmi les débiteurs figurent M. de L'Aribal, son beau-fils le viguier, le fustier Jean Bertrand, dit Yon de Claudon ; le notaire Blanc, Jean Roure, dit Ferrand ; M. de La Volte, le juge Blanc, les consuls de Génolhac (obligation de 313 l.). — Fos 6-9. Suite des rentrées à effectuer et des débiteurs. André Roure, de Rigal ; Jeanne Folquet, veuve de Jean Cazals ; M. de Valmale ; M. Delouzo-Despériés, M. le baile de L'Arbousset, M. de Bouchet, le cousin Lagriolle. M. le baile Teissier, le sieur de La Cartaire, Jean Leyris, fournier ; le sieur du Verdier, M. de Chausse. — Fos 10-15. Suite des débiteurs. M. le lieutenant Poytavin, M. de La Carrière, M. du Viala, de Saint-Andéol ; Antoine Nogaret, de La Coste. D'après une indication d'une écriture beaucoup moins négligée, un scripteur acrofusé, pour « les pourceaux, toutes les châtaignes, et le dit Nogaret affirme par serment avoir baillé une pistole des châtaignes fraîches au sieur des Ponchots. — M. de Bonrepos. — A propos de Jacques Bastide, des Elzières, mention de Mme de Portes et du notaire Gibert. — M. du Cambonnel de L'Elze, M. de Fontanille, du Sollier ; Jeanne Pantostier. — Une page concernant Pierre Chappon est suivie d'une note contenant la date du 12 juillet 1640. — Antoine Leyris, M. de Rais, M. Escalier, l'hôtelier de Dieusse, Jean Chastanier, « coporal ». — Le hameau de Malonchos fournit un Masbernard, un Gobellet le crestat. Celui de Charnavas donne un Pozilhac. — Fos 16-19. Antoine Mathieu, dit Dansaire, habite La Felgère, comme Jean Bornier, dit Fatigue. — A Concoules on trouve la veure de Roubal, de la Loubière ; M. de La Blachère, le fils de M. Gaspard Costier, notaire, qui doit 6 l. de cédule ; Agnès Sales, veuve de Pierre Daudé (Cf. la note de l'article 1514) et son fils Jacques, « plège ». — M. de Moranges ou Morangiès, doit 585 l. par cédule du 6 novembre 1630, et 300 l. d'intérêts, payés depuis à M. de Jossaud ; — Le curé de Cubières doit 1 ducat prêté verbalement. — M. Felgueroles, du Bleymar ; M. le lieutenant César, de Rochegude ; M. de La Rivière, de Violvie ; M. le comte de Roure, Plantade, de Châteauneuf (de Randon), dont le notaire est Mo Daudé ; M. Gamon, de Nimes ; M. de La Fiacre, M. Garnier, de « Lassopudels » ; M. Chapelle, M. Fayet, Jean de Leyris, doivent à divers titres. — Fo 20. Dépenses. — Le 20 janvier 1632, arrêté la taille des châtaigniers à 10 l. — Le 25 octobre 1632, Crouzas est allé à Nimes, et il sera rentré chez M. Dinot le 27 ou le 28. Il était déjà allé chez lui le 22 février 1632. Dinot avait reçu par Crouzas 108 l., puis 30 l. — En septembre 1632, baillé à Mathieu Villar, de Robiac, 15 l. — En juin 1632, avancé à Pierre Julien 12 l. — Le cadet est allé chez M. Arnaud le 22 janvier 1632 après dîner. — Prix-fait baillé à deux maçons pour allonger le « palier » (1) de Crouzas, y faire un poulailler et un pigeonnier, ensemble encadrer en pierre de taille la petite fenêtre des greniers, le tout pour 36 l. — Fos 21-22. Baillé à Ranchilles, pour la nourriture de son petit, 3 quartes de châtaignes et 20 s. d'argent. — Baillé à Gabriel-Robert 7 l. pour lui « tirer de lauze » (2). — Fos 23-26 en blanc. — Fos 27-31 : Actes à recouvrer. — Fo 27. Remission faite à Balthazar Dardaillon, par André Bondurant, des prés de Tagnac, le 1er juillet 1630. — Promesse en liasse faite par le sieur d'Esponchez au sieur de Terrefolle. — Quittance au bénéfice de Jacquette Leyris, épouse Jean Soustelle, du 4 mars 1634. — Quittance faite par Mademoiselle d'Esponchez à Maurice Leyris, sieur de La Cartarié, même date. — Quittance de Marguerite Leyris, m. d. — Quittance de Maurice Leyris, sieur du Plagnol. Ces actes et d'autres sont du notaire Allègre. — Le notaire Poitevin, entre autres actes, a passé, en 1588, à Antoine Leyris, greffier, au nom d'Hélips Coste, décharge d'un double du cadastre nouveau et du cadastre ancien de Chausse, qui est parmi les papiers du frère du scripteur. — M. de Runes possède le double d'un acte remis au capitaine Leyris. — Mo Bernard, notaire d'Alais, a passé une quittance pour Marguerite Leyris. — Mo André Boschet, notaire, a passé, entre autres, un acte en liasse fait par la femme du scripteur aux consuls de Génolhac, pour contrôler la dépense du sieur de Saint-André. — Mo Ravanel, notaire d'Uzès, détient une quittance de 1627, pour le dernier paiement des décimes de la vicai-

(1) Grenier à paille ou à foin.
(2) Extraire, des bancs de schiste, des ardoises.

rie de Génolhac. — F° 23 : Actes émanant des notaires Pierre Lafont, Laurans, Durand, Aurus, Blanc, Petit, Filhau, Raimond Lanteyrès, Lauples à Branoux. — Durand a les « marquements » des mesures de Landuol, comme greffier de M. de L'Aribal. — Lanteyrès a passé un achat d'Antoine Leyris, greffier des procès de Crouzas. — Lauples a passé la rémission d'une géline faite à M. d'Esponchez par M. de La Fare, le 8 avril 1625. — F° 29. Actes de François Passebois, notaire ; Antoine Leyris, greffier ; Jean Pagès, notaire ; des archives du baile Teissier ou du comte du Roure, et du baron de Calvisson. — Aux archives du Roure : reconnaissance féodale de Jean Leyris, de l'Apostoly, à M. de Verfeuil (De Mesme, notaire). — Aux archives de Calvisson, deux hommages rendus par Jean de Montclar, damoiseau, à Guillaume de Nogaret et autres barons de Verfeuil, du fait de Crouzas, servant pour la franchise et autrement. — F° 30. Actes de Privat, notaire de Vialas ; M. de La Chaze, Rouvière, notaire de Saint-Privat ; hoirs de M. de Saint-Andéol ; le baile Bonnot, Jacques Poige, notaire ; Louis Compère, Gauteron, notaires d'Uzès ; Rampon l'Ancien, notaire ; Jean Rampon, notaire. — La succession de M. de Saint-Andéol a des échanges où figure Jean Leyris, reçus en 1450 par le notaire Pierre Escalie, et concernant le domaine de Crouzas ; une reconnaissance de Jean Leyris à Antoine Grimoard, seigneur de Verfeuil, reçue par Escalier le 27 juin 1444 ; un décret de Jean Poujol contre Jeanne Leyris, de Crouzas, rendu par la cour de Verfeuil en juin 1585 ; d'anciens rôles de frais pour la confirmation des franchises. — Compère a passé un contrat en 1524, à raison des franchises de Verfeuil. — Gauteron avait le vieux cadastre de Chausse, versé à un procès en la cour royale, entre Claude-Robert, de Tagnac, et Maurice Marron, d'Aynes, avant 1575. Le scripteur note qu'il n'a trouvé d'autres papiers du greffe de ce temps-là que chez M. Rosset, dans un vieux coffre. — F° 31. Chez le capitaine André sont les rôles de 1594 des départements d'Antoine Amat, consul et clavaire, puis l'ordonnance des officiers de Génolhac obtenue par ledit capitaine, à raison du chemin du pré de la Cour, contre H. Dumazer. — Actes des notaires Bertrand, Amat. — Dans les actes du notaire Gibert se trouve une décharge d'actes, faite par la marquise [de Portes] au scripteur, une vente faite par lui à Jacques Bertrand le 13 janvier 1633. — Actes des notaires Chalbos, Mathieu. — F° 32 en blanc. — F° 32-38 : Résolutions à prendre et actes à consulter. — F° 33. Défendre les chemins de La Roque et faire valoir le confront du scripteur, au midi, jusqu'au chemin allant de Malenches à Bellepolle. Réparer les bords du ruisseau qui passe dans sa pièce. Faire dresser les termes entre le baile Teissier et lui. Faire « apprinse » où passait anciennement le « valat » de Landuol, suivant appointement du sénéchal. Avoir l'ancien hommage de Landuol, fait à M. de Verfeuil par les prédécesseurs de M. de Laribal. Retenir par prélation la pièce du Chambon acquise par le baile Teissier à Landuol. Passer contrat avec son frère de Valmale, pour le « béal » ou canal d'arrosage d'une pièce tenue du scripteur au Rastel. — Acquérir de Gilles Doleuze, sieur de La Brugtère, les rentes de Crouzas, acquises par François Blachière, de Jean Granier, prieur de Chausse, suivant permission du roi pour la vente du temporel, contrat reçu par le notaire Pierre Corbier, le 6 novembre 1570. — La consive du Mas-Supérieur de Crouzas, ou Crouzas-Souboyran, est de un muids de vin trouble, 20 s., une géline et 10 quintaux de foin. — Blachière fit rémission de ces rentes au capitaine Jean Garnier le 20 décembre 1570. Hélène Sarrazin, veuve de ce capitaine, arrenta les rentes à André Leyris, le 3 avril 1581, Laurans, notaire. — Traiter avec M. de La Fare pour la directe du Lobatier. — F° 34. Indication de reconnaissances et de lods où figurent le prieur de Gourdouze, Jean Leyris, Maurice Leyris. M. de La Fare est ayant droit du prieur. — Mention du pré de la Font-Froide. — Il faut appeler en désistat Maurice Leyris pour l'herme qu'il occupe au Lobatier. — F° 35. Aux Ponchets, se faire remettre, par Guillaume Vignes, son droit de rétrogradation en la discussion de Raimond Pantostier, pour les réparations par lui faites en la maison qu'il avait acquise d'Antoine Nogaret, de La Coste. — Faire « retirer » audit Vignes la muraille de son « cortiel » ou courtil, lui faire planter des arbres, nettoyer les châtaigniers, fermer les gouttières du bien qu'il tient en arrentement du scripteur, lui faire rendre une serrure.— Vider, avec M. du Peyrol, le différend des contrats d'une pièce. En surcharge : « J'ai vu, et n'ai rien à dire ». — Faire reconnaître au lieutenant Peylavin la pièce qu'il tient de la directe de

Pierre Leyris, acquise par le scripteur. — Faire remettre en bon état les « trenchats d'eaux ». — Faire marquer les mesures avec la mesure de Génolhac « comme court », et la mesure des Ponchets comme Verfeuil, en réduisant le premier vin à 7 pots, selon la transaction entre M. du Cheylar et M. de Morangiès, reçue par le notaire Roure. — F° 36. Résoudre, avec le cousin J. Bondurant et Leyris, leur affaire pour la chènevière de la maison des Aires, des châtaigniers de La Maladière (ou Malautière), et du jardin de L'Aiguette, dont le scripteur a le décret. — Appeler en garantie Jean Amat, du Rastel, pour la censive de La Roque, au sieur du Péras, ayant droit de M. de Verfeuil, selon les mémoires.... (mouillure). En note subséquente : « Je n'ai pas trouvé de droit en cela ». — Faire désister M. de Broussous du champ de Vialaton, qu'il tient à Felgeyroles, dont le scripteur a sentence de désistat du sénéchal. — Savoir si les pièces de Prat-Nouvel, Rouvière-Plane, Brugueyrolles et Ladvert de Valmale, baillées en arrentement perpétuel par le capitaine Leyris à Simone Vignes, se tiennent de Verfeuil. — F° 37. Actes intéressant la succession d'Étienne Donzel, de Chamborigaud. — Reconnaissance faite par « Camouilles » à son mari Antoine Poujol, le 30 novembre 1553, de 124 l. Antoine Lanteyrès, notaire. — Autre reconnaissance faite audit Poujol et acquittée par ladite « Cimolles », sa femme. Antoine et Raimond Lanteyrès, notaires. En haut du feuillet, sous une forte mouillure, on entrevoit un mariage entre un Poujol « Cinories » et une Leyris. Lanteyrès, notaire, après 1574. Ce Poujol serait fils d'Antoine et de « Camouilles » ou « Cimolles ». (Cf. ce nom avec « Camelle », qui apparaît souvent dans le fonds de Laudun). — Traiter avec les prieurs de Laubaret, « un jour, aidant Dieu », de la directe qu'ils revendiquent sur quelque pièce de Lacroix. — Traiter avec Pierre Molines, comme père succédant à ses enfants de Marguerite Allier. — F° 38. Vendre ou arrenter à perpétuité le cazal et petit jardin du Clari, à Chamborigaud. — Retirer lods de M. de Meyrannes, rentier du commandeur de Saint-Jean d'Entraigues, pour ce qui peut relever dudit commandeur en ce qui regarde sa pièce de la Condamine.

E. 1521. (Liasse.) — 7 pièces, parchemin ; 8 pièces, papier.

1595-1757. — Famille de Leyris des Ponchets ou d'Esponchez, de Génolhac.

1. Fin d'une vente de droit d'eau passée par le notaire Pierre Poitevin, de Chamborigaud. Tout ce que nous savons de l'acheteur, c'est qu'il est le père d'André Vignes, un témoin. Le prix de la vente est de 3 l. t. Le vendeur réserve les droits du baron de Verfeuil, car il est de sa directe (XVI° siècle). — 2-9. Papiers d'une procédure de Jean Vidal contre les hoirs de Jean Leyris. Les pièces, rongées en haut et en bas, sont attachées ensemble. Nous avons déjà vu (article E. 1516, pièce 1) Jean Vidal regretter d'avoir traité avec Jean Leyris, et demander à rentrer dans des biens vendus. Il s'agit toujours des biens situés à Dieusse, de l'Ort del Mas et de la terre du Prat de la Font (1595-1601). — 10. Transaction du 19 novembre 1610 entre Antoine Rampou, praticien, fils émancipé de Jean, habitant de Castagnols, baronnie de Montclar, et Pierre de Leyris, sieur des Ponchets et de Crouzas, de Génolhac. Leyris, fils et héritier de Jean, renonce aux deux pièces de terre du Molene ou Prat d'Arnal, et du Bournegas ou Tailladas, terroir de Polimies. Le prix des dites acquisitions est réduit à 458 l. 10 s. L'acte est passé à Vialas, chez Jean Vignes. François d'Allier, sieur de Vielvic, habitant le château du Champ, et Jean Donzel, de Razes, habitant Vialas, ont signé avec les parties. Le notaire est David Privat. Rouleau de 5 peaux en excellent état. — 11. Rouleau dont le haut est rongé et percé. C'est une transaction dont tout l'historique manque, et dont le dispositif est fort entamé. Elle a lieu entre deux frères Leyris et leur sœur Françoise, après la mort de leurs parents. Françoise reçoit 200 l. et transporte à son frère, le sieur d'Esponchez, ses droits de légitime et autres. L'acte reproduit une quittance de fruits du 17 juillet 1611, reçue par Filhau, d'où il résulte que Françoise est fille de Jean Leyris et de Marguerite Amat, de Génolhac, où elle habite. Elle a reçu de Pierre de Leyris d'Esponchez, son frère, héritier de leurs père et mère, tout ce qui lui revenait sur leurs biens, au moyen des nourriture, entretien, habits, « escolles » et autres dépenses d'entretien, à elle fournies honorablement selon sa qualité, depuis le décès de leur père. Françoise est satisfaite du tout, entre autres des « escolles d'escripre,

coudre, couvrer, jouer des instruments », de l'argent, à elle administrés par son frère comme à une demoiselle d'honneur et qualité, tant à Génolhac qu'ailleurs. L'acte est passé à Génolhac, en présence de M. Pierre André et d'Antoine Leyris, beau-père et germain des parties. Les mêmes témoins approuvent la transaction. Chacune des parties promet de l'observer, par serment, « la main levée au ciel, selon la forme de leur religion ». (Les Leyris appartiennent donc à la religion réformée. Cf. l'article E. 1517, f⁰ˢ 35-38.) La transaction est passée à Génolhac, dans la rue, devant la maison de M. d'Esponchez. Témoins : Pierre Julien, David Argenson, de Génolhac ; Antoine Mercier, de Vergonotz ou Vergougnoux ; Jacques Donzel, de Charnavas ; et Jean Boschet, fils du notaire, de La Chaze ; avec Maurice Vermeil, de Cabières. Les sachant écrire signent avec les parties. Le notaire est Gaspard Boschet. — 12. Quittance dotale faite, le 3 mars 1614, par Antoine et autre Antoine de Leyris, père et fils, seigneur de Valmale ou Vanmale, habitant le Rieu de Chamborigaud, paroisse de Chausse, diocèse d'Uzès, à Pierre de Leyris, sieur des Ponchets, habitant Génolhac, même diocèse, de 1.000 l. tournois, pour reste et entier paiement de la dot constituée par Pierre à Françoise de Leyris, sa sœur, en son contrat de mariage avec Antoine de Leyris fils, reçu par les notaires Pierre Allègre et Cellas. Les deux Antoine reconnaissent la dot sur tous leurs biens et actions. L'acte est passé à Génolhac, dans la maison de M. d'Esponchez. Témoins : Guillaume Roure, fils de Jean ; Pierre Cortès, fils d'Antoine ; sire Jean Bondurant, de Génolhac. Le notaire est Jean Fillau. La grosse a été tirée de son original par Antoine Jaussal, notaire et baile de Génolhac, après la mort de Fillau, parties duement appelées, avec l'assistance du notaire André Boschet. Pierre de Leyris a écrit « Présent à l'extrait » et a signé. — *13-15 : Pièces appartenant au fonds de la famille de Leyris, en raison de ses relations d'affaires dans la région d'Alais, mais ne l'intéressant pas direc-*tement. — 13. Brevet de réception de Jacques Guirandet, praticien d'Alais, en l'office de notaire royal héréditaire de la retenue et nombre réduit d'Alais. La réception est faite au nom du sénéchal, et signée par le lieutenant principal Rozel. L'impétrant prête serment la main levée à Dieu, comme appartenant à la religion réformée. L'impétrant succède à Jean Soleirel, après enquête et examen (Nîmes, 17 octobre 1663). — 14. Provision de l'office de juge du marquisat de Portes, donnée à Paris, le 27 avril 1705, par François-Louis de Bourbon, prince de Conti, seigneur dudit marquisat, à Antoine d'Autun, catholique. L'office était vacant par le décès de Jean Dautun, père d'Antoine. Signature du prince. Contre-seing de Maubranches. Enregistrement au greffe du marquisat de Portes le 2 septembre 1706. Le sceau manque. — 15. Lettres royaux du parlement de Toulouse pour Henri Teissier, bourgeois d'Alais. Le 12 novembre 1739, Claude Teissier, son oncle, prieur de N.-D. de Chausse et Chamborigaud, fit son testament mystique, et donna aux jésuites de Nîmes ou d'Alais, 60 l. en rente constituée, à la charge d'une mission tous les sept ans. Il donna aussi, en rente constituée, aux prieurs ses successeurs, 8 l. pour chanter les litanies de la Vierge tous les dimanches. Il donna 28 l. de pension foncière pour marier de pauvres filles de la paroisse. Il fit plusieurs autres legs, et institua pour ses héritiers généraux et universels les pauvres de Chamborigaud, de La Ribeyrette et du Pont-de-Rastel. Il mourut le 13 avril 1750. Le syndic des pauvres ou les exécuteurs testamentaires s'emparèrent de son hérédité, consistant principalemet en argent monnayé, meubles et effets. Les dispositions du testament sont nulles comme contraires à l'édit d'août 1749. Henri Teissier voudrait être reçu à faire assigner devant le parlement les pauvres en question ou leurs représentants, pour voir annuler le testament à son profit. Mandement de faire droit à l'exposant. Toulouse, 29 octobre 1757.

INDEX ANALYTIQUE